LA TRAME ET LA CHAÎNE

ARBEITEN ZUR LITERATUR UND GESCHICHTE DES HELLENISTISCHEN JUDENTUMS

HERAUSGEGEBEN VON

K. H. RENGSTORF

IN VERBINDUNG MIT

G. DELLING, R. G. HAMERTON-KELLY, H. R. MOEHRING, B. NOACK,
H. M. ORLINSKY, H. RIESENFLED,
H. SCHRECKENBERG, M. STERN, A. WIKGREN, A. S. VAN DER WOUDE

XV

JACQUES CAZEAUX
LA TRAME ET LA CHAÎNE

LEIDEN

E. J. BRILL

1983

LA TRAME ET LA CHAÎNE

ou les Structures littéraires et
l'Exégèse dans cinq des Traités de Philon d'Alexandrie

PAR

JACQUES CAZEAUX

CNRS Lyon

LEIDEN

E. J. BRILL

1983

Cet ouvrage a été publié avec le concours
du Centre National de la Recherche Scientifique

CIP — DATA
Cazeaux, Jacques — La trame et la chaîne ou Les
structures littéraires et l'exégèse dans cinq des
traités de Philon d'Alexandrie / par Jacques
Cazeaux. — Leiden : Brill. — Ill. — (Arbeiten
zur Literatur und Geschichte des hellenistischen
Judentums 15)

UDC 141

ISBN 90 04 06582 2

PRINTED IN HUNGARY

TABLE DES MATIÈRES

DEUXIÈME TRAITÉ : QUIS HERES

TROISIÈME TRAITÉ : DE CONGRESSU

QUATRIÈME TRAITÉ : DE FUGA ET INVENTIONE

CINQUIÈME TRAITÉ : DE MUTATIONE NOMINUM

SECONDE PARTIE : LES PROCÉDÉS D'EXÉGÈSE

INTRODUCTION

Un projet esthétique

La continuité du discours philonien reste souvent inaperçue. Nous
nous proposons de la rendre perceptible. Aux yeux de beaucoup, Philon est une source de renseignements pour l'histoire des idées. On retient
de lui toute formule qui trahit l'influence d'Antiochus d'Ascalon, d'Eu-
dore ou d'autres stoïciens platonisants. Il possède la réputation bien assise de valoir ce que vaut un prédicateur, et ce jugement oriente le lecteur vers des impressions vagues, un flot d'associations plus ou moins ordonnées; on excuse également par là un texte estimé sans rigueur. Or, à notre connaissance, personne n'a tenté l'épreuve systématique : est-il possible
de *suivre* en rigueur le développement d'un traité complet, voire d'une série de traités ? Certains passages de Philon laissent deviner le souci de la
composition : d'autres paraissent l'avoir oublié. Quelle ligne à la fois
intellectuelle et esthétique permettrait de concilier ce désordre partiel et
cette partielle ambition d'unité ? Voilà ce que nous avons cherché.
L'étrangeté du discours philonien est grande : mais nous avons trouvé
qu'elle ne se situe pas dans l'association, dans les images baroques, dans
l'inconséquence pour tout dire. Elle est plus belle et plus radicale. Mais
elle laisse intacte une composition extraordinairement ordonnée, subtile
et forte. Nous avons suivi les contours d'une pierre rebelle et volontaire
comme un chapiteau ancien.

Dans son histoire du roman réaliste[1], Éric Auerbach met en parallèle
la narration du sacrifice d'Isaac, au chapitre 22 de la *Genèse,* et le récit
du chant 19 de l'*Odyssée,* où la servante reconnaît son maître Ulysse à
la cicatrice. Il oppose l'intellectualisme du second, sa volonté de tout
faire sortir de l'ombre et de composer une surface plane, lumineuse, un
récit où toutes les causes et tous les effets se tiennent en bon accord, totalement exprimés, aux silences de la Bible : elle crée un relief, un arrière-
plan, en se refusant à exprimer la psychologie, les ressorts, la causalité
de l'événement. La narration biblique laisse des « blancs », pourrait-on
dire.

Bien des siècles après Homère, des penseurs sourcilleux, avides d'une
unité encore plus manifeste, essaieront de résoudre les antinomies physiques et morales que ses œuvres contiennent encore. Ils verront pour
ainsi dire des « blancs » dans l'*Iliade* et l'*Odyssée.* Ils voudront combler
la distance qu'ils apercevront entre les récits et un système unifié de vérités religieuses, philosophiques, naturelles. C'est l'*allégorie* qui leur servira d'instrument pour « sauver » Homère de l'inconsistance ou de
l'irréligion. L'allégorie, en fait, tisse un manteau de continuité sur un

Texte supposé allusif et discontinu. En croyant le sauver, il est vrai, les allégoristes auront brisé la cohérence propre de la narration épique : les blocs épars auront simplement fourni les pierres d'un nouvel édifice, le leur.

En ce qui concerne l'autre Texte, celui de la Bible juive, un Aristobule suivit l'exemple des allégoristes. Mais l'étendue de l'œuvre préservée par les siècles donne à Philon la première place dans ce domaine. Il est connu sous le titre d'allégoriste. La présence du vocabulaire de l'allégorie et de traits allégoriques ne prouve d'ailleurs pas qu'il se réduise à l'allégorie ; elle n'explique surtout pas ce que signifie l'allégorie dans son cas. Si le texte d'Homère paraissait aux observateurs minutieux recéler quantité d'aspérités, que dire de la Bible, bien plus sommaire, plus sauvage, d'une rationalité différente ? Philon, semble-t-il — c'est une part de notre thèse à son sujet — n'a pas seulement cherché à établir une certaine continuité pour conjurer l'aspect chaotique du Texte inspiré : il a fait cela, mais en gardant assez de flou, de distance calculée, de ruptures, pour que le type plus *dramatique* soit sauvegardé. Il ne s'agit pas d'affirmer que Philon a eu conscience de cette différence entre l'objet grec de l'allégorie et l'Écriture des Juifs. Ce problème de la « conscience » réflexe de l'auteur ne nous encombrera guère : nous estimons qu'il se pose au-delà de notre analyse. Nous parlons suivant une règle hypothétique : nous dirons que *tout se passe comme si* Philon agissait suivant les canons que nous dégageons au titre d'hypothèses économiques. Tout se passe, disons-nous ici, comme si Philon imitait jusque dans sa composition le genre littéraire global de l'Écriture sainte — celui qu'E. Auerbach nous semble évoquer avec bonheur. Philon ne tire pas *tout* vers la clarté au moyen d'une claire allégorie. Il bâtit un commentaire qui possède lui-même son mystère, ses « blancs ».

La première partie de ce livre établit lentement la continuité du commentaire philonien. Elle explicite les cheminements parfois dissimulés de l'exégèse. Elle prouve que, placés à un point de vue donné, les lecteurs modernes peuvent saisir une unité qui rend compte des éléments, voire des absences. La seconde partie, plus courte par fonction, réunira en un faisceau les procédés manifestés par la première. La première passera en revue cinq traités de Philon, ceux qui prennent pour objet explicite la geste d'Abraham. La seconde, qu'on pourrait à la rigueur consulter comme un lexique des « formes », prétendra en effet servir de guide non seulement pour les cinq traités considérés, mais pour l'œuvre entière de l'Alexandrin.

Aperçu des 5 traités

Chaque traité de Philon forme un discours continu. Ce discours est assuré par l'emboîtement de constructions, le plus souvent des symétries. Les exégèses partielles, les images appelées en renfort, les diatribes, les allégories, tout reçoit sa signification dernière grâce à sa position dans un système imaginaire, le plus souvent caché à la première lecture. Nous montrons que Philon adopte une ligne rigoureuse ; que sa philosophie est logée, moins dans les rappels explicites des doctrines — qu'il combine sans grand scrupule — que dans la structure, dans un ordre, une lenteur, une combinaison savante.

Le *De migratione Abrahami* ouvre la série de nos analyses. Nous l'avons exploré de bout en bout, mais de façon plus cursive. Les procédés de Philon sont exhumés au fur et à mesure de leur apparition. L'un d'entre eux ressort, qui restera fondamental : Philon commente un verset de la Bible en y lisant déjà un verset ultérieur. Il pratique une exégèse « finaliste ». Nous verrons aussi rapidement que chaque exégèse locale subit l'influence du projet d'ensemble du traité. Nous apprendrons à discerner dans une certaine longueur de textes philoniens une composition symétrique, en chiasme souvent : des schémas récapitulatifs en sont les témoins. Nous serons amenés progressivement à entrevoir les systèmes d'opposition ou de transfert, ou de suppléance, qui servent de règle à l'interprétation. Tel personnage possède un « blason » fixe : Abraham représente l'ami du savoir, comme Joseph symbolise le politique ; mais un monde intermédiaire de personnages différents et ressemblants permet à ces figures stéréotypées d'acquérir de la souplesse. L'Idée divine inscrite dans la Bible est Une. Sa simplicité reste pourtant ineffable : elle s'est donc projetée dans une série ordonnée de figures subalternes. L'exégèse consiste à connaître la règle et à faire avancer le discours humain comme on fait progresser les pièces d'un jeu d'échecs, en respectant leurs conduites figées.

L'analyse plus fouillée du traité suivant, le *Quis heres*, dépasse de loin le point de vue de la simple forme. Nous essaierons de montrer, dès le premier chapitre (§1 à 40), que le désordre apparent du commentaire dissimule un schème philosophique, celui de la substance. Un certain nombre de dialectiques, cachées un peu en-dessous de la surface du commentaire, rendent compte de tous les phénomènes littéraires, y compris des silences et des ruptures fort sensibles. Les concepts philosophiques servent alors de code pour déchiffrer la continuité littéraire. Là comme ailleurs, nous cherchons moins à reconstituer historiquement la doctrine philosophique de Philon qu'à faire sentir l'homogénéité, de son discours, sa suite réelle, l'esthétique rigoureuse. Les conceptions dont nous parlons peuvent très bien être alors considérées comme des outils. L'analyse du long chapitre, souvent isolé sous le titre « de la Division », aborde indirectement le problème du statut de la philosophie dans le commentaire philonien. Le thème, apparemment plus philosophique, de la « division » se perd en réalité dans une autre dialectique, celle de l'*Image,* répercutée comme par un jeu de miroirs depuis l'Idée divine antérieure à la création jusque dans l'histoire de l'âme.

Du troisième traité, le *De congressu eruditionis gratia*, nous avons retenu seulement le chapitre central, avec le thème du nombre *Dix*. Pour ne pas grossir démesurément cet ouvrage, nous avons simplement attaqué un problème décisif, celui de la « digression ». Il n'en existe pas, si par là on veut entendre un développement extérieur au dessein général du traité. Tout dans ce chapitre obéit d'abord à la loi de « symétrie » dont nous avons parlé. Et tout se réfère, de proche en proche, à l'économie globale du traité. Cette brève analyse serait à elle seule démonstrative de notre propos.

Le quatrième traité, le *De fuga et inventione*, revient à une analyse complète, mais plus sobre : le lecteur y est aidé, en effet, de tous les repères précédemment établis. Plusieurs séquences y ont la même valeur exemplaire que la « digression » du *De congressu*. En particulier, le beau commentaire du vocable « source » est disposé par Philon dans une courbe symbolique, de telle sorte que les cinq emplois du mot dessinent presque matériellement l'itinéraire complet du sage. La première interprétation rejoint d'ailleurs la cinquième, qui l'accomplit ; la deuxième rime avec la quatrième ; la troisième, placée au milieu par position, l'est aussi par dialectique : elle sert de médiation aux quatre autres, les reflète, en donne la figure inversée. Ces ruses du langage ont le mérite d'être ailleurs réutilisées : notre analyse prend de ce fait une valeur générique[2].

Nous avons considéré, dans le cinquième et dernier traité, le *De mutatione nominum,* les toutes premières pages. On y suit avec émerveillement l'action du présupposé constant de l'exégèse philonienne : la réciprocité et le dialogue des idées et des personnages de la Bible. Une formule, « *Le Seigneur fut vu d'Abraham et lui dit : Je suis, Moi, ton Dieu* », donne à Philon une sorte d'échelle de Jacob intellectualisée et conduisant l'œil de l'esprit du « Seigneur » (premier terme) au « Dieu » de Moïse (dernier mot), au travers d'une lente évolution admirablement combinée, mesurée, consciente de ses effets progressifs. Et nous apprenons là mieux qu'ailleurs peut-être la nécessaire patience intellectuelle requise à la fois par la lecture de Philon, et pour Philon, par la lecture de sa Bible. Le commentaire de ce passage exploite sans la désigner explicitement la notion suivante ; que les Puissances divines participent l'une de l'autre, et toutes deux à l'Être. En effet, l'exégèse est menée de telle sorte que l'explication du mot « Seigneur » draine ce qui va plutôt avec le concept philonien de « Dieu », et qu'inversement, le commentaire du mot « Dieu » suppose qu'on se souvienne de la notion philonienne de « Seigneur » — symbole de leurs échanges réels. Le tout entraîne, on s'en doute, une série de distorsions, de contre-commentaires, d'apparitions de personnages imprévus... L'« idée » philonienne est subordonnée à son discours.

Allégorie et système

Nous avons annoncé dans cet aperçu de nos cinq traités des observations déjà élaborées. Les procédés bien connus de l'exégèse allégorique se trouvent largement utilisés dans Philon. L'exploitation tranquille des nuances grammaticales d'un texte biblique, la traduction des noms propres et des personnages dans des valeurs fixes, capables de dessiner la configuration d'une république morale complète, le recours au sens figuré à la suite du sens concret, ou à sa place quand il apparaît impossible, tout cela émaille les traités dans une proportion qui ne varie pas sensiblement et ne paraît pas significative. Mais il reste vrai qu'à cet arsenal Philon ajoute de subtils détours. Il dispose d'une habileté diabolique pour concevoir une suite de propositions qui fait droit simultanément à plusieurs registres de significations ou de repères : une division logique recoupe une division rhétorique, laquelle à son tour permet aux arguments d'entrer dans un itinéraire moral ou religieux bien plus complexe... Les fils s'entrecroisent. Il est permis de prendre au sérieux la comparaison qu'il donne lui-même du discours : c'est une *tapisserie*[3]. La seconde partie de ce livre classe les procédés suivant quatre chefs : grammaire, rhétorique ; dialectique et philosophie. Les deux premières séries regroupent les procédés plus apparents (jeux de mots, inclusions...) ; les deux dernières expliquent la subtilité générale qui permet à Philon de composer rigoureusement des « livres », tout en dissimulant au dernier moment leur unité foncière, leur autonomie, qu'il laisse deviner. Ce retrait symbolise le rapport spécifique de l'exégète aux prises avec un Texte qu'il considère comme sacré, comme l'expression infrangible et multipliée à la fois, d'une Parole singulière. Il ne veut pas lui porter ombrage. Il en imite comme à distance l'unité et la richesse : il en sauvegarde le secret, le système.

Nous avons toujours ramené l'intellectuel à l'esthétique, le concept à la sensation, l'idée à l'image, la démonstration à la vision. Nous demandons au lecteur un effort, celui de l'inévitable détour. Philon ne peut être résumé, moins encore que d'autres œuvres, pour la raison que son intellectualité n'est pas explicite. Comme d'autres, pourtant, ses ouvrages ne doivent pas leur rayonnement à la sublimité des propos, tout d'abord, ni à la richesse d'une intention apologétique mariant l'hellénisme au Judaïsme, mais à l'art, qui contient les idées, choses locales, visibles et mobiles finalement, dans la matière inaperçue et solide d'un réseau imaginaire.

I. Le temps d'exister : exégèse et mémoire

> « *Et ces deux pleins d'astuce et ces deux gros sergents*
> *D'un muffle soucieux pesaient le roi mon frère.*
> *Et ces pleins de tendresse et ces pleins de misère*
> *Faisaient les radieux et les intelligents* »

Charles Péguy,
Tapisseries, Ève.

1. La logique de l'étrange

La «tapisserie», de Péguy ou de Philon, ou celle des tisserands, est œuvre d'art et travail de patience. L'allégorie imite bien le point laborieux et patient des liciers : c'est la minutie au service de figures sublimes. L'ouvrage d'un Philon dessine patiemment les grandes Idées de l'Écriture au moyen de procédés qui nous paraissent artificiels. Nous sommes alors tentés de récuser sa lecture comme artificielle, et son ouvrage comme manquant du sérieux nécessaire à l'analyse de réalités sérieuses — la Bible. Il use d'un arsenal de formules étranges, d'allégories forcées, qui nous semblent puérilité. La raison de ce scandale tient peut-être au fait que nous cherchons des « preuves » de la vérité qu'il présente. Mais une certaine conversion nous est demandée. « *La méthode allégorique chez Philon ne prouve rien, ne veut rien prouver ; ce n'est pas un instrument apologétique... C'est un instrument indispensable de la vie intérieure ; c'est elle en effet qui donne l'image concrète dont la mystique ne peut pas se passer pour exprimer ni même éprouver ses effusions* ». Ces lignes de É. Bréhier[4] sont justes en ce qu'elles nient, la notion de preuve. Il faut même étendre ce jugement de la fin de l'allégorie à ses moyens. Le désintéressement de Philon à l'égard de la preuve finale se retrouve au long de l'argumentation. Philon se réjouit, mais sans plus, que la théorie stoïcienne du *Deo assentiri — Deum comitari* puisse s'harmoniser avec la notion biblique du consentement à l'ordre divin, avec un *Mihi adhaerere bonum est*. Philon s'accommode du platonisme pour évoquer l'ascension de l'âme et surtout pour concevoir la Bible comme une sorte de monde des Idées divines dont le discours assure la participation, mais il ne se fait pas un devoir de rester platonicien. Il combinera sans effort et sans doute sans précaution les règles du *midrash* avec les outils de l'allégorisation de type hellénique. On pourrait le considérer comme hellénisé. Mais tout aussi bien peut-on lui donner le mérite d'un rabbinisme classique. Rendre compte de sa méthode dans tous ses raffinements, c'est aussi servir la connaissance que nous pouvons avoir d'ailleurs des dialogues rabbiniques[5]. Les instruments pour ainsi dire indifférents qui lui servent à interroger le Texte ne valent que par leur utilité plus ou moins étendue. L'essentiel reste à ses yeux l'unité de l'Écriture. Elle forme pour lui un tout vivant, où l'ensemble comme les parties se présentent toujours dans l'harmonie naturelle. Philon considère l'Écriture comme le milieu de vie où l'intelligence la plus exigeante peut puiser la même force que la foi la plus simple ou la pratique scrupuleuse. Comme la *Sagesse,* le sage peut « jouer dans l'univers » des mots. Il traitera le Texte avec la confiance et l'enfantillage apparent de l'artisan. Mais celui qui n'aperçoit que la surface risque d'être déçu par la facilité où l'exégète semble se complaire. Il pensera que le discours sérieux est inexistant ; que tout repose sur un jeu d'associations plus ou moins heureuses et de sophistique. En parlant de « vie intérieure », il est alors à craindre qu'on ne sauve pas Philon. Car c'est le confiner dans un monde subjectif, chaud peut-être et violent, mais ennemi de la communication vérifiable. Certains diront que la « vie intérieure » peut répondre à une construction vérifiable : mais à quelle psychologie faut-il alors recourir pour trouver le bon système, à quel lot d'archétypes, d'arrière-plans symboliques, à quel arsenal psychanalytique ? Avant que la bonne clef soit trouvée, si elle peut l'être, le texte de Philon aura échappé. Nous sommes pour notre part persuadé qu'entre le relâchement d'une prédication associationniste et la fantaisie profondément dirigée du poème mystique, il règne sur les traités de Philon une *logique* tout à fait originale, sans mystère ni intériorité fuyante. Originale ne veut pas dire unique. Il ne s'agit pas pour nous de savoir ce qu'il imite éventuellement — ou du moins la question peut rester en suspens lorsqu'il s'agit d'une œuvre abondante, sûrement attestée et cohérente. L'œuvre de Philon attend une lecture préliminaire, qui ne la survole pas, qui ne la transforme pas en mine documentaire où chacun vient tailler les pierres de son édifice. Il faut une fois suivre ligne à ligne les sinuosités du discours. Cette lecture suppose simplement qu'on adopte le postulat de l'unité et de la cohérence : l'analyse fera droit ou non à ce postulat ; et la convergence des résultats constituera la preuve. En retour, notre analyse sera « préalable » : aucune lecture ne sera vraiment possible qui la contredise, si elle est avérée ; aucune lecture ne pourra la négliger complètement, s'il est vrai que nous mettons en lumière des données objectives et inévitables. Ce projet nourrit donc ambition et modestie. Modestie, puisque nous nous plaçons au seuil de l'interprétation, avant toute systématique, avant l'histoire des idées ou des méthodes, et que nous proposons un « *établissement du texte* » : une fois reconnue, la logique propre de tel passage s'impose comme un texte bien établi. Voici, dirons-nous, voici la forme littéraire, les limites, l'unité de tel passage, et un premier sens qui découle de sa forme : d'autres interprétations viendront enrichir par l'histoire et la comparaison ce premier sens, qu'il ne faudra jamais anéantir pour autant. Mais il y a toujours de l'ambition à vouloir rejoindre un sens premier. Le lecteur verra que ce sens premier n'est pas simple. Si nous nous sommes limités à une exploration élémentaire, austère à force de ténacité, elle nous a conduits loin en intensité sinon en extension. Le lecteur devra nous suivre pas à pas : il est aisé de présenter grâce à des points de vue synthétiques les aspects discontinus d'une pensée ; il est difficile de dégager la continuité d'un texte, parce qu'on n'a pas loisir de faire un choix. Aussi nos analyses paraîtront minutieuses, mais c'est leur projet même. Elles paraîtront subtiles, mais c'est qu'elles déterminent dans Philon des nervures essentielles, cachées souvent, mais fortes comme ces câbles d'acier qui supportent les constructions modernes de leur réseau sans épaisseur.

2. *Le temps d'exister*

Philon est subtil — avant nous. Mais c'est qu'il voit plus grandes des réalités que nous croyons moyennes ; qu'il parcourt des distances que nous croyons réduites. M. Proust était souvent loué pour la minutie de ses observations psychologiques : on le comparait avec éloge au physicien raffiné, détaillant de plus en plus les coupes microscopiques et distinguant dans l'infiniment petit. Il répondait que son instrument était bien plutôt le télescope : il savait qu'il observait le royaume de l'infiniment grand et qu'il déterminait des constellations et des distances effrayantes, comme entre deux étoiles qui, à l'œil nu, paraissent jumelles, mais qui, replacées dans la perspective, s'éloignent infiniment l'une de l'autre. De même les minutes de Philon révèlent-elles, au contraire de l'impression première, des dimensions formidables. La preuve philonienne consiste justement à montrer les distances des notions bibliques et leur gravitation réglée. Nous montrerons à notre tour que son art tient dans la capacité du raisonnement à prendre pour ainsi dire une expansion dans l'espace imaginaire. Cette expansion a pour corrolaire la *lenteur*. Pour Philon, le

lecteur ingénu qui ouvre la Bible *ne sait pas* que sa vérité subsiste dans
une capacité de se parler à distance. Le moyen, pour lui, d'éduquer ce lecteur n'est autre que de lui faire éprouver les dimensions énormes du
système que forme la Bible, sa propre lenteur et, par elle, son invitation à
ne pas juger trop vite. Philon s'arrange alors pour donner le *temps d'exister* à chaque mot, à chaque verset, à chaque détail de l'Écriture. Quand
il s'en sert, l'allégorie vient pour ouvrir un mot, découvrir en lui l'appel
aux similitudes variées : il le projette si loin dans le commerce des échanges qu'il lui fait prendre un volume inattendu. Trop souvent l'allégorie
est conçue à la manière d'une traduction : l'équivalent symbolique fournit
un point d'arrêt à l'esprit. Dans Philon, elle nous lance sur l'échelle des
variations et des distances. Les figures de la Bible finissent par composer
une exégèse en apparaissant dans une constellation réglée. La mémoire
du lecteur est nécessaire : les idées de l'Écriture sont étalées, disposées
suivant un ordre, à même le disours de Philon. Elles se soutiennent et se
« prouvent » les unes les autres. Les autres procédés de l'analyse tiennent
leur valeur de ce premier principe, le lent déploiement. L'harmonie naturelle de la conscience et du Logos a besoin, pour Philon, d'être recon-
struite *lentement*. La mémoire patiente fixe alors un certain nombre de
« structures ». Ce sont les structures que nous avons dénombrées. Car
Philon cache ce travail, souvent. Sa « tapisserie »[6] exige beaucoup d'attention, une accommodation du regard : c'est ce que nous avons pratiqué.
Philon obéit à tout le moins au principe général des allégoristes, et il va
jusqu'à imiter dans sa rédaction la Nature « *qui affecte de se cacher* ».
Mais ce qu'il ne dit pas expressément, il le confie à la lente formation des
structures.

La lenteur calculée prendra tout son sens aux yeux de notre lecteur au
fur et à mesure qu'il en verra l'application. Pour en faire comprendre
l'originalité, nous pouvons risquer une rapide comparaison avec l'allégorie augustinienne. Quand Augustin rapproche deux textes de la Bible,
qu'il allégorise leur contenu, qu'il prouve par exemple l'union en Jésus
du Verbe et de la chair, on peut montrer qu'il procède d'une manière
rapide, souvent même accélérée, raide, intellectualiste, comme nous
allons l'indiquer. Il prend pour but une notion, une vérité, une sorte
d'abstraction (les luttes doctrinales de l'époque, les définitions dogmati-
ques lui fournissaient une réserve abondante...). En même temps, il
aperçoit, plus loin, plus haut, une sorte d'Idée qui le hante, la forme
immense de l'*Ecclesia Christi* : à cette Idée il reconduit très vite toutes les
autres notions. Elle ne joue pas dans son texte le rôle que joue l'Écriture
dans celui de Philon. Le temps littéraire n'y a pas la même importance
constructive. Si l'on comparait les deux méthodes, on dirait de Philon
qu'il construit un cercle dont tous les points s'aperçoivent d'un bord à
l'autre, suivant une « raison » donnée ; et d'Augustin, qu'il fait partir
de tous les points autant de flèches vers le centre, qui reste immobile et
glorieux. Voici une exégèse d'Augustin, portant sur les mots « *Vidimus et
testes sumus* »[7]. Il évoque la langue grecque pour traduire « *testis* » par
« *martyr* » — c'est un des plus humbles procédés de l'allégorie. Il bâtit
ensuite une similitude de type rhétorique, dans l'échange de notions sui-

vant : « *Testes Dei sunt martyres. Deus testes habere voluit homines, ut et homines habeant testem Deum* ». Ce chiasme parfait, l'échange rhétorique sont des formes classiques. Mais ce n'est pas pour ces effets que nous avons choisi ce texte ; c'est en fonction de l'idéologie que reflète la méthode globale :

> « *Vidimus, inquit, et testes sumus. Ubi viderunt ? In manifestatione. Quid est, in manifestatione ? In sole, id est in hac luce. Unde autem potuit videri in sole qui fecit solem, nisi quia* in sole posuit tabernaculum suum, et ipse tanquam sponsus procedens de thalamo suo, exultavit ut gigas ad currendam viam suam ? *Ille ante solem qui fecit solem ; ille ante luciferum ante omnia sidera, ante omnes Angelos, verus creator, quia* omnia per ipsum facta sunt, et sine ipso nihil factum est, *ut videretur oculis carneis qui solem vident ; ipsum tabernaculum suum in sole posuit, id est carnem suam in manifestatione hujus lucis ostendit ; et illius sponsi thalamus fuit uterus virginis, quia in illo utero virginali conjuncti sunt duo, sponsus et sponsa, sponsus Verbum et sponsa caro, quia scriptum est :* Et erunt duo in carne una, *et Dominus dicit in Evangelio :* Igitur jam non duo, sed una caro. *Et Isaias optime meminit unum esse ispos duos : loquitur enim ex persona Christi, et dicit :* Sicut sponso imposuit mihi mitram, et sicut sponsam ornavit me ornamento. *Unus videtur loqui, et sponsum se fecit et sponsam se fecit ; quia non duo, sed una caro, quia* Verbum caro factum est, et habitavit in nobis. *Illi carni adjungitur Ecclesia, et fit Christus totus, caput et corpus.* »

Par Ambroise, Philon hérite lointainement de Philon... Mais le lecteur assidu de Philon voit tout de suite comme seuls les lambeaux de l'allégorie ont été assimilés. L'accumulation purement nominale des citations de la Bible ont quelque chose de touchant, une sorte de foi naïve dans la puissance de mots insulaires. Tout porte rapidement au but théologique, d'une théologie extrinsèque — le dogme de l'Incarnation — que l'Écriture n'a jamais envisagée sous cette forme. Tout se précipite vers la preuve. Tout vibre à côté de tout. Les citations sont harcelées par la théologie : leur nombre et leur nature interne ne sont soumis à aucune règle interne. Elles servent l'idée, au lieu d'en recevoir *lentement* la clarté, une position relative dans un système. Les habiletés, nous les retrouverons dans Philon. Philon ne se priverait pas de la dernière lecture : du moment que le texte d'*Isaïe* donne deux actions affectant deux personnes, l'épouse et l'époux, d'une valeur unique, la valeur royale, il en conclut à l'unité des deux personnes... Mais les analogies de détail ne font que mieux manifester la différence fondamentale entre les exégèses. Pour Augustin, l'unité hâtive de l'Écriture démontre le mystère du Fils de Dieu, qui en reste la finalité extrinsèque. Pour Philon, nous le répèterons en cours d'analyse, l'unité de l'Écriture se suffit à elle-même : elle se montre d'elle-même. Le système du progrès de l'âme remplace en un sens le système christologique et ecclésiologique d'Augustin ; mais il n'est pas le terme qui prend tout de vive force et presque au hasard. Le système moral imite patiemment la belle harmonie qui régit les figures bibliques. Elles sont le terme véritable, l'objet dont la sensibilité seconde du lecteur mesure progressivement l'extension. Il faut les mériter en les contem-

plant ; il faut les subir en les comprenant lentement. L' « idée » prend tout
loisir d'être, même si elle est cachée. L'âme apprend par son imitation le
temps d'exister et ces lentes correspondances qui font la vérité. Augustin
serre ; il court ; il frappe. Philon distend : il touche ; il dure.

II. Le temps de lire : l'évolution des figures

> « Ce qui partout ailleurs est un raidissement
> N'est ici qu'une souple et candide fontaine ;
> Ce qui partout ailleurs est une illustre peine
> N'est ici qu'un profond et pur jaillissement. »

Charles Péguy,
La tapisserie de Notre-Dame,
Prière de résidence.

1. L'image et l'imaginaire

C'est aussi que Philon manque totalement d' « images ». La proposition surprendra. Et pourtant, c'est à grand'peine qu'on isolerait une
comparaison qui ne sorte pas tout droit d'une lecture ou d'un cliché.
L'obsession de la Bible n'explique pas tout dans ce tempérament d'auteur.
Lorsque Augustin prend une comparaison, par exemple dans le dessein
de montrer à son bon peuple qu'on peut aimer un ennemi sans aimer son
vice : « *J'ai bien dit quelque jour à votre charité, si je ne me trompe :
Voilà du bois de chêne, là sous vos yeux ; un bon artisan a vu ce bois qui
n'a pas été travaillé, mais coupé dans la forêt. Il l'aime, et il veut en faire je
ne sais trop quoi. C'est qu'il ne l'aime pas pour le laisser comme il est. Par
son métier il voit ce qu'il sera, et non pas, dans son amour, ce qu'il est. C'est
ainsi que Dieu nous a aimés, nous aussi, pécheurs... »*[8], l'image prend une
existence autonome. On peut sans doute la considérer comme un souvenir
du fameux texte d'*Isaïe* ou de la *Sagesse*, décrivant la fabrication d'une
idole en bois... Mais l'improvisation semble avoir recréé quelque peu le
cliché. Rien de tel dans Philon. Et cependant, nous parlerons souvent
d'imagination ou d'imaginaire chez Philon. C'est qu'il est une autre
faculté des images, en-dessous de la première capacité à décorer l'expression. Elle consiste à soutenir devant les yeux de l'esprit comme en un
tableau une foule d'éléments de discours : idées, citations, exemples, qui
composent entre eux une harmonie, grâce à des relations que la distance
permet de varier et de mesurer, au lieu de les perdre. Pour comprendre le
discours de Philon, il est souvent nécessaire, non seulement de retenir par
la mémoire des éléments qui s'étirent sur plusieurs pages de nos éditions,
mais aussi de les situer dans un espace imaginaire, où leur économie *se
voit* mieux. La logique se double alors d'un « schème », qu'on peut définir
comme un intermédiaire entre la représentation et l'idée pure. Tout se
passe comme si Philon projetait d'emblée tout raisonnement sur une
courbe qui suggère évolution, mouvement, symétrie.[9].
Lorsque nous affirmons qu'il n'existe pas de « digression » dans les

traités, nous ne faisons qu'étendre cette observation. Elle forme à elle seule la moitié de notre étude. L'association d'idées n'existe pas, déjà, au sens où l'on pourrait la reprocher au texte d'Augustin, par exemple. Et la digression n'est jamais qu'une plage plus étendue de l'espèce « association ». Parfois elle en semble éloignée, puisque la digression importe une préoccupation étrangère au tissu du discours et que l'association enchaîne au contraire par une continuité fallacieuse. Mais à la réflexion, il faut convenir que toutes deux partent du même relâchement de la logique. Or, si l'on peut montrer dans un ouvrage comme celui de Philon que la soi-disant « association » n'est appelée ainsi que faute d'avoir aperçu le point focal d'où tout prend son sens unifié, on peut également supposer que la « digression » est appelée telle parce qu'on n'a pas situé avec précision le type de relation qui rattache les éléments nouveaux à la suite d'un discours ordonné. Cette vérité de bon sens critique est parfois méconnue, en dehors même de Philon. Pour ce qui nous regarde, disons que le « schème » imaginaire, frère plus coloré de la logique, donne aux « égarements » de Philon la stricte liberté et la nécessité fantaisiste. Les schémas dont nous avons fait suivre tel ou tel chapitre d'analyse veulent simplement rappeler cette modalité de l'invention philonienne.

2. L'exemple du Quod deterius

Mais pour que le lecteur apprenne plus vite ce que de longues introductions ne feraient que compliquer, nous allons donner un exemple. Il vient d'un ouvrage de Philon éloigné du cycle d'Abraham. Ces pages du *Quod deterius,* commentées plus sommairement qu'elles ne le méritent, mais par les moyens d'analyse dont nous ferons un constant usage par la suite, peuvent comme tant d'autres prétendre au qualificatif d'« exemplaires ». Nous y trouverons les thèmes importants, l'action des procédés philoniens, en particulier la fiction de l'itinéraire moral et l'appel au « schème », œuvre et soutien de la mémoire, la *lenteur.*

L'organisation des figures et l'itinéraire spirituel dans le Quod deterius, § 119-140

La surprise, la déception doivent exciter le lecteur de Philon à regarder de plus près les endroits qui les ont fait naître. Un développement d'apparence étrangère au contexte permet souvent d'apercevoir un pays plus vaste et mieux tracé qu'il ne semblait. Il ne s'agit d'ailleurs pas de se contenter d'établir entre ce développement surprenant et le sujet du traité, par exemple, un lien trop lâche ou une connivence si discrète qu'ils se retrouveraient à peu près partout. Non, un rapport strict et précis, bord à bord, rattache les « digressions » à leur point d'ancrage. C'est ce que nous montrerons sommairement en choisissant dans un traité éloigné des cinq dont la matière de ce livre est faite, le *Quod deterius potiori insidiari soleat,* un passage étrange : Philon y introduit soudain la rencontre d'Aaron et de Moïse et déploie (comme par association) une exégèse destinée à célébrer l'harmonie qui doit rapprocher la pensée et le verbe (§ 126 à 137).

Cette harmonie est « *joie* ». Or, à regarder d'un peu plus loin, Caïn, sujet du traité, n'est-il pas atteint de la malédiction qui le montre « *en proie à la tristesse et à la peur* » ? Ce premier couple de contraires moraux, *tristesse* et *joie,* pourrait situer d'autres éléments, et de proche en proche nous ouvrir une interprétation ambitieuse. Où sommes-nous ? Dans la description des châtiments de Caïn. Ils l'atteignent à la fois sur la terre et dans le ciel, si l'on peut dire : il est abandonné de Dieu (§ 141, jusqu'à la fin du traité) ; mais il est tout d'abord « *maudit du côté de la terre* » (§ 96 à 140). Par l'appel des contrastes, cette malédiction entraîne une série d'apparitions : d'autres personnages bibliques, Noé, Sara, Isaac, Moïse accompagné d'Aaron, Énos enfin, opposent tous au sinistre meurtrier d'Abel le rayonnement d'une vertu contraire. Plus précisément, si Caïn connaît la « *tristesse* » et la « *peur* », les héros de Dieu incarnent une « *joie* » ou une « *espérance* » paradisiaques auprès de l'enfer qui mure Caïn. C'est ce développement qui occupe les § 119 à 140 du *Quod deterius* et que nous avons décidé de mettre en valeur, sobrement puisqu'il suffira d'en manifester le caractère concerté, le « schème » imaginatif.

Une inclusion évidente délimite ce qu'on peut appeler un « chapitre ». Les mots-clefs de la citation biblique, « *tristesse* » et « *peur* », apparaissent dans le § 119, pour revenir au § 140 : ils encadrent le raisonnement. Partis de Caïn, nous le perdons de vue durant un long espace, pour le retrouver au terme. À vrai dire, les mots de l'Écriture étaient exactement ceux-ci : « *gémissant et tremblant* », mais le système classique des quatre (passions) de l'âme s'offrait de lui-même pour engendrer l'allégorie : « *gémissant* » devient aisément « *triste* », et « *tremblant* » aboutit sans effort à « *peureux* ». Par ce biais, les deux passions négatives livrent accès à leur contraire : l' « *espérance* » et la « *joie* ». Mais Philon ne s'en tient pas à cette opposition rhétorique et morale. Le lien formel ne lui permet pas seulement d'ouvrir le dossier des personnages que Dieu bénit, mais d'en exploiter une suite ordonnée selon la logique de l'Écriture et de ses expressions. Logique dit relation intérieure : il existe un rapport entre Caïn et le premier modèle des favorisés, Noé. Car ce dernier porte un nom qui se traduit par « *Repos* », ou mieux par une formule : « *Il nous fait reposer loin de la terre que le Seigneur a maudite* ». La malédiction du sol a frappé Caïn. On pourrait imaginer que Philon se contente de cette opposition : Noé se trouve placé au terme d'une dialectique dont Caïn marque le début, par sa malédiction. Mais en fait, Noé, nous allons le constater, Noé qui voit se défaire la malédiction contractée par la terre avec Caïn, n'est pourtant pas présenté comme le contraire de Caïn en tous points. Philon, au § 120, a soigneusement précisé que *joie* et *espérance* regardaient respectivement le présent et l'avenir. Il se glisse du même coup une distance entre les deux sentiments, entre les deux états, et Philon respecte cette distance, lui fait droit, en prépare *lentement* la reconnaissance, en prévoyant un itinéraire où les étapes seront marquées avec soin. Le rapprochement « intellectualiste », spéculatif, entre Caïn et Noé ne l'intéresse pas tant que l'étoffe patiemment historiée d'une tapisserie...

Dans le panneau tissé à cette occasion, nous commencerons par le centre, pour éviter nous-même toute précipitation. Il s'agit de la rencontre de Moïse et d'Aaron, de leur « *joie* », du confort né d'une pensée en harmonie avec son expression.

a) La joie du présent éternel (§ 123 b à 137) :

Ce passage impose sa loi à l'ensemble de la liste, ne fût-ce que par sa longueur. On devine rapidement que Philon ne songeait pas simplement à jeter des « exemples » dont le nombre ou l'autorité démontreraient une thèse. Il veut composer une pièce importante dans l'économie du traité. N'est-ce pas à partir d'Isaac, la nature parfaite, que nous sommes conduits jusqu'à Moïse maintenant, et qu'avec Moïse nous suivons à l'intérieur du « langage » une sorte de philosophie développée ? Le lecteur, pressé ou surpris par le tour que prennent alors les choses, croira sans peine à l'égarement, c'est à dire à la digression. Plus méfiants, nous allons d'abord observer la suite exacte des notions.

Pour commencer, nous dirons que le personnage mis en cause dans les §123b à 125 est Sara, relayée, expliquée par Abraham ; l'Isaac dont il est également question ne figure là qu'au titre d'objet : Abraham est le *père d'Isaac*, et Sara à cause d'eux *se réjouit* — ce qui est la traduction biblique du nom même d'Isaac. Bien mieux, le §124b et le §125 restent dans le même horizon. Ils commentent le texte de la *Genèse*, ch. 21, v. 6 : « *Le Seigneur a fait pour moi le Rire ; et tous ceux qui l'entendront se réjouiront avec moi* ». Ceux qui « entendent » ainsi le Rire sont bien les âmes *aptes à entendre la poésie de Dieu*. L'activité « *poétique* » de Dieu renvoie à la formule également évoquée de la Création : « *Le Seigneur a fait...* ». Augustin se réjouirait à dire là aussi un peu de grec pour démêler devant son bon peuple l'art divin et la joie bondissante du salut. Pour nous, pour Philon, il n'y a pas de solution de continuité entre le début et la fin du §124.

Et l'insistance soudaine mise par l'exégèse sur cette poétique — Κύριος ἐποίησεν — et sur l'heureuse audition de la « joie » qui lui est associée, contribue à faire du couple de Sara et d'Abraham en présence d'Isaac, le Rire, une réplique anticipée du couple heureux par excellence, celui que formeront bientôt Moïse et Aaron, son frère. Moïse est sur le même plan théorique que le fils de la promesse, Isaac ; Aaron, sur le même plan que les parents, Sara ou Abraham. Après l'image, voici le modèle. Voici la grande analyse de la rencontre que Dieu ménage, ordonne et réussit entre Moïse et son « prophète », Aaron ; entre la pensée divinement inspirée (ou l'Idée) et le langage exprimé.

Les §126 à 137 analysent donc terme après terme le texte de l'*Exode*, ch. 4, v. 14 : « *N'est-ce pas là Aaron, ton frère, le Lévite ? Je sais qu'il parlera pour toi ; et voici que lui, il sortira à ta rencontre : à te voir, il se réjouira en lui-même* »[10]. Dans le commentaire, on peut reconnaître trois chefs principaux, qui correspondraient, pour faire bref, à trois études successives : une première analyse (les §127 et 128), d'ordre *psychologique*, fait mention des nécessités qui rattachent la pensée à l'expression, celle-ci

aidant la première sans se contenter de la suivre servilement. Une deuxième analyse (celle des § 129 à 131) exige que la parole reste dans son rôle
subalterne : simple interprète de la pensée, elle ne peut tout de même
évoluer seule ; toujours pressée par nature, prompte à se manifester, son
flot impétueux risque toujours de déborder[11] et de compromettre gravement l'harmonie. Cette section peut être dite *morale,* si l'on veut y voir
la critique des sophistes, ou plus simplement de tout abus de la parole.
La troisième (qui recouvre les § 132 à 135) atteint le domaine *religieux :*
une barrière sépare la Parole de Dieu de tout langage impie, ce qui permet
au langage saint de « rencontrer » en vérité la perfection. La première
période rend compte des mots du texte de base : « *Il parlera pour toi* »,
en interprétant le datif, λαλήσει αὐτός σοι comme un datif d'intérêt ;
la deuxième explicite les mots « *à ta rencontre* » par le verbe de mouvement « extatique »[12], « *il sortira* », de sorte que la rencontre donne toute
la valeur à Moïse ; la troisième section, enfin, s'arrête sur la précision
capitale apportée par la Bible : « *Aaron, ton frère, le Lévite* » : elle corrobore le désintéressement d'Aaron tel que l'a supposé la seconde section,
puisque, par définition, le Lévite est « *à Dieu* » — Caïn, le monstre dont
nous méditons le sort, n'est-il pas tout consacré à soi-même ? Aussi, la fin
de l'exégèse revient au thème prévu depuis le départ, la « *joie* » d'Aaron,
mais en réduisant la signification de la formule : « *il se réjouira en lui-
même* », où le mot « *en lui-même* » risquerait de ressusciter Caïn symbole
de l'autarcie. Philon précise alors qu'on doit entendre l'expression en ce
sens, édulcoré, d'une joie qui ne saurait se goûter à partir des « *biens
secondaires* », mais seulement des valeurs ayant leur place *dans l'âme,* les
« *biens premiers* ».
    Faut-il mettre cet exposé ordonné, progressif, gonflé d'allusions, au
compte d'une seconde digression incluse dans une première divagation ?
Mais, loin de constituer un produit de la libre association, ce chapitre
prend place dans le traité. Qu'il suffise d'indiquer ici que le *Quod deterius*
démontre l'utilité de la rhétorique ; et Philon opère ici la mise en place
des règles du langage juste. En ce sens, le personnage principal en est
Aaron, dans son rapport intime avec Moïse : Moïse combat les sophistes
égyptiens ; Aaron sera son truchement, puisqu'il parle, quand son frère est
embarrassé de langue au point de s'excuser auprès de Dieu : « *Je ne sais
pas parler ; envoie quelqu'un d'autre* ». Abel — c'est le sujet de la première partie du traité — Abel s'est laissé détruire, lui qui incarne la vertu,
par la sophistique de Caïn (en particulier, les § 32 à 37, commentaire de
l'imprudence qui fait qu'Abel s'engage sur la plaine, à découvert). Au
contraire, Moïse refuse de rencontrer les sophistes tant qu'il ne voit pas
son frère Aaron à ses côtés (§ 38 à 44). Dans ce débat sur l'utilité de la
rhétorique ou de l'éloquence, le chapitre possède tout l'à-propos désirable. Cette première réponse, pour nécessaire qu'elle soit, juste de surcroît et solide en dépit de sa généralité, n'explique pas tout. Et elle ne dit
pas exactement pourquoi Philon a choisi cet endroit pour amener l'anti-
Caïn, et pris ce thème de la « joie », secondaire en apparence, pour célébrer le juste emploi de la dialectique. L'analyse du chapitre en son entier
nous permettra d'apporter une précision supplémentaire.

L'idée qu'il existe une construction précise et efficace peut déjà naître à la simple observation que les trois étapes décrites ci-dessus possèdent entre elles des liens et une progression. L'analyse (psychologique) montre la profonde unité du langage et de la pensée ; l'analyse (morale) donne une règle à cette réunion en soumettant la parole à la pensée : la réalisation de l'être de la parole, plus passif qu'actif, lui procure la « joie » (§ 129b) ; à partir de là, l'interprétation (religieuse) vient naturellement, qui accorde au langage des titres de noblesse supérieurs en faisant de lui l'interprète de la Parole divine. Une sorte de naissance, de constitution en soi-même, passe par le renoncement d'une mort qui prépare l'exhaussement[13]. Cette dialectique sert d'une manière générale dans l'itinéraire spirituel qui est à Philon ce que l'*Ecclesia* représente pour l'écriture d'Augustin[14], et ce n'est ni banalité ni merveille si nous la trouvons ici. Quoi qu'il en soit, restons-en au point acquis. Une sainte et puissante rhétorique existe déjà : c'est, qui plus est, la *Loi* ; elle vient, soudaine comme la révélation dans Platon[15], et Philon nous en informe. Il la lit dans les « *décrets divins* » (début du § 133). A la montée subjective des personnages la Loi donne le sceau, la substance de la réalité objective.

Tout cela est fort bien, mais un peu insulaire. Il est temps de tirer cette apparition de son aura miraculeuse, et de redescendre pour discerner alentour les degrés d'une logique plus large, tout aussi simple, moins visible peut-être.

b) De part et d'autre : Noé, Énos ; le passé, l'avenir

Les lenteurs

Il ne sera pas inutile de mettre sous les yeux du lecteur une synopse de tout le développement qui regroupe les deux attributs du sage, cette « *joie* » et cette « *espérance* » qui font pièce au malheur de Caïn, à sa « *peur* », à sa « *tristesse* ».

CAÏN: *tristesse et peur*	§ 119
≠ le SAGE: *joie et espérance*:	§ 120
a) *JOIE* 1) repos, apporté par NOÉ	§ 121-123
2) joie de Sara (ISAAC = Rire)	§ 124 a
3) joie des auditeurs de Dieu-poète	§ 124 b-125
4) joie du langage, AARON:	
— psychologie	§ 127-128
— morale	§ 129-131
— métaphysique	§ 132-134
joie *en soi-même*	§ 135-137
b) *ESPÉRANCE* ÉNOS	§ 138-139
CAÏN: *tristesse et peur*	§ 140.

Caïn, présent au début, revient inchangé à la fin. Entre-temps, nous avons suivi une ligne simple, rhétorique, prenant argument des deux ver-

tus qui ornent le sage, la *joie,* puis l'*espérance.* Mais ce tableau ordonné
n'est que provisoire. Son apparente régularité néglige le détail ; et le
détail importe ici, surtout quand il concerne les transitions. Nous devrons
en particulier retoucher le passage entre les figures de Noé et de Sara,
comme entre Sara et les auditeurs du Dieu-poète, qui nous conduisent
enfin à la rencontre de Moïse et d'Aaron. Nous devrons nous interroger
sur l'équilibre des masses, observer que le partage entre les deux vertus,
symbolisées par Noé puis Énos, est loin d'être équitable : l'*espérance* de
la fin n'a pas droit à autant de considération, semble-t-il, que la *joie* (les
§ 138-139 font l'affaire, contre les § 120 à 137).

Prenons cette dernière remarque : si l'*espérance* ne reçoit pas un développement comparable à celui de la *joie,* la raison en est peut-être dans le
fait que l'exégète nous a quelque peu égarés en formulant une division
rhétorique satisfaisante : « *Nous avons montré,* reprend-il même au § 138,
*que la joie appartient en propre au sage ; montrons maintenant qu'il en est
de même pour l'espérance* »[16]. Si, au lieu des thèmes prévus, joie et espérance, le lecteur de Philon prend comme points fixes les personnages
bibliques, l'équilibre devient bien plus satisfaisant. Énos répond alors à
Noé, dont le sort littéraire apparaît même identique, puisque chacun
reçoit 18 lignes de commentaire. Sans préjuger du résultat où conduisent
de pareilles observations, il est nécessaire de les poser. Le schéma se
corrige donc de la manière suivante, en ce qui touche aux extrémités, du
moins :

CAÏN	*tristesse et peur*	§ 119
NOÉ .../...		§ 121 à 123
.../...		
ÉNOS (*espérance*)		§ 138-139
CAÏN	*tristesse et peur*	§ 140

Peu importe pour l'instant que l'*espérance* d'Énos ne corresponde plus
qu'avec le *repos* de Noé. Nous verrons que leur symétrie « réelle » n'est
autre que celle de l'avenir et du passé. Nous pouvons déjà recueillir de
cette dérogation commise envers une certaine logique un enseignement
symbolique. Le personnage négatif, Caïn, n'a pas d'histoire, pour ainsi
dire. Sa figure est stéréotypée, immobile ; tel il est au début, tel on le retrouve à la fin. Au contraire, le juste engendre toute une histoire, des
figures multiples qui l'enrichissent et le révèlent. Ce n'est donc peut-être
pas un hasard si Énos, porte-enseigne de l'*espérance,* à la fin, ouvre
« *le livre des origines de l'humanité* » (§ 139) : Noé, dans la première triade
mystique, d'Énos, Énoch et Noé justement, Noé ferme et parachève cette
première Idée de la vertu, que la seconde Triade, d'Abraham, Jacob et
Isaac, mène de l'ombre à la lumière. Entre les deux patriarches la connivence permet, quand ils sont l'image, terminée mais dépendante, de loger
le modèle achevé. Nous verrons même plus loin pourquoi Énos, le premier
des trois premiers, paraît au bout du raisonnement, laissant à Noé, le
dernier, le père d'Abraham[17], le soin d'ouvrir la liste des belles figures.

Nous n'avons pas précisé sur le schéma précédent la qualification qui vient à Noé de son blason. C'est à dessein, car Philon n'a pas voulu introduire immédiatement le thème direct de la « *joie* », pourtant annoncé au §120. Il nous retient un instant sur le palier intermédiaire, celui du « *repos* » : c'est un stade où les dispositions ennemies de la joie, à savoir les « *chagrins* » mérités par Adam, perdent leur virulence. Du coup, le dessein de Philon se révèle plus clairement : il veut privilégier le thème de la « *joie* », qui va donc occuper le cœur du chapitre ; mais non point brusquement, comme l'eût peut-être accepté Augustin, mais en le préparant, en le reconduisant : l'*espérance* d'Énos assurera la fermeture ; le *repos*, Noé l'introduiront patiemment. En cela, Philon assouplit de deux manières l'annonce du §120 : il ne traitera pas à égalité les deux vertus qui font à égalité la tranquillité du sage, « *joie et espérance* » ; d'autre part, un thème nouveau, même s'il est connexe, s'interpose, celui du « *repos* ». Deux personnages bibliques, Noé, Énos, vont rendre acceptables et même esthétiques ces dérogations. De surcroît, ils confirmeront ce que nous avons présumé naguère : à l'immobile destinée du méchant Caïn s'oppose l'histoire du juste, puisque sa joie connaît des époques, une sorte de vie, dont la première étape se lit dans le modèle de Noé.

La transition de Noé jusqu'à Sara, sur laquelle nous nous interrogions aussi, se trouve éclairée. Il suffit de ne pas oublier que les §123b à 125 ne mettent pas tellement en scène le personnage idéal d'Isaac, mais plutôt celui de Sara. De fil en aiguille, nous tenons la solution d'un autre problème laissé en souffrance, le passage de Sara au langage d'Aaron. L'exégète s'est emparé du texte de la *Genèse,* ch. 21, v. 6 : après avoir très sommairement expliqué ces mots : « *Le Seigneur a créé pour moi le Rire* » par la référence à la paternité divine, il poursuit : « *Si quelqu'un est capable d'entendre la'création' de Dieu, il est lui-même dans la joie, et il partage la joie de ceux qui l'ont d'abord entendue* » (§124b). Sara proclamait Dieu ποιητής, créateur de son fils, du rire, Isaac ; Philon insiste sur la fonction ποιητική de celui qui rassemble art et nature, Dieu, et il l'entend désormais dans le sens d'une création lyrique et « poétique ». Mais c'est que le passage est rendu possible par la lettre de la Bible : « *Tous ceux qui l'entendront se réjouiront avec moi* » (ibid. v. 6b). Les §124b-125 ne font que poursuivre l'exégèse du verset proposé dans la fin du §123[18]. Par choc en retour, Sara, qui proclama pour des auditeurs avertis la « poétique » divine, invite ces auditeurs à se transformer en prophètes, pour célébrer comme elle les mystères de cette création. Le texte de la Bible ne dit-il pas lui-même ensuite : « *Qui dira à Abraham que Sara allaite un fils ?* » ? Du trop-plein de la connaissance rejaillit la volonté ou la nécessité de la communiquer par la parole. De la sorte, le passage des auditeurs de Sara à la rencontre de Moïse et d'Aaron procède, lui aussi, d'une exégèse suivie. On devra même aller un peu plus loin et comprendre encore que la définition de la « *poésie* » divine comme Loi — ces « *règles de la vérité gravées sur la pierre* » — et comme œuvres de la Nature, définies comme « *parfaites, avec l'héritage d'une harmonie propre* », cette définition annonce depuis le §125 le personnage de Moïse, législateur et scrutateur véridique de la Nature des choses.

On voit donc la précision et l'ordre régner partout, et précisément à cette jonction décisive entre le passage de Sara et celui d'Aaron, qu'un tableau présentera mieux :

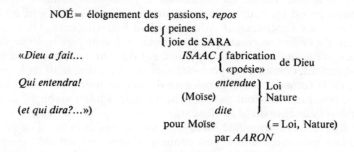

À gauche, la séquence scripturaire lue dans sa suite régulière. Si la troisième proposition, « *et qui dira ?* », figure en parenthèse, c'est que Philon ne la cite pas : il se devait de la garder implicite, puisque le thème de la « *joie* » exige désormais qu'on enchaîne des citations contenant le substantif de la « *joie* », ou le verbe « *se réjouir* ». Mais le verset « *et qui dira ?* » reste en filigrane, comme souvent dans Philon, et il anime un autre texte: la rencontre d'Aaron et de Moïse calque, exagère et donc explicite celle des « prophètes » suscités par Sara avec Sara elle-même... De là, cette osmose des deux systèmes : le texte sous-entendu, « *et qui dira ?* », permet l'apparition du texte de l'*Exode,* et l'un des personnages de l'*Exode,* celui qui est, comme Sara, situé du côté de l'oreille, de l'intelligence directe des réalités divines, c'est à dire Moïse, est précédé dans le discours progressif de l'Alexandrin par son ombre comme le voyageur qui se présente à la porte contre le soleil couchant. Moïse explique seul la traduction de la « poétique » divine en Loi et en Nature. La phrase de Sara, « *Qui dira ?* », définit par avance et dit seule ce qui, en Moïse, obligera son frère Aaron à se montrer, car Moïse demandera lui aussi : « *Qui parlera pour moi ? Qui dira pour moi ?* ». Le contenu de l'*Exode,* Moïse, est anticipé au §125a ; l'expression de la *Genèse,* ch. 21, v. 7, absent et actif, subsiste discrètement dans le §125b :

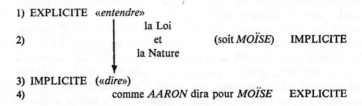

À travers ce contrepoint subtil de l'exégèse apparente et cachée, le thème de la « *joie* » suit son chemin, d'un rythme constant : joie de Sara ; joie des âmes capables d'« entendre » la poétique de Dieu ; joie des « prophètes », qui déjà expriment ; joie d'Aaron, expression par excellence du secret de Moïse... On ne serait pas loin du vrai en pensant même qu'ici la forme littéraire de l'exégèse mime le contenu et cette correspondance discrète des personnages saints. La « raison » du jeu précédent doit être lue plus simplement comme suit :

explicite	*«entendre»*	⎫
implicite	*MOÏSE*	⎭
implicite	*«dire»*	⎫
explicite	*AARON.*	⎭

Une alternance des conditions de l'exégèse assure en sous-main la cohérence et l'harmonie du discours.

c) Le temps

L'économie générale du chapitre peut maintenant montrer toute son efficacité, sa subtile simplicité, ses lenteurs. Placés sous le signe d'*Isaac,* ses père et mère (qui sont Abraham et Sara) participent à la présence de Dieu. Ils sont, à en croire le § 120, en possession de la « joie ». Or nous apprenons aussi que « *la vie vertueuse qui a fait l'acquisition du bien, détient la joie* », par contraste avec celle qui n'en est qu'à l'espérance. Mais l'insertion de NOÉ complète le tableau et le nuance. Car, s'il est par définition le « repos », il l'est en quelque sorte négativement : il fait cesser la lutte et relâche les tourments du vice ; en ce sens, il est tourné vers le *passé,* et son existence forme une sorte de barrage moral entre le Mal qui a nom Caïn et un Isaac, décidément parfait. Le § 123b ne dit-il pas au moment de présenter Sara : « *Quand le juste a repoussé les vices...* » — ce qui suppose que l'étape de purification est accomplie, en Noé précisément.

À l'autre bout du texte, voici ÉNOS, qui « *espéra pour la première fois invoquer le nom du Seigneur* ». Cette définition du patriarche, toute due à la Bible, possède aux yeux de Philon plusieurs mérites (nous sommes aux § 138-139). Tout d'abord, elle rattache Énos à la fin du commentaire donné au personnage d'Aaron, car la sublimation du langage en Loi nous a fait parvenir jusqu'à Dieu dont il faut exprimer la Parole ; or, maintenant, l'*espérance* de celui qui est aussi traduit par l'*HOMME* a pour objet « *l'invocation du Nom du Seigneur* ». Cette finalité théocentrique définit non seulement l'espérance, mais l'essence de l'homme. Ainsi défini, par l'« extase », la « sortie de soi », que demande la vertu d'*espérance,* Énos est orienté vers l'*avenir.* Sans doute oppose-t-il la reconnaissance du Nom de Dieu à la caricature de l'homme telle que Caïn la compose, faite de tromperie et surtout de ce qui lui donne son nom, la « *possession* » autonome de soi ; sans doute le retour de Caïn, au § 140, se fait-il tout naturellement grâce à cette opposition claire, car celui qui croyait « posséder » n'a plus rien à lui que ces marques de l'absence fournies par la *peur* et la *tristesse,* quand l'Homme accompli par sa démission devant Dieu « *obtient en partage et a* » tous les biens (début du § 140). Mais Philon surveille aussi l'indice temporel : la division annoncée au § 120 assignait à la « *joie* » le temps du *présent*, ce qui revient à conjuguer (au présent), si l'on peut dire, la vérité des personnages centraux, Sara et Abraham, éclairés par Isaac ; Aaron, d'autre part, mû, éclairé, heureux grâce à Moïse. L'*avenir* est le lot du patriarche Énos, puisqu'il a partie liée avec l'espérance, tout comme Noé garde quelque chose du « *passé* », dans la mesure, qui est grande, où il nous fait « reposer » des agitations du vice. Énos et Noé, l'un au début, l'autre à la fin du chapitre, occupent des places symétriques. Un indice supplémentaire attire alors l'attention : ils sont tous deux reliés finement au thème central du Logos-langage. Si Aaron exprime en mots et en sons les idées perçues de Moïse, nous voyons au début que Noé prend le rôle du « *raisonnement juste* » — ὁ δίκαιος λογισμός; tout à la fin Énos, par opposition à l'être qui n'espère pas en Dieu, est défini comme « *participant à la nature raisonnable* », où joue l'ambivalence du logos : λογικῆς φύσεως. Et tous deux, ils entourent donc sans y habiter la demeure immobile de l'éternité : Isaac et Moïse font entrer Abraham et Sara, puis Aaron, dans cet instant présent de la « *joie* ». Et Philon a bien voulu représenter toutes les étapes de la marche vers Dieu : « *Le premier effet de la justice*[19] *est de remplacer un travail pénible par le repos* », est-il dit au § 122.

Le « présent » des personnages centraux participe de l'éternité divine qui les éclaire constamment. Les deux figures symétriques, de Noé ou d'Énos, sont inscrites dans l'histoire : Noé rachète le « passé » ; Énos hérite de l' « avenir ». Mais à cette logique du temps Philon a surajouté une logique de la logique, pour ainsi dire : au centre Aaron représente le λόγος προφορικός; au début, Noé dit le raisonnement juste, λογισμός[20] ; au terme, Énos bénéficie de ce qui rend le langage correct, la λογικὴ φύσις. Nous pouvons représenter sommairement ces systèmes autour des personnages qui les servent ; on le voit, la suite linéaire du début a cédé la place à une construction de mémoire, lente et complète, massive et par là résistante.

décrets divins (LOI)
MOÏSE

AARON,
le λόγος προφορικός

SARA	*(ISAAC)*	*ABRAHAM*
«entendre»	JOIE	«dire»
NOÉ λογισμός		λογικός *ÉNOS*
«*repos*»		«*espérance*»

PASSÉ	PRÉSENT	AVENIR

Or, à qui poursuit dans cette direction il apparaît qu'entre Noé, situé au début de l'itinéraire, et Énos qui en clôt l'évolution, il s'est passé quelque

chose, un progrès. Et, du même coup, nous pouvons interpréter plus
fermement la répétition, au début et à la fin du chapitre, des propos qui
définissent Caïn : c'est le signe d'une immobilité fallacieuse. Pour Caïn,
il n'arrive rien. La *tristesse* et la *peur* semblent dans leur monotonie
épuiser la réalité du personnage. Sa fixité caricature l'immobile richesse
de Moïse ou d'Aaron, reflet elle-même de la splendeur de la Loi. Noé,
puis Énos, se rattachent d'une façon originale à Caïn. Le premier met un
terme à ses folies ; le second contredit son autonomie trompeuse. Noé
abolit la « *malédiction de la terre* » qui frappe Caïn ; Énos « *possède* »
dans la dépendance à l'égard de Dieu tout ce que l'usurpation de Caïn ne
lui procure pas. Énos et Noé dominent Caïn, pour l'annuler ; mais ils le
font dans une ronde salutaire, donnant la main, l'un à Sara, l'autre au
Lévite Aaron. Caïn, pour sa part, ne rejoint que lui-même, et son autonomie tourne à vide. Le « passé » en Noé aborde au « présent » ; l' « avenir » d'Énos lui est versé en arrhes, puisque l'Homme ainsi défini déjà
« *possède et obtient* » : par là, ce futur revient au présent, dominateur,
immobile, mais actif. Au contraire, la durée qui prolonge les misères
de Caïn cerne un présent inutile et faux. La *tristesse* le rive à une expérience mauvaise du passé ; la *peur* le cloue devant un avenir formidable.
Il nous importe de marquer cet aboutissement en complétant le schéma
précédent :

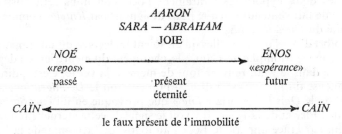

Car, si nous avons répondu par les faits à la question de savoir pourquoi
Noé précédait Énos dans la série des patriarches (il délivre du mal, du
déluge ou de Caïn, alors qu'Énos retient à la fin Caïn de revenir à la
charge : il « *invoque le Nom de Dieu* » comme le Lévite Aaron est tout
entier consacré à Dieu), nous n'avons pas encore justifié la place de tout
ce chapitre dans le traité. Indiquons d'un mot une économie qu'il serait
hors de propos d'élucider dans une introduction.
    Les deux parties du traité, l'une consacrée au meurtre d'Abel, l'autre
au châtiment de Caïn (respectivement, les §1 à 95, et les § 96 à 178), sont
fondées de manière réciproque : la première décrit en fait l'*apparence* —
et son centre spécule explicitement sur ce thème (§47 à 56) — alors que
la seconde décrit la *réalité* — et le centre explique le « rien » auquel Caïn,
vainqueur[21] de son frère, est voué, un « rien » que la fin du traité immor-
talise paradoxalement (§177-178) pour sauver la réalité du Mal dans
l'apparence de sa disparition. Aussi la « réalité » dernière de la rhétorique
sainte ne paraît-elle que dans la seconde partie. Le lecteur voudra bien

considérer que ce point est prouvé par le simple phénomène suivant, qu'il est loisible de vérifier rapidement : deux fois le *Quod deterius* évoque l'exemple d'Aaron donné en interprète à Moïse. Or ces deux développements, en principe semblables, sont aussi dissemblables : le premier philosophe, pour ainsi dire, et il donne en clair des règles du bon usage de l'expression pour lutter contre les sophismes (ce sont les §38 à 44) ; le second, que nous venons de lire, s'enfonce non plus dans la philosophie mais dans l'épaisseur et la lenteur des figures bibliques : il monte une dialectique raffinée. C'est seulement avec ces pages que la réponse est donnée ; que le langage est pleinement justifié, posé entre l'indépendance abusive et le silence impuissant. Et, ressemblance étrange, qui autorise en seconde position toutes les tentatives pour interpréter Philon au nom de la rigueur et de la patience d'imagination, les deux pages qui prennent le personnage d'Aaron comme thème se trouvent, l'une, juste avant ce que nous avons dit être le « centre » de la première partie (les § 47 à 56, où Philon discute la réalité du meurtre d'Abel), et l'autre, avant le centre de la seconde partie (les §141 à 149). Le lecteur retrouvera plus d'une fois ces deux rythmes de l'exégèse, qui prend appui une première fois sur la « philosophie », disons sur la considération morale, une seconde fois sur les mystères de l'Écriture : la seconde expérience de « raison » accomplit toujours la première opinion. Mais rarement l'intervalle est aussi grand entre les deux hypothèses ; rarement l'occasion nous sera aussi bien donnée de faire entendre ce que nous désignons par *lenteur,* comme dans ce traité du *Quod deterius.*

La mort d'Abel n'est, quelles qu'en soient les leçons, qu'une apparence, et de même le triomphe de Caïn ; le châtiment du meurtrier, en dépit de sa survie dans le Mal, renvoie tout de même à la vérité, c'est à dire à la récompense du juste, c'est à dire, si l'on en croit le *De migratione Abrahami*[22] ou le *Quis heres,* à la « *joie* » que provoque en lui l'accompagnement de l'Idée et du langage. Il y voit le signe de cette éternelle réduplication qui par grâce apparie le Logos au logos, qui accommode la beauté du monde subsistant à la joie de l'âme, l'existence à la lecture de la Parole de Dieu. Les « blancs » de l'Écriture sont alors marqués et parcourus ; la continuité du discours philonien du même coup, manifestée, sauvée.

III. L'EXISTENCE DU LIVRE : LE TRAITÉ COMME UN TOUT

> « *Ainsi le coin fend le bois par la pointe.*
> *Ainsi quand les soldats veulent monter à l'assaut,*
> *Quand ils vont monter au moment même ils font une pointe,*
> *un avancement*
> *Un toit de leurs boucliers et quelquefois de leurs corps,*
> *Ainsi le front du bélier enfonce la plus lourde porte.*
> *Et les caravelles de la deuxième flotte*
> *Sont comme des colombes blotties dans la main.* »
>
> Charles Péguy, *Le mystère des saints Innocents.*

Il est donc vrai, pour qui prend le temps de lire, que l'ouvrage de Philon connaît cette double position de l'armée imaginée par Péguy. Une lourde percée, une forte armure de procédés, de grammaire bizarrement cuirassée, de rhétorique aussi peu dissimulée qu'une armée au siège ; puis, dans les arrières, la *deuxième flotte,* assurée, paisible, rassurée comme des *colombes.* Le lecteur n'aura que peu de choses à découvrir dans notre propre appareil, s'il a consenti le détour que nous venons de lui demander. Mieux qu'une longue description des procédés de Philon — qu'il trouvera cependant plus loin[23] — ou de nos procédés d'analyse, le modèle de ce beau texte du *Quod deterius potiori insidiari soleat* dit bien la *lenteur* fondamentale du discours, l'endroit où nous devons chercher sa preuve, la plupart des thèmes et des rapports vitaux, cette habileté vécue de l' « image » toujours répercutée d'un bord à l'autre, du fond à la forme, d'une partie de l'œuvre à son vis-à-vis. Philon n'a point d'images, ce qui borne le plaisir ; il ne possède pas sa philosophie pour l'enseigner d'un trait, et l'on ne peut le résumer. Il faut croire à l'existence de son livre et le parcourir, le suivre de bout en bout, s'y adapter. Car la forme qui a tout ordonné n'est autre qu'une sorte d' « imagination », privée d'images immédiates, il est vrai, mais capable d'organiser par derrière la logique du chapitre que nous venons de lire. Cette imagination plus profonde que les images, plus lente, plus grave, révèle un sens que le plan des simples idées ne livre pas tout d'abord.

Philon compose son livre comme un drame. Non point un drame à la mode grecque, peut-être. Non point de ces actions où toutes les causalités viennent au-devant de la scène, comme dit Auerbach dans le texte que nous avons cité au début de cet ouvrage[24]. Mais un drame où subsistent des ombres, des absences, des causes muettes, à la mode biblique. Dans la Bible, l'histoire la plus proche du monde hellénisé, l'histoire de Joseph dans la *Genèse,* conserve elle-même assez d'obscurités et d'éléments juxtaposés pour montrer son appartenance au système de l'intelligence passant par la mémoire. Dans la mythologie grecque, le Destin enchaîne tout le monde, y compris les dieux ; et ce destin second dont les passions sont, chez les hommes, l'instrument ordinaire se déploie suivant les lois d'une mécanique, redoutable mais prévisible, nécessaire. Au contraire, dans la Bible, les silences, les flamboiements soudains, la jalousie, les inventions de la Promesse dévorent les personnages et se reflètent dans des récits heurtés. Bien entendu, ils possèdent, ces récits, une logique sûre, et l'auteur qui les a rassemblés l'a fait d'un point de vue synthétique. Mais ce point de vue n'est jamais formulé : l'idéologie des prophètes et des autres rédacteurs reste en pointillés. C'est à dessein. Du moins est-ce conforme à la réalité qu'ils annoncent, faite d'interpellations et d'enlèvements, pour ainsi dire. La technique de Philon a gardé quelque chose de son modèle biblique. Un peu assagie, portant la bure de l'école hellénisée, sa méthode de composition reste fidèle à l'implicite, au juxtaposé, à l'explication par voisinage des éléments, à l'imaginaire comme plan de référence. Par imaginaire, je veux dire le plan quasi visuel où le lecteur doit projeter simultanément les parties d'un développement pour les apercevoir dans leurs relations. Notre analyse se situe sur ce plan.

1. Le livre et les livres

Le mot de « structure » qui figure dans le titre de notre ouvrage, a été choisi par nous avant que les structuralismes aient agité l'opinion. Nous le conservons, bien que l'étiquette puisse faire illusion — dans un sens favorable ou défavorable. Dans notre idée, et surtout dans notre pratique, le mot de « structure » est moins rhétorique que le mot « composition » ; il est également plus précis. Les procédés de « composition » restent plus proches de la conscience claire : ils évoquent une volonté délibérée. Or, le lecteur se rendra compte ici que nous faisons abstraction du degré de conscience réflexe qui préside à l'organisation du discours philonien. Que Philon ait ou non « voulu », au sens ordinaire, telle ou telle combinaison, si elle existe vraiment, nous devons la constater en elle-même, la comparer à d'autres systèmes du même ordre. De ce point de vue plus prudent, le terme de « structure » semble mieux convenir. Il est vrai aussi que nous avons tiré profit par la suite à la lecture des structuralistes, et qu'on ne fréquente pas les œuvres de Cl. Lévi-Strauss et de G. Dumézil sans en être éclairé. Mais, structuralisme ou non, l'analyse que nous avons proposée suit les voies d'une critique littéraire classique. Avec cette nuance importante, que la décision de tout expliquer par l'intérieur du texte et de tout situer avant de lire le sens rend l'interprétation plus systématique. Du structuralisme nous exerçons encore un principe simple : tout phénomène n'est estimé aperçu que dans son rapport avec un « double », son jumeau ou son opposé.

Il existe des procédés communs à tous les ouvrages de Philon. Il existe, par exemple, une sorte de grille des noms propres et des symboles (Isaac signifie « Rire » ; le nombre signifie dispersion...). Et comme Philon suit le texte biblique pas à pas, sa lecture l'oblige à rencontrer ces symboles et ces noms au fil de la narration : il se voit dans l'obligation de rapporter chaque fois le code stéréotypé au moment de son énoncé. C'est une sorte de grammaire obligée, à partir de laquelle Philon sait très bien composer librement. Il existe, de plus, des groupes de figures, de citations ou de concepts, des constellations qui se retrouvent d'un traité à l'autre... Il existe chez Philon mille procédés locaux, un emploi ordinaire de l'allégorie hellénistique : utilisation de la grammaire, attention aux formes verbales, aux pronoms, à la négation, à la syntaxe ; reconstitution, à partir d'un élément, d'une série psychologique ou morale, telle que la liste des quatre passions, des quatre éléments, des sept planètes ; évocation du *contraire* à partir de son contraire : si Agar est encouragée dans son « audace », c'est qu'elle possède déjà la « pudeur », car les deux vertus forment dans leur opposition l'équilibre sans lequel disparaît toute vertu ; division binaire constamment agissante... Tout cela est immédiatement visible, et ce n'est pas sur ces données que j'ai fait porter mon attention : je le signale avec minutie, bien entendu, mais je surveille essentiellement la correspondance de ces procédés, locaux et pour ainsi dire mécaniques, avec le dessein général du chapitre ou du livre considéré. Le rapport des façons les plus humbles aux pensées nobles et hautes est toujours ajusté de manière irréprochable. Sans doute la tentation est-elle grande pour nous de forcer les rapprochements ou d'exalter le travail de Philon — le lecteur dira si nous avons succombé ; et pourtant des années de familiarité nous ont persuadé qu'il n'y a point de défaillance dans l'ouvrage de Philon, s'il y a beaucoup de difficultés et nombre de passages pour lesquels, y compris dans les analyses que nous allons ouvrir, l'observation n'arrive pas à trouver le degré de simplicité « opérationnel ».

C'est aussi que Philon varie à l'infini les combinaisons ; il est même d'autant plus divers que les moyens qu'il utilise se révèlent plus fixes, plus raides. Comme dans un organisme vivant, les fonctions prennent le vêtement de la souplesse. J'ai souhaité faire voir les articulations réelles du discours philonien. Et de ce fait, je passe à côté des synthèses philosophiques. Le texte de Philon contient des souvenirs philosophiques, mais Philon applique les théories à la lecture d'un document, la Bible ; il ne bâtit point un système, ce qui laisse d'ailleurs le champ parfaitement libre aux historiens de la pensée pour relever dans son œuvre des témoins de la culture alexandrine. À la variété des exégèses de Philon nous avons tenté de répondre en évitant de faire entrer chaque texte, section ou chapitre, dans le cadre d'une lecture-type. Le lecteur aura peut-être à souffrir de l'incertitude ainsi créée : il ne sait pas, en ouvrant un nouveau chapitre, par quel biais nous allons attaquer. Nous avons préféré suivre, non pas notre imagination du moment ni même l'ordre de notre propre invention, mais chaque fois l'indice le plus clair ou le signe le plus parlant de la « formule » employée par l'exégète. Rien ne nous a semblé plus dangereux que la constitution d'un modèle. Certes, il subsiste des normes, et nous n'avons pas innové absolument à chaque page ; il est possible de ramener à un certain nombre de modèles bien des exégèses locales. Mais la lecture de Philon, d'apparence endormi et coulant, ménage toutes les surprises : l'ampleur d'un chapitre 'réel', la distance relative des notions à rapprocher changent dans des proportions trop grandes pour qu'on oublie de veiller. C'est ce qui justifie par exemple le système que nous avons parfois adopté, de lectures successives : la longueur d'un chapitre, sa trame serrée, demandant qu'on l'observe patiemment, qu'on en fasse plusieurs fois le tour, et que la mémoire imaginative du lecteur accède aux relations qui ne sont plus seulement discursives.

Ce qui se vérifie à l'intérieur d'un seul traité, la variété, redouble la gêne du lecteur quand il passe d'un traité à un autre. Chacun possède une physionomie particulière : linéaire ou paradoxal, foisonnant ou plus pauvre, si l'on regarde l'aspect ; pourvu, dans son fond, d'une dialectique différente. Derrière le défilé de considérations, d'images et d'idées, qui forme le *De sacrificiis Abelis et Caini,* évolue lentement une vision tragique de la « suppression » qui monte jusqu'au « rachat », notion lentement acquise, soupesée avec précaution avant d'être regardée en face. Philon y avance, si l'on veut bien lire, avec espérance et terreur, de la « soustraction » à la « substitution ». Mais cette dialectique caractérise le seul *De sacrificiis.* Si nous avons esquissé une autre dialectique, celle du *Quod deterius,* en faisant encore allusion à celle du *Quis heres,* on a pu voir avec quelles transpositions les rapprochements restent possibles[25]. Et telle est la raison qui a invité à prendre pour objet d'étude une série de traités tournant autour du même personnage central, Abraham. De l'appel qui le tire de la terre chaldaïque, pays de l'astronomie mal interprétée, jusqu'à la transformation de son nom, Abraham suit en principe la courbe d'un itinéraire spirituel complet. Philon pouvait en principe caractériser fortement chaque étape ; et son interprète devrait en principe chercher tous les signes de cette individualisation des cinq traités. Mais — et c'est ici que la portée de notre travail retrouve exactement ses limites — comme Philon a manifestement brouillé une partie des pistes et comme il a plutôt généralisé les idiotismes de chaque étape en faisant paraître la Fin dans le départ, en retenant la transmutation finale tout près des frontières du mal et de la « *vie moyenne* »[26], nous avons renoncé nous-même à la surenchère intellectualiste. Au terme, nous donnons ou nous croyons donner toute la matière, mais sans apporter la décision qui, cependant, dominerait les éléments et répondrait à la question que nous posons implicitement en taillant dans l'œuvre de Philon un canton décrété homogène par notre choix, rejeté à la fin dans l'anonymat si nous refusions de répondre... La justification dernière de la discrétion de notre propre commentaire paraîtra dans la conclusion. Mais si Philon a pour ainsi dire noyé les frontières que le « sujet », Abraham, lui imposait apparemment (la conclusion du *De mutatione nominum* montre qu'il les apercevait), la raison en est dans le genre littéraire de son exégèse : il ne peut pas décrire objectivement et d'étape en étape, du commencement à la fin, l'itinéraire de l'âme comme si le début, le milieu et le terme n'étaient pas, sinon confondus, du moins rapprochés par l'incandescence de la Parole qui les fonde. Or, cette Parole est toujours là, puisqu'elle est le Texte commenté, la lettre qui parle du début et du milieu, quand elle est la fin — sur ce volcan dont on ne sait pas bien où l'apparence de pierre est sur le point de fondre en lave, ni où le feu, pris en lave, deviendra la pierre. L'individualité des cinq traités considérés reste en deçà du système moral ; de même nous l'avons cherchée, mais sans la rapporter aux phases de la conversion.

Bien entendu, les variations du style et de la dialectique des cinq traités seront expliquées dans les conclusions des différentes analyses. La variation que notre commentaire subit lui-même ne correspond pas à celle des traités : nous avons simplement mis en valeur tantôt un aspect, tantôt un autre. La forme plus alerte que nous avons donnée au commentaire du *De migratione Abrahami* ne signifie pas que ce traité soit plus rapide ou plus léger, ou plus vite maîtrisé ; la forme beaucoup plus appuyée donnée à l'analyse du *Quis heres* ne veut pas dire, dans toute sa « philosophie », que les autres ouvrages sont moins dialectiques, mais seulement qu'il fallait une bonne fois pousser dans leurs conséquences spéculatives les données d'une structure. La valeur naïvement exemplaire apparaît mieux dans la brève analyse consacrée au *De congressu eruditionis gratia* ou, pour terminer, au *De mutatione nominum*[27]. Le commentaire du *De fuga et inventione* reprend en partie la légèreté relative du *De migratione Abrahami* et la pesanteur philosophique du *Quis heres*. Dans le *De fuga et inventione,* nous avons également pratiqué une comparaison plus large avec des textes-frères ou avec les indications des *Quaestiones*. Surveillant du coin de l'œil d'autres ouvrages de Philon qui n'entrent pas dans le champ direct de notre étude, nous nous sommes assuré que nos formules d'analyse recouvraient pratiquement toute la réalité du discours philonien.

Mais, courant d'un bout à l'autre, quelques principes unifient à tout le moins notre langage, sinon l'étoffe du commentaire philonien. L'intention première est de montrer la cohérence. Plusieurs habitudes d'analyse servent cette volonté. Philon concevait que le discours noue des fils multiples en un travail analogue à celui de la broderie. Il était conscient d'exclure le désordre et le hasard, ce qui suppose concentration, élaboration cachée. La contrainte très forte imposée par Philon à ses idées et aux citations, pour les faire entrer dans un dessin, les dénature, les transmue, les investit dans un « comportement » littéraire entièrement neuf. Il convient alors de manifester la solidarité de ce monde nouveau. Il faut s'attacher « *par priorité aux méthodes... plutôt qu'aux doctrines (aux dogmata pris isolément et promus à une fausse autonomie), par où il se pourrait que la véritable compréhension des doctrines fût accordée de surcroît* » [28]. Voici ces quelques principes synthétiques dont le retour fréquent permettra au lecteur de les juger ; ils imitent autant que possible la vitalité du texte.

1) Nous avons admis que Philon ne procède pas, comme bien des commentaires le présupposent, par une interprétation du texte qu'il *vient* de citer, mais très souvent du texte qu'il *va* produire au terme de l'exégèse. Son mode d'explication est téléologique, dans le détail souvent, et toujours dans l'ensemble. Une première citation scripturaire, puisqu'il semble toujours partir de là, se projette pour lui dans une autre citation. Il ne la déclare pas immédiatement, mais il la prévoit de loin : elle oriente l'interprétation de la première parole. C'est de l'attraction à distance que provient aussi dans l'écriture de Philon cette alacrité qui a l'air de bousculer la grammaire, quelquefois le bon sens, et toujours l'inertie d'une réflexion qui stagnerait volontiers dans l'acquis. C'est de cette attraction que nous rendons compte en projetant souvent le lecteur loin du terrain ; en superposant les schémas aux discussions ; en n'étant, pour décrire un point, que très rarement sur ce point même.

2) La superposition des formules est un deuxième procédé. Par les tableaux qui accompagnent nos analyses, on peut juger d'une série de traits. La composition « en berceau », forme élargie du chiasme, permet d'indiquer la présence de plusieurs traitements. La superposition ou le croisement d'une exégèse « philosophique », morale ou psychologique, et d'une exégèse proprement biblique, appuyée sur les exemples analogues ; plus abstraitement, la superposition ou le croisement de deux systématiques de l'exégèse : tantôt linéaire, tantôt dramatisée et donc détournée de la ligne droite [29] — ces deux ordres, intérieurs au commentaire unique, en expliquent la subtilité. Comme nous l'avons observé dans la brève analyse du *Quod deterius,* la logique simple et linéaire développe souvent les virtualités d'un concept (celui de la *joie,* ou plutôt du couple « *espérance et joie* », lequel contrebalance le couple fâcheux inscrit dans le destin de Caïn, à savoir « *peur et tristesse* ») ; mais, superposée à cette logique linéaire, voici qu'une dialectique plus complexe met en œuvre des oppositions ou des rapprochements plus riches. Elle le fait avec une certaine *ruse.* Elle le fait avec lenteur.

3) La participation des figures entre elles forme le troisième principe qui doit guider le lecteur de Philon. Même s'il est un lecteur rapide, il remarquera l'influence de la citation biblique sur le détail du développement. Mais il est des cas où Philon domine de son regard des organisations plus vastes. On ne s'en doute pas toujours au premier coup d'œil. Il fait par exemple bénéficier tel point de vue particulier, local, de conceptions générales de l'Écriture. Il en use pour réunir des concepts, que l'on croira hâtivement associés par fantaisie. Souvent l'action d'une telle conception[30] se manifeste dans de longs développements, ce qui empêche le lecteur non prévenu de les ressentir dans leur action efficace. Si, comme il arrive fréquemment, l'exégète invoque l'*Exode* pour doubler un commentaire de la *Genèse* (ou réciproquement), le lecteur s'en aperçoit grâce aux citations elles-mêmes. Mais il arrive aussi que, sans avertir, Philon infléchisse une analyse concernant, par exemple, Moïse, en fonction du personnage lointain d'Abraham. Celui-ci reste alors dans les coulisses, pour ainsi dire. Ce sont des mots, comme μετέωρος, ou des images d'ordinaire liées à Abraham, ou quelque trait du blason individuel d'Abraham, qui permettent au lecteur initié de reconnaître le transfert.

Aussi l'un des intérêts de l'étude réside-t-il dans la définition des « figures » permanentes. Il faut entendre par là non pas directement les personnages bibliques accompagnés de leur blason, mais les valeurs qui offrent la particularité de former une « constellation ». Les exemples abondent : dès que Philon introduit ou suppose un Abraham, un Israël. un Caïn, aussitôt toute une série de notions s'installe et occupe le discours. Ainsi, l'approche du Lévite, dans un chapitre du *De fuga et inventione,* infléchit les considérations touchant le « meurtrier » (§77 à 82). Alors que le Lévite n'apparaît qu'au § 83, on voit se mettre en place les idées qui serviront à sa définition et la préparent secrètement dès le §76 : le Logos y est donné pour un habitant de la *patrie* céleste ; il *se réfugie* auprès de l'Être (§78) ; et c'est lui l'*initié,* le *hiérophante* (§85) qui doit chasser le blasphème. Bref, tous ces termes composent d'avance la forme du Lévite, et, au delà du Lévite, d'une figure dont les éléments reviendront ailleurs mais dans un ordre différent. On peut considérer que le répertoire des « figures » peut s'édifier à partir de l'Index nominum établi par J. W. Earp dans le volume X de l'édition Loeb de Philon. Mais nous montrerons, dans une étude ultérieure que nous accorderons à ce problème, que l'entrée n'est pas forcément à chercher dans les noms propres.

4) Tout se passe, enfin, comme si Philon utilisait à des fins littéraires d'exposition lente un certain nombre de catégories secrètes, que nous avons essayé de cerner par des termes philosophiques. En voyant dans la dialectique de l'*un* et du *multiple* le ressort qui commande tout le début du *Quis heres,* nous ne prétendons pas que Philon en a fait consciemment son propos. Nous disons — telle est la mesure de notre méthode et de notre vocabulaire artisanal — que cette formule permet de rendre compte de façon économique de la succession des exégèses, des notions et des raisonnements. En regroupant bien des remarques autour des catégories de *contiguïté, communauté, séparation,* dans le traité du *De fuga,* par exemple, nous voulons seulement rendre perceptible le monde des substitutions, des paradoxes, des théories morales, dont les pièces resteraient sans cela décousues, aléatoires, lunaires et inconfortables.

En tout cela, Philon use d'une habileté presque diabolique, dissimulant le procédé, faisant coïncider les observations les plus superficielles avec le secret dessein d'une providence littéraire à qui rien n'échappe. Et nous pensons que le lecteur moderne peut bénéficier, jusque dans le détail, de ce détour immense que nous lui imposons. La simple « philologie » peut aussi gagner à nous écouter. Lorsqu'on s'interroge, dans les §75-76, sur la fonction du Logos, et sur la traduction qu'il convient même de donner au datif : τῷ μὲν γὰρ ἑαυτοῦ λόγῳ ὁ θεὸς πατρίδα... δεδώρηται la réponse peut venir de deux côtés, l'un de surface, l'autre de raison lointaine et profonde, conformément à cette stratégie des deux armées de Péguy ou surtout de Philon. Penchons-nous sur ce point d'interprétation.

Voici le cas : au terme d'une théorie de la « séparation », où Philon veut que les châtiments soient accomplis au nom de Dieu mais par une autre main, il va introduire les « *villes de refuge* » — qui sont, de surcroît, *cités lévitiques,* précision qui fera évoluer le thème de la « fuite » depuis la notion de refuge à celle de consécration. Et il invoque la citation d'*Exode,* ch. 21, v. 13 : Δώσω σοι τόπον, οὗ φεύξεται ὁ φονεύσας. Tout autre que l'Alexandrin, verrait, semble-t-il, que Dieu donne ce « lieu » aux fugitifs. Or, voici l'exégèse de Philon :

« ...où se réfugiera le meurtrier involontaire ; ce qui me semble parfaitement exprimé. Car « lieu » désigne ici non pas l'endroit que remplit un corps, mais par symbole Dieu même, puisqu'il contient sans être contenu et qu'il est le refuge de l'univers. C'est donc à bon droit que celui qui croit avoir subi un changement involontaire affirme qu'il est survenu selon Dieu, chose que le pécheur volontaire n'a pas le droit de dire. (Le texte) affirme qu'Il « donnera », non pas au meurtrier, mais à l'interlocuteur: de sorte qu'il y a d'un côté l'habitant, et de l'autre le fugitif. A son propre Logos Dieu fait largesse d'une patrie où habiter, sa connaissance, où il est comme un autochtone ; à celui qui est dans les glissements involontaires (il donne) un refuge comme l'accueil réservé à l'étranger, mais non comme la patrie réservée au citoyen. » (§75-76 du De fuga).

Que lisons-nous, sinon tout d'abord une exégèse littérale ? Du moment que la citation est là, il faut lui faire crédit, et toutes ses parties ont un enseignement, qui plus est, un enseignement cohérent : tel détail grammatical corrobore l'ordre et la fonction des mots dans leur sens. Ainsi, toute classique, la traduction de τόπος en substitut du nom divin reçoit confirmation de la seconde proposition : « *un Lieu, où se réfugiera le meurtrier* », car « se réfugier », c'est entrer quelque part, à l'intérieur d'une enceinte plus vaste que soi, capable de contenir, alors que le « lieu », entendu comme catégorie mondaine, signifie position d'un corps, un plein et non un vide. Telle est la raison d'être du §75. Le début du §76 est plus subtil, et nous en resterons à une conjecture partielle : mais il nous semble que l' « attribution » à Dieu de la responsabilité du meurtre involontaire (suite de l'exécution des hautes œuvres qui firent l'objet du développement précédent) doit reposer sur une seconde traduction implicite du mot « lieu », en « topique » cette fois. Si l'action peut être déclarée « *selon Dieu* », c'est qu'elle peut être assignée grammaticalement, logiquement et donc réellement, à Dieu, au « Lieu ». La convenance morale, la θέμις, sanctionne cette « topique » : le volontaire n'entre pas dans le champ sémantique et logique du « Lieu », alors que l'involontaire y entre, pour la simple et bonne raison (qui confine à la pétition de principe) que Dieu a armé le bras du meurtrier involontaire... Inventons-nous ? Qu'à cela ne tienne, dit Philon, regardez le complément : Dieu donne à son interlocuteur, à « *toi* », dit la citation ; mais celui qui reçoit n'est pas l'interlocuteur : il s'agit du meurtrier fugitif. Il y a donc une distinction claire entre deux destinataires : donc entre deux actions, donc entre deux termes de l'action. Tantôt le « Lieu », donné au premier, à l'interlocuteur auquel Dieu dit justement « *à toi* » — σοί — et tantôt « où se réfugier », concédé au meurtrier en fuite. Or, quel est cet interlocuteur de Dieu donnant la législation en cause ? C'est Moïse, assimilé au Logos, et il est inévitable de comprendre la dernière phrase du §76 de la manière que nous avons dite : « *À son propre Logos Dieu fait largesse...* », car Philon *devait* fournir l'identité de ce second terme dont il a fortement annoncé la différence qui le distingue du meurtrier, sujet du développement. Il le fait comme en passant, et pourtant — ruse et souplesse d'un discours qui ignore la séparation du fond et de la forme — il prépare de loin le moment où le Logos accueillera le suppliant (§100 et suivants).
   Ce n'est pas tout. Le style, dont nous négligerons ordinairement l'apport, montre bien ici la distinction que Philon veut faire sentir entre la patrie et le refuge. Toutes les propositions des §75-76 offrent une dichotomie, et la dernière contient de plus une symétrie dissymétrique traitée avec soin :

Τῷ μὲν γὰρ ἑαυτοῦ λόγῳ

    ὁ θεὸς *ΠΑΤΡΙΔΑ*, οἰκεῖν τὴν ἐπιστήμην ἑαυτοῦ,
             ὡς ἂν αὐτόχθονι,

  δεδώρηται,

τῷ δ'ἐν ἀκουσίοις γενομένῳ σφάλμασι

  ΚΑΤΑΦΥΓΗΝ,

          ὡς ὀθνείῳ ξένην,
    οὐχ ὡς *ΠΑΤΡΙΔΑ* ἀστῷ

Mais cette élégance n'est pas gratuite : la franche opposition du meurtrier et du Logos est maintenue artificiellement par Philon. Il veut qu'on oublie ici que le « lieu » donné à Moïse, l'est pour le réfugié. Autrement dit, il maintient en *contiguïté* ce qu'il rejoindra plus tard en *communauté* dialectique, lorsque le Lévite, nouveau modèle du « suppliant », aura fait évoluer la notion de « fuite » vers celle de consécration à Dieu. Mais l'art est habile, qui jette à propos ce nom du Logos, pierre d'attente, occasion heureuse, exégèse précise (Moïse, *grand-prêtre* et donc *logos* ; Moïse, ἀστεῖος), au moment d'une transition délicate.

Dans l'interprétation de cet interprète, il convient d'être plus sensible aux différences qu'aux ressemblances, surtout en ce qui touche aux figures essentielles : elles sont entre ses mains comme le fil, toujours semblable à lui-même, et qu'il faut cependant savoir tordre, serrer ou relâcher, marier à tel autre pour obtenir un tissu.

2. *Notre lecture*

Le tissu est continuité. Or, à vouloir le montrer, l'analyse se fait nécessairement discontinue. Lorsque l'étude porte sur un aspect, un thème, une donnée partielle, le discours tenu par l'interprète suit une voie droite, celle d'une logique quelconque, dont il est maître. La lecture d'un tel ouvrage est rendue commode par la progression naturelle de la pensée. Au moment de soumettre au lecteur les analyses de plusieurs traités, nous mesurons l'effort particulier que nous lui demandons. Ce n'est pas la difficulté de nos catégories qui l'arrêtera, mais, par exemple, la nécessité de garder sous les yeux deux textes, notre analyse, et le texte correspondant de Philon. Il n'évitera pas cette irritante sujétion au texte de Philon et à une lecture double.

Puisque nous recherchons un « établissement du texte », nous sommes excusé de ne pas voler au-dessus, et nul ne s'étonnera si, pour une entreprise nouvelle, nous ne recourons à aucune des grandes synthèses philoniennes connues et classiques. Mais chacun sait que l'absence théorique de préjugé, la rupture qu'on prétend avoir consommée avec toute vision synthétique ne font que masquer une autre synthèse et des préjugés qui ne sont pas moins actifs pour être inavoués. Le premier n'a même pas besoin d'être rappelé, puisqu'il est avoué, partout à l'œuvre, et qu'il est la fin même de notre recherche : le discours de Philon est cohérent. Là où les choses se compliquent, c'est au moment de choisir les fondements de notre preuve. Philon aurait pu nous les proposer ; malheureusement, aucun texte méthodologique de ceux qu'on y lira ne recouvre son projet tout entier, et l'on ne sera pas totalement confiant devant la définition qu'il donne de l'étude scripturaire des contemplatifs : « *L'explication des écritures saintes est fondée sur le symbolisme des allégories. Car la Loi dans son ensemble est, pour ces gens, pareille à un être vivant : les dispositions littérales en sont le corps, l'esprit invisible en est l'âme, comme une provision enfermée dans les mots, par quoi l'âme raisonnable se met à contempler de façon exquise les objets qui lui sont familiers ; elle voit comme dans le miroir des mots se réfléchir la beauté des idées ; elle déchiffre et découvre les symboles ; et, une fois dévoilées, conduit à la lumière les pensées profondes, (aux yeux) de ceux qui peuvent partir d'une suggestion infime pour contempler par l'apparence ce qui n'a pas d'apparence.* » (le §78 du traité *De vita contemplativa*). Il s'agit là, en dépit de la sublimité de cette contemplation, d'une méthode destinée à l'auditoire simple, à cet auditeur dont Philon explique auparavant (§76) qu'il faut lui répéter, lui offrir les choses lentement pour qu'il ne perde pas le fil. L'allégorie, dont on retrouve ici quelques termes techniques, se présente comme l'outil premier, celui qui écarte la grossière appréhension des mots sacrés. Qu'on nous entende bien, nous ne pensons pas qu'il existe pour Philon une aristocratie de la vie religieuse, et le sage peut être très modeste de capacités proprement intellectuelles ; mais la contemplation où l'exégèse le fait parvenir, assez vite puisqu'il s'agit ici d'une homélie (§ 75 à 79 du même *De vita contemplativa*), reçoit toute la lumière de l'Écriture et donc des idées divines. Mais justement ce chemin court de l'homélie, de la répétition par laquelle le président mâche pour ses auditeurs une doctrine à la fois sublime et simple, et disons de l'allégorie, ce chemin court ne définit nullement l'ouvrage de Philon, constitution écrite de canevas plus généreux, à la portée moins immédiate, au souffle plus long. C'est dire que Philon ne nous livre pas réellement dans ce texte le système de son exégèse. Nous ne cherchons pas à connaître d'abord telle habitude d'interprétation[31], mais le mouvement qui tient ensemble les parties d'un *livre,* et — en un sens différent de celui où Philon emploie ce mot dans le texte que nous venons de citer — nous fait concevoir ce livre comme un *être vivant*[32].

La seconde partie de ce travail, en ramassant de manière synthétique les procédés de l'exégèse philonienne, a déclaré son principe : les chapitres suivent les étapes de la *Paideia,* de la grammaire à la dialectique. Mais nous devons la vérité au lecteur : cette classification reste symbolique ; et, de plus, ce n'est pas d'elle que nous avons d'abord décidé de partir. Une sorte de nécessité intérieure, l'urgence de marquer justement la progression naturelle dont nous parlions, l'ampleur croissante en fécondité comme en extension des procédés qui vont de la grammaire, occasion de l'allégorie, à la systématique embrassant tout un livre et commandant des silences dont nous parlerons, la correspondance de ces catégories avec le système intellectuel dont Philon a hérité, nous ont fait rejoindre cette échelle de la formation antique. Cette rencontre n'est pas forcément une garantie ; mais elle a sa commodité : dans notre recherche artisane, elle nous a suffi. Mais la première partie n'a pas d'autre guide que l'intuition artisanale, il est vrai. Nous n'avons pas cherché à établir une sorte de « grille » universelle. Nous avons suivi au toucher, pour ainsi dire, les aspérités du travail philonien. D'autres essaieront peut-être un jour des « structuralismes » consacrés. Je ne crois pas qu'il en existe actuellement, capables d'aborder un texte selon la nature d'un texte. La difficulté théorique est d'ailleurs augmentée du fait que Philon donne déjà un « commentaire ». Nous avons petit à petit façonné notre méthode. Elle a sans doute des présupposés inaperçus de nous, des vices qu'on nous dira sans aucun doute assez rapidement. Sa caractéristique première, en ce qui regarde son aspect extérieur, est le double mouvement. D'une manière assez ordinaire, nous allons de la totalité du chapitre considéré aux parties inférieures, quitte à remonter jusqu'à la totalité. Le lecteur s'apercevra que nous sommes plus assuré en ce qui concerne l'analyse des chapitres, pris individuellement, que dans la reconstruction des traités dans leur intégralité. Nous manquons sans doute du degré d'abstraction suffisant. Et nous avons préféré accommoder à la distance moyenne du « chapitre »[33]. Les phénomènes littéraires nous y ont paru plus clairs, distincts, capables d'un système à la fois souple et cohérent.

D'autre part, il faut dire ici que nous n'avons jamais contesté les autres modes d'analyse. Encore moins les synthèses existantes. Si nous ne les discutons pas, si notre propre texte semble ignorer les recherches effectuées dans l'histoire des idées ou des styles, le lecteur voudra bien penser que c'est l'objet précis de notre étude qui a entraîné ces omissions. Déjà sinueuse, brisée par l'obligation de suivre Philon pas à pas, la ligne de notre rédaction serait devenue impraticable si nous avions semé chaque analyse d'opinions adjacentes. Il valait mieux, croyons-nous, aller notre chemin plus naturellement. Nous avons couru, un peu dans le même dénuement que David : notre Goliath (Philon nous pardonne !) se moquerait encore plus de nous, si nous avions revêtu l'armure de Saül pour le dompter[34]... Nous espérons que notre commentaire ne fera point paraître Philon trop raide, lui qui passe pour trop souple. La conclusion dira ce double jeu d'une volonté ferme d'écrire et de conduire, en même temps que de céder devant la Parole ; de dire et d'écouter ; de mettre dans sa stratégie la première ligne offensive et la possession heureuse des « caravelles ». La lettre et l'esprit le tiennent lui aussi. À cette abeille surveillante l'Écriture a toujours concédé ce qu'il fallait pour fabriquer et la cire et le miel, comme aussi la propolis.

Nous souhaitons que notre preuve soit cherchée et reconnue dans la répétition féconde des hypothèses, dans l'économie dont elles témoignent en voulant « sauver » le texte de Philon, dans la simplicité qu'elles prétendent faire régner.

NOTES

1 Dans *Mimesis*, ch. 1.
2 Nous avons vérifié dans des cycles différents la validité de nos observations. Nous faisons de ces points de comparaison un usage très modéré dans le cours des analyses.
3 Cf. l'introduction de notre seconde partie, ci-dessous, p. 511-515.
4 Dans *Études de philosophie antique*, page 212. Nous n'adoptons d'ailleurs pas la partie positive de cette phrase. Nous préférerions ne pas parler de la « méthode allégorique » comme résumant l'exégèse philonienne ; nous éviterions la catégorie trop vague

de « vie intérieure » et de « mystique » ; nous verrons enfin qu'il n'y a aucune « effusion »... Nous parlerions d'outil intellectuel dont le discours ne peut se passer pour exprimer ni même pour apercevoir l'unité de la Bible.

5 Comme Bultmann le dit à juste titre de la littérature évangélique, dans *Histoire de la tradition synoptique,* trad. fr. du Seuil, page 61.

6 Philon évoque la tapisserie à propos du discours bien fait, dans le *De sacrificiis Abelis et Caini,* au §83. Cf. ci-dessous, pages 790s.

7 Dans le premier traité du commentaire *In epistulam Ioannis ad Parthos,* § 2, édition des Sources Chrétiennes, Le Cerf, Paris, 1961, p. 114-116.

8 *In epistulam Ioannis ad Parthos,* traité VIII.

9 Nous montrons dans d'autres études que la littérature biblique (des deux séries dites de l'ancien et du nouveau Testament) trouve dans cet usage du « schème » une cohérence et une signification souvent inaperçues.

10 Nous citons non pas la Bible, mais ce que Philon en comprend. Selon une règle presque toujours appliquée, Philon déploie les différents aspects du thème adopté au fil d'une analyse qui suit tous les éléments du texte invoqué. Les mots « *Je sais qu'il parlera pour toi* » supposent une distinction entre pensée et expression de la pensée (§127-128) ; les mots « *Il sortira à ta rencontre* » manifestent l'exigence qui impose au verbe de s'adapter à une pensée et non à soi-même (§128 à 131) ; mais Aaron nous est présenté comme « *le Lévite* » : l'idéal de la pensée vertueuse est d'être dite par une parole vertueuse, consacrée à Dieu (§132 à 134) ; enfin, après le rappel de la citation entière (§135), Philon en vient aux mots qu'il visait depuis le début : « *il se réjouira en lui-même* » (§136-137). Nous allons voir que le déroulement littéral accompagne une division plus savante.

11 Nous citerons dans la conclusion, page 512, un texte qui donne à entendre comment la précipitation du langage trouve son remède (il s'agit du *De sacrificiis Abelis et Caini,* §81).

12 Voir, par exemple, dans le *Quis heres,* les §40 à 89.

13 Nous esquisserons une semblable généralisation à propos du *Quis heres,* reprise en Abraham, positive et lumineuse, du problème de la parole humaine ; cf. ci-dessous, page 158-159.

14 Avec les nuances que nous évoquions ci-dessus, pages 8 à 10.

15 Le rapt de l'esprit au sommet de sa recherche, sous la forme de révélation ou d'inspiration, est toujours soudain — ἐξαίφνης.

16 L'annonce s'en trouve au §120.

17 En ce sens que la première triade prépare la seconde.

18 Aussi faut-il donner une traduction littérale : ὅς ἄν... ἀκούσῃ — « qui l'entendra ».

19 C'est un attribut de Noé, puisé dans la Bible également.

20 Peut-être en ceci que le Déluge a été pour lui sinon par lui conjuré.

21 Ce centre est dans les §141 à 149.

22 *De migratione Abrahami,* §79-80 ; *Quis heres,* § 1 à 39 dans notre commentaire.

23 Toute notre seconde partie, pages 503-595.

24 Cf. ci-dessus, page 1.

25 Voir ci-dessus, page 22.

26 La fin du *De mutatione nominum* célèbre franchement la vie parfaite et illuminée ; seulement, les règles de la purification précèdent de peu...

27 Que nous avons réduit à son premier chapitre pour ne pas donner à ce livre des dimensions excessives.

28 V. GOLDSCHMIDT, *Dialogues de Platon, structure et méthode,* PUF, 1963, préface.

29 C'est dans ces occasions dramatisées que Philon multiple les ruses...

30 Par conception (ou « concept ») nous désignons parfois des idées religieuses, telles le « sacrifice », la « joie » ; parfois des personnages, visés dans leur essence stéréotypée : Abraham, interrogateur de Dieu, etc.

31 Nous retrouvons cependant dans le détail toutes les ἀφορμαί de l'allégorie telles que, par exemple, J. PÉPIN les répertorie dans son article du colloque *Philon d'Alexandrie,* CNRS, 1967, pages 131 à 167.

32 Philon voulait simplement opposer le corps et le principe animé.

33 « Chapitre », c'est à dire l'unité formelle d'une certaine étendue.

34 Cf. le *1° livre de Samuel,* ch. 17, v. 38-39.

ANALYSE DES CINQ TRAITÉS

DE MIGRATIONE ABRAHAMI

« Et Dieu dit à Abraham : Va-t-en de ta terre, de ton parentage et de l'habitation de ton père, vers la terre que Je te ferai voir. Je ferai de toi une grande nation ; Je te bénirai et Je grandirai ton nom ; et tu seras à bénir. Je bénirai ceux qui béniront, et ceux qui te maudiront, Je les maudirai ; et en toi seront bénies toutes les tribus de la terre. Abraham alla selon la Parole du Seigneur. Lot partit avec lui. Abraham avait soixante-quinze ans lorsqu'il quitta Harran. .../... Abraham parcourut la terre jusqu'au lieu de Sichem, au chêne élevé. »

Genèse, ch. 12, v. 1-4 et 6.

PRÉSENTATION GÉNÉRALE

Le traité de l'*Émigration d'Abraham* trouve immédiatement plus d'écho dans la conscience du lecteur moderne. Philon n'y est d'abord pour rien. La figure d'Abraham, l'exemple de sa foi dans les Promesses, le thème du départ, la lumière qu'il projette sur la vie religieuse dans les trois confessions, du Judaïsme, du Christianisme et de l'Islam, suffisent à expliquer cette sympathie immédiate. Depuis le vieux texte de la *Genèse* jusqu'à *Crainte et Tremblement,* Abraham appelle. Presque silencieux, à en croire le récit biblique, isolé, discret, il témoigne que la vie est possible *là-bas,* de l'autre côté de cet océan que l'homme croit infranchissable, tout comme une fenêtre éclairée suffit à trahir l'approche d'une ville que le pèlerin n'attendait plus.

Et pourtant nous devons nous dire que Philon semble avoir ignoré notre manière moderne d'isoler des cantons privilégiés dans sa lecture de la Bible, et que ce traité n'est donc pas de sa part l'objet d'un soin plus attentif. Ce sont notre partialité et les courants des spiritualités qui nous ouvrent plus simplement l'accès de ce livre. Il faut bien nous en féliciter. Car ni les circonstances de la rédaction, puisqu'elles nous sont cachées, ni le contenu, puisqu'il n'est pas privilégié, ne font de ce traité une heureuse exception ; et l'intérêt que nous lui portons aura pour conséquence qu'il nous servira plus volontiers d'initiation sur le chemin de la rhétorique philonienne. Philon est un exégète, possédé par la mystique du texte pour le texte ; son expression s'écarte de celle des classiques ; son mode d'exposition hérite d'un genre et d'une tradition double, hellénistique et hébraïque, tout à la fois maniérée et libérée d'une certaine « logique ». De ce fait, l'œuvre et ce traité lui-même restent aussi éloignés qu'un monde perdu. Mais le sujet, peut-être plus fondamental à nos yeux, dessine un point d'abordage qui nous paraît praticable, du même coup. C'est la raison pour laquelle aussi nous avons conservé à notre commentaire présent du *De migratione Abrahami* le caractère plus rapide qui était celui de notre première étude[1]. L'analyse va son chemin plus rapidement que dans les traités suivants, où nous avons souvent poussé jusque dans son dernier détail des investigations qu'il fallait, à tout le moins une fois et à titre d'expérience, laisser courir à leur terme. Mais l'analyse du *De migratione* dégage cependant des procédés universellement vérifiés dans l'œuvre de l'Alexandrin. Qu'elle offre donc à notre lecteur le pain blanc d'une recherche plus alerte, et lui donne cet espoir qu'un sondage productif engendre au cœur de l'ingénieur ou de l'archéologue. Il est en effet vrai que notre étude déchiffre un langage oublié : le moderne a parfois égaré les clefs de ces textes, de leur « culture ». Bien des efforts que nous avons fournis et que nous demandons au lecteur de renouveler après nous déplacent les obstacles artificiels par rapport au sens, mais que les glissements de mentalité plus que l'ignorance ont amassés devant nous. L'allégorie n'est-elle pas à notre goût un jeu, subtil peut-être, où cependant l'esprit n'entre qu'à une profondeur réduite ?

1. Le métier de Philon

1. Présentation

L'unité que notre ouvrage cherche d'abord à manifester n'est autre que celle du discours philonien exprimé dans tel traité, puis dans tel autre. L'unité souveraine de ses conceptions, ou plus modestement, celle qui rend toutes les figures cohérentes et les éléments de chaque figure harmonieusement accordés à travers l'ensemble de l'œuvre, reste pour le moment hors de nos prises, soit comme un postulat, soit comme la synthèse idéale des analyses fragmentaires. Nous avons dans la première publication du *De migratione Abrahami* multiplié les notes qui assurent au lecteur que les notions et les figures de ce traité possèdent une parenté honorable avec tous les autres : Philon est constant ; les types qu'il a définis ou recueillis forment une sorte de galerie, à laquelle il se tient. Plus précisément, nous aurons à dire plus loin comment tel trait du *De migratione Abrahami* s'explique comme répétition ou même — ce qui est plus délicat — comme l'omission volontaire d'une donnée ailleurs bien attestée. Les éléments du *De migratione Abrahami* voyagent en tout ou partie entre le *De Abrahamo* et le *De mutatione nominum,* par exemple. Si l'on peut montrer que le souvenir du *De Abrahamo,* réduit à l'épure, hante certainement la première partie du *De migratione Abrahami,* on peut affirmer que le texte de *Genèse,* ch. 12, v. 7, sur l'apparition de Dieu à Abraham qui sous-tend la montée du discours de part et d'autre, reste informulé dans le *De migratione Abrahami.* Jamais il n'y est cité, alors qu'on le trouve bien en place dans le *De Abrahamo* (§ 77) et que, dans *la Genèse,* il fait immédiatement suite aux versets dont le *De migratione Abrahami* propose le commentaire. De même, jamais le *De migratione Abrahami* ne nous présente la traduction du nom d'Abraham : « père élevé »[2]. Fermer l'oreille à ce souvenir reviendrait à laisser inexpliquées des pages parmi les plus difficiles et les plus décisives du traité. De même, l'influence silencieuse du v. 7, « *Le Seigneur fut vu d'Abraham* », et la portée de son absence devront être soigneusement pesées, pour que la manière philonienne nous apparaisse en toute clarté.

Dans notre première étude du *De migratione Abrahami,* nous avons appelé plus d'un procédé de composition philonien de noms tels que « envoi », « accélération ». Le pittoresque de ces expressions garde son sens, à notre avis, mais il rejoint de plus une volonté que nous n'avons jamais reniée par la suite, celle de simplifier quelquefois l'analyse par l'usage modéré de formules conventionnelles, sinon algébriques, capables de faire entendre sans phrases à notre lecteur sur quel plan formel se situent nos observations. Au terme d'une longue énumération d'exemples, l' « envoi » désigne un paragraphe du traité dans lequel l'image employée par Philon ou les concepts qui s'y déposent ne s'inscrivent pas nécessairement dans la ligne logique du développement précédent, mais viennent opérer une sorte de cristallisation. Quant à l' « accélération », elle nous sert à traduire un phénomène voisin, mais marqué en sus d'une concentration soudaine des valeurs, des notions ou des figures : le discours de Philon a des traîtrises, et, dilettante en apparence, prolongeant sans fin ce que beaucoup nomment une digression ou un détour, brusquement voici qu'il revient au cap, décrit une ligne désormais droite, stylisée, essoufflante. Ce procédé est celui que nous avons baptisé « accélération ». On voudra bien toutefois ne considérer de telles images ni comme de pures fantaisies, ni comme une sorte de code scientifique. Comme nous l'avons développé dans l'Introduction, expliquer la doctrine philonienne est une chose, suivre le discours philonien en est une autre. L'immobilité de bien des concepts, la fixité des blasons où les personnages de l'Écriture viennent s'enfermer devraient aboutir à une composition inerte et sans mouvement, sans ressort pour engendrer le mouvement. Appliqué en rigueur, le bagage des équivalences sémantiques où Philon puise ses outils et qui fait d'Abraham le questionneur de Dieu, d'Isaac, la nature comblée sans intervalle de temps ou d'étude, et ainsi des autres, entraînerait l'exégèse de Philon dans une impasse. Dresser le lexique des figures, tout comme recenser les origines philosophiques de telle formulation ou de tel concept, c'est toujours ramener au statique. Or la raideur des éléments dont use le commentaire allégorique peut être comparée à celle des marionnettes. Philon n'a peut-être inventé ni les motifs, ni le genre, mais il agite ses pièces, dressant à partir du thème le plus élevé ou le plus trivial — quelques mots de sa Bible, quelque idée de sa philosophie — le spectacle connu et rajeuni de ses personnages. La variété des procédés suppose qu'on reste vigilant. Philon est chatoyant ou monotone. Mais, comme la monotonie, le chatoiement peut endormir. L'exégète de Philon doit à la fois surveiller les chemins bien assurés ; il doit contrôler les éléments « fixes » ; mais rester sensible aux multiples différences, qui empêchent l'immobilité.

Or le mouvement ne peut venir que du phrasé de l'Écriture. Philon prétend que ses mots, sa forme, sa disposition engendrent une dialectique : l'exégèse ne fait qu'en retrouver le mouvement. D'où surgit un premier postulat en acte : quel est, dans le texte même de la Bible, l'ensemble de versets qui représente assez d'éléments pour provoquer un déplacement dialectique, et ne dépasse pourtant pas la frontière au-delà de laquelle l'esprit se jetterait dans une autre sphère d'idées ? C'est dire que, par exemple, le texte de *Genèse,* ch. 12, objet formel du traité, comprend et doit comprendre les v. 1 à 4, sauter le v. 5, reprendre le v. 6, qui parle du *chêne,* symbole de solidité et donc de confirmation dans la vérité, et ignorer au-delà de ce v. 6 l'évocation de la *vision* (v. 7 : « *Le Seigneur fut vu d'Abraham* »). Qu'il s'agisse là d'un découpage d'origine liturgique ou traditionnellement usité dans les commentaires libres, ou que Philon ait

lui-même procédé au choix, peu importe : le métier de Philon exige cette
première définition du sujet, ou il s'en accommode. La manière dont il
abordera chaque partie du traité dépend de l'économie globale, et celle-ci,
dépendant à son tour de la limite du texte de base, suppose donc dans la
pensée de l'auteur une première aperception synthétique. De ce premier
choix découlera dans la suite le mode d'enchaînement des parties. Le traité
De migratione Abrahami s'arrêtera sur le thème de la solidité, lue dans
l'image du « *chêne de Mambré* ». Du coup, Philon se sent engagé à faire
de tout ce qui précède la préparation de l'étape de perfection. Il voit dans
la série des bénédictions qui constituent la vocation d'Abraham une suite
de *dons*. Et jusqu'au §126, la seule manière pour Philon de relier entre
elles les différentes expressions du texte de base sera de les additionner et
de considérer simplement que le deuxième « don » complète le premier,
le troisième couronnant le deuxième, et ainsi de suite. Or telle n'est pas
forcément la seule méthode : le traité suivant, le *Quis heres*, établit entre
les phrases scripturaires du ch. 15 de la *Genèse* une consécution d'un
autre type, plus subtil, dont le modèle se cache dans une réflexion sur la
parole, l'élocution juste. Un autre livre, le *De mutatione nominum*, portera,
pour sa part, à un point de perfection extrême le principe qui n'est oublié
cependant nulle part, à savoir qu'une proposition de l'Écriture succède
à une première proposition en vertu d'un effet de « redondance » : sous
des mots différents, la doctrine mystique d'une phrase est partiellement
reconduite dans la phrase suivante. Le *De migratione Abrahami* procède
à la fois de ces deux systèmes généraux. C'est pour constituer un portrait
bien délimité, complet et clos, que les versets du ch. 12 de la *Genèse* se
suivent. Le dessein prêté à l'Écriture est celui d'une définition concrète du
sage : les dons divins l'entraînent progressivement au point de perfection
qui est le sien ; mais, bien sûr, il y a convenance d'une étape à la suivante.

2. *Résumé*

L'analyse se chargera de manifester au fur et à mesure le type d'enchaînement qui règle le détail du discours. On aimera sans doute trouver au
préalable un résumé du parcours religieux que Philon assure à son héros.
Le fil intellectuel du *De migratione Abrahami* peut très bien se voir représenter par une suite de propositions morales. Philon y décrit en effet
successivement :

l'origine du mouvement qui relève la tête de l'homme vers le monde divin ;
l'espérance déposée au coeur de l'homme: il connaîtra la paix ;
mais cette paix porte encore le masque de la lutte armée ;
et la lutte se déroule sur le plan du langage, de la parole ;
une fois purifiée, la pensée du juste rejoint la Source de tous les êtres : de là,
le Juste peut soutenir et abreuver le monde entier ;
dans son action bénéfique à l'égard des autres, le Juste voit comme dans un
  miroir la nature de l'action divine qui l'a d'abord appelé : c'est la Bonté.

Le retour à l'Origine manifeste la maîtrise de Dieu sur les trois parties du temps et révèle l'instant privilégié de la moisson, la Fin.

Rebondissement : la contemplation de la Fin sert de point de départ à un approfondissement de la connaissance du passé d'Abraham : il déchiffre maintenant sa première émigration, d'Ur en Chaldée jusqu'à Harran, tout en puisant dans cette mémoire les principes de sa conduite présente et future, car il doit encore persévérer.

La persévérance du sage revient, elle aussi, à sa source: elle manifeste plutôt la permanence de Dieu, qui a nom Justice de Dieu ;

enfin, cette Justice se révèle comme le cœur de la Bonté salvifique de l'Unique.

Le discours marche au rebours du développement attendu. Plus Abraham avance, et mieux il comprend ce qui lui est arrivé au début de son émigration ; si bien que le traité analyse vers la fin l'événement originel, le départ d'Ur en Chaldée. Bien entendu, le premier responsable est le texte biblique : le v. 4b rappelle au lecteur qu'Abraham quitta Harran à l'âge de 75 ans. Cette indication chronologique se place à la suite de la vocation proprement dite, et donc de façon assez naturelle. Mais Philon prend occasion de ce rappel et remonte encore davantage dans le temps, pour évoquer la toute première émigration d'Abraham, à parti d'Ur pour Harran. Ce procédé permet de transformer le traité en analyse du temps, fouillant de plus en plus profondément dans ses racines lointaines, pour que l'instant de Dieu manifeste vraiment et de façon concrète sa nature, son efficacité, sa domination du temps humain, et pour que la conversion d'Abraham soit à la fois complète, guérissant son lointain passé, et qu'elle ne détruise pas en lui le sujet qu'elle est censée transfigurer.

2. Le contenu du traité

Le *De migratione Abrahami* ouvre le cycle d'Abraham, qui comprend ensuite le *Quis heres,* le *De congressu eruditionis gratia,* le *De fuga* et le *De mutatione nominum.* Ce dernier traité consacre effectivement l'âme parvenue à l'oubli de soi et que Dieu transforme ; le premier, le nôtre pour l'instant, propose une réflexion sur le départ, et, comme nous le suggérons, une sorte de synopse de tout le voyage : le chemin à parcourir reçoit lumière et sens de la Fin, du terme qui s'y projette par anticipation.

Le *De migratione Abrahami* fait donc l'exégèse de *Genèse,* ch. 12, v. 1-4 et 6. Le v. 5 ne figure pas explicitement dans le commentaire, et il faut aussi observer que Philon ne cite pas d'emblée, au §1, la totalité du texte qu'il analysera : il faut attendre le §127 pour voir apparaître la lettre du v. 4, juste au moment de son explication : « *Abram partit selon la Parole du Seigneur* » ; et c'est seulement au § 216 que vient le v. 6 : « *Abraham traversa le pays jusqu'à Sichem* ». Ce qui nous permet la brève présentation suivante :

Verset 1-3

§ 1 : « *Et Dieu dit à Abraham: Va-t-en de ta terre, de ton parentage et de l'habitation*
de ton père, pour la terre que Je te ferai voir ;
§ 53 : *Je ferai de toi une grande nation ;*
§ 70 : *Je te bénirai ;*
§ 86 : *et Je grandirai ton nom ;*
§ 106 : *et tu seras à bénir (béni) ;*
§ 109 : *Je bénirai ceux qui te béniront, et ceux qui te maudiront, Je les maudirai ;*
§ 118 : *et en toi seront bénies toutes les tribus de la terre.* »

Verset 4 a

§ 127 : « *Abraham alla selon la Parole du Seigneur* » ;
§ 148 : « *Lot partit avec lui* » (et, sous-entendu ici, le v. 5). …

Verset 6

§ 216 : *Abraham parcourut le pays, jusqu'au lieu de Sichem, au*
§ 225 . *chêne élevé* ».

Si l'on considère abstraitement les § 216-225 comme la « conclusion »
du traité, l'absence du v. 5 se fait moins sentir.

Mais empressons-nous d'ajouter que ce point de vue logique nous
éloignerait de la vérité littéraire. La présence du v. 5 dans la suite du
commentaire eût soumis à rude épreuve l'enchaînement des conceptions :
le personnage de Lot dont il y est question (« *Abraham prit sa femme*
Saraï, son neveu Lot… ») pourrait difficilement venir en compte après la
mention des 75 ans, dont le commentaire allégorique vise à l'éliminer.
Nous verrons en son temps que Philon, sans le citer explicitement à sa
place normale, n'a pourtant pas oublié le v. 5. La citation explicite
imposerait à l'interprète de modifier sa dialectique : l'allusion, telle qu'on
la trouve par exemple quand il s'agit de notre v. 5, aux § 148-175, donc
sur une assez grande étendue, permet toutes les souplesses, les vues partielles. Elle constitue de plus une élégance de composition, comme on en
trouve assez souvent dans Philon (cf. par exemple, notre commentaire
du *De fuga,* passim).

Bien sûr, tout ce que nous avançons repose sur la confiance que nous
faisons à l'Alexandrin et que nous demandons au lecteur de lui faire.
Toujours dans le même sens, faisons un pas de plus et proposons comme
a priori un survol du traité *De migratione Abrahami* déjà partiellement
organisé, qui offre une vision cohérente. Chaque subdivision, en effet,
y sera pour ainsi dire phrasée, pour que le lecteur entre « en Philon »
sans subir l'effet secondaire, évitable et nocif, d'un dépaysement qui ne
devrait rien à la profondeur, mais tout à l'imprévu.

ANALYSE « LOGIQUE » DU DE MIGRATIONE

PREMIÈRE PARTIE

LES DONS DIVINS

A) Les DONS PERSONNELS

1. — LE PREMIER DON : DÉPART

§ 1   a) *L'élan du départ :*

Première citation du texte de base: *Genèse*, ch. 12, v. 1-3.

§ 2   Première démarche de Dieu pour purifier l'âme : l'exil.

§ 3   Symbolisme des trois termes qu'il faut abandonner :
— la « terre » signifie le « corps » ;
— la « parenté » désigne la « sensation » ;
— l' « habitation du père » représente le « langage »,
(mais il y a une Parole souveraine).

§ 7   Symbolisme du départ : dominer, se connaître.
Symbolisme global : quitter les trois réalités, du corps, de la sensation et du langage, c'est pressentir le bonheur, c'est aborder la réalité des archétypes.

§ 13   b) *Les départs exemplaires :*

Abraham expulsant Lot ; Moïse faisant partir Israël d'Égypte.

§ 16   Joseph recommande qu'on retire d'Égypte, sinon tout de ce qu'il est, mais ses « ossements », partie dure et incorruptible, symbole de sa vertu. Ces ossements représentent par là les formes incorruptibles et dignes de mémoire, soit, aux termes de l'allégorie :

§ 18   (avenir) — dignes de mémoire, ses dons de prophète ;

§ 19   (passé) — incorruptibles : ses mérites passés.

§ 21   Joseph est admirable (*Genèse*, ch. 45, v. 28), car il est « à *Dieu* ». La vie mêlée n'est pas maudite : il existe un Jugement qui sauve les germes du bien.

§ 25   c) *Le mode du départ : la hâte d'une fuite ;*

1) partir en hâte et vigoureusement, tout comme lors de la Pâque de Moïse ;

§ 26   2) *ou bien* en cédant, par la fuite. L'athlète Jacob ne doit pas toujours lutter. Il reçoit l'ordre inverse de l'ordre adressé à Abraham : il doit « *retourner vers la terre de son père et vers son parentage* » (*Genèse*, ch. 31, v. 3). Mais c'est qu'il s'agit de revenir vers la terre qui est celle d'Isaac, d'un Isaac qui n'a jamais émigré ; la terre d'Isaac est celle où Dieu « *sera avec* » Jacob.

§ 34   Là brillent la perfection, la pluie des grâces, la fécondité obtenue sans travail (l'inspiration littéraire facile en est un fruit). Là, Dieu « *fait voir* ». Le terme « voir » engendre toute une réflexion :

§ 37   il y a 1° ce qui se fait voir, l'Être ;

§ 38   2° celui qui voit, le sage : Jacob devenant « Israël » (= Qui voit Dieu) ;

§ 40b   3° Celui qui fait voir, la Source.

§43   d) *Le temps du départ ;*

C'est celui de l'espérance, de la foi tournée vers l'avenir. Dieu dit en effet : *Je te ferai voir,* au futur.

§44b   Mieux vaut voir que posséder : Moïse n'entra point sur la Terre promise, mais il la « vit ». Éloge de la vie contemplative.

Mieux vaut voir qu'entendre : « *Tout le peuple voyait la Voix* » (*Exode,* ch. 20, v. 18), car la Parole de Dieu est lumière, (preuves par différents textes) ; si la voix est parmi nous chose invisible, tout comme l'esprit, la Voix de Dieu est, elle, vue par l'âme.

2. — LE DEUXIÈME DON : LA CROISSANCE

§53   « *Je ferai de toi grande nation* ». Dans cette promesse faite à Abraham en deuxième lieu, « nation » dit le nombre, la quantité ; « grande » suggère la qualité, la valeur.

§55   La quantité n'est rien sans la perfection : l'Écriture désigne comme « grande nation » celle qui est approchée par Dieu.

§59   Opposition de la vertu, rare, et du mal, pléthorique : le *nombre,* la quantité caractérisent les passions (même isolé, un méchant se perd dans la multitude de ses méfaits) : seul, isolé, l'ami de Dieu bénéficie de la force même de l'*Unique.*

§64   C'est pourquoi l'Écriture désigne comme abominables les animaux à pattes multiples, aussi bien que les animaux privés de pattes, car les deux catégories symbolisent l'homme qui adhère de tout son être au monde sensible (le serpent ne va-t-il pas sur la poitrine et sur le ventre ?). Il est gouverné par la convoitise *et* la folle ardeur. Moïse prescrit d'ôter la poitrine du bélier et d'en nettoyer le ventre pour confier les rênes à la raison.

§69   Autre confirmation : supprimez la foule, et le Sage, tout seul (Moïse), suffirait à recréer un peuple entier.

Dernière confirmation : l'Écriture exclut de l'Assemblée l'eunuque (l'athée) et le fils de la prostituée (polythéiste), incapables de désigner l'*Unique...*

3. — LE TROISIÈME DON : LA BÉNÉDICTION

§70   « Bénédiction », le mot contient 'bien' (=vertu) et 'diction' (λόγος) ; mais λόγος signifie à la fois pensée et expression. Dieu donne les deux simultanément :

§74   — que serait une 'pensée' sans expression ? Ce fut bien le malheur d'Abel de sortir sans équipement verbal à la rencontre du sophiste Caïn ;

— la pensée avec l'expression ? C'est le cas de Moïse, qui reçoit Aaron pour exprimer ses pensées divines, tant qu'il est aux prises avec les magiciens d'Égypte. Harmonie d'une pensée qui rencontre un langage proportionné : cette pensée est une réalité divine pour le langage qui l'exprime, car à son tour la pensée du sage n'est que parole de Dieu (dans tout cela, Philon explique pas à pas *Exode,* ch. 4, v. 14 et sv.).

§ 82   Il faut être prêt à rivaliser par les mots : dans cette lutte, la parole devient prophétique, et la pensée devient divine (allégorie d'*Exode,* ch. 7, v. 1). L'artifice des sophistes est finalement vaincu par la Parole de Dieu, comme le reconnaissent les sophistes eux-même : « *C'est le doigt de Dieu* » ; or, le doigt de Dieu traça les caractères de la Loi, qui est Parole de Dieu.

4. — LE QUATRIÈME DON : UN GRAND NOM

§ 86   Valeur du paraître réuni à l'être.

    La réputation est nécessaire : diatribe contre les spirituels purs, qui se croient dégagés des observances. Ils cultivent l'intelligence, mais négligent

§ 91 le sabbat, les fêtes, la circoncision.

    Mais l'observance aiguise l'intelligence du symbole !

§ 94 Preuves :

    1) les deux richesses d'Abraham (*Genèse,* ch. 25, v. 5 et sv.) ;

§ 95   2) l'intelligence de Lia (*Genèse,* ch. 30, v. 13), qui cherche, à la naissance d'Asher, l'approbation des hommes *et* des femmes, c'est à dire de l'intelligence et des sensations ;

§ 97   3) les femmes confectionnant les ornements de l'Arche, donnant leurs miroirs, qui serviront la pureté des officiants ;

§ 99   Sans doute existe-t-il une autre catégorie de femmes, celles qui incendièrent Moab (*Nombres,* ch. 21, v. 30) : c'est une raison de plus pour les amadouer ;

§ 101   4) la prière d'Isaac en faveur de Jacob va dans le même sens, de synthèse : « puisse Dieu te donner la rosée du ciel *et* la graisse de la terre » (*Genèse,* ch. 27, v. 28) ;

§ 102   5) les vêtements du grand-prêtre, qui est le Logos : le bandeau désigne le ciel ; les clochettes désignent le monde sensible.

§ 105 *Envoi :* « Nécessaire, vêtement, étreinte », ces trois devoirs du mari symbolisent par leur réunion la valeur d'une vie accordant le paraître à l'être.

5. — LE CINQUIÈME DON : LE MÉRITE

§ 106   « *Tu seras à bénir* » *:* don purement établi sur le mode de l'être, puisque « à bénir », par opposition à « béni », suggère qu'on possède une valeur authentique, qu'elle soit ou non reconnue des hommes.

B) Le rayonnement DU SAGE

§ 109   Voici les bienfaits départis aux autres hommes par le Sage, à cause du
§ 111 Sage : « *Je bénirai ceux qui te bénissent* », etc. Il convient de distinguer entre bénir et bénir : les flatteurs, en effet, font mine de bénir.

§ 113   De même faut-il distinguer entre maudire et maudire : ainsi Balaam, qui voulait maudire, fut par Dieu contraint à bénir ; mais, d'après son intention, ce lui fut compté comme malédiction.

§ 115b   Les éducateurs ont l'air de détester leurs disciples ; en fait, ils les aident et les aiment.

§ 118   « *En toi seront bénies toutes les tribus* » : le Juste soutient le monde. Par lui, une pluie de bienfaits descend sur la création. Philon rappelle ici les

§ 122   intercessions fameuses de Moïse et d'Abraham...

§ 123   Le petit reste est un rejeton destiné à refleurir.

§ 124   Le Juste remédie à l'universelle misère : Noé, d'où le monde anéanti s'est reconstitué, a survécu. Car Dieu concentre en un instant de réussite (la naissance d'Isaac en est le symbole) les trois mesures du temps, passé, présent, avenir, où la vertu semblait être dispersée et se dissoudre (accélération).

DEUXIÈME PARTIE :

LA FIN

§ 127   « *Abraham alla selon la parole de Dieu* ». C'est cette marche qui constitue la perfection.

§ 130   Allant selon la Loi, qui est bien la Parole de Dieu, le Juste « fait la loi », et il fait donc la Parole de Dieu, tellement il est proche de Dieu.

§ 134 1)   — La FIN se laisse alors entrevoir : $\tau\acute{\epsilon}\lambda o\varsigma$ est un mot double, à double face :

       a) il désigne le terme, le comble de la sagesse, qui consiste à reconnaître son ignorance. Diatribe contre les philosophes : expliquez donc ce que vous êtes avant de disserter sur les astres !

§ 139   b) « télos » désigne ensuite les termes... de l'impôt (jeu de mots) que Dieu réclame : c'est à dire le retour par l'action de grâces de tous les dons que Dieu a dispensés (*Nombres*, ch. 28, v. 2).

§ 143 2)   — Tout cela est atteint à condition de ne pas *s'effondrer en chemin*. Amalec, équivalent de la « sensualité », peut en effet surprendre les arrières de la troupe, si l'âme cède à la fatigue.

    MAIS il existe une autre fatigue, celle qui supporte et patiente (Lia en est le symbole).

§ 146 3)   — Tout cela, à condition de ne pas *dévier* sur les territoires d'Édom (*Nombres,* ch. 20, v. 17), mais de suivre la Voie royale. Suivre le juste milieu, telle est la vertu.

§ 148   Or, *Lot,* qui « *partit avec lui* » (s'introduit ici la suite du texte commenté), finit par se « *détourner* », suivant la signification de son nom. Il symbolise les hésitants ; il embarrasse donc plutôt Abraham. L'issue montrera ce que valait son intention de départ ; il sera emmené captif par les quatre rois, qui ne sont autres que les quatre passions (*Genèse*, ch. 14).

    MAIS le jour viendra où Abraham pourra se séparer de Lot...

§ 151   Or, le « ramassis » alourdit la marche des Hébreux lors de l'Exode (*Exode,* ch. 12, v. 38 ; *Nombres,* ch. 11, v. 4). Philon rappelle ici l'influence néfaste du nombre (cf § 59-69). Ce « ramassis » pleurait dans le Désert, au lieu de se réjouir.

    MAIS il est d'autres larmes, celles de la joie...

§158   Or, *Joseph* s'accorde avec le terrestre (l'Égypte signifie « le corps ») : il veut tenir à la fois le ciel et la terre.

§159   — Il marche, en effet, entre les Égyptiens et ses frères (*Genèse,* ch .50, v. 7-8) dans le cortège de Pharaon ;

    MAIS ce char n'est jamais que le second : c'est pour lui un moindre mal...

§162   — Il jure tantôt la vie, tantôt la mort de Pharaon (*Genèse*, ch. 42, v. 15 et sv.).

    Envoi : Joseph est même incapable de désigner par le terme juste le « ramassis », la foule mauvaise qui l'accompagne, car ses yeux sont fermés à la vérité.

§164   LOT EXISTE DONC,

    MAIS on trouve aussi les fervents pour accompagner Abraham dans son émigration : Eshkol, le « feu », Aunan, « les yeux ». Ils hériteront de Mambré, la « vision ». Ils sont aidés autant qu'ils aident à rejoindre Isaac. Finalement, tout le monde marche du même pas.

§167   Les autres figures s'estompent, pour ne plus laisser en scène que la nature (Isaac) et l'art (Abraham), qui rivalisent d'ardeur et de rapidité.

    L'ascension d'Abraham ressemble à celle de Moïse : Aaron, Abiud, Nadab, sans oublier les 70 Anciens, accompagnent Moïse sur la Montagne (« accélération »).

§170b 4)   — Tout cela se réalise, à condition de ne pas croire qu'on monte par ses propres forces. Suit une prière pour que Dieu se fasse par ses Paroles (ses Anges) le guide de cette ascension. Jusqu'au moment où le sage finira par guider ceux qui le guidaient (allégorie de *Genèse*, ch. 18., v. 16).

§175   LOT, à ce moment-là, N'EXISTE PLUS.

TROISIÈME PARTIE :

LES ÉTAPES

§176   « *Abraham avait 75 ans lorsqu'il quitta Harran* ». Philon annonce trois développements : sur le chiffre 75 ; sur le sens du nom « Harran » ; enfin, sur la signification du départ d'Ur en Chaldée. Il procède ensuite en ordre inverse :

1)   L'émigration à partir de Harran n'est que la seconde : Abraham avait déjà abandonné Ur de Chaldée. Or, la Chaldée représente le pays de l'astrologie, où les idolâtres confondent au terme de la science la créature et le Créateur : les Chaldéens divinisent le monde sous prétexte qu'ils en cherchent et découvrent l'unité.

§180   Moïse aussi reconnaît l'unité du monde, sans pour autant s'y enliser : il ne nie pas la création, mais l'affirme. L'unité qu'il déchiffre dans le monde est assurée par des Puissances intermédiaires, en premier lieu, la Bonté. Mais Dieu, deviné dans le monde, déborde le monde et lui échappe.

§184   Moïse oriente les idolâtres en les appelant à se connaître eux-mêmes. Diatribe dans laquelle Philon invite le philosophe-physicien à rentrer en lui-même et à voir que son esprit effectue la synthèse de ses impressions sensibles. Il doit, à partir de là, deviner que Dieu puisse assurer l'unité du monde sans y être enfermé.

§ 188 2) Harran : c'est le séjour de réflexion. Le mot signifie « cavité » des sens. Il faudra bien le quitter un jour. En attendant, l'attention portée au sensible permet au sage d'écouter un appel plus puissant, et trois séries d'observations,
— au seuil inférieur, les r ê v e s ;
— au-dessus, la c o n t e m p l a t i o n ;
— par l'effort ordinaire, intermédiaire entre les deux premiers, la m é d i t a - t i o n, insinuent toutes trois la grandeur de l'esprit : elles inclinent le sage à comprendre comment Dieu domine le monde comme l'esprit domine les sens.

§ 194   RÉSUMÉ DE L'ITINÉRAIRE.

§ 196   Exemple de Samuel : il appelle Saül « *du milieu des bagages* » : la vertu appelle le sophiste converti (le Chaldéen) à quitter l'école des sens où il a pressenti l'éternité, et où il s'est de loin préparé à sa dignité royale.

§ 198 3) Le nombre 75, c'est 70 augmenté de 5. Voici un nombre mixte, qui revient à décrire l'état de la quête spirituelle : il évoque Jacob avant que Jacob ait atteint la perfection ;

§ 201   mais Jacob atteindra quelque jour le nombre 70. Ce chiffre est saint ; il a l'estime de Moïse : il règle le grand holocauste, mesure le poids des coupes. Symétriquement, il afflige les Égyptiens : chez eux, le deuil dure en effet soixante-dix jours !

§ 203   Quant au nombre 5, il est la figure des cinq sens. Il est en honneur auprès de Joseph : Joseph donne cinq robes à Benjamin, fils comme lui de Rachel, c'est à dire, suivant le code, de la sensation.

§ 205   Le même nombre 5 revient avec les cinq filles de Salphaad, lui-même fils de Manassé. Or, Manassé signifie : « *(tiré) du souvenir* », inférieur à la « *mémoire* », que symbolise Éphraïm.

§ 207   Retour au nombre 75 (donc entre Moïse et Joseph) : c'est Rébecca, la « patience », qui invite Jacob à fuir alors même qu'il vient d'évincer son rival Ésaü. Suivant ce conseil, il faut savoir amadouer le vice : sans le provoquer en face, il convient d'adopter ses façons, pour mieux l'apprivoiser, tel une
§ 212   bête qu'on flatte. Harran, où Jacob s'enfuit, n'est-elle pas vouée aux bêtes ?
Quand Jacob sera parfait, il aspirera à « *se faire une maison* », tout comme les sages-femmes d'Égypte.

CONCLUSION :

LA PERSÉVÉRANCE DU SAGE ET LA JUSTICE DE DIEU

§ 216   « *Il parcourut le pays jusqu'au lieu de Sichem, vers le chêne élevé* ».
§ 217   Philon prend, dans l'ordre cette fois, les trois termes de la citation :
§ 217 1) « *IL PARCOURUT* » :
a) Il existe un contraste fâcheux entre la hardiesse déployée par les marchands et la timidité des amis de la sagesse...
§ 219   b) C'est qu'il s'agit de « parcourir » l'homme et l'univers,
§ 220b 2) « *SICHEM* »
sans se laisser déconcerter par la difficulté de l'entreprise. Nous passons à SICHEM, qui se traduit par « *épaule* », symbole de l'effort patient.

§ 223 3) « *LE CHÊNE* » :

C'est maintenant le symbole décisif de la fermeté, le CHÊNE. Il faudra que cette fermeté serve de rempart contre le mauvais SICHEM[3] (Philon retrouve ici le thème de l'ambiguïté, mis en œuvre aux §143-175).

§ 224 *Envoi :* Sichem veut violer Dina, le « jugement » (*Genèse,* ch.13) ; mais elle est vengée par les fidèles de la sagesse, qui sont Siméon (= « *celui qui écoute* » et Lévi (=« *attaché à Dieu* »), car Sichem a pris Dina pour une prostituée; or « *il n'y a point de prostituée en Israël* ». Cette formule devient une profession

§ 225 de foi : l'âme, peut-être violée en apparence, retrouve sa virginité par l'effet de la JUSTICE incorruptible.

NB. Bien entendu, l'argument analytique proposé ci-dessus ne tient pas un compte rigoureux de toutes les finesses d'enchaînement. La note 3 en rappelle la présence ; et c'est aux analyses détaillées qui suivent qu'on demandera l'éclaircissement sur les doubles jeux de la rhétorique philonienne.

NOTES

1 Ce traité fit l'objet de ma thèse de 3° cycle, publiée sous la forme du volume 14, dans l'édition des Œuvres de Philon d'Alexandrie assurée par l'Université de Lyon (Cerf, 1965). Nous avons toutefois refondu complètement la présentation.

2 Sinon indirectement : cf. §168 (p. 133 s.).

3 On voit que ces §220b-225 sont régis par deux systèmes à la fois, la division annoncée et l'ambivalence du nom de Sichem.

CHAPITRE PREMIER

LES DONS DIVINS

Philon nous indique lui-même qu'il considère chacune des propositions du texte de base comme le maillon d'une chaîne, la chaîne des cinq présents que Dieu consent à l'âme en quête du savoir. Les indications se trouvent au §2 : « *Dieu... commence par lui donner un point de départ* » ; au §53, nous lisons ensuite : « *un deuxième don, le développement des principes de vertu ...* » ; le §70 poursuit : « *Un troisième don: la bénédiction* » ; le §86 commence ainsi : « *Quel est le quatrième don?* » et le §106 conclut : « *Voici maintenant la cinquième faveur...* ». Ce dernier développement est court (§106 à 108), mais il débouche sur une sorte de *coda*[1] : les dons accordés au sage se retournent en bénédiction pour l'humanité entière. Au total, la première grande division du traité couvre les §1 à 126. Elle est parfaitement logique, et l'auteur l'a organisée suivant une loi d'enchaînement.

Nous l'avons noté, les divisions intérieures s'imposent d'elles-mêmes. Pour décrire l'appel qui lance Abraham sur la route du vrai savoir, Philon suit paisiblement les indications du texte biblique. Mais cette belle régularité risque de nous endormir. En fait, le texte du commentaire allégorique contient des surprises, des paradoxes. Avant de les résumer, rappelons brièvement l'ordre et la substance des six divisions secondaires :

1) Dieu donne l'élan du départ (§1 à 52) ;
2) Il procure la croissance (§53 à 69) ;
3) il ajoute la bénédiction (§70 à 85),
4) que couronne le « nom » (§86 à 105), apparence
5) qui trouve son fondement dans l'être (§106 à 108).
6) Ces cinq dons se répercutent en bénédiction qui profite à l'humanité toute entière : « *En toi seront bénies toutes les tribus...* » (§109 à 126).

Les cinq chapitres consacrés aux « dons » qui forment en Abraham a nature sainte, capable du savoir, n'ont pas la même complexité : le prlu mier, sensiblement plus développé (§1 à 52 — soit à peu près la moitié dn chapitre à lui tout seul), est aussi le plus subtil. Que Philon ait ou nor conscience d' « ouvrir » non seulement un traité, mais une série dont le héros doit être le patriarche Abraham, le fait est que ce premier chapitre exploite toutes les ruses de l'allégorie. Et ces ruses permettent de dispose-les thèmes essentiels, tout aussi bien que le « système » qui donne à Abraham consistance et signification.

I. Le Départ
(§ 1 à 52)

C'est qu'avec Abraham, Philon rencontre le premier personnage de la triade symbolique, formée d'Abraham, d'Isaac et de Jacob, soit : l'apprentissage, la nature, la lutte de l'ascète ou de l'homme qui s'exerce. Isaac, la nature, est le centre de la triade, son foyer. Mais l'apprentissage n'échappe nullement à la maîtrise divine, et Abraham se définit d'emblée comme celui qui reçoit un certain nombre de « dons ». Le désir qui le pousse à étudier, à chercher Dieu, est en lui-même le premier de ces dons : l'homme est ainsi dépossédé de son premier mouvement vers le vrai. C'est ce qu'explique à sa manière le premier chapitre, consacré au départ d'Abraham. Philon va y traiter quatre thèmes :

1) le départ consenti par le Sage, qui doit se détacher d'un certain cadre (§ 1 à 12) ;

2) l'Écriture a consigné trois émigrations qui servent d'exemples et de commentaires vivants à celle d'Abraham (§ 13 à 24) ;

3) la manière dont le départ est effectué : rapide et sans hésitation (Philon conjugue cette étude avec un quatrième modèle, celui de Jacob § 25 à 42) ;

4) revenant au texte de base, Philon commente le temps du futur : *(le pays) que je te ferai voir* (§ 43 à 52).

Cette vue cavalière ne rend pas compte de la surprise du lecteur moderne, lorsqu'il s'avance dans le texte même. Une série de paradoxes intentionnels vient rompre une certaine logique attendue. Leur énumération servira d'introduction au chapitre :

a) D'abord considérés comme des obstacles à la perfection de l'âme, la sensation, le langage, le corps se trouvent bientôt ramenés vers des interprétations flatteuses. La sensation est dite sœur de la pensée ; le langage est une imitation du Verbe divin, qui sert de Pilote dans la direction de l'univers sensible ; le corps reste bien sans réhabilitation directe, mais il n'est pas considéré comme vil.

b) Deuxième paradoxe, nous allons ensuite congédier Lot sans avoir fait un pas avec lui (§ 13-14).

c) Autre paradoxe, le redressement opéré par Joseph. Introduit comme le modèle de ceux qui « *jusqu'au bout* » restent enlisés dans le « corps » (comprenons l'Égypte), il finit par symboliser des valeurs qui arrachent à Jacob des cris d'admiration. C'est lui qui nous initie aux arcanes de la mémoire et nous permet de contempler les trois divisions du temps dans leurs rapports respectifs. Or, mémoire et temps joueront dans le traité un rôle de premier plan : le « Politique », Joseph, en tient les clés. C'est là un choix significatif et paradoxal...

d) Quatrième sujet d'étonnement : l'énergie déployée pour fuir se révèle très rapidement inutile, sinon dangereuse (§ 26) ; au point que l'Écriture nous donne maintenant un programme qui n'est autre que le texte de base retourné : au lieu de partir, il faut revenir : « *Reviens!* », est-il dit à Jacob. Et ce retour paraît à Philon rendre raison du départ d'Abraham...

e) Mais, cinquième paradoxe, en renonçant à la lutte, l'ascète consomme la défaite de l'ennemi, la sensation, lorsque Jacob cesse de peiner chez Laban, s'enfuit subrepticement et quitte Laban que l'allégorie définit comme la « sensation ». Et Philon entreprend un développement sur la délivrance, tout de suite transmuée en valeur positive de fécondité (§31 à 35).

f) La suite traite de la « vision » d'un Jacob transformé en Israël. Mais cet accomplissement, qui pourrait nous orienter vers l'avenir, nous fait opérer un retour en arrière, jusqu'à la formule introductrice du texte de base : « *Et Dieu dit à Abraham :...* ». Avant l'effort vertueux, plus fondamentale que le don divin qui a permis le départ d'Abraham, subsiste la « parole » de Dieu. Il faut reconnaître dans le simple fait que Dieu a ouvert la bouche en faveur d'Abraham le garant le plus précieux, la valeur originelle, unique, fondant l'extase et la « vision » (§36 à 42).

Ce premier ensemble de paradoxes définit bien le travail de Philon. Mais il est encore renforcé à partir du §26 par d'autres phénomènes destinés à surprendre une logique en ligne droite. En rentrant de Harran, Jacob exécute un ordre matériellement contraire à celui qu'Abraham avait reçu : « *Retourne vers la maison de ton père!* ». Ce faisant, il revient vers le *passé* et il se dispose à hériter d'un bien préparé pour lui par Isaac. Or, à ce moment précis, Dieu ajoute un futur : « *Je serai avec toi!* » Philon va se servir de ce futur pour nous reconduire progressivement à la valeur de promesse qui marque l'oracle perçu par Abraham : « *(Va vers la terre) que je te ferai voir* » — au futur.

Mais comme ce futur a été introduit à l'occasion du retour de Jacob dans le passé, un centre d'immobilité se dessine entre les deux registres du temps : c'est l'instant, le Présent de Dieu (§31). Du point de vue de la Bible, cet instant correspond à la transformation du nom de Jacob en Israël ; du point de vue de l'allégorie, la Présent assume le contenu de ce nom, Israël, « *Qui voit Dieu* » : la « vision » dont il parle, c'est l'extase qui surplombe tout discours.

Un lecteur de Philon doit surveiller ces « illogismes » apparents, sans jouer trop vite le jeu même de l'allégorie. Il doit aussi percevoir les « silences ». Ainsi, dans ce début du *De migratione Abrahami,* certains mots restent privés de toute traduction allégorique, de tout commentaire. La précision « *vers le pays que je te ferai voir* » se retrouve, dissimulée dans le commentaire de l'oracle dont bénéficie Jacob : «*retourne dans la terre paternelle* », celle où vit Isaac (§28). De même, la formule, en principe chargée de sens, « *Dieu dit à Abraham* », reste apparemment sans application. En fait, nous serons obligés de dire que Philon ne l'a pas négligée : il l'a transposée ; il la fait résonner indirectement derrière une formule symétrique... Ces traitements inégaux entrent dans le système philonien et contribuent à l'artifice, c'est-à-dire à l'effet d'une volonté. En avançant à l'intérieur du texte, nous devrons encore jeter la lumière sur d'autres procédés destinés à briser la continuité du discours apparent.

*1. Le point de départ du Sage : il quitte le corps, la sensation, la parole
(§1 à 12)*

C'est donc une triple « traduction » qui ouvre le commentaire. La
« *terre* » désigne le « *corps* » ; la « *parenté* » renvoie à la « *sensation* »
(Ève n'est-elle pas liée au premier homme, Adam ?) ; l' « *habitation du
père* » renvoie à la « *parole* », puisque l'esprit vient se déposer, se reposer
même, dans la parole comme en sa demeure. Et pourtant, ce procédé de
« traduction », le plus simple de l'allégorie, se voit immédiatement compliquer de paradoxes. Car les trois domaines dont on déclare que l'âme
doit s'éloigner n'ont rien de négatif. Sans doute le corps doit-il être
rejeté comme un élément caduc, mais il n'a rien d'intrinsèquement pervers. La sensation a pour elle sa « parenté » avec la réflexion, avec la pensée, et Philon souligne que les deux principes forment une unité harmonieuse : « *L'âme est une* », qui les rassemble (§3). Quant à la « *parole* »,
demeure de l'esprit humain, Philon nous invite sans plus de délai à en
faire l'image de la Parole divine, gouvernail de l'univers. L'indice positif
dont chacun des trois domaines est revêtu reçoit une confirmation dans
le fait qu'Abraham, donné comme la figure du débutant, laisse tout de
suite transparaître la personnalité de Jacob, et, par ce qu'il possède de
meilleur, la révélation suprême. Pour faire mesurer le caractère surprenant, paradoxal, de ces conversions rapides, il suffit de suggérer que
Philon pouvait très bien orienter le commentaire dans le sens d'une négation, d'un refus catégorique du corps, de la sensation, de la parole. Il pouvait, par exemple, souligner la présence du pronom personnel qui accompagne chacun des trois termes, la « *terre* », la « *parenté* », la « *maison du
père* », et dont il ne dit rien. Il aurait pu, s'appuyant sur cet indice, orienter le commentaire dans un sens péjoratif et montrer que les trois possessions étaient préjudiciables à Abraham, du simple fait qu'elles marquaient
son autarcie.

Déjà donc, le « départ » d'Abraham ne se présente pas tout à fait
comme on l'attendrait : il n'est pas une rupture décisive. D'ailleurs,
Philon n'a pas dit ce qu'il entendait par la notion de départ : le verbe
« *s'en aller* » n'est encore l'objet d'aucune précision. Il faut attendre le §7
pour en trouver. Or cette interversion du commentaire par rapport à
la formule de la *Genèse,* ch. 12, « *Va-t-en de ta terre…* », n'est pas le fruit
du hasard. Et comme Philon ne donne pas de valeur péjorative aux domaines qu'il s'agit d'abandonner, force nous est de comprendre que le
corps, la sensation, le langage ne sont pas en eux-mêmes condamnés.
Abraham doit les quitter, moins pour le danger qu'ils représentent que
pour l'usage imparfait qu'il en tire. Vers la fin du traité, au §184, nous
nous rendrons compte que l'assimilation actuelle du langage au Verbe
divin et cette comparaison ici amorcée entre notre esprit et Celui qui
régit l'univers préparaient le développement apologétique destiné au
sophiste chaldéen, pour l'engager à poursuivre une quête *déjà bien
orientée*. Abraham vient d'Ur en Chaldée, et sa première science le pré-
disposait à la découverte du vrai, mais sans lui en donner la clef.

Abraham part donc sans arrachement. Il est plutôt le voyageur quittant une étape que l'exilé préparant son bagage. À la fin du traité, nous apprendrons également qu'on peut à partir de cette émigration, se souvenir d'autres départs, antérieurs à elle, plus dramatiques du fait que les régions abandonnées sont plus compromises dans le mal. Nous avons déjà signalé que la disposition du traité permettait de remonter dans le temps : après l'exégèse du départ qui conduit Abraham de Harran jusqu'en terre de Canaan, Philon nous rappellera le départ qui le mena de Ur jusqu'à Harran. Par cet artifice, le lecteur apprend que l'âme ne connaît le malheur dont elle est tirée qu'au terme d'un cheminement déjà long. C'est dans le meilleur qu'elle déchiffre comme en un miroir la nature du pire.

On s'explique ainsi l'absence de toute diatribe au début de l'ouvrage. Philon propose seulement l'appel du mieux, la référence à l'unité victorieuse des divisions du corps (ἀθρόα — « en troupe nombreuse » du §9), l'action d'une sorte de sens supérieur à la sensation vulgaire pour « user et jouir » de moissons nouvelles (§11) ; et les mots du « langage » continuent de refléter la vérité, au moment où l'on doit quitter le langage, apparemment insuffisant. C'est donc en fonction du traité considéré dans son entier que Philon a cherché l'explication qu'il devait fournir aux premiers mots du texte.

2. Les trois départs exemplaires (§13-24)

Les §13 à 24 offrent une composition élégante, en cercles concentriques. Un premier exemple, très rapide (§13), montre Abraham congédiant Lot. Un deuxième, déjà plus étendu dans le commentaire, entreprend l'étude des <u>mixtes</u> : les Hébreux qui sont enfermés dans l'Égypte et qui en font les œuvres : l'être et l'agir ne se correspondent pas. Le troisième exemple fournit une longue analyse du cas particulier de JOSEPH. Philon y reprend l'étude de la vie mixte en l'approfondissant : le décor reste le même, celui de l'Égypte, identifiée au « corps ». À la suite de Philon, reprenons cette série.

a) *Lot repoussé* : Tout ramassé que soit cet épisode, il est de tous le plus décidé. Lot reçoit son congé, sans explication ni atermoiement. Le paradoxe — nous en rencontrerons d'autres — vient de ce que le texte de base sur lequel Philon s'appuie en ce moment (*Genèse*, ch. 12, v. 1-3) précède juste la mention d'un Lot qui « *accompagne* » Abraham (cf. ci-dessous, §148, où la proposition scripturaire est commentée par Philon). Faut-il accuser Philon d'inconséquence ou d'abusive indifférence à l'égard des personnages qu'il met à contribution pour l'allégorie, ou à l'égard de leur histoire ? Avant de recourir à cette solution de facilité, comprenons que nous récoltons dans cette pure décision d'Abraham — vu par Philon — le résultat de l'analyse qui précède. S'il est vrai que Philon s'est appliqué, tout en parlant séparation, à manifester une série de liaisons positives, à relever constamment les domaines qu'on devrait oublier et quitter ; et s'il est vrai que ce soin, en apportant une condamnation mesurée, correspond au désir de montrer dans le départ d'Abraham un progrès plutôt qu'une conversion radicale, une étape qui reçoit déjà quelque lumière du terme visé, alors, l'anticipation du départ de Lot retrouve une justification. Abraham, qui devra supporter la compagnie de Lot, l'a déjà perdu intérieurement, car il est « *possédé par l'amour du monde incorporel et incorruptible* » (§ 13), mais Lot ne l'est pas, lui.

b) Les Hébreux perdus en Égypte : Lot s'oppose à Abraham comme le goût du mortel à celui de l'immortalité. On sait que, dans l'histoire biblique, Lot choisit au moment du partage avec Abraham la partie fertile et riante du pays qui s'offrait à leurs yeux (*Genèse,* ch. 13, v. 10-11 : « *Lot leva les yeux et il vit toute la plaine du Jourdain qui était partout irriguée, avant que Yahvé ne détruise Sodome et Gomorrhe, comme le jardin de Yahvé, comme le pays d'Égypte jusque vers Çoar. Lot choisit pour lui la plaine du Jourdain...* ». Abraham et Lot sont éloignés l'un de l'autre par la divergence de leurs désirs, puis par la décision d'Abraham. Jusque là, nous avons une dictinction entre deux personnages. Voici maintenant une même nature partagée entre deux possibilités. Il s'agit du Peuple hébreu. Moïse doit en effet arracher, « *faire sortir* » (comme le dit le titre même du livre biblique où l'aventure se trouve consignée, l'Έξοδος) « *les éléments qui seront capables d'être repris et corrigés* » (§ 14). Ce sont les mêmes Hébreux qui à la fois possèdent des biens d'un ordre suspect, du moment qu'ils ont possession en Égypte, la région du corps, et gémissent de se trouver ainsi grevés de valeurs douteuses (§ 15).

Sans doute, à lire tranquillement le livre de l'*Exode,* il est évident que les Hébreux gémissent sous les sévices des Égyptiens, et nullement d'une douleur morale. Mais, une fois qu'on a admis le détournement philonien, on est ici contraint de retrouver le bel optimisme du début, que nous avions même qualifié de paradoxal. Car le séjour des Hébreux parmi la sensation et le mal provoque immédiatement leur réaction, un désir de salut : Moïse, croit-on, va tout de suite délivrer le Peuple élu (fin du § 15). Or Philon introduit ici une sorte de jeu subtil. L'exigence d'un départ rapide est comme freinée par l'histoire de Joseph qui occupe les § 16 à 24 : mais elle resurgit au § 25, lorsque Philon évoque la « *hâte* » qui préside au Passage. Tout se passe comme si Philon superposait deux effets rhétoriques. D'une part, il enchaîne la série des exemples propres à expliquer le départ d'Abraham : après la séparation d'avec Lot, il fait servir la volonté de Moïse, décidé à entraîner hors d'Égypte un Peuple qui y souffre le martyre ; puis il exploite le cas particulier de Joseph, lui aussi promis au départ. Et cette série suit une progression exacte : Lot est en dehors d'Abraham ; le désir du bien et l'épreuve du mal se partagent les individualités d'un Peuple ; enfin, dans Joseph, singulier, les « *valeurs incorruptibles* » attendront la fin pour se distinguer des misères corporelles. De la distinction posée entre deux êtres à la notion de mélange encore extrinsèque (il convient de mettre à part dans le Peuple des éléments honnêtes), puis à celle de ce mixte intérieur à un seul personnage, Joseph, la séquence est bien observée. Mais, d'autre part, Philon se propose de faire rebondir son commentaire. Le départ que Moïse médite pour son peuple dès le § 15 fut en réalité différé, d'après la Bible elle-même : les atermoiements multipliés par le Pharaon distendent considérablement l'effort de Moïse. Philon remplace cette longue distance de temps par les délais d'un autre ordre qui pèsent sur l'histoire de Joseph. On lit en effet au début du §16 une précision temporelle qui explique bien l'idée de Philon : « *Il en est qui pactisent* jusqu'au bout *avec le corps* ». Il est vrai que Joseph a passé toute sa vie en Égypte, et que c'est par testament, en quelque sorte, qu'il espère la Terre promise (*Genèse,* ch. 50, v. 25 et 26 — ce sont les tout derniers mots du livre). De la sorte, le thème du délai prépare *a contrario* celui de la rapidité. Le tout emprunte une forme à la fois simple et raffinée, qu'on peut représenter ainsi :

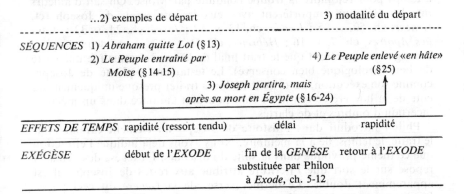

	...2) exemples de départ		3) modalité du départ
SÉQUENCES	1) *Abraham quitte Lot* (§13)		
	2) *Le Peuple entraîné par Moïse* (§14-15)		4) *Le Peuple enlevé* «*en hâte*» (§25)
		3) *Joseph partira, mais après sa mort en Égypte* (§16-24)	
EFFETS DE TEMPS	rapidité (ressort tendu)	délai	rapidité
EXÉGÈSE	début de l'*EXODE*	fin de la *GENÈSE* substituée par Philon à *Exode*, ch. 5-12	retour à l'*EXODE*

La première ligne du tableau transcrit la suite linéaire de l'analyse philonienne. Les lignes intermédiaires, en italiques, suivent docilement la courbe imposée par les exemples tels que Philon les fait ensuite jouer ; en-dessous, nous donnons l'interprétation du point de vue du « temps » ; en-dessous encore, le procédé de substitution d'un texte à l'autre. Il faut maintenant revenir sur le cas de Joseph. Philon prend pour base de son exégèse les deux derniers versets du livre de la *Genèse* (ch. 50, v. 25-26). Dans ce texte, l'ensevelissement de Joseph vient tout à la fin, après que le patriarche a donné l'ordre d'emporter ses ossements en Palestine. Philon a vraisemblablement tenu compte de l'ordre dans lequel se présentent ces deux éléments, à son idée contradictoires : l'ensevelissement final désigne à ses yeux l'évanouissement définitif et bien mérité de tout ce qui est corruptible ; l'ordre de conserver les ossements, symbole de l'incorruptible, a été donné avant, c'est-à-dire comme pour sauver de justesse tout ce qui devait l'être. Nous abordons un développement assez étoffé, en tout cas le plus appuyé de tout ce début. Philon y abandonne apparemment le texte de base, dont il a rendu précédemment jusqu'à la valeur impérative. Dieu dit à Abraham : « *Va-t-en...* » ; cet impératif se retrouve dans le commentaire des §7 à 12, sous la forme de l'exhortation : « *Sépare-toi de (tout cela) jusqu'à la substance...* » (§7) ; « *Tu as en eux des sujets...* » (§8) ; « *échappe-toi de la prison...* » (§9), et ainsi de suite. L'impératif est traduit par d'autres impératifs. Mais regardons Joseph.

c) *Joseph établi en Égypte :* par une autre élégance, Philon va réunir dans ce troisième exemple la substance du deuxième, à savoir le problème du mixte et de la séparation, et les termes du premier exemple, où il était déjà question d' « *incorruptible* » opposé au « *corporel* », au « *mortel* » (§ 13). La présentation de Joseph continue à bénéficier de l'optimisme et du paradoxe. Philon commence l'histoire de Joseph en le donnant pour l'opposé du Peuple, désireux de quitter au plus vite la prison de l'Égypte ; pour lui, il est de ceux qui ont « *jusqu'à la fin pactisé avec le corps* » (début du § 16). Or, au terme du développement, Joseph sortira magnifié, loué, victorieux. Introduit par la porte basse du condamné, il sortira juste à temps pour rejoindre la troupe conduite par Moïse. On sait d'ailleurs que les Hébreux emportèrent avec eux les ossements de Joseph (cf. *Genèse,* ch. 50, v. 25 ; *Exode,* ch. 13, v. 19 ; *Josué,* ch. 24, v. 32 ; *Actes des Apôtres,* ch. 7, v. 16 ; *Hébreux,* ch. 11, v. 22 — ces deux derniers témoignages montrent que le trait final de la *Genèse* constitue une sorte de lieu théologique bien conservé). Le testament explicite de Joseph, comme son exécution, autorisent Philon à traiter presque uniquement du côté de la lumière ce qui nous était pourtant annoncé dans un mélange incertain d'ombres et de clartés.

Philon introduit dans l'histoire de Joseph un élément capital pour le traité, le temps, lié à la mémoire. Nous avons déjà indiqué l'effraction que ce thème provoque dans la suite du discours. L'exégèse des § 16 à 24 repose sur le sort que l'Écriture attribue aux restes de Joseph : il est apparemment double. Le dernier verset de la *Genèse* dit ceci : « *on l'embauma et on le mit dans un cercueil en Égypte* ». Philon prend au sérieux le cercueil, « *coffre, urne ou tout autre contenant* » (§ 16 et § 23), dont il a soin de retirer, si l'on ose dire, les ossements, prenant également au sérieux la distinction entre le bref récit des funérailles et le testament qui le précède. Il a encore misé sur le fait que le texte biblique précise bien : « *dans un cercueil en Égypte* » ; le lien quasi indissoluble des restes mortels avec le « corps », dont l'Égypte est le symbole constant, suffit à disqualifier le cercueil : il faut donc lui opposer les ossements, censés mis à part. L'urne reste en Égypte, et elle contient ce qu'il y a de charnel et de corruptible ; les os, plus solides, représentent les valeurs durables. Et là intervient le temps. Philon dit bien, au § 18, qu'il s'agit de réalités « *dignes de mémoire* » ; en écho, nous trouverons au § 24 l'équivalent : une honnêteté qui « *se distingue après coup* », παρελθών.

Les divers épisodes retenus dans la carrière du célèbre fils de Jacob observent un ordre. Parmi les qualités dignes de mémoire, Philon range deux espérances : Dieu visitera son Peuple et le fera sortir d'Égypte ; les ossements de Joseph reviendront en Terre d'Israël. On notera le chassé-croisé ainsi réalisé dans le temps : le coup d'œil jeté par l'espérance de Joseph sur l'avenir, voilà ce que les générations de l'avenir devront retenir de son histoire passée...

Après avoir ainsi projeté en avant ce qui assure à Joseph une valeur positive, Philon revient sur les débats qui ont permis au patriarche de conquérir pied à pied la maîtrise des formes incorruptibles (§ 19-21a). Au § 17, Philon annonçait : « *incorruptibles* » — « *dignes de mémoire* » ; le développement effectif adopte l'ordre inverse, « *dignes de mémoire* » (§ 18), « *incorruptibles* » (§ 19-23). Curieusement en progrès sur les Hé-

breux qui gémirent sous le fardeau des richesses mauvaises, Joseph, sans arrêt confronté avec les tentations, les domine de haut. Abraham expulsait
Lot sans phrase ; les Hébreux attendaient que Moïse les conduise vers
la liberté ; Joseph se bat victorieusement et sans trêve contre le plaisir et
les illusions. Au beau milieu de l'Égypte, il ne participera pas à ses folies
« *Ici, je n'ai rien fait* » (§20) ; il « *badine* » avec les désirs comme s'il ne
les redoutait pas (§21, début). Cette domination peut être considérée
comme celle de l'esprit sur le sensible.

Mais Joseph possède d'autres mérites, intérieurs cette fois à l'esprit
lui-même, et qui se résument dans la reconnaissance de Dieu comme
souverain maître : il « *craint Dieu* » ; il peut déclarer qu'il lui appartient
et repousse tout ce qui ressemble à la suffisance et qui « *se croit campé
sur ses propres opinions* » (§22). Sans doute sommes-nous sortis du lot
des mérites « *incorruptibles* » depuis le §22. Et c'est là que le discours
de Philon continue ses effets : le développement échappe soudain à
l'annonce qui en a été faite. Expliquons-nous.

L'histoire de Joseph peut être représentée sous une forme simple :

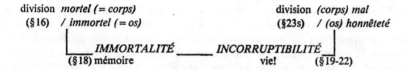

```
division  mortel (= corps)          division  (corps) mal
(§16)   / immortel (= os)           (§23s)  / (os) honnêteté

       IMMORTALITÉ _____ INCORRUPTIBILITÉ
(§18) mémoire              vie!        (§19-22)
```

Le milieu des §19-22 est occupé par l'interprétation du cri de Jacob :
« *Mon fils est en vie !* » (§21). À partir de cette intervention de Jacob-
Israël au milieu des efforts de Joseph, on a beau poursuivre la litanie des
valeurs « *incorruptibles* », chaque fois introduites par un infinitif substan-
tivé (τὸ ἐμπαίζειν, §21 ; τὸ ὁμολογεῖν ὅτι..., §22 ; τὸ φάναι... ibid.), en fait
il ne s'agit plus des mérites de Joseph ; ou plus exactement, Joseph, parvenu dans une ascension foudroyante aux valeurs qui arrachent à Israël
lui-même le cri de l'admiration, en est à ce point où la Cause supplée dans
le sujet toute son activité sainte. Car « *craindre Dieu* » déjà, proclamer
qu'on « *lui appartient* », et reconnaître que c'est Dieu qui a tout fait (tel
est le sens du §22, qui renvoie à *Genèse,* ch. 44, v. 5-8), tout cela c'est
vivre en mourant à soi : l'attention se porte plus sur le terme que sur le
sujet. On mesure la différence en comparant deux expressions symétriques : au §20, l'exégète félicite Joseph de n'avoir pas eu, en Égypte,
le rang de « *sujet, mais celui de gouverneur* » ; à la fin du §22, il reprend
le thème de la manière suivante : « *Joseph a bien fait voir qu'il n'était pas
mandaté par des hommes, mais élu de Dieu pour gouverner légitimement
le corps et le monde extérieur* », c'est-à-dire l'Égypte. Dans le premier cas,
Joseph reste le sujet actif de son rôle : il a choisi son rang ; dans le second
cas, Philon montre que les paroles de Joseph rendent à Dieu ce qui
est à Dieu : c'est Dieu qui l'a choisi et mandaté.

Avec persévérance Philon poursuit cet exposé paradoxal d'un départ
qui aboutit aussitôt, ou du moins qui presque sans délai se voit récom-

pensé par le « *bonheur* » (§11), la « *vie* » (§21). Les trois exemples de séparation ont été progressivement déployés, du plus laconique au plus abondant ; du plus extérieur, celui d'un Abraham quittant Lot, au plus intérieur, celui de Joseph subissant en lui-même l'alchimie de la perfection ; du plus rapide au plus laborieux. Or, nous avons indiqué l'astuce philonienne qui installe une autre division grâce à la notion de temps : la « hâte » de la Pâque (§25) couvait dans le projet initial de Moïse (§15). Et justement, en poursuivant le commentaire, le lecteur de Philon est invité à reporter sur le début ce qu'il apprend à la fin, et il comprend, en entendant parler de rapidité (§25), que l'exemple privilégié dans la série qu'il abandonne était bel et bien le premier : celui d'Abraham se séparant de Lot brusquement (§13). Mais Philon est si préoccupé de proclamer la lumière qui enveloppe aussitôt l'élan du départ qu'il la montre jusque dans ce départ différé que fut celui des ossements de Joseph ; et encore le fait-il briller magnifiquement, en convertissant au plus vite les délais mis par Joseph en autant d'occasions vertueuses. Joseph compte cependant, Philon le souligne, parmi ceux qui « *pactisent jusqu'à la mort* » (début du §16) ; les Hébreux, dans l'exemple précédent (§14-15), gémissent ; seul, Abraham se sépare de Lot (§13). Si l'éclat de sa vertu doit se refléter dans des « traductions » qui pourtant l'affaiblissent, un Peuple délivré en espérance seulement, un Joseph sauvé *in extremis,* que dire de l'original ! La démonstration de Philon serait incompréhensible et tout à fait paradoxale, s'il n'avait, par le biais de Joseph, souhaité retrouver du dedans ce que le début du livre annonçait formellement : le départ est un « *don de Dieu* » Ce n'est donc pas l'effort ascétique de l'émigrant, mais la richesse divine qui reçoit consécration : elle ennoblit le plus pauvre des voyageurs de Dieu, ce Joseph compromis jusqu'au bout dans les misères du corps. L'Hébreu, même s'il est un Joseph, devient Abraham !

Doctrine exégétique souvent appliquée dans Philon, l'analyse du texte de base, « *Va-t-en...* », a besoin d'un révélateur, emprunté à un autre livre ou à un autre personnage, pour manifester sa teneur. Comment refuser à Abraham le mérite ultime de son arrachement si on ne surprend pas dans le cas de Joseph trop longtemps asservi, le mérite de Dieu, si l'on peut dire ? Joseph révèle donc ce qui, dans le départ, ne vient plus du partant. Il est inférieur à Abraham, et, par là, plus lisible à l'exégète. De leur côté, les Hébreux, happés par la précipitation de Moïse, manifestent le caractère décidé du départ d'Abraham.

3. *La rapidité du départ* (§25-42)

Il se trouve que le §25 ouvre un nouveau développement consacré au thème de la rapidité, tout en achevant le système plus subtil que nous avons dégagé : la « *hâte* » qui sert de référence est celle de la Pâque, et Philon s'est arrangé pour que cette image réunisse les Hébreux du §15, Joseph qui rejoint au dernier moment la cohorte des saints et n'en est pas le moindre fleuron[2], voire Abraham, dans la mesure où il est le seul à user de cette décision et rapidité. Très vite énoncé lui-même, cet exemple de rapidité dans la célébration de la Pâque tourne en son contraire : les Hébreux ont triomphé ; Jacob va fuir, mais avec la même célérité.

C'est que le personnage de Jacob a déjà fait deux apparitions. Au milieu de toutes les indications touchant le départ, Philon nous l'a fait entrevoir. Il nous a même découvert une stature de Jacob supérieure à celle d'Abraham : il est parvenu plus loin qu'Abraham, doté qu'il est de la rencontre avec Dieu (§6) ; il a vu son nom transformé de Jacob en Israël — c'est ce qui est implicitement à la base du §21. Maintenant, il va tenir le devant de la scène pendant de longues pages. La logique particulière de son histoire va se combiner avec la logique du développement proposé en surface par le discours de Philon. Après nous avoir suggéré les exemples capables de faire entendre ce que signifie l'ordre : « *va-t-en !* », Philon nous en apprend la modalité.

On peut considérer donc que le §25 est tout de transition. À peine a-t-on énoncé le principe d'un prompt départ, que la citation contenant le terme solennel de la « *Pâque* », traduit selon la Bible elle-même par « *Passage* » (*Exode,* ch. 12, v. 27), permet de reconduire l'exemple des Hébreux gémissants que Moïse tire d'Égypte (cf. §15). Puis, comme Philon voit dans cette Pâque à la fois la délivrance du joug des passions et la liberté positive de « *rendre grâces au Dieu son Sauveur* » (§25), il se trouve résumer ainsi la substance de l'histoire de Joseph, finalement loué pour avoir retourné à Dieu les bienfaits de Dieu. Enfin, la rapidité des Hébreux désigne tout aussi bien la hâte pour le service de Dieu que la vitesse d'une fuite. Philon passe (naturellement) d'une évasion à une autre évasion. Et cela d'autant plus « naturellement » que Jacob doit fuir le toit de Laban : Laban désigne lui aussi le monde sensible, comme l'Égypte désigne le « corps ». Il y a donc une superposition des symboles de l'allégorie qui autorise le glissement ; et le glissement engendre l'explication d'une figure par une autre.

Mais commence là un effet de virtuosité qui dépasse le paradoxe dont nous avons dû plusieurs fois signaler la présence. Philon s'empare maintenant d'une citation opposée mot pour mot à celle qui a lancé tout le traité. L'oracle adressé à Jacob : « *Reviens vers la terre de ton père et vers ta parenté : Je serai avec toi !* » (*Genèse,* ch. 31, v. 3). Et quand il aborde la traduction symbolique des termes de la citation, Philon trouve des équivalents aux antipodes des premiers : « *terre paternelle* » et « *parenté* » désigneront des valeurs assurées et non plus le corps mortel et le langage humain. Le « *père* » devient tout uniment le *Λόγος* ; la parenté devient « *Isaac* » (§28-29). C'est avec cet Isaac que nous touchons barre. Il incarne la vertu naturelle ; ce compagnon d'Abraham et de Jacob dans la triade morale en préfigure le point d'arrêt et de sublimité, l'immobile perfection du savoir inné et le symbole indépassable de la libéralité divine.

Avant d'aller plus loin, jetons un coup d'œil sur la teneur du chapitre que nous arrêtons au §42. Nous rencontrons successivement les développements suivants, en prenant les choses d'un point de vue immédiat, celui des thèmes dont Philon met clairement en relief les éléments, les sources dans l'Écriture, l'imagerie. On peut distinguer trois séquences.

1. L'exemple de Jacob qui reçoit l'ordre de fuir, de cesser la lutte qu'il soutient depuis longtemps avec Laban, et de revenir chez son père (§ 26-32) ;

2. Une sorte de traduction morale : l'expérience de l'auteur qui reçoit soudain ce qu'il a longuement cherché... (§ 33 à 35) ;

3. Enfin, le triple commentaire du verbe décisif, introduit par l'aventure de Jacob-Israël. le verbe « *VOIR* » : on peut en effet étudier successivement :

    a) ce qui est donné à voir (§ 36-37),

    b) celui qui voit (§ 38-39),

    c) et Celui qui fait voir (§ 40 à 42).

L'intervention de l'auteur au milieu de ses personnages (§ 33-35) a pour fonction première et formelle de séparer deux développements dont l'un considère Jacob décoré du blason ordinaire de Jacob, le lutteur, et le second prend, à propos du même Jacob, le biais de son surnom d'Israël, c'est-à-dire « *Qui voit Dieu* ». Le changement de nom commande tout le passage, et il est explicitement rappelé au § 39.

Décidément toute propédeutique porte rapidement ses fruits. Il n'est pas besoin de fuir longtemps pour trouver la source cachée. Si cette volonté de projeter le terme du voyage dans ses commencements constitue un paradoxe, c'en est un autre qui nous assaille dès la première section de notre chapitre. Philon y recommande de résister vigoureusement à la passion *ou...* de la fuir.

a) L'Histoire de Jacob-Jacob

Aux yeux de Philon, la parole qui abrège le séjour de Jacob chez son oncle Laban devait bien un jour venir en compte. Elle use des mêmes termes que l'oracle adressé au patriarche Abraham. Son avantage dialectique naît précisément du fait qu'elle recouvre en gros l'ordre qui a lancé Abraham sur la même route, mais en prenant appui sur des données morales inverses. Jacob doit gagner une « *terre* » de Palestine qui est devenue avec le temps écoulé la terre d'Abraham et d'Isaac, son propre père. Un même parcours géographique, effectué de Mésopotamie en Philistie, révèle donc une signification de prime abord opposée. Il est vrai qu'à force de laisser dans l'ombre l'aspect de rupture inclus en principe dans le thème de l'émigré, et d'infléchir constamment les exemples qu'il en donne vers la lumière, le bonheur et la réussite, Philon préparait sourdement cette parité disparate des voyages respectifs de Jacob et d'Abraham.

Un deuxième intérêt de la nouvelle citation concernant Jacob (*Genèse*, ch. 31, v. 3) réside dans sa dernière proposition : « *Je serai avec toi !* ». On sait d'ailleurs que cette expression recoupe la formule classique de l'alliance de Yahvé avec Israël, telle par exemple qu'elle est vivement rappelée par le prophète Isaïe devant le roi Achaz sous le nom vengeur de l' « *Emmanuel* » (c'est-à-dire : « *Dieu est avec nous* »). Jacob donc abandonne lui aussi le monde du sensible en la personne de Laban (qui se traduit par « *blancheur* », soit encore « *qualité sensible* » et donc « *sens* »).

Mais, ce faisant, il ne le désigne pas comme « *son* » univers ; il ne dit pas, ou plutôt l'oracle ne lui dit pas de quitter « *sa terre* » — « *sa parenté* » qui désigneraient son point de départ. Il a bien « *sa parenté* » — « *sa*[3] *terre* » ; mais elles ne sont pas derrière lui : elles sont devant lui. Et tout l'intervalle se devine rempli de la présence de Dieu : « *Je serai avec toi !* ». S'il est vrai que le détail de ces paragraphes ne présente aucune difficulté, signalons qu'on y voit Philon opérer un virage brusqué : parti pour l'effort, Jacob est averti de le suspendre et de cesser la lutte. Et ses ennemis sont assez fantomatiques pour s'évanouir dès que lui-même il a esquissé le premier pas pour s'en éloigner. Et à peine quitte-t-il son adversaire Laban qu'on lui parle de recueillir l'héritage d'Isaac (début du §30). Le père — et quel père — avec le fils se retrouvent dans une seule réalité, la « *Source* », d'où vient à la fois la Sagesse d'Isaac, et où tend l'effort de Jacob ! Quelle rapidité vers le Bien !

Le troisième élément qui intéresse Philon dans la citation de *Genèse*, ch. 31, v. 3 paraît bien être le temps grammatical, qui est le futur. Comme dans le texte de base concernant Abraham, « *...va dans le pays que je te ferai voir* » (*Genèse*, ch. 12, v.1), Dieu parle ici au futur. La hâte du fugitif et la précipitation de Philon qui nous en parle tendent à rapprocher singulièrement cet avenir, il est vrai. Mais, tout en continuant à rendre la présence attendue au futur aussi présente que possible du cheminement (« *...la compagnie de ton Dieu magnifique...* » du §30), Philon conserve ce temps du futur : « *Jamais tu n'y arriveras en restant ici...* », nous dit la paraphrase du §28. Et par là il dessine un trait caractéristique du personnage d'Abraham, l'espérance. On le voit clairement à ces subtilités, Philon et son discours accommodent les images, les citations, dans une convergence qui paraît enchantée.

Par exemple, on peut se demander si l'idée de recourir à l'oracle : « *Reviens vers la terre de ton père...* » à partir du §27 (déjà à l'œuvre dans le §26) est suffisamment expliquée par ce que nous en avons élucidé ci-dessus. Sans doute la symétrie de cette formule et de celle que Dieu emploie pour faire « *sortir* » Abraham a-t-elle pu tenter l'Alexandrin. Sans doute permettent-elles à toutes deux, séparées qu'elles sont d'ailleurs par des indications sur la présence de la fin dans le voyage même, de préciser que l'ascèse ici décrite ne se confond pas avec une conception philosophique de la liberté intérieure, mais se vit continuellement sous le signe de l'adoration, de la dépendance, de la communication que la Fin reçoit, entretient et consent. Sans doute le λόγος humain, tel qu'Abraham doit le quitter, a-t-il permis assez vite d'évoquer le Λόγος divin pour qu'en voyant Jacob y revenir maintenant, la surprise soit moindre. Mais on peut se demander s'il n'y a pas à l'ouvrage derrière ces convenances une idée supérieure. On constate qu'en un sens le personnage d'Abraham est oublié ; Philon a réuni en son lieu et place Isaac et Jacob. Il convient de chercher où se manifeste la présence occulte du premier, d'Abraham.

Or la réponse n'est pas très éloignée de nous. Si la « *terre de ton père* », dans le cas de Jacob, permet de songer tout de suite au Λόγος, c'est que Jacob supplée Abraham dans une fonction d'ailleurs commune aux trois personnages de la triade idéale, celle qui consiste à se mettre sous l'influence du Logos. Plus précisément même, Abraham — c'est-à-dire l'âme en état de migration — va combattre les sophistes, au cours de sa conversion intellectuelle : il devra pour cela échanger les mots du langage ordinaire pour les verbes infaillibles du Logos (cf. plus loin, §72 et sv.) ; il devra se laisser recréer par la Loi, qui est par excellence « Parole » de Dieu. Et l'expérience intellectuelle décrite comme une aventure personnelle par Philon aux §34-35 n'est-elle pas déjà une figure de cette illumination rhétorique ; n'appartient-elle pas déjà à l'ordre du Logos ? Comme toujours dans l'exégèse de Philon, le ciel immobile des figures bibliques, ciel où se détache comme une constellation singulière chaque personnage, anime depuis son immobilité le mouvement du discours : c'est que l'Écriture en proposant à la lecture des phrases qui se ressemblent sans se répéter organise elle-même un jeu où l'interprétation peut se glisser.

b) L'expérience de l'inspiration

Le §33 continue l'exégèse implicite du nom d' *Isaac.* L' « *héritage* » d'Isaac (cf. §30) lui ressemble. C'est dire qu'il est fait des biens que la « *nature* » dispense libéralement et sans effort demandé à l'homme (§31 et 32). Et Sara, nous le savons, a enfanté selon la Nature, et non point dans cet « *effort* » (§33) qui ne produit que de l'inachevé, du laborieux, et que précisément Jacob est prié d'abandonner. Bien sûr, le nom de Sara reste en retrait. Bien sûr, il faut admettre que Jacob participe d'Isaac, et Abraham, des deux autres. Bien sûr, il faut mentionner la convenance du thème de l'invention verbale à l'occasion de l'itinéraire intellectualiste d'Abraham, et c'est chose faite avec les §34-35. Mais, de plus, cette intervention personnelle de l'auteur, qu'elle soit feinte ou familière, sert de truchement à l'exégèse. Elle forme inclusion avec le point de départ de Jacob : celui de l' « *effort* » ; elle permet d'isoler comme deux époques le développement consacré à cet effort et celui qui doit prendre le relais à partir du §36, sur Jacob transformé en Israël ; enfin, elle offre le moyen terme entre ces deux époques : Philon traduit l'abondance et la libéralité des naissances heureuses en termes de *lumière :* « *Dieu fait alors pour ainsi dire saisir l'invention des idées comme le bénéfice qu'on tire de la lumière du jour : une vue perçante, un éclat merveilleux de transparence, tel que les yeux peuvent en jouir devant des objets que leur clarté fait parfaitement voir* » (§35 fin). Or, si Jacob a quitté l' « *effort* » C'EST POUR DEVENIR *ISRAËL,* SOIT LE « *VOYANT DIEU* ». Voici Philon en possession du maître-mot de son allégorie future...

c) La vision de Jacob-Israël

Nous avons parlé de la communication qui est établie entre les trois héros, Abraham, Isaac, Jacob. La preuve de ce que nous avancions nous est donnée dans le chapitre où nous sommes, une preuve si simple et si belle qu'elle devrait illuminer définitivement tous ceux qui approchent Philon. Lorsqu'au §36, il attaque l'interprétation raisonnée du mot

« *VOIR* », en le tournant sur ses trois faces : « *faire voir* » — « *celui qui voit* » — « *Celui qui fait voir* », de quel texte de l'Écriture entreprend-il alors le commentaire ? Il traite *simultanément* (tout est là) et de son Jacob, devenu en un seul et même homme, le « *VOYANT* » (§39), et d'Abraham à qui Dieu s'est adressé : « *Je te ferai voir* ». Bien mieux, en interprétant dans sa complexité théorique le mot « *Je te ferai voir* », il songe également à cette autre proposition du texte de base : « *Dieu dit à Abraham* ». Ce dernier point demande un mot d'explication. Sans doute le thème évoqué par ces mots fera-t-il le sujet des §43 à 52 ; mais déjà nous en trouvons l'amorce ici : « *L'ascète a mis grand soin à échanger l'oreille pour l'œil, afin de voir ce qu'il ne faisait qu'entendre. Il obtient enfin l'héritage où règne la vue ; il a dépassé celui de l'audition. Car maintenant la monnaie de l'étude et de l'enseignement, qui est évoquée dans le nom de Jacob, reçoit l'effigie nouvelle d'Israël, le Voyant : par là est introduite la vision de la lumière divine, identique à la science.* » (§38-39). On remarquera que l'équivalence fournie entre Jacob et l'étude, enseignement reçu ou science, ne correspond pas à l'appellation constante de ce patriarche, qui est d'ordinaire le Lutteur. Mais elle correspond précisément à l'emblème d'Abraham[4], ce qui atteste bien la communication des idiomes. Il résulte pour notre propos qu'Abraham, du début de la citation « *Dieu dit à Abraham* », jusqu'à la fin du v. 1 de notre ch. 12 de la *Genèse,* ainsi libellée « *...que je te ferai voir* », a lui-même parcouru un itinéraire semblable, et vécu la transformation imputée à Jacob. Insister ici reviendrait à anticiper. Bref, le tout forme une conspiration des éléments les plus anodins et de la rhétorique pour produire un effet de synthèse, où rien ne se trouve omis, comprimé, réduit, ni superflu.

Avant de poursuive l'analyse, ressaisissons d'un coup d'oeil la construction du passage (§26 à 42) :

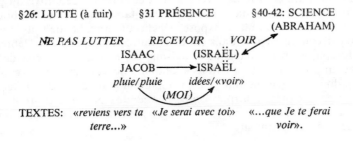

§26: LUTTE (à fuir)   §31 PRÉSENCE   §40-42: SCIENCE
                                              (ABRAHAM)

NE PAS LUTTER   *RECEVOIR*   *VOIR*
        ISAAC   (ISRAËL)
        JACOB ──────→ ISRAËL
        pluie/pluie   *idées/«voir»*
                (MOI)

TEXTES: «*reviens vers ta*   «*Je serai avec toi*»   «*...que Je te ferai*
        terre...»   *voir*».

On le voit, le texte est partagé en son milieu par un axe, l'apparente digression portant sur l'expérience du « moi » (§33 à 35). Celle-ci tient au chapitre par les §31 et 32, consacrés à l'image équivalente de la moisson sabbatique. Cette section intermédiaire, élégamment rattachée donc à ce qui la précède, grâce au thème de l'eau ruisselant à flots (la « *source d'où les biens coulent à flot* » du §30 ; les « *eaux...qui ruissellent* » du §32 ; la « *neige* » des §33 et 35, symbole constant de l'irrigation calme et prégnante), se voit aussi reliée à la longue dissertation sur le thème de la

« vision », comme nous l'avons signalé (« *lumière du jour* », « *vue perçante* », « *éclat* », « *clarté* », « *faire voir* », tout cela accumulé dans le §35). À sa manière, proche peut-être de celle qu'on détermine dans certains passages d'épîtres pauliniennes, où le « Je » atteint une valeur de catégorie plutôt qu'il n'introduit une expérience immédiate de l'auteur, ce passage évoque lui aussi Abraham, livré à l'étude, passé de la recherche stérile des astrologues chaldéens (les efforts inutiles décrits au §34) à la connaissance éclairée par le Logos d'un Dieu qui s'est donné à « *entendre* », qui a été ensuite reconnu, et finalement perçu par la « *vue* ».

Nous ne saurions terminer le survol de ce chapitre sans souligner le rôle du temps et sa distribution. Le premier volet considère que l'émigrant a devant lui la promesse : elle détermine un futur. Le second volet remonte jusqu'aux origines, en citant les textes majeurs de la création : « *L'arbre de vie fut planté au milieu du jardin* », lit-on au §37, citation de *Genèse*, ch. 2, v. 9 ; et encore : « *Dieu vit tout ce qu'il avait fait* », emprunté au tout premier chapitre du même livre, v. 31 et cité au §42. Ces emprunts ne sont jamais innocents dans Philon : remontant pour le Sage à la Source de la Vision, il puise dans les textes de création, d'origine. De plus, le dernier texte allie le thème de la « vision » à celui de l'origine, explicitement évoquée au §41 ; le premier rappelle la « vie » et le « bonheur » assurés à Joseph (§21) tout comme à Abraham (§11). Au milieu, les §31-35 établissent une position haute, de surplomb : celle du *présent* ou, sans jeu de mots, de la *présence*. Passé, présent, avenir. Déjà Philon avait organisé, avec une portée différente et un ordre différent, les trois exemples de départ suivant une certaine ligne du temps : Abraham se sépare actuellement de Lot, c'est le présent ; les Hébreux, retenus en servitude, ont un Moïse pour songer à les délivrer, c'est l'avenir ; Joseph doit attendre une sorte de jugement posthume, rétrospectif, qui sépare en lui ce qui est caduc et ce qui peut s'élever à l'immortalité, c'est-à-dire à la « mémoire », et nous revenons à la célébration définitive du passé. Nous avions signalé dans notre commentaire que le cas d'Abraham, placé en tête et brièvement exposé, bénéficiait en réalité de tout le mérite qu'on découvre ensuite dans les deux autres exemples, des Hébreux et de Joseph, et même davantage, puisque ces derniers, en dépit de tout, n'étaient que deux « traductions » affaiblies de sa grandeur. Avec Abraham, donc, premier nommé, c'est le « présent » qui est exalté. Ici encore, c'est bien le « présent » qui occupe la vedette, au centre de tout et qui permet à la dialectique Jacob — Israël de se dérouler. On peut comparer les deux développements :

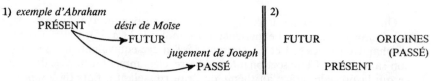

Au terme de ce chapitre il est loisible de proposer un bilan rapide, touchant la doctrine et la méthode de Philon. Pour ce qui est de la leçon morale, Philon semble bien partir d'une conception classique de la purification de l'âme par la séparation, l'ascèse puis la contemplation ; mais il infléchit aussitôt cette idée. Plus proche de la doctrine biblique, où l'on ne voit aucune conversion progressive, où l'on ne conçoit pas de retour à Dieu dont l'homme puisse décrire la démarche, mais seulement des retournements d'une seule pièce, effets d'une approche divine gratuite, Philon ramène la conversion à la foi même, et celle-ci à un don de Dieu. Il faut tenir compte de ces brusques incursions que nous avons notées du bonheur et de la Fin à l'intérieur des époques dominées par la lutte et réservées en principe au cheminement, pour mesurer dans Philon l'apport d'une doctrine étrangère à la Bible : elle est aussitôt compensée et dépassée.

Quant à la méthode, nous sommes réduits aux conjectures dès que nous voulons apprécier son originalité, parce que les termes de comparaison de quelque étendue nous font défaut. Mais il nous est possible d'apprécier le résultat. La cohérence profonde, l'enchaînement serré des idées, le choix orienté de loin des exemples et des citations utiles, la correspondance de virtuose entre le dessin superficiel, subissant une division logique ou la nécessité de poursuivre le texte de base, d'une part, et, de l'autre, une image puissante, moins saisissable, à mi-chemin entre le concept et la représentation sensible, tout cela constitue des qualités exigeantes, que la suite de l'analyse confirmera sans cesse.

Et, pour revenir sur cette correspondance dont nous parlons entre la surface et le mouvement de fond, il nous semble qu'on peut établir sans erreur une relation qui rapprocherait la montée de ce « chapitre » jusqu'à la « vision » et l'image-type d'Abraham, telle qu'elle affleure à l'état naissant dans un texte comme le *Deterius*, §158-159. Philon y souligne que, dès son départ, Abraham parvient à la vision de Dieu ; il cite à cet effet un texte tout proche du verset de base du *De migratione*, à savoir *Genèse,* ch. 12, v. 7 : « *Dieu fut vu d'Abraham* ». On retrouve et ce texte et son commentaire dans un troisième livre de Philon, le *De Abrahamo* ; mais jamais le *De migratione* n'en fait état d'une manière explicite... Tout se passe pourtant comme si l'auteur avait continuellement devant les yeux ce verset 7. Il reste en arrière-plan, mais agissant à l'instar d'un aimant invisible. Il assemble les autres textes suivant des lignes impérieuses et nous élève jusqu'au commentaire du mot « *faire voir* » (§35-42), qu'on prendrait par mégarde pour le fruit improvisé d'une association d'idées. Ce thème n'a d'ailleurs pas épuisé sa fécondité : la section que nous abordons maintenant et qui achève l'explication philonienne du premier des « *présents* » que Dieu consent à Abraham, va consacrer tout son discours à l'objet de la vision : il ne sera rien d'autre que la Parole de Dieu.

4. *Le temps du départ (§ 43 à 52)*

La subtilité de l'exégèse précédente a consisté dans la superposition de deux textes. Celui qui sert de base au développement, « *Je te ferai voir* » du ch. 12 de la *Genèse,* est venu se présenter devant l'oracle destiné à Jacob, où nous lisions : *«Je serai avec toi* ». Du coup, le premier texte annonce moins la vision d'un objet extérieur, du pays promis dans la formule complète, qui est (Philon feint de l'oublier) : « *vers la terre que je te ferai voir* », que la présence de Celui qui voit tout et donne tout à voir. La présence se lit dans l'expression du texte-frère : « *Je serai avec toi* ». Le système exégétique sous-entendu peut être représenté ainsi :

«*va-t-en*» et «*je te ferai voir*»	→	«pars»	«Je te ferai <u>voir</u>»
«*Reviens*» «*Je serai avec toi*»	→	«reviens»	«Je <u>serai</u> avec toi...»
	synthèse exégétique	*le sujet*: arrivé aussitôt que mis en route...	*l'objet*: présence de la vision.

Cette alchimie permet de plus à Philon d'éliminer la nécessité de fournir une interprétation appuyée d'un mot gênant qui figure dans la citation de base, la mention de la « *terre* », dans l'expression complète « *vers la terre que Je te ferai voir* ». Philon n'en a donné l'explicitation que dans l'histoire de Jacob... C'est ainsi que se trouve manifestée la force du texte inspiré. Il existe une communication qui permet aux textes comme aux personnages de se prêter leur lumière. Placé un temps sous le projecteur de *Genèse*, ch. 31, v. 3, « *Je serai avec toi* », le v. 1 du ch. 12 du même livre, va maintenant poursuivre seul sa carrière. Ce qui retiendra plus précisément l'attention de l'allégoriste n'est rien d'autre que la modalité du verbe : Dieu parle au futur : « *...Je te ferai voir* ». Nous lisons au début du §43 : « *Il a une intention bien précise en déterminant le futur comme temps de la promesse, au lieu du présent* ».

Le § 43 et le § 44 : « *Je te ferai voir* » est donc énoncé au futur. Mais, nouveau paradoxe, à peine engagé sur cette voie, à peine obligé de manifester une distance entre la promesse et la réalisation, Philon ramène violemment son futur à un nouveau présent ! L'espérance fait adhérer l'âme à une réalité à venir comme si elle était là ; réciproquement, Dieu se voit entraîné dans un mouvement symétrique : il transporte dans le présent des effets qu'il avait annoncés comme futurs. L'espérance « *trouve* », se hâte d'expliquer Philon (§44) ; et elle trouve sans autre délai la « *récompense* » ; ou celle-ci, plutôt, se laisse trouver : l'expression est au passif, ce qui sous-entend l'action divine (εὔρηται). Le thème de l'invention rapproche le futur humain d'un présent ; celui de la « *récompense* » rapproche l'action divine du même instant présent.

Le § 45 : Nous disons que Philon a ramené le futur au présent d'une manière violente. Il suffit d'observer l'équivalence qu'il propose ensuite entre deux versets nouveaux : « *Abraham crut en Dieu* » (tiré du ch. 12, mais un peu plus bas, v. 6), et celui-ci : « *Je t'ai fait voir de tes yeux, mais tu n'entreras pas* » (venu de l'histoire de Moïse, *Deutéronome*, ch. 34, v. 4). Dans le second texte, Dieu vient de montrer à Moïse le pays de Canaan et lui annonce qu'il le voit, mais n'y entrera pas[5]. Prenons ici les choses du

point de vue formel, qui est bien celui de l'Alexandrin. Que se passe-t-il
en réalité ? Ceci, à tout le moins surprenant : le mot-clef, « *faire voir* »
passe du futur où il nous est apparu tout d'abord, dans l'expression
« *Je te ferai voir* », à l'aoriste : ἔδειξα, « *je t'ai montré, fait voir* ». À force de
croire et d'espérer, le Sage non seulement voit, mais « a vu » : l'expérience est derrière lui ; il est entré dans un état d'acquisition. On le voit,
dans la première citation, « *Abraham crut en Dieu* », le mot « *Dieu* » nous
assure de la présence de l'objet espéré, comme le mot « *il crut* » rapproche
également le sujet en marche du terme de son adhésion : Dieu est là,
immédiatement, sans plus de distance. La lecture littérale autorise le
passage du futur au présent. On voit aussi l'habileté de l'ouvrage philonien : la citation est composée d'un passé et d'un futur, quand il s'agit
de Moïse : « *Je t'ai fait voir ; tu n'entreras pas* » : Philon en tire un présent,
comme la matrice invisible des deux autres moments du temps. Le temps
des verbes est, aux §46-47, le temps présent. Ce revirement des temps
concorde avec l'orientation donnée au départ même du traité et que nous
avons chaque fois mise en relief par le mot commode de « paradoxe ».

Les § 46-47a : La suite bénéficie de cette réalisation anticipée : Abraham hérite de qualificatifs tels que « *sage* » ou « *voyant* », ou encore
héritier de la « grâce » suprême. On y voit encore aboutir les thèmes
élaborés dans la section précédente. Ainsi, la vision est donnée comme
le spectacle de la création : « *Le Père de l'univers fait voir ses propres
œuvres* » (§46). De toute manière, c'est le thème de la vision qui se poursuit. Philon en a si peu perdu de vue la réalité, dans cette réflexion sur le
temps, qu'il va même en faire le pivot de sa synthèse. En effet, les derniers
paragraphes réunissent autour de quelques citations nouvelles les trois
données fondamentales de la « vision », du présent et de la Parole divine.
Moïse va nous servir de guide[6] : sa position supérieure de « voyant », pour
qui la vulgaire possession n'offre plus d'intérêt, en fait le modèle suprême. Il bénéficie, nous dit Philon, de la « vision », cette « *faveur qui dépasse toutes les autres* » (§46). Nous sommes allés vite en besogne, puisque
l'élan du départ, en principe éloigné du terme, nous conduit à la «vie
contemplative » (ibid). Avec Moïse et ce contexte, nous sommes aux
prises avec le mystère de la Loi, parole de Dieu communiquée dans les
tonnerres et les éclairs. Philon va retenir les formules de la Bible qui
manifestent d'abord l'union sublime de la vue et de l'ouïe dans le cas de
la Parole de Dieu ; puis celles qui distinguent justement entre nos paroles,
invisibles, et celles de Dieu, perceptibles à la vue, objets de vision. La seconde série prouve au passage que l'Écriture ne s'exprime pas à la légère
et sait fort bien le code des sensations[7] ; elle montre aussi le point sublime
où le Voyant peut rejoindre un énoncé divin.

Ainsi, la « vision » promise à Abraham dans les mots « *Je te ferai
voir* » (§1) coïncide maintenant avec la Parole de Dieu. Philon a fait se
rejoindre le logos humain et le Logos divin : le §47 les rapproche systématiquement ; il a, de même, superposé diction et vision. Or, qu'est-ce là,
sinon une sorte de commentaire retardé et dissimulé du premier mot resté
jusque là sans explication : « *Dieu dit à Abraham* » ? La fin du même v. 1,
« *Je te ferai voir* », a été traitée de telle sorte que sa lumière éclaire par

contrejour ce qui restait encore dans l'ombre. Les deux mots « *voir* » et
« *dire* » ont engendré une sorte d'arc électrique, jaillissant entre eux deux,
expliquant tout le reste et les faisant eux-même entrer en luminescence.

Ce n'est pas que le premier mot, tout innocent, « *Dieu dit...* », n'ait pas
contenu ces valeurs. Mais le lecteur, plus débutant qu'Abraham, ne peut
concevoir immédiatement la grandeur du premier bienfait accordé au
patriarche. Il vient seulement d'entrevoir que la force qui lance l'émigrant
sur la route de Canaan, et même son bien le plus précieux, ce n'est point
la future réalisation d'une promesse flatteuse : c'est d'avoir entendu la
Parole de Dieu. Si Abraham a dû quitter son propre « logos », c'est pour
entendre la Voix de Yahvé jusqu'à l'évidence d'une vision.

Comme nous l'avons déjà suggéré, il est un texte situé hors du *De migratione Abrahami,* mais qui en explique l'économie, un peu comme les
ressorts invisibles expliquent les mouvements d'une machine. Citons-le
en entier : « *Tu prétends, laisse-moi rire, qu'une fois privé des avantages
corporels et extérieurs, tu n'arriveras pas à la vision de Dieu ? Mais je te
dis que, si tu en es privé, tu y arriveras parfaitement. Délivré des liens du
corps trop solides, tu auras l'image de l'Incréé devant les yeux. Ne vois-tu
pas qu'Abraham, en laissant* « *son pays, sa parenté, la maison de son père* »,
*c'est-à-dire le corps, la sensation et le langage, commence à rencontrer les
Puissances de l'Être ? Lorsqu'il eut quitté toute sa maison, la Loi dit que*
« *Dieu fut vu de lui* » : *elle indique ainsi comment Il se manifeste clairement
à celui qui a dépouillé les réalités mortelles...* » (*Quod deterius,* §158 s).
Le dessin de notre chapitre du *De migratione* est pour ainsi dire esquissé
par ce rapide schéma d'un autre traité. C'est dire qu'ici l'intérêt de
Philon se porte au cheminement, à la lente explication de l'Écriture par
l'Écriture. Aussi, parmi les procédés principalement employés par Philon,
celui de la « suppléance » d'un texte par un autre, d'un personnage par un
autre personnage, correspond-il en profondeur à l'intention première.

La suppléance intervient sur deux plans. Un personnage éloigné peut
prendre la place du héros : Jacob, Isaac suppléent provisoirement Abraham, mais pour en éclairer l'essence cachée ou faire rayonner sa lumière.
Dans ce cas, le héros absent continue à guider le choix des textes et des
images subordonnées. Sur un second registre, nous trouvons une citation
ou une image étrangère qui relaie la citation de base et en renouvelle
l'efficacité : « *Je serai avec toi* » sert de révélateur à la formule initiale :
« *Je te ferai voir* » ; et « *Je t'ai fait voir* » amorce une réinterprétation
du tout. Bien entendu, entre les citations et les personnages il existe un
rapport étroit. Mais les formes de l'allégorie exigent une grande habileté
et une grande sûreté pour faire coïncider les deux registres en vue d'un
déploiement de sens linéaire, imposé par la perspective du traité. Philon
ne s'écarte pas de la ligne droite, en dépit des apparences. Il est, dans son
ordre, rigoureux : ne sommes-nous pas en mesure de justifier sans abus
chaque citation, chaque développement, chaque paradoxe ? Ne pouvons-
nous pas légitimement ramener à la norme ce qui paraissait digression ?

Un autre procédé, à l'œuvre depuis les premières lignes du traité, est
celui que nous avons appelé « paradoxe ». Nous avons même noté que le

« paradoxe » revient toujours au même : Philon condense les moments du temps. Le commentaire du départ est orienté très rapidement vers l'assurance d'une plénitude, propre au terme du voyage plutôt qu'à son début. On peut assurer qu'indépendamment du contexte immédiat, Philon marque par là une valeur de l'Écriture : elle touche notre esprit par des mots intelligibles sans doute, mais elle modifie le cours attendu ou prévisible des notions, contraignant à l'obéissance et à la révélation une intelligence qui sans cela suivrait ses lois autonomes, ses conceptions finalement infirmes. Alors que la « suppléance » exprime l'idée de l'unité dans l'Écriture et comme sa simplicité, aussi bien du point de vue du Logos qui l'a dictée, que du contemplatif qui s'est apprivoisé à son langage, le « paradoxe » sauvegarde la transcendance du parler divin.

II. La Croissance
(§ 53 à 69)

1. *Présentation générale*

« *Dieu a favorisé l'âme d'un premier don qui est, je viens de le dire, de lui faire voir et contempler les réalités immortelles.* » Ce début du § 53 enregistre en toute candeur le résultat minutieusement acquis à partir d'un texte qui ne laissait point deviner pareil couronnement. Voici maintenant le programme du deuxième chapitre : « *Il est un deuxième présent : le développement des principes de la vertu, en nombre comme en grandeur. Il est dit :* « *Et je ferai de toi une grande nation* ». *Qu'on entende dans* « *nation* » *le nombre, et, dans* « *grande* », *la croissance vers le mieux* » (ibid). Curieusement, en parlant des « principes de la vertu », Philon respecte plus exactement en un sens le texte déjà commenté : la notion de « principe » recouvre plus spontanément celle de « départ ». Mais il faut suivre ces déguisements qui servent une autre pensée.

Lorsqu'on a donné un premier regard aux pages qui sont réservées à ce développement, on s'aperçoit que l'atmosphère a bien changé. Dès le § 56, le bruit de la guerre ne cesse ne retentir, du moins jusqu'au § 63 ; à ce moment, le relais est passé aux bêtes impures, ce qui n'est guère plus encourageant. Sans doute le mérite de la vraie « grandeur » est-il célébré ; mais ce qui domine, et de loin, n'est autre que la malédiction frappant la fausse grandeur sous la figure du nombre. Là encore, Philon poursuit un nouveau type de paradoxe : la nation est promise au nombre ; encore faut-il bien lire et distinguer nombre et nombre…

À cette unité d'un ton nouveau correspond la rigueur qui préside au choix des textes pris comme référence. Ils sont tous empruntés à l'*Exode* ou au contexte de l'Alliance. L'ère patriarcale et Abraham lui-même restent dans l'ombre, comme si l'histoire de son peuple y suppléait. Il est vrai qu'elle y supplée, puisque le texte de base affirme qu'Abraham deviendra ce Peuple. Il est également vrai que le livre de la *Genèse,* avant même son commentaire par Philon, invitait déjà à prolonger l'histoire

des patriarches par celle de leurs descendants, plus mouvementée :
la vision du ch. 15 informe Abraham du sort réservé en Égypte à son
peuple ; et l'on peut comparer le petit épisode raconté au ch. 12, v.10-20
à une préfiguration de toute l'aventure du Peuple : entrée en Égypte,
suivie de la servitude, puis sortie triomphante devant un Pharaon qui
gémit sous les « *plaies* ». Il est vrai, enfin, que le développement précédent
s'est servi de l'*Exode* pour interpréter la trop compacte écriture de la
Genèse. De toute manière, à l'instar de ce qui se passait là, une certaine
absence d'Abraham ne préjuge en rien ici de son action réelle sur le cours
de l'exégèse.

Dans un tableau préliminaire, nous allons faire ressortir la « logique »
du commentaire. Sans trop bousculer les données immédiates du texte,
quelques termes plus explicites viennent regrouper les éléments.

«*JE FERAI DE TOI UNE GRANDE NATION*»

GRAND	§53		Annonce: «*grand*» signifie valeur;
			«*nation*» renvoie à nombre.
	§54-55		Synthèse idéale des deux notions en *ISRAËL*.
	§56	GUERRE	Source de cette harmonie: le souvenir de Dieu qui
	§57-59 a		assure la *grandeur* du Peuple
NOMBRE	§59 b		MAIS il y a d'ordinaire disjonction de l'*Un* et du *nombre*
	§60		a) multitude des bataillons rangés contre l'esprit;
	§61		b) Un opposé au multiple comme le Bien au mal;
	§62-63	FIN DE LA GUERRE	c) victoire, cependant, de l'UNIQUE pour le Sage, lu aussi unique.
	§64	BÊTES IMPURES:	MAIS voici les limites absurdes du nombre: ou le zéro, ou l'infinité:
	§65		*infini* — les animaux tout entiers faits de pattes,
			zéro — les animaux sans patte du tout et qui rampent
	§66-67 a		sur le ventre et la poitrine...
	§67 b		(Victoire) de Moïse, sacrifiant l'impur!
	§68		Synthèse de l'un et du nombre: du seul Moïse Dieu veut refair tout un Peuple, plus «*grand*» et plus «*nombreux*».
	§69		Les deux absurdes, zéro et infinité, sont incapables de nommer l'UNIQUE.

Comme on le voit, il suffit de quelques indices pour faire apparaître la
logique conceptuelle du discours philonien. Bien sûr, il faudra surveiller
les glissements qui ne sauraient entrer de manière simple sur un tableau,
et même certaines fausses fenêtres : par exemple, le développement du
« nombre » l'emporte sensiblement sur la section consacrée à la « grandeur ». Et non seulement la différence touche l'étendue, mais surtout le
traitement : car le commentaire du « nombre » joue constamment sur
une opposition, de l'Un au multiple, alors que le thème de la « grandeur »
ne provoque aucune alternance du type « grand / petit », sinon de ma-

nière fugitive dans l'image qui termine le §55, ce champ dont les plants sortiraient à peine du sol.

Il est un autre point du tableau où les choses restent dans l'à peu près. On pourrait croire, en le regardant, que le §67b achève le commentaire des « animaux impurs », grâce à la victoire de Moïse, qui réglerait définitivement leur sort. Or, voici que, par-dessus le §68, Philon, cependant aux prises avec une citation nouvelle (il s'agit de Moïse que Dieu pressent pour fonder un Peuple rénové), se sert une dernière fois du thème des animaux impurs pour en faire la conclusion du passage (§69). En observant de plus près le §67b, on verra cependant que Philon ne règle pas à cet endroit le sort de tous les animaux impurs, mais seulement de la catégorie des bêtes privées de pattes et qui rampent sur le ventre : Philon a donc réservé le cas symétrique des bêtes pourvues d'un trop grand nombre de pattes, et c'est une élégance de composition. À la fin, il ne se contentera pas de parler à nouveau des animaux à trop de pattes, mais il réunira les deux espèces, avec ou sans pattes, dans une synthèse de l'absurde : toutes deux sont maudites, faute de pouvoir désigner leur « *père* »[8].

Cette précision nous amène à une observation rassurante sur la logique de l'exégèse philonienne. La synthèse de l'absurde, en effet, se pose à côté d'une synthèse positive, celle que réalise le Peuple d'Israël (§68). Si nous explicitons maintenant quelques éléments de la conclusion, voici une sorte de grossissement qu'on peut offrir d'ores et déjà des §68-69 : on y verra tout de suite l'astuce de Philon.

Sage UNIQUE §68 synthèse positive : de l'un et du nombre
    (peuple)   de la grandeur et du nombre.
Dieu UNIQUE §69 synthèse négative : du zéro et de l'infinité, ensemble incapables
                               de nommer l'UNIQUE.

Les deux synthèses, symétriques, permettent de plus la réunion du Sage, l'homme, et de Dieu, la Cause. Plus complexe encore, le même passage récapitule les problèmes du nombre et de la grandeur : la rencontre finale du Dieu Unique et du Peuple unique réalise ce que la formule médiane du §62 avait annoncé : « *Tu es seul et unique : l'Unique... se fera ton allié* » ; cette promesse prenait place au milieu de la section.

Voici une dernière observation avant l'analyse détaillée. La manière dont le développement sur le nombre est conduit trahit également le calcul de l'interprète. Une première séquence oppose l'un et le multiple (§59b à 63) ; une seconde séquence ne s'occupe plus que du multiple, du nombre abusif (§64 à 69). Mais toutes deux se terminent sur la libération du meilleur, en une sorte de sursaut et de salut gratuit : « *Un seul bataillon garderait le bon ordre, celui que dirige la droite raison* », lisons-nous déjà au §60, et surtout, au §63 : « *En la compagnie (de Dieu) les guerres s'arrêtent, la paix s'instaure... La race claisemée de ceux qui aiment Dieu est sauvée...* ». Voilà pour la première séquence. La seconde s'achève encore plus triomphalement : au §67b, déjà, Moïse purifie tout, et la synthèse finale (§68-69) rend à l'Unique l'efficacité sur le sage, lui-même paré de l'unité.

Mais ce plan de cohérence, bien conforme aux règles de la rhétorique, ne suffit pas à expliquer le travail de Philon, et nous devons accepter le détour d'une seconde lecture, plus proche de son texte.

2. *Lecture détaillée*

C'est le Pharaon qui proclame la grandeur et le nombre d'Israël. On peut de prime abord s'étonner que Pharaon[9] fasse preuve d'une pareille lucidité et propriété des termes, quand Joseph lui-même, à ce qu'il paraît, en était bien empêché (cf. le §163)... C'est sans doute, là encore, un effet de l'anticipation : nous saurons à la fin de la section que Dieu entraîne son Peuple dans une victoire sans équivoque ; déjà le futur vaincu se voit contraint de reconnaître la vérité. Plus immédiate- ment, nous voyons Philon, entendant « *Israël* », le traduire aussitôt : « *la race qui a la vision de l'Être* » (§54), ce qui possède l'avantage de nous rattacher plus solidement au chapitre précédent, tout chargé du thème de la « vision ». Or, ce Pharaon s'exprime avec rigueur, puisque le mot qu'il emploie ne suit pas le cliché attendu : πολὺ πλῆθος, qui existe bien puisque nous allons le rencontrer ensuite (§60 : πολυπληθεῖτε), mais la formule μέγα πλῆθος. Elle relie deux valences, nombre et grandeur.

a) Les §56-59a : Lancée dans le camp des ennemis du Peuple Israël, la balle y rebondit encore avant de repasser en Israël. Après le Pharaon, étranger s'il en est, ce sont les autres Nations qui proclament : « *Voici que cette grande nation est un peuple sage et savant...* ». Le §56 cite *Deu- téronome*, ch. 4, v. 6-7, où Moïse imagine l'admiration que le succès d'Israël déclenchera autour de lui ; la première phrase de la citation re- tenue par Philon est dans la bouche des Nations. Puis Israël ressaisit le tout, pour en donner une traduction définitive : « *Quel grand peuple, en effet, a un Dieu qui l'approche, comme le Seigneur, notre Dieu, chaque fois que nous l'invoquons ?* ». Nous avons dit que la troisième proposition donnait une traduction de la deuxième. Il faut ajouter que celle-ci, à son tour, offrait déjà une traduction de la première, celle que proclamait Pharaon. Il est instructif de suivre un peu minutieusement le travail minutieux de Philon. L'énoncé de Pharaon se contentait d'offrir les deux valeurs, si difficiles à concilier, du nombre et de la valeur : Israël, dit-il, est un « *grand peuple* ». Les Nations enchérissent, mais précisent : « *cette grande nation est un peuple sage et savant* », et chacun peut lire dans la sagesse et la science l'origine de la grandeur compatible avec l'extension dans l'ordre du nombre, pourtant si risquée. Enfin, la reprise ultime, propre à Israël même, remonte de l'origine à l'Origine, si l'on veut : de la sagesse intérieure à sa Cause, la proximité de Dieu : « *Quel grand peuple a un Dieu qui l'approche, comme le Seigneur...?* ». Nous allons reprendre ces données sur un schéma qui parlera mieux qu'une longue explication, puisqu'aussi bien il s'agit d'une sorte de mécanique. En haut, nous plaçons les interlocuteurs ; en dessous l'évolution du sens d'après la succession des formules de citations.

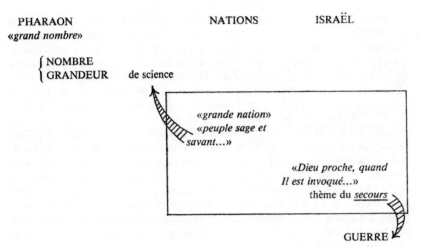

L'influence de la citation de *Deutéronome,* ch. 4, v. 6-7 est dédoublée, comme la citation elle-même (suivant le personnage qui parle) : elle agit avant même de paraître, en infléchissant la notion de « grandeur » vers l'idée de « science » dès le § 55 : « *le nombre tout seul est une valeur impar- faite tant qu'on ne lui rattache pas l'idée de vie intellectuelle ou de science* » ; elle agit ensuite, puisque c'est elle qui introduit par sa seconde proposition le thème du secours, connexe de celui de la « guerre » : celui-ci va dominer une partie notable du développement sur le « *nombre* ».

Mais, habile surveillance de Philon qui tient tous les fils sans rien négliger, comme la seconde citation ne parle plus du « *nombre* », du πλῆθος, mais seulement de « nation » ou de « *peuple sage* », Philon se voit autorisé à négliger cet aspect du nombre, pour ne commenter que la gran- deur et sa signification ultime, identique d'ailleurs à celle du premier cha- pitre, la proximité divine. Ce faisant, il rejoint les soucis de la rhétorique : des deux sujets annoncés par Pharaon, nombre et grandeur, il retient d'abord l'un d'entre eux, et c'est celui qui, positif, l'intéressera le moins longtemps.

La nouvelle citation qui ne sert donc plus l'idée de « nombre », va pourtant lui donner l'âme de son développement sur le nombre : le thème guerrier... C'est que les textes s'appellent l'un l'autre, parallèles ou anti- thétiques. Or, sur le chapitre du nombre, il en est un, vers lequel Philon se hâte, et qui prend les réalités du nombre sous un tout autre biais.

b) Les § 59b-60 : En voici l'énoncé : « *Vous êtes les moins nombreux parmi toutes les nations* » (§ 60, citant le *Deutéronome,* ch. 7, v. 7). Sans énoncer une erreur objective, le Pharaon nous laissait dans l'illusion. Phi- lon va réajuster la position du Sage. Et déjà sa volonté de ramener assez vite les images du combat dans la page précédente faisait bien pressentir au lecteur que la paix, un peu trop tôt survenue (cf. déjà au § 26), n'était pas encore accompagnée de sa véritable signification : elle est paix de Dieu dans la lutte menée par le progressant (cf. bientôt, le § 63).

Les mots du texte : « *Votre grand nombre n'est pour rien…* » indiquent à l'exégète, qui les prend à la lettre, non pas que le peuple n'était pas en nombre lors du départ — ce qui est le sens obvie du texte — mais que le grand nombre matériellement existant ne correspondait pas au nombre réel du peuple réel : la majorité des Hébreux n'a-t-elle pas dû périr dans le Désert ? De la sorte, le « *grand nombre* » représente celui de la foule hésitante, récalcitrante, de ce « *ramassis* » dont parle le livre de l'*Exode,* ch. 12, v. 38 ou celui des *Nombres,* ch. 11, v. 4 : Philon le présente aussitôt comme les bataillons indisciplinés des passions ; ils se dispersent et forment vite un nombre incontrôlé. Dans cette description qui sert de parabole anthropologique, la « *droite raison* », bien unie et ramassée, offre l'image de l'Un : on dit d'elle μίαν,… ἧς ὁ ὀρθὸς λόγος ἀφηγεῖται (§ 60, fin). Mais elle apparaît à la fin, sauvée de justesse pour ainsi dire. L'accent est mis sur le déferlement dangereux d'une dispersion des passions. L'euphorie du « départ » que le commentaire philonien a sans cesse tiré vers la lumière, l'évidence et la consécration, cède la place aux lourds nuages de l'adversité.

c) Les §§ 61-63 : Le thème guerrier ne demande qu'à se faire toute la place. Il doit son entrée à la formule rappelée au § 56, où le « *Dieu qui approche* » doit être compris, déjà dans la Bible, comme le Dieu allié, capable de soutenir Israël dans des combats. Empressons-nous de confirmer que Philon obéit également au contexte qu'il a choisi : les livres de l'*Exode* et du *Deutéronome,* où il puise pour le moment ses références, font de la guerre le leitmotiv de la foi d'Israël. On peut même rappeler ici opportunément que toute l'aventure de la traversée du Désert s'est jouée sur ce point capital. Israël a achoppé sur ce problème. Lorsque les envoyés revenus de Canaan eurent décrit les risques de l'expédition que Dieu commandait, la plupart refusèrent de monter contre Canaan : et c'est la raison pour laquelle Yahvé décida de les faire tous périr dans le Désert en les y faisant tourner quarante ans, à l'exception des deux fidèles qui persistaient à croire dans la force de Dieu, Josué et Caleb. Ce récit de *Nombres,* ch. 14 combine le thème de la guerre et celui du nombre, tout comme Philon ici. Le texte biblique joue même sur les mots en donnant des rapports entre le nombre des années de misère et le nombre des jours consacrés par les explorateurs à leur mission de reconnaissance, et la philosophie générale du livre coïncide bien avec l'interprétation de Philon : Dieu n'a pas besoin de la force ou du nombre pour faire aboutir son projet. L'histoire des Hébreux dans le Désert est encadrée par deux batailles où Dieu seul devait combattre en faveur de son Peuple (cf. *Exode,* ch. 14, v. 14 : « *Yahvé combattra pour vous ; vous n'aurez rien à faire* ») ; mais seule la première expérience réussit, et la seconde échoue, par la faute des Hébreux qu'impressionne la taille des adversaires, dont ils jugent d'après la dimension des grappes de raisins…

Pour l'instant, Philon énonce sa dialectique de l'un et du multiple. À l'exemple quasi militaire de l'être humain, décomposé en bataillons que se partagent la raison et les passions, succède une considération plus générale, plus abstraite (§ 61), et qu'on peut rapprocher des passages où Philon traite du « reste » (par exemple, plus loin dans ce traité, § 118-126‘

etc.). On y trouve un paradoxe, bien simple à la vérité : l'unicité faisait tout à l'heure le mérite du Sage ; maintenant, on nous dit qu'un méchant, « *même seul* », reste redoutable, du fait que le nombre, apparemment écarté, se retrouve intériorisé, dans ses méfaits. Immédiatement après, voici de nouveau la lutte : non plus seulement, comme aux §59b-60, la disposition des troupes adverses, mais l'engagement dans la bataille.

Ne nous perdons pas dans cet engagement, et tentons de dégager la signification de ce cliquetis. La présence au §61 d'une réflexion plus calme, abstraite, doit nous avertir : et l'on peut en effet observer que le groupe des §60 à 63 répond à la construction suivante, justement axée sur la figure plus statique du §61 :

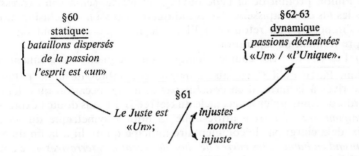

§60
statique:
{ *bataillons dispersés*
  de la passion
  l'esprit est «un»

§62-63
dynamique
{ *passions déchaînées*
  «Un» / «l'Unique».

§61
Le Juste est
«Un»;   *injustes*
         nombre
         injuste

La partie gauche (§60) reflète un état : dans le composé humain, les passions offrent le spectacle d'un troupe en pleine confusion, et l'esprit celui de l'ordre. Rien n'indique formellement que les bataillons des passions doivent entrer en guerre contre le carré bien ordonné de la raison. On pensera que nous sommes trop subtil. Mais si l'on veut bien saisir cette différence, l'intention de l'auteur apparaît plausible. La subtilité est dans Philon, qui déclare à la fin du §61 et au début du §62 qu'il s'agit pour le Sage d'engager la lutte contre les passions (« *on doit lui faire la guerre… Si tu sors à la guerre contre les ennemis…* »), et ensuite que c'est Dieu le vainqueur du combat, vainqueur unique et immédiat. Ces indications concordent avec la séparation en deux tableaux, statique puis dynamique, et la leçon se dégage toute seule : Philon ne veut pas qu'on se préoccupe ici de la guerre menée par les passions contre l'esprit, mais de celle que l'ascète, le débutant, doit livrer ; il ne veut pas non plus que la victoire et même la lutte soient son affaire. Tout comme dans le premier chapitre il a montré que l'élan du départ et l'énergie spirituelle ne surgissent pas du mouvement de l'homme seul, Philon mesure son interprétation à l'aune des mêmes nécessités théoriques. Il suit une économie parfaitement délibérée. La mise en présence des deux « armées » tourne court dans le premier volet ; et Philon a disposé entre les deux évocations « militaires » un passage différent (§61), qui joue le rôle de séparation : le combat n'aura pas lieu de la manière attendue. Le même §61 joue aussi le rôle d'une médiation, car il contient une citation qui donne au juste l'ordre de combattre, même si, plus loin, Dieu doit le frustrer de sa victoire et lui en ravir le mérite : « *Tu ne seras pas en compagnie du nombre pour le mal* ».

Et la disjonction du nombre et de l'Un aboutit à la conjonction de l'Un et de l'Unique : « *Tu es seul, unique ; l'Unique, le chef de l'Univers, se fera ton allié* » (§62). Inversement — et là nous précisons encore un peu le schéma de la page 109 — la fausse conjonction des parties du mal aboutira, pour sa part, à une disjonction brutale. En effet, si les bêtes dotées d'un grand nombre de pattes symbolisent l'âme qui met *tout* son être au service du corps (§64), et si les bêtes rampantes se traînent sur le ventre *et* sur la poitrine (forme de conjonction abusive), Moïse un beau jour séparera les parties impropres au sacrifice (§67b-forme de disjonction violente). De cette remarque nous voulons d'abord tirer la constatation que Philon produit de la belle ouvrage et marie, selon son expression, tous les fils de la tapisserie. Nous indiquerons aussi la conclusion morale qui s'impose : l'un retourne à l'Un ; le multiple se dissout dans son propre ferment de séparation.

d) Les §64-67 : Les couples, logiques ou imaginaires, foisonnent dans Philon. Parce qu'il songe aux animaux encombrés de mille pattes, et donc rivés à la terre, il en conclut par la même occasion qu'il leur est interdit de contempler le spectacle du ciel (§64). Et sans doute l'expression « *rampant sur la terre* » attire-t-elle la notion symétrique du « ciel ». Mais, déjà élargi par le commentaire anticipé qu'on lit à la fin du §63 : « *il prend en haine... les carrés de choc des créatures terrestres* », le couple antithétique « terre / ciel » ne reçoit pas ensuite n'importe quelle signification. La réalité que les êtres perdus sur terre ne peuvent plus apercevoir, ce sont les « *révolutions divines* », celles des astres. On peut admettre que Philon n'est pas embarrassé par l'image du « ciel », et qu'il aurait pu lui trouver plusieurs autres traductions dans un autre contexte. S'il a choisi une traduction, d'ailleurs simple et classique, d'ordre astronomique, n'est-ce pas toujours par un souci de cohérence ? Il n'a pas perdu de vue son personnage de base, Abraham. Les animaux abominables vont, de leur côté, symboliser l'athée, le polythéiste, qui se trouvent de saison : Abraham n'est-il pas Chaldéen d'origine, et les Chaldéens, ses pairs, ne sont-ils pas les sophistes, férus d'astronomie, mais l'utilisant mal, remplis d'erreurs sur la nature et l'unicité de la vraie Cause, du Dieu créateur et père de l'univers (cf. §178-179) ? Nous disions au début de ce chapitre qu'Abraham n'y figurait pas. Mais sans lui, l'allégorie n'aurait pas suivi ce cours : l'attraction s'est exercée dans son sens.

Elle continue de s'exercer. La dernière citation (§68) montre le peuple entièrement rejeté par Dieu, et Moïse, invité paradoxalement à fonder un nouveau peuple. Le contexte guerrier dont nous avons fait état, l'inutilité du grand nombre en Israël, tout fournit une convenance à cette conclusion. Mais, de plus, comment éviter ici le souvenir d'Abraham ? Moïse se trouve soudain dans la position d'Abraham. Il est, comme Abraham, entouré d'idolâtres qui ne savent pas discerner les signes, et Dieu lui fait entendre, comme à Abraham, un oracle fondateur : qu'un « *grand peuple sortira de lui* », de lui seul un peuple « *grand et nombreux* ». Les Hébreux aujourd'hui, jadis les Chaldéens ; Moïse aujourd'hui, hier un Abraham également « seul ». Aujourd'hui la délivrance des Hébreux et leur migration dans le Désert ont échoué : l'histoire étrange et baroque des bêtes abominables symbolise leurs entêtements et les aberrations qui remplissent le livre de l'*Exode* comme celui des *Nombres*. L'appel jeté vers l'UNIQUE (§ 69) brille exactement comme le Décalogue : il éclaire et veut suspendre les errements d'Israël, leur opposer une barrière. C'était dans l'*Exode* que le premier don de Dieu à Abraham s'était révélé comme celui de la Parole divine ; c'est par l'*Exode* que nous avons été amenés à comprendre que l'expression originale « *Dieu dit à Abraham* » recouvrait et débordait comme l'instant de leur création les mots suivants : « ... *que je te ferai voir* ». De même ici est-ce encore l'*Exode* qui révèle, au sens photographique du terme, la signification des mots de la *Genèse, 12,* promettant le second présent de Dieu : « *Je ferai de toi une grande nation* ».

Tout se passe donc comme si Philon avait tendu un filet entre les deux formules superposables, l'une venue de la *Genèse* à l'occasion d'Abraham, l'autre issue de l'*Exode,* (ou plus exactement de *Nombres,* ch. 14, v. 11 s, mais qui répète la proposition faite à Moïse en *Exode,* ch. 32, v. 10) : « *Je ferai de toi une grande nation* ». La similitude des propos, ne nous y trompons pas, ne ferait qu'obscurcir l'intelligence de cette formule, si les contextes étaient eux aussi semblables. Mais justement Philon, nous l'avons déjà suffisamment expliqué, se sert de cette double circonstance pour faire avancer l'allégorie. La longue courbe qui part d'Abraham, qui traverse l'histoire du Peuple jusqu'à son apostasie dans le Désert et qui vient mourir sur une parole divine exactement reprise du début, permet d'engendrer tout l'itinéraire, et du même coup de faire paraître la force et la portée de la parole initiale, encore une fois trop forte et trop pure aux yeux de Philon pour entrer d'emblée dans l'intelligence profane. Le tableau que nous avions laissé aux prises avec les nécessités d'un discours « logique », à la page 109, montrait déjà qu'on allait d'une synthèse (§ 54-55), appelée Israël, à une nouvelle synthèse (§ 68-69), le nouvel Israël. Ce que nous ajoutons maintenant, c'est la vision du fondement : Philon savait qu'il irait de la formule de *Genèse,* ch. 12 à celle, identique et donc reliée à la première, d'*Exode,* ch. 32, elle-même « mieux présentée », si l'on ose souligner l'astuce philonienne, dans sa version des *Nombres,* ch. 14, v. 12. Il le savait, et sa construction est finaliste : le choix des thèmes et des textes, le choix des traductions occasionnelles, en est orienté et comme dicté. L'harmonie du discours consiste à faire coïncider les différents supports, logique, exégétique, allégorique ; à faire surgir ce qui est décidé d'avance, l'autre point fixe du filet, son attache au pieu de l'Écriture.

3. *Conclusion sur « grandeur et nombre »*

La doctrine du traité s'enrichit maintenant de la notion de paix active : si la conversion doit tout à Dieu, la paix qu'il donne ne se confond pas avec la tranquillité, même si, au terme, son intervention foudroyante supplée le combattant.

Mais, nous l'avons dit, le développement sur le « nombre » suit deux

vagues : l'une retentit des bruits de la guerre, et nous l'avons expliquée ;
l'autre a pour cadre le sacrifice, nous le signalons maintenant. Dans la
première série, Dieu survient pour délivrer l'âme, le Sage, unique comme
Il est l'Unique ; et dans la seconde série, c'est l'homme qui agit pour ôter
la part irrationnelle de son offrande et la rendre acceptable, faute de quoi
Dieu s'irrite, accuse le peuple de forfaiture et d'idolâtrie, puis menace
de le supprimer (§68). Il n'est pas excessif de prétendre ici qu'après les
bataillons de choc des créatures terrestres, c'est au tour de Dieu, dans la
seconde partie, de faire la guerre à l'homme. Ou du moins, on peut
considérer que la première lutte n'est que préliminaire : un affrontement
autrement dangereux attend l'aventurier du divin, jusqu'à ce que sa
grandeur vienne se confondre avec la reconnaissance de l'Unique. Là
encore, la spiritualité de Philon doit beaucoup à l'Écriture. Le livre de
l'*Exode* est lui-même divisé en deux époques : la première (ch. 1 à 18)
résonne des batailles livrées par Dieu, mais la seconde, consacrée tout
entière à l'établissement du culte et de la Loi, donne aussi carrière à la
grande idolâtrie du veau d'or, à la menace de destruction radicale, à
l'affirmation renouvelée de l'unicité divine (ch. 32-34), et cela dans un
même climat. Le détail des interprétations scripturaires nous étonne
parfois dans Philon, parce que les enchaînements de surface dissimulent
une fidélité élémentaire à des perceptions synthétiques, embrassant comme ici un livre entier.

III. La Bénédiction
(§70 à 85)

Inauguré par Pharaon et terminant sur la malédiction suprême, fruit
de l'idolâtrie, le chapitre précédent offrait surtout le spectacle de l'âme
écartelée, celui de la déroute finale des Hébreux. L'imagination s'arrêtait
sur l'égarement du polythéiste dispersé dans la recherche de son origine.
La venue de Dieu mettait l'homme en demeure d'opter entre la bénédiction et la malédiction. Après la malédiction, voici venu le temps de la
bénédiction : « *Je te bénirai* » (texte de base, *Genèse*, ch. 12, v. 2). Notons
aussi qu'un livre tel que le *Deutéronome* se sert de l'alternance « malédiction / bénédiction » comme d'un cadre littéraire constant.
   C'est encore la guerre qui domine ce chapitre ; mais une lutte victorieuse cette fois. Elle se place sur le terrain du langage. Philon ne claironne
pas que, transformant ainsi la bataille en joute oratoire, il propose à son
Abraham un exercice qui lui convient : Abraham est le type du prosélyte
entouré des sophistes païens ; Philon, comme au chapitre précédent,
nous abandonne le soin de faire le lien en déchiffrant son procédé de la
« suppléance ». Ici, c'est le personnage d'Aaron qui prend la relève ;
Aaron, éclairé par Moïse, manifestera l'unité et la réconciliation du langage
humain, apparemment congédié au début du traité (sous les mots « *maison
de ton père* »).

1. *Coup d'œil général sur le chapitre*

La composition est au premier regard simple et naturelle. À partir du mot εὐλογεῖν, une première division donne : εὐ = vertu (λογεῖν = λόγος) ; une seconde division, plus féconde, engendre les deux valeurs de λόγος : « raison / langage exprimé ». Elle reçoit même une double illustration, positive et négative. Négative, d'abord, l'expérience d'Abel se voit à la fin redressée par la victoire conjuguée de Moïse accompagné d'Aaron. Le chapitre ne contient aucune citation étrangère à ce contexte. La finale (§84-85) offre un bel exemple d' « accélération » : un raccourci essoufflant nous fait récapituler en peu de lignes les étapes de l'ascension.

On peut descendre légèrement dans le détail : en fait, la disposition est un peu plus habile et retorse. Représentons-la, selon nos schémas ordinaires :

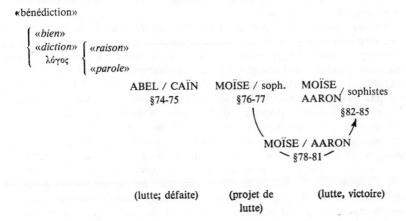

Des deux exemples qui illustrent la situation, le second, celui de Moïse, est subdivisé. Tandis qu'Abel, premier exemple (§74-75), décide de se battre, y va, succombe, Moïse, lui, décide de se battre (§76), mais entre ce projet et la bataille (qui ne commence effectivement qu'au §82), Philon insère la rencontre de Moïse et d'Aaron. Cette rencontre donne lieu à une description irénique et détachée, célébrant l'harmonieuse alliance du langage et de la pensée. Comme il arrive dans ce type de construction en berceau : a / b / a', le milieu est employé à un développement contrastant par son rythme avec les extrêmes : la guerre est ici oubliée, ou, si l'on veut, la paix intérieure en est la préparation.

L'histoire de Moïse suit un subtil cheminement : le contemplatif a été tiré par la nécessité vers le domaine politique (§77 : « *...l'esprit s'occupe d'affaires qui relèvent de la sensation, la passion, le corps, toutes choses que l'Égypte symbolise* ») ; cette descente dans le langage profane se trouvera plus loin largement compensée. Craignant d'avoir avili l'esprit, Philon ennoblit la parole, s'appuyant sur tout un jeu de termes qui se trouve dans la Bible au sujet d'Aaron et de Moïse, successivement désignés par le titre de « *dieu* ». On lit au §81 : « *Si le langage est l'interprète de la pensée devant les hommes, la pensée devient pour le langage comme les réalités divines* ». Ce qui veut dire : capable d'avoir un « dieu », le langage n'est plus cette réalité dispersée qu'on rencontre par exemple chez les sophistes. Repris dans une chaîne salutaire, le dernier maillon en hérite la noblesse. Cette réhabilitation trouve son expression complète au §84 : « *Aaron est ici désigné comme la* « *bouche* » *de Moïse ; mais son tour viendra de s'entendre appeler* « *prophète* » *: à ce moment-là, l'esprit montera lui aussi d'un degré. Animé jusqu'ici de l'inspiration divine, il prendra le nom de* « *dieu* » *: Je te donne comme dieu à Pharaon, et Aaron ton frère sera ton prophète* — d'après *Exode*, ch. 7, v. 1 — . *Quel merveilleux enchaînement...* ». S'il était loisible au départ de distinguer trois degrés : Dieu, la pensée, le langage, voici qu'une certaine communication, une contagion du divin, fait monter d'un degré les deux termes inférieurs. Ainsi, l'esprit a sauvé le langage en descendant vers les réalités inférieures et en remontant avec lui.

Ne manquons pas, pour terminer ces généralités, d'observer que ce chapitre reflète le précédent. Non seulement il transpose le thème de la « guerre », mais il lui trouve une solution analogue : la paix dans l'unité intérieure, qui devient une sorte de forme concrète de l'Unité revendiquée naguère. Le centre de l'expérience décrite en Moïse (§78-81) ne montre-t-il pas l'âme fraternisant avec le langage ? L'unité intérieure, dont nous parlions ci-dessus, s'opposait déjà comme l'idéal à la dispersion des athées dans le chapitre précédent ; c'est d'elle que nous devons entendre maintenant les mots anciens : « *Tu es seul, unique ? L'Unique se fera ton allié !* » (§62). L'assistance de Dieu dans la lutte est, de fait, rappelée encore au §85 ; elle trouve une occasion de s'exercer : l'image du « *doigt de Dieu* » renvoie à la victoire de « *la Sagesse sur la sophistique* ». La Parole de Dieu, une fois de plus, a transmué les valeurs : avant même de paraître en elle-même, elle s'est projetée dans un substitut inférieur, Aaron, et déjà cette rencontre engendre une sorte de béatitude : « *en te voyant, il se réjouira* » (§79 — on sait que la « joie » signale l'arrivée au port) ; la suite manifeste un enlèvement des puissances humaines dans le cercle créateur de la divinité, cette remontée « *d'un degré* » dont parle Philon.

2. *Seconde lecture : le LOGOS*

Le sens global que l'analyse de la structure a manifesté nous dispense d'un commentaire pesant, car le texte n'offre pas de difficultés spéciales. Nous nous contenterons d'attirer l'attention sur quelques particularités capables d'éclairer aussi bien le traité que ce chapitre.

a) Par exemple, dans les §70-71, on peut s'étonner que Philon, de cette annonce double « bien / diction », issue de εὐλογεῖν, n'ait conservé pour l'explication allégorique suivie que le second élément, concernant la parole. C'est qu'Abraham est aux prises avec les discours chaldaïsants, peut-on dire en premier lieu. Mais en approfondissant cette observation, on s'aperçoit qu'après l'analyse du premier don (le départ, du §2 au §52), celle du deuxième (la croissance, du §53 au §69) aboutit à restituer un

PÈRE à celui qui a dû quitter l'habitation de son *père* ; et celle du troisième, où nous sommes, réhabilite le *LANGAGE*, cette habitation du père ; plus loin, le quatrième présent fait à Abraham par Dieu permettra au commentaire de réconcilier l'ordre extérieur de la « vertu » — apparences de bien, pratiques culturelles — c'est-à-dire le domaine de la sensation, cette même *SENSATION* qu'Abraham abandonna sous le nom de sa « *parenté* », et dont un nouveau symbolisme fera dire : « *il faut trouver les bonnes grâces du bataillon des femmes…* » (cf. § 100). On peut dire, devant ce travail de synthèse et de rapatriement des exilés, que la « vertu » symbolisée par le premier membre du composé εὐ-λογεῖν, est précisément la résultante. Elle est insaisissable en dehors de cet équilibre neuf que la lutte menée à la fois par l'âme et par son Allié finit par assurer : il s'agit moins de défaire un ennemi que de refaire la chaîne harmonique de la création. Avec le retour opportun du thème de la « bénédiction » aux § 106-108, la vision sera complète, d'un monde réconcilié où apparence et vérité se donneront la main.

Attentif à tout l'envers du discours philonien, nous noterons encore l'emploi judicieux, à la fin du § 71, de l'adjectif πολύς accompagnant πλοῦτος, la « richesse ». « *Nombreux* » vient rappeler que l'unité n'est pas pauvreté ; il reprend, de plus, le thème du nombre, exploité au chapitre précédent ; il annonce enfin le bénéfice que Moïse tirera du fait de n'être pas seul, comme le fut Abel, le bénéfice de l'esprit allié à la parole.

b) Les § 72 à 75 : Nous avons le loisir d'affiner notre division du texte et de donner un peu d'étoffe à l'exemple d'Abel. Regardé d'un peu plus près, l'ensemble des § 72-75 forme un itinéraire, où une étape médiane, une fois de plus, s'oppose aux extrêmes : le § 72 déplore la séparation dangereuse de la pensée et d'une expression adéquate ; de même les § 74-75, par l'exemple d'Abel, insistent sur la séparation ; mais, au milieu, le § 73 annonce que Dieu souhaite réunir langage et raison, ce qui donne le point de vue inverse et complémentaire de la même leçon. En voici l'énoncé visuel :

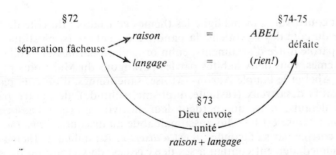

La notion d'une parole qui soit une arme est assez universellement répandue, et la Bible connaît une expression ou deux, comme « *le glaive de la parole* » ou « *aiguiser sa langue* », qui en héritent. Et nous ne résistons pas au plaisir de citer une page de M. Chouraqui, tirée de son introduction au livre des *Psaumes* : « *Les mystiques d'Israël purent lire les Psaumes comme l'apocalypse des déferlements eschatologiques et des libérations messianiques. Dans la lutte contre la bête, le Psautier constituait la réserve des vraies armes du combat ; chaque verset, chaque mot était un glaive, et chaque glaive avait pouvoir de mort sur les démons. Avant l'heure de la délivrance finale, le juste devait se familiariser avec les puissances des mots...* » (*Les Psaumes*, PUF 1956, p. 3). Ce qui est dit ici du psautier vaut de la Loi. Mais il faut ajouter que Philon, dans le texte que nous expliquons, considère moins la force de la parole divine ou humaine, que la nécessité pour qu'il y ait « vertu » de réunir l'intention divine et l'expression humaine.

Pour mieux comprendre le travail de l'Alexandrin, il ne sera pas inutile de rappeler que tout ce développement, y compris la séquence formée par l'exemple d'Abel auquel s'ajoute celui du couple Aaron—Moïse, se retrouve dans le traité *Quod deterius*, § 32 à 44. Il est instructif de mettre en regard les deux textes, du simple point de vue des intérêts que Philon a retenus de part et d'autre. Une même matière donne lieu à des traitements partiaux. La somme des éléments, si on composait le tableau complet, donnerait à peu près ceci :

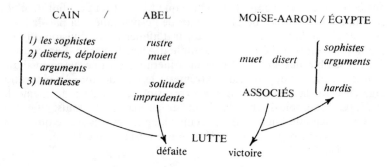

On voit courir sur la même ligne les thèmes constants : du côté de Caïn, comme du côté des Égyptiens, la panoplie est entière (sophistique, facilité de parole dotée d'arguments, enfin orgueil ou hardiesse) ; voilà pour les extrêmes, tous deux habités par les parangons du Mal ; plus près du centre, Abel et le couple Aaron—Moïse, sanctionnés, d'un côté par des qualificatifs désastreux (rusticité, mutisme, solitude), de l'autre par les mêmes défauts, mais qui perdent leur nocivité grâce à l'association d'Aaron : Moïse est bien lui aussi malhabile au discours, « *muet* », mais Aaron corrige par sa faconde : il est « *disert* ». Au milieu, le thème de la lutte, immédiatement contigu à ses deux issues, de victoire ou de ruine.

En fait, le développement du *Quod deterius* prend seul en charge les « arguments des sophistes », dans ses § 33-34, comme la signification ultime de la défaite d'Abel (qu'il explique dans ses § 47-56) ; il commente aussi plus abondamment l'imprudence d'Abel (§ 35-37 du *Quod deterius*, toujours). De son côté, le *De migratione* est seul à décrire l'association féconde d'Aaron et de Moïse dans ce qu'elle a de typique, et seul encore à montrer en détail la victoire des deux frères, Aaron et Moïse. Cette répartition correspond, bien entendu, à la perspective où Philon se place dans chacun des deux traités. Il nous plaît de montrer sur un exemple simple et bien localisé l'espèce de panoplie dont l'exégète use avec discernement, mais dont toute l'armature subsiste dans sa mémoire : il existe ainsi un grand nombre de formulaires pour ainsi dire préexistants, et dont l'établissement fournirait une carte fort utile aux études philoniennes. Ajoutons que, dans le cas présent, l'absence des arguments sophistiques dans le *De migratione* répond à une nécessité négative : ces arguments consistent à flatter le soin qu'on prend de la sensation et du corps ; or, Philon songe bien à une telle réhabilitation, mais elle ne saurait venir de l'ennemi, et sa signification en serait entièrement faussée : le quatrième chapitre va bientôt nous en entretenir. Dans l'immédiat, Moïse va « s'occuper » de l'Égypte et ruiner ses magiciens : il n'a que faire de leurs exhortations !

c) Les §76-85 : ou l'histoire conjuguée de Moïse et d'Aaron... Le mutisme de Moïse, bien attesté dans le livre de l'*Exode,* ch. 4, v. 10-12, est expliqué dans le *Quod deterius,* §38, par son mépris de la sophistique Cette raison négative est ici tournée par une autre interprétation : le Sage n'a pas besoin de paroles pour s'entretenir de réalités qui ont trait au Prince universel. N'oublions pas que la Parole de Dieu est objet de « vision » (depuis le §48...) autant que d'audition, et cela suffit.

La partie centrale (§78 à 82) oublie provisoirement la nécessité du combat. Philon tente d'y définir, ou plutôt de décrire le rapport intime de la réflexion et de l'expression verbale. Rien que de banal dans l'énoncé. Mais à qui se rend sensible aux proportions du discours et à ses lenteurs, il apparaît une nouveauté. Au lieu de l'apport quasi miraculeux qui bousculait la recherche du sage (§33-35) pour la faire aboutir dans la lumière divine et l'unité, la voici qui connaît maintenant l'accord intérieur : aucune invasion du dehors ne trouble plus l'harmonie de l'âme. C'est par l'étude bien conduite que le philosophe converti, le Chaldéen, éprouvera la puissance des idées divines qu'il a « *vues* ». Il en arrivera à les voir s'imprimer en mots justes, et cette adéquation le fera tressaillir de « *joie* » (§79 : γήθει γὰρ ὁ λόγος καὶ εὐφραίνεται).

Peut-on faire descendre dans le concret cette description générique donnée par Philon ? Suggérons que le passage même où il en traite en forme un exemple. Le style simple du commentaire reflète la simplicité de la sagesse : il s'agit pour une fois d'une explication qui suit proposition après proposition le texte du livre de l'*Exode,* ch. 4, v. 14 à 16. Peut-être ce mot à mot studieux calque-t-il de manière symbolique le passage adéquat de l'idée à l'expression. Tout néophyte à l'école de Philon y apprendrait que c'est bien la Parole de Dieu consignée dans la Bible qui cherche la première à se traduire exactement dans les mots humains : « *Tu te feras auprès de lui l'écho de tes conceptions, mais celles-ci ne sont que les expressions et les mots de Dieu* » (§80 : nous lisons bien, non seulement les idées de Dieu, mais ses mots). L'indice personnel donné naguère par Philon lui-même au problème de l'invention littéraire (cf. §34-35) autorise ici notre extrapolation. De toute manière, lorsqu'on rencontre dans Philon un commentaire bref, suivi, une sorte de traduction ou la paraphrase réduite d'une séquence biblique homogène, on peut être sûr que ce traitement porte avec lui une signification symbolique. Souvent, il s'agit de *traduire,* si l'on veut poursuivre la métaphore, la disposition du croyant : parvenu à un certain degré, il déchiffre l'Écriture aisément, en usant du détour le plus court possible entre l'Écriture et l'Écriture. Nous reparlerons de ce procédé dans la conclusion, et l'on peut en chercher des applications dans la fin du traité *De fuga et inventione,* par exemple (voir notre commentaire à cet endroit). Ici, la souplesse du mot à mot sert de témoin à la correspondance établie entre l'idée et les expressions.

On le voit, la lutte engagée avec les sophistes égyptiens ne cherche pas tant à les vaincre qu'à assurer la collaboration de l'esprit et du langage : Moïse ne va pas s'exercer au langage égyptien. Seulement, Philon prépare une attaque foudroyante, qui réglera leur sort aux sophistes, ces lutteurs dont les armes finalement se retournent contre eux-mêmes : « *leur mauvais génie les fait se surpasser pour leur propre ruine, et se tromper là où ils ont l'air de tromper* » (§83, fin). C'est bien que Philon se préoccupe assez médiocrement du combat et du sort des sophistes. Il a soin de suivre, au milieu de la joute — et de la citation qui l'évoque — la remontée du LOGOS, suivant le schéma dont nous avons ci-dessus esquissé la justification :

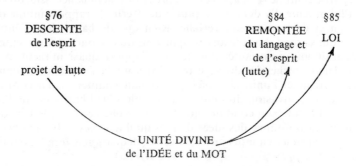

§76
DESCENTE
de l'esprit

projet de lutte

§84   §85
REMONTÉE
du langage et   LOI
de l'esprit
(lutte)

UNITÉ DIVINE
de l'IDÉE et du MOT

Précisons la finale (§85) : en reconnaissant dans les prodiges et les paroles efficaces de Moïse et d'Aaron « *le doigt de Dieu* » (d'après *Exode,* ch. 9, v. 19), les sophistes-magiciens confessent la splendeur victorieuse de la LOI. Le mot employé ici par Philon, γράμμα (§85) désigne l'écriture tracée sur les Tables de la Loi, précisément par le « doigt de Dieu » (cf. *Exode,* ch. 24, v. 12 ; ch. 31, v. 18 ; ch. 32, v. 15-16). On le retrouve dans Paul, *Romains,* ch. 2, v. 27. Le mot n'est pas indifférent : il désigne dans la Loi, non plus son essence lumineuse d'idée divine, mais son revêtement d'expression, la « *lettre* » même de l'Écriture sainte.

Or, le retour à la Parole divine, γράμμα ou *LOI,* située maintenant à l'intérieur d'une parole humaine, nous fait rejoindre la conclusion du premier chapitre (§47 à 52) : le don de la Loi y figurait comme don de la Parole et sa perception dans la « vision » du contemplatif. Par la victoire de la Parole de Dieu qui terrasse les magiciens tout en consommant l'unité du croyant (esprit ajusté au langage), nous possédons une réplique de l'unicité divine, dont le polythéiste se révélait incapable (fin du deuxième chapitre, §69).

Et maintenant, nous voyons conspirer non seulement le logos de l'homme et le Logos divin, mais en ce dernier, la puissance créatrice et la puissance législative, la création et la Loi. En effet, Moïse et Aaron dominent les sages égyptiens en recourant à tous les éléments de la *nature* (début du §85), ce qui fait allusion aux diverses plaies d'Égypte. En une sorte de création inversée et cruellement ironique, Dieu permet que le feu, l'eau, le jour et la ténèbre tissent autour des impies un nouvel ordre désordonné, qui les abuse et les contraint. On sait comment le livre de la *Sagesse* consacre toute sa troisième partie à cette grandiose parodie de la création. Philon, pour sa part, rapproche immédiatement la création et le don de la Loi : « *le doigt de Dieu* » refait l'univers sous les yeux étonnés des pseudo-savants ; mais ils comprennent que sa loi est aussi la Loi confiée à Israël sur le Sinaï, et gravée de la même main.

Nous voici remontés jusqu'aux premières lignes du traité, où le Logos nous était apparu, placé entre les mains de Dieu pour gouverner le monde quand il le façonnait (§6).

Le passage des images cosmiques à la lumière de la conscience, et des images de la conscience à la réalité cosmique, tel qu'il est ici mis en œuvre, n'est pas seulement dans Philon un héritage des philosophies. La pensée biblique nous paraît aussi bien fonder cet enveloppement. La guerre de délivrance, la création, le don de la Parole ou de la Loi, tout cela forme déjà dans l'Écriture une première constellation de textes, de mythologies redressées et de vision historique. Qu'il suffise de citer le *Psaume 147,* où se trouve la conjonction de ces trois thèmes : « *Il a renforcé les verrous de tes Portes... il a mis ton territoire en paix. Il donne la neige comme laine... devant son froid, les eaux se figent ; il envoie sa parole et les fait fondre... Lui qui fait connaître sa Parole à Jacob, ses lois et ses jugements à Israël. Il n'a pas fait ainsi pour toute nation* ».

L' « accélération » finale repose, on le voit, sur une perception synthétique fort précisément inculquée par la Bible elle-même. Nous en prenons une confiance dans le métier de Philon, même lorsque ses jeux ouvrent des voies moins directes et pour nous moins repérables. C'est le cas du chapitre suivant, où le texte de base subit quelque distorsion.

IV) Un « grand nom »
(§86 à 105)

Si le lecteur a consenti aux prolongements que nous avons esquissés, nous voici à pied d'œuvre pour interpréter ce « *quatrième don* » accordé à l'âme : *le nom.* Il va compléter le chapitre précédent, en dégageant plus nettement le thème de l'extérieur, de l'« *apparence* », en recommandant l'unité de l'intention avec la pratique rituelle, en ramenant l'image du monde extérieur jusque sur la robe du grand-prêtre. Après avoir ouvert la lettre de la Loi comme un trésor de sagesse invisible et réhabilité le langage humain dans la mesure où il s'y conforme, Philon réhabilite l'apparaître du monde sensible. Voici tout d'abord comment nous divisons le chapitre :

§ 86   4° DON : « un grand nom »
Valeur du paraître réuni à l'être vrai :

§ 87   1) la bonne réputation méritée ;

§ 88   2) l'observance extérieure doit accompagner le foi (diatribe contre ceux qui se croient au-dessus du Sabbat, des fêtes, de la circoncision) ; l'observance éclaire l'intelligence.

§ 94   Exemples de l'Écriture :

                      1) les deux types de richesses d'Abraham ;

§ 95-96   2) Lia cherche l'approbation des hommes et des femmes (qui sont les « sensations ») ;

§ 97-98   3) Les femmes confectionnent les ornements de l'Arche ; leur miroir est même utile à l'officiant ;

§ 99-100   MAIS il existe une autre catégorie de femmes, celles qui incendièrent Moab (Nombres, ch. 21, v. 30) ; raison de plus pour les amadouer !

§ 101   4) Isaac prie pour que Jacob ait rosée du ciel et graisse de la terre (Genèse, ch. 27, v. 28) ;

§ 102-104   5) Les vêtements du Grand-prêtre (qui est le Logos) : son bandeau représente le ciel ; les clochettes désignent le monde sensible (Exode, ch. 28î v. 33-36).

§ 105   Ainsi, « nécessaire, vêtement, étreinte », ces trois devoirs que le mari doit à sa femme, symbolisent par leur réunion la perfection d'une vie qui mêle le paraître à l'être.

Nous retrouvons avec Philon le texte de base : « Je grandirai ton nom ». Philon entend immédiatement le mot « nom » au sens de « renom, réputation ». Et, prenant le même type de raisonnement qu'au début du chapitre précédent (§ 75), où le Sage se voyait loué de posséder à la fois sagesse profonde et éloquence, il souhaite ici que le contemplatif soigne son apparence (§ 86). Mais, au lieu de commenter le verset en traitant de l'apparence qu'offre le sage, pour l'en féliciter, il va célébrer plutôt l'apparence que se donne la Loi, à savoir sa lettre même, les coutumes où elle s'incarne. La réputation du sage, le « grand nom », tiennent à son respect pour l'apparence de la Loi. Il s'opère donc une sorte de redoublement du thème. En somme, on aperçoit une connivence profonde entre le début de ce chapitre et la fin du précédent, qui insistait sur la Loi, mais en en désignant la « lettre » même, le γράμμα. On pourra songer ici au logion de Matthieu, ch. 23, v. 23 : « Il faudrait à la fois faire ceci et ne pas omettre cela », en écoutant Philon célébrer les mérites de l'observance jointe à la foi profonde. Nous apprenons qu'il y a de l'orgueil dans la solitude du contemplatif qui se tient à l'écart des pratiques vulgaires (§ 90) ; que le sens religieux du Sabbat, des fêtes, de la circoncision ne dispense pas celui qui le perçoit d'en pratiquer le détail ; bien mieux, la pratique rejaillit sur l'intelligence profonde et lui apporte une lumière (§ 93 ; cf. aussi

Praem., §82), tout en permettant au passage de freiner la critique des sots. Comme on s'en rend compte, l' « *apparence* » progressivement cesse de se tenir au-dehors, et c'est parce que Philon se souvient que le « *doigt de Dieu* » a gravé tout un code, minutieux, appliqué à des réalités matérielles tout aussi bien. Si l'observance illumine, c'est qu'elle garde l'incandescence de la Loi, sans aucun doute : « *en observant (les lois telles qu'elles sont énoncées), on verra s'illuminer encore la connaissance des réalités dont elles sont le symbole* » (§93).

1. Les cinq exemples scripturaires

La simplicité et le caractère direct de la réflexion sur l'observance font bientôt place à un jeu plus subtil, dès que Philon aborde les exemples. Ils vont prouver non pas la bonté de l'apparaître, ce qu'on pourrait attendre, mais celle de l'union réalisée entre l'idée intérieure ou céleste et la figure sensible. Pour qu'on n'aille pas s'imaginer qu'il s'agit d'une phase transitoire, chaque exemple obtient ici le patronage d'un personnage biblique ancré dans la perfection : Abraham, mais considéré au terme de son voyage (*Genèse,* ch. 25, v. 5-6) puisqu'il se met en devoir de distribuer son héritage ; puis Lia, la « *toute vertueuse* » (§95) ; Moïse, ensuite, constructeur avisé de l'Arche d'Alliance et de ses parements ; Isaac, le type immobile de la perfection innée, au moment où il prie en faveur de Jacob ; enfin, la grand-prêtre, identifié au Logos !

Le statut littéraire des cinq exemples n'est pas toujours le même. En particulier, comme on pouvait s'y préparer, le troisième dans cette série de cinq reçoit un traitement spécial, qui souligne et utilise sa fonction numérique : il sert de pivot. Le troisième exemple est en effet le seul à développer un point de vue pessimiste : à côté des femmes qui brodent pieusement les draperies du sanctuaire, d'autres sèment l'incendie (§99-100). De proche en proche, une attention plus grande démontre qu'on peut une fois de plus ordonner en forme de berceau la suite des cinq exemples. Au centre, donc, on mettra l'épisode des femmes divisées ; de part et d'autre, deux images du monde sensible et matériel, avec Lia qui recherche l'approbation du gynécée (§95-96), et Isaac promettant à Jacob la pluie et la graisse, c'est-à-dire les bienfaits de la terre conjugués à ceux du ciel ; enfin, aux deux extrêmes, une composition d'ordre plus spirituel : au début, Abraham répartit avec ses biens les « *lois* » naturelles ou conventionnelles ; à la fin, le grand-prêtre met en cause dans le culte aussi bien les qualités sensibles que l'Idée divine. Ce qui donne :

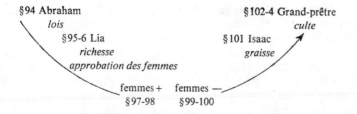

§94 Abraham
   lois
      §95-6 Lia
       richesse
     approbation des femmes

§102-4 Grand-prêtre
   culte
§101 Isaac
 graisse

femmes +   femmes —
§97-98   §99-100

Le symbolisme de cette disposition ne constitue pas un bien grand mystère : constamment dépendants de personnages hors de tout soupçon (Abraham parvenu au terme, Moïse quand il est question des femmes, etc.), les couples plus ou moins aventurés dans le domaine sensible ne sauraient s'y perdre. D'Abraham au grand-prêtre, une chaîne se déroule, et même l'épisode où l'esprit est assailli et menacé par le feu au plus bas de l'échelle ne compromet pas les choses : le salut est descendu aussi près de terre qu'il est possible. Dans chaque unité, Philon prend soin de mentionner une réalité complète, équilibrée, où le progrès de l'âme est indiqué avec ses risques, chaque fois renouvelés.

Avant de revenir un peu plus en détail sur l'exemple des deux groupes féminins, nous allons préciser quelques points touchant les autres.

a) Dans le premier exemple, le titre reconnu sans tarder à Abraham et le contexte de la citation donnent le ton du chapitre. S'il est « *sage* », et s'il est ce sage parvenu au terme de la vie, capable d'ouvrir un héritage, c'est que Philon tient absolument à manifester le sérieux de l'alliance dont il rêve entre le domaine de l'apparaître et celui de l'être. Nous ne verrons point passer dans cette revue de personnages bibliques celui de Joseph, pourtant si préoccupé du corps et du monde sensible (cf. §16) : ce n'est pas à lui de plaider pour le sensible ; il est trop suspect...

La sagesse d'Abraham lui permet à la fois de distinguer les deux ordres, naturel et bâtard, sans les séparer et sans anéantir le second. Philon joue sur le mot « *possessions* », ὑπάρχοντα, qu'il tire par assonance vers un terme plus philosphique « *substances* », ὑπαρκτά. Aux yeux d'un allégoriste, la ruse du texte de base consiste à dire au départ qu'Abraham a transmis à Isaac « *tous ses biens* », pour ajouter ensuite qu'il fit des « *présents* » aux fils des concubines. Les secondes dispositions ne retirent donc rien à la première : c'est ainsi que les « lois » établies monnaient les lois naturelles sans faire nombre avec elles. Philon n'a plus qu'à ramasser les données ci-dessus en faisant une très légère abstraction, marquée par la conjonction « *et* » : Abraham dispense des richesses « *et grandes et petites* ». Son mérite de l'heure tient évidemment dans cette double libéralité, double mais proportionnée.[10]

b) Deuxième exemple : après la division des « lois », dont un des offices était certainement de nous relier à la fin du chapitre précédent, sur la Loi, voici une nouvelle figure de l'harmonie ; elle se situe un degré plus bas, du simple fait que ce sont les « *femmes* » qui l'incarnent. L'exégèse de Philon est ici un peu difficile à percer. Bien sûr, il traduit le nom du fils de Lia, « *Asher* », comme il le fait à l'ordinaire, par « richesse », ce qui suppose un hébreu עָשֵׁר, écrit avec un aïn, sans prendre garde que la phrase alors prononcée par Lia lui donnait une autre traduction, un jeu de mots « *Je suis heureuse : les femmes me diront heureuse* », où le mot traduit par « heureuse » n'est autre que « asher », mais écrit avec un aleph : אָשֵׁר. Peu importe en vérité, car Philon utilise des listes d'équivalences reçues. La difficulté surgit ensuite. Que devons-nous lire, dans la félicitation de Lia, qui permette de poursuivre comme Philon poursuit : « *Elle cherche donc une intelligence équilibrée, puisqu'elle désire simultanément le témoignage des réflexions masculines et vérita-*

blement viriles qui donnent leur dû à la nature impassible et à la vérité qu'on n'achète pas, et, d'autre part, au témoignage des réflexions féminines, éternellement soumises à l'apparence, incapables en dehors d'elle de concevoir l'intelligible... » (§95) ? Le plus simple serait d'imaginer que le texte de la citation comportait un *καί* sauveur : « *...les femmes aussi me diront heureuse !* ». Mais rien n'appuierait cette imagination. Une voie plus subtile s'offre à nous ; à la réflexion, elle nous paraît sûre, étant donné le caractère assez commun dans Philon du procédé que nous allons supposer. Le texte de la *Genèse,* ch. 30, v. 13 se présente avec un redoublement : Lia commence par se déclarer « *heureuse* », pour ajouter ensuite : « *heureuse me diront les femmes* ». Philon voit dans cette redondance un principe de différence, comme il arrive souvent. La première béatitude : « *Je suis heureuse, moi* » diffère donc de la seconde ; or, la seconde est explicitement qualifiée par l'auteur sacré : « *heureuse me diront les femmes* ». Et la qualification porte sur le sujet qui proclame. Reste que la première béatitude : « *Je suis heureuse, moi* » se distingue précisément par le sujet : les femmes ont pour répondant structurel les « hommes ». Derrière le sujet exprimé par Lia, qui n'est autre qu'elle-même (« *Je suis heureuse, moi* »), il convient de projeter les réflexions viriles. D'ailleurs, la formulation « *Je suis heureuse, moi* » forme un énoncé direct, conforme aux définitions que Philon propose dans son commentaire de la « *vérité* » directe et impassible, tandis que la formule ultérieure est indirecte : « *heureuse me diront les femmes* ». Lorsque Lia dit son propre bonheur, voilà une déclaration directe, l'effet d'une nature virile ; lorsqu'elle évoque la félicitation des autres femmes, le détour est manifeste, en accord avec l'infirmité féminine.

C'est sans doute ainsi que Lia, toujours vertueuse, fait preuve du même rare équilibre dont Abraham a le premier donné un témoignage encore plus net, plus simple, plus naturel.

c) On peut considérer le §96 comme formant transition entre l'histoire de Lia et le troisième exemple, celui de Moïse employant les femmes au service de son Arche. Le §96 trouve sa rime à la fin du §100, qui réunit aussi les « *femmes et les hommes* ». Nous nous proposons de revenir tout à l'heure sur les §96 à 100.

d) Le quatrième exemple est bien significatif de la manière philonienne. Comme le deuxième exemple, celui de Lia, il réunit les biens, la « *richesse* » (on trouve le mot : πλοῦτος, au §95 et au §100) et le monde intelligible ; comme le premier exemple, il prend occasion d'un testament : Isaac donne à Jacob la bénédiction suprême, avec le droit d'aînesse.

Avec ces personnages, nous voici placés sur la pente remontante. Aussi bien Philon insiste-t-il moins sur la nature inférieure des biens de la terre, comme si l'indice était remonté d'un niveau. Il se contente de traduire « *graisse* » par « *richesse* » sensible et terrestre ; et surtout, il poursuit un peu au-delà sa citation de *Genèse,* ch. 27, v. 29, en parlant de la victoire sur les ennemis : en effet, le lecteur n'a qu'à suppléer la suite du verset biblique pour entendre de quoi il s'agit : « *Que les nations te servent...* ». Par là, Philon renoue discrètement avec les résultats du chapitre précédent, lui-même en continuité avec les §56 à 63, qui parlaient

de la victoire. Il n'est pas jusqu'au pluriel des « *Nations* » qui ne désigne
la valeur normalement plurielle des sensations (cf. par exemple aussi
Quaestiones in Genesin, IV, §216). Notons enfin que les mentions con-
juguées du « *ciel* » et de la « *terre* » préparent à leur tour le dernier
exemple : les vêtements du grand-prêtre dont il va être question représentent l'univers (cf. *Vita Mosis*, II, §109 et 117s ; *De specialibus legibus*.
I, §82s ; *De fuga et inventione*, §108 ; *Quaestiones in Exodum*, II, §117s),
   e) Telle était bien la signification authentique du vêtement sacerdotal[11]
d'après la Bible elle-même. Dans ce dernier et cinquième exemple, Philon
transpose nécessairement « *haut et bas* » du vêtement en « *ciel et terre* ».
Mais il met l'accent sur l'harmonie qui rassemble les deux ordres, réunissant en un chœur à la fois la mélodie principale — c'est le Logos — et
les harmoniques — ce sont les sensations. On voit alors que les cinq
exemples non seulement se répondent deux à deux autour d'un pivot
(le troisième, auquel nous allons bientôt venir), mais se partagent en deux
séries homogènes. La première est finalement statique : il existe deux
régimes, spirituel et sensible, dont la double possession est un bien pour
Abraham, comme pour Lia ; la seconde séquence est dynamique : la bénédiction qui échoit à Jacob aboutit à une victoire sur les nations, et dans
le cinquième cas, l'âme « *s'avance à l'intérieur du sanctuaire* » accompagnée par l'harmonie d'un chœur. De plus, la première série apporte à la
région inférieure, le sensible, une connotation légèrement péjorative,
en l'affublant de précisions telles que « *bâtards* » ou « *soumises à l'apparence* » (§94 et 95) ; rien de tel dans la seconde série : les richesses de la
terre se trouvent reliées au ciel par la « *rosée* » qui en descend et symbolise
justement ce lien de causalité qui assure l'unité par le haut, tout comme
les clochettes vibrant au vêtement du prêtre sont rattachées au bandeau
supérieur par la continuité d'une même étoffe. Nous pouvons préciser
le tableau précédent en y portant ces nuances :

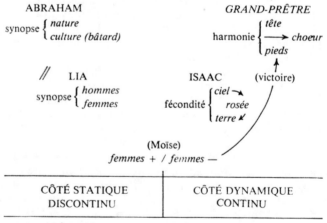

Sur ce tableau, le mot « synopse » désigne un simple rapprochement ;
il définit mieux le premier volet, avec le qualificatif « discontinu », laissé

dans une relative distinction, laquelle apparaît grâce aux efforts de liaison interne déployés dans le second volet. Et de fait, les deux premiers exemples, d'Abraham et de Lia, n'entretiennent pas entre eux une relation aussi fluide que les deux derniers, d'Isaac et du grand-prêtre.

2. *Retour au troisième exemple*

Venons-en au troisième exemple, placé sur l'axe qui délimite nos deux volets adverses. Situé au plus bas de la courbe, il participe cependant des deux séries qu'il sépare. En effet, les deux sections qui composent les §97 à 100 héritent chacune d'un des volets de l'ensemble. Le rapport est simplement inversé, en chiasme : l'histoire des femmes occupées à la confection des tissus se tient plutôt du côté des considérations positives, c'est-à-dire du second volet, dans la mesure où leur activité les réunit de façon dialectique et naturelle au grand-prêtre ; mais le second groupe de femmes arrache seulement à Philon l'idée qu'il convient de les amadouer, c'est-à-dire de les intégrer par le biais le plus distant et le plus lâche possible, bien négatif à la vérité : « *mieux vaut trouver les bonnes grâces du bataillon des femmes* » (§100) ; le commentaire ne va pas plus loin ! Au contraire, la section qui met en scène les femmes dédiées à la fabrication des voiles sacrés multiplie les indices de liaison : c'est ainsi qu'il faut comprendre les thèmes de l'« *échange* », de l'« *émulation* », le rapport du « *miroir* » à la pureté rituelle, la relation explicitement signalée de ces femmes avec *Lia* (lire ici les §97 et 98).

Autrement dit, nous nous trouvons ici devant une cellule qui établit en les inversant les catégories dominant l'ensemble des cinq exemples tirés de l'Écriture.

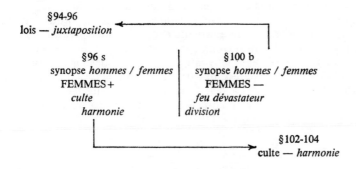

On observe deux effets dialectiques, c'est-à-dire deux *passages réglés* d'un contraire dans son contraire : au §97, tout d'abord, Philon, non content de faire concourir les femmes (c'est-à-dire les sensations) à la parure de l'Arche (ce qui désigne le lieu des intelligibles), explique la transformation que ce travail leur apporte : « *elles offrent leurs parures personnelles... échangeant ainsi la parure du corps pour le bénéfice de la piété* » (§97). Nous les voyons ensuite servir la purification même des officiants[12], placés d'emblée du côté de la raison : le miroir, artifice sensuel, devient le truchement de la pureté. Mais c'est un mouvement inverse du précédent qui réalise la transaction : ce ne sont plus les femmes qui montent du sensible à la piété, mais la part spirituelle, les officiants, qui se penchent vers la matière sensible, le miroir, et en tirent profit.

C'est ainsi que les « passages » de la « *parure corporelle* » à la « *piété* », puis du « *miroir* » à la « *pureté* » doivent être considérés comme étant sur le même plan que la « *rosée* », médiatrice entre le ciel et la terre, ou le « *vêtement* » tissé du troisième et du cinquième exemple. Le sensible n'est pas seulement toléré à côté du spirituel ; il est en relation active avec lui.

Et c'est brutalement, par simple antinomie, que la série des femmes incendiaires compromet le bel équilibre. Chez elles, l'ambiguïté s'installe à demeure, ou plutôt leur présence trouble à jamais l'esprit. Par un système cohérent de parodie, les femmes de feu ajoutent à la misère de l'esprit, comme les ouvrières de l'Arche ajoutaient à la pureté des officiants. Tous les termes portent : le feu destructeur est une contrefaçon de la purification ; le caractère apatride des femmes (tiré du fait que l'Écriture ne mentionne pas leur origine) contraste avec l'union et l'harmonie précédentes. Notons que la révolution n'atteint pas l'homme, mais seulement l'insensé, celui dont l'esprit a perdu le contrôle nécessaire (cf. *Legum Allegoriae,* III, §229 et 233s). Nous étions indirectement prévenus par le choix même des exemples, l'incendie ne peut avoir de conséquence extrême : Philon ouvre une sorte de possibilité, d'hypothèse minimale, sans lui laisser loisir de s'implanter ; et tout au plus devrait-on penser que la victoire assurée dans le quatrième exemple, au terme de la double bénédiction de Jacob, termine à distance les malheurs ouverts par l'incendie de Moab. Comme en d'autres séries, Philon nous fait parcourir un itinéraire complet, une descente qui s'abaisse jusqu'au mal et prépare une remontée où l'esprit domine à nouveau.

Ajoutons qu'en tout ce développement, le souvenir diffus d'Abraham, tel que le traité le considère, oriente encore les interprétations. Discrètement, certaines allusions, comme la mention du « *jeûne* » et de la « *persévérance* » (§98), résumant les pratiques du culte, désignent aussi la condition laborieuse du progressant ; de même, la « *pluie* » d'intelligence et le remède à la « *pauvreté* » (§101) rappellent à leur façon qu'Abraham « apprend » la sagesse, et qu'en le comblant des cinq présents dont Philon a entrepris l'exégèse, Dieu l'enrichit...

3. Le § 105, « envoi » du chapitre

C'est bien la LOI, aussi négligée en apparence que la silhouette d'Abraham, qui rassemble enfin les deux pôles du monde, l'intelligible et le sensible, le « *nécessaire* » et le relatif. La citation d'*Exode,* ch. 21, v. 10 réunit trois termes : « *Le nécessaire, le vêtement, l'étreinte* » ; ces trois devoirs rattachent l'un à l'autre Adam et Ève, l'esprit et la sensation, l'homme et la femme. Les deux premiers forment la gerbe, le dernier fait le lien. D'un trait rapide, Philon rive dans l'imagination tout le déploiement des arguties intellectuelles. Il ne reste plus qu'à déclarer que telle

« *est* » bien l'existence du sage, ainsi parcourue de ce mouvement salutaire et fluide. C'est ce que fera le chapitre suivant, très bref, de pure grammaire, privé de toute image : il dira la supériorité de l' « *être* » sur l' « apparence », pour que nul n'en ignore, et que l'harmonie ci-dessus créée ne confère un mérite abusif à la servante que reste la sensation. La sobriété du commentaire suivant (§ 106 à 108) porte avec elle sa signification mystique. Le sage disciple, Abraham, n'a plus besoin de formes vagabondes ; il n'a cure d'un discours trop appuyé : la PAROLE dont il a éprouvé la puissance au cours des engagements avec les sophistes, sa propre pensée qui vient de descendre puis de remonter l'échelle du réel, la connivence des deux, tout le met en possession de sa vérité : il « *est* » du côté de l' « *être* », sans glose et définitivement. Nous avons anticipé ; mais c'est philoniser…

V) « Tu seras à bénir »
(§ 106 à 108)

Nous avons si bien devancé le commentaire que tout est dit sur la signification de cet ultime présent de Dieu à Abraham. Pourtant, son rôle formel mérite d'être souligné. Il est tout de grammaire, avons-nous fait observer. Et ce trait nous sert de repère : Philon note justement que le cinquième et dernier cadeau divin couronne les autres, indiquant du même coup pour la première fois lui-même qu'il a suivi un ordre ascendant (§ 106). De plus, les mots commentés, entendus librement comme adjectif verbal à sens d'obligation : « *qu'il faut bénir* », ont à ses yeux l'avantage de répéter partiellement l'une des formules antérieures : « *Je te bénirai* ». Les paroles ultimes de l'oracle invitent à la récapitulation, mais aussi au dépassement. C'est pourquoi Philon doit préciser : « *Plutôt que d'* « *être béni* » *des hommes — ce qui nous a cependant été montré comme le chemin de la bénédiction — il vaut mieux se trouver au fond* « *digne de bénédiction* », *même si tout le monde reste muet* » (fin du § 108). L'Écriture elle-même corrige l'interprétation erronée que les formules précédentes risquent d'engendrer dans l'esprit du débutant. Il n'est que de lire à la suite, et de faire docilement le va-et-vient qu'elle suggère, ordonne et termine.

Au risque de nous répéter, signalons que la brièveté du commentaire symbolise l'aisance du lecteur ou du sage. Tel est l'« envoi » qui fait de toute une suite de notions et d'images une intention une, décidée, fermée sur elle-même.

VI) Le Rayonnement du Sage
(§ 109 à 126)

Comme toujours dans Philon, plusieurs raisons concourent au même phénomène littéraire. Si l'exégèse des mots : « *Tu seras à bénir* » occupe si peu de volume, avec les seuls § 106 à 108, c'est bien que, parvenue à l'être, et à l'être déterminé par la Parole divine, l'énonciation doit suffire.

Mais, si l'on observe quelques expressions de ces lignes laconiques, on voit apparaître une autre explication. En effet, le thème de la bénédiction reste composite : sans doute, εὐλογητός est d'abord compris comme un adjectif verbal d'intention, « *qu'il convient de bénir* », mais, conformément à la doctrine qui vient d'être développée dans les cinq exemples de mixte, la valeur simplement passive n'est pas oblitérée : le sage est aussi « *béni* ». Sans doute, le silence de la foule (§ 108, fin) n'ajoute rien et n'enlève rien, mais nous allons parcourir un ordre de réflexions sur le rayonnement du Sage, dans lequel son action ne passera pas inaperçue. Si bien que l'expression « *à bénir* » pointe dans deux directions. Elle rejoint l'être, pris absolument jusque dans le silence, mais elle est aussi une sorte de forme vide, qui attend précisément la démonstration suivante pour se voir emplie de réalité : les § 109-126 vont jouer ce rôle. De la sorte, les rapides indications des § 106-108 participent de ce qui précéde et de ce qui suit, comme on peut le représenter facilement :

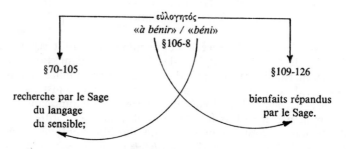

Le rapport est d'autant plus naturel entre le thème de la « bénédiction » et les deux sections qu'il annonce ou assume, que le grec εὐλογεῖν fait mieux sentir que le mot français correspondant, « *bénir* », son appartenance au registre de la parole, du logos.

Tournons-nous maintenant vers ce couronnement de la vérité où le sage est placé. Nous allons voir qu'il assure dans le monde une action d'unité et de salut, c'est-à-dire celle même que Dieu a opérée en lui. Il agit à son tour dans le monde comme force divine (§ 81 et 84), c'est-à-dire puissance de cohésion et remède salutaire. Voici tout d'abord un résumé ordonné couvrant l'ensemble des § 109 à 126.

> § 109   1. Les bienfaits venus par le sage : « *Je bénirai ceux qui te béniront ; et ceux qui te maudiront, je les maudirai* » ;
>
> § 110   Mais il faut distinguer « bénir » et « bénir » : les flatteurs, par exemple, font mine de bénir :
>
> § 113   a) ainsi, BALAAM, dont les paroles étaient de bénédiction, fut maudit, ce qui révèle que son intention était de maudire ;
>
> § 116   b) inversement, les pédagogues réprimandent ceux qu'ils aiment...
>
> § 118   2. Le juste soutient le monde : « *En toi seront bénies toutes les tribus* » :
>
> § 122   Exemples d'ABRAHAM et de MOÏSE intercédant...
>
> § 123   Le juste, étincelle qui donne naissance au brasier.
>
> § 124   colonne et remède de l'Univers :

§125-126 ainsi, de Noé sortit la triade : Abraham, Isaac, Jacob. Ils résument les trois moments du temps, passé, présent, avenir, dans un « instant » de réussite. Le symbole en est inscrit dans l'enfantement d'Isaac par Sara.

Disons tout de suite que la fin (§125-126) présente un cas typique de ce que nous appelons par commodité « accélération » : la réunion concentrée de thèmes importants. Quant au reste, il se divise en deux parties, commandées chacune par un verset du texte de base. Philon a beau jeu, du fait que le mot « bénir », déjà deux fois entendu, revient dans chaque nouvelle formule.

Il faut encore observer d'emblée que l'annonce placée en tête du §109 : « *Voyons, en poursuivant le texte, les (richesses) que Dieu destine de surcroît aux autres hommes par l'entremise du sage* », n'est pas tout de suite honorée. Nous avons là un travail typiquement philonien. La répétition partielle des mots d'une phrase à l'autre suggère à Philon des transitions assouplies : il va poursuivre un temps sur le thème précédent, de l'opposition entre l'apparence et la réalité, en discutant la valeur du même mot « bénir ». Et il doit le faire, de son point de vue, parce que l'exégète a pour mission de rendre raison de tout dans le texte, contenu et énonciation. Or, ici, Dieu promet bénédiction ou malédiction à ceux qui béniront ou maudiront Abraham : du fait que cette sanction est mise dans la bouche même de Dieu, il suit qu'elle est formulée en termes foncièrement vrais, et que l'Écriture, par l'insistance, veut inculquer une leçon, apprendre l'art de discerner la nature des mots ambigus (§117).

Nous attendons le §118 pour aborder le sujet annoncé au §109 : Philon, décidément tourné vers le domaine positif de l'être, interprète avec vigueur et sobriété la bénédiction qui d'Abraham rejaillit sur l'humanité et l'univers.

1. Considérations d'ensemble sur les § 109-126

Pour reposer un peu le lecteur et profiter de l'accoutumance qu'il prend à notre suite aux subtilités de Philon, nous allons pratiquer une lecture plus synthétique. Qu'on nous permette seulement de réserver à la conclusion (§125 et 126) un traitement particulier : c'est qu'elle sert de point d'étape à toute la première partie de l'ouvrage.

À ne tenir compte que des liaisons superficielles, on voit aisément (et nous l'avons dit) que cette nouvelle section est rattachée aux chapitres antérieurs : le mot « à bénir » est à peine renouvelé dans le « *je bénirai* » ; le passage de l'un à l'autre est même si aisé que Philon continue à disserter sur la véritable bénédiction, acquise au détriment d'une bénédiction apparente, ce qui était le thème des §106-108. Mais les deux derniers bienfaits accordés à Abraham étaient la réunion de l'être et de l'apparaître, puis la préférence de l'être pur et simple. Ici, tout en continuant sur cet élan, Philon infléchit tout de même la pensée : l'accent est mis dans le chapitre présent sur le discernement. Ainsi, dans le cas de Balaam, Dieu va nous apprendre à distinguer entre l'apparence de discours favorables et une intention dissimulée. Dieu va juger selon la réalité, l'être. Semblablement, le sage, hissé désormais au niveau du vrai, de l'être, ne se laissera plus égarer par les apparences. Il sait maintenant remonter jusqu'à la source du discours humain, le cœur (§ 117), parce qu'il a lui-même fait l'expérience du jeu de l'apparaître et du réel. Sa subtilité d'appréciation est même devenue très aiguë : le pouvoir de démasquer un flatteur constitue déjà une belle réussite ; mais la flatterie de Balaam sort du type ordinaire, et pour la démasquer, Dieu doit intervenir entre l'intelligence et le flatteur.

2. L'exemple de Balaam dans l'économie du traité

Pourquoi Philon choisit-il l'exemple de Balaam ? Les sophistes déjà recontrés plus haut trouvent en lui un parangon tout à fait indiqué, certes (cf. *Quod deterius*, § 71). Mais d'autres raisons militent en faveur de ce choix. Tout d'abord, l'influence du contexte de l'Exode : l'arrivée de Balaam se situe, dans la Bible, aux dernières étapes qui précèdent l'entrée du Peuple en terre promise. L'itinéraire du sage ne l'a-t-il pas mené de la même manière jusqu'en vue du terme ? Dans la Bible[13] comme dans Philon, la joute oratoire remplace au dernier moment le choc des armées : le livre des *Nombres* a commencé par raconter les campagnes militaires qui ouvrirent aux Hébreux la route du Désert, en particulier l'expédition qui aurait pu être décisive. Mais, presqu'arrivés au but, Balaq s'interpose. En fait, son action est mal engagée : il tremble, et il pense remplacer l'engagement par des sorts et des malédictions, celles dont Balaam connaît l'efficacité. Peu importe en un premier sens que Balaam ait été ou non sincère : les sept bénédictions qu'il fait retentir sur Israël et les sept malédictions qui tombent sur les Nations ennemies d'Israël tiennent lieu de combat. Israël n'eut pas à guerroyer contre Balaq : « *Balaq passa son chemin* » (*Nombres,* ch. 24, v. 25). Le livre des *Nombres,* qui nous rapporte l'affaire, contient justement d'autres discussions sur le prophétisme : la mise en scène autour de Balaam procède de la même intention de marquer la puissance de la Parole et sa supériorité sur celle des armes. Philon nourrit la même conviction.

La versatilité d'un Balaam, capable de proférer successivement bénédictions et malédictions, de maudire ceux qu'il pouvait bénir et de bénir ceux qu'on lui demandait de maudire, explique pourquoi Philon peut en faire un sophiste... Il n'est sans doute pas indifférent, non plus, que Balaam vienne de la Mésopotamie, tout comme Abraham. Seulement, son déplacement ne lui aura guère été favorable : il n'en aura pas vu les étapes se transformer en autant de degrés d'un itinéraire moral. Il s'est borné à préférer ce qui apparaît, l'extérieur, le mensonge. Abraham a, dans son voyage, poursuivi la parole vraie ; il s'est fixé sur la vérité des choses, sur l'être. Aussi, la « bénédiction », flottante au point de se retourner quand il s'agit de Balaam, trouve-t-elle avec Abraham une efficacité qui prouve sa vérité et sa force. Lorsqu'Abraham nous est ensuite présenté comme le « reste » qui sauve l'humanité, derrière la figure de Noé (§ 124 à 126), c'est que Philon nous manifeste la verdeur du Logos. Il ne fait qu'achever la critique des sophistes. Ce faisant, il honore la si-

gnification la plus authentique du livre de la *Genèse*. Abraham y apparaît
en effet comme le héros — unique, au lieu que les bâtisseurs de la tour
mésopotamienne se comptaient par nations entières — qui permet à
l'œuvre de Dieu de partir sur une voie nouvelle, d'obéissance et non
plus de révolte et d'orgueil. On peut admettre que les rapprochements les
plus formels, en apparence les moins nécessaires, rejoignent dans Philon
le sens obvie de l'Écriture : elle n'est pas devant lui le grenier désordonné
où sa mémoire court puiser au gré d'imaginations ou de formules nées
ailleurs.

Ces propos soulignent le rapport qui unit les deux parties de ce
chapitre : et si Philon change de verset au §118, un peu comme on
change de monture, s'il passe d'une étude rhétorique à une lecture
traditionnelle et mystique, la césure ne doit pas être trop marquée dans
notre esprit. Car, nous le voyons déjà, la notion d'une bénédiction
« flottante » est harmonisée avec un point fixe, assuré : d'un côté, dans
la section « Balaam », Israël forme un îlot, puisqu'il est donné justement comme référence et critère : « *Dieu n'a pas donné à Balaam de te
maudire* » (§ 115, citant *Deutéronome*, ch. 23, v. 6); de l'autre côté,
substitut d'Israël, c'est Abraham qui, à partir du § 118 donne santé et
lumière. S'il est vrai, de plus, que le Sage, au cours des chapitres
précédents, a dû marier à la vérité spirituelle la force des discours
persuasifs, celui-ci le confirme : la subtilité requise pour déchiffrer la
flatteuse apparence n'est pas moins précieuse que la possession et la
communication du salut. Bien mieux, il convient certainement de rapprocher les deux idées au point d'entendre que le Sage sauve le monde *par*
la possession du logos véritable. Mais rien ne vaut la lecture du récit
philonien. Nous allons consacrer plusieurs pages à l'analyse plus détaillée
de ce qui intéresse Abraham sauveur du monde.

3. *Analyse*

a) Le « Reste » (§ 118-126)

Philon essouffle un peu son lecteur. Il ne va pas trop disserter maintenant, en dépit de l'annonce, sur la manière dont le Sage peut bien
rayonner la puissance de la Parole divine. Même dans la seconde section
(dont nous définissions ainsi le programme par approximation) il s'attache en fait davantage à la distance qui sépare l'immense rassemblement opéré par le salut, de l'origine si chétive, si mince, qui en ouvre l'action ; les mots sont de Philon : « *La plus chétive étincelle... embrase
un immense bûcher* » (§ 123). Il serait inutile ici de mentionner les lieux
scripturaires où le thème du « Reste » trouve ses racines dans la conscience juive, non plus que les paraboles et les allégories qui attirent dans
les évangiles toute l'attention du disciple sur la différence, la distance
qui sépare d'humbles commencements d'une apothéose finale, telle la
parabole du grain de sénevé *devenu* un arbre assez étendu pour abriter
les oiseaux du ciel. Le début et la fin manifestent par leur disproportion
la puissance de l'œuvre.

L'intervalle n'intéresse pas Philon, mais bien le triomphe de l'*UNIQUE*. Ce triomphe est double : il est au commencement, puisque nous partons d'un individu, solitaire, à l'image de l'Un ; il est au terme, dans l'existence d'une communauté immense, mais homogène : « *le bien se met à grandir, lui si rare, à se répandre, à transformer le reste à sa ressemblance* » (§ 123, fin). De même, le patriarche Noé enfante la triade de la perfection, Abraham, Isaac, Jacob : solitaire et juste, il voit se réaliser en sa postérité le rassemblement des trois moments du temps, le passé, l'avenir, le présent. Nous sommes implicitement conviés à lire dans ces deux rassemblements celui du « nombre » et de la « valeur » (cf. les § 53 à 69) : le juste commence par sauver le « reste », ou finalement l' « ensemble » (§ 122, 123) ; puis, quittant l'universalité pour ainsi dire numérique et distributive, il symbolise la réussite quantitative et intensive dont Sara, qui surmonte en sa maternité les divisions du temps, reste la plus pure incarnation, elle qui enfanta sitôt après avoir conçu...

Voici un schéma qui montrera tout à la fois l'unité du chapitre (dans son entier, et non seulement dans sa seconde section) et la récapitulation qu'il effectue de thèmes fondamentaux apparus dans les chapitres précédents :

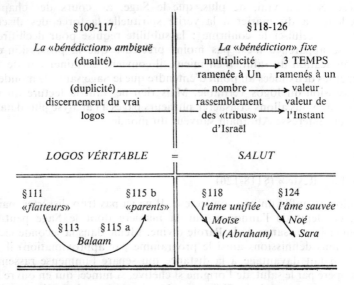

Le bas du tableau indique sommairement les mots exprès du texte de Philon. La différence de tracé entre les deux ensembles figurant dans ce bas de tableau s'explique ainsi : du côté de *Balaam* (§ 111 à 115b), l'exemple tiré de la Bible, Balaam précisément, est mitoyen entre les deux catégories des flatteurs et des amis. Il en va autrement du côté droit du tableau : deux vagues partent successivement d'un même point théorique, l'âme qui se présente d'abord (§ 118) maîtresse des passions et dont l'exemple de Moïse fournit une illustration, puis qui revient, guérie par le « *médecin* », pour préparer le second exemple tiré de l'Écriture, un Noé

juste et solitaire, promu dans la Triade — laquelle revient à l'unité de
l'instant par l'œuvre de Sara.

En fait, la réalité littéraire est encore plus souple, et force nous est de
signaler jusque dans le détail les enchaînements intérieurs aux deux sections ; ils manifestent clairement en faveur d'un équilibre calculé, qui sert
à la fois la logique et l'esthétique.

1. L'histoire de Balaam

Au bas de la colonne de gauche, le tableau précédent établit la séquen-
ce : « *les flatteurs | Balaam | les parents, amis et pédagogues* ». L'illus-
tration biblique de Balaam, placée au centre, ancre pour ainsi dire les
applications de psychologie courante posées de part et d'autre. Il sert,
sur le plan logique, à médiatiser ces applications symétriques. La première description campe le portait des « *flatteurs* », ce qui stigmatise pour
commencer la « fausse bénédiction » ; la seconde, au contraire, déchiffre
dans les paroles austères du maître, de l'ami, les effets d'une bienveillance
profonde, ce qui exalte cette fois la bénédiction sous la malédiction, ou
encore la « fausse malédiction ». Or, entre les deux séries, l'histoire de
Balaam propose un cas n'appartenant en propre ni à l'un ni à l'autre des
deux faux-semblants : la complexité plus grande de son aventure nous
oblige à explorer, d'une part, le fond du cœur mauvais, en bas si l'on
veut prendre une image spatiale, et, d'autre part, la hauteur du ciel car
c'est Dieu qui démasque l'hypocrite. L'histoire de Balaam offre, de plus,
le cas d'une transformation : entre la double série des exemples psychologiques et moraux, elle intercale l'action divine qui transmue la
juxtaposition de sentiments cachés et de paroles qui les trahissent en
mécanisme de jugement. Et non seulement l'histoire du malheureux
prophète opère cet approfondissement métaphysique de valeurs empiriques, mais elle contient une autre transformation : en sus de celle qui
met Dieu en scène et dont nous venons de parler, Philon note que « *l'usage
s'est établi de dire : Balaam a prononcé des malédictions et non des bénédictions* » (§ 113), alors que la lettre du texte enseigne bel et bien que
Balaam proféra sept bénédictions en bonne et due forme. À y regarder
de plus près, on s'aperçoit que la séquence est ainsi constituée :

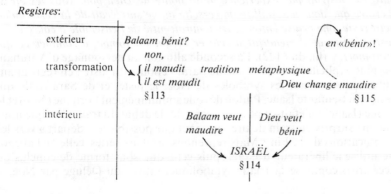

Registres:

extérieur	Balaam bénit?		en «bénir»!
transformation	non, il maudit tradition métaphysique		
	il est maudit		Dieu change maudire
	§ 113		§ 115
intérieur		Balaam veut maudire	Dieu veut bénir
		ISRAËL	
		§ 114	

Il y a bien une descente de l'extérieur vers l'intérieur, puis une remontée ; et deux transformations, celle du « langage » — et c'est là que nous voulions en venir — puisque Balaam a maudit au lieu de bénir ; puis celle de la transmutation opérée par Dieu qui « *n'a pas permis à Balaam de maudire* ». La seconde fonde la première : lorsque la tradition passe outre à l'apparence pour déclarer que Balaam a maudit Israël, contre la lettre du livre des *Nombres,* elle prend appui sur la transformation réelle opérée par Dieu. Il naît une sorte d'équivalence entre la force de création divine et la vigueur prophétique de la tradition. Cette figure, qu'on trouvera peut-être subtile, prend sa valeur quand on se souvient que, par vocation, le disciple *Abraham* doit modeler son langage sur celui de Dieu. Ici, rapprochés symboliquement et mis en vis à vis par la symétrie du dessin suivi dans les § 113 à 115, Dieu qui juge et le lecteur éclairé de la Bible — la tradition — font preuve d'un même discernement.

2. *Les intercessions de Moïse et de Noé*

Dans la seconde colonne du tableau de la page 100, nous avions matérialisé deux vagues d'arguments suivant chacune une flèche droite et reflétant un même modèle : une explication concrète aboutissant à l'exemple scripturaire, qu'on parte de l'âme unifiée pour trouver Moïse, ou qu'on s'élance à nouveau de l'âme sauvée pour célébrer l'action salvatrice de Noé. Ce schéma linéaire donne la préséance à l'exemplarisme divin consigné dans les hautes figures de la Bible : Moïse, puis Noé arrêtent chaque fois le discours, et c'est sur eux que l'imagination s'arcboute en définitive. Cette préférence ne fait que rendre à Dieu ce qui est à Dieu. Mais à cette raison « naturelle », de fond, vient s'ajouter comme toujours l'élégance de l'art : c'est ici pour Philon la convenance qu'il y a, qu'il ressent et accepte, à nous remettre sous les yeux le héros du livre, Abraham. Il le fait grâce à deux allusions, efficaces autant que discrètes. La première est même enfouie : en parlant, au § 122, de l'intercession de Moïse (d'après *Nombres,* ch. 14, v. 20), Philon évoque celle d'Abraham en faveur de Sodome (d'après *Genèse,* ch. 18, v. 22-23), où justement Abraham spécule sur les nombres, espérant que la miséricorde descendra, dans son célèbre calcul, de cinquante à dix justes : « *Abraham est autorisé, instruit par expérience de la bonté de Dieu pour tous les êtres, à croire que dans une faillite universelle où ne survivrait de la vertu qu'un petit reste, une braise enfouie, Dieu aurait pitié de l'ensemble à cause de ce reste chétif ; qu'il viendrait à relever ce qui est tombé, à ranimer ce qui était mort.* » (fin du § 122). La seconde allusion au personnage d'Abraham est plus explicite, avec la venue de Sara, l'épouse du juste : en regroupant autour d'Abraham les symboles de Noé, le juste, et de Sara, celle qui conçoit-et-enfante Isaac, Philon dévoile simultanément l'origine (Noé) et le terme (Isaac) : n'était-ce pas son projet dès le début du traité, lorsque nous l'avons surpris en train de tirer aussi tôt que possible le « départ » vers les significations de la Fin ? Mais reprenons les deux séries, celle où l'allégorie utilise le libérateur d'Israël, puis celle qui, sous forme de conclusion accélérée, compose la triade symbolique, sauvée du Déluge par Noé.

α) L'intercession de Moïse (§ 118-122)

Nous avons dit qu'elle symbolisait la victoire du juste sur le « nombre ». Avant d'analyser la technique d'exposition, nous pouvons signaler que la substance des § 118-122 se retrouve, allégée sans doute, dans le *De somniis*, I, § 176-178 ; et qu'on mettra en regard des deux textes un passage du *De virtutibus*, § 71-79. Les éléments communs permettent de parler, comme nous le proposons, de ces « constellations » de termes se présentant tout entières, mais sous des angles différents d'un traité à l'autre. Moïse suit une progression : il commence par donner au monde ce qui est en lui, à lui : « *il donnait ce qu'il possédait en personne* » (*De virtutibus*, § 79 ; cf. *De migratione*, § 121) ; puis il sollicite de la richesse divine tout le reste dont il ne dispose pas : « *Il suppliait Dieu d'accorder ce qu'il n'avait pas* » (*De virtutibus*, § 79 ; *De migratione*, § 121). Dieu, alors, accorde tout, parce que son trésor est immense : « *comme une source intarissable* » (*De virtutibus*, ibid.) et d'où peuvent découler « *en pluie, en neige, une masse de biens* » (*De migratione*, ibid.). Une même allusion au rôle de Moïse, qui est dans l'attitude de « *suppliant* » (*De virtutibus*, § 79 ; *De migratione*, § 122), complète le portrait. Le *De virtutibus* fournit ainsi une introduction à la longue explication des lois d'humanité que Moïse a données au Peuple saint (*De virtutibus*, § 81 à 160) et que le *De migratione* résume ici d'un mot : « *la providence d'une seule personne* » (§ 120).

Les procédés de l'exégèse méritent un mot de commentaire. Nous avons déjà noté comment Philon part de la réalité morale, une âme réconciliée, pour rejoindre, avec l'exemple tiré de la Bible, le type et l'origine de son salut. Il faut ajouter maintenant qu'il agit avec beaucoup d'élégance : une citation apparaît au début sans porter le nom ni de Moïse, ni d'Abraham (§ 118, fin), comme si l'on ne faisait attention qu'à sa portée universelle : « *Il est dit absolument : En toi, seront bénies* toutes *les nations de la terre* » (d'après *Genèse*, ch. 12, v. 3). Au bout du raisonnement (§ 122), voici la même citation, mais accompagnée du nom d'Abraham, et surtout accompagnée d'une citation jumelle, où Moïse se trouve impliqué. Au début, le texte sacré vient éclairer la réalité humaine, réfléchie sous un biais que nous dirons philosophique au sens large : l'esprit équilibré assure la santé des multiples tribus des sens. À la fin, il brille, révélé par l'éclat d'un autre texte biblique. On n'accordera jamais trop d'attention à ce phénomène philonien : l'ordre, l'indice, la disposition des textes qu'il cite engendrent un symbolisme qui n'est pas moins remarquable parce qu'il est tacite. Ici, nous voyons, au terme (§ 122, réunion des deux citations), que l'harmonie de deux passages bibliques compte soudain plus que la conséquence logique amenée cependant grâce à eux dans le monde des hommes : nous surprenons ensuite, de fait, le Juste dans une relation privilégiée avec Dieu, l'unique source. Insensiblement nous sommes passés des hommes bénéficiaires à Dieu comme cause universelle et surabondante ; du Sage admiré dans son activité et son autonomie : « *Si l'esprit évite constamment toute maladie, il verra vivre dans la santé toutes les tribus qui dépendent de lui, les sens…* » (§ 119), au Sage dépassé dans la dépendance et la passivité par la Parole divine :

« *De la Parole qui le supplie Dieu ne se détourne pas... Dieu aura pitié de l'ensemble à cause de ce reste chétif...* » (§ 122)[14].

Au départ, Philon nous intéresse au mot « *toutes les nations* ». « Toutes » donne lieu au commentaire, et c'est une allégorie du « nombre » : il s'agit de deviner derrière ces nations les sensations, qui sont par nécessité de nature polymorphes et dispersées. Aussi le terme de « *tribus* » commence-t-il par jouer un rôle d'explication redondante par rapport à « *toutes* », car une « tribu » désigne quelque chose d'inférieur à un « peuple », du moins tant que les « tribus » ne sont pas ressaisies dans le Peuple aux douze tribus (§ 119). Le même mot « tribus » trouve ensuite un sens politique normal, et l'histoire de Moïse permet à Philon de conduire jusqu'aux extrémités du monde l'influence de son Juste : une liste rapide élargit progressivement le cercle de la bénédiction, puisque nous allons de la « *maison* » jusqu'aux « *parties de la terre* » (§ 120) en passant par la « *cité* », la « *région* », la « *province* ». Et déjà à la multiplicité dominée des § 118-119 (c'est-à-dire les sensations) fait suite l'unité parfaitement ordonnée, centrée : alors, le nom de Dieu apparaît (§ 120) : « *un personnage seul, mais soucieux de grandeur et de dignité, surtout si Dieu lui accorde avec la valeur et la décision un pouvoir dont il puisse user sans résistance...* ». Les composantes de la vertu, la valeur, la dignité, la grandeur, le pouvoir enfin que Dieu donne comme le sceau d'une belle entente, forment une image positive bien éloignée de la synopse réalisée naguère par l'esprit. Le Sage n'exerce plus une sorte de surveillance négative (« *il évite toute maladie* », propose le § 119), mais une action qui informe, comme celle de l'εἶδος informant la matière (« *le métier devant les instruments* »[15], « *le feu mis en présence du bois* »[16], est-il précisé au § 120).

Au terme, nous sommes montés d'un degré : ce ne peut plus être seulement le sage qui surplombe le nombre des tribus et les gratifie de sa providence ; c'est Dieu qui fait pleuvoir ses bienfaits. Et même, en traduisant pour ainsi dire l'une par l'autre les deux phrases bibliques « *En toi seront bénies toutes les tribus de la terre* » et « *Je leur suis propice selon ton mot* »[17], Philon obtient l'effet suivant : le sage s'efface derrière le « Moi » de Dieu. La traduction à distance, par une superposition partielle des termes, est un procédé majeur de l'exégèse philonienne. Ici, nous devons superposer simplement deux éléments terme à terme : « *En toi* » devient « *selon ton mot* », écho affaibli du logos ; et « *en toi seront bénies* » (où l'influence du personnage humain subsiste entière) est remplacé par « *Je leur suis propice* » (avec le changement de sujet).

Ainsi, au fur et à mesure que nous descendons d'une unité littéraire plus étendue à ses subdivisions, nous sommes toujours contraints de retrouver des formes souples mais définies, un dessin rigoureux qui supprime les hasards de l'écriture. Avant de commenter la conclusion du chapitre (les § 123 à 126), nous proposons à titre de récapitulation un schéma reproduisant la courbe suivie par les § 118 à 122. Nous soulignons adns la citation biblique les mots que chaque subdivision a été chargée de commenter. On verra de façon simple l'effacement du « juste » se marquer dans la partie droite du tableau : de bienfaiteur quasi direct, il devient « *suppliant* », et sa consistance est enfin réduite à celle d'un « *reste chétif* » On lira du premier coup d'œil sur le tableau que les variations du thème et son retournement de la noblesse personelle du sage à la dépendance sont exécutées d'une manière très fine, puisque les §118 à 122 peuvent très bien passer pour le commentaire continu du texte de base : tout d'abord Philon interprète « *toutes les tribus* » (§118-119) ; puis le complément « *les tribus de la terre* » (ce qui explique, au §120, l'extension géographique : « *famille, cité, région, province, terre* ») ; enfin, la précision « *en toi* », qui est approfondie par sa traduction « *selon ton mot* », laquelle appartient, bien entendu, à la citation-sœur de *Nombres*, ch. 14, v. 20.

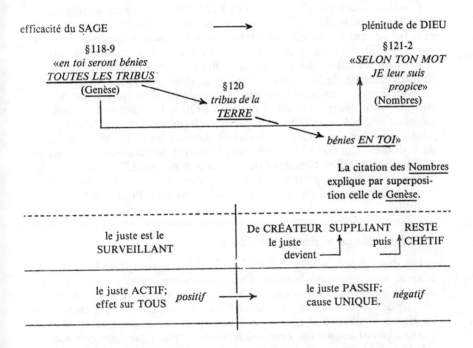

La flèche transversale indique la continuité du texte de base ; la parabole, plus fine, permet d'indiquer l'évolution du sens.

Un dernier effet se glisse, plus subtil encore, dans le §122. Non seulement le personnage d'Abraham y est commenté et investi par celui de Moïse (la citation du livre des *Nombres* relaie celle de la *Genèse*), mais il s'efface encore derrière des justes plus enfouis. Le rappel qui est fait de Sodome (§122b) et des justes qui permettraient à Dieu de sauver la ville engendre un résultat nouveau : il est vrai, pour Philon comme dans la Bible, que l'intercession d'Abraham procure le salut ; mais, dans la Bible comme dans Philon, l'intercession d'Abraham prend appui sur la présence dans Sodome de justes qui ne sont plus Abraham, et qui, tout recommandés qu'ils sont par Abraham, mériteraient en un sens par eux-mêmes d'être épargnés. Ce sont ces justes qui peuvent recevoir l'épithète de « *reste enfoui* ». L'intérêt de cette manœuvre apparaît dans la suite : en superposant le salut dû au Juste intercédant et celui des Justes perdus dans la cité pécheresse, Philon prépare l'évocation de Noé (explicitement au § 125). Or, l'avantage de Noé n'a pas besoin d'être démontré : seul juste, il permet à l'humanité de recommencer sa carrière ; de plus, héros de l'origine, par là-même il permet à Philon d'offrir une synthèse : l'origine avec Noé, le terme avec Sara, épouse d'Abraham et mère d'Isaac, composent par leur rapprochement une récapitulation des temps tout aussi bien que de la logique du système philonien à l'œuvre dans ce chapitre.

Concluons cette analyse des § 118 à 122 par une dernière observation, bien dans la note. Les alliances que nous avons constatées entre le fond et la forme, entre les différentes citations, les héros et les thèmes permettent à Philon de donner une impression d'unité : l'unité obtenue par le sage entre les tribus des sens n'étant que l'ombre de celle qui règle les rapprochements de Dieu et du Sage, tous deux providents et dispensateurs de biens ; l'unité qui permet la suppléance d'Abraham par Moïse (leur histoire court confondue dans les § 120 à 122) autorise ensuite la suppléance dont nous venons de parler en terminant, celle d'Abraham—Moïse par Noé (lui-même est dissimulé derrière les justes hypothétiques de Sodome — fin du § 122). Le signe et le miroir de ces équivalences nous est tendu par Philon : les mots du même paragraphe 122, « τοῦτο δέ, ὡς ἔοικεν, ἰσοδυναμεῖ » c'est-à-dire « *cette citation a la même portée que cette autre* », explicitent le type de relations que Philon entrevoit et traduit.

β) La rédemption par Noé (§ 123-126)

Les deux pôles du temps, l'origine et le terme, vont faire la synthèse. Mais le temps suppose la saisie d'une conscience unifiée. Aussi, le juste n'emploie pas son effort désormais à rassembler le nombre dispersé ou mal soumis des sensations : il est comparé à cette réalité unifiée, vivante, que la plante symbolise (§ 123 : « *refleurit ce qui était desséché... conduit insensiblement jusqu'à une heureuse fécondité le plant que l'ignorance avait stérilisé* »). Un moment, la plante est invoquée de pair avec le feu (début du même § 123), lui aussi symbole de vie et d'unité. Mais l'image de la plante l'emportera dans l'histoire de Noé (§ 125-126). Quant à l'image du feu allumé par l'étincelle de braise, elle rattache également la section nouvelle à l'épisode précédent (§ 122).

Il ne faut pourtant pas simplifier : le § 124 sert de pivot à la conclusion, et il rappelle le thème négatif de la dispersion, en désignant la « *cohue des vices qui ont déchiré (l'âme) de leur épée acérée* ». À la vérité, il n'y a là qu'une apparence de retour en arrière, car l'accent n'est plus mis sur le « nombre », comme c'était le cas au § 119, mais sur la santé à garder. Éclairons tout de suite la construction de ces § 123-126.

Ce tableau prépare utilement le commentaire :

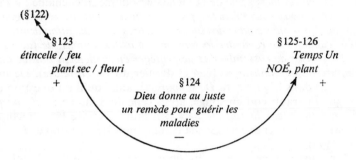

À la fin, nous trouverons l'exemple biblique le plus approfondi, celui de Sara et de la triade : aucun autre dans le chapitre n'a rencontré un pareil traitement. Philon va concentrer en quelques lignes la matière de toute sa réflexion et il va manifester l'unité supérieure de toutes les perfections : l'harmonie des « trois » moments du temps laisse loin derrière elle les raccordements, les allégeances, les synthèses antérieures. Occupons-nous du personnage de Noé.

Il n'est pas difficile de voir que sous l'application philosophique du §123 et les images de la « *braise* » ou du « *plant* », il faut pressentir le type de Noé, tout en gardant en mémoire l'affaire de Sodome. Sodome équivaut à « stérilité » ou à « cécité » (cf. par exemple, *De fuga,* §143s) ; Sodome possède une *vigne* maléfique, le contraire de la bonne éducation : Sodome, avec sa vigne de stérilité, s'oppose à la vigne plantée par Noé (cf. *De plantatione,* §141 : « *C'est la plante de l'ivresse que cultive le juste, avec art et avec science ; alors que les insensés lui apportent une assistance sans art et négligente* » ; voir le *De ebrietate,* §221-222, surtout, et encore le *De somniis,* II, 191 à 200). Ces lointains assemblages facilitent ici le passage des comparaisons.

Sans doute l'exemple de Noé s'offre-t-il assez spontanément dans une étude du « reste », du « juste » comme soutien de l'univers. Sans doute comprendra-t-on qu'une même idée puisse engendrer l'image de la braise couvant sous la cendre, puis celle de la barque flottant sur l'eau : le §123 serait ainsi opposé, du point de vue des symboles, au §125 ; et l'opposition existerait à la fois entre les éléments (l'eau et le feu) et les positions (le haut et le bas, ou mieux : le dessous et le dessus). L'opposition simple expliquerait l'attirance. De plus, le blason de Sodome accompagnée de sa vigne faciliterait le rapprochement avec Noé.

Chose curieuse, et qu'il conviendrait de démêler dans une recherche particulière, le texte que nous avons cité plus haut du *De somniis,* II, §191 à 200, réunit dans un ordre et avec des développements différents plusieurs données que nous retrouvons ici. Déjà, le thème de la prière — ou plutôt l'impulsion qui conduit Philon à parler de la prière quand il aborde le thème de la « vigne », en est un élément remarquable. Parlant dans le *De ebrietate*, §222s, de la vigne de Sodome, il enchaîne : « *Prions pour que ces maux soient écartés, pour que Dieu… détruise cette vigne sauvage, mais qu'il plante dans nos âmes les arbres de l'éducation droite… des pensées capables de répandre la semence de belles actions, de faire s'épanouir les vertus, de rassembler et de protéger éternellement tout ce qui est par nature lié au bonheur* » (§224 et dernier du *De ebrietate*). De même lisons-nous dans le §199s du *De somniis*, II, alors qu'il est question de la vigne que Pharaon voit en songe, après celle de Sodome : « *il faut prier pour que cette vigne-là soit stérile* » (s'il faut en croire la correction de Wendland à cet endroit ; cf. dans un contexte identique *De Agricultura*, §45).

Encore plus étrange, les trois divisions du temps que nous allons bientôt voir assumées dans l'Instant de Sara, au §126 du *De migratione*, apparaissent ailleurs dans le même cadre, non loin de la « plante », non loin de la « vigne de Sodome » : ainsi dans le même passage du *De somniis*, §195 : « *L'eunuque… ayant aperçu dans sa vision la plante apparentée à la folie, à savoir la vigne, continue à la décrire en lui donnant trois racines, pour signifier grâce aux trois divisions du temps les degrés extrêmes de l'erreur, car la racine est l'extrémité* ». Sans doute ici les trois divisions du temps sont-elles entraînées dans un contexte péjoratif, ou plutôt neutre ; mais la complexité des associations, conscientes au départ, et qui permettent à Philon de varier les formules, laisse rêveur celui qui tente comme nous le faisons de suivre tous les fils de la broderie. En tout cas, « *triple racine* » ou « *triple fruit* », la série formée par Abraham, Isaac et Jacob s'oppose dans sa perfection aux folies achevées de l'Égypte ou de Sodome ; Jacob—Israël répare, du fait qu'il « voit Dieu », le sommeil pourtant provisoire et moins grave du même Noé (c'est peut-être ce qui se cache derrière les « *yeux ouverts* » du §123) ; la perfection des trois, et singulièrement d'Isaac, complète la justice simplement inchoative d'un Noé sauveur de l'humaine engeance.

La convenance du personnage de Noé est donc multiple, évidente et souterraine à la fois : qui croit tenir un fil entraîne l'écheveau ; mais l'essentiel se ramène ici à l'harmonieuse correspondance qui fait de Noé, sauveur comme Abraham, le père d'Abraham : le souvenir remonte le temps pour le parcourir ensuite dans son ordre, un ordre éclairé par la Fin.

Noé a survécu seul au Déluge ; Abraham survit, spirituellement seul, à la dispersion de Babel. Noé a vu l'humanité recommencer à partir de lui : sa « justice » a sauvé le monde ; Abraham apprend ici par contre-coup que sa docilité et sa « justice » permettent l'existence de l'homme parfait, symbolisé par la Triade. L'avenir de réussite qui récompense Noé récompense également Abraham : Noé constitue une sorte de conscience reculée d'Abraham, sa projection dans le passé. On pouvait en effet demander jusqu'ici : qu'est-ce qui a donné à Abraham son point de départ et son élan ? Dieu, sans doute. Mais quel Dieu ? Le sage est maintenant conduit à voir qu'il s'agit du Dieu de pitié, le Sauveur : et cela quand il voit sortir de ses propres mains le salut et l'unité de tous les êtres. Devenant source de miséricorde, il comprend qu'il fut objet de miséricorde ; sauvant tout homme, il comprend que la miséricorde qui le traverse et l'a d'abord suscité est miséricorde divine, Unique source du Tout. Ce que Noé fut pour Abraham, son origine et le canal de la miséricorde, Abraham le devient pour l'humanité, en tant que père d'Isaac et ancêtre de Jacob—Israël. Grâce au personnage de Noé, qui le recoupe partiellement, Abraham, jusqu'à présent projeté dans l'avenir, trouve un passé : reporté en-deçà de son destin, il peut embrasser d'un regard pur ce qui lui est arrivé dans ce qui par lui arrive au monde. Comme toutes les figures de la perfection dans Philon, Abraham et Noé conversent et échangent : ils se suppléent ou s'illuminent l'un l'autre.

Noé couronne la première triade, formée d'Énos, Énoch et Noé lui-même ; Abraham inaugure la seconde triade. Les deux personnages sont ainsi contigus et symétriques : Noé, le meilleur des plus faibles ; Abraham, le moins assuré des forts. Noé commencement du monde, représente alors ce qu'il y a du commencement, du commençant, dans Abraham. Philon dispose par là de deux moments de raison pour représenter le commencement et le terme dans l'existence figurée de son héros. L'Abraham d'aujourd'hui, du début, c'est Noé qui en tient lieu et garde sa place ; l'Abraham du terme nous est désigné : après une longue attente, il sera père ; sa femme Sara concevra, signe qu'Abraham touche au but de son pélerinage, comme les immenses délais imposés par le traité *De congressu eruditionis gratia* obligent à l'entrevoir. Cette évocation en Noé du moment originel paraît d'autant plus intentionnelle qu'au-delà des quelques paragraphes qui nous retiennent si longtemps nous-mêmes, Philon va bientôt exposer l'argument de la FIN (§127 à 175).

b) L' « Instant » de Sara (§125 et 126)

Si le Juste soutient tous les êtres, autour de lui viennent s'enrouler l'étoffe du monde et les divisions du temps. Le nom de Dieu n'est-il pas, pour la Bible comme pour Philon, rattaché à l'histoire d'Israël, c'est-à-dire à l'histoire de salut, par l'enchaînement des trois noms des patriarches : « *Je suis le Dieu d'Abraham, d'Isaac, de Jacob* » (d'après *Exode*, ch. 3, v. 15, cf. *De Abrahamo*, §48 à 54 ; *De mutatione nominum*, §12, etc.). De même le temps véritable, intensif, le καιρός, rejoint-il ici les trois divisions temporelles. Philon trouve cette affirmation d'un temps distinct, séparé (cf. *De plantatione*, §113 : δι'αἰῶνος), dans la lettre de *Genèse*, ch. 18, v. 10 : « *ce temps* (καιρός) *qui se tourne vers les saisons* ». S'il y a des saisons, ce ne peut être que la distribution du cours ordinaire du temps ; s'il y a un καιρός capable de rejoindre les saisons, c'est que l'on doit par ce mot désigner dans le mystère de Dieu un instant « *nouveau* ». De plus, comme il dit : « *Je viendrai... selon le temps qui se tourne vers les saisons, et Sara, ta femme, aura un fils* », proposition où les mots « *ta femme aura un fils* » sont compris par Philon comme une sorte de redoublement sans intervalle ni délai de la première proposition « *je viendrai* », il faut entendre que Sara « *fleurit* » d'un coup soudain et sans rapport avec les saisons. Les mots et la forme grammaticale suggèrent un même enseignement. L'Écriture confirmera ses propres indications lorsque plus loin elle dira : « *Sara conçut et enfanta un fils* », reliant si étroitement conception et enfantement qu'on devra supprimer entre les deux tout espace de temps. L'instant illustré par l'enfantement de Sara appartient aussi, bien entendu, à Abraham, derrière Sara. Comme Noé *était* Abraham pour l'allégorie, Abraham moins le nom, de même l'épisode de Sara évite-t-il de nommer Abraham : « *Je viendrai chez toi...* » ; les mots restent sans exégèse, mais supposent bien Abraham.

En tout cas, conformément à la doctrine de ce passage, nous devons admettre essentiellement que les trois mesures temporelles se trouvent conciliées et réunies par l' « instant » de Sara. Philon expose ailleurs (*De Abrahamo,* §52) que les trois patriarches possédaient tous trois l'étude, la science et l'exercice, chacun des termes étant distributivement accordé à chacun en la plupart des exemples allégoriques. Mais le dernier trait du *De mutatione nominum* propose justement la synthèse quand il affirme : Abraham est initié du moment où il trouve la « *science en lui-même et qu'il l'exerce* » : chaque mot de cette proposition renvoie à l'un des trois types idéaux, la « *science* » à Abraham en personne, « *l'exercice* » à Jacob, l'autonomie suggérée par le mot « *en lui-même* » convenant par définition à la perfection d'Isaac.

Cette conversion des personnages tournés l'un vers l'autre et la place privilégiée attribuée à Isaac, dont la simple naissance marque ici comme ailleurs le terme du voyage et sa consécration dans l'éternité, ne sont pas des inventions de Philon. Cette sorte de clef allégorique tenue par Philon et maniée avec la dextérité qu'on observe partout, correspond à des intentions de l'Écriture elle-même. S'il est en effet vrai que la *Genèse* et l'*Exode* montrent dans le Peuple des « fils de Dieu », il est aussi vrai qu'Isaac réalise d'une manière exemplaire cette vocation. À la différence d'Abraham, qui est un converti, Isaac est né fils de Dieu : sa naissance a été soigneusement soustraite au cours normal de la nature ; sa vie ensuite sacrifiée lui est rendue (*Genèse,* ch. 22) en une sorte de seconde naissance qui le rattache directement à Dieu. Paul et Jésus lui-même dans l'évangile de *Jean* prendront une exégèse proche de celle-ci. Derrière les jeux de l'allégorie, le fondement de l'Écriture semble suffisant et suffisamment efficace pour donner la clef de l'interprétation constante de Philon, même s'il ne s'en est jamais expliqué, pas plus dans ce cas particulier que dans les autres allégories.

Isaac a le pas sur les autres figures, mais c'est au titre de révélateur d'un destin promis à tous. En ce sens, il tient à la fois au καιρός, le « *temps nouveau* » de Dieu, et aux « *saisons* » dont il incarne sans doute la première, le présent immobile.

Le trait dominant de ces paragraphes, à considérer la forme, semble tenir dans leur rapidité. Le *De migratione* contient plusieurs accélérations de ce type. Le procédé qui consiste à quitter le développement linéaire et relativement tempéré pour un brusque raccourci joue certainement un rôle d'aide-mémoire : une image chatoyante et variée conclut et fixe de longues séries d'allusions, ou bien cerne d'un trait les développements intellectuels (cf. le §105). On peut y voir ici comme ailleurs le moyen pour Philon de symboliser l'irruption de la Fin, et, sur le plan du discours, l'irruption du sens : un long cheminement accompli parmi les conditions multiples et périlleuses où le juste s'est engagé pour rejoindre la perfection, une longue confrontation avec les ambiguïtés parmi lesquelles il doit exercer son jugement (cf. les § 109 à 117) et trouver la vérité à côté de l'apparence, ne risquent-ils pas de maintenir le pèlerin de l'absolu dans une « *lutte prolongée* » qui désespère le plus aguerri, tel ce Jacob dont un oracle interrompt l'exercice : « *Reviens chez toi...* » (d'après les § 26 à 42) ? Il est temps de déchirer la brume et de faire entrevoir le terme, ou du moins la transmutation des valeurs telle que Dieu la prépare. Abraham doit percevoir l'action de Dieu sous l'activité de l'homme, et il perçoit déjà l'ouverture d'un temps différent. L' « accélération » du texte symbolise jusqu'à un certain point cette nouveauté. Elle est ici d'autant mieux venue que plusieurs pages nous attendent qui décrivent expressément la FIN (le τέλος, § 127 à 142).

On peut enfin, sans presser la comparaison, rappeler en conclusion que cette position de la Fin au cœur du traité fait partie du système mis en œuvre dans le *Parménide*. À mi-chemin sur le long parcours des huit hypothèses successivement examinées pour réduire le jeu du Même et de l'Autre, apparaît une neuvième hypothèse, imprévue et lumineuse : elle énonce l'intervention de l' « Instant », ἐξαίφνης — « *soudainement* ». Dans les deux cas, l'hypothèse du milieu est la plus haute, avec la considération de la Fin ; dans les deux cas, la suite du traité retourne à la propédeutique, apparemment en régression sur la découverte ou la révélation supérieure qui est venue en occuper le centre.

Ainsi se présente l'exposé des bienfaits que Dieu répand sur l'humanité à travers le juste. Du même coup, celui-ci apprend la nature de Celui qui l'attirait : le juste sauveur comprend qu'il est enveloppé par le Dieu sauveur. Doté jusqu'ici d'un avenir qu'il acceptait d'espérance, le voici qui remonte dans ses origines. On a suivi les patients détours de Philon. Par variations successives, il donne des images de plus en plus intenses de l'unité : nous allons de la simple juxtaposition au discernement des contraires, puis à la synopse des sensations, à la synthèse, enfin à l'échange supérieur des figures entre elles, des textes, des saisons.

CHAPITRE DEUXIÈME

LA « FIN »

I. Présentation générale

Le *Parménide* liait donc l'Instant et la Fin, καιρός et τέλος, l'explication par la Fin pouvant seule rendre compte du Mouvement. Philon nous propose, à la suite de la révélation du temps nouveau, la définition de la Fin. Agissante depuis le départ d'Abraham, voici maintenant qu'elle illumine la route et manifeste sa puissance : à partir du §143, Philon montre que, « marchant *selon la Parole de Dieu* » — ce qui est la Fin — Abraham ne risque rien à se voir accompagné d'un ami dangereux, Lot par exemple, tellement il est assuré.

C'est pourquoi nous considérons comme une seule unité littéraire l'ensemble formé des §127 à 175. Sans doute le commentaire exprès du mot τέλος, la « *fin* », s'arrête-t-il au §142, mais plusieurs indices formels suggèrent qu'il convient d'aller jusqu'au §175 avant de marquer un nouveau temps d'arrêt. Tout d'abord, il s'agit d'un bout à l'autre de la marche entreprise par Abraham — c'est encore une sorte de paradoxe que la « fin » soit commentée à partir d'une expression indiquant encore le mouvement : « *il marchait selon la Parole de Dieu* ». Ensuite, la conclusion du chapitre sur le τέλος, au §139 et sv., évoque le sacrifice d'Abraham prêt à immoler Isaac ; mais précisément le souvenir du même Isaac et de la même scène de sacrifice sert de guide à la conclusion de l'autre section, à partir du §166 : la « *marche* » d'Abraham y devient une ascension, en compagnie d'Isaac. Enfin, troisième indice, ces prolongements nous ont été dûment annoncés au moment précis où Philon attaque l'explication symbolique du mot clef, le τέλος (au §133) : le début du paragraphe sous-entend le personnage « déclinant », Lot. Voici le texte : « *Si la fatigue ne le fait pas fléchir en cours de route ou s'effondrer ; si par ailleurs l'insouciance ne le fait pas s'écarter à droite ou à gauche en pleine aventure, jusqu'à manquer le chemin direct, celui qui suit le milieu du pays ; s'il imite les bons coureurs et parvient sans faux-pas au bout du stade de la vie, il touchera les couronnes et le prix mérité : c'est qu'il est parvenu au* terme ». Le dernier mot a donc été préparé, au spectacle même des difficultés.

Nous aurons l'occasion de le répéter, surtout durant l'étude de la seconde section (les §143 à 175), tout se passe désormais comme si Philon avait été mis en branle par la dissonance introduite dans le texte biblique. En disant d'un souffle : « *Abraham alla selon la Parole de Dieu, et Lot partit avec lui* », l'Écriture magnifie tout à la fois le sage qui marche d'un même pas avec le Logos divin, la « *Parole* », et qui sans dévier supporte la présence de dispositions contraires au bien et à sa propre détermination. Le nom de *Lot* est traduit par « *déviation* » : Philon a mis en couple « *marcher selon* » la droite ligne et *son contraire, « Lot-dévier* ». Une préposition, « *selon — κατά* » met en route le commentaire de la « Fin » (§129) ; une traduction de l'hébreu organise la seconde partie, avec le nom de Lot (§133 puis 148) : ces fragiles points d'accrochage suffisent. Plus profondément, nous verrons que les exemples scripturaires de la seconde partie reposent sur le discernement constant, opéré par le Sage et la Parole divine conjointement, entre de vraies et de fausses « *larmes* », de vrais et de faux « *serments* », des « *hommages* » faussement vrais et des honneurs vraiment faux (cette subtilité fait l'objet des §158 à 161, où Joseph hésite entre le « corps », l'Égypte donc, et l'esprit, Israël).

Remarquons, du point de vue du traité dans son ensemble, que ce thème du discernement rappelle les choix ou les confusions décrits aux §86 à 112 : l'axe de symétrie ainsi déterminé dans l'ensemble est alors fourni par le commentaire de la « *bénédiction* » (§118-126), où la parole juste propose la vérité pure et simple...

Pour fixer l'attention du lecteur, voici un résumé à peine mis en forme des paragraphes 127 à 175, dont on espère que le commentaire appliqué ne voilera pas trop la beauté. Philon commente

1) les mots « *selon la Parole de Dieu* » — §127-142 ;
2) le mot « *il marcha* » (ce qui est immédiatement traduit par « *sans tomber ni dévier* ») 143-146 ;
3) les mots « *et Lot partit avec lui* » — §146-175.

C'est intentionnellement que le §146 figure deux fois : il est commun aux deux sections et sert de transition. Quant à la suite un peu détaillée des idées et des exemples, nous la transcrivons également dans le tableau ci-dessous :

1) §127 « *ABRAHAM ALLA SELON LA PAROLE DE DIEU* »

§128 « *selon* » (la Nature), c'est la perfection, ⎰la FIN
⎱τέλος

§129s « *selon la Parole* », c'est faire la Parole »

§131 « *la Parole de Dieu* », c'est s'approcher de Dieu, si toutefois, on ne « *tombe* » ni ne « *dévie* ».

§134 LA FIN ? c'est le τέλος = « terme » ; et le terme de la sagesse est de reconnaître son néant. Diatribe contre les philosophes orgueilleux.

§139-142 c'est le τέλος = « impôt » : Dieu réclame qu'on fasse retour par l'action de grâces (*Nombres*, ch. 28, v. 2).

§143-144a si toutefois on ne succombe pas à la « *fatigue* »,

§144b-145 Mais il y a la noble fatigue, LIA...

§146-7 si toutefois on ne « *dévie* » pas de la Voie royale.

2) §148 « *LOT PARTIT AVEC LUI* »

§150 « Lot » = dévier, « *se détourner* » : il sera repris par les passions (les quatre rois). Abraham pourra, un jour, briser avec Lot.

§151-5 a) La séduction symbolisée par le « *ramassis* » qui accompagne Israël sortant d'Égypte (*Exode*, ch.12, v.38), et pleurant le corps.

§156-7   MAIS il y a les « *larmes* » de la joie (Homère, les Psaumes).

§158   b) L'hésitation, symbolisée par Joseph, qui veut tenir à la fois le ciel et la terre :

§159-160a   — il marche entre les Égyptiens et ses frères ;

§160b-161   — il dit Dieu, mais monte sur le second char, derrière Pharaon, MAIS ce char n'est jamais que le second (moindre mal !) ;

§162   — il jure tantôt la vie, tantôt la mort de Pharaon ;

§163   a') et b') ± il est même incapable de nommer de son vrai nom le « *ramassis* » qui l'accompagne.

Lot existe donc,

§164-5   MAIS... il y a d'autres compagnons... Eshkol, le « feu », et Aunan (les yeux), qui héritent de Mambré (la vue) ;

§166-7   il y a surtout ISAAC ; et tous deux marchent du même pas, Nature et art conjoints.

§168-9   Abraham règne sur les autres puissances.

§170b-171   enfin, Moïse demande à Dieu de marcher AVEC lui : aussi bien Abraham est-il accompagné par les Anges (*Genèse,* ch. 18, v. 16).

§172   S'élever reste dangereux.

§173-175   Abraham marche de plus en plus vite ; et il congédie LOT...

On remarque immédiatement sur ce tableau plusieurs données importantes :

1) Les annonces à distance : le mot « *Fin* », présenté au §128, attend le §134 pour recevoir une « traduction » allégorique (dédoublée : d'abord, « terme » — « but » ; ensuite, « *terme de l'impôt* » — « *impôt* »). De la même manière, le §133 annonce deux conditions de la réussite, mais elles sont explicitées, exemples à l'appui, seulement à partir du §143 ; enfin, la séparation d'Abraham et de Lot, prévue dès le §150, est réalisée tout à la fin du §175. Autant de distances, autant d'effets rhétoriques et de détours allégoriques.

2) La composition en « fourche » : la seconde partie, à compter du §144b, énumère un certain nombre de risques, dont chacun reçoit un éponyme parmi les figures bibliques, et introduit ensuite brusquement un exemple contraire, démontrant au milieu du danger l'existence de la réussite. Ainsi, à la « *fatigue* » mauvaise qui expose l'âme aux coups d'Amalec s'oppose la fatigue sainte de Lia, lassée d'avoir à porter l'iniquité (§143-145)... Plus loin, nous trouvons les « *larmes* » de joie, pour faire oublier les larmes du dépit (§155-157). C'est ce que nous avons signalé de façon visible, à peine forcée par rapport au texte, en plaçant légèrement en retrait sur le tableau les « MAIS il y a... » La dernière de ces formules introduit de surcroît la longue conclusion (§164 à 175), où le personnage d'Abraham revient enfin pour lui-même, doublé par instants d'Isaac et de Moïse. Avec cette ultime utilisation du procédé d'opposition ou de « fourche », on note une inversion : jusqu'ici les « MAIS il y a... » commandant un développement positif du Bien étaient brefs, comparés à l'exposé du Mal qui les précédait ; maintenant, le redressement du Bien occupe une place prépondérante, après un rappel très bref de l'existence de Lot (§164a : « *elle existe donc, cette sorte de frelon...* »).

3) La récapitulation : déjà les annonces ou les effets de composition en fourche assurent à l'ensemble une grande cohésion. Il faut ajouter la récapitulation : les deux figures qui permettent d'analyser le personnage de Lot, à savoir le « ramassis » d'Égyptiens qui suit Israël (§151 à 155), puis Joseph, hésitant entre les deux camps, celui du corps et celui de l'esprit (§158 à 162), se retrouvent réunis tout à la fin : au §163, Philon nous avertit que Joseph, trop enfoncé dans la médiocrité pour trouver le mot juste qui désigne le « ramassis », continue de voguer dans l'indécision ; mais c'est là constituer une élégante synthèse des deux développements... Et de même, pour terminer le chapitre, Philon recourt à des textes qui réunissent en eux le thème de la « marche », celui de l'impuissance humaine, laquelle sollicite de Dieu justement qu'il « marche avec » l'homme (c'est là un retournement qui rappelle celui des §134-5, où le comble de la sagesse consiste à savoir que l'on ne sait rien), et enfin celui de Lot, incapable de suivre. Lot venait avec Abraham : Abraham le quitte ; Abraham marchait « selon » la Parole de Dieu : Dieu vient à marcher « avec » lui. Les personnages échangent leurs propriétés, leurs « idiomes », comme diront les Pères de l'Église en commentant l'unité des Personnes de la Trinité chrétienne. Il serait alors trop violent de marquer une césure nette entre les deux sections de l'ensemble formé par les §127 à 175. La forme en serait malmenée ; la signification perdrait son mouvement et sa force. Les deux moitiés d'un même verset de base s'appellent, au gré de l'allégorie sans doute, mais telle est la loi du commentaire philonien. Les deux parties du même verset biblique ont suggéré à Philon la juxtaposition des larmes de misère et des larmes de la joie... L'idée de fixer une armature plus apparente, avec annonce et récapitulation synthétique, est née de là.

Une fois de plus, force nous est d'avancer prudemment dans le discours de Philon. Les grandes inversions que nous avons signalées entre les personnages actifs, passant de Lot à Abraham, d'Abraham à Dieu, toutes inversions qui se correspondent entre elles d'ailleurs, nous maintiennent dans une atmosphère où le paradoxe continue de régner. C'en est bien un que de commenter le sacrifice où Isaac peut mourir et meurt symboliquement par les textes qui racontent sa naissance (§140b-142, commentaire des §139-140a). Nous y reviendrons.

Avant de poursuivre plus en détail, réglons une question laissée en suspens. Nous avons parlé de deux sections (les §127-142 et les §143-175), tout en précisant qu'il convenait de faire courir le titre de « FIN » sur les deux ; mais, sur notre tableau, et déjà en indiquant la répartition des versets bibliques correspondants, nous avons donné une consistance plus grande aux §143-147. Et de fait, on peut y voir simultanément le commentaire implicite du mot « il alla », resté sans commentaire bien précis — et donc le passage sert de conclusion à la première séquence ; et tout aussi bien l'amorce du thème de l' « ambiguïté », appelé à dominer l'exposition de la seconde séquence : « dévier » annonce le personnage qui porte le même nom, Lot. Vraisemblablement, en position de charnière, ces §143-147 jouent les deux rôles. Il n'est même pas impossible qu'on doive, d'un point de vue rhétorique, considérer qu'ils participent des procédés de chaque section : ils sont annoncés à distance (dès le §133), comme l'exégèse du mot « Fin » l'est elle-même (le §128 prépare de loin les §134 à 142) ; ils contiennent le premier « MAIS il y a le Bien... » ; enfin, dernière subtilité, ils forment en eux-mêmes un premier « MAIS il y a... » par rapport au développement des §127-142 : seulement en négatif pour un développement positif, alors que les autres « MAIS il y a... » sont positifs pour annuler des exposés négatifs (dépit, gloriole, mauvais compagnons sont rachetés par la formule récurrente « MAIS il y a... »). Nous allons nous enfoncer dans l'analyse suivie des deux sections.

II. La Docte Ignorance
(§127 à 142)

« *Abraham alla selon la Parole de Dieu* » : le tableau de la page 179 montre comment Philon, en le disant ou sans le dire, s'empare successivement d'un des termes de cette proposition de base, avant de revenir au thème fondamental de la « Fin » (τέλος). Le mot « *selon* » se traduit par la conformité avec la Parole de Dieu, si bien que les « actions » du Sage doivent être identifiées avec le « parler » de Dieu, suivant le texte qui proclame : « *Il fit ma Loi* », toute ma Loi même, afin que soit vérifiée la continuité sans défaillance que contient la préposition distributive κατά ; le mot « *Parole* » appuie bien sur la notion de Loi en Israël... Chemin faisant, et presque sans nous en rendre compte, nous dévidons le contenu de chaque mot, et en même temps nous nous élevons : de la pratique du sage nous sommes parvenus à la Loi, Parole divine ; de la Parole divine nous passons à Dieu même, qu'il convient de « *suivre* » et auquel il faut adhérer, « *se souder* » (§132).

Le §133 introduit à nouveau le mot décisif, la « *Fin* », tout en partant d'hypothèses pessimistes : on arrivera bien au terme, mais à condition de ne pas tomber, de ne pas dévier en chemin. La suite propose deux paradoxes qui transforment l'émigration en retour, l'activité suprême de l'âme en passivité : désistement, offrande et reconnaissance. Les §134 à 138 décrivent le sacrifice de l'intelligence comme condition de son accroissement ; les §139 à 142 montrent qu'en retour Dieu répond au sacrifice en accordant la plénitude. Les paradoxes sont énoncés, l'un au début de son propre développement : « *Quelle est la 'fin' de l'intelligence ? ...son ignorance totale* » (§134) ; l'autre, dans l'exégèse du premier exemple tiré de la vie d'Abraham, son sacrifice : « *Il accomplit le rite sacrificiel... Mais qui est le produit de l'âme devenue fertile ?... C'est le bourgeon divin... lorsque Sara allaite un enfant* » (§140) : la mort bifurque au dernier moment vers la naissance d'Isaac !

Les deux paradoxes sont d'ailleurs reliés entre eux, non seulement parce qu'un même terme suffit, en se tournant pour ainsi dire, à produire deux sens qui collaborent (« *terme — τέλος* » signifie « borne » ; « *impôt — τέλος* » désigne une « obligation »), mais aussi parce que l'histoire d'Isaac, comprise entre sa naissance et son sacrifice, proclame l'inutilité de l'effort humain, au même titre que la réflexion sur la création. Les deux méditations supposent une théologie négative chère à l'Alexandrin : la docte ignorance. Le cheminement de la pensée aboutira dans l'aveu de ses limites. La simple phrase de l'Écriture : « *Dieu vit tout ce qu'il avait fait, et voici que cela était très bon* » (citation de *Genèse*, ch. 1, v. 31, au §135) condamne l'intelligence humaine, parce qu'elle est un défi à l'expérience commune, rien de ce que l'homme fait ne pouvant être taxé de bonté sans restriction aucune. Aussi la tentative des astrologues chaldéens — dont Abraham fit jadis partie — pour décrire dans leur secret les liens qui assurent l'unité du monde, depuis les astres divins jusqu'à l'imprévisible cours des fortunes et des délibérations humaines, apparaît désormais comme un mirage ou une impiété. La présence de la diatribe à cet endroit ne nous surprend nullement : « *Laissez-nous donc tranquilles, vous qui regorgez de vanité, de stupidité comme de suffisance...* » (§136-138). Abraham se trouve à l'abri, et il peut dénoncer les pièges d'où le Seigneur de vérité l'a fait sortir indemne.

Il reste à l'intelligence le droit merveilleux de payer tribut, l' « impôt », suivant le jeu de mots. La mise en scène de cette nouvelle finalité de l'intelligence est celle de *Genèse*, ch. 22. Abraham « *marche* » durant deux jours pour atteindre le lieu du sacrifice : les trois jours ainsi comptés lui font parcourir les divisions du temps dont a parlé le §125 (cf. encore le §154) ; il les parcourt dans un ordre spirituel qui dépasse la chronologie des astronomes (cf. le *De ebrietate*, §48, où Laban interprète mal les rapports des moments du temps[18] et qui relève plutôt du travail de Dieu (cf. *De congressu*, §107). Si bien que le voici plutôt devant son Isaac nouveau-né (§140b-142). Fidèle à la nature du terme qui lui est apparu, Abraham remonte le temps de ce monde et inscrit l'une dans l'autre des valeurs spirituelles que les années dispersent. Dans ce cas, la leçon est claire : la mort consentie de cet Isaac équivaut au don de la vie fait par Dieu.

La citation majeure du premier volet était celle de la création : « *Dieu vit tout ce qu'il avait fait, et voici que cela était bon* » ; celle du second volet devient, par transmutation, le satisfecit que Sara s'octroie elle-même : « *J'ai mis au monde un fils dans ma vieillesse* ». Ces deux textes accomplissent par leur réunion l'ambition pervertie des sophistes chaldéens. En effet, l'action de grâces qu'elles suscitent chez le croyant fait remonter vers le Dieu créateur du ciel et de la terre le bonheur de sa propre fécondité : il reçoit ainsi la révélation et l'usage de cette échelle qui unit tous les cantons de l'univers comme leur lien et la manifestation de leur Cause : la générosité du Créateur.

Une nouvelle section[19] (les §143 à 147) renoue, semble-t-il, avec le texte de base, en commentant le verbe « il alla ». Elle le fait de manière indirecte, puisque les dangers de la route apparaissent plus que la route : il faudra éviter de se lasser comme de perdre la ligne droite.

Observons qu'avec Amalec en embuscade, prêt à surprendre l'âme fatiguée d'une mauvaise fatigue (§143-144a), et avec Édom, qui éprouve l'âme par des excès contraires (§146-147), Philon nous rappelle les pérégrinations de l'*Exode*. Ces paragraphes nous font retrouver ce que pensaient les Hébreux en captivité et que Moïse formulait déjà ainsi :

« Le fardeau le plus rude… et le plus pesant consiste à se sentir esclave… » (§14). Ici, Lia rejette le mal *« comme s'il s'agissait d'un pesant fardeau »* (§145).

On s'aperçoit alors que les quatre sections de ce premier volet (§127 à 147) s'organisent suivant le schéma simplifié que voici :

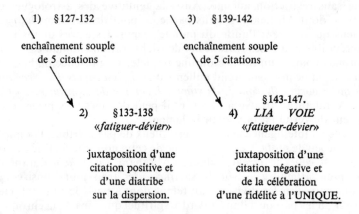

```
1)   § 127-132                    3)   § 139-142

enchaînement souple              enchaînement souple
  de 5 citations                   de 5 citations

                                              § 143-147.
    2)      § 133-138              4)   LIA     VOIE
         «fatiguer-dévier»              «fatiguer-dévier»

      juxtaposition d'une              juxtaposition d'une
      citation positive et            citation négative et
        d'une diatribe                 de la célébration
      sur la dispersion.            d'une fidélité à l'UNIQUE.
```

Nous avons indiqué les procédés de style. Les sections 1) et 3) sont placées sous le signe positif : l'enchaînement des textes sacrés symbolise, pensons-nous, la marche même du sage qui suit la Parole de Dieu ; on observe que le dernier des textes invoqués noue chaque fois la gerbe (fin du §132 ; fin du §142). Les sections 2) et 4) juxtaposent le bien et le mal, mais en ordre différent : la section 2) part d'une citation positive sur la création, et tombe dans la diatribe sans appel (la fin du §138 ne prend même pas la peine de revenir au thème de départ), tandis que la section jumelle, la section 4), part en deux fois d'une citation négative ou d'un contexte négatif pour les faire évoluer en valeur positive. La fin du §147 prend bien soin de rappeler le lien formel qui rattache la section 4) à la section 2), grâce à la mention de *« l'orgueil plein de suffisance »*, qui nous rappelle l'orgueil des philosophes.

On fait ainsi la preuve de la solidité du discours philonien. La subtilité des rapports qui combinent les éléments formels et la doctrine d'un passage donné ne nuit pas à leur efficacité. Nous voyons ici naître le procédé de division par juxtaposition qui va se déployer principalement dans la seconde partie (§148 à 175), sanctionné par nos indications : « MAIS il y a le Bien… ». Il convient d'expliquer la portée doctrinale de ce procédé. Sans doute ce moyen, en apparence rudimentaire, répond-il à un principe que nous avons rencontré à l'occasion de Joseph (dès le §24) : de son existence mêlée les véritables valeurs *« sont distinguées après coup »*. Ici, placé plus avant dans le chemin de la perfection, Abraham discerne les contraires d'un seul coup ; et non seulement il les discerne, mais il vit au milieu d'eux, fort de la proximité du Vrai, de la Fin. Celle-ci ne se contente pas de se signaler au-delà des « saisons » comme un temps meilleur ; elle « *se tourne vers les saisons* » (§ 126), et elle y soutient le sage. Peut-être encore faut-il ajouter que cette facilité à trouver dans l'Écriture un texte *pro* et un autre texte *contra* vient-elle de ce que le Sage « *va selon la Parole de Dieu* » : sa mémoire ressemble à une abeille avisée, qui, devant chaque situation dangereuse, distingue dans les champs de l'Écriture l'antidote et le remède. Telle page, tel verset, enferment un suc. La mémoire au sens banal dont témoigne Philon trouve ici un fondement dialectique, en tout point conforme à la piété juive : murmurer la Parole de Dieu, c'est participer à l'éternité, à l'énoncé du monde, c'est trouver le port dans la tempête (cf. *Psaume 119,* etc.).

Ainsi la fin rejoint les débuts : « *Dieu se charge de semer des productions de bon aloi et de les mener à terme* » (§ 142). Philon vient de retrouver ici la citation des *Nombres,* ch. 28, v. 2, sur l'action de grâces. Ainsi, l'émigration trouve une « *route royale* » (§ 146), alors qu'on aurait pu la croire dépourvue de tout chemin tracé (cf. *De Abrahamo,* § 86). C'est donc sans trop d'inquiétude que nous pouvons regarder Lot accompagner Abraham : « *Lot partit avec lui* »...

III. LES COMPAGNONS DE ROUTE
(§ 146 à 175)

1. *Les trois systèmes d'exégèse*

« *Lot partit avec lui* » : et c'est bien un nouveau paradoxe. Ce personnage contrariant sera trois fois mentionné dans notre chapitre, au début, comme il est naturel ; au § 164, où l'on rappelle sa présence sèchement ; tout à la fin, pour nous notifier sa disparition comme si elle était du passé...

Une observation d'ordre formel contribuera sans plus attendre à renforcer notre confiance dans la solidité du texte. Dans les premières pages du *De migratione* Philon nous a présenté trois types de « départ », et les figures destinées à leur illustration étaient, dans l'ordre : *Lot,* les Hébreux quittant l'Égypte, et finalement Joseph[20]. Or, nous voyons ici revenir les mêmes rôles, et dans une suite identique : *Lot,* tout d'abord, qui inaugure et domine en principe la section (ne s'agit-il pas d'exploiter le verset : « *et Lot partit avec lui* »?) ; ensuite, les Hébreux, qu'on nous montre aux prises avec le « *ramassis* » (§ 151 à 155) ; Joseph pour terminer (§ 158 à 163). Plus précisément encore, nous retrouvons ces personnages affublés des mêmes thèmes : au § 14, les Hébreux « *gémissaient* » sous les œuvres de type égyptien qui les accablaient ; ici, les Hébreux « *pleurent et gémissent* » (§ 155). Au § 16, Joseph pactise « *jusqu'au bout* » avec l'élément corporel, l'Égypte ; nous le revoyons ici partagé de même entre le ciel et la terre, et dans les deux passages Philon note la présence du salut au beau milieu de l'obscurité.

1° système

Pour mettre en bonne lumière la cohérence de l'allégorie, observons que le chapitre ne suit pas seulement deux modèles de composition simultanés, comme nous l'avons dit, qui ne se nuisent pas mais se superposent habilement. Il obéit en effet tout d'abord à la suite des mots telle qu'elle est donnée par le texte de base : « *Lot partit avec lui* » (*Genèse*, ch. 12, v. 4) : le début s'attarde sur la signification du nom même de Lot, « *dévier, décliner, se détourner* » (§ 148-150) ; les § 151 à 163, ensuite, interprètent ce que « *partir avec* » peut bien vouloir dire pour le « *ramassis* », puis pour Joseph (la mention du « *char* » est en harmonie avec le thème de la route) ; la fin (§ 164 à 175) se contente de substituer à l'expression « *marcher avec lui* » (qui a pour sujet Lot ou le « *ramassis* » ou encore Joseph) une nouvelle expression « *marcher avec* », qui prend cette fois Dieu pour sujet, retournant brusquement la situation. Cette succession des paragraphes peut être qualifiée de « linéaire ».

2° système

Mais une autre composition vient brocher : c'est le développement « en fourche » : chaque thème devient l'occasion de montrer un point où le bien est comme greffé sur le mal. À un tableau décourageant succède une vision d'espoir : un simple « MAIS il y a le bien... » apporte cinq fois son correctif. Les trois premières manifestations du procédé ne produisent chacune que quelques lignes : dans la quatrième (§ 161), il y a juste un éclair qui troue brièvement l'obscurité où Joseph est enfermé (entraîné qu'il est avec le Pharaon, il n'occupe pourtant pas la place du mort, étant au second rang : il est naturel que le bien aille briller au fond d'une bonne volonté engourdie). Mais le cinquième exemple du procédé envahit au contraire tout le commentaire : les § 164 à 175 donnent à la marche d'Abraham un tour nouveau, puisque de bons anges et Dieu même se font alors les compagnons du voyageur. Cette ultime explosion du Bien manifeste l'intention de Philon, comme nous le redirons : Dieu prend les devants, et il ne faut pas laisser entendre que l'homme monte jusqu'à lui par ses propres forces. On peut s'amuser à observer que ce dernier développement « en fourche » occupe exactement autant de place que les § 151 à 163, consacrés aux symboles du « *ramassis* » et de Joseph l'hésitant (89 et 86 lignes, dans l'édition de Lyon) : il en est l'antithèse triomphante.

3° système

Mais ce n'est pas tout : à ces deux principes d'organisation du texte, celui de l'exégèse linéaire et celui de la « fourche », une nouvelle séquence se surimpose, qui reflue d'ailleurs jusqu'à sur le premier volet (§ 135 à 147) et confirme ainsi l'unité du chapitre dans son entier. En effet, conformément à la doctrine des § 133-134, le sage peut marcher droitement à trois

conditions : il ne doit pas trébucher ; il ne doit pas dévier ; enfin, il évitera
de s'imaginer qu'il avance de lui-même (début du § 134). Or, ne pas tomber sous les coups d'Amalec, tel était, nous l'avons vu, le souhait exprimé
dans les § 143-145, qui remplissent ainsi la première partie du programme.
Lot vient ensuite — amené par la suite naturelle du texte biblique —
pour nous faire méditer sur les « déviations » (§ 146 à 175) : son programme remplit tout le second volet, en principe. Seulement, le relais est pris,
dès le § 170b, par Dieu lui-même, qui « *marche avec* » le sage : mais si
Dieu accompagne, le sage perd l'illusion que son progrès dépend de lui...
Au programme linéaire de l'exégèse qui suit le texte biblique mot après
mot succède donc un autre programme linéaire, celui qui annonce les
trois conditions théoriques du progrès spirituel.

Il faut encore observer que la dernière section (les § 164 à 175), en nous
présentant les compagnons d'Abraham, suit une progression flatteuse :
Aunan—Eshkol, Isaac, Dieu. Or cette progression imite la progression
du début du chapitre (§ 127 à 132) : les trois termes de « *nature* » —
« *Loi* » — « *Dieu* » (à qui il faut « *se souder* ») se retrouvent de part et
d'autre, et dans le même ordre. Si les extrêmes se rejoignent ainsi, l'hypothèse de l'unité du chapitre (§ 125 à 175) se trouve confirmée.

Chemin faisant, Philon a comme souvent inversé la proposition de
départ : « *Abraham alla selon Dieu* » — qui peut passer pour une formule
philosophique, comme le montre sa traduction par Philon lui-même :
« *suivre la nature* » — devient à la fin : « *Dieu marche avec moi !* » (§ 171),
expression tout à la fois d'un constat et d'une prière, issue de la piété
d'Israël et des formules d'Alliance (on se souviendra ici d'*Exode*, ch. 32 à
34 : l'enjeu de l'intercession de Moïse n'est autre que la marche de Yahvé
en personne à la tête de son peuple, et non seulement d'un Ange ou d'un
intermédiaire, tel Moïse).

Avant d'offrir un tableau qui ramasse sous les yeux de lecteur toutes
ces observations, indiquons une dernière harmonie du fond et de la
forme. Joseph occupe la place qui lui revient (§ 158 à 163), précisément
entre le « *ramassis* » (§ 151 à 157), qui représente l'« *irrationnel* » (cf.
§ 152), et les honnêtes compagnons d'Abraham (§ 164 à 175), tous de plus
en plus proches du Logos. C'est que Joseph, dans sa position médiane,
symbolise ainsi son ambivalence : il est affecté des deux signes, plus et
moins, quand le « *ramassis* » porte seulement le signe négatif, et que les
honnêtes compagnons gardent le signe positif.

À qui s'est laissé convaincre de cette complexité des formes d'exposition l'aisance du travail qui les assemble apparaît en même temps. Par
exemple, on notera que les § 146-147 consituent une articulation habile.
D'un côté, à suivre l'aventure des Hébreux remontant vers la Terre promise, Édom vient après Amalec, pour poser dans le texte même de la
Bible la question de la « *voie royale, qui passe au milieu du pays* ». Or,
d'un autre côté, revenant au texte de base, *Genèse,* ch. 12, Philon retombe
sur le personnage de Lot, symbole de l'âme incapable de garder la « voie
médiane », toujours prêt à « dévier »... L'histoire exacte et la rhétorique
s'entraînent l'une l'autre.

	EXÉGÈSE	LOGIQUE SPIRITUELLE	«FOURCHE»	EFFETS DE STRUCTURE
§127-132	«ABRAHAM ALLA SELON LA PAROLE DE DIEU» / «selon» = Nature / «Parole» = Loi / «Dieu» = Dieu			*ABRAHAM ALLA SELON DIEU* / Nature / Loi / Dieu
§133		Annonce: / 1) ne pas tomber / 2) ne pas dévier / 3) ne pas croire monter par ses propres forces.		
§134-142			FIN = *terme* = *impôt*	
§143-147		Développe: / 1) ne pas tomber (*Amalec*); / 2) ne pas dévier / a.— (*Édom*) / b.— (*Lot*)	MAIS *fatigue saine* / *voie royale* / MAIS *Abraham libérable*	
§148-175	«ET LOT PARTIT AVEC LUI» / «Lot» / «partir» / «avec»	α) «*ramassis en larmes*» / β) «*Joseph sur le char*» / 3) ne pas croire monter par ses propres forces	MAIS il y a larmes saintes; / MAIS Joseph est sur le 2ᵈ char seulement / MAIS *il y a d'autres compagnons:* / *Aunan-Eshkol* / *ISAAC* / *DIEU*	– ramassis / – Joseph / + bons compagnons / *DIEU ALLA AVEC LUI* / Nature / Loi / Dieu
	SYSTÈME LINÉAIRE	SYSTÈME LINÉAIRE	FOURCHE	UNITÉ DU CHAPITRE

2. Les trois classes d'hommes

Cette rhétorique est savante. Le problème général qu'elle pose est de savoir si Philon y exprime une pensée, ou s'il l'y dissimule, ou encore si, à la manière du Texte dont il est l'herméneute, il tente l'un par l'autre. Mais nous laissons cette question en suspens et nous supputons l'effet de sens produit en celui qui, d'une part, hérite du monde culturel où l'auteur a baigné, et d'autre part, comme l'auteur également, est sensible au type d'exposition des cultures orales, où l'ordre des énoncés fait plus que la clarté abstraite des concepts. Or, voici un premier degré du savoir nouveau que ces pages décrivent. Philon distingue trois classes d'hommes : ceux qui s'écartent nettement ; ceux qui hésitent ; ceux qui forment une compagnie d'émulation. Mais les premiers, en soi plus nocifs, sont également ceux qui finissent par s'éliminer spontanément devant le Sage. Dans les deuxièmes, les hésitants, les germes de la vertu incorruptible doivent résister à l'oubli. Les troisièmes atteignent l'unité, et cette unité s'exprime par la transparence ou la réciprocité des « idiomes ».

Les trois types sont soigneusement distingués. Mais cela n'empêche pas Philon de maintenir en contrepoint l'ambiguïté qui affecte normalement l'émigration du sage, jusqu'au moment de l'option définitive. La coupure est alors assurée par Dieu : le lecteur constate que Lot a disparu comme par enchantement, et c'est d'un simple génitif absolu — au passé — que le chapitre se termine : τοῦ Λὸτ... διοικισθέντος (§ 175, fin), alors que le livre de la *Genèse* met en scène la séparation de Lot et d'Abraham tout au long du ch. 13 ! Durant la montée, cependant, la lumière n'a cessé de se glisser, et, par les « *larmes de la joie* » (§ 156-157), c'est la louange qui déjà peut répondre au don de Dieu, comme tout à l'heure le bienfait de Dieu le plus précieux, la fécondité, répondait à la louange qu'Abraham voulait faire monter par le sacrifice (§ 140).

Il faut encore mettre au compte de la 'doctrine' la manière dont l'Écriture est servie dans ce chapitre. La belle régularité de l'exposition qui suit les mots du texte dans leur ordre, et qui veut en respecter le paradoxe et l'interpréter, fait partie du sens. Car le fou se déclare en ceci précisément qu'il ignore les mots exacts de l'Écriture : Joseph n'use pas du mot exact de « *ramassis* » pour désigner sa suite égyptienne, et « *c'est l'homme capable d'y voir parfaitement clair (Israël)... qui éprouvera... l'impression de confusion* » (§ 163), qui pourra nommer « *ramassis* » ce qui l'est en effet. Cette formule peut nous servir de clef et donner l'intelligence philonienne de l'exégèse : comme il est dit ailleurs, « *La Loi tout entière ressemble à un être vivant. Son corps serait la lettre des prescriptions ; son âme, le sens invisible inscrit sous les mots : l'âme raisonnable commence d'y contempler son objet propre, et sur le miroir des appellations, elle a vu se réfléchir les beautés sans rivales des pensées. Elle a ouvert et découvert les symboles, amenés à la lumière des idées nues, pour le bénéfice de tous ceux qui peuvent à la simple évocation contempler l'invisible à travers le visible.* » (*De vita contemplativa*, § 78). Sans doute s'agit-il d'abord dans ce texte de la Loi comme corpus de prescriptions ; mais Philon y parle des « *appellations* », des « *noms* » appliqués, et il entend bien dans

notre *De migratione* que le Sage pratique la Loi pratique, la « *fasse* » :
la faisant, il participe à son énonciation, à la Parole créatrice, c'est-à-dire,
en retour, à l'Écriture comme histoire du salut. La Bible ne contient-elle
pas ces « vies » qui sont à la législation écrite une Loi non écrite (cf.
De Abrahamo, § 1-6 et 276) ?

Dans la vision intellectualiste de Philon, le moyen qui est la médiation
de l'Écriture rejoint à son tour la Fin, l'invisible secret de l'Écriture. Et
s'il faut se dépouiller des opinions vaines et mensongères, s'il faut abandonner la « *carapace d'escargot ou d'oursin* » qui représente les mots où
la pensée de l'homme s'enferme, c'est pour percevoir les mots de la Loi.
Leur contemplation fait le bonheur immortel, du jour où l'âme guidée et
la Parole qui la guide « *courent du même pas* » (notre *De migratione,*
§ 175). Mais reprenons patiemment le fil de notre chapitre.

a) Le premier type : Lot (§ 148-150)

L'ambiguïté se manifeste d'abord dans une hésitation toujours néfaste
et mauvaise : Lot prétend obliger Abraham à lui proposer indifféremment
« *la droite* » ou « *la gauche* », selon qu'il est dit en *Genèse,* ch. 13, v. 9 :
« *Tout le pays est devant toi : sépare-toi de moi. Si tu prends la gauche, je
prendrai la droite ; si tu prends la droite, je prendrai la gauche* ». Ces mots
forment la conclusion d'Abraham devant les disputes incessantes qui
opposent les bergers des deux troupeaux. Mais Philon en infère que Lot
provoque Abraham à toujours sortir de la voie droite, médiane, celle qui
ne saurait conduire ni à droite ni à gauche : il veut le faire dévier. Et s'il
n'y parvient pas, il déviera lui-même tout seul, après avoir cependant
entrevu les promesses divines[21]. Peut-être son illusion consiste-t-elle à
croire qu'il faut « *apprendre* », sans deviner que la règle est de « *désapprendre son ignorance* », ce qui ne veut pas dire combler son ignorance,
mais laisser convertir sa bonne ignorance, celle qui consiste, au sommet
de la sagesse, à savoir qu'on ne sait pas (cf. ci-dessus, les § 139 à 142, sur
le sacrifice de l'intelligence, en particulier, le § 134).

Par un effet de contagion, Abraham reste « *mouvant et flou* » ; au vrai,
c'est le domaine que ses yeux aperçoivent qui ont cette indécision. Vraisemblablement Philon songe au même contexte de *Genèse,* ch. 13. Lot a
vu le Jourdain ; il hésite entre la droite et la gauche ; de même voilà
qu'Abraham se met à regarder « *vers le Nord, vers le Midi, l'Est et
l'Ouest* » : sans doute Philon note-t-il cette indécision. En tout cas, la
suite du texte sacré, comme la suite du commentaire de Philon, vient
mettre un terme : après avoir entendu l'appel « *Debout, parcours le
pays...* », Abraham vient s'établir « *au chêne de Mambré* » (*Genèse,* ch. 13,
v. 17 et 18) ; or, au § 150, Philon parle d'un jour prochain où pour Abraham « *tout sera fixé de façon plus robuste* » : il pense déjà au « chêne »
dont il devra parler un peu plus loin (dans la conclusion du traité, § 220 à
223, avec le « chêne de Sichem », d'après le texte de base, *Genèse,* ch. 12,
v. 6).

Ainsi, Lot qui « *marche avec* » Abraham lui veut du mal. Abraham,

qui le laisse l'accompagner, le fait à son corps défendant. Double ambiguïté, que Philon souligne volontairement dans notre traité, puisqu'ailleurs il s'empresse de mettre une bonne distance entre les deux associés
(par exemple, *De Abrahamo,* les §217 à 224).

b) Le premier type (suite) : le « ramassis » (§ 151–157)

À la fin du §150, Lot a repris sur soi tout le fardeau de l'ambiguïté :
séducteur et flatteur, le voici qui rejoint les sophistes des §111 à 116, en
compagnie de Balaam, et qui participe à leur division intérieure. Mais la
flatterie ne définit-elle pas l'amour du plaisir, par essence flatteur ? Le
plaisir nous fait rejoindre le « corps ». Et si l'Égypte symbolise le corps,
les Hébreux ne sont-ils pas aussi à plaindre qu'Abraham, puisqu'ils entraînent en quittant l'Égypte ce « *ramassis* » tout prêt à y revenir ? Philon
en prend occasion pour approfondir la nature du mal qui affecte Lot :
suivant les canons de son répertoire allégorique, le nombre désordonné
trahit ce mal : « *rassemblement, bric-à-brac, une vraie mixture formée de
multiples opinions rivales... du point de vue de sa variété intime, (cette âme)
vaut des myriades...* » (§152), et, bien sûr, les myriades s'éloignent autant
qu'il est possible de l'unité. Le « *ramassis* » est par nature nombreux ;
il compte des têtes de bétail, autre image constante de l'irrationnel
(§151) ; il est, comme Lot donc, « *flatteur* », à l'instar des besoins sensuels.

Les §151 à 157, consacrés au « *ramassis* », sont élégamment construits ;
et deux vagues se succèdent en épousant le même mouvement (les §151-
153, puis les §154-155), qu'il est loisible de représenter ainsi :

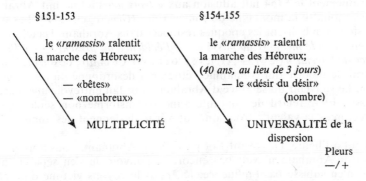

§151-153

le *«ramassis»* ralentit
la marche des Hébreux;

— «bêtes»
— «nombreux»

MULTIPLICITÉ

§154-155

le *«ramassis»* ralentit
la marche des Hébreux;
(*40 ans, au lieu de 3 jours*)
— le «désir du désir»
(nombre)

UNIVERSALITÉ de la
dispersion

Pleurs
—/+

La première analyse (§151-153) est statique : en suivant la teneur du texte
biblique (*Exode,* ch. 12, v. 38), le commentaire identifie la réalité du
« *ramassis* ». Le §152 en donne comme composantes : l'animalité, donc
l'irrationnel, puis le nombre malsain de ce qui est dispersé, « *velu* », aux
antipodes de l'Unique. Le portrait se termine sur l'opposition formelle
d'Ésaü et de Jacob, du « *velu* » contre le « *lisse* ». L'apparence, d'ailleurs,
ne répond pas ici à la réalité : on peut croire simple l'âme dispersée, car
« *du point de vue du compte, cette âme peut passer pour une...* ». Il reste
donc une certaine dissimulation du mal.

La seconde présentation (§154-155) prend les choses différemment : à la dissimulation succèdent le désir mauvais et le regret manifeste de ne pouvoir l'assouvir. L'argument du désir fait passer du statique au dynamique, et en cela nous rejoignons de plus près le thème général de ce chapitre, le « terme », la Finalité, facteur de mouvement. Au multiple par division qui était le sujet des §151-152, répond maintenant un multiple par intégration : le « *genre* » du désir réunit toutes ses espèces dans une synopse, semblant d'universalité. Ainsi, le mal caricature deux fois les nombres parfaits : dispersion et fausse synthèse, il évoque en creux la communication et l'union telles que, plus loin, vont nous les révéler deux cortèges, celui d'Abraham accompagné d'Aunan—Eshkol, et celui surtout de Moïse entraînant Aaron Nadab—Abiud et les soixante-dix Anciens.

Dans les deux tableaux, c'est le « *retard* » subi par le pélerin qui ouvre la discussion. Philon ne songe pas abstraitement à l'allégresse qui doit presser le pas du progressant, mais il se souvient de la prescription divine au sujet de la Pâque : la « *hâte* » en fait partie (cf. *Exode*, ch. 12, v. 11). Déjà, au §25, il est fait allusion à cette rapidité de la Pâque. Et ce retour systématique des personnages et des symboles qui emplissent les premières pages du traité indiquent bien que nous assistons à un achèvement : la Fin entrevue dès le départ. En opposant le temps démesuré des quarante années de Désert aux « *trois jours* » mystérieux qui résument les trois périodes idéales du temps, Philon renoue également avec le mystère du temps, conclusion de la première partie. Ces trois jours ne viennent pas de la Bible : on lit seulement dans l'*Exode* que la route côtière, celle qu'aurait dû prendre la colonne des Hébreux, est « *plus directe* »[12]. Certainement le §154 fait allusion aux « *trois jours* » que mit Abraham pour rejoindre la montagne de son sacrifice (*Genèse,* ch. 22)[23]. Les trois divisions symbolisent les époques résumées dans Abraham, Isaac, Jacob, ou encore « *la mémoire du passé* » — « *l'évidence du présent* » — « *l'espérance de l'avenir* » (le §154 ; cf. les §126 et 139). Ce chiffre de « *trois jours* » fournit le modèle qui condamne l'étirement désordonné dû au « *ramassis* ». Le souvenir du sacrifice d'Abraham nous fait entrevoir une marche réussie. Et le retard de quarante années transforme non seulement la durée, mais la valeur : trois jours de vérité deviennent des années d'erreurs...

Tout à l'heure, en voyant Lot partir avec Abraham, nous apprenions aussi qu'Abraham n'avait pas encore le pouvoir de s'en séparer, bien qu'il n'en subisse pas l'influence. Ici, nous le voyons victime d'un effet désastreux, mais inévitable, le retard. Ce résultat est plus dramatique, mais en fait moins grave : il n'est pas imputable à l'esprit ; la faute en retombe sur le « *ramassis* » : celui-ci est plus extérieur à la cohorte des Hébreux que ne l'était Lot par rapport à Abraham. C'est là sans doute ce qui permet à Philon d'entr'ouvrir la porte un peu plus large qui donne sur le monde du Bien : l'allusion aux trois jours, et bientôt le développement en « fourche » sur les « *larmes de la joie* » (§156-157) annoncent plus de lumière, plus de liberté que le §150, où Philon promettait simplement la libération future d'Abraham, seulement capable de quitter son encombrant neveu. Au mal plus précis et plus grave répond un bien plus précis également, plus pur, plus positif : la « *joie* » et l'invasion soudaine des flots de la bénédiction. Car telle est l'alternative du développement en fourche.

L'ordonnance de ce double développement sur la « *ramassis* » n'est pas livrée au hasard. Les deux citations qui soutiennent leur édifice s'opposent à la fois sur le registre du fond et celui de la forme. D'un côté, nous lisons : « *un ramassis nombreux monte avec eux* », et de l'autre : « *le ramassis désire le désir… ils s'assirent…* ». Ce que le nombre impliqué dans la première citation provoque chez les Hébreux apparaît avec la seconde seulement, à savoir la gêne, le frein, l'embarras ; en effet, « s'asseoir » n'a jamais fait avancer le monde. Inversement, ce que le refus de marcher suppose, à savoir l'envahissement par les désirs multipliés — c'est l'objet de la seconde analyse — figure dans l'impression de nombre que nous devons d'emblée à la première citation (le « *ramassis nombreux* »). Voilà pour le fond. Quant à la forme, notons que la première citation, « *un ramassis monta avec eux* » apparaît au début, et que Philon en tire ensuite un à un les développements suggérés par les mots, analysant « *ramassis* », puis « *nombreux* », et même rapidement les « *bêtes* » (milieu du §152) ; tandis que la seconde citation apparaît au terme du développement qu'elle permet : le §154 parle en effet du retard dont l'explication réelle ne vient en clair qu'au §155 : « *Le ramassis qui vivait au milieu d'eux désira le désir… ils s'assirent et pleurèrent* » (cf. *Nombres*, ch. 11, v. 4). Tout cela peut se représenter simplement ; on voit bien l'effet de traduction à distance d'un texte par un autre :

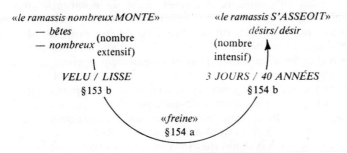

On observe sur le tableau que la dernière ligne est occupée par deux couples expressifs, dont nous réservions l'analyse : à la fin du premier développement, nous trouvons Jacob et Ésaü, opposés comme le « *lisse* » et le « *velu* » ; au début du second développement, et donc contigus au premier, les deux chiffres antithétiques de « *trois jours* » et de « *quarante ans* ». De surcroît Philon ménage un chassé-croisé : l'opposition qui sépare Ésaü de Jacob est pour ainsi dire d'ordre qualitatif (velu / lisse), alors que le développement qu'elle conclut est plutôt d'ordre quantitatif (sur le nombre). Au contraire, l'opposition entre trois jours et quarante ans est plutôt quantitative, et pourtant elle inagure un développement sur la différence qualitative (le désir, la position assise, les pleurs). On peut abstraire un peu plus le tableau précédent :

NOMBRE	GENRE
(distributif)	(intensif)
exemple intensif	exemple distributif

Or la suite (les §156-157) vient achever cette discrète méditation sur les deux ordres du Nombre. Si le « *ramassis* » possède la malice du multiple dispersé, si le « *genre du désir* » opère la fallacieuse synopse des désirs, eux-mêmes dispersants et inférieurs, voici maintenant les « *larmes* » que provoque une bienheureuse surabondance. Plusieurs expressions indiquent cette sorte de sublimation du nombre : « *débordement de joie* », au §156 — περιχάρεια), « *infinité de biens* » (au §156, également — ἀθρόα ἀγαθά), « *inonder* » — « *déborder* » — « *dilater* » (ibid et sv.). Venus de Dieu, ces excès du nombre en gardent la note fondamentale, l'unité.

Nous ne perdons pas de vue que ces « *larmes* » favorables surviennent grâce au procédé que nous avons signalé, celui de la « fourche ». Ce sont en effet d'abord les misérables qui « *pleurent* », et leurs larmes sont coupables, perdues, infernales (fin du §155). On voit comment Philon travaille : le système rhétorique de la « fourche » (il y a des larmes néfastes : il y a des larmes favorables) tendrait à créer un hiatus, puisqu'il faut passer brusquement à l'autre branche de l'alternative, après avoir épuisé la première ; mais le schème relativement caché du nombre — modulé en multiplicité, puis en collection fallacieuse des désirs — permet l'introduction de ce nouvel avatar du nombre, l'abondance positive : du coup, le hiatus disparaît un peu, ou du moins s'inscrit sur un fond de continuité. Cette recherche d'harmonie peut être également devinée dans les quelques lignes qui préparent les « *larmes de joie* ». En effet, nous ne rencontrons pas seulement deux termes, les mauvaises, puis les bonnes larmes, mais quatre : les larmes désastreuses des geignards, la joie qu'ils devraient ressentir devant leur impuissance à accomplir leurs désirs mauvais, puis les larmes de douleur ou de compassion qui affectent les pélerins de la vertu (§ début du §156), et enfin les larmes de bonheur procurées par la bénédiction divine. Tout cela est joliment agencé : les deux termes médians sont antithétiques eux aussi, puisque la joie des méchants signifie leur éventuelle conversion, et que les pleurs des bons signifie qu'ils sont encore tournés suffisamment vers les misères du pélerinage pour en ressentir les épines. C'est un nouveau chassé-croisé. Tant d'habileté dissimule un paradoxe formé à la fois par le mélange de la joie et des larmes, et par l'annonce de la Fin en plein milieu du Voyage.

Et si les transitions ne nous sont pas ménagées au §155, au contraire le §157 donne un exemple de ce que nous nommons « accélération ». Non seulement les témoignages s'accumulent (Homère, les deux Psaumes, tous personnages lyriques), mais la finale condense autour d'Isaac, le « *Rire* » de la joie, les thèmes du désir converti (ἵμερος, au lieu d'ἐπιθυμία), du chant né de la victoire du bien, mais issu de la plainte et du don divin succédant à l'effort de l'homme. Cette conclusion précipitée nous ramène en présence d'Abraham : c'est lui qui rend hommage à l'Incréé (fin du § 157), en accueillant la naissance d'Isaac comme un pur don de Dieu et en acceptant de le rendre à Dieu comme sacrifice. La première classe d'hommes se trouve brusquement éliminée dans le tourbillon qui enlève soudain le sage ou fait descendre la pluie des bénédictions (fin du § 156). Le nom de Lot, qui par sa « déclinaison » intrinsèque représentait cette catégorie, n'est même plus à prononcer : parce que l'intervention de la Fin supprime l'embarras qu'il créait, et parce que l'étude de son « caractère » n'est pas terminée pour autant. Ou, plus exactement, l'étude de la route et des compagnons de voyage. Un nouveau type surgit, moins désespéré : c'est Joseph.

c) Le deuxième type : Joseph (§ 158–163)

Lot n'arrivait pas à se tenir dans la voie du milieu, mais déviait toujours vers la droite ou vers la gauche. Or, paradoxe, Joseph est aussi blâmé pour avoir suivi la route... du milieu : c'est même là l'essentiel de son projet, et, du même coup, l'essentiel du reproche qui lui est adressé. Son attitude est une caricature de l'existence moyenne. Les exemples que Philon retient de son histoire manifestent l'hésitation. La page qui lui est dévolue maintenant est organisée de manière également soignée : deux anecdotes révèlent l'ambiguïté de Joseph, et chacune rebondit dans une sorte de surenchère. Comme nous l'avons fait jusqu'ici, nous proposons d'abord un schéma simplifié, où les données immédiates du texte sont à peine soulignées par un indice d'abstraction :

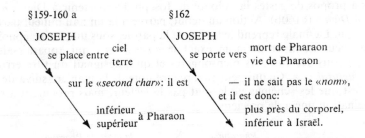

Les deux exemples majeurs reposent sur une interprétation qui prend à la lettre une réalité de grammaire ou de style dans le texte de la Bible. Parce que, dans la phrase de la *Genèse,* le nom de Joseph est intercalé entre « *la maison de Pharaon* » et « *ses frères* », l'exégète entend que Joseph se veut précisément « au milieu ». Parce que la formule hébraïque du serment une fois traduite en grec prête à équivoque, il prouve la duplicité de Joseph, qui tantôt jure par la mort, tantôt par la vie du Pharaon[24], le roi d'une Égypte qui symbolise constamment le corps et les appétits charnels. Dans le premier cas, l'ambivalence reste, pour ainsi dire, statique : Joseph est au milieu ; dans le second, Joseph se porte tantôt d'un côté, tantôt de l'autre, et l'ambiguïté se révèle active, dynamique.

Le prolongement du premier exemple (§160b-161) aboutit à racheter Joseph. Véhiculé sur le « *second char* » du prince égyptien, il a donc évité le pire, la première place dans le domaine du Mal. Son infériorité mondaine par rapport à Pharaon lui vaut allégement de disgrâce dans le domaine du Bien et une supériorité par rapport à Pharaon. Au contraire, dans le second prolongement (§163), de supérieur à Pharaon qu'il était, le voici inférieur à Israël, le Voyant, qui sait déchiffrer dans les mots adéquats la vérité des êtres : l'Écriture infaillible qui, elle, connaît le terme de « *ramassis* » pour stigmatiser la multitude turbulente (cf. *Exode,* ch. 12, v. 38, etc ; cf. supra, les §151 à 155), et qui parle simplement de « dignitaires » pour désigner ceux qui accompagnent Joseph (*Genèse,* ch. 50, v. 7), parce que Joseph n'y voit précisément que des dignitaires, incapable qu'il est de discerner en eux la qualité péjorative de « *ramassis* ». Philon en profite, si l'on ose dire, pour conclure : « *L'homme dont le cœur tient encore à la terre accorde une réalité aux dignités terrestres comme à des objets qui valent la peine d'être désirés et estimés* » (fin du §163).

Ces subtiles oppositions n'épuisent pas les effets que Philon ménage avec soin dans la moindre page. Car le prolongement du premier exemple (Joseph n'occupe pas la première place dans le char de Pharaon !) trouve tout un sens proportionné là où il est, entre les §159-160 a et les §162-163 : en effet, le premier exemple fourni par l'histoire de Joseph est emprunté à des réalités qui touchent à la « marche », et le prolongement évoque justement le « *char* » sur lequel Joseph va.

Dans le même sens, comme le second exemple s'appuie sur des paroles de Joseph, ses serments, le prolongement exprime en des paroles et non plus à propos de gestes la volonté de Joseph d'appartenir à Dieu : « *Je suis à Dieu* » (§160b). Action au début, parole à la fin : au milieu, parole et action. La finale reprend le thème de la parole, sous une forme épurée : Israël peut nommer du nom exact le « *ramassis* » qui apparaissait à Joseph sous des couleurs mensongères et qu'il désignait du titre erroné de « *dignitaires* ». Ce qui peut encore être noté de la manière suivante, si tant est que les schémas ne lassent pas le lecteur, mais procurent à son imagination une aide précieuse.

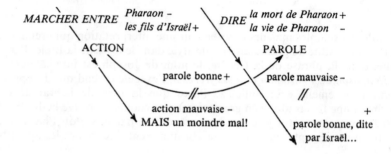

Les deux parts distinguées en Joseph sont réalisées chaque fois hors de lui : Pharaon et Israël, le « *Voyant* », apparaissent au terme de chaque volet, comme s'ils s'opposaient entre eux, Joseph n'étant là que comme prétexte. Nous avons déjà souligné le fait que l' « envoi » de ce chapitre, sur l'impossibilité où se trouve Joseph de nommer correctement le « *ramassis* », permet de surcoît la rencontre et comme la symbiose des deux premiers types d'hommes, Joseph et Lot : Lot s'identifie au « *ramassis* » dans la mesure où il « freine » la marche des pèlerins de la vertu, au même titre que la horde qui sortit d'Égypte en même temps qu'Israël et mêlée à Israël. C'est donc en quelque façon Lot que Joseph n'arrive pas à identifier pour ce qu'il est : ainsi, le mal ou du moins les artisans du mal et ceux qui pactisent avec lui en évitant la voie royale, ou encore en la caricaturant, ne peuvent se reconnaître entre eux, à la différence des artisans de la vertu qui communiquent sans peine.

On se souvient que la section précédente, consacrée à Lot et à son image, le « *ramassis* », se terminait par une assez longue évocation du bien (les *larmes heureuses*). Celle-ci, consacrée à Joseph, n'est relevée par rien d'autre sinon la brève indication : « *L'homme capable d'y voir parfaitement clair... éprouvera devant tout ce qui n'est pas la vertu ou une œuvre de la vertu l'impression de mélange et de confusion* » (milieu du § 163). C'est que Philon nous réserve de longues pages toutes positives : les § 164 à 175 tiennent à eux seuls autant de place que l'ensemble des sections consacrées à Lot, au ramassis et à Joseph réunis. Le procédé, déjà éprouvé de la « fourche » va servir une dernière fois : le « Mais il y a les honnêtes compagnons... » va régner seul. À la suite des faux amis, dangereux ou indécis, voilà ces compagnons décidés qui permettront, après la marche déclinante ou faussement médiane, une course parfaite.

d) Le troisième type : Eshkol et Aunan (§ 164–170a)

La structure de cette dernière séquence n'offre guère de difficulté. En trois étapes, le voyageur aboutit. Et trois séries de compagnons sont là pour l'escorter : Eshkol et Aunan, tout d'abord ; Isaac, ensuite ; enfin, Dieu lui-même. En fait, nous l'avons déjà signalé, dans ce dernier cas, la formule initiale subit une inversion : ce n'est plus Abraham qui « *marche selon Dieu* », mais Dieu qui marche avec le Juste. On comprend donc au terme pourquoi Philon a orienté l'attention plutôt sur les compagnons d'Abraham que sur son voyage, et pourquoi il n'a pas commenté tout de suite le verbe « *il alla* ». C'est que Dieu va, plus qu'Abraham. La réflexion intermédiaire que nous venons d'analyser a permis de convertir lentement l'action en réceptivité : nous avons entrevu les « *larmes heureuses* », fruit de l'invasion que la bénédiction divine entreprend dans l'âme du sage.

La progression ascendante du mérite qui court d'Eshkol et Aunan à Dieu, en passant par Isaac, concourt avec une progression vers l'unité. Deux personnages accompagnent Abraham, tout d'abord ; puis un seul ; enfin l'Unique. Notons encore ceci : Philon semble user du procédé que nous appelons la « transparence » des personnages. Le « *Voyant* » désigne explicitement Israël—Jacob ; mais Moïse lui prête ses paroles, et il n'est pas impossible que Aunan, traduit par « *les yeux* »[25], le relaie dans la fonction du Voyant. Isaac perce également sous Eshkol : Philon interprète ce nom, ici du moins, par « *bon naturel* » — εὐφυές — à partir d'une première traduction par « *feu* » (§165). Si l'on peut admettre que le souvenir du *Phèdre* incline Philon à faire jouer au feu un rôle dans l'ascension de l'âme, le souci de rattacher Abraham aux deux autres figures de la Triade, Isaac et Jacob, doit compter pour autant. Nous avons dans les §164-165 une Triade déguisée, dont les rôles seraient ensuite distribués : Isaac revient aux §166-167 ; Jacob—Israël, aux §168-170a ; Abraham explicitement aux §170b-175... Le style d' « accélération », le retour du thème de la parole, dont elle traite de bout en bout, l'étendue (les §170-175 tiennent autant de place que les §164-169, sur Isaac et Jacob), tout confère à la dernière section une originalité marquée : elle oppose en fait la « parole » à la « contemplation ».

De leur côté, les deux sections — Isaac et Jacob, soit les §164-170a — possèdent une autonomie, que souligne la présence en inclusion, au début et à la fin, d'un thème spécifique, celui de l'influence exercée par le Sage : au §164, nous voyons Abraham récompenser deux personnages venus à sa suite pour l'imiter ; au §168-170a, le Sage élève toutes les parties de l'âme, « *suspendues comme à une même corde* ». On peut alors conclure que Philon a non seulement inversé la signification de l'accompagnement, puisqu'à la fin Dieu accompagne celui qui pensait Le suivre, mais il a inversé de même les rapports existant entre le Sage et les hommes de sa suite. Lot avait sur Abraham une influence, fâcheuse : il retardait sa marche ; la symétrie voudrait que les nouveaux amis aident Abraham, exercent sur lui une influence contraire, bénéfique. En fait, si l'on parle des gens qui suivent Abraham, c'est pour dire d'eux, non pas qu'ils l'assistent, mais que lui, il les « *tire vers le haut* » ; leur rôle se borne précisément à l' « *imiter* ». Il n'y aura donc plus qu'un personnage actif, Dieu. L'astuce d'inversion peut être figurée ainsi : elle enserre tout le chapitre.

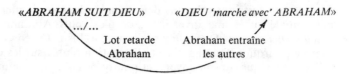

De la sorte, Abraham répercute sur ses compagnons la gracieuse initiative dont il bénificie de la part de Dieu. C'est ainsi que Philon noue les thèmes de la « vision », des « bienfaits reçus par le sage et donnés par lui », de l' « émigration » — qui devient un don, au lieu de rester une œuvre de mérite. Mais il est temps d'analyser chacune de ces sections.

1. *Aunan et Eshkol* (§164-165) : Nous venons de le montrer, ils suivent Abraham pour l'imiter. De plus, ils symbolisent le commencement et le terme de l'itinéraire. Eshkol, en effet, traduit par « *feu* », désigne le « *bon naturel* ». qui est à l'origine de la conversion et sa condition de

possibilité. Aunan signifie, avec « *les yeux* », la « vision », terme de la
conversion et nom définitif de Jacob, une fois qu'il a complété son « exercice ». Tous deux, ils héritent de Mambré, « *qui vient de la vue* »[26] et ils
le font immédiatement, sans avoir à se séparer (ἀμφοτέρων) : sans doute
Philon a-t-il observé que le texte biblique donne les trois noms d'un trait,
sans indice de séparation ni de coordination, comme serait καί ; il en
profite pour lier étroitement les personnages, non seulement les deux premiers, mais le troisième. Dans une sorte d'allégresse de la contagion, il
réunit tout son monde : on ne sait plus au juste qui donne, qui reçoit,
qui reste au-dehors, qui exprime une réalité interne. La « vision », thème
redoublé d'Aunan sur Mambré, accomplit le vœu présenté à la fin de la
section précédente : « *...l'homme capable d'y voir parfaitement clair* » devait suppléer Joseph, incapable de nommer « ramassis » la foule du mal.
Notons aussi que le « feu », tiré d'Eshkol[27], correspond bien à la « *fer-
veur* » de ceux qui se mettent en devoir d'imiter le Sage (le grec porte
ζῆλος, au §164).

   2. *Isaac* (§ 166-167) : La première phrase du §166 rejette Aunan et
Eshkol dans la simple catégorie des « *entraîneurs* » : on voit alors que le
bout de chemin qu'il fit en leur compagnie ne fut pour Abraham qu'un
« *exercice* ». C'est une autre marche qui conduit Abraham jusqu'à la
montagne du sacrifice ! C'est elle qui devient le véritable voyage. Et voici
revenir l'épisode du sacrifice. Ici, Philon n'en retient plus que le
contexte large, l'idée d'un itinéraire, en accord avec la notion de « marche » : « *...vers le lieu que Dieu leur avait dit* ». L'accent est mis sur
l'entente des deux hommes : « *ils avançaient tous deux ensemble* ».
Quatre termes s'harmonisaient naguère : Abraham qui donnait ; Eshkol
et Aunan qui recevaient ; Mambré, le pays de la vision et de l'héritage
donné. Ici, les trois termes en cause se rapprochent : Abraham dans son
__effort__, Isaac, la vertu « *spontanée* », et le « *prix* » accordé par Dieu et
qui se situe du côté de la Parole déjà, bien que discrètement, puisqu'il est
le « *lieu que Dieu leur a dit* » Abraham ne donne plus un héritage ; il
reçoit un prix. Isaac, courant avec lui, Abraham qui s'exerce — comme
Jacob — la triade n'est plus séparée, dans ces §166-167, bien qu'Isaac
y domine. L'atmosphère générale du sacrifice abolit la distance entre
l' « *art* » et la « *nature* », entre l'effort de Jacob et la spontanéité d'Isaac.

   3. *Moïse* — *Israël* (§168-170a) : La seconde étape, déjà si tranchée
par rapport à la première, se trouve elle-même dépassée : « *celui qui a été
enlevé à une telle hauteur...* » se retourne et entraîne tout derrière soi.
En plus décidé, nous retrouvons le thème des §164-165, sur l'influence
du sage. L' « unité » qui a progressé devient communication. Dès la première phrase, le changement de perspective se fait sentir : le sage « *a été
enlevé* », au passif, alors qu'on attend un verbe qui résume l'activité des
§166-167, où le Sage courait, de son propre effort.

   Dans son exégèse, Philon utilise une phrase adressée dans la Bible
à Moïse, considéré sans plus comme le « sage » (§168) ; il prend dans
Philon la place d'Abraham. Le nom d' « *Israël* » ne doit pas être négligé
dans la citation d'*Exode*, ch. 24, v. 1 : « *Monte vers le Seigneur, toi...
et les soixante-dix des Anciens d'Israël* » (fin du §168). Et c'est certaine-

ment bien en place qu'intervient ce nom, rappelant la présence de Jacob au terme de son exercice. Le nom d'Abiud sera ensuite interprété comme un appel jeté vers le « *Père* » : mais le véritable fils de Dieu n'est autre qu'Isaac (cf. *Legum Allegoriae,* III, §219 ; *De mutatione nominum,* §130-137 ; *De somniis,* I, §173), et Philon fait discrètement entrevoir la Triade, même si c'est Israël qui occupe le centre du passage. Enfin, nous allons revenir sur la manière dont Moïse supplée Abraham ici : Philon parle du sage μετέωρος, ce qui est l'épithète d'Abraham avec le souvenir de ses origines d'astrologue chaldéen, désireux de la connaissance du ciel. Mais auparavant, il ne sera pas inutile de résumer les analyses précédentes sous la forme d'un schéma : au sommet, nous noterons le progrès du thème de l' « unité » ; au milieu, l'évolution de l'activité du sage ; en bas, les souvenirs de la Triade (on comprendra que ces souvenirs réunissant les trois figures fondamentales forment une autre définition, concrète, de l'unité).

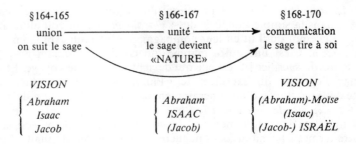

Moïse accomplit donc l'antique idéal d'Abraham, πατὴρ μετέωρος ; mais l'obéissance à Dieu sinon la passivité se trouve déjà marquée dans les premiers mots du §168 : « *enlevé à une telle hauteur...* », où le verbe au passif résume les efforts de dépossession de soi réclamés du sage. L'impératif qu'il entend alors : « *Monte vers le Seigneur !* », va dans le même sens (§168, fin). Cette perte de lui-même affecte Abraham plus profondément dans la mesure où ce qu'il est censé devenir s'exprime à travers le personnage de Moïse, qui le supplée, lui le Sage par excellence. Il convient de voir dans cette suppléance, si fréquente dans l'allégorie philonienne, autre chose qu'une commodité de la rhétorique : la communion des personnages évoque les lois nouvelles intérieures au monde spirituel, lois de participation et d'unité. Moïse rend pour ainsi dire à son ancêtre Abraham le service qu'il rend à ses propres compagnons dans le ch. 24 de l'*Exode.*

La fin du §168 ne fait plus que donner des équivalences rapides aux termes du texte évoqué : « *Monte vers le Seigneur, toi, Aaron Nadab, Abiud et soixante-dix du Conseil des Anciens d'Israël* » (*Exode,* ch. 24, v. 1).

Par-dessus les §166-167, qui parlent de la « marche », les §168-170a retrouvent le thème de la « vision », propre aux §164-165 (ce qui est également noté sur le tableau ci-dessus). Par-dessus les mêmes données réunies dans les § 166-167, exaltant plus abstraitement l'unité dont le sage fait bénéficier ses compagnons, les § 168-170a où nous sommes proposent les exemples d'Abraham récompensant Aunan et Eshkol, puis de Moïse entraînant à sa suite tout un Peuple jusqu'à la vision de l'Être. La conversion d'un Abraham astrologue désireux de monter par ses propres forces jusqu'à la connaissance du ciel, en un être neuf, hissé par la *grâce* jusqu'au ciel, se double d'une *liberté* nouvelle. Celui qui entendait au départ l'ordre de quitter sa terre, sa famille, sa maison, retrouve ici le « *verbe* », une affection paternelle. Aaron, prophète de Moïse, offre le symbole du « logos » ; Abiud associé à Nadab, celui de la paternité.

La manière dont Philon présente les trois personnages de la Triade, Abraham, Isaac, Jacob, n'apparaît pas au premier abord. Il faut en réalité dépasser légèrement le § 170a pour s'en apercevoir. En effet, si le § 170b évoque une âme « *qui ne connaîtrait pas le chemin de soi-même* », c'est bien que Moïse, et derrière lui l'Abraham rénové des § 168-170a, connaît ce chemin « *de lui-même* » : or, cette capacité de connaître « par soi-même » définit Isaac, et il faut donc en retour deviner dans l'harmonie où se retrouvent les éléments de l'âme la marque infaillible d'Isaac. Par là, nous voyons confirmée, l'allusion au personnage d'Isaac contenue dans le nom d' « Abiud »[28]. Quel que soit le personnage en vedette, Philon sépare difficilement les trois modèles de la vertu, et leur communication plus ou moins voilée convient ici d'autant mieux qu'il est question d'unité et de perfection.

e) Dieu guide l'ascension (§ 170b-175)

Le texte de base qui soutient les développements de cette dernière section est tiré de la grande intercession où Moïse supplie Dieu de ne pas renoncer à conduire lui-même son Peuple (*Exode,* ch. 32-34, épisode dit « du veau d'or » ; précisément ici, le ch. 33, v. 15). Sa teneur en fait une sorte de réplique de Moïse à l'ordre qu'il a reçu : « *Monte vers le Seigneur !* », tel que les § 168-170a viennent de l'analyser. Le retournement de l'action en obéissance y apparaît encore mieux : au lieu de marcher vers Dieu pour accomplir l'ordre de Dieu, Moïse fait parvenir à Dieu un appel : « *Si tu ne marches pas toi-même avec (moi), ne me fais pas monter d'ici !* ». Moïse, qui a reçu l'injonction de « monter », ne montera pas, si Dieu ne l'accompagne.

Nous avons dit que cette section équilibre à elle seule les deux précédentes (soit les § 164-170a) : c'est que l'enjeu est considérable. Abraham échappe à l'aberration chaldéenne comme aux sophistes (cf. les § 12 et 76) ; voici qu'il va percevoir, au lieu des mots vides de sens et devenus des idoles, les Paroles divines, intermédiaires fidèles entre la vérité divine et la valeur des objets créés.

La composition du passage est harmonieuse et simple. On peut tracer une ligne de partage exact juste avant la dernière proposition du § 172. Avant cette frontière, Philon propose un commentaire où domine l'humilité de Moïse : l'homme qui veut s'élever ne peut le faire tout seul.

Au-delà, c'est la réponse de Dieu à l'appel : « *J'envoie mon Ange* » (*Exode,* ch. 23, v. 20-21), qui attire toute la réflexion consacrée au thème de la Parole, car « *Ange* » suggère immédiatement « Logos ». À ce propos nous observons une fois de plus un développement par anticipation : il faut deviner la citation à venir pour apprécier la portée du raisonnement qui la précède. Notons également l'astuce exégétique : au lieu de citer la réponse que Dieu donne à Moïse dans le ch. 33 de l'*Exode,* Philon en trouve une autre, suffisamment proche, mais qui à la fois contient des mots capables d'évoquer les thèmes essentiels, et contourne des éléments difficiles à intégrer. Car ici Philon ne respecte guère l'esprit des ch. 32-34 de l'*Exode* en substituant une formule du ch. 23 à celle du ch. 33, v. 17 ! L'enjeu de la discussion, au ch. 33, peut se résumer ainsi : l'idolâtrie d'Israël dissuade Yahvé d'accompagner lui-même son Peuple ; il annonce alors à Moïse la venue d'un Ange, substitut dérisoire de sa Présence. Moïse refuse, comme l'ensemble des ch. 32-34 refusent toute médiation, y compris celle de Moïse. Peut-être simplement la fin du §173 et de début du §175, dans Philon, font-elles justice à l'intention théologique de l'*Exode,* en laissant prévoir l'inutilité de tout guide...

Les figures bibliques sont harmonieusement distribuées autour de la même frontière. Le §171 concerne Moïse ; mais le §172 fait apparaître, grâce au vocable de la montée — μή με ἀναγάγῃς — le personnage d'Abraham dissimulé derrière celui de Moïse ; au §173, c'est d'un épisode de la vie d'Abraham qu'il est question : la visite des trois anges (d'après *Genèse,* ch. 18) ; mais le personnage de Moïse revient avec le §174. Résumons cette présentation : nous plaçons entre parenthèses les noms implicitement présents dans le discours.

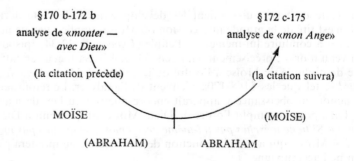

Ces harmonies ne restent pas formelles. Car Moïse introduit Abraham (ou le « produit », si l'on veut souligner l'effet de cette communication dont nous avons parlé) par le biais de la lutte contre les « *sophistes* ». Or c'est contre les sophistes que Moïse a dû ferrailler, en la personne des mages égyptiens qui contrefaisaient les signes divins à la cour de Pharaon ; et c'est des sophistes qu'Abraham, sage chaldéen, tenait l'ambition de rejoindre le ciel. Les sophistes culbutés (§171) désignent les magiciens d'Égypte ; le qualificatif de πιϑανός et la notion de « s'élever » conviennent aux Chaldéens. Le langage, un jour, sera restitué à Abraham (cf. déjà le §169), mais dans un rapport différent avec la vérité. La transition se trouve donc effectuée d'une manière très souple entre les deux figures, Moïse et Abraham. Le retour d'Abraham à Moïse n'est pas moins habile : Philon ne donne pas explicitement le nom de Moïse, au §174 (cf. la mise en parenthèse sur notre tableau de la page 217). C'est que le « *devant toi* » de l'Écriture à cet endroit vise plutôt le Peuple que son chef. C'est aussi que Philon a besoin de cette valeur atténuée pour dire, ce qu'il ne saurait dire de Moïse : « *tant qu'il n'a pas atteint la perfection* ». C'est le Peuple qui est encore éloigné de la Terre promise, celle que « *Dieu lui a préparée* ». C'est le Peuple qui joue entre Moïse et Abraham le rôle que les sophistes ont joué entre Abraham et Moïse dans les §171-172, le rôle de l'intermédiaire, mais ici positif, quand il restait négatif. Le Peuple en marche est plus vrai quand il s'agit d'Abraham...

Le statut plus noble auquel peut prétendre celui-ci trouve son allégorie dans le chapitre 18 de la *Genèse*. La formule retenue au §173 possède aux yeux de Philon le mérite d'abolir la séparation un peu trop accusée jusqu'alors entre activité et passivité : un même préverbe, qui indique la communauté, détermine les deux verbes « marcher » et « escorter », συμ-πορεύεσθαι — συμ-προπέμπειν, qui se trouvent, de plus, simplement accolés dans le texte sacré : leur rapprochement par asyndète signifie leur équivalence, comme l'exclamation qui suit en témoigne : « *Ô splendide équivalence : le guide était guidé !* ».

La même idée termine la section : le guide et son disciple marchent du même pas. Et de cette similitude il faut tirer une observation qui complètera notre analyse de la composition des §170b-175. Le §174 et le §175 résument logiquement la situation : « *Tant qu'il n'a pas atteint la perfection, il a pour guide la Parole divine...* » (début du §174), cette constatation s'oppose à l'espérance suivante : « *Mais lorsqu'il arrivera au sommet de la science...* » (début du §175), comme l'indiquent simplement le balancement du μέν — δέ parfaitement symétriques. La conclusion mystique du §173 revient à la fin du §175 : d'un côté : « *Ô merveilleuse équivalence : l'accompagnateur était accompagné...* », de l'autre : « *L'élan de sa course lui donnera la même rapidité qu'à son guide de naguère* ». Et cela permet de dire que les §170b-173 dessinent une première vague, doublée ensuite par les §174-5.

Cette présentation n'annule pas celle que nous avons proposée page 136. Comme souvent dans Philon, les dessins s'unissent. Il n'y a pas lieu d'opter pour l'un contre le second, mais de les manifester tous deux. Ici, la saine rhétorique demande à l'auteur de conclure en toute clarté : les derniers mots du §175 montrent bien que nous achevons le grand développement consacré à Lot (c'est bien de lui qu'est parti le mouvement !) ; mais les lois cachées de l'Écriture continuent de régir les relations que les personnages entretiennent : les images d'Abraham et de Moïse, nous l'avons vu, brochent sur les découpages plus en vue que sont ceux de la rhétorique : annonces de thèmes, développements réguliers. Aussi bien le statut des deux formules dont nous avons dit que, parallèles, elles concluaient chacune une des deux vagues terminales n'est-il pas identique. La première, « *Ô merveilleuse équivalence : l'accompagnateur était accompagné* » (§ 173, conclusion du petit ensemble, des § 170b-173), entre dans une exclamation lyrique ; la seconde, « *l'élan de sa course lui donnera la même rapidité qu'à son guide de tout à l'heure* » (conclusion, au § 175, de la seconde vague des § 174-175), forme une proposition de sagesse théologique : « *Tant qu'il n'a pas atteint la perfection, il a pour guide la Parole divine...* (§ 174) ; *mais lorsqu'il arrivera au sommet de la science, l'élan de sa course...* etc. » La première commente un épisode de l'existence religieuse actuelle d'Abraham, à travers Moïse, un peu comme l'apparition de la FIN au milieu du parcours ; la seconde, au futur, marque un terme que l'espoir fait seul entrevoir. La première suppose un Abraham, frère de Moïse ; la seconde nous reconduit à l'Abraham—Abraham du voyage. La première nous fait reposer ; la seconde nous lance à nouveau dans un discours ultérieur : et c'est bien ainsi, puisque le Traité va poursuivre, parler encore du voyage et recenser les étapes de la conversion. La seule actualité reste de forme négative : Lot, « *qui a pensé détourner l'âme, capable de grandir droite et inflexible, Lot aura dû s'exiler* » (fin du § 175 et de la section).

Cette réflexion nous prépare au recul apparent marqué dès le § 176. Nous sommes ramenés au point de départ d'Abraham ! En abaissant d'un niveau la fin du chapitre consacré à la FIN, l'allégoriste se trouve de plain-pied avec le texte biblique : c'est en effet une sorte de pause ou même de coup d'œil rétrospectif que nous propose le v. 4 de *Genèse*, ch. 12 : « *Abraham avait soixante-quinze ans lorsqu'il quitta Harran* ».

CHAPITRE TROISIÈME

L'ÉMIGRATION

Nous quittons les sommets. La méthode allégorique a permis à Philon de nous faire remonter jusqu'à la Cause : le départ d'Abraham a pour impulsion la Parole de Dieu. Mais nous avons également descendu le cours du temps : nous venons de surprendre la FIN dans la troisième émigration d'Abraham, son voyage vers la montagne du sacrifice. À un moment donné, il deviendra parfaitement initié, capable en même temps de payer le « tribut » d'action de grâces, puisque ce mot de τέλος porte les deux sens. Et maintenant Philon va nous ramener loin en arrière, pour nous faire connaître la toute première conversion du patriarche, celle qui d'Ur en Chaldée le conduisit à Harran. C'est précisément de Harran que la voix de Dieu lui désigna la Terre nouvelle.

Le traité, sans en avoir l'air, nous aura initiés aux trois divisions du temps : l'actualité de la migration seconde, de Harran vers la Terre promise ; l'avenir contenu dans la contemplation de la FIN : c'était la deuxième partie du livre, celle que nous quittons ; nous allons désormais nous enfoncer dans la lecture du passé.

Annoncé et divisé par avance au §176, le développement suivra l'ordre inverse par rapport à l'annonce. « *Abraham avait soixante-quinze ans, dit-il, lorsqu'il quitta Harran. Ce chiffre de soixante-quinze ans, dont la signification n'est pas étrangère à l'exposé qui précède, va maintenant faire l'objet d'un examen attentif. Mais auparavant nous chercherons la signification du nom Harran, et le sens de l'émigration qui nous éloigne de cette contrée.* » Le sens du chiffre 75, le sens de la cité de Harran, la signification du voyage : les trois termes vont se présenter ainsi :

— l'émigration : §176 à 187 ;
— Harran : §188 à 197 ;
— le nombre soixante-quinze : §198 à 215.

Averti de nos manœuvres, le lecteur se demandera pourquoi nous arrêtons la marche des opérations au §215. C'est qu'il renferme une « accélération » nous prévenant qu'un ensemble littéraire prend fin ; cela suffirait, même si la césure ne s'imposait pas de manière extrinsèque par le retour au texte de base qui se produit avec le §216. La conclusion du §215 sur les « *maisons* » accordées aux sages-femmes égyptiennes marque le point d'arrêt : l'instabilité que les émigrations successives imposent à Abraham trouve là son terme. Il est conforme au personnage d'Abraham, puisqu'il est enveloppé d'un futur qui le laisse à l'état d'espérance.

Nous tombons sur un paradoxe : la troisième partie du livre nous fait aborder un sujet qui aurait bien pu servir de préambule, le premier voyage d'Abraham qui, en compagnie de son père et de sa famille entière abandonne Ur de Chaldée. Mais ce paradoxe est émoussé du simple fait qu'il est symétrique de toute la série d'effets paradoxaux qui infléchissent la première partie du traité : le paradoxe d'un Abraham qu'on entrevoit réconcilié avec les éléments dont il doit se détacher, sa maison, son père, sa terre. À celui qui lit le *De migratione* avant de se plonger dans notre analyse — ce qui est souhaitable — une autre surprise est ménagée : le deuxième point du développement ternaire prévu au §176, à savoir l'exégèse du nom Harran, se glisse à l'intérieur de la diatribe qui occupe la dernière partie du commentaire de l'émigration. Cette élégance rhétorique nous permet de ne distinguer en définitive que deux sections dans l'ensemble arrêté au §215 : les § 176 à 197, et les § 198 à 215.

I. La Première Émigration, d'Ur
(§ 176-197)

Nous allons donc couvrir d'un seul élan deux des trois subdivisions annoncées : l'émigration et le nom de la cité Harran. Il semble que, du point de vue littéraire qui est le nôtre, on puisse affirmer qu'un procédé les unit, courant d'un bout à l'autre de ces §176 à 197 : une sorte de « décalage ». Au lieu de commenter ce qui se présente dans l'immédiat, Philon remonte un peu en arrière : le tout produit une impression de retard. Notre commentaire, plus synthétique, va suivre cette indication formelle.

1. Nous avons insisté déjà sur le fait que nous sommes ramenés à un passé lointain. Il semble que nous reprenions tout au déluge, comme si Abraham n'avait encore rien entrepris ! C'est ainsi que dans le *Phédon* (69c) les objections de Cébès semblent tout remettre tardivement en question ; mais Socrate en profite pour purifier le discours de tout effet magique. Philon achève le mouvement esquissé par Abraham vers ses origines, comme si, dans cet ordre de choses, il fallait aussi se méfier de la magie du discours, et comme si un résultat n'était jamais un terme ; comme si le progrès revenait toujours à une conversion répétée, dont les derniers mouvements nous détachent enfin des toutes premières erreurs, enfouies mais vivaces.

2. Ce n'est pas la première émigration qui est évoquée au §178, mais la doctrine professée par les Chaldéens, c'est-à-dire du même coup par Abraham en Chaldée. C'est un second effet de retour en arrière. Le développement est pour ainsi dire un lieu-commun dans Philon : automatiquement, les Chaldéens désignent la science qui se referme sur elle-même, à l'image du monde astral conçu dans sa rotondité et la suffisance de ses mouvements parfaits. À la doctrine immanentiste des sophistes Chaldéens vient contredire celle de Moïse. La substance de ces pages, très simple et très belle, n'offre guère d'obscurité. Mais le procédé exégétique appelle sans doute un peu d'attention. Il s'agit ici des §180 à 183. L'exégèse repose toute sur deux petits mots, le καί et le πρό des deux citations mises en cause. En effet, comme souvent, Philon monte vers le texte sacré,

et il faut entendre les §180-181 en visant l'expression donnée au §182 : « *Dieu dans le ciel en-haut* et *sur la terre en-bas* ». En effet, la « Puissance » qu'est la Bonté — c'est ainsi que, sous peine de blasphème, on doit traduire le mot « *Dieu* » dans la citation — a pour fonction de créer un monde unifié, cohérent, comme nous le lisons précisément avant la citation, au §181. Cette fonction est traduite matériellement dans le texte inspiré : le truchement réside dans la conjonction « et » ; elle symbolise la réunion et trace une sorte d'accolade embrassant « *le ciel en-haut* » ET « *la terre en-bas* ». C'est pourquoi — remontons d'un palier dans le texte de Philon — c'est pourquoi le monde est par Moïse célébré comme « un », par Moïse mieux encore que par les Chaldéens ! Le début du §180 affirme cette doctrine mosaïque de l' « *union et de la sympathie* ». Et la fin du §181 précise le mérite de l'unité telle qu'elle est prônée par Moïse : fondée sur les Puissances divines supérieures au monde, elle est « *un beau travail de ligature* » ; les Puissances sont elles-mêmes « *infrangibles* » — ἄρρηκτοι.

Mais, subtilité si l'on veut, le jeu des conjonctions et prépositions n'est pas terminé. Et cela en vertu sans doute du texte même qui a été pris en charge par l'allégoriste. Le « ciel » et la « terre » de la citation empruntée au *Deutéronome,* ch. 4, v. 39, désignent les deux parts du monde visible, justement parcourues de cette ligature que la Bonté maintient solidement. Mais le mot « Dieu », traduit nécessairement à cause du contexte immanent par « Bonté », désigne tout de même, jusque dans la Puissance dont elle use, la Divinité transcendante[29]. La phrase inspirée suppose donc un lien d'un autre genre entre l'attache de l'univers et Celui qui le crée si bien ordonné. C'est pourquoi, au début du §180, Philon fait un autre emploi de la conjonction de coordination « et », pour affirmer, à notre avis sans autre secours que la citation à venir du §182 : « *Moïse a souscrit à cette union et sympathie des parties de l'Univers par le simple fait de poser que le monde est un* et *engendré : s'il est venu à l'existence* et *s'il est un...* ». L'insistance est nécessairement mise sur la conjonction, sans quoi la doctrine de Moïse se distinguerait mal de celle des Chaldéens ; en ceci plus précisément qu'il faudrait un coup de force pour surmonter l'immanence de l'unité et passer à un Dieu vraiment Créateur. Or, Philon lit dans le texte biblique l'unité et le passage au-dessus : le mot Θεός est fait sujet de l'action qui réunit le monde en un seul tout « *Dieu dans le ciel en-haut et sur la terre en-bas* ».

Redoublement de subtilité, c'est l'absence de coordination qui va servir dans une citation jumelle ! En proclamant: « *(Je suis) ici, moi — en avant de toi* » — Ὧδε ἐγὼ πρὸ τοῦ σέ — Dieu poursuit déjà la dialectique des prépositions : la Bonté était « dans » le ciel et « sur » la terre ; mais l'Être, le « Je » révélé à Moïse, est maintenant « *en avant* » de lui. Seulement, la formule complète dite à Moïse : « *(Je suis) ici, Moi — en avant de toi* » juxtapose un « ici » et le « devant toi ». Philon y déchiffre la relation complexe de l'Univers à Dieu. « Ici », Dieu descend en un sens à l'intérieur du monde par sa Bonté qui le tient unifié ; mais cet « ici » est, sans autre, accolé au mystère de l'absence et de la transcendance : « devant, au-devant de toi » sépare ce que la notion de Bonté, lien du monde, risquait de trop rapprocher ou d'enfermer : « *il marchait en avant de tout le créé, et ne se laissait enfermer dans aucun des êtres qui venaient après lui!* » (c'est la fin du §183). Tout ce raisonnement est fondé sur la juxtaposition étrange de « ici » — « en avant de toi », c'est-à-dire, par comparaison avec la précédente citation, sur l'absence de « *et* »[30]. Nous avons là un exemple de rapprochement entre deux textes, selon une loi du *par-impar:* la seconde recoupe partiellement la première, mais de telle sorte qu'elle lui fait rendre raison d'un équilibre qui resterait inaperçu sans elle. L'ensemble forme une réflexion homogène, à partir des nuances qu'introduit la présence (ou l'absence) de coordination...

Mais, quel que soit le moyen de l'analyse, celle-ci nous a fait pénétrer dans la conscience d'Abraham bien avant sa première émigration.

3. Par un troisième effet de décalage, c'est au §190 seulement que nous apprendrons les raisons du deuxième départ d'Abraham, lequel nous a cependant été rappelé au §189. Du point de vue de la doctrine, ce passage est important, car il assume toute la propédeutique : de même que le sensible avait trouvé grâce dans les développements touchant la bénédiction, dans la première partie du traité, de même ici l'effort des Chaldéens reçoit-il une approbation mesurée. Le premier éveil d'Abraham est dû à son esprit qui s'est retrouvé lui-même en-deçà et au-delà de la sensation. Le monde sensible et la réflexion sur le monde sensible ont joué là-dedans un rôle précis. Philon néglige ici toute figure pour philosopher purement. Il a fallu éprouver, dit-il, la puissance de l'esprit sur les sens, accepter la réalité du rêve où l'esprit se retrouve *en-dessous* du train ordinaire mené par l'ordre sensible : dans le rêve, l'esprit se voit passivement instruit des réalités sensibles, sans que les couleurs, les sons, les figures qui se composent devant lui dans le sommeil doivent quelque chose au monde expérimental, dont il s'est retiré en abandonnant l'état de veille. Il a fallu ensuite contrôler cette capacité active qui retient les sens durant la contemplation : cette fois, l'esprit était *au-dessus* du sensible. L'esprit, alors, sait d'expérience qu'il déborde les sens des deux côtés. La simple méditation qui s'efforce de tenir en respect les sens, mais n'atteint pas à cette liberté totale de la contemplation, témoigne alors ordinairement de cette vocation spirituelle *au milieu* du monde. Nous venons de lire les §190 et 191 (la conclusion de cette aperception de soi est exposée dans les §192-193). La simplicité de l'esprit se mesure ainsi à tout le moins par son pouvoir de transcendance par rapport aux expériences sensibles dont, en temps ordinaire, il assure la coordination, la synopse, et dont il peut s'imaginer qu'il n'est précisément que la synthèse quantitative, leur rassemblement. Mais, même par là, il est possible de soupçonner la transcendance de l'Esprit, qui assure l'unité du cosmos tout entier. Cette première intuition trouve son prolongement dans une réflexion immédiate : l'esprit de l'homme, qui domine les sens, ne les a pas créés. Cette inadéquation ne peut se répercuter sur les rapports du monde à l'Esprit. Un recours indéfini n'arrangerait rien : ἀνάγκη στῆναι! L'argument ainsi déployé est moins une proposition déductive qu'une initiation du philosophe à la portée de son ascèse balbutiante.

4. Toujours par un effet de la même politique du retard, c'est au §194 seulement que nous trouvons à titre de rétrospective la division exacte

des étapes de l'itinéraire. Philon explicite tranquillement l'évolution philosophique conduisant au désir de trouver Dieu comme un Principe suprême et distinct, fondé sur la connaissance de soi. C'est alors seulement qu'on s'aperçoit de la transition qui s'est opérée doucement : nous sommes depuis le § 188 dans le commentaire du mot « Harran ». Une diatribe, une exhortation bien marquée par l'emploi du pronom personnel au pluriel : « *Vous...* » sévit depuis le § 184. La leçon continue sur le même ton jusqu'au § 194, précisément. Le résumé philosophique marque la fin de la diatribe ; il est formulé abstraitement, sans plus d'interlocuteurs directement pris à partie. Il cite Homère, comme il est naturel pour conclure une section d'où l'autorité de l'Écriture a été absente. Mais voici venir *in extremis* le secours de la révélation. C'est que, même parvenue jusqu'à la connaissance réflexive suffisante, l'âme ne saurait d'elle-même, entendez avec les forces de la philosophie, franchir le pas qu'il faut franchir pour affirmer la transcendance et non seulement la pressentir. Homère ne peut faire mieux : il doit passer le relais à Moïse, lequel a disposé dans l'histoire de Samuël et de Saül les mots exacts, significatifs de cette transition : roi autant qu'on voudra, à la manière des philosophes stoïciens par exemple, l'homme sage doit être, comme il est écrit, « *tiré de là* » avant d'apprendre sa véritable royauté. On le voit, le moyen terme du raisonnement, qui fait passer de la philosophie naturelle à la philosophie de l'Écriture, n'est autre que le mot chargé de valeurs qui est celui de « roi », au courant du § 196-7.

Quand nous parlons de « décalage » ou de « retard », nous avançons quelque chose de précis. Le § 197, avec sa royauté de bon aloi ne fait jamais que rattraper le début du traité, et sans doute plutôt ce qui précède le début du traité. Car Abraham y était plus avancé que Saül, quand Dieu lui dit : « *Quitte ton pays...* ». Le commentaire de Philon ne donne-t-il pas comme raison à ce départ le fait qu'Abraham est « roi » (cf. le § 8 : « *C'est bien roi que tu es, et non point sujet !* »), et, plus loin, ne voit-on pas que Joseph lui-même a refusé de se considérer comme un sujet (§ 20) ?

Des trois développements annoncés au § 176 les deux premiers sont donc traités dans le même style, plus concret, plus directement philosophique, plus logiquement suivi que tout le reste de l'ouvrage. Cette identité de ton entre les deux explique l'entrée discrète du second, le développement du nom propre Harran, qui s'introduit sans éclat au milieu de la diatribe des § 184 à 194. L'image finale de Samuël qui cherche Saül « *parmi ses bagages* » retrouve le style de l' « envoi ».

Philon cherche une conclusion, fixe l'idée par l'image, opère la transition avec la floraison de symboles qui va marquer l'exégèse du chiffre soixante-quinze.

II. Le chiffre 75, le « mixte »

La signification dernière des complaisances que Philon semble nourrir à l'endroit des nombres nous échappe certainement ; peut-être veut-il substituer à des calculs entachés de magie ou de superstition une suite suffisamment étoffée de considérations pieuses, comme on invente de saints cantiques pour évincer les chansons douteuses. Le développement attribué ici au chiffre 75 ne connaît pourtant pas l'exubérance du commentaire que nous rencontrerons dans le *De congressu eruditionis gratia* à propos du nombre dix.

De toute manière, ce nouveau thème — le nombre 75, formé de 70, symbole de perfection puisqu'il est issu de dix fois sept, et de 5, symbole de la nature inférieure des cinq sens — n'est déjà pas sans affinité avec les discussions antérieures. Son caractère de « mixte » rappelle notamment l'ambiguïté dont l'histoire de Lot nous a donné l'occasion de méditer les formes, sans oublier ni le « ramassis » ni *Joseph*[31]. Et le traité s'achèvera finalement sur la canonisation de l'ambivalence — elle qui se voyait condamnée plus ou moins sans appel dans les paragraphes précédents, elle sera bientôt déclarée « *sans défaut* » (§207 : « *Si l'on peut suivre Moïse sans avoir encore la force de courir aussi vite que lui, on aura pour soi le nombre composé, le mixte : le nombre 75, où les deux ordres réunis produisent une seule forme sans défaut* — ἀνεπίληπτον « — « où rien n'est à reprendre »).

Cette section peut-être divisée en quatre parties :

— le nombre 75 est opposé à 70 :　　§198 à 201 ;
— la valeur du nombre 70 :　　§202 ;
— la nature du chiffre 5 :　　§203 à 206 ;
— l'union des deux, le « mixte » :　　§207 à 215.

La première et la dernière traitent donc du nombre 75 ; et toutes deux s'achèvent sur une vision d'espérance prêtée à Jacob, qui devient par là substitut d'Abraham : c'est Jacob qui un jour adoptera le nombre bénéfique de 70 ; c'est lui qui, un jour, se construira « *une maison* », signe de stabilité et d'équilibre. Entre ces deux pôles de la « vision », Philon place des variations sur les deux nombres en quoi se résout celui de 75. Notons dans la série des exemples adoptés par l'Alexandrin un enchaînement du meilleur effet : la réflexion sur le nombre 70, symbole de perfection absolue, se termine avec le nom de l'Égypte, et la réflexion sur le nombre 5 s'ouvre par le même nom de l'Égypte, symbole du corps, adopté par Joseph.

La spéculation sur le nombre 70 est alerte, chamarrée, habilement close par un effet « a contrario », comme nous venons de l'indiquer : les Égyptiens ont à ce point la vertu en horreur qu'à son sujet ils se lamentent pendant 70 jours (fin du §203). Le développement consacré au nombre 5 mérite un moment d'attention. Philon commence par condamner l'intérêt que Joseph porte à ce symbole de la « sensation » : Joseph cesse alors un moment de représenter le « mixte » pour se tourner franchement vers le monde sensible, tant par son geste à l'égard de Benjamin ou déjà par sa naissance, que par l'erreur qu'il commet sur la vraie royauté (dont le §197 vient précisément de faire briller l'espérance).

Les deux fils de Joseph, « Mémoire » et « Souvenir », nous réintroduisent dans le domaine du mixte, et peut-être symboliquement y entraînent-ils leur père avec nous ! Sans doute, il s'agit directement des 5 filles, et donc des 5 sens, mais à la faveur de cet enchaînement bien apparent, c'est aussi l'opposition entre Éphraïm et Manassé, entre le souvenir et la Mémoire, qui ressort au premier plan. Située à égale distance entre les deux visions d'espérance (§198s et 214s), par définition tournées vers l'avenir, la « Mémoire » nous ramène au passé. Nous sommes donc en possession des deux parties du temps qui appartiennent à Dieu, le passé et l'avenir (cf. *Vita Mosis,* II, §288). Mais la mention n'en est que fugitive et indirecte : la possession est une possession du désir, présente comme un fond de tableau à la situation actuelle, moins glorieuse. Jacob est encore enfermé dans le manège de son entraînement ; les filles de Salphaad sont simplement capables de définir leur père par opposition négative à Éphraïm. Cette lucidité encore négative pourrait être un échantillon de la saisie indirecte du vrai, telle qu'à travers le « *miroir* » on peut l'exercer dans Harran (§190).

C'est pourquoi l'exemple des filles de Salphaad forme transition avec l'étude du « mixte », commencée au §207. Le présent, vécu dans la lueur indirecte, mérite l'épithète de « *sans défaut* ». L'expression ne nous semble nullement « inconséquente », ici placée[32]. La composition du chiffre 75, fait de 70 et de 5, symbolise — pour jouer sur les mots — la « composition » de l'âme avec les passions. Nous avons appris depuis longtemps (cf. §26) que même la fuite a ses vertus ; nous avons admis au passage qu'il vaut mieux errer dans l'ignorance plutôt que de monter en s'imaginant le faire par ses propres forces (§171); le traité s'achèvera, de plus, sur l'image de la « *persévérance* » au beau milieu des pires atteintes que l'intégrité de l'âme puisse subir (§224s)... Toutes ces réalités sont peu flatteuses. Philon se montre réaliste en louant ce qui fait au bout du compte le mérite ordinaire de l'âme. Il a bien prétendu que la FIN apparaissait sur la route même qui conduit vers elle (§127 à 134) : il faut donc que cette route soit effectivement illuminée par elle, et qu'elle mérite l'approbation sans réserve : on nous fait seulement regarder l'autre face d'un affirmation unique.

La composition de ce discours sur les nombres nous permet de retrouver le procédé que nous avons déjà observé : poser un plan de réflexion, le perdre pour le mettre à nouveau sous nos yeux par la force d'enchaînements imprévus. Ici, Jacob nous aide à méditer sur le nombre 70 (§201); les filles de Salphaad nous entraînent vers le nombre suspect de 5. Mais le jeu de l'alternance « mémoire-souvenir », dissimulée sous les noms de leurs ancêtres, nous reconduit au nombre 75 qui présidait à l'ensemble du développement. De plus, les deux valeurs nous sont présentées successivement, car Jacob ne peut y accéder que successivement (avant de devenir Israël...). Mais les valeurs que nous présentent les filles de Salphaad, mémoire et connaissance de son oubli, sont contemporaines et mêlées dans le raisonnement des §205-206 par l'effet d'un chiasme (souvenir-mémoire, au §205 : et mémoire-souvenir, au §206) : et cela convient à la nature du « mixte », auquel le §207 va nous faire aborder. La composition répond à la doctrine.

La quatrième subdivision (§207 à 215) revient donc au nombre 75. Elle peut elle-même prêter à division : on distinguera sans peine un triple mouvement. Tout d'abord Jacob s'enfuit (§207 à 209); Philon explique alors la nature de cette fuite (§210 à 213), avant de nous montrer le retour de Jacob (§214-215). Trois paradoxes gouvernent cette section.

1. En premier lieu, la sagesse nous est décrite comme une « fuite » ; la fin du traité nous donne comme modèle un Jacob s'en allant du pays de la sagesse, quand le début nous en proposait le retour (cf. §26s). Ce paradoxe nous est, il est vrai, devenu familier : c'est au terme que les origines nous apparaissent. Jacob suit ici le sort d'Abraham, dont les pensées chaldéennes nous ont été révélées naguère, bien après l'exégèse de son départ et même de son arrivée !

2. Un deuxième paradoxe, moins sensible, colore ces pages. Après la vision que nous avons eue de la FIN, le commentaire revient pour ainsi dire en arrière. Il n'y a plus de délai assignable : tout va désormais se dérouler sous le signe de Rébecca, la « *patience* ». Au début, nous avions surpris ces paradoxes qui rapprochaient si vite l'Abraham des départs de l'Abraham parfait ; l'inverse se produit maintenant. La conclusion viendra même sceller définitivement cette idée nouvelle : le chêne de Sichem, l' « *épaule* » qui supporte patiemment, en sera le symbole.

3. Et cette nouveauté prend du relief d'un troisième paradoxe. Si l'on observe la symétrie qui commande toute la troisième partie, on note ceci. D'une part, Philon nous découvre le premier voyage d'Abraham, celui qui le mena de Ur en Chaldée jusqu'à Harran, comme il nous montre ici le premier voyage de Jacob, celui qui le mène de la Terre promise jusqu'à Harran. Mais il parle de rejoindre Harran, par l'entremise de Jacob, au moment précis où Abraham est invité à quitter Harran (§197)... D'autre part, les deux itinéraires se ressemblent et s'opposent. Ils s'opposent, parce que Jacob s'éloigne de la patrie, alors qu'Abraham s'en rapproche (qu'il aille de Ur à Harran, ou de Harran en Palestine). Ils se ressemblent en ceci que les deux héros convergent sur Harran, le pays de la sensation, ou en tirent tout le parti possible. Mais, par un nouveau chassé-croisé qui marque bien l'option générale de Philon à ce point du traité, parce que nous avons appris à reconnaître la valeur relative de la sensation et du « mixte », la fuite de Jacob vers Harran inaugure un vrai séjour parmi les bêtes, dont le lecteur sait qu'il se prolongera bien au-delà des « quelques jours » prévus par Rébecca, alors que, pour Abraham, Harran n'était qu'un étape bénéfique mais brève : pour Abraham, tout s'enchaînait rapidement, son passage de la Chaldée à Harran, son voyage de Harran jusqu'en la Terre des promesses.

Il y a dans ce réalisme de Jacob une raison vraisemblable. Peut-être suffit-il au Sage parvenu à une certaine lumière d'appeler les choses par leur nom ? À la différence de Joseph (§163), Jacob peut savoir à qui il a affaire en affrontant les bêtes. La sagesse accepte de regarder en face *toutes* les étapes, leurs difficultés et leurs longueurs, qui eussent désespéré le débutant.

Jacob, au contraire du débutant, n'est-il pas celui que l'effort de l'exercice trouve prêt? Il garde tout son ressort : il aspire à sa « *maison* ». Les § 214-215 restent au futur, mais on y entrevoit la passage de l'habitation provisoire à la Maison. Par là, c'est le repos, le terme des pérégrinations, qui se rend présent. Selon la doctrine de la FIN (§ 127-175), ce but anime la progression elle-même : c'est le sens de cette « *crainte de Dieu* » intérieure à l'athlète, œuvrant depuis un moment (on l'évoque à l'imparfait : « *l'édifice parfaitement sûr existait, la crainte de Dieu...* »), lorsque les sages-femmes abritent les amis de la vertu. Elles ont protégé les fils d'Israël : leur aide était aussi provisoire que la vertu de combativité dont Jacob a dû faire preuve chez Laban. Mais — retournement et « accélération » où l'on reconnaît aussi une conclusion — la « *crainte de Dieu* » exercée par les femmes devient la Demeure solide, nullement provisoire, qui les abritera, elles et tous les amis de la vertu, suivant le double effet de la bénédiction, personnel et universel, (cf. la première partie).

Philon a pris soin d'indiquer les liens de cette section avec l'ensemble du traité. Nous venons de vérifier plusieurs rappels de la doctrine générale : celui de l'espérance, de la présence active de la FIN à l'intérieur du cheminement, l'extension de la bénédiction. Signalons encore ceci, que le § 207 renoue avec la deuxième partie grâce au thème de la « *course* » (cf. § 175). Enfin, le mot significatif de Jacob, πόνος, au § 214, vient soutenir le thème de la « *patience* », pour le transformer en quelque chose de plus durable encore, la « *persévérance* » — de plus durable et de plus actif en même temps. C'est elle, cette persévérance, qui jouera le premier rôle dans la conclusion de tout le livre. Mais surtout, symétrique d'un Abraham qui fut obligé d'abandonner sa « maison », Jacob aspire ici à l'instant qui lui permettra justement de retrouver la demeure ancestrale et toujours neuve du Logos. Sous le couvert de Jacob, Abraham fait, dans son désir de <u>savoir</u>, assez d'<u>exercice</u> pour que l'unique vertu, ornée comme on sait des trois attributs de la science, de la patience et de la spontanéité naturelle, brille en lui, brille comme autour de lui en son absence : il y a beau temps que le nom propre d'Abraham a cessé d'être prononcé, mais il vibre dans tous les satellites que l'ordonnateur des constellations spirituelles a voulu suspendre autour de lui.

III. Conclusion du traité
(§ 216-225)

Voici revenir en force le personnage, un instant aboli, du premier des Patriarches : les § 216 à 221 vont jouer sur son attribut, l'amour de la science, et le titre apparaît justement au début du § 221 : « *Aussi l'ami de la science a-t-il occupé le terrain de Sichem...* ». Et le personnage de Jacob, celui qui nous a servi de truchement dans la fin de la troisième partie, celui qui a préparé l'essentiel de ce qui va être porté au compte d'Abraham, la « persévérance » dernière, Jacob va s'effacer relativement.

Le héros disparu, sa substance demeure, selon le procédé que nous avons souvent invoqué : il reviendra même très discrètement dans la personne d'un de ses fils, comme lui désigné par le qualificatif d' « athlète » (§ 221, où il est question d'Issachar, ainsi appelé dans les dernières bénédictions de Jacob — cf. *Legum Allegoriae*, I, § 80). Le pays même de Sichem est en tout cas le rendez-vous biblique de l'histoire d'Abraham et de celle de Jacob.

Une fois sauté le v. 5, le verset de base est pris à la suite : « *Il parcourut le pays jusqu'au lieu de Sichem* » (*Genèse*, ch. 12, v. 6), avec la conclusion : « *vers le chêne élevé* ». Ce texte fournit l'éventail de trois vertus : l'amour entreprenant de la science (§ 216 à 220a) ; l'endurance, symbolisée par le nom de l' « *épaule* » (Sichem — § 220b à 222) ; enfin, symbolisée par le « *chêne* », l'inflexible fermeté. C'est une diatribe qui remplit la première section : Philon se scandalise du peu de courage que l'on déploie dans la poursuite de la Sagesse, alors que les amis du négoce font chaque jour preuve d'une témérité incompréhensible. Tel est le commentaire du verbe de mouvement : « *il parcourut tout le pays* »[33].

La recherche est terminée, au bout du compte : séparé de Lot (fin de la deuxième partie) ; aspirant à trouver la Maison (fin de la troisième partie) ; conscient d'être par Dieu au cœur de la mesure complète des temps (fin de la première partie), le Sage est maintenant affermi sur la terre des vertus. Les trois vertus épanouissent en quelque sorte la vertu fondamentale de la « *crainte de Dieu* » (§ 215). La première, l'amour de la science, convient parfaitement à celui qui vient d'errer en quête de l'Être ; la deuxième est aussi conforme à celui qui suivit les mêmes chemins que Jacob et avec la même « perseverance » ; la troisième, figurée par la robustesse du chêne, conserve, mais exaltée, purifiée, ennoblie, la tendance que le Sage avait jadis mise en œuvre en scrutant le ciel parmi les sophistes chaldéens et qui était l'amour de la lumière céleste ; maintenant c'est la fermeté : Philon traduit en effet la solidité du chêne en fixité, en obstination du regard qui cherche à éclairer les êtres (§ 222-223 : « *Ô Pensée, il n'y a pas à plier de faiblesse, même si quelque objet paraît résister à la contemplation ; ouvre toute grande en toi la source de la vision, penche-toi au-dedans, illumine les êtres avec plus de précision encore !* » etc.). Abraham était comme prédestiné à poursuivre, à rencontrer l'Être qui voit, fait voir, qui est en quelque sorte vu lui-même. C'est pourquoi, à ce point extrême du discours. Jacob a cédé la place à Israël, le Voyant (§ 224 : « *Il ne saurait y avoir de prostituées parmi les filles d'Israël, le Voyant* »).

Les trois vertus se rattachent toutes à la vertu de « force ». Et la conclusion tout entière n'est qu'un appel à supporter le πόνος annoncé au § 214. La force devait venir, promise qu'elle était dès le § 150 : « *Vienne le jour où tout sera fixé de façon plus robuste et plus consistante...* ». Elle s'exerce maintenant. Elle constitue une part de la FIN, puisqu'elle communique au sage le bénéfice de la Puissance divine qui tient le monde : la méditation qui l'a conduit, en effet, depuis l'expérience de l'unité jusqu'à la conclusion de la transcendance divine l'a placé dans le faisceau de l'infrangible cohésion (§ 181, par la Puissance appelée la Bonté ; § 220, avec rappel sous forme de question voilée...) de tous les êtres, physiques et spirituels.

Le premier effet de la persévérance pénètre jusque dans le commentaire du verbe : « *il parcourut* ». Les §216 à 220a décrivent sans doute l'exploration méthodique des cantons du monde, du microcosme et du macrocosme ; mais ils insistent également sur le sérieux de l'enquête. Par la comparaison avec les marchands, Philon suggère *a contrario* la peine qu'il faut prendre pour trouver la Sagesse. Ce thème est aussi biblique, ainsi exprimé, que traditionnel dans la philosophie.

La force est louée pour elle-même dans la section suivante (§221-222). Il en est besoin, car précisément l'idolâtrie tente une dernière offensive (section des §223 à 225) : l'âme doit lui opposer une infrangible pureté de « jugement ». La prostitution dont elle est menacée n'est évidemment autre que l'idolâtrie (§69). L'âme devra garder son jugement, c'est-à-dire refaire l'induction à partir du « rêve », de la contemplation et de la méditation, suivant l'itinéraire concret suggéré par le §180. On peut même dire que Philon donne un exemple de cette capacité de « jugement », de distinction : l'ambiguïté se montre une dernière fois avec le nom même de Sichem, car il est aussi le nom du fils maudit de Hémor, l' « âne », symbole des plus vilaines passions. Jamais le péril n'a été aussi grand que tout près du terme. Seulement, depuis le §215, la forteresse inexpugnable résiste à tous les assauts. Tout comme cette résistance devait plus à Dieu qu'à la vigueur humaine, de même ici voyons-nous que ce n'est plus l'industrie de l'homme, ni son « *effort* », mais la Justice qui sauvera l'âme. Entendons la Justice de Dieu. Nous allons insister sur ce point.

Une ultime « accélération » fait glisser l'un dans l'autre plusieurs personnages, tout comme aux §164 et suivants. Mais, de plus, elle s'accompagne d'un renversement de perspective : toute la fermeté, toute la persévérance que l'âme déployait trouvent une réponse gratuite mais foudroyante dans la Justice incorruptible, qui n'est plus ici vertu de l'âme, mais Puissance de Dieu. Expliquons ce passage de l'autonomie à la grâce. L'aventure de Dina — traduite par Justice — sert d' « envoi » à tout le traité. Elle montre à la fin pourquoi la vie dans le monde du « mixte » reste possible, pourvu que l'âme chemine en compagnie de la Parole, son viatique et son guide, une Parole qu'elle écoute et met en pratique avec patience. C'est que la JUSTICE veille sur elle. Mais, redisons-le, la Justice n'est pas la prudence de l'âme (cf. *De congressu eruditionis gratia*, §90) : elle subsiste au-dehors de l'âme comme le terme suprême visé par l'ennemi, qui est l'injustice. Poussant la valeur des mots par une sorte de glissement, Philon a soin de dissocier, au fur et à mesure qu'il commente l'affaire « Dina », la valeur Justice de la valeur initiale « Jugement » : Dina, vertu de l'âme au début, ne sera plus à la fin que l'image, et tout le contenu rédempteur enfermé dans le mot « jugement » passe au compte de la Justice, bienfaitrice de Dina — devenue donc objet, de sujet qu'elle était au début du raisonnement (§223). La justice sauve Dina, au lieu qu'elle en soit une qualité. Le mot lui-même « Dina-jugement » s'est pour ainsi dire épanoui en deux termes, manifestant peut-être cette double course harmonieuse où l'âme et les Anges se servent mutuellement de guides. Le long itinéraire subjectif trouve une réponse venue d'ailleurs.

Depuis longtemps dans le traité, nous étions en train de reculer vers les origines de la conversion d'Abraham : il faut achever ici le mouvement et comprendre que c'est la JUSTICE de Dieu qui est déjà intervenue dans les plus obscurs tâtonnements de toutes les migrations, de la première tout particulièrement. L'âme qui a subi toutes les folies de l'idolâtrie reçoit par l'appel de Dieu une virginité. « *Dina* », c'est aussi l'Abraham des premiers paragraphes. Dans ce cas, la FIN, apparue dans l'instant, située de soi dans l'avenir, mais capable de transformer le présent de la lutte, se révèlerait encore à l'ouvrage depuis le passé le plus lointain : elle plongerait jusqu'aux racines de l'être. Elle comble les trois mesures du temps, apparemment obscurcies. La conversion, objet de ce traité, serait une œuvre de restauration ; l'entreprise de Philon garderait quelque chose, dans une transposition due à l'idée de « salut », de la réminiscence platonicienne. L'artisan en est la Justice de Dieu, défendant son oeuvre — qui est aussi son Image, comme le dédoublement de « Dina-jugement » le symbolise exactement — des entreprises du Mal. Les Pères de l'Église diront plus tard que la rédemption est une manifestation de la Justice divine, entendant que Dieu fait justice à l'homme et du même coup à sa création, en rétablissant la splendeur première obnubilée par la chute.

Il ne faudrait pas négliger enfin une convergence laissée par Philon dans l'ordinaire discrétion : à la fin de la première partie du livre, le sage éprouvait dans sa propre influence la générosité du Dieu sauveur, sa BONTÉ. Et c'est cette Puissance qui est explicitement découverte par Abraham, le jour où il dépasse la science chaldéenne et distingue dans l'Unité du monde le Lien plus fort que la « sympathie », « la Bonté ». Au lieu de l'aveugle conjoncture des astres, la destinée humaine reçoit pour providence le Bonté bienveillante, « humaine », du Créateur. Ici, en appelant à la rescousse une JUSTICE qui est, avec la BONTÉ, le reflet de l'Être invisible et séparé, Philon réunit autour de l'âme les rayons de la divinité. Le *De migratione* court donc lui aussi vers ces deux pôles : lorsque le Sage, obéissant à l'appel, se dégage de tout pour chercher Dieu, il rencontre un jour la Bonté prévenante et gracieuse ; lorsqu'il chemine, nourri de ce viatique, dans les champs de la perversité, la Justice fond soudain et le rejoint pour terrasser devant lui ses ennemis. Son « entrée » et sa « sortie » sont ainsi gardées par l'Être (*Deutéronome*, ch. 28, v. 6).

NOTES

1 En musique, la coda désigne une période brillante qui termine un morceau.

2 Ce paradoxe, avons-nous dit, exprime la gratuité et l'initiative que le « don » de ce départ doit nous faire reconnaître en Dieu.

3 Abraham a reçu l'ordre de quitter « *sa terre* » — « *sa parenté* »...

4 On trouvera des exemples dans *Congr.*, 35 sv. ; *Mutat.*, 12; *Mos. I*, 76 ; *Praem.*, 27, etc.

5 Ici, Philon ferme bien entendu les yeux sur le motif donné par la Bible à la mort de Moïse sur le mont Nébo (*Deutéronome*, ch. 32, v. 51 et 52) : « *parce que vous m'avez*

été infidèles... c'est du dehors seulement que tu verras le pays, mais tu n'y entreras pas ! ». De même, *Legum Allegoriæ III*, 45 explique favorablement la mort d'Aaron.

6 En réalité, Philon laisse de côté le drame de Moïse. En lui faisant voir la Terre sans l'y faire entrer, Dieu, dans la Bible, sanctionne une faute mystérieuse. Mais l'expression « *faire voir* » peut aussi être prise avec le sens quasi technique d'une investiture, indiquant la prise de possession. Par exemple, on lit dans *Deutéronome*, ch. 1, v. 21, « *Vois, je t'ai livré...* », où le second terme, « livrer », explicite le premier : « vois ! ».

7 Dans cette préférence de la vision sur l'audition, Philon suit un des deux courants de la Bible. L'un affirme que l'oreille est le sens supérieur, et qu'en particulier, l'homme ne saurait voir Dieu sans périr (*Exode*, ch. 33, v. 20 ; *Juges*, ch. 6, v. 22s ; *Isaïe*, ch. 6, v. 5. etc.). L'autre courant accorde à l'homme la connaissance par la contemplation. On peut comparer *Exode*, ch. 24, v. 11 et ch. 19. v. 21.

8 On corrigera dans notre traduction de l'édition de Lyon le §60 : « *Votre nombre nombreux parmi les nations...* », et le §68, où l'on ajoutera : « *un peuple plus grand et plus nombreux que celui-ci...* ».

9 Dans la Bible, il est dit de même que Pharaon reconnaîtra l'action de Yahvé en faveur d'Israël (cf. *Exode*, ch. 7, v. 5, etc.).

10 Pour la comparaison de ce passage avec d'autres textes parallèles de Philon, on se reportera à notre édition du *De migratione Abrahami*, Cerf, Paris 1965, p. 152-153.

11 Cf. E. Haulotte, *La symbolique du vêtement selon la Bible*, Aubier, 1966, p. 168 et sv.

12 Philon évite le mot de « *prêtre* », pour réserver l'apparition du grand-prêtre au §102 ; nous trouvons cependant les termes apparentés : συγκαθιεροῦσιν, ou ἱερουργεῖν affectant l'un les femmes pieuses, l'autre les officiants, comme si les deux catégories participaient en indivis à la vérité du culte.

13 Dans la tradition biblique, le personnage de Balaam se voit fort malmené. Déjà *Nombres*, ch. 31, v. 8 le compte sans explication parmi les ennemis tués au cours de la campagne de Madian. A leur tour, les légendes juives ont fait de Balaam un rival de Moïse et l'organisateur diabolique de toute la coalition qui, depuis l'Égypte jusqu'aux portes de Canaan, s'efforce de retarder Israël. Substitut de Laban, cet autre Mésopotamien qui persécuta Jacob-Israël, redoutable magicien, prophète à sa manière, Balaam détestait le peuple élu, nous assure-t-on. Et son châtiment consista précisément à devoir prononcer des bénédictions là où il eût bien désiré articuler des malédictions. Appelé par Balaq, roi ennemi d'Israël, il n'a pas le courage de lui révéler que Dieu infléchira toujours ses paroles dans le sens favorable : c'est là une première dissimulation de sa part, et qui tournera à sa confusion (« *malheureux prophète de malheur* », ironisera Philon au §114). Il continue ensuite de mentir en des circonstances variées : il prétend, par exemple, disposer d'un bon cheval, mais avoir simplement préféré le laisser au pâturage ; en fait, il n'a que cette célèbre ânesse, et celle-ci prend sur elle de détromper les assistants en précisant : « *Ne suis-je pas l'ânesse que tu montes ordinairement ?* » Il feint à un moment de se convertir, en confessant : « *J'ai péché* » ; mais c'est hypocrisie. Déçu dans son attente, Balaq refuse à la fin de lui payer ses services. Ainsi, toutes les paroles citées dans la Bible au compte de Balaam sont-elles retournées par la tradition contre lui, considéré avec persévérance comme un menteur. Et c'est ce dernier point qui nous intéresse ; sous ce jour unique, Philon ne cesse de le persécuter, ici comme ailleurs (*De confusione linguarum*, §159 ; *Quod deterius* §71 ; *Quod Deus immutabilis sit*, §181 à 183 ; *De mutatione nominum*, §202s, etc.). Les légendes juives, comme Philon, établissent un rapport entre la bénédiction accordée à Abraham et, l'aventure de Balaam. De même, la tradition juive a souligné dans ce contexte la formule de *Nombres*, ch. 23, v. 19 : « *Dieu n'est pas comme un homme* », que nous retrouvons ici, au §113 ; elle rend aussi Balaam responsable de l'intervention des femmes de Moab (*Nombres*, ch. 31, v. 16). Le Nouveau Testament a conservé l'écho de ces histoires, avec le jugement sévère qu'elles attachent au personnage de Balaam : *Seconde épître de Pierre*, ch. 2, v. 15 ; *Jude*, v. 11 ; *Apocalypse*, ch. 2, v. 14. Le schéma global traditionnel est un peu compliqué en ce qui concerne la sincérité : désir contenu de maudire / bénédiction exprimée (qui ne réussit pas si bien à Israël, d'ailleurs) / malédiction de Balaam.

14 C'est Moïse, ordinairement traduit par Logos, qui supplie Dieu, d'après la cita-

tion à venir de *Nombres*, ch. 14, v. 20 : « *Je leur serai propice, selon tes mots* » (jeu entre ῥῆμα et λόγος).

15 Bien que l'effet soit autre, peut-être faut-il penser que l'image du musicien doit quelque chose au *De virtutibus*, §73-76, où Moïse chante. Mais il ne faut rien forcer.

16 Cf. *De fuga et inventione*, §133 à 136.

17 Ainsi doit-on corriger la négligence de ma traduction dans l'édition de Lyon, p. 171, lignes 5 et 6 : le singulier importe ici, car « *ton mot* » est substitut de « logos ».

18 Abraham est fils des astronomes chaldéens (*De cherubim*, §4 ; *De gigantibus*, §62-64 ; *Legum Allegoriae*, III, §83 ; *De mutatione nominum*, § 70, 76 ; *De Abrahamo*, §82s etc. désignent en lui le πατὴρ μετέωρος. Mais Laban le Syrien le fut également (cf. *De fuga et inventione*, §45).

19 Les §127 à 142 sont divisés en 4 sections pratiquement égales : les §127-132 ; les § 133-138 (« fin » = « terme » ; les §139-142 (« fin » = « impôt »), et les §143-147.

20 Dans *Legum Allegoriae*, III, §211 à 215, on retrouve l'association de la femme de *Lot* avec les « *Hébreux gémissant* » ; dans le *De fuga et inventione*, §121 à 131, la séquence entière apparaît, avec substitution de Pharaon aux Hébreux : *Lot, Pharaon, Joseph*. Une allusion très atténuée aux souffrances suit la mention de *Lot* dans *De somniis*, I, §85-89.

21 Nous gardons le texte reçu : θεατής, en pensant qu'il repose sur *Genèse*, ch.13, v. 10 : « *Lot vit toute la plaine du Jourdain* ». Peut-être est-on en mesure de suivre plus exactement Philon : Lot ne sait pas interpréter ce qu'il voit par le texte sacré paraît dénoncer son hésitation en poursuivant : « *...la vallée du Jourdain, comme le jardin de Dieu, comme le pays d'Égypte* », double comparaison qui forme une association paradoxale !

22 L'errance des 40 ans est attribuée, en *Nombres*, ch. 14, v. 34s au refus d'Israël d'attaquer les habitants de la Philistie. En *Exode*, ch. 13, v. 17, c'est Dieu qui indique la route détournée. Cf. *Vita Mosis*, I, §163-166 : Philon donne les deux explications.

23 Voir aussi SANDMEL, *Philo's Place in Judaism*, 1956, p. 175s, n. 342.

24 En grec, νὴ τὴν ὑγιείαν Φαραώ / οὐ τὴν ὑγιείαν Φαραώ ne reproduit pas le texte des LXX. Pour l'interprétation, Philon se contente-t-il de souligner le mot négatif, puis positif : οὐ / νή (Colson) ? On laisse la suite inexpliquée : la notion de vœu actif y est nécessaire à l'intelligence des mots « *vouloir la mort* ». Une solution : en hébreu, l'imprécation accompagnant le serment est négative si le vœu est positif, et inversement (on connaît la bizarrerie du latin de la Vulgate, au v. 11 du *Psaume 95 : « Jamais ils n'entreront...* » — « *SI introibunt in requiem meam !* »).

25 Comme s'il y avait עֵינָיִם, « *les deux yeux* » (duel).

26 On doit, en fonction du commentaire, ponctuer le texte grec sans virgule entre Μαμβρῆ et οὗτοι, puisque Μαμβρῆ est attribut de μερίδα : « *Eskhol et Aunan héritent de Mambré* ».

27 Seule la première syllabe peut désigner, en hébreu, le « feu » ; le nom tout entier signifie : « grappe ». Ou bien la traduction de Philon suppose-t-elle une autre coupe : « feu / tout » ?

28 En faveur de la présence cachée d'Isaac dans les §168-170a on peut également invoquer la symétrie des paragraphes en question avec les §164-165. Eshkol y était traduit par « *bon naturel* », et pouvait donc représenter Isaac.

29 On sait que le nom Θεός désigne la Bonté créatrice, celui de Κύριος, la puissance de gouvernement juste ; les deux forment les Deux Puissances majeures.

30 La vraisemblance de notre analyse repose, comme toujours, moins sur ce cas particulier que sur la convergence d'hypothèses analogues et donc de vérifications par le résultat.

31 Dans le *Phédon* 85 e, l'idée d'harmonie n'a-t-elle pas été introduite comme une « hérésie » à l'intérieur d'une objection ? C'est elle cependant qui servira de ressort à la méthode de Socrate dans sa découverte du vrai (ibid. 100 a).

32 Heinemann, éd. de Philon, vol. V, p. 208, n. 2.

33 Cf. un développement semblable mais inversé, dans le *De Abrahamo*, §63-65.

DEUXIÈME TRAITÉ :

QUIS RERUM DIVINARUM HERES SIT

(Abraham dit :) « Maître, que me donneras-tu ? Voici que je m'en vais sans enfant. Le fils de Masek, ma servante, c'est Damascus Éliézer : puisque tu ne m'as pas donné de descendance, mon serviteur héritera de moi ! » Aussitôt, la voix de Dieu vint à lui, disant : « Il n'héritera pas de toi, celui-là. C'est celui qui sortira de toi qui héritera de toi. » Et il le fit sortir au-dehors et il lui dit : « Lève les yeux vers le ciel, et compte les étoiles si tu peux les compter. Ainsi sera ta postérité ». Abraham crut en Dieu : sa foi lui fut comptée à justice. Et il lui dit : « Je suis le Dieu qui t'ai fait sortir du pays des Chaldéens pour te donner cette terre-ci en héritage. » — « Maître, à quoi connaîtrai-je que j'en hériterai ? » — « Reçois pour moi une génisse, un bélier, une chèvre, tous de trois ans, une tourterelle et une colombe. » Il reçut pour lui tout cela. Il les partagea par le milieu. Il plaça les (moitiés) chacune en face de sa moitié. Mais les oiseaux, il ne les partagea pas. Or, des oiseaux descendirent sur les corps qui avaient été partagés en deux. Il siégea parmi eux. Au coucher du soleil, une extase tomba sur Abraham, et voici, une grande frayeur obscure tombe sur lui. Il fut dit à Abraham : « Sache que ta descendance sera en résidence sur une terre qui n'est pas la sienne. Ils y seront en esclaves et seront opprimés pendant quatre cents ans. Je jugerai le peuple auquel ils auront été asservis ; après cela, ils repartiront ainsi avec un grand bagage. Et toi, tu partiras auprès de tes pères, ayant vécu avec paix dans une belle vieillesse. Mais à la quatrième génération, ils s'en retourneront ici : car les injustices des Amorrhéens ne sont pas encore à leur comble. ». Mais lorsque le soleil vint au couchant, une flamme se leva : un brandon de feu passa entre les animaux partagés. Ce jour-là, le Seigneur établit une alliance avec Abraham, en disant : À ta descendance je donnerai cette terre, du fleuve d'Égypte jusqu'au grand fleuve Euphrate ».

Genèse, ch. 15, v. 2 à 18.

INTRODUCTION

Un commentaire allégorique peut passer pour une paisible transposition, mystique ou philosophique, d'un premier texte auquel appartient toute la vérité littéraire, tout le mouvement. Or, dans le cas de Philon, le commentaire forme lui-même une action, une mise en scène dramatisée, un itinéraire spirituel. De surcroît, dans le cas de Philon, l'objet du commentaire, le premier texte, n'est autre que la Bible, et déjà celle-ci vit d'une vie dramatique propre : déjà, elle polémique, déjà elle dit pour contredire, et souvent elle revient sur elle-même, car bien des passages reprennent, remodèlent des pages antérieures, ou les commentent indirectement à leur manière. On pourrait craindre que l'exégèse de Philon fasse perdre l'essentiel de cette première vie intérieure de l'Écriture, soit qu'elle y surimpose une vie différente, contrecarrant un premier rythme par un autre rythme. La liberté d'imagination qu'on prête volontiers à l'Alexandrin quand on veut faire de lui un prédicateur mû par l'association des idées, contribuerait grandement, si elle répondait aux faits, à ruiner le mouvement profond de l'Écriture, qui s'en trouverait énervé, dispersé.

1. L'intention du Texte

Durant l'étude panoramique du *De migratione Abrahami,* nous venons de proposer un mode de lecture qui rend justice à la cohérence interne et au mouvement vital du discours philonien, mais tout en manifestant par endroits comment il dérive lui-même du courant vital de la Bible. En abordant un deuxième traité, nous bénéficions de la preuve par le mouvement qui s'est constituée d'elle-même au fur et à mesure que la répétition des mêmes procédés ou de systèmes analogues a mis au jour les ressorts de la composition dans le *De migratione Abrahami.* Mais nous insistons au départ sur l'harmonie qui existe réellement entre les points forts de l'exégèse de Philon et l'intention que l'exégèse moderne, par exemple, peut déchiffrer dans le chapitre 15 de la *Genèse.* Pour être généraux, ces points n'en sont pas moins fondamentaux. Nous verrons successivement Philon faire en quelque sorte naître Abraham à l'existence autonome, s'élever à la capacité primordiale de nommer les réalités selon leur vérité, joindre surtout dans le culte et dans le souvenir de la Création les deux activités essentielles de son attitude d'action de grâces : tout cela reste dans le droit fil de l'alliance d'un type tout à fait original qui nous est décrite au chapitre 15 de la *Genèse.* C'est là tout d'abord qu'Abraham s'adresse à Yahvé pour la première fois ; c'est là que la forme littéraire de l'anticipation (la prophétie touchant les quatre-cents ans de servitude et le retour en Canaan) permet à l'auteur biblique d'intégrer la création du Peuple, normalement décrite dans le livre de l'*Exode,* à l'intérieur des origines patriarcales ; c'est là enfin que le culte se mêle si étroitement à l'histoire : l'alliance « coupée » entre Abraham et Dieu trouvera une autre forme, un autre cérémonial plus tard, mais non point un autre contenu. Bref, si le ch. 15 de la *Genèse* se comporte authentiquement comme un de ces nœuds de rédaction où Israël peut lire sa nativité comme « fils de Dieu » et donc « héritier de la Promesse », on peut dire que le commentaire de Philon reste dans les limites de ce programme, qu'il le remplit en gros, et que les détails qui paraîtraient divergents viennent se perdre dans le dessin général tout aussi exactement que les nervures transversales d'une feuille.

2. *Les divisions naturelles*

Il est un point où le lecteur verra que notre recherche — exégèse d'une première exégèse — n'invente pas à son tour un texte neuf : c'est notre soumission aux frontières manifestes du discours, lorsqu'il s'agit de déterminer les unités de base. Nous ne déterminons pas d'unités qui négligeraient ou qui surtout viendraient à contredire les divisions marquées dans le texte par le retour à la citation, ici de *Genèse,* ch. 15, précédemment de *Genèse,* ch. 12 et ainsi des autres textes qui constituent la matière des traités successifs. Comme Philon se donne pour un exégète, son discours est déjà circonscrit par le texte qu'il a adopté, et les divisions de ce premier texte telles que Philon les ajuste à l'intérieur de l'interprétation représentent autant de bornes naturelles. Il est arrivé dans l'analyse du *De migratione Abrahami* que nous proposions de faire courir ce que nous appelons un « chapitre » sur deux divisions ainsi définies, mais ce ne fut pas sans les avoir d'abord repérées, appréciées, et conservées d'ailleurs au titre de césures.

3. *Les césures*

La division explicite du discours ne fournit en effet quelquefois que des limites négatives, même si elles nous paraissent inévitables. Sans doute le lecteur de Philon doit-il se donner la peine de chercher la raison intrinsèque et le type de cohérence, original chaque fois, qui en permettant de mieux comprendre pourquoi le développement se trouve suspendu ici plutôt que là, donnent au texte, comme l'été la donne aux fruits, une forme définie, positive, autonome. L'analyse des structures permet de répondre à cette question naïve : Pourquoi Philon s'interrompt-il ? Bien des lecteurs penseraient qu'il s'arrête par épuisement, de lui-même ou de la chaîne des associations possibles. Valéry errait certainement quand il pensait honorer le travail de Proust en soutenant que chaque page de la *Recherche du temps perdu* aurait aussi bien pu se poursuivre « indéfiniment ». Ce dernier qualificatif est fâcheux : entendre Philon, comme lire exactement Proust, revient souvent à surveiller les limites d'un discours, volontaire jusqu'en son silence.

4. Le programme du Quis heres

Le *Quis heres* prend pour sujet le chapitre 15 de la *Genèse*, et il s'agit là d'une base exceptionnellement étendue. Mais Philon est bien loin d'avoir également réparti les effets de l'allégorie : en parcourant le traité, on s'aperçoit que plus d'un verset doit se contenter d'une interprétation presque cursive. En réalité, la répartition est on ne peut plus injuste : deux développements se taillent la part du lion. L'un a fourni la moitié du titre traditionnel et se voit fréquemment désigné sous le nom de « *La division* » (il s'agit des §125 à 236, soit plus d'un tiers de l'ouvrage !) ; et l'autre, plus modeste, couvre tout le début, les §1 à 39, en prenant simplement comme base de travail les mots « *Maître, que me donneras-tu ?* ». Personne n'a songé à isoler ce début, sous prétexte qu'il contraste trop vigoureusement avec la suite immédiate (la fin du verset : « *Je m'en vais sans enfant : le fils de Masek, ma servante née à la maison, c'est Éliézer... Puisque tu ne m'as pas donné de semence, mon serviteur hérite-ra de moi !* » ne dispose plus pour déployer toute sa signification que du court espace des §40 à 65). Quant au chapitre dit « *De la division en parts égales* », nous pensons avec M. Harl, dans l'édition de Lyon, et pour les mêmes raisons, qu'il n'y a aucun motif de l'isoler et de penser que le double titre donné à l'ouvrage par les copistes, « *L'héritier des biens divins et la Division en parts égales* », doive suggérer une partition réelle. Mais nous ne dirions pas pour autant que Philon procède par « morceaux à peu près autonomes » (M. Harl, ibid., p. 18). Le *De congressu eruditionis gratia* connaît des discussions sur le nombre, tout aussi exaltées, d'aucuns diraient tout aussi enflées, que notre chapitre. Mais l'importance de la dissertation consacrée à la Division trouve un fondement dans la nature du traité : nous ne pouvons songer à la justifier maintenant ; et la méthode que nous assumons nous en dispense. Philon, c'est notre préjugé, ne perd nullement le souffle à chaque « morceau ». Il peut dominer une vaste suite de pensées, et rien ne prouve l'hétérogénéité : la variété d'une trame ne condamne pas à fragmenter la chaîne.

5. Les transitions dans le Quis heres

La courbe suivie par le traité *De migratione Abrahami* se trouvait plus fortement marquée par les artifices rhétoriques. En particulier, la première partie proposait une séquence de cinq dons faits à l'homme qui veut s'instruire. L'enchaînement du *Quis heres* dissimule tout raisonnement : c'est que le parti-pris de l'exégète est différent. L'abondance même de la page biblique entraîne Philon dans un autre système, celui de la cohérence interne du texte de *Genèse*, ch. 15. L'émigration d'Abraham, lisible pour ainsi dire sur le terrain, jalonnée naturellement d'étapes, de destinations et de compagnons, offrait avec son mystère le chiffre qui l'ouvre ; mais le *Quis heres* entreprend la lecture d'un texte foisonnant de notions concrètes et abstraites, d'images et de prophéties — dont l'unité naturelle est cachée comme toute vérité. Il faudra recourir à un arsenal de procédés différents ou du moins à des façons plus subtiles des mêmes procédés. On peut prévoir, par exemple, que Philon devra soigner avec précision les sutures : pour que l'Écriture révèle son sens caché, harmonieux, unifié par principe, il faudra trouver par quel angle la surface apparemment capricieuse de la pièce suivante, de la citation suivante, veut bien entrer dans le vaste puzzle. On trouve une sorte d'organe-témoin du travail d'approche considérable exécuté par Philon dans une série de notations figurant à la jonction de deux versets du texte de base, telles que « *Il était donc nécessaire qu'ensuite...* » (l' ἀναγκαίως οὖν ἐπιλέγεται... du §90), ou encore : « *Il a été dit avec grande exactitude...* » ; au §85 : Ὀρθότατα οὖν εἴρηται...), etc. Mais nous aurons l'occasion de montrer qu'il ne faut pas prendre les citations, celles qui permettent de revenir au ch. 15 de la *Genèse* comme les citations intermédiaires, dans l'idée qu'elles sont une justification purement rhétorique d'un développement philosophique antérieur, qui aurait la vedette. Une citation ne se comprend jamais dans Philon comme une autorité : le développement qui la précède ou qui la suit est au contraire entièrement suspendu à la citation. Si elle surgit comme toute naturelle, c'est justement qu'elle récolte ce qu'elle a semé. De ce point de vue, on peut trouver qu'il existe un abîme entre le traitement des citations dans Philon d'Alexandrie et la plupart des Pères de l'Église, dont la mentalité est bien plus conceptuelle que le rabbinisme subtil, délié, beaucoup plus savant dans l'art de suivre les fibres nourricières d'un texte, et où l'intelligence ne siège pas gravement dans les concepts. La lecture de Philon se ramène à surveiller le réseau que la citation, déjà venue ou encore à venir, tisse parmi les idées et les images intermédiaires. La citation ne prouve pas la vérité philosophique, même ; elle l'aborde, l'agite, l'anime, donne à sa triste enveloppe une vivacité, des couleurs et... une philosophie dont elle n'était que l'exsangue projection. Nous verrons pour ainsi dire Moïse se rire des philosophes, les ennoblir (dans les mystères de la division du monde — §161 et sv.), comme il le faisait déjà si bien dans les §180-183 du *De migratione,* page exemplaire, sorte de grossissement microscopique de ce qui se passe en réalité chaque fois qu'une Parole de Dieu effleure une idée de l'homme. Mais quittons ce problème d'ordre général pour revenir à notre texte. Disons que notre commentaire montrera chaque fois la manière dont Philon entend que le verset 3 suit le verset 2 comme sa redondance partielle et son complément tout ensemble. Et voici pour fixer les idées la succession de « chapitres » que, dociles aux divisions apparentes, nous nous proposons simplement de rendre à leur ordre intérieur. Nos procédés seront les mêmes : ils ne prétendent pas ajouter un discours à un premier discours, mais, tels ces colorants qui rendent apparents, dans les expériences physiques, les réseaux d'un tissu qu'on ne saurait suivre sans cet artifice, ils marqueront les chemins de la vie sans la modifier.

6. Divisions adoptées par notre commentaire :

§ 1 à 39 :   chapitre premier : le « Moi » d'Abraham ;
§ 40-65 :   chapitre deuxième : le langage juste ;
§ 66-95 :   chapitre troisième : la migration ;
§ 96-124 :   chapitre quatrième : l'action de grâces ;
§ 125-236 :   chapitre cinquième : le salut de la création ;
§ 237-248 :   chapitre sixième : le jugement juste ;
§ 249-265 :   chapitre septième : la source du langage et du jugement justes ;
§ 266-306 :   chapitre huitième : l'HÉRITAGE du LOGOS.
§ 307-315 :   Conclusion.

Nous sommes en quête des procédés de Philon. Si nous nous attachions davantage à sa philosophie, nous serions tenus de procéder avec égalité. Mais pour éclairer la méthode, il nous faut au contraire appliquer une attention plus grande aux réalités littéraires nouvelles : c'est pourquoi les deux premiers chapitres recevront un traitement beaucoup plus fouillé, qui serait disproportionné s'il s'agissait d'un commentaire doctrinal. De même l'immense chapitre cinquième, celui qui recouvre le thème de la « Division », bénéficiera d'un type d'analyse particulier : il nous incombe en effet de montrer que la dissertation fait corps avec le traité, d'une part, et que, d'autre part, elle obéit en elle-même à tout autre chose qu'à la facilité d'une « liste d'exemples ». Nous y serons plus formalistes qu'ailleurs. Enfin, la dernière partie de l'ouvrage, comprenant les chapitres 6, 7 et 8, recevra un commentaire destiné essentiellement à montrer l'efficacité du procédé que nous avons rapidement défini ci-dessus, et qui consiste à voir dans un verset conséquent une redondance partielle du verset antécédent : ce système court de bout en bout sur la fin du livre, et notre exégèse courra, elle aussi, plus légère et soucieuse de bien marquer cette liaison. Le lecteur en aura déjà rencontré un exemple, moins long, dans l'étude que nous aurons faite des chapitres 3 et 4.

Les raisons internes qui nous font distinguer les huit chapitres indiqués ci-dessus apparaîtront en cours de route. Mais le critère extérieur du style de commentaire, cursif ou appuyé, permet avant toutes choses de distinguer plus simplement dans le *Quis rerum divinarum heres sit* trois parties majeures :

1) les § 1 à 124 :   la naissance de l'Interrogateur ;
2) les § 125 à 236 : le sacrifice de la connaissance ;
3) les § 237 à 315 : l'héritier du Logos.

Ces désignations sont un peu mystérieuses, mais ce n'est point par artifice que nous les jetons ainsi au début du commentaire. Le rythme qu'elles sous-tendent est celui qui nous paraît animer l'ouvrage, et qui, légèrement explicité, donnerait ceci :

naissance du fini
devant l'Infini   / mort / résurrection

Au début, en effet, l'exégète alexandrin se pose à lui-même la question de la subsistance d'un être qui doit tout à l'Être ; plus loin, il oblige l'âme à reconnaître ensuite que tout revient à la Cause universelle, et la connaissance du monde fait par « division » se résout dans le culte : c'est un retour volontaire à la Cause de ce qui en descend ; les derniers chapitres montrent en Abraham l'équilibre nouveau que la consistance, d'une part, et la confession, d'autre part, assurent dans le progressant.

CHAPITRE PREMIER

L'INFINI ET LE FINI (§1 à 39)

I. Le Langage

Les deux premiers paragraphes du livre nous donnent, avec le titre de l'ouvrage, « *L'héritier des réalités divines* », le texte de *Genèse,* ch. 15, v. 1 à 3, qu'il résume d'avance et dont le commentaire se poursuivra jusqu'au §65, à savoir : « *Maître que me donneras-tu? Je m'en vais sans enfant : le fils de Masek, ma servante, c'est Damascus Éliézer* », suivi de cette proposition : « *Puisque tu ne m'as pas donné de semence, mon serviteur héritera de moi!* ».

Jusqu'au §39 nous sommes confrontés avec la seule proposition du texte sacré, « *Maître que me donneras-tu?* » ; et du §40 au §65, la suite reçoit un commentaire plus rapide, on le voit immédiatement, d'autant plus rapide que la toute dernière phrase sert de récapitulation (§65)[1].

Nous allons procéder à cette analyse par trois lectures successives. La première dégagera la composition et la suite des arguments ; la deuxième entrera dans le détail ; la troisième regroupera le faisceau des significations.

1. Première lecture — La composition — les arguments

Comme très souvent, Philon analyse un verset biblique par deux approches complémentaires : l'une s'intéresse à la forme, et l'autre adopte un point de vue plus réel à nos yeux, scrutant, par exemple, la portée d'un geste, la valeur d'un nom. Il arrive que le tout soit combiné avec élégance. Le premier de ces deux commentaires précède la citation, et le second, formel si l'autre a été tourné vers le contenu, ou inversement, achève l'explication une fois que le texte a paru en termes exprès. Ici, nous ouvrons un traité, et la citation précède tout commentaire. Mais les deux types d'exégèse vont entrer en action. À la vérité, le point de vue formel occupera la majeure partie. Philon s'interroge en effet sur le fait qu'Abraham ose s'adresser à Dieu : ensuite seulement, il se met en devoir de considérer la teneur de la question posée par Abraham à son Maître. L'audace du patriarche l'intrigue et l'arrête : quelles dispositions suppose l'audace d'ouvrir la bouche en présence de Dieu ; que signifie le simple énoncé de ces deux expressions qui ont d'emblée l'air antinomiques : « *Que me donneras-tu?* » et « *Maître...!* » ? L'une exprime la soumission de l'esclave ou du sujet ; la seconde profère une exigence. Si nous voulions préciser la répartition du commentaire formel par rapport au commentaire de fond, nous dirions que les §3 à 30 prennent le biais formel, et que les §31 à 39 attaquent plus nettement le problème du contenu.

Mais, pour souligner le paradoxe qui régit la cohabitation de l'obéissance et de la réclamation, Philon est bien obligé, dès les §22-23, de réfléchir brièvement sur la signification intrinsèque des deux mots « *Maître !* », d'un côté, et « *donne !* », de l'autre. L'étymologie suffira : δεσπότης rapproché de δεσμός, le « *lien* », permettra de donner une base au jeu formel, et déjà le §24 tire à nouveau dans ce sens : « *Pourquoi ne poserais-je pas de question ?...* » (explicitement, au §28). Qu'on ne s'y trompe d'ailleurs pas, la distinction que nous proposons entre « forme » et « contenu » a moins de valeur tranchée aux yeux de Philon ; elle nous dit cependant quelque chose qui définit les deux modalités d'une même exégèse.

a) Les subdivisions

C'est bien avec quelque minutie que nous devons suivre le commentaire de Philon. Il n'annonce pas toujours les inflexions qu'il fait subir à la ligne attendue. Voici un premier découpage de son analyse :

1) Les §3 à 21 commentent, mais sans les citer explicitement, les mots suivants : « *Il s'informe en disant...* », πυνθάνεται φάσκων. Philon y examine l'opposition qu'il perçoit entre le « *liberté de parole* » — παρρησία — manifestée par Abraham, et le silence qu'on est en droit d'attendre de l'esclave.

2) Les §22-23 s'attardent sur la signification du mot « *Maître* » — δεσπότης.

3) Les §24 à 28 justifient et illustrent l'apparente contradiction qui résulte du rapprochement de « *Maître !* » avec l'indiscrète interrogation : « *Que me donneras-tu ?* ». À l'idée d'une contradiction réelle Philon substitue celle d'une harmonie, d'une συμφωνία, entre les deux sentiments.

4) Les §28 à 30 explicitent la notion d'« harmonie » par l'intermédiaire d'un texte emprunté au ch. 18 de la *Genèse* : « *J'ai commencé de parler au Seigneur, et je suis terre et cendre !* ».

5) Enfin, les §31 à 39 se tournent vers le contenu de la question posée par Abraham : « *Que me donneras-tu ?* ».

Le dernier paragraphe contraste assez fortement avec ceux qui le précèdent. La pensée et l'expression y sont plus ramassées : ils forment le couronnement et comme la conclusion « accélérée » de cette première section, consacrée au langage. Si l'on observe, de plus, que le §29 a bien amorcé une première conclusion, à savoir l'explication du paradoxe où nous apparaît l'attitude d'un Abraham loquace au moment où il devrait se taire ; que, d'autre part, le §30 donne de ce paradoxe une raison mystique satisfaisante (celui qui reconnaît son néant peut enfin rencontrer son Créateur), on admettra qu'il faille pour plus de clarté réserver une analyse spécifique aux derniers paragraphes, les §31 à 39. Nous parlerons donc des §1 à 30, avant de considérer la conclusion, en quelque sorte redondante.

b) Les arguments

Comme on le voit, la division proposée reste simple. Encore faut-il bien la saisir. En distinguant le contenu et l'énonciation, l'exégète a-lexandrin tire enseignement des deux. Les jeux d'apparence confinés à la grammaire ont une autre portée que l'agrément de l'exposition. Il faut pour s'en rendre compte descendre un peu plus avant et recenser les « arguments » allégués par l'auteur.

Après avoir donné un titre à son ouvrage et rappelé le texte de base (*Genèse,* ch. 15), il commence par s'étonner (§3). Il s'avoue scandalisé de ce qu'Abraham parle. Cet étonnement et la manière dont l'Écriture permet finalement de le dissiper orientent tout le premier développement (§3 à 39).

Au §4, l'étonnement de Philon trouve une première justification et même une consécration dans la rapide évocation d'un passage de l'*Exode* nous montrant Moïse, le parangon des amis de Dieu, timide et muet devant Dieu... Mais ensuite, obnubilant un moment l'image de Moïse, la voix du bon sens, se faisant entendre par le truchement de Ménan-dre, affirme qu'il n'y a point de scandale si l'esclave prend quelque li-berté de parole. Et même, saine théologie morale, on peut concevoir que le serviteur de Dieu fidèle et accompli puisse librement s'adresser à son maître... Ce sont là argumentations précises, tirées l'une de la conve-nance, l'autre de la bonne conscience. La philosophie s'en mêle enfin : le thème de l'esclave-roi transparaît au §7 : « *...une joie plus grande que celle qu'il y aurait à régner...* »[2].

Les §8 et 9 montrent ensuite qu'Abraham entre bien sous cette règle générale du « bon serviteur ». Le livre de la *Genèse* ne lui reconnaît-il pas ailleurs cette qualité (cf. la louange de *Genèse,* ch. 26, v. 3 à 5 : « *Abraham, ton père, a écouté ma voix...* »)? La cause semble donc enten-due. Abraham pouvait parler ; et le scandale devrait cesser.

Apparemment, il n'en est rien, puisque le débat reprend soudain au §10. L'argumentation rebondit sur une opposition rhétorique mise entre le « silence » et la « parole ». Philon cherche à nouveaux frais une seconde justification de son Abraham trop disert. Comment cette justification est-elle conduite? Au fait, dit l'exégète, que signifie exactement « se taire » ; que signifie « parler »? L'Écriture ne dit rien pour rien, et l'o-racle exige : « *Tais-toi et écoute* » : c'est que la redondance n'est qu'appa-rente. Le silence paraît exigé deux fois : « Tais-toi » l'impose directe-ment ; « écoute » le présuppose, car on se voit mal écouter tout en bavar-dant soi-même déjà. Sous la redondance, l'allégoriste doit donc distin-guer deux réalités : il existe deux manières de se taire. Le précepte re-doublé « *Tais-toi et écoute!* » frappe les ignorants (§10 à 13), c'est-à-dire la masse du Peuple (le §14 cite alors *Exode,* ch. 14, v. 14 : « *Le Seigneur combattra pour vous, et vous, vous vous tairez!* »). Au contraire, Moïse est dans le vrai lorsqu'il parle, et même en vient à hurler (καταβοᾶν) en présence de Dieu. Mais s'il en est ainsi, le timide Moïse, qui tout à l'heure semblait faire la leçon à un Abraham trop audacieux (§4), montre ici par son propre cheminement du silence au cri la validité des interrogations formulées par Abraham, et jugées d'abord intempestives. Non seulement leur validité apparaît, mais leur nécessité, et, derrière la nécessité, la signification qu'elles prennent.

L'argument de Philon est en substance le suivant : pour comprendre l'audace d'Abraham, il faut demander à l'Écriture *un autre exemple* de la même intempérance, un exemple au-dessus de tout soupçon et qui permette l'analyse de ce que le premier offrait de trop abrupt et compact, sous une forme synthétique. La *Genèse* montre en effet sans pré-avis, sans explication apparente, un Abraham trop hardi ; l'*Exode*, comme souvent dans Philon, nous présente une évolution de Moïse, qui par sa lenteur même et les étapes qu'elle franchit, permet d'entendre la première. Moïse va de la timidité à l'audace, du silence au cri : Abraham y était déjà établi.

En fait, poursuit Philon, cette dialectique du « silence » et du « cri », manifestée en toute clarté par l'*Exode*, existait dans le texte de la *Genèse*. Encore fallait-il savoir la lire. Au lieu d'une opposition et d'une évolution des circonstances historiques à l'œuvre dans l'*Exode*, le texte de la geste patriarcale se contente d'une opposition statique, une opposition de mots : « *Maître — Que me donneras-tu?* ». Deux pôles d'une dialectique, moins voyante, il est vrai, déterminent discrètement la même évolution. Les §22-23 exposent par étymologie la portée du mot « *Maître—Δεσπότης* » ; les §24 à 28a font dire à Abraham comment Dieu lui-même lui octroie le droit de parole, la παρρησία, en lui donnant le « *désir de savoir* ». Voilà bien le mot : on sait que le désir de « savoir » est l'emblème constant de la personnalité d'Abraham, suivant le code philonien. En conclusion, les §28b-29 célèbrent l'ivresse dont Abraham jouit grâce au mélange des deux sentiments opposés, la « crainte » et la familiarité.

c) La suite des arguments :

Devant cet enchaînement de raisons, force nous est de reconnaître que la suite n'en paraît pas obvie ; elle a même quelque chose de violent. Philon ne pose pas, bien entendu, une série de remarques occasionnelles, attirées par l'association des idées : la volonté de l'auteur joue tout le temps son rôle vigilant. Ainsi, au lieu de consentir simplement au texte de base, Philon commence par le contester dès le départ. Puis, pour expliquer le mystère qu'il a lui-même déposé dans le texte biblique, il avance successivement deux trains de raisons, qui sont en contrariété l'un avec l'autre. Car les § 5 à 10 apportent d'abord des raisons positives pour faire admettre l'audace d'Abraham : le bon sens, les services rendus par le serviteur méritant, qui est une sorte de « serviteur utile » par opposition au « serviteur inutile » de l'Évangile! Mais les § 10 à 30 introduisent des raisons négatives, en les poussant à leur terme : « *Celui qui reconnaît <u>son néant</u> a le droit de parler* ». On peut entendre derrière cette formule un écho, en termes philosophiques, de la tradition rabbinique telle que nous la retrouvons dans *Luc*, ch. 17, v. 7-10, par exemple : δοῦλοι ἀχρεῖοί ἐσμεν.

Deuxième observation : du début à la fin le texte gagne en densité.

Déjà nous avons pu isoler les §31 à 39 et les réserver pour une étude à part, en signalant la plus grande complexité et l'accumulation des images qui s'y trouvent enchaînées. En regard de cette dernière page, les §3 à 30 présentent une allure plus régulière. On peut parler à leur sujet d'un développement « linéaire » : il ne s'y trouve pratiquement aucune phrase qui ne soit le clair prolongement de la phrase précédente, à l'exception toutefois du §15, qui se signale du fait même et sur lequel nous allons revenir. Ainsi, la progression qui conduit Moïse du silence au cri, puis à la clameur, peut bien être appelée « linéaire ». À la vérité déjà, les §24 à 30 se présentent dans le détail sous une forme plus complexe que le reste, mêlant les difficultés à la solution de ces difficultés, les imbriquant pour les mettre en faisceau. Subtilement, Abraham s'adressant à Dieu, met en parallèle le fond et la forme de sa question : « *Qu'étais-je pour que tu me donnes part au langage, pour que tu conviennes avec moi d'une rétribution ?* »[3], car la première expression justifie son audace à parler (avec le mot « *langage* ») ; la seconde reprend le fond du problème et ne fait que traduire la formule de départ : « *Que me donneras-tu ?* ». Ce balancement entre les deux intérêts exégétiques, formel et réel, se trouve au §26. Mais il revient au §27 : en disant maintenant « *Tu es mon droit, ma liberté de parole, ma richesse* », Abraham fait successivement allusion à la forme, par le «droit de parler », et au fond, par la « richesse » — qui reconduit la question de l'héritage, de ce que Dieu doit « donner ». Enfin, les mêmes §24 à 30 font alterner rapidement les mentions du respect et de la témérité, comme pour préparer et justifier d'avance le terme de « *mélange* » — κρᾶμα — qui vient au §29. À la témérité appartiennent les §25 et 28a ; à la révérence, les §24, 26-27 et 28b ; à leur mélange enfin, les §29-30.

Troisième observation : le §24 inaugure un discours de style direct. Abraham, soudain, interpelle Dieu : « *Je n'ignore pas,* dit-il, *ta puissance transcendante…* ». Avant tout autre explication plus profonde, empressons-nous de souligner que ce passage du « il » au « tu », de la dissertation à l'interpellation, correspond, avec un léger décalage seulement, au fait que dans le ch. 15 de la *Genèse* Abraham s'adresse directement à Dieu pour la première fois de son histoire. En ce sens, le style de Philon calque celui de la Bible. Dès le §40, le style direct sera abandonné : c'est dire que Philon a vivement ressenti, au début de son analyse, l'apparition d'un rapport personnel établi entre Dieu et Abraham, pour ainsi dire violemment, par une parole audacieuse. Il faut encore noter ici que l'audace d'Abraham et l'emploi de la deuxième personne sont provoqués par Dieu, tant dans le texte sacré où pour la première fois à cet endroit il se définit devant Abraham : « *Je suis pour toi un bouclier* », lit-on en *Genèse,* ch. 15, v. 2, que dans le commentaire de Philon, puisqu'il rappelle, au §1 et au §27, la rétribution promise. Philon a retenu la valeur dramatique de cette première invocation, et l'on entrevoit ce que la fidélité à l'Écriture a pris comme détour. Nous verrons aussi pourquoi Philon suspend le discours direct au moment où Abraham en a terminé avec une prise de conscience complète de ce qu'il est lui-même. Autrement dit, lorsque le « tu » de l'invocation a suscité en lui un « Je » suffisamment autonome en face de Dieu.

Enfin, quatrième et dernière observation, il est possible de noter que, dans le mélange mesuré de crainte et d'audace, nous avons affaire à un premier exemple de la *division* et de l'harmonie qui règlent l'être créé. Mais il est une autre complémentarité qui confirme ce que nous avancions au sujet du rapport de deux sujets autonomes qui s'établit entre Abraham et Dieu, entre « Tu » et « Je ». Si l'on revient aux mêmes § 24 à 30, on voit se superposer à l'alternance de la « crainte » et de l' « audace » une exaltation, elle-même ambiguë, double, l'exaltation de Dieu — sans qui Abraham ne saurait être quelque chose — et l'exaltation du Moi d'Abraham précisément (§ 29-30). Par une sorte de retour sur ce qu'il éprouve, Abraham est dit « *jouir sans connaître la satiété* ». Au lieu de se perdre dans la contemplation de Celui à qui il s'adresse ou de porter les yeux sur l'objet à venir de son interrogation (« *Que me donneras-tu?* »), l'héritage futur, il opère un retour sur lui-même dans la jouissance de son état. Si bien que cet état cesse d'être simplement justifié du dehors et par toutes sortes de bonnes raisons ou de bons exemples, tel Moïse, tel Ménandre, mais il acquiert l'évidence affective. Ce « cogito » du cœur, Abraham le détient, et il a même l'avantage pour la suite de la dialectique de n'être pas immobile, simple, puisqu'il est fondé sur la perception d'une adversité, d'un mélange, d'une division des sentiments, encore subjective il est vrai, mais dont la suite du traité manifestera la fécondité objective.

Au début de son ouvrage, Philon nous a parlé d'une « *joie* » débordante et purement extatique (χαραί — περιχαρές, au § 3), qu'on devait poser comme silencieuse, tout absorbée dans la contemplation de son objet. Nous voici maintenant témoins d'une « *jouissance* » (εὐωχοῦμαι) triomphante, sensible, intempérante et loquace. Est-ce une retombée? Abraham perd-il au change? Non, sans aucun doute. Car le « Je » superbe et conscient qui envahit la fin du chapitre, à côté du « Tu » divin, est celui d'un être qui, par Dieu, prend conscience de soi, et manifeste par là même la consistance du don qu'il a reçu. Et il le fait en prenant conscience de ses limites, des deux limites posées par le temps : celle du passé, des origines qu'il évoque en disant : « *Qui étais-je...?* » (§ 26) ; celle que lui impose un avenir lointain et qu'il ignore : « *Que me donneras-tu?* » (§ 24 et 31). À la « *joie* » idéale mais dépossédante, éperdue, excessive parce qu'illimitée, Philon fait succéder une « *réjouissance* » s'arrêtant en soi-même, sinon à soi-même. Nous allons de l'illimité au limité, de l'idée au réel, de l'ineffable au créé. Le mélange des sentiments dont Abraham jouit, forme inchoative de la « division », offre par avance au lecteur le chiffre de cette création. Le début du livre nous apparaît à bon droit comme une réflexion sur la *limite*, c'est à dire la garantie de l'existence.

Nous proposons un tableau qui rassemblera pour la mémoire les résultats acquis durant la première lecture. Sur la gauche on trouvera les têtes de développements empruntées au texte de la *Genèse*. On y remarquera le traitement qu'il subit au § 22 et jusqu'au § 39 : la citation « *Maître, que me donneras-tu?* » est prise terme après terme, de telle sorte que l'analyse commence normalement par le premier, « *Maître* », mais que tout de suite après vienne le conflit né du choc des deux expressions « *Maître* » / « *que me donneras-tu?* », et seulement en fin de commentaire la seconde expression « *Que me donneras-tu ?* ». Ajoutons, au sujet des citations, que Philon ne dit pas expressément au §3 qu'il est en train d'expliquer les mots : « *Abraham s'informe en disant ...* ». À cette omission, qui paraîtra bénigne, il existe une raison — que bientôt nous aurons tout loisir d'expliquer.

À droite du tableau, nous avons placé deux séries d'indices : la première, sur la nature du commentaire par rapport au texte, suivant qu'il adopte le point de vue de la forme ou du contenu ; la seconde, sur le jeu des pronoms personnels.

Au milieu, une colonne plus complexe et en même temps plus complète que les pages précédentes, regroupe des commencements d'interprétation : la distinction des deux types de solution apportés au paradoxe initial (Abraham ose parler) ; l'évolution en trois époques de l' « *esclave* » à l' « *ami* », puis au « *Moi* » autonome désigné par la jouissance de l'harmonie. Mais ce qui complique un peu la séquence des concepts ainsi rappelés, c'est la présence des citations bibliques à partir desquelles le commentaire de Philon trouve sa matière. Cette dernière rubrique mérite un mot de précision, car elle nous permettra de nuancer notre propre commentaire.

PHILON	ÉCRITURE	EXÉGÈSE	INDICE	PERSONNE
§1-2	Titre, citation (*«Abraham dit»*)			*«IL»*
§3		paradoxe! car Moïse muet. 1° solution: *esclave* philos. théol.	FORME	
§9		*«Abraham a écouté ma Voix»* = le bon serviteur		
§10-13		*«Vous vous tairez»* 2° solution: *ami* mystique		
§14		*Moïse parle* *crie* *hurle*		
§19		*«Que Dieu ne nous parle pas»*		
§21		*Moïse réclame* en ami		
§22	*«Maître / / que me donneras-tu?»* a) *Maître*	mélange de crainte / audace	CONTENU	
§23	b) *Maître /* *Que donnes-tu?*	mélange	FORME	*«TU»* / *«JE»*
§29		*«Maintenant, j'ai commencé de parler!»*		
§31-39	c) *que donnes-tu?*		CONTENU	
	«APPRENDS-MOI!»			*«MOI»* identité ou naissance d'Abraham comme INTERROGATEU DÉSIR DE SAVOI

Revenons au problème des citations annexes. Leur simple projection sur le tableau offre plusieurs enseignements. La première citation annonçant que Moïse était « *muet* » constitue le premier degré d'une ascension qui nous conduira jusqu'au « hurlement » ; la seconde, « *Abraham a écouté ma voix* », prépare l'analyse du silence distingué en silence « utile / inutile » aux §10-14a, en même temps qu'elle permet de conclure au sujet d'Abraham qu'il fut un bon serviteur : une étape est achevée, sous le signe de l' « *esclave* ». La longue réflexion qui prend le cas de Moïse (§ 14 à 21) montre en lui non plus un serviteur, mais un « *ami* » ; or, au milieu de ce passage (§ 19), la citation « *Que Dieu ne nous parle pas !* » forme inclusion avec les mots « *Vous vous tairez !* », en ce sens que le silence imposé à Dieu se retourne en silence imposé par Dieu au peuple. Nous reviendrons sur ce chassé-croisé subtil. Quant à la dernière citation, « *J'ai commencé de parler...* », elle apporte au terme de l'exégèse un mot que nous attendions depuis le début : « *parler* ». Nous justifierons ce délai.

L'effet de ces citations extérieures au ch. 15 de la *Genèse* peut être ramené à un phénomène unique : l'auteur en use pour constituer à l'intérieur de la structure logique (ou rhétorique) une autre structure. De la sorte, en vérité, suivant l'attention qu'on leur porte respectivement, c'est l'une ou l'autre qui prend tout le relief. Mais nous allons approfondir ces remarques dans l'analyse de détail, qui sera notre deuxième lecture.

2. Deuxième lecture — Les paradoxes : leur existence, leur sens

a) Les paradoxes

L'audace d'Abraham forme un paradoxe (§3), qui est interprété à l'intérieur d'un autre paradoxe, la grandeur du « *néant* » (§ 29), laquelle à son tour permet d'entrevoir la consistance de l'être fini (la « *jouissance* » de soi, §29). Chemin faisant, un certain nombre de couples apparaissent au lecteur de Philon. Silence et parole, bien sûr ; mais aussi : service et amitié ; crainte et hardiesse... Les relations qui régissent ces couples ne sont pas simples : elles peuvent être dites « dialectiques », c'est-à-dire impliquant un passage réglé du même dans son contraire. Tout le problème de l'interprétation revient à manifester cette règle. Ainsi, la parole peut convenir au « serviteur », mais sur fond de silence : ce silence, comme on le voit dans le cas de Moïse, n'est pas univoque, et c'est là que s'opère justement la dialectique de médiation. Ce n'est pas un hasard si le développement consacré à la parole de Moïse occupe le centre de toute la section.

À côté de ces couples dont l'existence est manifeste, il s'en présente de plus subtilement accordés : la suffisance du « serviteur », appuyée dans les §5 à 7 sur la « convenance », s'oppose à sa présentation nouvelle, aux §34 à 30, comme nous l'avons indiqué : nous trouvons alors le partage entre la jouissance de soi et le sentiment de son néant. Un autre exemple réunit et oppose le silence que Dieu commande aux Hébreux (« *Le Seigneur combattra pour vous, et vous, vous vous tairez* ») au silence qu'indirectement le Peuple impose à Dieu (« ...*Que Dieu ne nous parle pas!* » — §19). De la sorte, le chapitre repose sur de sourdes correspondances autant que sur les conflits évidents de mots exprès, d'idées ou d'exemples. Cette deuxième lecture en esquissera une interprétation. Voici tout d'abord pour la commodité du lecteur, la suite de ces formations plus ou moins surprenantes, où se complaît non seulement l'Alexandrin, mais à l'en croire, la vérité qui, dans l'Écriture, « *aime à se cacher* » :

— Abraham parle, alors qu'il devrait se taire (§3) ;
— la joie extrême empêche de parler ; mais la « joie » est l'état de l'homme libre et parfait : faut-il entendre qu'Abraham, bien qu'esclave, est « roi », de la royauté du serviteur fidèle ?...
— Moïse, lui, ne peut parler : or, il en vient à crier, à hurler même (§19) ;
— le Peuple doit se taire (§14) ; mais il fait taire Dieu (§19, citant l'*Exode,* ch. 20, v. 19) ;
— Dieu interroge Moïse : or, il connaît d'avance la réponse (§15). Ce nouveau paradoxe constitue un passage-clé, sur lequel nous nous étendrons ;
— aux §21-22, on voit que le premier mot prononcé par celui qu'on vient de désigner par le titre d' « *ami* » (le φίλος du §21), n'est autre qu'un mot d'esclave : « *Maître!* » ;
— crainte et audace forment un mélange enivrant ;
— enfin, que peut « *donner* » Dieu, qui a déjà tout donné (§31 à 39) ? Cet ultime paradoxe forme la conclusion, et sous la figure littéraire d'une « accélération », comme nous le préciserons en l'étudiant à part.

Ces « paradoxes », liés entre eux, ne sont pas un simple ornement de la réflexion. Il faut les ordonner et les suivre dans leur enchaînement. Avant de mener à bien cette recherche, nous allons aborder un problème dont la solution nous servira pour comprendre l'ensemble du système des paradoxes, celui du TEMPS. Car Philon a organisé la durée littéraire des ses personnages en obéissant à un dernier paradoxe, bien plus discret que les autres.

b) Le paradoxe du temps

Prenons le début et la fin de la section. Philon parle au début d'un état d'Abraham qui le situe à la fin ; et il parle à la fin d'un mouvement qui permet à Abraham de « *commencer à parler* ». Il s'agit des §8 et 30, respectivement. En effet, au §8, nous rencontrons une citation de *Genèse,* ch. 26, v. 3 à 5, c'est-à-dire un texte situé dans la geste de Jacob, le petit-fils d'Abraham, et non plus dans celle d'Abraham. Sans doute est-il là pour montrer par son autorité que le premier Patriarche fut le serviteur accompli, et qui possède du coup un droit certain à la parole : « *Il a gardé mes commandements, mes ordonnances et mes lois* ». Mais de surcroît, ce texte concerne Jacob tout en s'adressant à Isaac : « *Je te donnerai à toi* (Isaac) *et à ta descendance* (Jacob)... ». Il a pour effet de rendre inutile la question posée par Abraham, puisque Dieu dit : « *Je te donnerai...* »,

et qu'il manifeste par l'évocation anticipée des deux générations héritières d'Abraham, Isaac et Jacob, que l'héritage pour lequel Abraham est
entré en souci est pleinement assuré.

On pourrait penser au premier abord, devant cette apparente désin-
volture, que Philon ne s'intéresse point à l'histoire, qu'il ne cherche pas à
produire un effet dramatique en prolongeant l'attente, que son dessein
se borne à traduire en réalités intemporelles et individuelles des éléments
circonstanciés du récit biblique. Peu lui importerait après tout que la
citation désamorce pour ainsi dire l'intérêt du lecteur, en évoquant trop
tôt la fin de l'histoire. Le texte de la *Genèse,* pour sa part, s'emploie bien
certainement à faire éprouver au lecteur la durée de l'attente, et donc la
foi patiente d'Abraham : pour cela, elle multiplie les promesses, les solu-
tions provisoires, qui sont autant de fausses pistes, telle la naissance
d'Ismaël (*Genèse,* ch. 16). Mais il n'est pas prouvé que Philon ne considère pas le mystère du temps. Ce serait une chose de confondre les moments du temps et d'invoquer un texte, n'importe quel texte, pourvu
qu'il permette à l'exégèse absolue et à l'allégorie de dégager une vérité
intemporelle, ici par exemple la citation 'prouvant' qu'Abraham acquiert
le droit de parler à Dieu, puisqu'il est parmi les serviteurs fidèles ; c'est
autre chose de manifester la présence de la Fin dans les origines, un peu
comme nous l'avons déjà noté en expliquant le *De migratione Abrahami.*
La citation invoquée ici par Philon est « remarquable », au sens où l'on
emploie ce terme en mathématique : c'est un éloge posthume, situé de
plus au moment décisif où Dieu articule l'avenir du Peuple sur ce qui est
déjà du passé ; c'est l'instant d'Isaac, médiateur entre son père Abraham
et l'héritage de Jacob. L'oracle — c'est surtout là ce qu'il apporte de
« remarquable » — l'oracle prend l'existence d'Abraham comme à revers,
une fois qu'elle est parvenue à son achèvement.

Cette interprétation serait plus fragile sans le renfort de la seconde
citation annexe. Le §30 introduit en effet un texte tiré de *Genèse,* ch. 18,
v. 23 et 27, pour justifier pleinement le Patriarche dans son audace à
parler : « *Voilà bien le sentiment de mon âme, tel que l'a gravé sur le monument dressé à ma mémoire Moïse l'Observateur. Il écrit en effet : S'étant
approché, Abraham dit : Maintenant j'ai commencé de parler au Seigneur...* ». L'explication arrive donc, mais au terme de l'exégèse. La raison
pour laquelle Abraham a *commencé* de parler, le moteur qui a tout mis en
route, cela nous est donné non seulement à la fin, mais d'une manière
solennelle : l'autorité invoquée est un Moïse dont la plénitude de vérité
nous est dûment rappelée ; la parole qu'il profère est un texte d'épitaphe.
Le mot λαλῆσαι traduit le premier φάσκων que renfermait la première
citation : πυνθάνεται φάσκων (*Genèse,* ch. 15, v. 1, cité au §2) : il est plus
humain, plus proche de la facilité d'un dialogue.

Mais ce qui retient davantage l'attention dans le §30, c'est justement
la formule compliquée dont la citation proprement dite est précédée :
« *Moïse, l'Observateur, a gravé sur le monument dressé à ma mémoire...* ».
Par ce biais, la citation passe au style indirect et elle échappe partiellement
au contexte du cycle d'Abraham, d'où elle est tirée cependant (le ch. 18
de la *Genèse* raconte bien encore l'histoire d'Abraham). Philon s'arrange

pour que ce verset ressemble à une épitaphe qui, du dehors et comme après coup, sanctionne l'existence du Patriarche censé disparu. Il la symbolise comme on fait pour un mort, par le trait saillant qui en perpétue l'esprit : ici le mélange d'audace et d'humilité. La citation de *Genèse,* ch. 26, faite au début — §8 — était d'elle-même un éloge posthume ; celle-ci, par un détour solennel et volontaire, le devient. Bien sûr, il y a de fortes chances pour que Philon ait pris à la lettre les mots de la Bible : « *J'ai commencé de parler, et je suis terre et poussière* », où la seconde proposition évoque l'état de cadavre, « *terre et poussière* ». S'il est mort, Abraham a droit à l'éloge funèbre... Mais cette concordance de détail montre seulement l'habileté de Philon ; elle n'épuise pas l'explication : Philon conjugue ordinairement dans une seule citation plusieurs intérêts.

Le lecteur s'étonnera moins si, plus loin, il nous voit revenir avec insistance sur le caractère métaphysique de ce premier chapitre, lorsqu'il sera question en particulier d'interpréter le pronom interrogatif « *Quoi...?* » de la question posée par Abraham : « *Que me donneras-tu ?* ». Les deux éloges qui encadrent ainsi la section (§8 et 30) donnent des définitions concrètes de la personne d'Abraham, et non pas seulement des portraits universels du sage. Leur position, au début et à la fin d'une grande division du traité, tout comme leur caractère commun d'épitaphes, donc de résumés et de symboles de l'existence, nous orientent vers une affirmation de la *personne* comme telle, du *sujet* consistant et défini, que la trop grande proximité de Dieu paraissait anéantir ou réduire au silence.

Cette présentation paradoxale du TEMPS se répercute à l'intérieur de la citation elle-même. Les mots « *maintenant* » et « *j'ai commencé* » dans la phrase « *Maintenant j'ai commencé de parler au Seigneur...* » contredisent en eux-mêmes le genre de l'éloge funèbre où ils sont insérés. Ils disent le présent et engagent l'avenir, sans le moindre retour sur l'existence passée. Ils désignent l'origine, l'impulsion qui décide Abraham à ouvrir la bouche. Moïse a donc retenu une parole pour la mettre en relief, une parole qui précède dans la logique et la chronologie celle dont l'exégète a entrepris l'analyse dans son premier chapitre. La formule « *Maintenant, j'ai commencé de parler au Seigneur* » traduit une sorte de décision intérieure, qui explique, précède et justifie son effet : « *Il s'informe, disant* ». Mais la cause est révélée après l'effet. À ce titre, ici encore, le commencement touche à la fin : le courage particulier qui pousse Abraham à parler (§3) n'est donc autre chose que l'*anticipation de l'état dernier* où Moïse voit le patriarche (§30). Cette forme de présent immobile (le « *maintenant* » du §30) était déjà à l'œuvre dans une péripétie de l'existence d'Abraham. Il explique aussi bien pourquoi Abraham a parlé jadis (ce chapitre 15 de la *Genèse* repose sur la question d'Abraham) que la lumière définitive où Abraham est fixé comme éternel INTERROGATEUR de Dieu. Son épitaphe dit de lui « *Maintenant, j'ai commencé de parler au Seigneur* » : tel est, on le sait, le blason d'Abraham dans l'allégorie. Il est le sage qui s'adresse à Dieu ; qui interroge et cherche le savoir.

Ainsi, entre le §8, citant Isaac et Jacob comme témoins, et le §30, évoquant Abraham, mais dans des paroles de Moïse, un chassé-croisé est établi sous le rapport du temps. Dès le départ, l'avenir se laisse entrevoir, avec la postérité assurée ; au terme, c'est l'origine ou la cause des discours d'Abraham qui se montre : et cette origine a quelque chose d'éternel, en tout cas d'essentiel — nous reviendrons sur ce point également. L'audace d'un Abraham trouve son fondement dans son essence de questionneur de Dieu, donc dans une antériorité logique et chronologique sur sa question. En ce sens, le mot-clé de la seconde citation reste le « *maintenant* ». Avec lui, nous voici en repos : le point de vue de Moïse sur Abraham s'en trouve fixé, comme l'épitaphe qu'il grave, et en même temps capable d'engendrer chaque point de l'histoire d'Abraham, puisqu'il fournit le secret de ce mouvement paradoxal sinon absurde d'un serviteur comblé mais qui prend la parole, qui interroge comme s'il lui manquait quoi que ce fût, et comme s'il n'était pas déjà ancré dans la présence de Dieu.

C'est un procédé familier à l'Alexandrin, que de remonter du terme aux origines, de l'effet à la cause. Mais telle est, d'autre part, l'une des caractéristiques de livres sapientiaux bibliques. Qu'on jette un coup d'œil sur les premières pages du livre des *Proverbes* ou sur le livre de *Job,* dont la fin revêt les couleurs d'un mythe de création ; qu'on ouvre le livre de la *Sagesse,* plus proche de Philon, et qui remonte lui aussi de l'*Exode* à la *Genèse.* Cette perception des choses par mouvement anagogique convient évidemment à l'exégèse allégorique. Dans le traité précédent, *De migratione Abrahami,* le discours de Philon remonte les différentes émigrations d'Abraham, au fur et à mesure qu'il étudie la toute dernière : c'est à la fin du livre que nous assistons au premier départ qui conduisit Abraham d'Ur des Chaldéens jusqu'à Harran, bien que le texte de la *Genèse* mis en cause dans ce traité soit le début du ch. 12, c-à-d le départ de Harran vers la terre de Canaan.

c) Conséquence de cette économie sur les deux justifications d'Abraham :

Si cette forme d'anagogie existe bien dans le texte de Philon, le premier chapitre en est tout entier marqué. Nous allons du terme à l'origine qui le fonde. Mais précisément, la première lecture nous avait permis d'observer le passage effectué par Abraham d'une assurance fragile, celle du serviteur justifié par ses oeuvres (§5 à 8), à l'assurance double et définitive du serviteur inutile, armé de sa conscience du néant, conforté à la fois par l'appel de Dieu (§25) et la jouissance de soi (§29). Le mouvement qui nous conduit de la fin au commencement assure peut-être en même temps une évolution de l' « apparence à la réalité ». C'était une apparence — ce qui ne signifie pas vanité — que cette règle de bon sens édictée par Ménandre ; ou encore ce mérite du serviteur patenté. Aussi le rebondissement du problème qui nous avait arrêtés au §10 n'est-il provoqué par rien d'autre que par l'insuffisance intrinsèque du premier lot d'arguments, tirés du mérite ou du bon sens. Il fallait remplacer cette apparence : Philon a trouvé dans la citation qui autorisait Abraham à parler quand il aurait dû se taire un mot l'obligeant à revenir au silence !

Car si Abraham reçoit le brevet de bon serviteur (et donc le droit de parole), c'est au dire de *Genèse,* ch. 26, v. 3 à 5, parce qu'il a « *écouté* ». Mais « écouter » suppose qu'on se taise[4], et nous serions au rouet si Philon n'avait prévu qu'en repartant du silence, il nous faisait rejoindre celui de Moïse, et que, par Moïse, nous arriverions à la parole réglée. Du même coup, les §3 à 9 reculent dans le domaine du provisoire. Par opposition aux types bibliques dont nous allons recevoir ensuite toute la lumière désirable, les raisonnements de la première phase explicative apparaissent simplement vraisemblables, et ils se placent sur un plan universel. Universalité logique : Abraham est justifié par une sorte de syllogisme : un serviteur accompli possède le droit de parler ; or Abraham est un serviteur accompli : donc... Il est piquant de noter que la mineure est étoffée par une citation (*Genèse,* ch. 26, v. 3-5), qui porte elle-même ce caractère général et universel : « *Il a gardé mes commandements, mes préceptes et mes ordonnances avec mes lois* ». Cette formule est, on le sait, anachronique dans le livre même de la *Genèse* : les expressions techniques détaillant l'observance légaliste supposent la connaissance de la Loi telle que le Seigneur la dicte à Moïse dans le livre de l'*Exode,* et elles ressemblent par ce style redondant aux différents codes qui règlent la vie du pieux Israélite, particulièrement au *Deutéronome.* On imagine à lire cette formule qu'Abraham a médité les Prophètes et fait partie d'un cercle deutéronomiste. Du même coup, nous sommes enfoncés dans la perspective universelle et relativement abstraite où évolue le premier essai de justification apporté par Philon à l'audace d'Abraham : Abraham entre sous la règle universelle. Mais en fait, il s'y perd, plus qu'il ne s'y trouve.

À l'inverse, le §30 donne d'Abraham une figure singulière, « retrouvée », signée de ses caractères essentiels ; et l'éloge retient ce qu'il a de plus personnel, de plus adapté aussi à la situation présentement discutée. Avant de demander : « *Que me donneras-tu ?* », il se pose lui-même en disant : « *Moi* », dans le texte « *Et moi, qui suis terre et poussière* ». La différence entre les deux séries d'explications, entre les §5 à 9, d'un côté, et les §10 à 30, de l'autre, nous autorise à compléter l'examen du TEMPS. Philon nous conduit du terme à l'origine, de l'apparence — ajoutons-nous — à la réalité ; achevons même : de l'universel au singulier ; de la loi à la conscience de soi. Il existe dans le texte de Philon une suite réelle des concepts comme des images ; elle est délibérée et constitue une véritable économie qui permet de doter Abraham d'un avenir, d'un passé, d'un « *maintenant* », sans quoi il resterait une ombre privée de subsistance. Le but est atteint par le biais d'une suite de divisions qui engendrent autant de paradoxes. Celui du TEMPS était le moins sensible. En nous y attardant, nous avons appris le secret de ces pages. Il ne reste plus qu'à retrouver dans l'ordre les images et les concepts.

d) Ordre et sens des paradoxes :

Parce que la démarche proposée est une heuristique, non l'exposé direct d'une doctrine ouverte, il est naturel que le renversement de perspective transforme en paradoxes des propositions qui eussent été des évidences, prises par le bon bout. Mais on admettra que cette quête laborieuse constitue autre chose qu'une curiosité. Si elle feint de dissimuler dans le temps où elle explique, elle le fait pour obtenir du lecteur l'effort de purification. Et de cet effort elle dessine tout le travail, dans une propédeutique de la « division ».

Car si nous prenons le premier de nos « paradoxes », celui d'un Abraham qui parle là où il devait se taire, cette proposition engendre une suite de « divisions » :

1. Il est *normal* que la grandeur de la joie distingue entre une grande fécondité de paroles intérieures (les « *pensées* » — νοήματα), et une non moins grande impuissance à produire des paroles extérieures (les « *mots* » ῥήματα). Mais cette distinction se révèle provisoire...

2. Car il est tout aussi *normal* que le serviteur ne soit pas bâillonné, comme Ménandre vient en témoigner. Et donc le silence et la parole vont de pair, comme deux attitudes *normales*. Le seul critère pour passer du silence à la parole est l'opportunité : ἐν τῷ δέοντι (§5), ou encore le mérite : ἄξιον (§7), soit dans les deux cas une détermination subjective, une exaltation de l'heure ou une élévation du serviteur méritant. Aussi la solution n'est-elle qu'apparente : elle obscurcit même la question en engendrant un deuxième paradoxe : la *«joie»* commençait par faire taire (§3), mais voici qu'elle rend loquace (§7).

Seulement ce passage est au prix d'un paralogisme. Car la « *joie* » du début (§3) porte les caractères de l'extase et elle provient de la présence divine devant l'âme ; mais celle du §7 provient de la satisfaction. Il y a équivocité dans le sentiment du serviteur. Bien plus, l'équivocité se répercute dans le serviteur lui-même. L'esclave, tourné purement vers Dieu, son Maître (§3), cesse d'exister comme tel, lorsqu'il parle d'un esclavage qui fait « *régner* » : il se tourne alors vers la terre qu'il pense dominer, en bon philosophe stoïcien. N'est-ce pas la « *terre* » qui est promise dans la citation, au bénéfice d'Isaac et de Jacob ? Nous voici donc aux prises avec deux « joies » et deux figures du serviteur. Cette ambiguïté reste secrète dans la mesure où Philon dissimule son jeu. Mais elle finit par éclater au grand jour : comme ces couples restent juxtaposés et qu'il n'est pas possible de sauter d'un terme à l'autre sinon par volte-face ou par équivocité, rien ne se passe de défini. Si bien que l'explication prétendue n'en est pas une, et que le débat a tout loisir de rebondir. Dans les §3 à 9, le passage du silence à la parole est simplement posé : il n'est pas réglé ; il est manqué. Aussi les paragraphes suivants ouvrent une voie nouvelle, une dialectique réglée où le passage dans le contraire soit médiatisé. C'est ce qu'il nous faut montrer.

Voici comment, pour faire bref et nous dispenser d'un trop long commentaire, les péripéties incluses dans les §10 à 21 se trouvent agencées.

Le tableau suivant met en lumière les symétries du texte en usant à la fois de la disposition typographique et de quelques termes plus abstraits :

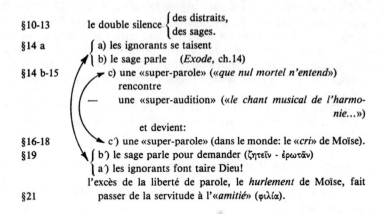

§10-13	le double silence $\begin{cases} \text{des distraits,} \\ \text{des sages.} \end{cases}$
§14 a	a) les ignorants se taisent b) le sage parle (*Exode*, ch.14)
§14 b-15	c) une «super-parole» («*que nul mortel n'entend*») rencontre — une «super-audition» («*le chant musical de l'harmonie...*») et devient:
§16-18	c') une «super-parole» (dans le monde: le «*cri*» de Moïse).
§19	b') le sage parle pour demander (ζητεῖν - ἐρωτᾶν) a') les ignorants font taire Dieu!
§21	l'excès de la liberté de parole, le *hurlement* de Moïse, fait passer de la servitude à l'«*amitié*» (φιλία).

On notera tout d'abord la construction symétrique autour de ce que nous appelons par convention, quitte à nous en expliquer, la 'super-audition' de Dieu. Le centre contient le moyen-terme qui donne efficacité à la dialectique : le couple formé de ce qui est indiqué algébriquement par 'super-parole / super-audition' est un couple naturel et homogène. Plus profondément, on remarquera qu'il s'agit là de deux <u>excès</u> symétriques. Le *cri* excède la parole (plus loin, Philon insiste en parlant de « *hurlement* » — καταβοᾶν) ; symétriquement, le silence réclamé de Dieu par le Peuple (« *Que Dieu ne nous parle pas...!* », cité au §19) met le comble à l'incapacité d'entendre qui caractérise les ignorants.

Cette fois, le passage du silence à la parole est réussi, en ce sens qu'il se définit structurellement par rapport à une autre opposition, elle-même définie et symétrique, celle du silence gardé par le Peuple et du silence imposé à Dieu ; en ce sens également qu'il est médiatisé par un séjour dans la zone de double négation, quand se produit la rencontre entre Dieu et Moïse. D'une part, en effet, Dieu parle *inutilement* : puisqu'il connaît le contenu du cri poussé par Moïse, au point d'en distinguer l'avers et le revers, « *l'action de grâces et la supplication* », on ne voit pas pourquoi Il interroge : « *Que cries-tu vers moi?* ». D'autre part, Moïse parle et crie même... « *sans voix* », c'est-à-dire à travers ce mutisme qui semblait être le devoir d'Abraham (§3).

e) La médiation réelle

Le médiateur est <u>l'excès</u>. C'est par une transgression symétrique que Dieu, d'un côté, et Moïse, de l'autre, abusent du langage. Dieu parle <u>au-delà</u> du sens, puisqu'il connaît une réponse qu'il demande ; Moïse donne un sens <u>au-delà</u> du langage, puisque son cri est inaudible, mais reçoit une, et même deux significations : action de grâces et supplication.

Une sorte d'image renversée, dont l'effet est même caricatural, nous est proposée dans le Peuple. Pour avoir en quelque sorte trop bien entendu l'ordre de se taire, il se prive de la Parole divine, vérifiant ainsi la parabole des §10 à 13, sur les auditeurs de sermons. Ce dernier abus du couple 'silence-parole' est bien sûr péjoratif.

Désormais, l'opposition, jusque là fortuite et stérile, du silence et de la parole, devient productive : elle permet de situer et de juger, de diviser en vérité les êtres du monde, ce que n'autorisait pas encore la justification équivoque proposée par les §3-4 et 5-9. Il n'est plus besoin d' « *opportunité* » ou de « *mérite* » (ἐν τῷ δέοντι — ἄξιον) pour parler à Dieu. Moïse peut désormais accumuler les cris ; il hurle. Il faut ici noter un phénomène qui tient à la manière exégétique de Philon. Le §20 amasse les citations sans les commenter, fût-ce d'un petit mot de 'traduction'. C'est que les excès de langage résonnent eux-mêmes, avec la suffisance de ce qui est authentique (ἀπὸ γνησίου τοῦ πάθους). Les cris de Moïse résonnent comme autant d'énonciations triomphantes, audacieuses, excessives, mais demeurant sans châtiment, parce que justifiées d'elles-mêmes (§20). Son audace est une « *bonne audace* », sans appui, comme cela, par une sorte d'argument ontologique (§21). C'est pourquoi le texte de Philon les rassemble sans commentaire.

f) La « métaphore »

Ce n'est pas tout. Si dans les §3 à 9, Abraham se présente seul et si Moïse ne lui est apposé qu'une seule fois — pour lui donner l'exemple du silence ! — les §10 à 21 évoluent au contraire sans le personnage d'Abraham : Philon lui a substitué celui de Moïse, parfait médiateur, qui opère en ses lieu et place la transformation du silence en parole pure ou en cri. Le §16 prend déjà soin de nous rappeler le silence initial de Moïse : « *Lui qui était aphone, de langue épaisse, sans voix...* ». Qu'il s'agisse pour Moïse de prendre le rôle d'Abraham, nous en avons la preuve, sans tenir compte des habitudes exégétiques de Philon, dans la question angoissée : « *Suis-je capable de porter ce Peuple, suis-je son père?...* ». Cette plainte, ce cri choisi entre plusieurs autres, rejoint le souci actuel d'Abraham, en mal d'héritier, de paternité. Et c'est lorsque la parole est finalement justifiée par le truchement de l'histoire mouvementée de Moïse et des textes de l'*Exode,* que Philon réintroduit le personnage d'Abraham : au §22, c'est à nouveau Abraham le sujet.

Il est donc vrai que la perception des limites (le passé et l'avenir, saisis à partir d'un « *maintenant* » originel) engendre seule un être autonome, cet Abraham qui revient à la fin du chapitre pour dire avec insistance « *moi* » — avec insistance et plaisir. Mais l'autonomie et la consistance en soi-même exigent pour se trouver vérifiées une participation des figures entre elles. Les §10 à 21 ne se mettent pas à la traverse du raisonnement de Philon comme pour éclipser le personnage d'Abraham ou pour expliquer son audace par un bel exemple. Ils forment pour lui une sorte de grossissement, un déplacement, ou, selon l'étymologie, une *métaphore*.

Chemin faisant, si l'on veut dire qu'Abraham <u>naît</u> à la fin du chapitre, on peut également affirmer que le sage méditant l'allégorie y voit à son tour sa naissance. Il passe en effet de l'opinion à la vérité, en quittant l'apparence du premier groupe de justifications pour la vérité des raisons données par Moïse. Dans les §3 à 9, silence et parole s'échangeaient sans règle ; ils avaient après tout chances égales et aussi maigre justification dans le « mérite » et l' « occasion ». Mais ce hasard n'existe plus dans les §10 à 21 : entre les deux séries, le lecteur de Philon est appelé à choisir ; la seconde seule est opérante. Et il existe donc une division parmi les divisions. Cet exercice subtil prépare le disciple à deviner la richesse et la simplicité des divisions réelles par où le Logos crée l'univers des formes. Lorsque, plus loin, Philon montre comment Dieu conduit Abraham au-dehors de sa tente et lui fait lever les yeux : « *Lève les yeux et regarde les étoiles ! Ta postérité sera ainsi !* », peut-être devons-nous comprendre que la véritable réponse tient précisément dans le premier élément de la phrase : « *Regarde les étoiles* ». En effet, Abraham pourra retrouver sa nature première : chaldaïsant, il scrutait les étoiles et tentait de percer le secret de la création ; seulement l'erreur chaldéenne de l'idolâtrie l'empêchait de trouver la vérité. Bientôt, au contraire, Dieu pourra nous renvoyer à cette première orientation d'Abraham dans le monde des astres sans crainte d'erreur : Abraham acquiert ici une personnalité à part entière et selon Dieu. Son « *moi* » aura connu un nouveau départ.

g) Limite, éternité, métaphore et conscience :

La première lecture nous avait permis de parcourir le texte, de suivre les arguments avancés par Philon, de souligner leur enchaînement naturel et cependant paradoxal, d'isoler en particulier deux explications successives données à l'audace d'Abraham : une première interprétation, de bon sens (§3 à 9), ne conclut pas : elle campe seulement la figure d'un serviteur utile, par là-même encombrant, et que la seconde explication reniera finalement (§10 à 30).

La deuxième lecture s'est arrêtée à l'aspect paradoxal que présentent plusieurs propositions. La structure générale des §3 à 30, centrés que sont ces paragraphes sur le conflit existant entre le silence et la parole, est ordonnée grâce à l'opposition plus profonde d'un couple 'silence / parole' resté, d'un côté, sans médiation (l'arbitrage de la convenance et du mérite se révélant insuffisant), et médiatisé, dans la seconde partie, par l'« excès » symétrique où Dieu puis Moïse se voient entraînés. L'excès du Peuple, qui se tait et fait taire Dieu, sert à dédoubler le langage de Moïse, désormais tiré dans deux directions : il devra parler à Dieu, et parler ensuite au Peuple.

Ces couples secondaires de notions rendent compte de tous les éléments du texte. Ils permettent entre autres possibilités de comprendre la portée décisive des deux passages qui surprennent au premier abord : les §15-16, où Philon décrit le délire qui emporte Dieu jusqu'à le faire interroger sans nécessité d'apprendre, et Moïse à crier des questions muettes, devant Quelqu'un dont la science recouvre d'avance toute inquisition. Les §24 à

30, d'autre part, bénéficient de la même réussite : Abraham perd successivement en Dieu et dans la *jouissance de soi* un silence qui l'aurait privé d'être lui-même, défini qu'il est par l'INTERROGATION. Il est saisi maintenant dans le bonheur enivrant d'une division réussie, qui concentre en lui l' « audace » et la « révérence » dans une parfaite « *harmonie* ».

On voit comment du début à la fin de la section il s'opère de plus un renversement : Abraham passe de la « *joie* » muette à la « *jouissance* » loquace ; de plus encore, l'avenir de la race, qui se présente assuré depuis le départ (le §8), fera bientôt l'objet d'une question angoissée. De l'avenir au passé la liaison harmonieuse est assurée par le « *maintenant* » du §30, dont nous avons plus haut suggéré qu'il impliquait l'éternité active et personnelle. Qu'il en aille bien ainsi et que le renversement de l'ordre du temps trouve son pivot dans cet adverbe « *maintenant* », nous en recueillons une preuve supplémentaire au milieu du chapitre. Dans le §17 Philon éprouve le besoin de souligner le temps grammatical dont la Bible use pour évoquer le dialogue de Moïse et de Dieu. C'est un « *imparfait* », qui connote une action inscrite <u>dans la durée</u> active et sans fin. Cette remarque de Philon sur la valeur durative de l'imparfait rejoint le « *maintenant* » qui couronne le chapitre. À la fin, au milieu, tout comme l'assurance de la postérité est au début : cela nous donne trois lieux « remarquables », comme on dit en mathématique. Philon ne lâche pas la bride à son discours. S'il observe ici la valeur d'un temps grammatical, ce n'est pas que l'habitude l'entraîne, mais c'est parce que le temps lui importe grandement dans ce débat sur la posterité (le futur), l'origine (le passé où se situe l'impulsion première d'Abraham qui interroge Dieu), le présent qui asseoit l'être dans la paix de l'harmonie.

Aussi fallait-il qu'il donne à la citation de *Genèse,* ch. 18, appartenant en fait à l'histoire mouvante d'Abraham, un surplomb décisif qui retire le « *maintenant* » à la succession contingente des événements. Il le fait en plaçant le verset biblique dans la bouche de Moïse, au titre d'éloge funèbre. Et il assure par là de façon plus étroite la cohérence de toute la section : c'était un premier éloge funèbre qui couronnait la première série de justifications dont il entourait le personnage d'Abraham, car tel est bien l'oracle adressé à Isaac dans le §8. Si Abraham passe de la « *joie* » excessive et muette à la *parole* comme à la *jouissance de soi,* c'est-à-dire d'une éternité de principe et vide à une éternité réelle, c'est bien parce que Philon prend soin de l'arracher, si l'on peut dire, à la plénitude de Dieu. Cet arrachement est opéré en deux mouvements : les deux épitaphes immortalisent Abraham de façon prématurée ; la suppléance de Moïse permet à Philon de transporter Abraham au-dessus de toute frontière naturelle et de l'envelopper sans l'y faire périr dans la <u>durée</u> où Dieu parle (§17, sur la signification de l' « *imparfait* »).

Le dernier phénomène, celui de la suppléance apportée par Moïse au patriarche Abraham, nous fait entrevoir l'importance de la « métaphore » dans la manière de Philon, si nous acceptons par convention d'entendre sous ce vocable le procédé qui consiste à *transporter* un mot, un texte, un personnage dans un autre personnage, un autre texte, un autre

mot, pour montrer de chant ce qui était à plat. Large et constant, ce procédé doit chaque fois recevoir une analyse détaillée qui convienne à son
emploi local, car il s'appuie non seulement sur une convenance globale,
mais sur l'analogie de plusieurs traits d'espèce.

h) Un « silence » de Philon :

Enfin, nous pouvons maintenant, nous semble-t-il, rendre compte
d'un silence. À tout le moins, le symbolisme d'une omission paraîtra
suggestif dans ce contexte philosophique. Au début du §3 Philon ne cite
pas les mots qu'il commente en réalité jusqu'au §30, à savoir : « *il s'informe, disant...* » (πυνθάνεται φάσκων). Ne serait-ce pas que ces mots ne
trouvent leur sens et même leur possibilité que du point de vue supérieur
où nous accédons seulement à la fin, c'est-à-dire lorsque la dialectique a
fait venir au jour la citation autorisée qui les traduit : « *Maintenant, j'ai
commencé de parler au Seigneur !* » ? Si les §3 à 9 n'enferment qu'une
apparence, avec ce serviteur utile et satisfait, une postérité injustifiée,
une convenance et un mérite subjectifs, Philon ne pouvait faire dépendre
un tel exposé de l'opinion de mots sacrés dûment énoncés. Il y aurait
eu divorce entre l'incertitude du commentaire et la force naturelle des
mots inspirés. Une telle raison nous paraît suffisante pour expliquer
l'omission du début. Comme souvent dans Philon, et suivant les principes
de l'exégèse rabbinique, un verset de l'Écriture reste impénétrable tant
qu'il n'est pas pour ainsi dire brisé par un autre verset. La « redondance »
supposée agit comme révélateur[5]. Abraham, dans son action fondamentale de parler à Dieu, n'a de sens exact pour le lecteur de la Bible que du
jour où il a diffracté cette lumière trop crue dans le prisme d'un Moïse,
d'une autre parole de l'Écriture. Abraham conscient de soi[6] et en même
temps « dit » par un autre, Moïse, un tel Abraham peut seul apporter
pour la première fois, une fois unique et en quelque sorte éternelle, la
vérité de ces simples mots : « *Il s'informe, disant...* ». Ils étaient trop purs
pour servir immédiatement l'analyse. Le participe « *disant* » ressaisit tout
le projet de parole qui va son chemin dans le développement ; le verbe
« *il s'informe* » révèle en bout de course l'essence d'Abraham, par nature
porté à questionner Dieu ; la conjonction des deux : « *il s'informe / disant* » donne à entendre que la résolution du paradoxe « silence / parole »
ne saurait dépendre d'un principe universel, mais qu'elle se trouve dans
l'existence de <u>cet</u> Abraham. L'universalité que peut posséder Abraham
lui vient de qu'il peut entrer en rapport avec Moïse, dans cette gravitation nouvelle qui est celle des personnages du monde biblique.

Tout cet ensemble marque à quel point Philon oriente son discours.
La citation finale gouverne tout le reste ; elle supplée l'énoncé des mots
propres. Il ne sera pas superflu de préciser encore la manière dont Philon
infléchit dans ce même chapitre tout son commentaire en vue de citations ou de développements à venir. Cette exégèse mérite une nouvelle
exploration.

3. Troisième lecture — La communauté des figures

a) La *Genèse* à travers l'*Exode* :

Nous venons d'aborder le problème littéraire de la vision prospective qui permet à Philon de conduire un développement en vue d'une citation. Nous l'avons fait par le biais le plus difficile et le plus suspect, en faisant état d'un silence... Voici d'autres éléments, directs cette fois.

Si Philon a cité Ménandre au §5, et s'il parle de l'esclave qu'on peut bien laisser s'exprimer librement de peur qu'il ne devienne méchant à force de renfermement, n'est-ce pas que nous devons trouver plus loin, au §22, le terme de « *Maître* », *Δεσπότης ?* Le premier mot d'Abraham dans le dialogue est un mot d'esclave. Aussi, la première explication de l'audace d'Abraham, toute provisoire qu'elle est, rejoint le §22, par-dessus un développement différent. Cette influence à distance manifeste bien un des procédés philoniens.

Deuxième application : si Philon bifurque dès les premières lignes de l'ouvrage (§4), en passant de la *Genèse,* qui traite d'Abraham, à l'*Exode,* où il est question de Moïse, c'est que plus loin nous devrons précisément user de Moïse pour parcourir l'échelle des sons, silence — parole — cri. La *Genèse* est un miroir trop étale où se proposent les figures idéalisées ; l'*Exode* en donne la version animée, le drame, comme nous avons dit. Le passage par l'*Exode* n'enrichira pas le texte de la *Genèse,* déjà parfaitement plein, mais il en conjure l'apparente platitude. L'*Exode* se montre encore de toute nécessité pour amorcer la loi fondamentale de la 'division' : dans *Genèse,* ch. 15, la question posée par Abraham ne rivalise avec aucune autre attitude que prendrait quelque personnage antinomique, méchant ; mais dans l'*Exode,* les questions posées par Moïse ou son silence forment un contraste avec l'attitude du Peuple, ignorant de Dieu ; et cette 'division' établie entre deux manières de se taire et deux manières de parler ou même de faire taire (§10 et 19) n'est pas une pure invention de Philon : elle repose sur un des traits importants du livre biblique de l'*Exode*. À partir du ch. 16 il s'y joue un drame, celui de l'écoute et de l'interpellation. L'*Exode* met aussi mieux en relief que la *Genèse* les hésitations que Moïse connaît entre l'audace et l'humilité, du fait que Moïse franchit des étapes plus variées qu'Abraham. Et de cette variation Philon sait tirer des effets d'éclairage qui détrompent le lecteur de la *Genèse* sur le laconisme de ce premier livre de la Torah.

Voici maintenant un point délicat. À notre avis, non seulement le passage qui s'attarde sur le personnage de Moïse illumine la position d'Abraham dans le contexte immédiat, mais il annonce la suite. Au moment crucial où se trouvent confrontés les deux excès, de Dieu et de Moïse — de la question de Dieu inutile, du cri inarticulé de Moïse — il se glisse une sorte de supplément : la question de Dieu « *Que cries-tu ?* » ne porte pas tant sur le contenu, comme s'il demandait « *Que dis-tu ?* », que sur l'essence : Quelle est la nature de ton cri ? Sous cette forme, la question de Dieu se situe sur le même registre que la question bientôt posée par Abraham et telle que nous l'interprèterons : « *Que me donneras-tu ?* », où le

« QUE » vise l'essence déterminée et singulière, par opposition aux dons innombrables que Dieu a déjà concédés à Abraham (§31). Les deux formules et les deux situations sont homologues, et nous allons, pour aller plus vite, les comparer dans un tableau.

	§14 à 19	§31 à 33
1.-	Un questionneur *abusif* Dieu, qui sait déjà;	Un questionneur *abusif* Abraham, qui a déjà;
2.-	Une question qui prétend ajouter au *NÉANT*: Moïse n'a rien dit; Dieu demande: «*Que cries-tu?*»	Une question qui prétend ajouter à l'*INFINI*: comblé, Abraham demande: «*Que me donneras-tu?*»
3.-	Une impulsion *définie*: le «Quoi?» dans «*Que cries-tu?*» est déterminé, entrant dans la 'division': supplication / action de grâces	Une impulsion *infinie* (le «*flot excessif*»)
	ABOUTIT à	ABOUTIT à
4.-	Une action *durative, continue et indéterminée* (ῥύμη... αἰεὶ καὶ συνεχῶς... οὐ κατὰ συντέλειαν - §17).	Une question *définie,* celle de l'héritage.

La symétrie et l'enjeu des deux questions, l'une posée par Dieu à Moïse qui crie très fort, mais ne crie rien, l'autre avancée par Abraham à un Dieu qui a déjà prodigué toute plénitude de réponse et de grâce, pour lui demander encore « quelque chose », nous paraissent indiquer l'orientation métaphysique implicite de ce début du traité. Les conditions mystiques de possibilité de l'être créé particulier à côté du Créateur qui est tout et a tout donné, telle est sous la forme imagée du commentaire allégorique la question agitée par Philon. Nous surprenons de plus un des principes de composition : la question ultérieure posée au §31 par Abraham : « *QUE me donneras-tu?* » a provoqué par avance la dialectique de l'*Exode* pour la mener à son point culminant, le mot de Dieu : « *QUE cries-tu?* » ; celui-ci pourrait passer pour délirant ou du moins gratuit dans le commentaire cursif du traité, alors qu'il préfigure par l'allusion à un « excès » de Dieu l'excès de l'homme Abraham ; il l'assume et le règle par anticipation, en lui fournissant un comparse.

b) Le dialogue des figures bibliques :

La substitution de l'*Exode* à la *Genèse,* de Moïse à Abraham, autorise donc l'intelligence plus profonde de la question d'Abraham : « *Maître, que me donneras-tu?* ». Dans sa forme même, en tant qu'interrogation intempestive, elle calque en effet la question abusive de Dieu à Moïse. Dans son contenu, en tant qu'elle exprime la volonté d'Abraham de passer de l'indéfini (la totalité exténuante des bienfaits divins) au fini (quel sera mon héritier ?), elle prend appui sur l'éternité qui enveloppe déjà le « *cri* » de Moïse et la réponse de Dieu (l'éternel imparfait du § 17). Si l'on admet comme Philon cette substitution et si, comme nous, on l'interprète ainsi, il en découle une suite de conséquences pour le commentaire. Nous l'avons vu, la première n'est autre que la dramatisation de la *Genèse* par l'*Exode*, celle-ci proposant le salut, celle-là une sorte de miroir de l'homme sauvé. Réciproquement, l'*Exode* s'intellectualise sous l'effet de ce rapprochement, en ce sens que son rôle devient celui d'une « critique » : il y a 'parler' et 'parler' ; 'se taire' et 'se taire' ; interroger en sachant déjà la réponse et interroger pour apprendre ce qu'on ignorait... Mais, en cours de route, Philon parvient à la définition authentique d'Abraham, l'INTERROGATEUR, grâce précisément au détour consenti. Si l'échange établi par Philon entre les livres de la Bible les enrichit ou les révèle l'un par l'autre, permettant de remplacer mentalement Abraham par Moïse, il en résulte quelque progrès pour l'intelligence du héros principal, Abraham. Au début du traité, Philon a retenu notre scandale dans de bonnes limites : Abraham est audacieux, mais il a cependant le droit d'un esclave, par exemple, à parler librement. Bientôt, Philon nous a inquiétés : l'audace de Moïse, l'équivalent d'Abraham, atteint des limites extrêmes, imprévisibles, non point par le contenu des réclamations, mais par la seule interrogation, en elle-même dangereuse. Du même coup, la limite inférieure en-deçà de laquelle Abraham ne pouvait pas être repoussé au simple nom du bon sens devient en réalité une limite supérieure, au-dessus de quoi il est hasardeux de se porter (le πέρας — *la limite* signalée au § 21).

c) La « réduction » et l'angoisse :

Qu'est-ce à dire sinon qu'Abraham, par la vertu du discours philonien, se voit engagé dans une impasse, tout en se métamorphosant d'Abraham-Abraham en Abraham-Moïse. Sa limite inférieure devient sa limite supérieure, et il ne bénéficie plus d'aucune marge, d'aucun jeu. Immédiatement, le voici ou perdu dans le silence ou plongé dans l'excès. Il parle ? On trouve cela naturel ; il parle en interrogeant ? Mais, dans son double, Moïse, cela se révèle d'une extrême hardiesse. Du bon sens d'un païen, Ménandre, à l'audace de l'Écriture il semblait s'ouvrir un espace habitable. Mais l'association dramatique provoquée par Philon entre la *Genèse* et l'*Exode* vient réduire cet espace intérieur à l'épaisseur d'une ligne sans épaisseur ! Nous trouvons une nouvelle expression de cette « minceur » d'Abraham, en même temps qu'un premier remède il est vrai, dans la section suivante (§ 31 à 39) : Abraham y est prisonnier d'une semblable imposture intellectuelle, quand il demande *quelque chose* alors qu'il possède *tout*. Entre l'infini et l'infini plus un, il ne se glisse aucune différence ou intervalle. Or, Philon accentue encore cette réduction du champ de manoeuvre. Il le fait en abordant d'une certaine manière le problème de l'héritier et du Peuple (le second étant la transposition du premier dans l'*Exode*). Et il nous reste à étudier les citations empruntées à l'*Exode* dans les §14 à 22. Pour développer sa dialectique du silence à la parole, Philon suit d'abord tranquillement l'ordre de la Bible. Il introduit comme exemples pertinents les épisodes suivants :

1. le passage de la Mer Rouge (*Exode,* ch. 14)   — au §14 ;
2. la tradition de la Loi (*Exode,* ch. 19s)   — au §17 ;
3. un texte tiré d'*Exode,* ch. 20 ;   — au §19 ;
4. enfin, la grande intercession qui prend place dans
   l'épisode du « veau d'or » (*Exode,* ch. 32-34)   — au §20.

Mais trois citations viennent ensuite, empruntées au cycle du Désert et qui ne s'inscrivent plus dans cette progression linéaire. Les deux citations prises au livre des *Nombres,* ch. 11, v. 12-13 et v. 22, et surtout l'ultime citation, empruntée à l'*Exode,* ch. 3, v. 22-23, dérogent à l'ordre historique. Or ces trois citations ont un point commun : elles posent à Dieu la question radicale de l'existence du Peuple. Quel intérêt y a-t-il, demande Moïse, à entendre la voix de Dieu, à naître comme peuple ? S'il faut mourir, où tout cela mène-t-il ? Cette angoisse de Moïse à propos de ce que le Peuple doit attendre s'oppose à la belle assurance qui fleurissait au départ : on nous disait alors qu'Abraham connaîtrait une postérité. Au début, un même optimisme règle la question de la postérité et celle du langage. Ici, on trouve d'une audace démesurée que Moïse puisse parler, et le même pessimisme fait que Moïse interroge maintenant avec anxiété : « *Est-ce moi qui ai conçu tout ce peuple ?* » (dit-il à Dieu dans *Nombres,* ch. 11, v. 12, cité au §20). Il regarde en arrière vers l'Abraham de *Genèse,* ch. 15, le père de « *ce Peuple* », tout juste comme cet Abraham regardait dans sa direction et dans celle du Peuple héritier de son héritier. Si bien que le regard de Moïse qui se reporte en arrière et le regard d'Abraham qui se porte en avant abolissent pour ainsi dire les siècles qui les séparent objectivement. Ils se réduisent à une ligne sans plus d'épaisseur, puisqu'Abraham doute de l'avenir, et que Moïse récuse le passé.

Le problème initial de l' « *héritier* » est pris par l'avers et le revers, par l'origine et par le terme. Tel semble le sens des trois citations qui terminent l'évocation du contexte de l'*Exode* (§20). Si Philon choisit de clore la série de ses exemples sur une parole qui se situe en fait tout au début de la carrière de Moïse, c'est que Moïse doit en définitive ressembler à Abraham, et, tout comme Abraham, *avoir l'avenir devant lui.* Même s'il doivent regarder l'un vers l'autre pour abolir la distance qui les sépare, l'un prenant en charge l'avenir, l'autre l'avenir et le passé, tous deux sont en attente (Abraham, au §3 ; Moïse, au §20) ; tous deux souffrent du souci que le Peuple à venir leur cause. Avec élégance et profondeur, Philon nous propose de laisser Moïse — ce Moïse qu'il a naguère substitué à Abraham — au moment et dans l'attitude où se trouvait Abraham quand nous l'avons quitté : assuré de Dieu, mais déçu par l'absence de réalité effective.

d) L'ouverture au passé donne une plénitude à Abraham :

Sans cette ultime citation, qui nous fait opérer le retour en arrière du Désert à l'Égypte, soit dans le texte biblique, d'*Exode*, ch. 32 à *Exode*, ch. 3, où le Peuple est encore prisonnier, tout le développement consacré aux paroles audacieuses de Moïse constituerait simplement un « exemple » destiné à illustrer le cas d'Abraham. La longue parenthèse qui met en scène Moise a dramatisé la question posée par Abraham dans la *Genèse*. Et Moïse, en se retournant à demi, tout en gardant le regard fixé sur l'avenir du Peuple, de l'héritage, comme Abraham, anxieux pour l'avenir de son héritage : tous deux interrogent Dieu d'une même voix... Nous avons appris grâce à l'étrange rencontre du §15 que leur <u>excès</u> trouve un sens par l'<u>excès</u> de Dieu, qui le justifie. Quelle solution Philon envisage-t-il à la question ? Un schéma nous aidera mieux que de longues phrases. Voici, tout d'abord, comment peut être représentée la relation métaphorique unissant Abraham-Abraham (celui du §3) et Abraham-Moïse (celui du §20) :

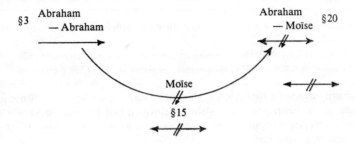

Au départ, Abraham est orienté vers l'avenir : la flèche qui le représente est tournée vers la droite ; comme il est justifié par le « bon sens », la flèche est simple. Au terme, Abraham-Moïse reste bien tourné vers l'avenir, puisque la toute dernière citation qui le concerne est empruntée au début de sa carrière ; mais il saisit une partie de l'histoire du Peuple comme déjà passée, puisqu'il fait allusion au patriarche « *qui a conçu tout ce peuple* » : aussi la flèche qui représente ce second état est-elle orientée à la fois vers l'avenir et le passé.

Abraham nous est désormais connu, grâce à Moïse, comme un audacieux justifié, du fait que Dieu s'avance le premier dans l'excès (§15) : à cet endroit, une flèche verticale brise la parabole. Il s'en suit que le symbole d'Abraham-Moïse est, lui aussi, brisé.

L'effet de la longue « parenthèse » dialectique sur Moïse est de donner à Abraham une dimension temporelle qu'il ne semblait pas détenir, celle du passé. Son double, Moïse, connaît un passé à ce Peuple enfanté par Abraham. Le mystère d'Abraham apparemment bloqué dans l'examen de l'avenir ne se résoudrait-il pas d'abord par un *recours au passé?*...

e) L'existence retrouvée :

Or, à partir du §22, Abraham revient au premier plan. C'est un troisième personnage d'Abraham, qui, sans renier ce qu'il était dans les deux premières époques (l'Abraham solitaire de la première section ; l'Abraham accompagné de Moïse, dans la deuxième), intègre désormais un élément neuf, apporté par Moïse. C'est la direction du passé, le retour aux origines. On remarquera justement que les propos mis à partir du §22 dans la bouche du patriarche roulent sur le thème de la *création*, et cela jusqu'à la fin de la section (§30). Abraham poursuit tout seul le mouvement de retour amorcé pour lui par Moïse. Celui-ci a récusé la paternité du Peuple ; il a du même geste désigné le vrai Père du Peuple, celui qui était rappelé dans la citation d'*Exode,* ch. 4, lorsque Dieu dit : « *le Dieu d'Abraham, d'Isaac, de Jacob...* ». Seulement Abraham remonte par nécessité bien au-delà, jusqu'à sa propre vocation (§25 et sv.) ! On peut alors, bénéficiant de la lumière que cette indication nous offre, reconnaître dans les §22 à 30 un triple développement, en rapport avec le concept de « création » ou d'origine. Voici les trois degrés de cette analyse :

1) tout d'abord, le CRÉATEUR, à travers l'étymologie de Δεσπότης — δεσμός (§22-23) ;
2) puis, la CRÉATION : la vocation d'Abraham à partir du néant (§24 à 28a) ;
3) enfin, la CRÉATURE, consistante, jouissant de soi (§28b à 30).

Abraham, soucieux de l'avenir, s'enfonce dans le passé : il remonte à son origine pour justifier sa question d'aujourd'hui (§26). De la sorte, le schéma précédent peut recevoir un complément : Abraham n'est plus que mémoire du passé.

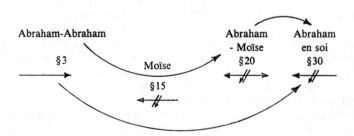

Avant de conclure, il nous semble convenable d'évoquer sommairement les affinités de ce processus avec le mouvement qui anime des livres sapientiaux de la Bible. Que trouvons-nous dans Philon ? Un Moïse qui prête son « drame » au patriarche de la Promesse, au moment où Abraham, comme Moïse, se voit cerné par deux périls : il s'avance vers les limites du langage, et il constate l'inutilité apparente de la Promesse. La solution est offerte par la rencontre du *logos* de l'homme, de sa voix silencieuse et clamante (§14), avec le *Logos* divin. Au cours de cette rencontre, que se passe-t-il ? Durant l'éternité que marque l' « imparfait » (§17), Dieu communique la révélation des *origines* : du Dieu Créateur, de son œuvre et de la dignité de cette œuvre — pour reprendre le triple développement des §22 à 30.

f) Parallèles de la Bible :

Mais il existe dans la Bible un livre qui présente le même type de rapport entre la parole excessive de l'homme et celle de Dieu, entre l'audace et le respect, la « crainte ». C'est le livre de *Job*. Job est une figure analogue à celle d'Abraham, quand il parle au lieu de se taire (ses « amis » le lui reprochent assez). Le schéma du point de vue de la composition est inversé. La solitude de Job est obtenue par la négation : il doit tout perdre, alors qu'Abraham possède *tout*. Mais Abraham, comme Job, élève la voix au-delà de toute prudence et de toute piété. L'urgence est la même des deux côtés. L'injustice apparente de Dieu provoque le même doute ; et la voix d'Abraham, parlant ici pour la première fois, semble du premier coup franchir les bornes.

Or, dans la conclusion du livre de *Job,* les interrogations passionnées et impertinentes finissent par être reconnues comme une sorte d'équivalent de la « justice » de Job, puisque Dieu l'admet à la fin comme intercesseur, louant des propos qu'un instant il a paru désavouer : « *Vous n'avez pas bien parlé de moi, comme l'a fait mon serviteur Job... Vous offrirez pour vous un holocauste, tandis que mon serviteur Job priera pour vous* », remontre-t-il aux trois consolateurs et accusateurs de Job (*Job*, ch. 42, v. 8). De plus, le long discours de Dieu qui remplit la dernière partie du livre, avant le chapitre de conclusion auquel nous venons de faire allusion, ne répond pas à la question, devenue secondaire, de la souffrance et du mal qui semblait posée dès le début par les malheurs de Job, et où il se débattait. Il répond à son tour par un excès de paroles, symétrique de l'excès auquel Job s'est abandonné : le silence de Dieu qui a pesé tout au long des chapitres 3 à 37 se transforme soudain en flot de paroles. Inversement, les cris de Job obtiennent la même valeur qu'un silence d'adoration : « *Je mettrai ma main sur ma bouche* » (ch. 40, v. 4), ou bien : « *J'ai parlé sans intelligence ; je retire mes paroles* » (ch. 42, v. 3 à 7). Les paroles de Dieu deviennent le côté lumineux de son silence ; et le silence de Job, l'éloquence du Juste. Or, dans ses paroles, Dieu associe l'homme à son acte de CRÉATION : pour Job, devant lui, et en un sens avec lui, il démonte les machines que sont par exemple l'hippopotame et le crocodile, monstres, merveilles, en même temps que phantasmes qui poursuivaient Job dans son délire. Ainsi, le livre de *Job* propose le conflit de deux paroles et de deux silences ; il met en scène un homme et un Dieu excessifs ; il les rassemble au moment éternel de la création (ch. 38 à 42 de *Job*).

Une œuvre plus proche dans le temps et l'espace du monde culturel où baigne Philon d'Alexandrie, le livre de la *Sagesse,* oppose à la geste des Impies (ch. 1 à 5) un récit de création (ch. 9 à 19). Ce récit de création emprunte la forme d'un midrash ou d'une reprise du livre de l'*Exode*.

Et comme dans le *Quis heres,* le livre de l'*Exode* s'y met au service d'une nouvelle *Genèse.* La troisième partie du livre de la *Sagesse* reflète une cosmologie influencée par le genre apocalyptique. Dans une étude séparée nous proposons une analyse de la *Sagesse,* où nous montrons comment la première partie du livre (ch. 1 à 5, donc) constitue une sorte d'anti-Genèse : Dieu y reste silencieux ; le problème s'y pose avec acuité de la survie du Juste. La réponse apportée est déjà celle d'un présent éternel : « *les âmes des justes* sont *dans la main de Dieu* ». Il ne s'agit pas pour nous d'établir un parallèle plus étroit qu'il ne convient entre des œuvres différentes à tous points de vue dans le détail littéraire ; mais si la comparaison ne peut descendre dans ce détail, rien n'empêche de noter, par exemple, le passage du silence à l'invocation, et de voir dans la manière dont il est articulé quelque analogie, simple parce que générale, mais non point inefficace pour autant, avec un traité comme le *Quis heres*[7].

4. *Remarque sur la cohérence*

La première lecture nous a permis de fermer en un tout relativement autonome les §3 à 30 du *Quis heres,* de suivre les arguments de Philon : il souhaite justifier Abraham d'avoir transgressé la loi du silence. Les premiers arguments naïfs, de la convenance et du mérite, assurent sans plus une bonne conscience du serviteur utile ; un argument dialectique, donné à travers Moïse dans l'*Exode,* aboutit à la notion d'un serviteur inutile, fort de son « *néant* » — l'οὐδένεια du §30. Les thèmes s'organisent en couples ou en oppositions pertinentes, telles que « *joie* » / « *jouissance* ».

Une deuxième lecture approfondit cette observation. Nous y avons exploré les paradoxes. La clé en est donnée finalement dans l'inversion des temps : Abraham, inquiet de l'avenir, trouve une réponse dans le souvenir de sa vocation. Mais le retour aux origines, s'il justifie solidement le regard interrogateur qu'Abraham pose sur l'avenir, n'est possible que par la « transgression » assumée par Dieu, le Créateur. Et cette transgression s'opère au plan du langage, comme le faisait déjà celle de Moïse ou celle d'Abraham. Dieu, interrogeant alors qu'il sait, répond du même « <u>excès</u> ». C'est l'excès qui se substitue désormais à la convenance du début, et qui franchit des deux côtés la limite (§21). Au passage, une telle analyse explique bien des propositions du texte de Philon : la forme d'épitaphes symétriques prise par les citations du §8 et du §30 ; la portée capitale du §15, où Dieu feint d'interroger Moïse, qui parle sans savoir ce qu'il dit. Nous pouvons encore deviner pourquoi Philon omet de citer les mots de la Bible : « *Il s'informe, disant...* » : c'est qu'ils ne peuvent apparaître qu'au terme, portés par toute la dialectique, car ils définissent <u>en vérité</u> le personnage d'Abraham, éternel INTERROGATEUR de Dieu. Seule, la chaîne des *cris* dont l'*Exode* retentit permet de concevoir ces questions de l'homme pieux comme une transgression répondant à la Transgression.

Il résulte (ce que développe notre troisième lecture) que Philon ne commente pas la Bible au fur et à mesure que les mots en défilent sous ses yeux. Il projette devant lui un schème philosophique et mystique, dont il reconstruit ensuite par synthèse les conditions de possibilité et les pièces — plus sûrement que la Philosophie ne le ferait. Il se laisse guider ici par une variante du problème de l'Un et du Multiple : comment Abraham, déjà comblé, peut-il chercher à dépasser la plénitude pour exister, sinon par lui-même, du moins en lui-même ? La suite du discours philonien s'en trouve orientée. Le choix des vers de Ménandre répond à des correspondances, en particulier au mot d'esclave qui ouvre la phrase d'Abraham : « *Maître... !* ». Le choix de l'*Exode* comme texte de relais répond à la nécessité de faire qu'Abraham se retourne vers son passé : Moïse offre en effet l'image d'une anxiété comparable, mais il s'appuie, lui, sur un passé déjà consistant. Le choix des citations empruntées au cycle de l'*Exode*, comme leur ordre dans la série répondent au souci de fermer la boucle et de représenter encore Abraham tout en gardant la substance du drame engendré par la sortie d'Égypte en Moïse. Enfin, la question posée par Dieu, au milieu de la section (§ 15), consolide encore la position de ce passage comme clé de voûte, si l'on observe qu'elle annonce le début de la section suivante (§ 31) en situant sur le plan ontologique la question d'Abraham : « *Que me donneras-tu ?* »[8]. La substitution de Moïse à Abraham manifeste ensuite que Philon ne démontre pas un thème abstrait, comme serait ici l' « audace » du juste s'adressant à Dieu et dont Moïse serait le type idéal. Il situe des figures qui se relaient, se reflètent mutuellement. Sans doute Moïse justifie-t-il Abraham, mais en ce sens qu'il le « révèle » (au sens du mot en photographie) ; il est Abraham, si bien qu'au bout de la parenthèse qu'il remplit, nous ne retrouvons pas l'Abraham du début, expliqué, en quelque sorte présentable et bien élevé, mais un Abraham enrichi des dépouilles de Moïse, abrité et ennobli de son manteau. Ce moment où un personnage absent demeure, actif, dans un autre qui occupe sa place sur le devant de la scène, nous l'appelons par convention personnelle « métaphore ». Et nous considérons ce procédé comme essentiel au discours de Philon. C'est même la matrice de tous les autres procédés de traduction et de substitution. Dans le cas présent, il apparaît clairement que Moïse n'est pas seulement un personnage qui ressemble à Abraham parce qu'il s'adresse à Dieu d'une manière qui frôle le blasphème. Sa position tend à faire de lui le « père » du Peuple hébreu et à lui remettre tout l'avenir de la promesse ; elle reproduit la situation où la promesse a logé Abraham : Père du Peuple, mais sans enfant, sans héritier[9].

Mais cette ressemblance prête aussitôt. Car Moïse, dans la mesure précise où il n'est pas le père du Peuple hébreu, s'inscrit avec lui dans un déroulement d'une histoire déjà commencée, déjà longue. Contrairement à Abraham, ou plutôt à ce qu'on pourrait croire d'Abraham à lire la seule *Genèse,* il est placé entre un passé et un avenir. Il doit interroger le Dieu double, le Dieu d'autrefois, « *Dieu d'Abraham, d'Isaac et de Jacob* », et le Dieu de demain, qu'il faut rejoindre loin de l'Égypte mortelle. Or, justement, sa position historique de médiateur des temps nous révèle quelque chose en Abraham : un passé qui semblait lui faire défaut. C'est aussi pourquoi l'Abraham retrouvé des §22 à 30 regarde exclusivement le passé, sa vocation. La « métaphore » est là comme une médiation du Même au Même par l'Autre. Elle ajuste entre les personnages un dialogue dans lequel personne ne reste ce qu'il était.

Bien plus, l'échange de paroles et de silences qui réunit Moïse et Dieu échappe finalement au problème historique : l'un et l'autre semblent oublier la situation qui a suscité la question de Moïse, pour se rejoindre dans un présent éternel, celui de l'amitié (§21). Or, c'est bien dans cette direction qu'Abraham résoudra son anxiété, d'ordre « historique » : le problème de l'héritier sera sublimé et finalement résolu dans l'initiation d'Abraham au partage du monde. Plus près de nous, la solution viendra dans la triple affirmation, du Créateur (§22-23), de la création personnelle (§24 à 28a), de la créature consistante et reposant en soi-même (§28b à 30). Consistance et repos naissent d'une division paradoxale, mais surmontée, d'un « mélange » doux-amer, d'audace et de crainte, c'est-à-dire en fin de compte, d'un reflet dans Abraham de la création du Monde, opérée par division.

S'il en est bien ainsi, et que la longue oblitération du personnage d'Abraham par celui de Moïse puisse recevoir cette interprétation, il ne faut pas oublier que c'est le texte de base, de *Genèse,* ch. 15, qui en reçoit illustration. Il y a plus de sublimité dans le heurt tranquille et inaperçu des mots où Abraham exprime sa question : « *Maître, que me donneras-tu ?* », même s'il y a plus de drame dans l'histoire de Moïse ; et le poids réel des simples mots d'introduction : « *Il s'informe, disant...* » ne nous est livré qu'à la fin, dans l'Abraham explicitement désigné comme INTERROGATEUR de Dieu, et pouvant l'être parce que le paradoxe double de l'excès humain et divin lui donne une assiette suffisante.

L'analyse que nous avons longuement reprise a peut-être détruit l'impression globale que le lecteur doit retirer. La méthode suivie rassemble des convergences et se voudrait globale : c'est-à-dire qu'en revenant au texte analysé, on y trouve la justification de chaque partie, à tout le moins du point de vue partiel qui est le nôtre, celui de la cohérence interne, du mouvement littéraire : aucun paragraphe, aucune proposition ne doit rester au-dehors. En reprenant une dernière fois les principaux éléments, nous rendrons aussi au lecteur un texte moins morcelé, plus proche de la lettre qu'il a sous les yeux en ouvrant le *Quis heres.* Voici donc, dans l'ordre, les indications de lecture cursive :

— Philon s'abstient, au début du §3, de citer le texte qu'il commente, « *Il s'informe, disant...* ». C'est qu'il a réservé pour la fin la manifestation raisonnée de ces mots, en les faisant énoncer par Moïse, réuni à son double, Abraham.

— L'apparition du mot désignant la « *joie* » extatique amorce une suite d'oppositions : il y aura bientôt la joie autarcique du serviteur accompli (§7) ; il y aura plus loin la « *jouissance* » spirituelle de l'ami : comme jouissance, elle gardera la caractère de la seconde phase ; comme joie médiatisée par l'autorité divine, elle restera comme la première, extatique.

— Avec la joie (§3), nous trouvons le maître-mot de la section, l' « *excès* » (ὑπερβάλλουσαι). Selon l'apparence, « *trop* » de joie exigerait le silence ; selon la vérité (fin du chapitre), la joie parfaite ouvre la bouche du Sage. Selon l'apparence, « *trop* » de grâces divines interdit d'en demander une autre : tel sera le problème que les § 31 à 39 régleront. Cet *excès* trouve sa justification au milieu de notre section (§ 15), comme nous l'avons surabondamment exposé.

— Moïse apparaît au § 4 : ce sera le personnage suppléant de la seconde partie. Il approche ici sous l'aspect du silencieux, dans ce degré provisoire qui sera contredit par toute la suite de paroles, cris et hurlements.

— La volte-face par laquelle Philon, au § 5, affirme sans transition le contraire de ce qu'il vient de poser, et prétend qu'un bon serviteur peut parler à son maître s'il le fait avec opportunité, symbolise le caractère incertain, spirituellement peu assuré, de la première explication. En fait, sans l'exprimer ouvertement, Philon sait que Moïse évoluera, mais dans un autre contexte.

— Les deux arguments, du bon sens et du mérite, contribuent à accréditer auprès du lecteur de Philon l'idée rassurante de norme, d'équilibre, de loi, d'autonomie, c'est-à-dire le contraire de cet *excès* déjà entrevu d'un mot (§ 3), et qui se donnera carrière dans la seconde partie de la section. Avec la légalité s'accorde bien la citation du ch. 26 de la *Genèse* dont nous avons souligné la teneur légaliste. C'est le triomphe du principe, de l'autarcie, de l'universalité : plus tard triomphera tout ce qui passe par le drame, l'affrontement personnel, le risque, la médiation réglée de figures singulières, Moïse, Abraham, Dieu ; tout ce qui explicite ou symbolise l'excès.

— La même citation de *Genèse,* ch. 26 s'accorde de plus avec l'idéal royal qui caractérise le juste (§ 7) : le Sage domine la terre, mais elle lui revient comme son domaine. Trop vite, en un sens. L'inquiétude d'Abraham trouve dans la citation louangeuse — mais trop vite — la vision d'avenir qui le rassure en lui montrant l'héritage.

— Au § 10, nous partons dans une nouvelle analyse du silence. Elle est provoquée, dans un premier temps d'appréciation, par le mot « *écouter* » qui figurait dans la citation de *Genèse,* ch. 26 (au § 8 : « *Ton père a écouté ma Voix* »). Mais elle est rendue nécessaire par l'insuffisance du premier jeu d'arguments, par la présence de Moïse qui en déclare l'invalidité. De plus, prenant le parti de nous donner cette diatribe sur les mauvais auditeurs, Philon dessine le portrait du Peuple hébreu dans le Désert, c'est-à-dire un avant-goût de l'affrontement qui va mettre aux prises le Peuple, Moïse et Yahvé. Le *silence* réapparaît, mais investi d'un indice négatif, l'ignorance. Cette diminution qualitative s'explique assez par le passage d'une époque de l'apparence à une époque de l'Écriture véridique. Tout ce qui se jouera désormais entrera sous la réflexion de l'Écriture, plus rude, plus exigeante, plus pure ; et la vraisemblance cédera le pas devant la vérité, mais la vérité du paradoxe.

— La présence du Peuple ignorant dans les § 11 à 13 est nécessaire structuralement à la dialectique dont Philon va maintenant user. Le silence du Peuple rime avec le silence qu'il impose à Dieu (§ 19). Quant à la structure dont nous rappelons ici l'existence, nous l'avons déployée dans tout son détail. Au coeur du tourbillon, nous avons de plus isolé deux remarques : la portée métaphysique du « *Quoi?...* » dans l'interrogation complète : « *Que cries-tu?* », qui pose la question du fini et de l'infini telle qu'elle reviendra pour servir d'amorce à la seconde section (§31 à 39) ; la valeur de l'« *imparfait* », qui transporte la durée empirique où s'inscrit le dialogue de Moïse avec Dieu dans une éternité active : cette éternité viendra se poser sur Abraham. En effet, au §30, l'épitaphe gravée par Moïse apposera le sceau sur le mystère du temps, et par là, sur le mystère de l'autonomie dans la dépendance, telle que l'Infini suscite le fini sans l'étouffer. En expliquant ci-dessus la nature et l'ordre des citations empruntées aux livres des *Nombres* et de l'*Exode,* nous avons du même coup rendu compte de tous les éléments du texte. Rappelons que, pour une partie des citations, l'absence de commentaire de la part de Philon en souligne l'apparition brute, comme symboles des « *cris* » de Moïse.

— Mais dans le cas d'Abraham le contenu de cette parole devenue cri de hardiesse n'est autre que l'expression de la crainte. Ainsi, la transition de l'étude de la forme à celle du fond, qui se fait au §22, procède-t-elle de l'opposition latente sur laquelle s'appuyaient la dialectique de la parole et du silence comme la possibilité même d'une transgression, à savoir le jeu « *amitié / crainte* ». Elles apparaissent maintenant, déjà porteuses d'harmonie, puisque celui que l'amitié autorise à parler le fait pour dire sa crainte. Et ce sont la philologie et l'étymologie qui véhiculent cette réalité mystique.

— Enfin, le retour d'Abraham sur son passé s'explique alors naturellement (§24s) par le mouvement décrit au §20 à propos de Moïse : Moïse tourne ses regards vers le passé. Abraham médite sur les trois termes de la transcendance divine : Créateur, création, créature. Le dernier coïncide avec le retour de la « *jouissance de soi* ». La « *joie* » est, cette fois, dénuée de toute ambiguïté extrinsèque : elle se fonde sur la faculté de sentir comme une harmonie le mélange des contraires. Et cette perception heureuse de la 'division' apparaît comme une conséquence de la réinvention du passé. La connaissance de Dieu comme origine s'accompagne de celle de Dieu comme « *lien* »[10].

Nous avons montré comment l'ultime citation, de *Genèse,* ch. 18 : « *Maintenant, j'ai commencé de parler au Seigneur, et je suis terre et poussière, moi* », réunit en un faisceau toutes les valeurs de la section. La voix de Dieu introduit la voix d'Abraham, comme Moïse a pris le relais d'Abraham ; les temps y sont inversés : « *Maintenant, j'ai commencé...* » paraissent ouvrir un avenir proche, mais c'est un mort qui parle. S'il parle, c'est qu'il est fixé ; non pas figé, mais établi dans le rôle d'IN-TERROGATEUR de Dieu ; il existe dans ce « *Maintenant* » ; il jouit de soi comme interpellant son Dieu. Et nous tenons la définition d'Abraham, tiré par l'Infini même vers l'autonomie finie, personnelle.

On peut d'une autre manière résumer brièvement les facteurs qui assurent l'unité de la section, en rappelant que tout y est réglé par des conflits, des paradoxes. Un tableau le mettra en évidence pour la mémoire :

APPARENCE (§3 à 9)	VÉRITÉ (§ 10 à 30)
ÉQUILIBRE *convenance* *mérite*	TRANSGRESSION *excès*
NATURE (omission de la citation; témoignage de MÉNANDRE; syllogisme)	ÉCRITURE (figures bibliques)
AVENIR assuré	IMPARFAIT passé d'éternité
JOIE exténuante	JOUISSANCE dilatée
SILENCE	PAROLE — CRI
division équivoque: *joie silencieuse* */ joie loquace.*	division médiatisée *par l'excès.*

Ce résumé que les dernières pages viennent de proposer renferme quelques points de détail que nous n'avions pas exploités dans l'analyse. L'intérêt de ces compléments réside en ceci, qu'une fois donnée la structure d'ensemble, sa vérification peut et doit descendre jusqu'à chaque élément du tout.

II. DE L'INFINI AU FINI

On trouvera dans cette deuxième étude un exemple un peu plus appuyé de la manière rigoureuse dont il convient d' « analyser » Philon.

Le déchiffrement des intentions littéraires dans le passage considéré, les §31 à 39, sera quelquefois accompagné de considérations plus générales touchant l'allégorie, les rapports de la pensée grecque et du Judaïsme ou même, à l'occasion, d'une amorce de discussion théologique : nous effleurons en particulier le problème de l'eschatologie.

Comme la précédente, cette analyse s'attache à la lettre du texte, que le lecteur ne pourra donc se dispenser d'avoir sous les yeux. Nous nous efforçons d'en trouver la genèse, en reconstituant une sorte de matrice, antérieure aux idées, aux citations, aux images charriées dans le discours.

Il n'y a pas lieu de trop insister sur la césure que nous avons mise entre les §30 et cette nouvelle section. Elle est fondée sur le passage essentiel de l'étude de la forme à celle du contenu : Philon aborde ici la signifi-

cation objective des mots « *Que me donneras-tu ?* ». Elle est aussi fondée
sur la différence des styles. Ici, les idées, qui se déployaient plus lentement,
connaissent une sorte d' « accélération » ; ici, les images et les types
bibliques se rejoignent en peu d'espace : au §36, c'est la conspiration
soudaine des trois figures idéales de la Triade d'Abraham, Isaac et Jacob,
sous la forme d'Israël. Le cours plus paisible de la réflexion reprend ses
droits à partir du §40, où nous passons à l'interprétation du mot « *Masek* », c'est-à-dire du verset suivant de *Genèse,* ch. 15. Le cours tumul-
tueux des §31 à 39 invite bien à les considérer à part, avec une attention
proportionnée à leur densité.

1. Pourquoi cette accélération ?

De cette densité nous pouvons peut-être apprécier les raisons. Comme
souvent dans Philon, l'explication apparaît double : elle prend les choses
par le dehors et le dedans. La façade, si l'on peut dire, est constituée d'une
raison de rhétorique ; l'intérieur met en jeu une valeur métaphysique.
L'aspect intérieur est ici lié à l'apparition du véritable Abraham. Nous
venons de le voir naître à soi-même par la « *jouissance de soi* », qui vient
suppléer la *joie* plurielle et aliénante du début (§3) : « *Qui ne serait resté
coi... sous l'effet d'une joie telle, car les joies excessives nous ferment la
bouche* ». Et Philon célèbre cette sorte de nativité d'Abraham : le procédé
que nous appelons « accélération » paraît toujours affecté d'un certain
lyrisme. Telle doit être la raison intérieure.

La façade, le biais rhétorique[11], n'est pas à chercher très loin. À la
charnière des §33-34, nous lisons une phrase toute simple, mais qui
n'est rien d'autre que le titre même de l'ouvrage : « *Qui serait digne héritier de tes bienfaits ?* »[12]. Or nous n'avons pas affaire là à une phrase tirée
de la *Genèse,* mais à une 'traduction' que Philon improvise sur le verset
cité immédiatement après : « *Moi, je m'en irai sans enfant ?* » (*Genèse,*
ch. 15, v. 2). Nous disons que Philon 'improvise' : en effet, rien de préparait cette traduction ou cette paraphrase du texte sacré ; et entre la traduction et le texte de référence nous lisons seulement un « *ou bien* »
d'équivalence : « *Ce que je cherche à savoir et à posséder, le voici : qui
serait digne héritier de tes bienfaits ? Ou encore : m'en irai-je sans enfant ?* ».
Nous reviendrons sur cette charnière, presqu'insensible, entre le texte
biblique et sa traduction « philosophique ». L'équivalence marquée par
le simple « *ou bien* » nous enseignera plus de choses qu'il n'y paraît. Mais,
pour l'instant, notons l'émergence du titre : « *Qui serait l'héritier... ?* ».
Le procédé même de l'équivalence souligne l'émergence. Énoncé pour
ainsi dire abstraitement au §1, ce titre vient ici au jour en même temps que
la personnalité d'Abraham, en même temps que la faculté de *parler* qui
définit justement Abraham : la naissance raisonnée du titre explique elle
aussi la forme condensée de l' « accélération ».

2. Au cœur du texte, la valeur des pronoms :

Nous abordons, ce faisant, les § 31 à 39 par leur centre : le verset de la *Genèse,* précédé de sa traduction philosophique, forme comme un nœud dans le bois. Ajoutons que Philon a dû remarquer dans le verset un petit mot, le pronom « *Moi* » dans l'ensemble : « *Moi, m'en irai-je sans enfant ?* ». C'est en effet le scandale qu'il y aurait à ce qu'une âme comme celle d'Abraham — dit Abraham lui-même — s'en aille sans enfant, c'est-à-dire sans l'assurance d'un avenir, qu'exploitent les § 34 à 36. Philon a donc implicitement souligné le pronom personnel. Implicitement, comme il le fait volontiers, il s'est emparé de cet indice qui marque la conclusion des § 1 à 30, dans la mesure où cette section a conduit Abraham de l'Infini au fini, de l'abstraction à la personnalité, de l'apparence à la vérité. Or, nous pourrons montrer que les § 31 à 39 sont engendrés dans leur structure par le jeu des pronoms. En remontant de cet ἐγώ qui résonne au début du § 34 et commande la suite, nous rencontrons d'abord « *Qui ?* » dans la proposition complète « *Qui serait le digne héritier de tes bienfaits ?* » ; ensuite, le neutre « *Quoi ?* » dans « *Que me donneras-tu ?* ». Le « moi » accomplit la création récente du personnage Abraham. Le « moi » désigne cette « *nature* » définie d'Abraham (φύσις) sur laquelle il s'appuie pour réclamer à Dieu un avenir. Le « *Quoi ?* » au neutre se situe à la frontière entre les bienfaits déjà données et celui qui tarde à venir. Comme le pronom personnel « Moi », il fait partie du texte biblique de base. Entre ces deux, nous trouvons le pronom personnel interrogatif « *Qui ?* » de la formule « *Qui serait l'héritier ?* ». Il est à mi-chemin : interrogatif, comme « Quoi ? » ; personnel, comme « Moi ». L'exégèse de « *Moi* » commande les § 34 à 39 ; « *Quoi ?* » permet de résumer les § 31 à 33 ; le pronom « *Qui ?* » — hors du texte biblique — se trouve à la frontière de ces deux volets.

L'attention portée par Philon à ces pronoms manifeste qu'à sa manière Philon est parti à la recherche de la substance : l'Écriture juive l'oriente vers un modèle de la « personne » ; au lieu de suivre Aristote et les Physiciens grecs, pour qui le modèle de la substance est à chercher du côté de l'objet du monde, Philon obéit aux schémas de la pensée juive. L'être est à chercher du côte de la personne humaine, insérée dans un temps qui intéresse la divinité et la révélation de la divinité.

Nous avons pénétré, un peu par effraction, jusqu'au centre du passage. Avant de lire dans l'ordre les § 31 à 39, soulignons fortement la manière exégétique de Philon. Si l'on survole d'un seul coup d'œil les § 31 à 39, il apparaît que Philon enchaîne trois phases du texte biblique. Il part d'une proposition « *Que me donneras-tu ?* » (§ 31) ; il arrive à la proposition suivante « *Moi, je m'en irai sans enfant ?* », dont le commentaire aboutit à l'énoncé d'une nouvelle proposition : « *Le fils de Masek, ma servante, héritera de moi !* ». Nous aurons l'occasion de montrer que tout le *Quis heres* est bâti sur ce patron. Dans le *De migratione Abrahami,* la progression intérieure se fait au travers d'une succession d'exégèses où, chaque fois, l'exégète reprend un nouveau texte biblique ; ici, Philon prétend que chaque verset du texte de base se trouve accompli et comme partiellement répété dans le verset qui le suit. Loin donc d'avoir à morceler le discours philonien en fonction de chaque proposition du texte biblique, il faut dans ce cas adopter une marche circulaire. Les trois citations viennent se superposer l'une à l'autre, tuiler pour ainsi dire, se traduire mutuellement.

Nous allons suivre le texte dans l'ordre : il faut tout d'abord montrer que les §31 à 33 dépendent bien du pronom interrogatif neutre « *Quoi ?* ». Le lecteur, qui aura sans doute admis facilement l'influence du pronom «*Moi*» sur les §34 à 38, a peut-être ressenti quelque perplexité devant notre affirmation tranquille : les §31 à 34 sont gouvernés par le pronom « *Quoi ?* ». Nous allons tenter cette exégèse et suivre avec précision le procédé de la superposition.

1. *Le problème de la définition*

a) Du passé à l'avenir ; de l'infini au fini :

Contrecarrant d'emblée l'intention première de la question posée par Abraham : « *Que me donneras-tu ?* », l'exégète affirme qu'il remercie Dieu plus qu'il ne l'interroge anxieusement (§31). Mais, sans le dire expressément, le début du §32 suppose que la notion de demande ait été réintégrée. Nous reviendrons sur ce changement de front. Comme tel, il n'étonne personne, depuis que Moïse crie simultanément « *action de grâces et supplication* », depuis qu'Abraham jouit du mélange formé par la « *crainte* » mêlée à l' « *audace* ». Seulement, au passage, l'intérêt historique soulevé par la question de l'héritier s'estompe, au profit d'un problème nouveau. L'expression « *Que me donneras-tu ?* » contient un paradoxe. Dieu n'a-t-il pas déjà tout donné à Abraham ? Que peut-on isoler dans ce champ infini, qui ait échappé à la libéralité divine ? On le voit, le pronom interrogatif reçoit alors toute la lumière : « *Quoi ?* » vire insensiblement de la qualité à l'essence. L'objet qu'il vise s'oppose par définition à l'ensemble des dons que la générosité de Dieu a déjà fait pleuvoir, sourdre, ruisseler : « *Toi qui aimes à donner, tes grâces sont sans réserve : on ne peut les circonscrire. Elles ne connaissent ni limite ni interruption* » (§31). C'est dire que cet objet impossible devrait répondre, s'il existait, à une description symétrique : il devrait, lui, être possible à circonscrire, limité et fini. C'est ici le problème de la *mesure* qui se pose. Les §31-32, comme le début du §33, font jouer les notions d'illimité et de limité, sous le vêtement d'images telles que l' « *inondation dévastatrice* », qui s'oppose à une distribution « *modérée — mesurée* » d'une eau qui serve la fécondité sans la noyer. Il me faut, dit Abraham, « *une arrivée d'eau mesurée* », non pas seulement « à *ma* mesure », mais objectivement « mesurée », qui cesse de se perdre dans l'illimité[13].

L'opposition se poursuit au §33, où nous lisons : « *Que me donneras-tu, après m'avoir donné des (biens) infinis ?* » — Tí μοι δώσεις, ἀμύθητα δούς ; Arrêtons-nous un instant sur cette formule. Ce qui la précède dans le texte de Philon nous oblige à y retrouver l'opposition mise entre le sin-

gulier *τί* ; (le « mesuré », le limité souhaitable) et les *ἀμύθητα* avec leur
pluriel (innombrable, illimité, excessif). Mais le parallélisme intérieur à
la proposition elle-même, « *Que me donneras-tu, m'ayant donné des biens
infinis ?* » suggère que Philon veut nous faire maintenant percevoir une
nouvelle opposition, celle qui sépare les deux temps des verbes, du seul
verbe répété, « donner », et qui met l'un dans le futur, l'autre dans le
passé. C'est dans le futur seulement que pourra éventuellement se produire la conversion de l'infini dans le fini. De la sorte, Philon, qui a commencé au §31 par retenir de la proposition biblique le pronom « *Quoi ?* »,
visant dans sa singularité une essence singulière neutre et définie, reprend
au §33 la même phrase, mais, cette fois, pour en faire ressortir un autre
aspect, celui des temps. Il indique une opposition dans le cours du temps,
entre la démesure plurielle et étouffante qui emplit le passé, et, d'autre
part, l'avènement d'une essence singulière, vivante, et comme sauvée par
la <u>mesure</u> qui la restreindra pour la cerner, la « définir ».

Jusqu'ici, en effet, Abraham reste plongé dans l'abondance illimitée,
comblé qu'il se reconnaît par le don de Dieu, c'est-à-dire son indivisible
Parole. Cette Parole, théoriquement sans réplique, rend muet celui qui
la perçoit. Et pourtant, le don divin doit être parfait, selon l'argument ontologique du « meilleur », constamment à l'œuvre dans les raisonnements
de Philon. Il doit se limiter, entrer dans la mesure et la définition, sous
peine d'être sans réalité. Et, puisque le passé regorge, au point qu'il
semble n'y avoir plus de place pour un bien particulier (« ... à *peu près
tout ce qu'une nature mortelle peut contenir* », confesse le §33), et qu'Abraham ne peut plus exprimer autre chose qu'un retour sur le passé qui
prend la forme de l' « *action de grâces* », il ne cherche plus, au fond,
qu'à respirer ; et seul l'avenir peut nous faire échapper à cet encombre-
ment universel.

On s'aperçoit que Philon invoque une nécessité d'ordre métaphysique,
pour passer de la proposition « *Que me donneras-tu ?* » à cette autre,
également tirée de la *Genèse,* ch. 15, du texte de base : « *Moi, m'en irai-je
sans enfant ?* ». Il donne à « *Quoi ?* » la valeur de « Quelle essence limitée,
singulière ? ». Mais, comme force nous est de regarder vers l'avenir, il
transforme le problème de l'essence en un mystère du temps : « *Moi,
m'en irai-je sans enfant ?* ». Ce temps, dénoncé par le futur : « *m'en irai-je* »,
n'est pas une propriété des choses, mais le temps de la personne, « *Moi !* »
— déjà impliqué dans la formule qui sert d'intermédiaire : « *Qui serait
héritier digne... ?* ». C'est que la « personne » est née, du rapport personnel
tel qu'il fut médiatisé au cours de la première section, par la confrontation de Moïse et de Dieu (§3 à 30, spécialement le §15). Abraham ne dit
pas seulement : « *Quelle essence me donneras-tu ?* », au neutre ; ni même :
« *Qui serait digne héritier ?* », avec déjà un pronom personnel ; mais bien :
« *Moi, m'en irai-je sans enfant ?* », où le pronom personnel se rapporte de
façon réfléchie au sujet, Abraham.

NOTA BENE

Plus grande attention pourrait être encore portée au détail, mais sans qu'il en résulte d'éléments nouveaux. Nous avons indiqué au début de l'analyse le phénomène de 'traduction' qui commande le § 33, et nous avons alors insisté sur la présence de la conjonction « ou bien », qui sépare seule « Qui serait héritier ? » de « Moi, m'en irai-je sans enfant ? ». Avant de revenir sur cette question pour en tirer un enseignement un peu plus large, nous allons préciser les effets du procédé. Si l'on tient compte du résultat de l'analyse ci-dessus, on s'aperçoit que les phrases du § 33 s'engendrent l'une l'autre en toute rigueur. Un tableau précède quelques explications :

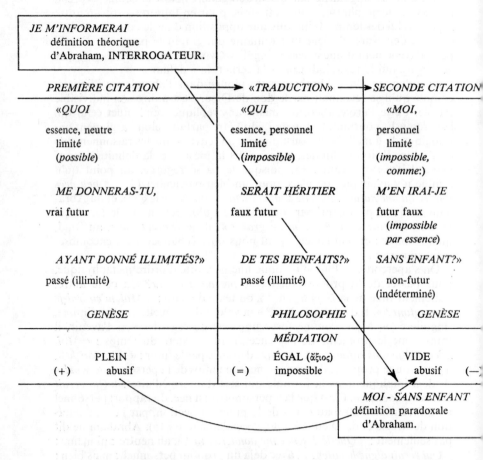

Le première ligne du tableau est aisée à interpréter : de gauche à droite, la série des pronoms, avec leur dialectique propre. La deuxième ligne s'attache au temps des verbes : le premier, « *donneras-tu ?* », est en lui-même un futur ; le deuxième, « *serait héritier* », est un 'faux futur' en ce sens qu'il n'existe pas et n'existera pas d'héritier digne des bienfaits de Dieu. Là nous devons préciser : Philon passe subrepticement d'une impossibilité abstraite, contenue dans le « *Quelle chose (définie) donneras-tu ?* » opposé à « *ayant donné des (biens) illimités* », à une impossibilité plus concrète et personnelle : non seulement ce n'est plus du côté de Dieu que la difficulté sévit, mais dans l'homme, en posant une inadéquation morale : personne n'est digne. Le troisième futur : « *Je m'en irai sans enfant* » est un futur 'faux', en ce sens qu'Abraham ne peut en venir là, car il est métaphysiquement assuré d'exister par tout ce qui a pris effet dans la première section. C'est pourquoi le tableau est traversé d'une flèche qui va de la première définition d'Abraham telle qu'elle est donnée au début du §33 par Philon lui-même : « *Aussi, je m'informerai : Que me donneras-tu ?* », où le désir de connaître définit le personnage, jusqu'à la seconde définition que donnerait, dans l'hypothèse absurde, la formule « *sans enfant* ». Le tableau prend ensuite en compte l'indice temporel, justement investi dans les compléments des verbes : « *ayant donné illimi-tés* » souligne la complétude abusive du passé ; celle-ci est purement et simplement reconduite dans la seconde colonne, en plus abstrait : « *digne de tes bienfaits* » ; et les mots « *sans enfant* » notent le vide abusif du futur impraticable qui semble réservé à Abraham.

Entre le « plein » abusif du début et le vide, également abusif, de la fin, l'équation morale (mais déclarée impossible) du mot « digne » (dans « *Qui serait digne héritier ?* ») sert de médiation. A tous points de vue, la phrase du milieu tient ce rôle : elle permet de passer de la première à la seconde proposition biblique. Elle seule, en effet, distribue le passé et le futur, le limité et l'illimité : « *Qui* » et « *digne* » posent la limite de l'essence, et tous deux sont personnels : en ce sens, ils font la synthèse de « *Quoi* » et de «*Moi* ». De plus, les mots « *serait — héritier* » annoncent le futur, lieu seul possible de la limite désirée pour exister en toute liberté, et aussitôt « *...de tes bienfaits* » reprend le passé et l'illimité d'une maniè-re qui ne l'exclut pas. Cette phrase médiane, et véritablement médiatrice, puisqu'elle règle le passage des termes en leur contraire, forme la liaison qui <u>sauve</u> le discours biblique, en assurant sa logique et sa continuité d'un verset à l'autre. Elle sauve aussi Abraham — mais nous reviendrons sur ce « salut » du héros. La simple équivalence, marquée par le « *OU BIEN* » qui sépare la proposition médiane et le second verset biblique résume tout ce travail d'ajustement que nous venons de détailler à l'intérieur du §33.

Si, dans la Bible elle-même, il est vrai qu'Abraham s'appuie sur la fidélité de Dieu, son « *Bouclier* » (dans son ouvrage antérieur, Philon devait commenter ce mot de *Genèse,* ch. 1, v. 1), pour réclamer ce fils que Yahvé a promis (début du ch. 12 de la *Genèse*), Philon pour sa part y songe, comme nous le verrons dans l'analyse des §35-36 ; mais il trans-pose la question d'Abraham et la fonde sur une exigence métaphysique. Il relie « *dons* » (un pluriel) et « illimité », puis « illimité » et « passé ». Il rattache, d'autre part, « *don* » (un singulier) et « limite », puis «limite » et « futur », ce qui lui permet d'obtenir la proposition philosophique : « *Qui serait le digne hétitier de tes bienfaits ?* ». Mais cette formule, toute humaine, philosophique et nullement inspirée, calque la Parole divine de l'Écriture : « *Que me donneras-tu ? Moi, je m'en irai sans enfant ?* ». Si les deux expressions se recoupent jusqu'à se recouvrir, ce n'est pas

l'effet d'un hasard ou d'un désir de concordisme : tout le travail secret de
Philon a consisté à prendre comme pôle le verset « *Moi, je m'en irai sans
enfant ?* » — dans lequel le « Moi », laborieusement conquis, doit résonner triomphant, substantiel, essentiel[14].

b) La philosophie au service de la Parole :

L'équivalence que nous venons de rappeler, en revenant sur la conjonction « *ou bien* » placée à la charnière des § 33 et 34, nous suggère deux
réflexions.

a) Tout d'abord, sans forcer la portée de considérations trop générales
pour être effectives, disons que Philon réunit ici deux conceptions.
L'intuition, soulignée par la philosophie grecque, de la « mesure », du
discontinu, de la limite qui cerne et assure toute chose, toute parole, permet à Philon de souligner l'évolution d'Abraham, le progrès de son discours, comme une quête de la « définition ». Mais l'eschatologie juive,
qui place dans l'avenir le « Jugement » (cf. la fin du *De migratione Abrahami*), c'est-à-dire la réalité du monde « sauvé », intégrant le temps concret des personnes, permet à Philon d'inscrire Abraham dans un devenir,
un plus-être où il puisse acquérir en vérité le « moi ».

b) Entre les deux univers d'expressions la connivence devient si précise dans le discours de Philon, qu'il lui suffit de ce « *OU BIEN* » d'apparence anodine pour la signaler. Et loin que le début du § 34 nous fasse
ouvrir un développement nouveau (on se gardera en conséquence de placer à cet endroit la moindre coupure), il domine le développement dans
son entier, comme sa clef de voûte. Il révèle tout à coup l'harmonie
cachée, non pas de la Nature à la Nature, mais de l'Écrit inspiré à lui-
même. Il éclaire également l'harmonie de la pensée et de l'Écriture. Et cela
touche au problème de l'allégorie : elle est moins une transposition de
l'Écriture en concepts de raison philosophique, que le passage de l'Écriture à l'Écriture par son reflet passager dans la raison philosophique.
On le voit bien ici, la formule médiane « *Qui serait héritier digne de tes
bienfaits ?* » permet seulement de comprendre la succession des mots de
Genèse, ch. 15 : « *Que me donneras-tu ? Je m'en irai sans enfant ?* ». Nous
disons bien : comprendre la succession, et non point uniquement la signification des éléments distincts de la parole sacrée. Or, l'attention de Philon, qui communique à son exégèse le mouvement intérieur, est concentrée sur le mouvement du Texte lui-même : comment ce mot, cette
proposition peuvent-ils se rattacher à ce qui précède ? Quelle est la force
de vitalité qui réunit les diverses pièces d'un langage dont le principe est
Un ; dont le foyer, simple et surabondant, ne connaît pas la diversité ?
En commentant Philon, nous lui appliquons la mesure dont il use à l'endroit de la Bible, puisque nous nous préoccupons avant tout de manifester
une chaîne dissimulée par un dessin trop habile.

2. Le temps d'exister

a) Existence et liberté de langage :

Effectivement, la suite de cette section découle de s notions jusqu'ic déployées, dans un jour plus ou moins grand. Le raisonnement des §34 à 39 s'appuie sur l'impossibilité métaphysique que l'Être en reste à une diffusion illimitée. Rencontrant le pronom « *Moi* » dans le texte de *Genèse,* ch. 15 : « *Moi, je m'en irai sans enfant ?* », l'exégète transforme cette impossibilité en complète absurdité. Abraham peut exiger un héritier, car le prédicat « *sans enfant* » — ἄτεκνος, qui affecte le sujet Abraham, est en contradiction avec lui, logiquement et réellement. Or, si l'on mesure cette absurdité, on comprend sans peine que les §34 à 38 adoptent un style ironique : les interrogations purement oratoires s'y accumulent comme une longue protestation s'élevant contre l'absurde. Il serait en effet étrange que le *Moi*, substance désormais consistante et définie, ne passe pas dans ce futur qui seul contient le limité, et, avec la limite, l'existence à côté de Dieu. D'où ces formulations de défi : « *Moi qui prie pour le contraire...* » (§34) ; « *Toi qui hais la stérilité...* » (§36, où pour faire justice au parfait, il conviendrait de traduire : « tu hais naturellement »).

Placé à cet endroit, le texte biblique « *Moi, je m'en irai sans enfant ?* » ouvre de plus en faveur d'Abraham le trésor d'une liberté de parole qu'il n'a pas encore exercée, si elle lui a été reconnue en principe (§3 à 30). L'ironie qui colore le style de sa plaidoirie lui donne libre carrière maintenant. Mais ce qui se passe au plan de la parole, dans ce traité comme dans tout Philon, touche au plan de l'existence, car l'une figure l'autre. L'existence d'Abraham est assurée par la liberté de parole. Il est parce qu'il parle, et qu'il parle au-delà de l'action de grâces, au-delà d'une plénitude qui devrait le bâillonner.

b) Existence, « justice » et passions

Du même coup, le « moi » d'Abraham se présente en face de Dieu, qui ne l'écrase pas nous l'apprenons du fait que Philon désigne ce nouveau rapport d'un terme exprès, la « *justice* ». Revendiquer, plaider, ces attitudes dues à la liberté de parole aboutissent à la proclamation de la justice : ne lit-on pas, au §36 : « *Je désire un héritier en justice* » (δικαίως), où l'adverbe, placé en conclusion de la phrase, prend tout le relief désirable. Déjà, nous trouvons au §35 l'idée d'une nécessité : « *Il est aussi nécessaire que la vertu humaine atteigne le ciel...* ». L'ironie, le défi, la requête de justice, ces trois degrés de l'audace ou de la liberté de parole, réclament et manifestent en même temps le degré d'existence irréfutable en Abraham. Avec la « *justice* », nous touchons au roc, celui de l'essence divine elle même. Et c'est donc Dieu qui <u>doit</u> écarter, pour ainsi dire, le flot encombrant de sa plénitude, pour créer du fini : le terme, l'image de la « justice » est celle d'un contrat qui assure autonomie, et, entre Dieu et Abraham, un espace enfin incompressible.

Mais autour de ce thème de la « *justice* », les §34 à 38 font évoluer plus discrètement une cohorte de *passions*. La justice opère la synthèse du monde subjectif, puisqu'elle intervient entre des personnes, et du monde objectif, puisque le contrat lie les personnes en mettant entre elles l'espace infranchissable aux variations, aux passions, tel qu'il le faut pour vivre autonome en soi-même ; les passions, de leur côté, représentent cette vitalité dangereuse pour la loi et le contrat, mais indispensable. Déjà l'ivresse dont Abraham jouissait dans l'équilibre de la crainte et de l'audace donnait une première image de cette vie réelle. Philon a ici disposé autour du §36 une sorte d'échelle des *passions*. L'ironie, le goût du défi, dont nous avons parlé, s'ils s'appuient sur le sens de la « justice », en offrent déjà une transposition passionnelle, en puisant dans le *désir* (désir de survivre et de revendiquer), dans cette réserve de liberté de parole dont Philon a patiemment examiné la position dans les §3 à 30. L'audace, même bonne — εὐτολμία — est du côté de la passion. Qu'elle participe maintenant à la « justice », nous en trouvons le signe dans l'emploi de certains mots. Par exemple, le « *il est nécessaire* » du §35 ; la forme intensive du parfait μεμίσηκας (§36), redoublant pour ainsi dire la valeur du verbe « haïr », valeur passionnelle s'il en est, sans oublier le fait que l'interrogation qui accompagne cette forme participe à la tournure paradoxale de tout le passage. Enfin, le mot austère de « *justice* » voisine avec le verbe ἐφίεμαι — « *je désire* ». On pense au « *désirer ce qu'il faut* » platonicien. Ainsi la justice et le désir forment une nouvelle harmonie : c'est à la fin de ce jeu entre les deux séries de vocables que l'adverbe impérieux δικαίως vient apposer sa sanction rassurante.

Puis, le grand mot de « *justice* » une fois prononcé, d'autres passions surviennent : le sentiment de la « *honte* », à la fin du §36 ; le « *désir* » et la supplication (§37, en notant que le mot a changé depuis tout à l'heure : ce n'est plus ἐφίεμαι, mais ζῆλος). Ces mouvements, situés aussi du côté de la passion, reçoivent cependant la lumière rationnelle qui réside dans la la notion de « justice ». En effet, le sentiment de la honte — tel qu'on le retrouve chez Job, par exemple, ou le prophète Élie, ou même Jonas, est engendré dans la psychologie des personnages bibliques par le sentiment d'une injustice ; la supplication constitue une sorte de mime de la honte, destiné à réveiller dans le justicier la conscience de son devoir ; enfin, le sentiment désigné par le mot ζῆλος se rapproche, surtout en milieu sémitique, d'une synthèse entre la violence et la justice, comme une « passion de la justice » (Yahvé est un Dieu *Jaloux*...).

Pour revenir sur cette dernière observation, elle nous montre que deux fois passion et raison s'unissent, en un mouvement harmonieux : une première fois, du côté de la raison (fin du §36 : « *Je désire un héritier en justice* ») ; une seconde fois, mais du côté bouillonnant de la passion : le seul mot ζῆλος comportant les deux valeurs dans le contexte biblique. Bien entendu, l'objet de cette passion rationnelle ou de cette raison passionnée reste l'existence autonome, figurée dans le « futur ». Aussi bien Abraham dit-il : « *Je désire un héritier en justice* » ; et les hommes de vertu, à l'en croire, « *brûlent d'avoir à semer et faire naître des enfants de l'âme* ».

c) Existence d'Abraham et désir de savoir :

Au terme de la seconde partie, Philon nous laisse avec une géniale simplicité en présence d'un Abraham transformé en soi-même. Le premier mot du § 39 suffit : « *Enseigne-moi encore ceci !* ». Doté d'une vie complexe qui s'harmonise autour de la justice, c'est-à-dire le terme relationnel qui le place d'autant mieux dans l'existence autonome qu'il s'appuie davantage sur l'Autre, le Juste par excellence. Ni perdu dans la révélation d'un Dieu encombrant, ni changé, puisque le début du conflit fut marqué par l'interrogation également et qu'il est reconnu ici comme INTERROGATEUR. Assuré, et non pas changé ; établi, et non submergé, il est ce qu'il dit : *une question vivante*. Il rejoint son essence, lui pour qui « savoir » et « acquérir » sont liés : « *Je cherche à apprendre et à acquérir* », dit-il au § 33. Quand donc il s'apprête à demander si le fils de sa servante doit un jour hériter de lui, la proposition ainsi apportée par la suite du texte de base ne fait que prendre le relais : à la fois, elle incarne le personnage d'Abraham tel qu'il vient d'être constitué, et elle poursuit le paradoxe d'un héritage promis en même temps que différé.

d) La Triade, ou l'existence dans la division du temps :

Ce n'est pas tout. Si Abraham est parvenu jusqu'à lui-même, si pour cela la « limite » existe, l'être véritable mais fini est né à côté de l'Être. Il est ; et donc il vient, divisé selon le temps. C'est pourquoi nous trouvons ici une évocation de la Triade exemplaire des figures et des temps : Jacob est mis en scène explicitement au § 38, avec la citation de *Genèse*, ch. 33, v. 5 : « *Voici les petits enfants qui manifestent la pitié de Dieu pour son serviteur* »[15] ; mais c'est Jacob déjà, sous la fonction du Voyant, *Israël*, qui préside au § 36 : « *Tu as donné en grâce à la race clairvoyante de ne jamais rester stérile et sans enfants* ». Isaac est, quant à lui, omniprésent, mais en creux, si l'on peut dire : c'est lui l'héritier attendu ! Abraham, de son côté, apparaît ici au sens fort de ce terme : il est le héros du discours, et il l'est suivant la définition authentique et préétablie qu'il possède dans la Triade, INTERROGATEUR de Dieu, amoureux du savoir.

On le voit, nous n'avions pas tort de pressentir dans cette page une plus grande complexité. Tout se rend conforme à tout : les problèmes de style et la quête philosophique, le portrait d'Abraham et l'existence de la Triade, l'équilibre de la justice et le mouvement des passions.

3. La signification

a) L'existence et le salut :

Ἄτεκνος — « *sans enfant* », Abraham resterait confiné dans l'illimitation d'un passé surabondant ; il serait « *submergé* » (§ 36) par la grandeur de Dieu. Mais Dieu n'est pas venu supplanter Abraham, l'effacer, en l'appelant de Ur en Chaldée. Il doit donc en assurer et en sauver l'essence.

Qui est Abraham ? Jusqu'ici nous en avons parlé en termes de code, à travers son « moi ». On peut-être plus précis. Il est même temps de mettre en valeur une phrase que nous avons laissée dans l'ombre. Abraham est en effet le πατὴρ μετέωρος : en Chaldée, il chaldaïsait, c'est-à-dire s'adonnait à la contemplation des astres : astronome-astrologue, il avait tourné les yeux vers le ciel. Il le faisait de mauvaise manière, entraîné par les sophistes qui utilisaient mal leur savoir et devenaient « athées », à force de prendre l'objet de leurs études pour l'objet de leur adoration et de croire que le monde tenait par une sorte de causalité close et immanente, à l'image du ciel courbe et ordonné. Sur ce point justement le *Quis heres* va rééduquer Abraham (voir les §63 à 99, avec notre analyse). Or, Dieu en l'appelant, ne le pervertit pas ; il ne le déçoit pas, mais le comble et fait aboutir ce que la science avait commencé. Et si aujourd'hui, dans le déferlement de la Parole divine, la personnalité d'Abraham doit pour ainsi dire se défendre, il reste dans son orientation première. Philon le dit explicitement : Abraham demande à être « *élevé, comme une plante qui va jusqu'au ciel* » — εὐχόμενος μετεωρίσαι (§34). Sous une autre image, celle de la semence qui a réussi, de l'arbre qui grandit, c'est bien l'élévation jusqu'au ciel, mais cette fois en conformité avec la nature des choses, et non plus selon l'illusion chaldéenne. S'il restait sans enfant, Abraham ne rejoindrait pas la hauteur du ciel : il ne retrouverait donc pas son origine naturelle de πατὴρ μετέωρος. Celui que Dieu comblerait n'aurait plus rien du premier personnage ; il aurait perdu toute substance propre. Et, si le Chaldéen mourait complètement en lui, l'homme aussi périrait. Abraham ne serait plus qu'une invention immédiate, indéterminée, miraculeusement sortie des mains de Dieu. La vie ne serait plus une existence dans les divisions du temps, une émigration, mais un prodige : demain serait un présent, sans passé. Le salut serait une perte, sous la forme d'un rapt. On s'explique dès lors par ce biais nouveau pourquoi Philon donne à Abraham un langage qui évoque les origines. Abraham parle en effet de la « flamme » qui se rallume à partir de braises couvant sous la cendre (§37). Dans la même phrase il parle aussi de « *semences* ». La braise et la semence peuvent attendre longtemps, mais elles contiennent l'épanouissement de la plante et du feu. De même l'épanouissement d'Abraham n'est-il pas étranger à l'ancien Abraham, qui chaldaïsait.

Mais il convient d'ajouter aussitôt que Philon projette simultanément son Abraham dans le passé et dans le futur. S'il songe à lui donner une « *élévation jusqu'au ciel* » qui accomplisse divinement sa nature de μετέωρος, il justifie cette exigence par deux actions divines, toutes deux posées à la fois dans le passé et dans l'avenir. Au §36, Abraham argue de la nature divine débordante, amie de la fécondité, et qui fait être ce qui n'est pas ; puis il affirme que Dieu l'a fait participer à la race « *qui voit* ». Les premières expressions disent le passé, la création, l'origine ; les secondes nous orientent vers la réalité future d'un *Israël*, ce Jacob petit-fils d'Abraham selon l'histoire, et, suivant l'allégorie, continuateur de l'Ami du savoir, puisqu'il est l' « *athlète* » entraîné à l'exercice des vertus. De même, l'image de la lumière ou du feu, partagé entre « *braise — flamme et flambeau* », joue sur le passé et sur l'avenir. La braise conservée représente une sorte de mémoire latente de ce qu'est le feu ; le flambeau que se transmettent les générations symbolise le devenir éternel (§ 37).

L'évocation finale ne manque pas de hardiesse : elle donne comme un événement passé la naissance des douze fils de Jacob (Israël). Mais il y a deux raisons à cette générosité. Tout d'abord, Jacob, considéré comme celui qui « s'exerce » (cf. καὶ τοῖς ἀσκητικοῖς au début du § 38), possède de ce fait un point commun avec Abraham, le questionneur de Dieu. Tous deux, ils deviennent, et c'est même là ce qui les distingue d'Isaac, par nature établi dans la vertu. Jacob illustre donc une vérité inscrite en Abraham, tout en désignant pour ainsi dire la fécondité d'Abraham dans ses propres enfants. La seconde raison est plus subtile. L'anticipation qui nous permet ici, comme déjà au § 8, de voir deux générations plus loin est une manière d'inscrire une certaine distance entre la promesse et la réalisation : le sens de cette attente prolongée — qui n'a rien de désespérant, puisqu'on en voit l'aboutissement à travers les générations — est que les dons de la magnificence divine ne s'épuisent pas eux-mêmes dans leur arrivée. Leur « raison », la diffusion gracieuse de la lumière divine, les domine toujours (cf. § 36 : « ...Toi qui portes à l'existence ce qui n'est pas »), et elle subsiste au-dessus de la distribution des temps.

Il faudra néanmoins se garder de conclure que Philon ne s'intéresse pas à l'histoire, sous prétexte qu'il joue avec des termes qui se projettent dans un univers intemporel. On sait que les écrits du Nouveau Testament, et déjà le livre de la Genèse, ne posent pas le mystère de la postérité d'Abraham en termes strictement temporels : la formule caractéristique de Jean le Baptiste suffit à montrer où le débat est placé, quand il crie dans le Désert : « De ces pierres Dieu peut faire lever des enfants à Abraham ! » Mais pour le moment, tentons de comprendre dans toute sa valeur la présence des enfants de Jacob en conclusion de ce chapitre du Quis heres.

Car, au-delà de deux raisons de convenance qui rendent plus naturelle cette mention des enfants de Jacob, il en est une autre, qui la rend nécessaire. Si l'on se souvient en effet qu'Abraham, Isaac et Jacob forment la Triade idéale du savoir, de la nature et de l'exercice, on verra que les enfants d'Israël se situent au-delà, qu'ils représentent les fruits de la vertu totale et forment cet Israël qui sera à l'image de ses Pères. Dès lors, le désir de Jacob d'enfanter (§ 38 : ζῆλος τέκνων) a non seulement changé de signe en passant du vocabulaire passionnel d'ἐφίεμαι au vocabulaire plus rationnel du ζῆλος, mais il a changé de portée. Si Abraham veut entrer dans le futur, c'est afin d'y subsister dans la mesure et la « définition » ; mais si Jacob veut une postérité, c'est par diffusion du bien et du beau (§ 36 : l'enchaînement des trois personnages est significatif : Dieu, générosité pure ; Israël-Jacob, à son image, resplendit de fécondité ; Abraham resterait sans ce rayonnement ?...). C'est bien parce qu'il est devenu image de Dieu qui engendre toutes choses sans nécessité, mais par générosité, que Jacob veut enfanter. Ainsi, la subsistance en soi-même du personnage d'Abraham, qui pouvait lors de sa conquête, apparaître comme un éloignement de Dieu et une autonomie de séparation, se révèle une imitation de Dieu. Dieu est le seul être dont la dépendance assure la liberté (ici, la « dépendance » est celle de l'exemplarisme). Ainsi, Abraham, tiré en avant, vers l'avenir, par la nécessité d'être véritablement et, ce faisant, d'échapper à un passé aliénant à force d'être encombré de dons sans mesure, Abraham se retrouve libre, dans la contemplation des origines. Mais ces origines sont vues dans leur sublimité divine : l'idée de création pure qui remplace désormais le désir d'engendrer ou d'être soi, est une sublimation du « passé ». À la sensation d'être causé Abraham impose un point d'arrêt (la limite du « futur »), et il comprend en même temps que d'être père, d'être cause à son tour, le met en face de Dieu dans une liberté complète et dans une non moins complète ressemblance. Le terme où le juste trouve sa consistance n'est autre que le point d'où il aperçoit le mieux l'action initiale de Dieu. Et ces §3 à 39 du *Quis heres* reproduisent en petit l'itinéraire du *De migratione Abrahami* : l'ascension d'Abraham le rendait capable, au terme, de rendre grâce pour l'origine, après s'être reconnu capable de répandre les bienfaits qu'il avait reçus. Ici, Jacob désireux de postérité, joue le rôle d'un miroir, et cela doublement. Abraham s'y voit, c'est-à-dire peut désirer, comme Jacob, une postérité issue de la surabondance et non plus seulement du besoin ; et, s'y voyant, il voit derrière lui la stature du Créateur, de Celu dont Jacob et lui-même imitent la générosité.

b) Les symboles et le temps

Faut-il à propos de ce texte soulever la question : Philon songe-t-il au Peuple historique issu d'Abraham, ou bien profite-t-il de l'Écriture pour donner une vision « immobile » de la vertu ? Mais cette question doit déjà être posée, à notre avis, par le lecteur de la *Genèse,* que Philon commente. En absorbant, pour ainsi dire, le destin d'Isaac dans celui d'Abraham, Philon ne nous semble pas céder seulement au moralisme de l'allégorie. Il donne aussi un commentaire authentique de la *Genèse.* Le texte de la Bible milite déjà pour qu'on mette un intervalle entre Abraham et sa postérité naturelle. La longue attente du patriarche, les subterfuges, les rebondissements, le sacrifice demandé ensuite par Dieu, tout cela vise à retirer l'existence d'Isaac à l'enchaînement naturel et biologique : Abraham n'aura sur lui aucun droit de possession. Isaac doit être dit « fils de Dieu » plus que « fils d'Abraham ». C'est enseigner que la postérité d'Abraham enferme une vérité qu'elle n'épuise pas. En d'autres termes, la *Genèse* elle-même suppose une sorte de second Isaac, qui reste intérieur au patriarche Abraham, qui est sa foi. Et donc Philon ne s'éloigne pas tellement du sens littéral. Il est vraisemblable que le livre de la *Genèse* propose devant l'Israélite de l'époque royale une critique radicale du mythe de la race, une critique des successions dynastiques qui assuraient en principe les royaumes des Nations et contre lesquelles Nathan en présence de David (*II Samuel,* ch. 7) et Isaïe en présence du roi Achaz (*Isaïe,* ch. 6 à 12) s'élevèrent avec énergie. Il est littéralement exact dans le livre de la *Genèse* que l'élément fondateur du Peuple d'Israël n'est ni Abraham, ni Isaac, mais le couple paradoxal formé par Abraham et Isaac, dans la mesure où Isaac est et n'est pas le fils naturel d'Abraham. Dès la *Genèse,* Isaac est ambigu. Un texte contemporain de Philon, comme celui de l'évangéliste *Jean,* suppose une exégèse selon laquelle Isaac dépasse l'Isaac charnel : « *Abraham a désiré voir mon jour : il l'a vu et il a ri* » (*Jean,* ch. 8, v. 56).

Philon tout comme ses contemporains palestiniens, Jean le Baptiste, Jésus, l'évangéliste Jean, renie une conception pharisienne de la race, et cela en plein accord avec la Torah. Si bien que l'ambivalence manifeste du thème de la « postérité » dans le traité ne vient pas seulement d'une interprétation philosophique propre à Philon ou à l'hellénisme. Ce porte-à-faux qui caractérise la théologie d'Israël, toujours tendu vers un autre Jour, qui se reconnaît aussi bien dans l'attente passionnée d'un Abraham que dans les courants eschatologiques, n'a pas nécessairement le seul « messianisme » comme application. Le problème du temps, tel qu'il apparaît constamment dans Philon et de la manière dont il le fait, domine assez les développements de son exégèse pour qu'on refuse d'enfermer l'Alexandrin dans le dilemme : Abraham n'est-il qu'un type, et Philon ne se soucie-t-il point de l'histoire d'Israël ; ou bien : Abraham demande-t-il une postérité charnelle, et Philon prend-il au sérieux le déroulement de histoire ?

À ce point, la méditation de Philon peut marquer un temps de repos. Abraham existe, désormais, par imitation de l'Être généreux. Son existence est un salut, car dans l'avenir qui l'assure, il reconnaît une origine transfigurée, sublimée (μετεωρίσαι accomplissant πατὴρ μετέωρος) ; et dans son désir (ἐφίεμαι), le ζῆλος de la générosité divine.

NOTES

1 Sans doute au §2 faut-il comprendre déjà que πάλιν indique une sorte d'équivalence entre les deux citations : « *ou encore...* ».

2 Cette philosophie stoïcienne est aussi celle de l'Écriture : la vocation du Peuple à la maîtrise universelle sert de base à tous les prophètes pour réclamer la fidélité exclusive à Yahvé ; le livre de la *Sagesse* combine les deux traditions : il donne du thème une illustration prolongée sous la figure du « Roi » (ch. 6-9).

3 Ce mot relie le *Quis heres* au traité — perdu — qui commentait le v. 1 du ch. 15. de la *Genèse,* disant : « *Ta récompense sera grande !* ».

4 Si bien même que Philon discerne un redoublement dans l'expression « *Écoute et tais-toi !* » (§11).

5 Dans le même contexte biblique, le ch. 4 des *Romains* explique de la même manière : « *Il crut et cela lui fut compté à justice* » par cet autre verset : « *Je t'ai établi père de nombreux peuples* ».

6 A la fois par sa confession de Dieu (§26) et par la jouissance de soi (§28) ; il l'est réflexivement au §30 : « *Maintenant, j'ai commencé de parler au Seigneur, et je suis terre et poussière, MOI* ».

7 Nous ne chercherons pas à tirer grand-chose, par exemple, de la formule stoïcienne : πνεῦμα τοῦ Κυρίου... τὸ συνέχον τὰ πάντα — « *L'Esprit... tient toutes choses unies* », qui figure dans le livre de la *Sagesse* (ch. 1, v. 7), et dont on pourrait trouver une réplique dans le *Quis heres,* §23, où Philon interprète δεσπότης par δεσμός. Dans le texte de Philon, ce dernier terme sert à porter la parole d'Abraham dans la sphère ontologique ; dans le livre de la *Sagesse,* la notion stoïcienne forme un lieu commun dont l'auteur tire un parti bien à lui : l'omniprésence de l'Esprit lui permet

de tout entendre, de tout surveiller, sans que rien lui échappe. Il s'agit pour lui d'assurer par cette information l'instruction du procès à venir — longtemps différé, d'ailleurs, dans le livre de la *Sagesse* !

8 Le lecteur se reportera à la page 180, où nous montrons la symétrie des §15 et 31 autour des axes de l'être et du néant, du fini et de l'infini, dans le contexte de la Transgression.

9 Moïse se défend d'être le « père » du Peuple hébreu dans *Nombres,* ch. 11, v. 12 — cf. *Quis heres,* §20 — parce que, dans le camp même des Hébreux, l'idée de faire du libérateur le Père du Peuple n'est pas si éloignée : le Peuple sauvé par Moïse est enclin à préférer un dieu des miracles sauveurs et donc du héros sauveur à un Dieu de l'histoire dont on doive se souvenir...

10 On notera encore la 'division' qui partage l'explication étymologique de Δεσπότης en « *crainte* / *lien* », soit entre transcendance / immanence.

11 Nous n'affectons cette différence « intérieur / extérieur » d'aucun indice de valeur. Pour Philon, la forme du texte n'est pas moins profonde que son contenu.

12 Nous ne renvoyons pas au « titre » des éditeurs, mais à celui que Philon propose lui-même au §1 dans les mêmes termes.

13 Lorsque Philon évoque l'irrigation, la pluie, la tempête, il oppose réguliérement l'un à l'autre le flot intempérant qui dévaste, à la pluie fine et modérée, suffisante aux cultures.

14 Triomphant, cf. §28 à 30 ; essentiel, cf. §31 à 33 ; substantiel, cf. §33-34.

15 On notera dans cette citation le retour de la perspective théocentrique : la « *pitié* » de Dieu lui rend l'initiative ; les « *enfants* » manifestent en même temps l'accomplissement subjectif du bonheur et la réalité objective de la promesse.

CHAPITRE DEUXIÈME

LE LANGAGE JUSTE (§ 40 à 65)

Il serait en théorie souhaitable de pouvoir donner à chacun des 'chapitres' que nous prétendons distinguer dans l'ouvrage de Philon un titre simple qui l'individualise. Aux yeux de Philon, c'est évidemment le texte de la Bible, par exemple les mots de la *Genèse* : « *Le fils de Masek, la servante née à la maison, Damascus Éliézer, héritera-t-il de moi ?* », qui suffit à résumer les § 40 à 65. Et dans le mesure où toute l'exégèse allégorique revient à mettre en lumière ce texte-là, nous devons convenir en effet qu'il n'en existe pas de condensé plus authentique. Mais nous avons eu maintes fois l'occasion de le montrer, sinon de le dire, ce privilège de l'Écriture ne nuit pas à l'ordonnance logique d'un discours qui utilise philosophie, morale religieuse, démonstration d'un itinéraire de l'âme. Seulement, la complexité des intérêts, la subtilité des enchaînements, la hiérarchie que Philon ménage entre les étapes de l'itinéraire, la variété des coloris apportée par les figures bibliques, tout nous éloigne d'une définition qui simplifierait exagérément. Nous devons admettre que l'Alexandrin se veut justiciable d'un autre carcan que celui où nous sommes accoutumés d'enfermer nos auteurs, et qui est celui d'une logique ou d'une psychologie déductives. Et ce n'est pas nécessairement tomber dans la poésie et le règne du flou que d'évoquer les règles d'une critique d'art. Celle-ci procéderait par approches successives des 'valeurs' esthétiques. Elle montrerait des qualités sensibles plus qu'elle ne les enchaînerait. La plupart des discours sont ordinairement analysés par le discours suivant un mimétisme qui mériterait le nom de redondance ou de paraphrase ; et pourtant le discours d'interprétation se donne ou plus moins consciemment la tâche de trouver autre chose que les mots du texte et de remonter des mots aux idées, puis des idées à l'homme. La critique telle que nous l'essayons ici assume la nécessité d'une parapharase, mais elle prend les choses à rebours : les idées, et surtout l'homme restent pour nous des êtres de raison, des points de départ ténus ; et nous nous efforçons de venir au texte à partir de ces lieux communs de l'humanisme. Ne craignons pas de le répéter, dans le cas de Philon, ce procédé d'analyse nous paraît de plus en plus réel. Les conceptions philosophiques n'y entrent qu'au titre de matériau, et il n'est pas d'autre alternative que d'y chercher avec les yeux d'un historien des idées leur présence comme celle de traces attestant une influence donnée, ou bien de les considérer comme une sorte de lexique, de vocabulaire supérieur. Dans ce cas, la position de l'exégète de Philon peut être définie. Bien sûr, c'est du texte de Philon qu'il part, en ce sens qu'il le lit, comme tout message, c'est-à-dire le décode par un compromis qui intervient entre son propre vocabulaire et celui de l'auteur — ou du texte considéré. Jusque-là il reste dans la compagnie de toutes les interprétations classiques. Mais, au lieu d'abstraire ensuite — de tendre à 'résumer' — le voici qui tente cette gageure de rendre possible une appréhension synthétique sans le secours de la logique ou de la psychologie. Il essaie de reconstituer un espace sensible, intermédiaire entre celui qui permet la vision proprement sensorielle (un texte n'est pas un tableau) et la région où se hiérarchisent les concepts (un texte n'est pas une pensée pure). L'exégète — et donc le lecteur — des traités philoniens est invité à s'établir dans un Imaginaire de type fichtéen. Il développe en lui-même un lieu, souvent atrophié par son mode habituel de pensée, et proprement intermédiaire entre l'évidence des sens et la sphère idéelle.

À qui reproche aux textes philoniens de gêner précisément leur imagination par une incohérence imaginative, il faut répondre précisément que l'Imaginaire n'est pas l'imagination immédiate ou artistique. À ceux qui demandent à Philon une 'pensée', il faut répondre qu'elle est incorporée tout entière à un système dérivé, celui de ces figures que nous souhaitons répertorier et classer. Bref, nous proposons au lecteur la consolation provisoire d'un titre, ici « Le langage juste », en lui promettant à la fin de notre analyse du chapitre une sorte de définition concrète, par nécessité plus étendue qu'un résumé ou qu'un emblème.

Le plan du chapitre :

Le §39 marque une charnière : le *moi* d'Abraham y apparaît dans sa détermination, puisque nous lisons le mot qui fait partie du blason d'Abraham : « *Apprends-moi !* » ; puisque nous retrouvons les époques du temps telles que la précédente dialectique les établissait, à savoir : « *jusqu'à maintenant* » opposé à « *ce que j'espère* » (le passé surabondant opposé à un avenir déterminé, fini), « *celui que j'ai reçu* » opposé à « *j'espère* » (nous y lisons toujours l'opposition du passé et de l'avenir) ; et puisque « *servante née à la maison* » s'oppose à la « *mère et nourrice* » du §38, annonçant du même coup le développement ultérieur sur le nom de la servante, « *Masek* ».

Le commentaire de la phrase biblique citée au §39 s'étend du §40 au §65. Les §63 à 65 constituent une reprise philosophique de l'ensemble, une sorte de traduction 'morale', éclairée par les analyses détaillées qui la précèdent, du verset 2 de *Genèse,* ch. 15. Les articulations du commentaire sont apparentes, à un détail près :

1) « *Masek* » signifie « *d'un baiser* »	§ 40 à 51
2) « *fils de* »	§ 52-53 ;
3) « *Damascus* » est traduit par « *sang du sac* »	§ 54 à 57 ;
4) « *Éliézer* » est traduit « *Dieu, à mon secours !* »	§ 58 à 60 ;
5) Philon retient de la formule d'Abraham que la « servante » est, au féminin, la seule généalogie possible de Damascus	§ 61-62 ;
6) Reprise philosophique de l'ensemble	§ 63 à 65.

Tout se déroule assez naturellement. Notons cependant que le commentaire de « *Damascus — Éliézer* » arrive sans être annoncé : le nom double du fils de Masek ne figure pas dans la citation telle qu'elle est rappelée initialement (§39). Nous verrons en son temps la portée de ce traitement différent : l'assouplissement du commentaire mot à mot permettra à Philon d'enrichir l'interprétation, et, par son retour inopiné au texte de base, de manifester l'harmonie qui règne dans le discours biblique.

La division des couples logiques :

Avant d'analyser en détail chaque section, il convient d'expliciter le mécanisme général du chapitre. Philon procède tout au long par la présentation de couples, logiques ou réels. Couples 'logiques' ou grammaticaux, que sont les termes opposés d' « *amour* » et de « *baiser* », les termes nuancés de « *chérir* » et d' « *aimer* » (ἀγαπᾶν succède à φιλεῖν), ces deux mots remplaçant l'autre couple oppositionnel de « *haïr* » et d' « *aimer* ». Couples 'réels' ou couples de personnages, lorsqu'il est possible de superposer aux premières divisions logiques celle de Laban et de Jacob, de Lia et de Rachel, de la femme et de la mère (à partir du §51, nous passons en effet du registre de la «femme-femme » à la « femme-mère »). Il faut également tenir compte du fait que toutes les nuances des sentiments familiaux se trouvent répertoriées, de l'affection à l'admiration (§51). À partir de ce même §51, il se produit un changement de front : après avoir évoqué *Adam* pour désigner le type de l'homme qui interprète Ève, la sensation, comme si elle était une « mère », Philon poursuit son analyse dans le cadre nouveau des récits de création, appelés par le nom même du premier homme : il en parle comme de l' « *objet pétri de terre* ».

Ces § 40 à 65 proposent donc une suite de variations sur ce thème familial, et ils font jouer un rôle aux différents sentiments qui régissent ou doivent régir ces rapports 'familiaux'. Philon oppose constamment la manière correcte à la manière fautive de considérer la sensation ou la part terrienne de l'homme ; et de là naissent les couples de notions ou de personnages. On observera même qu'aux deux femmes, aimée, haïe, répondent deux hommes, celui de la création spirituelle et celui de la création terrestre, puis deux femmes à nouveau, Ève et Sara. Il faut également compter avec d'autres connivences et de plus subtiles relations, que les analyses suivantes vont tenter de mettre en lumière, en suivant l'ordre du texte.

I. Le nom de « MASEK »
(§40 à 51) :

1. Le baiser

Le mot « *d'un baiser* », qui prétend traduire l'hébreu Masek, offre une ambiguïté : selon le sens, il désigne un « *baiser* » ; suivant la forme, il s'apparente par sa racine à « *aimer* ». Mais, pour une fois, l'exégète se méfie de l'étymologie et accorde ses préférences à la sémantique : φίλημα, le « *baiser* », ne doit pas être tellement rapproché de φιλεῖν, « *aimer* », que du verbe composé καταφιλεῖν. Les § 40-41 se consacrent à cette distinction lexicale, et le dernier exemple, μάρσιππος / ἵππος peut bien passer pour une plaisanterie de philologue. On notera immédiatement que Philon cherche à opposer ou du moins à distinguer avec soin « *amour* » et « *baiser* ». Il aurait pu les subordonner, par exemple en disant que le « *baiser* » doit exprimer l' « *amour* », mais à la fin du § 40 et du § 41, il énonce des paradoxes : la nécessité d'un « *baiser* » là même où il n'existe pas d'amour, et là même où la haine sépare ceux qui en viennent cependant à se donner un « *baiser* ». Dans ces distinctions il ne faut pas seulement voir la justification d'une exégèse ; sans doute Philon attache-t-il discrètement une valeur propédeutique à la capacité élémentaire de distinguer les mots et la réalité. La suite de notre 'chapitre' propose justement une série de discernements, d'une portée plus grande certes, mais qui se fondent sur la même faculté d'appréhender le vrai.

Le §42 établit en clair la hiérarchie des personnes et celle des sentiments qu'elles doivent entretenir. La vie des sensations est une usurpatrice : la passion qu'on a pour elle en fait une « *maîtresse de maison* », quand elle doit rester une « servante ». Servante ne doit d'ailleurs pas être entendu comme d'une qualité diamétralement opposé à celle de la « *maîtresse de maison* » : du premier coup, Abraham incarne l'homme qui désigne les choses par le nom exact qui leur correspond, lorsqu'il dit de la sensation « *servante née à la maison* ». Ce qualificatif introduit la « servante » à mi-chemin entre l'esclave, l'étrangère, et la maîtresse. Mais, comme telle, la servante n'a tout de même pas droit à autre chose qu'au « *baiser* », car Masek est son nom, éloigné de l' « *amour* ».

La composition de ce §42 est claire, et l'on voit qu'elle permet l'apparition de termes variés concernant les rapports affectifs :

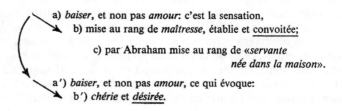

a) *baiser*, et non pas *amour*: c'est la sensation,
   b) mise au rang de *maîtresse*, établie et <u>convoitée;</u>

    c) par Abraham mise au rang de «*servante*
                 née dans la maison».

a') *baiser*, et non pas *amour*, ce qui évoque:
   b') *chérie* et <u>*désirée*.</u>

Au centre nous avons détaché la position juste : une paraphrase du mot de la *Genèse*, οἰκογενής. Le vocabulaire affectif est assez étendu : on y trouve même deux mots pour traduire le *désir,* deux mots que nous avons rendus successivement par « convoitée », puis « *désirée* » ; deux mots expriment également l'amour : φιλεῖν, « *aimer* », puis ἀγαπᾶν, « *chérir* ». Ce dernier reviendra au début du §44, et c'est aussi lui qui caractérise, au §47, la femme préférée de Jacob. Au cœur de ce petit tourbillon de vocables, il faut donc retenir l'art d'Abraham, qui sait proportionner les mots à la réalité des choses.

D'un point de vue plus extérieur, on peut regarder le § 42 comme le développement de la première branche de l'alternative proposée dans le § 40 : on peut être conduit à donner un baiser par « *nécessité pratique* » — χρεία. Nous allons voir que le § 43 et l'histoire de Laban donnent une illustration de la seconde possibilité : le « baiser » que veut donner un « *ennemi* ».

2. *L'hypocrisie de Laban (§43-44) :*

Pour suivre les explications de Philon, il suffit d'avoir en mémoire le récit de *Genèse,* ch. 31 : Jacob qui s'est finalement échappé de chez Laban se voit rejoint et querellé. L'interprétation de Philon joue sur trois plans de réalité : Laban fait semblant de vouloir embrasser ses filles, parties avec Jacob (et de ce fait désignées comme des « vertus »), mais c'est pure hypocrisie ; en deuxième lieu, Laban se tromperait, à supposer même qu'il soit sincère, car ce n'est pas un « *baiser* » qu'on doit accorder à la vertu, mais l' « *amour* » véritable ; en troisième lieu, Jacob dénonce l'hypocrisie de Laban : Laban n'aime pas la vertu, puisqu'il la déshérite et l'expulse de chez lui : « *Ne les as-tu pas vendues ? Y a-t-il encore pour elles une part ou un héritage dans ta maison ?* » (début du § 44).

Cela dit, la construction du passage est assez obvie. Nous allons d'un Laban enfoncé dans l'hypocrisie à un autre personnage antithétique, Aaron (fin du § 44), aussi éclairé qu'Abraham et, comme lui, capable d'appeler les choses par le nom exact, de faire les gestes correspondant à la réalité, car il accueille Moïse en l' « *aimant* » et en l' « *embrassant* », ce qui prouve qu'il distinguait bien entre les deux ! Entre ces deux pôles, négatif et positif, voici maintenant la distribution du raisonnement. Il est en forme de berceau, comme le précédent (§ 40 à 42). On remarquera sur le tableau que nous accordons de l'importance à l'opposition entre hypocrisie et vérité. Mais il faut prendre garde que le mot « vérité » se dédouble ici, et de même l' « hypocrisie », ce qui complique la présentation — à notre corps défendant. En effet, la « vérité » désigne tantôt la 'réalité' : le fait est que Laban est incapable de donner aux vertus, ses ex-filles, le moindre signe d'intérêt, ce qui entraîne la conséquence logique que, s'il se plaint de n'avoir pu donner un « baiser », il dit vrai sans le vouloir, et même en voulant tromper ! Mais, d'autre part, « vérité » désigne encore sur le tableau ce qui doit être par principe : on doit « *aimer* » la vertu et ne pas seulement l'honorer d'un « *baiser* ». Et, bien entendu, à ces deux acceptions du mot « vérité » répondent deux significations parallèles du mot « hypocrisie » ou « mensonge », puisque Laban essaie de duper Jacob et qu'en même temps il se trompe lui-même. Nous n'insisterions pas autant sur ces logiques implicites si l'ensemble du chapitre ne faisait une large part à ce problème de l'apparence et du réel, comme la suite viendra le confirmer. Voici la séquence des § 43 à 44, éclairée par ces distinctions :

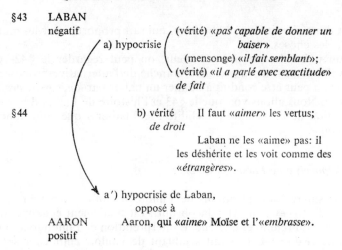

§43 LABAN
négatif

a) hypocrisie
- (vérité) «*pas* capable de donner un baiser»
- (mensonge) «*il fait semblant*»;
- (vérité) «*il a parlé avec exactitude*» de fait

§44   b) vérité   Il faut «*aimer*» les vertus;
de droit

Laban ne les «aime» pas: il les déshérite et les voit comme des «*étrangères*».

a′) hypocrisie de Laban,
opposé à

AARON   Aaron, qui «*aime*» Moïse et l'«*embrasse*».
positif

On observa que la première mention de l'hypocrisie de Laban établit un fait : Laban ne peut donner un baiser ; la seconde, à la fin du passage (a' sur le tableau), établit une position de droit : Laban a menti, mais, à supposer qu'il soit sincère, le « baiser » ne saurait convenir aux vertus. Il est parfaitement vain, inutile. La première mention dit : « *Il ne peut même pas embrasser* » — οὐδὲ καταφιλῆσαι δυνήσεται ; la seconde, enchérissant : « *Ce n'est pas Aaron qui donnera un baiser à Moïse* », mais ils s' « *aimeront* ».

En lui-même, le §43 offre une structure de chiasme :

Laban déclaré incapable,
Laban fait semblant,
Laban est incapable...

Seulement, du début à la fin, on est passé de l'opinion à la vérité (de « déclaré » à « est »). À la fin, Laban est puni par ses propres expressions (on traduira la dernière phrase : « *(son expression) est juste ; elle correspond (à la réalité)...* »). Comparée à la droiture d'Abraham qui désigne d'emblée la sensation pour ce qu'elle est, une « *servante* », mais « *née dans la famille* », les détours de Laban deviennent expressifs.

Pour bien comprendre le début du §44, nous devons remarquer deux éléments implicites, mais actifs. Tout d'abord, les filles de Laban, comme telles rangées en principe du côté de la « sensation », puisque *Laban* signifie « *blancheur* », c'est-à-dire une qualité sensible, deviennent des « *vertus* » du simple fait qu'elles sont les épouses de Jacob : en le suivant dans son retour vers la Terre sainte, elles sont purifiées. Mais, seconde observation, cette mutation n'est pas sans devoir quelque chose à l'arrivée d'un personnage nouveau, Moïse. En effet, le §44 est un commentaire anticipé de la citation qui le termine, où nous apprenons la rencontre d'Aaron et de Moïse. Comme souvent, le commentaire suscité par le premier texte, sur Laban, est infléchi au milieu par l'influence d'*Exode*, ch. 18, v. 7 : « *Tu fais semblant de vouloir leur donner un baiser, toi qui ne respectes pas les clauses ! Mais ce n'est pas Aaron qui donnera un baiser*

à Moïse : il l'aimera avec les sentiments authentiques de l'âme : Il l'aima,
est-il dit, et ils s'étreignirent ». En rigueur de terme, c'est Moïse qui symbolise ici la vertu par excellence, et Philon annonce dès le début du §44
l'attitude qu'il convient d'adopter en présence de la vertu : non plus le
simple « *baiser* », bien entendu, ni même l' « *amour* » seul — c'est là
toute la nouveauté due à l'apparition de Moïse et d'Aaron — mais
l'amour auquel s'ajoute l' « *étreinte* ». Le verbe ἄσπασαι se trouve au
début du §44 et termine la citation d'*Exode,* ch. 18, v. 7 : « *Chéris donc*
les vertus, de toute ton âme étreins-les réellement » — « *Il l'aima, est-il dit,*
et ils s'étreignirent ». Au passage, les précisions telles que « *authentique* »
— «*réellement* » nous rappellent le problème de l'énonciation juste,
comme plus haut la fin du §43. Philon a retenu le texte d'*Exode,* ch. 18,
v. 7, parce qu'il associe « *aimer* » à « *étreindre* », qui élimine « *donner un*
baiser »[1]. On aura noté qu'entre le début et la fin du §44 les deux mots
« *étreindre* » — « *aimer* » sont présentés en chiasme : « *étreins et aime les*
vertus « / « *il l'aima et ils s'étreignirent* ». Ce détail formel indique bien
l'attention de l'écrivain, et incite son lecteur ou son traducteur à serrer au
plus près la lettre du texte, sans fuir les répétitions de mots, sans négliger,
autant que faire se peut, leur ordre et le mouvement circulaire du raisonnement.

En résumé, les §40-44 suivent les effets de rhétorique dont le schéma
rassemble plus complètement les données :

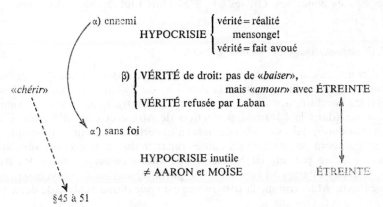

$MASEK = $ «*D'UN BAISER*»

«BAISER» n'est pas «AMOUR»

mais il le mime a)   *nécessité pratique* - χρεία
                              étymologie?
                 b)   *nécessité devant haine*
                       ἀνάγκη   ἐχθροί

a) Nécessité pratique bien prise: ABRAHAM-SERVANTE
b) nécessité «*ennemie*» - LABAN:

α) ennemi
        HYPOCRISIE { vérité = réalité
                       mensonge!
                       vérité = fait avoué

β) { VÉRITÉ de droit: pas de «*baiser*»,
                          mais «*amour*» avec ÉTREINTE
     VÉRITÉ refusée par Laban

«*chérir*»

α') sans foi

HYPOCRISIE inutile
≠ AARON et MOÏSE   ÉTREINTE

§45 à 51

À gauche du tableau, nous avons indiqué l'avenir promis au terme
« *chérir* » — *ἀγαπᾶν*, qui entrera dans une nouvelle opposition grâce aux
§45 à 51, tant Philon prépare son terrain.

3. L'équilibre du Juste :

N'oublions pas que le livre traite de l' « *héritier* ». Abraham, exemple
positif, considère que sans être digne d'héritage, la « *servante née dans la
maison* » fait précisément partie de la maisonnée. Laban, exemple négatif
de l'appréciation, considère que les vertus lui sont étrangères. Il y a rupture de la symétrie : le bien adopte encore la sensation, avec mesure, en
lui accordant seulement le « *baiser* » ; mais le mal déshérite la vertu.
Au centre de chacun des drames, d'un côté le §42, de l'autre, les §43-44,
les mentions de la « *maison* » ou de l' « *héritage* » manifestent à quel point
Philon garde présents les différents thèmes de son discours. Aucun ne
prend indûment le pas sur les autres ; une suite apparemment décousue
assure à toutes les intentions une juste répartition. La citation qui a pour
objet Laban en conflit avec Jacob, puis celle qui réunit Aaron et Moïse
sont choisies en fonction de leur apport lexical dans le thème du vocabulaire affectif.

Par un autre biais, nous pouvons encore dire que les §40 à 44 opposent
philosophie et Écriture, comme il arrive souvent. D'un côté, avec les
§40 à 42, ce sont les figures de la grammaire qui servent de truchement à
l'allégorie ; de l'autre, les §43-44 mettent en cause des personnages symboliques. Il convient maintenant de les examiner de plus près. Ils sont au
nombre de trois : Abraham en présence de Masek ; Laban qui essaie de
rejoindre ses filles abusivement ; Aaron dans la compagnie de Moïse.
Ainsi, deux héros de Dieu encadrent un malin, mais en s'opposant entre
eux également : si Abraham accepte une « *nécessité pratique* » — *χρεία* —
et s'il regarde la sensation, Aaron voit s'avancer la sagesse en la personne
de Moïse, et par lui il se trouve comme aspiré par le Logos. L'un, au
demeurant, pratique seulement le « *baiser* », mais l'autre peut faire coïncider « *amour* » et « *étreinte* », c'est bien une triple distinction qu'il convient d'apercevoir quand on quitte la rhétorique annoncée pour observer
les figures concrètes. Or, les §45 à 51 vont tout devoir à cette nouvelle
division...

4. L'apprentissage de Jacob (§45-51)

En un sens, il aurait suffi de mettre en regard la rectitude de jugement
dont Abraham fait preuve à la duplicité de Laban. Pourtant, Philon a
préféré conduire ainsi le raisonnement qu'un troisième terme survienne
à la fin (dans le §44) : la perfection de Moïse et celle d'Aaron. C'est
qu'Abraham, dans sa rectitude, tend à la perfection. Pour le moment, on
ne s'étonnera pas de voir les choses repartir du point où elles sont arri-
vées : la vie parfaite de Moïse. Nous allons passer en revue les trois
possibilités offertes à l'âme : une vie parfaite, une vie de perversion, une
vie mixte. Mais comme la tripartition est issue d'une analyse de deux ter-

mes, elle y retournera : la charnière se trouve au §47. Nous y apprenons que la « *vie dirigée vers Dieu* » est déclarée « *hors-concours* », ce qui a pour effet de la mettre en parenthèse. Entrevue grâce à l'intervention du couple Aaron—Moïse, elle brille un moment comme un idéal qui n'est pas encore à la portée du commençant Abraham. Si bien que l'ensemble des §40 à 51 offre, à vol d'oiseau, la construction suivante :

§40-41 : une division binaire : « *baiser | amour* »,
§42-44 : laquelle produit une division ternaire :
          « *baiser | apparence d'amour | amour* »,
§45-47 : elle-même reconduite en 3 vies :
          « *mixte | perverse | à Dieu* ».
§48-51 : retour à la division binaire : « *haïr | chérir* ».

C'est qu'Abraham, lié au φίλημα, se trouve entraîné dans sa dialectique : « *le baiser* » peut être le contraire de « *l'amour* », mais il peut aussi, à preuve Moïse — grâce au doublet « baiser » / « *étreinte* » — conduire à la perfection de l' « *amour* ». Mais Abraham reste au stade de la vie mixte, celle où la sensation mérite qu'on l'adopte sans entraîner de conséquences fatales.

L'expression « *chérir* » (ἀγαπᾶν), née de φιλεῖν, qui était l'opposé de φίλημα, poursuit la liste des termes affectifs. En attendant, l'énumération des trois types d'existence, au §45, représente une échappée, une anticipation sur l'état futur d'Abraham : elle est le point focal ou la clef de voûte de la 'division' binaire. Philosophiquement, elle traduit les rapports des trois personnages, Abraham, Laban, Aaron—Moïse, entre eux, avec la sensation, la vertu, le Logos.

Au §45, Philon, d'un point de vue de moraliste, reprend en les inversant les trois termes de la série : de la sorte, perfection du commençant, perversion, absolue perfection (dans l'ordre, Abraham, Laban, Aaron), deviennent : perfection (vie tournée vers Dieu), perversion (vie tournée vers la créature sensible), vie mixte (le mélange théorique des deux réalités, sensible et céleste). Puis chaque type fait l'objet d'une précision symbolique : la vie divine « *monte* » ; celle qui lui est opposée « *descend dans les creux de l'Hadès* » et reçoit le salaire de sa misère lorsqu'elle est dite « *jouir d'une vie sans vie* » ; quant à l'existence moyenne, elle devient le lieu d'une nouvelle division, inévitable il est vrai, du fait même de son ambiguïté : suivant que le mal l'emporte ou le bien, nous aurons un mixte positif ou négatif.

Le §46, qui contient cette division, est plutôt enclin à l'optimisme : il s'attarde sur la bonne hypothèse, malgré le mélange inhérent à la vie mixte. Nous voyons que l'hypothèse heureuse est deux fois mentionnée, encadrant la solution défavorable. En principe nous voici donc désormais devant quatre possibilités, et non plus trois : vie excellente, vie perdue ; vie tendant au mal, vie tendant au mieux. Du moins est-ce là une conséquence logique inévitable, mais Philon ne veut pas se tenir exactement à cette logique, pour la raison sans doute que la réalité elle-même ne s'y tient pas. Il y a par exemple la situation de Jacob, affleurante, où celui qui aspire au Bien souhaite embrasser l'étude et la vertu, sans se voir tout uniment happé par elles : il rencontre la tentation ; il subit les assauts du monde sensible, et pour lui vaut l'image de la « *balance* », symbole d'hésitation. Le méchant se voit, au contraire, entraîné tout droit vers le mal, et très vite il tombe, comme sans lutte. L'inégalité des deux destinées intermédiaires fait qu'il ne subsiste en réalité des quatre possibilités que trois hypothèses, trois types réels de l'existence morale : la vie parfaite, qui sera d'ailleurs rapidement jugée « *hors-concours* », la vie en perdition, la vie mixte du progressant. La vie mixte du mauvais rejoint trop vite la perdition. De ce fait, la logique des quatre hypothèses doit être corrigée, car elle est un mirage de l'apparence.

Nous avons en passant indiqué la présence de Jacob aux §47 à 51 ; elle y est implicite : accompagné qu'il est de deux femmes, dont l'une incarne la vertu, austère et méconnue, quand l'autre symbolise la mortelle sensation (Lia puis Rachel), il illustre bien la vie « mixte ». Mais que survienne le jugement divin, et Rachel sera, au terme de l'analyse, définie comme la « *mort* » (§52-53), par la personne interposée d'Ève. Et la « mort » caractérise justement la vie de perdition : le §45 parle à cet effet de vie paradoxale, de « *vie sans vie* ».

En rigueur, il convient de bien suivre le chassé-croisé qui est établi entre les deux types de division : par deux, par trois, par quatre en fait ramenée à trois, enfin à deux. Au départ, la division binaire présentée par φίλημα — φιλεῖν laisse la place à une autre division binaire, celle qui oppose Abraham et Laban, c'est-à-dire la vie mixte bien orientée (Abraham entretient avec la sensation un rapport juste et équilibré) et la vie mensongère (où Laban chasse la vertu). Une sorte de coup de force introduit le personnage idéal d'Aaron, capable de reconnaître Moïse et de lui accorder les marques convenables des sentiments normaux : nous obtenons alors la division ternaire. Le §45 vient en donner une réduplication d'ordre moral : vie à Dieu, vie de mort, vie mixte. Le dernier terme laisse prévoir une subdivision interne, étant donné la nature même du mot employé : qui dit « mixte » dit proportion variable de deux éléments (et l'image de la « *balance* » exprime bien l'idée d'une proportion). Au total, nous devrions nous trouver en possession de quatre termes ; mais Philon estompe ce résultat logique : il souligne en effet l'aspect positif de la vie mixte bien conduite (le §46 est plus optimiste que prévu). Il évite de marquer par des numéros d'entrée les deux exemples qu'il va ensuite développer avec les personnages de Lia et de Rachel : au §46, il se contente en effet de les opposer par deux emplois symétriques de l'adverbe « *souvent* » (ὃ πολλάκις μὲν..., πολλάκις δέ...), et au §47, il les évoque d'un terme encore plus vague : τὰ λοιπά, « *le reste* ». On ne sait plus de la sorte, au §47, quels sont les types restant dans la compétition réelle. C'est qu'il s'agit à la fois de la vie mixte mal orientée et de la vie perdue, « *mortelle* ». Lia représente, bien que détestée, et à cause de cela même, la vie idéalement vertueuse, non pas parfaite d'ailleurs ; Rachel représente l'orientation sensible, car elle est « *stérile* » !

Dans tout cela, il ne faut pas perdre de vue l'histoire biblique, toile de fond de tous les discours philoniens. Ici justement, les filles de Laban, Lia et Rachel, sont en train de passer sous nos yeux de la sujétion de La-

ban à la possession légitime de Jacob, c'est-à-dire d'une zone dangereuse
à une sphère éclairée par la lumière de Dieu. Laban chasse ses enfants :
Jacob les recueille, mais dans une ambiguïté, celle de sa propre situation.
Et, pour qu'en accueillant Rachel, Jacob ne devienne pas un *nouveau*
Laban, tourné à cause d'elle vers les qualités sensibles, il faut qu'on
souligne bien ce bon côté vers lequel il penche, la Loi, Dieu lui-même
assurant successivement cette bonne inclinaison de la « *balance* ». Mais
précisément la grande différence qui distingue Jacob de Laban vient du
dehors : c'est Dieu qui, en ouvrant le sein de Lia, la mal aimée, brusque
les choses, et, par ce 'jugement' sauve Jacob. Tel est l'argument 'historique' dont Philon décalque les sinuosités sur le plan de la logique des
nombres — de la logique illogique. On nous fera peut-être grief de montrer Jacob avec tant d'insistance alors que le texte ne le mentionne pas
explicitement. Mais c'est un procédé cher à Philon (et que nous n'avons
plus à démontrer...) : il remplace le personnage par sa définition symbolique : la situation <u>est</u> celle de Jacob. Il suffit. Comme type de l'âme
qui s'exerce et lutte contre les séductions du mal, c'est bien Jacob qui
répond au modèle ici décrit ; les deux femmes sont bien les siennes ;
c'est bien lui qui succède à Laban auprès d'elles ; enfin, pour achever le
tableau, s'il en était besoin, Philon, avant même d'évoquer la maternité
de Lia et la stérilité de Rachel, remonte au principe mosaïque du cadet
favorisé au détriment de l'aîné : Jacob n'est-il pas l'exemple même du
« *supplanteur* », et son nom ne rappelle-t-il pas qu'il prit, lui le cadet,
possession du droit d'aînesse ?

Et c'est encore à la présence de Jacob que nous devons la complexité
de ces pages : Jacob se rapproche le plus du réel dans le monde philonien.
Il représente mieux l'homme qui s'est mis à pratiquer la vertu ; il incarne
enfin la mutation décisive, puisque de Jacob-lutteur il est transformé un
jour en Israël, « *Voyant-Dieu* ». Au §47, on remarquera l'expression :
« *...la richesse qui voit, et non celle qui est aveugle* », sans attendre même
la fin du §48, où Dieu assure lui-même le salut de Jacob avec la fécondité
de Lia[2].

Il faut souligner l'action transcendante de Dieu et le style des §47 à 51
qui la met en relief. Autant l'analyse des sentiments d'Abraham donnait
aux §42 à 44 une tournure subjective, autant le biais sous lequel Jacob
est présenté se veut objectif. Philon souligne qu'indépendamment des
sentiments, c'est l'enfant de la femme « *haïe* » qui obtient l'héritage majeur. Et tout se passe comme si, dans les §47 à 51, la Loi d'abord, Dieu
en personne par la suite protégeaient l'homme en progrès, Jacob, contre
ses propres sentiments. Il a beau préférer le sensible, la Loi lui impose de
mieux doter l'intelligible en la personne du fils « *aîné* » — ce qualificatif
doit être pris au sens de « *plus vénérable* ». Il a beau préférer Rachel,
Jacob est objectivement dépassé et enseigné par Dieu, qui ouvre la matrice de Lia et ferme celle de Rachel. Finalement, Jacob lui-même donne
à cette dernière le simple « *baiser* » — sans doute inutile à la fécondité,
mais qui correspond à l'intention divine et à la juste valeur des réalités.

En Jacob, Dieu (ou la Loi) sauve ce qui était perdu en Laban. La prescription de Moïse assure l'héritage en défendant l'homme contre sa pro-

pre tendance au sensible. Dieu assure l'héritage en ouvrant le sein de la
« *vertu* ». Héritier, héritage, les deux choses avaient été rejetées par Laban ; il les avait même enveloppés dans une attitude hypocrite. La duplicité, nécessaire et quasi involontaire, d'un homme comme Jacob se voit
soudain compensée, barrée, privée de ses effets nuisibles par la prévenance du Bien. D'une part, comme nous l'avons déjà suggéré en signalant
que Jacob était présent sans être nommé, Philon ramène la duplicité de
son héros à un phénomène plus général (bientôt l'entrée en scène du personnage d'Adam montrera l'universalité de cette misère...) ; d'autre
part, le texte entraîne Jacob comme malgré lui vers le bon côté : l'action
salvatrice de Dieu supplée la volonté consciente du héros, et, pour terminer, Jacob est défini comme l'âme qui a partie liée avec la vertu produc-
trice (§ 51 : « *À ce moment précis où l'âme conçoit et commence d'enfanter
les (fruits) qui vont bien à l'âme, tout le sensible, frappé de stérilité, reste
sans enfant* »). C'est ainsi que le cas de Jacob est traité objectivement, et
il y a progrès depuis le traitement subjectif d'un Abraham ou d'un Laban,
puisqu'ici Dieu agit davantage.

En résumé, les § 48 à 51 tiennent leur unité du personnage de Jacob ;
en lui la dualité exprimée par la distinction extérieure d'Abraham et de
Laban, se trouve intériorisée en un seul personnage. Il est confronté
lui-même à Rachel et Lia. Mais, en passant de deux personnages à un
personnage divisé, Philon n'a pas tiré le problème vers un champ plus
subjectif, au contraire. Le jugement de Laban venait des propos lâchés
par Laban, et de même Abraham, en tant que serviteur de Dieu — qualité
subjective — jugeait en toute santé ; mais l'amour excessif de Jacob pour
une Rachel ne le juge pas et n'entraîne aucun discrédit pour sa personne :
Dieu vole à son secours et néglige ses erreurs. Par cette 'objectivité',
Philon transforme la psychologie de la conversion en métaphysique du
salut. Aussi convient-il d'insister sur l'action de la Loi et sur celle de Dieu,
dans les § 48 à 51 : ils sont les pôles de l'objectivité. Or, la notion de
« salut » trouvera bientôt un commentaire avec le nom d' « *Éliézer!* »
(dans les § 58 à 62). En mettant dans l'âme désireuse de Dieu le cri « *Dieu,
sauve-moi!* », Philon réconciliera les deux aspects, subjectif et objectif,
de la conversion : l'intervention objective de Dieu opère seule la transformation de l'âme ; l'âme, subjectivement, appelle à l'aide.

5. *La Triade :*

Jacob et tout à l'heure Abraham : les deux héros se donnent la main ou
se transmettent le relais d'une section à l'autre de notre chapitre. Mais, de
surcroît, n'auraient-ils pas entraîné dans leur sillage le troisième personnage de la Triade, Isaac ? En introduisant Aaron, qui nous conduit
jusqu'à Moïse, pour faire contrepoids à Laban, Philon n'obéissait-il
pas déjà à l'attraction de la Triade ? Celui qu'on doit couronner par
l'attribution du prix « *hors-concours* », celui qui ne « *descend pas dans les
nécessités corporelles* », n'est-ce pas cet Isaac dont il est dit ailleurs que Dieu
l'a retenu de « *descendre en Égypte* »[3], l'Égypte étant par définition la
région corporelle, et qu'il n'a pas connu la lutte, à la différence de Jacob ?

Sans être nommément présent, son ombre, ou plutôt sa lumière discrète se projette sur Jacob : si Dieu peut agir ici 'objectivement', c'est bien que Jacob a déjà transcendé les sentiments du commençant Abraham et que l'intervention intemporelle de Dieu a marqué les trois héros en la personne de l'un d'entre eux — suivant la loi des échanges reconnue par Philon (cf. par exemple, le début du « De Abrahamo »). La rencontre d'Aaron et de Moïse jointe à la mention d'une vie « tournée vers Dieu, sans descendre dans les nécessités corporelles », remplace la désignation d'Isaac. On devine le système des harmonies qui règlent le travail de Philon. Un même chapitre concilie plusieurs tracés. Si Lia et Rachel, présentes des deux côtés du petit sommet marqué au §44, fin et début du §45 (la vie parfaite), réunissent en les opposant Laban et Jacob, leur père mauvais et leur époux qui s'exerce à la vertu, un autre dessin laisse entrevoir la séquence Abraham, Isaac, Jacob. Chemin faisant, le mot « servante née à la maison » engendre une suite de distinctions de type familial et contraint à nuancer les rapports d'affection : l'enchaînement des deux oppositions binaires fondées sur les mots « baiser—amour », puis sur les deux autres, « chérir—haïr », avec un croisement : le « baiser » se trouve correspondre légitimement à la femme « chérie » ; l'étreinte féconde est donc réservée à la femme « haïe » — qui vient alors se ranger sous la catégorie « aimer » !

6. Détail de l'exégèse dans les §48 à 51 :

Pour terminer, nous allons revenir au détail des procédés exégétiques mis en œuvre aux §48 à 51. Nous escaladons successivement trois degrés : la vertu en lutte, la Loi, l'intervention de Dieu. Dans la première situation, l'âme souffre de la lutte ; la seconde étape tranche dans la confusion : le Logos, présent avec la Loi, vient éclairer les vraies valeurs ; au terme, Dieu accorde d'autorité la récompense qui réside dans la fécondité : on se souviendra ici, bien entendu, de la prière d'Abraham au §36 : « Puisque tu as donné en grâce particulière à la race 'qui voit' de ne jamais rester stérile et sans enfants... ». L'unité du passage provient de cette montée.

Cependant la suite des exemples et des citations bibliques présente une difficulté. L'éloge de la vie consacrée à la vertu (fin du §48) vient faire cesser l'hésitation du mari placé entre ses deux femmes : c'est du côté des « rejetons » enfantés par l'une et par l'autre que la supériorité se laisse remarquer, puisque « les rejetons de la vertu sont toujours les plus vénérables ». Ce dernier terme apparaît précisément dans la citation de Deutéronome, ch. 21, v. 15-17, où Philon trouve la sentence qui tranche entre la femme détestée et la femme trop aimée. Jusque-là un philonien s'y retrouve fort bien : souvent il rencontre dans les Traités une séquence de même fabrication, où la vertu est définie par ses « fruits », et où la sagesse reçoit le qualificatif de « vénérable », ce qui entraîne l'allusion au cadet que Dieu fait passer avant l'aîné. De plus, cette séquence est d'autant mieux venue ici que l'allusion au cadet permet de nous maintenir devant le personnage de Jacob, triomphant d'Ésaü, son aîné. Il faut pourtant bien voir que Philon traite la citation du *Deutéronome* d'une manière étrange : le texte prend le cas d'un aîné dont la mère risquerait la disgrâce, et il prévoit que le mari ne pourra pas ôter à ce fils moins aimé le droit qui est sien en tant que premier-né ; mais Philon, profitant de la complexité de l'énoncé juridique, en omet une proposition, celle qui dit : « *et si l'aîné est fils de la femme haïe* » : du coup le fils de la femme « haïe » passe toujours et automatiquement au rang de « *plus vénérable* ». Au lieu d'un aîné disgracié, nous avons un cadet qui prend toujours le pas sur son frère. Cette entorse, visible par l'omission, fait entrer la citation dans le contexte plus large de l'opposition « haïr / aimer ». De là à compromettre encore un peu le cas de la femme trop « *aimée* » et à soutenir un peu plus haut la femme « *haïe* », il n'y a qu'un pas : il est franchi au §50. De même que l'action de Dieu s'y montre plus efficace, de même l'inutilité de Rachel, l'épouse belle et trop aimée, se voit-elle soulignée : non seulement le fils de la femme « *aimée* » ne prendra pas l'avantage sur celui de la femme « *haïe* », mais il n'existera même pas, puisque Rachel est « *stérile* ». C'est ainsi que le plan d'exégèse déterminé par les citations trouve à son tour une cohérence qui gît tout entière dans l'exégète.

Ce n'est plus une intervention à l'intérieur du texte biblique, mais une observation grammaticale sur ce texte qui explique ensuite la teneur du §50, à la fin et du §51. Si l'on traduit exactement le grec de Philon, la dernière phrase donne ceci : « *Dieu ouvre sa matrice pour faire lever en elle une génération de nobles activités et de bonnes œuvres, tandis que celle qui a la réputation d'être 'aimée' devient aussitôt stérile* ». La dernière proposition se trouve au génitif absolu, et il ne faut pas omettre le mot αὐτίκα — « *aussitôt* » : ces deux circonstances de style confèrent à la stérilité de Rachel un caractère abrupt, comme si la fécondité de Lia entraînait nécessairement la stérilité de Rachel. Et c'est justement ce qu'il faut entendre ici. Sans doute, Philon aura perçu dans la citation qui ouvre le §51 une opposition logique, « Lia enfante / Rachel est stérile ». L'un produit l'autre, suivant cette loi de l'apparition des contraires, plusieurs fois énoncée : dès que le mal se retire d'une âme, le bien y accourt ; et, réciproquement, l'oubli de la vertu ramène l'invasion du mal. Dans notre *Quis heres,* cette idée reviendra au §263, avec le commentaire du verset : « *Au coucher du soleil, Abraham eut une extase* ». Il ne s'agira pas du mal en général, mais de la suffisance qui menace toujours l'intelligence : le soleil de la raison doit toujours s'éclipser pour que se lève la lumière supérieure du Logos. À la fin du §50, l'adverbe de temps αὐτίκα joue bien son rôle, et, en fait, il doit être l'interprétation discrète de la forme abrupte employée par la Bible, qui semble établir un équilibre logique entre l'enfantement de l'une des deux femmes et la stérilité de l'autre.

Ce sont toutes ces avenues convergentes, et chacune si bien tracée, qui donnent au texte de Philon sa vérité, sa cohérence, son refus de tout hasard dans l'association des éléments. Rien n'y est gratuit. Mais rien ne s'arroge la prééminence : les inflexions, pour ne pas dire les distorsions,

qu'on fait subir au texte biblique se suivent dans leur ordre. Les personnages se relaient dans un autre ordre. La gradation des situations religieuses (lutte, Loi qui éclaire, rapt divin) obéit à un troisième canon.
Mais le tout forme un sens global, distinct de chacune des composantes.

Conformément au thème général du livre, c'est de fécondité et d'héritage que ces pages nous entretiennent. Déjà les développements consacrés
à Abraham puis à Laban utilisaient des citations qui allaient dans ce
sens. Maintenant, la Loi survient pour garantir un héritage (§49) ; Dieu
survient pour donner une progéniture à Lia (§51). De la sorte, nous retrouvons la question posée par Abraham au sujet de son héritier. Et la fin
du §51 rejoint exactement sa position : en effet — notons-le pour en terminer avec les §45 à 51 — Philon y donne brusquement une dernière
explication de la stérilité de Rachel, disons de la femme « haïe » ; le commentaire ajoute : « *C'est bien lorsque l'âme conçoit et commence d'enfanter
des rejetons en accord avec l'âme que du même coup tous les objets sensibles
sont frappés de stérilité et n'enfantent pas, eux qui ont droit à l'accueil d'un
baiser, et non pas de l'amitié authentique* ». Philon insiste, d'une part, sur
le temps : c'est bien lorsque l'âme conçoit que le sensible ne conçoit pas
(ὅταν... τηνικαῦτα), suivant la loi d'alternance ; et, d'autre part, il suggère que la stérilité est due à ce « baiser » insuffisant à féconder. Grâce à
cette observation plus réaliste, Philon retrouve le texte de base, la traduction qu'il a jadis donnée de *Masek* — « *D'un baiser* ». Bien mieux, il va
pouvoir s'attacher à l'exégèse de la préposition « *de* » qu'il a jusqu'ici
laissée inexpliquée dans le mot « *D'un baiser* ». Aborder Rachel ou toute
femme trop aimée ἐκ φιλήματος, et non pas διὰ φιλίας, c'est la condamner à la stérilité. Celui qui se conduit ainsi a rejoint l'idée divine, en dis-
sociant « *aimer* » et « *féconder* ». Jacob est en un sens converti à la vérité.
La femme « *chérie* » n'a pas droit à l' « *amour* » plus qu'à l' « *étreinte* » :
elle a droit au simple « *baiser* ». Voilà pourquoi Philon a remplacé depuis
longtemps le mot du départ « aimer » (φιλεῖν) par celui de « chérir »
(ἀγαπᾶν) que sa sonorité différencie. Au début, il fallait distinguer radicalement « baiser » — « amour » à cause de leur parenté trompeuse (φίλημα
— φιλεῖν) ; ici, nous devons au contraire rapprocher le « baiser » du
sentiment « chérir », puisqu'entre-temps, « haïe » a remplacé « aimée »
dans le camp des valeurs positives. On nous pardonnera ces subtilités en
se souvenant que Philon conduit son raisonnement par elles autant que
par la suite des pensées explicites.

II. Le fils de Masek
(§52 à 62) :

En précisant moralement la différence entre « *d'un baiser* » et » *par
une authentique amitié* », Philon a pour ainsi dire répété mécaniquement
la traduction du nom de la servante d'Abraham, Masek. Toute la suite
repose, du point de vue de l'exégèse littérale, sur la prise en considération
du premier membre de la locution : « *d'un baiser* » — « *de* ». La notion de

« *fils* » est marquée par cette préposition d'origine, et c'est au « fils » que Philon va maintenant s'intéresser, après avoir étudié la « mère » sous le symbole du « baiser ». Par une inversion assez curieuse, quand on passe du point d'attache des développements à leur contenu, Philon parle plus explicitement de la « mère » dans cette nouvelle section, théoriquement consacrée au « fils », et il a, en fait, davantage traité du « fils » dans la section précédente : du fils, de son héritage et de l'héritier.

Nous incluons dans cette seconde section les divisions indiquées en gros ci-dessus par les mots « *fils de* » — « *Damascus* » — « *Éliézer* ». À la faveur de ce nouveau départ de l'analyse, Philon introduit la suite du verset qu'il avait commencé de citer au §39, à savoir le nom et le surnom donné à ce fils de Masek, Damascus Éliézer. Nous allons constater que ce double vocable reconduit la distinction aperçue entre Lia et Rachel, mais sur un autre plan : ce thème nous donnera en fait la principale division de la section. Par l'appellation de « *Damascus* », traduit « *sang de sac* », le fils de la servante prend place dans les figures de la sensation corporelle, et Masek peut être désignée du titre peu flatteur de « *mère nourricière de l'espèce mortelle* », et « *mortelle* » doit être comprise de façon totale et péjorative. Mais par le surnom d'*Éliézer*, traduit « *Dieu, au secours !* », le fils de Masek passe dans le camp des progressants qui cherchent Dieu. Il convient donc de marquer le caractère antithétique des deux ensembles de paragraphes, d'un côté les §52 à 57, de l'autre les §58 à 62 que nous allons successivement étudier.

1. L'homme terrien (§ 52 à 57)

À la femme niée comme telle par sa stérilité succède une mère qui enfante, mais pour la mort et non la vie : c'est Ève. Philon nous a maintenus à un niveau de généralité qui permet l'entrée en scène du couple original. Ève représente la sensation, cette « *mère nourricière* » de l'espèce mortelle, comme la vertu représentait la « *mère nourricière* » des âmes vierges, au §38, conclusion du précédent 'chapitre'. Mais toutes ces convenances ne font que faciliter l'exégèse, et la raison dernière en est ailleurs. Où ? Dans l'interprétation du nom de « *Damascus* » par « *sac de sang* ». Avec ce mot, nous entrons dans le domaine de l'anthropologie, et Philon nous renvoie aux récits de la création de l'homme.

Si le rôle d'Adam et d'Ève semble se limiter aux §52-53, ce n'est là qu'une apparence : sous l'exégèse de « *Damascus* », qui couvre les §54 à 57, c'est encore Adam qui occupe la vedette. Et d'ailleurs ne nous laissons pas égarer : le véritable couple n'est même pas ici Adam—Ève, mais Adam en tant qu'homme façonné de la glèbe, d'une part, et en tant qu'Homme né de l'Esprit divin, d'autre part. Mais à l'être façonné dont l'âme peut être identifiée au « *sang* » (§55, avec la citation du *Lévitique*, ch. 17, v. 11) s'oppose celui qui vit véritablement parce que son âme lui est insufflée par Dieu (§56, qui rappelle la double création de l'homme au Paradis).

Ève, pour sa part, intervient comme anti-type de Rachel et de Lia tout ensemble. Comme Rachel, elle provoque l'amour indiscret de son mari, bien qu'elle soit une figure du sensible, et donc — nous l'apprenons ici dans une sorte d'asymptote rhétorique, une figure de la mort ; comme Lia, elle est féconde, mais pour la mort. Les deux femmes se fondent en une ; mais l'erreur de Jacob s'en trouve aggravée : Adam fait plus que Jacob puisqu'il « *honore et admire* » (§ 52) celle que, de surcroît, il appelle d'un nom sacré, la « *Vie* ». Le § 53 commente cette erreur. Ainsi, la signification négative de Rachel et l'amour déplacé que lui porte son mari retrouvent l'un et l'autre la pleine lumière dans l'archétype originel, Adam.

Deux observations termineront notre analyse. Philon souligne le pluriel impliqué dans la citation : « *L'âme de toute chair est le sang* » (*Lévitique,* ch. 17, v. 11), en le traduisant par le mot, lui aussi péjoratif, de « *foule* » (début du § 56). Seconde remarque : le commentaire de « *Damascus* » ne s'attarde pas de façon unilatérale sur le versant négatif qu'il représente en principe ; il sert plutôt à rappeler le double récit de la création de l'homme, et donc l'ambiguïté native. Le bref condensé de la doctrine touchant la création suffit à l'exégète, et il s'enchante surtout de ce que le contenu explicite des premiers chapitres de la *Genèse* se trouve si bien ramassé dans le double nom de « *Damascus — Éliézer* ».

2. Le secours de Dieu (§ 58-62)

En un sens, *Damascus* n'existe pas seul : sa réalité semble rester celle d'un être de raison, comme le montrait déjà sans doute le fait que les § 54 à 57 prennent soin de mettre en parallèle les deux séries de termes convenant à l'homme terrestre comparé à l'homme spirituel. La vérité de ce fils de Masek ne se limite pas à son origine sensible ; mais elle est double — la seconde composante rachète la première. Aussi bien les § 58 à 62 ne chantent-ils pas tout uniment le « *secours de Dieu* », mais ils forment une réflexion plus complexe. Voici comment on peut rendre compte de cette richesse. En expliquant la portée du second nom « *Éliézer* », Philon remonte jusqu'a la citation d'*Exode,* ch. 18, v. 4 (§ 59) ; et, à son tour, la citation reçoit un commentaire qui commande les § 60 à 62. Reprenons en détail. Le § 58 annonce et traduit « *Éliézer* » par « *secours de Dieu* » ; et une formulation de type stoïcien montre le principe spirituel à l'action comme un feu qui vivifie et soutient les parties matérielles, le « *sang* » du composé humain. Le § 59 rapproche cet Éliézer d'un fils de Moïse, de même nom. L'avantage du deuxième est qu'il jouit d'un titre de baptême plus explicite : « *Le Dieu de mon père est mon secours, et il m'a soustrait à la maison de Pharaon* » (*Exode,* ch. 18, v. 4). Le § 60 revient, grâce au nom de « Pharaon », sur le cas de l'homme sensible, en interprétant sa misère non plus en termes philosophiques, mais en termes scripturaires. Le § 60 — et c'est la seule véritable subtilité de cette page — s'attarde sur l'expression « *de mon père* » dans la définition donnée ci-dessus. Philon accroche à ce mot une ultime notation : il souligne dans la formule initiale, « *le fils de ma servante Masek* », le fait qu'il s'agisse d'une femme, d'une servante, et que Damascus nous soit présenté par le seul nom de sa mère, alors que le fils de Moïse s'appelle « *Éliézer* » aussi, mais en référence au Dieu du « père » de Moïse. Dieu et père, les deux vocables sont situés du côte de l'esprit et de l'éternelle Cause. Mère, femme et sensible se rangent au contraire du côté de la « mort ». Au §62, Philon rapproche de la déclaration virile de Moïse la non moins virile déclaration d'Abraham, au ch. 20 de la *Genèse : « (Sara) est ma sœur, issue de père, et non de mère »*[4].

Il suffira de quelques remarques pour interpréter ces §58 à 62. Tout d'abord, il est vraisemblable que le nom « *Éliézer* » reçoit deux traductions successives, l'une clairement énoncée au §58 : « *Dieu est mon secours* » ; l'autre déguisée : la fin du §60 suppose une sorte de cri, d'appel : « *Dieu, à mon secours !* ». Éliézer est enfanté dans l'âme comme une prière, et le terme d' « *espérance* » qui suit ne s'expliquerait pas aussi bien si Éliézer affirmait comme un fait actuel la présence secourable du Dieu Sauveur.

Une seconde remarque, sur le statut de Sara. Elle a renié la féminité depuis sa naissance, pour ainsi dire ; et Abraham peut la désigner à Abimélech comme une créature qui ne doit rien qu'à son « père », à la lignée masculine. En la désignant ainsi, Abraham reconquiert le terrain des dénominations exactes : à la différence de Laban, d'Adam ensuite, il appelle les choses par leur nom, et il se tourne vers les valeurs positives.

En guise de conclusion, les §63 à 65 énoncent le résidu allégorique issu de toutes les opérations que le texte de *Genèse,* ch. 15 vient de subir. Le §63 donne de la question formulée par Abraham une traduction morale : « *Est-ce celui qui est épris de la vie du sang et qui prend encore part au monde de la sensation, qui peut devenir l'héritier des choses incorporelles et divines ?* » On se souvient de la brutale équivalence qui rapprochait, au §33, la parole inspirée et sa traduction philosophique : « *Quel pourrait-être l'héritier digne de tes bontés ? — Je m'en irai sans enfant, moi ?* ». Il aura fallu bien des pages ici, pour passer de l'Écriture à la philosophie, et le §65 répète la phrase d'Abraham, mais en la séparant un peu de sa « traduction » philosophique. Un chapitre est alors achevé. La réponse divine à la question d'Abraham inaugure le chapitre suivant. Avant de l'aborder, le lecteur aimera peut-être quelques lignes de synthèse, et qu'on insiste sur la définition concrète dont nous parlions en commençant notre analyse.

3. *L'enchaînement des figures*

La suite des personnages :

Pour résumer notre enquête, nous partirons du parallélisme qui existe entre les deux « hommes », l'homme façonné, et l'homme qui reçut le souffle divin, d'une part, et, d'autre part, les deux noms du fils de Masek, *Éliézer—Damascus.* Depuis le début du chapitre, l'ambiguïté a été déplacée.

mais aggravée, en passant du vocabulaire (amour/ baiser ; aimer / haïr) aux personnages : tant qu'elles résidaient avec Laban, ses deux filles pouvaient compter pour des valeurs négatives ; mais, en les prenant, Jacob les rachète et les fait venir dans la sphère de la vérité. Aussi Philon souligne-t-il, aux §43-44, la coupure définitive qui sépare Laban et ses filles quand il les déshérite. Seulement cette transmigration ne résout pas tout. Jacob retrouve entre les deux épouses l'occasion d'une nouvelle distinction : et c'est Dieu qui doit d'autorité trancher entre elles, assurer la fécondité de l'une, celle qui était « haïe », Lia. Dans une seconde étape, après avoir opposé le fils de Lia, progéniture céleste, au fils de la servante, Philon oppose ce fils même à une nouvelle réalité. Si le fils de la servante Masek n'est autre que « sang de sac », il porte aussi le nom d'*Éliézer,* c'est-à-dire « *secours de Dieu* ». L'ambivalence du fils de Masek trouve un paradigme dans le premier homme. Le nom Damascus, traduit par « sang de sac », procure de cet homme une première définition qui avoisine celle de l'Adam, façonné d'un élément périssable, lui aussi. Philon retrouve immédiatement l'opposition entre l' « *Esprit* » et le « *sang* » comme composantes de l'âme spirituelle. Les termes de la *Genèse,* à leur tour, se présentent d'eux-mêmes.

Nous insistons bien sur ces doublets, parce qu'ils expliquent le texte. Les relais établis entre les figures bibliques assurent la permanence des thèmes et la description de l'itinéraire religieux. Or, les personnages se succèdent et se remplacent les uns les autres à point nommé, avec une précision parfaite, excluant la libre association. Ainsi, en remontant de Damascus—Éliézer au couple originel Homme—Adam, Philon permet à une autre ressemblance de se faire jour. Abraham, depuis le texte commenté au §40 (« *ma servante...* »), a donné des définitions justes de la réalité, puisqu'il a appelé la sensation une « servante », mais non pas esclave, « *servante née à la maison* », ce qui reste conforme à la vérité du composé humain. Mais Adam, l'homme façonné, et rattaché par là au domaine terrestre et mortel, se signale comme tel par son erreur devant Ève : il la désigne immédiatement et avec enthousiasme du nom de « Vie », alors que son véritable nom serait plutôt « mort ». Cette erreur fait alors par contraste ressortir l'authenticité de la science déployée par Abraham quand il désignait Masek de son titre exact. Elle fait également apprécier l'ultime définition, celle qu'Abraham donne de Sara : « *Elle est en vérité ma sœur, issue de père et non de mère* » (*Genèse,* ch. 20, v. 12, cité par le §62). De la sorte, les couples de personnages entretiennent tout au long de ces pages des rapports complexes mais équilibrés : Abraham emploie les termes justes et mesurés, là où Laban affiche une position excessive (Abraham faisant une formule souple ; Laban tranchant pour expulser ses filles d'une maison où elles ont leur place). Adam erre en prenant la mort pour la vie. Au bout de tout le cheminement, Abraham donne une nouvelle preuve de sa compétence dialectique en désignant correctement la vertu : elle est bien étrangère à la féminité, qui est de soi terrienne et corruptrice. On sait que le texte ordinairement cité par Philon sur ce thème est l'expression : « *Sara avait cessé d'avoir ce qu'ont les femmes* » (de *Genèse,* ch. 18, v. 11). Mais sa stérilité n'est pas celle de Rachel ! En fait, de toute manière, l'intérêt se déplace du personnage de Sara sur celui d'Abraham, ce qui confirme l'impression que ce point de vue de l'âme habile à discerner la réalité derrière les mots et à retrouver des mots justes est bien primordial dans le chapitre. Nous sommes ainsi justifié de notre insistance. L'ensemble produit la séquence suivante :

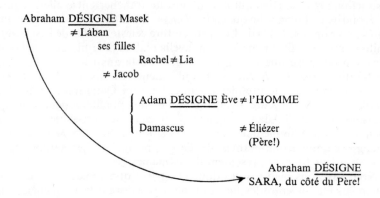

Ce dernier schèma fait ressortir à la fois la succession des « tableaux » et des personnages, et la cohérence interne de la séquence autour du thème de la « désignation ». On va d'un Abraham désignant la 'servante' à un Abraham désignant la 'femme'. Il passe en espérance (Éliézer est un appel !) de la propédeutique à la science véritable ; il renonce au fils 'naturel' pour attendre celui qu'effectivement doit lui donner Sara. Et ce progrès est accompli par discernement, comme le montre la suite laborieusement ménagée de tous les couples de verbes et de prédicats. Cette suite manifeste les étapes de l'itinéraire spirituel conçu par Philon : la séparation du mal se fait assez brutalement, lorsque Laban se trouve disqualifié (c'est du dehors qu'on distingue les personnages) ; puis la lutte reprend (à l'intérieur de l'âme) : Jacob aime et n'aime pas à contresens, mais, dans son cas, l'assistance divine intervient d'en-haut. En effet, pour l'exégète, l'âme en recherche et faisant métier d'exercer la vertu propédeutique reçoit gracieusement le fruit de son activité. C'est alors qu'elle participe au monde viril de l'Esprit divin[5].

Et puisque l'espérance est tournée vers l'avenir, nous retrouvons dans Éliézer comme cri d'appel le thème des §31 à 39, où Abraham, déjà comblé par Dieu, posait une question sur l'avenir.

NOTES

1 Le texte adopté par Philon, s'il concerne bien Aaron, devait remplacer *καταφιλεῖν* par *ἠσπασαντο*, et non pas par *φιλεῖν*, sans quoi tout le jeu mené dans le vocabulaire serait énervé.

2 De même Laban subsiste, au §45 : les « *creux* » de l'Hadès évoquent certainement le séjour de Harran, traduit d'ordinaire par « *trous* » (cf. par exemple, *De migratione Abrahami*, §188).

3 Cf. *Genèse*, ch. 26, v. 2-3 ; commentaire dans *Legum Allegoriae*, I, §59 ; *Quod deterius*, §46.

4 On se gardera, dans une traduction, de restituer les posssessifs : « issue de mon père et non de ma mère » : l'évidence biologique ne peut rien contre la rhétorique philonienne ! Sans cela, l'exégèse du passage ne tiendrait pas.

5 La fécondité inutile de Rachel est équilibrée par la stérilité de Lia, plus aimable dans sa disgrâce que l' « aimée ». Seulement, il faut attendre la stérilité féconde d'une Sara pour trouver un repos à cette dialectique.

CHAPITRE TROISIÈME

L'ÉMIGRATION (§ 66 à 95)

À la suite d'un premier chapitre où le « moi » d'Abraham a pris consistance, avec comme première définition la volonté de questionner, une première instruction divine a permis à cet homme de se reconnaître dans le dédale du vocabulaire. La longue hésitation entre le « *baiser* » et l' « *amour* » témoigne de la duplicité de l'existence, mais l'évolution progressive qui nous conduit jusqu'à l'espérance du secours divin *(Éliézer)* déjoue les ruses des sophistes. N'oublions pas qu'Abraham naît au monde de la vérité : c'est pourquoi Philon transpose sur un plan intellectualiste les étapes de l'itinéraire spirituel. N'oublions pas qu'Abraham naît à ce monde en sortant des illusions que les mages entretiennent avec leur prétention d'explorer le ciel.

Ce rappel des deux chapitres précédents constitue en même temps un commentaire exact de la première phrase du § 66. En y parlant d' « *enseignement* », en désignant Abraham comme celui « *qui parlait* », Philon reprend simplement le résultat des § 1 à 39. La redondance : « *se hâta de devancer* », appliquée à Dieu, nous rappelle que d'en haut le secours est venu sur Jacob alors même qu'il se trompait, et que d'en haut le cri « *Éliézer !* » attend un salut définitif. L'initiative de Dieu y supplée non seulement la faiblesse, mais les forces humaines. Cette valeur de la redondance ne fait d'ailleurs que se combiner avec l'exégèse littérale, comme nous le dirons : si Philon parle de « hâte », c'est que le texte de base auquel il revient porte : « *Aussitôt, la Voix de Dieu fut vers lui* ».

Plan du chapitre :

La nouvelle suite naturelle du discours philonien nous conduit jusqu'au § 89. Le même verset biblique se trouve répercuté dans le suivant par un enchaînement que Philon met à profit. Les § 86 à 89 forment une unité assez paradoxale pour attirer l'attention ; le thème du « ciel » suffirait à nous en signaler l'importance, étant donné qu'Abraham échappe aux conclusions de la science astrologique des Chaldéens. Nous y voyons une pause dans le mouvement. Dans le chapitre ainsi délimité, nous nous contenterons d'isoler quelques unités manifestes. Après l'introduction (§ 66-67), il convient de mettre à part les § 68 à 70, qui présentent la définition de l'« héritage » : on observe tout de suite qu'ils sont clairement délimités par une question posée au tout début : « *Qui donc deviendra héritier ?* », et par la réponse donnée au terme : « *L'héritage, c'est cela !* » (respectivement, début du § 68 et fin du § 70). Entre les deux formules nous noterons une légère distorsion : la première évoque l' « *héritier* » ; la se-

conde parle d' « *héritage* ». Vient ensuite une longue exégèse du verbe
« *sortir* », à partir de la réponse de Dieu : « *Celui qui sortira de toi, c'est
celui-là qui héritera de toi* » (de *Genèse*, ch. 15, v. 4). Nous verrons dans le
détail comment elle se subdivise, mais pour l'instant, repérons simplement
que Philon profite du fait que le verset suivant reprend le même verbe,
« *Il le fit sortir au-dehors et il lui dit : Lève les yeux vers le ciel* », pour
faire des deux versets une sorte d'équivalence, alors que le texte biblique,
cela va sans dire, distingue une promesse, celle de l'héritier direct, et un
signe, une sorte de parabole, où le ciel répond de la véracité divine. Par
ce phénomène de superposition, nous poursuivons d'une traite jusqu'au
§ 85. Là, Philon reprend la fin du verset déjà commenté : « *Lève les yeux
vers le ciel* », mais en la faisant suivre de son complément logique :
« *et compte les étoiles, si tu peux les compter : c'est ainsi que sera ta semence* ». Philon commence alors par refuser qu'on parle de « *nombre* »
quand il est question de l'intelligible ; à la fin, au contraire, il invoque
un nombre supérieur : tel est le paradoxe dont nous avons indiqué plus
haut que, forme 'violente', il marquait une césure.

À la différence du chapitre premier ou même du deuxième, celui-ci
ignore les subtilités trop grandes. Son style est plus proche de la diatribe
et il évite les allusions inattendues. Contrairement à tout ce qui précède,
ces paragraphes ne font guère appel à l'Écriture, si l'on excepte les retours
du texte de base en tête de chaque section. L'influence des personnages
bibliques s'éloigne également, et l'on n'assiste plus à ces transferts plus
ou moins déguisés d'une figure à l'autre. Mais revenons un peu plus
longuement sur chaque partie.

I. L'Introduction
(§ 66-67)

Les observations formelles règlent les deux paragraphes d'introduction, et Philon les utilise avec économie. La citation est, comme souvent,
à la fois annoncée et expliquée. Annoncée dans la mesure où pour comprendre les mots redondants, « *Dieu se hâte de prévenir* », il faut lire le texte
biblique cité tout de suite après, et qui est lui-même redondant, si on lui
applique les canons de l'exégèse allégorique. En effet, la *Genèse* dit : « *Aussitôt (la) Voix de Dieu fut vers lui* ». Cet incipit brusqué paraît à Philon signifier l'initiative absolue de Dieu. Et comme la suite le montre, le fait qu'il
soit question d'une « *voix* » donne une valeur spéciale à la réponse divine.
Sans doute pour cela faut-il se rappeler le passage où Moïse a inauguré ce
régime du « cri » (§ 15). L'insistance mise par le commentaire sur l'audace
qu'il fallut à Abraham pour ouvrir la bouche, et donc sur l'élocution
elle-même, justifie dans la réponse de Dieu l'accent qui marque l'adverbe
« *aussitôt* ». Peut-être même Philon profite-t-il de l'absence d'article pour
interpréter cette « *voix* » comme une réalité personnifiée, en tout cas
totale, et par là bien capable d'envahir l'âme. Mais on sera plus près de
la vérité, me semble-t-il, en comprenant cette force « *irrésistible* » de la
« *Voix* » et son caractère totalitaire par un biais plus subtil.

L'Écriture dit en effet ceci : « *La voix de Dieu fut vers lui avec ce dire :
Il n'héritera pas de toi, celui-là* ». Si la « *Voix* » se sert du « dire » ou l'accompagne, ou mieux s'en fait accompagner, c'est bien qu'elle est au-
dessus, enveloppante. Voilà déjà une bonne raison pour lui conférer cette
ampleur (§ 67). Mais peut-être faut-il de plus croire que Philon a rapproché
les deux parties de la citation biblique. La « *voix* » emplit au début totalement et subitement l'âme de sa plénitude. Au contraire, il y a quelque
chose qui n' « *héritera* » pas, le « *celui-là* » : qu'est-ce à dire ? Le pronom
« celui-là » doit ici être traduit par « tel objet déterminé », « celui-ci ou
celui-là », une « quiddité ». Autrement dit, à travers les sens — δι'αἰσϑή-
σεως — on n'atteint que du particulier, du singulier : cette table, cet homme, cet objet. Or, la singularité, la dispersion de la multiplicité n'ont
point de part à l'intelligible. La « *Voix* » divine, que le texte donne sans
article, transcende de ce fait la détermination singulière et fragmentée
Cette interprétation paraîtra excessive, et pourtant, elle ressort en toute
clarté de la phrase qui 'traduit' la citation, pourvu qu'on l'interprète
elle-même correctement : « *N'héritera pas de toi celui-là* », dit la *Genèse*,
et Philon de commenter brièvement : « *des objets qui viennent sous la
désignation par le moyen de la sensation, pas un seul! Car les natures
incorporelles sont héritières des réalités intelligibles* ». La première proposition contient le mot δεῖξις, qui, par exemple, dans Plutarque,
Moralia, Quaest. Platon., 1011 C, signifie la valeur démonstrative d'un
pronom. Il ne s'agit donc point de « perception » des sens, mais, parlant
en grammairien, de la « désignation » que le locuteur peut faire quand il
passe par le truchement de la sensation (διά). Philon doit opposer cette
détermination qu'exprime la Bible en raccourci avec le pronom « celui-
là » à l'indétermination de la « *Voix* » divine, qui devient une sur-déter-
mination, si l'on ose dire. Opposée à la singularité, la « *Voix* » peut
alors en effet « *se répandre dans l'âme tout entière et n'en laisser déserte
aucune partie* » (§ 67)[1].

Sara n'a-t-elle pas ignoré toute compromission avec la féminité, et,
du coup, n'a-t-elle pas enfanté cet Isaac dont la promesse brille de façon
fugitive au § 65 : « *Doué d'un savoir spontané, déiforme…* » ? De même,
la Parole de Dieu ignore la fausse multiplicité des objets sensibles (celui-ci,
puis celui-là), et peut envahir directement (εὐϑύς) et en plénitude chacune
des parties de l'âme créée. Le pluriel inhérent à la nature sensible de
l'homme se trouve dès lors racheté par la santé (fin du § 67) qui s'empare
de l'âme. Nous insistons pour deux raisons, inégales. Tout d'abord,
l'intérêt de notre travail consiste à réveiller constamment le lecteur de
Philon et à manifester les procédés dont il use. Mais, de plus, l'enjeu
dépasse dans le cas présent la vérification de détail. En effet, l'opposition
que nous soulignons entre le sensible sujet à la 'désignation' particulari-
sante et l'intelligible divin qui échappe à la désignation n'est qu'une
variante de l'opposition entre l'Un et le multiple, comme le montre un
autre détail du texte, le « *pas même un* ». Or, c'est, nous l'avons vu, sur
l'opposition du nombre nombrable des réalités sensibles et du nombre
innombrable des réalités intelligibles que se clôt l'ensemble des § 66 à 89.

Cette évocation d'un même problème au début et à la fin constitue une inclusion qui, de surcroît, confirme notre division du texte.

On aura noté que Philon n'exploite pas le texte biblique dans son sens général : au lieu de s'intéresser d'abord à l'aspect négatif : « *ce n'est pas lui qui héritera de toi* », le commentaire retient la priorité et la sublimité de la Parole divine exprimée dans les mots « *Voix de Dieu* ». C'est que le regard de Philon va plus loin. La suite du verset lui donnera toute carrière pour indiquer le monde négativement qualifié dont il faut s'évader pour « *hériter* ». Il aperçoit un lien étroit entre celui qui ne peut hériter et le devoir de « sortir ». Un thème unique régit à ses yeux le discours biblique, pourvu que l'allégorie sache l'interpréter uniment comme il fut écrit. Cette projection de tout le commentaire dans un seul mot, « sortir », a sans doute pour cause lointaine la nature d'Abraham : l'émigration le définit aussi. Interroger Dieu, tel est son emblème ; mais interroger, c'est sortir de soi.

II. Les sorties
(§ 68 à 85)

Et c'est bien un résumé du traité *De migratione Abrahami* que nous lisons ensuite, dans les §68 à 70. Ce résumé n'est destiné qu'à ouvrir le commentaire plus précis de la formule : « *Celui qui sortira de toi* », car sortir de soi marque l'étape dernière de la propédeutique. La science suprême consiste à renoncer à sa propre sagesse, ce thème est fréquemment développé. Et l'unité de ces longues pages provient de ce que les mots de la *Genèse,* ch. 15, v. 4s, contiennent tous un élément qui renferme l'idée de « sortie ». Il suffit de donner tout d'abord les articulations en rapport avec le texte biblique, quitte à rendre ensuite le commentaire plus souple. Nous trouvons successivement :

§68 à 70   — « *celui qui sortira de toi* » — résumé des émigrations ;
§71 à 73   —   a) les premières émigrations ;
§74 à 76b   —   b) « *sortir de soi* »
                        ...« *le ciel* »
§76c à 80   — « *lève les yeux* »
§81 à 85.   — « *il le fit sortir au-dehors* » (redondance !).

Si on suit de près le texte tel qu'il est donné dans la *Genèse,* on note que Philon ne le commente pas dans l'ordre. Ainsi, le §76 avance le verset 7 : « *Et il le fit sortir au-dehors, et il lui dit : Lève les yeux vers le ciel* » ; mais le commentaire s'empare d'abord du mot « *le ciel* » (fin du §76), puis, en remontant, du verbe « *lève les yeux* » (du §76 au 80) ; enfin toujours en remontant, voici le commentaire des tout premiers mots : « *il le fit sortir au-dehors* » (§81 à 85). À la faveur de cette exégèse littérale, mais inversée, le mot « *ciel* » en vient à occuper la place médiane dans l'ensemble des §66 à 85. Et on s'aperçoit alors qu'il attirait déjà le commentaire placé dans les §71 à 73. Nous verrons plus loin, en assouplissant les divisions, qu'il occupe une place symétrique de celle des « *étoiles* » à la fin du chapitre pris dans son entier (§66 à 89).

1. La définition de l'« héritier » (§ 68 à 70)

L'âme dont toutes les parties sont envahies par la « *Voix* » n'a plus de vide en elle ; du même coup, elle ne trouve plus en soi de place pour soi, et la voici comme expulsée de chez elle. Philon commentant le verbe « *sortir* » va l'expliquer successivement comme valant de l' « *héritier* », puis de l' « *héritage* ». Répondant à la question : « *Qui sera donc l'héritier ?* », il désigne celui qui abandonne tout et se quitte lui-même. L'âme qui accomplit cette émigration dans toutes ses étapes (§69), telle sera l'héritière. De quoi hérite-t-elle alors ? De l'intelligence extatique, c'est-à-dire qui est, elle aussi, présente dans le seul mouvement ascendant. Au milieu du passage que nous étudions (§68 à 70), le point commun entre l'héritier (l'âme) et l'héritage (l'intelligence extatique) est l'enthousiasme prophétique. Si le §69 rappelle le contenu du *De migratione Abrahami,* le §70 annonce le développement que nous lirons dans le *Quis heres* lui-même, lorsque Philon expliquera l' « *extase* » qui tombe sur Abraham (§258s)[2].

L'émigration de l'âme comporte d'abord trois étapes : elle quitte la « *terre, la parenté, la maison du père* ». Mais ces trois étapes prises en bloc préparent seulement la quatrième forme de renoncement. Rien n'est acquis, il est vrai, tant que l'âme ne se renonce pas elle-même. Elle pourrait à la rigueur devenir « *athée* », suivant le vocabulaire de Philon, et ruiner tous ses efforts au dernier moment, si elle ne franchissait le pas décisif qui lui fait reconnaître que sa science et sa vertu sont en elle sans être elle ni d'elle.

Cet énoncé possède toute la clarté désirable. Et un lecteur, persuadé que Philon ne cherche dans le verset qu'une occasion de paraphrase, risque de ne rien remarquer. Or, on devrait trouver étonnant que ce qui paraît essentiel dans le texte biblique tel qu'il est compris, à savoir cette « *sortie* » de soi, ne soit pas développé dans l'ensemble des §66 à 85, mais simplement situé. D'une part, en effet, ce sont les premières sorties de l'âme qui occupent la bonne place (§71 à 73), évoquées par une sorte de prosopopée : « *J'ai quitté,* dit l'intelligence, *le séjour du corps, etc.* » ; et, d'autre part, lorsqu'on en vient à l'ultime détachement, celui que prévoit le mot « *sortir de soi* », c'est pour passer très vite : le §74 se contente de ceci : « *Qu'est-ce à dire ? Ne conserve pas comme un trésor personnel ta pensée, ton intelligence, ta compréhension des choses, mais apporte-les, offre-les à la Cause de l'intelligence exacte et de la compréhension infaillible* » (§74), après quoi, l'attraction du mot « *ciel* » dans le verset suivant de la *Genèse* se fait sentir et entraîne le commentaire dans une direction nouvelle.

Nous sommes obligés d'anticiper : l'exacte compréhension des §68 à 70 dépend en effet de ce coup d'œil jeté en avant. Il nous permet d'entrevoir que Philon ménage ses effets. Parce que viendra plus tard (§102 à 104 — donc sur une longue étendue de discours) la réflexion sur un autre verset : « *Prends pour Moi...* », Philon estompe ici la clarté de la toute dernière illumination de l'âme : il la réserve pour le moment dialectique dont il estime à l'avance qu'il est plus propre à rendre compte du retour extatique de l'âme contemporain de l'illumination. Nous sommes donc momentanément laissés en-deçà : par une sorte de paradoxe, les deux développements majeurs auxquels ont droit les mots « *celui qui sortira de toi* » prennent pour objet les autres « sorties », ou le « *ciel* ». Mais par compensation, Philon remplace l'étendue, la quantité, par la force : les §68 à 70 accumulent des expressions synonymes et vigoureuses désignant l'extase prophétique : « *possédés, corybantes, ivresse, bacchantes, hors de soi...* ».

Pourquoi toutes ces ruses de l'exégèse ? Il faudrait, pour répondre à cette question, surplomber le traité, et nous devons ici nous contenter d'une réponse provisoire. Disons qu'en insistant sur les premières sorties de l'âme, Philon va pouvoir exprimer clairement, 'philosophiquement', comme un texte explicite servant de légende à une image, ce que présentait en parabole le chapitre précédent. Les ruses dialectiques auxquelles Abraham a montré qu'il échappait en désignant correctement et la servante et sa femme doivent maintenant être comprises comme étant abus de sophistes. Ajoutons que, sans doute, les mots « *de soi* » (dans la formule « *sortir de soi* ») ne signifient rien en eux-mêmes : Philon remplacera cette absence de contenu, ce vide, par une valeur positive, l'offrande rituelle : « *Prends pour moi...* »[3] les chèvres, les oiseaux du sacrifice. L'adoration, telle est la sortie de soi. Parce que la description du sacrifice d'Abraham dans la *Genèse*, ch. 15 se profile à l'horizon (avec le commentaire à venir des §102 à 326), Philon diffère l'interprétation de « *sortir de toi* » ; et parce qu'il diffère cette interprétation, il renforce le vocabulaire des §68 à 70. Du même coup, ils apparaissent comme une définition simultanée de l'héritier et de son héritage, fondus dans une valeur : l' « enthousiasme ».

2. *Les sorties de l'âme (§ 71 à 76a)*

Un dialogue est amorcé entre l'âme délivrée et le commentateur... Celui-ci interroge : « *Comment es-tu sortie des premiers (éléments) ?* ». Et l'âme de raconter sa triple fuite : elle a quitté le corps, la sensation et surtout le langage ; elle s'est tournée vers Dieu pour offrir à Dieu chacun de ces domaines dans lesquels il cause toute activité. Le commentateur enchaîne alors : il encourage l'âme à entreprendre la dernière étape : « *De la manière dont tu t'es échappée de ces premiers* (éléments), *échappe-toi de toi-même, change de lieu !* » (§74). Dans le propos de l'âme, on reconnaît le début du *De migratione Abrahami* (§2 à 12). Dans l'exhortation que le commentateur adresse à l'âme pour l'inviter à narrer son voyage (début du §71), on peut sans difficulté reconnaître le signalement d'Abraham : non seulement parce qu'il est l'émigrant par excellence, mais grâce à quelques expressions qui nous rappellent le début de notre *Quis heres*. L'audace qui permet de parler, l'« *assurance* » (λέγε θαρροῦσα) constituait bien l'acquisition du premier chapitre (§1 à 39) ; et la faculté de percevoir un « *enseignement* » définit Abraham (§39) ; enfin, l'attention portée aux « *intelligibles* » a servi de critère dans le chapitre deuxième (§40 à 65). Or, ici, l'âme souligne les tromperies dont la sensation puis le langage ont essayé de l'égarer (§71-72).

Quant à la réponse du commentateur (§74), elle suppose que son rôle est à part. Il s'agit plutôt d'un témoin, lui-même déjà informé de ce qu'il convient de faire. Sa position est plutôt celle d'un « ange », informé des réalités divines et penché sur les efforts de l'homme. Il y a, pour être plus précis, de fortes chances pour que ce personnage, que rien ne distingue de l'exégète se mettant à l'action dans son propre texte, soit simplement l'Écriture. Identifié à l'Écriture dans la mesure où il connaît les significations et les rapports cachés, l'interprète participe du Logos. Il est en effet remarquable que l'exhortation (§74 : « *Échappe-toi maintenant de toi-même!* ») ne soit qu'une traduction, la traduction du verset : « *Il le fit sortir dehors, et il lui dit : lève les yeux vers le ciel!* ». Une traduction anticipée. Se refusant, pour les raisons expliquées ci-dessus, à garder dans son champ de vision les mots trop profonds : « *celui qui sortira de toi* », Philon se tourne déjà vers cette phrase, qui continue le texte de base et qu'il va citer au §76. L'apostrophe à l'impératif « *Échappe-toi!* » suppose que l'exégète s'identifie à l'Écriture, qui use elle aussi de l'impératif : « *Lève les yeux!* ».

Mais la remarque essentielle reste bien entendu celle que nous avions commencée : Philon évite de préciser la dernière « sortie » de l'âme. On en juge non seulement par la seule quantité des lignes qu'il consacre au sujet, mais par le fait qu'il glisse rapidement vers la suite du texte de base. Il nous reste à présent à bien voir comment il aborde le nouveau texte. Et c'est par un biais formel. Comme nous l'avons souvent observé, le texte biblique se trouve ici évoqué entre les deux exégèses, formelle et réelle. On se gardera de briser la continuité et on lira d'une traite du §74 au §76a, c'est-à-dire jusqu'à la dernière phrase qui, commençant par les mots « *Lève ton regard!* », fait rebondir l'interprétation et appartient à un autre développement. C'est là qu'il convient de marquer la césure, après le mot ἀδιαστάτως ὕει.

Nous avons donc : au milieu du développement une citation « *Et il le fit sortir au-dehors, et il lui dit : Lève les yeux vers le ciel* » (de *Genèse*, ch. 15, v. 5), et, de part et d'autre, un commentaire formel placé avant, un commentaire réel qui la suit. Le commentaire formel est identiquement l'exhortation du commentateur. Nous pensons que Philon, prenant le rôle du Logos, de l'Écriture, superpose les deux versets. Il traduit : « *Échappe-toi de toi-même* » par les mots « *Lève les yeux vers le ciel!* ». Plus précisément, il se livre à deux opérations de transfert. Il commence par glisser des mots « *Échappe-toi de toi-même* » à la première proposition du verset suivant : « *Il le fit sortir au-dehors* », ce qui est aisé grâce à la synonymie des actions de « s'échapper » et de « sortir » ; puis, ce premier glissement acquis, Philon voit dans la seconde proposition, « *Lève les yeux vers le ciel* » une redondance fournie pour explication par la Bible elle-même grâce au mot « et » de « *Et il lui dit : Lève les yeux vers le ciel* ». Cela fait, il peut interpréter la fuite loin de soi comme une remontée vers le ciel, car le sacrifice « monte ». Le jeu des équations est simple :

« *Échappe-toi…* »   = « *Il le fit sortir* »
         « *Il le fit sortir* » = « *Lève les yeux*
                                   vers le ciel »

Elles supposent comme instruments d'analyse deux chevilles : tout d'abord, il faut que le « *Et il lui dit…* » signifie aux yeux de Philon un « c'est-à-dire », comme si la Parole de Dieu ne faisait que se traduire, le geste de sortir demandé à Abraham recevant sa signification de la parole divine qui le précède. Il faut, en second lieu, que dans les mots « *lever les yeux* », Philon ait isolé l'idée de monter, qu'il ait dans le grec ἀνάβλεψον retenu le ἀνα-, pour lui faire porter la notion de l'offrande qui « monte », alerté qu'il est par la description ultérieure du sacrifice : « *Prends pour moi une chèvre de trois ans…* » dit Dieu (§102 et la suite). De cette hypothèse nous lisons la confirmation dans le premier mot du §75, où l' « *offrande* » se présente sous le mot ἀνάθεσις.

On observe au passage que, distinguant deux « *lieux sacrés* », Philon accorde une grande valeur au monde sensible. De même que l'âme (en la personne d'Abraham) finit par une réhabilitation du sensible (§73, à la fin), puisqu'elle le voit dans sa Cause, de même ici Philon se garde d'une appréciation négative : en cela, nous retrouvons l'équilibre qui fut celui d'Abraham lorsqu'il reconnaissait en Masek, figure du sensible, une « *servante née dans la maison* ». Ici, le monde sensible sert de sanctuaire.

Au total, les procédés de substitution d'un verset à l'autre ont évité à Philon le commentaire — qu'il estime prématuré — de la véritable « *sortie de soi* », qu'à la rigueur les mots apparents du texte biblique pouvaient imposer… Le nouveau texte de base va prendre le relais.

3. Le « *ciel* » (*§76b à 80*)

Comme prévu, la citation nouvelle reçoit une exégèse mot par mot. Philon commence par la fin : « *lève les yeux* ». Les §76b à 78a expliquent en effet, *a contrario*, que l'exemple d'Abraham invité à « lever les yeux » condamne ceux qui non seulement y voient mal (§76b-77a), mais refusent d'entendre l'appel : Abraham, pour sa part, y répond d'autant mieux que, né en Chaldée, il avait déjà les yeux tournés vers le « ciel ». Et les §78b à 80 reviennent sur la notion complexe du ciel, vers lequel on doit regarder et dont la manne descend.

L'enjeu ne sera peut-être pas considérable, mais nous devons ici encore attirer l'attention du lecteur sur la composition de cette page. Il convient en effet d'assouplir la division bipartite que nous venons de proposer. Car en fait la césure tout à l'heure indiquée entre le §76a et le §76b ne doit pas faire oublier la souplesse du commentaire. Ce qui appartient résolument à telle section, pris sous un angle donné, appartient sans contradiction à la section suivante, quand on l'aborde sous un autre angle. Ainsi, nous faisons remarquer ici que Philon, à la fin du §76a, donne une traduction du mot « ciel » par le commentaire : « *le trésor des biens divins* » (en relation avec le titre de l'ouvrage), et qu'il en apporte la justification, citant le *Deutéronome*, ch. 28, v. 12 : « *Puisse le Seigneur ouvrir pour toi*

le trésor de ses biens, le ciel! ». Or, les §76b à 80 vont infléchir la notion de
« *ciel* » vers celle de « *manne céleste* » tombée du ciel. Au lieu de suivre
une « remontée » vers le ciel, qui pourrait apparaître ici comme une
dernière conquête de l'homme, Philon rappelle avec obstination que
regarder le ciel, c'est d'abord en accueillir les dons. La composition de la
page dépend donc du §76a, en partant de la citation explicite : « *...c'est le
trésor des biens divins, puisque* (l'Écriture) *dit : Puisse le Seigneur ouvrir
pour toi le trésor de ses biens, le ciel!* ». Voici les étapes qui jalonnent le
parcours du texte :

(§76 a	*«la pluie des réjouissances»*	de haut en bas)

§76 b-77	{	*«ceux qui n'y voient pas»*	
§78 a	{	*«Celui qui y voit»* - Israël	(horizontal)
§78 b	{	*«fixer les yeux au sol»*	de haut en bas }
		≠	≠ }
§79 a		*«tendre le regard vers le haut»*	de bas en h. }
§79 b	{	*«fixer le regard sur la Manne»* = *y voir*	(horiz.)
§79 c	{	*«... sur les oignons»* = *ne pas y voir.*	

On s'aperçoit que le commentaire est plus compliqué que prévu. En réalité, seul le couple du milieu répond, dans cette section, à l'idée d'un
mouvement du haut vers le bas : c'est le « ramassis » regrettant les oignons
d'Égypte, par opposition au Peuple que désigne le nom d'Israël, le Voyant
— ce qui a pour effet de créer une structure : mouvement de haut en
bas / mouvement de bas en haut. Autour de ce centre, deux autres
couples répondant à la notion oppositionnelle « y voir / ne pas y voir »
prennent place sans détermination de haut ni de bas (ils sont indiqués par
le code 'horizontal'). De la sorte on peut suivre plus exactement la
séquence en notant les étapes suivantes. Une traduction du mot « ciel »
comme le lieu d'où « *descend* » « *la pluie divine* » (fin du §76a) ; puis une
interprétation de la racine « *regarder* — βλέπειν » dans le verbe ἀναβλέπειν ;
ensuite, un retour à la précision « *en-haut* », contenue dans ἀνάβλεψον ;
enfin, un retour à la notion de regard, ci-dessus exprimée par la formule
« y voir ». On observera que cette division mot à mot à partir du texte
de base se combine astucieusement avec la présence des personnages
bibliques introduits au §78 : Jacob, devenu *Israël*, c'est à dire le « Voyant » — et le « Voyant—Dieu »[4] ; Israël, ensuite, qui, par métonymie,
désigne le Peuple des Hébreux errant dans le Désert en butte aux convoi-
tises des sensuels : il voient Dieu, puis le Logos, symbolisé par la Manne[5].
En avançant du début à la fin, la « *pluie* » prend les espèces de la « *Manne* ». Seulement, les dons ainsi représentés ne sont plus perçus dans un
mouvement de descente. La « Manne » est en Dieu ce qui descend :
on doit donc lever les yeux pour la voir. Ainsi se trouvent conciliées les
deux réalités qu'une figuration trop appuyée aurait mises en contradiction :
le don divin « descend » avec la « *pluie continuelle* » du §76a, fin ; mais

l'émigrant doit « sortir de soi », traduisons avec Philon doit « regarder en-haut, vers le ciel ». Il contemple alors (§ 79) la « *pluie* » divine non seulement dans son ruissellement, mais dans son origine, Dieu, puisqu' Israël par définition « *voit Dieu* ». Il la voit dans le Logos[5].

Hauteur en passe de descendre ; « ciel » venant sur la terre, telle est la Manne. Symétriquement, Philon a voulu qu'Abraham, invité à « *sortir* » soit celui qui « *lève les yeux* ». Les deux termes considérés au départ comme distants, Abraham et Dieu, se rencontrent dans une conduite intermédiaire : Abraham « voit », en tant qu'Israël ; Dieu donne son « Logos », la Manne.

Nous avons indiqué dans le tableau le système fonctionnel du schème des directions : haut, bas, horizontal ; ce dernier terme équivalant au degré zéro de la verticalité. Il s'agit de la fonction « voir » sans indice de direction : Philon a estompé la montée du regard qui se porte vers le Logos, ou sa descente vers les racines, les bulbes terreux des oignons et des aulx. Parce que Philon a occulté ce schéma, il convient d'en marquer l'absence volontaire : tel est l'usage de ce mot « horizontal ». Le résultat global de ces opérations subtiles revient à ceci : lever les yeux vers le ciel, c'est en être prévenu dans la « *pluie* » bienheureuse. L'action de Dieu devance l'effort de l'homme (cf. § 66).

4. *Apparence et réalité (§ 81 à 85)*

Si les propositions coordonnées par « et » dans l'Écriture doivent parfois inviter le lecteur initié à percevoir une redondance explicative, et, par exemple, à interpréter les mots « *lève les yeux vers le ciel* » comme la substance de ces autres mots, « *Échappe toi de toi-même!* », Philon suppose ailleurs que des tautologies, souvent dues pour nous au passage de l'hébreu au grec, n'en sont pas et qu'elles déterminent au contraire deux domaines distincts et servent à manifester deux vérités différenciées. Le cas se présente ici. La *Genèse* propose : « *Et il le fit sortir au-dehors...* », avec une redondance : $\dot{\epsilon}\xi\omega$ / $\dot{\epsilon}\xi$-, dans $\dot{\epsilon}\xi\dot{\eta}\gamma\alpha\gamma\epsilon\nu$. Philon en prend occasion pour discerner une « sortie » véritable d'une « sortie » apparente. La diatribe qui sert d'explication à ce lieu commun ne demande guère d'explication. Il suffit d'observer que, joliment, les exemples moraux pris pour illustrer la nécessité de préciser si l'on « *sort au-dedans* » ou si l'on « *sort au-dehors* » se placent dans le registre du verbe symétrique « *entrer* », ou encore « *être à l'intérieur* ». Il est en effet souhaitable que le « *grand-prêtre* » soit vraiment entré dans le Temple, corps et âme (§ 82), ou qu'il dépasse la condition humaine tant qu'il reste à l'intérieur du Saint des Saints (§ 84), c'est à dire qu'il soit, une fois encore, réellement « dedans »...

Une seconde remarque épuisera, semble-t-il, ce qu'il est nécessaire de noter de notre point de vue. Le début du § 83 doit porter $\varphi\iota\lambda\dot{\iota}\alpha\varsigma$ et non pas $\varphi\lambda\iota\tilde{\alpha}\varsigma$, faute de quoi la citation sur l'« amitié » qui termine ce même § 83 ne répondrait à rien ; or, il faut bien qu'elle réponde à un vocable exprès, et non pas seulement à une idée vague, celle de la proximité. La leçon des manuscrits (à l'exception de A B) sera donc retenue avec la plus grande vraisemblance. On verra dans ce mot d'« *amitié* », qui occupe tout le §83, une réflexion annoncée dans le jeu de mots du §82 : « *...s'il s'agit d'un homme qui, sans être de race sacerdotale, aime Dieu et de Dieu est aimé, ne dira-t-on pas qu'en se tenant au-dehors de l'enceinte sacrée, il demeure à l'intérieur ? ...*». L'insistance en accord avec le double mouvement, ascendant et descendant, de tout à l'heure, apportée par le couple « *qui aime Dieu / aimé de Dieu* » — θεοφιλής / φιλόθεος, entraîne cette réflexion sur l' « amitié ». Le texte, à ce moment, retrouve sa cohésion et sa simplicité. Pour une fois, ne nous en plaignons pas. Si nous nous en tenons là, tout rentre dans l'ordre, en effet. Et Philon s'est tenu lui-même, dans ces §81 à 85, au seul registre du <u>culte</u>, nouveauté attendue depuis la notion de « monter ». L'ensemble forme une construction simple :

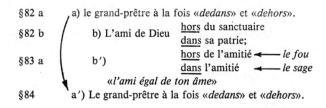

§82 a	a) le grand-prêtre à la fois «*dedans*» et «*dehors*».	
§82 b	b) L'ami de Dieu	<u>hors</u> du sanctuaire <u>dans</u> sa patrie ;
§83 a	b')	<u>hors</u> de l'amitié ◄—— *le fou* <u>dans</u> l'amitié ◄—— *le sage*
	«*l'ami égal de ton âme*»	
§84	a') Le grand-prêtre à la fois «*dedans*» et «*dehors*».	

La forme est simple, sans doute, mais harmonieuse et travaillée. Les deux extrêmes sont occupés par le « grand-prêtre », avec une variation sur sa présence « *dedans* » et « *dehors* » ; le milieu, sensiblement plus important, traite de l'amitié comme facteur de rapprochement indépendant des distances locales. Cet élément médian présente à son tour une forme en chiasme, rendue un peu plus subtile par une conversion de sujet : le §82b oppose en un seul sujet la proximité et l'éloignement, puisque l'ami de Dieu peut se trouver à la fois proche de sa patrie et loin du sanctuaire qui la représente ; le §83 oppose en un seul objet, l' « amitié », deux sujets, le fou et le sage. C'est pourquoi nous avons inscrit dans le tableau ci-dessus, à gauche le sujet unique, l' « ami de Dieu » ; à droite les deux sujets, le « fou » et le « sage » ; au milieu, la constante qui est l'alternance « hors de / dans ».

Il faut souligner qu'au milieu exact de ce chassé-croisé deux situations « au-dedans » se rencontrent : celui qui, ami de Dieu, est pourtant « *hors* » du sanctuaire, possède le bénéfice du sanctuaire (il est « *dedans* »), au moment où il quitte son exil (qui le mettait « *dehors* ») pour rentrer « *dans sa patrie* ». Ce moment est celui, nous dit Philon, où il vit par la seule âme. Le véritable sanctuaire devient celui de l'amitié divine. À cet endroit du texte, la valeur positive est attachée au fait d'être « *dedans* » : Philon emploie l'adverbe ἐσωτάτω, qui se pose absolument, au lieu d'une préposition gouvernant dans le relatif quelque nom de lieu. Aux extrémités du texte, il est question d'être « *à l'intérieur* » d'un temple qui soit en même temps l' « *amitié* » divine. Enfin, le concept d' « *amitié* » se trouve défini, si l'on admet que tout ce qui en est dit commence avec les deux qualificatifs, « *aimant Dieu — aimé de Dieu* », comme un double mouvement, de Dieu à l'homme, puis de l'homme à Dieu — l'ordre des

termes n'est pas indifférent ! Si l'homme doit adopter un pôle, un seul
pôle, vers le « dedans », l'amitié divine transcende pour sa part à la fois
les fausses oppositions du « dedans » et du « dehors », et elle parcourt
toutes les directions, sous l'image de l'actif et du passif.

Par rapport au texte initial, « *Et il le fit sortir au-dehors...* », nous
avons déjà fait observer que le mot « *sortir* », valeur positive dans le texte
de la *Genèse,* devient négatif dans les §81 à 85 de Philon, puisque la vraie
vie d'amitié est vécue « *au-dedans* ». Mais, d'une part, Philon voulait justifier l'Écriture d'avoir commis une tautologie : à cette fin, n'importe
quelle ambiguïté à lever pouvait se révéler d'utilité ; d'autre part, nous
sommes restés dans le cadre du <u>culte</u>. Déjà, par une première distorsion,
Philon avait entraîné la signification du verbe « *sortir de soi* » vers l'idée
de sacrifice qui « monte » vers le ciel ($àvá$-$βλεψον...$) ; la même notion de
l'offrande nous rend un verbe renouvelé : « entrer ». Sortir de soi signifie « monter vers le ciel », ou équivalemment, puisque le ciel est un sanctuaire (§75), « entrer » dans l'amitié divine... Philon souhaiterait par là
sans doute écarter toute conception du salut de mode gnostique ou immanentiste, qu'il ne s'y prendrait pas autrement. La « sortie » de soi n'est
pas une ultime acquisition de la vertu.

5. L'unité du chapitre

Nous pouvons lire au §85 : « *Il le fit sortir au-dehors, hors des prisons
du corps, des cavernes des sens, des sophismes du langage trompeur, et
surtout de lui-même...* ». Ce résumé des quatre émigrations renoue par-
dessus tout le développement avec l'annonce du §69 et son programme.
Cette inclusion montre que l'ensemble des §66 à 89 obéit à l'organisation
suivante : un développement apparent se voit recouvert par un autre type
de discours. Le développement obvie donne ceci :

> a) les §66-67 «*Voix*» sans article / «*celui-ci...*»
> b) §68 à 85 développe le verbe «*sortir*».
> c) les §86 à 89 sur le «*nombre*» des étoiles.

Mais comme l'introduction (§66-67), consacrée à la « *Voix* » et au pronom démonstratif qui s'y oppose, revient à une réflexion sur l'Un et le
multiple, c'est-à-dire sur le NOMBRE, nous confirmons la première
inclusion par une autre, et nous lisons donc :

> a)   §66-67: «*Voix / celui-ci...*»;   NOMBRE
> b) §68 à développement sur «*sortir*»;
> a') §86 à 89: le «*nombre*» des étoiles.   NOMBRE

L'unité du chapitre apparaît mieux, comme son autonomie. Et si nous
revenons à la remarque plusieurs fois énoncée ci-dessus, à savoir que
Philon n'a pas voulu définir positivement le sens de « *sortir de soi* », nous
devons au contraire noter ici que tout à la fin du §85, il énonce rapidement
une définition capitale : « *Lui-même, hors de lui-même : hors de l'illusion*

qui lui ferait croire qu'il est dans son pouvoir et son domaine de penser et de comprendre... ». Nous pouvons mettre en ligne les trois passages où l'expression biblique « *sortir de soi* » reçoit une traduction formelle : et nous aurons le résumé suivant :

§69 : « *sortir de soi* » = « *devenir corybante* » ;
§73 : « *sortir de soi* » = *offrir les parties du composé humain ;*
§85 : « *sortir de soi* » = « *reconnaître le domaine divin* ».

On le voit alors, la manière *mystique* et la manière intellectuelle encadrent le long développement médian, consacré en fait au sacrifie, c'est-à-dire au « *culte* ». Nouvelle symétrie intérieure, qui souligne bien la position forte du culte et sa mise en attente pour une réflexion ultérieure. Pour l'instant en effet, la phrase du §85, de type intellectualiste, prépare exactement les §86 à 89, où l'âme s'élance vers « *l'éther des natures pures* » (§88).

III. Le nombre innombrable (§ 86-89)

Voici venir en effet, harmonieusement disposé à la fois en conclusion et en dernière exégèse littérale, le commentaire de la seconde proposition du verset : « *Lève les yeux vers le ciel, et compte les étoiles, si tu peux les compter jusqu'au bout : ainsi sera ta semence !* ». Philon va concentrer son attention sur deux mots : tout d'abord, l'adverbe « *ainsi* » (§86 à 88a) ; puis « *nombrer* » (§88b-89). Le paradoxe consiste en ceci que le commentaire refuse de prendre au début la notion de quantité impliquée par le « nombre », mais qu'à la fin il laisse entrevoir une quantité excellente et pour ainsi dire infinie. Le paradoxe est d'ailleurs atténué du fait que l'exégète nous avertit : « *Ce n'est pas seulement le nombre, mais mille autres (valeurs) que (le texte) veut manifester* », avec peut-être cette cocasserie involontaire que les μυρία renvoient à l'indéfini, à une invasion du nombre dangereux de la prolifération... L'interprétation repose sur une remarque formelle : le texte de la *Genèse* répète le mot « nombre », mais non pas à l'endroit où on l'attend. Il ne dit pas : « Compte les étoiles... Ta semence sera du même nombre ! ». Il faut donc, dit Philon implicitement, prendre ces deux distorsions : la répétition, apparemment gratuite, et l'absence surprenante.

Il semble que, de plus, οὕτως soit pris succssivement en deux acceptions. La première établit une comparaison entre l'âme du sage et le ciel qu'il voit : « *comme* » désigne alors le passage d'un monde à l'autre, et l'adverbe, traduit « *ainsi* », est relationnel. Mais, à la fin du §87, il doit falloir l'entendre de façon absolue : l'âme, immobile dans son ordre, est « *ainsi* », c'est-à-dire autonome, établie dans le même et » *telle qu'* » en elle-même, à l'image du ciel, d'ailleurs, ce qui permet le glissement de sens, de la relation à l'identité fermée : τάξει χρώμενον ἀκλινεῖ τῇ κατὰ ταὐτὰ καὶ ὡσαύτως ἐχούσῃ. On le remarque, nous voici aux antipodes de l'analyse grammaticale qui permit, au §66, la traduction du pronom οὗτος par la dispersion.

La formule κατὰ ταὐτὰ καὶ ὡσαύτως ἔχειν a une origine platonicienne (cf., par exemple, *Phédon*, 78d, deux fois ; *Sophiste*, 248b ; *Timée*, 41d). Peut-être même l'allusion aux « *natures pures* » (§88) nous rapproche-t-elle plutôt du dernier : il y est question, au contraire, du « *mélange* » qu'on fait dans le « *cratère* ». Quoi qu'il en soit, autour de cette expression de l'identité, la comparaison du ciel se déploie régulièrement : aux deux extrémités, Philon évoque l' « *éclat* », en disant au début : « *Ainsi : c'est-à-dire emplie d'un éclat pur et sans ombre* » ; puis, à la fin : « *l'éclat des vertus tout à fait semblable à celui des astres et fort brillant* » (§88, fin). Entre ces deux extrêmes, deux mentions symétriques de l' « *ordre* » sont intercalées : à la fin du §87, nous lisons : » *...bien harmonisée, suivant un <u>ordre</u> inflexible et dans le même, tel qu'en lui-même...* » et au §88 : « *elle possède en elle-même comme dans un 'éther', des natures pures, des mouvements <u>ordonnés</u>, des chœurs mélodieux, des révolutions divines* ». Le développement se présente ainsi :

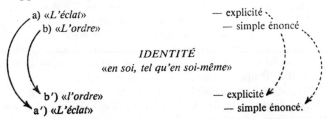

a) «*L'éclat*»   — explicité
b) «*L'ordre*»   — simple énoncé

IDENTITÉ
«*en soi, tel qu'en soi-même*»

b') «*l'ordre*»   — explicité
a') «*L'éclat*»   — simple énoncé.

On note l'alternance des mentions : l'*éclat* fait au début l'objet d'un commentaire : « *pur et sans ombre, car du ciel est exclue la nuit, et de l'éther l'obscurité* » ; mais il est juste mentionné à la fin. Inversement, l'*ordre*, énoncé sans plus à la fin du §87, se voit tout de suite détourné et qualifié par la notion fondamentale de l'*identité ;* c'est seulement au §88 que Philon nous précise que cet ordre est observé dans « *des mouvements ordonnés, de chœurs mélodieux, de révolutions divines* ».

Tel est le commentaire du mot de la *Genèse* disant : « *AINSI sera ta semence...* » S'il évite de porter sur le *nombre* des étoiles, il ne peut l'exclure, puisque le texte sacré par deux fois l'évoque. Il y a donc un « *nombre* » des étoiles, auquel il faut venir, même s'il n'agit plus dans la comparaison. Philon va se satisfaire d'un raisonnement *a fortiori :* la supériorité qualitative de l'intelligible sur le sensible implique un rapport analogue dans le domaine quantitatif. Le tour est joué : Philon saisit le thème de la lumière astrale pour faire le moyen terme : « *La perception de l'âme ressemble au soleil ; les yeux du corps ressemblent à des lumignons, habitués qu'ils sont à s'allumer et à s'éteindre* ». À la plus grande acuité de l'âme correspond une foule plus grande d'intelligibles qu'il n'existe de sensibles pour l'œil du corps, lui-même tellement infirme. La participation plus ou moins grande à la lumière qui est un élément spirituel, donne la mesure de dignité. Le nombre est ainsi absorbé, enveloppé. La comparaison nous a de surcroît ramenés au thème du « ciel », par l'intermédiaire de l'astre royal, le « soleil ».

Depuis le §68 à 70, où le problème de l'héritier et celui de l'héritage se voyaient assimilés l'un à l'autre, nous avons encore progressé dans le sens de la fusion. Ici, les deux termes se trouvent confondus : le mot « *ta semence* » est oublié, au profit de l' « *âme du sage* » (début du § 88). Le sanctuaire que désignait le « *ciel* » est descendu sur la terre.

Notons enfin que, par le truchement du ciel visible, intelligible et sensible gardent entre eux la familiarité, si l'on peut dire, cette connivence de type familial telle qu'Abraham l'avait naguère proclamée en désignant la sensation comme une servante « *née dans la maison* ». Il lui reconnaissait un droit, inférieur, mais réel. Ici, la lumière, le « *ciel* » où le soleil court, à mi-chemin entre le sublunaire et le spirituel, permettent encore de proportionner les deux domaines sans les anéantir l'un par l'autre : Laban (§ 43-44) nous avait, au contraire, donné l'image d'une subversion forcenée.

« *Celui qui sortira de toi* », tel était le programme tracé d'office par la Bible. On a vu comment Philon, pour terminer sur une observation d'ordre formel, a voulu traiter le texte de la *Genèse*. Il a dominé d'un seul coup d'œil les données de plusieurs versets, et il en a conçu l'analyse pour ainsi dire selon un ordre proportionné. Par glissement ou intégration successive, il a orienté l'analyse en évitant ce qu'il convenait de différer ; il a opéré une synthèse, alors que sa méthode habituelle procède par analyse. Il a 'traduit' la *sortie de soi* en culte divin, et celui-ci repose comme le trésor de l'âme entre les gardiens affrontés que sont, au début, l'extase prophétique, à la fin, la *lumière* intelligible des intelligibles. La première prolonge la « parole » d'Abraham comme son silence qui la fonde ; la seconde rend au milieu divin l'initiative et l'enveloppement.

IV. L'EXISTENCE SUBLIMÉE
(§ 90 à 95)

Le statut de cette brève page nous apparaîtra mieux quand nous aurons terminé l'explication de l'immense séquence ouverte par le thème du sacrifice. Pour l'instant, son analyse montrera qu'elle parachève le mouvement du *langage* converti, et donc celui de la conversion d'Abraham, passé des sophismes à la vraie connaissance de soi, et tout proche de l'ultime désistement qui consiste à *sortir de soi*.

Une nouvelle fois, nous devons constater que le paradoxe joue un rôle important : les § 90 à 95 sont construits autour de celui-ci. Au début, Philon donne la parole à un objectant qui trouve — à tort, donc — que l'éloge ordinairement accordé à Abraham par ceux qui lisent le texte suivant de la *Genèse :* « *Abraham crut en Dieu, et ce lui fut compté à justice* », n'est pas tellement de saison, car la foi d'Abraham n'a guère de mérite : Dieu est un interlocuteur qui s'impose. Or, à la fin du passage, Philon reconnaît, par un autre biais, qu'en réalité la foi du patriarche n'a effectivement rien que de naturel. La fin semble ainsi donner raison au protestataire du début. Cette apparente inconséquence met bien en relief la portée d'une exégèse comme celle de Philon, ou déjà celle de bien des textes bibliques. S'il s'agissait d'une démarche purement intellectuelle, capable de se résumer en théorème ou proposition définie, la contrariété des deux extrêmes ne servirait qu'à obscurcir. Mais il s'agit d'un itinéraire mental, où il n'est pas indifférent qu'on parte d'un point déterminé, mal entrevu, pour y revenir plus loin, en possession d'une lumière supérieure. Et c'est ici le cas. L'objectant du début revendique une évidence : si c'est Dieu qui parle, comment s'étonner que l'auditeur écoute et fasse confiance ! La qualité de l'interlocuteur suffit à rassurer l'homme, et cette assurance ne saurait lui être comptée comme un mérite. Au terme, c'est le *Logos* qui reprendra cette assertion. Mais entre les deux personnages qui l'énoncent, au début l'objectant ironique, à la fin le Logos, un abîme est à franchir. De fait, entre les deux formules parallèles Philon a ménagé un itinéraire : la descente puis la remontée du juste, comme nous allons le détailler, serviront de détour pour que l'Écriture soit lavée de cet apparent truisme : « *Abraham crut en Dieu ...*». Ce n'est pas en vain qu'elle a manifesté quelque chose qui semble aller de soi. Au contraire, en définitive, l'étonnement de l'objectant vient de sa légèreté : il ne sait pas lire. Aussi, deux mentions explicites font affleurer dans cette page le problème de l'exégèse. Au §91, Philon a l'air de prendre d'assez haut l'objection : « *Ne mets pas en cause notre connaissance de ces matières...* » ; puis au §95, la fonction morale de l'Écriture est mise en avant : « *C'est le Logos qui nous fait reproche...* ». La banalité de l'Écriture est justifiée par l'inattention de l'homme.

Ne nous laissons pas nous-même prendre à la banalité du commentaire de Philon. Il met en jeu une notion très biblique de la « *justice* ». Elle suppose un accord fondamental entre Dieu et l'homme, si bien qu'un injuste ne peut entendre Dieu, à la limite. Or, c'est à une certaine nature objective de la Parole de Dieu que l'ironie du début essaie de nous faire croire : « *Si c'est Lui qui parle et qui promet, il n'est jusqu'au plus injuste de tous les hommes, au plus impie, qui ne prête attention !* » (§90, fin). Or cette simplification est elle-même impie ...

Le passage obéit à une construction très soignée, et la symétrie répond au détail suivant :

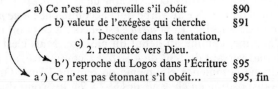

a) Ce n'est pas merveille s'il obéit   §90
    b) valeur de l'exégèse qui cherche   §91
         c) 1. Descente dans la tentation,
             2. remontée vers Dieu.
    b′) reproche du Logos dans l'Écriture §95
a′) Ce n'est pas étonnant s'il obéit...   §95, fin

Avant de revenir sur ce schéma pour le nuancer, traduisons avec précision la dernière phrase : « *Aux yeux de la vérité qui arbitre, c'est là une œuvre de justice seulement* ». Le « *seulement* » porte sur la « *justice* ». De telle sorte que la justice n'est pas un degré suprême ; elle est pour ainsi dire le premier degré. Mais reprenons le tout.

L'exégèse de Philon semble supposer plusieurs observations de sa part. Il commence par s'étonner de ce que la *Genèse* signale qu' « *Abraham crut en Dieu* ». Si le texte sacré se permet cette banalité, c'est qu'elle nous met sous les yeux un reproche. Et la seconde partie du verset vient rétablir les choses dans leur vraie proportion : « *ce lui fut compté comme justice* » signifie en substance que le Logos corrige l'effet trop grand produit par la première proposition. Une banalisation, mais supérieure, efface le relief, la distance qui semblait séparer la *foi* de son Objet, « *Dieu qui parle et qui promet* ». Seulement, comme par un système d'écluse, c'est du côté de Dieu que l'homme se trouve maintenant de plain-pied.

Le commentaire de ce verset célèbre n'est pas lui-même banal. Comme Paul dans les *Romains* ou les *Galates,* Philon relie étroitement *justice* et *foi.* C'est même la pointe de son propos. Comme la Bible tout entière, il relie l'attention que l'homme porte à Dieu au contenu de la justice : il n'y a point d'écoute neutre de la Parole de Yahvé, et celui-ci ne crie pas à la cantonnade. Seule, une connivence préalable, qui a nom *justice*, permet d'écouter Dieu. Elle est à telle parole particulière ce que la langue est au langage, à tel discours particulier. Comme le début du traité *Quis heres,* ce passage dévoile la profondeur d'une chose très simple ; il introduit l'homme dans la familiarité supérieure et donnée du monde divin, puisque du début à la fin le terme de *justice* a changé de valeur, sinon de sens. Au début, en effet, il signifie plutôt « *sainteté* », comme le marque l'alliance des deux adjectifs accolés par Philon : ἀδικώτατος καὶ ἀσεβέστατος ; à la fin, il dit *seulement* la justice, entendue comme rapport proportionné et « *naturel* » entre la réalité et l'intelligence qui l'accueille : ἀκόλουθον... τῇ φύσει, est-il précisé au début du §95, en apposition à τὸ δίκαιον. L'effort de l'homme pour s'accorder simplement à la nature des choses devient du côté de Dieu l'ordinaire accord d'une justice d'équité, d'équilibre. Mais la traduction de cet ordre finira par nous conduire, au §99, jusqu'à un nouveau déséquilibre, apprivoisé cette fois, jouant cette fois en faveur de l'homme, alors qu'au début du traité jouait contre lui le déséquilibre des biens divins surabondants : « *Il est bon cet héritage : s'il dépasse peut-être la capacité de qui le reçoit, il est digne de Celui qui le donne* ».

Dans toutes les figures symétriques, le centre mérite une attention particulière. Nous y trouvons ici le vocable de la *purification*. Il reçoit une traduction immédiate grâce au verbe qui l'accompagne : « *ne pas accorder sa foi* » au monde sensible. Et la *justice* est encore à ce point une sanctification de l'homme, comme au début du passage. Mais c'est à partir de là que le second versant du sens de « *justice* » commence, au moment où l'évidence divine commence elle-même de remplir l'âme. On aura bien remarqué la disposition en chiasme des §92 à 94, au cœur du développement, lui-même en chiasme. La succession des thèmes y est la suivante :

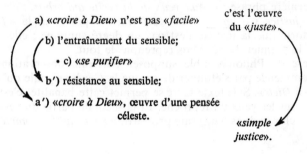

a) «*croire à Dieu*» n'est pas «*facile*»   c'est l'œuvre du «*juste*»

b) l'entraînement du sensible;

• c) «*se purifier*»

b') résistance au sensible;

a') «*croire à Dieu*», œuvre d'une pensée céleste.

«*simple justice*».

La *purification* sert de pivot entre la justice-sainteté et la justice-équilibre « *naturel* ». Avec elle, l'objectant apprend que la Parole de Dieu n'est pas un écho mondain, résonnant indifféremment dans les oreilles de tous ; avec elle, le sage apparaît encore comme un Abraham, simplement éveillé, progressant vers la vérité simple de la Nature ; avec elle enfin, un mot découvre sa dialectique, le mot de « justice ». L'Écriture, réceptacle de tous les mots vivifiés, a vraiment servi de miroir mystique. En se lisant comme pécheur, l'homme (Abraham) reçoit l'image du mystère divin, puisque l'intelligence doit d'abord entendre par « *justice* » un ajustement héroïque, pour y déchiffrer ensuite l'*ordre naturel* où se complaît le Logos.

En un sens, il fallait donc poursuivre jusqu'ici pour voir s'achever l'exégèse ouverte au §68. Dans les deux extrêmes (§70 et 95), nous trouvons la mention de l' « *Être* » *(unique* ou *substantiel)* ; le contexte du traité *De migratione Abrahami* affleure également des deux côtés : le résumé des quatre émigrations remplit les §68 à 70 ; et le §95 contient une formule typique : « *...le fait de s'élancer vers l'Être unique fermement et sans dévier* » : on se souvient à la fois de la « hâte » requise pour le départ *(De migratione Abrahami,* §25), de la solidité symbolisée par le chêne (§223), et surtout de la résistance à toute déviation (le symbolisme longuement exploité de Lot, dont le nom même signifie « *déviation* »). Mais cette page se rattache à la suite, dans la mesure où elle sert de préface à un second développement qui remet en jeu l'émigration et le sacrifice. Le verset 7 du chapitre 15 de la *Genèse* réitère l'ancienne promesse faite à Abraham quand il sortit du pays chaldéen (cf. les §96 à 101, auxquels nous venons) ; et le verset 9 commence la description du sacrifice des animaux. Peut-être Philon a-t-il besoin de cette double annonce pour que le chapitre volumineux sur la division des offrandes apparaisse plus assujetti au corps du traité.

NOTES

1 En bref, il suffit d'observer que Philon, en grammairien, oppose la 'détermination' du pronom démonstratif (δεῖξις) au degré zéro de détermination d'un substantif sans article, « *Voix* », dans la citation de *Genèse,* ch. 15, v. 4.

2 Le *De migratione Abrahami* n'est cependant pas oublié au §70, comme on le voit à l'expression « *qui marche sur la grand'route* », cf. *De migratione Abrahami,* §146 et la « *voie royale* ».

3 Nous laissons ici le verbe λαβέ traduit par « *prends* » ; nous verrons qu'il faudra lui donner le sens précis de « *recois* ».

4 Sans doute opposé, dans le §77, à Ésaü, voire à Laban.

5 La Manne renvoie au Verbe de Dieu : c'est la doctrine du Deutéronomiste *(Deutéronome,* ch. 8, v. 3, la formule célèbre : « *L'homme ne vit pas seulement de pain, mais de ce qui sort de la bouche de Dieu* »).

CHAPITRE QUATRIÈME

L'ACTION DE GRÂCES (§ 96 à 124)

La suite montrera qu'à la rigueur les §96 à 99 flottent entre deux ensembles parfaitement délimités : les §40 à 95, d'une part, et, d'autre part, les §100 à 124, qui vont faire l'objet de ce nouveau chapitre. En effet, ils résument et ils annoncent. La simple lecture montre en eux la reprise de tous les thèmes lentement discutés dans les §40 à 95 : profitant des équivalences que la Bible semble lui fournir avec largesse, Philon retrouve dans le verbe « *sortir* » du texte de base, « *Je suis le Dieu qui t'ai fait sortir du pays des Chaldéens* », la signification des autres « sortir » qui trouvèrent place dans les versets précédents. La considération du « *ciel* » à quoi se livrent les astrologues chaldéens rappelle suffisamment les mots « *Lève les yeux vers le ciel* » et le commentaire qui les affecte. Le retour du thème des « migrations » continue ici encore son rôle de récapitulation : le scrupule est même poussé jusqu'à respecter l'infléchissement que nous avions constaté, et la *meilleure migration,* c'est-à-dire la quatrième prévue au §69, n'a pas tout à fait l'indice d'accomplissement qu'on attend, car elle se contente d'assurer le passage de la fausse à la véritable étude du ciel. Enfin, le personnage d'Abraham reste constant : il étudie, il suit la propédeutique pour laquelle il est fait, mais sans s'attribuer le mérite de la science acquise. Nous allons voir que ce désintéressement constitue le thème extérieur des §100 à 124.

Abraham cesse d'interroger. Dieu va répondre. Philon ne perd pas cette occasion de désigner une nouvelle harmonie dans le personnage d'Abraham : « *Il faut dire d'Abraham qu'il est dans l'embarras en même temps que dans la foi* » (milieu du §101). Bien entendu, la question que l'embarras lui suggère achève de réaliser en lui sa propre essence : « *Il a soif de science sans pouvoir en être rassasié : aussi s'informe-t-il en disant : Maître, à quoi connaîtrai-je que j'en hériterai?* ». On identifie Abraham dans sa nature d'interrogateur de Dieu et sa soif de savoir. Le voilà donc, tel que Philon a mis si longtemps à le définir (cf. la première partie, §3 à 40, et la place que prennent à la fin les mots : « *il s'informe, disant…* »). Voici la science que Dieu lui communique maintenant sous la forme d'une *introduction fondamentale* (§102).

Il est de la nature d'Abraham de recevoir l'enseignement ; il est de la nature de Dieu de donner cet enseignement et d'illuminer. Selon la technique du dialogue biblique, Philon considère que celui à qui Dieu peut directement adresser la parole lui est déjà accordé. L'accord prend ici la forme intellectualiste, si bien que le dialogue comme tel devient illumination de science exauçant un désir de savoir et d'apprendre. Tout ce qui suit est donc énoncé par Dieu, qui élève une intelligence désireuse de savoir. Mais ce qu'une pareille adresse pourrait avoir d'anthropomorphique s'efface dès le premier mot de la réponse divine. En disant : « *Reçois pour moi* », Dieu ramène jusqu'à lui ce qui paraissait descendre jusqu'à l'homme. Philon nous avertit immédiatement que la qualité des mots si brefs exigera un développement disproportionné : « *La phrase est courte, mais le sens abondant* » (§ 102). En hébreu, elle signifie simplement le geste préparatoire du sacrifice : « Prends pour moi », où le pronom « *Moi* » n'a guère plus de valeur que dans le parler méridionnal de chez nous. Mais Philon va scruter attentivement la portée de chaque terme et de la syntaxe. Tout au long, il donne à ce verbe « *prendre* » le sens se « *recevoir* » : on « *reçoit* » un dépôt (première partie de notre chapitre) ; et le prince « *reçoit* » quelque chose en rançon (seconde partie, § 123-124). Ce qui lance la réflexion de Philon, c'est le paradoxe des deux mouvements réunis dans la seule phrase : « *Reçois pour moi!* ». « Recevoir » indique un mouvement de l'extérieur vers l'intérieur ; « pour moi », visant le donateur, implique le mouvement inverse, de soi vers Dieu. On devine peut-être déjà la pente sur laquelle Philon va s'engager, tout en restant maître de son allure... Et le thème, qui s'est révélé fondamental dans le commentaire de la quatrième émigration de l'âme, à savoir le thème du culte, trouve ici une expression privilégiée : le total désintéressement, l'offrande, l'hommage inconditionné résument le culte, et ils s'opposent à l' « *athéisme* » d'un Caïn, par exemple. Caïn est seulement capable de « posséder », et encore possède-t-il pour soi... On sait que le thème du sacrifice, de l'extase, du culte, de la joie parfaite accompagnant la connaissance de Dieu comme Créateur, revient constamment dans Philon. Seulement, nous devons ici comme toujours insérer l'indice littéraire général dans le contexte spécifique du traité : la déférence de la créature au Créateur trace l'unique chemin par où le monde trouve son ordre, et par où l'homme trouve le sens du monde, avec le pouvoir d'imiter l'action divine. L'homme capable d'adoration verra s'ouvrir devant ses yeux le spectacle du monde et de sa création : comme nous avons eu l'occasion de le dire en parlant de l'audace d'Abraham (section des § 3 à 30), Dieu sanctionne la justice du sage en le faisant pour ainsi dire participer à l'acte créateur, et Job comme le Peuple du livre de la *Sagesse* obtiennent simultanément le salut et la connaissance des Origines. Abraham, dans Philon, vient d'être simultanément « sauvé » de l'indéfinissable abondance et rejeté dans sa vocation première d'interrogateur : bientôt Philon lui proposera le spectacle de la division par laquelle le monde est ordonné. Or, le culte est réduit à l'adoration, et l'adoration consiste finalement à se faire admettre comme témoin du Premier jour. Nous allons rencontrer successivement dans le discours philonien une interprétation des mots « *Reçois pour moi* » qui assure l'âme contre l'athéisme et lui fait rendre à Dieu ce qui est à Dieu ; une seconde interprétation du même thème rapportera tout au culte, et le culte se mettra d'emblée en rapport avec le Dieu qui gouverne les Commencements et les Fins, schème de totalité recouvrant la notion de création.

I. Première lecture : l'énigme

Une première investigation dans les § 102 à 124 permet de fixer aisément quelques point de repère. Nous irons du simple au complexe.

1. Le commentaire s'attache au texte initial du sacrifice demandé à Abraham : « *Prends pour moi une génisse, un bélier, une chèvre...* » (*Genèse,* ch. 15, v. 9). Les deux premiers mots, brefs mais pleins de sens parce que de paradoxe (§ 102), vont recevoir un double éclairage : au § 112, Philon en achève une première exégèse pour en ouvrir une seconde : « *Voilà ce que me paraît signifier l'expression* « *Prends pour moi* ». *Cependant, parce qu'il a voulu faire descendre du ciel sur terre une image...* ». Sous l'effet d'une citation d'*Exode,* ch. 25, v. 1-2, l'exégèse rebondit. Il convient donc de voir une césure à cet endroit du texte.

2. On peut s'attendre à ce que chacun des mots grecs : Λαβέ — μοι suscite un commentaire distinct. En fait le datif « d'intérêt » « *pour moi* » se taille la part du lion. Mais le verbe « *prends — reçois* » occupe le début et la fin d'un ensemble qu'il sert justement à délimiter : au § 103 et aux § 123-124. Seulement, dans le premier cas, il s'agit de l'homme qui doit « prendre », c'est-à-dire « recevoir » tout de Dieu ; à la fin, il s'agit de Dieu, dont la Bible dit quelquefois qu'il « prend — reçoit », lui qui n'a besoin de rien. Entre ces deux pôles il y a opposition paradoxale. Cette différence intrinsèque a des chances de conférer à la section un mouvement dont il faut chercher la trace, l'ampleur et l'allure.

3. Or, dans l'intervalle Philon exploite longuement la double signification du pronom au datif « *pour moi* ». Dans une première partie, celle que la césure du § 112 impose, le thème du « *dépôt* » confié à l'intendant suffit à résumer les § 104 à 111 : conserver, garder intact et rendre un bien confié par le Maître, tel est le devoir de l'homme dans le monde créé par Dieu. Disons encore ceci : Philon prend alors les choses du point de vue subjectif. L'adoration est considérée du côté de l'homme ; et c'est une sanction, malheur du mauvais intendant, ou encore bonheur donné par la vision de l'ordre à l'intendant fidèle, qui intéresse Philon. La seconde partie (§ 112 à 122) expose l'idée que les *commencements et les fins* appartiennent à Dieu. Le point de vue est devenu objectif.

4. La première partie (§ 104 à 111) met en scène les deux types de l'intendant, fidèle, infidèle ; mais les deux notions contraires alternent dans la présentation : si l'on se porte au § 106, où l'opposition est le plus rapidement évoquée entre les deux, on s'aperçoit que le développement rhétorique se présente ainsi :

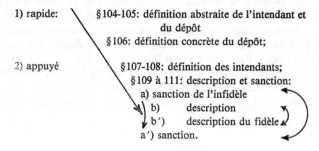

1) rapide: §104-105: définition abstraite de l'intendant et
                    du dépôt
           §106: définition concrète du dépôt;

2) appuyé   §107-108: définition des intendants;
           §109 à 111: description et sanction:
           a) sanction de l'infidèle
             b)   description
             b') description du fidèle
           a') sanction.

Le §106 achève la présentation rapide ; il contient aussi l'allusion aux animaux du sacrifice qui permet de comprendre de manière pratique le dépôt confié à l'homme (même s'il faut attendre les §125-126 pour trouver le symbolisme explicité et détaillé de chacun des trois quadrupèdes, la génisse, le bélier, la chèvre). Mais c'est l'ensemble des §107-108 qui forme le centre du passage : tout en définissant concrètement l'intendant, fidèle ou non, il oppose le nombre réduit des bons à la foule des mauvais ; de plus, c'est au §108 que nous trouvons le mot-clé de l' « offrande » : le mot ἀνατεθείκασι rejoint ce que Philon a naguère su tirer de l'oracle « Lève les yeux » — ἀνάβλεψον — vers le ciel! » (§75-76 et notre commentaire).

Les §109 à 111 forment un chiasme manifeste : la sanction des mauvais intendants est énoncée en premier, et c'est elle qui sert, étant donné la loi du talion, à décrire la mauvaise conduite des hommes qui accaparent ce qu'ils ont reçu. Inversement, les §110-111 remontent de la conduite à la sanction heureuse qui vient couronner les intendants fidèles.

L'ensemble du commentaire indique bien qu'on doit entendre le verbe λαμβάνειν dans le sens de « recevoir ». S'il est vrai que l'homme « ne possède aucun bien propre » et que « ce qu'il croit posséder, c'est un Autre qui l'a fourni », il ne reste plus qu'à « recevoir », la notion symétrique du don étant celle de la réception, et non de la prise. On ne prend pas davantage un dépôt, mais on le reçoit : or, tel est le thème général de la première partie.

La régularité de la composition nous sert une fois de plus à repousser l'idée d'un hasard dans le travail de Philon. Or nous avons besoin de justifier des remarques à venir par ces observations minutieuses : la rhétorique n'est pas seule à bénéficier de l'harmonie d'une composition comme celle-ci. En nous assurant de la facture soignée, nous pouvons prendre appui solidement sur un détail pour comprendre plus en profondeur. Et, pour ne pas rester dans le vague, deux points d'apparence mineure vont nous retenir au terme de ce premier examen formel, l'opposition du début et de la fin, où le verbe « recevoir » change de sujet : l'homme, puis Dieu ; et l'étrange proposition que nous lisons au §104 : « ...restitue le dépôt à qui te l'a confié et prêté : réponds à une grâce ancienne par une grâce nouvelle, et paie de retour dans un échange juste et convenable ». Une telle expression ne nous est étrange que si nous admettons dans Philon une logique sans erreur... Mais avant de nous attaquer à ces deux points de résistance, nous allons jeter un coup d'œil sur la seconde partie de la section, les §112 à 122.

5. C'est un nouveau texte qui prend le relais, un texte de l'Exode vole au secours du texte de la Genèse, comme souvent. Le commandement divin : « Prenez pour moi les prémices » vient compléter le laconisme du premier oracle. Entre le verbe « prenez pour moi » et son complément « mes prémices » une sorte de redondance a été glissée : en l'interprétant, l'allégorie va enrichir le premier texte, ou plutôt sa lecture. Le pronom et l'adjectif possessif de la première personne font le lien logique entre « prendre-recevoir » et « prémices ». Ce qui rend un peu surprenante l'arrivée du texte de l'Exode, c'est son retard : le §112, destiné à le prépa-

rer, prend un tel surplomb par rapport à lui, il commence de manière si abrupte par l'évocation de la *Tente,* elle-même interprétée avant d'être nommée (grâce au thème de l' « *image* »), que le lecteur éprouve durant tout le §112 une impression de dépaysement total. Lorsqu'au milieu du §113, il apprend que le commandement divin relatif aux prémices fut donné à l'occasion de l'édification[1] de la Tente, il saisit le lien existant entre le nouvel oracle et celui dont Abraham reçoit la lumière en *Genèse,* ch. 15. Mais en un sens, il est déjà trop tard : Philon a isolé dans le §112 un thème, une image, un sens qui dépassent la simple exégèse anticipée dont il est coutumier. Souvent, en effet, il arrive que le commentaire mot à mot de tel verset commence avant que ce verset se soit manifesté dans le discours explicite ; mais, à l'ordinaire, cette amorce d'interprétation se fait insensiblement à partir d'un autre verset ou d'un autre commentaire qui s'infléchit doucement, attiré qu'il est par la suite du texte sacré. Il n'en va pas de même ici. Le §112 se présente comme une sorte de commencement absolu, puisqu'il propose une nouvelle interprétation, à partir d'un nouvel examen, une fois clos le premier développement sur le thème du « *dépôt* ». L'effet de surprise répond à une intention. D'autant que la suite immédiate (§114) renoue de façon limpide avec la première partie : en disant qu'il faut « *considérer qui est donateur, garder intacts, purs et irréprochables, parfaits et dans leur intégrité les dons qu'Il nous a faits* », l'exégète relie explicitement le nouveau commentaire au précédent ! Cette continuité rend donc plus sensible encore l'intrusion du §112.

Le développement est assuré en trois étapes, et chacune se voit confier un texte différent : la première (§112 à 116) commente le texte déjà mentionné, d'*Exode,* ch 25, v. 1-2, sur les « *prémices* » ; la deuxième (§117 à 119) commente un autre texte de l'*Exode,* ch. 13, c.1-2, relatif au « *premier-né* » ; la dernière, enfin, part de *Nombres,* ch. 31, v. 28, pour compléter le thème du « *commencement* » — issu des « *prémices* » — par celui des « *termes* » : ce texte prévoit en effet l'offrande des récoltes. L'enchaînement du « commencement » et du « terme » est à la fois spontané et prévu dans la pratique du culte.

Entre les trois étapes règne une symétrie qui confirme le caractère concerté de l'ensemble : la première et la troisième prennent les thèmes de la « *plante* » et de la « *Nature* », complètement ignorés de la deuxième étape : celle-ci s'attache à l'ordre biologique en général et propose la médiation du *Logos divin*[2].

La conclusion de la troisième étape (§122) amène un quatrième texte, qui résume tout de façon élégante ; il s'agit du grand récit de la Création, dans *Genèse,* ch. 1, dont Philon cite le premier et le dernier verset : « *Dans le* commencement, *Il fit* » — « *Dieu mit un* terme *au ciel et à la terre* ». La distance qui sépare les deux autorise après coup la distinction mise par Philon entre le passage concernant le « *commencement* » et celui qui concerne la « *fin* ».

6. Les §123-124 constituent une double inclusion. En reprenant le verbe « *reçois* », ils assurent les limites de la section. Et en présentant les *Lévites,* ils en ferment la seconde partie, que la mention de la *Tente* avait

inaugurée. Les deux termes définissent le culte, par le lieu, par les ministres. Les mots sont pesés. Philon rappelle encore le « *dépôt* » de la première partie : « *...ne pas altérer ce qui a été donné, le conserver digne du donateur* » (§ 123) ; de même, au § 124, le couple de l'échange : « *recevoir — donner* » achève une dialectique dont l'auteur est conscient, puisqu'il lui donne la précision suivante, touchant l'emploi des mots : « *Nous 'recevons', au sens propre ; nous 'donnons', au sens figuré* » — quand il s'agit de Dieu (§ 124). Tous ces éléments éclairent le texte, mais il est vrai, compliquent la tâche de l'interprète. Nous nous contentons pour le moment d'énumérer les remarques sans les faire aboutir.

7. La précision du texte nous invite donc à tenir compte d'éléments qui, ailleurs, paraîtraient relever du détail. Ainsi, nous prenons acte d'une répétition formelle, d'apparence insignifiante. Au § 121, à la fin, Philon, montrant que le « *terme* » appartient aussi à Dieu, accorde à l'homme une position d' « *intermédiaire* » qui lui permet tout de même une action, ou du moins, et c'est ce que nous notons : « *nous accomplissons nos actes comme si nous avions une action qui puisse effectuer quelque chose en tant que créature* » ; or, cette idée du « *comme si* » revient, au § 123, mais du côté de Dieu, cette fois, ce Dieu qui n'a nul besoin de « *recevoir* » de l'homme ; et Philon ajoute qu'il reçoit « *comme bénéficiant des hommages et les accueillant* ». Une sorte de ruse préside au rapport final entre l'homme et Dieu. Ce « *comme si* » nous paraît très important, et il nous servira de pièce essentielle dans l'intelligence de la section. Que le lecteur trouve ici la simple confirmation de l'intérêt que nous avions à examiner sérieusement la portée métaphysique du chapitre premier : nous disions que l'existence finie d'Abraham était au départ compromise par l'abondance des bienfaits de Dieu. Ici, Philon s'efforce de loger une activité de l'homme, débordé et comprimé qu'est cet homme entre un « commencement » et une « fin » qui toutes deux contiennent l'infinité divine !

8. Pour rester dans le domaine capital de l'échange ou du rapport de Dieu à l'homme, qui paraît fondamental, nous pouvons dès maintenant observer son évolution du § 102 au § 124. Nous avions déjà taxé d'étrangeté la proposition qui termine le § 104 : « *À une grâce ancienne réponds par une grâce nouvelle... dans un échange juste et convenable* ». Mais au terme, la mention des Lévites autorise Philon à situer différemment le *contrat* : le *Lévite* se fait par nature la *rançon* des enfants d'Israël. Le vocabulaire reste bien celui de l'échange ou du contrat, mais il règle d'une autre manière le couple « donner / recevoir ». À l'égalité succède un rapport dissymétrique, un rapport de force.

La question qui eût paru prématurée si nous l'avions formulée au départ et sans avoir scupuleusement démontré que cette section obéit à un sens précis de la composition, mais que nous pouvons maintenant avancer, est la suivante. Pour opérer dialectiquement[3], c'est-à-dire par une opposition réglée, le passage de l'équilibre marqué au § 104 à un équilibre nouveau, celui du § 124, Philon a quelque part disposé un ressort : ce ressort ne serait-il pas dans le passage qui offre volontairement un temps d'arrêt et de surprise, à savoir le § 112, qui précède la citation de l'*Exode*, ch. 15, v. 1-2 ? Pour que l'homme parfait, parfaitement adorant, paraisse contraindre Dieu à une certaine réceptivité (tous nos termes renvoient au texte de Philon... y compris le verbe « paraisse ») et qu'il y ait donc échange des natures de l'un à l'autre, il faut quelque part dans le texte un moment où le passage soit opéré, fût-ce à notre insu.

Ce moment ne saurait être cherché ni au début ni à la fin de la section, puisque c'est aux deux extrémités que gît le problème — réceptivité de l'homme devenue réceptivité de Dieu ; ni dans les développements sur le « dépôt » ou sur les « prémices », substances des deux subdivisions majeures de la section : ces développements évoluent en eux-mêmes sans accident rhétorique. Reste le milieu : si Philon a solennellement introduit la citation d'*Exode,* ch. 25, sur les « prémices »[4], au point de donner à ces mots un contenu et une portée qui dépassent la simple explication du mot à mot[5], c'est peut-être que là réside la transformation où Dieu et l'homme échangent symboliquement leur attitude. Or, que dit ce passage, sinon la descente sur terre de l' « Image » ? Trois mots se partagent le sens, dont deux de la même racine : εἰκών — ἀπεικόνισμα, et un troisième différent, μίμημα[6]. Il existe, ce point de fusion et d'échange : l'*IMAGE* que Dieu communique constitue à nos yeux ce moyen dialectique. Le mot est délibéré : si Dieu va en quelque sorte « recevoir » les Lévites, c'est que, dans sa plus haute expérience et en même temps sa plus humble adoration, l'homme bénéficie de l' « image » divine. Qu'on se souvienne ici du beau texte du *De migratione Abrahami,* où Philon fait se rejoindre la course de l'Ange qui guidait Abraham et les pas de celui-ci : il arrive un moment exalté où les activités fusionnent et se convertissent[7] l'une dans l'autre. Nous pourrions représenter cette notion, appliquée à notre traité :

a) L'homme est fixé *comme* celui qui «*reçoit*» / Dieu qui «*donne*».

b) Don de l'*Image* avec la *Tente.*

a´) L'homme est «*comme s'il donnait à*» / Dieu, qui est «*comme*» recevant.

Quelle que soit déjà la vraisemblance de cette construction, il convient de l'étayer encore : et seule la lecture du texte dans son ordre justifie en dernier ressort une interprétation. Facilitée par ce qui précède, nous proposons maintenant cette seconde lecture. Si elle met en place les observations que nous venons d'accumuler, nous verrons aussi qu'elle fait apparaître de nouvelles incidences.

II. Deuxième lecture : l'intermédiaire

1. La première partie : l'intendant :

La première partie se déroule plus simplement que la seconde. Nous commençons par poser que l'homme « reçoit » tout, ce qui signifie, par symétrie, que Dieu donne tout. L'image du « dépôt » explique bien pourquoi l'homme a l'illusion (ὅ τι ἂν νομίσῃς ἔχειν du §103) de posséder quelque chose. : Dieu le lui a remis, confié. L'image permet d'opposer l'intendant fidèle, qui conserve intact ce qui est entre ses mains sans être à lui, et l'intendant infidèle, qui accapare, mésuse et possède. Un seul souvenir biblique donne un contenu à cette image du « dépôt », les trois animaux du sacrifice demandé à Abraham dans le texte de base. Par leur traitement allégorique, ils symbolisent la condition humaine. L'âme, le langage, la sensation correspondent terme à terme à cette triade grégaire. L'ordre des termes est repris tel quel aux §108-109, où Philon décrit le sort du mauvais intendant ; dans le cas de l'intendant fidèle (§110-111), l' « intelligence » prend le relais du mot « âme » (διάνοια, au lieu de ψυχή), et les trois termes s'ordonnent à la fin comme suit : sensation — âme — langage. C'est que la première séquence, consacrée au mauvais intendant, est purement descriptive : les vices ne sont pas incrits dans un véritable mouvement intérieur ; mais la seconde, celle de l'intendant fidèle, suit un ordre qui traduit la montée de l'homme : le dernier terme devient alors le « langage », parce qu'ici, dans notre contexte, le langage réalise la vocation ultime d'Abraham, sous la forme du culte : « *une bouche que rien ne freine consacrera en l'honneur du Père de l'univers des louanges, des hymnes...* » (§110). Ce thème du culte nous amène aux portes de la seconde partie, prise entre la *Tente* et les *Lévites.*

Nous avons déjà dit que ce premier diptyque du bon et du mauvais intendant prend les choses d'un point de vue subjectif, malheur ou bonheur de l'homme. Or, cette division correspond à une catégorie importante, celle du jugement : la fin du §105 évoque l'heure où il faudra rendre le dépôt, et l'on pense aux paraboles des ch. 24-25 de *Matthieu,* par exemple. Une certaine coloration eschatologique enveloppe le tout, discrètement. Le sort de chacun des protagonistes enferme en lui-même un jugement : chacun reçoit un lot qui résume son existence (et l'on sait mal, dans le §109, s'il s'agit de décrire la conduite désastreuse de celui qui accapare les dons divins, ou d'en montrer le supplice final : l'un vaut l'autre ; l'un explique l'autre) ; et il y a une différence supplémentaire de traitement entre le mauvais (§109) et le bon intendant (§110-111) : seul, ce dernier est envisagé selon une gradation qui correspond à son sort. Les trois étapes, de la sensation bien conduite à la réflexion sur la totalité du monde (ce qui est désigné comme « *philosophie* » au §111), puis à la célébration cosmique et liturgique, le mènent à la synthèse des bonheurs, mondain et céleste : εὐδαίμονι καὶ μακαρίῳ βίῳ χρήσεται, est-il dit au §111, fin. Le chiasme que nous avons signalé entre les §109 et 111 ne servait pas seulement à l'élégance : il correspond à une vérité morale.

Ce jugement, cette échéance tournent nos regards vers l'avenir. Le schéma sous-jacent de l'eschatologie va céder la place à celui de la création : à la Fin succède l'Origine.

2. La seconde partie : les prémices et les moissons

La première partie était pour ainsi dire ouverte, sans inclusion du début à la fin, et développant simplement la division entre bons et mauvais. La seconde partie, au contraire, est fermée : l'inclusion entre la Tente et les Lévites, tous deux symboles du culte, la réflexion sur le commencement et la fin contribuent à créer cette impression de clôture, confirmée par le sceau que le §122 appose en citant le ch. 1 de la *Genèse*. La complexité de ces §122 à 124 rendra même l'analyse laborieuse. Il est un aspect que nous avons réservé jusqu'ici : l'opposition ménagée entre les « *prémices* » et la « *récolte* » se répercute au cœur du texte. En effet, comme pour ramasser tous les symboles en un seul nœud, Philon, qui va traiter des points extrêmes du temps, le *commencement* et la *fin,* note que la Tente est plantée « *au milieu de notre impureté, pour que nous ayons le moyen de nous purifier... de ce qui souille notre existence malheureuse et pleine d'ignominie* » (§113). Cet élément céleste ainsi descendu *au milieu* semble servir à l'avance de pivot entre le commencement et la fin. Dans l'intervalle qui sépare les extrémités soit du temps soit des réalités naturelles et qui sans conteste appartiennent à Dieu, le champ laissé à l'homme tient de la « *pitié* » divine d'avoir encore quelque espace, quelque valeur. Cette pitié rend l'homme dépendant. Aussi bien est-on surpris en passant du §111 au 112 par le changement d'atmosphère. L'intendant fidèle paraissait relativement maître de lui ; sa vertu et son bonheur, aisés. La première partie s'achevait sur le spectacle rassurant de la fidélité. Soudain l'idéal devient inaccessible : il y faut l'intervention solennelle du Salut : « *par pitié pour notre espèce, afin qu'elle ne soit pas exclue de la meilleure part...* » (§112). Avec les principes, « *commencement* » et « *fin* », le milieu revient aussi à Dieu, mais d'une manière différente, moins « naturelle ». Les principes représentent le domaine de Dieu ; le milieu, qui laisse à l'homme l'illusion ou l'apparence de l'autonomie, appelle la « *pitié* » divine. Nous retrouvons par ce biais la remarque déjà quelque peu élaborée ci-dessus : l'échange entre Dieu et l'homme n'est rendu possible que par les « *comme si / comme* » des §121 et 123.

Complétons cette réflexion sur le « milieu ». Au §121, précisément, l'homme est défini par une notion similaire : « *Il nous reste, pour nous, à nous tenir dans l'intervalle de l'achèvement et du principe : nous recevons ou donnons la connaissance ; nous travaillons ; nous agissons, comme si nous étions à l'œuvre : et la créature semble elle aussi faire quelque chose* ». Le lien entre l'apparence, le « comme si », la notion d' « intervalle » est établi au §121 : il a bien quelque rapport avec la position de la Tente « *au milieu* » de l'infirmité humaine. Le milieu intéresse Philon comme domaine de l'apparence.

Du simple point de vue littéraire, cette dernière observation mérite qu'on en précise la portée. Par la répétition, au début et à la fin, de la notion d'intervalle ou de milieu, la seconde partie entre, dans une structure régulière, et qui achève de la 'fermer' :

a) la *Tente* du culte divin.

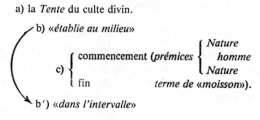

b) «*établie au milieu*»

c)   commencement (*prémices*   { Nature
homme
Nature
fin   terme de «*moisson*»).

b') «*dans l'intervalle*»

a') les *Lévites*, serviteurs du culte.

Certes, du point de vue philosophique, la construction mériterait une plus grande attention. Mais nous nous limitons à l'analyse littéraire, ne faisant intervenir les concepts qu'en fonction du discours. Ne disons qu'un mot de l'inclusion de l' « homme » dans la « Nature ». Philon parle d'abord de la Nature (§ 115-116), puis de l'homme dans sa triple détermination, âme, sensation et langage (§ 117 à 119), enfin, de la Nature à nouveau (§ 120 à 122). Ce double registre est repris avec élégance lorsqu'il est question, non plus du « commencement », mais de la « *fin* » (§ 120 à 122), où agriculture et connaissance se trouvent associées. Cet enveloppement correspond au schème gnoséologique et ontologique voulant que l'homme soit dans la Nature un microcosme. On relèvera également la signification du mot même de « Nature » dans ce texte : la φύσις désigne une force vitale d'expansion.

D'un point de vue à nouveau littéraire, terminons ce survol de la seconde partie sur une notation formelle. Quelle que soit la mise en œuvre proprement philosophique inhérente à la discussion du « *commencement* », de la « *fin* » et du « *milieu* », la seconde partie fait appel à l'Écriture bien plus que la première : chaque fois, c'est une citation qui alimente la réflexion.

3. *Rapports de la première partie et de la seconde*

La situation de l'ensemble formé par les § 96 à 124 apparaîtra plus clairement dans une comparaison des deux parties qui le composent.

Si l'on observe les autorités, la première partie reste plus philosophique : le ressort en est la fidélité de l'intendant ; la seconde, nous venons de le dire, suspend toute sa philosophie à l'autorité de Moïse, et, surtout, le « culte » forme l'unité fondamentale : la *Tente* appelle les *Lévites ;* la réflexion sur *commencement* et *fin* doit tout à des textes qui règlent les fêtes liturgiques, prémices et moissons.

Quant au thème général, on peut trouver qu'il est unifié. Car la première partie, si l'on y prend garde, présente une sorte de parabole de l'intermédiaire. Pendant un temps, situé entre le départ de son maître, au moment où le dépôt est confié, et le retour du maître, l'intendant doit conserver intact l'objet qui lui est commis. On observera — tellement les détails entrent volontiers dans l'intention globale — que Philon a intégré le thème du dépôt à celui des principes du monde. Au § 114, une cascade d'attributs définissent la pureté que le dépôt doit avoir conservée entre nos mains : or, c'est bien pour assurer la pureté du dépôt que l'*Image* de la Sagesse divine est descendue dans la Tente, puisque Dieu se propose alors de nous défendre contre les « *souillures* » (§ 113). Tout se passe comme si le portrait de l'intendant, bon ou mauvais, commençait, dans le chapitre, par présenter le temps intermédiaire, l'espace intermédiaire, où l'homme exerce le choix décisif : là, il prend une certaine ampleur et jouit d'une certaine liberté. La seconde partie va dramatiser cette vision débonnaire. La notion de l'intervalle va s'exténuer. Les développements sur les extrémités du temps, commencement et fin, se situent en réalité eux-mêmes au milieu d'une double réflexion sur le « milieu » du temps. C'est qu'ils visaient moins à la contemplation désintéressée du souverain domaine de Dieu qu'à la réduction de l'intervalle laissé à l'homme. Symbole de cette réduction, le §116 cite un proverbe dangereux : « *Le commencement est la moitié du tout* ». Pour peu que la fin soit aussi l'autre moitié, on voit ce qui reste pour le « milieu » !

À la fin de la première partie, un optimiste croira que l'homme peut atteindre l'ordre et la fidélité. Mais Philon proclame trop souvent que l'adoration est elle-même un don divin et que le culte ne surgit pas spontanément du cœur de l'homme, pour que le geste soudain, transcendant, qui place la *Tente* au milieu de nous, soit en réalité une surprise. En ce sens, le §112 trouve bien sa place, brusque et nouveau qu'il est. Il forme la clef de voûte du système réunissant autonomie et dépendance : il est la médiation généreuse que nous avions cherchée entre l'homme et Dieu, tous deux figurés par les éléments alternés du système moral : « *donner / recevoir* ». Ce système évolue d'un équilibre où l'homme, être décent, peut faire à Dieu une « *grâce* » d'égal à égal dans un échange correct (§104), à un équilibre bien différent, où le Seigneur reçoit les Lévites au titre, lui aussi dangereux, de « *rançon* »... C'est que le mal, l' « *impureté* », contraignent la pitié de Dieu à recréer l'homme en lui communiquant son *IMAGE*. Elle intervient dans le chaos que doit être l'intervalle confié à l'homme.

L'homme, intendant de Dieu (première partie), placé entre les deux horizons de l'absolu (seconde partie), entraîné dans le devenir, voit soudain le Seigneur du commencement et de la fin se recourber, pour ainsi dire, vers le « *milieu* ». C'est dire que, conformément à la tradition biblique, la création et le salut se recoupent. Les développements cosmologiques ou naturalistes ne doivent pas faire illusion : Philon les fait servir à la rédemption. L' « *Image de l'absolue Sagesse* » s'installe au milieu du camp souillé de mille profanations. Mais le culte, parole suprême de l'homme (fin du §111), est dicté par Dieu qui édifie le sanctuaire (§112-113). Le semblant d'activité de l'homme est ennoblie du fait que Dieu semble, de son côté, ne rien faire, pour laisser agir la créature (§121 et 123) ; il paraît même « *recevoir* » (et non « *prendre* » — on continue de traduire le verbe grec par « recevoir »). Cet échange « spéculaire » des termes du couple structural « donner / recevoir » est dû à la présence gracieuse et rédemptrice de l'IMAGE, au milieu du Camp, au cœur du texte.

L'adoration tranquille et vertueuse supposée par la première section, grâce à la 'parabole' de l'intendant fidèle, n'est possible que par la révélation nouvelle, proprement mosaïque, d'un Dieu habitant parmi nous dans son Image, et, symétriquement, recevant de l'homme cette faculté — qu'il ne saurait exercer en vérité — de « *recevoir* ». Le déséquilibre à la fois ontologique et moral, qui existe entre l'homme et Dieu, fait tourner cette réceptivité en l'accueil d'une rançon, figurée par les Lévites. Ces Lévites sont d'autant mieux choisis pour symboliser la feinte réceptivité de Dieu qu'ils n'ont eux-mêmes reçu aucune parcelle du territoire donné à Israël ! Le Dieu qui reçoit forme une parabole asymptotique de la géné-

rosité divine, qui donne tellement qu'elle donne de donner, c'est-à-dire
« reçoit », mais de gens qui n'ont pas...

Tout cela exige la médiation de l' « IMAGE », au §112. Sans elle, en
effet, l'homme placé devant le bien et le mal, autonome (première partie),
pourrait croire choisir seul. Mais sans elle également, le « milieu » où
l'homme est resserré deviendrait un désert d'inanité ou de désespoir —
ou de suffisance à l'instar de Caïn, le « possédant » ne possédant rien,
quand les Lévites, ne possédant rien, reçoivent de donner. Telle est la
géométrie serrée des variations du concept « donner — recevoir ».

Dans la première partie, Dieu paraît comme JUGE, attendant des
comptes ; dans la seconde, il est SAUVEUR, agissant par « pitié », acceptant la « rançon » des Lévites. Comment ne pas voir maintenant que ce
schème reproduit, plus élaboré, plus avancé, le passage que nous avons
si longuement étudié dans le premier chapitre de l'ouvrage ? L'intendant
fidèle, par son autonomie légitimée, rejoint l'esclave honnête que le bon
sens et la convenance philosophique agréait ; et, de même que, soudain,
l'Écriture en la personne de Moïse apportait à ce cours paisible des
choses naturelles un démenti sauvage, une exaltation dramatique, de même ici, l' « Image » remet tout en question : à la justice succède la démesure ; à l'autonomie, la grâce qui reste sans répartie du côté de l'homme.

III. Un procédé d'exégèse

En guise de conclusion, nous voudrions analyser un procédé qui
infléchit, au §113, la signification littérale du texte d'Exode, ch. 25, v. 1-2.
Le grec des LXX porte ἀπαρχάς μου, « mes prémices » — et c'est la leçon
adoptée par Philon. Mais l'hébreu parle de « prélèvements ». C'est qu'il
ne s'agit pas dans ce texte de « prémices » agricoles : Moïse doit construire l'Arche, et Dieu lui dit d'obtenir les matériaux par prélèvement
sur des volontaires. La phrase citée par Philon ouvre, dans la Bible, une
cérémonie grandiose, la confection du sanctuaire, qui occupera toute
la fin du livre de l'Exode (les chapitres 25 à 40, partagés en deux époques
par l'épisode du « veau d'or » ; ces deux temps imitent les récits de dédi-
caces du Proche–Orient ancien : un plan est dicté par le dieu, puis il est
réalisé point par point).

Il est bon de constater que Philon choisit le texte idéal, puisque cette
première dédicace est le geste cultuel le plus important avant la dédicace
du Temple de Salomon. Mais, chose étrange, Philon néglige le contexte
immédiat : son interprétation (§115s) fait de ces « prémices » une offrande
naturelle, prélevée sur les plantes et les animaux. En d'autres circonstances, Philon aurait très bien su s'accommoder du contexte tout en restant
dans l'ordre du culte. Il remonte ici à l'ordre de la Nature, dont le règne
végétal devient un symbole. Et, plus abstrait, plus général et cosmologique, son développement ne revient au culte qu'avec la mention des Lévites
due Dieu est censé recevoir. C'est que non seulement nous devons lier
création et salut, mais rattacher le salut au culte. Les trois termes forment
une trilogie inséparable. Aussi bien sommes-nous aux portes de l'immense

réflexion que l'Alexandrin va nous imposer sur ce qu'il est convenu d'appeler la *Division*. Nous aurons tout loisir d'observer comment l'ordre cosmique, dans ce chapitre nouveau comme ici, rejoint le culte, et comment l'enseignement proposé ainsi au patriarche Abraham, sa propédeutique, le fait participer à la création d'un monde qui part de Dieu et revient à Dieu dans la reconnaissance qu'il en fait.

Dans le chapitre premier du traité, nous avons rencontré un Philon soucieux d'observer les conditions de possibilité de l'individu, puis de la « limite » qui le définit. Ici, Philon tente de manifester que le devenir reçoit sa forme, son coup d'arrêt, sa valeur, lorsque l'Absolu se réfléchit en lui gracieusement, devenant Image pour cet « entre-deux ». Bientôt, Philon montrera l'œuvre de création à travers cette notion de limite et de division. Tout viendra se réfléchir aussi dans la bi-partition des objets du culte, parce que l'adoration acquise dans la vérité que révèle Moïse

SCHÉMA DU CHAPITRE: «*PRENDS POUR MOI!*»

	Construction	Texte	Citations – relais
Développement ouvert, philosophique	A) L'homme *reçoit*; pour Dieu, il est INTENDANT (= temps intermédiaire)	*recevoir pour Moi*	
J U G E	1) INFIDÈLE 2) FIDÈLE: âme sensation langage du CULTE		
Développement fermé, scripturaire	B) a) L'*IMAGE* qui descend: PITIÉ b) la *Tente* du CULTE c) «*au milieu*» d) «*prémices*» COMMENCEMENT – FIN (intellect sens langage) *LOGOS* consacré c′) «*dans l'intervalle*» b′) les *Lévites*, serviteur du CULTE RANÇON a′) Dieu imite l'homme en «*recevant*».	*pour Moi*	Exode, 25
S A U V E U R			Nomb., 31
			Genèse, 1
			Nombres, 3.
	Dieu «*reçoit*» le Lévite, qui ne «*reçoit*» rien.	*recevoir*.	

ouvre seule l'intelligence aux sources du réel, en la dépossédant d'elle-même[8].

Le *Logos,* déjà évoqué comme garant de l'Écriture (§95), est ici tout proche de l' « *Image de la Sagesse divine* » (§112). N'est-ce pas lui qui ouvre la « *matrice* » de la triple réalité humaine, l'âme, la sensation, le langage ? N'est-ce pas lui, donc, qui sauve en le créant, ce « *milieu* » impur que Dieu investit, sous l'image de la « *Tente* » ?

NOTES

1 Il est souhaitable de traduire par le même mot français le verbe et le substantif qui se répètent, au §112 et au §113 : κατασκευάζει — κατασκευήν.

2 Peut-être faut-il traduire πρωτογενές par quelque chose comme « *espèce première* », puisque Philon parle en termes aristotéliciens (et platoniciens) de l' « *espèce incorruptible* ». C'est elle en effet qui correspond à la « *forme* » idéale.

3 Cf. le même problème du passage réglé, dans notre commentaire au §15 du même *Quis heres,* ci-dessus, p. 174-175.

4 Qu'on relise l'attaque du §112 : « *Voulant cependant envoyer aussi du ciel sur la terre l'image de la vertu divine, par pitié pour notre espèce, afin qu'elle ne soit pas exclue de la meilleure part, il a édifié de manière symbolique la Tente et ce qu'elle enferme, en image et imitation de la Sagesse* ».

5 Les §123-124 fournissent, au contraire, un bon exemple d'exégèse « anticipée » : « *recevoir — sainteté — culte* », etc. viennent de la citation, placée seulement au début du §124.

6 Le redoublement ἀπεικόνισμα καὶ μίμημα doit peut-être quelque chose, moins les termes eux-mêmes, au rythme de *Genèse,* 1,26.

7 Cf. *De migratione Abrahami,* §173.

8 L'homme ne « prend » rien, mais « reçoit » tout, et ce qui *convient à Dieu seul* même, à savoir d'agir et de savoir (§122 et 123). On traduira correctement le début du §123 : « *ayant donné ce qui lui revient* », et non pas : « s'étant attribué ce qui lui convient ». Le réfléchi ne tombe que sur « convient » ; la suite joue sur le mot donner. « *Donner ce qui est à Dieu* » n'est qu'une autre forme du paradoxe initial : « *Recois pour Moi* » — une autre forme et le fondement de ce paradoxe.

CHAPITRE CINQUIÈME

LE SALUT DE LA CRÉATION (§ 125 à 236)

> » Pourquoi la nuée couvrit-elle la montagne six jours durant, et pourquoi Moïse fut-il appelé à y monter le septième jour ? — C'est que le nombre six a été par Dieu adapté aussi bien à la création du monde qu'à l'élection du Peuple qui Voit. Il désirait montrer avant tout qu'Il avait créé tout ensemble et le monde et la Nation choisie en vue du Bien. Il souhaitait ensuite que la Nation connût ordre et rangement à l'instar du Monde... »

Quaestiones in Exodum, II, 46.

I. Plan du chapitre

Peut-être devons-nous ici un avertissement au lecteur. Par hypothèse de travail, nous ne conférons à ces longs paragraphes d'autre autonomie que celle d'un chapitre. La fin du traité manifestera que le thème de la « division » est parfaitement intégré au sujet de l'ouvrage. De plus, à la suite de M. Harl, dans l'édition de Lyon, nous nous refusons à trouver ici plus de philosophie que partout ailleurs. Enfin, notre méthode nous conduisant à mettre en lumière l'unité interne de ce chapitre, il apparaîtra que Philon ne s'y est pas livré à une suite de réflexions indépendantes les unes des autres ou étrangères au sujet principal du traité. On se plaît souvent à lui prêter l'art des digressions : le lecteur se rendra compte ou nous lui montrerons simplement que la tentation eût été grande pour un prédicateur d'étirer plusieurs endroits du commentaire. Bien au contraire c'est l'économie qui préside à la distribution de l'exégèse philonienne du sacrifice d'Abraham.

Nous allons suivre docilement le discours de Philon, en évitant les inflations qui grossiraient tel ou tel thème, et par exemple nous resterons en retrait sur des interprétations plus philosophiques du chapitre et nous ne reconnaîtrons pas une importance de premier plan au Logos diviseur comme principe cosmologique.

Personne ne nous fera grief de négliger l'indication tout extérieure des éditeurs anciens qui lui ont donné pour titre : « *L'héritier des biens divins et la division en parts égales et contraires* ». Pas plus que l'intitulé lui-même, le « et » qui prétend séparer deux sujets distincts n'engage la responsabilité de Philon... Quant à l'impression produite à juste titre par la longueur du chapitre, et qui tend à le faire apprécier comme un traité dans le traité, elle se détruira d'elle-même par la suite : placée dans le registre du langage et du juste langage[1], la conversion d'Abraham échappant aux sophistes chaldéens ou, comme il sera dit plus tard, aux sophismes « *amorrhéens* » (§ 300 à 306), reçoit dans cette explication de l'univers un contenu positif ou une médecine (la « *thérapeutique du troisième âge* » suggérée par le § 297). Qu'est-ce donc au juste cesser de « chaldaïser » ? Comment la vérité du Logos modifie-t-elle les conceptions du monde ? Il fallait bien qu'une fois l'Alexandrin offre à ces questions, qu'il effleure souvent, une réponse organisée. Le chapitre formé par les § 125 à 236 donne le canevas de cette réponse. Nous verrons d'ailleurs qu'il ne s'agit nullement ici d'une cosmologie séparée : continuellement, la situation d'Abraham viendra interférer. Disons tout de suite, par exemple, que le sacrifice constituera peut-être le thème majeur de cette vision. C'est laisser suffisamment pressentir l'aspect juif, biblique, de toutes ces pages de grande précision. Enfin, nous aurons plaisir à montrer l'ordonnancement impeccable, la sûreté de tracé et l'harmonie des motifs. Philon ne nous lance pas dans un exposé sur le Logos–Diviseur, mais il propose un commentaire complexe et large des paroles suivantes, tirées du chapitre 15 de la *Genèse :* « *Reçois pour moi une génisse, un bélier, une chèvre de trois ans, une tourterelle et une colombe. Il prit tout cela pour Lui : il les partagea par le milieu et plaça chacune en face de sa moitié ; mais il ne partagea pas les oiseaux* ». Les deux premières propositions se contentent d'un bref commentaire, avec les § 125 à 129. La seconde partie du texte biblique couvre à elle seule les § 130 à 236. Mais nous avons la preuve que Philon a dominé et prévu son développement. Les § 126b à 129, au début, s'attardent spécialement sur le cas des « *oiseaux* » promis au sacrifice ; et ils le font dans des termes qui annoncent la conclusion du chapitre (les § 230 à 236), où Philon en vient à commenter la dernière phrase du texte de base : « *il ne partagea pas les oiseaux* ». Si l'on observe, de plus, que le sort des trois quadrupèdes, génisse, bélier, chèvre, se trouve réglé en quelques mots de « traduction » allégorique (§ 125-126a), la présentation des deux oiseaux prend un relief accru, car sans être très étendue leur exégèse s'appuie sur une allégorisation assez complète. Nous avons une traduction des deux noms, « *colombe et tourterelle* » ; de leur qualité d'oiseaux, également ; puis une explicitation du symbolisme par le recours à deux personnages de l'*Exode*, deux femmes : *Sephorah* et *Puah ;* enfin, une application de psychologie religieuse : la science humaine s'accompagne de « *pudeur* » — la science, ne l'oublions pas, est l'ambition d'Abraham et son blason.

Alertés par cette inclusion, nous nous apercevons ensuite que l'intervalle qui sépare l'introduction sur les oiseaux et la conclusion, occupée des mêmes oiseaux, n'est pas simplement comblé par une vague accumulation de cas vérifiant la fameuse *division,* d'exemples plus ou moins ordonnés. Il ne suffit même pas, d'ailleurs, d'observer que Philon progresse à partir d'exemples « philosophiques » vers des exemples tirés de l'Écriture, au fur et à mesure que l'exposé avance. Cette remarque est déjà importante ; elle permet déjà de rejeter une interprétation purement philosophique du chapitre. Mais il faut admettre que l'ensemble et le détail sont organisés avec le plus grand soin. Pour le voir, il suffit de renoncer à l'intitulé global dicté par l'idée de Division. Parcourons le chapitre. Voici tout d'abord la répartition telle que le point de vue exégétique l'impose tout simplement. Les mots du texte de base arrivent, semble-t-il, dans l'ordre annoncé :

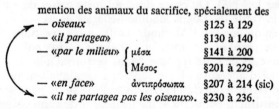

mention des animaux du sacrifice, spécialement des

— *oiseaux*		§125 à 129
— *«il partagea»*		§130 à 140
— *«par le milieu»*	μέσα	§141 à 200
	Μέσος	§201 à 229
— *«en face»*	ἀντιπρόσωπα	§207 à 214 (sic)
— *«il ne partagea pas les oiseaux»*.		§230 à 236.

En regardant les chiffres correspondant au texte de Philon, le lecteur aura noté l'enclave que forme le commentaire des mots « *en face* » (§207 à 214), à l'intérieur du commentaire de Μέσος (§201 à 229). Nous avons légèrement anticipé, d'autre part, en distinguant deux commentaires du mot « *par le milieu* » : μέσα / μέσος. C'est que Philon est passé du sens objectif de l'expression « par le milieu » à un sens subjectif. Il passe des objets divisés en deux parts égales et par leur milieu à la place médiane occupée par le Logos. Nous sentons déjà qu'un autre principe gouverne le discours philonien que la pure et simple considération de l'ordre du texte de base. Sans bouleverser cet ordre, Philon réajuste son commentaire au nom d'une symétrie nouvelle. Le développement sur la « *contrariété* » des parties de l'Univers est inséré entre les deux séquences consacrées au Logos médian, leur donnant ainsi une symétrie, dont nous verrons qu'elle n'est nullement statique. La place choisie, son insertion en coin dans une unité réelle mettent donc à part la théorie des *contraires*. Comme, de surcroît, les §207 à 214 qui l'énoncent se bornent à une énumération fastidieuse d'une foule de contraires, cas unique dans tout le livre, ils gagnent en originalité, si l'on ose dire : ils doivent en tout cas faire partie à un titre spécial du plan intellectuel où s'ordonne le discours. Ils ont au moins une « fonction ».

Il nous reste bien sûr difficile de justifier avant l'étude particulière de chaque élément soit les deux anomalies que nous venons de signaler, soit à plus forte raison l'organisation entière. Mais nous éviterons au lecteur bien des flottements en lui mettant sous les yeux un plan du chapitre déjà partiellement raisonné. La simple énumération concrète des exemples choisis par Philon exclura l'hypothèse d'un rangement précipité ou d'une association libre, comme elle marque en fait les étapes d'une découverte religieuse qui n'a rien de commun avec une théorie philosophique de la Division.

Le tableau qui suit comporte une première série de titres irréfutables, les sujets du discours... Nous avons logé en-dessous des observations mesurées qui introduisent une première interprétation, c'est-à-dire des éléments dont l'analyse ultérieure laissera au lecteur le choix de dire si elle la rend probable ou non. En dehors de l'inclusion thématique formée par la double mention des « *oiseaux* », au début et à la fin, il n'y a point d'autre symétrie marquée dans le tableau.

§§	125	130	132	140	141	160	161	200	201	214s	225	230-6
T H È M E S	*Animaux* les OISEAUX	«sépara» 1) forme 2) sens			MÉΣA *PARTAGE COSMIQUE* égalités, égalité numérique → proportion, égalité de l'Art		*PARTS ÉGALES (JUSTICE)* Arche, Loi, Sacrifices, Ébal, marque — drachme — sang, Manne, Pâque, terre, *PARFUMS*		MÉΣΟΣ ← CONTRAIRES → MÉΣΟΣ, Autel, Table, Chandelier			*les OISEAUX*
P L A N S				CRÉATION			CRÉATION / CULTE		CRÉATION et CULTE			
E X É G È S E	traductions	grammaire		paraphrase «physique» de *Genèse 1*			3 jours — 3 jours ← Soleil, 5 lois — 5 lois → 1 Loi		glissement de μέσα (objectif) à μέσος (subjectif)			

On le remarque du premier coup, la mention des « *oiseaux* », tout au début puis à la fin, leur présentation rituelle où ils apparaissent « *non coupés* », servent simplement de cadre : le corps du développement est constitué du commentaire que reçoivent deux mots du texte de base : « *il partagea* » (du §130 ou §140), et surtout « *par moitiés* » (du §141 au §229), compte tenu du rebondissement qui nous fait passer de μέσα, entendu des objets du monde séparés par la division, à μέσος, à ce moment transposé sur le Logos qui, du fait de la division, vient occuper la place médiane et privilégiée. Nous allons dans l'analyse suivre l'ordre du texte, et notre commentaire reprendra une à une les sections annoncées dans le tableau. On nous pardonnera de ne pas épuiser la matière : notre objectif se limite volontairement à l'étude de la forme. Nous souhaitons aller vite, en un sens, et mettre en valeur le mouvement d'ensemble, la cohérence, la concentration et l'artifice.

II. Ouverture : les animaux du sacrifice
(§125 à 129)

Le début du §125 met en scène le commentateur : il estime devoir fournir des précisions. Et de reprendre le v. 9 du ch. 15 de la *Genèse* au point où il l'avait abandonné. Mais il donne enfin au verbe « *reçois pour Moi* » ses compléments naturels : « *une génisse, un bélier, une chèvre — tout cela de trois ans — une tourterelle et une colombe* ». La notation des §125 à 129 pourrait passer pour la conclusion du développement précédent, sur le verbe λαβέ. Elle l'est aussi. Mais le sort particulier réservé aux deux « *oiseaux* » parmi les animaux du sacrifice annonce, comme nous l'avons répété, la conclusion du chapitre qui s'ouvre ici. Deux remarques nous permettent de pénétrer plus avant dans le travail de Philon. Pressé, pour ainsi dire, d'en venir aux « *oiseaux* », il ne s'attarde pas sur les autres quadrupèdes, et une rapide « traduction » morale suffit à leur commentaire, alors que Philon sait très bien gloser sur la signification allégorique des bêtes, lorsqu'il lui convient de le faire. Ici, nul exemple ne vient, tiré des Écritures, appuyer les équivalences qu'il propose. Mais, d'autre part, il situe ces maigres équivalences dans la ligne exacte du traité, signe de cet équilibre de l'énonciation qu'Abraham a atteint. En effet, la « *docilité* », que symbolise la « génisse », définit bien l'homme qui par convention allégorique incarne celui qui doit « apprendre », notre Abraham ; la capacité d'user d'un « *langage* » adéquat et suffisant, pour rejeter les tentations sophistiques a déjà servi un Abraham habile à discerner dans la série des termes de la familiarité celui qui convient à chacun, depuis la « *servante née dans la maison* » jusqu'au « *Père* », surtout (§40 à 62, avec notre commentaire) ; enfin, la « *sensation* », que désigne la « chèvre bondissante », correspond à l'équilibre prévu par les mêmes §42 à 46 : Abraham y apprenait qu'elle était « *reçue* », et qu'en dépit de son appartenance à la famille, elle vient au dernier rang.

L'harmonie qui prévaut dans l'homme qui ne rejette pas le monde sensible, mais le garde pourtant à sa juste place, se lit encore dans la précision où Philon nous indique l'âge des trois bêtes : « *trois ans* ». Ce chiffre imite la perfection concrète désignée par les trois époques d'une année, « *commencement, milieu, fin* ». Ce rythme trouve une saveur particulière du fait qu'il évoque la réflexion précédente, sur le *commencement, la fin et le milieu* — cette place « *entre-deux* » où l'homme reconnaît sa position.

Le commentaire des trois animaux, tout sobre qu'il est, entre sans enflure ni négligence rhétorique dans le cours du traité. Le « sacrifice », la reconnaissance de Dieu comme principe à qui l'Univers est suspendu, tout ce qui a manifesté la nature véritable d'Abraham durant les exégèses précédentes reçoit ici une consécration laconique : la simplicité et l'évidence des « traductions » supposent plutôt un moment d'accord intérieur qu'un silence vide, un oubli ou quelque indifférence. La fin du *Quis heres* nous montrera encore mieux ce que signifie dans Philon la réduction d'un commentaire.

1. Les « oiseaux » et le thème de l'IMAGE

La perfection symbolisée par le chiffre « *trois* » revient dans le commentaire à propos des « *oiseaux* », de manière qualitative, cette fois. Si les deux derniers animaux du sacrifice, la colombe et la tourterelle, représentent respectivement la « sagesse humaine » et la « sagesse divine », ils le font en symbolisant surtout l'harmonie active qui les réunit. Philon établit immédiatement leur collaboration et leur différence. Toutes deux sont « *ailées* ». Mais elles se situent l'une par rapport à l'autre comme l' « *image* » et le « *modèle* ». À la vérité, il nous faut attendre la fin du chapitre et le retour au thème des oiseaux pour que cette relation trouve un commentaire achevé. Mais si Philon souligne plutôt ici les différences entre les oiseaux, il maintient l'idée d'une différence harmonieuse et la fraternité des deux « sagesses ». Ne sont-elles pas les gardiennes de la race d'Israël, ces deux sages-femmes du ch. 1 de l'*Exode* qui sauvèrent de la destruction la branche mâle des héritiers de Jacob ? Peut-être devons-nous retrouver dans cette connivence des deux « sagesses », l'une toute pure, l'autre plus terrestre, une sorte de calque objectif des deux sentiments subjectifs qui constituèrent un temps la conscience d'Abraham, la crainte et l'audace. Cette interprétation reçoit un semblant d'appui dans le fait que la sagesse humaine, symbolisée par la « colombe », comporte le sentiment de « *pudeur* » (§128). Quoi qu'il en soit, le traitement littéraire de la « *colombe* » et de la « *tourterelle* » prend un certain relief, comparé à celui des trois autres animaux. Rétrospectivement, cette impression se trouvera confirmée lorsqu'au terme du chapitre, les deux « *oiseaux* » permettront à Philon de synthétiser l'itinéraire parcouru (§230 à 236).

Il est encore vraisemblable que Philon a discrètement annoncé dans les §127 à 129 deux thèmes fondamentaux de cet itinéraire. Le rapport du « *modèle* » et de « *l'image* » (μίμημα ἀρχετύπου) annonce tout d'abord celui du temps et de l'éternité (§136 à 165) et l'analogie du culte (§215 à

229). Ce rapport et cette analogie sont prévus depuis le § 112, dans l'expression qui nous arrêta naguère : « *Il édifie la Tente sacrée comme une réplique et une image de la Sagesse* » (σοφίας ἀπεικόνισμα καὶ μίμημα). Le second thème annoncé est celui du double registre du ciel et de l'âme. La sagesse divine, ou symboliquement la « *tourterelle* », fréquente les « *hauteurs célestes* » (μετεωροπολεῖν), tandis que la « *colombe* », ou « sagesse humaine », représente la vertu, résumée pour les besoins de la cause dans la seule « *pudeur* »[2]. Les dernières sections du traité montreront comment s'établit la relation entre les deux valeurs ; jusque dans l'image ultime d'une « *flamme* », qui est tantôt la « vertu », tantôt la Puissance divine, ou les deux réunies dans le sacrifice de Nadab et d'Abiud (§ 307 à 312).

Pour l'instant, la notion de sacrifice est ramenée à celle de « restitution », dans la ligne des paragraphes précédents où il fut question du « dépôt » que l'intendant fidèle conserve « *pour Dieu* » : Philon reprend ici la traduction déjà commentée d' « ἔλαβεν αὐτῷ », — « *Il reçut pour Lui* ».

2. *Vers le chapitre du « partage »* :

On le voit, les § 125 à 129 servent de charnière : ils achèvent le commentaire du sacrifice et inaugurent celui du partage. Et rien n'indique qu'il faille mettre entre les deux une césure trop nette ou distinguer trop fortement le chapitre du « partage », car même la longueur d'un développement ne lui confère pas de position dominante. Le § 133 situe bien les choses. Philon nous y avertit qu'il doit exposer longuement la double question de la « *division en parts égales et contraires* ». D'où vient cette nécessité ? Si on veut la relier à une intention philosophique indépendante, on est conduit à voir dans les § 133 à 229 un traité indépendant. Mais si l'on admet que Philon ne profite pas de l'Écriture comme d'un prétexte, et se fixe plutôt en elle pour déchiffrer l'itinéraire enfoui par le Logos dans une lettre mystérieuse, on est amené à inclure le chapitre du « partage » à l'intérieur de cet itinéraire. C'est l'être d'Abraham qui s'y transforme, passant du « désir d'apprendre » à une première « science » éclairée d'en-haut. La « sagesse divine », symbolisée par la « *tourterelle* », fréquente les hauteurs célestes : elle habite ainsi un domaine où Abraham, par définition nominale (πατὴρ μετέωρος), peut commencer son initiation. Nous rencontrerons chemin faisant d'autres indices montrant que Philon applique la doctrine au cas particulier d'Abraham, un Abraham placé dans la situation actuelle par le début du Traité. L'analyse du premier chapitre nous a persuadés que Philon suivait une certaine évolution d'Abraham ; le chapitre deuxième, sur la dénomination juste, a confirmé la prépondérance de la lutte contre les sophistes. L'exégèse que nous abordons s'engage naturellement dans la suite de ces prémisses. La juste perception des choses du monde telle que les Écritures l'enseignent fera passer le même Abraham d'une philosophie naturaliste à l'enseignement divin ; et nous verrons en particulier que la leçon du monde inculque au sage la notion d'une transcendance qui, par l'image du

« salut », tempère l'indice d'inaccessibilité. Les astronomes chaldéens, premiers maîtres d'Abraham, plaçaient la divinité dans une région supérieure du monde, sans arriver à concevoir une Cause qui ne soit pas immanente. L'Écriture éclaire tout aussi bien l'esprit en quête d'une explication de l'Univers, mais elle produit de surcroît l'idée d'un Dieu à la fois plus haute et plus pure, qui s'exprime dans la notion subtile de la « division » ou du « partage ». Cette idée est plus pure, plus haute, mais plus proche du monde, en même temps. Le point de rapprochement est marqué dans l'histoire, par l'histoire du « salut ». Celle-ci repose sur une « *volonté* » de Dieu. Le mot du « vouloir » est apparu au §112, déjà, comme médiateur entre la création et le salut précisément : « Βουληθεὶς μέντοι... τὴν εἰκόνα ἐπὶ γῆν καταπέμψαι... ».

En bref, les §133 à 236 fournissent un exemple développé de la propédeutique. Ailleurs, Philon se contente de l'évoquer plus ou moins sommairement ; ici, l'examen entre dans un détail extrême, mais dicté par la lettre de la Bible. Car la forme ou le contenu des expressions empruntées à la *Genèse,* ch. 15 enferment pour l'initié toute une dialectique.

3. *Canevas du chapitre*

La perception la plus simple qu'on puisse prendre de ce nouveau chapitre vient de l'exégèse littérale. Philon commente successivement les deux expressions : « *il partagea* » — « *par moitié* ». L'étude du premier verbe occupe les §130 à 140, une part relativement modeste du champ. L'analyse du second, μέσα, court du §141 au 229, mais en deux vagues, dont l'une, du §141 au §200, exploite toute une série de relations homologues discernées par Philon dans la nature et dans l'histoire d'Israël ; et l'autre, du §201 au 229, s'attache à une nouvelle série de divisions dont le Logos est le médiateur.

Nous allons survoler tous ces éléments, en soulignant essentiellement la participation de chacun au projet global. Comme nous l'avons rappelé, l'analyse suivra donc les trois grandes divisions :

   1) « *Il partagea* » (§130 à 140), et la liste des créations ;
   2) « *par moitiés* » (§141 à 200), et l'interprétation des égalités suggestives;
   3) « *(lui-même) au milieu* » (§201 à 229) : cette section inclut deux considérations sur la place du médiateur, le Logos, encadrant la liste des *CONTRAIRES.*

Avant de nous enfoncer dans le détail de la lecture, nous pensons utile d'attirer l'attention sur une indication formelle : la fameuse énumération des *CONTRAIRES* (§207 à 214) est un peu, en fin de chapitre, la caricature de la liste des créations, au début (§134 à 140). Plus on se familiarise avec le chapitre de la « division », et plus on revient persuadé qu'il constitue en lui-même une structure savamment combinée. Il ne s'agit nullement d'une foule d'exemples réunis deci-delà, mais d'une progression dont nous pouvons dire sans plus attendre, par exemple, qu'elle tend à superposer salut et création ; qu'elle possède donc une structure et une dialectique.

III. Le partage des animaux
(§ 130 à 140)

L'exégèse du mot « *il partagea* » comporte trois opérations distinctes. Tout d'abord, Philon s'arrête un instant sur la forme, pour constater que le texte ne précise pas le sujet du verbe « partager ». Cette imprécision signifie, à ses yeux, qu'il s'agit donc d'un sujet Transcendant : c'est donc DIEU qui partage. Dans un deuxième temps, qui se subdivise lui-même en deux étapes (§ 132 et 133 à 140), Philon analyse le contenu de l'action indiquée par le procès « il divisa ». La première étape, très brève (§ 132), se contente de rappeler la signification des trois quadrupèdes immolés dans le sacrifice. La seconde étape (§ 133 à 140) fournit une description sommaire du travail divin. Quelle que soit l'inégalité de ces sections, nous sommes obligé de les isoler : forme et contenu alternent souvent dans Philon, et il convient de les analyser successivement. Quant à l'ensemble formé par ces dix paragraphes, son unité nous est signalée par une inclusion manifeste : au § 130, nous lisons « *Dieu partagea... grâce à son Logos qui tout divise et qui voit aiguiser sa pointe la plus acérée...* ; puis, au § 140, nous retrouvons ceci : « *Dieu aiguisa son Logos diviseur de tout, pour partager la substance universelle...* » L'image caractéristique de l'affûtage marque les frontières d'un développement unique.

Et cette inclusion nous indique autre chose encore. Elle implique qu'il convient de reporter sur le début les valeurs de la fin. Dans ce cas, il faut donc comprendre la nature du Logos diviseur d'après les qualités de son action. Or, dans la troisième section, l'œuvre du Logos est décrite au moyen d'expressions assez neutres sans doute, philosophiques au sens large, mais suivant un canevas emprunté à l'heptaméron de la *Genèse*, ch. 1. La répartition des éléments du monde recoupe de toute évidence les étapes de la Création. On sait également que le chapitre premier de la *Genèse* fait un grand usage du verbe « *diviser* », et qu'il accorde un rôle fondamental à la Parole divine : « *Dieu dit... Que la lumière soit, et la lumière fut !* », etc. On peut en conséquence se demander, si dans notre passage de Philon, le mot « logos » a besoin d'une majuscule et d'une translittération. Nous lui conservons solennellement l'un et l'autre privilège, parce que le rôle du Logos médiateur dans les § 207 à 214 relève bien d'une personnalité accusée et qu'ici il faut bien qu'il y en ait comme un signe avant-coureur. En tout cas, le sujet de l'action reste ici Dieu, et non point son Logos. Celui-ci agit comme instrument : c'est au datif de moyen qu'il est introduit. Le § 130 dit exactement : « Θεὸν τέμνοντα... τῷ τομεῖ τῶν συμπάντων ἑαυτοῦ λόγῳ, ὃς εἰς τὴν ὀξυτάτην ἀκονηθεὶς ἀκμὴν διαιρῶν οὐδέποτε λήγει ». Et nous devons comprendre sa nature, au § 130, d'après le sens où les § 133 à 140 présentent son activité. C'est à dire que nous entendons déjà dans le § 130 résonner les paroles de la *Genèse* : Philon attribue à Moïse le mérite d'avoir devancé dans sa narration supra-philosophique les analyses de tous les Physiciens. La notion de base nous paraît être tout simplement le ch. 1 de la *Genèse*, et les expressions « *sans forme ni qualité* » traduisent ici (§ 140) les mots célèbres : « *tohu wabohu* ».

Au récit des sept jours se superpose timidement une répartition sommaire des quatre éléments, ce qui, il faut bien le reconnaître, ne nous engage pas beaucoup dans telle ou telle philosophie précise. L'allusion faite à la division de notre « âme » et de nos « membres » (§ 133) joue le rôle d'une image : pour rendre plausible la distribution de l'univers, Philon s'appuie sur la notion de l'homme-microcosme, vague elle aussi, en tout cas banale.

Nulle part nous ne rencontrons une doctrine du Logos diviseur comme telle, mais simplement le commentaire approprié, occasionnel, des mots de *Genèse,* ch. 15, par le truchement du chapitre 1 ; du cycle d'Abraham et de son sacrifice, par le truchement du cycle de la Création. À un détail près, cependant, en ce qui concerne l' « *affûtage* » du Logos (notre inclusion des § 130 et 140). Le point de contact le plus précis entre cette image et un autre document reste l'analogie avec les *Hébreux,* ch. 4, v. 12 : « *Le Logos de Dieu, puissant, plus tranchant que toute lame, qui va séparer et pénétrer jusqu'à (opérer) le partage de l'âme et de l'esprit* ». Quelle que soit l'influence d'un texte sur l'autre ou d'un troisième sur les deux, nous retrouvons là une image qui exploite simplement l'idée sémitique d'une parole « acérée », coupante comme un glaive[3].

Les § 130-131 fournissent un exemple idéal de l'exégèse philonienne. C'est une sorte d' « accélération », mais cette fois placée au début d'un développement. Philon poursuit en effet la lecture de *Genèse,* ch. 15, et rencontre les mots nouveaux : « *il les coupa par le milieu* ». On peut donc s'attendre à un double train de réflexions, les unes prenant le biais de la forme, les autres du contenu sémantique de l'expression. L'aspect formel, intéressant la forme grammaticale du verbe donné sans sujet, « *il coupa* », engendre une réflexion assez brève (§ 130 à 132), mais très dense. Comment est-elle menée ? Nous voudrions en proposer l'analyse détaillée. Voici la séquence des opérations.

  1) La citation : « *(Il) les coupa par le milieu* » ;
  2) l'observation de grammaire : absence de sujet ;
  3) l'interprétation, qui nous est imposée sans explication : si le sujet n'est pas exprimé, c'est qu'il est question de Dieu ;
  4) la traduction du complément « *les* » de « *(il) les coupa* » : Philon reprend ici les trois animaux du sacrifice, chacun des trois désignant soit une réalité matérielle (« sensation » — chèvre), soit une réalité immatérielle (« l'âme » — génisse), soit un mixte (« langage » — bélier) ;
  5) survient un complément d'agent, le Logos ;
  6) survient une « histoire naturelle » de l'action du Logos : il partage d'abord les choses perceptibles, descend aux atomes, insécables ; puis il partage les réalités immatérielles avec une précision divine ;
  7) ouvrage dont la citation d'*Exode,* ch. 36, v. 10 donne l'idée symbolique : « *Il partagea les plaques d'or en cheveux* ».

Dans cette suite, certains éléments viennent directement du texte de base rappelé à son début : ainsi, la reprise des natures divisées à travers le pronom de rappel « *les* » de « *il les coupa* » ; ainsi, du moins à demi.

l'interprétation du sujet comme transcendant. On peut en effet admettre que Philon, ne voyant point préciser le sujet contingent, situé dans le « celui-ci — celui-là » comme il dit ailleurs, retrouve l'obligation de lever les yeux vers le Sujet absolu. Les autres éléments, tels le Logos, son histoire, surgissent de nulle part. Apparemment. De cette apparence Philon nous indique lui-même qu'on doit sortir. Il ne faut pas longtemps pour entrevoir que la citation d'*Exode,* ch. 36, v. 10 : « *Il partage les plaques d'or en cheveux* », a produit par anticipation des effets dans le développement qui la précède. C'est, en effet, l' « *or* » qui est d'avance traduit par les mots qu'on lit juste avant la citation : « *les objets de contemplation de la raison* ». Plus haut, que se passe-t-il ? Une superposition assez simple. À tout prendre, il y a redondance : les réalités « spirituelles » sont deux fois évoquées, une première fois par le rappel de l'objet du sacrifice, la génisse dont le pronom de rappel « *les* » vient faire état ; une seconde fois, grâce à l'image de l' « *or* ». C'est que les deux textes bibliques, celui du début et celui de la conclusion du passage, se recouvrent partiellement, et que la différence entre eux provoque justement l'allégorie.

Que dit le texte de *Genèse,* ch. 15 ? Ceci : « *Il les coupa par le milieu* ». Le texte d'*Exode,* ch. 36 fournit un synonyme du verbe « couper », « *il partage* » ; mais il apporte aussi deux nouveautés : les réalités retenues pour le partage sont les « *plaques d'or* », c'est-à-dire les réalités spirituelles ; et, d'autre part, elles sont partagées « *en cheveux* ». Cette précision décide de tout. Car la finesse d'un tel partage renvoie nécessairement à Dieu, qui seul peut obtenir un découpage dont nul artisan ne pourrait venir à bout, étant donné sa vérité. Du coup, l'interprétation fondée uniquement sur l'absence de sujet exprimé dans *Genèse,* ch. 15, et qui faisait de « *(il) coupa* » un « *Dieu coupa* », reçoit vérification et renfort. Polarisée par la citation à venir de l'*Exode,* celle de la *Genèse* prend tout son sens, ou plutôt elle livre tout son sens. Selon le présupposé de bien des passages philoniens, un texte biblique enferme souvent trop de lumière pour nos yeux infirmes, et il éblouit si on le regarde directement et seul. Une autre phrase de la même Écriture vient alors à notre secours, et, par une variante sensible, révèle de chant ce qui, vu de face, resterait inaperçu. Ici, la dernière citation redit tout ce qui était contenu dans la première, mais avec des mots exprès qui en trahissent heureusement les valeurs. Voici la figure simple de cette superposition édifiante :

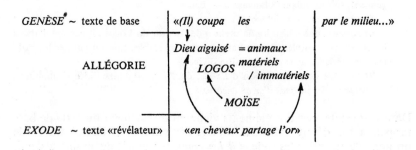

Nous sommes à partir de là en mesure de préciser que le LOGOS vient ici du texte de l'*Exode* : c'est Moïse qui assume ici la fonction du sujet pour le verbe : « *il partage* ». Et Moïse est donné, en tant que grand-prêtre, pour le symbole du LOGOS... Dans notre tableau, les deux lignes, supérieure et inférieure, encadrent le développement allégorique : il faut et il suffit de passer de l'une à l'autre pour voir se créer le texte même de l'interprétation qui les sépare.

Ce n'est pas tout. Non seulement cette lecture anticipée du second texte permet de comprendre chaque mot des §130-131, mais elle confirme notre proposition, que le « Logos » est ici tout aussi bien un élément occasionnel. C'est parce que le premier texte rencontré évoque Moïse et parce que, bientôt, Philon va prendre les premiers exemples de la « division » dans le texte de *Genèse,* ch. 1 (création du monde), où s'imposent deux expressions récurrentes, « Il dit — Il partagea », qu'il donne le double sujet impliqué dans la phrase « *Il partage les plaques d'or en cheveux* ». « Il » renvoie à la fois à la transcendance de Dieu, mais le contexte de ces chapitres de l'*Exode* suggère que c'est Moïse l'auteur de la décoration de l'Arche. Ce que Philon a refusé à son premier texte, que le sujet 'évident' par le contexte soit Abraham, maintenu comme acteur du partage, il l'accorde à son second témoin, le texte de l'*Exode* (celui-ci est en tous points déjà plus explicite, particulièrement grâce aux deux précisions, « *l'or — les cheveux* »).

Ce n'est pas encore tout. Le passage opéré par l'allégorie de la *Genèse* à l'*Exode* n'est pas indifférent. Le second texte appartient en effet à l'immense description de l'Arche, telle que sur ordre divin Moïse la fait réaliser par les artisans de sagesse. L'Arche symbolise, dans le traité lui-même (cf. notre commentaire des §112 et sv.), le point médian où le culte est « donné » à l'âme pour rendre à Dieu le dépôt que Dieu lui a confié dans le monde. Or, les exemples que développera la suite de notre long chapitre évolueront de la Création au culte, à l'histoire du Salut vécue en Israël. Nous avons assez dit le lien que Création et Salut entretenaient dans la mentalité biblique aussi bien que dans l'exégèse de Philon, pour insister encore. Au total, l'habileté ordinaire à Philon produit ici ses effets ordinaires. La forme sert le sens d'une manière étroite, et, réciproquement, s'explique par lui. Et ce sens correspond à un mouvement : il annonce autant la vérité de l'Écriture que l'orientation des sections futures à l'intérieur du chapitre.

IV. L'ÉGALITÉ : DE LA QUANTITÉ À LA QUALITÉ
(§141 À 160)

Faut-il vraiment songer au néo-pythagorisme, comme le suggère E. Goodenough[4], pour rendre raison de tout l'ensemble des égalités énumérées à travers les §141 à 160 et perçues dans le parcours alors effectué de la constitution du monde ? Philon semble ici condenser plutôt une série d'observations ou de leçons élémentaires, vulgarisées, dont le patronage serait bien disputé, si l'on conviait les écoles philosophiques à reprendre leurs droits d'auteur ! Ce qui retient davantage l'attention, c'est plutôt le glissement progressif qui est fait de la quantité à la qualité.

Une fois posé l'indice de transcendance que réclame une égale répartition (on sait que le thème de la 'division' parfaitement égale constituait une sorte de lieu-commun), comme les § 141 à 143 l'établissent brièvement, les § 144-145 décrivent à titre de programme les principes de la division adéquate : elle régit soit des égalités brutes, soit des proportions. Les § 146 à 151 énumèrent ensuite une série d'égalités strictes, du premier type ; les § 152 à 160 énoncent des rapports d'égalité plus subtils, déduits plutôt qu'observés. D'ailleurs, la première catégorie nous fait parcourir des ordres différents : celui du nombre, qui est pour ainsi dire le paradigme de toute proportion et qui fait que l'équilibre subsiste, car deux éléments répondent à deux éléments, etc.; celui des symétries, nommées « *égalités de grandeur* » (§147) ; celui des « *égalités de longueur* », où il convient déjà de dépasser l'apparence pour atteindre des rapports cachés, celui, par exemple, des équinoxes et des solstices. La seconde catégorie poursuit dans le même sens : le rapport est caché, qui équilibre dans le monde l'infiniment petit et l'infiniment grand, « *la fourmi et l'éléphant* » (§154). La notion d'équilibre devient, à propos de l'homme, réversible : l'homme est un microcosme, ou le cosmos est un homme agrandi.

Jusque là, Philon désigne sans les nommer des philosophes vaguement tirés des limbes par des indéfinis : « *il en est pour dire que...* » (§155) ; « *au dire de ceux qui ont poussé les recherches...* » (§152). Mais les § 156 à 160 changent d'autorités : c'est Moïse ou l'Écriture qui prennent le relais des penseurs physiciens. En même temps, Philon passe de l'énumération, en principe indéfinie (début du §154 : « *On pourrait étendre un discours d'une longueur indéfinie à tout prendre dans le détail...* »), à une concentration soudaine dans la notion qualitative de l' « *art divin* ». Philon bâtit une inclusion entre le début du §156 et la fin du §160 : « *ils (les philosophes) ont reconnu l'art de Dieu, qui lui sert à créer toute chose : il ne se trouve soumis à aucune tension ni relâchement et reste identique...* » , d'une part ; et, d'autre part : « *C'est pourquoi les règles de la proportion ont donné une loi qui rend égales en tout toutes choses, selon la raison de son art et de sa science* ».

Philon craint trop que le monde constitué en un certain équilibre soit compris de travers : l'autonomie, la cohérence interne, la suffisance risquent de suivre comme une conséquence le spectacle d'une harmonie trop régulière. Moïse, à la tête de tous les Physiciens, dépasse cette harmonie : il reporte dans l'action créatrice une égalité qu'on croyait d'abord arrêtée au monde. Deux textes servent ici l'allégorie. L'un prend le point de vue distributif : « *Il jugeait selon le petit et selon le grand* » (d'après le *Deutéronome*, ch. 1, v. 17) ; l'autre, du point de vue totalisant : « *Dieu vit tout ce qu'il avait fait, et tout était trop beau !* » (d'après *Genèse*, ch. 1, v. 31). Plongée dans cette excellence, la création va même jusqu'à perdre son ordre. Le §160 revient en arrière par rapport au beau spectacle de l'harmonie naturelle, lorsqu'il dit avec insistance la misère du monde créé, et que Dieu « *n'a pas loué l'œuvre ainsi fabriquée, comme elle est sans âme, désaccordée et vouée à la dissolution, bien mieux, corruptible par soi-même, irrégulière et sans égalité ; il a loué l'ouvrage de son art qui avait agi suivant une puissance égale, régulière, et une, science pareille et toujours la même... ».* Les § 157 à 160 constituent une cellule destinée elle-même à équilibrer les § 141 à 143 par-dessus les énumérations d'égalités contingentes (§ 144 à 156). Les deux développements extrêmes affirment une transcendance absolue qui ne risque plus de se déverser dans l'intervalle : le monde sert de témoin provisoire et vite suspect. On comprend pourquoi Philon laissait aux philosophes la responsabilité de leurs affirmations optimistes. La science dont un Abraham, élevé au-dessus de la mêlée et des dénominations erronées, peut maintenant se nourrir, atteint d'emblée l'énonciation juste : le monde est un effet, Dieu en est la Cause ; et c'est en lui que vient se perdre comme en sa source tout ce qui, dans le monde, reflète unité, équilibre, harmonie. Les § 141 à 160 offrent une sorte d'abrégé du savoir nouveau d'Abraham : l'astrologue chaldéen achève le mouvement anagogique et proclame l'indépendance du Principe. On nous pardonnera de ne guère voir plus dans la formule terminale, « ...*selon* la raison *de son art et de sa science* » et dans le mot « logos » ici employé, que dans l'autre proposition annonçant, au § 130, le « Logos diviseur ». Plus ou moins rapportés à l'Ange le plus proche de Dieu, le « Logos », cette « raison » est en Dieu la mesure parfaite de l'unité en laquelle se résout toute égalité. Littérairement, « Logos » ou « logos », il ne faut chercher ici que le truchement qui isole un Dieu créateur de son œuvre : celle-ci doit son ombre d'existence et d'ordre à quelque chose qui, en Dieu, n'est pas identiquement l'Être : c'est le « Logos ». Même parcourue de ce courant divin, la créature demeure « *sans égalité* » (§ 160a)... La fonction du Logos, est d'abord négative. Il faut attendre les § 201 à 225 pour apercevoir une fonction du Logos légèrement différente.

V. L'ÉGALITÉ : LA JUSTICE
(§ 161 à 200)

Une première inflexion du concept d' « égalité » le tire opportunément vers celui de « justice ». A côté d'un monde objectivement équilibré par l'existence de principes égalitaires, prend place une sorte d'univers dominé par l'action d'une justice qui rend subjectivement à chacun suivant son mérite, suivant son degré d'être, suivant la proportion de bien qu'il admet. Jusqu'au § 195, tel est en effet le registre qui fait l'unité de tous les exemples cités par Philon. Qu'il s'agisse des deux Puissances qui, en Dieu, permettent le gouvernement du monde, qu'il s'agisse des dix Commandements, des parts à respecter durant le repas de la fête pascale ou des fils de Jacob, également répartis entre Rachel puis les concubines et Lia, la vertueuse, tout entre par les fourches Caudines d'une appréciation morale, de justice.

Disons sans plus attendre que les § 196 à 200 viennent en conclusion mener l'étude à son point suprême : la piété de l'homme qui fait retour à

Dieu des dons de Dieu entre dans la « justice », cette équité supérieure recevant sa forme et sa matière d'un nouveau présent fait à l'homme par son Dieu : les « *parfums* » sacrés sont à l'image du monde, d'une part, et, d'autre part, le rite est imposé par la divinité ; il est révélé : par là, il vient de Dieu avant de servir le retour à Dieu. L'avantage supplémentaire de cette conclusion est de revenir au thème de la création, qui précisément ouvre la section consacrée à la « justice », puisque les § 161 à 165 ont pour fonction de définir et d'asseoir l'idée d'une répartition égale. La figure pourrait être celle-ci :

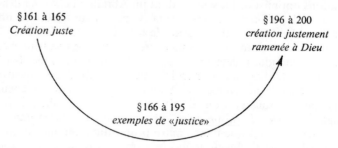

§ 161 à 165
Création juste

§ 196 à 200
*création justement
ramenée à Dieu*

§ 166 à 195
exemples de «justice»

La série des arguments disposés par Philon pose un problème : est-il ou non possible de les voir entrer dans un ordre ? De cela nous aurons à débattre séquence après séquence. Mais nous voulons rappeler que le rôle du Logos comme tel y reste assez vague, au point que le sujet actif de la division change de désignation au gré des circonstances. Il peut être Dieu lui-même : c'est le cas au § 165, pour introduire l'harmonie des saisons et du temps ; il en va de même à peu près au § 166, compte tenu de l'explication que nous avancerons le moment venu. Ailleurs, le soin de la division revient à Moïse : il est vrai que son titre de grand-prêtre facilite son rapprochement avec le Logos (§ 182). On trouve — et c'est naturel — la mention du Logos lorsqu'il est question de la Manne, soit que Philon revienne à son sujet initial, soit plutôt qu'il suive l'exemple du *Deutéronome* ou du livre de la *Sagesse,* qui rattachent la Manne à la Parole de Dieu. C'est à Dieu comme « *législateur* » que revient la division des dix Commandements en deux groupes proportionnés aux deux parts du composé humain. Mais le comble de l'imprécision est atteint aux § 179 et 180 : deux effets de division sont attribués, l'un au « *sort* », traité alors de « *diviseur insaisissable* », l'autre au « *diviseur invisible* ». Bref, une certaine indifférence noie l'action du « diviseur » entre plusieurs prête-noms. Seule compte l'énumération des effets ; seule, l'autorité divine, prise en gros, suffit à composer l'équilibre ou à rendre la « justice ». Il ne se trouve ensuite aucune précision qui permette au lecteur de se fixer sur le Diviseur. Rien ne lui est indiqué sur son mode d'action, non plus que sur son rapport à l'ordre qu'il engendre ainsi. Il est impossible de voir une théorie, aussi sommaire soit-elle, du Logos Diviseur. Toute action créatrice est, dans la Bible, attribuée à la Parole divine ; toute action cultuelle relève d'un commandement, issu lui aussi de la bouche de Moïse, truchement de la Parole. Il n'en faut pas plus pour que l'image fondamentale d'Abraham et de son sacrifice exemplaire tel qu'il est décrit au ch. 15 de la *Genèse* renvoie l'exégète à une conception suggestive, mais non pas élaborée, celle qui permet au premier chapitre de la *Genèse* de présenter l'œuvre primordiale comme une « division », au chroniqueur de l'*Exode* d'ouvrir la Mer en deux masses entre lesquelles passe le Pauple hébreu, à l'auteur de la *Sagesse* p'invoquer le point médian de l'univers et de la nuit silencieuse choisi par le Logos pour fondre sur les Égyptiens (*Sagesse*, ch. 18, v. 14-15), à l'Épître aux *Hébreux* d' « aiguiser » la Parole, acérée jusqu'à séparer l'âme et l'esprit (*Hébreux*, ch. 4, v. 12).

Nous prendrons donc tout le développement comme il se présente, sans autre titre général que celui d'une initiation à laquelle se voit soumis un Abraham désireux d'apprendre et consacré tel par Dieu lui-même. Aussi noterons-nous avec soin les infléchissements de l'allégorie. Philon n'oublie pas son personnage, et les commentaires qu'il propose s'accommodent à lui, bien loin de flotter dans les généralités. Dans cette section, le recours à la philosophie est nul, si l'on excepte l'allusion à l' « *empreinte de cire* » (§181), qui caractérise, « *au dire de quelqu'un des Anciens* » (Platon, *Théétète*, 191c), l'âme appelée à la connaissance. Les exemples et les développements sont tous empruntés à l'Écriture. Et justement, il semble qu'il y ait là une volonté délibérée : car les §163 à 165 forment une sorte de doublet par rapport à la description de l'univers physique telle que la section précédente l'a développée ; mais ce doublet relatif a pour fonction de nous conduire à l'autorité supérieure de Moïse, qui reprend tout ce que les vagues philosophies approchaient par des moyens d'investigation plus ou moins sûrs, indignes de l'Abraham actuel.

Il nous reste maintenant à suivre la série des preuves de l'égalité souveraine. La sobriété contient le commentaire de Philon dans des limites sévères. Aucun développement ne s'échappe en sous-divisions complexes. La loi d'une certaine évidence de l'Écriture, telle qu'un sage comme Abraham peut en jouir, permet à l'exégète une alacrité, elle-même symbole de l'élégance et de la facilité qui vont de soi dans l'âme de l'initié.

1. L'égalité devenue justice : (§ 161 à 165)

Une introduction fort bien composée place sous le sceau de l'éternité les effets de justice que Philon recueille ensuite à travers les réalités fondamentales de l'existence juive. Et les §161 à 165, tout simples dans leur rédaction, proposent symboliquement une sorte d'image parfaite, équilibrée jusque dans son style, des règles équitables du culte et de la Loi. En effet, cette page est elle-même habilement « divisée ». Non seulement Moïse et Dieu se partagent à égalité le développement, mais dans chaque rôle Philon note un amour de l'irréfragable justice et une haine égale de l'iniquité. Le §161 loue Moïse : il a pris le relais des philosophes et montre une estime inégalable pour la justice, comme une grande haine pour l'injuste. Les §161-162 prononcent une suite de considérations alternées sur justice et injustice, et les emprunts à l'Écriture reflètent cette alternance. Le §163, où nous remontons de Moïse à Dieu, commence semblablement : « *Or, le Dieu qui aime la justice vomit l'injustice et la déteste : elle est le principe du désordre et du malheur* ».

Le volet consacré à Moïse (§ 161-162) donne la justice la plus humble — celle du commerce — comme la cause de l'ordre et de la paix, sociale et politique. La simplicité du propos n'exclut pas une signification recherchée. Car Philon offre ici sans en avoir l'air un résumé de méthode. L' « égalité » qui fut le thème précédent se voit rapprochée de la « justice » par l'intermédiaire d'une étymologie : δίκη — δίχα, « en deux ». Un concept bénéfique, celui de justice, prend sa valeur d'une considération du contraire : l'injustice engendre la guerre, elle-même dédoublée, extérieure et civile. Ces éléments de philosophie reçoivent ensuite la lumière de l'Écriture. Et là encore, la méthode est sauvegardée : deux textes de l'Écriture sont donnés, et non point un seul, le second servant de révélateur au premier. L'énoncé du *Lévitique*, ch. 19, v. 35-36, se contentait d'édicter un précepte : « *Vos balances seront justes ; les poids seront justes ; les mesures seront justes, et le récipient sera juste parmi vous* » ; et il faut attendre la reprise qu'en fait le *Deutéronome*, ch. 25, v. 13 à 16, pour obtenir une signification politique : « *Pour que tu aies de longs jours* sur cette terre *que le Seigneur t'a donnée en héritage* », et rejoindre en Dieu le jugement qu'il porte absolument sur l'iniquité : « *parce que Dieu vomit celui qui agit ainsi et agit de manière injuste* ». Or la signification « politique » nous reconduit au thème fondamental de l'héritier : le second texte m'enseigne que le premier le portait, mais implicitement...

Méthode encore, c'est-à-dire, comme nous l'avons répété, initiation d'Abraham à la théorie du langage, la dernière citation autorise le passage de Moïse à Dieu. Le dégoût provoqué en Dieu par le poids frauduleux n'est pas marginal : ce Dieu aime la justice, définie comme suppression du « *plus ou moins* » (citation du § 162), et il l'aime assez pour avoir bâti un univers où règne la division en deux parts égales. Bien entendu, l'étymologie et son application à la création du monde, « *division en deux parts* », reposent sur la présence dans le texte de base de la même précision : « *Il coupa par le milieu* ». Mais Philon montre ici comment ensuite les textes de l'Écriture se rejoignent et s'expliquent l'un l'autre. Dans le tout premier chapitre de la *Genèse,* le texte grec reproduit un hébraïsme : pour indiquer une séparation, l'hébreu répète la locution « entre » et il dit : « *partager entre ceci et entre cela* », formule que le grec aurait pu rendre de manière synthétique, mais que le scrupule des traducteurs a conservée telle quelle. Le résultat intéresse Philon : il y a une redondance. Quand la *Genèse* affirme donc que Dieu a partagé la lumière « *par le milieu* » et la ténèbre « *par le milieu* », elle prouve que Dieu répudie ce « *grand ou petit* » que le commerçant malhonnête pratiquerait volontiers. L'expression ἀνὰ μέσον rattache le texte de *Genèse,* ch. 1 au texte du *Lévitique* déjà cité. La chaîne concrète des citations permet seule à la réflexion allégorique de ne pas dépendre de l'esprit humain : l'élève suit une propédeutique sûre.

Méthode toujours : la limpidité des exemples suivants de la création de l'homme ne doit pas laisser échapper la rigueur du procédé. La redondance qui exprimait la juste création de la lumière et des ténèbres « *par le milieu* » — à comprendre excluant petit et grand — trouve plus loin une réplique subtile. Parlant de la création de l'homme, l'exégète averti voit que l'Écriture a voulu une redondance d'un type nouveau. Tout d'abord le verbe « faire », qui revient plusieurs fois, se charge de lier ce qui vient d'être dit : « ...*celui qui fait cela, qui fait l'injustice* » (fin du §162) au motif de la création. En second lieu, le texte de *Genèse,* ch. 1, v. 27 n'est constitué que de redoublements ou de glissements : « *Dieu fit l'homme : il le fit à l'image de Dieu ; il les fit mâle et femelle* » (on veillera à couper les propositions correctement). Chaque phrase contient le verbe « faire », lien nécessaire à la perception du glissement qui se produit dans l'usage des pronoms. Le texte passe en effet du singulier, « *il le fit à l'image de Dieu* », au pluriel, « *mâle et femelle il les fit* ». Par ce moyen grammatical tout à fait rudimentaire Philon estime que l'Écriture a soigneusement ménagé la perception d'une stricte égalité dans tous les stades de la création de l'homme. De Dieu à l'Homme, idée générique et singulière, il y a l'égalité due à la notion même de l'image divine ; de l'Homme à l'homme ; il y a l'égalité des termes associés de la dyade immédiatement tournée vers la production égale d'un troisième (§164).

Ainsi redescendu par la loi exégétique du recouvrement partiel d'un texte par un texte-frère, Philon peut lire un autre passage relatif à la création : après le Déluge, Dieu recommence pour ainsi dire l'œuvre, première et partage à nouveau le cadre vital, les saisons (*Genèse,* ch. 8 v. 22).

Le mouvement qui nous a conduits de Moïse et de la justice terrestre, banale, à l'équité du Créateur, qui nous a fait ensuite redescendre du Créateur à l'idée de l'Homme et encore à l'homme terrestre qui vit dans le cadre des saisons, se trouve à la fin repris dans une dernière égalité : si le volet consacré à la justice de Dieu nous fait approcher de l'éternité, celui où Moïse nous prescrit l'honnête égalité des mesures et des poids nous a fait séjourner dans le temps. Or, la création du Soleil, dans le ch. 1 de la *Genèse,* se situe au quatrième jour, milieu exact de la semaine originelle. Imitation de l'éternité, le temps lui est ce que l'homme terrestre, mâle et femelle, a été déclaré par la redondance expliquée ci-dessus : l'imitation de l'Homme, qui était lui-même à l'image de Dieu. C'est pourquoi il s'établit après coup un rapport entre le faire divin, logé dans l'éternité, et celui de l'homme, qui doit être « juste » dans le temps. Dieu n'a-t-il pas « fait » le monde « justement » ? Le thème de l'*IMAGE* transpose celui de « justice ».

L'innocence du discours n'est qu'apparence : derrière la simplicité, il convient de suivre la méthode, plus subtile ; mais la simplicité est elle aussi pleine de profondeur, puisqu'elle reflète l'aisance de l'âme désireuse d'un savoir qu'elle aborde par le bon côté...

2. De la création au salut (§ 166 à 173)

Les deux premiers exemples d'égalité désignent, l'un la représentation figurée de l'Arche d'alliance (§ 166), l'autre, les Tables de la Loi. Mais les Tables se trouvent à l'intérieur de l'Arche, et il convient de réunir en un seul 'exemple' les deux commentaires de Philon. La première image, cependant, celle de l'Arche, opère le passage de l'éternel au temps, et elle reste formelle ; la seconde est matérielle, en ce sens que le contenu de la Parole est explicité, rempli de déterminations concrètes dont le cœur de l'homme se pénétrera. Là encore, derrière la forme simplifiée, nous devons surveiller le travail précis de l'exégèse. En effet, une série de liens assure la cohésion de ce petit chapitre avec le reste de la section.

Philon introduit les deux Puissances classiques, désignées par « *Dieu* », qui « pose » la créature dans l'être, et par le « *Seigneur* », qui la gouverne ensuite, de telle sorte que la première évoquée soit la Puissance créatrice, c'est-à-dire celle dont l'action vient d'être décrite au § 164s. En second lieu, vient la Puissance de commandement : or, à partir du § 167, nous examinerons les dix Commandements. C'est de la Parole divine que l'Arche témoigne ; ce sont les paroles divines que contiennent les Tables : ce pluriel suit encore un singulier, comme précédemment... Les dix paroles de la Loi se répartissent à leur tour en deux séries de cinq précep- tes : chaque série s'adresse respectivement à la partie rationnelle et irra- tionnelle de l'homme ; or, cet homme a été créé « mâle et femelle », c'est-à-dire pour le code, raison et sensation — toujours encline à la dé- raison. Il est donc bien difficile de ne voir dans ces exemples que des ap- plications prises au hasard. La réflexion descend les étapes de la fonda- tion du monde, et, suivant un schème constant, propose une figure du salut intimement associée à celle de la création, un regard sur l'*Exode* qui déchiffre la *Genèse*. Nous allons voir de plus que cette dialectique s'adresse toujours à l'Abraham que nous connaissons désormais.

a) La Parole au-dessus de l'Arche

Le thème général de la Création ne suffirait pas si l'expression employée par le texte de l'*Exode,* ch. 25, v. 21 ne contenait un nouvel exemple de la formule « *au milieu* » — ἀνὰ μέσον. La connivence de toute une série de textes scripturaires permet l'association régulière des notions. Il n'est pas impossible cependant qu'elle se dissimule. Ainsi, Philon ne souligne pas la présence du Logos au-dessus de l'Arche. Or nous verrons par un autre biais qu'il faut chercher le lien entre le § 166 et les § 167 à 173. En réalité, tout se passe comme si la Parole au-dessus de l'Arche se retrouvait dans les Commandements. Dieu dit : « *Je te parlerai d'au-dessus du propitiatoire, au milieu des deux Chérubins* » (§ 166). Or, on sait que selon la théorie — toute relative, comme les théories philoniennes[5] — le traité *De fuga et inventione,* par exemple, interprète le même texte d'*Exode,* ch. 25 en traduisant expressément le « *Je te parlerai* » comme la manifestation du Logos : en tant que verbe à la première personne, il vise l'Être ; en tant qu'il signifie « parler », il désigne le Logos, élocution

divine. Le passage du *De fuga et inventione* (§ 100) justifie de manière
éclatante l'importance que nous accordons ici aux relations discrètes que
nous soulignons plusieurs fois du chapitre sur le « partage » avec la méthode allégorique. On y verra en particulier que nous avons raison de
considérer comme une unité l'ensemble des § 166 à 173, puisque Philon
rappelle la présence pes Tables à l'intérieur de l'Arche, et que — la réciproque est nécessaire — l'omission de cette indication ressortit à une
autre explication, parfaitement claire et significative. Voici, le texte :
« *Ce sont les cités au nombre de six que (le texte) appelle 'de refuge'.
Cinq d'entre elles ont reçu une image, et leur représentation se trouve dans
le sanctuaire : ordre et interdit, d'un côté, ce sont les lois déposées dans
l'Arche ; de l'autre, la Puissance de miséricorde est symbolisée par le dessus
de l'Arche — qu'on appelle justement 'propitiatoire' — ensuite, la Puissance
créatrice et la Puissance royale sont figurées par les Chérubins ailés qui
siègent sur l'Arche. Quant au Logos divin qui est bien au-dessus, il n'est
pas descendu dans une forme visible, puisqu'il n'est comparable à rien de
sensible : il est en lui-même image de Dieu... siégeant au plus près sans aucune distance, car il est dit : Je te parlerai d'au-dessus du propitiatoire... ».*
D'où procède l'idée que le Logos est là présent ? Du verbe qui indique à
Israël que Dieu lui <u>parle</u>. D'où surgit la notion de proximité du Logos et
de Dieu ? De la forme verbale : c'est Dieu qui parle, à la première personne : en tant qu'il Est, simplement il est Dieu ; en tant qu'il parle, il
use du Logos. On le voit, ce texte explicite les rapports qui restent tacites
dans le nôtre. La tranquillité du discours témoigne en ce dernier d'une
surabondante sagesse plus que d'une discrétion ou d'un oubli. Pratiquement, il est possible de traduire, au § 166, le sujet informulé soit par Dieu,
soit par le Logos : « *séparées par <u>Lui</u> qui se tient médian au-dessus* ».
Mais le peu d'importance que Philon attache au personnage du Diviseur
fait que le problème se pose à peine, et sans conséquence... Il importe
autrement de saisir le lien existant entre Puissance de gouvernement
et Parole, d'une part, et, d'autre part, l'énoncé des commandements
enfermés dans l'Arche (§ 167 à 173). On évitera donc de traduire le
τί δέ qui ouvre le § 167 par une expression marquant trop de nouveauté.

b) Les Commandements, ou une symétrie faussée

Philon trouve deux proportions : il commence par attribuer chacune
des deux tables de la Loi à chacune des deux parties de l'âme, rationnelle et irrationnelle ; puis, il distingue plus loin (§ 168, fin) une nouvelle série de cinq préceptes destinés à sauver les devoirs de justice
envers Dieu, et une seconde série destinée à préserver les rapports
humains. Le très bref § 173 qui traite de la seconde série tout à la fin
montre que l'exégète, la considérant comme un remède, lui voit moins
bien sa place parmi les illuminations positives, telles que la première
série les énumère. C'est dire que chacune des deux tables correspond,
d'une part, à ce qu'il y a d'irrationnel, entendons de terrestre, de tourné
vers les relations humaines, et, d'autre part, à la raison, entendons à la
capacité de connaître Dieu. Or, nous l'avons indiqué, Philon ne pétaille

pas la seconde série : les préceptes touchant les relations de l'homme avec ses semblables, tous négatifs, purgatifs, sont à peine énumérés, le thème du « désir » qui clôt la liste devant sans doute servir de chef générique pour renvoyer à la sensation gloutonne et déraisonnable (§ 173). Donc, Philon s'en est tenu partiellement à la première série. N'est-ce pas pour exalter la connaissance parfaite d'Abraham ? Il a appris à « *lever les yeux* » : voici qu'il entend maintenant cinq fois répété le principe de la transcendance divine et de la Causalité. On remarquera le caractère très serré de chacune des explications rapidement esquissées à propos des commandements. Philon semble résumer, condenser : nous trouvons là la confirmation de l'idée qu'il entraîne Abraham dans une sorte de parcours symbolique, où la rigueur se cache derrière la limpidité. Et, par exemple, le développement accordé au troisième commandement (§ 170) suppose bien évidemment des explications qui ne nous sont pas fournies. On s'essouffle à suivre le raisonnement : « *Le troisième sujet touche le Nom du Seigneur : il ne s'agit pas de celui qui descend jusqu'à la créature, car l'Être est ineffable, mais de celui qui est convenablement donné aux Puissances ; il est ordonné de ne pas le prendre en vain* ». La restriction ne sort pas d'un principe métaphysique, mais Philon la tire du texte lui-même, car il est dit : « *le Nom du Seigneur* », et qui dit « Seigneur » ne désigne pas l'Être, mais la Puissance royale de Dieu. Par une Puissance, il faut encore comprendre que ce sont toutes les Puissances qui peuvent être convenablement nommées. Philon développe ailleurs ces notions : ici, nous trouvons un catéchisme résumé à l'extrême et pourtant fidèle au canevas. Il est, en outre, vraisemblable que Philon souhaite par cette mention expresse de la Puissance du « Seigneur » nous reporter aux Chérubins de l'Arche, nous faire faire ainsi le va-et-vient entre les Tables et la Parole.

L'impérialisme du thème fondamental de l'initiation se fait sentir encore et surtout dans l'inflation qui charge le cinquième commandement. Philon y déchiffre, au lieu des hommes que semble désigner le terme de « parents », le Dieu, Cause et Père de tout. Cela aussi, Abraham a dû l'acquérir dans les étapes précédentes ; et si cette profession de foi convient au patriarche, elle montre en lui un équilibre dialectique merveilleux. Car l' « égalité » déchiffrée par le pèlerin de la connaissance lui fait discerner dans ce cinquième commandement une charnière du discours divin. Il est « cinquième », ce qui ne fait pas de lui en apparence le milieu de dix ! Mais, s'il paraît de plus ouvrir la liste des devoirs envers la terre, il le fait au nom d'une polarité toute céleste, grâce au jeu possible du mot « *père* ». Il est à la fois cinquième, résumé des cinq derniers et axe dialectique des deux séries... En tant qu'il est tourné vers les hommes, selon une apparence qui enseigne quelque chose, il règle ce passage de l'éternité au temps : et le sage, nous le savons depuis le *De migratione Abrahami* (§ 109 à 126), une fois qu'il est informé de Dieu, se tourne vers les hommes et reverse sur eux les trésors du ciel. Pour l'instant, d'ailleurs, il reste tourné davantage du côté de l'éternel, et tout ce qu'il apprend du monde, c'est qu'il doit en fuir les passions : d'où le déséquilibre entre les deux volets, entre les deux Tables. D'où l'insistance mise tout au long du commentaire sur la Causalité divine, qui fut la révélation du chapitre précédent. D'où enfin la volonté manifeste de l'auteur de ramener à la Puissance créatrice un discours qui suivait les injonctions de la Puissance de gouvernement. Car non seulement le cinquième commandement qui ordonne de respecter la Génération synthétise en un seul édit les valeurs des deux Chérubins (s'il y a précepte, le gouvernement du « Seigneur » est manifesté ; s'il faut reconnaître le Père, c'est la Puissance « Dieu » qui reçoit l'hommage), mais toute la série des cinq premiers commandements a insisté sur la transcendance de la Cause universelle.

Tout un jeu règle un processus d'involution. En route pour une investigation de l'égalité et de la justice, nous sommes entraînés vers la notion d'*IMAGE*, sans cesse reprise et multipliée. Le temps imite l'éternité — cela nous est expressément redit dans le commentaire du cinquième précepte (§ 172 : τῷ ϑνητῷ γένει μιμησαμένῳ τὴν περὶ τὸ γεννᾶν τέχνην) — les Puissances se regardent entre elles de sorte que l'une dit qu'il faut reconnaître l'autre ; tout le contenu des Commandements passe au profit de la reconnaissance de la Cause ; nous revenons de Κύριος à Θεός ; les cinq derniers préceptes se recourbent, si l'on peut dire, dans le cinquième, leur « cause » à nouveau et leur « éternité » ; enfin, le Logos, resté pour ainsi dire sans voix dans la description de l'Arche, a pour énoncé les Commandements déposés dans l'Arche.

Au total, ce jeu produit un enseignement précis : les propositions des § 166 à 173 forment une réplique inclinant vers la terre[6], mais encore céleste, de l' « égalité » supérieure entrevue dans les § 161 à 165, un peu comme l'homme, Image de Dieu, et attendant de descendre en l'espèce mortelle et plurielle de l'homme (cf. § 164).

Enfin, la position du cinquième précepte, sur lequel le commentaire prend fin, montre que Philon a légèrement fait varier le concept de « justice — égalité ». Après avoir manifesté l'équilibre des deux plateaux de la balance, il s'intéresse au rapport qui permet la comparaison et l'équilibre. Le cinquième commandement joue un rôle intermédiaire, qui rappelle celui du Logos, invisiblement présent entre les deux Chérubins, le rôle d'une Image, elle-même relais de jeux spéculaires ordonnés et descendant en cascade.

3. La parabole du salut (§ 174 à 200)

Et nous devons maintenant nous élancer pour une course plus longue. En effet, les exemples suivants de l'égalité sont empruntés au cycle d'Israël, en majorité donc tirés du livre de l'*Exode* ; et, si l'on consent à parcourir d'un seul trait les § 174 à 200, on y perçoit des repères très simples, mais parfaitement efficaces. Le § 174 évoque le culte, tout comme les § 196 à 200, avec la précision suivante : il est question dans les deux cas du sacrifice du « *matin et du soir* » (§ 174 et 179, fin). De plus, les § 175 à 178, au début de la section, s'attardent sur le thème des « *douze tribus* » d'Israël, partagées en deux lots de six, et nous revenons en fin de section aux « *douze chefs* » du Peuple, au moment de traiter l'exégèse des parfums rituels (§ 195). Voilà pour les extrêmes. Au cœur du dévelop-

pement, il est possible d'isoler une autre unité, déterminée par le retour
d'un mot spécifique, « *émissaire* » — nous conservons le mot traditionnel
de l'expression : « bouc émissaire ». Le §179 présente les deux boucs,
dont l'un est marqué par le sort ἀποπομπαῖον ; le §187, dont les dépen-
dances s'étendent jusqu'au §190, déclare une partie du didrachme également ἀποπομπαῖον. Nous voyons de plus que les mêmes §179 à 190, ainsi
encadrés, développent de façon homogène une notion d'égalité d'un
type nouveau. Philon traite plutôt de la proportion observée par l'Écriture quand elle considère l'état *mixte* où se trouve l'être humain. Le bouc
« *émissaire* », la monnaie mal ou bien marquée, le sang versé tantôt dans
le mixte, tantôt vers le pur, le didrachme partagé en deux portions dont
l'une est reniée par le Bien et rendue « *émissaire* » — tous ces exemples
participent d'un jugement; équitable mais non plus égal, au sens où
prétendaient les sections antérieures. Il existe donc une autonomie des
§179 à 190. Restent les § 191 à 194. Disons tout d'abord qu'ils sont reliés
au développement précédent par l'attention qu'à nouveau Philon accorde
au problème du nombre (§190), puis du type d'égalité mis en œuvre par
tel texte biblique : au §191, il observe que nous avons affaire à une égalité de proportion ; au §192, il définit de même comme égalité de proportion celle qui préside à la manducation de la Pâque ; au §194, le cas plus
subtil du riche enrichi et du pauvre appauvri lui permet de traduire une
dernière fois « égalité » par « justice » : il discerne un effet d'équité dans
ce système étrange ! Mais nous, nous sommes du même coup invités à
voir là un procédé qui ramène, au moment d'en quitter l'explication, les
termes annoncés dès l'introduction du chapitre : les §144-145 n'ont-ils
pas énoncé de façon scolaire la série des égalités possibles ? Et au commencement de la seconde section (§160), n'avons-nous pas rencontré
l'équation posée par Philon et Moïse entre « égalité » et « justice » ? Les
§191 à 194 jouent déjà ce rôle : ils ferment un ensemble littérairement
unifié comme nous l'avons montré plus haut. Nous verrons, en y parve-
nant dans l'ordre du texte, que ce n'est pas là leur unique fonction, ni
leur principale, et qu'ils entrent aussi dans le dessein intérieur, sur lequel
nous ne pouvons anticiper sans courir au cercle vicieux... Voici donc la
figuration simple que nous proposons pour préparer le lecteur aux
explications de détail :

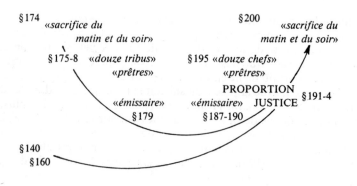

Les termes 'aberrants' pour l'instant de « PROPORTION » et de
« JUSTICE » *renvoient* simplement à la structure plus vaste qui permet
d'interpréter l'ensemble des § 140 à 200 autrement que comme une accumulation anarchique de preuves allégoriques. Ce retour des thèmes-
charnières n'a rien que de très honnête dans une composition soignée.
Abordons maintenant le commentaire des différentes subdivisions des
§ 174 à 200.

a) Le sacrifice d'action de grâces (§ 174)

L'éternelle splendeur de la Parole divine, sise au-dessus des Chérubins
et donnant les Commandements, appelle la *continuelle* reconnaissance.
Le culte, qui assure le retour à Dieu des bienfaits de Dieu, est aussi pour
l'homme le véhicule du Salut, car il associe à l'œuvre créatrice celui qui
en était l'objet. Il initie aux mystères de la Parole divine livrée dans la
création et les péripéties de l'histoire d'Israël. Tel pourrait être le commentaire explicite du § 174. Il opère la transition entre les sections qu'on peut
appeler « fondatrices », celles où l'Homme précède encore l'homme
terrestre, et les développements que nous atteignons maintenant, où
l'histoire du salut va parcourir toutes les étapes de la dialectique philonienne.
En effet, nous allons — et tel est le lien qui réunit tous les exemples
choisis — nous allons suivre l'itinéraire précis de l'homme qui désire
apprendre. Cet itinéraire commence et termine avec le sacrifice dans le
cadre du culte.

b) Le peuple fondé en Dieu (§ 175 à 178)

La première étape est encore pour ainsi dire à portée de regard du
seuil céleste que nous venons de franchir. Du prêtre, Philon passe aux
« pains de proposition » ; de ceux-ci, par le biais du nombre, à l'énumération des deux séries de patriarches, telles que Dieu les a fondées en
Rachel et Lia, et telles que la robe du Grand-prêtre en garde l'image. Mais
Philon souligne bien que cette image, un peu comme les lois que Dieu
avait tracées de sa main (§ 167), conserve une sorte de communication
directe avec Dieu. On sait que, pour Philon, les patriarches représentent
une suite d'Idées, d'exemplaires « divins ». Et c'est encore dans le cadre
tout empreint de majesté divine, préhistorique en ce sens, que les douze
tribus se tiennent, lorsque Moïse veut qu'elle entendent sur le Garizin
et l'Ébal, qui les bénédictions, qui les malédictions. La symétrie des deux
énonciations rappelle celle des deux Tables de la Loi, l'une tournée vers
l'adoration, l'autre vers la justice humaine ; et la seconde, reflet de la
première. Ici, Philon précise bien que « *pour les esprits sensés, c'est tout
un de fuir le mal ou d'embrasser le bien* » (§ 178). Par l'avers et le revers,
une même réalité est appréhendée. Mais voici que, tout à la fin, l'évocation des gens « *sensés* » nous fait basculer dans la vie ordinaire, où l'homme terrestre doit user de discernement. Et, de fait, nous sommes sur le
point d'entendre parler d'une « *sagesse* » — ici τοῖς εὖ φρονοῦσιν, et
bientôt σοφία. La fin du § 179 et surtout les § 182-183 nous y introduisent.

c) La purification (§ 179 à 190)

L'étape suivante est plus élaborée, plus longue aussi. Elle concerne la purification de l'intelligence. Elle va prendre, nous l'avons indiqué, des exemples dans les situations où l' « égalité », donnée comme concept de base, cesse de signifier partage adéquat. Le mal se profile beaucoup plus crûment. Le fait de la « justice » (second concept, introduit au § 160) devient un jugement, un discernement qui congédie toute la part mauvaise.

1. Le « bouc émissaire » (§ 179 à 181)

« *C'est bien aussi un jugement autant qu'un partage qui est opéré par le diviseur invisible et sans trace, le sort* ». La sagesse représente le camp ou l'autel, et le bouc « émissaire » en est écarté. On sait que des deux boucs, l'un se voyait désigné par un jeton marqué de l'inscription « À Yahvé », et servait d'offrande, tandis que l'autre, désigné par le jeton « À Azazel », démon du Désert, devenait malédiction et comme tel chassé dans le désert. Les jetons étaient tirés au sort. Philon se contente d'opposer sagesse divine et sagesse humaine, deux « logoi » (§ 179, milieu), dont l'un, à force de s'éloigner dans le sensible, échappe à l'enseignement. Car la réflexion suivante (§ 180-181) part de là. Les brebis du troupeau de Laban et de Jacob se substituent aux boucs de la célébration, et elles infléchissent la signification du « *sort* » : les bêtes de Jacob étaient « *marquées* » — on se souvient de la ruse qui lui permit d'augmenter son troupeau au détriment de celui de Laban, d'après *Genèse,* ch. 30, v. 32 à 43. Philon voit finalement dans la bête expulsée l'esprit qui a refusé l'instruction. La sagesse divine dépose des caractères sur la cire de l'âme : il est loisible de voir là le prolongement du thème de l'écriture divine. Il jalonne en effet les étapes de la descente dans le monde, telle que nous la suivons depuis le début de cette section. Car le doigt de Dieu a d'abord tracé l'écriture des Tables de la Loi (§ 167) ; la robe du grand-prêtre, ensuite, porte les douze noms, gravés à l'imitation des Idées divines ; et maintenant, la Sagesse prétend confier à l'âme docile les caractères de la science. On le voit, Philon n'oublie pas que son Abraham de l'heure est un amoureux de la science, qu'il cherche l'instruction. Une fois de plus, soit dit au passage, il a conjugué deux textes, l'un de la *Genèse,* l'autre du cycle de l'*Exode,* pour comprendre le sens de la division des bêtes. Qu'il en soit bien ainsi, nous en trouvons une nouvelle preuve dans un détail du texte. Au § 179, le bouc marqué pour l'expulsion est dit « *plein d'ardeur pour le devenir qui fuit* » ; or, au § 180, le personnage de Laban va prendre le relais, lui qui possède des bêtes privées de toute marque. On sait que Laban désigne, dans le code philonien, l'âme vouée au sensible, puisque son nom signifie « *blancheur* » c'est-à-dire une couleur, c'est-à-dire encore, par extension, une qualité sensible, l'image même du devenir fugace, évanescent. À noter que le terme de « monnaie », ici appelé à titre de comparaison, ne figure pas dans le passage symétrique, consacré au « didrachme » (§ 186 à 190) : c'est qu'entre les deux symboles il existe un subtil échange.

2. Le sang de l'Alliance (§ 182 à 185)

« Il prit la moitié du sang et la versa dans des cratères ; il répandit l'autre moitié vers l'autel ». Cette division adéquate au départ entre deux moitiés cesse de l'être dans son terme : le nom même des vases, appelés « cratères » — « mélangeurs », évoque en effet le mélange, le mixte. Placé dans la perspective de la sagesse, depuis tout à l'heure, Philon lui applique le nouveau thème : la présence, dans l'un des deux cantons découpés par la répartition du sang, d'un terme désignant le mélange l'autorise à souligner son absence dans l'autre secteur, puis à affecter simultanément la liqueur versée et l'objet qu'elle asperge du coefficient alterné « pur / mêlé ». Ce qui rejoint les cratères est forcément mêlé ; ce qui va vers l'autel est pur (la préposition « vers » joue son rôle). Et sans doute joue également le fait que l' « autel » soit au singulier, opposé au pluriel des « cratères ». Le § 183 établit exactement le parallèle, mais avec une subtilité. Le sang une fois identifié à la « sagesse », et distingué d'après sa destination en « sagesse divine » et « sagesse humaine », l'une revenant à l'autel, l'autre dédiée au « mixte », Philon redouble la portée de son étymologie : non seulement, du fait que les « cratères » symbolisent le « mélange », le sang devient une sagesse « mixte », mais l'effet de la sagesse — par essence elle est bonne et, à l'image de la sagesse divine, recherche l'unité ! — se voit tout de même limité : « La (sagesse) humaine est mêlée et mélangée, qui est répandue sur notre race mêlée, composée, mélangée : c'est pour y accomplir la concorde et la communion, qui ne sont rien d'autre qu'un mélange des parties et des coutumes ». Mixte, destinée à un mixte, la sagesse humaine produit un effet de mélange.

Or, le § 183, avec son redoublement d'allégorie, annonce la forme des § 184-185 : la rédemption relative qui soulève la race humaine à la fin se retrouve au § 185. Et l'ensemble des § 184-185 offre, mais limitée au cas de l'âme, une sorte d'image de la théorie d'ensemble donnée au § 183 à propos de Dieu et de l'homme. L'exégète se met dès l'abord à redire de la part intellectuelle de l'âme ce qu'il a dit de l'autel ; il parle de « libation », et manifestement il entend que le sang versé dans la direction de l'autel symbolise l'intellect « pur », qui, descendu de Dieu, y retourne[7]. Puis, au § 185, un même type de redoublement permet d'offrir un schéma complet : parce que la sensation est multiple, mixte, elle est évoquée par le mot « cratères » ; mais ordinairement considéré comme réceptacle du multiple, du sensible et du périssable, voici que le cratère reçoit du grand-prêtre un sang, délibérément lié à la « sagesse », qui l'ennoblit en lui permettant de « suivre les divines révolutions de l'esprit » — « de devenir jusqu'à un point rationnel ».

Au risque de paraître excessivement minutieux, examinons de plus près le travail de Philon. Tout ici importe à la compréhension du chapitre entier sur le « partage ». Par exemple, on peut montrer que les deux cellules composant les § 183 à 185 sont à la fois parallèles et opposées. Parallèles, comme nous l'avons dit, du fait qu'elles présentent toutes deux les deux allégories du sang-sagesse, avec la même particularité : un redoublement du commentaire destiné au canton inférieur :

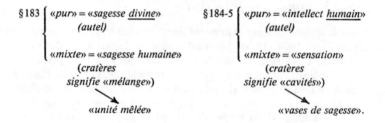

Le rebondissement est marqué par les flèches. Le parallélisme met en valeur l'opposition des peux conclusions. D'un côté (fin du §183), la rédemption est maigre, ou du moins contenue dans la désignation inférieure du « mixte » : « *unité mêlée* » ; de l'autre côté (§185, fin), voici due l'intellectualité pénètre la sensation. Il est vrai que Philon a retardé jusqu'à maintenant l'explication d'un terme qui se trouve dans le texte de base : le personnage qui verse le sang n'est autre que le « *grand-prêtre* », comprenons le LOGOS[8].

Loin d'être un exemple pris et traité au hasard des associations, le thème du « sang » permet à Philon d'exploiter une théorie complète du salut, tout en sauvant le beau schéma de l'exemplarisme qu'il a soigneusement inséré depuis le début de la section. C'est en effet cette notion d' « image » qui nous permet de passer du §183 à ce qui suit : le mystère de la proposition de l'*Exode,* « *Prenant la moitié du sang, il la versa dans des cratères ; la moitié il versa dans la direction de l'autel* » vient s'appliquer à l'homme après avoir servi la distinction de Dieu à l'homme. Enfin, le mouvement parti du grand-prêtre et retournant au grand-prêtre explicité en Logos, imite l'histoire du salut. D'autant mieux qu'au centre de ces paragraphes, l'humiliation la plus sensible de l'homme (l'unité et la communion ne sont que mélange) attend son relèvement du côté de l'unité intellectuelle. Le Logos vient en ce sens estomper la division qu'il a proclamée en distinguant deux parts de sang. Il fait descendre autant que possible la connaissance, l'intellect, la sagesse, dans les « *réservoirs* » de la sensation, dernier avatar du mot « *cratères* ».

Or, ce faisant, l'astuce de l'Alexandrin retrouve le personnage d'Abraham. Car cette rédemption des sens, c'est lui qui l'a prononcée le premier, lorsqu'évitant les aberrations de Laban ou du premier Adam, il a su dire de la sensation qu'elle était une « servante », mais « dnée ans la maison ». Que cette intention ne soit pas seulement prêtée par nous à Philon, nous en possédons la preuve dans la suite immédiate : l'histoire de l'esclave racheté (§186 à 190) propose en effet un dexemple 'énonciation fautive. L'âme qui adopte pour sa « *femme* » le principe féminin-qui-fomente-les-passions commet une erreur qui le disqualifie tout autant que celle d'Adam, capable d'appeler « *Vie* » cette même sensation, mortelle. Et c'est bien encore à Abraham, l'astrologue chaldéen, que fait allusion la formule des « *révolutions* » de l'esprit. Le cours de l'intelligence suit celui des astres, dont Abraham chaldaïsant scrutait le rythme (cf. Platon, *Timée,* 47b).

Enfin, notons pour terminer que l'expression allégorique est parfaitement organisée. Les trois termes bibliques, « grand-prêtre » — « cratères » — « autel », reçoivent un traitement dispersé et divisé :

(«grand-prêtre»)   Grand-prêtre = Logos

{ «autel pur» = Dieu   { «autel pur» = intell.
{ «cratères» = mélange   { «cratères» = vases.

Comme toujours, le contenu et l'expression se donnent la main.

3. Le didrachme du rachat (§186 à 190)

Le schéma de la rédemption va trouver une nouvelle expression, et nous allons voir le Logos tenir une nouvelle fois son rôle d'union, résultat surprenant de la notion du « partage »... Il ramène à l'unité ce qui était pispersé, à l'intelligence divine ce qui errait dans l'esclavage. On se rend compte à quel point le Logos offre peu de prise comme « diviseur », quand on lit, au §188, que le Logos « cimente et assujettit toutes choses ». Mais l'exégèse du didrachme sollicite une explication littérale. Deux citations animent l'ensemble des §186 à 190, empruntées à deux législations différentes. Le premier texte est tiré d'Exode, ch. 30, v. 11 à 16, et il vise l'impôt de recensement par lequel chaque tête en Israël doit racheter sa vie, car elle appartient au Seigneur ; cet impôt est levé de façon égalitaire : le riche ne versera pas plus que le pauvre (c'est la formule rappelée au §189). Le second texte, d'Exode, ch. 21, v. 5, statue sur le sort de l'esclave libérable : après six ans de service, on doit lui offrir la liberté. Il peut la refuser, en prononçant la formule : « J'aime trop mon maître, ma femme et mes enfants : je ne partirai pas libre » (nous citons en suivant Philon, pour ne pas compliquer le commentaire). Les deux rituels ont un point commun : la libération, le rachat de l'esclave, rachat qui est accepté ou refusé. Le commentaire de Philon adopte l'ordre que voici, malmené par la numérotation traditionnelle :

1) §186-187a : opposition du libéré et de l'esclave à vie, d'après la partition symbolique du « didrachme » prévu pour le rachat ;

2) §187b à 190 : signification positive de la « drachme » obtenue à partir du didrachme et consacrée à Dieu, c'est à dire à l'Un (monade).

Voici maintenant le traitement exégétique. Un verset donné, « le saint didrachme... en rançon de l'âme... Celui qui est riche n'ajoutera pas, celui qui est pauvre ne retranchera pas sur la moitié du didrachme », sera commenté en deux fois, la première proposition restant allusive, sans citation expresse. D'autre part, à son ordinaire, Philon traite successivement la forme puis le fond : les §186-187a tirent parti de l'étrangeté qu'il y a dans la formule biblique : pourquoi demander de prendre un didrachme pour en soustraire la moitié, et ne pas demander simplement que la capitation représente une drachme ? Cette considération entraîne la distinction des deux « moitiés » du didrachme. Le principe de la repondance suggère à Philon que cette première « moitié » est den soi ans un rapport d'homologie avec l'effet de sa dédicace : elle est une « *rançon* », et donc elle signifie liberté, libération ; à son tour, cette notion renvoie par négation à son contraire : et l' « *esclavage* » qualifie l'autre « moitié » ; la figure symétrique par rapport à l'esclave libéré existe dans la Loi : c'est l'esclave refusant sa liberté.

Les deux « moitiés » sont ainsi justifiées et opposées sur un plan assez formel : pourtant, Philon a donné un contenu à cette division formelle, nous le préciserons. Pour l'instant, regardons avec attention les derniers mots de cette première analyse : τῇ ἀνατεθειμένῃ δραχμῇ τε καὶ μονάδι. La « *drachme offerte* », c'est là un résumé de ce qui vient d'être développé : la « moitié » du didrachme s'appelle drachme ; la liberté retrouvée qui a été définie dans son contraire, l'esclavage de qui garde pour soi les bienfaits divins (τὸν κύριόν μου, τὴν γυναῖκά μου...), prend le nom de l' « offrande ». Mais, surprise pour qui se méfie des subtilités de Philon, sans en avoir l'air, il enchaîne « *drachme et monade* ». Or la notion absolue de « monade » s'oppose à la notion relative de la « drachme » issue d'une double drachme. Son origine est pourtant claire : Philon amorce la seconde analyse, et la « monade » lui est fournie par la définition de complétude, absolue donc, qu'impose la suite du texte : si on ne peut ni « *ajouter* » ni « *retrancher* », c'est qu'on a affaire avec une valeur absolue, autonome, « *pleine* », comme le dit Philon[9].

Les opérations mentales se décomposent comme suit. Philon commence par observer l'apparente absurdité du texte législatif sur la capitation : il invite à prendre d'abord une quantité double, le « *didrachme* », pour le dédoubler ensuite, puisque du didrachme chaque Israélite offrira la moitié, la rançon d'une drachme. Il faut donc supposer que le dédoublement signifie quelque chose : ce sera la vanité de la seconde drachme, dont précisément l'Écriture ne dit rien ; si elle ne dit rien, c'est qu'elle voue cette drachme-là au « rien ». Deuxième opération : si la première drachme, positivement traitée par la Loi, symbolise la libération, il faut donc que le reste désigne la part de l'esclave : l'esclavage volontaire. Troisième opération, qui assimile « *liberté* » et « *vérité* », comme « *esclavage* » et « *apparence* » : l'esclavage n'est qu'une apparence, du fait que l'esclave, l'âme abusée par l'attachement qu'elle manifeste à l'endroit de « *son* » maître (le possessif joue son rôle)[10], ou de la sensation, mère misérable de misérables rejetons, caricature la bonne disposition de l'âme équilibrée ; celle-ci rend justice à la fois à Dieu, Maître de tout et Père de tout, et à la sensation qu'elle reconnaît à sa place. D'où Philon peut écrire : laissons[11] à cet esclave « *le lot sans lot* », le sort sans héritage, pour jouer comme Philon sur le sens des mots. L'esclavage est alors simplement soustrait comme la drachme dont l'Écriture ne dit plus rien, une fois que la première drachme, positive et efficace, a été prélevée sur le didrachme. Quatrième opération : de même que c'est un « *sort* » — κλῆρος — qui a été attribué au bouc, donc une sorte de disqualification — le bouc en est devenu « à rejeter » — de même la drachme soustraite à l'offrande du rachat symbolise-t-elle un semblant de valeur, qui tourne à la disqualification. Une cinquième opération de l'exégèse consiste enfin à reprendre le terme déjà rencontré dans l'histoire du bouc émissaire, le mot ἀποπομπαῖον. Que l'expression soit suggérée à Philon par le verbe ἄπειμι, en *Exode,* ch. 21, v. 5, qu'elle se soit trouvée dans la version dont Philon disposait pour ce passage, ou qu'elle soit artificiellement reprise du §179 (le « bouc émissaire »), elle marque la volonté délibérée : il s'agit de boucler le tracé entrepris avec l'exemple du bouc émissaire.

Après la première phrase du §187, Philon revient à la partie du didrachme qui regarde la divinité et assure donc la libération de l'homme-esclave. On le voit immédiatement, le commentaire obtenu ainsi par rebondissement est symétrique et contraire de celui qui précède. Parlant des deux moitiés du sang répandu, Philon avait proposé dans l'ordre :

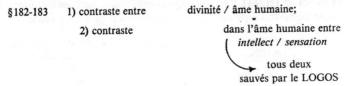

§182-183   1) contraste entre   divinité / âme humaine;

2) contraste   dans l'âme humaine entre
                intellect / sensation

                            tous deux
                            sauvés par le LOGOS

Nous trouvons maitenant, à propos du didrachme :

§186-187 a   1) contraste entre   âme libérée / esclave;

2) autonomie de la MONADE   par l'exemplarisme de
                             l'Unité,
                             tout est
                 sauvé dans le LOGOS.

Entre les deux exégèses, il y a donc croisement des sujets : les §182-183, sur le « sang », opposaient divinité et âme humaine — deux mondes hétérogènes par définition. C'est une opposition subalterne à l'intérieur de l'âme humaine, libérée ou esclave, qui occupe les §186-187a. Dans l'exemple du « sang », la seconde section offrait un tableau de l'homme partagé entre l'intellect et la sensation ; dans l'exemple du didrachme, c'est de la divine Monade qu'il est question. Ce qui donne :

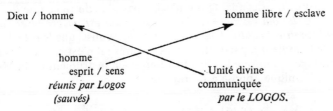

Dieu / homme   homme libre / esclave

homme
esprit / sens   Unité divine
réunis par Logos   communiquée
(sauvés)   *par le LOGOS.*

Mais chaque section s'achève sur l'œuvre salvatrice du LOGOS. Par rapport au thème du « sang », le nouveau développement sur le didrachme apporte ceci : une fois que le Logos a rempli l'âme, intellect et sensation, celle-ci peut encore errer, si elle vient à s'attribuer la possession de ces biens (dire « *mon* » maître) ou à s'attacher sans discernement au monde de la sensibilité. Or, l'esclave pose une formule qui révèle ses passions : en cela, il incarne le contraire d'un Abraham, capable de dénomination juste, comme nous l'avons rappelé en concluant le commentaire sur l'exemple du « sang ». Le Logos lui évite cet égarement.

L'œuvre du Logos est de regroupement et d'unité réelle. L'égalitarisme de Moïse, qui refuse toute péréquation entre le riche et le pauvre, signifie la complétude de la Monade, la drachme positive obtenue par division du didrachme. Comme pour bien marquer l'unité des § 179 à 190, consacrés à la rédemption progressive de celui qui apprend — au travers des trois exemples, des boucs, du sang, de la drachme — Philon glisse une nouvelle allusion à un auteur profane : « *en toi je finirai ; par toi je commencerai* » (HOMÈRE). L'ensemble ainsi couvert reçoit par là des repères et des caractères déterminés. Les indications extrinsèques sont les suivantes : la double mention de l' « *émissaire* », les citations de PLATON et d'HOMÈRE, qui trouvent place aux extrémités. Il est finalement bien découpé en trois subdivisions à peu près égales :

Chaque subdivision s'achève, de plus, sur un thème identique, celui de la Sagesse communiquée : l'empreinte, l'image, la liqueur de sagesse que le Logos répand. L'ensemble, enfin, nous fait parcourir les étapes de la rédemption : l'initiation intellectuelle (empreintes de la « *cire* » — § 181), puis la conversion de tout l'être (rédemption de la sensibilité même — § 185), l'accès enfin à la contemplation de la Monade, image de Dieu (§ 187b à 190). Il reste à ce progressant de trouver un viatique, de franchir le passage décisif et d'aborder au pays de la Sagesse. Or, ces trois conditions ultérieures vont recevoir leur symboles dans les § 191 à 195...

Comment ne pas être sensible au fait que l'allégorie n'a rien négligé, non pas même de nous conduire, dans un chapitre sur l' « égalité-justice » à cette justice transcendante qui n'exige pas plus du riche que du pauvre (§ 189 : « *Celui qui est riche n'ajoutera pas ; qui est pauvre ne retranchera pas sur la moitié du didrachme* ») ? On retienpra aussi que le rôle du Logos a pris de l'ampleur à partir des textes inspirés : il n'est même plus l'agent du « partage », puisque le voici lien universel, instrument de la Monade, sceau de l'Unique apposé à la fragilité.

4. *La terre promise (§ 191 à 195)*

La purification (§ 179 à 190) n'est que la condition du salut et sa préparation négative. Jusqu'ici, nous nous sommes contenté de situer la page que nous ouvrons (§ 191 à 195). Nous avons dit plus haut que, dans le grand ensemble des § 174 à 200, ils rappellent opportunément les différents types p'égalité annoncés dès le § 140, et le thème de la « justice » tel qu'il est amorcé au § 161. Mais, en suivant l'ordre du texte, nous venons d'entrevoir une justification plus intérieure : nous savons que Philon fait se rejoindre les nécessités formelles et les valeurs. La nourriture de la

Manne, la célébration du passage de la frontière entre l'Égypte et la Terre promise, le partage de cette même Terre, à quoi fait suite le sacrifice d'action de grâces (§195), ces trois nouveaux épisodes complètent l'économie du salut. Et sans doute la brièveté du commentaire signifie-t-elle toujours et la simplicité du regard en celui qui désormais sait, et le caractère encore inchoatif de la possession à laquelle Abraham peut ici prétendre : il est, dans la série des trois vertus, le commencement, l'apprenti du savoir.

De plus, enchaînant avec la dernière considération qui avait trait à la plénitude de la Monade, Philon a trouvé trois cas où la stricte justice est sublimée dans la proportion de l'équité. S'il est vrai que la Monade est au-delà du nombre, puisque le texte d'*Exode,* ch. 30, v. 12-13, fait un sort à la première drachme sans plus mentionner la seconde, qui compose cependant avec elle le didrachme, il devient clair que la justice dépasse l'égalité. De même en effet qu'on ne demande plus au riche d'ajouter à la moitié du didrachme, de même Dieu répand-il la Manne de telle sorte que le « *plus* » ou le « *moins* » objectifs se rencontrent dans une égalité subjective. Bien mieux, alors qu'il s'agit apparemment d'obtenir un nombre objectivement égal de convives devant l'agneau pascal (§192-193), Philon s'arrange pour que nous comprenions le texte d'*Exode,* ch. 12, v. 4, de manière subjective, comme si chacun était censé trouver son compte en fonction du mérite ou du besoin : « *Si peu de gens sont dans la maison, de sorte qu'ils ne suffisent pas à l'agneau, qu'on appelle le proche voisin, selon le nombre d'âmes, pour que chacun soit compté selon ce qui lui va — il se trouvera détenir la part dont il est digne et dont il a besoin* ». Nous avons traduit τὸ ἀρκοῦν par l'expression large « *ce qui lui va* », pour laisser Philon jouer lui-même sur le sens, car il réunit sous ce mot les deux valeurs : « *la part dont il est digne et dont il a besoin* »[12]. Comble enfin du paradoxe, par une plus violente distorsion du texte de *Nombres,* ch. 35, v. 8, Philon montre que la répartition de la terre de Sagesse (§194) est effectuée de telle sorte que, selon une expression analogue à celle des Évangiles, celui qui possède aura davantage, et celui qui a peu aura moins encore. Seulement (§195), le culte manifeste au bout du compte que tout cela ne nuit pas à l'égalité ; les prêtres font le lien entre justice et équité : les parts que les chefs du Peuple, symbolisant les douze tribus, remettent aux prêtres sont également distribuées. Avec ces prêtres, nous sommes préparés au mystère des parfums rituels (§196 à 200).

Il n'est enfin pas impossible que ces trois modestes exemples, réunis entre eux par les thèmes de la « demeure », maison ou terre, de la « part » à laquelle chacun a droit, entrent par un autre biais encore dans l'ensemble des §174 à 200. L'établissement sur la Terre promise évoque la constitution d'un Peuple de douze tribus (§174-175, comme au §195) ; la fuite hors de l'Égypte symbolisée dans la volonté de « *désapprendre* » (ἀπομαθεῖν), doit faire écho au qualificatif qui désigne le didrachme privé de sa bonne moitié ou le bouc rejeté au désert, tous deux ἀποπομπαῖον. Par contraste, Philon doit traduire l' « *agneau* » — πρόβατον — comme « *progrès en avant* », d'après l'étymologie πρόβατον — προβαίνειν[13] : aussi explique-t-il sommairement, au §192, que la Pâque désigne le moment où l'âme « *prend soin de désapprendre la passion irrationnelle et reçoit volontiers la passion de la bonne passion rationnelle* ». Ce jeu des préverbes ἀπο- / προ- achève de donner à l'ensemble ce tour particulier d'un voyage, de cet itinéraire dont nous avons voulu faire le fil conducteur des §174 à 200.

5. *Le sacrifice des parfums (§ 196 à 200)*

En tout cas, nous achevons avec le double sacrifice, « *du matin et du soir* » (§ fin du §199), l'épopée du salut. Le retour à Dieu par le culte qu'il a lui-même dicté en est le sommet indépassable et nécessaire. L' « égalité », les symétries observables dans le texte sacré jusque dans le souci de l'asyndète ou de la coordination (§198), sont strictement sauvegardées, comme déjà dans le bref épisode des parts sacerdotales (§195).

Le commentaire de Philon coule, parfaitement limpide. Il suffira de souligner que l'exégèse, si l'on veut schématiser, rapproche les deux livres de la *Genèse* et de l'*Exode*. Car la composition des parfums devient le symbole de l'univers par ses éléments, l'eau, la terre, l'air et le feu — ou plus précisément, pour tenir compte de la remarque du §198, l'eau, la terre, et l'air et le feu. Le rite lui-même est emprunté à la législation de l'*Exode,* comme tout ce qui a trait à l'histoire et au culte du Peuple racheté d'Égypte. Par le thème du <u>culte</u>, Philon renoue avec le §174. Par celui de la création, il retrouve le <u>début</u> du chapitre sur le « partage » (§135, où nous lisons une première fois la distribution des quatre éléments naturels). Ici, la division cède la place à la recomposition, à la synthèse : le Logos depuis déjà longtemps dans le texte ne cherche-t-il pas à recomposer l'unité, à pénétrer de sagesse les obscurs réceptacles de la sensibilité et tout ce qui est « *mixte* » ? Le parfum, issu de la substance sensible la plus captieuse, celle qui s'adresse au plus imprécis des sens, l'odorat, devient monnaie d'échange par où la créature revient au Père de l'univers. Et le nom du « *Père* » (§200) nous fait nous souvenir au bon moment que le patriarche Abraham devait naguère désigner ainsi la Cause de tout. L'allusion au refus de « *thésauriser* » (§200, fin) nous ramène encore au personnage de l'intendant fidèle (§102 à 124).

Les exemples, l'exégèse qui en est proposée, les effets du commentaire, le rappel des lignes de force telles que l'*IMAGE*, qui permet à une division d'en refléter une première, plus haute, l'attention aux liens formels comme à l'équilibre des valeurs, tout dans cette section plus longue nous assure que Philon n'y a jamais perdu de vue le dessin d'une broderie unique, subtile et sûre.

VI. « Lui-même, il est au milieu »
(§201 à 229) :

Par un changement de front, l'idée de « séparation » en deux parts égales (les réalités vont par moitié — μέσα) produit l'idée de la position médiane du Logos. Médian et même médiateur, le Logos acquiert un rôle plus important, plus grand en tout cas ici que les choses du monde divisées par son action créatrice. Ce thème va couvrir les §201 à 206. Si l'on demande comment s'est opéré le passage, il ne suffit pas de répondre que Philon a exploité complètement, selon une « division » rhétorique l'alternance obvie *MÉΣA / MÉΣOΣ*. La manière dont il a conduit le jeu de l'*IMAGE* dans le sens d'une « involution » constante, et dont, par exemple, le cinquième précepte de la Loi se retourne vers le « milieu », ou dont les divisions du sang, du didrachme, sont détournées vers l'unité du Logos, nous a préparés à un tel changement de perspective.

Pour dominer le sens de cette nouvelle section, il convient d'admettre qu'elle conclut le chapitre immense du « partage », et qu'en même temps elle possède une autonomie. Habilement, Philon a combiné les deux fonctions, et c'est ce que notre analyse doit, comme toujours, démêler. Parcourons une première fois le texte, en distinguant les articulations évidentes. Trois sections le partagent : une première, plus longue (§210 à 225), fournit des exemples bibliques de la médiation du Logos, déclaré μέσος ; les §226 à 229 peuvent être considérés comme une section, du fait que la dernière phrase du §225 est conclusive, et que le thème du <u>culte</u> suffit à donner son originalité à cet ensemble ; mais nous verrons que cette page peut très bien compléter la première section. Enfin, les §230 à 236, avec les « *oiseaux* » que le sacrificateur ne coupe pas, forment une inclusion avec les §125 à 129, comme nous l'avons souligné en marquant l'autonomie de ce chapitre. On le verra, Philon s'est bien accommodé des exigences multiples où l'engagent ces « conclusions » rassemblées.

Le Logos médiateur (§ 201-225)

La première section, sur le Logos médiateur ou médian, forme un berceau : un premier développement donne trois exemples de la médiation appliquée au Logos ; puis le thème de la contrariété des choses arrive brusquement (l'annonce en remonte au §133 et... au texte de base : « *il coupa par moitié et plaça (les moitiés) l'une en face de l'autre* ») : il occupe les §207 à 214 ; nous retrouvons le Logos médiateur au §215 et jusqu'au §225, avec le symbolisme du « *chandelier aux sept lampes* ». Ce qui donne :

§201-206   §215-225
Le Logos   *entre les morts / les vifs*   *Le Logos «septième»*
            entre Égypte et / Israël   *entre deux triades.*
            entre le créé et / Dieu

§207-214
la liste des
CONTRAIRES...

Nous aurons à comprendre l'inclusion du passage consacré à la loi des « contraires » (§207 à 214) et à justifier en même temps le retour du thème « Logos-médiateur » dans le §215. Disons tout de suite que le thème du « contraire » occupe en principe une place égale à celle du « milieu », ἐναντία équilibrant le μέσα dans le texte de *Genèse,* ch. 15, et que, d'un simple point de vue de rhétoricien, Philon fait preuve d'une certaine élégance en combinant deux valeurs du thème « milieu » pour loger dans le développement de la seconde tout ce qu'il veut dire du thème « en face — contraire ». Quant à la question du retour au thème « Logos-médian » dans le §215, on notera que Philon est lui-même ramené à la « médiation » par une observation d'exégèse locale : il note que les animaux partagés sont au nombre de trois, ce qui donne six parts, et donc sept éléments si l'on introduit le Diviseur (§215). L'image alors proposée du « *chandelier aux sept lampes* » offre le dernier élément actif de tout le chapitre. Et Philon l'introduit à deux titres : pour le chiffre sept, bien entendu, et sa disposition particulière ; et, d'autre part, pour la définition du chandelier, fait « *d'or pur et tourné* » comme une œuvre divine. Or, si les §216-217 expliquent le symbolisme du métal précieux, il faut attendre la fin du §229 pour trouver l'explication du second qualificatif, « *tourné* » : Philon en tire un argument pour la sphéricité du monde. C'est dire que la section formée par les §226 à 229 joue bien le rôle d'une conclusion secondaire par rapport aux §201 à 225.

Le culte *(§ 226 à 229)*

La deuxième section, qui vient donc achever la première, garde cependant une autonomie, du fait que le thème retenu y est celui de l'action de grâces. Philon renoue ici avec la conclusion de la partie comprise entre le §161 et le §200, celle que nous achevons : le symbole des « *parfums* » rituels lui avait donné l'occasion de célébrer l'action de grâces ; rattachant le « *chandelier* » aux autres objets de culte, la table de proposition et l'autel des parfums, l'exégète avisé lui confère une valeur eucharistique dont rien n'indiquait la présence. Du même coup, les §226 à 229 ferment la section du « partage » et l'ensemble du chapitre.

Les oiseaux *(§230 à 236)*

La troisième section, consacrée aux animaux non partagés, les « *oiseaux* », poursuit l'exégèse en commentant le verset suivant du ch. 15 : « *mais il ne coupa point les oiseaux* » (v. 10). Philon récapitule à propos les termes essentiels du chapitre, mais en les infléchissant dans un sens que nous préciserons plus tard. Disons seulement ici que les §230 à 236 introduisent un principe supérieur, celui qu'indique l'absence de « division », et que cette idée de l'indivision devient pertinente, au terme d'une longue réflexion sur son contraire, la « division ». Le principe d' « indivision », à son tour, parle d'absolu ; et, en cela, il fait écho aux §226 à 229 qui développaient l'idée de l'incommensurable (le « *chandelier* » n'a pas de dimensions, sur le plan proposé par Dieu à Moïse). Ainsi, deux concepts négatifs viennent, au terme du chapitre, définir la transcendance... Mais n'allons pas trop vite, et reprenons le détail.

1. Le logos médiateur (§ 201 à 225)

Le culte ramenait à Dieu les éléments du monde (§ 196 à 200). Mais c'étaient bien les éléments qu'il s'agissait de montrer dans leur juste répartition. Désormais, Philon reporte son attention sur le Médiateur : ce ne sont plus les êtres qui sont dits μέσα — « par moitiés », mais le Logos qui devient Μέσος — « au milieu, médian ». Quatre textes seulement, quatre symboles de cette vérité, illustreront la propos de l'exégète : trois en série, dans les § 201 à 206, et le dernier, isolé, plus développé (§ 215 à 225 et même à 226 — au-delà du tableau des *CONTRAIRES*). En fait, la série des trois premiers est exemplaire : l'étude montre qu'elle constitue une sorte de cellule ou de matrice qui rend compte de la construction de toute la section.

a) Le drame de l'Exode (§ 201 à 206)

Les trois épisodes, d'Aaron faisant cesser la plaie qui frappe les Israélites partisans de Coré (*Nombres,* ch. 16), de la Nuée (*Exode*, ch. 14), de Moïse, enfin, intercédant pour le Peuple (*Deutéronome,* ch. 5), forment déjà une figure régulière. Le premier et le dernier exemple désignent explicitement le « *Logos* », quand le deuxième ne parle que de la « *Nuée* » ; les deux extrêmes définissent une médiation de type métaphysique (« *mort / vie* », d'abord ; puis « *créé / incréé* »), tandis que le milieu s'en tient au combat.

Le premier exemple (§ 201-202) se développe tout entier dans le contexte de l'épisode désigné sous le nom de « révolte de Coré » : le § 202 s'explique en effet, si l'on se souvient en le lisant que la révolte a connu deux stades : avant le châtiment de Coré, et après. C'est dans la seconde partie de la révolte qu'Aaron est intervenu pour faire cesser le fléau qui décimait les Israélites. Le Logos joue un rôle de médiateur, dans un contexte de salut[14]. Dans le deuxième cas, celui de la *Nuée,* il se produit une évolution notable. La nuée symbolise successivement deux réalités, l'une tirée de l'*Exode,* et c'est la Nuée qui abrite le départ des Israélites ; l'autre gardant l'ambivalence de cette nuée, bénéfique aux Hébreux, obscure aux Égyptiens. Or, Philon ajoute une référence au Déluge, qui se dédouble à son tour : le déluge proprement dit fut l'inondation provoquée par les nuées débridées ; mais, à Noé sorti de l'arche Dieu promit ensuite que jamais plus les eaux ne ravageraient la terre (*Genèse,* ch. 9, v. 11 à 17 : « *Lorsque j'assemblerai les nuées sur la terre et que l'arc apparaîtra dans la nuée, je me souviendrai de l'alliance qu'il y a entre moi et vous et tous les êtres animés... et les eaux ne viendront plus en déluge pour détruire toute chair* »). Nous sommes remontés de l'*Exode* à la *Genèse,* d'un mystère de salut à une constitution devenue naturelle, d'un drame à un jugement.

Or, le troisième exemple se range curieusement tout entier du côté de la « nature », de la création. Bien que l'exemple choisi par Philon se trouve être l'intercession de Moïse sur le Sinaï, et donc le type même du drame contenu dans l'*Exode,* l'explication qu'il en donne revient à un

mythe de création ! Moïse n'intercède pas pour la vie du Peuple en danger, mais pour la solidité de la Création. On a même l'impression que
Philon place dans la bouche de Moïse des paroles qui conviendraient plutôt à Noé, ce Noé entrevu dans le §204, avec la mention du Déluge.
La « *paix* », l' « *espérance* » que Dieu n'abandonnera plus son œuvre,
ne sont-elles point, déplacés, transposés, les thèmes que la Nuée investie
de l'arc protecteur symbolisait tout à l'heure, à la fin du Déluge ?
Mais, déjà au §204, avec même une plus grande netteté, le Déluge est
devenu une sorte de mythe de création. Il est possible de figurer ainsi le
processus :

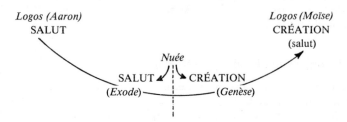

L'élément médian constitue lui-même une médiation effective entre les
éléments extrêmes. Mais l'effet de sens produit dépasse l'intérêt formel.
Car dans ce balancement entre l'*Exode* et la *Genèse,* souvent noté par
nous, Philon glisse une doctrine qui va se trouver confirmée par la suite.
Création et salut sont superposables : autrement dit, le Dieu proposé par
les Écritures n'a rien du dieu étranger au monde, même s'il en est le créateur, que la conscience païenne se forge. Nous allons voir que la fin du
chapitre souligne le rapport étroit entre la transcendance et l'immanence.

b) La loi des CONTRAIRES (§207 à 214)

La suite du texte de *Genèse,* ch. 15 est censée nous conduire au système des « contraires » : « *il les plaça en face les unes des autres* ». Annoncé au §133 un peu comme s'il devait occuper autant de place que la
théorie du partage, ce développement est glissé au milieu du discours
sur le Logos médian ! Philon s'est contenté d'une énumération, de
cinquante-cinq propositions, sauf erreur. Le catalogue pourrait se poursuivre longtemps, semble-t-il, et le choix des cas ne doit guère tirer à
conséquence. C'est que Philon ne veut pas voir dans ce principe des
« contrariétés » ou de complémentarité un principe fécond. Pour lui,
comme le montre l'usage tout statique des applications du principe,
cette vision du monde dont Héraclite s'est vanté bien vainement ne donnerait qu'une notion inerte. De cette loi résulte un monde clos, appuyé
sur lui-même. Que l'on compare le caractère productif des exemples de
partition jusqu'ici considérés, avec l'équilibre morne, indéfini, sans la
moindre dialectique, dont les « contraires » assurent l'exactitude. C'est
dans cet esprit que Philon, pensons-nous, toujours économe de ses pro-

cédés, a préféré estomper la nouveauté de ce verset pour l'insérer si naïvement dans le développement sur le Logos médiateur. Il ne peut plus faire ombrage à l'action permanente et actuelle du Diviseur. De part et d'autre, l'énergie dramatique du Logos parcourt le monde. La cohésion des choses ne tient pas à leur affrontement tranquille, mais, comme il est indiqué au §206, le « *héraut de Dieu* » lui est nécessaire, avec son animation. Mieux, il y faut la flamme vive de cette lampe privilégiée du « *chandelier* ». Cet enveloppement d'une création par composition des contraires dans la série des exemples tirés de l'*Exode* reproduit en plus grand ce que nous avions aperçu dans la structure des §201 à 206 (les trois exemples, d'Aaron, de la Nuée, de Moïse intercédant sur le Sinaï). La création doit être un salut, pour Philon comme pour la Bible. On notera que l'Alexandrin entend la division des « contraires » comme un résultat, plus que comme un principe dynamique : les contraires sont finalement issus du Même — témoin l'Héraclite du §214 — et cela procure du monde une vision analytique.

c) La septième flamme (§215 à 225)

La troisième subdivision de cette section consacrée au Logos médiateur se présente comme suit :

§215-216a l'exégèse de la «division» fait venir l'image du «*chande-lier aux sept lampes*».
§216b-217 Ce chandelier est «*d'or pur*»;
§218 à 220 ⌠description du chandelier;
§221 à 224 ⌡symbolisme des planètes, rangées en deux triades;
§225   symbolisme de l'âme tripartite.

L'essentiel du développement comprend la description du chandelier avec son symbolisme cosmique. De part et d'autre, en guise d'introduction et de conclusion, Philon propose deux paragraphes courts, dont le premier donne l'impression d'être adventice, puisqu'il concerne un passage de l'Écriture qui n'est pas directement appelé par la notion de « milieu » ou de « division » (la citation d'*Exode,* ch. 25, v. 31, 37, 17 et 22 à 24 : « *tourné avec art, œuvre divine et estimée, (venu) de l'Unique, l'or pur* ») ; et dont le second amorce une seconde forme de symbolisme, non plus cosmique, mais psychologique. Il faut dire immédiatement que les §216b-217 et la citation « parasite » jouent un rôle déterminant, en réalité, ce qui les fait aussitôt rentrer dans le rang. Nous avons déjà indiqué, en dépit de la complication que cette remarque introduit dans l'analyse, que la citation d'*Exode,* ch. 25 resurgit au §229. Ajoutons que le §225 et sa considération sur l'âme ne doivent pas être tenus pour un développement avorté : Philon mentionne là deux réalités qui composent avec le §216b-217, comme nous l'expliquerons. De telle sorte qu'il vaut mieux se représenter ainsi les §215 à 225, une fois donné le point d'attache avec le discours sur la « division », c'est-à-dire l'introduction formée par les §215-216a :

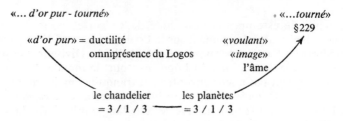

Ce n'est pas par association que Philon cite *Exode,* ch. 25. Il convient de traduire, d'ailleurs, ce texte comme l'exégèse de Philon le suggère, c'est-à-dire en donnant à chaque mot une valeur autonome, comme en une cascade d'appositions : « *Il est une œuvre tournée, un ouvrage d'art de bon aloi et divin, (venu) de l'Unique, l'Or pur* ». En effet, les derniers mots du §216a désignent la génération et non la matière : peu nous importe ici de savoir comment Philon voit la production de l'hebdomade par l'Unité, mais il est sûr qu'il a songé à ce passage pour le nombre Un. Si l'on se souvient qu'aux §187 à 190, Philon a pris soin déjà de fondre tous les nombres dans leur origine, la Monade, on s'étonnera moins de cette « association ». Mais, comme nous l'avons indiqué, Philon est soucieux dans notre chapitre de concilier transcendance et immanence : le court paragraphe que nous analysons en est la preuve. À peine fait-il remonter l'hebdomade à l'Un qu'il explique à la manière stoïcienne l'omniprésence du Logos (le mot n'y est pas, mais celui de « *nature supérieure* »). La nature supérieure de l' « *or* » permet au principe d'être partout sans se perdre, par ductilité. C'est lui qui constitue les êtres et les harmonise. Les §216b-217 proposent une montée et une descente, un parcours double, stylisé, qui sauve le monde de l'autonomie illusoire et de l'indifférence divine. L'autonomie avait son expression tangentielle dans la liste des « contraires » ; l'indifférence divine pouvait être déduite du retour de l'hebdomade à l'Unique.

La description du chandelier aux sept luminaires, comme son symbolisme cosmique, ne demande guère d'explication, sauf sur un point, le privilège de la branche médiane. Sa position altière, au sommet du du chandelier, insinue déjà quelque préséance. Mais il semble que Philon songe ici au texte des *Nombres,* ch. 8, v. 2 (cf. *Exode,* ch. 25, v. 37), où il est précisé que le chandelier est orienté « *d'un seul côté* ». Or le mot λυχνία désigne aussi bien le chandelier tout entier que la lampe centrale ; et Philon d'interpréter la précision « *d'un seul côté* » comme s'il s'agissait uniquement de la lampe centrale (cf. *De congressu eruditionis gratia,* §8). Bien mieux, ce « *seul côté* » donne à entendre à Philon qu'il est « *du côté de l'Unique* ». Voici d'ailleurs le texte du *De congressu* : « *Le chandelier (ou plutôt la lampe du milieu) brille du côté de l'Un, c'est-à-dire évidemment du côté de Dieu. Il est en effet le septième, placé au milieu de six branches séparées en triades qui montent la garde de chaque côté ; et (il) elle lance ses rayons vers le haut, vers l'Un, jugeant son éclat trop vif pour qu'un mortel puisse le rencontrer* ». On retrouve non seulement le rapport à l'hebdomade, mais la notion de garde, telle que le §223 de notre *Quis heres,* la propose, appliquée au Soleil, relais cosmique de la Flamme.

Quant à l'intention de Philon, se proposant de développer le symbolisme de tous les détails du chandelier, il ne semble pas qu'elle ait abouti : on se reportera néanmoins au texte des *Quaestiones in Exodum,* II, §74 à 80, où, dans l'esprit de ce recueil, se trouvent rassemblées nombre d'indications qui ne sont pas, à notre connaissance, entrées dans un discours suivi, tel que serait un traité connu de nous.

On a noté que Philon distribue entre le symbole, qui est le chandelier, et la réalité cosmique, l'univers des planètes, tout ce qui concerne la septième branche du luminaire : le texte du *De congressu* attribue la « *garde* » aux six branches latérales ; c'est aux six planètes, rangées de part et d'autre du Soleil, que le §223 du *Quis heres* confie ce rôle de vigilance. L'élégance littéraire autant que la vérité symbolique justifie ce partage des valeurs : c'est que le modèle (cosmique) et l'image (cultuelle) échangent leurs attributs comme en un miroir. Il n'est peut-être pas non plus indifférent que Philon souligne l'erreur qui menace toute théorie astronomique : « *Les hommes n'ont pas assuré leur appréhension de l'ordre des planètes...* ». Car l'Abraham formé à l'école des astrologues chaldéens doit quitter leur opinion « athée » pour se mettre à l'écoute de la Parole divine. C'est donc l'image du chandelier qui a chance de nous suggérer parmi toutes les théories celle qui répond de plus près à la vérité.

1. Deux phénomènes notables terminent cette réflexion sur le chandelier aux sept flammes. Tout d'abord, Philon conclut l'analogie par une indication extrinsèque à la nature du chandelier : « *Voulant,* dit-il, *que près de nous il y ait une imitation terrestre de la sphère céleste, archétype comprenant sept luminaires, l'Artisan ordonna que soit fabriquée une œuvre très belle, le chandelier* ». C'est opérer un retour à la formule d'*Exode,* ch. 25, par le mot d' « *œuvre belle* » ; mais surtout le lecteur reconnaîtra immédiatement un écho de l'étrange formule du §112 : déjà là, nous avions l'apparition d'un symbole cultuel éminent, l'Arche — ici, le chandelier — et le rattachement de ce symbole à la « *volonté* » de salut, le passage d'un récit cosmologique de création au mouvement dramatique de l'*Exode.* De ce point de vue, le rapprochement avec le §113 est saisissant, tant pour ce qui est dit de l'IMAGE, que de la VOLONTÉ.

Le terme d'*IMITATION* (μίμημα) résume ici tout un aspect des chapitres bibliques de l'*Exode,* et non seulement du discours de Philon, qui lui emprunte et ses images et ses citations. Il s'agit en effet, dans la chronique originale, de l'entrevue de Moïse et de Yahvé sur le Sinaï : Dieu montre à Moïse les *modèles* de tous les objets du futur sanctuaire. Plusieurs fois, il précise : « *Tu te conformeras exactement, en faisant la Demeure et tout le mobilier, aux modèles que Je te montrerai* » (cf. *Exode*, ch. 25, v. 9 ; v. 40 ; ch. 26, v. 30 ; ch. 27, v. 8). On sait que les ch. 25 à 31 de l'*Exode* donnent effectivement les modèles de ce que les ch. 35 à 39 déclarent exécuté : à la fin du ch. 39, nous lisons que « *Moïse regarda tout l'ouvrage ; il vit qu'ils l'avaient fait comme Yahvé avait prescrit* ». On sait aussi que ce procédé continue une vieille coutume orientale : un sanctuaire avait besoin de l'autorité divine pour être érigé ; même une cité, un palais, pouvait ainsi être « révélé » en songe au fondateur, qui commençait par décrire sa vision et la mettait ensuite à exécution.

Les textes de dédicace portaient et l'annonce et la réalisation. C'est donc ici ce phénomène de l'*IMAGE* tiré de la Bible que Philon exploite.

Quant à la *VOLONTÉ*, elle désigne solennellement (βουληθείς du § 225) une volonté de salut : les objets sont ceux du culte, Philon l'oublie si peu que les § 226 à 229 vont tout de suite y revenir. Et, comme objets de culte, ils assurent le retour à Dieu, c'est-à-dire le « salut » d'un homme que l'autarcie du monde perdrait définitivement. Nous verrons que, plus loin, Philon reconduit cette « imitation » enveloppée dans l'histoire du salut à la notion d' « *IMAGE* » de Dieu, telle que la propose le livre de la *Genèse,* cette fois, par un retour donc au contexte de la Création (§ 231).

2. Il reste à comprendre l'allusion à l' « âme », qui complète le § 225. Elle est introduite par un simple rappel : « *Il a été indiqué aussi quel était le rapport (du chandelier) avec l'âme...* ». Par là, Philon exclut l'idée d'un développement autonome. L' « âme » semble ici appartenir au même domaine que le ciel des planètes, mais « *sur terre* ». Elle fait ici la synthèse des éléments allégorisés : elle devient à son tour semblable au ciel qui, dans l'ordre artificiel (τεχνίτης — δημιουργηθῆναι), a également reçu une imitation... On le voit, c'est le chandelier, réalité de l' « *art* » et de l' « *imitation* », qui sert de médiateur : l'âme et le ciel y trouvent leur image commune. La théorie de l'âme est ici un décalque de la théorie du monde céleste. Au total, nous nous trouvons en présence de trois ordres : l'ordre des planètes, l'ordre de l'âme supposé similaire, l'ordre d'imitation du chandelier aux sept lampes. Mais ces ordres sont reliés par un rapport déterminé : l'ordre du ciel, si réel qu'il soit, n'est jamais qu'une image de l'âme, un miroir où la Sagesse lui apprend à se déchiffrer (les Chaldéens s'y perdent, faute de remonter du monde à eux-mêmes, et d'eux-mêmes à la Cause — comme l'indique le *De migratione Abrahami,* § 184 à 197). Entre ces deux « réalités », déjà impliquées dans une relation originale, le chandelier est *donné*[15] par Dieu, qui « a volonté » de sauver l'âme. Il assume le relais pédagogique entre le monde et l'âme, mais, de plus, il projette l'âme dans une image de soi, extérieure à soi, mais ordonnée par Dieu à l'action de grâces qui constitue la raison du culte.

De la sorte, on peut sans exagération trouver qu'il ne subsiste dans les § 215 à 225 que deux « réalités » dernières : l'âme, dont le ciel n'est qu'une figure, et la « *nature supérieure* » du § 217. Si bien que les deux extrémités de la section contiennent, l'une le Créateur désigné par l' « *Un* », et la seconde, la créature qui seule compte, l' « *âme* ». Le début considère la création, le principe statique de l'ordre du monde, la « *nature supérieure qui s'étend, se verse, se répand partout... tisse harmonieusement toutes choses entre elles* » (§ 217) ; à la fin, la constitution de l'âme est placée sous la représentation du chandelier, lui-même effet d'une « volonté » de Dieu, comme tout ce qui accompagne le don de la Tente (cf. § 112-113). Création et salut, création et histoire, transcendance et présence active dans le temps de l'homme : Philon distingue et conjugue les deux pôles. Aussi bien est-ce à propos de l'âme qu'il évoque les mots exprès de « *diviseur de toutes choses, le Logos sacré et divin* » (§ 225) — ce qui apporte une confirmation à la « réalité » de l'âme.

Pour la mémoire et au titre de résumé, nous proposons le schéma suivant :

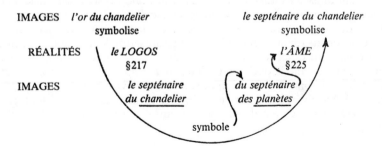

Le chandelier effectue toutes les médiations. On voit la solidarité de l'ensemble : sans l'apparente digression sur la nature de l' « or », la conclusion sur l'âme apparaîtrait comme une simple illustration supplémentaire du septénaire. Mais, de même que le chandelier, par sa matière déjà, symbolise une « réalité », le *LOGOS* céleste (qui n'est pas nommé comme tel), de même à l'autre bout de la chaîne, le septénaire du chandelier, par sa forme, désigne l'autre « réalité », l'âme (associée au Logos). Entre les deux termes, il reste l'image et ce qu'on appellera l'image de l'image, à savoir la double réalité, du chandelier, puis du ciel.

2. *Le culte (§ 226 à 229)*

C'est une exégèse négative qui vient maintenant expliciter les valeurs de salut enfermées dans le don que la « *volonté* » de Dieu propose à l'homme. Les § 226 à 229 rapportent en effet le *chandelier* aux autres objets du culte, pour marquer la différence qui confère au chandelier une sorte de privilège. Le §226 tire parti du rapprochement évident de tous ces objets : la notion commune d' « *action de grâces* » qui affecte la table, l'autel et le chandelier, vient sans doute de l'autel des parfums, naturellement dédié à l'action de grâces ; par contact, les deux autres objets, la table et le chandelier, héritent cette valeur. Philon résume ici sa revue des « *éléments* », et il entraîne tous les cantons de la création dans le retour à Dieu. Le rapprochement existant de fait entre les trois objets de culte lui permet de renouer avec les § 196 à 200, qui partaient de la seule analyse des « *parfums* ». Mais il est soucieux de marquer à la fois et d'abolir la frontière qui sépare l'homme de Dieu : aussi veut-il que les signes de la transcendance enveloppent ceux de l'immanence. Si la table et l'autel des parfums signifient la totale dépendance de l'homme et la nécessité où il se trouve de tout rapporter à Dieu[16], le chandelier, au contraire, symbolise la présence auprès de l'homme d'un élément divin, puisqu'il est donné sans précision de « *mesure* ».

À l'inverse de ce qu'une lecture trop pressée pourrait faire croire, l'absence de mesure attribuée au chandelier ne courbe pas l'homme devant l'Infinité divine (absence de mesure, dans un autre sens) : parce

que ce chandelier est un symbole « *donné* » à l'homme, il introduit
l'homme dans l'immense ou plutôt l'immense dans la sphère de l'homme.
Il devient ainsi un indice de l'immanence. Philon reste ainsi fidèle à son
exégèse de l' « *or* » dont provient le chandelier (§217) : le principe suprême de la Création, le Logos, se répand effectivement dans son œuvre.
Les trois objets du culte remplissent pour ainsi dire le lieu de la « *Tente* »,
si étrangement descendue du ciel (§112) : on note que Philon, des deux
côtés, a mentionné la décision divine : βουληθείς — « *il a voulu* » (§112 et
225). Nous avons souligné l'importance de ce vocabulaire. Il est, pour
finir, loisible de représenter les rapports principaux qui existent entre
cette section et la précédente, qu'elle fait aboutir, comme avec le reste
du traité.

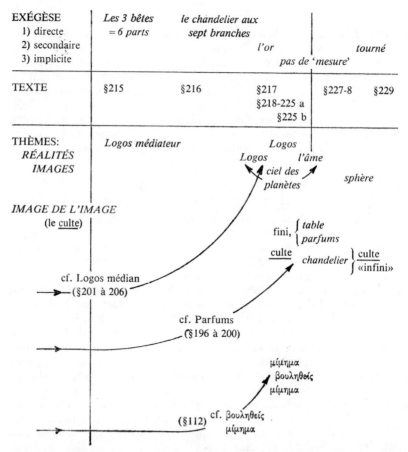

Les §228-229 reviennent au ciel, c'est-à-dire à ce que nous avons nommé
l'image de l'âme ; les §230 à 236, qui forment la section suivante, vont
rapporter l'image à son modèle, en réunissant l' « *âme* » et le « *ciel* »
dans un concept nouveau, le concept d'unité. Mais, redisons-le, Philon,

ce même Philon qui exige de son Abraham qu'il dépasse l' « athéisme »
chaldéen en reconnaissant Dieu comme Cause du monde, prend ici bien
soin de souligner en même temps que le Logos vit dans le monde. La
réflexion sur la nature de l' « or » dont provient le chandelier permet de
symboliser cette présence par la ductilité du métal précieux ; ensuite,
le passage de l'*Exode* à la *Genèse,* de la cosmologie statique à une fonction de salut appuyée sur la « *volonté* » de Dieu, assurent au Logos un
double rôle, d'immanence et de transcendance.

Pour ce qui regarde la forme, tout devient plus clair dans cette page
si l'on tient compte du rapport entre la réalité, constituée de l'âme et du
Logos, et l'image qui est, entre les deux, le ciel, et si l'on observe que de
cette première image, le ciel, une autre image est donnée à l'homme,
le chandelier aux sept flammes : par sa contiguïté avec l'autel des parfums, il en vient à diriger l'action de grâces[17].

3. L'indivision et la division (§ 230 à 236)

Cette page achève l'immense suite consacrée au long déroulement
cosmologique et sotériologique de la notion importée par le verbe « *il
partagea en deux* ». Voici quelque chose qui ne fut point partagé, quelque
chose donc où les concepts et les images de la division trouvent leur
ancrage comme dans leur contraire. Les deux oiseaux restent intacts, et
nous savons même depuis le début du chapitre qu'ils représentent l'unité
sous la forme d'une « *harmonie* », étant tous les deux une forme de la
Sagesse. N'oublions pas qu'il s'agit ici des oiseaux choisis pour le « *sacrifice* » : Philon ne s'est pas contenté d'expliquer la constitution du
monde, mais le texte de *Genèse,* ch. 15 lui a permis d'insérer la cosmologie dans une histoire du salut. On le voit au fait que les pivots de la réflexion se trouvent être le don de la Tente et des objets du culte : l'autel
des parfums et surtout le chandelier. D'ailleurs, Philon a déjà bien avancé
le symbolisme des oiseaux, tourterelle et colombe, dès les § 126b à 129,
on s'en souvient. La *tourterelle* renvoyait par sa solitude à l'unicité divine ;
la *colombe,* amie de la société, symbolisait la sagesse humaine. Philon se
souvient pour sa part — dans les § 230 à 236 — qu'il a marqué le rapport
des deux oiseaux en désignant la colombe comme une « *image* » de la première : c'est en effet le thème de l'image qui va dominer le commentaire.

Nous avons annoncé plus haut que les § 230 à 236 considéraient les
deux « réalités » qui restaient mêlées aux symboles, à l'intérieur des § 215
à 229 ; or maintenant nous parlons d'image. Il n'y a point contradiction
entre ces deux formules, parce que l'image change de registre, comme nous
le verrons. Les deux « réalités » désignaient l'âme, en tant que mue par
la partie rationnelle, et le Logos, partout à l'action dans l'Univers. Ici,
nous aurons, du côté de l'homme, le même terme, l'âme ; mais, du côté
de Dieu ou du Logos plutôt, la « *sphère fixe* » qui est appelée « *ciel* » en
tant qu'elle commande au ciel inférieur, formé du système des planètes.
Il est difficile, manifestement, d'harmoniser entre le § 215 et le § 236 les
applications cosmologiques du nombre 7 ! La manière dont Philon interprète la triple division de l'âme au § 225 n'a rien de commun avec les six

divisions du §232, qui désignent simplement les sept sens (avec cette subtilité que les enfants de l'école affrontaient jadis, le problème des intervalles et des objets : six coups de ciseaux déterminent sept bandes de
papier…) ; de même, au §233 les planètes sont prises toutes en bloc, sans
que le privilège du soleil demeure, qui était fondamental aux §219 et 223…
Il serait facile mais abusif de conclure de cette incohérence à une désin-
volture générale. Les arguments, les « raisons » du nombre 7, ne sont
plus les mêmes parce que le point de vue a changé. Le point de vue a
changé, mais point brutalement. Si Philon retire maintenant et l'âme et
le ciel (entendons bien la *sphère supérieure et fixe,* âme de l'Univers)
du <u>milieu</u> des choses où la réflexion sur le « partage » les proposait,
c'est que le texte nouveau de *Genèse,* ch. 15 suggère pour un même
sacrifice division et indivision, immanence dans la première, transcendance dans la seconde. Or, ce jeu entre les deux directions se poursuit
depuis longtemps. Philon, par docilité au texte, mais aussi et de façon
indissociable, pour achever ce retour du monde à Dieu dont nous avons
tant parlé, exclut les symboles (le ciel des planètes et le chandelier) pour
conserver les seules réalités. Et le caractère d' « *image* » qui est celui de
l'âme rationnelle dans l'homme, en tant qu'elle est une imitation, à l'image
de l'image de Dieu (cette cascade est imposée par le §231…), constitue une réalité subsistance, ce qui n'était pas le cas du chandelier ou du
ciel comme système des planètes.

Le nerf de l'allégorie se trouve être le texte de *Genèse,* ch. 1, v. 27 :
« Dieu fit l'homme selon l'image de Dieu ». On sait, au moins depuis le
§164, que Philon discerne dans ce texte la présence de trois termes.
L'analyse de l'expression synthétique, « *selon l'image* », permet d'isoler
successivement le modèle reculé, qui est Dieu ; puis l'Image, le Logos, ou
l'Homme ; enfin, engendré « *selon* » cette Idée, pour prendre une comparaison de type platonicien, l'homme empirique. Cette dualité des images
répond à celle des deux oiseaux, non pas du simple fait qu'ils sont deux,
ce qui serait encore bien léger, mais du fait que la « *tourterelle* » et la
« *colombe* » sont, comme il est dit au §126 à la fin, assimilées au genre et
à l'espèce : la colombe équivaut à une tourterelle apprivoisée, répandue
dans la compagnie de ses semblables, grégaire et donc inférieure. On voit
au passage que le §126, si loin qu'il soit, est nécessaire à l'exacte définition
des « *oiseaux* » du §230.

Philon est bien rapide : il ne dit point tout d'abord pourquoi les deux
oiseaux reproduisent la distinction qui existe entre l' « *Image de Dieu* »
et l'homme créé « <u>selon</u> *l'Image de Dieu* ». Cette rapidité vient de ce que
Philon poursuit lucidement son propos. Mais la distinction des deux
oiseaux sera, au contraire, explicitée et développée dans les §234 à 236.
Pour le moment, Philon se contente de définir ce qu'on pourrait appeler
la « co-réalité » du Ciel et de l'âme. Il fait aboutir le jeu des images provisoires et successives dans l'essentielle relation de l'homme à Dieu.
En effet, le ciel des sept planètes, comme l'âme divisée en sept, a disparu :
il reste le *Ciel fixe,* et, pour ainsi dire, l'*âme* de l'âme.

Mais ce résultat une fois obtenu, Philon revient pour conclure définitivement le chapitre que nous continuons d'appeler pour la commodité

chapitre du « partage ». S'étant assuré par la grâce de l'Écriture que la « division » ne peut-être détournée dans le sens d'un principe d'autonomie de la création, et qu'à cette activité de division l'impulsion est fournie par ce qu'il entend dans les mots « *sphère fixe* » — « *âme* », il a orienté la théologie d'Abraham, son héros, vers la vérité (telle est l'ambition du traité). Les §234 à 236 reprennent tous les éléments du chapitre. Ils en viennent même à désigner plus clairement qu'au début le principe Diviseur. C'est à peine si le §130 avait indiqué, grâce au renfort d'un texte parallèle, qu'en l'absence de sujet pour le verbe « *il divisa* », il fallait entendre : « *Le Logos divisa* » — et encore avons-nous pu démontrer que cette précision restait en un sens occasionnelle, de ce type d'occasion ambiguë chère à Philon et qui fait correspondre deux desseins, proche et éloigné. On pouvait jusque là croire que Philon s'en tenait pour la division à quelque concept, plus ou moins hérité du Portique. Le §236, au terme de l'exposition, précise que les deux « *indivisés* » forment ce principe Diviseur : le *Νοῦς* qui est au-dessus du monde mobile, et le *νοῦς* qui assure en l'âme le mouvement des sept parties. Le raisonnement de Philon paraît supposer qu'il ne peut y avoir que deux positions : « divisé / divisant ». Si bien que, les §230 à 233 ayant posé le caractère d'indivision dans les « réalités » que symbolisent la tourterelle et la colombe, les §234 à 236 en tirent le concept actif de « division » — qui est le contraire.

Le rôle du texte emprunté à la *Genèse,* ch. 1, v. 27 ne s'arrête pas là. Il permet à Philon de sauvegarder une hiérarchie plus précise et que les développements précédents sur l'immanence (ou du moins sur ce que nous nommons ainsi par convention) risquaient d'obnubiler. Le terme de « *Logos* » ne vise plus une réalité mal déterminée, ni même deux réalités, comme nous venons de l'entendre, mais pour ainsi dire trois. Le Logos de Dieu, grâce au texte de la citation : « *Il fit l'homme selon l'image de Dieu* », devient essentiellement le principe engendré par Dieu, cette « *Image* », la première émanation ; et, par une sorte de participation imitative (ou bien, s'il faut presser les termes du §126, par la relation de l' « *espèce au genre* »), l'intellect, qui correspond à la « *sphère fixe* » au-dessus de nous, et celui que nous expérimentons en notre « *âme* » accèdent tout ensemble au rôle de « *diviseur* » et au titre de *λόγοι* (§230).

En réalité, le texte de *Genèse,* ch. 1, v. 27 distingue trois plans : celui de Dieu, celui de l'Image de Dieu, celui de l'homme créé « *selon* » l'Image de Dieu. Cela permet à Philon de modifier son vocabulaire pour rejoindre une hiérarchie préétablie. Au §230, il appelle donc *λόγοι* les deux « réalités » symbolisées par la « *tourterelle* » et par la « *colombe* » ; mais au §234, il passe du terme de Logos, réservé maintenant à l' « *Image* » de Dieu, au terme de *λογισμός* — « *raisonnement* » issu du Logos, comme l'espèce est descendue du genre — qui vient définir notre participation au Logos. Jusque là, il n'est d'ailleurs question que de deux ordres appartenant à la sphère du Diviseur, du Logos : l'ordre cosmique n'est pas évoqué. Aux §235-236, en attribuant l'activité du Diviseur, Philon enchaîne trois ordres, trois réalités transcendantes : le *Λόγος* et deux principes actifs, distingués en vertu des précédentes analogies, le *Νοῦς* cosmique et le *νοῦς* psychologique. Dieu retrouve les qualificatifs qui font de lui la Cause de tout : « *artisan — Père* », ce qui traduit l'expression de *Genèse,* ch. 1, v. 27 : « *Dieu fit l'homme selon l'Image de Dieu* ». On le constate, le texte cité possède aux yeux de Philon tous les éléments d'une dialectique serrée qui vient animer un texte marmoréen. La rigueur de cette dialectique, et partant celle des §230 à 236, nous autorise à les résumer dans un schéma. Nous y agrandissons la fin du chapitre. En-dessous du rappel des textes, la ligne écrite en caractères italiques manifeste l'évolution quasi grammaticale de la dialectique : on passe de l'effet, « *Divisés* », à la Cause dans son immobilité souveraine, « *Indivisés* », pour redescendre vers l'activité transitive de la Cause, « *Divisants* ».

	les oiseaux non divisés «*tourterelle / colombe*» = λόγοι TEXTE DE *GENÈSE*, 1, 27 «*IMAGE*» / «*image de l'IMAGE*» 2 ORDRES DE L'INDIVISÉ	ΘΕÓΣ Λόγος ⎰ Νοῦς ⎱ νοῦς 3 ORDRES DU DIVISEUR
Divisés...	*Indivisés*	*Divisants*
§125 à 229	§230 à 233	§234 à 236.

4. *L'ordre de l'Écriture*

La conclusion apportée par Philon lui-même nous a plusieurs fois conduits à revenir sur le début du chapitre, et finalement, à dégager une signification maîtresse : Dieu envoie l' « *image* » de la liturgie pour que l'homme, incapable de comprendre directement son « *âme* » et le « *monde* », trouve un guide apparenté à l'un comme à l'autre, capable de le faire monter jusqu'à la Cause. La « division » n'est que la face logique de l'IMAGE. Plusieurs remarques importantes nous ont également démontré que Philon, traitant du « partage adéquat », n'a pas voulu constituer un développement parasite, voire un second traité. Nous possédons au contraire dans ces pages, pour longues qu'elles soient, un exemple assez ramassé de la considération sur l'âme et sur le monde telle qu'une « sagesse », pour ne pas dire une « philosophie », se doit de la proposer à quelque moment. Cette considération doit mener celui qui, par définition, cherche la connaissance jusqu'à la science véritable, par la Cause, dernière étape sans laquelle toute science reste lettre morte ou de simple probabilité, si elle n'aboutit pas à un « athéisme », plus vain que l'ignorance. Il ne faut donc pas tenir compte du second titre dont les éditeurs anciens ont affublé ce traité, car il induit le lecteur dans la facile tentation de lire ici une doctrine de l'harmonie ou de la création par division. On a vu la subtilité de l'analyse philonienne et le mouvement dont l'Alexandrin anime cette réflexion pour conduire la « philosophie » des Physiciens au mystère de l'Écriture.

Faut-il revenir sur le problème de l'inspiration propre de Philon ? Faut-il s'interroger à nouveau sur le modèle qui propose à Philon son image, son symbole du « Diviseur » ? Une fois que l'étude poussée dans le détail, assortie des réserves que nous avons stipulées en abordant le chapitre, lui aura fait parcourir un champ plus pittoresque, le lecteur aura sans doute de lui-même déplacé la question. Que le Logos divin soit l'agent de tout partage, nous le savons par le début et par la fin du chapitre. Mais nous sommes obligés de constater que ce principe se diffracte et ne conserve pas jalousement son privilège à l'intérieur du parcours. La lé-gèreté avec laquelle Philon en évoque la présence, même s'il distribue judicieusement la puissance de diviser à partir du ΛΟΓΟΣ jusqu'au νοῦς du ciel et de l'âme, imite la fluidité dont le livre du même nom fait mérite à la « SAGESSE ». Le contenu du développement recouvre tout d'abord une sorte de paraphrase de la Genèse (les § 134 à 160), puis une dialectique conduite par le souvenir de l'Exode (tout le reste, du § 161 au § 236, où nous aboutissons), et qui vient associer activité de création et salut, proximité et transcendance. La notion partout répandue du sacrifice et de l'action de grâces qu'il véhicule manifeste avec éclat le salut de l'âme : car, telle est la volonté de Philon lui-même, quand l'âme ne sait plus lire le monde ou les symboles du Ciel, Dieu par une décision nouvelle (βουληθείς, qui scande les articulations capitales) donne à l'homme de nouveaux symboles, ceux que résume le don de la Tente (§ 112-113, déjà) et que détaille l'exégèse de l' « autel des parfums » (§ 196 à 200) et surtout celle du « chandelier » (§ 215 à 236). Ces symboles réapprennent à l'homme la lecture authentique du monde et de soi. Nous sommes loin de la simple perception d'un monde rendu équilibré, stable, intelligible, par la « division ». Le rôle même du Λόγος comme « Diviseur » est rarement évoqué ; il n'a guère d'extension, encore moins de compréhension, et aucune influence réelle sur le discours. C'est dire que l'origine de tout le chapitre est à chercher délibérément du côté de la Bible, quelle que soit la doctrine qui, au passage, prête son emblème à une observation. La seule question pour nous était au départ celle de la cohérence interne du chapitre, jointe à celle de son harmonie avec le reste de l'ouvrage. Les justifications éclairantes en soi qu'apporte M. HARL[18] ne détruisent nullement le jugement de A. J. FESTUGIÈRE : tous les concepts cosmologiques sont tirés d'un lot scolaire et vulgarisé. Mais, en lui-même, ce jugement n'a rien de « sévère »[19], et c'est ailleurs que doit porter l'apologie de Philon : précisément sur le point que M. HARL abandonne aussitôt après : « Nous abordons la partie la plus austère du traité, écrit-elle[20] ; sans grande cohérence, sont exprimées quantité d'idées cosmologiques... ». S'il reste vrai, comme nous l'avons constaté, que l'on ne peut, par exemple, harmoniser entre elles les deux divisions successives qui rendent compte du septénaire de l'âme, c'est pourtant en dégageant une autre co-hérence interne qu'on rendra justice à Philon. On saura du même coup que ce chapitre sur l'*IMAGE* plusieurs fois répercutée n'a rien d'austère, mais forme un discours où la merveilleuse profondeur le dispute à l'élégance de l'architecture. Non content de l'excuser pour une faute qu'il n'a pas commise en manquant de philosophie originale, il convient de retirer aussi ce simple bachelier du terrain de la « spiritualité ». Il ne cherche pas à définir une théologie morale, mais l'ordre immanent de l'Écriture. Le texte de *Genèse,* ch. 15, où le traité puise sa substance, paraît taillé pour un Philon : nous avons relevé les passages du traité où Philon s'est servi des répétitions matérielles qu'il trouvait dans la lettre du texte pour enchaîner ses déductions : par exemple, la succession de formules matériellement identiques, telles que « *celui qui sortira de toi...* » suivie de « *il le fit sortir au-dehors* » donne à l'exégète l'idée à laquelle il est déjà tout préparé, que sous les mots divers court dans la Bible un sens dynamique, unifié, dialectiquement agencé. Bientôt, aux deux oiseaux restés sans partage le texte de la *Genèse* va faire succéder « *les oiseaux qui descendent* » : Philon utilisera cette homonymie pour établir une... différence essentielle entre les deux séries.

On dira, avec grande raison, que la possibilité de dégager une suite dans un premier discours donné, la Bible en l'occurrence, suppose un instrument, à tout le moins un critère, et que cet outil ne peut être qu'une théorie philosophique, morale ou cosmologique. Il reste pourtant une autre voie, qu'il nous est, à nous modernes, plus difficile d'apercevoir. L'originalité de Philon est noyée, pour nous, dans celle même de la pensée chrétienne. Le christianisme des Pères philosophe à sa manière, sans jamais offrir de système philosophique ; et cette « manière » est parente, sinon héritière, de celle de Philon. Le rapport à un texte non philosophique, mais historique peu ou prou, commande une approche philosophique discontinue. Comme le christianisme hellénisé des premiers siècles, Philon paraît ou trop ou trop peu philosophe : trop, parce qu'il donne un espoir de cohérence interne et conceptuelle, qu'il vient à décevoir ; trop peu, parce qu'on y veut à toute force déceler un héritier de la pensée antique. Si la lecture chrétienne de la Bible entre nécessairement dans un « discours chrétien », décevant pour le philosophe et en même temps difficile au croyant, on peut dire semblablement et pour la même raison que la philosophie de l'Alexandrin[21] boîte constamment parce qu'elle va de la pensée au Texte, *au-delà duquel il affirme l'action d'une autre Pensée.* Nous n'avons pas l'ambition d'entrer trop avant dans ce problème. Nous voulons seulement plaider ici la cause de la forme littéraire : c'est la cohérence qui introduit au système, là où il est. Or la cohérence de Philon est en sa surface, parce qu'il s'ajuste à un autre discours. Il convient donc de manifester les arguments de cette forme plus fragile d'unité.

Pour terminer, cependant, à l'intérieur des frontières de la philosophie, suggérons que Philon vient dans ce chapitre de compléter la spéculation initiale. L'existence autonome d'un Abraham, trop perdu dans l'infinité des dons divins, a été conquise par le droit de parole et tout de suite orientée vers le futur. Ici, Philon ne ménage plus un temps nouveau, susceptible d'accueillir l'espérance d'Abraham, mais il lui fournit une sorte d'espace symbolique : le jeu successif de l' « *image* » et de l' « *image de l'Image* » crée un champ libre, tout d'apparence, de « *semblant* », si on le réfère à l'unicité divine, mais suffisant pour cet être de l' « *intermédiaire* ».

NOTES

1 Cf. la dialectique du silence et celle de l'exacte dénomination du monde sensible menées dans le chapitre 1, puis le chapitre 2.

2 *Αἰδώς* est, avec *Δίκη*, le fondement de la sagesse politique dont Zeus pourvoit l'humanité, au dire de Protagoras, une fois qu'elle est sortie démunie des mains d'Épiméthée, (*Protagoras,* 322 c). Plusieurs passages de PLATON associent *αἰδώς* et *σωφροσύνη*, comme notre passage de Philon.

3 M. Harl donne suffisamment d'exemples dans son édition du *Quis heres,* p. 85, n. 4.

4 A Neo-Pythagorean Source in Philo Judaeus ? 1932.

5 Les exigences de l'Écriture sont seules absolues.

6 Ce mouvement est aussi symbolisé dans l'expression du §170 : « *le Nom qui n'est pas venu jusqu'au monde du devenir* ».

7 Notons au passage que c'est le thème du « dépôt » commis à l'intendant fidèle qui reparaît ici.

8 L'hésitation des commentateurs, telle que M. Harl en fait état page 256, note 2 de son édition, repose sur une conception intellectualiste du travail philonien. Il n'existe pas de traduction univoque de l'expression *θεῖος* (ou plutôt *ἱερὸς*) *λόγος,* mais des cas particuliers, conduits par la nécessité locale...

9 Cette transition insensible, par liaison stricte (*τε καί*) mais injustifiée, rappelle celle que nous avons analysée à propos du §34, « *ou bien...* ».

10 Cf. *Legum Allegoriae,* III, §198-199.

11 Une sorte de raisonnement constant, indépendant de l'occasion, semble utilisé ici comme dans le *De Cherubin,* par exemple, §72, où figure la même expression « *Il est nécessaire que...* » — *ἀνάγκη,* pour introduire la disqualification.

12 Faut-il même voir là une synthèse de l'objectif et du subjectif ?

13 Cf. *Legum Allegoriae,* III, 165 : *τὴν προκοπὴν, τὸ πρόβατον* ; *De sacrificiis Abelis et Caini,* §112, où figure l'étymologie ; *De congressu eruditionis gratia,* §106. Faut-il poser un jeu de mots entre *Πάσχα* et *πάσχειν* ?

14 Le livre de la *Sagesse* assimile également Aaron et le Logos divin, en parlant du même épisode, au ch. 18, v. 20 à 25. Le Logos est encore montré d'une course rapide, au v. 15 (cf. ici, le §201 : « *J'admire aussi le Logos sacré : en hâte, d'un souffle, il court de façon soutenue pour se placer au milieu...* ».

15 Comme au §112, Philon souligne la « *volonté* » qui est en Dieu de placer sur terre une « *image* » qui permette « *à notre espèce de ne pas être privée de la meilleure part* » — thème de l'héritage. Le jeu des ressemblances efficaces n'est pas seulement « naturel » ; il est inscrit dans une décision seconde issue de Dieu.

16 Cette déperdition de soi a été déjà notée au §200, et Philon en a largement disserté aux §102 à 124, commentaire de « *Reçois pour moi...* ».

17 Une dernière interprétation de l'expression « *sans mesure donnée* » vient, à la fin du §229, d'Aristote, *De anima,* 404b, 18s. Si l'Être, nous dit Philon, est incommensurable, c'est qu'il est rond, sans « *longueur ni largeur* ».

18 Édition de Lyon, vol. 15, p. 62 à 102.

19 Op. cit., p. 63, n. 1.

20 Ibid., p. 162.

21 Il va sans dire qu'en parlant du christianisme, nous y incluons la présence dominante du Judaïsme.

CHAPITRE SIXIÈME

LE JUSTE JUGEMENT (§237 à 248)

Ni la longueur ni la complexité du chapitre sur le « partage » ne nous ont empêché d'y voir avant tout le développement linéaire du personnage d'Abraham. Il n'est donc besoin d'aucune introduction, lorsque Philon cite à nouveau le texte de base. Assez simplement, il va montrer l'exercice de l'intellect annoncé dans les §234 à 236 : à l'instar du Logos, notre intellect procède par division ; mais, comme les « *oiseaux ne furent pas partagés en deux* », le type de « division » qui va surgir maintenant change par rapport aux précédents. L'âme avisée va « *siéger* » comme un juge et discerner parmi les opinions celles qu'il faut retenir. Cet exercice semble bien banal en regard des hauteurs où la considération du « partage » nous a fait séjourner. Pourtant, que serait Abraham, sur la piste difficile de la véritable « science », privé du jugement qui lui permet de tracer parmi les doctrines un chemin de vérité ? Assiégé par les pensées matérialistes et donc contre-nature (§237 à 234a) telles que les symbolisent les oiseaux affamés de chair morte, Abraham triera la bonne doctrine et discernera parmi les philosophies contradictoires celles qui méritent d'être cultivées (§243b à 248).

Comme il est de bonne règle chez notre allégoriste, les mots d'un verset sont toujours pris en flagrant délit de s'influencer les uns les autres : si Philon peut opposer aux rapaces qui « descendent » des reptiles qui « montent », ce n'est pas seulement en vertu d'une opposition évidente ; il songe d'avance à la décision que le juge Abraham doit prendre en « *siégeant* » : ce jugement serait sans objet si la catégorie maléfique était seule représentée, et il faut donc discerner dans les mots d'apparence négative, « *des oiseaux descendirent* », la mention implicite d'animaux contraires, « *terrestres* », mais tendus vers le haut, capables de « *bondir* » (§239). Autre règle de l'exégèse : une redondance doit dissimuler une distinction. En lisant deux fois de suite le mot « *oiseaux* », lui-même déterminé fâcheusement par la notion de « descente », le sage devine que ces êtres nommés en second s'opposent radicalement aux premiers. De même, lorsqu'il faudra expliquer le mot « *divisés* » dans la description complète, « *Des oiseaux descendirent vers les corps, les parts divisées en deux* », Philon, oubliant pour ainsi dire tout ce qui a fleuri sous sa plume du §125 au §236, interprétera cette « *division* » comme une « coupure » mortelle des tendons (§242) qui ne laisse plus que des êtres mutilés, éloignés de toute harmonie vitale. De la sorte, ces animaux, assez vils pour être en appétit de cadavres, risquent de tout compromettre dans la quête intellectuelle. Mais le passage de la doctrine saine permet à Abraham de redresser la situation.

L'exégèse peut ici se passer de notre commentaire, car elle va simplement à son but. Il suffit d'observer que l'idée des êtres agissant contre leur nature est soutenue par l'Écriture qui considère comme bêtes pures, et donc mangeables, les reptiles pourvus de jambes et dont le bondissement transforme l'indice terrestre en valeur céleste (§239-240). Il suffit encore de constater une fois de plus que le commentaire philonien ne perd pas de vue le personnage d'Abraham, ami de la science. Et cela justifie la bifurcation apparente du §245, passant aux différentes doctrines et aux conflits qui surgissent entre les philosophies. Soulignons aussi que le passage aux « doctrines » ou aux « pensées » doit beaucoup au fait qu'il s'agisse d' « *oiseaux* », ailés, subtils, appartenant au « ciel » comme les idées.

Plus étonnant au premier abord le retournement de situation qui permet à Philon de commencer sur une perspective tragique et de terminer sur une note positive, sinon optimiste. Les philosophies ne sont pas toutes pernicieuses comme le sont les passions de l'âme (§245) ; elles ne sont pas représentées par les oiseaux sinistres. Mais le système d'opposition entre le bas, où se précipitent les rapaces, et le haut, que les reptiles doués de quelque agilité souhaitent rejoindre, autorise une vision plus souple. Les doctrines peuvent être des alliés, quelquefois maladroits. Alliés, parce qu'elles cherchent la vérité (fin du §248) qui reste difficile en elle-même ; maladroits, parce que leurs armes risquent de se tourner les unes contre les autres, engendrant le scepticisme. Cette relative qualification des doctrines philosophiques est exigée, aux yeux de Philon, par le jugement que le sage est amené à prononcer : s'il siège sur un tribunal, d'après le texte sacré, c'est qu'il est nécessaire d'arbitrer. S'il faut arbitrer, c'est qu'il est possible de le faire ; et s'il existe une telle possibilité, c'est que l'hostilité n'est ni totale ni définitive. D'où l'opposition signalée par le commentaire entre la guerre et de simples différends, tels qu'une fraction du peuple peut bien en avoir avec une autre fraction : ce dernier divorce est guérissable, alors que le premier péril ne peut être conjuré que par l'éviction pure et simple. Toute l'exégèse repose sur une série de dichotomies, lues par Philon dans les mots ou entre les mots de son texte de base. Ce texte, pris dans tous ces éléments, explicites ou implicites, fait aboutir heureusement ce qui paraissait péricliter sans ressource. Il le fallait, car Abraham doit philosopher. En pensant à l' « *extase* » dont il va disserter maintenant et qui signifie l'horizon de transcendance sur lequel philosopher droitement est pensable, Philon n'omet pas de conclure sur une note restrictive : « *La vérité est chose difficile à trouver comme à poursuivre* — δυσεύρετον καὶ δυσ-θήρατον. Aussi bien l'extase désigne-t-elle un point où l'initiative de Dieu reprend ses droits... Et le lieu commun de la quête difficile tourne ici en appel[1].

NOTES

1 Le texte des LXX, « il siégea » suppose sans doute une faute de lecture sur l'hébreu וַיֵּשֶׁב אֹתָם au lieu de וַיֵּשֶׁב אֹתָם — « il les chassa ».

CHAPITRE SEPTIÈME

LA SOURCE DU LANGAGE EXACT ET DU JUGEMENT
(§ 249 à 265)

Il n'est pas malaisé d'imaginer l'importance de ce chapitre. Il doit assurer entre l'omniprésence de Dieu et la liberté d'Abraham un compromis qui sauvegarde tout l'acquis des chapitres précédents. Le lecteur pressent qu'une réflexion sur ce que Philon appelle l' « *extase* », c'est-à-dire a sortie de soi, ne peut que reprendre des valeurs déjà signalées dans e commentaire de mots « *sortir* » — « *sortir au-dehors* », ou bien éloigner à ce point Abraham de sa propre intériorité qu'il en devienne étranger à soi-même, ou bien trouver une voie originale, qui maintienne le mystère de la collaboration entre le divin et l'humain. Disons tout de suite qu'à nos yeux, Philon assure cette dernière voie : et il le fait de manière globale et simple, en cherchant le patronage de Platon. C'est en effet la médiation ultime du « délire », de la μανία, de l'inspiration de type poétique qui, dans Platon, autorise l'homme à connaître ce qui est juste, par une sorte d' « opinion » aussi distante de la fausse science que de la connaissance intuitive. Ici, Philon va combiner une sorte de connivence entre l'intellect humain, capable de se taire, et le Soleil de l'illumination. L'image heureuse du jour alternant avec l'obscurité de la nuit ramène l'expérience à une sorte de rythme naturel, à une respiration plus supportable que le déferlement éblouissant des fleuves de grâces qui submergeaient au début de l'ouvrage une nature incapable de les écarter...

Nous voici, pour ce qui est du procédé exégétique, devant un chapitre dont l'armature est formée par une division à l'intérieur d'un concept. Il existe, dit Philon, quatre variétés d'ἔκστασις, suivant son origine : folie, surprise, repos de l'intellect, enthousiasme prophétique. Et, de fait, les § 249 à 262 procèdent d'après les cas successivement énumérés. Deux types d'extase reçoivent d'abord un traitement qui confine à la prétérition : le premier et le troisième type, à savoir l'extase qui accompagne toute forme pathologique de dépossession de soi (§ 250) et celle qui atteignit Adam lorsque de lui Dieu créa la femme-sensation (§ 257). Restent la deuxième forme et la quatrième : objets d'un développement cohérent, d'une certaine ampleur, ces deux formes d'« extase » correspondant à la surprise et à la prophétie, ont de plus en commun le fait qu'il y a dans ces deux cas un rebondissement. Les § 251 à 256 commencent par énumérer quatre cas d'« *extase* » (§ 251), puis reprennent les deux premiers en une allégorie suivie ; de la même manière, la quatrième extase rassemble quatre exemples (§ 258 à 262) et vient s'appliquer et s'expliquer en même temps dans les § 263 à 265. La finale du § 265 montre

clairement qu'il convient de rattacher ces §263 à 265 à ce qui les précède :
« ... *le coucher du soleil engendre l'extase et le délire* ». Une simple élégance introduit ainsi l'un dans l'autre deux commentaires qu'on aurait
pu tout aussi bien rencontrer séparés : l'annonce (au § 249), « *Au coucher
du soleil, une extase tomba sur lui...* », était suivie d'une seconde annonce,
prenant seulement l' « *extase* » et lui trouvant quatre formes ; et c'est la
dernière de ces quatre formes qui permet d'introduire tout à la fin le
commentaire des premiers mots, jusque là « oubliés » : « *Au coucher du
soleil* ». On peut représenter ce différé.

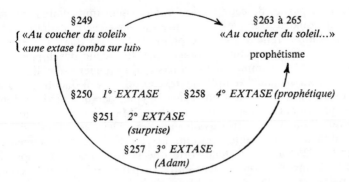

Bien entendu, si la quatrième forme d'extase sa rapproche de la formule
« *au coucher du soleil* », c'est parce que l'extase qui tombe sur Abraham
correspond à ce type de dépossession mesurée, qui est celle du prophétisme. Nous reconnaissons là une habitude d'exégèse : Philon cherche
à manifester la cohérence de l'Écriture, et l'on peut dire que la juxtaposition des deux propositions, « *au coucher du soleil* » et « *une extase* »,
lance d'abord l'esprit dans une direction de recherche : quelle doit être
cette extase (donnée sans article défini...) pour se trouver associée légitimement au « *coucher du soleil* » ? Et, réciproquement, que désigne le
coucher du soleil pour déterminer l'extase ? Une enquête devient nécessaire. Mais comme toujours dans Philon, l'enquête philologique,
sémantique ou lexicale, entre dans la démonstration et s'inscrit volontiers dans un processus qui vient servir le terme privilégié. On se
prépare à mieux interpréter notre chapitre en adoptant ce principe :
ni digression, ni découpage purement rhétorique n'y ont d'action, mais
une dialectique.

Donnons tout de suite un premier indice de ce que nous venons
d'avancer à titre d'hypothèse. Le premier type d'extase (§250) est celui
de l'aveuglement qui frappe les impies. Le texte du *Deutéronome,* ch. 28,
v. 28-29, insiste sur la cécité et décrit les maudits errant « en plein midi »
— ἐν μεσημβρίᾳ. Or, l'interprétation conjuguée des deux formules,
« *au coucher du soleil* » et « *une extase* » établira que le prophète est
précisément une âme qui renonce à la clarté de « midi » — μεσεμβρινόν,
pour se laisser posséder par le délire d'origine divine. Il est difficile de
ne pas établir un lien entre ces deux « extases », en l'occurence un lien

d'opposition : le « maudit » subsiste dans la clarté de l'intellect humain et il n'en tire qu'obscurité ; l'homme de Dieu quitte la lumière humaine pour recevoir l'annonce divine. Cette remarque n'implique pourtant pas que tout l'équilibre du chapitre repose sur la différence indiquée. L'organisation est en fait plus savante.

I. L'« EXTASE » NÉE DE LA SURPRISE (§ 251-256)

Les deux parties de cette section apparaissent immédiatement. Après avoir cité quatre exemples, deux tirés de la *Genèse* et deux tirés de l'*Exode*, Philon retient les deux premiers (§ 252 à 256). On remarque tout de suite que la technique exégétique du second développement est très simple. Nous sommes invités à passer du premier exemple, la chasse de Jacob, au second exemple, la révélation faite à Jacob que Joseph est, contre l'attente, vivant en pleine Égypte, par une analyse dont les étapes présentent un aspect d'association. Mais là encore, l'enjeu n'est autre que l'intelligence du travail philonien. Deux questions, distinctes et de difficulté croissante, peuvent arrêter le lecteur. Comment parcourir les § 252 à 256 de telle sorte que la suite réelle en apparaisse ? Quelle relation peut-on trouver entre ce paragraphe, si bien composé qu'il puisse se révéler, et le problème de l'« *extase* » ?

Philon ne s'arrête jamais à une seule expression du texte biblique, ni à un verset unique — bien qu'une erreur de perspective sur ce point entraîne souvent les interprètes de son œuvre... Par un procédé qui rend sa lecture plus complexe, il prend toujours en considération deux éléments à tout le moins. Il ne s'agit pas ici pour lui de comprendre la chasse de Jacob isolément, et, par exemple, d'en tirer une illustration pour sa morale. L'existence d'un même terme, l' « *extase* », qu'il trouve dans deux contextes différents, permet seule de commencer l'étude objective, de poser une question et d'y répondre. Il faut donc à ses yeux justifier en un sens l'Écriture : allant de la « chasse de Jacob » à la « vie de Joseph en Égypte », Philon ne se contente pas de suivre l'histoire d'un personnage — Jacob — du début à la fin de sa carrière ; il rend compte des deux épisodes en les faisant passer l'un dans la lumière de l'autre par un échange réglé. C'est l'*Exode* ici comme souvent ailleurs qui remplira l'office de médiateur : les surveillants égyptiens attisent l'ardeur des esclaves, et Moïse suscite un départ accompli dans la « *hâte* ». Ces deux figures, antithétiques, trouvent dans l'histoire de Juda (§ 255, fin) une synthèse, et dans l'histoire de Joseph (§ 256) un contretype suggestif. Reprenons en détail la considération des § 252 à 256. Philon propose d'abord (§ 252-253) une explication mot à mot du texte cité au début du § 251, « *Isaac fut hors de lui par une grande extase et dit : Qui a donc chassé le gibier et m'en a apporté, que j'ai mangé de tout avant que tu arrives, et je l'ai béni — qu'il soit béni ! »*. Le § 252 commente l'interrogation d'Isaac : « *Qui donc est celui qui a chassé... ?* », en appuyant sur le pronom interrogatif. En effect, Isaac connaissait bien un chasseur, Ésaü, opposé à un pasteur, Jacob. La venue successive à son chevet de deux chasseurs lui pose une énigme, et Philon pousse à fond ce problème de l'identité relative du « *chasseur* » : celui qui l'était par nature perd sa qualification, ce qui veut dire qu'elle était donc mauvaise... ; et celui qui vit pour le bien trouve spontanément la qualification. On note au passage le caractère d'alternance très formel qui affecte ce commentaire. Après le mot interrogatif « *Qui?* », Philon commente successivement l'expression « *il m'a apporté* » (fin du §252, où nous retrouvons le sage comme arbitre et juge — cf. le §247), le complément « *j'ai mangé de toutes...* » (§253, avec, dans l'ordre, commentaire du verbe « *mangé* » ; de « *toutes* » ; enfin, de la préposition « *de* » -ἀπό). Pour terminer, le §254 s'attache à la notion de rapidité et de temps : le vrai chasseur est venu « *avant que tu arrives* », toi, Ésaü, le chasseur en titre. Or, cette notion de « *hâte* » est inscrite dans le blason[1] de Jacob, supplanteur d'Ésaü; elle recoupe, de plus, une vérité fondamentale dans la mystique philonienne. L'indice de la conversion véritable est son caractère décidé, la « *hâte* » (cf. *De migratione Abrahami,* §25) ; chacun sait, sans qu'il soit besoin d'insister, qu'Isaac doit ses titres les plus flatteurs au fait que sa conception est immédiatement suivie de sa naissance, et que Moïse a prescrit d'opérer le passage loin des passions comme une expédition rapide : la Pâque se mange les reins ceints, debout, en « *hâte* ». Dans les deux cas, fondamentaux comme figures symboliques, la « *hâte* » est un signe de l'action divine : la preuve de ce que la naissance d'Isaac ou la Pâque sont des œuvres comparables et toutes deux divines, c'est justement leur caractère de foudroyante rapidité, car seule l'action divine ignore les délais.

Et de fait, dans le §252, cette notation de la « *hâte* » joue le rôle décisif. Combinée avec le concept d'échange, elle fournit la clef du paragraphe : Philon s'étonne de ce chassé-croisé des qualités du chasseur, passant d'Ésaü en Jacob. Tout se passe comme s'il bâtissait une sorte de configuration abstraite, que le schéma suivant voudrait faire apparaître :

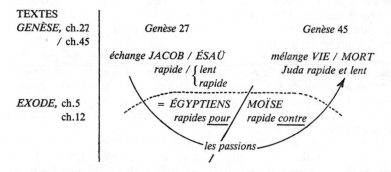

TEXTES
GENÈSE, ch.27
/ ch.45

Genèse 27   Genèse 45

échange JACOB / ÉSAÜ   mélange VIE / MORT
rapide / { lent   Juda rapide et lent
{ rapide

EXODE, ch.5   = ÉGYPTIENS / MOÏSE
ch.12   rapides pour / rapide contre

les passions

On voit tout de suite le rôle de l'opposition entre Égyptiens et Moïse, tous deux aussi rapides, mais en sens inverse. Il convient de voir tout aussi bien le rôle de JUDA. Il opère la navette, justement, entre la Terre promise où Jacob est demeuré, et l'Égypte, riche des greniers de Joseph. Il hérite la « *hâte* » recommandée par Moïse dans la mesure où il déplore la lenteur de ses frères (§255, fin : « *Si nous n'avions pas été si lents, nous serions déjà revenus deux fois* ») ; mais il en est victime... Si bien que les hypothèses sont toutes énumérées, comme en une figure « logique » : une séparation tranchée entre deux types (Jacob/Ésaü) ; une divergence entre deux séries, à partir d'un lieu « commun », puisque les surveillants s'affairent en Égypte et que Moïse réside lui aussi chez Pharaon, et qu'ils ont en commun une hâte semblable ; en troisième lieu, Philon montre la fusion, la synthèse, en un même personnage, Juda, de la « *hâte* » et de la « *lenteur* » ; en quatrième position, un mélange de la VIE et de la MORT en la personne de Joseph établi dans l'Égypte. Ajoutons que le premier élément rejoint le dernier dans la catégorie du « miraculeux », du paradoxe : le chasseur est celui qui a tout fait sauf d'apprendre la chasse ; le vivant séjourne au cœur de la mort...

Une telle composition ne doit pas seulement à la rhétorique ; elle ne fait pas seulement le régal d'un structuraliste : elle correspond à un message et suppose une exégèse consciente. Précisément cette exégèse dont nous parlions en disant qu'il faut chercher le passage dialectique — réglé — pour franchir la distance secrète qui isolerait tous les mots des textes bibliques évoqués et transformerait l'Écriture en grimoire sans le ressort de l'allégorie. Il faut, en particulier, user de l'*Exode* pour entendre la *Genèse,* et ici passer de la *Genèse* en son chapitre 27 à la même *Genèse,* mais en son chapitre 45. L'opposition placée par l'Écriture entre Ésaü et Jacob, au ch. 27, est trop abrupte, et leur mystère trop éloigné de nous : en investissant le contenu de l'*Exode*, en montrant derrière les surveillants égyptiens les passions et la tentation de lenteur que leur hâte finit par engendrer, Philon use d'une valeur partagée et dramatique ; il rappelle de plus à son lecteur une condition morale qu'il perçoit aisément. En lui faisant ensuite percevoir l'appel hardi d'un Moïse décidant la Pâque dans toute sa rapidité, ou les regrets de Juda, il rappelle à son lecteur la vocation divine. Rapprochant ainsi l'histoire de Jacob et celle de Joseph, « vif dans la mort », il décèle dans l'histoire humaine l'invitation du Logos et le mélange où elle peut tomber, son efficacité en même temps, puisque c'est au cœur de la « mort » que triomphe le Vivant.

La composition des §252 à 256 est donc irréprochable, utile. Mais quel lien les rattache à l'ensemble des §249 à 265 ? Où en sommes-nous par rapport au motif de l' « *extase* » ? Faut-il pour une fois passer condamnation et admettre ici une « digression » ? Le rejet par tel ou tel philologue du passage entier invite à rechercher avec précision le mécanisme et la place de l'épisode.

Une première observation nous mettra sur la voie, ou réservera du moins une solution favorable à l'unité de l'ensemble. Les §252 à 256 sont enfermés dans une inclusion : au début, Philon trouve légitime la stupeur d'Isaac recevant pour la deuxième fois la visite d'un fils défini comme « chasseur » ; à la fin, le commentateur revient à cet étonnement légitime : « *Il était bien naturel* (pour Isaac) *de s'étonner qu'un Ésaü, qui apprit la vénerie, soit toujours chassé et supplanté — c'est qu'il a acquis ses connaissances pour le mal ; et de s'étonner en même temps qu'un Jacob, sans avoir appris la chasse...* »[2], d'une part ; et, d'autre part : « *Il était normal que Jacob s'étonnât de ce que l'intelligence enfermée dans le corps, Joseph, soit en vie pour la vertu !* ».

Il faut aller plus loin. Si la deuxième forme d'« *extase* », celle de la « *surprise* » extrême qui atteint l'âme au spectacle de choses « *inattendues* » (§249), entre dans la série logique des extases, c'est que, tout comme la première, celle des impies, ou comme la troisième, celle d'ADAM, elle permet de préparer la compréhension de la « bonne » extase, la quatrième et dernière, celle dont le « prophète » Abraham est saisi. Or ce fut déjà une sorte de paradoxe que l' « *extase* » de l'impie, qui poursuit la lumière en plein midi ; c'en est un autre de voir un chasseur dépassé — et ce nouveau paradoxe frappe un impie. Mais, de manière positive, Philon, parlant de l'inattendu, se devait de le rattacher à l'action divine : les premiers exemples qu'il a choisis (§251), celui de la chasse de Jacob par laquelle celui-ci supplante Ésaü, l'exemple de la survie de Joseph au beau milieu de l'Égypte, permettent d'aborder l'explication théologique. Philon ne se donne pas le plaisir d'énumérer des expériences psychologiques, et s'il prend acte des listes de vocables ou de significations, c'est pour y déchiffrer une conduite mystique, une sorte de courant simple qui traverse les éléments et les ordonne suivant une Logique religieuse ; et l'analyse du *contenu* enfermé dans la surprise « *extatique* » d'un Isaac ou dans la stupéfaction de Jacob importe à la suite. Ce qui revient à dire qu'en analysant bientôt l' « *extase* » prophétique, la quatrième forme de « sortie de soi » involontaire, Philon donnera seulement un aspect complémentaire ; et qu'il faut précisément garder en vue le premier contenu pour comprendre l'« *extase* » d'Abraham. Au lieu de considérer les quatre définitions des causes de l'extase comme le résultat d'une classification abstraite ou scolaire, il convient de les prendre toutes ensemble. Implicitement, qui appelle « digression » la suite des §252 à 256 admet le schéma exégétique suivant : Philon se trouve en présence d'une forme particulière d'extase, celle que lui impose le texte de base (*Genèse*, ch. 15) ; il dispose d'ailleurs d'une grille comprenant quatre entrées pour le mot « *extase* » ; les énumérant, il en vient à la dernière, qui rapproche « *extase* » de « *prophétie* » : il la reconnaît pour la bonne, celle qui convient à Abraham. Dans cette lecture, les trois premières hypothèses restent facultatives ; elles figurent là simplement pour épuiser un classement à des fins heuristiques. Mais tout ce que nous connaissons déjà de Philon écarte cette simplification. Et si Philon a réduit deux de ces quatre hypothèses, la première et la troisième, c'est qu'au moins les deux autres, et non seulement l'une des deux autres, contribuent directement au tableau qu'il veut brosser. L' « *extase* » dont Abraham bénéficie ne sera pas uniquement « *prophétique* ». Elle gardera de surcroît le contenu de la deuxième, à savoir l' « *étonnement admiratif* » d'Isaac devant l'œuvre soudaine et miraculeuse de Dieu. Elle s'appellera bien « *coucher du soleil* » de l'intelligence humaine (quatrième sorte d'extase), mais ce renoncement de l'homme n'aura de sens que s'il désigne l'invasion de Dieu, signalée dès la deuxième analyse. Au retrait de l'homme, que nous pouvons désigner comme « abusif », répond d'avance le miracle de la soudaineté, c'est-à-dire une action « abusive » de Dieu. Dans ce jeu, il n'y a aucun mystère intellectuel, et la méthope de Philon reste ce qu'elle est d'ordinaire, un équilibre de valeurs, une harmonie de correspondances établies par la seule mémoire, par l'inclusion d'une série de concepts dans une autre série[3].

On pourrait objecter la formule qui termine le commentaire de l'histoire de Jacob, à la fin du §256 : « *On aurait encore la possibilité de parcourir les autres exemples pour en déceler la vérité. Mais là n'est point notre sujet, celui que nous voulons détailler maintenant, et nous devons poursuivre notre chemin* ». Philon n'avoue-t-il pas s'être laissé glisser hors de ce chemin ? Nullement, en réalité. Les exemples qu'il évoque ne seraient jamais que des illustrations de la deuxième extase, celle qu'il ratta che à la surprise ; de plus, il les aperçoit bien, mais il voit en même temp s qu'ils n'auraient guère de rapport avec son sujet, ce qui confirme plutôt notre manière d'interpréter.

À force de préciser le statut des quatre formes de l' « *extase* », nous avons anticipé l'explication des §258 à 265. Il nous est possible de rassurer définitivement le lecteur sur la pertinence de la « digression » concernant Ésaü/Jacob, et de proposer un schéma qui organise non seulement l'espace littéraire de cette soi-disant « digression », mais celui du chapitre, autour de la notion qui s'est dégagée de nos analyses, la notion d'« échange ».

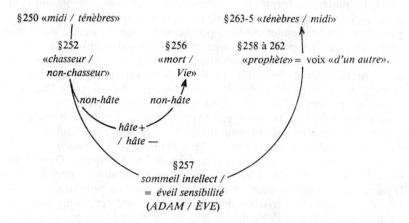

L' « échange » se manifeste uniformément, comme une loi qui couvre aussi bien l'ensemble que chaque section particulière, jusqu'aux §258 à 262, dans lesquels Philon souligne que le prophète exprime la pensée d'un « *autre* »... Ce ne saurait être un hasard si la fonction de l'échange apparaît plus manifeste dans les §252 à 256 : ils expriment le <u>contenu</u> de ce qui connaîtra, dans le développement de la quatrième extase, prophé-

tique, un traitement plus _formel_. Le « contenu », c'est l'initiative de
Dieu ; la « forme », c'est l' « aliénation » du prophète, le passage de la
Parole dans le sommeil. Il est temps d'en venir à cette dernière partie
du chapitre.

II. L' « EXTASE » DE LA PROPHÉTIE (§ 258-265)

Nous ne revenons pas sur la solidarité des § 258 à 262, suffisamment
démontrée par le retour de thème intitulé « midi ». Et c'est en conclusion
que nous dirons un mot du § 257, consacré à la troisième forme d'extase,
celle du sommeil d'Adam. Le commentaire pourra courir plus légèrement,
étant donné la plus grande simplicité du texte, nettement divisé en deux
sections par le retour du verset initial : « _Au coucher du soleil_ », aux
§ 258 et 263 (il était prévu dès le § 249).

1. Le prophète (§ 258-262)

Il ne serait pas inexact de traduire par un jeu de prépositions le commentaire de Philon sur l' «extase». En principe, un tel mot exprime de
lui-même la « _sortie de soi_ », marquée par la préposition ἐκ-. Mais les
§ 252 à 256 ont déjà fourni une variation du thème locatif, en jouant sur
ἐκ / ἐν du fait que la sortie d'Égypte se retourne en possibilité de _vie_
dans le corps (le cas de Joseph, § 256) ; et les § 258 à 265 proposent une
« _extase_ » (ἔκστασις) qui est, en fait, une possession, c'est-à-dire la présence « _dans_ » le prophète de la Voix d'un Autre : le terme technique
d' ἐνθουσιῶν porte bien la préposition ἐν ; enfin, le § 257, sur l' « _extase_ »
d'Adam, offre une sorte de degré zéro entre le dedans et le dehors : le
pur « _silence et repos_ » de l'intellect. Cette observation met au moins
en lumière le fait que les deux développements importants se passent
de toute interprétation appuyée du composant ἐκ. Et, sur la lancée,
notons que les § 258 à 265 qui nous intéressent plus immédiatement
constituent une double variation sur la préposition πρό, contenue dans
le nom de « prophète ». Le § 259 et le § 260a développent l'idée que le
sage parle comme interprète de Dieu, et le préfixe se traduit ici par la
locution « à la place de » ; il entre ainsi dans la catégorie combinatoire
de l' « échange ». Le § 260b et le § 261 s'attachent ensuite à la notion de
« prédiction » : cette fonction du prophète détermine pour προ- le sens
de « à l'avance ». Le § 262, enfin, ne songe plus à cette analyse du contenu inhérent à la vocation du « prophète » : il désigne le prophète par
excellence, Moïse, contre-distingué de tout autre prophète.

Le début de la section présente quelque difficulté, que seule la considération de la fin permet, comme il arrive, de lever d'une façon économique.
Tout se passe, en effet, comme si Philon encadrait son analyse de la
« prophétie » par deux figures éminentes, celle de Moïse, à la fin ; celle
d'Abraham, au début. Le début marque Abraham du titre caractéristique absolu d' « _homme_ » (avec insistance sur l'article défini, en _Genèse,_
ch. 20, v. 7 : τῷ ἀνθρώπῳ), ce qui, par l'Idée pure de l'Homme, permet

d'entendre : « *vertueux* » ; la fin de la section élève Moïse au-dessus des autres prophètes. Le problème se pose exactement ici : pourquoi et comment Philon passe-t-il de son annonce de la quatrième « extase » à la citation de *Genèse*, ch. 20, v. 7, où le qualificatif de « *prophète* » est appliqué à Abraham ? Voici tout d'abord une traduction littérale du §258 : « *La quatrième* (extase est mentionnée[4]) *par le texte que nous examinons présentement* : « *Au coucher du soleil, une extase survint à A-braham* ». *C'est l'état de celui que Dieu occupe intérieurement et qui est inspiré de Dieu. Mais ce* (texte) *n'est pas le seul à désigner en* (Abraham) *un prophète. Il y a aussi le texte gravé dans les livres saints et affirmant, au moment où l'on entreprend de séparer Sarra de lui, Sarra la vertu qui a par nature le commandement, qu'elle n'est pas le bien propre du sage ni sa chose à lui seul, mai celle de quiconque a revêtu l'intelligence :* « *Rends, est-il dit, la femme à l'homme : car il est prophète et priera pour toi, et tu vivras !* (*Genèse,* ch. 20, v. 7) ». Que voyons-nous ? Une fois encore l'Alexandrin refuse de s'en tenir à un texte solitaire. Il tire le premier texte de son isolement. Il tire Abraham du simple privilège que pourrait à la rigueur lui conférer cette extase, pour le projeter sur l'idéal que représente dans le schéma de la Création ce que Philon appelle absolument « *l'homme* ». Pour bien suivre le raisonnement, il suffit donc de repérer une série d'équations qui demeurent implicites : Abraham est tout d'abord défini comme « *prophète* », par la citation de base sur l' « *extase* » ; il est distingué d'Abimélek, désigné, lui, comme « *sage* »[5] ; au-dessus du sage, Abraham est désigné explicitement comme « *prophète* » grâce à la nouvelle citation, de *Genèse,* ch. 20, v. 7, appelée en renfort. Mais ce « *prophète* » l'est à ce point d'excellence parce qu'il incarne identiquement « *l'Homme* » : Abimélek, comme simple « *sage* », fait obédience à Abraham, l'Homme. À son tour, le qualificatif, « *l'Homme* » — l'article est important, puisqu'il nous renvoie à la création de l'archétype — se reverse dans celui de « *vertueux* ». La succession logique est celle-ci : σοφός — ἄνθρωπος — ἀστεῖος.

Cette course précipitée à travers les équivalences ou les contre-équivalences, si l'on peut dire, donne l'impression d'un passage en force. Et, de fait, l'exégète ne procède plus du tout comme il a fait quand il fut question de l' « *extase née de la surprise* ». Là, il s'était mis en devoir de citer quatre exemples de « *surprise* » provoquée par une sorte de miracle ; c'est seulement ensuite qu'il approfondissait, comme nous l'avons dit, la nature de ce miracle : les deux premiers exemples, combinés et réglés par l'usage exégétique de l'*Exode,* manifestaient un contenu dans lequel Dieu échange des termes que l'homme reçoit figés, tels que la mort. Ici, Philon laisse échapper le terme même d' « *extase* » qu'il avait soigneusement relevé dans les exemples de la première série. Et les nouveaux exemples qu'il met en ligne, celui de Noé, d'Isaac et de Jacob, celui de Moïse, ne renferment pas le mot d' « *extase* », mais celui, implicite ou explicite, de « *prophète* ». Il faut attendre la seconde partie de cette section, les §263 à 265, pour retrouver l' « *extase* ». On peut dire que cette quatrième hypothèse sur l' « *extase* » se présente de façon symétrique par rapport à la deuxième, si l'on se tient à la forme :

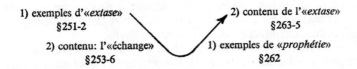

1) exemples d'«*extase*»   2) contenu de l'«*extase*»
        §251-2   §263-5

2) contenu: l'«échange»   1) exemples de «*prophétie*»
        §253-6   §262

Si on prend la rubrique formelle, « exemple / contenu », les deux séries
sont parallèles : Philon donne d'abord les exemples, et ensuite le contenu ; mais si l'on se tourne vers le vocabulaire, la première série commence par une répétition du mot « *extase* » et l'oublie ensuite ; la seconde
série le laisse d'abord dans l'oubli, mais le reprend dans les §263 à 265.
De ce second point de vue, il y a chiasme.
      La symétrie formelle n'explique pas tout dans cette construction. Si
Philon passe en force au début du §258, c'est également pour rattacher
de manière étroite et sans équivoque « *prophétie* » et « *vertu* ». Au point
même que c'est la vertu qui montre qu'elle contient le don de prophétie :
« *À tout vertueux le discours sacré témoigne qu'* (appartient) *la prophétie...* » (début du §259). Et d'apporter les exemples de Noé, d'Isaac,
de Jacob, de Moïse. On peut se demander si Philon ne veut pas ici distinguer le prophète à la manière biblique du prophète vaguement inspiré
tel que le paganisme autour de lui en proposait l'image. Les transes, les
délires et tous les phénomènes extérieurs qui accompagnent le « prophétisme » ambiant, dirait en substance Philon, ne sont rien sans la vertu.
C'est-à-dire sans cette coïncidence avec le Logos qui rend seule plau-
sibles et divins tous les oracles. Avec son élégance coutumière, Philon
réussit à combiner la double description du prophétisme, qui est parole
articulée au nom de Dieu en même temps que prévision de l'avenir, avec
une évocation des prophètes de l'ère patriarcale. Le tout permet une
mise en garde contre tout pastiche de la prophétie véritable.
      Une dernière évidence explique l'insistance de Philon sur le don pro-
phétique. La suite du texte de *Genèse,* ch. 15, le texte de base, fait entendre les oracles annonçant à Abraham l'avenir du peuple des Hébreux. Philon va les commenter dès le §266. Abraham prophète est tel
parce qu'il subit l'« *extase* » ; parce que cette extase est bien la bonne
perte de soi, car elle a lieu « *au coucher du soleil* » ; parce qu'enfin les
oracles touchant l'avenir du Peuple ne sauraient atteindre quelqu'un
d'étranger au mystère divin.

2. *Le coucher du soleil (§263-265)*

      Il faut prendre cette section comme une synthèse. Philon y réunit déjà
le mot « *extase* » et l'expression « *au coucher du soleil* ». À la fin du §265,
il évoque même les « *ténèbres* » qui figuraient au §249 dans la citation
complète. On notera simplement que la notion de « *terreur* » accompagnant celle d'obscurité est passée sous silence : tout au plus, à la fin
du §251, peut-on entrevoir une « traduction » de la peur : « *Cette forme
d'extase entraîne effroi et forte commotion* ». Mais il faut surtout retenir
que le thème de l'« échange » dont nous avons fait le moteur de l'en-

semble trouve ici son emploi le plus élevé : il ne s'exerce plus entre le bien et le mal, entre la vie et la mort, mais entre deux lumières, celle de l'intellect humain et celle de l'inspiration divine.

Nous n'insistons pas, étant donné le soin que, derrière Philon, nous avons pris pour établir ce registre de l' « échange » dans toute son étendue. Disons seulement que le thème de l'*IMAGE* trouve ici une nouvelle version. Disons aussi que le développement de Philon reste formel. Il y a bien une description de l' « *extase* », une ébauche de son contenu, mais, sans tourner court aussi rapidement que les §258 à 262 sur le problème, il faut voir que la loi d'alternance du Soleil divin et du soleil humain, même exposée avec persévérance et redondance, traduit plutôt la disparité des deux univers qu'elle ne décrit ou n'analyse le phénomène de l'extase prophétique ! Son contenu véritable doit donc, à notre avis, se trouver quelque part ailleurs. Où donc ? Dans le tableau symétrique, dans la description de la *deuxième* forme d'extase, dans les §252 à 256, et en particulier dans le commentaire réglé des deux exemples pris à l'histoire de Jacob... C'est bien la contemplation de l'initiative miraculeuse de Dieu, échangeant la Vie contre l'apparence de la mort, qui constitue l'objet, le contenu, la substance, de la divination prophétique. N'oublions pas que Moïse est pris (§262) comme l'exemple du plus haut prophétisme, et il n'est pas exagéré de voir dans la suite (les §263 à 265) l'expression de ce que Moïse vérifie le mieux. Or, dès le début du traité, Moïse a servi de truchement pour la démonstration du couple « parole / silence », on s'en souvient. Ce couple « parole / silence » ressemble fort à celui qui nous retient maintenant : le « *midi* » qui voit briller le soleil de l'activité intellectuelle de l'homme s'oppose à la « *ténèbre* » où il doit accepter de disparaître pour que l'autre lumière, la « *lumière divine* », s'empare de son horizon. La « transgression » qui nous avait paru harmoniser l'une dans l'autre la démesure de Moïse qui « *criait* » et la démesure de Dieu interrogeant quand il savait la réponse, cette double « transgression » se trouve ici sous une autre forme. S'il est possible d'unir grâce à leur symétrie et à tout le système de cohérences que nous avons mis au jour, les deux « extases », de la « *surprise* » et de la « *prophétie* », il faut admettre une nouvelle rencontre de deux excès, de deux « abus », de deux transgressions. L'intelligence de l'homme s'accomplit dans son objet le plus haut quand elle s'éteint et se réduit au silence ; elle s'éteint devant l'action miraculeuse et paradoxale d'un Dieu qui conserve la vie au sein de la mort et transforme le non-chasseur en chasseur.

De cet « échange » ainsi entendu, le §257, que nous avons sauté, donne une sorte d'image abstraite, en même temps que la condition de possibilité. Abstraction, ce simple va-et-vient entre la veille et le sommeil semble posé au milieu des développements plus amples comme le signe même de leur communauté et de leur réversibilité, comme le code explicité de leur lecture jumelle. Mais l'exemple d'Adam est celui du « second homme », si l'on peut dire. La théorie de la double création de l'homme aux origines nous a été rappelée naguère (§164), distinguant l'archétype et le protoplaste, ce dernier entrant pour de bon dans la condition actuelle de l'humanité et, en particulier, dans le duel qui oppose la sensibilité et la raison. Or, Philon nous a aussi notifié l'opposition des deux hommes (cf. §52 à 62) ; il va bientôt (§258) définir le prophète par la vertu en lui donnant le titre impeccable de « *L'Homme* ». Dans le prophète, Philon nous suggère qu'Adam redevient l'Homme. La rançon n'est rien d'autre que la réduction de la sensibilité, une sorte d'oubli de la première femme... Dans ces conditions, le §257, axe pour ainsi dire combinatoire de toute la section, est également situé au milieu du texte pour sa signification, son message : le sommeil de la sensibilité précède la connaissance prophétique, comme l'action transcendante de Dieu précède toute conversion et toute illumination de l'homme. Le « contenu », en ce sens, précède (§252 à 256) la « forme » d' « *extase* » qui le reçoit (§258 à 265).

NOTES

1 Venant « avant », il est « devant ».

2 Bien entendu, ce n'est pas à nous, lecteurs, de nous étonner de cette situation, mais à Isaac : c'est Isaac le sujet du verbe au tout début du §252. Le καὶ ἐπὶ τοῦ Ἡσαῦ ne souligne pas le personnage d'Ésaü, mais correspond à l'autre καί qui introduit Jacob, trois lignes plus bas. Nous évitons une inconséquence.

3 Nous avons dit que Philon « réduit » les hypothèses 1 et 3, ce qui ne leur ôte pas toute signification. La première parle du *midi* et prépare l'inclusion de la 4° ; nous allons voir que la 3°, « *l'extase-sommeil d'Adam* » remplit une fonction déterminée.

4 La syntaxe de chaque entrée d'une forme de l' « *extase* » suppose qu'on se souvienne du §250 τῆς μὲν οὖν πρώτης... διαμέμνηται...

5 L'Abimélek mêlé à l'histoire d'Abraham, dans le ch. 20. de la *Genèse,* est le même que celui dont fait mention l'histoire d'Isaac dans *Genèse,* ch. 26. C'est, pour Philon comme pour la Bible, un personnage droit. Philon lui donne le regard exercé du « *sage* », capable de contempler le badinage d'Isaac et de Rébecca (cf. *De plantatione,* §169, à propos de *Genèse,* ch. 26, v. 8). Abraham est supérieur, bien entendu, à ce « *sage* », puisque Dieu commande qu'on lui remette sa femme. Soit dit en passant, il devient difficile de comprendre le qualificatif d'Abraham, ἐπιμορφάζων au sens d'un pur « apparaître », de simulation ; nous entendons ce mot comme « *revêtu* », ou mieux « *revêtant* ». Nous avons sans doute contre cette traduction la plupart des emplois du mot et tous les lexiques sauf le THESAURUS, qui propose comme sens premier « *formam induo* » ; Philon emploie le terme dans un sens péjoratif, mais parfois accompagné de ψευδῶς — qui formerait pléonasme si le sens était ferme...

CHAPITRE HUITIÈME

L'HÉRITAGE DU LOGOS (§266 à 306)

Nous considérons d'un seul tenant tout ce qui entre dans la « prophétie ». Abraham reçoit l'oracle fondateur d'Israël. On sait l'importance dans le livre même de la *Genèse* de ce chapitre 15, et en particulier de la vision qui récapitule en Abraham, par un anachronisme symbolique, le destin du Peuple issu d'Isaac. Pour Philon, nous semble-t-il, le contenu de l'oracle établit sans secousse — et le commentaire paraîtra plat — comme sans équivoque — la platitude relative signifiera la lumière de Dieu devenue ordinaire — la solution du problème posé au départ du traité. L'héritage devient une certitude, avec l'héritier (cf. par exemple, le simple §279 : « *Il est bien en vérité chef de peuple et de nation, celui dont a poussé, comme d'une racine, le plant qui scrute et contemple les réalités de la Nature* »). D'autre part, comme Philon avait rapproché les deux questions de l'héritage et de la parole, il continue dans la réponse à les englober dans une exégèse unique. C'est ainsi que le commentaire du nom des « *Amorrhéens* » qui signifie : « *ceux qui parlent* » tombera directement dans le sujet. C'est ainsi également et surtout que l'oracle comme oracle, comme parole, réalise en lui-même la définition de l'héritage. Nous allons même devoir expliquer, avec le début du chapitre, une subtilité qui recoupe la dialectique du début du livre : comment Abraham pouvait-il ne pas se taire, demandait-on ? Le chapitre que nous venons de commenter montrait le mécanisme de l'extase prophétique, en même temps comblée et vide de soi-même, et nous allons retrouver cette harmonie.

Abraham vient d'être mis au rang des « *prophètes* », de ces hommes qui ont accès aux paradoxes divins, qui participent de l'Homme primordial, et qui sont donc à ce titre fondateurs, pères et modèles de la race humaine. Comme les prophètes dotés de la quatrième forme de l' « *extase* », il s'efface entièrement derrière la Parole et il prédit l'avenir qu'elle contient : ainsi Philon trouve le moyen de réconcilier la prise de parole qui faisait question dans les premiers paragraphes de l'ouvrage avec l'unicité de la Parole divine ; la prédiction de l'avenir importe également : n'est-ce pas justement le futur qui réservait seul à un Abraham trop rempli de bienfaits passés une issue vers l'existence autonome ?

Or, en guise d'introduction à ce nouveau chapitre (§266 à 306), Philon propose sans recherche ni mystère, et donnée comme allant de soi, l'expression adéquate du mystère de la parole : « *Par une conséquence qui suit le tissu même de l'Écriture, il dit :* ἐρρέθη πρὸς 'Αβραάμ. *Il est exact que le prophète, même quand il paraît dire, se tait en vérité ; un autre se sert de ses organes vocaux, la bouche, la langue, pour proférer ce qu'il veut : il les touche de son art invisible et mélodieux ; il en fait toute la sonorité, la musique et l'harmonie totale dont ils débordent »* (§266, où nous avons laissé en suspens trois mots qui vont retenir notre attention). Tout à fait limpide dans le sens général, ce §266 pose un problème à qui veut entrer dans le détail, c'est-à-dire se donner l'intelligence exacte de chaque interprétation. La difficulté réside dans la rapport qu'il peut y avoir entre la citation et l'explication, comme le manifeste l'embarras des éditeurs, de M. Harl dans la note 1 de la page 300 dans l'édition de Lyon, de F. H. Colson et G. H. Whitaker, dans l'édition anglaise de la collection Loeb, p. 418, note a. On peut se demander s'il n'y a pas lieu de s'écarter de la traduction, à nos yeux obvie, qui est évidemment celle de l'hébreu ou des LXX pour les trois mots que nous avons laissé en grec : la traduction attendue serait simplement *« Il fut dit à̲ Abraham »*. Nul doute en effet que ce soit ici Dieu qui s'adresse à Abraham. Or, il convient dans Philon d'appliquer deux principes en ce qui regarde les citations : on doit les traduire de la manière que le commentaire impose ; en second lieu, on doit considérer que le discours entourant une citation en est issu, avec une plus ou moins grande précision. Ces principes nous invitent à mettre en doute la traduction obvie... Nous allons procéder avec précaution, avançant pas à pas et, nous le reconnaissons, sans pouvoir être totalement assurés. Nous pensons même que les pages qui suivent dans notre propre commentaire représentent la part la plus aventurée de toutes nos analyses. Le lecteur l'entendra bien ainsi, et nous nous épargnerons dans le détail une série de circonlocutions prudentes, ayant ici une fois pour toutes marqué notre hésitation. Sans doute l'enjeu reste mince, si l'on regarde le contenu ; mais il y va de l'interprétation formelle, du système philonien de lecture.

La citation de base est assortie de la paraphrase suivante : *« Il est exact — réel — que le prophète, même quand il semble parler, se tait en vérité »*. La seule présence, au début de la sentence, de l'adverbe ὄντως indique au lecteur de Philon que la phrase s'appuie sur le contenu ou sur la forme de la citation : Philon veut dire que le texte sacré lui enseigne bien la réalité, à partir d'une expression quelque peu surprenante, mais que l'initié doit bien entendre pour ce qu'elle dit et dans le style où elle le dit. On est fondé à croire que Philon trouve un certain paradoxe à l'intérieur de la citation elle-même. Ce paradoxe, il le reconduit aussitôt dans la paraphrase : Abraham, comme prophète, parle et tout ensemble se tait. Il lit bien dans la citation le couple « silence / parole ». Et nous ne devons pas simplement (solution de M. Harl) imaginer que Philon rapporte ici le résultat d'une spéculation antérieure : il faut poser qu'il explique la citation présente. Comment le fait-il ? Voici notre hypothèse.

Philon commence par être sensible à la suite du discours inspiré. Comme toujours, mais plus spécialement dans ce traité, il croit lire de perpétuelles redondances dans les versets qu'il commente, de telle sorte qu'un verset trouve dans le suivant une réduplication partielle, qui le confirme et l'asseoit dans le sens où lui, Philon, il a voulu l'entendre. Ici, donc, l'expression complète ἐρρέθη πρὸς Ἀβραάμ lui apparaît comme une confirmation de l' « *extase* » qu'il a définie en Abraham (§258 à 265). Qu'est-ce à dire ? Que l'expression de la Bible contient simultanément la parole et le silence d'Abraham. Sa parole ? Il suffit de comprendre le πρός dans le sens de « *venant de* », avec un génitif d'origine — nous ne disons pas d'agent — ce que la forme invariable du nom Ἀβραάμ autorise pleinement. Abraham est bien en un sens l'émetteur des oracles : comme le précise la suite, il prête à Dieu ses « *organes vocaux... qui servent d'instrument* ». Le silence ou la passivité du prophète ? Tout d'abord, πρός n'est pas ὑπό : en indiquant l'origine sous cette forme affaiblie et pour ainsi dire locale, le texte grec de la Bible laisse entendre, pense Philon, que l'émetteur est plutôt ici un relais : Abraham fait entendre quelque chose qui ne vient pas de lui. D'autre part, toujours dans le sens de la passivité du prophète, la cohérence du texte sacré fait que nous trouvons le passif : ἐρρέθη — « *il fut dit* ». On ne saurait évidemment transformer ce passif en actif pour comprendre : « *il fut dit venant d'Abraham* » comme s'il y avait « *Abraham dit* ». Si Abraham ne saurait être le sujet véritable de la locution, il reste que ce soit Dieu. Ce qui donne l'harmonieuse séquence du verbe au passif et de la préposition-symbole du relais : « *il fut dit (par Dieu) venant d'Abraham* ». L'oracle combine les deux actions, celle de Dieu, originelle et primordiale, celle du prophète, transitoire pour ne pas dire transitive. Le prophète transmet, vibre et disparaît.

C'est que la formule biblique est ici surprenante. Ordinairement, quand Dieu parle, le texte biblique dit simplement : « *Dieu dit à un tel...* ». Il existe dans la formulation ici employée un mystère allégorique. Comment interpréter, dira Philon ? Par le rapprochement soit avec le texte précédent, soit avec le texte suivant, soit encore avec un texte parallèle. Ici, le texte précédent suffit, car il offre tous les outils nécessaires : l' « *extase* » ténébreuse nous a dit l'activité passive du prophète. Comment ne pas lire <u>à nouveau</u> (principe de la redondance) ce même paradoxe dans l'expression qui suit ? Elle sera à la fois confirmée et confirmante. Elle entrera dans un système cohérent, suivi, réciproque, où du fait même de sa position elle recevra et donnera un sens. Ce principe de la redondance ou de la tautologie partielle reste le fondement de l'exégèse philonienne. C'est lui qui introduit dans la Parole immuable un mouvement limité, qui seul permet à l'intelligence humaine de percevoir les oracles du Logos.

Nous trouvons une confirmation de notre hypothèse de traduction dans le seul texte parallèle que nous lisions dans Philon. Les *Quaestiones in Genesin, III, 10* commentent le même verset presque dans les mêmes termes. Sans doute, il ne faut pas s'attendre à ce que l'arménien ait mieux traduit la citation proprement dite que les modernes, et nous lisons de même, ce qui nous paraît fautif, « *il <u>lui</u> fut dit* » ; mais on bute alors sur une incohérence, plus sensible encore dans le texte des *Quaestiones* : Philon ajoute une phrase intéressante, que voici : « *Le prophète paraît dire quelque chose, mais ce n'est pas son propre oracle qu'il donne* *en vérité : il est l'interprète d'un autre, qui lui dispose les choses dans l'esprit. Pourtant, ce qu'il exprime et profère dans ses mots est entièrement vrai, divin*». La dernière proposition suppose à l'évidence qu'Abraham (ou le prophète) dit bien quelque chose actuellement. Or, cette notion de « parole » relative d'Abraham *doit* avoir un fondement dans la citation du texte de base. La préposition πρός reste le seul lieu possible ; traduite en conformité avec le passif ἐρρήθη, elle explique le commentaire de Philon.

Nous pouvons considérer comme un supplément de preuve le début du §267 : Τίνα δ'ἐστὶν ἃ ἐρρέθη προσθεσπισθέντα. L'idée d'oracle nous paraît entraîner celle d'un locuteur autre que la divinité ; et surtout, le rappel du verbe au passif ἐρρήθη suggère que Philon s'y est arrêté, qu'il l'a trouvé remarquable. Ce que nous avons exposé ci-dessus dit pourquoi, et le sens qu'il a tiré de cette particularité. Rien dans la suite ne vient contredire notre traduction « *il fut dit, venant d'Abraham* », non pas même le « *dit-il* » qui affecte en incise la nouvelle citation, début de l'oracle proprement dit : « *Tu sauras de savoir, dit-il, que ta semence sera résidente...* » (au milieu du §267). En effet, le sujet de ce φησί n'est évidemment pas Dieu, mais le texte inspiré. Et quand on s'aperçoit que les §267 à 274 sont établis dans un registre de généralité — une sorte de diatribe ou d'enseignement moral qui passe au-dessus d'Abraham pour atteindre le peuple des sages, on est encouragé à croire que le §266 joue le rôle que nous avons déterminé plus haut : il confirme la qualité de prophète en Abraham et reprend la définition du vrai prophétisme. À ce titre, il se contente d'introduire les oracles — qu'on peut nommer ceux de Philon délivrant son message à la suite d'Abraham, comme Abraham donne celui qu'il recueille auprès de l' « Autre ». Nous pouvons d'ailleurs admettre que l'entorse dont souffre ici le sens obvie du texte biblique est moins scandaleuse qu'il n'y paraît. Les prophéties bel et bien énoncées dans les v. 13 à 18 du ch. 15 de la *Genèse* sont adressées de façon anachronique au Peuple qui subira l'exil en Égypte, voire en Babylonie si l'on peut supposer avec vraisemblance que le texte fut remanié à la fin de l'époque royale. Il y a dans la Bible elle-même une généralisation de l'oracle qui autorise largement l'indistinction du locuteur dont Philon a tiré argument pour bâtir son interprétation. Enfin, rappelons que cette entorse est exactement symétrique de celle que le texte a dû supporter lorsque Philon a voulu traduire naguère « *il divisa* » par « *Dieu divisa* » en s'appuyant sur l'absence de tout sujet exprimé, donc exprimable...

I. LA LIBÉRATION (§267-274)

Et voici l'Égypte, qui nous rappelle le « corps » et les « passions ». Voici, traités d'un seul élan, les v. 13 et 14 du chapitre 15 de la *Genèse*. Voici un modèle d'exégèse cursive, alerte, qui s'arrête ensuite sur une sorte de résumé, car le §274 constitue un exemple de ce que nous avons plusieurs fois désigné sous le vocable commode d'« accélération », c'est-à-dire la course rapide sur quantité d'allusions ou de citations implicites. Le portrait de l'héritier reprend ensuite les éléments du texte de base dans une interprétation également brève, à nouveau cursive.

Il est maintenant aisé de suivre, section après section, le déroulement du texte :

    a) §267-268 : commentaire du v.13, sur l'esclavage en terre hostile ;
    b) §269 à 271a : « *quatre cents ans de servitude* » ;
    c) §271b à 273a : la délivrance assurée par Dieu ;
    d) §273b-274 : les « *dépouilles* » volées aux Égyptiens.

On constate immédiatement que les coupes ne sont pas franches et que Philon passe au verset suivant à l'intérieur d'une seule phrase. C'est un peu ce qui nous permettait de parler d'exégèse « alerte ». Pour que les choses aillent ainsi, en s'appelant les unes les autres, Philon recourt à un procédé favori : l'exégèse anticipée, où le commentaire, la « traduction », précède le texte commenté, traduit. C'est ainsi que dans les §267-268 l'explication des premiers mots bibliques « *résidence sur une terre qui n'est pas à elle* » suppose connue la teneur du verset qui suit : « *ils seront esclaves et malmenés...* » — verset qui n'est cité que par bribes et dans le tissu même du commentaire allégorique. Le §271 commente la délivrance que le §272 viendra lire, plus tard donc, dans le verset correspondant ; enfin ce même verset contient le mot ἀποσκευή, lequel servira de base à la conclusion : c'est ici un procédé inverse de l'anticipation, puisque le mot du texte sacré précède de loin son commentaire...

1. Les § 267-268 proposent ensemble le commentaire de deux versets, selon le principe rappelé plus haut : la succession de deux formules bibliques les fait comprendre l'une par l'autre. Dans le détail, il suffira de noter les « traductions » que Philon propose de chaque mot de son texte de base. L'expression morale « *ami de la vertu* » doit traduire à l'avance le participe intensif contenu dans la citation à venir : γινώσκων γνώσῃ, car Abraham est l'homme vertueux dans l'exacte mesure où son existence se soutient par le désir de savoir (cf. le début du traité et notre commentaire appuyé de la « naissance » d'Abraham). Le mot du texte, « *corps* », comme ensuite le mot « *passions* », traduit pour sa part le nom de l' « *Égypte* » que sous-entend la formule désignant « *la terre étrangère* ». L'apparition du méchant — φαῦλον — à la fin du §267, tient à la notion contrastée κατοικεῖν / παροικεῖν opposant le séjour de l'exil et celui d'une demeure naturelle et stable. Il n'y aurait pas grand-chose à ajouter si le thème du séjour et surtout celui de la bâtardise ne venaient ici rappeler la discussion qui occupa les §40 à 62 sur le « *fils de la servante* », et si bientôt le petit chapitre consacré à la définition des « *pères* » (les §275 à 283) ne nous reconduisait également au début du traité. Chose curieuse, Philon revient à l'idée de la bâtardise et à ce problème, délicatement traité jadis, de la connaturalité du sage avec le monde céleste dans une page qui est à peu de chose près à la même distance de la fin du livre que les §40 à 62 étaient du début. Il ne s'agit pas de tirer d'une telle observation plus qu'elle ne saurait donner, c'est-à-dire plus qu'une symétrie : et l'idée que cette symétrie confirme à sa manière, simple et matérielle, l'unité de l'ouvrage. Nous insistons même un peu : l'unité mise en relief est celle du thème fondamental, celui que nous venons de rappeler sous le titre de la « naissance d'Abraham » comme « *héritier des biens divins* », c'est-à-dire capable d'interroger Dieu et de parler tout en restant silencieux du silence prophétique. Or le couple *(interroger-) parler / se taire* a imposé dès le début du traité les deux pôles d'une dialectique. La longue réflexion qui a eu pour tâche d'explorer le paradoxe initial, puis celle qui s'est attachée à l'action du Logos constituant et sauvant l'univers — c'est le chapitre dit du « partage » — entrent alors de plain-pied dans un projet qui se déploie d'un bout à l'autre du *Quis heres*. Elles dessinent les voies de l'itinéraire qui conduit l'ami de la sagesse au seuil de l'au-delà. L'investigation de l'univers l'amène en effet jusqu'au chiffre mystérieux du Logos immanent et transcendant (§230 à 236, sur les « *oiseaux qu'on ne partage pas* »).

2. *Les § 269 à 271a* commentent les « *quatre cents ans* » où doivent se prolonger l'esclavage et la peine. Conformément au principe de la redondance, le nombre « *quatre* » commence par consolider l'interprétation du verset précédent : il s'agit bien des « *passions* », puisque la Bible rattache la notion de « *terre étrangère* » à ce nombre qui symbolise les quatre passions. Elles sont au nombre de quatre, et le siècle attribué à chacune dit assez l'emprise effroyable qu'elles exercent sur l'âme. La description qui suit de chaque passion, plaisir, désir, tristesse, peur, est conduite suivant un schéma traditionnel, bien que les formules soient originales. Ainsi le « *lacet de l'espérance* » ne semble être rencontré nulle part ailleurs, ni chez les Stoïciens, ni dans aucun auteur connu (le mot ἀγχόνη ne sert qu'ici à forger une métaphore...).

De même que la première prophétie (§267-268) aboutissait à une note optimiste (les passions ne sont que des étrangères ; elles « *prennent racine dans une terre qui n'est pas à l'âme* »), de même l' « *esclavage* » est-il suspendu par un Jugement de Dieu. Curieusement, les *Quaestiones in Genesin* (III, 10) supposent dans leur commentaire du même passage qu'Abraham est le juge qui délivre notre race des servitudes du mal, en rappelant ici le verset déjà commenté plus haut : « *Abraham s'arrêta et présida sur eux* ». L'esprit des *Quaestiones* est certes différent, mais on peut avec précaution attribuer ce transfert de Dieu sur Abraham comme une indication permettant d'avancer que les deux personnages, Abraham et Dieu, parlent simultanément, comme semblait l'indiquer l'ambiguïté de la préposition πρός au début du chapitre (§266). Quoi qu'il en soit, le *Quis heres* fait d'Abraham un commençant, et il ne saurait être question de lui accorder trop vite cette action de salut : c'est Dieu qui l'exerce encore pour lui. Et la suite reste conforme à cette situation de base.

3. *Les § 271b à 273a* : on voit que nos césures divisent trop les choses. Elles ont peut-être l'avantage de marquer l'apport de chaque mot du texte de base dans le commentaire de Philon ; elles entraînent cependant

un morcellement qui pourrait éclipser l'idée principale, à savoir que la lumière et l'optimisme accompagnent ici le rappel de la condition humaine. Déjà au §268, les passions nous sont présentées comme « *étrangères et bâtardes* » ; la longue durée de l'esclavage, quatre fois centenaire, n'est en réalité notée que d'un mot, le qualificatif « *lourd* » — βαρεῖαν... δουλείαν — et le §272 escamote complètement la responsabilité de l'homme sous une explication métaphysique : « *C'est nécessité* — ἀνάγκη — que l'être mortel soit écrasé par le peuple des passions ». Et Philon s'empresse d'ajouter que Dieu « *veut* » soulever le fardeau. On se souvient d'une semblable intrusion de la « volonté » divine dès le §112, puis le §225 : dans les deux circonstances, Dieu donne à l'homme des symboles, la Tente et le Chandelier, et ce don relève d'une « *volonté* » — βουληθείς ou ici βούλημα — de sauver l'homme. Ici comme dans les deux autres circonstances, Philon se rapporte à l'*Exode*.

Mais l'optimisme continue ses effets : non seulement le sage est par Dieu délivré des passions, mais il reçoit une provision, un « *viatique* » — ἐφόδιον. Le mot apparaît dans la citation qui annonce la délivrance (*Genèse*, ch. 15, v. 14, le texte de base) dès le §272, et il reçoit son commentaire dans les §273b-274, avec l'appui d'une inclusion, le terme parallèle ἀποσκευή paraissant au début et à la fin du développement. Le « *viatique* » est celui qu'on peut attendre : les notions exactes que la « culture » a déposées dans un Abraham féru de contemplation. Ici, le contenu de cette éducation correspond à l'enseignement qui a été fourni dans le chapitre du « partage » et d'une manière générale à toute la correction que l'homme de la seconde création doit subir pour imiter celui de la première ; le νοῦς, c'est ADAM[1] dont les trois patriarches de la triade expliquent l'essence : Isaac en est le reflet de l'Idée, Jacob le mérite de la lutte, Abraham le mouvement libérateur par la connaissance. Or c'est l'ensemble de ces termes qui détermine le §274. Leur poids est considérable, si la forme ne laisse place à d'autre mystère qu'à celui de l' « accélération », ici commencée, et dont nous pensons retrouver les effets dans la suite.

4. Les § 273b-274 : on sait que, dans la Bible le dépouillement des Égyptiens fait partie constitutive du schème traditionnel de la sortie d'Égypte, et c'est sous cet aspect que les *Quaestiones in Genesin* (toujours III, §10) rappellent cet élément. Mais le texte retenu ici ne dit pas que le « *bagage-viatique* » soit fait des « dépouilles » des Égyptiens. L'aspect polémique est oublié ; Philon s'en tient à l'abondance et à la gratuité de la délivrance que ce supplément d'attention symbolise de la part de Dieu, le sauveur. Mais il en profite pour faire le point et résumer les données de l'ouvrage. C'est ce qui produit l' « accélération ». Le rappel de la nature « *mâle* » nous reporte à l'interprétation de la « *servante* » ; l'allusion « *plaisirs mauvais* » reprend l'exégèse d' « *Amalec* » ; le « *cycle des études* » résume, comme nous avons dit, la réflexion cosmologique appelée « du partage » ; le « *désir de la contemplation* » définit un Abraham déjà proche de Jacob-*ISRAËL* tout aussi bien qu'astronome chaldéen éclairé sur la véritable Cause ; l' « *émigration* » définit le parcours. Cette interprétation du « *viatique* », positive, sereine, irénique, suppose que Philon a déjà en vue le verset suivant : « *Pour toi,. tu t'en iras auprès de tes pères...* » (§275).

Il est difficile de ne pas soupçonner, derrière la figure d'Abraham, la présence de ses comparses, Isaac et Jacob. C'est bien Jacob qui bénéficie en premier lieu des vertus qui touchent à la « *lutte* », telles que « *maîtrise et endurance* ». Le commentaire du §254 sur la chasse de Jacob le définissait par la « *maîtrise* »[2]. C'est Jacob qui lutte en principe contre les passions, c'est lui qui est venu parmi les animaux chez Laban ; n'est-il pas, comme Abraham, un homme qui séjourne en pays étranger, au point que le *De migratione Abrahami* (§26 à 33) a pu jouer du rapprochement ? Mais surtout, Jacob passe de la lutte à la vision de Dieu,. sous le nom d'*ISRAËL*. Il nous semble possible d'autre part de voir Isaac dans l'être de nature « *mâle* » : sa mère participe à la seule nature virile, puisqu'elle a conçu dans le temps où elle a cessé de connaître « *les réalités de la femme* » (cf. *Quod deterius potiori insidiari soleat*, §60,. etc.). Cette superposition des trois personnages reste discrète, et elle est fondée sur leur unité fondamentale. Mais leur rassemblement spontané indique souvent que Philon marque une pause. Avant d'insister sur la nouveauté des §275 à 283, nous devons confirmer ce qui vient d'être avancé touchant la présence de Jacob et d'Isaac : et précisément,. au §283, nous allons rencontrer le passage de Jacob en « *Israël* » grâce au thème de la « *contemplation* » ; plus loin, la discussion sur le sens du mot « *pères* » dans l'expression complète « *Tu t'en iras auprès de tes pères* » posera la question des origines, et c'est la question que l'exemple d'Isaac permet de résoudre.

Jusqu'ici, la prophétie d'Abraham court sans surprise. On risque d'oublier à première lecture ce que nous nous sommes efforcé de dégager,. l'initiative de Dieu : la description de ces « succès » du sage évite d'en faire une sorte de programme que l'âme pourrait s'assigner ; elle chante plutôt l'action libératrice de la Cause ; elle discerne jusque dans le mal des passions l'étincelle originelle qui garantit l'éternité dans le temps. Tout est suspendu à cette « *volonté* », qui surplombe la pesante domination des forces corporelles. Mais cette volonté est la valeur paradoxale que la deuxième forme de l' « *extase* » permettait d'identifier. Pourtant, la révélation reste maintenant dans les limites que la situation d'Abraham trace autour de lui : il est encore le sage en quête de la connaissance. L'explication du prophétisme et des formes supérieures de l' « *extase* » pouvait naguère ouvrir la route à toute révélation supérieure, comme la présence de Moïse le laisse prévoir (§262) ; mais ici la mention du « *viatique* » dans le texte de base maintient l'allégorie un degré plus bas. On le voit, c'est la cohérence que Philon trouve dans le texte sacré et l'influence qu'il souligne d'une phrase à l'autre qui imposent la lecture. Philon ne se laisse point aller à dire ce qu'il lui serait loisible d'associer à l' « *extase* » : la place, le personnage, la redondance relative des mots du texte commandent. Sans la notation du « *viatique* », tiré de « *bagage* », le mot suivant, « *tu t'en iras* », resterait flottant ; mais, privé de ce même mot, « *bagage* », le concept de délivrance qui précède dans *Genèse,* ch. 15 resterait indifférencié (cf. les §271b à 273a), et il pourrait être entendu à tous les degrés de l'itinéraire spirituel ; enfin, si l'âme n'était pas dite « *en exil sur une terre étrangère* », le salut final venu de Dieu ressemblerait à une injustice, quand il apparaît comme une restauration de justice. Ainsi, tout se tient de proche en proche. Nous allons trouver à nouveau Jacob–Israël, puis le thème de la naissance céleste, qui rappelle Isaac. Surtout, nous allons renouer avec le thème de l'héritier : et c'est ce qui nous autorise à signaler dans la trame continue de l'Écriture et du discours philonien une nouveauté, le retour presqu'insensible d'un thème depuis longtemps obnubilé : c'est parce que *Genèse,* ch. 15 impose maintenant les mots : « *tes pères* » et plus tard « *quatrième génération* » (§293 à 299), que revient le mystère de l'héritier, auquel l'ouvrage doit son titre.

II. L'héritier (§275-299)

La suite du traité se contente d'une exégèse rapide des dernières phrases de l'oracle adressé à Abraham. La division qu'on peut en proposer s'adapte à cet oracle de la manière suivante. Une première section commente le v. 15 : « *Pour toi, tu t'en iras auprès de tes pères en compagnie de la paix dans une bonne vieillesse* » (§275 à 299, qui vont nous retenir maintenant). Une deuxième subdivision, formée des §300 à 306, donne un sens allégorique défini au v. 16 : « *Car les illégalités des Amorrhéens ne sont pas encore remplies* ». Enfin, les §307 à 315 constituent le commentaire mêlé d'une formule complète : « *Lorsque le soleil vint au couchant, il y eut une flamme* » ; Philon glisse ensuite des allusions au « *brandon fumant* » ; il explique enfin une phrase entière : « *À ta semence Je donnerai cette terre-ci, à partir du fleuve de l'Égypte jusqu'au grand Fleuve de l'Euphrate* ». L'analyse montrera la relative autonomie de ces subdivisions, de la dernière surtout, dont nous faisons une « conclusion ». On peut cependant donner d'emblée une définition assez lâche, mais fidèle, des trois espaces littéraires ainsi délimités. Le premier reprend à sa manière le thème fondamental de l' « *héritier* » — c'est donc le titre que nous donnons aux §275 à 299. Nous verrons ensuite comment le deuxième rappelle à la fois le contexte initial du « *juste langage* » et le problème du « *partage* », c'est-à-dire de la formulation concrète de ce qui était envisagé formellement dans le « juste langage ». Et nous dirons enfin pourquoi le troisième arrête en quelques images la lente progression de tout l'ouvrage. Nous l'appelons « conclusion ».

La première subdivision (§275 à 299) reprend donc le thème de l' « *héritier* ». Elle le fait par une sorte de redoublement : Abraham est lui-même un « *héritier* », puisqu'il a des « *pères* » ; Abraham mérite des héritiers, puisqu'il compte des fils jusqu'à la « *quatrième génération* » à tout le moins, et qu'il est désigné comme l'ancêtre d'une race nouvelle. Entre ces deux réflexions fondées sur le temps prend place le commentaire des deux récompenses du sage, la « *paix* » et la « *vieillesse* ». Si l'on y regarde, l'exégète prend en réalité le contre-pied de son texte de base. On pouvait attendre une composition harmonieuse — dont le cadre subsiste, il est vrai — qui répondrait à l'ordre même de la citation :

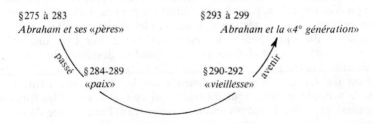

§275 à 283
Abraham et ses «pères»

§293 à 299
Abraham et la «4° génération»

passé

§284-289
«paix»

§290-292
«vieillesse»

avenir

La première séquence semblerait pouvoir servir le rappel du passé ; la dernière, celui de l'avenir ; entre les deux, la « paix » donne occasion à Philon de suggérer une rétrospective : Abraham n'a-t-il pas enduré les guerres ? Et la « *vieillesse* » peut laisser entrevoir par cette prolongation du temps de la vie les siècles d'avenir promis aux générations héritières. Or, tout cela est bousculé par le commentaire. Philon parle en réalité d'Abraham comme ancêtre de la race nouvelle dès la première section, celle qu'on s'attendait à voir consacrer au passé — les « pères » des §275 à 283 ; et les §293 à 299, théoriquement voués à la question de l'avenir *(« la quatrième génération »),* établissent le sage dans son quatrième âge personnel : du coup, les neveux sombrent dans l'oubli total... Il n'en reste pas moins que les deux développements extrêmes s'appuient sur la notion de temps : ils encadrent les §284 à 289 et les § 290 à 292, eux-mêmes remplis de l'idée d'éternité, sous la forme de la « *vie véritable* » et de la « *paix* ». Nous allons parcourir les quatre divisions pour en bien saisir la lettre : nous pourrons ensuite tirer parti de la manière dont Philon les a organisées, suivant cette dialectique déjà usitée dans l'ouvrage, de l'éternité qui se reflète dans le temps.

1. Les « pères » d'Abraham (§ 275 à 283)

Le premier souci de Philon est de souligner la continuité de ce nouveau texte de *Genèse,* ch. 15 avec celui qui précède : « *Tu t'en iras auprès de tes pères* » fait bien suite au verset « *Ils repartiront avec un grand bagage* ». Le retour vers la patrie y est exprimé de part et d'autre dans le verbe euphémique « *s'en aller* ». En réalité, les §275 à 277 servent d'introduction à toute la suite. Ils annoncent en effet de manière synthétique la récompense du sage et la signification éternelle de sa « mort ». Dans le détail de l'exégèse, il faut noter que l'outil intellectuel servant à cette introduction n'est pas formé d'une idée, mais d'un mot du texte biblique. Les §275 à 277 commentent le pronom personnel de la citation invoquée : « *Pour toi, tu t'en iras...* ». C'est ce qui explique l'opposition annoncée dès l'ouverture : « *Nous qui sommes imparfaits, nous connaissons la guerre et l'esclavage, et c'est à grand-peine que nous trouvons à être délivrés des maux redoutables qui planent sur nous ; mais la*

race parfaite ignore l'esclavage, la guerre : c'est dans la paix, la liberté,
qu'elle se développe ». La prophétie, au sens complexe assuré par le
chapitre précédent, est attachée à l'homme vertueux (§ 259 et son ἀστεῖος) :
ce type d'homme bénéficie d'une exaltation propre. Cet indice d'excellence préface toute la section comme la clef d'une partition. Grâce à
l'excellence du « prophète », les mots héritent à leur tour une valeur
pleine, exaltée, qui les éloigne du sens banal et des êtres du commun.
En disant, d'autre part, « *tu t'en iras* », le texte sacré confirme la signification du terme « *bagage* » apparu dans le verset précédent. C'est
donc le procédé systématique du traité qui agit ici encore : les formules
scripturaires y sont données comme se recouvrant l'une l'autre de proche
en proche, si bien que la première conduit à la dernière sans solution
de continuité.

Vient ensuite l'exégèse de l'expression « *tes pères* ». Il convient en
premier lieu d'observer qu'elle suit un cours forcé : Philon va nier
successivement plusieurs significations du mot. La première hypothèse,
sitôt exclue que posée, voudrait que le mot « *pères* » signifiât tout simplement les ancêtres charnels d'Abraham. À cette proposition littérale
succède une traduction déjà symbolique, où le mot « *pères* » renvoie
soit aux astres, soit aux éléments : ces deux autres possibilités ne sont
pas retenues, mais leur éviction prépare la bonne solution, dont nous
apprécierons en son temps l'exacte portée.

En second lieu, la loi artisanale du *Quis heres* continue d'exercer son
influence : si Philon peut écarter la traduction obvie de « *pères* » par
« ancêtres », c'est que la phrase biblique contraint les mots eux-mêmes
avant de contraindre l'exégète. En effet, si je lis dans le texte : « *Tu t'en
iras auprès de tes pères* », le dernier mot ne peut être saisi hors de son
contexte. Il est lié profondément au mot « *tu t'en iras* » ; à son tour,
celui-ci ne flotte pas, comme le ferait un mot du lexique humain, mais
il entre en relation avec celui qui fonda jadis l'existence d'Abraham, le
verbe symétrique « *Pars : quitte ta terre, ta parenté, la maison de ton
père, pour te rendre dans la terre que je te ferai voir* » (*Genèse*, ch. 12,
v. 1-2).

a) L'hypothèse généalogique

Ainsi, par le biais de cette négation, Philon s'arrange pour remonter
jusqu'aux origines. En utilisant la formule sacrée pour faire renier à
Abraham sa parenté naturelle, ses « pères » de Chaldée, ou pour rappeler
qu'il rejette les éléments du monde et la cosmologie athée des Chaldéens,
l'exégète marque mieux l'éloignement qui entraîne son sage, son « *prophète* », hors du monde corporel. En un sens, Philon commente deux
fois le verbe « *tu t'en iras* » : une première fois, pour noter la différence
entre cette signification et celle de « *mourir* » (§ 276) ; une seconde fois,
pour rendre au lecteur le souvenir de la toute première initiative de Dieu
dans la vie du patriarche. Dans le traité *De migratione Abrahami*, Philon
remontait également le cours du temps : vers la fin de l'ouvrage, il

expliquait le seconde migration d'Abraham, de Harran jusqu'en terre promise, par la première, d'Ur jusqu'à Harran, en principe étrangère à l'objet du livre. Ici, le même souci de rattacher les actions divines l'une à l'autre, comme il le fait pour les mots qui l'expriment dans la Bible, produit ce retour en arrière, d'autant plus surprenant qu'il va se voir transmuer bientôt en vision d'avenir. N'oublions pas que le premier chapitre du *Quis heres* avait intégré ce procédé dans sa dialectique : l'épitaphe d'Abraham et le destin de Moïse se chargeaient de bousculer l'ordre normal des temps.

Mais, en trouvant ce point d'appui, qui épargne à la promotion d'Abraham les allures d'un coup de force improvisé par la grâce divine, Philon se met à anticiper curieusement. Il relit non seulement les mots du chapitre 12 de la *Genèse,* ceux que nous venons de citer, « *Va-t-en, quitte ta terre...* », mais la proposition qui les suit : « *Je ferai de toi un grand peuple !* » Le passé renvoie naturellement Philon à l'avenir, « naturellement » voulant dire : par l'effet de l'Écriture inspirée, celle qui opère les liaisons honnêtes et sûres, encore que paradoxales, du lexique spirituel, celle en dehors de qui toute expression est exposée à des cuirs misérables. Philon n'a qu'à se couler simplement dans le texte. Sa manœuvre, toute de naïveté, est évidente : il substitue aux racines charnelles d'Abraham une mémoire de son premier appel. Ce faisant, à la lignée ascendante, naturelle et en ce sens imparfaite, charnelle et donc aléatoire, il substitue un roc, celui de la volonté divine manifestée dans l'appel : déjà connu, cet appel remplacera dans l'esprit du lecteur la race et le passé d'Abraham, comme une Origine plus haute. Mais, de plus, contrairement à la généalogie humaine, qui peut après tout s'arrêter en descendant à celui qui la récapitule, la parole divine assure un avenir inépuisable. Lorsque Dieu fit partir Abraham, il lui dit : « *Je ferai de toi un grand peuple !* ». Une telle promesse contient deux réalités complémentaires : la négation du passé, puisqu'il faut entendre que ce qui a été jusqu'ici n'était pas un « grand peuple » et que ce qui fut avant toi ne te valait pas ; et, d'autre part, l'affirmation d'un avenir. La combinaison des deux valeurs démontre la puissance d'un Dieu qui annule ce qui a été et prend barre sur l'avenir. Ces archives du futur prennent la place d'une mémoire inerte, morte.

Aussi la présence de la Triade exemplaire n'a-t-elle rien que de naturel ici : Philon évoque explicitement Jacob–Israël ; de toute évidence il pense à Isaac quand il parle de la race « *nouvelle et jeune* », et surtout quand il condamne l'ancienneté au nom de la « *pluie des biens nouveaux et merveilleux* » (à la fin du §279). Jacob et Israël sont étroitement unis dans le texte de Philon : non seulement la mention d'Isaac, ou du moins l'évocation implicite de son blason, encadre celle de Jacob, mais le don de « *voir* », qui caractérise, bien entendu, Jacob–Israël, lui permet de contempler la *Nature.* Or, la Nature entre, on le sait, dans le définition d'Isaac.

b) L'hypothèse cosmologique

Les « *pères* » ne sauraient donc représenter les ancêtres d'Abraham. Faut-il se tourner alors vers des origines plus nobles, les astres, les éléments ? Ce serait en réalité passer des Chaldéens à leurs superstitions, puisque les astronomes chaldéens commettent l'athéisme de diviniser les astres en leur reconnaissant une causalité réservée à Dieu seul. Ces hypothèses intermédiaires sont donc également repoussées. Mais la dénégation de Philon est moins nette : astres, idées, éléments, les « *pères* » seraient tout au plus les « pères » de la part corporelle. Or, le prophète est situé bien au-delà. Tout en renonçant à cette interprétation, Philon s'en sert plus ou moins ouvertement. Et la dernière leçon, celle que Philon veut adopter en traduisant « *pères* » par l' « *éther* », ne fait que quintessencier les élements du monde, si l'on peut dire.

Comme souvent, il n'est pas impossible d'assigner à cette page quelque peu embarrassée à nos yeux un raisonnement de modèle grammatical. Tout se passe en effet comme si Philon spéculait sur la valeur de pluriel donnée par le mot « *les pères* ». Telle quelle, l'expression lui interdit de remonter directement à Dieu, qui doit être reconnu pour le Père unique (on se souviendra ici du §62, où le juste langage d'Abraham distingue entre les vocables de la parenté...). Or, Philon passe, à la fin, du pluriel compromettant au singulier, seul digne du sage : l'élément supérieur, l' « *éther* », est un singulier. Aussi bien Philon s'est-il gardé de rappeler le texte de base, qui lui objecterait crûment son pluriel ; aussi bien introduit-il subrepticement ce « deus ex machina » de la dialectique : au lieu de déclarer comme auparavant que le mot « *pères* » pourrait bien désigner telle ou telle réalité, il tourne autrement la phrase et glisse du pluriel au singulier : « *(Les éléments) concernent les réalités corporelles, tandis que la race de l'âme qui appartient à l'esprit et au ciel doit rejoindre l'éther le plus pur comme son père* ». Le cheminement, dans ce §283, est le suivant : corps / esprit (ou même, en allant pas à pas, corps / âme ; âme / esprit), puis esprit / *ciel ;* enfin, ciel / éther. D'opposition en équivalence, d'équivalence en excellence, nous aboutissons à l'« *éther* ». Philon peut alors préciser : « *Il faut qu'il y ait une 'quinte essence', comme s'expriment les Anciens, au mouvement circulaire, éminemment différente des quatre autres, et qui soit à l'origine sans doute des astres et du ciel tout entier, et dont l'âme doive être par conséquent posée comme un fragment.* » La notion d'origine fait droit à l'idée de paternité contenue dans le mot du texte : « *les pères* » ; mais elle le fait d'une manière plus générale. Au bout du compte, par cette exténuation, Philon s'est contenté de traduire l'expression biblique de la mort d'Abraham d'après le contexte général de la prophétie, qui exalte le sage. Le sage appartient à la portion la plus céleste du ciel. Mais il ne s'agit plus ni de la mort, bien sûr, ni même d'un voyage — « *Tu t'en iras auprès de tes pères* » pourrait servir le thème d'une émigration — il s'agit plutôt d'une définition statique...

Pour y parvenir, Philon a fait subir au pluriel « *les pères* » l'épuration signalée plus haut. Au lecteur qui froncerait le sourcil et commencerait à parler de subterfuge ou de sophisme nous ferons observer que le chemin de la ruse, s'il en est une, suit de près celui de la mystique. Et cela de deux façons. Tout d'abord, l'épuration procède d'un approfondissement : le sentiment de la filiation, la conviction d'être « causé » investie *de facto* dans la relation généalogique, permet de concevoir la causalité plus lointaine et plus enveloppante du monde (cf. l'adage aristotélicien : « Un homme et le soleil engendrent un homme »), *voire de percer la série finie des causalités* pour affirmer la création. À côté de ce premier résultat, qu'on peut qualifier de positif, il en vient un autre, négatif. Tout se passe comme si Philon avait navigué entre deux écueils : ramener Abraham vers l'histoire charnelle en admettant que les « *pères* » représentent les ancêtres chaldéens du patriarche ; conduire prématurément vers Dieu, trop près de Dieu, un Abraham qui n'en est pas encore capable. Le pluriel joue ici un rôle de médiation : trop compromis dans le nombre et la nature inférieure du monde visible, il ne permettra jamais d'aborder le rivage de la divinité — comme un Moïse, par exemple, peut y prétendre ; trop mêlé à la notion de « cause », d' « origine », il ne peut cependant rester inefficace, inerte, banni de la vie religieuse. Le compromis plus pur adopté par Philon consiste à faire émerger <u>une</u> causalité plus divine, si l'on ose dire, parmi les causes les plus enveloppantes de la vie humaine. Aux quatre éléments, qui retombent sur eux-mêmes et rendent ce qu'on leur a prêté dans le domaine du corps, succède une essence plus transparente et qui est pour eux l'impulsion divine.

On le voit, c'est bien en fonction du stade où est parvenu son Abraham de l'heure que Philon dose et gouverne l'interprétation des mots « *Tu t'en iras auprès de tes pères* ». Il n'est pas au terme du voyage, celui que l'Écriture montre armé d'un « *viatique* » ou d'un « *bagage* » (§273-274) !

2. La « guerre » ou la « paix » (*§ 284 à 289*)

La même préoccupation dicte le commentaire suivant. Philon aurait pu, jouant par exemple sur le futur qui indexe toutes les promesses de l'oracle, décrire un état à venir où Abraham eût connu le bonheur idéal et la paix complète. En fait, dans son commentaire, le bonheur se ramène aux libertés qui assurent le bonheur... C'est bien, comme nous venons de le dire, que Philon souhaite laisser Abraham dans sa condition d'itinérant, de commençant.

L'exégèse repart de l'opposition lue dans le pronom « *Pour toi, tu t'en iras auprès de tes pères, accompagné de la paix...* ». Mais ce point de vue qui privilégie le sage va être estompé dans les §284 à 289 au profit d'une organisation plus subtile. Par deux fois nous nous élevons de la guerre vers la paix : les §284 à 286a nous font passer de la lutte misérable à la paix de sérénité, fondée sur l'harmonie des facultés et du monde, en une sorte de paradis ; les §286b à 289 repartent de l'état de guerre qui fut effectivement celui d'Abraham, pour définir autrement sa « *paix* », une paix éthique. Dans la première paix, l'ordre idéal et cosmique fait partie d'une vision réconciliée ; dans la seconde, l'âme se sauve et se coupe du monde. La première est en soi plus parfaite ; la seconde convient seule à Abraham.

a) De la guerre à la paix, premier mouvement

Le détail des §284 à 289 fait apparaître une différence de traitement entre la première analyse de la « *paix* » et la seconde. On peut aisément apercevoir que les §284 à 286a se laissent guider par le sens de la préposition originale qui introduit le mot « *paix* » : μετ᾽ εἰρήνης. La notion d'accompagnement comprise dans cet « *avec* » facilite sans doute dans le commentaire de Philon les expressions répétées du §285 : « *frayer le chemin* » ou, au §286a, « *l'office de gardien* ». Du même coup, quelle que soit la philosophie des Biens qui soit invoquée, Philon peut présenter les effets de la guerre où le commun des mortels est retenu enveloppé comme des effets négatifs : dans les trois ordres[3] qui défilent rapidement, les biens extérieurs, les biens du corps, les biens de l'âme, Philon définit les malheurs comme des servitudes, des entraves ou des privations (on notera l'abondance des à- privatifs) ; et si le mal garde cet aspect négatif, on comprend que le bon guide permette de l'éviter en ouvrant la voie contraire du Bien. Enfin, on voit l'incohérence matérielle du système psychologique : la triple répartition du début : extérieur, corps et âme, cède la place, dans le §286a, à une autre répartition, également ternaire, mais qui met en ligne cette fois : le corps, l'âme, l'intellect. Et ce qui sert de munition n'est évidemment rien d'autre que le Bien introduit par le guide favorable. On obtient donc ce résultat, d'une surprenante naïveté, que Philon utilise deux fois les mêmes valeurs dans deux systèmes psychologiques hétérogènes :

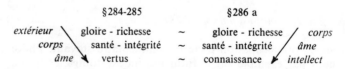

	§284-285		§286 a	
extérieur	gloire - richesse	~	gloire - richesse	*corps*
corps	santé - intégrité	~	santé - intégrité	*âme*
âme	vertus	~	connaissance	*intellect*

On objectera que le système des valeurs bouge lui-même, et que le troisième terme passe des « *vertus* » à la « *connaissance* ». À cela nous répondons que les vertus conduisant naturellement à l'acquisition du savoir, dans le programme d'apparence intellectualiste qui est celui du sage philonien, et que Philon se contente ici d'appliquer justement la théorie au cas particulier de son Abraham du moment, soucieux d' « *apprendre* ». L'autre gauchissement est de plus belle taille, qui fait glisser les trois catégories. Cette observation prouverait une fois de plus que Philon utilise les philosophies, sans se mettre trop en peine de suivre une orthodoxie quelconque. Ce qu'il suit, c'est une image concrète : il faut se représenter ici un espace central, vide tout d'abord ou occupé d'éléments tyranniques et désordonnés, sans donner à ce centre un nom précis. On peut seulement distinguer dans cet espace trois cercles concentriques. Le désordre ou... le vide remplissent, si l'on ose dire, ces trois régions, quels que puissent être leurs noms ; et telle est la situation dramatique du commun des hommes. Mais la « *Paix* », guide, accompagnateur merveilleux, fraie le chemin à trois séries de biens, qui, venus du dehors par rapport à ces trois cercles, en remplissent le vide, y mettent l'abondance et l'ordre, puis défendent la place attribuée à chacune. Le nom des places varie en cours de route dans l'exposé de Philon, mais la disposition globale subsiste : de toute manière, on va de l'extérieur vers l'intérieur, à l'intime, à un « moi » qui n'est jamais désigné clairement parce qu'il relève autant de Dieu que du sujet qui L'en remercie (on se souviendra ici du premier chapitre du livre et du problème de la subsistance du *moi* d'Abraham). Est-ce trop s'avancer que de voir dans cette exégèse le commentaire mot à mot de l'expression biblique μετ'εἰρήνης τραφείς ? Déjà nous avons marqué ci-dessus notre conviction que les notions de « *chemin frayé* » ou de « *gardien* » sortaient tout droit de la préposition μετά — « *avec* ». L'idée du gardien et d'une abondance défensive nous paraissent ensuite venir également du participe τραφείς, que Philon emploierait au sens plein, celui d' « *entretenu* » — « *pourvu* » — « *muni* ». La notion de « *gardien* » appartiendrait au double registre, de la préposition et du verbe : cette ambivalence n'a rien pour surprendre ; elle répond au principe dont nous faisons partiellement la clef des transitions dans le *Quis heres,* l'enchaînement par synonymie relatíve...

b) De la guerre à la paix, second mouvement

Telle serait donc la formule rhétorique qui domine la première définition de la « *paix* ». C'est, on le voit, une définition concrète : la paix se propose dans ses effets; mais à y regarder de plus près, on note que le mot propre εἰρήνη n'a point encore servi et qu'il n'a pas trouvé de place active dans la marche du commentaire, tout entier monopolisé par μετά et τραφείς. Qui ne saisit l'astucieuse combinaison inventée par Philon ? Le mot exprès de « *paix* » va maintenant venir provoquer une seconde définition de la chose qu'il désigne, mais c'est l'Écriture qui permettra de le comprendre. Si bien que le mot, au sens fort, n'apparaît qu'en second lieu, avec la vérité divine de l'Écriture : jusqu'ici, il est vierge, car ce n'est pas la philosophie qui a pu utilement le définir : les effets dont on a parlé sont inférieurs à l'essence.

Les §286b à 289 ont donc par rapport aux §284 à 286 l'originalité de prendre appui sur l'Écriture et non plus sur la philosophie. Nous avons souvent remarqué cette succession, et chaque fois nous lui avons fourni l'explication requise par le contexte. Mais chaque fois le procédé permet de rendre à Dieu ce qui lui revient et de hausser d'un palier la langue inspirée de la Bible : le réalisme philologique de l'Alexandrin trouve son bonheur à faire parler le Logos divin des choses divines. Le nouveau développement, qui imite d'ailleurs le rythme du premier, allant de la guerre à la paix, s'attache au mot jusqu'ici négligé, εἰρήνη. L'ensemble des deux développements répond à la figure suivante :

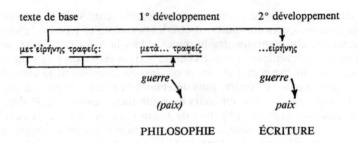

PHILOSOPHIE   ÉCRITURE

Mais le second développement souligne la transcendance de son explication nouvelle du mot « *paix* ». La Paix dont Abraham a joui comporte le paradoxe inhérent aux réalités divines. Philon ouvre ainsi la nouvelle explication : « *Que, d'autre part, la paix dont il est question ne soit pas celle des cités, c'est là une évidence pour les familiers de l'Écriture* ». Philon, bien entendu, ne fait pas entrer dans le futur le bénéfice de la paix : il rend compte d'un participe au passé, τραφείς, et il lui faut donc justifier la formule étrange, assurant qu'Abraham a vécu « *en compagnie de la paix* », alors que sa carrière est remplie de luttes. Reste que ces guerres auxquelles Philon sait bien qu'Abraham fut en butte ne soient telles qu'aux yeux du mondain, mais possèdent pour l'ami de Dieu une face cachée, de pureté et de calme absolu. Au premier équilibre, entrevu par la philosophie (§ 284 à 286a) et résultant d'une heureuse autonomie de l'être créé, stabilisé en lui-même par la plénitude et la hiérarchie des trois ordres concentriques, succède maintenant un nouvel équilibre : la tension de l'être vers sa Cause en est l'âme. « *L'émigration fait quitter l'opinion chaldéenne pour rejoindre celle qui s'attache à Dieu, c'est-à-dire qu'elle fait quitter le créé sensible pour rejoindre la Cause intelligible qui a (tout) fait ; elle procure ainsi ordre et composition* » (fin du § 289). Cette assiette où le sage est en repos doit tout à autre chose qu'à lui. Curieusement, au vide redoutable que la première « *paix* », celle de la première analyse et de la philosophie, venait combler par la plénitude de la santé, de la richesse et de la sagesse, succède maintenant un vide plus complet. Du début à la fin, les termes, équivalents en apparence, ont permuté leurs valeurs :

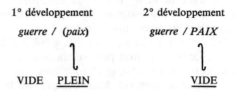

Au début, le « plein » définit la « *paix* » ou du moins le contenu d'un vocable passé sous silence ; à la fin, le mot exprès, « *paix* » étant venu, Philon en tire la notion de « vide ». Le tableau ci-dessus laisse un blanc : on ne lit rien sous la rubrique « *guerre* » du second développement. Pourquoi ? Parce que nous n'essayons pas à toute force d'établir des symétries quand elles ne s'imposent pas ; mais cette distorsion nous donne l'occasion de préciser un point touchant l'allégorie. Il est à remarquer ici que le commentaire du mot « *guerre* » dans la seconde analyse (§286b à 288) emploie les mots au sens direct, littéral : la guerre y désigne d'abord les luttes physiques menées par Abraham contre les Rois; et, s'il est vrai qu'ensuite l'exil, la famine sont aussi rangées sous la catégorie de la « guerre », le point d'attache reste concret : il s'agit de toutes les luttes, de toutes les misères qui ont grevé l'existence du patriarche. Nous nous trouvons donc en présence de deux types de symbolisation, dans les deux commentaires successifs du mot « *paix* ». La première rationalise — pour s'arrêter d'ailleurs au palier de la philosophie de l'âme; la seconde seule met en jeu les ressorts de la connaissance supérieure qui sait déchiffrer l'Écriture, et cette Écriture est remplie d'événements concrets et de sens.

Avant de poursuivre, nous voulons indiquer un parallèle dont nous ne prétendons pas qu'il signifie autre chose qu'une convergence. Le livre de la *Sagesse,* au milieu de sa première partie, donne deux justifications de la *mort prématurée du Juste.* Or, la première (ch. 3, v. 1 à 6) admet que les justes, pleins de mérites, ont été soumis à une épreuve, dont ils sortent triomphants : c'est une sorte de « plénitude » qui est ainsi décrite. Serviteurs fidèles et utiles, les justes subissent vaillamment une peine qui se transmue rapidement et naturellement en gloire. Mais la seconde explication tranche sur cet optimisme : si le Juste est retiré du monde par la mort, c'est que Dieu a eu pitié de sa fragilité (ch. 4, v. 7 à 14) et qu'il risquait de se voir contaminer par le mal. La vision est devenue dramatique, dangereuse : ce Juste (passé du pluriel au singulier) n'a plus en lui-même assiette et mérite ; Dieu ne le récompense plus, mais le sauve de justesse. À la plénitude personnelle répond maintenant une sorte de « vide », exactement comme dans la dialectique de la « *paix* », telle que Philon nous semble l'avoir conduite.

3. La bonne « vieillesse » (§290 à 292)

C'est au titre de confirmation du paradoxe précédent que nous est proposée l'exégèse des mots suivants : « *dans une bonne vieillesse* ». De même, en effet, que la « *guerre* » et la « *paix* » échangeaint leurs valeurs, de même « *vie courte* » et « *vie prolongée* » perdent leurs connotations mondaines et viennent se référer au canon transcendant du mérite et de la « *sagesse* ». On voit que le procédé qui fait se recouvrir partiellement deux expressions bibliques consécutives joue ici encore : Philon observe la contradiction apparente qui oppose l'oracle bénissant Abraham et son existence tourmentée. Le court paragraphe consacré à la vieillesse prend un tour homilétique certain : le lecteur est invité à prononcer une sorte de jugement qui l'encourage ; il doit décerner la palme, choisir entre les deux types de longévité. Héroïquement, la morale qui emprunte la plume de Philon demande qu'on inverse les notions courantes, et qu'on appelle « *vie courte* » la vie du méchant, quelle que soit la durée effective de ses jours.

Nous avons tout à l'heure évoqué le livre de la *Sagesse,* et le lecteur se souvient que le thème de la longévité y subissait deux traitements, ce qui nous permettait de les rapprocher du développement de Philon sur la « paix ». Le rapprochement restait formel, pour un thème simplement voisin. Ici, Philon traite sans dialectique le thème de la « vieillesse », et nous pouvons retrouver dans le même passage du livre de la *Sagesse* des formules équivalentes : à la longueur des années se substitue une notion intensive de la longévité, qui reste bien le critère de la bénédiction divine : « *C'est en quelques années qu'il a accompli une durée considérable* » (*Sagesse,* ch. 4, v. 7 à 14).

Le traitement du même oracle est légèrement différent dans les *Quaestiones in Genesin,* III, §11. Philon y souligne la différence existant entre « *bonne vieillesse* » et « *longue vieillesse* ». La leçon est plus simple : « *L'insensé se prolonge souvent dans une « longue » vieillesse, alors que seul celui qui est l'amant de la sagesse se prolonge dans une vieillesse 'de bien et de vertu'...* ». Des deux côtés, l'influence de la réflexion sapientielle en honneur dans Israël explique suffisamment le commentaire de Philon. La « *vieillesse* » ainsi entendue et la « *paix* » telle que nous l'avons vue décrite délimitent une notion intensive, proche de l'<u>éternité</u>, dont elles sont l'<u>image</u>.

4. La « génération quatrième » (§ 293 à 299)

La « vieillesse » d'Abraham lui permet d'atteindre sans doute sa quatrième génération... La comparaison de cette dernière section avec l'interprétation que les *Quaestiones in Genesin* proposent du même texte illustre bien ce que nous savons de l'économie du *Quis heres.* Lorsque les mots de la *Genèse,* ch. 15 : « *À la quatrième génération, ils s'en retourneront ici* » font l'objet d'une interprétation libre, indépendante d'un discours, Philon y détermine une notion optimiste, fondée sur la valeur du nombre 4 : il désigne la plénitude et le résultat parfait de quatre étapes naturelles, toutes quatre positives et enchaînées : « *Le nombre 4 est en lui-même parfait, et il est rempli de réalités parfaites... Qu'est-ce à dire? Dans la génération des êtres vivants, la première étape consiste dans l'implantation de la semence ; la seconde permet aux organes de se former sous quelque (impulsion) conforme à la nature ; la troisième étape suit la constitution : c'est la croissance ; la quatrième, au sommet, parachève la génération. Il en va de même dans le cas des plantes... où dans la quatrième étape, elles portent du fruit. De même les arbres commencent par porter les fruits, qui ensuite grossissent, changent de couleur dans une troisième période, et, dans une quatrième et dernière, arrivent à plénitude et à maturité. C'est là que survient l'usage et la jouissance* » (*Quaestiones in Genesin,* III, §12). Mais, lorsque Philon retrouve le même texte à l'intérieur de son traité, l'économie du traité impose une coloration différente : c'est la raison pour laquelle les §293 à 299 du *Quis heres* plongent dans l'histoire de la conversion qui rachète l'âme du sage.

Les quatre étapes figurées par les quatre âges ne suivent pas un cours « naturel ». La première s'inscrit dans une neutralité toute proche du vide : « *les dessins du bien et du mal n'y laissent pas d'empreinte, et tout ce qu'on croit y voir inscrit se brouille sous l'effet de l'humidité qui baigne l'âme* » (§294). Dans le cas de la plante ou d'un vivant quelconque, la première étape apportait la semence, d'après les *Quaestiones in Genesin* ; ici, point de développement promis, mais plutôt la stérilité. Quant à la deuxième étape, elle fait descendre l'âme en-dessous même de ce degré zéro : « *elle se met à vivre en commerce avec le mal, tant celui qui monte naturellement d'elle-même que celui dont elle accueille volontiers l'influence du dehors...* » (§295). Et Philon de poursuivre une description rehaussée de citations bibliques éloquentes et pessimistes. La troisième étape amorce la restauration de l'âme : la philosophie vient soigner le malade : « *par des paroles de santé et de salut* », elle rabote ce qui est, en trop, la faute, et elle comble ce qui était en creux (§297). Survient alors une situation nouvelle, prévue justement par l'oracle : « *À la quatrième génération, ils se retourneront vers ici* ». Cette quatrième étape permet à la vertu de s'affirmer : « *il pousse à l'âme force et vigueur dans le sens d'une ferme saisie de la sagesse* » (§298).

L'exégèse de Philon a donc délaissé une interprétation linéaire et naturaliste, celle des *Quaestiones in Genesin*. Elle suit une courbe descendante, en compagnie d'un Abraham qui est enfoncé dans l'aventure spirituelle. Deux points sont à relever. Tout d'abord, le fait qu'Abraham doit être placé à la troisième étape. Il bénéficie des secours de la thérapeutique, et précisément, nous l'avons souvent rappelé, sous la forme du juste langage : « *les paroles de santé et de salut* » (§297). En second lieu, et l'un suppose l'autre, Philon évoque l' « *héritier* », en tant que bénéficiaire de la quatrième étape. Cet « héritier » est celui qui retourne chez lui : le pays de la sagesse correspond à la patrie céleste. Comme c'est un oracle divin qui est adressé à Abraham, l'interlocuteur dit normalement « *ici* » pour désigner le pays de la sagesse : « *À la quatrième génération, ils s'en retourneront ici* », ou plutôt, pour faire droit à la notion de conversion définitive[4], « *ils se retourneront vers ici* ».

Nous venons de résumer la lettre des quatre petites sections qui déterminent l'oracle, et, du même coup, la définition de l'héritier. Nous serons contraints en abordant les paragraphes suivants de constater leur rattachement étroit avec ces §275 à 299. Qu'il suffise d'indiquer dès maintenant que le §306 reprend et achève l'explication du verbe « *se retourneront* ». Nous pouvons marquer une césure, cependant, parce qu'à nos yeux, les §275 à 299 répondent au premier chapitre du Traité, consacré à une dialectique du temps : le mystère de l'existence autonome d'Abraham l'acculait à se projeter dans un lendemain fini et déterminé, autre nom de l' « *héritage* ». Ici, de même, Philon récapitule l'émigration d'Abraham, assure à nouveau sa consistance en le retirant à la paternité terrestre. Dans les deux chapitres, Philon conduit Abraham aux frontières de la divinité, sans le faire véritablement entrer. Au début du traité, Abraham se trouve subsistant et défini comme interrogateur de Dieu ; à la fin, il est placé à charnière de la troisième et de la quatrième génération. Dans le premier chapitre, Abraham recevait la lumière de Moïse, apprenant de lui ce que c'est que de parler à Dieu, de « crier » vers Lui ; à la fin du traité, Abraham reçoit la lumière de l'oracle divin lui-même, qui trace les contours de ce « futur » pressenti par l'Abraham interrogateur du début : « *Qui sera mon héritier ?* ». En projetant l'espoir de la « *paix* » et de la « *bonne vieillesse* », en lui disant qu'il se trouve juste avant la « *quatrième génération* », l'oracle entérine cette définition d'un être en porte-à-faux sur l'avenir, mais la remplit. L'Abraham du début du traité, pris entre le mutisme et l'interrogation, est devenu par son initiation le « *prophète* », placé entre le silence et la proclamation. La réponse divine est maintenant si bien intériorisée qu'Abraham en est le véhicule autant que le bénéficiaire : elle le met en avant comme celui dont le *langage* épouse la *vérité du monde*. En effet, ce qui nous reste à lire dans l'ouvrage va préciser, d'une part, que tout l'itinéraire d'Abraham se joue sur le plan du langage : le commentaire du nom des « *Amorrhéens* » servira de base à cette indication ; et, d'autre part, que le sage est d'abord celui qui connaît la *division* du monde et l'œuvre juste de la création. Ce double développement occupera les §300 à 306, puis les §307 à 315.

En ce sens, le traité pourrait bien prendre pour titre réel : *Vers le juste langage*. La conversion première consiste à échapper aux sophistes, pour écouter le discours du monde et sa sublimation dans la reconnaissance du Créateur. Telle est en effet la vocation littéraire du long chapitre isolé parfois sous le nom du « partage ».

III. Les portes de la vérité (§300-306)

1. La redondance

Nous avons déjà noté que le verbe « *s'en retourner* » ne se trouvait totalement interprété qu'au §306, soit à la fin de cette nouvelle section. Et il existe une inclusion manifeste entre la fin du §299, « *nous détourner du mal, pour nous mettre au bien, chose de prime abord impossible…* », et ce que nous lisons au §306 : « *Telle est l'indication fournie par la phrase : Il n'y a pas moyen de se détourner du mensonge spécieux…* ». Mais Philon, qui applique dans ce Traité le principe de la « redondance », sait bien combiner progrès et continuité. Précisément dans la mesure où ce nouveau développement garde le contact avec la discussion du « *quatrième âge* », il s'en distingue un peu comme l'agrandissement d'une portion de cliché photographique se distingue de la photographie première. En effet, les §300 à 306 peuvent être considérés comme l'explicitation du passage de la troisième à la quatrième période (§297). Si Abraham connaît seulement sous la forme d'une promesse l'avenir inclus dans la « *paix* » et dans la « *fermeté* » de la quatrième génération, c'est qu'il en est encore au stade de la philosophie-thérapeute (le même §297). Or celle-ci glisse un vocabulaire « sain » à la place de la sophistique. Cette substitution constitue d'ailleurs une opération de type magique, ou du moins d'un ordre dont les données ne répondent pas à la claire logique. A-t-on remarqué cet autre point de contact entre le §297 et les

§ 300 à 306, que l'action de la sophistique mensongère et celle de la vérité nous sont présentées comme une attraction, une « *séduction* » — ὁλκὸν ἔχοντα δύναμιν (§ 304), ou une « *incantation* » — κατεπᾳσθεῖσαν (§ 297). Une force retient l'âme dans les pièges du langage mondain qui méconnaît la causalité du seul Dieu ; et c'est une force supérieure qui doit à son tour attirer l'âme dans l'autre direction. Aussi, la victoire une fois accordée à cette seconde force, l'âme peut-elle s'échapper sans retard : « ... *Nous nous évaderons sans nous retourner et, pour peu que les amarres soient levées, nous cinglerons loin du pays des mensonges et des sophismes...* » (§ 305).

On se souvient peut-être du chapitre consacré à l'exégèse du nom de « *Masek* » : Philon y avait indiqué les justes dénominations dont le sage épèle, si l'on ose dire, les termes de la parenté. Abraham y était loué de nommer « *servante née dans la maison* » la sensation ambiguë, et, avec elle, le monde sensible ; Adam était blâmé de confondre la mort et la vie en désignant Ève, la sensation, du nom flatteur de « *Vie* ». Plus loin, Abraham proclamait que Sara est né du Père seul. Les deux problèmes, du juste langage et de la reconnaissance de la Paternité divine, se trouvaient liés. Ici, de même, Philon commente le nom des « *Amorrhéens* » de telle sorte que sophisme et athéisme soient ensemble dénoncés et repoussés.

On le voit, les § 300 à 306 sont à la fois très solidaires de la section précédente (§ 275 à 299) et solidement reliés au groupe des § 40 à 62. Ces relations ne nous dispensent pas de les étudier en eux-mêmes. La comparaison avec le texte des *Quaestiones in Genesin* nous sera d'un maigre secours, puisque les éditeurs le considèrent comme amputé. Il est pourtant à noter que l'exégèse devait y être conduite sur le modèle du *Quis heres,* c'est-à-dire en deux temps : tout d'abord, l'énoncé d'une fausse interprétation qui voyait dans le texte biblique « *Les iniquités des Amorrhéens ne sont pas encore remplies* » (de *Genèse,* ch. 15. v. 16), une sorte de reconnaissance de la Fatalité ; puis, la réfutation de cette hypothèse matérialiste et la substitution d'une lecture orthodoxe. Le peu que nous lisons de ce double programme dans les *Quaestiones in Genesin* permet à la rigueur d'imaginer que, semblables dans le schéma général, les deux textes parallèles n'auraient pas la même teneur. Et comme il n'existe pas d'autre passage de Philon où le même verset trouve un commentaire exprès, nous sommes renvoyés à notre seul *Quis heres.*

2. Analyse des § 300 à 306

L'introduction est obvie. Du moment qu'Abraham, situé dans la troisième époque et sur le point d'avancer, reçoit des ouvertures touchant la quatrième, la question du délai est la première à se poser. Le texte de la *Genèse* ne poursuit-il donc pas naturellement : « *À la quatrième génération... car les iniquités des Amorrhéens ne sont pas encore comblées* » (ch. 15, v. 16) ? La suite se divise, comme nous l'avons dit, en deux sections, l'une exposant l'interprétation reconnue fausse des matérialistes, l'autre produisant une analyse de type allégorique. Il ne suffit

pas d'enregistrer ce procédé simple, qu'est, en exégèse, l'examen successif de deux hypothèses. Il faut encore noter son rapport avec le sujet.
Car le contenu et la présentation des § 300 à 306 se correspondent. La
première interprétation est sophistique, « amorrhéenne » elle-même !
Comme telle, elle illustre d'avance le contenu de la seconde. Philon
reproche d'emblée à certains interprètes de saisir dans une proposition
biblique donnée une faille qui ruinerait l'absolue maîtrise de Dieu.
En effet, si l'on comprend mal l'adverbe, dans « *ne sont pas encore com-*
blées », on assigne à Dieu une date qui l'enchaîne. N'est-ce point là
l'erreur des Amorrhéens : sophistes, ils sont athées, c'est-à-dire qu'ils
attribuent la causalité du tout à ce qui n'est pas cause, et dénient à
Dieu la maîtrise universelle.

L'exégèse positive qui suit (§ 302 à 306) repose sur deux points d'appui :
l'interprétation non-fataliste du « *pas encore* » et la traduction symbolique du verbe ἀναπεπλήρωνται. Les deux marchent de pair et aboutissent
à renforcer l'exégèse de la section précédente, sur « *s'en retourner* » et
« *être affermi* ». L'adverbe de temps, « *pas encore* » cesse de désigner
une époque objective pour entrer dans l'emploi métaphorique commun
à toutes les notations chronologiques jalonnant le *Quis heres*. Comme
l'expression « *au coucher du soleil* », naguère, comme, bientôt, la formule « *lorsque le soleil vient au couchant* » (§ 263 et § 307), le « *pas encore* »
détermine l'instant tout métaphorique où l'âme change d'horizon, où
la grâce remplace la nature. L'alternative qui échange le monde visible
et le monde intelligible tourne rapidement : dès que l'intellect de l'homme
s'endort, le Logos illumine le champ laissé libre. Ici, dès que les sophismes sont conjurés, l'âme appareille pour la contrée de la Vérité.

Quant à la traduction d'ἀναπεπλήρωνται, elle découle du commentaire,
bien qu'elle doive figurer en tête de la page. Pour préciser en quel sens
Philon entendait ce verbe, nous devons progresser par étapes et reconstituer la logique du salut, telle que les § 300 à 306 la présupposent. Que
se passe-t-il ? Une libération. L'âme est, au départ, victime des mensonges qui la retiennent prisonnière de leur charme ; elle est libérée par
l'action que nous devons justement examiner ; elle s'enfuit immédiatement... Ce petit roman a comme héros les deux attributs du grand-
prêtre, « *Démonstration et Vérité* » *(Urim et Tumim)*. La première est
l'antidote de la ténèbre où la plupart des hommes se complaisent (§ 303) ;
la seconde accueille dans son mouillage une âme délivrée. On le voit,
l'action libératrice est à mettre au compte de la première valeur, « *Lumière-*
Démonstration ». Comme « lumière », elle éclaire les obscures profon-
deurs (§ 302, à la fin : βαθὺ σκότος) ; comme « Démonstration » proprement dite, elle convainc et réfute. Il manque à ce schéma un élément
essentiel : quel est exactement le mode de la libération ? On peut infé-
rer qu'il s'agit pour « *Démonstration* » de sauver en comblant les trous...
Les sophismes mensongers entraînent des « *fautes* »[5], et ces fautes forment des creux obscurs — ce sont des « *manquements — manques* ».
Les héros sauveurs doivent simplement boucher ces trous pour que la
voie soit ouverte. C'est dans ce sens que nous comprenons le § 305 :
« *Lorsque tous les mensonges spécieux auront été réfutés par des croyances*

vraies et que les fautes seront manifestement pleines à ras bord de ces (croyances), nous nous évaderons sans retour... ». Si, comme le veut explicitement le §304, « *accomplir* » équivaut à « *réfuter* », le verbe « accomplir » ne peut signifier « porter à son comble », en plein pour ainsi dire, mais « combler » des creux préexistants. La faute ne croît pas jusqu'à une taille complète, mais elle doit être pensée comme une faille, un vide, que d'autres utilisations correctes du langage viennent combler. Le manque — ἁμάρτημα — est rempli jusqu'à rejoindre la surface plane qu'il convient d'imaginer. Sur une voie aplanie et en somme praticable, l'attraction de la Vérité ne rencontre plus de résistance.

On voit donc le rôle primordial accordé aux attributs du grand-prêtre, « *Démonstration — Vérité* ». Le rôle de réfutation appartient à la première (cf. encore le §306 : « *(la faute) est manifestée, du fait qu'elle est sérieusement réfutée* ») ; le rôle de refuge et de stable sécurité revient à la Vérité. Et les deux se donnent la main, puisque « *Démonstration* » comble de croyances « *vraies* » les manques de l'âme (ὑπὸ τῶν ἀληθῶν πίστεων, au §305).

Tout l'art de Philon consiste à doser les symbolismes : pour qu'Abraham reste à la place qui est encore la sienne, sans démériter comme sans empiéter sur l'avenir, il fallait percevoir dans les mots du ch. 15 de la *Genèse* les éléments moyens susceptibles d'entrer dans les valeurs générales du traité. Et là se pose la question du jeu qui est objectivement laissé à l'interprète qu'est Philon : que construit-il, que choisit-il, que lit-il ? Reconnaissons que le commentaire est œuvre de choix et donc d'intervention. Mais si, comme nous le faisons sans trêve, l'on en vient à dépister les canaux de ces choix, leur ligne de plus grande pente, force nous est de renvoyer à un principe simple et clairement tracé : Philon présuppose la cohérence de l'Écriture, et il la fait en dernier ressort juge de l'interprétation locale... Philon s'est astreint à surveiller les « redondances » ou ce que nous avons désigné de ce nom. Il ne pratique pas l'art pour l'art, et cette « broderie », comme il dit lui-même (cf. *De sacrificiis Abelis et Caini*, §83) participe de l'objectivité et de la subjectivité. Son travail est justement un « art ». Et l'art de mener le discours humain aux portes du Vrai, c'est précisément celui auquel doit maintenant prétendre l'Abraham du *Quis heres*.

Le moment dialectique est important. Abraham calque à ce point de son histoire la pratique de l'exégète tout au long de sa carrière : déchiffrer la vérité du Livre, substituer aux interprétations « amorrhéennes » de la Nature et de la Bible la véritable allégorie qui ouvre tout uniment l'horizon plan, aisé à courir et balayé par l'attraction insolente de la Vérité, telle est la fonction de l'interprète. On l'aura noté, nous venons simplement de paraphraser les §300 à 306. Philon y a expressément relié exégèse et conversion à la lecture de la vraie Causalité dans le monde, puisqu'il commence (§300) par dénoncer une interprétation matérialiste du texte sacré. Dans Philon exégète, Abraham rejoint Philon ici même. Telle nous apparaît cette conclusion du traité. Sa brièveté même, le caractère synthétique dont elle récapitule les grands problèmes lancés au début, l'effacement de l'interprétation qui tend à la paraphrase elle-même et ajoute si peu au texte, tous ces signes, qui paraîtront négatifs à un lecteur de Philon trop pressé, suggèrent comme souvent qu'il s'est passé quelque promotion dans la conscience conjointe de l'interprète et du héros biblique. C'est un moment d'harmonie, mais sans exaltation, puisque Philon comme Abraham se sait prêt à quitter la « *troisième époque* ». C'est un moment de paix, fondée sur la *stabilité* même : le dernier mot du §306 fait écho à la définition de la « *quatrième étape* » — κατὰ τὴν τοῦ ἀληθοῦς ἀντίταξιν καὶ βεβαίωσιν.

NOTES

1 Cf. *Legum allegoriae*, I, §92.

2 On se reportera également au *De somniis*, II, §15 et au *De congressu eruditionis gratia*, §31 et 175.

3 Philon attribue cette distinction aux Péripatéticiens, et la doctrine qui la supporte, à Pythagore : cf. *Quaestiones in Genesin*, III, §16.

4 L'interprétation de Philon suppose que son grec ἀποστρέφομαι garde quelque valeur de l'hébreu שׁוּב, employé dans *Genèse*, ch. 15, v. 16, et qui désigne souvent chez les Prophètes la conversion religieuse et morale.

5 Nous devons suivre la distinction apportée par le génitif : « *les iniquités des Amorrhéens* » signifie : « les fautes entraînées, les manques creusés, par les mensonges ».

CONCLUSION DU TRAITÉ

I. Le foyer de la science (§ 307-312)

Les derniers paragraphes du traité bénéficient de l'harmonie obtenue. Sans appuyer et comme naturellement, Philon désigne dans les derniers mots de l'oracle divin les utiles redondances qui en assurent l'unité profonde et la scellent. Le feu, la lumière, la flamme viennent, d'après le texte de *Genèse,* ch. 15, sanctionner le sacrifice d'Abraham. On pourrait très bien concevoir que Philon commente pour elles-mêmes les formules de l'Écriture : il pourrait très bien montrer que son Abraham accède à la pure lumière. Mais, comme il veut manifester la continuité de l'oracle, il estompe en fait cette lumière et garde devant elle l'écran dont on trouve la notion dans le texte même, il est vrai : « *le four fumant* » correspond mieux à l'étape qui reste celle de la « *troisième génération* », qu'Abraham n'a pas dépassée. Les effets de la vertu[1] achevée se révèlent seulement dans la quatrième étape de l'itinéraire. Donc, tout ce qui appartient à la lumière entre dans le commentaire au seul titre de la promesse ou de l' « *espérance* » ; et tout ce qui relève de la chaleur sourde, de la luminosité indécise appartient au contraire de plein droit à l'héritage d'Abraham, héros de la dernière transition.

Ce parti-pris explique le traitement du premier verset : « *Lorsque le soleil vint au couchant, une flamme se leva* » (§ 307). Il s'efface derrière l'interprétation globale, comme s'il énonçait à l'aoriste gnomique un proverbe dépassant l'occasion. C'est la même volonté qui commande l'organisation des § 307 à 312. Il faut tout d'abord mettre en valeur les symétries qui font des § 307 à 312 une première unité.

Tout au début, nous pouvons observer le traitement exégétique, c'est-à-dire noter le sort des textes bibliques :

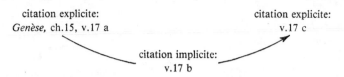

citation explicite: citation explicite:
Genèse, ch.15, v.17 a   v.17 c

citation implicite:
v.17 b

À prendre, maintenant, le point de vue du contenu, voici le résultat :

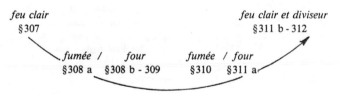

feu clair   *feu clair et diviseur*
§ 307   § 311 b - 312

fumée / four   *fumée / four*
§ 308 a   § 308 b - 309   § 310   § 311 a

Ainsi, les termes centraux, la « *fumée* » et le « *four* », reviennent deux fois. Et les deux fois, ils se présentent dans le même ordre ; mais la longueur matérielle du commentaire obéit à une loi de symétrie :

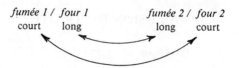

fumée 1 / four 1   *fumée 2 / four 2*
court   long   long   court

Consignons encore d'autres éléments symétriques :

a) La premier « *feu* » désigne la « *vertu* » : il est situé du côté de l'homme ; le second, à l'autre extrémité du texte (§312), relève de Dieu et des « *Puissances* » de Dieu : il symbolise le Logos.

b) La première « *fumée* » est mauvaise, péjorative (§308a), désignant l'invasion des notions indistinctes dans l'intelligence ; mais la seconde « *fumée* », qui désigne l'obscurité et le piquant des larmes, est au contraire positive.

c) La première explication du « *four* » (§308b-309) évoque le passage de la troisième à la quatrième génération, c'est à dire de la propédeutique à la perfection ; la seconde explication du même « *four* » reste, du fait de l'image empruntée à la « *cuisson* », dans les limites de la troisième époque, envahie par l' « *espérance de l'achèvement* » (§311).

On voit que les deux dernières symétries forment un chassé-croisé par rapport à la symétrie générale plusieurs fois représentée ci- dessus.

Il ressort de ces premières observations que notre section paraît construite sur un schéma en berceau : a / b / a'. Son économie mérite d'être attentivement discutée. Les points de vue de l'exégèse (premier schéma), des thèmes (deuxième schéma), de l'importance relative du commentaire apporté à ces thèmes (le troisième schéma), concourent à mettre en place des correspondances définies : les termes symétriques échangent entre eux selon une loi. Enfin, d'un point de vue plus métaphysique, nous pouvons observer d'autres rapports intérieurs qu'un dernier tableau rassemble :

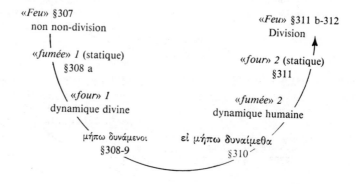

«*Feu*» §307
non non-division

«*fumée*» 1 (statique)
§308 a

«*four*» 1
dynamique divine

μήπω δυνάμενοι
§308-9

«*Feu*» §311 b-312
Division

«*four*» 2 (statique)
§311

«*fumée*» 2
dynamique humaine

εἰ μήπω δυναίμεθα
§310

Aux extrémités du texte de Philon, l'économie du FEU, qu'il soit
« *flamme* » ou « *torches* », comporte une référence à la « *division* », qu'elle
soit directe ou négative. Ensuite, les deux éléments de plus petite dimension qui prennent immédiatement place en-dessous sur la courbe, à
savoir « *fumée* » *1* (§308a) et « *four* » *2* (§311a), décrivent une situation
immobile : dans le premier cas, nous ne pouvons obtenir pleine lumière,
commente Philon ; dans le second, nous cuisons une nourriture qui est
en harmonie avec l'étape de transition. Au contraire — voici les deux
éléments du bas sur la courbe — la première interprétation du « *four* »
(§308-309) décrit une évolution complète allant jusqu'à la sublimation
de Nadab et Abiud. De même la seconde interprétation donnée de la
« *fumée* » (§310) reprend en sourdine le thème de l'évolution. La différence entre les deux séquences saute aux yeux : les §308b-309 sont
d'ordre théologal, et la traduction se doit d'en conserver les tournures
au passif, système qui renvoie volontiers à l'action de la divinité : « *...que
notre esprit, réchauffé par la braise de la vertu, soit embrasé jusqu'à recevoir la transformation en feu sacré* » ; le §310, au contraire, décrit un
effet de psychologie religieuse. Nous avons désigné la similitude entre
les deux par le mot commode et vague de « dynamique » ; la différence
apparaît avec les précisions « humaine » — « divine ».

De tous les rapports de symétrie, directe ou croisée, que nous venons
d'énumérer, il résulte la certitude que le commentaire de Philon décrit
bien l'étape intermédiaire et le lieu d'une transformation. De cela nous
tenons une preuve décisive, l'existence des héros de la « transformation »,
Nadab et Abiud, placés au centre exact de tous les fils noués en étoile
(fin du §309). Qu'on prenne le thème englobant du « *feu-lumière* » (début
et fin du texte), on voit alors que l'idéal humain de la vertu lumineuse,
servi et comme sublimé par le « *feu diviseur* », se replie pour ainsi dire
sur lui-même et, à partir des deux extrêmes, produit, au milieu, le salut
humain en la personne des deux héros transformés. Qu'on prenne ensuite les thèmes alternés du « *four* » et de la « *fumée* », ils trouvent également leur axe dans la référence à Nadab et Abiud : en effet, le §309
conclut sur une perspective d'avenir, de délai (μέχρι — *jusqu'à ce que*), et
symétriquement, le §310 commence par une semblable notation de délai
(γίνεται πρὸ πυρός — *la fumée se produit avant le feu*). Nadab et Abiud
servent de point focal et de référence à l' « *espérance* » de la rédemption
par la lumière, parce que, suivant l'interprétation optimiste de Philon,
seuls ils ont connu le mystère de la fournaise. Parmi tous les termes
judicieusement disposés par l'exégèse, lumière réalisée du feu, lumière
mêlée d'ombre, étincelle prête à repartir en feu, vitalité chaude prête
à redevenir froid cadavérique, fumée passant dans l'eau des pleurs, four
cuisant la nourriture et la faisant passer du cru au cuit, torches mobiles
et brillantes, parmi toutes ces figures d'un même symbole, Nadab et
Abiud représentent le feu mixte, celui du sacrifice, à la fois <u>divin</u> et
<u>humain</u>, saisi au moment critique de la sublimation, lorsque le « *four* »
cesse de fumer pour brûler. Le début de la section se complaît dans
l'évocation gnomique de la vertu lumineuse ; la fin rappelle l'autorité
des Puissances divines. Les développements du milieu s'arrêtent sur le

spectacle de l'impuissance humaine conjointe à l'espérance : au centre, comme l'étincelle déposée au cœur de la situation par la prévenance divine, brille la réalité de l'exemple historique, Nadab et Abiud. Cet exemple rencontre d'autant mieux Abraham au cœur de sa troisième étape que les noms signifient respectivement « *reconnaissance volontaire de Dieu* » et « *Mon Père* »[2]. Avec leur cendre consumée, c'est l'athéisme amorrhéen qui brûle. La situation d'Abraham est close sur la figure unique :

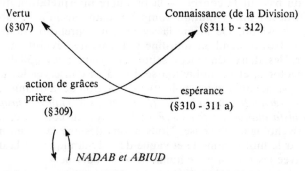

Sur ce tableau, les flèches montrent le croisement des opérations : le registre de la vertu intéresse les §307 et les §310-311a ; celui de l'action divine, les §309 et 311b-312. Le croisement signifie que dans Nadab et A-biud, qui en sont l'axe, œuvre de Dieu et transfiguration humaine deviennent identiques, sans qu'on puisse désormais démêler l'un ou l'autre principe. Au début du traité, Abraham joussait d'un « *mélange* » de la crainte et de l'audace. À cette synthèse subjective Philon donne maintenant la contrepartie d'une synthèse objective.

On le voit, l'équilibre de la section est aussi solide que discrètement assuré. L'essentiel en repose sur la place respective des trois mentions du FEU. Le feu « philosophique » du début (§307) vient se perdre dans l'activité du Diviseur ; mais au milieu, la transformation de l'homme produit le « *feu sacré* » — πῦρ ἱερόν. C'est donc la notion de sacrifice qui opère la médiation. On se souvient de la place que cette notion tient dans le traité. Plus précisément, le lecteur retrouvera dans le fait que la transformation de Nadab et Abiud soit « reçue » (les passifs témoignent de cette dépossession) un des points essentiels du commentaire donné par Philon au « sacrifice » d'Abraham, au milieu du traité. La discussion sur le mots « *Reçois pour Moi !* » (§102 à 124) établissait le rapport nouveau qui régit l'activité de l'homme dans le sacrifice. De plus, qui disait alors sacrifice, disait action de grâces : ici, la montée de l'étincelle qui couve sous la cendre jusqu'au feu sacré emprunte la forme littéraire d'une action de grâces, car le §309 commence par ces mots : Πολλὴ δὲ τῷ σπείραντι τοὺς σπινθῆρας χάρις — « *Grande soit l'action de grâces envers celui qui a semé les étincelles...* ».

La reconnaissance et le sacrifice ouvrent la voie de l'intelligence réelle : aussi Philon met-il le sceau à tout l'ouvrage en évoquant, sans plus

aucun commentaire ou presque, le passage des « *torches au milieu* » des
parts du sacrifice. Celui qui peut discerner la couture sans couture qui
divise et réunit la Nature à elle-même a dépassé les formules amorrhéennes, génératrices de confusion (§308). Il *sait*. Abraham demandait à
savoir. Philon ramène le passage des torches non pas à sa réalité métaphysique isolée, mais à l'information de l'ami de Dieu : « *La chose est
dite pour que tu saches que les Puissances divines passent par le milieu
des choses matérielles et immatérielles sans rien détruire — les parts
divisées restent sans être affectées ; elles partagent et séparent en toute
perfection les natures de chaque chose* ». (§312). Abraham sait, et il sait
la Division. L'Écriture, aux yeux de Philon, est à souhait redondante et
logique. La symétrie du commentaire philonien prétend calquer celle
du texte de *Genèse,* ch. 15, v. 17. Du même coup, la Bible s'explique toute
seule : l'extinction du commentaire en offre maintenant le signe et la
célébration. Si la progression d'un traité comme celui-ci veut suivre une
initiation à la lecture de la Parole, la fin du livre, peut-être décevante à
nos yeux et comme perdue dans les sables, a pour mission de proposer
une lecture dépouillée, où le lecteur de Philon devient aussi son personnage : nous lisons cette adresse au lecteur, confondu avec l'Abraham du
moment : « *La chose est dite pour que TU saches que les Puissances...* ».
    La doctrine de tous les chapitres s'appuie doucement sur ces derniers
mots du texte biblique. Inversement, leur action et leur simplicité — due,
il est vrai, à l'effort du commentaire laborieux qui a précédé — vérifie
l'authenticité de l'exégèse et la force de cohésion du LOGOS.

II. L'ÉVIDENCE (§313 à 315)

De la lumière ainsi dispensée les tout derniers paragraphes donnent
encore deux éclats. Le premier résout, toujours de cette façon « naturelle »
désormais à l'ordre du jour, le problème posé au début : qui hérite
(§313) ? Le second permet d'embrasser du regard le parcours effectué :
« *En partant du fleuve d'Égypte pour atteindre le grand (fleuve) de l'Euphrate* ». Les limites du domaine sont prises ici comme les points de départ
et d'arrivée. La « *terre* » est bien celle de la promesse (cf. le §277 : « *la
terre que je te ferai voir* »). L'engagement de Dieu prend la forme d'une
disposition infrangible, celle qui participe donc de la « *stabilité* » (§298,
qui évoquait déjà la solution finale : « *Selon le chiffre quatre, dont il est
ici question, l'âme se retourne loin des fautes et se révèle héritière de la
sagesse* » ; cf. aussi pour la stabilité, le §306).
    On notera deux phénomènes. Philon continue à tenir son Abraham
éloigné de la pleine clarté : la « *terre* » est promise à sa descendance, ce
qui constitue une première distance ; de plus, il faut attendre, si l'on
veut, que cette terre donne son « *fruit* » (§314), seconde distance théorique. C'est que la considération par laquelle Abraham est illuminé reste
la contemplation du monde, juste il est vrai, mais inférieure dans la
mesure où le causé n'est que l'objet second de l'œil intérieur. Sans doute
Philon est-il sensible à toutes les redondances inscrites dans ce verset :

« *En ce jour-là, le Seigneur établit un engagement avec Abraham, disant :
À ta semence je donnerai cette terre* ». Le temps du futur, la racine verbale redoublée entre διατίϑεσϑαι et διαϑήϰη, peut-être même la préposition
διά, tout vient fournir un écho aux analyses précédentes. C'est pourquoi
Philon peut une dernière fois parler des « *diviseurs* » en même temps
que de la « *stabilité* ». Le mot qui ouvrait le traité, celui de l' « *héritier* »,
ne pose plus de problème ; il ferme le livre, déposé, héritant pour ainsi
dire lui-même de toutes les sédimentations accumulées par le commentaire.

L'ultime exégèse de Philon — c'est le second phénomène — conclut
définitivement le livre sur le jeu de deux prépositions : « *à partir de
l'Égypte* » / « *vers l'Euphrate* ». Comme s'il voulait que le regard se fixe
plutôt sur la modalité que sur le résultat, et cela reste conforme à la
position d'Abraham. Le traité que nous avons au passage proposé
d'appeler « *vers le juste langage* » s'intéresse précisément aux secrets de
l'orientation.

NOTES

1 Cf. la page 266, où nous avons signalé que la fin du traité rapprocherait la «vertu»
et la « Puissance divine », qui restaient distinguées dans les §127 à 129.

2 Dans le *De migratione Abrahami*, §168, on se souvient du rôle de Nadab et
d'Abiud, compagnons du Sage.

TROISIÈME TRAITÉ

DE CONGRESSU ERUDITIONIS GRATIA

> « Sara, la femme d'Abraham, ayant pris sa jeune ser-
> vante égyptienne, Agar, dix ans après l'établissement en
> terre de Canaan, la donna pour femme à son mari »
>
> (*Genèse*, ch. 16, v. 3).

INTRODUCTION

Nous venons de suivre dans tous ses détours l'habile composition du *Quis heres,* et cette étude minutieuse faisait déjà suite à l'épure que nous avions proposée du *De migratione Abrahami.* Le troisième ouvrage consacré au personnage d'Abraham, le *De congressu eruditionis gratia,* peut être rangé dans la même « manière », et, bien que plus linéaire, il recourt à tous les procédés que chemin faisant nous avons recensés. Que le lecteur cependant soit rassuré : nous allons pour notre part user d'une méthode plus incisive, plus légère. Sans même nous attarder sur l'introduction, l'une des mieux venues de toute l'œuvre, nous courons jusqu'au milieu du livre ; et là, nous tombons sur un développement d'une certaine ampleur et considéré d'ordinaire sinon comme un corps étranger, du moins comme une digression. Il s'agit des §86 à 121, qui proposent une série d'exemples bibliques illustrant le nombre *dix,* celui des *dix années* que Sara laisse passer avant de proposer à Abraham la fécondité de sa servante Agar pour pallier sa propre stérilité. Nous montrerons la cohérence de cette « enclave ».

UNE DIGRESSION ?

Dans l'édition de Lyon[1], M. Alexandre prouve bien, contre W. Bousset en particulier, que les « digressions » de notre traité peuvent entrer facilement dans le plan de l'ouvrage. La liste des femmes ou concubines des patriarches (§ 24-62), d'une part, et la série des exemples bibliques où le chiffre Dix joue un rôle éminent, c'est-à-dire la section que nous abordons maintenant (§ 89-121), possèdent avec le voisinage un certain réseau de correspondances qui les assujettissent au corps du traité. Il faut partir de là, mais, suivant notre méthode, prolonger et préciser les indications trop lâches de M. Alexandre. C'est en effet la solidité de la structure qui peut répondre pleinement. Déjà l'unité intérieure que nous allons prouver résout les trois quarts de la question. Car si la « logique » permet à Philon d'enchaîner une série impressionnante de « lieux bibliques », qu'une lecture prévenue estime simplement associés au gré d'une sorte de Table des concordances, elle doit garder sa force pour donner une place à la collection. Si les § 89-121 peuvent au premier abord paraître capables de subsister indépendamment du contexte, cela prouve seulement leur cohérence interne ; et c'est d'ailleurs celle-ci que, sans préjugé, nous devons manifester dans le plus grand détail, avant de poser à nouveau la question de son insertion dans l'ouvrage. Une préexistence de ces pages par rapport au corps de l'ouvrage, si même elle était avérée, autoriserait à poser la question du sens nouveau apporté à l'ouvrage entier, plutôt que la question matérialiste de l'état primitif. Il faudrait d'abord se demander pourquoi ce chapitre écrit à part est entré dans la construction d'ensemble, et quel changement il apporte ainsi au sens de l'ensemble.

La première tâche qui s'impose est l'établissement des césures dans ce vaste chapitre. Où commence-t-il précisément ? Pour le savoir, suivons la rhétorique de Philon. Nous avons déjà lu, au § 71, le texte de base (*Genèse,* ch. 16, v. 3), où la mention des dix années passées en Canaan figure au centre du verset biblique : nous avons dit que Philon n'avait pas suivi l'ordre du Texte. Au § 81, il revient à cette incise : « *Elle ne donne pas (Agar à Abraham) aussitôt arrivés dans la terre de Canaan, mais après dix ans de séjour en ce lieu* ». Mais, nouvelle inversion, il commente d'emblée les mots « *années* » — « *Canaan* », avant d'aborder le noble « *Dix* », à partir du § 89. En effet, les § 81-82 considèrent le délai imposé à Abraham globalement, comme un problème de temps : Philon distingue un âge de confusion, puis un âge mûr, celui du choix. Vient ensuite la considération du nom de Canaan (§ 83-88). En réalité, Philon a enfermé

plus subtilement l'analyse du nom « Canaan » dans celle des « années ».
Car les §87b-88 reviennent au problème de l'âge — transition qui nous
reconduit au nombre des années, à savoir le chiffre « Dix ». Ce qui donne
pour l'unité des §81-88 :

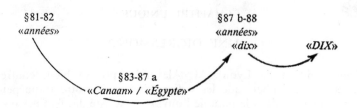

Il ne fadurait pas croire que cette inclusion est purement rhétorique.
Il existe, nous le verrons dans la lecture détaillée, un rapport interne
entre les noms accolés de « Canaan » et de l' « Égypte », d'une part, et,
d'autre part, l'âge de l'homme. Mais soulignons plutôt ici le couple pes
noms de pays, « *Canaan / Égypte* ». Philon aurait pu se contenter du nom
évoqué seulement par son Texte, à savoir celui de « Canaan ». Non ;
il est allé chercher un texte où Canaan soit le terme d'un voyage, qui a
pour origine le pays d'Égypte. Il a compliqué les choses. Pourquoi ?
La réponse est double, et elle importe au problème soulevé tout à l'heure,
de l'unité et de l'utilité de l'exégèse faite du nombre Dix.

1. Premièrement, la distinction d'un départ et d'une arrivée permet
d'intégrer le nom de « Canaan » au contexte immédiat : l'idée de « temps »
apportée par le mot « *années* » a suggéré l'idée d'une évolution des âges
de l'esprit humain ; à son tour, cette idée d'un âge des « passions » se
terminant à l'âge, non de la vie, mais du « discernement » possible entre
le bien et le mal, suggère à Philon de trouver pour le mot voisin, « Canaan », une interprétation dynamique susceptible de corroborer le sens
du « délai », des « années », de l' « *après dix ans* ». Le fondement de ces
combinaisons actives et rétro-actives est toujours le même, le principe
voulant que l'Écriture se répète d'un mot à l'autre, afin d'établir une
règle « objective » du sens ; chaque mot est scellé : une gravitation règle
entre eux un équilibre où chacun trouve sa place et aide les autres à
trouver la leur. Ici, « *après des années* » donne l'idée générale du « délai » ;
celle-ci va chercher dans l'autre partie du Texte, « *la terre de Canaan* »,
une précision qu'elle n'a pas immédiatement : « Canaan » est le point
d'arrivée d'un voyage qui possède un point de départ et permet donc
de définir le « délai » comme le passage symbolique d'Égypte en Canaan.
Ces deux pays nous renvoient aux deux parties inférieures de l'âme, à
savoir la « passion corporelle » et les « vices » : donc, les « *années* » du
délai seront interprétées comme le temps qui sépare un premier âge,
de « passion », et un second âge, où le « vice » peut être choisi[2].

De cette première connivence qui permet d'associer Canaan à l'Égypte
je tire une première conclusion. Philon vient donc de différer par deux

fois l'explication du mot pourtant rencontré dans le Texte, « *dix* ». Il le
cite au §71, mais commente la phrase ultérieure, qui regarde les rapports
de Sara et d'Agar ; il le cite à nouveau maintenant, au §81, mais installe
une exégèse solidement bâtie grâce à l'inclusion anthropologique (les
deux âges de l'homme, aux §81-82, puis aux §87b-88) sur un thème différent. Il fait donc une sorte de mise « en abîme » volontaire du nombre
« Dix ». Or, en interprétant « Canaan » par le texte du *Lévitique,* ch. 18,
v. 1-5, qui ponne à Israël une loi surplombant à la fois l' « Égypte » et
« Canaan », Philon sauve par avance ce nombre « Dix », qu'il veut
excellent. Expliquons-nous. Le principe même que nous venons de rappeler établit une solidarité entre les mots voisins d'un même verset
biblique, « Canaan » ayant alors un sens qui doit quelque chose au mot
voisin, « années ». Mais, si le principe était poussé au hasard, il faudrait
aussi colorer le mot « Dix » des valeurs péjoratives incluses dans « Canaan » et dans « années ». Or Philon veut que ce nombre « Dix » symbolise la perfection. Alors, il entraîne le mot « Canaan » dans une citation, celle du *Lévitique,* où non seulement « Canaan » rime avec
« Égypte » et prenne donc une valeur anthropologique précise, comme
nous l'avons indiqué, mais où, de plus, « Égypte et Canaan » soient
reniés par Israël : « *Selon les coutumes de la terre d'Égypte où vous
avez habité, vous ne ferez pas ; et selon les coutumes de la terre de Canaan,
où Moi, je vous fais entrer, vous ne ferez pas !* ». La Loi de Dieu transforme le moment de l'arrivée dans le « second âge », celui du « vice »
que symbolise Canaan, en un moment de « *choix* » : il faut opter pour
Dieu contre Canaan même. Et l'on s'aperçoit alors que Philon a infléchi
dès le §82 le sens péjoratif de « Canaan », qui signifie « *vices* » (cf. §83) ;
il a décrit le second âge de l'homme, non plus comme celui du « vice »,
purement et simplement, mais comme l'âge du discernement entre Bien et
Mal, du « choix ». L'idée de « choix » et l'apparition de la « Loi » divine
ont pour ainsi dire brûlé en « Canaan » les indices péjoratifs. Pourquoi ?
La réponse peut aller dans les deux sens. D'abord *pour* que le mot « *dix* »
de l'expression « *après dix ans en Canaan* » ne subisse pas la contamination de « *Canaan* » et d' « *années* » ; ensuite, *parce que* le mot noble,
«*Dix* », dans la même expression « *après Dix années de Canaan* »,
colore déjà les valeurs de « *Canaan — années* ». Il les colore, comme la
« Loi » divine, c'est-à-dire qu'il les rachète, les brûle, les purifie. Et nous
retrouvons, loin de l'avoir perdu, le principe fondamental de l'exégèse
philonienne, que nous appelons de la « redondance » : ce qu'un manie-
ment primaire et trop hâtif aurait pu compromettre, en faisant de « Dix »
un élément entraîné dans le courant vicieux de « Canaan », devient, par
un subtil mais ferme usage, l'expression d'une idée bien consciente. Tant
de précautions de la part de Philon inpiquent par avance que le développement consacré au mot « *Dix* » ne sera pas négligé : nous aurons une
exégèse appuyée ; nous aurons une exégèse noble et entièrement positive ; nous aurons une exégèse où l'idée de « rachat » par le nombre
« Dix » sera exploitée dans sa dialectique. C'est ce qui arrivera en fait
dans les §89-121. Ces §89-121 entrent donc d'une façon organique dans

le cours du traité, puisque les § 81-88, qui ne disent encore rien du « Dix »,
sont bâtis en fonction du « Dix », préparent son exégèse, nous y font
monter par des inflexions dont on est obligé de dire qu'elles sont « volontaires » de la part de Philon[3].

2. Ainsi, l'association de « Canaan » à l' « Égypte » dans la citation
où la LOI de Dieu intervient contre les deux pays en faveur d'Israël montre
que les § 81-88 font en réalité partie intégrante de la dialectique du nombre
« Dix », même si le commentaire de « Dix » remplit seulement les § 89-121.
Mais ce n'est pas tout. Le même procédé, l'association de l'Égypte et de
Canaan, a une seconde explication, qui renforce la première conclusion.
C'est que l'Égypte et Canaan reviennent, également associés, à la fin
du bloc formé par les § 89-121. Les § 118-119, pour nous en tenir à
eux maintenant[4], parlent des « dix plaies » qui frappèrent l'Égypte, et
des « dix peuples » dont Dieu annonce à Abraham la destruction dans
le pays qu'il lui promet — or, ce pays est celui de « Canaan ». Bien
mieux, le § 120, conclusion de l'exégèse du nombre « Dix », revient au
thème capital de la Loi, contenue dans les « dix paroles » fameuses. De
la sorte, les § 118-120 forment avec les § 81-88 une inclusion manifeste.
Mais, puisque les § 118-120 appartiennent à l'exégèse directe du mot
« Dix », il faut bien que les § 81-88, qui parlent de « années » et de « Canaan » fassent partie indirectement, mais de façon authentique, de la
même exégèse. La série des exemples bibliques où le nombre « Dix »
est célébré (§ 89-121) sort donc de son insularité : elle ne constitue pas
une digression.

Nous voici donc rassurés sur la solidarité des § (81)-89-121 avec l'ensemble. Nous avons également jeté un coup d'œil sur la fin du développement, et nous sommes à pied d'œuvre pour en observer la composition. L'inclusion sur « Canaan — Égypte » et sur la « Loi » va se compléter : de proche en proche nous allons percevoir que cette section est
disposée suivant la formation classique du berceau ou du chiasme élargi.

1. La composition des § 81-121

Les extrêmes : Avant de nous interroger sur les éléments intermédiaires,
nous devons préciser les valeurs des deux contextes où la « LOI » joue
son rôle, aux deux extrémités de la section. Dans les deux cas, Philon
lui fait jouer (normalement) un rôle d'excellence : elle vient sublimer
la conduite d'Israël, et donner, « après dix ans », la pureté divine à l'âme
qui a « choisi » le Bien (§ 82-87, au début ; § 118-121, à la fin), et cela
au terme d'un voyage qui conduit l'âme d'Égypte en Canaan. Or, ce
symbole du « voyage » mérite qu'on l'analyse de plus près. Les § 81-87
rappellent en substance l'aventure d'Israël quittant l'Égypte, pays de la
servitude, pour la terre de Canaan, pays hostile et pervers, capable de
séduire Israël et de l'entraîner dans l'idolâtrie, toutes misères que Philon
traduit par « vices » (§ 83). Israël passe de Charybde en Scylla, pour ainsi
dire. Mais voici que la LOI marque une intervention divine : elle surplombe le passé et l'avenir : en Égypte, elle a combattu les coutumes

égyptiennes ; en Canaan, elle veut également sauver Israël des coutumes de Canaan (§85-87). Le rôle de la Loi est sauveur. Elle transforme la fatalité du mal en choix du Bien. Cette allégorie figure au début. À la fin de la section, la LOI couronne un second « voyage », celui d'Éliézer. Le serviteur d'Abraham est en effet parti à la recherche d'une femme pour Isaac : son histoire nous est évoquée dans les §111-113, mais en fait elle se prolonge jusque dans les §114-117 ; et les §118-120 viennent, au terme, sublimer tout ce que le commentaire a drainé durant ce « voyage » (des §111-117). Mais l'unité de cet ensemble, des §111-120, est moins évidente que celle des §83-88, et nous devons la prouver avant d'aller plus loin dans le raisonnement.

Unité des §111 à 120. Les §111-120 sont engagés complètement dans l'exégèse du nombre idéal, le « *Dix* » — ce qui n'est pas le point de vue des §83-88, encore intéressés par la notion du délai et celle de « vice » qui traduit le nom de « *Canaan* ». C'est donc à partir des nécessités dialectiques de l'exégèse du « Dix » que nous devons comprendre l'unité des §111-120. Prenons les choses par la fin et remontons pas à pas.

a) §118-120. La dernière considération porte sur les Dix Commandements (§120). Mais elle souligne le partage qui est fait dans la Loi : des prescriptions positives et des interdictions. Or, ce double registre, positif et négatif, celui du Bien et celui du Mal, affecte déjà le « Dix » dans l'opposition double qui sert d'exégèse aux deux pays qu'Israël doit affronter, l'Égypte et Canaan, dans les §118-119. L'Égypte est frappée de dix fléaux en guise d'avertissement (§118) ; Canaan, dont le nom n'est pas prononcé explicitement, est le lieu d'un transfert plus subtil du Mal au Bien : comme l'Égypte, il reçoit du nombre « Dix » un décuple châtiment, et les dix peuples qui l'occupent seront détruits en faveur d'Abraham ; et Abraham occupera à leur place les « dix » territoires. Dix pour dix, châtiment pour récompense : l'histoire (annoncée à Abraham et qui recouvre le départ et l'arrivée de l'Exode) préfigure l'énoncé des Dix Commandements, eux aussi partagés, mais plus abstraitement, entre châtiment et grandeur. Les §118-119 sont sublimés dans le §120 ; ils en restent inséparables.

b) §116-120. Remontons encore un peu. Les §116-117 se révèlent très liés à la séquence suivante, dont nous venons de parler, des §118-119, ne fût-ce que par le thème « royal » : le Pharaon égyptien a contre lui d'être un « roi », en tant qu'esprit, mais un roi qui se laisse submerger par ses sujets, qui se laisse surtout idolâtrer[5] (§118) ; au contraire, la fabrication du tabernacle — épisode précédent (§116-117) — exalte avec exactitude la « royauté » unique de Dieu : « *La sagesse est la cour et le palais royal du Prince universel, du seul Roi auquel le pouvoir appartient en propre* » (§116), tout en équilibrant avec non moins d'exactitude les perfections du monde sensible avec cet idéal[6], du moment que les matières ou les couleurs des rideaux symbolisent les quatre éléments (§117). Par loi d'opposition, les §116-117 se voient entraînés dans l'unité des §118-120.

c) §111-120. Poursuivons notre remontée. Les §116-117 définissent un équilibre de l'univers divin et de l'univers sensible, de l'intelligible et du sensible (νοητός — αἰσθητός, début du §117). Mais cette harmonie, qui peut donc être déterminée comme celle du « macrocosme », vient compléter celle du « microcosme », telle qu'elle est présentée dans les §111-113. En effet, l'ensemble des §111-117 est insécable. Il offre le spectacle moral que la courbe suivante résumera avec utilité :

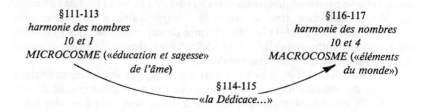

§111-113   §116-117
harmonie des nombres   *harmonie des nombres*
10 et 1   *10 et 4*
MICROCOSME (*«éducation et sagesse»*   MACROCOSME (*«éléments*
de l'âme)   *du monde»*)

§114-115
«la Dédicace...»

La grande inclusion. Il faut comprendre — nous y reviendrons plus en détail[7] — que le centre (§114-115) symbolise, avec la « *Dédicace* », l'axe immobile et fort qui assure les harmonies du monde intérieur à l'homme (§111-113, avec l'unité du *microcosme*) et du monde entier, extérieur à l'homme (§116-117, avec le *macrocosme*). Les §116-117 sont donc à leur tour inséparables des §111-115 qui les précèdent. Et, de fil en aiguille, cette marche à rebours sur l'ordre descendant du texte de Philon nous contraint à envisager d'un seul regard les §111 à 120 (-121). Or, c'est le moment d'observer que, brochant sur ces facteurs d'unité que nous avons notés, le thème du « voyage » nous rappelle à la fin (§111-113, explicitement) l'itinéraire du début : au début (§83-88), les Hébreux voyageaient depuis l'Égypte jusqu'en terre de Canaan ; ici, Philon dédouble pour ainsi dire le « voyage » : il en donne un premier aperçu en compagnie du personnage d'Éliézer (§111-113), et il en redit les points géographiques, tout à la fin : l' « *Égypte* » (§118) et « *Canaan* » (§121)[8]. Mais, quoi qu'il en soit de la ruse rhétorique qui orne la fin de la section (§111-121), il apparaît clairement que les §83-88, où la LOI surplombe le pépart et l'arrivée des Hébreux en leur voyage, attendent les §111-121, où la même LOI achève et sublime le voyage d'Éliézer (§111-113), que l'exégèse de Philon superpose à force de symbolisme à ce même voyage des Hébreux allant d'Égypte en Canaan (§118-121). Et comme les §111-121, solidaires comme nous venons pe le montrer, forment inclusion avec les §83-88, bien que ces §83-88 n'aient pas pour « raison » officielle de leur exégèse le thème du chiffre « Dix », il faut bien à nouveau poser que la soi-disant « digression » sur le Nombre Dix (les §89-120) est liée au reste du traité, à tout le moins par la base des §83-88 :

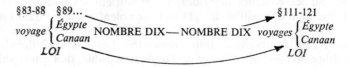

§83-88   §89...   §111-121
voyage { *Égypte*   NOMBRE DIX — NOMBRE DIX *voyages* { *Égypte*
         { *Canaan*   { *Canaan*
         LOI   LOI

Il ne faudrait pas croire cependant que la relation de symétrie des §83-88 et des §111-121 est statique, décorative, au service d'une rhétorique vide. Une fois aperçue cette relation des deux « voyages », leur différence devient sensible. Dans le premier itinéraire, où les Hébreux s'éloignent de l'Égypte pour aborder en Canaan, l'atmosphère était sinistre, toute de drame et de salut vigoureux (§83-88) ; dans le second, Philon a proposé une sorte p'enchaînement heureux. Les Hébreux allaient du «mal » au « vice » ; Éliézer court de perfection en perfection. Il va suivant un itinéraire baigné d'aisance et de grâce, où tout dit l'harmonie, comme nous aurons à le préciser. Son voyage n'est pas surplombé par la LOI, comme l'était celui des Hébreux, sommés d'avoir à renier successivement les *coutumes égyptiennes et les coutumes du pays de Canaan* ; il est accompli par la LOI, et les ornements qu'il trouve pour Rébecca préfigurent les ornements du Tabernacle, cet écrin où reposent les Tables des Dix Paroles divines. Ce passage du salut dramatique à l'adoration plus pure et plus sereine indique bien le rôle du sublimation des sections intermédiaires : au premier voyage, si tourmenté, Philon a joint immédiatement la dramatique victoire d'Abraham (§89-93) ; il a fait précéder le second voyage, plus paisible, non pas d'une victoire, mais d'une libération — celle dont à plusieurs titres le nombre 10 témoigne en Israël (§103-110) : la libération est plus épurée, elle dit quelque chose de plus achevé ; elle est de connivence avec des *festivités*. Ainsi, chaque voyage voit son atmosphère se répandre au-dehors de lui : Philon a créé chaque fois un contexte homogène. Mais par là nous nous engageons sur la voie d'une explication globale de toute la section.

La structure. Nous allons effectivement surprendre un travail fort intéressant de la part de Philon. La section unique des §83 à 121 compte en effet cinq épisodes disposés en berceau, suivant la figure simple :

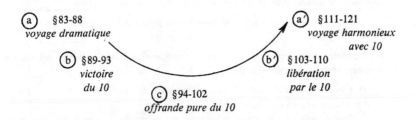

Une fois de plus, le centre d'une section se trouve occupé par l'Idéal, ici la notion de dédicace pure, où le nombre 10 brille de sa plénitude, alors qu'alentour, le 10, bel et bien existant, n'est jamais que le résultat secondaire d'une combinaison de nombres, soit 9+1, soit tout autre participation qui le rabaisse (ou le rend apte à une condescendance). Tel est le parcours ; tel est le soin qui a présidé à son écriture ; telle est la précision des exemples bibliques ici enchaînés. On se souviendra surtout pour le moment du phénomène que nous annoncions. La symétrie que nous avons représentée par le schéma ci-dessus englobe les §89 à 121, qui ont trait au nombre 10, eux et eux seuls, dans une unité allant du §83 au §121, et donc plus large que l'exégèse du nombre 10. Celle-ci est donc partie constitutive du Traité. Le sort littéraire donné par Philon au thème du « voyage », d'une part, et aux noms jumelés de l' « Égypte » et de « Canaan », d'autre part, en est le garant, deux fois efficace.

Voilà jusqu'où la considération honnête des §83-88 nous a menés. Et c'est bien la preuve de la capacité qui est celle de Philon : il ne développe point au hasard, et son attention pourvoit à l'ensemble comme au détail. Avançons-nous dans la longue exégèse du nombre 10 (§89-121).

2. La splendeur du nombre dix et son utilité

Les §89 à 120 possèdent donc leur unité particulière, celle que leur donne l'exégèse du nombre « *Dix* ». Voici tout p'abord l'énumération des « exemples » empruntés à la Bible et dont l'enchaînement constitue le commentaire :

1) *Noé, « dixième » descendant d'Adam* (§90-91) ;

2) *Abraham survient entre les neuf rois comme « dixième »* (§92-93) ;

3) *L'offrande de la « dîme » consacre les animaux* (§94), *les plantes* (§95-96), *et les premiers-nés* (§97-98) ; *consacre absolument « tout »* — *comme Abraham fit pour Melchisédeq* (§99) ; *ou l'offrande-mémorial de la Manne* (§100) *et de tout sacrifice* (§102).

4) *Le « dixième » pour l'offrande perpétuelle* (§103-105) ;

5) *La fête de Pâque a lieu le « 10 » du mois* (§106) ; *celle de la Propitiation, également* (§107), *et celle de la Libération (Jubilé), de même* (§108) ;

6) *Abraham arrête à « dix » le nombre des justes qui sauveraient Sodome et Gomorrhe* (§109) ;

7) *Moïse aussi arrête à « dix » l'organisation de l'armée, à partir des mille, des cents et des cinquante* (§110) ;

8) *L'ambassade d'Éliézer est sous le signe du « Dix » ;*
— *il part avec dix chameaux* (§111),
— *et d'autres valeurs, qui seront accomplies par la drachme « une » accompagnée des bracelets de « dix » statères* (§112-113) ;

9) *Les princes d'Israël offrent un encensoir de « dix » sicles* (§114s).

10) *« Dix » rideaux ornent le Tabernacle, et ils sont faits de quatre matières, symboles des quatre éléments du monde* (§116-117) ;

11) *« Dix » plaies ont châtié l'Égypte* (§118),

12) *et « dix » peuples ont été chassés de Canaan* (§119) ;

13) *Enfin et surtout, il existe « Dix » Commandements* (§120).

Cette énumération reste neutre, sauf en trois endroits : nous avons regroupé sous une même rubrique, la troisième, les six exemples[9] de la *dîme,* soit les §94 à 102 ; de même, les trois *fêtes* ont-elles été regroupées sous la rubrique 5), soit les §106-108 ; enfin, l'histoire d'Éliézer (§112-113, sous la rubrique 8) a été présentée de façon synthétique.

C'est la « raison » du nombre 10 qui, chaque fois nouvelle, permet de classer les données. En précisant son évolution, nous verrons clair dans cette procession d'exemples. Ainsi, les §94 à 102 tranchent sur le reste par le fait que le nombre Dix y est sans mélange, comme nous l'avons dit. Il est illustré par des exemples homogènes, ceux de la « dîme ». Il symbolise l'offrande pure, directe et entière, le retour à Dieu de ce qui est à Dieu. Rappelons que le développement des §94-102 occupe le centre, non pas de l'exégèse du « Dix », qui n'est pas indépendante, mais de l'ensemble formé par les §83-121. De part et d'autre de ces §94-102, que voyons-nous ? Les §89-93 exploitent la notion d'un « Dix » formé de 9+1, c'est-à-dire une conversion du mal au bien : l'exemple d'Abraham survenant contre les neuf rois symbolise la « victoire » de l'âme. Ceci, avant les §94-102, tout de perfection. Après eux, les §103-110 reviennent à la notion inférieure d'un « Dix », fruit d'un dépassement (§103 : « *(les prêtres) ont appris à dépasser le nombre neuf, le sensible…* »), symbole d'une « libération », c'est-à-dire encore d'une conversion du mal au bien, et c'est encore l'exemple d'Abraham qui illustre la théorie : il intercède pour Sodome. On observera que la première « victoire » d'Abraham était par définition un fait de guerre (aux §91-92), et que c'est un effort de paix qui est le sien lorsque Dieu menace les villes maudites et qu'il intercède pour elles (§109). Bien mieux, pour assurer la symétrie, Philon a évoqué de part et d'autre le thème de la « *justice* » comme signification du nombre « Dix » : à propos de Noé (§90), dont le nom est « Repos » et le surnom « *Justice* », Philon explique que la « Justice » est le « terme », la « perfection » de l'âme ; à propos de l'intercession d'Abraham en faveur de Sodome, Philon a beau jeu de citer simplement le texte où Abraham suggère à Dieu que la présence de « *dix justes* » suffirait au pardon[10].

Comme les §111-120 constituent la dernière section, symétrique des §83-88, ils possèdent, du point de vue du nombre « Dix », une autre notion. Le nombre « Dix » n'y est plus ni le 10 absolu et direct, ni le 10 arithmétique, obtenu par addition de 1 à 9. Il joue sur d'autres combinaisons : le 10 des bracelets offerts par Éliézer à Rébecca est jumeau du 1 transcendant désigné par la « *drachme unique* » des pendants d'oreille ; le 10 des encensoirs d'or est associé à la fois à l'or et à l' « *intelligence* » — — φρόνησις — symbolisée par les « *effluves* » de l'encens (§114) ; le 10 des rideaux du Tabernacle est associé au 4 des couleurs qui sont les symboles des éléments du monde (§116-117) ; enfin, le 10 des plaies d'Égypte rime avec l'autre 10, des peuples châtiés et dépossédés de Canaan (§118-119), avant que le 10 des Commandements de la Loi vienne conclure (§120). Le résultat peut-être aisément figuré, pour le bénéfice de la mémoire (compte tenu de la présence des §83-88 dans le système, en dépit de leur ignorance du nombre « Dix ») :

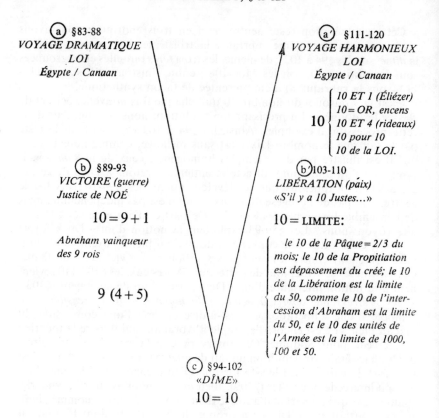

(a) §83-88
VOYAGE DRAMATIQUE
LOI
Égypte / Canaan

(a') §111-120
VOYAGE HARMONIEUX
LOI
Égypte / Canaan

$$10 \begin{cases} \textit{10 ET 1 (Éliézer)} \\ \textit{10 = OR, encens} \\ \textit{10 ET 4 (rideaux)} \\ \textit{10 pour 10} \\ \textit{10 de la LOI.} \end{cases}$$

(b) §89-93
VICTOIRE (guerre)
Justice de NOÉ

$$10 = 9 + 1$$

Abraham vainqueur
des 9 rois

$$9 \, (4 + 5)$$

(b') 103-110
LIBÉRATION (páix)
«*S'il y a 10 Justes...*»

$$10 = \text{LIMITE:}$$

le 10 de la Pâque = 2/3 du
mois; le 10 de la Propitiation
est dépassement du créé; le 10
de la Libération est la limite
du 50, comme le 10 de l'inter-
cession d'Abraham est la limite
du 50, et le 10 des unités de
l'Armée est la limite de 1000,
100 et 50.

(c) §94-102
«*DÎME*»
$$10 = 10$$

En dehors donc de la première section, indépendante du 10 sinon du thème de la perfection, chaque section possède sa « notion » originale du « Dix ». Le groupe des §89-93 insiste sur le mal, sur le 9, fruit lui-même pe $4 + 5$ et représenté par les rois en lutte les uns contre les autres : le 10 apparaît alors comme une victoire acquise, c'est-à-dire une grandeur où le souvenir du mal reste présent. Les §94-102 contemplent le 10 transcendant. Les §103-110 lui donnent d'autres combinaisons même que le simple $9 + 1$ des §89-93, qui leur sont homologues cependant : nous avons détaillé sur le tableau les associations de 10 avec 2/3, avec 50 et avec 1000-100-50. Les §111-120 offrent de nouvelles combinaisons, toutes d'harmonie, alors que les §103-110 qui précèdent restaient, eux, dans la perspective de l'harmonisation, de la réparation, de la libération — c'est-à-dire d'une grandeur où persiste le même souvenir du mal que dans les §89-93...

On le voit, la grande symétrie de tout le chapitre se ramifie avec maîtrise dans le détail des symboles. Philon a même soigneusement prévu les transitions. La section centrale, où brille le 10 pur et simple (§94 à 102), est intropuite par un rappel pu « dix » subalterne qui faisait l'objet de la section précédente, des §90-93. On lit en effet au §94 : « *La dizaine est apparentée à Dieu, et le nombre neuf à notre espèce mortelle* ». Ce rappel de la mortalité et du « neuf » n'aura plus d'effet dans le développement, jusqu'au §102, qui le termine et qui nous reconduit alors de l'Absolu au relatif : « *Le dixième d'une mesure de fleur de farine sera porté sur l'autel en même temps que les victimes ; mais le nombre neuf, ce qui reste de la décade, restera devers nous* » — nous, chez qui « *les mesures sont mensongères et injustes* », comme le précisait déjà le §101. Le rappel du mal et celui de la mortalité servent de transition aux deux frontières de la perfection. Faut-il souligner que tout le bloc des §94-102, sur la perfection de la « *dîme* », est annoncé dans les derniers mots de la victoire d'Abraham (§93) : « *Dieu, qui porte la victoire, le désigna pour porter les trophées : c'est à Lui qu' (Abraham) dédie aussi les dîmes en reconnaissance de la victoire* » ? La solidité du chapitre exclut totalement le hasard ou le ravaudage inconsistant. Les symétries l'attestent. Mais, comme toujours, nous allons voir que symétrie ne dit pas immobilité. Nous aurons vite fait de parcourir dans l'ordre le discours de Philon pour en montrer l'évolution.

a) La « victoire » (§89-93), ou $10 = 9 + 1$

Le §89 joue le rôle d'une introduction. Philon annonce les merveilles que Moïse, supérieur aux Pythagoriciens, a manifestées dans son usage. Ce §89 est entièrement rhétorique. Il commence par opposer les mérites de Moïse à ceux des théoriciens du Nombre ; puis il énumère globalement les principales applications que l'Écriture en a faites. Il termine en précisant que l'exégèse retiendra seulement l'essentiel. Il faut noter en passant qu'à propos de la fête du Jubilé, désignée comme celle de « Libération », Philon en donne la caractéristique la plus visible : elle revient tous les 50 ans ; or, le commentaire qui sera proposé dans le §108 ne dira rien de ces 50 ans et se contentera d'interpréter le retour des terres à la distribution originelle[11].

Passant alors au Déluge, Philon spécule sur la place de Noé dans la liste des patriarches issus du Premier Homme. Il vient en dixième position. Et, comme son nom signifie « *repos* », quand son surnom est celui de « *juste* », Philon souligne la convenance de ces valeurs avec celle du nombre dix : tout exprime l'achèvement, la « *limite achevée* » — πέρας τελειότατον (§90). Cette perfection préface donc toute l'exégèse, comme un trait sûr mais bref. Philon n'y insiste guère. Il passe immédiatement après à une « raison » du nombre Dix plus engagée dans la lutte et le mal. Au §90, le « dix » est le terme achevé de la série numérique commencée avec le 1, la *monade*. Dans les §91-93, la « raison » du Dix devient analytique : « *dix* » achève l'ennéade, soit ici $4 + 5$.

En fait, le §91 commence par proposer une « raison » intermédiaire pour le nombre Dix. Il achève le « *neuf* », mais un *neuf* issu de 3×3. Autrement dit, Philon oriente tout de suite le lecteur vers un « *Dix* » qui sauve, accomplisse, rachète le « *neuf* ». Il s'ensuit qu'en réalité, même si les exemples tirés de l'Ecriture semblent se succéder, ils sont entraînés

dans une dialectique. Et tout se passe comme si les deux exemples, de
Noé puis d'Abraham composaient entre eux une suite naturelle, qui
répond à la figure suivante :

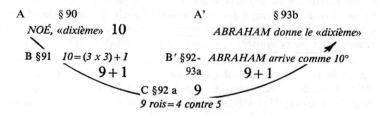

Les extrêmes, A et A', évoquent un « *Dix* » de perfection (« *justice* » de
Noé ; « *offrande* » d'Abraham) ; les intermédiaires, B et B', évoquent le
« *dix* » de perfectionnement, de rachat ; le centre (§92a) montre le péril
dont le « *dix* » sauve le « *neuf* ». Le traitement des nombres répond, dans
Philon, aux besoins du texte considéré *hic et nunc*. Voici le « neuf »
accablé, voué à l' « *hostilité* » (§91)[12]. Comprenons dans cette « hostilité »
la capacité de « neuf » à se décomposer en 4 et 5, dès qu'il est abandonné
à lui-même, sachant que ces deux nombres nouveaux, 4 et 5, se déclare-
ront immédiatement la guerre : c'est là le symbole de la sensibilité livrée
à elle-même, sens et passions. L'arrivée d'Abraham comporte deux
volets : sa « *victoire* » commence par sauver. Le mal est apaisé : « *C'est
lui qui procure au lieu de la tempête le calme plat, la santé au lieu de la
maladie et la vie, à dire vrai, au lieu de la mort* » (§93a). Philon donne
ici au nombre « *Dix* » un drame que la suite oublie déjà : « *Dieu, qui
porte la victoire, le désigna pour porter les trophées : c'est à Lui qu' (Abraham) dédie aussi les dîmes, en reconnaissance pour la victoire* » (§93b).
La « victoire » sert d'inclusion à la phrase, mais la « *dîme* » entraîne le
nombre « dix » dans une « raison » nouvelle, directe et non plus analytique. Philon, nous l'avons dit, ouvre la voie aux arguments qui font du
« Dix » une valeur absolue, sans plus aucun souvenir du mal. La symétrie rapproche alors la « justice » de Noé (§90) et la « dîme » d'Abraham. Comprenons que la « justice » consiste finalement à « *rendre grâces — χαριστήρια... ἀνατίθησι* (§93b). Et c'est là une évolution du sens,
un progrès que la symétrie n'étouffe pas, mais souligne au contraire.
Déjà nous nous apercevons que les exemples ne se suivent pas simplement : ils composent entre eux. Celui d'Abraham vainqueur de la double
coalition, permet, suppose Philon, de mieux entendre celui de Noé :
Noé vient en dixième dans la série des fils d'Adam : il signifie perfection
de « justice » ; oui, mais il la signifie au bout d'une ère de malheurs,
également. Sa perfection dit deux choses : la « perfection » pure et
simple, directe, et aussi la « victoire » contre l'injustice et le mal. Seulement, cette seconde valeur n'apparaîtrait pas sans le miroir d'Abraham.
Nous verrons d'autres applications de ce système allégorique, jusque dans
la troisième partie du traité[13].

b) La « dîme » (§94-102), ou 10 = 10

C'est par deux aspects que l'offrande de la « dîme » rejoint la valeur du nombre « Dix » que nous avons appelée absolue et qui fait de ce nombre une valeur transcendant le « dix » catégorielle de la série numérique. Tout d'abord, Philon présente le « dix » sans rappel du neuf — sauf, comme nous l'avons expliqué, au début et à la fin, en transition avec les développements mixtes, soit au §94, où Philon évoque « *le nombre 9, convenable à notre race mortelle* » et les §101-102, où, discrètement, il oppose les « *mesures* » exactes de Dieu à nos mesures « *mensongères et injustes* ». En plus de ce caractère direct de la « *dixième* » partie offerte en hommage, Philon a généralisé un indice de l'absolu : l'idée de *totalité* affecte tous les exemples cités. Le mot « *tout* » — « *toute* » revient à chaque instant, et Philon choisit des citations qui lui permettent de recomposer le « tout » humain : les *sens, la vie, l'esprit* (§95-99). Ainsi, l'offrande pure touche de tous côtés à l'unité, à la totalité, à la perfection divine — sans faille, sans regard tourné vers le mal. Là, 10 = 10 = 1, si l'on peut risquer cette équation. Tout est réuni : les sens à l'esprit, donc ; le bataillon des vertus intellectuelles (§98b) ; les trois composantes, sensation, parole, esprit (§99).

On observera un procédé d'accomplissement allégorique : le §99 revient à la scène où Abraham consacre sa victoire à Dieu contre les rois : « *L'oracle inscrit à la suite des prières de victoire que fait Melchisédeq, celui qui possède le sacerdoce de soi-même enseigné et appris, dit ceci : Il lui donna la dîme sur toutes choses* »... Or la couleur a changé. La « vistoire » est bien rappelée, mais loin de sa réalité guerrière ; Abraham n'est plus le sujet de l'action, mais Melchisédeq. Or, ce personnage reçoit les caratéristiques d'un nouvel Isaac : comme Isaac, il est du côté de la perfection innée, naturelle, immédiatement divine, « *qui de soi-même est apprise et enseignée* ». D'autre part, Philon souligne le mot « *toutes choses* », conformément à l'intention des §94-102. Ajoutons enfin que Philon réunit là, dans ce §99, les trois personnages de la Triade mystique : Jacob, qui est évoqué sous son titre « *celui qui s'exerce* » et qui dédie lui aussi à Dieu « *de tout ce qu'Il lui donnera* » ; Abraham, le vainqueur récemment entrevu ; Isaac, sou les traits de Melchisédeq. On peut dire que Philon, là encore, a fait bonne mesure pour que l'idée de synthèse, de totalité, intensive et extensive, soit la reine de cette exégèse. L'image récapitulatrice est celle des §100-101. Philon évoque la Manne, le vase d'or qui la contient, à lui tout seul symbole de la divinité et du Logos, le chiffre « dix » qui détermine l'offrande, la « dîme », et sa capacité de porter à la perfection les « trois » mesures, qui reprennent les trois domaines cités au §99, « *sens, parole, esprit* ». Là encore, il faut bien voir que l'exemple de la Manne (§100) ne s'ajoute pas à la liste, mais explique, révèle comme en photographie, l'exemple de Melchisédeq.

Absolu, totalité, pureté de la « raison » du *Dix,* présence de l'or, d'Isaac, de la Manne céleste : les §94 à 102 forment au milieu du traité un noyau dense, brut pour ainsi dire, comme un minerai précieux. l'exégèse est simple. Elle confine à la citation, et c'est tout juste si l'on peut distinguer entre les §94-97, qui opèrent la synopse des sens, et les §98-101, où Philon assure l'harmonie de l'âme en toutes ses parties, sens, parole, esprit, sous le patronage altier de l'éternité : l'*or,* la *Manne* et toute *mesure* absolument juste — c'est le propre de la Divinité, pour les Anciens.

c) La « libération » (§103-110), ou 10=limite[14]

Les §103-105 reconduisent la « dîme » au stade inférieur d'une composition numérique, où 10 est le produit de 9+1. Plus exactement, Philon revient, par-dessus les §94 à 102, sur la victoire d'Abraham, son dépassement des 9 rois. Conformément au thème du traité, Abraham dépasse l'idolâtrie chaldéenne : la considération du monde céleste et de la terre produit pour ainsi dire le chiffre 9, puisque « *C'est neuf parts que le monde a reçu : huit dans le ciel, la fixe et les sept qui errent, emportées dans des ordres identiques, la neuvième étant la terre en compagnie de l'eau et de l'air... La plupart des hommes honorent ces neuf parts et le monde constitué par elles ; mais l'homme accompli (honore) Celui qui est au-dessus des neuf, leur démiurge, le Dixième, Dieu* » (§104-105a). Cet homme « accompli », parfait — τέλειος — est à la fois Abraham et Melchisédeq, car il est « *prêtre* » (§105b). Dans ce passage, la « dîme » hérite des deux développements qui précèdent. Elle garde l'idée subalterne de dépassement, et par là elle revient à l'histoire d'Abraham vainqueur des 9 rois (§89-93) ; elle est cependant plus noble pour ainsi dire, sous l'influence des exemples où la « dîme » représente l'adoration pure (les §94-102), car ce n'est plus seulement Abraham qui est en position de « dixième », mais Dieu lui-même. La synthèse est proposée à la fin du §105 : « *C'est pourquoi le prêtre offre une dîme continuelle au Dixième, Unique et Éternel* ». Le culte rejoint dans son expression par le « dixième » la réalité divine, Dixième et Un ; elle est de plus « continuelle », comme Lui, Il est « éternel ». À partir de là, nous allons voir la « raison » du nombre 10 répondre à d'autres nombres.

Ainsi — nous retrouverons plus loin cet arrangement[15] — Philon entoure l'exaltation du nombre 10 comme absolu (§94-102) de deux considérations où le nombre 9 en atténue la pureté. Mais l'exégèse des 9 rois vaincus par Abraham a commencé par décrire les misères du « microcosme » qu'est l'homme. Les 9 rois représentent en effet 4 passions et 5 sens. Les §103-105 donnent du même nombre 9 une traduction qui le met en relation avec l'univers, le « macrocosme » : ciel, fixes ou planètes, terre.

Les §106-110 entrent alors dans une chaîne fort intéressante. Une inclusion commence par en assurer l'unité et la force : le thème de la « *supplication* », dont c'est le seul emploi pans tout le traité *De congressu* (§105, fin ; 107, deux fois ; 109, deux fois). D'autre part, cinq illustrations de la valeur propitiatoire du nombre 10 sont invoquées : trois fêtes qui ont en commun d'être célébrées le 10° jour du mois, la Pâque, la Propitiation, le Jubilé de Libération (§106-108) ; peux autres emplois du nombre 10, l'un historique, avec l'intercession d'Abraham, l'autre

législatif, avec la disposition de l'armée dont la plus petite unité sera la
« dizaine ». Mais on a vite fait d'observer que l'exemple du milieu, celui
de la fête du Jubilé, appartient aux deux séries. Car il met déjà en œuvre
le nombre 50, ce même 50 dont Abraham part et qui figure au passage
dans la formation militaire d'Israël, où les groupes vont de « mille » à
« dix », en passant par 100 et 50. Ce qui donne la série suivante :

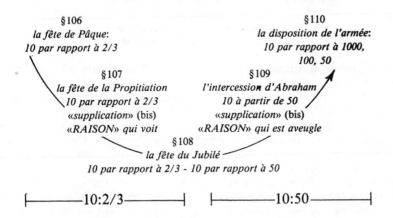

Nous avons indiqué sur le tableau la symétrie des § 107 et 109, assurée
par le thème de la « supplication », dont nous avions parlé. Et nous
avons également fait figurer un autre thème, celui de la « raison », éclairée ou aveugle, qui renforce la symétrie des mêmes paragraphes. D'un
côté, en effet, le λογισμός discerne son néant (§ 107a) ; de l'autre, au
contraire, il est entraîné par une âme aveugle (§ 109)[16]. Le tableau anticipe également sur notre explication en ceci qu'il tient pour démontrée
la symétrie globale des § 106 à 110. Mais il reste à montrer celle des éléments extrêmes, du § 106 avec le § 110. Elle existe. Ce sont en effet les
deux passages de l'ensemble où Philon note clairement la « rédemption », entendons le salut par la limite *inférieure*, si l'on peut dire. Car
la fête de Pâque, se célébrant au 10° jour du mois, signifie que l'âme a
non seulement « *sauvegardé* » — φυλάττειν — ses progrès, dans le bien,
mais les fait aboutir dans l'offrande *sacerdotale* — ἱερουργεῖν (c'est le
§ 106b) ; et l'organisation de l'Armée d'Israël (c'est le § 110) signifie symétriquement qu'à défaut d'un perfectionnement symbolisé par les grands
nombres de 1000, 100 et 50, l'âme obtient à tout le moins la « *purification* ». L'intervalle entre ces deux § 106 et 109 ne dit rien de tel. Au contraire, la fête de la Propitiation insiste sur le caractère complet et fou-
droyant de la miséricorde divine : « *Il est fait propice même sans qu'on le
supplie et aussitôt...* » (§ 107) ; de même, la fête du Jubilé procure à l'âme
une « *liberté entièrement accomplie* » — ἐλευθερία παντελής (§ 108) ;
enfin, l'intercession d'Abraham, réclamant le salut de Sodome si elle
possède encore « dix justes », traduit le « dix » par la « *justice* » —
τὸ δικαιοσύνης μνημεῖον (§ 109)[17]. Le tout peut être simplifié ainsi :

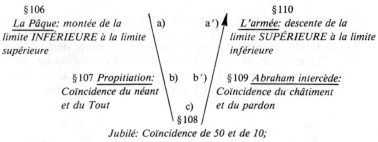

§106
La Pâque: montée de la
limite INFÉRIEURE à la limite
supérieure

a)   a')

§110
L'armée: descente de la
limite SUPÉRIEURE à la limite
inférieure

§107 *Propitiation:*
Coïncidence du néant
et du Tout

b)   b')

c)
§108

§109 *Abraham intercède:*
Coïncidence du châtiment
et du pardon

Jubilé: Coïncidence de 50 et de 10;
de la jeunesse et de l'immortalité

Les éléments médians, b), c) et b'), disent l'immédiate plénitude ; les extrêmes, a) et a'), marquent au contraire la distance, le transfert d'une valeur inférieure à une valeur supérieure, ou d'une valeur supérieure à une limite inférieure. Nous entrons dans de tels détails, parce que les généralités ne suffisent pas à notre thèse de la composition philonienne. D'autant moins qu'un sens se dégage de ces formules. Cette cellule des §106-110, par exemple, reflète dans son petit univers la courbe de tout le traité : l'histoire morale du nombre « dix » comme limite d'autres nombres possède au centre son moteur, l'idéal de l'échange immobile. C'est en effet dans l'interprétation du Jubilé que Philon accumule des expressions sonores et belles de la réciprocité qui unit soudain l'homme qui lutte pour le Bien et le Logos : celui-ci même vient à « *honorer* » le héros des luttes anciennes, rendant honneur pour honneur, puisque l'enjeu des §103-105 était la juste adoration, le juste honneur rendu à la Cause. Nous lisons dans ce §108, centre de la dialectique : « *C'est le cas de la Libération (d'être célébrée au dixième jour du mois) : elle est la liberté entièrement accomplie de l'âme qui rejette l'errance où elle a erré et qui appareille à destination de la Nature sans errance ; elle revient aux héritages qui étaient son lot quand elle respirait la splendeur et soutenait les labeurs et les luttes pour les nobles réalités. Car c'est alors que le Logos sacré admire ses luttes et l'honore : il lui donne, en récompense d'excellence et héritage immortel, le rang parmi la race incorruptible.* » Tel est le commentaire exalté de la fête du Jubilé : on sait qu'à cette occasion toutes les dettes étaient remises, tout esclave libéré, et que l'on revenait en principe au partage des possessions foncières tel qu'il avait été proposé lors de la première occupation de la Terre promise, dans le cadastre de Josué, après les errances du Désert.

Rappelons enfin que les §103-110 riment avec les §89-93 comme variation sur le nombre 10 en référence avec un autre nombre ; que la « guerre » évoquée dans les §89-93 rime avec la « paix », l'équilibre que les §103-110 tendent à instaurer ; que là-bas (§89-93) la « raison » du 10 était celle d'un achèvement, où le 10 était obtenu de $9+1$, alors qu'ici (§103-110), la « raison » du 10 est de limite inférieure, puisqu'on descend de 50 à 10, voire de 1000 à 10. Les § intermédiaires (§94-102), qui symbolisaient la perfection directe et absolue, prenaient en compte la « raison » immobile du même 10. La fin de la section va maintenant considérer le 10 sous un nouvel aspect.

d) Le voyage mystique ou 10=harmonie, (§111-121)

Nous avons déjà parlé de cette fin en posant la question des digres-sions[18]. Elle envisage le nombre 10 sous la «raison», encore différente, d'un rapport symbolique d'harmonie avec d'autres nombres. Il est d'ailleurs utile de distinguer entre les §118-121, la conclusion dernière où le 10 s'affronte au 10 (les peines aux récompenses), et les §111-117. Ceux-ci prennent une certaine autonomie. Ils regardent le 10 comme réuni soit à l'Un, soit au Quatre (§111-113, et §116-117), soit encore à une donnée symbolique d'un autre ordre, comme les parfums de l'encens (§114-115). Or, ce dernier élément, aberrant par rapport au système de la numération qui règne alentour, se trouve précisément au milieu de la séquence. Mieux, il est marqué d'une originalité significative, la notion de « *dédicace* », une valeur capitale comme l'a montré l'exégèse de la « dîme ». Ces deux particularités désignent dans les §114-115 un centre, séparant deux développements, l'un proposant l'harmonie réalisée dans le composé humain, c'est-à-dire dans le *microcosme* (§111-113), l'autre proposant l'harmonie réalisée dans le tout de l'Univers, c'est-à-dire dans le *macrocosme* (§116-117). En effet, le voyage d'Éliézer symbolise l'enchaînement moral qui conduit l'âme depuis la conversion et l'étude jusqu'à l'adoration de l'Un, mais en restant dans un horizon de valeurs qui concernent l'homme : ainsi, les « *dix statères d'or* » seront-ils inter-prétés comme « *les entreprises* » du sage, parce qu'il s'agit de bracelets, donc d'objets entourant le poignet ou la main — χείρ-τὰ ἐγχειρήματα du §113, fin. Volontairement, Philon s'est maintenu sur le plan moral, intérieur à l'homme. Au contraire, les §116-117 commentent la fabrica-tion des rideaux du Tabernacle dans un sens cosmologique : le nombre Dix, là, signifie le Roi qui « *gouverne tout* » — τοῦ πανηγεμόνος καὶ μόνου βασιλέως αὐτοκράτορος du §116. Et déjà, Dieu est présenté comme le maître du Monde. Les quatre matières ou couleurs qui servent aux rideaux sont ensuite clairement rapportées aux « *quatre éléments du monde* », terre, air, eau et feu (§117). Ce qui donne :

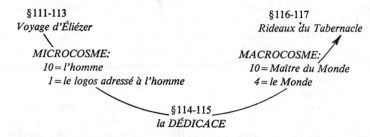

§111-113	§116-117
Voyage d'Éliézer	*Rideaux du Tabernacle*
MICROCOSME:	MACROCOSME:
10 = l'homme	10 = Maître du Monde
1 = le logos adressé à l'homme	4 = le Monde

§114-115
la DÉDICACE

Cela dit, revenons un peu au détail.

§111-113. C'est l'harmonie, la fluidité, la connivence de tous les élé-ments, qui font la loi de cette séquence. Ainsi, le voyage d'Éliézer (§111-113) est commenté au moyen d'une exégèse très fine. Philon ne perd pas des yeux le chapitre 24 de sa *Genèse*. Or, ce texte va du « dix » au « dix ». Éliézer prend au départ « *dix chameaux et des biens* » (ch. 24, v. 10) ;

à l'arrivée, il donne à Rébecca « *un anneau d'or d'une drachme et des bracelets de dix statères d'or* » (ch. 24, v. 22). Le commentaire de Philon marque les césures dans l'itinéraire, mais pour les surmonter aussitôt. Il distingue le départ, le voyage et l'arrivée[19]. Au départ, les chameaux signifient la « *mémoire* »[20], et donc « *dix chameaux* » symbolisent la « *mémoire du Dix* », une excellence de l'éducation dont la « mémoire » est l'instrument. Le § 112 considère ensuite le voyage lui-même, dont il décrit le « *viatique* », sous la forme des vertus d'initiation et d'endurance pour le Bien. Puis, après ce voyage, comblé de valeurs, dignes sans doute, mais tout de même inférieures à la Décade, Éliézer trouve pour ainsi dire spontanément les merveilles de décoration que symbolisent les bracelets et les pendentifs, tous en or, tous attachés aux mains ou aux oreilles de la Vertu, tous en harmonie avec des nombres sublimes, Un et Dix. Tout est interprété dans ce § 113 : la distance qui sépare le commencement du terme, grâce à une expression inattendue dans le Désert de Syrie, « *mouiller au port comme au sortir de la haute mer* » ; le poids d' « *une* » drachme, qui nous renvoie à la Monade : celle-ci, d'ailleurs, reste dans le champ de l'esprit humain, et elle symbolise l'Unicité du Logos adressé à l'homme (au passage notons la traduction immédiate de l' « *or* » par le Logos — au mépris de ce que Philon a lui-même dit de l'or et de l'argent au § 112a) ; le « *poids* » lui-même, « *la Monade est infrangible, et elle est naturellement poids* » ; les « *oreilles* » qui seront ornées par les pendentifs... Ainsi la splendeur de l'Un réuni au Dix couronne une Décade originelle, celle du départ, de l'éducation, de la mémoire. On aura enfin une idée de la volonté de Philon, en observant qu'il s'est arrangé pour réunir également les trois Patriarches : Abraham envoie Éliézer, et c'est lui qui use de l' « éducation », comme c'est lui qui, à la fin, reçoit docilement la Parole, le *Logos*. Isaac figure au § 111, avec son blason : « *le serviteur, ambassadeur de cette ambassade merveilleuse, au sage qui de soi-même apprend présente comme femme la vertu la plus convenable, la Constance (Rébecca)...* ». Et la mémoire qui définit les « *chameaux* » rattache également l'éducation d'Abraham à ce qui appartient aussi à Isaac : la mémoire en effet est le propre d'Éphraïm[21], mais Éphraïm est justement mis en rapport avec Isaac par ce biais-là. Le § 112 explique les valeurs adoptées par Éliézer : la première est l' « *enseignement* », c'est-à-dire Abraham ; mais les autres, « *progrès, ardeur, désir, passion, possession divine, prophéties, amour du bien-faire* », concernent davantage le troisième Patriarche, Jacob. Et c'est évidemment son blason qui inspire la première phrase du § 113 : « *Il en fait son exercice et son application (des valeurs précédentes)...* ». La réunion pour ainsi dire explicite des trois Patriarches signe l'harmonie qui transfigure le monde humain des pensées et des actions. Nous ne contemplons désormais la sublimité du « Dix » que dans ses effets ; mais l'exégèse étire en fils d'or l'or massif du nombre parfait. Car Philon a suivi le rythme du chapitre 24 de la *Genèse,* idyllique, doucement miraculeux, complaisant. Philon a marqué avec discrétion la césure qui sépare le voyage d'Éliézer et l'aboutissement : le futur employé au § 113, « *il prendra deux pendants d'oreilles...* », l'image d'une longue course en mer, « *sur le point de mouiller au port comme au sortir de la haute mer…* », tout cherche à distinguer l'arrivée. Mais la correspondance aussitôt rétablie entre les symbolismes qui s'attachent aux valeurs du départ, l'éducation, la mémoire, l'ardeur, l'action droite, et ceux qui s'attachent aux valeurs de l'arrivée, l'audition de la Parole, les actions et les entreprises de sagesse, abolit cette même césure : elle subsiste, mais à peine marquée, juste ce qu'il faut pour rendre sensible la distance franchie.

§ 114-115. L'exemple suivant, de la grande Dédicace qui couronne le recensement dans le livre des *Nombres*, ch. 7, tranche sur les autres en ceci qu'il met le nombre « Dix » en rapport avec une réalité qui n'est plus un nombre, ni l'Un directement, ni le quatre, ni quelque autre valeur. Les *encensoirs de dix sicles d'or* symbolisent quelque chose par le rapprochement de l'or, du nombre dix et de l'encens offert. Et ce quelque chose est subtil. Philon remet une fois de plus le thème de la *dédicace* au centre d'une exégèse. Comme la « dîme », offrande pure du « Dix », sert de lest à tout le développement des § 83 à 121, de même les § 114-115 avec l'offrande des encensoirs équilibrent-ils le développement des § 111-117. Le traitement exégétique y est simple, au premier abord. Prenons la citation, « *Il offre un encensoir de dix ors, plein d'encens* ». Le § 114 traduit par avance les premiers mots, « *il offre un encensoir de dix ors* ». L'offrande est interprétée comme « *action de grâces* » ; l'or est interprété comme « *dignité du sacré* » ; le « Dix » — qui est le terme en vedette dans toute la section — est interprété à la fois comme cette même « *dignité du sacré* » et comme la perfection de l'âme « *préparée par la philosophie* », puisque, nous le savons depuis les § 103-110 et on nous le précisera mieux encore dans les § 139-150, le « Dix » achève le nombre neuf comme la Philosophie achève les sciences propédeutiques. Mais la citation complète ajoute « *rempli d'encens* », et la fin du § 114 et le § 115 commentent cette donnée. Seulement, au lieu de traduire les mots, Philon prolonge la citation des *Nombres* par une citation de la *Genèse,* ch. 8, v. 2, où le sacrifice de Noé reçoit bon accueil : « *Le Seigneur a respiré une odeur de suavité* ». Or, cette expression prend les choses autrement que prévu ; elle les prend du point de vue de Dieu ; elle les prend dans une formule qui pose la question de l'anthropomorphisme : « *Respirer est mis pour approuver, car Il n'a pas figure d'homme ; il n'a besoin ni de narines ni d'autres organes* ». Curieusement, Philon s'est mis dans le cas de commenter son texte positif au moyen d'une négation. L'idée de la Dédicace tourne ainsi à l'idée d'un anthropomorphisme qu'il faut nier, dépasser. Bien sûr, le lecteur pressé et prévenu verra dans ce § 115 une sorte de hasard de l'exégèse, et la négation sera comprise comme une précaution de type apologétique, glissée à l'occasion du texte invoqué. Mais le lecteur qui fera confiance à Philon doit s'interroger. Que peut-il apercevoir de l'intention de Philon ? Peut-être ceci. Philon a croisé les actions : les princes d'Israël ont agi dans la Dédicace en suivant les règles quasi divines de la perfection supramondaine, comme s'ils étaient dans le monde intelligible (§ 114) ; au contraire, le monde divin est symbolisé par une opération sensible, dont évidemment Philon s'empresse de nier l'apparence sensible, mais qui s'y mêle un instant Il se produit donc un *échange* — c'est là aussi une catégorie philonienne importante. L'homme s'exalte autant que faire se peut au-dessus du monde ; en réponse, Dieu illumine le monde et, dans le sensible, supprime le sensible. Plus près encore de la situation d'Abraham, cet échange suggère que l'homme fait précisément la Dédicace lorsqu'il reconnaît que Dieu n'est pas comme un homme et dépasse toute représentation mondaine. Il y a donc deux échanges : l'un, sur le plan métaphysique et mystique, où l'homme sensible est transfiguré dans les états divins, et la divinité, entraînée (négativement) dans les états du monde ; l'autre, où l'idée d'une action de l'homme est changée en une passion de l'homme : le sage qui offre sait que son offrande consiste à *ne pas dire* de Dieu certaines choses du monde et de l'homme. On voit la portée de ce court passage, dont la position médiane laissait augurer qu'il n'était pas de pure décoration. Abraham est Chaldéen d'origine. Les Chaldéens sont idolâtres en ceci qu'ils transposent dans la Cause la force de leur propre esprit et ne conçoivent pas la transcendance. Abraham, au contraire, reçoit continuellement l'influence de la Cause : par définition, il interroge Dieu et demande l'enseignement, et Dieu peut être dit pour lui ὁ διδάσκαλος (§114) ; par définition, il suit Dieu qui le conduit où il ne savait pas, et Dieu peut-être dit ὁ ὑφηγητής (*ibidem*).

§116-117. Nous l'avons dit, c'est l'Univers qui hérite maintenant la perfection du nombre « Dix », le macrocosme après le microcosme. La différence des exégèses est frappante : le texte des *Nombres* aurait bien pu recevoir une interprétation semblable à celle des « *dix courtines* »[1], et l' « *encens* » dont il y est question (§114) aurait pu symboliser tranquillement une valeur de la création, sans entraîner la « respiration » de Dieu. Ici, en effet, le nombre « Dix » et le mot concret, « *courtines* », restent dans leur ordre respectif : le « Dix » représente la perfection de la demeure divine ; les « rideaux » représentent les éléments du monde. Ces §116-117 ont en propre de marier le nombre « Dix » et le nombre « Quatre ». Le moyen terme n'est autre que le mot αὐλαῖαι : d'un côté, il est relié au nombre « Dix », « *Dix courtines* » ; de l'autre, il est entraîné dans les symboles du monde par les qualifications sensibles de couleur ou de matière « *courtines de lin, d'hyacinthe, de pourpre et d'écarlate* ». La phrase difficile du début du §117 doit marquer cette double appartenance d'un seul et même mot, « *palais* » « *cour* » (αὐλή), lu dans le mot du Texte, « *courtines* » (αὐλαῖαι).

L'harmonie et l'unité des deux univers, le monde et Dieu, ont cependant pour garant la seule « *unité* » divine. Car les trois brèves analyses, celle du microcosme, celle du macrocosme et, entre elles deux, celle de la Dédicace, ont en commun de souligner l'Unité du « *seul et unique Dieu* » (§113), du « *seul Sage* » (§114), du « *seul Roi qui gouverne tout* » (§116).

Il nous reste à voir comment Philon a combiné très habilement le voyage d'Éliézer avec le voyage des Hébreux : ce faisant nous commenterons la fin de l'énorme chapitre, les §118-121. La Dédicace des princes a eu lieu dans le Désert ; la Tente sacrée a été confectionnée dans le Désert, et ce Désert sépare précisément l'Égypte de Canaan. Or les §118-119 vont reprendre le thème initial du chapitre[1], et réunir avec brio

les deux Nations perverses sous la coupe vengeresse du nombre « Dix ».
L'Égypte a en effet connu les « *dix plaies* » (§118) ; Canaan nourrissait
« *dix peuples* » (§119) et leur territoire est passé à Israël, en une sorte
d'échange symbolique : Israël méritait seul ce nombre « dix », dans son
unité, quand les « dix » peuples pervers ne faisaient que singer la noblesse
véritable, tout comme l'Égypte singeait la royauté divine en la personne
de son Pharaon, prince, roi des sens corporels... (§118a). Cette règle
divine du talion fait donc servir le même nombre « Dix » à la peine et
à la récompense (fin du §119). N'est-ce pas ce qui éclate dans les Tables
de la Loi ? Le nombre des grands Commandements n'est-il pas « dix »,
et le contenu de ces Commandements n'est-il pas fait d'ordres et d'interdictions ? Et, par choc en retour, la récompense d'Israël et le châtiment
de Canaan ou de l'Égypte ne découlent-ils pas de cette vérité sublime de
la Loi ? C'est la Loi qui a frappé l'Égypte comme elle a frappé Canaan ;
c'est la Loi qui a sauvé Israël de ses ennemis. C'est la Loi qui a dominé
le départ et l'arrivée du grand voyage d'Israël. Sous une forme plus linéaire, triomphante et positive, Philon a redit ici (§118-120) la leçon du
début (§83-88) : là-bas déjà, c'était la Loi qui tombait sur la double perversité de l'Égypte et de Canaan. Mais le point de vue était alors celui de
l'âme, subjectif ; il est ici objectif, celui de la sanction divine et de l'impératif divin.

Telle est la grande initiation. Philon peut renouer avec l'occasion
fournie par le texte de base : le §121 reparle de cette jeunesse de l'âme
qui doit attendre « dix ans » pour trouver une sorte d'âge de raison
(comme aux §81-88). Telle est en même temps la révélation parfaite qui,
en dépit de ses inflexions guerrières, fait entrevoir la Fin dans le cœur
même de l'effort et du voyage. La partie centrale du traité illumine ce
qui l'entoure, afin, nous l'avons suggéré, que l'effort et le voyage aient
eux-mêmes leur Cause ailleurs que dans l'homme. Loin qu'il s'agisse
d'une « digression », loin qu'il s'agisse d'une libre association de « lieux »
scripturaires, les §81 à 121 expriment par leur différence même le rapport que Philon met entre la Sagesse et les sciences.

Conclusion sur les §81-121

Ce chapitre joue donc un rôle dans l'économie générale du traité *De
congressu*. Un indice des plus précis et des plus suggestifs n'est autre que
le souvenir constant du personnage d'Abraham. Plusieurs fois, il faut
se référer à son blason, aux circonstances de son apprentissage, au fait
qu'il soit d'origine chaldéenne et doive se démarquer de l'idolâtrie
chaldéenne pour reconnaître la Cause : sans ces références, la lecture des
exégèses proposées par Philon du nombre « Dix » resterait aléatoire.
En première place, il faut souligner le traitement de la « dîme » offerte à
Dieu par Abraham : c'est par elle que Philon introduit et ferme son
exégèse de la « dîme » en général. Le §93 énonce l'offrande décimale
d'Abraham ; les §94 à 102 exploitent comme nous l'avons analysé le
thème de la « dîme » ; et les derniers paragraphes, les §102-104 reviennent

à la scène où Abraham dévoue à Dieu la « *dîme* » de toute sa victoire, en dissimulant Abraham derrière le personnage d'Isaac—Melchisédeq pour la raison d'excellence et d'achèvement que nous avons dite à l'occasion. Ainsi, le noyau même de la soi-disant « digression » des §89-121 se rattache-t-il à Abraham, à un Abraham en posture d'accomplir le 9 en 10, pour garder l'algèbre symbolique de notre Philon. Or, ce faisant, Abraham dépasse *juste* ce que le traité lui confie comme rôle théorique. Il est aux prises avec les sciences ; le voici tournant vers la Sagesse. Mais, loin que cette anomalie apparente doive nous troubler, elle entre manifestement dans le projet philonien.

En effet, dès le §7 du *De congressu,* nous voyons Philon opposer tout ce qu'il dira d'Agar, la servante concubine, à la réalité divine incarnée par Sara, la femme. Cette dernière ne saurait enfanter « *pour Abraham* », car « *elle enfante naturellement pour Dieu seul, rendant en action de grâces les prémices des biens qu'elle a reçus, et s'adressant à Celui qui a ouvert la matrice toujours vierge, selon l'expression de Moïse* ». La place même de cette définition de Sara, c'est-à-dire de l'époque « à venir » d'Abraham, au début du traité, dans la préface dont nous avons noté la force, la concision et le sens, cette place pourvoit au sens, à l'abondance, à la force de ce chapitre sur le « Dix » et la « Dîme ». Il est dans le traité le point d'invasion où la lumière supérieure enlève et transfigure les reflets de la propédeutique. La maîtrise que, tout au long des autres parties de l'ouvrage, Sara nous manifeste sur la servante Agar — soit la Sagesse sur la science préliminaire — reçoit ici un contenu. Agar et Sara entraient théoriquement dans une dialectique et non dans une opposition brute : le chapitre du « Dix » établit les règles de cette dialectique, harmonise le 10 avec les autres nombres — soit Sara avec Agar. Les différentes dialectiques particulières que nous avons dégagées, du $9+1$, du 10 pur et simple, du $10=1$, etc., ont pour fonction d'empêcher l'exil d'Agar : aussi bien la troisième partie (les §122-180) exposera-t-elle le paradoxe d'un châtiment qui fait du bien, d'un exil d'Agar destiné à la rapatrier. La deuxième partie, que nous achevons, vient de parcourir cette patrie. Il existe dans la vie d'Abraham un point — et peu importe la chronologie — où il aborde aux rivages plus parfaits de l'action de grâces. Quand il fait retour de la « dîme », le voici qui touche barre, avec la complicité de Melchisédeq, une figure accomplie, tutélaire, liée comme Isaac à ces « *moments* » — καιροί — qui dépassent le cours des heures et signifient le rapt de la science et de l'exercice par la Nature immédiate, qui de soi apprend et connaît par soi (§99). On ne s'étonne pas de rencontrer également dans ce §99 les trois Patriarches de la triade mystique. Isaac est suppléé dans son rôle d'autodidacte par Melchisédeq ; Jacob est présent en personne, car « *l'homme de l'exercice s'élance dans cette prière : De tout ce que tu me donneras, je te décimerai la dîme* » (§99a, citant la *Genèse,* ch. 28, v. 22) ; quant à Abraham, il reste le sujet du verbe : « *il lui donna la dîme de tout* », même s'il se tient lui aussi discrètement ennobli dans l'ombre de Melchisédeq. L' « instant » privilégié de Sara contient les trois moments du temps, passé, présent et futur[22], et l'une de ces trois figures surmonte toute mesure temporelle.

Ce système rappelle celui du traité *De migratione Abrahami*. Là aussi, le centre dépasse le sujet apparent de l'ouvrage : il y est question de la « Fin », alors que tout le reste accompagne Abraham dans son voyage, par définition éloigné du but. C'est que la Fin provoque, justifie et autorise seule les lenteurs et les fatiques de l'émigration. La présence de la Fin, du terme, permet seule la droite intelligence du cheminement. Or c'est bien le souci du *De congressu* de reconduire les moyens à la Fin, les chemins de la connaissance à la Maîtresse, la Sagesse divine.

CONCLUSION. Nous limitons la présentation de ce traité à cette apologie de la « digression ». Philon aura donc ainsi disposé deux traités consécutifs, le *Quis heres* et le *De congressu,* qu'ils rompent la monotonie du commentaire cursif et, plus ou moins « linéaires » en eux-mêmes, qu'ils voient leur signification globale freinée, retardée et comme suspendue à l'invention d'une luminosité décalée par rapport à leur plan originel.

Nous disons que le *De congressu* suit un tracé plus direct même que le *Quis heres*. Nous voulons dire par là qu'il évite les formes plus complexes de l'exégèse : le texte biblique reçoit une interprétation qui reste localisée, et il faut reconnaître justement que le chapitre dont nous avons fait notre cible tranche sur le reste par sa plus grande subtilité. Ce n'est pas à dire que Philon n'ait pas recours aux procédés ordinaires de son modèle allégorique. Mais nous laissons le lecteur découvrir seul les effets simples d'une subtile harmonie[23].

NOTES

1 Éditions du Cerf, 1967, pages 23-26.

2 Nous allons parler du « choix » qui remplace l'idée du « vice », dans le § 82.

3 Sans que ce mot « volontaire » puisse être tiré vers une conscience claire ou vers ce domaine de l'organisation « insensible » dont parle La Bruyère à propos des ouvrages de l'esprit — le qualificatif « insensible » de La Bruyère peut être traduit partiellement dans notre moderne « inconscient ».

4 Nous verrons qu'il faut remonter jusqu'aux § 111-117.

5 L'Égypte symbolise le « corps », dans le lexique des symboles philoniens. Le corps a pour prince naturel l' « esprit ». Quand tout est dans l'ordre, l'esprit commande au corps et le domine en faisant reconnaître partout l'unique Causalité de Dieu. Mais Pharaon pervertit ces relations : il incarne donc la royauté abusive et idolâtrique.

6 Quel que soit le texte exact du § 117, l'opposition est claire.

7 Ci-dessous, pages 375-376.

8 C'est pour que la LOI intervienne entre l'Égypte et Canaan, tout comme dans les § 83-88, que Philon désigne explicitement l'Égypte au § 118, et Canaan seulement au § 121, alors qu'il y fait allusion en réalité dès le § 119.

9 Il y en a un septième (§ 103-105) ; mais son statut est différent, et nous le détachons (cf. l'explication *ci-dessous,* p. 370).

10 Nous insistons sur la symétrie : ajoutons que la « notion » du Dix est légèrement différente de ce qu'elle est dans les § 89-93. Ici, Philon bâtit une exégèse du « Dix » fondée sur la limite que 10 impose à d'autres valeurs : 2/3 ; 50 ; 1000, 100, 50.

11 Tous les Jubilés voyaient en principe la terre revenir aux antiques possesseurs, par un souci de fraternité et d'égalité entre les frères, Israël.

12 Même interprétation dans le *De ebrietate,* § 105. Le début du *De mutatione* donne une version favorable du nombre 99...

13 Ainsi, les §161-167 ne constituent qu'un seul « exemple », en dépit des deux épisodes évoqués, le repas de la Pâque et les Eaux de Mara.

14 Limite de nombres supérieurs, entre autres.

15 À propos des §111-117, ci-dessous, page 373.

16 Dans le contexte, le terme λογισμός ne se trouve que dans les §107 et 109.

17 La fin du §109 revient un peu sur l'optimisme de cet exemple d'Abraham. C'est que Philon l'infléchit déjà vers l'exemple de l'armée (§110).

18 Ci-dessus, pages 361-363.

19 Aussi faut-il traduire exactement le début du §113 : « *Il met ses soins et son exercice dans ces (valeurs), et lorsqu'il sera sur le point de mouiller au port comme au sortir de la haute mer, il prendra deux pendants d'oreille, du poids d'une drachme…* ».

20 Voir sur ce motif le traité *De posteritate Caini*, §146-149.

21 Voir par exemple les §39-43a. Éphrahïm double Isaac, comme on peut le noter dans un texte tel que *De migratione Abrahami*, §205s.

22 Voir *De migratione*, §126. Nous signalons que le §99 du *De congressu*, contenant la Triade et le sens de l'illumination, se trouve presque exactement au centre de l'ouvrage (525 lignes avant lui ; 500 lignes après). Pour Philon, Abraham « sait » où il va — au contraire des Abrahams romantiques.

23 Nous avons, dans une communication, démonté le mécanisme d'un autre passage, l'allégorie d'Ésaü, aux §61-62. On trouvera cette analyse dans la *Revue des Sciences religieuses*, tome 47, 1973. p. 266 à 268.

QUATRIÈME TRAITÉ

DE FUGA ET INVENTIONE

> « Et Sara la maltraita, et elle s'enfuit loin de sa face.
> Un ange du Seigneur la trouva près de la source de l'eau
> dans le désert, près de la source du chemin de Sour. Et
> l'ange du Seigneur lui dit : Servante de Sara, d'où viens-tu ;
> où vas-tu ? Et elle dit : Loin de la face de Sara ma maîtres-
> se moi je m'enfuis. L'Ange lui dit : Retourne auprès de ta
> maîtresse et humilie-toi sous sa main. Et l'ange du Sei-
> gneur lui dit : Voici tu portes en ton ventre et tu enfanteras
> un fils, et tu appelleras son nom Ismaël, parce que le
> Seigneur a entendu ton humiliation. Il sera un homme
> sauvage : ses mains seront contre tous et les mains de tous
> contre lui. »

(Genèse, ch. 16, v. 6-9, 11-12)

INTRODUCTION

Voici le quatrième traité de la série consacrée au patriarche Abraham. Le commentaire que nous allons en donner réunira dans son style les deux manières successives dont nous avons présenté le *De migratione Abrahami* puis le *Quis rerum divinarum heres sit*. Du premier commentaire nous imiterons la rapidité, et nous nous contenterons de situer les formes précises où Philon a coulé son discours ; du second, nous emprunterons l'esprit « philosophique », en proposant pour les formes du discours une lecture légèrement plus abstraite, autour de catégories telles que « continuité / discontinuité », « contiguïté », etc. Que ces mots ne découragent point le lecteur : ils viendront en leur temps couronner une analyse simple et précise et contribueront en réalité à la souplesse du commentaire.

Le sujet de ce nouveau discours philonien enchaîne avec le précédent : la promesse d'un héritier ne montre pas tout de suite ses effets; Abraham doit subir le détour d'un mariage fécond mais inutile : Agar n'est pas Sara. Et la femme légitime le fait bien sentir à la servante. Les malheurs d'Agar ont déjà commencé, pour ainsi dire, à la fin du *De congressu eruditionis gratia* : la vertu, Sara, inflige des mauvais traitements à l'âme insuffisamment préparée. Le *De fuga et inventione*[1] se trouve relié au traité qui le précède : nous verrons même qu'il en remplit mieux d'une certaine manière le programme théorique, puisque Philon y prendra plus directement comme thème le délai imposé à l'âme — nous avons aperçu dans le *De congressu eruditionis gratia* tout sauf une application réelle au problème de l'attente. Semblablement, le traité suivant, le *De mutatione nominum,* prendra les choses au point où le *De fuga et inventione* les aura conduites. Donnons-en pour gage l'expression « *Je suis ton Dieu* » (§18 du *De mutatione*), qui rappelle l'une des toutes dernières formules de notre *De fuga,* au §211 : « *Tu es (mon) Dieu* ».

Or, bien inscrit dans cette sorte de trilogie, le *De fuga et inventione* possède en propre une particularité formelle. Le personnage de base, Agar, la servante de Sara, en reste apparemment absente : Philon ne s'en préoccupe qu'au début, pour amorcer le thème de la « *fuite* » (§2 à 6), et tout à la fin, à partir seulement du §202, le traité comptant 213 paragraphes... Entre temps, tout se déroule sans elle, comme si elle était effectivement perdue dans son « *désert* »[2], et même au §119, où Philon renoue avec le texte de base, il évite de nommer Agar et il se contente de citer : « *Un ange la trouva...* ». C'est que, d'une part, toute la valeur positive du personnage a trouvé son symbolisme dans le *De congressu,* et que, d'autre part, la fuite suppose effectivement l'oubli, tout autant que la véritable « *découverte* », d'ailleurs, car nul ne trouve qui n'est d'abord humilié et trouvé lui-même. En troisième lieu, nous verrons que la réalité d'Agar n'est d'ailleurs pas obnubilée, mais transposée en d'autres valeurs.

L'histoire contée dans la *Genèse,* ch. 6b à 12 fournit trois chefs de développement, qui partagent le traité :

1. *la « fuite »* d'Agar — φυγή ;
2. la « *découverte* » présentée dans le couple d'oppositions : εὕρησις καὶ ζήτησις ;
3. la « *source* » — πηγή.

La conclusion assumera tout le reste de la citation initiale, proposant dans un mouvement accéléré le statut de l'enseignement préliminaire. Comme une sorte de marche dans le Désert, le *De fuga et inventione* représente une étape obligée entre l'éducation profane et l'accomplissement symbolisé par le changement de nom et la nativité d'Isaac, soit entre le *De congressu eruditionis gratia* et le *De mutatione nominum.* Ajoutons que dans le *De fuga,* une partie du texte de *Genèse,* ch. 16 est omise : il s'agit du v. 10, « *L'ange du Seigneur lui dit : Je multiplierai et multiplierai ta semence, et elle ne sera pas dénombrée à cause de sa grandeur* ». Nous dirons plus loin la raison de cette omission, qui n'est pas sans rappeler l'omission que nous avions rencontrée dans le *De migratione Abrahami.*

Nous allons commenter successivement chacune des trois parties du texte. La première correspond aux §1 à 118. Elle se divise sans complication en deux sections : l'une étudie les modalités de la « *fuite* », du §1 au §52 ; l'autre prendra le thème connexe des « *villes de refuge* » qui abritent le meurtrier. Notre méthode d'analyse ne se départira pas pour l'essentiel de son austérité coutumière. Surprendre toutes les coutures du discours, suivre la double logique, intellectuelle et imaginative, manifester la vigilance sans rémission, tout cela suppose une attention un peu myope et sans lustre. Il faut « lire ». Après l'énoncé du texte de la *Genèse,* ch. 16, Philon entre lui-même dans le vif du sujet, annonçant qu'il existe trois motifs de « *fuite* » : on s'enfuit par « *haine* », par « *craintes* » ou par « *honte — pudeur* ». Suivons le raisonnement.

NOTES

1. Titre bien sûr tardif et qui n'engage point Philon. Il recouvre la première partie et la troisième. Un intitulé ancien, περὶ φυγάδων, correspond à la deuxième partie.
2. Ce mot de la *Genèse,* 16, v. 7 n'aura pas les honneurs du moindre commentaire dans le traité.

CHAPITRE PREMIER

« LA FUITE » (§1-118)

I. Les trois modalités de la « fuite »
(§1 à 52)

1. La fuite provoquée par la honte (§1 à 6)

L'exemple de la fuite provoquée par la honte n'est autre que l'exemple de base, celui d'Agar. Sa « *honte* » est démontrée par deux arguments bien philoniens, que nous nous contenterons de recenser :

a) La parole de l'Ange qui rejoindra bientôt la fugitive contient le mot « *humilité* » (ταπείνωσις) : « *Le Seigneur a entendu ton humiliation* ». Le principe de cohérence de l'Écriture veut que ce soit donc par humiliation qu'elle ait décidé de s'enfuir...

b) De plus, le même Ange suggère à la servante en fuite de revenir chez Sara, son austère maîtresse : ce retour suppose bien de l' « *audace* ». Et si l'Ange insuffle cette audace, c'est qu'il a en vue le bien de l'âme ; mais, s'il n'insuffle que l'audace, il faut bien que la composante symétrique d'une vertu entière se trouve déjà dans l'âme, sans quoi il en parlerait aussi. Or, quel est le complément naturel de l' « *audace* », sinon la retenue, l' αἰδώς, c'est-à-dire la « *honte* » au sens positif du terme? Désormais, il semble que le personnage d'Agar sombre dans l'oubli. Nous aurons l'occasion de préciser ce qu'il faut penser de cette disparition. Disons pour l'instant que son portrait, au §6, lieu de son effacement, est assez flatteur : les deux parties adverses de l'audace et de la retenue lui assurent l'équilibre de la « *vertu* », ce qui est considérable.

2. La fuite provoquée par la haine (§7 à 22)

La fuite provoquée par la haine nous occupera du §7 au §22. Elle donne lieu à un développement complexe. Tout en ayant l'air de paraphraser l'aventure de Jacob quittant son oncle Laban en cachette, avant d'être par lui rattrapé et de converser avec lui, Philon organise une réflexion solidement structurée. Donnons tout d'abord la suite des subdivisions apparentes :

§8 à 10 : les deux types d'homme sont opposés ;
§11 à 13 : Jacob cherche à enseigner Laban...
§14 : peine perdue : Jacob décide alors de s'enfuir ;
§15 à 19 : les deux femmes de Jacob, Rachel et Lia, argumentent sur l'incompatibilité de la vertu avec Laban.
§20 à 22 : Laban rejoint le fuyard : Jacob discute ses raisons.

Ce premier schéma, linéaire, dissimule une composition subtile. Observons en effet que les éléments du récit biblique (tirés du ch. 31 de la

Genèse) se voient plus ou moins stylisés dans la paraphrase de Philon ; mais il y manque l'Ange. Dans le texte, il annonce à Jacob la nécessité de « *fuir* » (ch. 31, v. 13), et c'est lui qui en donne même l'ordre. Au §14 du traité, nous lisons seulement : « *Il (Jacob) a bien raison de décider la fuite* », comme si Jacob concevait lui-même l'évasion. Cette absence de l'Ange attire paradoxalement notre attention sur ce §14. Et nous remarquons alors qu'il joue le rôle d'une simple charnière : il résume ce qui précède ; il annonce ce qui va suivre dans le texte : « *il craint, non content d'avoir échoué dans son intention de se rendre utile* (en morigénant Laban...), *d'avoir encore à subir des dommages !* » : ce dernier trait nous annonce les §20 à 22, où Laban revenu à la charge fait un moment route avec Jacob, au risque de l'inciter à revenir sur sa décision de rupture.

A bien regarder le développement, on voit qu'autour du §14 pris comme une sorte d'axe, les §8 à 22, de proche en proche, viennent se ranger suivant la formation symétrique suivante :

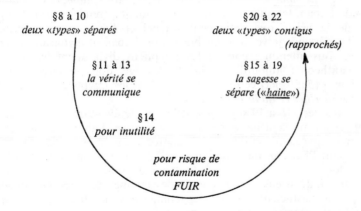

Reprenons les éléments de ce tableau.

Les § 8 à 10 décrivent l'athéisme (à la manière de Philon), opposé à la foi. Mais les deux rôles restent séparés : les §8-9, d'un côté, puis le §10, de l'autre[1].

Aux §20 à 22, au contraire, Laban et Jacob se trouvent pour ainsi dire en conversation ; ils sont, plus exactement, rapprochés, « contigus », proches sans être mêlés. Aussi bien voit-on les mots devenir eux-mêmes ambivalents, juxtaposant deux significations : « *liberté* » et « *joie* », par exemple. La liberté est soi-disant offerte par un tyran, ce qui associe deux concepts contradictoires ; la joie est du côté de Laban exprimée par des sonorités discordantes... Ainsi, les deux divisions extrêmes de cet ensemble sur la « *fuite par haine* » se répondent à distance, selon la formule simplifiée : deux types séparés / deux types contigus.

Poursuivons. La séquence suivante, des §11 à 13, continue d'affirmer la foi du personnage qui correspond à Jacob ; mais elle insiste sur la propension du Bien à se communiquer. Philon va traduire en expressions philosophiques, celles de la communication de la « *forme* » à la « *matière* », l'histoire des brebis de Laban (d'après la *Genèse,* ch. 30, v. 32 à 43). Jacob, par son stratagème des baguettes, obtient à partir de brebis blanches un troupeau de bêtes variées. Pour l'exégète, cela signifie que Jacob s'efforce de communiquer à Laban, dont le nom désigne la *blancheur uniforme*[2], la marque d'une « *forme* » qui le tire de l'indifférenciation fâcheuse, de la « *matière* » indistincte. Jacob imite en cela le flux de la communicabilité divine et de sa condescendance, celui du Logos.

Laissons le § 14 pour observer que, dans les § 15 à 19, Rachel et Lia, compagnes de l'ascète par excellence, lui expliquent qu'on ne peut plus supporter la coexistence avec Laban : il y a incompatibilité. « Libres », par allusion à la sortie d'Égypte, de cette « *Égypte* » dont le nom paraîtra aux § 18-19, Lia et Rachel en viennent à prononcer enfin le mot que nous étions en droit d'attendre depuis le début de la section, consacrée à la fuite pour motif de « *haine* » : Philon dit alors qu' « *elles crient les raisons de la haine* » (κεκράγασι τὰς αἰτίας τοῦ μίσους). L' « athéisme » de Laban, tel qu'il apparaissait déjà au § 8, prend ici, sous l'impulsion de la vérité que détiennent Rachel et Lia, son nom véritable dans l'expérience juive : l' « *Égypte* ». Lui, Laban, il divinisait la « *matière* », sous-entendu : comme les Égyptiens divinisaient les bêtes de leur panthéon ; aujourd'hui, Jacob, le sage, doit prendre en « *abomination* » (βδέλυγμα) ce qu'il adore, ce que les Égyptiens vénèrent ; et il doit « *sacrifier ce qu'ils abominent* ».

De plus, les § 16 à 19 superposent la double aventure de Jacob et des Hébreux au moment de leur évasion respective. Laban était au départ plus riche que Jacob, et il l'a réduit quatorze ans en esclavage. De même le puissant Pharaon, imbu des richesses de l'Égypte, a-t-il asservi longtemps les Hébreux. Mais Jacob finit par dépouiller Laban grâce à ses baguettes industrieuses, tout comme les femmes des Hébreux dépouillent par leur astucieux emprunt les femmes des Égyptiens, qui les regarderont s'éloigner avec leurs parures...[3]

Le tout pivote autour d'un axe, dont nous sommes partis. Il peut paraître fragile, puisqu'il se compose du seul § 14. Mais, du point de vue logique, cet axe est du métal le plus solide : c'est le § 14 qui contient la décision de « *fuir* », thème central de cette première partie de l'ouvrage. Ainsi, la dialectique des § 8 à 22 fait intervenir deux types de relation entre les quatre séquences qui la jalonnent : la symétrie <u>directe</u>, puisque les § 8 à 10 sont rejoints par les § 20 à 22 par dessus tout le reste, et que les § 11 à 13 retrouvent les § 15 à 19 par dessus le § 14 ; on inverse chaque fois le prédicat, puisque « séparés » s'oppose à « contigus » et « communication » à « séparation ». Ensuite nous avons un <u>croisement</u>, puisque la « séparation » des § 8 à 10 est, aux § 15 à 19, voulue par Jacob, alors que la « communication » est mise, évidemment de façon caricaturale, à l'ordre du jour par le Laban des § 20 à 22, lorsqu'il parle à Jacob pour le séduire. On peut figurer cette double solidité de la section (§ 8 à 22) par le schéma suivant :

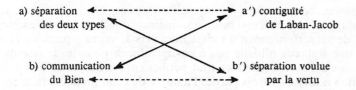

Ce n'est pas tout. Il existe un sens dans cette évolution. Comme il s'agit de « *fuite* » dans toute cette première partie du livre, on pourrait s'attendre à ce que la « séparation », fortement accusée au début (§8 à 10), se retrouve à la fin de la séquence, consolidée. Or, les §20 à 22 sont dévolus à la « contiguïté ». Même si Jacob réfute Laban, même si la « contiguïté » suppose une séparation dans la proximité — ce qui représente une combinaison des deux premiers concepts, séparation et communication — il reste que le climat est celui de la tentation possible, de l'ambiguïté. Pourquoi Philon a-t-il ainsi conduit son exposé de la « *fuite pour cause de haine* » ?

La réponse n'est pas à chercher bien loin. C'est que la troisième forme de l'évasion, la « *fuite par crainte* », va se voir traiter, non sans paradoxe, comme une exhortation à vivre la vie *mixte :* plaisir modéré, saine politique, « *sobre ivresse* » même, sont autant de tempéraments. N'est-ce pas le même compagnonnage des contraires : sobriété / ivresse, ou Laban avec Jacob ? L'ambiguïté, ou la contiguïté, demeure. « *Fuir* » va signifier apparemment *rester avec, demeurer parmi...* L'exégèse a dont été infléchie en fonction de la suite.

3. *La fuite provoquée par la crainte (§23 à 52)*

Cette troisième forme d'évasion tient une place relativement plus importante. Embrassant les §23 à 52. Le développement se fait encore plus complexe. Philon propose l'analyse du chapitre 27 et du début du chapitre 28 de la *Genèse :* Jacob doit fuir la colère de son frère Ésaü, dont il a usurpé la bénédiction. Philon nous fait ainsi remonter dans le temps. Cet épisode se situe aux débuts du séjour de Jacob chez Laban. L'inversion des deux fuites de Jacob offre un intérêt : elle permet à l'exégète attentif d'organiser une réconciliation avec le monde sensible. Il va pouvoir en effet, prenant les choses à leur début, montrer un Laban encore favorable, sympathique. Philon, pour parvenir à ses fins, s'est contenté d'observer une différence dans le texte biblique entre Laban donné comme « *frère de Rébecca* », et par là ami de la vertu (celui des ch. 27-28 de la *Genèse*), et Laban dit « *Araméen* », c'est-à-dire Syrien, ce qui est interprété comme « *exalté* — *élevé* » (celui du ch. 31, v. 34). Le premier est honnête ; le second, pervers, athée selon la définition philonienne de l'athéisme — refus de connaître au-dessus de soi la Cause universelle, comme nous l'avons appris dans les traités précédents. L'inversion des épisodes de l'arrivée et du départ de Jacob permet une progression à rebours.

Sans cesser d'être lié à la « *matière* » (au §26, nous lisons : αἱ ὑλικαὶ οὐσίαι, comme nous lisions au §9 ἡ ἄποιος ὕλη), Laban va nous introduire à des valeurs positives, pleines d'intérêt pour l'ascète en train de se perfectionner. Et c'est bien vers le monde pratique et sensible que Rébecca n'hésite pas à envoyer Jacob pour lui faire esquiver les coups d'Ésaü. Ce dernier trait permet encore de parler de « *fuite* ».

Philon a divisé en trois parties l'analyse de cette première fuite :

> §23 à 38 : a) une première interprétation du conseil de Rébecca ;
> §39 à 47 : b) la reprise du même texte, mais mot par mot ;
> §48 à 52 : c) en guise de conclusion, le conseil donné par Isaac.

C'est bien entendu à partir de la seule signification du nom de Laban que Philon déploie son commentaire. Oubliant que Laban peut être d'un *blanc* désespérant de fadeur, il nous présente un Laban qui symbolise les qualités sensibles : c'est de lui qu'il se sert pour dire, au §26 : χρώμασι, σχήμασι διαφόροις... ταῖς ὑλικαῖς οὐσίαις[4]. Oubliant également d'une omission concertée le personnage d'Ésaü que Jacob fuit en réalité et qui, en d'autres contextes, eût permis des considérations développées, Philon se concentre sur le terme du voyage. Jacob fuit *chez Laban,* et non pas dans quelque désert, lui. C'est donc qu'il existe une manière honnête de vivre parmi le sensible. Commençons par analyser la première section : Rébecca donne à son fils Jacob le conseil de fuir (§23 à 38).

a) Le conseil de Rébecca (§25-38)

Le plan de ce développement apparaîtra sans peine ; il se présente ainsi :

> a) §24 à 27 : l'indifférence du sensible (ambiguïté) ;
> b) §28 à 32 : en détail, l'argent (§28-29), la gloire (§30), le plaisir (§31-32), la politique (§33),
> c) § (33) 34-35 : une fausse fuite ;
> d) § 36 à 38 : les deux étapes de la vie : action / contemplation.

Nous avons logé le §33 à la fois en *b)* et en *c)*, parce que le procédé de Philon lui permet de poursuivre l'énumération des « lieux » ambigus tout en amorçant un problème légèrement différent... Le résumé obvie que nous venons de donner laisse rebondir la question : où est passé le thème de la « *fuite* » ? En réalité, la réponse n'a rien que de très beau et de très simple. Il suffit d'observer que Philon, comme nous allons le montrer, présente l'arrivée de Jacob chez son oncle Laban sous les couleurs d'une fuite devant l'inaccessible grandeur de Dieu, plutôt que devant les menaces d'Ésaü. Car subtilement Philon nous fait échapper à la crainte d'Ésaü pour tomber dans la crainte des « *réalités trop grandes* » (§38 : τῶν μειζόνων). Il nous fait redouter la confrontation qui seule a de quoi faire trembler, celle du Dieu que contemplent les Lévites lorsqu'ils ont accompli « *cinquante ans* » de service (§37). Ne pas fuir le sensible devient petit à petit : trembler et fuir devant le monde suprême. Philon dira que la simple complémentarité des concepts impose cette conclusion : si Jacob fuit <u>vers</u> le sensible, c'est qu'il fuit <u>loin du</u> suprasensible.

Ainsi, les deux dernières subdivisions, *c)* et *d)*, soit respectivement les §34-35 et les §36 à 38, s'opposent-elles comme s'opposent vraie et fausse séparation du monde pour un ascète. C'est en effet de la manière la plus superficielle et la plus profonde que l'exégète profite de la retraite confortable de son héros pour démystifier le rêve d'une pseudo-fuite du monde, qui n'est que romantisme ou lâcheté. Il existe donc trois positions : celle de l'ascète, Jacob, qui lutte dans le monde ; celle du faux ascète, qui fuit le monde ; et celle du Lévite : passé cinquante ans, il peut se retirer. Mais il n'y a qu'une seule « *fuite* », celle de l'ascète : dans le mixte, qu'il domine d'ailleurs, il « *fuit* » une rencontre prématurée avec le mystère suprême. Jacob s'enfuit pour ne pas accaparer prématurément la vision de Dieu, pour ne pas se surnommer de son propre chef « *Israël* » (cf. justement au §136, le refus de « voir », là où Dieu « pourvoit »). C'est qu'avant Israël — « *celui qui voit Dieu* » — doit venir *Ismaël,* « qui écoute, entend Dieu ». Et n'est-ce pas justement Ismaël qui doit naître d'Agar, l'héroïne 'oubliée' de ce traité ? On ne nous en voudra pas[5] d'avoir insisté sur un axe de pensée aussi capital, en dégageant ce que laisse prévoir, au §37, l'insistance de Philon sur les verbes désignant la vision : σκοπεῖν... καὶ θεωρεῖν.

On le constate, la structure de cette première section dédiée à la « *crainte* » et au conseil de Rébecca envisagé globalement, ne laisse rien à désirer en souplesse ou en précision. Avant de la ramasser sous la forme d'un schéma, ajoutons ceci : Philon établit dans ces pages deux paliers de la vertu. En montrant le sage capable d'utiliser pour le bien argent, plaisir, estime, et repoussant par contraste le cupide, le glouton, l'orgueilleux superbe, il accorde une victoire à son lutteur, l'ascète Jacob. Mais, plus loin, au §36, en recommandant l'exercice (ἐγγυμνάσασθε), il songe à cette autre lutte qui opposera Jacob à l'Ange de Dieu (*Genèse,* ch. 32, v. 25 à 32) et le fera s'écrier : « *J'ai vu Dieu !* »[6]. L'ensemble est représentable :

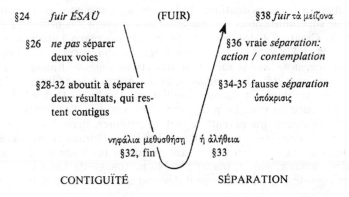

§24   *fuir ÉSAÜ*   (FUIR)   §38 *fuir* τὰ μείζονα

§26   *ne pas* séparer   §36 vraie *séparation:*
       deux voies   *action / contemplation*

§28-32 aboutit à séparer   §34-35 fausse *séparation*
       deux résultats, qui res-   ὑπόκρισις
       tent contigus

              νηφάλια μεθυσθήσῃ   ἡ ἀλήθεια
              §32, fin   §33

       CONTIGUÏTÉ   SÉPARATION

Le mot FUIR est mis en parenthèse parce que le thème de la fuite agit
avec discrétion ; il est en capitales parce qu'il agit essentiellement. On
passe de la « *fuite* » qui éloigne Jacob d'Ésaü à celle qui le retient d'aborder Dieu. La montée se garde bien de nous laisser sur les §36-37, idéal
lévitique de la contemplation, trop élevée pour l'instant ; elle nous conduit jusqu'au §38 : il faut fuir les μείζονα. En ce sens seulement, il s'agit
encore ici de « *fuite pour le motif de la crainte* ».

On l'aura noté sur notre schéma, Philon matérialise pour ainsi dire
le jeu entre « contiguïté » et « séparation » franche, par l'emploi de certaines formules. Ainsi, le §32 propose comme derniers mots de toute
la descente νηφάλια μεθυσθήσῃ — « *tu t'enivreras de sobriété* », ce qui
offre le modèle de la synthèse verbale par pure contiguïté, et met le sceau
à l'ensemble des §24 à 32 ; puis le §33 s'ouvre sur ces mots : « *le blâme
qu'à bon droit la vérité pourrait adresser à qui abandonne...* », où le terme
de « *vérité* » (ἡ ἀλήθεια) dissipant toute ambiguïté, permet de démasquer
l' « *hypocrite* » (ὑπόκρισις) sous le faux ascète. « *Sobre ivresse* » et
« *vérité* » sont les enseignes des deux sections. Ce qui veut dire : le mélange provisoire détient une vérité spirituelle. Il nous semblerait que cette
synthèse dit tout. Ce n'est point l'avis de Philon, qui va reprendre mot
par mot le discours de Rébecca.

b) Réinterprétation mot à mot (§39-47)

Le texte biblique resurgit pour un nouvel examen, suivant le vœu
exprimé à la fin du §38 : τὰς δὲ λέξεις ἀκριβωτέον. En fait, il ne s'agira
pas d'une vaine reprise. Parvenus dès les §36-37 à la notion de deux
âges de la vie, le premier voué à l'action, le second à la contemplation
supérieure, nous allons insister sur la jeunesse de l'ascète, confiné dans
le premier âge. C'est sans doute ce qui justifie le cadre qu'on peut appeler « familial » des §39 à 47 (et l'on peut même prolonger dans les §48 à
52 cette observation).

En effet, l'exégète retient lui-même l'expression : « *mon enfant* » dans
la phrase de Rébecca. Au nom de cette puérilité ou jeunesse, Jacob doit
« *fuir le pire, Ésaü* » comme « *fuir le meilleur, l'offrande* » — c'est-à-dire
le sacrifice de parfaite adoration. Abrité chez Laban, qui est son oncle,
il s'initiera à la propédeutique de la sagesse, remontant de la connaissance de soi comme objet sensible et conscient jusqu'à la notion de l'existence du Créateur (§46). S'il use du monde où règne Laban, le « *brillant* » (§44 et 47), sans s'y laisser enfermer, Jacob reverra « *ses parents* »[7].
Au passage, nous avons suivi le fil des étymologies ordinaires... Par le
biais de ce mot-clé, « *mon enfant* », et des autres termes insérant le lutteur, l'ascète, dans un monde familial qui l'aide ou l'attend, la *fuite*
n'a plus rien d'un exil. Loin de perdre ses attaches, l'ascète les trouve.
Et non seulement une parenté se met à l'entourer, mais il se trouve soi-
même : « *Connais-toi* » (§46), lui est-il soufflé. Durant la première section (§24 à 38), il fallait nager sans erreur ni lassitude sur l'océan du
monde : richesse, gloire, plaisir ; ici, le patronage de Laban, ce Laban
encore opposé à l' « *exalté* » qu'il deviendra comme Syrien, permet une

quête différente, quasi intérieure. Comme si la parenté, mère, frère de la mère (et bientôt même le père, §48), suscitait chez « *l'enfant* » une reconnaissance progressive de ses origines, de son identité : « *toi-même* » — γνῶθι σεαυτόν, au titre d'une expérience moyenne qui ouvre en même temps la porte à l'adoration négative — bien éloignée sans doute du programme delphien. Ne reconnaît-on pas plutôt ici le programme du *Quis heres* en son premier « chapitre », lorsqu'Abraham naît à la personnalité ?

Philon a su artistement distribuer les données de sa réflexion. Passant deux fois devant le même texte, il propose successivement un itinéraire « extérieur » (le monde) et une quête « intérieure » (soi-même). D'un côté, il propose une dialectique de la « contiguïté » et de la « séparation » ; de l'autre, il passe tout près des mots et de leur étymologie pour découvrir en même temps l'essence des êtres, ce qui l'autorise à s'avancer de plain-pied dans le « *Connais-toi !* ». D'une part, toute son argumentation est fondée sur ce qu'*est* Laban, figure sensible du monde coloré, sensible, divers ; de l'autre, le discours s'appuie sur ce que Laban *n'est pas* : il n'est pas encore celui qui s'élève, l'orgueilleux Syrien[8]. Cette habileté à réserver les effets coïncide avec un sens de la division très assuré. Extérieur / intérieur ; contiguïté / séparation ; apparence / vérité ; survol général / mot à mot...

Le schéma suivant montre le rapport des deux développements concernant la « *fuite par crainte* » :

§23 à 38		§39 à 47
exposé global	~	exposé mot à mot
connaître le «monde»	~	«se connaître soi-même»
ce qu'est Laban	~	ce que Laban n'est pas
catégories	~	mots de l'Écriture
(contiguïté /		
séparation)		
jeu de l'apparence	~	«Connais-toi!»
et de la «vérité»		(essence négativement
		perçue)
action +	~	enfance –

Le statut de l'enfant humilie Jacob, nous y reviendrons.

c) Le conseil du père (§48-52)

Sous forme de conclusion, les §48 à 52 redoublent autour de Jacob l'encerclement familial. Ils continuent aussi la méthode des §39 à 47 par l'observation de chaque mot nouveau et la confirmation de l'identité attribuée à Laban. Jusque là, rien de neuf, et il conviendrait d'oublier la légère césure qui sépare le §47 du §48, si l'un des détails ajoutés par Isaac n'aboutissait à substituer pratiquement Bathuel à Laban. Or, avec l'entrée en scène du « *père de la mère* » à côté du frère de la mère, la famille s'élargit singulièrement. Comme nous étions tout à l'heure conviés à rapprocher « *sobre ivresse* » et « *vérité* », c'est-à-dire vie mixte et sagesse, nous voyons ici Laban, le sensible, habiter non loin de Bathuel, la « *fille de Dieu* » c'est-à-dire la « *sagesse* » — qui doit son féminin extravagant pour un « *père* » à la seule supériorité de Dieu sur la Sagesse. Quittant son père Isaac, Jacob trouvera l'image du Père, dans la maison de la « *fille de Dieu* », Bathuel ! La stabilité divine assure définitivement ce fuyard : il sera si peu exilé qu'il trouvera « *là-bas* » (§ 52) une femme pour fonder à son tour une famille. La fuite a plutôt créé autour de l'ascète un monde familier de valeurs actives qui diffractent à ses yeux trop faibles l'unique et pure lumière de Dieu. Plus il se jette même au milieu du courant (« *Mésopotamie* »), plus il est sûr de rencontrer le mouillage abrité (§ 50). Il s'établira de telle sorte que pour lui sera caduque par avance la législation de Moïse sur les fugitifs : en cela, nous pensons que les tout derniers mots du § 52 préfigurent la conclusion du long chapitre sur les cités de refuge (§ 117 et sv., conclusion d'ailleurs paradoxale, comme nous le verrons en son temps), et ils annoncent en même temps le thème de la « *découverte* » (§ 119 à 176) : γνώμην ἀνεπίληπτον, ᾗ πάντα συνδιατρίψει τὸν αἰῶνα précédés de εὑρήσει.

Si l'analyse est exacte, il faut reconnaître à Philon non seulement une belle virtuosité pour jouer des correspondances, mais un art de nouer, à travers les images et les opportunes complaisances du texte de base, une suite ordonnée, approfondie, orientée, de propositions qui définissent la totalité d'une figure : Jacob, l'ascète. À ces mérites s'ajoute vraisemblablement l'intention de rester fidèle à l'image d'Agar, apparemment exclue du tourbillon. Car son nom signifie « *séjour, séjour à l'étranger* »[9], et l'exemple de Jacob illustre cette caractéristique : il est en dehors de chez lui. Philon a même fait évoluer tous les aspects du personnage, du plus rude au plus enviable, dans cette ultime perspective de séjourner auprès de la Sagesse.

Agar symbolise de plus l'éducation moyenne : c'est d'elle que Jacob doit apprendre durant son séjour auprès de Laban à explorer tous les degrés du savoir. Agar est aussi l' « *Égyptienne* », et Philon suggère qu'elle doit en un sens cesser de l'être, lorsqu'il évoque l'adoration véritable qui sacrifie les bêtes que les Égyptiens ont en abomination (§ 18-19, à propos de la fuite provoquée par la « *haine* »).

Enfin, Agar nous est présentée rapidement au début comme fuyant par « *honte* » (§ 4 à 6), avant que l'ange lui donne assez d' « *audace* » pour composer de ces deux moitiés de vertus une vertu achevée. Philon s'est arrangé pour que le thème d'une fuite suscitée par la « *crainte* » — troisième cas — s'estompe au fil des § 23 à 52, pour faire place à un sentiment nouveau. Celui-ci n'est pas nommé ; il se rapproche du mélange d'humilité et d'audace prévu pour Agar, comme jadis pour l'Abraham du *Quis heres* (premier chapitre). En effet, après avoir proclamé qu'il fallait craindre Ésaü (§ 24), Philon dit ensuite qu'il faut craindre la « *lutte* » prématurée. Cette lutte est d'abord la rivalité de Jacob avec Ésaü, mais c'est déjà moins l'adversaire qu'il faut redouter que sa propre impatience et sa présomption (§ 39) ; plus loin, nous apprenons que la

lutte est avec quelque chose de supérieur : c'est qu'en filigrane le célèbre combat de Jacob avec l'ange modifie les significations ; enfin, dernière étape, l'exégèse du nom de « *Laban — Syrien* » nous ramène
explicitement à l' « *humilité* » : foin du Syrien qui s'exalte !

Au terme, Rébecca promet le retour à Jacob ; Isaac lui parle même
exclusivement de mariage. Si bien qu'on a perdu de vue la crainte.
Tout devient positif : si Isaac envoie Jacob au loin, c'est aux seules fins
d'un mariage endogamique et d'une formation « moyenne ». Du même
coup, la situation de cet « *enfant* » rejoint insensiblement celle d'AGAR,
non seulement sur un plan général, mais dans le contexte immédiat, qui
est celui de « *l'humilité* » — ταπείνωσις — relevée par l' « *audace* ».
Jacob « *enfant* » est marqué de l' « *humilité* » d'une condition inférieure,
celle de la servante Agar ; Jacob qui doit « *retourner* » et se marier,
assume l' « *audace* » d'une belle espérance de Sagesse, celle d'Agar également. Le fugitif devient un « *prétendant* » (μνᾶται, au §52) à force de se
connaître dans l'humilité de Harran. On trouvait une semblable émergence de la « personne » consistante et heureuse au début du *Quis
heres* : Abraham, parti de l'anxiété, arrive à la « *joie* » qui consiste à se
reconnaître dans le mélange d'audace (θαρρῶ, comme dans le *De fuga,*
§6) et d'humilité (ταπεινός, comme dans le *De fuga,* §5)[10].

En bref, l'étude de la fuite par « haine », puis par « crainte », a dé-
bouché sur une dialectique de la séparation et de la contiguïté, puis sur
un appel à l'intériorité. Mais ce faisant, l'Alexandrin n'a pas perdu de
vue un seul instant la « honte » d'Agar. Loin d'en avoir sommairement
réglé l'analyse aux §4 à 6, il en a fait le pôle caché de cette partie consacrée aux différents cas de fuite. C'est un bon exemple de la cohérence
de Philon, de cet art de broderie qui mène à bien la correspondance
d'un ensemble de modèles intellectuels et les « accidents » du texte
sacré — « accidents » pourrait être pris au sens musical. Sans doute
s'égarerait-on très peu en soutenant en outre que la disparition d'AGAR
à partir du §7 symbolise son « humiliation ». En termes de spiritualité,
cela revient à dire que l'humilité ne s'acquiert ni par l'humilité ni par
le regard jeté sur son humiliation, mais à force de contempler les figures
de la Bible, ici Jacob.

Sans autre signal que le mot φυγάδες, placé lointainement, au §2,
Philon enchaîne sur la loi qui vise les fugitifs coupables d'un meurtre,
volontaire ou non (d'après l'*Exode,* ch. 21, v. 12 à 14). Ce quatrième
développement inattendu occupe les §53 à 118, soit 409 lignes, contre
les 326 de tout le début (§1 à 52). Avant toute analyse détaillée, il convient de présenter au lecteur un résumé qui fasse apparaître les articulations de l'exposé allégorique, parce que les sommaires placés en tête
des éditions embrouillent plutôt les pistes par une généralité arbitraire.
Les subdivisions offrent ici toute la clarté désirable. La méthode du commentaire philonien sera renouvelée par rapport à celle que nous venons
d'étudier : il procédera par énumérations et non plus par dialectique ;
par exemples enchaînés plus que par figures évolutives.

II. Les « fugitifs »
(§ 53 à 118)

1. Division du texte

§53   A. — *EXODE,* ch .21, v. 12 à 14 : MEURTRIERS, volontaire ou non.
         a) MEURTRIER « *sera mis à mort de mort* ». Le redoublement insinue
         que
                 — la Mort est autre chose que mourir ;
§56   — la Vie est autre chose que vivre :
                 c'est tenir à Dieu ;
§58   c'est le Bien ;
                 c'est aimer Dieu.
§59   — la Vie est dans la mort (Nadab et Abiud) ;
§60-61   — la Mort dans la vie (Caïn n'est pas dit « *mourir* » ; c'est qu'il est
                 déjà mort, parce que mauvais ; c'est aussi que le mal dure tou-
§62-64   jours dans la vie). FUIR vers Dieu !
§65   b) INVOLONTAIRE « *parce que Dieu a livré…* ». Dieu utilise donc
§66   d'autres que lui pour châtier. Preuves :
                 — *Genèse,* ch. 48, v. 15 : Dieu nourrit ; l'Ange écarte le mal ;
§68-72   — *Genèse,* ch .1, v. 26 (création) : Dieu seul fait l'homme,
                                          Dieu dit « *Faisons un homme* ».
§73   — les 12 Tribus se partagent deux séries pour la bénédiction et la
                 malédiction.
§75-76a   « *il fuira dans le Lieu* » : ce Lieu est Dieu ; la faute involontaire
§76 b   relève de Dieu : « *Je te donnerai un lieu où il fuira* » : autre l'interlocu-
                 teur de Dieu, l'habitant, et autre celui dont on parle, le fugitif, qui
                 sera un étranger.
§77-79   c) VOLONTAIRE, donc impossible à imputer à Dieu.
§80-81   Le meurtrier volontaire qui se « *réfugie* » accuse Dieu, mais Dieu est
§82   toute Justice (citation du *Théétète,* 176 c).
§83   On l'attaquera, car il attaque le Père.

§86   B. — *NOMBRES,* ch. 35 : les CITÉS DE REFUGE.
§87   Quatre questions se posent :
§88   1) POURQUOI des cités de refuge ?
§89   — *Deutéronome,* ch. 33, v. 9 : Lévites quittant parenté ;
§90-92   — *Exode,* ch.32, v.17 : les Lévites tuent leurs parents, coupa-
                 bles d'avoir adoré le veau d'or ;
§93   — enfin le texte même des *Nombres* : « *Dieu leur a livré* » fait du
                 meurtre un service religieux.
§94   2) QUELLES sont les villes de refuge ?
§95   — le Logos divin, le plus sûr refuge (métropole) ;
                     — cinq Puissances (colonies) :
                         créatrice,
                         royale,
                         de miséricorde
                         législatrice ⎰ positive (« *fais ceci…* »),
                                      ⎱ négative (« *tu ne feras pas cela…* »).

§96-98a	L'ordre en est idéal, correspondant aux degrés de force de chacun. Les 3 premières sont supérieures aux 3 autres.[11]
§100	Les cinq sont représentées dans la description de l'Arche, et le Logos se fait entendre « au-dessus » (*Exode*, ch. 25, v. 22).
§102	En fait, celui qui n'a pas besoin de fuir est déjà dans la « métropole », en Dieu ; celui qui a besoin de fuir, se RÉFUGIE (noter que le premier est aussi le Lévite, conformément au *Deutéronome*, ch. 10, v. 9).
§103-105	3) SITUATION de ces villes de refuge ? Les 3 premières sont inaccessibles, situées au-delà du Jourdain ; les trois autres, en-deçà, sont accessibles.
	4) QUE SIGNIFIE l'échéance de la MORT DU GRAND-PRÊTRE ?
§106-107	Le sens littéral serait absurde : il sanctionnerait une injustice !
§108	Le sens allégorique suggère que le grand-prêtre est la Parole de Dieu. Preuves :
§109	— *Lévitique*, ch. 21, v. 11 : père et mère ne le souillent pas, ce qui ne peut désigner que le Logos divin, fils de Dieu et de Sagesse ;
§110	— il est « *oint* » ;
	— il porte l'Univers comme vêtement ;
§111a	— il est coiffé de la mitre royale ;
§111b-112	— il ne déchirera pas ses vêtements ;
§113	— il n'entre pas en contact avec la mort ;
§114	— il épouse une vierge ;
§115a	— il surpasse le « nazir », qui risque une souillure inopinée ;
§115b	ce faisant, il est « *AU-DESSUS* » (cf. §101, Logos).
	Tant que le GRAND-PRÊTRE est donc en vie, l'âme ne risque
§117-118	pas d'égarement, même INVOLONTAIRE, car celui-ci reste « *banni* ».

Ce chapitre consacré aux φυγάδες ne se présente plus comme l'interprétation d'une histoire, mais comme l'exégèse d'un texte législatif. Paradoxalement, la compréhension en est aisée, du moins dans le détail.

Coup d'œil général, ou première lecture

Le commentaire suit les voies ordinaires empruntées par l'Alexandrin. Ce sont comme toujours l'attention scrupuleuse portée à la « grammaire » du texte (pourquoi dit-on : « *mourir de mort* » ? Pourquoi lit-on une fois « l̲'homme », mais une autre fois, « *un homme* » sans article défini ; une fois : « *Dieu fit* », mais ailleurs : « *Faisons l'homme...* » ?) ; l'apport d'une série de références bibliques qui appuient une proposition en établissant, pour le GRAND-PRÊTRE par exemple, une sorte de blason qui en atteste l'essence irréfutable (§109 à 115) ; enfin, il reste les innombrables correspondances, tout ce qu'on appelle quelquefois association ou digression... Cela dit, l'ensemble pose quelques problèmes d'interprétation : comment entendre et intégrer ce chapitre, quelle que soit la clarté du détail ? Avant d'aborder de plus près ces difficiles questions, il ne sera pas inutile d'énumérer quelques observations plus ou moins formelles. L'esprit y trouvera d'ailleurs certain repos.

1) Philon passe tout aussi cavalièrement de l'examen du texte législatif concernant les « *fugitifs* » à celui du texte relatif aux cités-refuges, qu'il était passé de l'histoire de Jacob aux problèmes juridiques.

2) D'un point de vue formel, le contraste est grand entre les deux parties de l'ensemble des §53 à 118. La seconde (§86 à 118) procède plus directement, par questions et réponses brèves, telles que : « pourquoi ? » — « qui ? » — « où ? » — « quand ? ». La première (§53 à 85) suit mot à mot l'Écriture, le texte de l'*Exode,* ch. 21, v. 12 à 14, en abordant les problèmes de biais, sauf pour le commentaire laconique du mot « *lieu* » : « *il fuira dans un lieu* » (§76a), rapidement traduit par « *Dieu* ». Ainsi, le développement sur le meurtrier s'intéresse de façon exclusive à la forme du redoublement : « *mourir de mort* », et — paradoxe — l'essentiel du commentaire porte sur la *vie.* Ainsi encore, c'est le mot παρέδωκεν, compris dans le sens de « commanditer », qui permet d'engager Dieu, mais de manière indirecte, dans les actions punitives, et de développer les thèmes plus généraux des collaborateurs de Dieu, à côté des exécuteurs des hautes œuvres. Ainsi toujours, la traduction immédiate de « *lieu* » en « *Dieu* »[12] (§75) s'accompagne-t-elle d'une interprétation déviée : si l'on fuit vers ce Lieu, cela veut dire, par simple transposition logique, que l'on veut attribuer à Dieu la responsabilité de ses actes. Le passage en un lieu devient l'équivalent d'une attribution grammaticale... Ainsi enfin, le jeu de cette attribution permet à Philon de condamner le meurtrier volontaire (§79 à 81) : en « *cherchant refuge* » dans ce Lieu, il Lui attribue son crime ; il blasphème.

3) Comme souvent dans Philon, les sujets d'un développement peuvent se perdre plus ou moins brusquement. Dans ce chapitre, par exemple, il serait vain de suivre de bout en bout le sort concret d'un « *fugitif* ». On se trouverait désemparé devant le retournement final : car les §115 à 118 supposent que ce « *fugitif* » en faveur de qui tout jusqu'ici a semblé se dérouler doive rester un « *banni* » (ἐξῳκίζετο), et aussi longtemps que possible !

4) Une conséquence de cette observation nous conduira assez avant dans l'intelligence du Traité. Car si le fugitif devient un « *banni* » dont le retour n'est plus désiré, c'est que précisément le « *retour* » n'intéresse nullement Philon. Les deux passages où il évoque un retour possible d'Agar le montrent clairement : le premier (§6) en tire l'idée de l' « *audace* », complément de « *retenue* » ; le second (§207) en conclut simplement qu'il faut se subordonner à la Sagesse en toute docilité. De sorte qu'il nous est difficile de souscrire aux belles pages d'E. Starobinski dans son édition de Lyon, p. 87 et sv. Le retour vers le monde, dont elle parle, l'affrontement promis à Jacob s'il revient, l'idée généreuse que le fugitif doit rentrer pour reprendre sa place et ses responsabilités, tout cela relève d'une spiritualité commune qu'on a projetée sur Philon. Nous rencontrons là un exemple de cet entraînement fatal qui trop souvent nous fait lire ou deviner ou prolonger Philon à travers les grilles

de nos lieux-communs et des siècles de mystique judéo-chrétienne. Et
même, faute de surveiller l'architecture d'une œuvre de Philon pour ne
s'attacher qu'à ses idées, il arrive qu'on glisse sur une pente qui s'arrête
sur le contre-sens littéral. En disant que le meurtrier involontaire reviendra quelque jour de la cité où il a trouvé refuge et où la protection
du grand-prêtre « le maintient à l'abri des fautes », on égare son lecteur. Le grand-prêtre n'habite pas avec les fugitifs. Pour Philon, il demeure dans la partie saine du pays (de l'âme) ; au contraire, il interdit
négativement, tant qu'il vit, le retour du fugitif, qui en devient un « banni ». Le grand-prêtre protège le pays contre les manquements involontaires. L'erreur a consisté ici à croire que Philon suit l'évolution vraisemblable du fugitif (comme il s'est intéressé à Jacob) et à chercher une
logique du personnage.

5) Ces critiques et ces remarques sont là uniquement pour faire
comprendre par un autre biais la portée de ce chapitre sur le « *fugitif —
banni* ». Car, les fausses fenêtres une fois dénoncées, et une fois conjurées
les tentations qui nous assaillent de tirer la spiritualité de Philon dans
le champ de nos représentations morales, il apparaît simplement que
le fugitif ne rentre pas chez lui... Qu'est-ce à dire ? Ceci en bref : que
dans Jacob, dans Agar, quelque chose meurt en exil. Eux, ils reviendront,
marqués par la mort d'ailleurs. N'est-ce pas en conformité avec le début,
si surprenant, de ce même chapitre ? Philon y insiste tellement pour
qu'on entende bien que Vivre, c'est passer par la mort. L'exemple des
deux prêtres, Nadab et Abihu[13], qui « *meurent devant Dieu* », reste le
symbole éloquent de cette exigence[14].

Avant d'aborder en seconde lecture l'histoire des meurtriers et des
cités de refuge, rappelons que Philon nous fait passer de la *Genèse* où
se déroule l'aventure d'Agar comme celle de Jacob, à l'*Exode* dont il
parcourt la législation. Il nous « fait passer » : autant dire qu'il nous fait
« remonter », parce que l'*Exode* contient les textes fondateurs. Son récit
met en scène la vie de Moïse, qui rédigea, pour Philon comme pour
la tradition, les livres du Pentateuque. Pour Philon, Moïse, le prophète
par excellence, se situe comme en dehors de la trame historique : écrivant les mots éternels qui fixent les souvenirs des Pères, Abraham, Isaac,
Jacob, il traduit en figures plus accessibles les sonorités divines de la
Parole communiquée sur le Sinaï. Moïse descend bien de la « LOI »
aux patriarches. Il se trouve à la charnière d'une révélation[15] faite en
deux volets correspondants, la législation sacrée et l'histoire des Pères,
l'*Exode* et la *Genèse*. Aucune interprétation, à ses yeux, ne peut omettre
l'un des deux échos.

Reprise détaillée, ou seconde lecture

La section utilise deux citations qui vont se relayer : l'*Exode*, ch. 21,
v. 12 à 14 et les *Nombres,* ch. 35, v. 9 à 15 et 25. L'investigation allégorique suit des chemins sensiblement différents dans chacune des deux
exégèses, comme nous l'avons déjà suggéré. Entrons dans un plus grand
détail.

2. Les catégories de meurtriers

En bloquant agression et préméditation (§77), Philon réduit à trois les quatre cas prévus par les textes d'*Exode,* ch. 21. Au lieu d'épuiser la signification de chaque mot, nous serons invités à nous interroger sur une particularité de chaque phrase. En fait, l'Alexandrin nous convie à contourner un terme plutôt qu'à le traduire ; ce dernier procédé régnera au contraire sur le commentaire donné aux cités de refuge (§86 à 118).

a) Le meurtrier volontaire (§54 à 64)

À réfléchir sur le redoublement, « *mourir de mort* », on comprend que vie et mort entrent dans un jeu de l'apparence et de la réalité. La réflexion, seule (§55) ou inspirée par la révélation (§56, où il convient de traduire l'opposition « *elle garantissait aussi par des oracles son propre raisonnement* »), établit encore une « contiguïté » des contraires : la vie physique peut être accompagnée de la Mort ; la mort physique, se doubler de la Vie. Il nous semble que tout le développement sur le meurtrier volontaire continue le cheminement de cette « contiguïté » dont nous avons repéré l'action dans la première partie. Certes, ce mot est ce qu'il est, un signal, une expression algébrique permettant d'établir rapidement des fonctions sans trop déformer le réel. Le très beau passage sur la Vie (§56 à 60) qui définit l' « *aujourd'hui* » par l'éternité, et l'immortalité par « *l'amour de Dieu* », le fait en deux périodes séparées par une autre citation où l'alternative se rappelle à nous : « *vie et mort* » — « *bien et mal* ». L'image qui sert d'« envoi » à cette page admirable n'est autre que le trépas des deux Lévites, Nadab et Abihu, interprété par Philon comme le passage volontaire et méritoire vers l'Incréé. La mort y sert de monnaie d'échange ($\dot{\alpha}\nu\tau\iota\kappa\alpha\tau\alpha\lambda\lambda\alpha\tau\tau\dot{o}\mu\varepsilon\nu\omicron\iota$) à la Vie. L'échange, la balance représentent des symboles privilégiés de la « contiguïté » : deux valeurs, dissemblables suivant l'affectivité ou l'usage, entrent un instant en parité. Si j'achète du pain avec mon argent, je ne peux manger cet argent, et cependant, durant un instant de raison, argent et farine s'équivalent sur un même comptoir. C'est un rapport de « contiguïté ». Tel est le cas entre Vie et mort :

§56-57 *Vivre*   §58 b « *Vivre* »
§58 a « *Vie-Mort* »   §59 a « *mort pour Vie* »

Le dernier trait est mis à la « contiguïté » lorsque Philon évoque le sort de Caïn. Si l'Écriture ne fait point mention de la « *mort* » de Caïn, c'est qu'elle ne commet pas de redondance gratuite ; c'est aussi que sa « non-mort », l' « éternité » négative de ce personnage, circule dans notre vie pour la transformer en Mort : $\dot{\alpha}\vartheta\dot{\alpha}\nu\alpha\tau\omicron\nu$... $\dot{\varepsilon}\nu$ $\tau\tilde{\omega}$ $\beta\dot{\iota}\omega$... $\ddot{\alpha}\psi\nu\chi\omicron\nu$ (§61). Contiguïté des mots, analogue à celle de la « *sobre ivresse* » du §32, et contiguïté des principes contraires dans l'existence.

L'histoire de Caïn ne s'interrompt pas avec le §62 ; selon une figure analogue au chiasme, Philon la commence, la laisse, la reprend (§60-61 ... / ... §64)[16]. Que se passe-t-il dans ce va-et-vient ? Philon, en termes exprès produit l'analyse de la contiguïté ou du « commerce » telle que nous venons de l'esquisser : deux valeurs incommensurables (« *Il fallait absolument assigner des places différentes à des réalités différentes* », lit-on au début du §62) entrent rapidement (« *il se hâte de s'en retourner* » — §62) dans un contact illogique, abusif. Si ce schéma est respecté, si le contact est rapide, il y a « commerce ». Si la contamination se prolonge, nous courons, du point de vue logique, au « paradoxe »[17] (contiguïté des mots ou des sens : vie et Mort ; mort et Vie), et, du point de vue réel, c'est l' « hypocrisie » (contiguïté des intentions et des actes) ou la « tentation » (présence contiguë du mal et du bien)[18].

Du point de vue formel, les §60 à 64 donnent ceci :

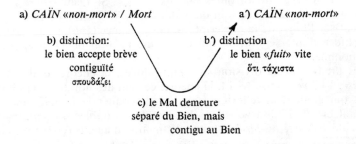

a) *CAÏN «non-mort» / Mort*   a') *CAÏN «non-mort»*

b) distinction: b') distinction
le bien accepte brève   le bien «*fuit*» vite
contiguïté   ὅτι τάχιστα
σπουδάζει

c) le Mal demeure
séparé du Bien, mais
contigu au Bien

Aux deux extrémités, la définition paradoxale de CAÏN ; au-dessous et se répondant, deux mouvements de fuite vers le haut, fuite du Bien descendu par bonté, fuite du Bien attiré par le Bien, et chaque fois, on note la rapidité ; enfin, au milieu et servant d'axe à cette figure symétrique, la tentation, la « contiguïté » prolongée du Mal et du Bien.

On ne saurait quitter ce passage avant d'avoir noté le contraste entre l'Éternité divine et la permanence du Mal au milieu du monde, entre l' « *Aujourd'hui* » des §56-57 et le « *il demeure* » du §62 (καταμένει), entre la succession et l'intense immobilité (περιπολοῦν) et le refus du nombre indiqué au §57. Enfin, on ne peut passer sous silence le naturel avec lequel Philon relie le thème du meurtrier en général au meurtrier par excellence que représente le frère d'Abel, tout en se servant chaque fois d'une notation apparemment superficielle : ce que veut dire « *mourir de mort* » ? répond à une autre notation, tout aussi légère à notre goût, en tout cas congruente à la première, l'absence de récit et même de formule concernant la mort de Caïn, et cela en relation avec une formule positive : « ... *pour que ne le tue pas celui qui le rencontrera* » (Dieu protège la vie de Caïn dans la *Genèse,* ch. 4, v. 15)... Enfin, Nadab et Abihu tiennent du thème fondamental le fait qu'ils sont « volontaires », et leur trépas est un « meurtre volontaire ». C'est aussi une élégance de la part de Philon que de citer HOMÈRE et PLATON dans un développement attribué à dame réflexion...

Durant la première partie (§2 à 52), la « *fuite* » ramenait à la « contiguïté » ; ici, la « contiguïté » provoque le désir de « *fuir* ». Pourrons-nous nous étonner beaucoup de voir dans la suite immédiate (§65 à 76) une dialectique de la « séparation » ?

b) Le meurtrier involontaire (§65 à 76)

« *Ils agissent involontairement, mais c'est que Dieu a livré* ». Dieu est devenu le sujet de la phrase, c'est-à-dire pour Philon, l'auteur de l'action. L'auteur, ou plutôt le responsable éloigné, puisque dire « *livrer* », c'est supposer deux étapes, l'une de décision, l'autre d'exécution. L'analyse de Philon se borne à commenter deux formules du texte législatif. Tout d'abord, ce mot « *livrer* » (§65 à 74), puis la phrase : « *Je te donnerai un lieu où se réfugiera celui qui a tué* », cette dernière servant simplement de conclusion (§75-76). Comme précédemment, les mots sont plutôt contournés qu'affrontés en eux-mêmes. Si Dieu « *livre* », c'est qu'il faut distinguer avec soin deux domaines. Et Philon de passer rapidement sur l'objet de la prescription, la vengeance (§66), pour s'avancer vers l'idée d'une séparation qui détermine l'action de Dieu en faveur de l'homme.

Les preuves de la division sont empruntées, là encore, d'abord à la *Genèse,* à l'*Exode* ensuite. Et, là encore, ce sont des notations grammaticales qui guident la réflexion : au lieu d'évoquer le parallélisme qu'il connaît bien[19], Philon voit dans la formule dédoublée « *Dieu me nourrit ; l'Ange écarte les misères* » une distinction d'agents (§67) ; plus loin, il argumente, comme toute la tradition et spécialement la tradition chrétienne le fera à sa suite, sur la différence des formules dans le récit de la *Genèse,* ch. 1, v. 26 : le pluriel « *Faisons un homme à notre image* » indique à nouveau la pluralité des agents, et donc la distinction de leurs opérations comme des termes de ces opérations ! Bien mieux, la présence puis l'absence de l'article défini supposent à leur tour, non plus dans l'agent créateur, cette fois, mais dans l'objet, l' « *l'homme / homme* », une distinction réelle, entre le modèle idéal, rationnel, et sa réalisation contingente, mêlée d'irrationnel[20].

Précédemment, en traitant de la « mort », Philon avait habilement introduit un exemple qui valait à la fois pour le problème de fond, celui du meurtrier, et pour la réflexion seconde consacrée à la « mort-vie » : cet exemple parfait était celui de CAÏN. Ici, de même, parmi les couples bien tranchés, le commentateur choisit d'invoquer celui des Tribus qui se répartissent les bénédictions et les malédictions, dans le pacte de Sichem (livre de *Josué,* ch. 24, mais la description s'en trouve dans le *Deutéronome,* ch. 27, v. 11 à 26). Par là Philon nous reconduit au problème du mal et du châtiment mérité par le coupable (et dont le meurtrier involontaire est fait l'instrument, au même titre que les six tribus dont le rôle est de maudire).

Ces pages n'offrent aucune difficulté particulière, et il suffit de rappeler ici qu'avec l'opposition irrémédiable de la malédiction et de la bénédiction, Philon nous ramène du côté de la « séparation », comme catégorie ; et il ne se démentira plus. L'exégèse des cités de refuge n'offrira qu'une longue ascension vers une pureté plus grande, une séparation plus nette, une reconnaissance plus précise du Logos « *au-dessus* » de l'Arche, éloigné de l'ombre même du mal, cette faute « *involontaire* » — qui,. un temps, a pu servir de ministre divin.

Mais avant d'aborder cette question, Philon achève son propos. Il assure tout d'abord cet éloignement dont nous parlons : une nouvelle observation d'ordre grammatical fera l'affaire. Puisque Dieu dit : « *Je te donnerai un lieu où il se réfugiera* », c'est qu'on doit distinguer soigneusement « *l'habitant* » d'une patrie et le réfugié (§76). Philon tient décidément à la « séparation ». En second lieu, il traite sans insister les deux derniers cas de meurtre, qu'il réunit sous un seul chef : agression et préméditation l'intéressent moins que le blasphème du meurtrier assez audacieux pour chercher un refuge dans le lieu saint.

c) Le meurtrier par agression ou ruse (§77 à 85)

Précisons avant tout le cheminement des idées. On lira ensemble le §77 et la première phrase du §78, en comprenant bien deux détails : d'abord, καταφύγῃ, qui se traduira par « *chercher refuge* » ; ἐκεῖ, ensuite, qui ne désigne pas ici la ville de refuge, mais le LIEU que Philon veut expliquer comme substitut de Dieu, à l'instar du §75 : pour lui, la séquence « *qui fuit là-bas et vivra* » exige, par le principe si courant de la « redondance », que « *là* », rattaché par καί à la « *vie* » en reçoive sa coloration et renvoie à Dieu[21]. La suite est divisée en trois brèves étapes : Philon commence par assimiler l'idée de se réfugier auprès de Dieu après un meurtre délibéré à une volonté de contaminer la divinité (§78b à 80) ; il déclare ensuite une sorte d'excommunication de fait contre ce sacrilège, dont il trouve la formule jusque dans le texte platonicien déjà cité plus haut, et qu'il retrouve ici (*Théétète,* 176c) ; assimilant enfin impiété et idolâtrie, puis idolâtrie et refus de connaître Dieu comme « *Père* », Cause de tout, Philon argumente à partir du texte qui prolonge immédiatement la loi sur le meurtre (dans l'*Exode,* ch. 21, v. 15-16)[22]. Il conclut à l'expulsion : « *Chassez donc, chassez... les âmes qu'on ne purifie pas* » (§85)[23].

Les trois étapes enchérissent sur la volonté de séparer ce qui est incompatible. Dans la première, l'assassin se voit priver de refuge : il est déclaré « *incurable* » (ἀνίατος du §80) ; dans la deuxième, les impurs demeurent au dehors (ἔξω) et ils ne peuvent même pas voir « *de loin* » la flamme sacrée (ἐξ ἀπόπτου) ; enfin, dans la troisième, Philon prononce la sentence d'exclusion[24].

Nous ne manions pas pour le plaisir ou la seule commodité ces concepts de « séparation » et de « contiguïté ». Si déjà la rigueur avec laquelle Philon en règle le jeu perçait aux yeux du lecteur à travers ces abstractions, elles seraient légitimées. Il y a davantage. Dans le cas présent, Philon travaille à dégager petit à petit la catégorie de « séparation » sous la forme concrète du Lévite : la définition du Lévite ne correspond-elle pas justement à la séparation ? Il est mis à part au service de Dieu. Et n'est-ce pas lui qui va progressivement sortir de l'ombre tout au long des pages suivantes (du § 86 au § 118) ? Le discours philonien se trouve attiré par une figure à venir dans le texte, au lieu d'être poussé tant bien que mal par les formules déjà posées. Ce mode de composition téléologique, par projet si l'on peut dire, explique plus aisément la multiplicité des détails convergents. On comprend mieux les feux de l'aurore quand on sait que le soleil doit se lever. On apprécie davantage les colorations que l'exégète confère à ses interprétations, lorsqu'on voit l'influence d'une citation encore à venir, ou même d'un chapitre qui les justifie d'avance.

Ajoutons que Philon a retrouvé le thème couplé : « vie — mort ». Au début (§ 56s), il servait à marquer l'ambiguïté et le mélange ; à la fin, voici qu'il sert à trancher entre deux univers : « *N'est-ce pas la Vie* (ζωή), *que de se réfugier vers l'Être ; n'est-ce pas la Mort que se dérober à Lui ?* » (§ 78) ; ou encore : « *En nous autres se trouvent, comme je l'ai dit, les réserves des maux ; auprès de Dieu, les réserves des seuls biens* » (§ 79).

Ainsi s'achève une unité bien marquée, homogène dans les procédés comme dans la volonté de raréfier l'air autour du coupable, pour ainsi dire. Seul, on l'entrevoit déjà, va subsister un être pur, proche de l'autel dont on arrache le meurtrier et qui, dans le contexte de Philon, se substitue progressivement à lui. Évoqué de très loin par une homonymie, comme « *se réfugiant et suppliant* » (§ 56), termes qui d'ailleurs désignent volontiers les membres de la tribu dévouée au culte, les Lévites, il prend de la consistance tout d'abord avec le couple de Nadab et Abihu (§ 59), puis récite pour ainsi dire les deux textes du *Lévitique* invoqués par le § 59 et le *Psaume* 113. Mais Philon n'a pas prononcé le nom de « *Lévite* ». Il veut si bien éviter cette désignation expresse qu'il néglige le plus bel exemple d'une vengeance divine confiée à des exécuteurs subalternes, à savoir la répression de l'idolâtrie commise autour du veau d'or, exemple qui va venir au premier plan dans la section suivante, où le Lévite paraît en pleine lumière et sous son nom propre[25]. Le contenu a précédé le mot. Au terme de cette présence silencieuse, le Lévite réapparaît près de l'autel (§ 80 : βωμός et θυσιαστήριον) pour faire monter vers Dieu une adoration humble et parfaite, celle du sacrifice[26] (« *victimes sans défaut* »). Il est temps pour Philon de l'appeler par son nom, de le conduire jusqu'à un point d'affinement qui en fera le grand-prêtre, miroir du Logos.

3. *Les villes de refuge (§ 86-116)*

Le style du commentaire va changer. Quatre questions directes recevront une réponse proportionnée. Les énigmes posées précédemment par la grammaire feront place au rayonnement des mots inspirés. Et, par degrés, ces mots diffuseront une lumière de plus en plus divine. On s'apercevra d'autre part dès une première lecture que le thème du meurtrier involontaire accueilli par une ville de refuge n'a plus aucune prise réelle sur le développement, une fois établies l'analogie qui rapproche « *fugitif* » et « *Lévite* » (§ 89) et tout aussi bien la différence qui les sépare, du fait que le meurtrier involontaire exerce le châtiment divin, quand le Lévite s'occupe des honnêtes gens[27] (fin du §93). Au terme (§117-118), l'attention semblera se porter sur une population sainte : le « *grand-prêtre* » la protège contre un retour sacrilège de ce mal qu'est tout de même la faute involontaire.

Un changement d'atmosphère est cependant survenu. Ce qui s'ouvre désormais à nos yeux n'a plus de rapport visible ni avec la « *fuite* » ni avec les fautes. Que se passe-t-il donc durant ces quatre étapes, jalonnées par les quatre questions ? Une sorte de lecture en miroir, le déchiffrement d'un texte renversé. Ce « texte » n'est autre que la révélation de la miséricorde divine. Expliquons-nous. La « *fuite* » ou l'asile procuré au fugitif cessent de nous apprendre quelque chose sur l'homme et les progrès de l'homme. Le monde divin qui l'accueille pour le protéger se trouve défini par cet accueil : l'homme sauvé découvre moins son salut que l'ombre du Sauveur. Il en devine l'essence comme par vision indirecte et symétrie de ses malheurs. C'est pourquoi Philon va graduer une révélation du Logos, qui est discours sur Dieu dans l'homme et discours de Dieu en Dieu (§94, 101-102, 106 à 118).

Il est vraisemblable que ce passage de l'homme à Dieu est symbolisé dès la conclusion de la section précédente par le doublet βωμός — θυσιαστήριον. Le premier, le βωμός, désigne la solidité du support, et Philon le fait voisiner avec les mots ἀσφάλειαν καταφυγῆς — « *la sécurité du recours* » ; le second, le θυσιαστήριον évoque la fumée des sacrifices. Le premier s'adresse encore à l'homme inquiété ; le second se retourne définitivement vers le « *ciel* » (§62-63), placé « *là-haut* » (§64). Tout à l'heure l'exégèse définira le Logos par sa position « *au-dessus* » de l'Arche (§101 ; cf. 115b). Précisons que la contemplation de Dieu, déjà estompée, relayée, par le Logos, reste ici indirecte : c'est malgré tout à travers sa migration que l'homme reconnaît quelque chose de Dieu, selon l'espérance formulée dans le « *Connais-toi !* » du §46. Cette participation modeste à la connaissance de Dieu trouve plus loin encore un élargissement. Nous montrerons en effet que la deuxième partie du traité, intitulée « Découverte et recherche », s'organise en fait autour du thème de la « *vision* » accordée à l'homme. Mais, les degrés se multipliant pour exercer la patience du lecteur et de l'ascète (qui doivent idéalement se confondre), il ne faut pas croire que nous tiendrons encore la vision directe : si l'on appelle vision indirecte celle des §86 à 116, où nous sommes actuellement retenus, il faudrait dire de la vision annoncée aux §119 à 176 qu'elle reste voilée, ce qui n'est plus la même chose. Suivons maintenant pas à pas cette progression. Les quatre questions posées par Philon au texte des *Nombres,* ch. 35, v. 6, 11 à 15, 25 (et 28)[28] n'ont pas un sort égal : si l'on s'amuse à compter, respectivement 39 lignes, 53, 13 et 79. L'explication de la situation des villes de refuge (c'est-à-dire la troisième question) est la plus courte : elle apparaît comme un complément de la deuxième question. Le résultat de cette inégalité offre une curiosité : en additionnant le nombre de lignes de la première et de la deuxième question, on obtient : 39 + 53 = = 92 ; en réunissant de même la troisième et la quatrième, on trouve

13+79=92. Cet équilibre complète celui qui existe entre les deux sections relatives à la loi sur le meurtrier : les §53 à 84 (meurtriers) donnent un total de 203 lignes, et les §85 à 118 (refuge), que nous abordons maintenant, rejoignent ce chiffre, avec un total approchant de 206 lignes. Nous ne presserons pas la valeur de ces correspondances : elles sont l'indice du sens de l'harmonie que Philon conserve derrière la ligne compliquée de ses cheminements.

a) Première question : Pourquoi ces villes ? (§88 à 93)

Parce que les Lévites sont « *eux aussi des fugitifs* » (§88) ... La comparaison avec le texte parallèle du *De sacrificiis Abelis et Caini*, §128s illustre bien la méthode de travail de Philon, à partir de formules ou de blasons constants. Dans le *De sacrificiis,* nous trouvons une séquence qui rappelle justement ce que nous avons dit du commerce et de la « contiguïté » : Philon souligne explicitement que les fugitifs sont des meurtriers, qu'ils sont impies. Ici, Philon ne nomme plus les coupables : un simple καί (un « *eux aussi* ») évite d'évoquer en clair le second terme : Philon ne tient pas à souiller les Lévites au contact de meurtriers criminels. Dans le *De sacrificiis,* Philon insiste sur la communauté qui s'établit entre les deux catégories : συνοικεῖν dit la « cohabitation » ! Il parle de « rançon » — λύτρον — ce qui les réunit dans la « contiguïté » de l'échange. Ici, on parle de « recevoir en dépôt » (παρακατατίθεται) des gens dont les « *actions* » sont semblables (le mot ἔργα évite toute précision). Le meurtrier est estompé derrière le Lévite. Il n'en va pas de même dans le *De sacrificiis,* où le §129 argumente sur une similitude d'opposition : chaque terme attribué au Lévite en appelle un autre, inverse, qui stigmatise le suppliant (« *volontaire* » — « *involontaire* », accueilli par Dieu — accueilli par les Lévites ; « *imparfaits* » — « *consacrés* »). Il eût été facile de suivre la pente, comme on le pense, et de reproduire sinon les mots, du moins les schèmes. Or Philon déplace lucidement tous les accents, d'un texte à l'autre. Dans le *De fuga,* il veut maintenant éviter une « contiguïté » trop voyante. Bien sûr, c'est parce qu'il se réfugie que le (meurtrier) apprend à connaître Dieu comme refuge ; mais, encore une fois, les inflexions de l'image donnent la vedette au Lévite, c'est-à-dire à un reflet plus pur de la pureté divine.

Il en va de même dans la citation suivante, avec l'épisode du « veau d'or » (*Exode,* ch. 32), qui se trouve aussi bien ici que dans le *De sacrificiis,* §130. Là, Philon rappelle l'analogie que le meurtre, et non plus la fuite, établit entre le réfugié et le Lévite ; ici, Philon n'évoque même pas le second terme de comparaison : il se contente de suivre le Lévite dans sa triple « séparation »[29], loin du corps, de l'irrationnel, de la parole exprimée, jusqu'à la purification (fin du §92). Pas un mot n'est prononcé au sujet du meurtrier. On dira peut-être que le §93 se rattrape, et c'est vrai. Mais on voudra bien observer que la mention du meurtre involontaire placée ici est la dernière de tout le développement allégorique[30] ; qu'elle est symétrique de l'entrée en matière (au §88), au point d'en renouveler la discrétion : en effet, nous lisons : λειτουργοῦσι δὲ καὶ οἱ τὸν ἀκούσιον φόνον δρῶντες (§93), où le καί rappelle celui qui introduisait les Lévites : οἱ Λευῖται τρόπον τινὰ φυγάδες εἰσίν (§88). Philon évite de mettre vraiment en parallèle des termes que son raisonnement exigerait contigus, cependant. Et il ne nous paraît pas trop subtil de demander qu'on traduise la dernière phrase du §93 en évitant le mot de Lévite que le grec remplace justement par l'évasif οἱ μὲν... suivi de οἱ δέ. La comparaison avec la suite du De sacrificiis (§132) confirme l'existence de ces nuances et leur signification : là, Philon accepte et pousse au contraire le parallélisme. Et il achève par une inclusion bien dans la note, avec le retour du verbe « cohabiter » — συνοικείτωσαν ! N'hésitons pas à dire que Philon ne pouvait et ne devait reprendre ce terme dans son discours, tout différent, du De fuga. Avec ce terme précis de la « cohabitation », entendons aussi la constellation de traits qui caractérisent le développement contenu dans le De sacrificiis.

La triple émigration aboutit dans un autre livre, le De migratione Abrahami, à la révélation du Logos comme habitation véritable de Dieu. C'est un mouvement analogue qui se produit ici et qui entraîne l'apparition du *LOGOS* en réponse à la deuxième question.

b) Deuxième question : Quelles sont ces villes ? (§94 à 102)

Le même passage du De migratione Abrahami oppose le Logos à toute autre réalité, désignée par le démonstratif « *ceci* » (§4-5). Dans ce passage du De fuga, Philon voit dans le Logos non seulement une habitation, mais une ville, et, par opposition aux autres Puissances, une « *métropole* » distinguée de ses colonies. L'idée d'un empire se trouve encore dans le De migratione Abrahami (à la suite, au §6), sous la double image, du timon qui sert à gouverner, de l'outil qui façonne et assure l'unité. On peut ici également parler d'un schème identique adapté à deux contextes différents. Un autre rapport plusieurs fois établi par Philon permet un passage plus facile de la première réponse à la deuxième : le Lévite appartient à la sphère du logos qui est, dans l'homme, l'image du Logos. Ainsi lisons-nous, toujours dans le De sacrificiis, §119 : Ὁ καταπεφευγὼς ἐπὶ θεὸν καὶ ἱκέτης αὐτοῦ γεγονὼς λόγος ὀνομάζεται Λευίτης, où les thèmes de la fuite et de la supplication lui sont associés. On trouvera une idée semblable dans le De ebrietate, §68 et le De congressu, §98, etc. Il ne semble pas que Philon ait donné ailleurs une interprétation de ce nombre « *six* » appliqué aux villes de refuge[31]. On peut cependant rappeler que, pour Philon, ce nombre enferme une perfection : c'est en effet le premier qui soit dans un rapport harmonieux avec ses parties, puisque sa moitié est la triade, son tiers la diade, son sixième la monade ; il est le produit du premier pair, deux, par le premier impair, trois (cf. De opificio mundi, §13 ; Legum allegoriae I, §3 ; les Quaestiones in Genesin, §38). C'est le sixième jour que l'homme fut créé, et qu'avec l'homme, le monde entier fut achevé (De opificio mundi, §89). Qu'au premier des nombres, la monade, revienne l'honneur d'évoquer le Logos, nous le savons depuis le commentaire du chapitre premier de la Genèse (dans le

De opificio mundi, §31) : le premier jour ne contient que les Intelligibles, spécialement la lumière, celle qui, précédant le soleil même, est « *un astre au-delà des cieux* » — « *l'image du Logos divin* » (ibid.).

Ces rappels peuvent n'avoir qu'une lointaine part dans notre texte : ils s'harmonisent pourtant avec les raisons données précédemment pour expliquer le passage du Lévite au Logos. Ils éclairent aussi la division en un et cinq. Enfin, ils montrent que pour Philon « *fuir* », c'est renoncer à l'athéisme tel qu'il est stigmatisé en maint endroit, y compris le *De fuga,* §8, dans le personnage de Laban ; et que fuir l'athéisme, c'est trouver l'adoration du vrai Dieu, qui est Créateur.

Cela dit, le texte n'offre guère de difficulté. L'exégète énumère tout d'abord les correspondances entre les six villes et les formes de la présence divine (§94-95) ; puis il montre la gradation descendante que ce tableau reflète (§96 à 99) ; enfin, le symbolisme de l'Arche permet de revenir au Logos et à sa situation transcendante, tout en faisant entrer le Lévite dans cette même sphère transcendante (§100 à 102).

1) *L'ÉNUMÉRATION des VILLES :* elle se retrouve dans les *Quaestiones in Exodum,* II, §68, à propos de l'Arche également (cf. ici, le §100s). Le texte arménien[32] précise à propos de la Puissance « *créatrice* » qu'elle est en rapport avec le nom $\Theta\varepsilon\acute{o}\varsigma$, comme la Puissance « *royale* » avec le nom $K\acute{\upsilon}\rho\iota o\varsigma$[33]. Les *Quaestiones* présentent une variante pour la cinquième Puissance : « *propitia, cujus nomen est proprium benefica ; apud vero regiam, legislativa, cui nomen datur conveniens, percussiva...* ». Elles rattachent explicitement la Puissance miséricordieuse à la Puissance créatrice, et la Puissance « *percussiva* » à la Puissance royale. On le voit, pour obtenir le nombre 6, Philon a dû diviser, dans le *De fuga,* la Puissance « *percussiva* », et du même coup, négliger la hiérarchie par division adéquate à partir du Logos, telle qu'on la trouve dans les *Quaestiones in Exodum,* §68, où tout s'enchaîne régulièrement[34].

Mais ce changement permet à Philon de diviser secondairement les 6 villes en deux groupes de 3, ce que l'interprétation donnée dans les *Quaestiones in Exodum* n'autorise pas. Le schéma dans ces dernières est le suivant :

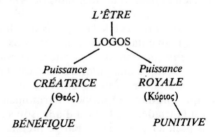

Ce tableau est divisible seulement dans le sens vertical. Le nouveau schéma du *De fuga* se garde de toute « généalogie » des Puissances : chacune forme un degré séparé, de sorte que Philon aura toute liberté de distinguer deux volées de marches :

1) *LOGOS*
   Puissance
      créatrice
         Puissance royale

                    2) *Puissance de*
                       miséricorde
                          Puissance
                          législative+
                             Puissance
                             législative –

Nous devons faire appel à ce qui suit dans le texte de Philon pour justifier déjà la simple énumération, ce qui confirme le principe de lecture téléologique dont nous parlions ci-dessus. Et cette discussion n'est pas, dans le cas présent, d'un intérêt minime : on sait que E. R. Goodenough commence son ouvrage, *By Light, Light,* par la discussion du tableau des Puissances. Le schéma qui occupe chez lui la page 29 trahit bien la difficulté que l'on éprouve à faire la « théologie » conceptuelle ou thématique de Philon. La représentation donnée pour le *De fuga* (« *God and His Powers as represented by the Cities of Refuge* ») est spécieuse : Goodenough a simplement projeté sur le précédent schéma, tiré légitimement des *Quaestiones in Exodum* (dans *By Light, Light,* page 24), la nouvelle disposition invoquée ici par Philon, dans le *De fuga* — sans tenir compte de l'intention actuelle de l'auteur. Retenons le pragmatisme de Philon : il tire les éléments d'une construction locale dans le sens favorable au plan du traité[35].

2) *LA GRADATION* : déjà supposée dans l'utilisation que Philon propose du schéma des Puissances, elle préjuge également de la suite. Car on note une différence de traitement entre les trois premières et les trois dernières Puissances. Les §97 et 98a énoncent séparément chacun des trois premiers degrés ; le §98b reprend en bloc les trois derniers ; le §99 les détaille d'une phrase rapide.

La progression est descendante. Et c'est naturel, car, ne l'oublions pas, il ne s'agit plus de considérer le sort du fugitif, du meurtrier, auquel cas la progression ascendante eût revêtu plus de vraisemblance, mais bien la révélation du Dieu Créateur, rejoint par le Lévite au bénéfice de la « séparation » qu'il a consentie. De la sphère purifiée descend une sorte d'échelle miséricordieuse, qui traîne aussi bas que possible pour sauver les autres...

Chose qui n'est plus pour nous surprendre, Philon a ménagé une récapitulation du traité dans la description des trois premières villes de refuge, assimilées aux Puissances. En effet, l'évocation de la première Puissance, le Logos, fait dire : « ... *courir d'un souffle et tendre* vite *vers la Parole divine qui est située au plus haut, et qui est* source *de sagesse, pour puiser à son flot la* Vie *au lieu de la* Mort*, et obtenir la* découverte *de la récompense éternelle* » (§97a). Le couple « *Mort-Vie* » rappelle, la section qui vient de s'achever (§53 à 85) ; les mots « *source* » et « *trouver* » annoncent les deux grandes divisions ultérieures du livre (πηγή — εὕρηται) ; le « *vite* » renvoie à la « *fuite* »[36].

Le §97b rappelle le sens du mot Θεός, lié à la création (à la « position », ϑέσις, de l'Univers) ; ce faisant, il fait écho à l'athéisme du premier Laban, pour le contredire ; et il prononce la confession du Dieu Créateur, en reconnaissant que cette adoration est un don : κτῆσις ἀγαϑοῦ περιγίνεται, ἡ τοῦ πεποιηκότος ἐπιστήμη.

Enfin, le début du §98 évoque la « crainte », c'est-à-dire le sentiment qui retient Jacob d'affronter non pas tant la colère d'Ésaü que la majesté des réalités « *trop grandes* » — les μείζονα.

3) *LE SYMBOLISME DE L'ARCHE* : Cette fois les correspondances sont énoncées en remontant. Mais la précédente distinction entre deux groupes de Puissances fait place à la simple hégémonie du LOGOS. Si bien que l'Arche n'offre ici d'autre intérêt que celui d'être surmontée par le Logos, aux termes d'*Exode*, ch. 25, v. 22 : « *Je te parlerai d'audessus du propitiatoire, entre les Chérubins* ». À ce privilège soudain du Logos sur les autres Puissances[37] correspond immédiatement une nouvelle définition de la première ville de refuge. Si le char, avatar de l'Arche que domine son cocher, est conduit selon la « *droiture* » (πρὸς ὀρϑὴν... ἡνιόχησιν), l'homme qui ignore toute « *altération* » s'y trouve admis. Cet homme, qui « *a Dieu même pour part d'héritage* », et qui donc n'est autre que le Lévite, réside dans la première ville — mais celle-ci n'est plus un « *refuge* » ; c'est une « *demeure* », et le Lévite nouvellement installé y habitera comme citoyen (κατοικήσει). La première cité se distingue des autres lieux[38] qui conviennent à des êtres encore souillés de glissements involontaires. Au terme de sa fuite, le « *fugitif* » reconnaît en Dieu une essence que ses malheurs lui apprennent à lire indirectement, mais que soudain la transcendance de la Cause retire à son investigation comme à son usage. Nous n'insistons pas sur ce retournement capital, parce qu'il est bien visible de lui-même.

c) Troisième question : Situation des villes (§ 103 à 105)

Non seulement la première des Puissances se renferme dans un monde séparé, mais tout le premier ordre maintenant l'y suit. Le « *Jourdain* » marque la ligne d'un partage. On sait qu'ailleurs Philon divise une autre hexade suivant une même ligne ; il s'agit de la création opérée en six jours : « *Les trois jours qui précèdent la création du soleil reproduisent le nombre des jours qui la suivent : l'hexade est divisée selon l'égalité pour montrer l'éternité et le temps... Le temps est imitation de l'éternité* » (nous avons commenté ce texte du *Quis heres,* § 165 et suivi les prolongements que Philon donne à la notion d'image). Dans le *Quis heres,* la suite donne une interprétation différente des deux Chérubins qui surmontent l'Arche : ils figurent d'un côté à la fois la Puissance créatrice et bénéfique, de l'autre à la fois la Puissance hégémonique et punitive (Θεός, d'un côté ; de l'autre, Κύριος) — c'est le schéma des *Quaestiones in Exodum,* en plus ramassé.

On notera, dans le *De fuga,* à la fin du §103, le critère qui permet d'attribuer les premières Puissances à la sphère de l' « *au-delà* » : c'est qu'elles intéressent l'Univers tout entier, et non pas seulement nous autres hommes. Nous ne pensons pas que la différence soit ici placée entre cosmique et moral : plus loin, Philon verra dans une seule définition, celle du « *vêtement* », aussi bien les éléments cosmiques, eau, air, feu, terre, que les « *vertus* » du sage (§110) — et ce vêtement orne le grand-prêtre, c'est-à-dire le Logos. Le clivage est établi plutôt entre l'Homme idéal du premier récit de la création et l'homme dont l' « *espèce est mortelle* » (§103), et qui fait l'objet de la seconde création, l'homme faillible : ᾧ μόνῳ συμβέβηκε διαμαρτάνειν. Le partage serait presque entre le bien et le mal. A titre de confirmation, rappelons le §99, où l'obéissance aux Commandements constitue seulement l'avant-dernier degré de l'assimilation au Bien. Elle procure un bien relatif, et il existe donc un degré supérieur de la vie morale, celui qui fait partie de la première série et qui, pour être essentiellement fondé sur la réceptivité, n'en est pas moins « moral ». L'éthique philonienne ne se borne pas à décrire la lutte entreprise pour dominer le mal. Dans les belles pages du *De migratione Abrahami* qui vont du §127 au §170 et commentent ces mots, « *Abraham allait selon la Parole de Dieu* » (d'après la *Genèse*, ch. 12, v. 4), Philon montre que « *faire la Loi* » ne consiste pas seulement à « *obéir aux Commandements* » (cf. notre traité, §99), mais à être tout proche de Dieu. Et il marque bien la différence, grâce au cas de Joseph. Celui-ci ne transgresse point les Commandements ; on ne peut dire cependant qu'il « *fasse* » la Loi comme Abraham. Même si « éthique » signifie d'abord progrès de l'homme, il existe pour Philon un progrès possible « *au-delà du Jourdain* » : la marche d'Abraham le prouve de façon lumineuse.

Un autre passage, mieux rattaché à celui que nous commentons, va dans le même sens. Dans les *Legum allegoriae*, II. §89, Jacob, « *celui qui supplante les passions* », affirme avoir traversé le Jourdain avec son bâton. Le bâton représente l'éducation ferme ; le « Jourdain » se traduit par « *la descente* » et désigne la pente inclinée vers la corruption. Mais Jacob ne saurait en rester à ce stade. Franchissant le Jourdain, il n'est pas encore au bout du compte. Philon montre plus d'une fois la conversion d'un Jacob abandonnant la lutte avec les passions pour la recherche d'une vertu plus dégagée, d'un bien qui ne connaisse plus l'ombre de son contraire, le mal. Ainsi, dans le *De migratione Abrahami*, §26 à 30, les deux vies de Jacob, ses deux progrès, ses deux époques morales, se trouvent évoquées aussi clairement que possible : « *Tu es maintenant un athlète accompli... Il faut que tu deviennes l'émigrant en quête de la terre paternelle, du Logos sacré, qui est aussi en un sens le père des ascètes* ». Bref, de même que certains peuvent envisager d'habiter la demeure du Logos, de même et à plus forte raison peut-on concevoir des hommes qui soient « *au-delà* » du Jourdain.

d) Quatrième question : L'échéance, qui est la mort du grand-
prêtre (§106 à 118)

Une dernière étape va rejeter complètement le profane. Et comme pour
symboliser d'entrée de jeu cette volonté, Philon commence par marquer
une frontière entre l'explication littérale, qu'il trouve indigente et même
scandaleuse, et l'interprétation supérieure de l'allégorie. Admettre,
dit-il, que la mort du grand-prêtre autorise le retour du fugitif serait
consacrer une injustice flagrante, étant donné que la peine de l'un sera
dérisoire, comparée à celle d'un autre... Le commentaire de Philon va
s'attarder sur l'équivalence de ce grand-prêtre avec le Logos ; puis,
rapidement et vivement, il interprétera les mots de l'échéance, « *jusqu'à
la mort* » du grand-prêtre (§116 à 118, alors que le premier développement occupe les §106 à 115).

1. L'équivalence du logos et du prêtre

En d'autres temps, c'est-à-dire dans un autre traité, Philon eût souligné le rôle de médiateur assumé par le Lévite (par exemple, dans le
De sacrificiis, §118s), et d'autant plus volontiers que, pour lui, le Lévite
est ce qu'il y a de meilleur dans l'âme, le *logos* de l'âme. Et, de fait,
l'échange ou la médiation (le λύτρον — « *rançon* » du *De sacrificiis,*
§118) ne sont pas oubliés dans le chapitre des cités de refuge ; mais ils
restent dans l'ombre, tout au moins à première lecture.

Car rien n'est plus parlant que le double rôle assigné au Lévite dans
le commentaire. Durant la réponse à la première des quatre questions
soulevées à propos des cités de refuge (§87 à 94a), il se rapproche autant
que possible du meurtrier fugitif, aux deux titres de la fuite et du meurtre.
Ici, nous le trouvons assimilé dans son expression la plus haute, le
grand-prêtre, au Logos divin. Mais par un étrange service de ce médiateur, le fugitif, bien accueilli au début, se voit à la fin définitivement
exclu, comme nous l'avons déjà fortement rappelé. Qu'est-ce à dire,
sinon que le fugitif doit en venir à se condamner lui-même et à reconnaître son indignité devant la pureté du Logos ? C'est le mouvement
même de Jacob, fuyant les réalités inaccessibles (§42-43) ; c'est le recul
de l'âme devant l'audace et l'innocence que suppose le « *sacrifice* »
— œuvre fondamentale du sacerdoce. Le *De sacrificiis Abelis et Caini*
ne se montre-t-il pas soucieux de retarder pour ainsi dire le plus possible l'heure du sacrifice ?

La médiation du Lévite s'est en réalité exercée, en ce *De fuga*, pour
faire passer le fugitif au fugitif, plus que pour conduire le fugitif à Dieu.
Le fugitif part du mal pour toucher au sentiment de son humilité. En
voulant réduire au silence total celui qui s'est présenté en réfugié, le
Lévite lui donne maintenant le sentiment exact du Créateur. D'où
toutes les différences dont il est marqué. Chacun des traits qui caractérisent le costume ou les règles d'existence du Lévite (du grand-prêtre)
le transporte dans un domaine incorruptible et contribue à l'éloigner :
pour lui, Philon puise autant qu'il le peut dans les définitions qu'il a

données précédemment des Puissances du *premier rang,* créatrice et royale (§ 109, § 111).

On notera que les cinq premiers points de comparaison (§ 109 à 112) relèvent ce qu'il y a de positif et de glorieux, tandis que les trois derniers soulignent au contraire « *folie* », « *impureté* », « *impiété* » d'une idolâtrie perdue dans le nombre de la prostitution, « *errements volontaires* » qui assaillent même le nazir. Intentionnellement sans doute, les mots ϑάνατος et ἀκουσίως (§ 113 et 115) voisinent presque : ils se rejoignent dans la mémoire du lecteur pour composer le souvenir du « *meurtrier involontaire* », sujet de cette section tout entière.

Mais le résultat de ces sinistres représentations du mal essentiel, que souligne la gradation « *folie... prostitution* » dans la seconde liste, aboutit à mettre la figure du grand-prêtre « au-dessus » de toutes ces misères : comme le Logos entendu d'au-dessus du propitiatoire (§ 101), le grand-prêtre reste supérieur à toute faiblesse. Le Logos, qui est ici à la pointe de l'âme, peut se dire du côté de Dieu et du côté de l'homme. Jusqu'ici Philon nous a laissés dans l' « ambiguïté ». Quand il étudiait la forme de l'Arche, le Logos dont il déterminait la place entre les Chérubins était le Logos proprement divin ; au § 108, c'est encore le même λόγος ϑεῖος ; mais la suite, et spécialement le § 110, diffractent cette unité : Logos divin du Créateur, âme, pensée supérieure du sage, tel est le logos. C'est pour ainsi dire une qualité, plus qu'un sujet ; c'est l'indice de l'appartenance à la sphère de la diction divine. Et cette fois le Lévite[39] joue bien son rôle de truchement : en lui, Philon déchiffre une sorte de point de soudure incandescent où les deux métaux pour être associés deviennent à leur tour incandescence. Dans la première série de comparaisons, quoique « *subordonné* » (§ 111), le logos exerce la puissance royale et les vertus (§ 112), c'est-à-dire tout ce qui est situé au-delà du Jourdain ; dans la seconde série (§ 113 à 115), il lutte sans trêve ni merci contre le mal. D'un côté, il s'assimile à Dieu ; de l'autre, il se distingue de l'impiété. Partout Philon a négligé d'indiquer le sujet des verbes tant qu'ils restent en indivis. Peut-être une traduction devrait-elle conserver ce signe de confusion volontaire, et ne pas préciser un sujet, absent dans le grec. L'intimité de la liaison est encore marquée par les deux τε du § 112 : ὅ τε γὰρ τοῦ ὄντος λόγος... ἥ τ'... ψυχή...

Tout cela magnifie le sage et révèle Dieu. La communauté du Logos entre eux n'a plus rien d'une « contiguïté » fallacieuse, telle que les débuts en offraient les applications dangereuses : la preuve en vient, éclatante, avec le bannissement du fugitif. C'est une véritable « médiation ».

2. La séparation

La présence de la lumière divine dans l'âme prend le nom de « *conscience* » (ἔλεγχος) ; elle est autant que possible opposée à tout manquement, mais elle ne se trouve pas non plus liée de telle sorte à l'âme qu'elle ne puisse s'en retirer : tel est le sens des mots inspirés, « *tant que le (grand-prêtre) est vivant* ». Du grand-prêtre — ἀρχιερεύς — il reste la moitié du nom, portée au superlatif : « *très saint* » — ἱερώτατος — qui

s'oppose absolument au « *manquement (même) involontaire* ». De l'assimilation avec le Logos divin, il reste les titres de la conscience : « *grand-
prêtre, roi, juge* », dans les mots de la prière que le sage prononce (§118).

On remarquera que le §117 s'attarde sur les méfaits occasionnés par
un retour des aliénations involontaires ; mais le §118 célèbre de manière
toute positive l'excellence de ce « *il* », à la fois Logos de Dieu et lumière
de l'âme, suivant l'ambivalence dont nous avons déjà parlé, de ce « *grand-
prêtre* » que certains idéalistes préféreraient voir perdu en Dieu, mais
que la vérité de l'Écriture laisse au milieu de l'âme.

Au milieu de l'âme, sans doute. Mais cette conclusion modeste d'un
développement qui s'est élevé jusqu'au-dessus de l'Arche et a franchi
le territoire « *au-delà du Jourdain* », symbolise clairement la fin de toute
ambiguïté. Le fugitif devient un « *banni* » (ἐξῳκίζετο) : la sortie immédiate du manquement ou celle du grand-prêtre indiquent l'incompatibilité qui les tient éloignés l'un de l'autre ; elles signifient même qu'il
ne se trouve point de moment de raison qui soit neutre. Ou bien le Logos
règne, ou bien le manquement s'installe. Et encore devons-nous dire,
au pluriel : « *les manquements* » (cf. le §117, avec σφάλμασιν ; et les
deux verbes qui suivent ne sont au singulier que pour le pluriel neutre),
car l'hégémonie bienfaisante de l'UN cède la place au nombre disper-
sant, figure du « *sable* » de l'Égypte, commencement d'idolâtrie (voir
le §114 : πολύθεον ἄθεον ; et plus loin, au §148 : ἄμμῳ — οὐσίᾳ σποράδι...
ἀτόμους ὡς τῶν ὅλων ἀρχάς).

Non seulement il n'y a plus « contiguïté » entre le Logos et les manquements fût-ce involontairement commis, mais la présence de la « *conscience* » dans l'âme n'a rien à voir non plus avec la marche imposée
à Jacob en compagnie de Laban qui l'a rejoint (§20 à 22, où Philon a
symbolisé cette « contiguïté » par le jeu de mots équivoques : « *joie* » —
« *musique* »). La communauté nouvelle de l'âme et du Logos se montre
ici contournant de deux manières le risque de la contiguïté. En effet,
si « contiguïté » dit rapprochement de valeurs incommensurables (argent
et pain, si nous reprenons l'exemple du commerce élémentaire), il ne
saurait en être question ici : tout le travail de Philon a consisté à établir
dans son allégorie[40] l'union *naturelle* de la conscience et du Logos. La
souplesse du mot Logos ne cache pas une ambiguïté, comme celle du
mot « *joie* » (au §22) ; elle enseigne au contraire une harmonie que la
distinction des ordres, créé et incréé, semblait écarter à tout jamais. La
connaturalité exclut donc une première fois la « contiguïté ». Celle-ci se
trouve une seconde fois évincée par la gratuité même du rapprochement :
s'il convient de « *prier* » pour que la conscience vive dans l'âme, c'est
que la vie reste un don. La liberté nécessairement impliquée dans cet
aspect des choses, comme l'absence de commerce supposée par le don, fait
de la communauté du Logos et de l'âme un lien d'une netteté parfaite.

Séparée de tout mal, même s'il est commis par inadvertance ou subi
du fait d'autrui (§115, où le nazir voit quelqu'un mourir à ses côtés...),
librement réunie au Logos, telle est au terme de la dialectique l'image
de l'âme. En Jacob, en la personne d'Agar, quelque chose reste « *banni* »
ou, comme dit saint Paul, « *mort à Dieu* ».

4. Conclusion du chapitre

Au terme de ce long chapitre, plus longuement commenté, il est bon de rappeler au lecteur que Philon, dans le *De specialibus legibus,* III, 120 à 136, expose sans presque allégoriser le même texte des *Nombres* sur les fugitifs. Les explications avancées revêtent un caractère tout positif, rempli de bon sens et de vraisemblance psychologique ou politique. On relève cependant à la fin (§134 à 136) une interprétation mi-réaliste, mi-symbolique, de l'échéance que constitue la mort du grand-prêtre pour l'exil des fugitifs. Au cours des §131 à 133, Philon a montré que le grand-prêtre en fonction se portait garant de l'intégrité du territoire, qu'il servait de protecteur aux victimes : le meurtrier, même involontaire, se voit écarté par lui. Cette idée correspond tout à fait à la conclusion proposée dans le *De fuga,* §117-118. Elle est d'autant mieux venue dans le *De specialibus legibus* que Philon y a très clairement exposé la situation des villes de refuge : elles sont, confiées aux Lévites, un intermédiaire entre les villes ordinaires où la sécurité ne serait pas garantie par la majesté d'une consécration, et la résidence du grand-prêtre, le Temple, trop saint pour les accueillir. Cette notion reste supposée, mais ne parvient pas à la surface du texte, dans le *De fuga.* Il est bien évident qu'entre le Lévite qui peut accueillir le fugitif (début de la section sur le meurtre involontaire) et le grand-prêtre qui assure son éloignement, il y a exactement le même rapport, lucidement mis en avant dans le texte du *De specialibus legibus.* Mais l'allégorie exige dans le *De fuga,* ne disons pas un flou, plutôt une transparence des concepts : en faisant d'abord du Logos l'une des six villes, puis en le retirant plus haut comme digne de recevoir seul les plus parfaits ; en distinguant ensuite non plus même une ville parmi toutes les villes de refuge, mais trois d'entre elles, et enfin, en ramenant implicitement le Logos au seul grand-prêtre (sans insister comme il le fait dans le *De specialibus legibus* sur la différence qui subsiste entre les prêtres ordinaires et le grand-prêtre — §134), Philon nous engage sur une piste toute différente, et la comparaison légitime avec les autres traités ne doit pas offusquer une intention singulière, neuve, servie par le seul *De fuga* et le servant lui seul.

NOTES

1 Il serait loisible de prolonger jusqu'au §13, parce que Philon passe au développement suivant sans perdre complètement celui-ci de vue.

2 Ailleurs, Philon part de la « *blancheur* » de Laban pour en faire l'ami des qualités sensibles. Il souligne ici l'indigence de cette couleur sans couleur.

3 Aussi, avec la réserve que nous dirons tout à l'heure sur la qualité d'Égyptienne qui est celle d'Agar, nous ne pensons pas qu'aux §18-19, Philon oppose Agar et Sara. Du coup, la note d'E. Starobinski, dans l'édition de Lyon, p. 110, nous paraît à revoir. Le §15, par le mot « *libres* », et l'ensemble, avec la condition inférieure du sage, ne s'expliquent pas assez par le fait que Sara serait pauvre de sa stérilité, et Agar, riche de sa fécondité. La servitude, le dépouillement, la fuite concernent et Jacob et les Hébreux pe l'*Exode,* et eux seulement ici.

4 On traduira au début du §26 : « *non pas au même genre de vie, mais aux mêmes moyens* ».

5 Au §208, Philon donne la clef de tout l'ouvrage en opposant Ismaël à Israël.

6 On note la discrétion de l'implication à distance des deux séries de deux termes, dans le §36 : « *la vie active avant la vie contemplative, la lutte préliminaire avant la lutte plus parfaite* » ; lutte et contemplation sont rassemblées par la vertu de l'épisode biblique sous-jacent (*Genèse*, ch. 32).

7 Pour cette section, nous renvoyons au *De migratione Abrahami*, §184 à 194 et §207 à 212, bien que les accents soient évidemment déplacés en fonction du projet particulier de chaque traité. On voit aussi que le *De fuga et inventione* met un contenu sous le thème « propédeutique » du *De congressu*.

8 Cette signification « négative » de Laban explique et annonce le congé donné à ce personnage, au §47 : « *passe encore au crible ce que Laban possède en propre...* »

9 Ainsi, au début du traité précédent, *De congressu*, 20 ; cf. *Legum Allegoriae*, III, §244 ; *De sacrificiis Abelis et Caini*, §43, etc.

10 Nous avons noté l'alliance de mots qui termine une section, « *sobre ivresse* » du §32 ; le §6 s'achevait également sur un autre couple, « *audace — pudeur* ». Au §29 du *Quis heres* que nous venons d'évoquer, on lit juxtaposés : ϑαρρῶ, ταπεινός.

11 Ce qui revient à garder la division binaire habituelle dans Philon, qui distingue deux Puissances : créatrice et royale. Les deux (ou trois) dernières en sont comme l'ombre portée.

12 Le « *LIEU* » désigne Dieu dans le Judaïsme ; c'est le מָקוֹם. Voir dans l'édition de Lyon du *De confusione linguarum*, la note de J. G. KAHN, pages 163 et sv.

13 Deux Lévites, donc. Cela annonce dès le §59 le commentaire des villes « lévitiques » (§86 à 118).

14 Formule paradoxale : « *mourir* » / « *devant Dieu* » (= « vivre »).

15 L'absence de tout sujet au début du §53, Λελάληκεν, comme dans la plupart des cas semblables dans Philon, repose sur cette conception qui agit comme un axiome. Nous avons toujours signalé le passage de la *Genèse* à l'*Exode*.

16 Ce procédé se retrouve souvent chez saint Paul.

17 De ces « paradoxes », le *Quis heres* évoquait naguère l'un des plus fameux, la « survie » de Joseph en pleine « mort » égyptienne (*Quis heres*, §251 à 256). Le couple « vie-mort » et ses quatre termes : « Vie, vie ; Mort, mort », donne bien sûr matière à quantité d'interprétations allégoriques, dont celle de Caïn et celle de Joseph occupent la vedette dans l'univers philonien.

18 Le jeu des majuscules et des minuscules tend, dans notre rédaction, à dissocier explicitement des valeurs que Philon présuppose dans un mot et parfois dans un couple de mots : βίος — ζωή du §61, etc.

19 Il vient d'en user pour prouver l'identité de la Vie et du bien, de la Mort et du mal (§58) !

20 Voir dans le *De opificio mundi*, §69 à 150 ; dans les *Legum allegoriae*, I, §31, etc.

21 On trouvera un exemple d'exégèse fondée sur les adverbes de lieu dans le *De migratione*, §5, 196s ; sur un pronom, dans le *Quis heres*, §15 et 22 à 24 (cf. commentaire) ; dans *Somn.* I, 185.

22 Élégance, la conclusion retrouve texte profane et texte sacré. Cette convergence confirme la doctrine de l'humble concours prêté au sage par l'éducation moyenne.

23 L'adverbe ἐκεῖ, désignant le LIEU divin, représente aussi l'« *autel* ».

24 L'intempérance dans l'usage des sens se déduit aux yeux de Philon du verbe « *maudire* » qu'il trouve dans la citation : « *Qui maudit père et mère périsse* » (§84) ; l'abus du langage, de la parole, évoque l'abus de l'ouïe et des autres sens... (§85).

25 C'est une sorte de "silence" de Philon qu'une fois de plus nous tentons d'expliquer.

26 On sait, au moins par le *De sacrificiis Abelis et Caini*, que l'offrande ne souffre aucune impureté.

27 Cette distinction annonce la suite (§94 à 102), consacrée à la distinction en Dieu de deux ordres de Puissances.

28 La relative dispersion des références explique l'absence de citation préalable.

29 On pense au début du *De migratione Abrahami* : « *Quitter les trois domaines, le corps, la sensation, la parole exprimée* ». Ici, Philon n'a que faire de la « sensation »

comme telle ; il traduit : « *irrationnel* », le contexte étant d'un manquement involontaire (cf. *De Ebrietate,* §65 à 74).

30 Nous devons mettre à part le §107, réflexion positive.

31 Le *Deutéronome,* ch. 19, v. 2 et 7, parle de trois villes seulement ; et, au ch. 4, v. 41, il les situe au-delà du Jourdain.

32 Cf. éd. B. AUCHER, Venise, 1826, p. 514-515. trad. latine.

33 L'arménien semble distinguer des degrés d'enseignement.

34 Leur texte tranche en faveur de la leçon des MSS, au §95 : λέγοντος. AUCHER signale qu'un M. arménien porte même dans la marge ce qu'il traduit « *ut participium* ». Cf. p. 172, n. 1 dans l'édition de Lyon.

35 Il est bien certain que, dans le *De fuga,* l'exégète subtil n'a pas « oublié » le système des Puissances. A preuve une sorte d'organe témoin qui en subsiste : parlant de la 3° Puissance, il dit qu'elle est ἡ ἵλεως, δι'ἧς ὁ τεχνίτης... ἐλεεῖ τὸ ἴδιον ἔργον. Il lie donc Puissance « créatrice » et « miséricorde ».

36 Notons, sans y attacher trop d'importance, que ce §97, rappel et annonce discrète, se place au milieu du traité, avec même une assez grande précision... Je doute, de plus, que le sujet de προτρέπει, au §97, soit διάταξις : c'est Dieu, ou Moïse.

37 Nous disons « soudain », non pas que ce soit une surprise par rapport aux habitudes de Philon, mais dans notre texte précis.

38 Peut-être l'omission de πόλεις répond-elle à l'intention de souligner le privilège de la « *métropole* » (cf. le §94), devenue la Cité par excellence.

39 Nous faisons courir à travers tout notre chapitre ce nom de « Lévite », ce qui est matériellement inexact, mais dans l'intention d'expliciter le jeu philonien.

40 L'allégorie consiste à rejoindre la nature des réalités dites. Le commentaire consacré à la mort du grand-prêtre est encadré par deux appels à la « *nature* » : ἡ φυσικὴ ἀπόδοσις, au §108, et, au §116 : φυσικωτάτη προθεσμία.

CHAPITRE DEUXIÈME

« LA DÉCOUVERTE » (§119-176)

Introduction et sommaire

La suite du traité consacre le procédé mis en œuvre dans la première partie, celui de la liste d'hypothèses. Comme la « *fuite* » peut avoir pour moteur la honte, la crainte ou la haine, suivant une division d'ordre psychologique contrôlée par les exemples bibliques ; de même que les meurtres se partagent, selon un mode qui tient à la fois du droit et de la psychologie, en gestes volontaires ou involontaires ; de même, celui qui considère la « *découverte* » commence par entendre que « *trouver* » forme un couple avec « *chercher* », ce qui procure le moyen d'engendrer quatre hypothèses, deux hypothèses disjonctives : « chercher sans trouver » ou « trouver sans chercher », puis deux hypothèses conjonctives : « chercher et trouver » et « rester sans chercher ni trouver ».

La troisième partie du livre offrira sous ce rapport une légère nouveauté. Sans doute serons-nous immédiatement avertis qu'il existe cinq divisions permettant d'explorer la signification du mot « *source* » (§177, à partir du texte de base). La raison, cependant, de cette échelle des significations ne sera plus directement empruntée ni à la psychologie ni à un code, ni même à une division logique. Le critère de la division sera « logique », au sens du Logos présent dans l'Écriture : à quelles réalités l'Écriture a-t-elle appliqué l'image de la « *source* » ? Tel sera le fil d'Ariane. Je ne serais pas éloigné de penser qu'il se trouve un symbolisme à la base de cette évolution. L'esprit de l'initié passe d'une logique conceptuelle à la Logique de Moïse : il apprend à déchiffrer en divisions symboliques ce que le texte de la Bible propose en narration. Avant d'entrer dans le détail de la deuxième partie, consacrée au mystère de la « *découverte* », nous allons proposer un sommaire qui permettra au lecteur d'en embrasser le contenu ordonné, puis une série d'observations générales destinées à préparer le terrain.

Sommaire des §119 à 176

§157   6) Moïse *(LÉVITIQUE,* ch. 10, v. 16) cherche en vain le bouc
            expiatoire, que le peuple a brûlé...
§158   Moïse cherche longtemps une âme repentie !
§159   Le (« peuple ») grand nombre l'emporte toujours. « *Vous n'avez
            pas mangé* » : lucidité, humilité louables, que Moïse « *approuve* »,
§160   car Dieu ne se serait pas laissé abuser par un mensonge[1].
§161   7) Moïse devant le Buisson ardent *(EXODE,* ch. 3, v.3)[2] *Τί... ὁ βάτος*
§162a   — au lieu de chercher plus haut le domaine *ἄβατος*. Mais Dieu
§162b   le décourage : « *N'approche pas !* » signifie : Ne recherche pas
            activement
§163   car le « *lieu est saint* », c'est à dire : le raisonnement sur la
            Cause est réservé aux natures « *divines* ».
§164   8) Moïse sur le Sinaï *(EXODE,* ch. 33) :
            Il attend de Dieu la réponse à sa question sur Dieu ; mais
§165a   Dieu lui dit seulement : « *Tu me verras seulement par derrière* »,
            c'est à dire par ce qui suit Dieu.
§165b   Quiconque scrute sera aveuglé avant de voir.
§166   4) ENFIN, CEUX QUI TROUVENT SANS CHERCHER
§166-168a   1) ISAAC, qui « *apprend de soi-même* ». Comme preuve, sa naissance
            sans aucun délai ; sa conception même, ignorant les *γυναικεῖα*
§168b-169   2) JACOB, qui a trouvé le gibier très vite *(GENÈSE,* ch. 27, v. 20).
§170   3) Ce qui pousse de soi-même dans l'année SABBATIQUE : com-
            mentaire des termes : « *semailles-moissons* » ;
§173-174   commentaire de (« *sabbatique* ») : « *repos — paix — abondance* ».
§175-176   4) L'entrée dans le PAYS juré aux Pères signifie cette abondance,
            obtenue elle-même sans CHERCHER.

Voici maintenant quelques observations générales qui constitueront
une lecture préliminaire et engageront l'étude.

1) Rien ne nous oblige à voir dans cette réflexion sur la « *découverte* »
un développement complémentaire de celui qui vient d'analyser la
« *fuite* ». Fuir et trouver ne se présentent pas comme deux termes antithétiques. Chacune des parties du traité possède sa complémentarité
en elle-même : « *fuir* » s'est vu complété par le commentaire de la loi
des fugitifs, où ils apprennent qu'ils peuvent « *se réfugier* » quelque
part. Ici même, Philon va disserter non seulement sur la « *découverte* »,
mais sur la « *recherche* » : ce couple évidemment antithétique permet à
l'exégèse de situer le cycle des études préliminaires, dont le ressort est
le désir de trouver, l'amour de la recherche...

2) L'ordre annoncé « *trouver — chercher* », un peu surprenant dans
la pratique, est celui du §120 : εὕρεσις καὶ ζήτησις. Il ne faut pas trop
demander à cette succession, et pourtant elle rejoint une proposition
analogue et certainement significative, la citation du *Deutéronome,* ch. 4 :
« *Vous trouverez le Seigneur, si vous le cherchez* », telle que nous la lisons
au §142, au terme d'un exposé tendant à montrer que Dieu prévient la
quête du sage. N'oublions pas que la dernière hypothèse, qui propose
de CHERCHER SANS TROUVER, privilégie le premier terme, et
cette fois explicitement.

3) La succession des trois parties du livre : « *la fuite* » — « *trouver /
chercher* » — « *la source* », qui reproduit en principe l'aventure d'AGAR,
correspond tout aussi sûrement à l'aventure des Hébreux dans leur
sortie d'Égypte : leur évasion, l'errance dans le Désert et l'arrivée à
l'oasis de Qadesh, première étape décisive. Le schème fondamental
fait se rejoindre la *Genèse* et l'*Exode* d'une manière à la fois plus cachée
et plus profonde que l'alternance des exégèses dont nous avons montré
le système en plus d'une occasion. Il est vrai que l'exégèse dans le *De
fuga* s'éloigne davantage du texte de base.

4) Les quatre hypothèses logiques partageant l'alternative « *trouver —
chercher* » reçoivent un traitement inégal (respectivement elles remplissent 28 lignes, 101, 158 et 74). Elles sont regroupées deux à deux, en
hypothèses synthétiques et disjonctives : NI CHERCHER NI TROU-
VER allant avec CHERCHER ET TROUVER ; CHERCHER SANS
TROUVER, avec TROUVER SANS CHERCHER. L'ordre des hypothèses n'est bien sûr pas indifférent au sens général du chapitre. Mais
de cela nous parlerons en cours de route[3].

I. Ceux qui ne trouvent ni ne cherchent
(§ 121-125)

Voici une page exemplaire. Elle suffirait à convertir les lecteurs dis-
traits. Ce qui ne veut pas dire, au contraire, que nous allons nous appe-
santir[4]. Le schème qui domine ces quelques lignes consacrées à la première hypothèse, toute négative, est celui de la « perversion ». L'homme,
qui a la possibilité d'user « directement » « *devant soi* » de la vision, de
l'ouïe, se retourne pour chercher l'obscurité, aussi bien la part aveugle
des choses que son propre aveuglement, l'hébétude de ses facultés naturelles. À cette perversion répond un résultat parallèle : la « *vie inani-
mée* » — βίος ἀβίωτος, c'est-à-dire l'inertie du règne minéral, la stèle
en quoi la femme de Lot est transformée.

1. La femme de Lot (§ 121b—123)

Il ne faut pas s'étonner qu'elle se soit retournée, car déjà son mari,
Lot, porte un nom qui signifie « *se détourner* » (cf. le *De migratione
Abrahami,* § 148, etc.). Il existe vraisemblablement un lien entre ce premier exemple négatif, emprunté à la légende de Sodome détruite, et
l'aventure d'Agar. Les deux héroïnes ont en commun d'être averties
par un Ange (dans *Genèse,* ch. 19, pour l'histoire de Sodome), un Ange
qui donne un conseil. Philon souligne bien, en effet, que la femme de
Lot représente l'homme qui n'écoute pas « *l'enseignement de celui qui
l'avertit* ». Or, cette indocilité (ὀλιγωρήσας τοῦ διδάσκοντος du § 122)
semble contredire la docilité d'Agar : l'Ange ne se fait-il pas προπομπός
pour l'accompagner et la guider dans son retour vers sa maîtresse,

Sara ? C'est ensuite la traduction de SODOME par « *aveuglement* » qui oriente le commentaire, bien que l'expression τὰ τυφλὰ τῶν ἐν τῷ βίῳ πραγμάτων μᾶλλον ἢ τῶν τοῦ σώματος μερῶν reste en elle-même difficile à comprendre exactement.

2. Le Pharaon (§ 123-124)

Encore la femme de Lot a-t-elle éprouvé de la curiosité pour quelque chose. Mais Pharaon, le roi de l'Égypte, c'est-à-dire de la région corporelle, se tourne vers le néant pur et simple. À en croire la lettre du texte biblique, nous dit Philon, il ne s'intéresse à « *rien* » : c'est qu'il « *n'applique même pas son esprit à* « *cela* ». Que « *cela* » désigne les sens, le corps où Pharaon s'enferme, de retour dans sa « *maison* », ou plutôt « *ceci — cela* », c'est-à-dire une quiddité quelconque, une réalité particulière, Philon conclut, à cause du « *pas même* » dans « *il n'applique même pas son esprit à* « *cela* », que Pharaon ne l'applique à « *rien* » du tout. Ce vide est aussitôt traduit par la notion de « *stérilité* ». Or, chose curieuse, « *stérilité* » est une autre traduction de SODOME dans le catalogue dont use Philon... et nous le surprenons en humeur de disposer gracieusement les thèmes et les images du même vocable entre les deux personnages, la femme de Lot et Pharaon[5].

3. La confection d'une allégorie

On se sera peut-être étonné à bon droit que dans ce court chapitre ne figurent pas les mots attendus « *chercher — trouver* », en dehors, bien sûr, de l'annonce formelle du début : « *Ceux qui ne désirent ni la découverte, ni la recherche* ». L'exemple de la femme de Lot, celui de Pharaon, la « moralité » finale (§ 125) restent muets sur ce thème. Et non seulement, en effet, dans le dernier cas (§ 125), les mots « *délibérer, observer, examiner* », qui analysent en quelque sorte la notion de la « recherche », sont destinés à introduire de la variété et à préciser, mais je crois qu'ils permettent d'éviter aussi les mots propres, dont Philon penserait qu'ils n'ont rien à faire ici, dans l'hypothèse désastreuse de pure négativité.

Philon s'est porté au résultat brut, à partir de cette belle conception que l'homme a naturellement « *devant soi* » la clarté des objets et tout aussi bien la lumière des yeux. Celui qui n'en use pas tombe dans l'hébétude. Mais peut-être cette notion de l'hébétude n'aurait pas suffi à suggérer directement les deux images de la femme de Lot et de Pharaon, ces deux symboles expressifs, l'un matériel autant qu'il est possible — le bloc de pierre ; l'autre métaphysique — le néant. Sans doute le schéma de la fuite explique-t-il également, comme à distance, le choix de Philon. En effet, le mot décisif n'est-il pas « *se retourna* », où l'idée du retrait, du recul par rapport au centre normal de la perception et du désir garde un reflet du geste de fuir ? La femme de Lot symbolise une fuite à rebours : fuyant Sodome, elle eût été sauvée sans ce regard en arrière qui, en réalité, fait fuir à ses yeux la cité de refuge, Coar, que l'Ange indiquait à Lot (*Genèse,* ch. 19, v. 22) ; quant à Pharaon, il oublie qu'il a promis de laisser fuir les enfants d'Israël : il lui reste à se retourner vers le néant. Sans pouvoir présenter avec certitude ces relations entre le présent chapitre et le thème de la « fuite », nous pensons que la cohérence ordinaire de Philon les autorise. En tout cas, retenons qu'on nous donne successivement un exemple tiré de la *Genèse,* puis un autre venu de l'*Exode.* Ce procédé courant sera de rigueur dans les quatre hypothèses.

Il est possible dans ce passage dénué d'un grand relief apparent, de surprendre l'ouvrage de Philon, ce qu'il en dissimule. Il est ici guidé, d'un côté, par la présentation hellénique de la « culture » — c'est ce que symbolise Agar auprès d'Abraham. Par là, les mots de base « *trouver — chercher* » attirent ces autres mots qui les suppléent : « *éclairé — lumineux* », et, si l'on prend leurs contraires : « *aveugle — émoussé — hébété — stupide* ». L'image du « *bloc de pierre* » arrive à point nommé dans le texte biblique pour sceller ce vocabulaire. Mais, d'un autre côté, l'Écriture connaît trop d'emplois de « *chercher — trouver* » dotés d'une portée mystique pour que la notion formant antithèse avec ce groupe, à savoir « *se détourner* », elle-même si fréquente dans les Prophètes[6], ne s'impose pas dans ce contexte au nom de la tradition juive la plus simple. Or, nous l'avons dit, le mot commun aux deux exemples empruntés par Philon, la femme de Lot et Pharaon, reste bien « *se retourner* ».

Mais ces deux coordonnées, grecque et israélite, ne forment pas la seule grille pour couvrir ce passage, soigneusement délimité et composé. Une sorte de règle esthétique l'ordonne également. Observons de plus près sa composition. Le début et la fin (§ 121a et 125) offrent deux variations semblables sur un thème sapientiel banal : la paresse émousse l'intelligence. Entre ces deux considérations symétriques, que nous appellerons « moralités », nous trouvons les deux allégories, la femme de Lot et Pharaon. Mais ces deux images ont un statut différent. La première prend forme jusque dans l'espace, si l'on peut dire : la femme est transformée en pierre matérielle ; la seconde reste immatérielle : Pharaon se perd dans la pensée du « rien ». C'est que, avec la femme de Lot, ce sont les « sens » qui souffrent de perversion. Ils sont « émoussés » et n'agissent plus suivant leur loi de nature. Avec Pharaon, c'est au tour de l'esprit de révéler une perversion plus grande encore. Le résultat est synthétique : l'homme tout entier, corps et esprit, se détourne du vrai contre sa finalité naturelle.

Dans le premier exemple, la femme déjà connue comme modèle de la sensation, devient objet brut ; dans le second, le prince, théoriquement modèle de l'esprit souverain et de l'autonomie, s'arrête devant le Néant. Dans le premier, nous sommes descendus du sensible au minéral ; dans le second, si l'on observe que le Pharaon incarne la « *stérilité* » (partie du concept de SODOME) et que Philon montre en lui « *une plante improductive* », nous avons la descente parallèle de la sphère noétique dans le végétal. L'ensemble conjugue les quatre règnes suivant une transformation alternée :

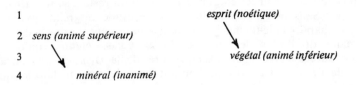

L'anthropologie de tout à l'heure s'inscrit dans une sorte de cosmologie.

Dans le premier symbole, celui de la femme de Lot, Philon trouve l'image à même le texte sacré : c'est la *Genèse* qui montre la femme devenue bloc inerte. Dans le second récit, l'image de la plante stérile naît d'un effort du commentateur, sans le secours du texte de l'*Exode*. De toute manière, l'histoire de Pharaon est plus « travaillée » : le texte une fois donné, Philon s'arme du scalpel philologique pour produire son observation grammaticale sur la valeur du *« pas même cela »* ; puis il applique à Pharaon une image qui ne lui était pas destinée et dont il le fait hériter miraculeusement. « *Rien* » s'harmonise avec « *stérilité* » en bonne logique ; mais la « *stérilité* » comme l' « *aveuglement* » appartiennent à l'image de SODOME, laquelle, naturellement plus proche de la femme de Lot, a prêté ses couleurs au problème du Pharaon. Les figures dialoguent ainsi entre elles — ici, les figures sont maudites — dans un discours préétabli, dont nous percevons par éclairs les accords ou les connivences.

Le motif le plus profond reste, comme une image morale qui logerait en-dessous des images physiques où sont les deux règnes inhumains, le thème du verbe de la perversion : *se retourner*. C'est lui qui se reflète dans le cas extrême de la chair devenue pierre dure, et de la fleur perdue dans le vide stérile. Or, entre ces deux avatars de la perversion, veille pour ainsi dire la citation médiane, prise au *Deutéronome,* ch. 29, v. 3 : « *un cœur pour comprendre, et des yeux pour voir, et des oreilles pour entendre* ». En chiasme, la citation résume et soutient les deux types du mal : le « *cœur* » désigne en hébreu autant l'intelligence que l'affectivité, et c'est Pharaon qui est chargé d'illustrer cet aspect des choses, lui qui est le symbole de l'esprit par sa royauté ; la femme de Lot, pour sa part, envoie à la seconde partie de l'oracle où les « sens » de la vue et de r,ouïe représentent toutes les entrées de la sensation. Le §124 forme d onc une charnière appropriée. Les deux « moralités » qui ouvrent et ferment la séquence jouent aussi bien leur rôle. La première est négative : elle décrit la perversion des sens ; la seconde est semi-négative : elle contient une affirmation : « *Les hommes qui délibèrent... affûtent l'esprit et l'aiguisent, et l'esprit exercé porte des fruits...* » (§125), et une affirmation qui concerne la vie de l'esprit, c'est-à-dire du sujet que vient d'exploiter le second volet. Un schéma permettra de rassembler toutes ces conséquences d'une étude minutieuse mais significative.

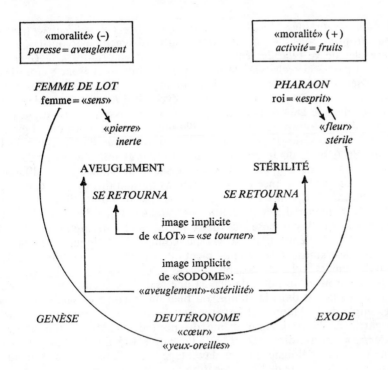

II Ceux qui cherchent et trouvent
(§ 126-142)

Le couple constitué par la femme de Lot et Pharaon, représentant l'une la sensation, l'autre l'esprit, s'enfonce du côté de la négation. Ce sont des êtres confinés dans l' ἄλογον καὶ ἄψυχον. Cette transition, lue dans le § 126, montre la conscience de la structure que nous venons de lui prêter, puisqu'il reprend les deux parties de la première hypothèse par les mots qui conviennent respectivement à chacun des deux types[7], la femme sombrant dans l' « *inanimé* » qu'est la pierre, le Pharaon se réduisant à un esprit occupé du « rien ». La suite immédiate du § 126 témoigne également en faveur de l'attention que Philon porte d'après nous au détail de ses tableaux. Il interprète à l'avance et comme globalement l'aventure de Joseph qui fournira le premier développement de cette deuxième hypothèse : il est « *l'homme qui désire la descendance la meilleure* » : il y a là une reprise, en positif cette fois, du thème de la fécondité, dont Pharaon s'est vu privé (§ 124).

Ce nouveau chapitre, sensiblement plus étendu que le précédent, envisage donc l'hypothèse symétrique, où « *chercher et trouver* » vont de pair. On note qu'au § 126, Philon donne l'ordre naturel des deux opérations : chercher, puis trouver ; et que « chercher » y est présenté sous la forme d'un substitut, « *réfléchir* », tel qu'il a déjà fait son apparition dans la « moralité » du §125 : « *Ceux qui délibèrent, réfléchissent, examinent avec soin...* ». Nous allons successivement parcourir quatre exemples de ce type de réussite. Deux seront empruntés à la *Genèse :* Joseph part à la recherche de ses frères ; Abraham et Isaac s'entretiennent des « causes » de leur action, au moment du sacrifice. Les deux autres exemples seront empruntés au cycle de l'*Exode,* l'épisode de la Manne dans le Désert, et le dialogue où Yahvé assure Moïse de sa présence dans l'entreprise qui doit conduire le peuple hors de l'Égypte. Dans chaque série de deux exemples, on voit que Philon remonte le cours du temps : de Joseph à son ancêtre Abraham ; du séjour dans le Désert au premier appel qui devait décider de la libération d'Israël.

Pour étayer à l'avance des observations qui paraîtront minutieuses et conjecturales, et pour bien marquer la maîtrise de Philon, il nous semble utile de souligner dès maintenant une caractéristique des deux derniers exemples, qui les oppose aux deux premiers. L'interprétation donnée par Philon de l'épisode de la Manne, comme du dialogue entre Moïse et Dieu, les ramène à des cas purement intellectualisés. À la différence des deux premiers, celui de Joseph comme celui d'Abraham—Isaac, où il s'agit de trouver au point de départ une réalité extérieure, des nomades qui se déplacent dans la steppe, ou bien une victime en chair et en os, l'exemple de la Manne est entièrement discuté sur un plan intellectuel, à partir de la traduction même du nom de la Manne (en hébreu, « *Mah ?* », c'est-à-dire « *Quoi ?* ») ; l'exemple tiré du dialogue (*Exode,* ch. 3, v. 11) s'éloigne encore davantage dans l'abstraction, puisqu'il joue sur la formalité de l'interrogation : interroger — recevoir la réponse deviennent les substituts de « chercher — trouver ». Or tel était déjà le rapport existant entre les deux exemples du premier chapitre : la femme de Lot symbolisait jusque dans la pierre brute la perversion de l'être qui ne cherche même pas la voie de l'Être ; Pharaon, arrêté devant le néant, se présentait, nous l'avons souligné, sur un plan moins sensible. Cette même progression vers la subtilité entraîne une subtilité plus grande, chaque fois, du mode d'analyse. Cela dit, nous devons préciser que les quatre exemples ne sont plus brutalement séparés en deux catégories, l'une matérielle, l'autre spirituelle : l'orientation de plus en plus métaphysique vers la fin de la série se fait sentir en réalité depuis le début : il suffit d'observer que l'échange entre Abraham et Isaac se déroule sur les « *causes* » (§ 132 à 136). Le travail de Philon obéit, ici comme ailleurs, à des consignes multiples : la simplicité du résultat masque l'écheveau des motifs, dont nous assurons justement le relevé.

Enfin, comme on pouvait s'y attendre, le commentaire de la deuxième hypothèse, « *chercher et trouver* », fournit à l'exégète l'occasion de dresser un itinéraire complet de la quête spirituelle, cette fois ramassé en quelques pages où le réalisme de l'allégorie doit tout à la rigueur d'une structure que nous allons explorer.

1. *Joseph (§ 127-131)*

La première observation qu'on fera sur cet épisode est d'importance : Philon se donne un texte relativement long (le § 127 cite la *Genèse,* ch. 37, v. 15 à 17), dont il commente le détail, mais dont il escamote un mot essentiel... « *il trouva* », ni plus ni moins que le thème de base ! Il s'arrange pour laisser Joseph dans la recherche, Joseph, le « *politique* » dont il ne veut pas qu'il soit introduit dans la « découverte ». Le § 131 est à cet égard plein d'enseignement : Philon passe tout près de la notion de « découverte » imposée par le texte de base, mais il n'appuie pas ; et le verbe utilisé reste, vis à vis d'un « *chercher* » qu'il conserve bien franc, un vague : τοῖς ποθουμένοις ἐντυχεῖν. Tout se passe comme si l'exégète voulait nous entretenir d'un premier degré de réussite, volontairement laissé dans l'imperfection. Pour ce faire, il n'hésite pas à limiter arbitrairement et le texte dont il part et le projet clairement annoncé de traiter d'une « recherche » qui aboutit avec bonheur dans la « découverte » (le § 126 ne déclare-t-il pas de Joseph même qu' « *il cherche et il découvre* » ?). Nous reviendrons sur cette distorsion. Mais auparavant, continuons la lecture amorcée.

Le § 127 est occupé par la citation de la *Genèse,* ch. 37. Dès le début du § 128, la ruse de Philon pour dissimuler le verbe « *trouver* » lui suggère une sorte de division. Le mot « *Dothaïn — abandon suffisant* » va tout orienter. En effet, comme Joseph trouve ses frères à Dothaïn, qui garde par son étymologie une signification négative, propédeutique, celle de l' « *abandon* », Philon se sent autorisé à ne pas insister sur la « *découverte* », valeur trop positive. Aussi le commentaire du verset se poursuit-il librement : Philon explique d'abord le nom de lieu, Dothaïn (§ 128) ; puis, sans le dire, il prend : « *errant dans la plaine* » (§ 129) ; c'est ensuite le tour du verbe : « *il alla sur les pas de ses frères* » (§ 130) ; puis les mots : « *il partit d'ici* » reçoivent explication ; enfin, le mot qui se trouvait au début du texte : « *homme* ». Tout cela autorise une explication de la « recherche », mais, bien entendu, dans ce qu'elle contient de positif : « *abandon* » désigne le passage au versant de la grâce, comme le montrent schématiquement l'exemple de Sara et celui des justes mourant : Sara abandonne ce qui est « *propre aux femmes* » ; les justes sont « *ajoutés* », au moment où ils se retranchent de la vie mortelle (cf. tout le début du *De sacrificiis*). Après la conversion, signifiée par l'abandon, Philon évoque la marche assurée qui se guide sur les traces des objets divins (§ 130) ; puis, remontant l'ordre du texte qu'il commente, pour éviter de lui donner une valeur trop positive, Philon insiste sur le départ : « *ils sont partis d'ici* », où le mot d'origine, « *d'ici* », rappelle plutôt le point de départ que le terme du voyage ; enfin, continuant à remonter dans le texte biblique, Philon nous arrête devant cet « homme » qui sert de moniteur. Son rôle, celui de la conscience, donc, se ramène à éviter que l'âme ne s'égare. Nous restons avec l'image d'un voyageur, assuré sans doute de son chemin et prévenu des obstacles, mais toujours en marche...

Pourquoi ce détournement ? Parce que Philon veut établir une gradation entre ses quatre étapes. Mais comment peut-on introduire comme exemple de la conduite « chercher — trouver » un épisode qu'on va délibérément amputer de la seconde partie ? C'est là qu'il faut suivre le fil de l'exégèse philonienne. Il est vrai que « chercher » n'aboutit pas pleinement à « trouver » dans le cas présent. Mais, sans l'action discrète du verbe « *il les trouva* », la recherche en resterait au tâtonnement, à l'errance ou au désespoir. Philon suggère que le terme, obscurément présent dans le départ, l'illumine et l'assure. Logiquement, il nuance la signification brutale du lien trop immédiat entre « chercher et trouver ». Il existe une alliance des deux valeurs qui les subordonne l'une à l'autre. En termes de mystique, il traduit la présence de la grâce dans l'ascèse. Quant au moyen pratique pour faire naître cette indication religieuse du commentaire honnête de la Bible, il réside dans le jeu que nous avons indiqué ci-dessus : « *il les trouva* », s'il était seul, eût contraint l'exégèse ; mais la formule entière « *il les trouva à Dothaïn* » permet de glisser. Aux yeux de Philon, elle forme une variante de la redondance : « *à Dothaïn* » rejaillit sur « *trouver* » et le détermine ; en l'occurrence, au point de l'offusquer. L' « *abandon suffisant* » est le signe d'un bon départ : il empêche qu'on isole « *il les trouva* », expression de l'heureuse arrivée.

Exégèse, spiritualité, logique, tout le monde s'y retrouve. On dira que les §130-131 contiennent bien l'idée de « *rencontre* » et même (au début du §131) celle de la « *découverte* », avec le mot précis : « *Mais il n'en trouvera aucune...* ». Il est vrai. Mais c'est là que se vérifie l'infléchissement volontaire imputable à Philon : le premier texte, en effet, paraît dans une subordonnée ; le verbe n'y est pas εὑρεῖν, mais ἐντυχεῖν ; surtout, le sens nous renvoie au futur : « *Il ne cessera de marcher jusqu'à ce qu'il tombe sur ceux qu'il désire...* ». Quant au second texte, le verbe « *trouver* » s'y présente, mais lui aussi au futur (§ début du §131) : « *il trouvera* », et encore éloigné par une négation qui l'amoindrit aussitôt que prononcé : « *il ne les trouvera pas auprès des misérables* ». Le paragraphe porte tout entier sur l'infirmité de la vie hasardeuse, voire mauvaise, qui guette les gens errant dans « *la plaine* ». Philon insiste même : « *ils ont quitté nos soucis à nous, et ils ont émigré dans la région des hommes pieux, fermée aux méchants* ». Le souvenir du mal hante encore Dothaïn, même s'il est loin « *d'ici* ». Le salut y est acquis sous la forme de lutte achevée, de négation du mal. Ce n'est pas encore la lumière, ni la Cité éternelle oubliant d'être une cité de refuge. Il ne saurait en aller autrement dans le cas du politique Joseph, image de l'âme engagée dans le monde. Le traité *De migratione Abrahami* propose un dossier sur le risque encouru par Joseph qui se partage entre l'Égypte et ses frères. On relira ici les §158 à 163 de ce premier traité, plus pessimiste toutefois que le *De fuga* ; celui-ci semble le résumer, au §129 : « *... pourvu que les rêves et les imaginations de ce qui passe et se présente comme un bien n'émergent pas encore pour tout emporter dans la délectation...* ».

2. Abraham et Isaac (§132-136)

La longue montée qui occupe, dans le même *De migratione Abrahami*, les §127 à 175, propose aussi, presque à la suite, les exemples de Joseph, puis d'Abraham montant en compagnie d'Isaac vers la montagne du sacrifice (soit les §158 à 163, que nous venons de rappeler, puis les §166-167). Avec les traitements différents que requièrent les projets et les textes de base différents, Philon associe un certain nombre de figures, comme si elles étaient préalablement accordées.

Au contraire de l'exemple précédent, celui-ci insiste sur le terme de la « découverte », considéré comme essentiel, tel le moyen terme entre les deux extrêmes. Ce qui retient précisément Philon, c'est le mot employé pour désigner le « *sacrifice* » et qui prend pour lui une valeur logique et métaphysique : ὁλοκάρπωσις. L'accomplissement, indiqué dans ὁλο- nous oriente vers l'idée d'un passage de la puissance à l'acte, pour parler en aristotéliciens, ou des causes actives et passives à l'acte également, pour garder le modèle stoïcien de Philon. Ajoutons le jeu de mots entre ξύλα — « *bois* », et ὕλη — « *matière* », avec le lot d'idées qui s'échangent entre le « *feu* » de l'autel et le *Feu* primordial. Ces données une fois éclaircies, Philon divise en trois points son exposé, pour une fois rectiligne : la question, puis la réponse d'Abraham, enfin l'objet découvert. Il est une intention qui rend la logique plus complexe. On s'attendrait à ce que question et la réponse suffisent à emplir l'allégorie, comme équivalents du couple initial « chercher — trouver », d'autant plus que la réponse d'Abraham est déjà très élevée sur l'échelle des professions de foi philoniennes : « *Dieu pourvoit* ». Or un troisième élément vient compléter et objectiver la réponse d'Abraham : le bélier pris dans le fourré... Nous disons bien « compléter ». Philon a conscience qu'il existe un lien entre la réponse comme « découverte » (déjà presque suffisante) et la trouvaille du bélier. L'idée risque de paraître subtile, mais elle reçoit quelque clarté de ce que nous avons dit touchant le premier chapitre. L'exemple de Joseph nous a appris que Philon n'entendait pas de façon univoque la « découverte », mais la nuançait suivant des variations allant de l'implicite à l'explicite : en cherchant, Joseph était guidé par la lumière de la découverte ; ici, de même. Philon insiste plus sur l'origine de la découverte que sur la lumière intrinsèque ; plus sur la réceptivité supposée par la découverte dans le sujet de l'illumination. La preuve en est apportée : le mot essentiel, dans l'exégèse, devient ici « retenu » (le bélier est retenu au buisson), signe de la « suspension » de jugement nécessaire à qui veut connaître Dieu. Encore une fois, mais à un stade plus élevé, « *découvrir* » garde une valeur surtout négative. Joseph nous enseignait qu'il faut marcher dans les pas des Idées divines ; Abraham nous apprend qu'il faut rester en repos « *dans les ténèbres* » — deux propédeutiques.

Un nouveau signe que la réponse d'Abraham compose avec la révélation du bélier nous est très vite donné : en interprétant « *retenu* » comme « suspension du jugement », Philon prétend que cette traduction est liée à la formule qui suit : « *Dieu pourvoira* » — c'est-à-dire « verra par soi et pour soi », quand l'homme se contente de l'attitude négative. C'est Dieu qui possède et répand la lumière. Le procédé recoupe la « redondance » de tout à l'heure : comme « *trouver à Dothaïn* » nuançait le simple « *trouver* », de même « *on trouve un bélier retenu* » empêche le résultat de la recherche de se manifester trop rapidement : la lumière de la découverte relative se borne à rendre possible l'attente.

3. La Manne (§137-139)

Les deux histoires tirées de la *Genèse,* celle de Joseph et celle d'A-braham—Isaac, ressemblent à l'aurore annonçant le soleil et tirant de lui la clarté dont elle brille. Les deux leçons empruntées maintenant à l'*Exode* vont aussi bouleverser l'idée de « découverte », mais par excès, cette fois. Finie la crainte du mal ou l'attente ; voici qu'arrive la réponse, avant même la question ; la découverte avant la quête. L'épisode de la Manne est raconté entre les v. 15 et 16 du chapitre quatorzième de l'*Exode* ; mais il est éclairé à distance par le chapitre huitième du *Deuté-ronome.* Comme souvent lorsqu'il atteint aux grands mystères, Philon précipite son style ; mais ce n'est pas l'effet désordonné du lyrisme. À nous d'interpréter.

Une première observation s'impose. Désormais, question et réponse équivalent directement à « trouver — chercher ». De plus, seconde ob-servation préliminaire : il n'existe pratiquement plus de distance entre « chercher » et « trouver ». C'est que nous sommes passés dans le do-maine de l' « essence ». Les Israélites cherchent à savoir *Tí* : *ce que c'est que la nourriture de l'âme*[8]. La nourriture est là, abondante et savourée : elle est prise au singulier, mais on croit qu'il s'agit « *des pains* », au plu-riel (§137, fin). En réalité, c'est la Sagesse, unique comme l'était tout à l'heure le bélier (§132) ; et il faut souligner ce passage du pluriel au singulier, car Philon redit dans le §139 : « *L'oracle leur enseignera que c'est le Pain du Seigneur* ».

Nous allons borner notre commentaire à une remarque touchant la disposition de l'exégèse. Voici le plan :

§137a résumé complet de l'épisode de la Manne ;

　　　　« *chercher* » *l'essence,*

　　　　« *trouver* » *l'enseignement du Logos ;*

§137b 1° reprise : *nourriture (pains)*

§138a = *Sagesse*

§138b 2° reprise : « *nourriture* » *prise :*

§138c 　*Tí (= Qui ?)*

§139a 　c'est le pain

　　　　Tíς (Quel pain ?)

　　　　c'est la Parole-lumière.

Autrement dit, Philon traite deux fois le sujet : dans le « résumé » ini-tial, nous avons une première allégorie, avec question-réponse ; dans la « 2° reprise », un retour du même procédé : questions-réponses. Entre les deux, la « 1° reprise » se dispense de toute question : on y trouve affirmée une traduction de « *pains* » en « *Sagesse* » : « *C'est la nourriture céleste, révélée dans les Écritures saintes de la part de la Cause : Voici que je fais pleuvoir pour vous des pains du ciel. En réalité, c'est la Sagesse éthérée que Dieu distille d'en haut sur ceux qui ont nature bonne et amour de la contemplation* »⁹. Ce passage (fin du § 137 et début du § 138) forme l'axe immobile du commentaire, son point d'ancrage et comme un appel à l'évidence de l'image. De part et d'autre de cette affirmation où la distance est la moins grande possible entre l'Écriture et l'interprétation, nous trouvons les alternances rapides d'une question et d'une réponse, sur le mode rabbinique. En fait, la question sert d'introduction à une louange plutôt qu'à une véritable information. En tout cas, effet de style qui importe au sens de cette troisième étape, le procédé des questions rapides comme celui de l'affirmation centrale tendent à séparer la dégustation de la nourriture divine de l'intelligence que le Peuple en possède. Il s'agit d'une révélation, et l'intelligence ne la précède pas : elle la suit : « *Ils voient, ils goûtent, ils savourent intensément, sachant ce qu'ils éprouvent, mais sans connaître leur état* »... Cette formule recoupe sans doute le vocabulaire des philosophes décrivant les Mystères d'Éleusis¹⁰. Mais, paradoxalement, Philon insère ces expressions d' « ignorance » mystique entre deux blocs de questions-réponses, destinées à l'intelligence. La révélation de la Manne—Lumière correspond bien à une intuition, mais ne s'y confine pas ; elle promet l'intellection.

4. « *Je serai avec toi* » (§ 140-142)

Plus haut, nous avions déjà noté que Philon suivait une séquence de modèles bibliques analogue à celle qu'on trouve dans le *De migratione Abrahami* : après Joseph, Abraham marchant de conserve avec Isaac. Voici maintenant Moïse obtenant l'assurance que Dieu viendra « *avec lui* », comme dans le *De migratione Abrahami* (§171) — dans les deux cas, nous sommes au stade ultime de l'ascension. Depuis le § 139, observons qu'on ne « *trouve* » plus : on reçoit un enseignement, et Philon a même commencé par associer les deux notions : εὗρον μαθόντες (§137). C'est encore ce qui se passe maintenant : « *Il reçoit un enseignement de l'oracle : Je serai avec toi* » (§140). Dieu s'avance « *à la rencontre* » (§141) : et Philon d'opposer les « *recherches* » de la philosophie à la « *joie* » immédiate qui comble la recherche de l'Être. Comme la précédente exploration, cette dernière question-réponse porte sur l'essence : Τίς ; — « *Qui suis-je ?* ». À cette interrogation du prophète répond la formule de l'alliance : « *Je serai avec toi* ». Philon, pour ainsi dire, enchaîne d'un pronom personnel à l'autre, du « *Je* » de Moïse au « *Je serai* » divin. Nul doute que Philon interprète le dialogue de la manière suivante. Moïse est, par définition philonienne, au sommet de la vie spirituelle : on le voit d'ailleurs au fait qu'il a le souci de sauvegarder le peuple de ceux qui reconnaissent le vrai Dieu ; en combattant les adversaires de Dieu (l' ἀντιθέου τρόπου du §140), il a dépassé ses propres ennemis. De plus, comme il doute de lui-même : « *Qui suis-je pour sauver ?* », c'est bien qu'il en est arrivé à ce renoncement suprême de l'homme sorti de son pays, de sa maison, de sa parenté, et qui enfin sort de lui-même pour reconnaître son néant[11]. Apparemment, la question de Moïse le concerne : « *Qui suis-je ?...* » ; elle est en réalité la forme la plus humble de la question concernant Dieu. Et Dieu ne s'y trompe pas, si l'on peut dire. Il répond sur lui-même : « *Je serai avec toi* », par lui-même.

Cette réponse de Dieu, Philon la comprend ainsi : « *Je serai* » exprime que c'est l'Être qui se révèle ; l'absence de liaison apparente entre la question de Moïse et la réponse de Dieu autorise Philon à dire que l'interrogation posée sur Dieu ne reçoit pas de « réponse » au sens propre du mot, mais qu'elle se voit comblée de bonheur, à la différence des autres interrogations, qui exigent une spéculation, donc un discours, un délai, des réponses ou une suite d'illuminations. Lorsque les Hébreux dégustant la Manne s'interrogent sur sa nature, on leur dit qu'il s'agit de la Parole de Dieu : cette réponse est encore médiate, puisque c'est le Logos qui est ainsi révélé, et que, d'autre part, cette révélation encourage des êtres qui ont encore besoin de la « *persuasion* », qui sont dans l'heureuse mais provisoire disposition d'avoir « *faim et soif* » de perfection (fin du §139). Lorsque Moïse interroge à son tour, il est dans la sphère de la « réussite » (début du §140, en contraste justement avec la fin du §139); la réponse médiate n'a plus cours ; c'est la présence de Celui qui Est.

Le complément « *avec toi* » explicite l'initiative de Dieu, qui « *vient au devant* » de Moïse. Une formule semblable, adressée non plus à Moïse, mais à Jacob (dans la *Genèse*, ch. 31, v. 3) entraîne un commentaire analogue dans le *De migratione Abrahami*, §27 à 31, où les « *Grâces* » apparaissent également. Ici, elles marquent la surabondante gratuité de la présence divine ; elles ont encore pour fonction d'accomplir ce que la Manne offrait en image, dans la multiplicité des saveurs : « *toutes les formes d'instruction et de sagesse en ruissellent intarissables* » (§137).

Il existe en effet une continuité ou plutôt un accomplissement entre l'épisode de la Manne et celui de la confirmation de Moïse, c'est-à-dire entre les §137 à 139 et les §140 à 142, aussi bien sur le plan de l'abondance que sur celui de la « *joie* ». Les Hébreux savourent la nourriture divine, mais sans savoir la cause de leur état; Moïse peut se « *réjouir* » pleinement, car loin que de nouvelles questions puissent encore faire progresser la révélation — c'était le cas pour la Manne, d'après les §138c-139 — il faut concevoir maintenant une sorte de retrait : « *Il craignait de voir Dieu en face* » (le §141 cite l'*Exode*, ch. 3, v. 6).

L'ultime citation du *Deutéronome,* ch. 4, v. 9s, forme, au §142, une sorte d' « envoi ». Les mots qu'elle contient dispensent Philon de tout commentaire. Arrivés au terme de l'itinéraire, ils font briller l'Écriture seule ; et nous pouvons l'entendre à l'aide de tout ce qui précède et qui en constitue le commentaire anticipé. La citation renferme les mots du thème central : « *trouver — chercher* », dans l'ordre métaphysiquement plus satisfaisant. Elle contient aussi un mot qui a fait tant d'usage dans la première hypothèse, celle de qui ne cherche ni ne trouve : « *se retourner* » (comme la femme de Lot ou comme Pharaon — § 121 à 124). Les impies se sont « retournés » vers le néant ; ici, par une sorte de sublimation, non seulement le salut implique qu'on se « *tourne* » vers Dieu (§ 142), mais la limite suprême de la contemplation exige elle aussi que Moïse « *se détourne* » (§ 141) : bienheureuse situation, qui remémore au terme toute la souplesse de l'itinéraire et oppose par cette inclusion ceux qui « ni ne cherchent ni ne trouvent » à celui qui « trouve et qui cherche ».

En conclusion de ce deuxième chapitre, observons que le traitement littéraire de chacune des quatre étapes qu'il prend en compte, Joseph, Abraham—Isaac, la Manne et Moïse enfin, s'harmonise avec le contenu. Ainsi, l'histoire du commençant, Joseph, encore en butte aux attaques possibles, est-elle expliquée par les voies d'un commentaire analytique : Philon y décompose le texte mot après mot ; ce travail quasi critique symbolise l'examen attentif dont la vérité fait l'objet de la part d'un débutant (on comparera avec le *De migratione Abrahami*, § 184 à 195, où l'on retrouve un autre commentaire des mots « *partir d'ici* », aux § 196-197). La deuxième étape procède par commentaire synthétique : ce sont les phrases prononcées par Isaac, puis Abraham, qui retiennent le sens, et non plus les mots épars ; de plus, les trois éléments, question d'Isaac, réponse d'Abraham, puis découverte du bélier « *retenu* », se suivent selon un enchaînement du *convenable* (δεόντως, au début du § 135) au *meilleur* (ἄριστον, au début du § 136) ; enfin, le commentaire distingue bien, comme en un tableau, les trois personnages, qui s'identifient avec ce qu'ils disent ou signifient. Cette transposition du visuel et ce caractère synthétique de l'exégèse correspondent à ce que Philon propose ailleurs au sujet des progressants : par exemple, dans le *De migratione Abrahami*, § 164b à 170a, il insiste sur le fait qu'en avançant, les yeux s'ouvrent (symbolisme de la présence d'Aunan aux côtés d'Abraham...), et que, l'étude rejoignant la Nature (Abraham rejoint Isaac), il s'établit un accord total de toutes les facultés dans une séquence tout à fait unie. Le style des § 132 à 136 du *De fuga* nous semble en offrir le symbole littéraire[12].

Quant à la troisième étape, qui évoque avec la Manne la possession d'un mystère encore caché cependant, la forme littéraire imite bien le contenu : le milieu du texte énonce une équivalence entre « *pains* » et « *Sagesse* » qui représente le mystère caché, tandis que le début et la fin contiennent un programme de questions symbolisant le secret qui enveloppe la véritable nature du pain. La Loi, dont il est le symbole, provision surabondante mais encore multiple en un sens, plurielle, suppose qu'on l'apprenne par des questions répétées.

Dans la quatrième étape, le caractère prévenant et définitif de la révélation dernière se marque en deux procédés. Le premier n'est autre que l'absence de toute exégèse discursive sur le texte cité au départ (§ 140), car le § 141 en donne une traduction sans passer ni par une analyse ni par une synthèse, et sans utiliser non plus le procédé de l'enveloppement ; en second lieu, un paradoxe s'installe : une seconde citation (à la fin, dans le § 141) vient à la fois comme une confirmation et en contradic-

tion apparente avec le premier texte biblique, car Moïse se « détourne »...
Mais précisément, la vérité et la puissance de l'Être retiennent ensemble
sans rupture ces contraires qui, ailleurs, éclateraient (on se souvient de
l'harmonie formée par la « crainte » et l' « audace » dans le *Quis heres,*
§28-29). La finale du chapitre suivant nous obligera même à revenir sur
ce paradoxe pour le préciser.

III. Ceux qui cherchent sans trouver
(§ 143-165)

À condition de ne tenir aucun compte des longueurs respectives, on
dénombre huit exemples de cette troisième hypothèse. Les trois derniers
ont la valeur d'une brève page ; les deux premiers tiennent en quelques
lignes seulement ; le cinquième, celui qui met en scène Thamar, occupe,
au milieu, une place privilégiée (du §149 au §156), et il représente d'ailleurs l'une des exégèses les plus acrobatiques de tout le répertoire...

1) Le premier exemple est celui de LABAN. Il suffit pour bien le
comprendre qu'on traduise « *idoles* » par « *rien — néant* », suivant la
meilleure tradition prophétique. Comme Laban cherche du « rien »
dans l'âme de l'ascète, il ne risque pas de le trouver ; à deux titres son
exploration est sans objet : parce que l'ascète a l'âme remplie de réalités
positives et parce qu'en soi, le « rien » ne peut être trouvé ; le désir
fallacieux du méchant se résorbe en lui-même. Ici donc, « *chercher* »
étant un mal, « *ne pas trouver* » équivaut à un bien (cf. dans le *De migratione Abrahami,* le §161, et dans le *De agricultura,* le §111).

2) Le deuxième exemple va de soi : les « *paroles saintes* » sont les
anges qui ont avec Lot pénétré dans la demeure...

3) Le troisième, l'épisode de CORÉ, ne pose aucun problème : il
entre pour le sens dans la liste de cette troisième hypothèse sur « chercher — trouver », puisque ni le mot « *chercher* » ni le mot « *trouver* »
ne figurent dans le texte de Philon... Le §146, sur la distinction des jeunes
et des anciens veut justifier la séparation des fonctions entre portiers et
prêtres, le rôle des jeunes convenant sans doute bien au parti de Coré,
dont le nom se rapproche du grec κόρος[13].

4) Le quatrième exemple met en cause le Pharaon qui poursuit Moïse.
Qu'il ait cherché le Prophète sans réussir à le trouver, cela sort de l'Écriture où nous lisons : « *Pharaon chercha à faire périr Moïse* », tandis que
Moïse réussit à fuir en Madian. Le traitement de ce cas diffère des autres :
Philon s'arrange pour faire tourner le commentaire au bénéfice de la
vérité dont Moïse est le champion. Au lieu de considérer la déconvenue
de Pharaon, l'exégète décrit les attaques dont Moïse pensa ruiner le
crédit de l'Égypte. La première se comprend aisément : l'assassinat de
l'Égyptien symbolise la lutte contre l'épicurisme ; la seconde suppose
une exégèse dont nous ne trouvons pas de réplique dans le reste de
l'œuvre : il s'agit de la rixe survenue entre deux Israélites et dans laquelle
Moïse intervient comme médiateur malchanceux. Sans doute Philon
y voit-il la tentative de diviser le royaume du Bien, puisque les deux

Hébreux appartiennent en principe au Peuple élu : et, de même que le philosophe Épicure s'est vu désigner, de même ici faut-il songer à l'école des Péripatéticiens[14].

5) Avant d'interpréter toute la série, il convient de mesurer l'apport fourni par l'exégèse de cette nouvelle histoire, celle de Juda et de Thamar, telle que Philon la rapporte et l'interprète lui-même. Disons tout de suite que la tradition rabbinique voyant dans Thamar une sainte figure de foi remonte assez haut dans le Judaïsme : le livre de *Ruth* ne fait que consacrer dans les ancêtres de David les rejetons de la belle-fille entreprenante de Juda (*Ruth*, ch. 4, v. 12 et 18). Suivons le dédale de l'explication.

Après avoir cité le texte de *Genèse*, ch. 38, v. 20 à 23, Philon résume la situation : Juda s'est approché de Thamar, lui a promis un chevreau et lui a laissé en gage trois objets : le cachet, le cordonnet, la bâton, tous symboles évidents : de la fidélité, de l'harmonie, de la fermeté... Il faut ici se souvenir d'un passage parallèle, dans le *De congressu eruditionis gratia*, §126, et comprendre que le désir de Thamar est aussi le désir de Juda : « *La science prend et saisit celui qui apprend, le persuade d'être son amant ; mais à son tour, celui qui apprend en fait autant à l'égard de celle qui l'instruit...* ». C'est pourquoi Philon dit ici que Juda « *recherche* » le bien le plus précieux, la « *piété* ». Juda symbolise l' « *esprit* » en quête du vrai.

Autre précision nécessaire : le « *gage* » confié à Thamar est en réalité un trésor plein de substance, si bien que rien, et surtout pas le chevreau objet de la promesse, ne vaut le gage, en principe chose provisoire. D'où il résulte que l'envoi du messager ne peut être qu'une ruse, une épreuve aménagée par Juda. Thamar et Juda sont tous deux établis dans la perfection : Thamar ne songe pas à restituer les gages, trop réellement précieux ; Juda ne peut lui non plus envisager sérieusement de les reprendre. Le pauvre « *chevreau* » n'est plus que le symbole de la tentation, l'appât de « *la gloire, de la richesse et de la santé* », tel qu'il est évoqué au §151, mais qui n'est en réalité que bête « *irrationnelle, infidélité, contradiction, grossièreté* » (§152).

Donc, d'après ces données, le messager ne peut « *trouver* » Thamar, ni en tant que Thamar, c'est-à-dire comme vertu « *victorieuse* » (Thamar veut dire : « *palme* » de victoire), puisqu'elle échappe aux ruses de la séduction ; ni comme « *prostituée* », si jamais le messager s'avise de la réclamer sous ce nom (« *confusion de la vie* » signifie « prostitution », d'après le *De migratione Abrahami*, §69) : car la prostitution désigne la polyandrie et l'image par là du polythéisme, erreur suprême sur la Cause.

Juda apprend que Thamar reste « *introuvable* » : il ne va pas se vexer de l'échec de sa ruse ; au contraire, il ne peut que s'en réjouir. Le §154 n'est que la récapitulation naturelle de ce qui précède : l' « *esprit* » (διάνοια), qui a désigné Juda au §150. désigne ici Thamar, conformément à cet échange noté dans le *De congressu*, §126, et il ne faut voir là aucun égarement de l'allégorie. Du moment que Thamar a conservé devers soi les gages de Juda sans tomber sous l'attrait du chevreau, elle symbolise bien « *la finesse, la décence, la tempérance...* » ; sa fidélité, que le

« sceau » révèle, opposée maintenant à l'infidélité de la prostituée s'appelle monogamie, et plus largement amour de l'unité, amour de l'Unique (cf. le *De migratione, §69*, fin).

Peut-être convient-il de traduire, au §155, *μή ποτε γελασϑῶμεν* par « *que nul ne se moque de nous* »[15]. Le sens me paraît être le suivant. Dans le chassé-croisé de l'apparence et de la valeur réelle — normalement, un gage vaut moins que la somme due : ici, nous sommes témoins de l'inverse... — Juda confirme la valeur des gages en ajoutant : « *Qu'elle les conserve !* », et il ajoute maintenant : Qu'on n'aille pas se rire de nous en disant que nous esquivons notre dette en reprenant le chevreau et en abandonnant les gages. Une dernière subtilité : *ἀνάξια* traduit par « *sans valeur* » ne peut en effet affecter réellement les gages, symboles de qualités solides ; et tout tourne autour de l'expérience tentée par Juda : elle a réussi ; il a sondé une nature, et celle-ci s'est révélée pour ce qu'elle est, « *insaisissable* » — « *hors des prises* » ; et donc le fait de ne pas la « saisir » termine et justifie l'expérience : Juda n'est pas risible. L'épreuve supposait l'inversion apparente des données.

J'adopte pour la finale (§156) la lecture de Wendland : *δῆλον*. Philon voit bien pourquoi un même acte ne renvoie pas de façon univoque à une même intention. La difficulté réside plutôt dans la portée qu'il convient de donner à cette conclusion. Le caractère de nature « *insaisissable* » nous paraît à nous s'expliquer spontanément si l'on songe à la vertu dont Thamar fait preuve en esquivant la ruse de Juda. Mais Philon raisonne un peu différemment. À côté de cette explication, il en loge une autre, exigée à ses yeux par la répétition dans le texte biblique des mots « *...mais toi, tu n'a pas trouvé* ». Juda, qui poursuit au §156 son petit discours, y dit en substance : il aurait quand même mieux valu mettre la main dessus, messager ! Mais pour cela, il est demandé une finesse de jugement qui appartient à Dieu seul (cf. le *De migratione Abrahami, §115*).

Ce n'est pas là inconséquence de l'allégorie, ni pure et simple volte-face. Nous voici contraints par cette subtilité de dernière heure à sentir que Philon ne se contente pas d'énumérer des interprétations de textes. En effet, à partir de cette conclusion paradoxale les nouveaux exemples choisis par Philon vont dessiner une progression ascendante vers la connaissance du mystère. Bien sûr, rien d'explicite ne nous avertit au §156 que trouver Thamar suppose un don de Dieu ; mais quand on voit, à la fin de l'exemple suivant (celui de Moïse recherchant en vain le bouc de l'expiation) l'insistance que met Philon à marquer l'ambiguïté et la dissimulation dont Dieu seul peut venir à bout, on est incité à la méfiance... Quand, se retournant vers l'exemple précédent, celui de Moïse en vain pourchassé par Pharaon, le lecteur s'aperçoit que Philon y a mis l'accent sur l'unité — avec l'attaque dirigée contre l'atomisme d'un Épicure, et contre la division du Bien qui grève la doctrine des Péripatéticiens — et qu'ensuite il loue Thamar de conserver, avec les « gages », le sens de l'Un, il admettra plus volontiers, ce lecteur, l'orientation métaphysique des exégèses proposées. Devant l'Un, la multiplicité et la duplicité de l'homme ont à se résoudre progressivement[16].

Ces anomalies nous paraissent jouer un rôle d'anticipation. Nous retrouverons dans les exemples suivants, tout d'abord l'impossibilité de dissimuler, puis l'impossibilité de connaître les causes (soit le § 160, puis les § 161 à 163). Et surtout, la quatrième hypothèse manifestera le privilège du sage, celui qui « *trouve sans chercher* », en tant qu'il est dû à l'action transcendante de Dieu. On peut considérer que l'insertion plus ou moins artificielle des deux commentaires du mot « *il ne trouva pas* » dans le contexte uniforme de l'anecdote allégorisée préfigure le paradoxe ultime de toute l'investigation : trouver sans chercher. Mais c'est encore le fait d'une perception négative, comme il se doit ici. Chercher sans trouver n'est plus seulement un moindre mal, d'ailleurs, comme c'était le cas précédemment ; c'est l'annonce d'une possession divine.

6) Le sixième exemple renvoie au *Lévitique,* ch. 10, v. 16 à 20. Moïse cherche le bouc du sacrifice, mais il a été brûlé en holocauste ! Moïse commence par reprocher aux prêtres de ne pas l'avoir consommé. Aaron, cependant, fait revenir Moïse sur cette idée : il ne convenait pas de manger la victime. L'exégèse évolue du début à la fin en suivant l'évolution de Moïse dans le récit biblique. Au début, il semblerait souhaitable que Moïse puisse « trouver » le bouc, symbole du repentir ; mais hélas, ce repentir reste introuvable : l'âme est consumée par le feu des passions (§ 158 et 159a). Alors — la palinodie est ici amorcée — il faut bien confesser la misère de l'âme et ne pas feindre « *se nourrir du repentir* » quand il ne se manifeste pas. À nos yeux, l'échec de Moïse dans sa recherche est ainsi devenu explicable : il ne pouvait trouver ce qui a été détruit. Mais Philon poursuit le raisonnement, tout comme il faisait à la fin de l'épisode de Thamar. Il insiste sur la vue perçante que Dieu emploie à démêler ce qui échappe au regard humain... Bien plus, la description de l'incendie qui a ruiné l'âme entière, y compris la capacité de repentir (§ 158b-159a) et de purification, tourne à l'opposition du multiple et du petit nombre : « *Le petit nombre est vaincu par le grand nombre* »[17]. La multiplicité, dans sa forme morale dernière, la « duplicité », le jeu qui tend à faire prendre l'apparence pour la réalité, tout cela s'oppose à la simplicité divine. Le résultat, dans les deux exemples de Thamar et de Moïse à la recherche du « *repentir* », revient à ceci : il est quelquefois préférable de ne « *pas trouver* ».

Dans les premiers exemples, de Laban en quête des idoles, des Sodomites en train de malmener les Anges, de Coré, l'ambitieux, et de Pharaon persécutant Moïse, l'échec de toutes les recherches pouvait aussi passer pour un moindre mal, sinon pour une bénédiction. Mais depuis l'épisode de Thamar, qui ne décrit plus une recherche criminelle, l'échec des tentatives prend une tournure favorable, positive. On mesure à ce simple rappel des premiers épisodes la cohésion de tout le chapitre, sans qu'il soit besoin d'insister davantage. Le pivot en est la subtile exégèse qui mêle volontairement les valeurs qu'échangent les deux héros, Thamar et Juda.

7) Le septième exemple est difficile (§ 161 à 163). Notons tout d'abord qu'il convient de le séparer du tout dernier (§ 164-165), qui s'attache à la nature de Dieu, mystère supérieur à celui des causes du devenir, objet

des §161 à 163. Essayons ensuite de justifier l'option que nous faisons
au début du §162 en faveur du texte tel qu'il est, sans admettre l'interrogation, et encore moins la suppression de la négation. Tout se joue
autour de l'opposition βάτος — ἄβατος, jeu de mots entre le nom du
« *buisson* » et l'adjectif verbal « *abordable* » dans βάτος, tout d'abord,
et ensuite couple antithétique « *abordable-inabordable* », d'après le texte
même : « *Moïse s'écrie : Pourquoi le* « *buisson* » *(* = « *l'abordable* »*)*
brûle-t-il et n'est-il pas consumé ? Il ne s'inquiète pas à propos de la région
« *inabordable* », *mais déjà il va s'engager dans un labeur sans fin et sans*
résultat : Dieu dans sa miséricorde le soulage... ». Je comprends ainsi :
Moïse s'interroge sur le « buisson », et le jeu de mots nous oblige à
entendre qu'il s'agit du monde « accessible », abordable. Mais au lieu
de le considérer en lui-même, le voilà qui cherche plus loin pour le comprendre ; il cherche sa Cause, et il convient de traduire en décomposant :
Tί ὅτι... ; « *Qu'est-ce que la raison pour laquelle l'* « *abordable* »
brûle... ? ». Que serait-ce s'il se mettait en peine de comprendre l' « *inabordable* » ! Il s'enquiert abusivement de la Cause, mais tout de même
pas du Lieu : la Voix de Dieu se réserve de traduire la recherche des
causes en passage dans un « lieu » : « *N'approche pas d'ici : le Lieu où tu
te tiens est terre sainte* » — « lieu » ou « sujet topique de réflexion »,
bien entendu.

En supprimant la négation au début du §162, on laisse sans explication le ἀλλά qui suit ; en transformant en interrogative la proposition
« *Il ne s'inquiète pas de l'* « *inabordable* », on s'oblige à « traduire »
immédiatement βάτος par ἄβατος, « *abordable* » par « *inabordable* », ce
qui est tout de même rapide et violent, même aux oreilles d'un philonisant, à moins qu'on ne l'explique. Mais je n'entrevois pas d'explication
fondée sur le texte de Philon ou sur les habitudes de son exégèse. En
laissant comme nous le faisons l'assertion négative porter tout le poids
sur les deux mots importants Tί ὅτι... ;, qui rejoignent les autres pronoms signes d'une recherche de l'essence, on dégage une vérité philonienne : le monde doit être exploré avant sa Cause[18]. Ce qui est ἄβατον,
c'est la cause du βάτος.

À vrai dire, le contexte immédiat apporte une preuve quasi certaine.
Lisons et ce qui précède la définition donnée par Dieu, « *Ce lieu est terre
sainte* », et ce qui précède déjà la question de Moïse. Au §161, tout
d'abord, Philon distingue soigneusement la contemplation où Moïse
s'abîme de sa curiosité : « *contemplant ce qui dans le créé... il est stupé-
fait, frappé...* » ; puis, au §162, il reprend : « *Mais oui* (ἀλλά), *admire le
créé, sans te tourmenter au sujet des causes.* » Il suffit d'admettre la cohérence de la formulation.

Il faut et il suffit également de maintenir une frontière provisoire entre
βάτος et ἄβατος. Ce n'est pas le monde changeant — tantôt brûlé, tantôt
intouché — qui est inabordable aux mortels, mais bien la vision des
causes qui régissent les changements ou les subsistances. Or, c'est à
cette vision que Moïse, normalement en arrêt devant le buisson, pour
Philon symbole du changement, prétend de plus accéder, lorsqu'il interroge par ces deux mots impossibles Tί ὅτι ; le premier, le Tί ; vise

l'essence d'ὅτι, c'est-à-dire de la cause. Voilà la transgression que Dieu prévient en Moïse : l' ὅτι est une région divine, bien que par définition l' « effet » soit dans le monde, soit le monde, et, comme tel, reste « abordable », objet d'investigation mesurée. La région divine entre dans la catégorie transcendante de l'ἄβατον, comme il est attendu.

Le sens que nous dégageons ici n'est pas, pris globalement, une découverte. Mais notre préoccupation constante nous interdit les généralités : il s'agit de suivre pas à pas une interprétation qui suit déjà pas à pas la lettre de l'Écriture en même temps que le tracé d'une réflexion morale. Ajoutons qu'à se plier ainsi aux nuances volontaires d'une expression qui est délimitée par un texte de base, on justifie chaque mot de Philon. Nous comprenons mieux, par exemple, l'expression employée au milieu du développement : « *Dieu a rendu depuis son « sanctuaire »* *un oracle* » (§162), où « *sanctuaire* » traduit sans doute un peu trop décidément le grec ἄδυτα, soit tout d'abord « *les inaccessibles* ». On voit alors se dessiner avec plus de netteté une sorte d'échelle logique et topologique, justement, où les mots servent de degrés conjoints et proportionnés :

$$\text{τόπος — γῆ ἁγία}$$
$$\text{ἄδυτα — χῶρον}$$
$$\text{ἄβατον — ἄδυτα}$$
$$\text{Τί ὅτι βάτος — ἄβατον}$$
$$\text{β}^{άτος}\text{ — βάτον}$$

C'est, comme nous l'avons indiqué, la Parole miséricordieuse qui avertit Moïse sans le châtier, et qui nous retient de monter prématurément. La suite confirmera encore ce résultat.

8) Le huitième et dernier exemple d'une « recherche » que ne couronne aucun résultat positif de « découverte » s'enchaîne tout naturellement avec le précédent : Moïse poursuit ses enquêtes pleines d'audace. Cette fois, dépassant même le domaine réservé des causes du changement, il espère obtenir une réponse sur l'Être. Si le §165 cite l'*Exode,* ch. 33, v. 20 à 23, il faut comprendre que la question de Moïse, au §164, renvoie non pas au v. 18 de ce même chapitre 33, « *Fais-moi voir ta Gloire!* », mais au v. 13 : « *Fais-toi connaître à moi, et que je te voie en connaissance* » (on trouvera la même séquence, plus explicite, dans le *De mutatione nominum,* §8 et 9).

La différence entre cette question et la précédente réside également dans le fait que Moïse ne s'interroge pas lui-même, mais adresse à Dieu sa requête sur Dieu : « *Fais-toi connaître!* ». Philon le relève soigneusement : « *Il ne forma point l'espoir de l'apprendre d'un autre que de Lui, d'un de ceux qui viennent après* » (fin du §164). Quant à la réponse : « *Tu me verras par derrière* », elle semble reprendre, mais à un niveau supérieur, la constatation faite au §162. Là, on nous disait que l'homme doit se contenter d'admirer l'univers créé ; ici, le regard doit encore se borner et pour ainsi dire refluer, mais ici la formule « *ce qui vient après Dieu* » (§165) ne désigne plus le monde : il s'agit des Puissances (cf. ci-dessus, les §94 à 105). Logiquement, on pourrait en conclure que

Moïse reçoit la faveur qui lui a été déniée précédemment, car les Puissances forment le lien mystérieux de l'Univers. Mais Philon retient surtout l'impossibilité de voir Dieu pour qui cherche à le voir : c'est peut-être plus la volonté active de voir qui se trouve récusée, comme tendrait à l'insinuer la répétition, aux §162-163, du verbe hyperactif πολυπραγμονεῖν — φιλοπραγμοσύνη. Et la quatrième hypothèse qu'il nous reste à parcourir ne doit-elle pas glorifier Isaac, celui qui « trouve sans chercher » ? Qui cherche trop encourt le même sort que l'inerte femme de Lot, l'aveuglement. Elle est tombée dans un πηρὸς βίος (§123) ; lui, il peut être πηρός à vouloir fixer les yeux sur l'Essence divine. Toute la précarité des acquisitions laborieuses qui viennent de défiler au cours des divers exemples se manifeste au terme, dans cette nouvelle menace de l'aveuglement, comme si Philon souhaitait obtenir de la conscience un ultime désistement avant de lui faire comprendre le paradoxe d'une trouvaille que n'aura point préparée l'effort de la recherche.

IV. Ceux qui trouvent sans chercher
(§168-176)

On peut en un sens considérer ce dernier modèle comme divisé en quatre exemples : celui d'Isaac (§166 à 168a), celui de Jacob pourvu si rapidement du gibier qu'il chasse (§168b-169c), celui des récoltes de l'année sabbatique (§170 à 174), et enfin celui de l'entrée des Hébreux dans la terre promise (§175-176). Mais, d'un autre point de vue, il ne reste plus que deux divisions : les trois premiers exemples s'enchaînent les uns aux autres à partir d'une définition de la « découverte » comme « *savoir spontané* » (§166), et ce n'est qu'au §175 que Philon revient explicitement au thème de l'hypothèse : « *Il me paraît indiquer très clairement la découverte sans recherche* ». La première partie est alors la plus développée ; mais elle présente plus d'une difficulté de lecture littérale. Son thème principal est celui du temps. Nous allons suivre les quatre anecdotes.

1. Isaac (§ 166 à 168a)

Tout ce qui précède convient parfaitement de surcroît au personnage d'Abraham, encore engagé dans l'étude préliminaire et dans la peine de la recherche, inapte qu'il est encore à la vision directe. Mais le jeu de la logique impose que, des deux termes associés « trouver » et « chercher », surgisse maintenant une dernière combinaison ; et, derrière la logique, la vérité religieuse assure Abraham qu'en demandant il possède déjà : les Hébreux mangent la Manne et lui trouvent du goût au moment où ils s'inquiètent de savoir ce qu'elle est. Aussi voyons-nous accourir les symboles de la réussite, en commençant par le personnage-type, un Isaac précisément opposé à Abraham par son aspect de sage « *qui donc possède en soi la science et l'enseignement* » (§166). N'étant ni Abraham, ni Jacob — ce dernier est représenté par l'exercice ou les labeurs que le texte évoque ensuite — Isaac trouva la sagesse dès qu'il naquit. Le commentaire de Philon sur la naissance d'Isaac, contemporaine de sa conception, d'après la lettre de la *Genèse*, ch. 21, v. 2 : « *elle conçut et enfanta* », n'a rien de difficile quand on connaît le système d'équivalences constantes dont il use, non plus que le thème de la virilité de Sara, laquelle, d'après la *Genèse*, ch. 18, v. 11, « *a cessé d'avoir ce qui est des femmes* ». Le seul point délicat se trouve au §166 : « *Il trouva aussitôt la sagesse à portée, descendue du ciel en pluie* ». Entendons que le sevrage d'Isaac suivit sa naissance, tout comme sa naissance avait suivi sa conception (cf. le *De somniis* II, §10, et le *De migratione Abrahami*, §29, d'après la *Genèse*, ch. 21, v. 8), car Isaac se nourrit, *aussitôt né*, de nourriture virile, ce qui désigne la pleine sagesse. Isaac cesse d'être un enfant, comme Sara cesse d'être rangée parmi les femmes. Aussi Philon parle-t-il à juste titre de « *race nouvelle, au dessus du langage, réellement divine* » (c'est le début du §168).

Il faut encore expliquer l'image de la « *pluie* », au §166. En l'absence de tout commentaire parallèle[19], on peut songer à la fusion entre plusieurs images. Le *De migratione Abrahami* suggère, au §140, qu'Isaac nourrit plus qu'il n'est nourri. L'Écriture, en effet, ne dit pas qu'il fut « *allaité* », passif qui eût indiqué un état de réceptivité et donc de dépendance puérile, mais elle dit que « *Sara l'allaita* ». L'actif, par un jeu subtil, passe au compte d'Isaac, en un nouvel échange des idiomes[20]. De cette communication des personnages entre eux — de cette transparence — nous trouvons peut-être un indice tout à fait intéressant dans les *Quaestiones in Genesin*, IV, §19, à la fin. Commentant l'annonce faite à Sara par l'Ange, Philon explique le « *rire* » dont elle a salué la nouvelle et qui sert de nom à l'enfant : « *Tu as bien fait de rire et d'être emplie de joie : Je vais te donner une raison de te réjouir. Comme un fleuve qui jaillit de la source..., comme le mélange d'un vin pur, sans mélange, entier, telle sera ta joie* » (édition Loeb, Suppl. I, p. 292). Nous retrouvons dans ce commentaire le thème de la boisson enivrante, symbole de joie et d'achèvement, et celui de l'écoulement des eaux, en liaison avec les mêmes réalités. Ouvrant maintenant le *De migratione Abrahami*, aux §31 à 33, nous voyons interférer les mêmes images : en l'absence de tout effort humain — donc, dans le cas de notre quatrième hypothèse, où l'on « trouve » sans recherche — il arrive que « *les eaux pleuvent et ruissellent* », tandis qu'en d'autres circonstances, l'âme enfante laborieusement des fruits mal venus, prématurés. Enfantement, fruits, pluie, maturité, tous les termes sont reliés. Ajoutons que dans le §29 du même traité, Philon a évoqué la figure d'Isaac. Il existe donc une constellation d'images et de notions rassemblées autour de la naissance d'Isaac. Sans doute les éléments en sont-ils dépendants d'une exégèse littérale ou bien d'un parallèle qui nous échappe et qui aura servi de révélateur. Une étude plus serrée devrait permettre de remonter la filière cachée.

L'allusion à l'enfantement rapide des femmes israélites, qui déjouent ainsi le décret génocide du Pharaon (d'après l'*Exode*, ch. 1, v. 19, repris au §168), permet à Philon de compléter la *Genèse* par l'*Exode* et de reprendre d'un souffle les deux caractéristiques de l'enfantement vécu par Sara, la promptitude et l'absence de toute participation inférieure. Les « *sages-femmes* » riment ici avec les γυναικεῖα dont Sara est éloignée. Notons que dans le même contexte, les §141-142 du *De migratione Abrahami* interprètent les mots de Sara, « *J'ai mis un enfant au monde* », en insistant sur le « *J'ai mis* », moi-même, sans autre secours ; et ils introduisent comme ici l'exemple des femmes israélites du début de l'*Exode* : « *Je n'ai pas enfanté à la façon des Égyptiennes... J'ai encore mis au monde sans le secours de la maïeutique...* ».

2. Jacob, le chasseur (§168b-169)

Les deux exemples suivants sont amenés par une formule élégante : « *L'Écriture fournit des définitions excellentes et pertinentes du type de celui qui sait de lui-même* » (§168b). Des trois définitions qui viendront, deux sont jumelées, formant la question et la réponse qu'échangent deux patriarches, Isaac et Jacob. C'est un écho épuré du couple « recherche » et « découverte ». Jacob interroge, ce qui est une enquête, mais le contenu de la question va à la négation de toute recherche... « *Tu as trouvé rapidement ?* », où la précision « *rapidement* » annule toute notion d'effort, de recherche. Isaac répond, mais sa réponse traduit plutôt la question précédente qu'elle n'apporte une nouveauté. La suppression de l'intervalle de temps suppose sans erreur l'initiative de Dieu, comme la nativité d'Isaac nous en a rappelé la définition pratique. Jacob, ordinairement associé à l'effort, à toute quête laborieuse et persévérante, a non seulement « *trouvé* » rapidement, mais il use des mêmes vocables que son père, Isaac, le modèle de la sagesse innée : en cela, il bénéficie toujours de cette communication des personnages. Il traduit son père, et leurs paroles forment une seule et même définition (cf. le *Quod Deus sit immutabilis*, §92s ; le *De sacrificiis Abelis et Caini*, §64, fin). Comme on le voit, cet îlot de perfection que représente la quatrième hypothèse met en scène la sagesse idéale sans doute, mais dans cet échange bienheureux des êtres parvenus au royaume indivis de la connaissance divine. En Jacob, d'ailleurs, brille toujours l'espoir d'*Israël*.

3. La récolte de l'année sabbatique (§170 à 174)

L'allégorie se fait ici un peu plus difficile. Il s'agit de la septième année : la Loi prévoit que la terre n'y sera point travaillée ; et Philon d'exploiter à fond cette idée, quitte à ne mentionner clairement le « *sabbat* » qu'au §173. L'expression du *Lévitique* est de forme négative, d'où l'allure paradoxale du commentaire. Essayons d'en suivre les détours.

Philon étudie successivement un aspect du contenu de la citation, à savoir les mots « *qui pousse de soi-même* » ; puis la forme du texte, déclaratif et non pas impératif ; revenant enfin au contenu, il explique « *semailles* » — « *moissons* » en termes de temps et d'achèvement. La première explication reste obvie : ce qui « *pousse de soi* », cela veut simplement dire : qui pousse sans l'industrie humaine, et non pas, absolument, de soi-même. Ce qui vient donc sans l'homme vient par la puissance de Dieu. En disant « *Vous ne sémerez ni ne moissonnerez* », Moïse s'exposerait sans cela à une contradiction : quel besoin de préciser qu'il ne faut pas planter ce qui pousserait tout seul ! L'enseignement de l'Écriture consiste à signaler le domaine souverain de Dieu. Au passage, bien entendu, Philon a légèrement infléchi le sens de « *moissonner* », qu'il comprend « *achever la croissance* » : « *Dieu sème et par son art d'agriculteur mène à son terme...* ». On retiendra que la proposition capitale est celle-ci : « *comme s'ils poussaient d'eux-mêmes, les produits qui ne poussent pas d'eux-mêmes* ».

La suite apparaît tout d'abord comme une justification de ce commentaire. Moïse affirme ; il ne commande pas (ce serait en effet une absurdité, comme nous l'avons dit). Mais l'absence de commandement possède, de plus, l'avantage de nous maintenir au pays de l'illumination, où les réalités s'échangent et se révèlent sans subordination de celui qui est enseigné. Ajoutons que la distinction entre commandement et déclaration, entre loi stipulée à l'impératif et loi donnée à l'indicatif, ne joue pas ici. Philon veut simplement dire que l'ordre serait absurde et tautologique, de ne pas semer ce qui viendrait seul.

La fin du § 171 reprend la citation « *Vous ne sémerez ni ne moissonnerez nullement ce qui pousse de soi-même* », puis en donne une paraphrase provisoire, qu'il faut ainsi comprendre : semer et moissonner supposent qu'on connaisse le commencement et la fin du produit considéré. Si Moïse constate qu'il ne faut ni semer ni moissonner dans le cas de plantes qui viennent toutes seules, c'est que nous reconnaissons ne pas déceler de commencement ou de terme dans les fruits de la perfection (Sara n'a-t-elle pas enfanté sitôt qu'elle a conçu ?). On prend donc par un autre biais la formule de tout à l'heure : Dieu était à l'origine de ce qui paraît venir de soi ; maintenant, on dit : l'homme ne discerne ni commencement ni terme dans ce qui vient de soi.

La troisième étape de l'analyse revient à l'examen du contenu : « *les semailles* » = « *commencement* » ; « *les moissons* » = « *terme* ». Mais cette fois, il semble que Philon reprenne la phrase en la comprenant de façon synthétique : ce sont le commencement (les semailles) et la fin (la moisson) qui prennent la valeur de réalités autonomes, « *qui vont de soi* », et déterminent de côté du sujet comme du côté de Dieu une sorte de chemin « *naturel* ». Bien sûr, on ne peut assigner ni début ni fin à la sagesse parfaite (cf. le paragraphe précédent). Mais début et fin dessinent cependant comme en pointillés deux valeurs transcendantes que réunit le nom de la Nature. D'un côté, l'étoffe préexistante de l'esprit parfait, sur laquelle Philon ne s'explique jamais ; de l'autre, la puissance divine : « *C'est encore la nature... mais Dieu seul, Nature par excellence* ». La nature avant, la nature au terme : c'est encore un exemple de cette connivence, de cette communication qui règle décidément le cours littéraire de la section. De la φύσις à la Φύσις, l'homme suit la courbe d'une destinée. On peut sans trop se risquer suggérer qu'ici Philon laisse à l'état d'énigme ou de raccourci l'idée qu'il développera dans les § 177 à 213 par l'analyse du mot « *la source* ». Nous serons alors conduits du νοῦς, l'esprit, soigneusement maintenu par Philon à l'intérieur de l'homme, jusqu'à l'*Αἴτιος*, la Cause transcendante, deux autres formes de la *Nature*, mais distinguées clairement.

Ne l'oublions pas, enfin, la déclaration de Moïse concerne l'année septième. Le mot de « repos » traduisant le *Sabbat* nous fait accéder à la paix. Et cet état divin enferme immédiatement la plénitude sous les deux symboles de la nourriture et de la réjouissance. Car elle n'offre pas seulement une trêve, mais l'abolition de toute guerre et de tout germe susceptible de se développer en guerre. Or, ce surcroît relève de l'action divine seule, et, bien entendu, même celui qui le chercherait ne saurait le « trouver ». Nous sommes en réalité maintenus dans ce domaine où la découverte surpasse infiniment la quête.

4. *Le don de la terre promise (§ 175-176)*

L'ultime figure de cette « découverte » sans effort n'est autre que l'entrée des Hébreux en Terre promise. Élégamment rattaché à l'allusion politique (paix des cités et paix de Dieu) qui vient de fournir un commentaire au *Sabbat* du §174, ce dernier exemple consacre la portée négative de toute la réflexion. L'inutilité de l'effort humain s'y trouve affirmée là même où l'orgueil le plus légitime des politiques tenterait de se manifester : bâtir des villes, y assurer la prospérité en les entourant d'une campagne foisonnante et bien irriguée, tel est le programme plus ou moins déformé par les utopies ou par les ambitions monstrueuses des grands bâtisseurs de l'histoire, mais qui reste dans le devoir de tout chef politique... Or, tout cela est *donné*[21].

Les équivalences morales marquées au §176 achèvent le portrait de l'âme en progrès. Dotée des vertus génériques, puis spécifiques, elle retient l'enseignement comme les « citernes » retiennent l'eau ; elles croissent et portent les fruits attendus. La vigne et l'olivier fournissent à Philon la matière de deux inclusions. Le « *vin* » rappelle le thème de la sagesse innée, thème qui ouvrait la quatrième hypothèse (au §166). L' « *huile* » évoque la lampe et la « *lumière* » qui fit précisément défaut aux deux protagonistes de la première hypothèse : la femme de Lot et Pharaon, tous deux égarés dans leur « *aveuglement* » (§121 à 125).

Notons enfin que l'image de la « citerne » reviendra, au terme des cinq variations qui nous attendent sur le nom de la « source » (§200). Elle se trouve dans le texte du *Deutéronome,* ch. 6, v. 10-11 qui permettait à Philon de rassembler les images diverses que la « paix », la « culture », la « découverte » gratuite lui avaient suggérées. La citation témoigne de cette cohérence fondamentale de l'Écriture, sans laquelle les artifices de l'exégèse ne seraient que ravaudage, légèreté, mythologie.

NOTES

1 Pour comprendre les §157 à 160, il faut avoir sous les yeux les textes du *Lévitique*, ch. 10, v. 16 à 20.

2 Nous gardons le texte sans interrogation ni suppression de la négation : « *Il ne s'affaire pas pour connaître la région des natures divines* ». Nous justifierons cette lecture dans le commentaire.

3 Au § 119, on comprendra que le « *jugement sans erreur* » désigne Sara, vers qui l'Ange renvoie la fugitive, Agar.

4 Nous avons présenté un peu différemment cette page dans la *Revue des Études augustiniennes, XVIII, 1972, p. 287—292*, et dans la *Revue des Sciences religieuses, 47, 1973, p. 262—269*.

5 Peut-être avons-nous ici un condensé de la longue dissertation du *De sobrietate*, §157 à 202.

6 L'hébreu : שוּב

7 Avec un chiasme : ἄλογος renvoie au second exemple ; ἄψυχος renvoie au premier.

8 Et non pas : « quand ils eurent cherché ce qui nourrit l'âme » !

9 La « *nature bonne* » commente « *l'éther* », « ciel supérieur » ; et « *l'amour de la contemplation* » interprète « *d'en haut* » On pourra se reporter à notre commentaire du *Quis heres*, §86 à 89, ici même, pages 231 à 242.

10 Cf. la n.c. 25 d'E. STAROBINSKI-SAFRAN, dans son édition de la collection de Lyon, p. 285-286.

11 Résumé qui fait allusion à des textes philoniens, par exemple au *Quis heres*, §26 à 30 : « *Qu'étais-je pour que tu me donnes part... ?* » etc.

12 Nous avons évoqué les §184 à 197 du *De migratione* pour illustrer la première étape, et maintenant les §164 à 170 pour éclairer la seconde étape. C'est que le *De migratione* remonte le cours du temps (cf. notre commentaire *ad locum*).

13 J'ai trouvé le même rapprochement dans J.W. EARP, volume X de l'édition Loeb de Philon, p. 360, n. a.

14 Cf. le *Quod deterius*, §9. Philon fait ici profession de stoïcisme ; voir D. BABUT, *Plutarque et le stoïcisme*, p. 334 et les notes, spécialement la note 4, avec la citation de LUCIEN.

15 Plus près de « en sorte que personne ne se moquera de nous » que de « afin que personne ne se moque de nous ».

16 L'exemple de Thamar-Juda, déjà compliqué par les échanges qui se déroulent entre les deux personnages et par l'ambiguïté de Thamar, prostituée sans l'être, reçoit de Philon un traitement subtil. On peut dire que le parti qu'il a adopté de commenter le texte de la *Genèse*, ch. 38, v.20 à 23 en suivant phrase après phrase l'ordre de la Bible endort aussi le lecteur et risque de lui faire omettre deux observations. En effet c'est que par deux fois que l'Alexandrin rencontre les mots « *Il ne la trouva pas* » (cf. le début du §153, dans le récit) et « *tu ne l'as pas trouvée* » (§156, dans les propos de Juda adressés au messager). Ce maître-mot de la discussion, « trouver », reçoit chaque fois un commentaire qui sort du contexte, d'une part, et qui reste le même d'un cas à l'autre. Voyons les deux passages :

1) Au début du §153, deux lignes suffisent à Philon pour expliquer l'expression : « *il ne la trouva point* » signifie l'impossible quête du Bien dans le mal. La suite, « *et si l'on s'informe...* », commente déjà la suite même du texte biblique : « *Il demanda aux gens de l'endroit...* » (d'après la *Genèse*, ch. 38, v. 21) ; et ce commentaire ne concorde pas avec ce qui précède, puisque maintenant Philon déclare que c'est le mal qui devient insaisissable dans toute la région du Bien. Sans doute, dira-t-on, le Bien perdu au sein du mal et le Mal introuvable au milieu du bien forment un couple antithétique, comme Philon aime à en produire. Sans doute la figure de Thamar, à la fois fausse prostituée et belle-fille de Juda, peut-elle entraîner ce paradoxe. Mais la répétition du même procédé, au §156, indique vraisemblablement qu'il faut chercher une solution plus complète, sinon plus évidente. Examinons d'abord le second contexte.

2) Au §156 à nouveau, les mots « *tu ne l'as pas trouvée* » provoquent un commentaire éloigné du fond anecdotique environnant. À nouveau, l'impossibilité de discerner la « vérité » condamne la recherche humaine. Ainsi, deux dérogations, parallèles entre elles, accompagnent le commentaire du mot-clef « trouver ». Ou plutôt une for-

mule négative : « *ne pas trouver* ». Tout se passe comme si, au milieu et à la fin d'un discours linéaire, qui suit sagement son texte de base, Philon notait, par une sorte de violence imposée au contexte, le caractère mystérieux de cette impossibilité de « trouver ». Et tout se passe comme si, à ses yeux, le texte de la *Genèse,* ch. 38, v.23 enfermait une sorte de « mystère », de parole prophétique (deux fois énoncée), annonçant en creux, en négatif, la transcendance qui caractérise l'illumination grâce à quoi Dieu fait « trouver » au sage qui n'a pas eu à « chercher », c'est à dire le sage de la quatrième hypothèse. Une sorte de nouveauté troue le discours, et qui peut être figurée :

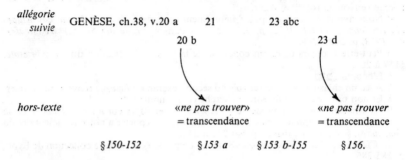

allégorie suivie	GENÈSE, ch.38, v.20 a	21	23 abc
	20 b		23 d
hors-texte	«*ne pas trouver*» = transcendance		«*ne pas trouver* = transcendance
	§150-152	§153 a	§153 b-155	§156.

17 On se reportera au *De migratione Abrahami,* §61, et à tout le développement des §53 à 69, sur une semblable recherche de l'Unique.

18 Dans la citation biblique : « *le buisson qui brûle et qui ne se consume pas* », Philon ne souligne pas ici le paradoxe évident, d'un bois qui brûle sans être brûlé. Au contraire, il interprète par dissociation : Moïse voit des matières qui disparaissent et d'autres éléments qui subsistent (§161 a) !

19 On sait que, dans les *Quaestiones,* il manque les ch. 21 et 22 de la *Genèse,*

20 Un même glissement, explicite cette fois, peut être observé dans le *De migratione Abrahami,* §167 à 169, où Abraham marche du même pas qu'Isaac.

21 Nous n'affirmerions pas que Philon ne songe pas ici à « *Jérusalem* », traduit « *vision de paix* ». Le *Psaume* 146 développe une mystique analogue.

CHAPITRE TROISIÈME

« LA SOURCE » (§ 177-201)

Introduction : les cinq interprétations

En quelques pages Philon va maintenant parcourir la fin du texte qu'il s'est donné en exergue (§ 1). Plus précisément, nous trouverons dans la majeure partie de cette section l'étude d'un seul mot, « *la source* » (du § 177 au § 201), tandis que les § 202 à 213 offriront un commentaire accéléré de tout le contexte, non sans quelques omissions ni libertés.

S'il en était encore besoin, les derniers développements du *De fuga et inventione* prouveraient à eux seuls la rigueur de Philon. Nous surprendrons l'harmonie interne et la cohérence de son discours, où ne sont jamais perdues de vue les nécessités les plus larges issues du projet dans son ensemble, non plus que de nouveaux rapports nés au fur et à mesure que l'exégèse introduit les figures nouvelles. Nous ne pouvons songer à exploiter ici entièrement l'abondante provision des symétries et des relations. L'épure suffira.

Déjà, la volonté de l'auteur se manifeste bien active dans le choix des explications. Dans la fin du livre, le mot « *désert* » restera veuf de toute allégorie, bien qu'on ait dû le rencontrer au § 1 ; inversement, nous aurons pour terminer le commentaire une exégèse brève mais précise, condensée, d'une phrase qui ne figurait pas dans l'annonce du § 1 : « *À Yahvé qui lui avait parlé Agar donna ce nom : Tu es Dieu qui me voit...* », soit le v. 13 de la *Genèse*, ch. 16. Nous aurons plusieurs fois à souligner que le thème fondamental du traité, l'éducation préliminaire, infléchit l'interprétation ; et c'est encore là un indice de la volonté de l'auteur. Le premier fait significatif nous paraît être le passage de la logique à l'Écriture : pour énumérer les quatre hypothèses qui permettent de tourner en tous sens les mots « trouver — chercher », Philon s'était contenté de l'analyse logique et grammaticale. Maintenant, le voici qui demande simplement à son répertoire de « lieux » bibliques de déployer les valeurs possibles du mot « *source* ». Ce procédé suppose une sorte de perfectionnement du disciple, plus capable d'explorer seul le réel. L'autre grand fait significatif dans cette partie touche la disposition même des emplois du mot « source ». Rapidement le lecteur s'aperçoit qu'il est possible de les inscrire sur une parabole : partant de l'esprit, nous sommes invités à descendre jusqu'à la perversion des sens, pour remonter ensuite jusqu'à Dieu, la Source par excellence. Entre ces trois points forts, au début, au milieu, à la fin de l'exégèse, Philon introduit — ce sont les deuxième et quatrième exemples de « sources » — deux figures qui nous rappellent de façon symétrique l'effort de l'éducation préliminaire : elles mettent en relief le séjour que le disciple fait auprès de la Sagesse, d'une part, et, d'autre part, sa persévérance, soit deux attitudes sans lesquelles la Vérité reste hors d'atteinte :

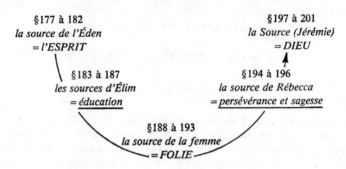

Nous avons annoncé la symétrie principale : l' « esprit » de l'homme (première figure de la « source ») et Dieu (cinquième figure de la « source ») se répondent comme la « nature » à la « Nature », d'après la section précédente.

Ajoutons encore quelques indices de l'unité et de la construction volontaire, comme la reprise de thèmes développés plus haut : l' « *apparence* » revient au § 193 ; au § 206, l'idée se retrouve d'un jugement qu'il convient de « *suspendre* » (on se souvient de l'allégorie du bélier). Mais seule une patiente analyse du détail pourra nous assurer d'une interprétation globale juste et manifester vraiment les intentions de l'Alexandrin.

Le § 177 énumère le catalogue : « *Le mot « source » est dit de bien des manières : en un premier sens, il est notre esprit à nous ; en un second, c'est la disposition rationnelle ; en un troisième, la mauvaise disposition ; en un quatrième, la bonne, contraire de l'autre ; en un cinquième, c'est le Créateur et Père de toutes choses* ». La simple énumération marque l'intention de reproduire grâce à l'exégèse l'itinéraire spirituel complet, à partir de l'âme simplement prédisposée par ses « *puissances* » à rejoindre l'activité divine. Et les limites supérieures de cette ascension nous sont indiquées en même temps. En effet, le cinquième sens donné au mot « source » admet Dieu comme « *le Créateur et Père de toutes choses* » : la science et l'étude nous haussent tout au plus à la vision encore indirecte d'un Dieu saisi comme Cause du monde, et non pas en lui-même. Mais tout à l'heure, Moïse souhaitait déjà franchir cette étape.

I. LA PREMIÈRE « SOURCE » : NOTRE voῦς
(§ 177-182)

1. La lettre et l'allégorie

Si « *le flot montant de la terre pour arroser toute la face de la terre* » (*Genèse*, ch. 2, v. 6) peut-être interprété à la lettre du fleuve Nil montant de son propre lit pour inonder ses berges, il faut au total voir dans cette lecture le fruit d'une réflexion d'athéisme. Cette suffisance de la terre, donnant à la terre sans recevoir du ciel, voilà qui représente aux yeux de Philon la définition même de l'orgueil, niant Dieu pour se perdre finalement dans le corps et la sensation détournés de leur finalité : aussi bien le Nil coule-t-il en Égypte, symbole du corps.

À cette lecture dans laquelle s'enlisent ceux qui ne connaissent pas l'allégorie (§179) s'oppose la signification authentique, celle qui rejoint la nature des choses. Le « *flot* » n'est autre que l'esprit qui se répand pour ainsi dire jusqu'aux organes des sens principalement situés dans la tête et même sur le devant de la tête, le visage, la « *face* ». On note que Philon retient surtout le mot « *face* » ; il néglige dans la bonne exégèse de reprendre les mots gênants : « *qui monte de la terre* » ; quant à l'expression « *pour arroser la face de la terre* », elle convient parfaitement, puisque la tête est le chef du corps, lui-même fait de la « *terre* » d'après la *Genèse*, ch. 2, v. 7 (cf. les *Legum allegoriae*, I, §281).

L'emploi successif d'une lecture littérale et d'une interprétation allégorique permet à Philon de dédoubler son premier exemple, comme si, au stade des études préliminaires où il en est encore, le débutant pouvait s'égarer au carrefour qui conduit soit à l'esprit reconnu d'emblée comme chef et comme synopse des sens, soit à la sensation qui se complaît en soi-même, la terre égyptienne. On peut même voir dans l'intervention de Moïse à la charnière des deux interprétations un élément de réponse.

2. *L'aventure du Texte*

L'hésitation du débutant reçoit de Moïse un commencement de lumière. Il convient en effet d'observer avec précision le rôle du §180b : « *En partant de là, Moïse lui aussi a pu assigner le qualificatif d'athée au genre de vie égyptien, qui fait passer la terre avant le ciel; avant les réalités olympiennes celles de la terre; avant l'âme le corps.* ». Les §178 à 182 ne renferment pas seulement deux interprétations du mot « source », mais trois. Ou plutôt la première en vient à se dédoubler. À côté des malhabiles qui ne sont pas loin d'être taxés de mal-pensants à l'instar des Égyptiens, les amis du Nil, il y a Moïse pour connaître aussi le Nil. Si bien que Philon nous propose successivement une interprétation qui pèche par athéisme, une interprétation qui adopte provisoirement le même sens, mais pour en faire le châtiment de qui l'adopte, et enfin l'interprétation juste. Le débutant apprend donc : l'erreur des matérialistes, leur condamnation par Moïse et enfin la vérité de l'allégorie. C'est qu'à la différence d'Abel qui, tout juste qu'il était, ne sut pas se servir de la rhétorique contre les rhéteurs, Moïse convainc les philosophes d'erreur sur leur propre terrain[1]. Les sophistes succombent devant les apparences : ici, ils interprètent en un sens géographique le verset biblique ; Moïse, lui, connaît ce même phénomène d'un Nil servant de pluie, mais il en remonte pour y déchiffrer le symbole de l'homme suffisant, qui reste prisonnier du corps. Malgré les apparences, le verset de la *Genèse* ne désigne donc pas le Nil ; mais, si l'on veut parler du Nil, disons que Moïse défait chez eux les matérialistes, fermant la porte à l'erreur par une sorte d'argument *ad hominem*.

Il le fallait, car la lettre de la Bible invitait presque à cette erreur...
Le schéma réel de ce premier exemple peut-être représenté de la manière
suivante : plutôt qu'une traduction d'un mot de l'Écriture, il donne
une « histoire » de la traduction : les mal avisés perdent un texte ;
Moïse le retrouve et le libère ; l'allégorie en ouvre le sens vrai. Cette
aventure du sens peut être représentée :

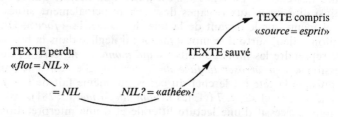

ou encore, du point de vue des acteurs réels :

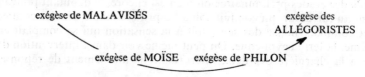

Le premier schéma montre comment le Texte destiné à l'intelligence
subit d'abord un détournement, puis est « libéré » par Moïse sans être
encore expliqué ; le second schéma, superposé au premier, rend seul
compte de tout le discours philonien dans ce passage. En particulier,
il permet d'admettre l'intervention de Philon lui-même, activement présent dans les adjectifs verbaux du §181, ἐπανιτέον — λεκτέον — στο-
χαστέον. Un Texte a été éclipsé ; quelqu'un le libère, négativement,
de son mauvais sort, et c'est Moïse ; quelqu'un doit encore le faire
comprendre pour le mener à destination, et c'est Philon. Moïse a en
effet dissimulé sous la lettre de l'Écriture des vérités que l'allégorie doit
travailler à remettre au jour.
   Nous avons tenu à formaliser autant que possible cette page relativement terne. L'enjeu la dépasse, comme souvent dans Philon. Nous
devinons ici que Philon s'intéresse surtout à l'apprenti exégète, puisque
c'est le procès de l'interprétation et non tellement l'interprétation qui
lui dicte ses mots. Cela dit, il faut penser que l'art de Philon lui permet
de satisfaire simultanément à plusieurs intérêts : nous nous rendrons
compte avec le dernier exemple que la mention de l' « athéisme » ouvre
ici une séquence qui se fermera là-bas (§199-200).

II. LA DEUXIÈME « SOURCE » : ÉLIM
(§ 183-187)

Le genre de l'aventure correspondait bien à ce stade du progressant appelé à se représenter justement la source de l' « esprit » originel, comme « en puissance ». Philon s'est bien gardé de rappeler le lien qui rattache l'esprit de l'homme à l'Esprit de Dieu. Nous partons donc d'une « nature » sans savoir encore qu'elle renvoie à la « Nature », ni comment elle le fait. Que l'homme soit fait « à l'image » de Dieu, nous serons invités à le comprendre lorsque le cinquième exemple du mot « source » achévera la parabole du salut et viendra rimer avec le premier. L' « esprit » de l'homme qui forme l'unité des sens dispersés, l'œil, l'oreille, etc., annonce secrètement la force divine qui assure au monde son unité et sa cohésion.

Pour le moment, l'unicité de cette « source » qui est l' « esprit de l'homme » ne peut être entendue comme une unité véritable. Elle va se trouver adaptée plus volontiers à une multiplicité relative, celle des sources de l'éducation, selon le texte : « Ils arrivèrent à Élim ; or il y avait à Élim douze sources avec soixante-dix troncs de palmiers. Ils campèrent là près des eaux » (d'après l'Exode, ch. 15, v. 27). Le commentaire de Philon est un chef-d'œuvre d'adaptation du discours à l'idée. L'essentiel de l'exégèse, tant par la longueur que par la position — au milieu du développement — est consacré aux nombres « douze » et « soixante-dix », de telle sorte que le mot « source » disparaît pratiquement : il vient de biais, à l'intérieur d'une phrase qui reprend le texte déjà cité, et où il reçoit une traduction affaiblie — « près des eaux », équivalence proposée par le texte sacré. Mais un jeu subtil permet de conférer au nombre, d'ordinaire indice de multiplicité fâcheuse, une participation à la vérité, car « douze » et « soixante-dix » sont des nombres parfaits, ce qui est développé à loisir dans les § 184 à 186.

De plus, l'explication du texte évoque par sa disposition une coque dissimulant un fruit. Quatre termes reçoivent une exégèse : Élim, les douze, les soixante-dix, l'expression « ils campèrent près des eaux ». Les deux termes extrêmes, Élim et le campement, se voient affectés d'un indice d'infériorité, tandis que les deux nombres placés au milieu exaltent la perfection. « Élim », traduit par « vestibules »[2] laisse donc l'apprenti à l'entrée de la science (§ 183) ; on notera les pluriels qui prennent toute leur valeur du contraste créé par le souvenir récent de l' « esprit », principe d'unité et synopse des sens (§ 182). Et si les Hébreux « campent près des eaux » (§ 187), c'est que le pluriel joue encore son rôle, et c'est aussi que ces « réalités » que sont les « eaux » doivent être distinguées des « sources » — subtilité qui n'est plus pour nous surprendre. Tout se passe comme si Philon trouvait que les nombres sacrés « douze » et « soixante-dix » restent trop nobles pour des commençants. Dans le cas des « soixante-dix troncs de palmiers », il lui suffit d'observer que l'Écriture ne les nomme pas en parlant du campement, et du coup ils restent en dehors des possibilités du pèlerin de la sagesse. Les « pal-

miers », symboles de victoire et donc signes prématurés de la perfection, sont pour ainsi dire sauvés par l'Écriture elle-même de la contamination. Le cas des « *douze sources* » est plus subtil. C'est en traduisant « *sources* » (début de la citation) par « *eaux* » que l'Écriture les sauve d'un contact prématuré, car il faut entendre que les « *eaux* » ne représentent pas les *sources* ! L'Écriture qui ne se répète pas en vain[3] fait camper les Hébreux « *près des eaux* ». En atomisant volontairement les éléments du texte biblique, on peut avec aisance marquer le présence de la perfection sans la mettre au contact immédiat de l'imperfection : la vérité est là, mais transcendante. C'est pourquoi Philon n'a pas voulu commenter l'expression entière « *douze sources* ». On en trouvera la confirmation dans le fait qu'en expliquant le nombre 70, il ne fait point difficulté d'en donner comme premier exemple les « *soixante-dix palmiers* » qui figurent dans son texte de base (au début du §186 : « *il dit bien qu'il y a soixante-dix palmiers auprès des sources* ») ; mais, en expliquant le nombre 12, il se garde bien de rappeler l'existence des « *douze sources* » dans le même texte...

Le commentaire de Philon est donc ici entièrement paradoxal. Il ôte toute leur portée immédiate aux mots « *douze* » — « *sources* » — « *soixante-dix* » — « *palmiers* », pour les transporter dans un domaine transcendant ; il garde les mots « *portails* » — « *eaux* » au niveau du débutant : le pluriel, l'idée de préambule, celle du désir de boire (§187) conviennent à son degré. Mais le mot-clé, le terme de base « *la source* », pour éloigné qu'il soit, n'en agit pas moins cependant : c'est beaucoup déjà que la « propédeutique », si nettement soulignée ici, enveloppe mystérieusement la sagesse ultime, comme une coque enveloppe la noix. Les pluriels insistants, d'origine inférieure, sont pour ainsi dire aimantés par ces pluriels d'un autre ordre que sont les « *douze* », les « *soixante-dix* ». Leur pluriel ordonné est celui du cosmos : les exemples cités par Philon appartiennent au registre de la nature ou du sacrifice (qui est retour de la nature à Dieu), c'est dire qu'ils opèrent la médiation entre le multiple et l'Un : ils proposent à cette fin le nombre réglé.

Le disciple de sagesse apprend alors que n'importe quelle science ne peut mériter le titre de propédeutique véritable. Seule une science illuminée du dedans, aimantée par la connaissance naturelle de la nature peut y prétendre. Unité potentielle de l' « *esprit humain* », multiplicité vraiment plurielle mais protégée de la dispersion par la présence d'une science des nombres naturels qui l'aimante : telles apparaissent, dans ce commentaire du mot « *source* », les deux première étapes de la dialectique. La première est décidée, mais vide ; elle est en puissance. La seconde s'enveloppe de mystère, mais est ouverte au réel que symbolisent les nombres parfaits du cosmos.

Le début du §187 reproduit la figure du développement dans son entier : les Hébreux, nous dit-on, atteignent les « *antichambres* », c'est-à-dire « *Élim* » ; ils contemplent les « *sources et les arbres* » de victoire, mais ils se retirent loin des arbres et se contentent des « *eaux* » — double retrait. Le schéma suivant peut représenter le §187 :

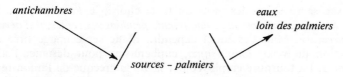

Et il reproduit celui de l'ensemble des § 183 à 187.

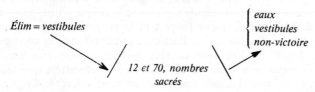

Les lignes obliques marquent les coupures formelles et symboliques entre les domaines de l'initiation, les extrêmes, er celui de la Sagesse pure, au centre. Pour obtenir un tel commentaire, il suffisait à l'exégète de suivre tranquillement le texte biblique en le privant de toute synthèse. La phrase « *Il y avait à Élim douze sources avec soixante-dix palmiers* » se trouve au milieu, comme en incise déjà. Et deux expressions seulement permettent de comprendre qu'il existe un lien entre cette enclave et la périphérie : ce sont, au début, la répétition de « *à Élim* », et, à la fin, l'adverbe de lieu « *là* » dans l'expression « *ils campèrent là près des eaux* ». L'imperfection embrasse les symboles de la perfection, comme un trésor promis mais encore inaccessible.

On le voit, la figure obtenue par cette deuxième interprétation du mot « source » suppose un certain progrès par rapport à la première. Dans la première, l'opposition était celle du bien et du mal, de l'esprit et des sens dominateurs ; ici, l'imparfait se pose à côté du parfait pour bénéficier de sa présence. Dans la première, le procédé littéraire consistait à juxtaposer deux exégèses, littérale et allégorique, dont la seconde « sauve » la première ; ici, nous avons une figure d'enveloppement, assez semblable à celle qui nous était apparue dans les § 137 à 139 : la Manne se présentait comme in bien actif, mais demeurait cachée à ceux qui pourtant savaient en jouir (c'était le troisième exemple de la « découverte » associée à la « recherche »).

III. LA TROISIÈME SOURCE : LES RÈGLES
(§ 188-193)

L'exemple précédent permettait de dissimuler symboliquement la « source ». Le commentaire évitait de la désigner et faisait ressortir plutôt la distance réglée qui subsiste entre l'âme et la vérité. Une certaine multiplicité réglée rachetait les pluriels en les ramenant du côté de l'Unité. Au contraire, nous allons ici observer le passage d'une unité illusoire, « *la* » source de la femme, à une multiplicité déclarée, anarchique, celle du « *déluge* » (§ 192 : ὁ μέγας κατακλυσμός.)

L'exégèse va suivre les mots du texte choisi, le *Lévitique,* ch. 20, v. 18 : « *Si un homme dort avec une femme pendant ses règles, il a découvert sa source...* ». Mais l'essentiel dépendra d'une seule image tirée d'une traduction du verbe ἀποκάθημαι, euphémisme pour désigner l'état de la femme. La tournure employée par la Bible grecque de Philon revient, une fois analysée, à ceci : ἀπωτάτω καθέζεται, et, à force de « s'éloigner du principe », le sens de « source » va devenir « cataractes ». Le détail de l'exégèse se comprend ensuite aisément : le couple « homme — femme » renvoie à celui que forment l'esprit et la sensation. Le « *sommeil* » de l'esprit est celui de Noé qui se découvre et abandonne la consience pour l'ivresse. Mais, au lieu que ce soit lui qui s'en trouve « *nu* », c'est la sensation qui se trouve « *à découvert* »[4] — et cette expression prend en charge ce que laissait entendre la traduction « *elle s'asseoit à l'écart* » : la sensation échappe à la vigilance de l'esprit et s'expose donc « *à découvert* »; le flot incontrôlé des sensations particulières l'entraîne comme un déluge. Nous allons revenir sur l'histoire de Noé qui se tient à l'arrière-plan de ce commentaire des règles féminines. Terminons-en auparavant avec les détails du passage : l'explication réaliste donnée au § 189, « *elle s'installe sur les sensibles qui séduisent et corrompent, pour s'unir amoureusement à chacun d'eux* », symbole de la prostitution, doit s'entendre à partir de la *Genèse,* ch. 31, v. 19 et 31 à 34. Laban poursuit Jacob et cherche les idoles que Rachel lui a dérobées à l'insu même de Jacob. Pour éviter la perquisition, Rachel cache le tout sous la selle d'un chameau et s'asseoit, dehors donc, sur cette selle, tout en prétextant qu'elle a « *ce qui est ordinaire aux femmes* » : l'indisposition — et l'impureté encourue — empêcheront que Laban la fasse descendre. Philon ajoute à l'anecdote une interprétation scabreuse qui combine plusieurs données : le pluriel des idoles représente pour l'âme une multiplicité de maris, opposés à l'Unique (comme dans le cas de la prostituée du *De migratione Abrahami,* § 69) ; n'est-il pas, naturel, de plus, que mise « *à l'écart* » de son mari, la sensation perde sa cohésion, déjà fragile, et fasse des objets dispersés autant de dieux ? On se reportera pour ce lot de notions aux *Legum allegoriae,* II, § 46 et au *De ebrietate,* § 56 à 64, qui commentent la *Genèse,* ch. 31, v. 19 et 31 à 34 également. Pour mieux comprendre la portée « théologique » de la locution « *elle s'asseoit à l'écart* », on se souviendra du fait que Rachel n'a pas averti Jacob, son mari, du larcin qu'elle a commis (*Genèse,* ch. 31, v. 19 et surtout v. 32b). Non seulement l'expression désigne l'abstention de toute relation sexuelle, puis, pour Philon, de toute relation de dépendance à l'égard du mari, mais elle dénonce le caractère frauduleux de l'idolâtrie (cf. *Legum allegoriae,* II, § 26 à 30).

Pour être comprise selon tous les canons de l'exégèse, la suite suppose qu'on ait noté deux phénomènes. Tout d'abord, Philon, rencontrant dans le texte biblique une sorte de redondance distingue soigneusement les deux termes comme s'ils désignaient deux réalités distinctes : « *il a découverte sa <u>source</u>* (à elle), *et elle a elle-même découvert le <u>flux</u> de son sang* ». Au lieu de nous renvoyer de manière synthétique au siège des règles, Philon dédouble : le mot « source » renvoie à l' « *esprit* », grâce à la toute première signification du mot dans la liste (cf. §182), tandis que le mot « flux » nous annonce la ruée des sens vers le flot des données sensibles ; soit, d'un côté, à l'esprit mâle, et, de l'autre, à la sensation féminine. Est-ce à dire que le mot « source » doive être compris simplement à la lumière de la première définition et que l'annonce du § 188, « *Considérons la source de folie...* » doive être considérée comme un trompe-l'œil ? Ce serait le cas sans la citation de la *Genèse,* ch. 7, v. 11, que nous lisons au § 192. En y trouvant ces mots : « *Les sources de l'abîme se sont découvertes...* », Philon se réjouit sans doute de ce pluriel, qui indique la dispersion funeste et que n'offrait pas son texte de départ, pourvu d'un honnête singulier : « *il a découvert sa source* ». Il comprend du même coup, puisqu'il s'agit de l' « *abîme* », c'est-à-dire de la réalité inférieure et dévorante de la sensation, que le mot « *flux* », sous un autre biais, explicite « *source* » par la notion d'un mouvement abondant et mal retenu. L'opportunité de cette citation constitue le second phénomène qu'il convenait de signaler ici. Elle est d'autant plus grande que nous sommes, depuis le § 189, partis dans la direction de NOÉ : l'homme qui se « découvre » et qui « sommeille ». Or, nous voici en présence du Déluge... La geste du patriarche fondateur sert donc ici de fond de tableau.

En reprenant le cas de la femme, au § 190, Philon tient à souligner la responsabilité du couple : « *elle a découvert, elle aussi, le flux de son sang...* ». Du moment que le *Lévitique* propose une formule redondante, c'est qu'il désigne en deux emplois deux choses différentes, à savoir l'action de la femme suivant l'action de l'homme. Ce partage de la responsabilité entre l'homme et la femme, entre l'esprit et la sensation, manifeste que c'est l'être de l'homme tout entier qui sombre dans la folie, dans la dispersion du multiple. Séparés et laissés exposés au danger par le sommeil de l'esprit, les parts de l'âme se trouvent mal en point : l'esprit dort ; la sensation se perd en se laissant envahir « *à découvert* », comme une cité démantelée.

Le commentaire du mot « *flux* » se combine à celui du fâcheux « *à découvert* », dans le § 191. Le flot des impressions submerge la sensation. On note que Philon ajoute à la division « esprit / sens » une division tripartite : « esprit / sens / parole ». La parole exprimée, troisième composante de l'âme, apparaît-elle ici part une sorte d'entraînement verbal[5] ? Nous reprendrons cette question à la fin de notre analyse. Disons sans plus attendre que l'évocation du discours convient au problème soulevé par le Traité dans son ensemble. Le disciple de sagesse initié aux paroles des sages, aux « *grands principes* »[6], risque bien d'échouer au port, en devenant semblable aux « sophistes », par exemple, dont Philon nous parlera bientôt précisément, dans la conclusion (§ 210).

Ub double flux, celui des objets des sens, courant du dehors au dedans, celui des paroles malheureuses jaillissant du dedans vers l'extérieur, remplace la concentration ou le silence[7] qui manifestent la proximité du divin. Il devient un « *déluge* » (cf. le *De sacrificiis Abelis et Caini,* § 65-66), le grand flot qui submergea la terre et dont la Bible parle en des termes qui ont justement guidé Philon dans son exégèse du *Lévi-*

tique : le « *ciel* » et l' « *abîme* », mis à contribution pour le cataclysme, calquent en effet les deux fonctions de l'homme et de la femme et rappellent que c'est l'être tout entier qui subit le désastre, du fait de l'esprit autant que de la sensation.

Le *Lévitique* lui-même, en un autre passage (ch. 18, v. 7), vient opportunément proposer une synthèse de tous les thèmes. Il recouvre en effet la responsabilité des deux pôles, actif et passif : « *Moïse interdit de découvrir la honte du père et de la mère* » ; il contient les mots « *père et mère* », qui renvoient aux deux éléments ; il coïncide avec un dernier trait de l'histoire examplaire de NOÉ. Cette dernière remarque demande explication. Dans les *Legum allegoriae*, II, § 60 à 63, nous lisons une interprétation de la félonie de Chanaan, le fils de Noé qui porta au dehors la nouvelle que son père était nu : « *Si le sage a commis une faute, il ne la laisse pas dériver aussi loin que le méchant... la faute a lieu dans* « *la maison* » *de l'âme...* ». Il s'agit vraisemblablement du même trait dans notre *De fuga*. L'observation sert utilement notre projet de mettre en lumière les schèmes philoniens : dans les deux cas, il s'effectue une sorte de glissement du thème du « couple » à celui de la relation « intérieur — extérieur ». Seulement, dans le texte des *Legum allegoriae*, Philon cherche à limiter la faute de Noé, alors qu'ici le commentaire vise à en étendre le malheur. Voici le premier texte, frère du nôtre :

> « *Le second sens de la 'nudité' est la perte de la vertu, issue d'une diversion de l'âme qui s'affole et s'égare : Noé l'éprouve en se mettant nu après qu'il a bu du vin. Il y a cependant lieu de rendre grâces à Dieu que la diversion et la nudité de l'esprit ne se soient pas, dans cette perte de la vertu, étendues jusqu'à l'extérieur et qu'elles soient restées 'dans la maison'. Il est dit : 'Il se mit nu dans sa maison'. Quand le, sage a commis une faute, il ne la laisse pas dériver aussi loin que le méchant. De soi, le vice de l'un est en expansion ; le vice du premier est contenu : aussi revient-il à la sobriété, c'est à dire qu'il se repent et se rétablit comme d'une maladie. Considérons avec plus de précision le fait que la nudité se manifeste 'dans la maison'. Lorsque l'âme, à l'occasion d'une diversion, se contente de penser à quelque chose de déplacé sans l'exprimer à l'extérieur par l'adjonction d'un acte, la faute a lieu dans le domaine de l'âme, sa 'maison'. Mais si l'on va, avec la pensée mauvaise, jusqu'à l'accomplissement de l'acte, l'injustice se répand aussi jusqu'à l'extérieur. C'est pourquoi Noé maudit Chanaan, pour avoir annoncé à l'extérieur la diversion de l'âme, c'est à dire pour l'avoir étendue jusqu'au dehors et l'avoir achevée en ajoutant à la volonté mauvaise un nouveau mal, son accomplissement par des actes. Sem et Japhet se voient loués de n'avoir pas attaqué l'âme, mais d'en avoir au contraire dissimulé la diversion. C'est pourquoi les vœux et les engagements de l'âme sont annulés, lorsqu'ils sont faits dans la maison d'un père ou d'un mari (d'après Nombres, ch. 30, v. 4), si les pensées réfléchies refusent le repos du sommeil et ne consentent pas à la diversion, mais écartent la faute. Alors, le maître de toutes choses lui aussi, la 'tiendra quitte', en effet. Mais l'auteur laisse valide, sans possibilité de le relever, le vœu d'une femme répudiée ou d'une veuve : 'Tous les vœux qu'elle fera, dit-il, dans le fond de son âme, lui restent'. Et c'est la logique même ; si la femme répudiée est allée jusqu'à l'extérieur, de manière à ne pas seulement subir la diversion, mais à accomplir la faute par des actes, elle reste incurable, sans*

participation à la raison d'un mari et privée des consolations de son père » (*Legum allegoriae*, II, § 60 à 63).

La fin de ce texte contient cette idée d'une femme que son homme, père ou mari, n'abrite plus ; et cette idée appartient au complexe d'idées et d'images qui gravitent autour de Noé. Parti de la « nudité », Philon aboutit au « couple séparé », en passant par la médiation de l'alternance « extérieur-intérieur ». Dans le *De fuga,* il part du couple dont la nudité signale la séparation, pour aboutir à l'alternance « intérieur-extérieur »[8]. Les termes essentiels sont chaque fois représentés, bien que dans un ordre différent, qui tient à la finalité du traité où ils prennent place.

Cette longue parenthèse de notre propre commentaire cherchait à justifier le § 193. Il ne faudrait pas en conclure que seul l'appel à un traité différent permet cette justification. En citant le *Lévitique* qui interdit « *de découvrir la honte de son père et de sa mère* », Philon reprend à la fin cet accomplissement du mal que représente son extériorisation par le langage, sa profération : c'est le langage qui revient ici pour achever le tableau de la misère. Et nous y gagnons un effet supplémentaire. Au début, Philon regrettait que la « source » fût découverte — la « source », c'est-à-dire l'esprit, valeur positive et virile ; ici, le dévoilement expose la « *honte* », la faute de l'esprit aussi bien que de la sensation. La « source » est devenu « honte ». On ne pouvait descendre plus bas[9].

Le dernier trait qui caractérise la déchéance n'est autre que la corruption de la vérité : « *afficher* (les fautes) *comme des traits de droiture* » (fin du § 193). Il ne faut pas parler ici d'hypocrisie, mais c'est un effet de la débâcle : ce qu'une langue perverse étale prend abusivement la place des valeurs authentiques. Le mal connaît une publicité qui, en principe, récompense la vertu. Un mensonge « objectif » recouvre la terre. Philon a manifesté par ce biais la décomposition qui atteint les trois parties de l'humaine machine, un peu comme dans l'immense fresque du *De confusione linguarum,* où les § 15 à 59 proposent successivement la débâcle puis la réintégration des trois parties de l'homme.

IV. LA QUATRIÈME « SOURCE » : RÉBECCA
(§ 194-196)

La première interprétation du mot « source » était apparue dédoublée en deux exégèses, littérale puis symbolique : la disposition en carrefour, pour ainsi dire, correspondait à la situation du commençant appelé à discerner entre la vérité et l'erreur, la lecture authentique et la falsification physiologique de l'Écriture. La deuxième interprétation imitait dans sa forme une enveloppe contenant le trésor de la sagesse : celui qui apprend et progresse ne se trouve-t-il pas à la fois proche et éloigné du vrai ? Il en tient les arrhes sans savoir au juste ce qu'il possède : il « brûle » comme on dit en certains jeux. Dans la troisième interprétation, l'exégèse est entrée pour la première fois dans des dessins compliqués : un texte en appelle un autre ; au lieu de la connivence qui unit dans le cas d'Élim le début et la fin du commentaire, nous avons ici une opposition, signe de la ruine : le sommeil où se dérobait l'esprit au début devient en clair son « iniquité », à la fin. Tous ces indices de l'expression engagent le lecteur dans le drame de la perversion, qui est séparation, dispersion. La simplicité même de la nouvelle interprétation, que nous abordons, nous reconduit vers l'unité et la lumière.

La quatrième exégèse rendue avec la deuxième et montre l'âme qui chemine en s'abreuvant, non plus, il est vrai, aux « eaux » multiples, mais à une source unique, celle de la *patiente persévérance*. Dès le début du § 195, l'accent est mis délibérément sur l'unité : « *Telles sont les sources des fautes ; nous avons à chercher celle de la prudence* ». Après le spectacle navrant de la multiplicité, Philon propose un retour à l'unité, et c'est le thème qui explique à seul l'ensemble des § 194 à 196.

Le § 194, par l'effet d'un commentaire anticipé, suppose qu'on ait deviné la citation donnée au § 195a : « *Elle descendit à la source, emplit la cruche et remonta* » (d'après la *Genèse*, ch. 24, v. 16). Ces quelques lignes de traduction ne manquent pas d'enseignement. Philon commence par donner deux équivalences pour ainsi dire obvies : Rébecca se traduit par « *persévérance* », ce qui est son blason, et la cruche désigne le « *vase de l'âme* ». Une observation de syntaxe lui permet ensuite d'affirmer que, dans le texte, « *descente* » est déjà traduit par Moïse en « *montée* », suivant le principe allégorique dont nous avons trouvé tant d'exemples, que les synonymes apparents doivent être compris comme des valeurs distinctes, et que les couples de contraires, réunis dans certaines conditions, doivent nous faire conclure à des réalités identiques. La Bible dit : « *descendit... et remonta* ». Moralement, Philon sait que l'exaltation suit l'humilité[10]. Grammaticalement, il lui suffit de comprendre que le « *et* » dans « *et remonta* » rattache étroitement les deux actions, les deux propositions, d'autant plus facilement que le texte sacré ne dit pas « *elle descendit à la source... et remonta de la source* », mais seulement « *remonta* » ; l'adjonction d'une remontée « de la source » aurait tout annulé dans le raisonnement de Philon : descendre « *emplir le vase de l'âme* », voilà qui est « remonter », se trouver exalté. On le devine — et nous tenons à ce détail pour traduire exactement à notre tour les « traductions » philoniennes — on devine que les trois éléments de la phrase se commandent les uns les autres. Si « descendre » équivaut à « monter », ce n'est pas seulement par la liaison « et », ni encore par la valeur d'absolu que l'absence de précision apporte (le texte ne disant pas « elle remonta de la source »), mais ces indices trouvent un sens par l'autre précision : « *elle emplit la cruche* ». Venue à la « source », Rébecca y trouve le gage de sa « montée » parce qu'elle en a reçu la provision morale. Voilà donc un nouvel exemple de ce que nous appelons le principe de « redondance ». Cela dit, observons que Philon commente tous les termes de la citation, à l'exception du mot-clé, la « *source* », qu'il met en réserve pour la suite. Il n'y a point là simple souci de varier ou encore moins hasard de la rhétorique. L'âme qui a consenti à « *descendre* » sacrifie donc une « *présomption orgueilleuse* » ; elle renonce à soi-même et, on le sait, cette étape est le dernier exil avant la révélation. Rébecca vient

donc contredire ici le blasphème entrevu dans la phase drécédente
(§191), et qui devait consister à attribuer à Dieu le mal qui est dans
l'homme, et réciproquement, à faire gloire à l'homme du bien qui appartient à Dieu seul. Ainsi, la quatrième étape suit-elle exactement la
troisième, en prévoyant le dépouillement ultime.

Mais Philon a glissé un mot nouveau, en « traduisant » la « *cruche* »
de Rébecca par « *le vase de l'âme tout entier* » — ὅλον πληρώσασα ἀγγεῖον,
Parti sur le sentier de l'unité, il en saisit tout de suite l'effet. Sans doute
tient-il compte du fait que le texte parle de « remplir », du fait que
Rébecca emplit « *la* » cruche, et non point « *sa* » cruche (ἔπλησε τὴν
ὑδρίαν[11]) ou quelque vase autrement déterminé et qui perdrait sa
valeur symbolique... Comme l'Écriture se fait simple et le commentaire
dépouillé, pour interpréter la béatitude et la vertu !

Philon adapte son exégèse à la situation du progressant : il a d'abord
expliqué les mots secondaires (tout le §194 s'acquitte de ce rôle), puis
il cite le texte (début du §195) ; et c'est alors seulement qu'il isole le
mot noble, la « *source* » (§195b-196), et lui donne comme explication
la lumière d'un autre passage de l'Écriture, alors qu'il s'est contenté
dans le §194 d'une traduction « philosophique », morale : « *prudence* » —
« *persévérance* » — « *vertu* » — « *présomption* ». La conduite du commentaire imite la suite des moments de sagesse que le disciple adopte au
fur et à mesure qu'il avance dans son étude. Une propédeutique « philosophique » conduit au Texte, et du Texte rayonne ensuite une évidence supérieure, l'éclairage concédé à un passage du Texte par un
passage, lointain sans doute, mais qui manifeste d'autant mieux le con-
cert de toutes les expressions du même Logos... Le schéma suivant permet de suivre, à gauche, la série des procédés philoniens ; à droite, la
« traduction » que notre commentaire leur donne :

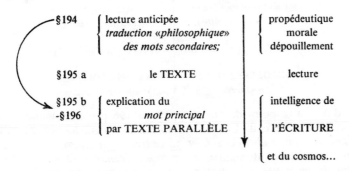

La connaissance synthétique de l'Écriture semble ouvrir de surcroît à
celle du cosmos et donner la connaissance de la nature. Les derniers
mots du §196 traduisent l'exaltation que la forme solennelle de la nouvelle « traduction » proposée par le texte même de la *Genèse,* ch. 14,
v. 7 : « *Ils tournèrent et vinrent auprès de la source du Jugement : Celle-ci
est La Sainte* ». Comme « jugement », la Sagesse opère la séparation
des « contraires », tout en les maintenant sans doute dans l' « *harmonie*

disjonctive » que peut évoquer le verbe δταζεύγνυνται. Il suffit de rappeler ici le développement du *Quis heres* touchant la division qui, sous tant de formes, sépare et met en relation les réalités de la création et du salut.

Philon est tout à fait conscient de la position de son développement sur la parabole que nous avons dessinée plus haut (page 446). Cette étape fait pendant à la deuxième interprétation du mot « *source* », alors traduit par « *Élim* » : là-bas nous avions remarqué la subtile position de la sagesse à proximité des sciences propédeutiques. Or, Philon revient ici sur la même question, mais en marquant un progrès : les sciences propédeutiques sont mieux intégrées à la Sagesse. Nous lisons au §195 : « *C'est* (cette source) *la sagesse divine, où s'abreuvent aussi bien les sciences particulières que toutes les âmes contemplatives, possédées par l'amour du meilleur* ». Philon montre les sciences abreuvées par la Sagesse ; et c'est une synthèse en voie d'achèvement. C'est dire que les cinq étapes, si elles forment ce système de la parabole, ornée de récurrences, ne composent pas une symétrie immobile. La quatrième étape répond bien à la deuxième, mais comme à un étage supérieur. Le point de vue auquel accède maintenant le disciple correspond à une position plus haute et plus proche du terme. Les sciences particulières conspirent dans la dépendance de la Sagesse, source unique. À son tour, la connaissance (exégétique) de celle-ci nous conduit vers deux concepts divins : « *jugement — sainteté* ».

Or, ces deux concepts sont rapprochés ; ils forment une belle unité. Il est instructif de remarquer dans ce §196 la répétition exacte du procédé d'exposition qui règle le déroulement des §194—195. Nous avons une sorte de « traduction » anticipée du texte, puis la citation de ce texte de la *Genèse*, ch. 14, v. 7, enfin la contemplation qu'il ouvre :

§194-195	§196
traduction mot à mot	traduction .
«*vase*» - «*descendre*»...	«*jugement*» - «*sainte*»
TEXTE (*Genèse*, 24, 16)	TEXTE (*Genèse*, 14, 7)
«*SAGESSE DIVINE*» = «*source*»	«*SAGESSE DIVINE*» = «*lien du monde*»

Mais d'un autre point de vue, les §194 à 196 présentent une symétrie différente, en berceau. Car la fin donne une équivalence que Philon souligne (ἡ τοῦ θεοῦ σοφία ἀγία τέ ἐστιν... καὶ κρίσις τῶν ὅλων...), comme le début en donnait une, entre « *descendre* » et « *monter* ». Ces combinaisons mettent le mot « *source* » au cœur du développement, sous le nom de *Sagesse* :

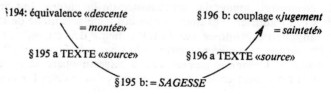

La « source » — Sagesse, placée au centre du passage, hérite de la perfection que la mise en forme des sources d'Élim assurait naguère à la Vérité dans la deuxième étape, symétrique de celle-ci. Philon évite de prendre le mot « source » soit dans le §195, où il est « traduit », soit dans le §196b. Cette mise en abîme ne signifie plus qu'elle est dissimulée, selon l'image du fruit enveloppé de sa coque (dans les §183 à 187) : il s'agit au contraire d'un phénomène d'intégration. Rien n'apporte l'idée d'une séparation. Les sommets de la vertu sont évoqués dès le début du passage (§194), et c'est le fait d'une contemplation déjà transcendante de dominer les contrariétés de l'Univers. En ce sens, il est loisible de comprendre que l'unicité de la source divine engendre un procès d'unification non seulement des ordres de l'Univers, mais aussi des étapes de la science, propédeutique et sagesse. On le voit une fois de plus, la forme rejoint le contenu.

Terminons-en avec cette quatrième interprétation de la « source », en rappelant que Philon compte fort sur la vision bien conduite de l'ordre du monde pour mener le progressant jusqu'à la contemplation de Dieu comme Cause de l'harmonie. On pourra ici relire les §180 à 196 du *De migratione Abrahami* ou le milieu du *Quis heres*. C'est dire que nous ne saurions tout de même, arrivés jusqu'à ce point, franchir certaine limite : nous sommes conduits jusqu'à la frontière spirituelle où, pour assurer le pas définitif, autre chose doit agir.

V. La source par excellence : le Père
(§197-201)

Aussi bien est-ce par l'appellation grandiose, bien que limitée encore, « *Père de l'Univers* », que Philon attaque la cinquième hypothèse. Le mot « *source* » désigne dans le prophète *Jérémie,* ch. 2, v. 13, celui dont « *l'Univers a découlé* » (§198). Dieu est ici connu comme Cause de l'Univers — seulement, si l'on peut dire. Dans cette section comme dans les précédentes, Philon a disposé avec le plus grand soin matière et expression.

Il n'est que de considérer le début, apparemment banal : « *Il faut maintenant parler de la Source la plus haute et la meilleure, telle que le Père de l'Univers en a fait passer l'oracle par la bouche des prophètes* ». Le singulier : « *la Source* », continue le singulier de la précédente hypothèse. Mais la nouveauté, la transcendance de ce singulier ressort de trois déterminations. Tout d'abord, la Source est « *supérieure* » et « *meilleure* » ; en second lieu, elle est révélée par Dieu même, mais grâce au prophète. On observera que Philon distingue Dieu comme révélant, dans cette formule qui précède la citation de *Jérémie,* et Dieu comme révélé. De plus, par une sorte de redondance propre à Philon, le nom du Révélateur est une paraphrase de l'oracle révélé : « *le Père de l'Univers* » traduit à l'avance « *Moi, Source de vie* »[12].

La section est divisée en deux parties bien tranchées. La première ne retient (§197-198) que les traductions positives d'un texte pourtant cité dans son intégralité, positif et négatif tout ensemble : « *Ils m'ont abandonné, moi source de vie, et ils se sont creusé des citernes abîmées, qui ne pourront pas contenir d'eau* ». La seconde s'attache à l'aspect négatif, la faute des impies (§ 199 à 201). Cette répartition en deux plans si distincts rappelle le traitement de la première hypothèse, où Philon exposait successivement la mauvaise, puis la bonne exégèse du mot « *source* » tel qu'on pouvait le lire dans la *Genèse,* ch. 2, v. 6 : « *Une source s'élevait de la terre et arrosait toute la face de la terre* », les uns comprenant le Nil, les autres l'esprit de l'homme. Ainsi se vérifie jusqu'au bout l'organisation concertée des cinq étapes, jusque dans la manière dont l'analyse est menée :

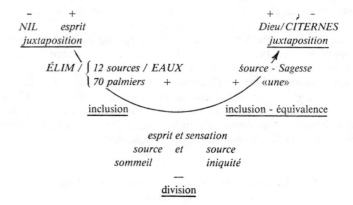

Les termes soulignés évoquent le procédé littéraire mis en œuvre dans chaque hypothèse. Il conviendrait de faire apparaître encore comment la reconnaissance d'un Dieu « *Père de l'Univers* » court dans les trois dernières étapes. Il est clairement posé dans la cinquième ; il est amené dans la quatrième, grâce à la vision de l'unité des contraires. En fait, il est présent, inversé, dans la troisième. Cette étape, la plus basse dans la parabole générale, contient la mention du *Déluge :* or cette carica-ture d'une arrivée d'eau bénéfique, cette invasion des eaux d'en-bas et d'en-haut, est sœur du NIL, assez pervers pour imiter par le bas la pluie venue du ciel, et des CITERNES qui laissent s'échapper l'eau du ciel, d'en-haut. Au début, le Nil sert de symbole à l'impiété qui blasphème l'esprit de l'homme ; à la fin, les citernes de la cinquième hypothèse symbolisent l'impiété qui blasphème la Source divine. Au milieu, dans la troisième interprétation du mot « source », le déluge montre la débâcle totale. Le Nil caricature le ciel, celui de l' « esprit » ; les citernes caricaturent la Source divine, le Ciel de Dieu ; le Déluge imite de façon désastreuse les eaux doucement venues, vivifiantes, que des pluie modérées[13] et les sources d'eau vive distribuent aux enfants de la vérité. Si bien que, *a contrario,* le Père de l'Univers s'est vu nié dans la description centrale du Déluge, fruit de la troisième exégèse.

Au passage, nous avons fait apparaître l'harmonie de la construction globale. Aux extrémités et au centre du chapitre, nous distinguons des eaux perverties, des « sources » d'iniquité ; les places intermédiaires, deux et quatre, sont occupées par des réflexions qui montrent le rachat de « sources » multiples, et par là menacées, dans la perfection de nombres tels que 12 et 70, dans le cas d'Élim, ou de l'Unité surtout, dans le dernier exemple. Aux extrémités, si l'on veut abstraire encore légèrement, nous découvrons des sources inquiétantes, obtenues par division : ou bien le Nil, ou bien l'esprit de l'homme ; ou bien la Source, ou bien des citernes usées. Au centre, les mêmes eaux dangereuses ne sont plus contemplées grâce à un procédé de division, mais par procédé de cumul : ciel et terre pervertis concourent à enfanter le Déluge de la dévastation.

Notons enfin, dans notre attention aux formes, que la première étape et la cinquième sont ainsi organisées que la branche de l'alternative concernant le mal se trouve comme tournée vers l'extérieur : le Nil commence le chapitre ; les citernes usées le concluent. De la sorte, l'hypothèse de l' « esprit », branche positive de la première interprétation, se trouve voisiner avec la deuxième interprétation, celle des « sources d'Élim » ; dans cette deuxième hypothèse, Philon montre que les sciences préliminaires conduisent l'esprit aux portes de la Sagesse. La cinquième et dernière hypothèse définit Dieu comme la Source, et cette définition voisine avec la quatrième interprétation où la Sagesse vient d'être évoquée, placée du côté de l'unité. L' « esprit » de l'homme est contigu aux nombres parfaits, 12 et 70 ; Dieu, comme « Père de l'Univers » se révèle au terme d'une réflexion sur l'unité, nombre transcendant les nombres, unité intensive tout autant qu'unicité. La figure suivante rassemble au profit de la mémoire toutes ces observations :

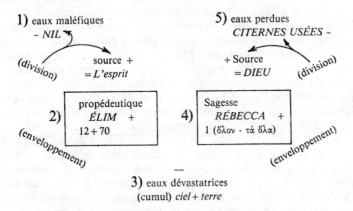

Comme signe ultime destiné à nous indiquer le travail de Philon, nous pouvons noter une inclusion, entre le §180 et le §199 : la formule de l'impiété. Nous lisons tout d'abord : « Moïse a pu assigner le qualificatif d'athée au genre de vie égyptien, qui fait passer la terre avant le ciel ; avant les réalités olympiennes celles de la terre ; avant l'âme le corps »

(§180b) ; puis au §199 : « *(les impies) font passer* (le même verbe προκρίνειν) *leurs propres actions particulières avant les* (réalités) *célestes et olympiennes* (les mêmes termes : οὐρανίων καὶ ὀλυμπίων) ». L'inclusion ne fait que mieux ressortir la précision finale. La phrase que nous venons de citer se poursuit en effet : « *...Ils font passer les résultats du souci avant les (fruits) spontanés, tout prêts* » (fin du §199). Le « souci » recouvre ici tous les efforts de l'éducation préliminaire ; la spontanéité d'un Isaac désigne la venue gracieuse d'une « découverte » où la « recherche » a fini par se désister. On ne pouvait mieux rappeler les conclusions de la deuxième partie.

Par un effet de mimétisme, sans doute, nous avons dérivé de l'analyse d'une section à la construction de l'ensemble. Revenons sans autre excuse à la cinquième hypothèse. Conclusion du chapitre, et d'un chapitre si rigoureusement composé, elle mérite l'attention. La première partie (§197-198) chante Dieu comme la Source du monde. Les expressions n'y sont point toutes faites : Philon reste strictement dans le cadre défini par les premiers mots et exigé par la structure que nous avons dégagée. Il commente successivement le mot-clé, la « *Source* », puis l'ensemble : « *Source d'eau vive* ». Appliqué à Dieu, le vocable de « *la Source* » enseigne que « *ce monde tout entier* » découle de Lui. Et cette source est « *la plus vénérable* ». Nous retrouvons ici l'unité synthétique du monde et l'unité intensive et transcendante de la Cause du monde. Mais l'expression complète « *source de vie* » permet de parcourir rapidement l'univers ainsi traversé par le courant vital : l' « *âme* », la « *vie* », puis la « *raison* », et pour terminer, l'accomplissement, de celle-ci dans la « *prudence* », si proche de la Sagesse qu'on pourrait les identifier, à condition d'écrire « *sagesse* » sans majuscule, ou encore « *sens* ». Et, en accord avec la position transcendante de ce cinquième degré du mot « *source* » — il a fallu une révélation de type prophétique — la transcendance nous est plusieurs fois rappelée : « *Je suis très frappé d'entendre dire qu'Il est la Source de vie* » ou plus loin, « *Dieu est plus que la vie* », ou encore, le dernier mot du §198 : « *source, comme il dit lui-même, toujours en eau* (ἀέννατος) », expression qui, au jugement de Philon, doit être tirée du fait que *Jérémie* oppose à Dieu les fabricateurs de citernes incapables de tenir l'eau. Cet épithète final dit une fois de plus la transcendance et la mystérieuse unité du temps divin. Il présente du surcroît sous son véritable jour la folie de ceux qui s'éloignent.

La seconde partie (§199 à 201) retrace les étapes de cet éloignement. Philon y commente dans l'ordre les quatre mots de l'oracle : « *ils ont abandonné* » — « *ils se sont creusé* » — « *des citernes* » — « *détériorées* ». Mais cet ordre du texte sacré suggère précisément à Philon un progrès dans le désordre ou la folie. Et chacune des étapes est analysée comme un mouvement allant d'un mal à un moindre mal ou l'inverse. Ainsi, le fait de creuser des « *puits* », comme le firent hardiment les patriarches, nous conduirait à une action sûre d'elle-même et par là outrecuidante, de celles que la vertu condamne. Mais, à la rigueur, on pourrait[14], on pourrait creuser des « *puits* », ce qui n'est pas la même chose que creuser des « *citernes* », car, si « creuser » reste l'activité de l'homme, le résultat est une eau qui sourd d'elle-même, rappelant encore la libéralité et la prévenance divines ; au fond du puits, l'eau apparaît « *spontanément* » (fin du §199). Admettons même qu'on creuse des « *citernes* » : leur indigence est assez marquée par le besoin d'un apport extérieur ; mais à la rigueur, la mémoire n'a-t-elle pas comme symbole une citerne qui retiendrait les eaux de l'instruction (fin du §201)? Hélas, ce dernier recours d'une interprétation charitable se révèle inutile ; les impies se fabriquent des réservoirs déjà « *usés, détériorés* » avant d'avoir servi.

Par ce jeu, Philon met en relief la déception où les impies se fourvoient. Au parcours d'un univers ascendant, remontant de l'inertie et de la dispersion jusqu'à l'unité divine, perçue dans l'unicité de la Cause du monde, s'oppose la descente dans les sables stériles de l'illusion orgueilleuse. Aux enchaînements synthétiques, productifs, réunissant à la fin du §198 et l'âme et la vie, puis l'âme et la raison, enfin la vie et la sagesse (la prudence), répondent les paliers de choix successifs et néfastes : agir pour Dieu ou bien pour soi ; creuser des puits ou des citernes qui retiennent l'eau ou qui la perdent...

Tous les termes relatifs à l'eau trouvent une place dans le chapitre. Au Nil, caricature de la pluie céleste, répond en fin de développement une caricature de réservoir, la citerne inutile. Alors que le fleuve outrepasse la fonction naturelle d'un cours d'eau, le réservoir qui se doit d'être étanche reste en deçà de sa destination naturelle. Ces deux points extrêmes marquent les limites d'une sorte de « fonction » où les autres termes viennent se loger : fleuve, source voisine, déluge, source où l'on puise, puits et citerne.

On admirera la simplicité et la complexité de ce chapitre du *De fuga*. Les détails sont tous subordonnés non seulement à cette moralité qu'on peut tirer du schéma statique, mais à un mouvement qui suit l'Odyssée de l'âme et lui trouve même sa descente aux enfers. Tout reste, de plus, proportionné à la situation du progressant : s'il lui est proposé de méditer en dernier lieu sur l' « *abandon de Dieu* » et sur la « *soif* », ce n'est pas pour le seul amour de la symétrie qui rapproche un Nil débordant et des citernes à sec ; c'est qu'effectivement l'âme reste menacée du dernier péril, l'orgueil (§199). Or le symbole du « *puits* », discrètement introduit par la comparaison entre les fabricants de citernes et les patriarches (§ début du §200), représente un compromis auquel le progressant doit se tenir. Symbole d'une activité, d'une « *recherche* », mais qui suppose au terme le désistement devant la présence gratuite d'une eau suffisante et calme, le « *puits* » n'est-il pas le lieu choisi par l'Ange pour rejoindre Agar, la servante de Sara ? La conclusion du traité va tourner autour de ce symbole du puits. Philon s'en servira pour combattre précisément l'orgueil, l'opinion qui considère comme siennes les œuvres de ses mains (cf. bientôt, le §210). On le voit, Philon n'a perdu de vue ni son propos actuel, ni la courbe générale du traité.

CONCLUSION DU TRAITÉ : LE CONTEXTE DE LA « SOURCE »
(§201-213)

Du texte annoncé au début de son livre, Philon n'a jusqu'ici commenté que deux phrases, et encore dans ces deux phrases n'a-t-il retenu que trois mots : « *elle s'enfuit* », puis « *trouva* » et enfin « *la source* ». En quelques pages, la conclusion va prendre un mouvement accéléré, pour traduire avec légèreté les valeurs enfermées dans cinq ou six versets de la *Genèse,* ch. 16. Nous reproduisons ici la teneur de ce texte :

« *Un ange du Seigneur la trouva près de la source de l'eau dans le désert, près de la source du chemin de Sour. Et l'ange du Seigneur lui dit : Servante de Saraï, d'où viens-tu et où vas-tu? Et elle dit : Loin de la face de Sara, ma maîtresse, moi je m'enfuis. L'Ange lui dit : Retourne auprès de ta maîtresse et humilie-toi sous sa main. Et l'ange du Seigneur lui dit : Voici, tu portes en ton ventre et tu enfanteras un fils, et tu appelleras son nom* « *Ismaël* » *parce que le Seigneur a* « *entendu* » *ton humiliation. Il sera un homme sauvage : ses mains seront contre tous, et les mains de tous contre lui.* »

La brièveté du commentaire laisse entendre que le disciple possède maintenant en lui la capacité d'interpréter le Texte. Et de fait, il se suffit : Philon se contente de « traduire », si l'on veut, sans aucun recours à d'autres textes, à ceci près qu'il ajoute *in extremis* un verset qu'il n'avait pas cité dans le programme du §1 : « *Toi, tu es Dieu, qui me regardes. C'est pourquoi elle appela le puits un puits en face duquel j'ai vu* »[15], verset qui suit immédiatement le texte de base et dont Philon nous réservait la surprise, car il contient le mot décisif de « *puits* », si curieusement amené dans la fin du chapitre précédent.

Voici la suite du commentaire :

1. le §202b : « *près de la source* » ;
2. le §203a : « *sur la route de Sour* » ;
3. les §203b à 205 : « *D'où viens-tu et où vas-tu?* » ;
4. le §204 (sic) : « *Voici tu portes...* » ; l'explication de ce verset anticipe donc sur la suite ; elle est incluse dans le précédent commentaire ;
5. le verset : « *Je fuis devant le visage de Sara* » est supposé par le §206, qui se dispense de le citer en clair ;
6. le §207 : « *Retourne chez ta maîtresse* » ;
7. le §208 : « *Tu enfanteras un fils... Ismaël* » ;
8. les §209 à 211a : « *Il sera un homme sauvage...* ».

Après quoi, Philon enchaîne avec la suite du chapitre 16 de la *Genèse :*

9. les §211b-212a : « *Toi, tu es Dieu, qui me regardes* » ;
10. les §212b-213 : « *le puits, un puits en face duquel j'ai vu* ».

Sauf les dernières lignes, la conclusion du traité n'offre guère de difficultés. Nous nous contenterons de suivre Philon, en mettant en valeur les procédés de l'exégèse.

1. Si l'Ange rencontre Agar « *près de la source* », c'est bien, comme le chapitre précédent le laissait pressentir, que le progressant ne saurait y boire encore. Il est « *près* », et en reste au stade que décrivait, dans le commentaire des sources, la deuxième étape, celle d'Élim : il est aux portes, même si la quatrième étape lui confère, par le jeu des symétries symboliques, une espérance plus grande.

2. Le nom de lieu, « *Sour* », reçoit une traduction double, avant même d'être énoncé (début du §203). La précision donnée par le qualificatif « *très sûre* » annonce εὐθυσμός, que l'on peut traduire soit par « *en droite ligne* », soit par « *correction* ». Quant à l'épithète de « *bien fortifiée* », il faut y voir la traduction de « *Sour* » comme « *rempart* ». De ce fait, la « *route qui suit l'éducation* » cesse-t-elle de n'offrir surtout que peines et dangers.

3 et 4. Le commentaire de la question posée par l'ange : « *D'où viens-tu et où vas-tu ?* » (§203b à 205) appelle un peu plus d'attention, pour les subtilités qu'il contient. Philon commence par citer la question, en se contentant de « traduire » « *ange* » par « *conscience* ». Il s'intéresse alors à la forme de l'interrogation : l'Ange peut-il interroger vraiment ? Non, bien sûr, et il s'agit d'une question purement rhétorique, à l'usage de celui à qui elle est posée, et non pour l'information de celui qui la formule. En effet, « *un ange ne saurait ignorer ce qui nous touche* » (fin du §203). Comme preuve, Philon déplace la prédiction de l'ange : « *Tu portes dans ton ventre et tu enfanteras un garçon* », voilà bien des connaissances cachées qui n'embarrassent pas le messager divin. Philon revient ensuite à la première proposition : « *D'où viens-tu et où vas-tu ?* », mais cette fois pour en détailler la signification[16]. C'est ici que la subtilité apparaît. Pour bien rendre compte de tous les mots du §205, il suffit de reconstituer la lecture de Philon. En disant : « *D'où viens-tu ?* », l'ange reproche à Agar de quitter Sara ; cela va de soi. Mais l'ange a énoncé tout d'abord un titre d'Agar, « *servante de Sara* ». Et ce titre reste vain puisque, dans ses actes, Agar le renie. Or, servir Sara, c'est pour la science propédeutique faire allégeance à la Sagesse véritable. Philon l'exprime ainsi : « *Ce n'est pas d'être appelée « servante de Sara », mais bien de l'être en réalité, qui devait lui donner une grande gloire* ». Au passage, Philon rappelle la quatrième étape du chapitre précédent : en s'humiliant comme « servante », Agar devrait s'élever (cf. le §194).

Philon poursuit : « *Et où vas-tu ? Tu cours après avoir repoussé ce qui est admis de tous* ». Il suffit, en un sens, de se souvenir que Sara signifie la « sagesse » ou la « vertu » assise pour admettre simplement la proposition. Cependant, en interprétant la question « *Où vas-tu ?* » au sens fort : « *Tu ne sais donc pas où te conduit ta fuite ?* », c'est-à-dire encore : « *Tu cours à l'incertain !* », Philon s'appuie sur la forme redondante du texte biblique. En effet, le premier élément de la question se présentait dédoublé, aux yeux d'un allégoriste : « *Servante de Sara, d'où viens-tu ?* » s'interprète ainsi. Comme « servante de Sara », tu as derrière toi un lieu sûr, une origine définie et glorieuse ; la question « D'où viens-tu ? » est ironique, et elle invite déjà la fugitive à revenir auprès de Sara. Mais le texte sacré, toujours aux yeux de Philon, suggère dans la suite quelque

chose de plus dramatique. La seconde interrogation : « Où vas- tu ? »
reste en l'air pour ainsi dire, sans aucun membre de phrase qui la complète et l'arrête. Le système sous-entendu est le suivant :

«*Servante de Sara,*
d'où viens-tu?»   «*Où vas-tu?*»   (...)[17]

L'incertitude résulte non seulement de ce qu'une question sur l'avenir
paraît de soi impliquer un doute (l'ange, qui connaît le futur ne saurait
en être troublé, ni même feindre de l'être), mais surtout du déséquilibre
qui laisse les mots « Où vas-tu ? » sans aucun soutien logique[18], logis-
tique...

5. Le §206 commente indirectement la réponse de la servante. Philon
note d'abord l'humilité d'Agar : en parlant à la première personne, en
omettant de rappeler ce qu'elle a supporté, la voici qui accepte le reproche, humblement. En second lieu, son silence, unique réponse à la
question de l'ange : « *Où vas-tu ?* », permet de mesurer le degré de sagesse où la remontrance trouve et place cette humilité. Agar sait donc
« *suspendre son jugement* », vertu fondamentale du progressant.

Mais la suite du texte biblique va défiler sans surprise notable jusqu'à
la fin du traité. C'est dire que la section des §203a à 206 fournit, par
contraste avec la suite, un modèle de commentaire synthétique. Tout
se passe comme si Philon cherchait ici à mettre en évidence la logique
interne et la cohérence de l'Écriture. Il anticipe en recourant prématurément à l'oracle qui prédétermine le personnage d'Ismaël ; il estompe
les mots de la réponse d'Agar (§206), de telle sorte qu'il se produit une
osmose entre le Texte sacré et sa « traduction » philosophique : l'un
et l'autre concourent et se prêtent main forte. À la faveur de cette
connivence des deux sources d'intelligence, de cet accord passé si cal-
mement que le lecteur inattentif le laissera perdre, Philon montre la
correspondance de la « nature » et de la « Nature » : Agar et l'ange
suivent une même route, lui dans la remontrance, elle, dans l'accepta-
tion humiliée. Est-ce lui qui l'établit dans cet état nouveau d'un silence
bénéfique ; s'y trouve-t-elle déjà par elle-même ? On ne peut les départa-
ger : comme au spectacle de deux danseurs réunis pour achever une figure,
on ne sait plus ce qu'il reste d'élan propre ou de consentement[19].

6. La gloire, ou du moins la « *grandeur* » du service, couronnent avec
bonheur cette conversion d'Agar. Philon en trouve l'indication dans la
suite du texte, décrivant la fécondité de la servante : « *Tu portes dans
ton ventre et tu enfanteras...* ».

7. Par un subterfuge symétrique de celui qui a mis l'annonce de la
naissance d'Ismaël à l'intérieur de la démonstration par laquelle Philon
nous assurait de la science de l'ange, il fait entrer la même naissance

d'Ismaël dans la « *belle et bonne humiliation* » d'Agar (καλὴν ταπείνωσιν du §207). Il lui suffit d'insister sur le nom même, « *Ismaël* » signifiant « *écouter Dieu* », et du coup, il évite d'avoir à définir trop précisément la nature mâle de l'héritier naturel d'Abraham[20]. L'humilité d'Agar la conduit naturellement à « écouter Dieu ». Au lieu de citer le texte, Philon le paraphrase simplement : c'est d'ailleurs, comme pour Isaac, le fait qu'on lise « *Tu portes et tu enfanteras* » qui lui permet d'écrire : « *tu enfanteras aisément* » (début du §208). La traduction d'Ismaël ne tient pas compte de l'étymologie proposée par la Bible : « *Car le Seigneur a entendu ta détresse* » (dans la *Genèse,* ch. 16, v. 11). Pour Philon, ce nom, traduit en fonction du thème de l'obéissance, achève le portrait du progressant. À l'école des sciences particulières orientées par la Sagesse, capable d'entendre et d'accueillir la correction dont l'ange vient de se faire le dernier écho, ce disciple achevé « *écoute Dieu* ».

Mais que l'euphorie ne nous entraîne pas trop vite. Les §208b à 211a, jusqu'aux mots « *affrontement éternel* », définissent l'héritier de la servante comme un être dangereusement incertain. Dans le même esprit que bien des chapitres, celui-ci ne perd pas de vue le caractère fragile des acquisitions pourtant réelles qui ornent l'adepte des sciences humaines. Et il se décide à terminer sur une note point trop victorieuse.

7 et 8. Ce n'est pas en vertu d'une association mécanique banale que Philon nous réveille soudain : « *Mais l'oreille vient au second rang, après la vue...* » (§208b). Sans doute le thème général du récit concernant Abraham, Agar et Sara autorise-t-il ce rappel, également. Mais il suffit de lire l'oracle destiné à Ismaël pour mettre une sourdine à l'enthousiasme. Après quoi, bien entendu, les thèmes de la querelle et de la sauvagerie d'Ismaël nous orienteront vers les « *sophistes* ». Ils seront d'autant mieux de saison que le traité vise encore le progressant soumis sans trêve à des discours, parmi lesquels peuvent se glisser les pires illusions. Ismaël sera le sophiste, archer batailleur et rude. Les sciences finissent par se piquer au jeu de la recherche indéfinie, s'opposent entre elles, mais se retrouvent toutes en ce trait négatif : qu'elles induisent l'esprit à se croire maître de ses trouvailles (§210). Voilà reparu cet « *impie* » qui figurait dans la troisième définition des « sources », celle des catastrophes. À supposer qu'il ait bien profité de toutes les leçons, c'est encore ici, au dernier moment, que le disciple de sagesse peut tout perdre et couler dans le port. L'antidote, c'est Moïse qui l'apportait, dans la longue théorie des personnages qui « *cherchent sans trouver* » (§143 à 165, avec les huit exemples) : Moïse demande à Dieu de lui révéler ce qu'il est comme Cause de l'univers « §164-165). Mais le sophiste s'enferme et revendique ses connaissances « *comme s'il s'agissait de ses enfants* » (§210).

Batailles — orgueil — bataille éternelle, telle est la séquence ordonnée des §209b à 211a. L'image dernière est celle de deux camps affrontés, et non pas séparés : ils sont immobilisés par leur propre énergie.

9. Et c'est par un affrontement différent que le traité s'achève. Agar et l'ange se font face, mais, au lieu de l'immobilité, cette image propose une suite de mouvements dialectiques exprimés dans une sorte de jeu

optique, assez difficile à suivre exactement. Le point délicat se trouve être la traduction précise de la définition : τὸ φρέαρ φρέαρ οὗ ἐνώπιον εἶδον. Disons cependant sans plus attendre qu'une seule traduction nous paraît impossible, « *puits de celui que j'ai vu face à face* ». Il ne s'agit pas ici de savoir son hébreu, encore moins le grec : comme souvent au moment de traduire une citation dans Philon, c'est au contexte qu'il convient de se référer pour comprendre les infléchissements de sens ou de grammaire qu'il imposait au texte de base. En particulier, on doit surveiller le sort des adverbes, des pronoms et des prépositions. Nous reviendrons plus loin sur ce verset difficile.

Mais comprenons tout de suite les premiers mots : « *Toi qui me regardes, tu es Dieu* ». Le personnage situé en face d'Agar et qui la regarde — situation symétrique de celle des sophistes, nous l'avons dit — est reconnu par Agar comme Dieu, c'est-à-dire l'Être qui pose dans l'être tout l'univers, et en particulier le fruit de ses entrailles. En le reconnaissant, Agar pratique une vertu contraire de l'orgueil attribué aux sophistes (fin du §210). Tout se tient donc et s'articule avec la plus grande justesse.

Ποιητής et δημιουργός, ces deux vocables nous conduiront tout à l'heure jusqu'à celui de « *Cause* » — αἴτιος du §213 : « *la Cause de la connaissance* ». Mais pour le moment, ils restent enfermés dans des phrases qui s'enchaînent pour créer un effet de distance progressive. « *Créateur de mes volontés et de mes descendants* », telle est la première traduction donnée au nom de Dieu. Puis la suite immédiate oppose Dieu et l'ange : le premier traite directement avec les âmes vraiment libres, ce qui n'est pas *encore l'état de la servante Agar*. L'ange, au contraire, « *serviteur* » lui-même, s'adresse normalement à la servante Agar. La séquence logique est celle-ci : « libre — serviteur — esclave ». Et la femme esclave qui relève la tête aperçoit au-dessus d'elle le serviteur, et elle le prend pour Dieu.

Ce qui vient d'être énoncé en termes « philosophiques » va l'être maintenant à même le texte biblique (§212c-213). Philon nous met sur la voie de son interprétation en parlant lui-même de « *miroir* ».

10. Agar en reste à une vision médiate, en accord avec la position, assurée mais inférieure, du cycle des études préliminaires qu'elle symbolise. Avant de traduire le verset de la *Genèse* dans le sens de Philon, il est nécessaire de comprendre l'image du « miroir » dans ce contexte. Le miroir représente évidemment la culture. Y percevoir Dieu, est chose non seulement possible, mais effective. Le Dieu alors perçu n'est pourtant pas saisi en lui-même, comme l'Être, mais seulement comme la « *Cause* » du monde, de la science du monde. De plus, si Agar appelle Dieu l'ange de Dieu, c'est qu'elle prend l'image spéculaire pour la réalité ultime qu'elle reflète seulement : elle voit donc *devant* ce qui est, pour ainsi dire, *derrière* elle — comme dans une glace — ou du moins ce qui est *ailleurs*.

Si nous revenons légèrement plus haut, nous pouvons espérer traduire le verset de la Bible qui nous préoccupe. La répétition du mot « *puits* », une fois avec l'article, une fois sans article, joue un rôle dans l'interprétation, on peut en être assuré d'avance. Si nous transférons le résultat de l'analyse logique produite ci-dessus, nous viendrons à bout de l'analyse grammaticale que Philon a supposée dans son texte. Agar, disions-nous, appelle du nom de « Dieu » ce qui n'est que l'ange de Dieu : elle appelle donc « *Le puits* » ce « *puits devant lequel j'ai vu* » On considère alors οὗ comme adverbe de lieu relié à ἐνώπιον, qui a le sens de « *en face* » — « *devant* ». Peut-être même faut-il aller un peu plus loin et entendre que Philon renverse l'ordre : τὸ φρέαρ est sans doute l'attribut. Au total, nous traduisons : ἐκάλεσε τὸ φρέαρ φρέαρ οὗ ἐνώπιον εἶδον par « *Elle appela* « *Le Puits* » *un puits en face duquel j'ai vu* ». Elle désigne comme étant le puits par excellence ce qui ne devrait être nommé que « puits en face duquel j'ai vu ». Dieu est source, *le* puits par excellence ; l'ange qui représente le Logos ou la science parfaite, est aussi *un* puits, nous le savons bien depuis le chapitre des « sources ». Mais il ne faut pas errer en confondant la science et sa Cause. À la différence d'Israël, qui « *voit Dieu* », Agar ne voit que l'image de Dieu.

Cette dernière proposition, qu'elle soit ou non avérée dans la traduction définitive du passage, établit qu'au-delà de l' « *entendre* » — blason d'Ismaël — possession inférieure, mais en deçà du voir, tel que peut y prétendre un Israël, Agar parvient, au terme, à une vision par l'intermédiaire du miroir angélique. On juge rétrospectivement de l'habileté de Philon et de la souplesse qu'il a déployée dans la conclusion. Arrivé jusqu'à Ismaël, à la fois par le jeu du texte biblique et par la dialectique ascendante des études préliminaires, Philon projette, brusquement si on se laissait surprendre, la rime facile : *Ismaël—Israël*, au bénéfice d'une comparaison entre « *entendre* » et « *voir* », toute classique et chez lui fréquente. Mais *Israël* est en réalité appelé dans le commentaire plutôt par la suite du texte : le jeu de mots qui, pour Philon, est redoublé de la première phrase, « *Tu es Dieu, toi qui me regardes* » à la suivante, « *Le Puits, un puits en face duquel j'ai vu* », entraîne la notion d'une illusion d'optique, d'un mirage. La première phrase exprime cette illusion dans son contenu même : c'est une erreur d'appeler Dieu directement le serviteur de Dieu, mais une erreur relative cependant comme celle qui consiste à voir un objet dans un miroir et de croire qu'il est devant soi, dans le miroir ou dans la direction du miroir. La seconde phrase, parallèle à la première, exprime la même illusion, mais dans sa formulation. Le redoublement « *le puits — un puits* » évoque immédiatement une différence entre les deux emplois ; leur ressemblance suggère toutefois une différence d'un type particulier, celle qu'on doit admettre entre l'objet et sa projection dans un miroir. Ce jeu optique justifie après coup l'apparition du nom d' « *Israël* » — « *qui voit Dieu* ». Entre la mention d'Israël et sa présence nuancée dans la dernière citation, Philon a tracé le portrait du sophiste. Celui-ci s'achève sur le spectacle misérable d'un affrontement inutile autant que prolongé, « *éternel* », entre les théories contradictoires ; mais au contraire l'analyse de la « vision » s'ouvre sur un affrontement bénéfique. On peut synthétiser les étapes de l'exposé dans le schéma suivant :

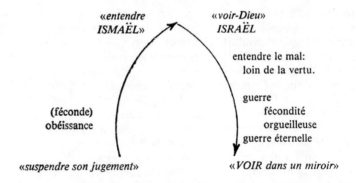

À l'élégance du discours, parfaitement économe de ses moyens et réglé sur la fin, répond un souci plus large encore. En effet, le mot « *Cause de la science* » nous renvoie au §198, c'est-à-dire à la conclusion de la troisième partie du livre, intitulée « Interprétations du mot Source ». De même, la condamnation du sophiste pour son athéisme (§210) reprend le thème si bien mis en relief dans la première interprétation de la « source », le Nil suffisant (§180), et dans la cinquième, celle des citernes (§200). Notons que le jeu de mots sur « le puits — puits » reprend le thème complexe des « sources » d'eau : tenant de la citerne par son immobilité apparente, le puits ressemble à la source, offert à celui qui puise comme une grâce, puisque l'eau y préexiste[21]. Pour terminer, Philon se réjouit de trouver dans l'Écriture une dernière précaution qui évite au lecteur de se croire trop avancé : situé « *entre Béred et Qadès* », le puits de la science participe encore trop des peines inhérentes au pélerinage, et trop peu de la perfection[22].

On peut toujours se demander à la fin d'un traité de Philon quelle synthèse en est possible. Lui-même, il se préoccupe assez peu de formules évidentes qui réveilleraient la distraction de son lecteur et lui marqueraient avec énergie l'endroit où il le conduit et les chemins qu'il suit. Que dire, au terme d'une exégèse qui a pris le parti d'inventorier suivant des rythmes divers une dizaine de lignes, possédant à ses yeux évidence, activité, cohérence ? Si notre propre commentaire de ce commentaire en a suivi les détours, il en a du même coup contracté le tour analytique, et notre lecteur a bien le droit d'en sortir quelque peu harassé.

L'absence de décousu est maintenant avérée. S'il refuse ou ignore la droite « logique », ce n'est pas au nom de la fantaisie ou du plaisir qu'il prendrait à la conversation brisée, que Philon use de détours et de surprises. La logique, au vrai, subsiste, très active même ; seulement elle se loge un peu en dessous du discours. Comme Philon souhaite établir entre son lecteur et les figures bibliques des échanges qui tiennent autant de l'imagination, du souvenir et de l'affectivité, que de la raison discursive, il enfonce légèrement les chemins rationnels sous une mince couche d'éléments esthétiques. Ici, par exemple, c'est une mémoire spéciale du lecteur qui devra enregistrer la présence du Logos à la fin de la première partie, pour la retrouver à la fin de la deuxième. Une logique réelle soutient ces deux apparitions. Au terme de la première partie, le Logos était librement réuni à l'âme, dans une « communauté » qui n'avait plus rien de la « contiguïté » équivoque. À la fin du livre, l'Ange symbolise le Logos, et il se tient devant Agar, là aussi dans une « communauté » libre et bénéfique, dont les sophistes naguère affrontés produisaient une caricature (§211). Mais, tandis que la fin de la première partie montrait le Logos dans une transparence et une autonomie presque totale et qu'il paraissait du côté de Dieu, voici qu'à la fin du traité, sans déchoir, il est Dieu reconnu dans le labeur des sciences et le miroir de la causalité.

Seulement, Philon s'est bien gardé de souligner ces correspondances qui satisfont l'esprit. Pourquoi tant de réserve ? Sans doute pour éviter le survol trop rapide que permet seule l'intelligence. Platon voyait quelquefois dans l'écriture une commodité perverse, qui fait esquiver le détail et surtout l'ordre du raisonnement : dans un livre, le lecteur se porte ici ou là, et rétablit pour son compte une synopse rapide et abusive. De même Philon semble-t-il redouter qu'en traversant par l'intelligence seule la série des textes et des idées, le lecteur ne se soumette plus à l'influence insistante, tyrannique, dispersée en apparence, des figures qui seules se fixent dans la mémoire et dans un certain type d'imagination.

La dialectique de la « contiguïté » et de la « séparation » dont nous avons cru pouvoir faire état pour manifester le fil conducteur du début ; celle de la « vision » qui préside à notre commentaire de la deuxième partie jusqu'à l'image dernière, tout nous assure que rien n'est laissé à la seule fantaisie de la prédication.

À ce titre, les dernières pages sont exemplaires. Philon semble forcer la marche et livrer de brèves indications au fil du texte, qui défile rapidement, après avoir été négligé. Déjà cette lecture cursive possède sa vertu mystique ; mais l'analyse patiente nous a convaincus qu'il ne s'agissait nullement d'un travail hâtif ou d'un essoufflement de l'inspiration. Chaque détail, pour sommaire qu'il soit, chaque silence ou chaque inflexion vient collaborer à une intention unique, homogène et conforme au traité pris comme un tout. L'élégance même couvre les ruses de l'allégorie.

Commenter Philon revient à rendre perceptible et intelligible l'étoffe tout entière du discours, en même temps que son art. Aucune synthèse de concepts arrêtés ne doit être glissée là où l'auteur ne la souhaite pas. L'intelligence spéculative simple accompagne toujours l'analyse de l'Écriture, et ce sont parfois des concepts relativement subtils qui lui servent de support. Mais ils le font à la manière d'un squelette, invisible aux regards. Ils éclairent, pour prendre une autre comparaison, à la façon d'une lampe discrète et quelque peu magique, il est vrai... Il projettent leur lumière sur des formes préexistantes, qui sont les complexes de notions, d'images, de blasons, doués de multiples facettes et dont les traits apparaissent suivant les occasions et suivant le projet de chaque traité, sous des angles chaque fois différents. À mi-chemin entre l'intelligence et l'imagination, ces figures — comme celle de Noé aperçu derrière l'exégèse de la source féminine (§ 188 à 193) — constituent l'apport original de Philon. Elles forment la seule réalité véritablement concrète qu'il soit possible d'isoler dans les ouvrages de l'Alexandrin, faute de pouvoir lui assigner telle ou telle place dans les philosophies.

Au demeurant, on accordera que le *De fuga* se termine, à notre goût, mieux que d'autres livres de Philon. Les images saisissantes des deux couples affrontés, celui des écoles de sophistes butés, puis celui de l'Ange en présence d'Agar, accompagnent des mots fort explicites par rapport au thème du livre : « *la connaissance du cycle élémentaire de l'instruction* », le « *puits* », symbole intermédiaire entre la source et la citerne, et surtout, s'il faut choisir, le terme de « *limitrophe* » — μεθόριος — qui vient rappeler si discrètement les vieilles hésitations entre « contiguïté » et « communauté » : ici même (§ 213), il commence une phrase que termine le mot « *communauté de vie* » — συμβιοῦν, et qui, pour tout rassembler, contient le verbe d'où le traité a reçu communément son titre : « *Celui qui séjourne dans les progrès est limitrophe du saint et du profane : il est en fuite loin du mal ; il n'est pas encore capable de vivre en communauté avec les biens achevés* ». Μεθόριος γὰρ ἁγίων καὶ βεβήλων ὁ ἐν προκοπαῖς, ἀποδιδράσκων μὲν τὰ φαῦλα, μήπω δ'ἱκανὸς ὢν τελείοις συμβιοῦν ἀγαθοῖς.

NOTES

1 L'image de cette vérité se trouve dans le récit des compétitions opposant Moïse et les mages (voir le *De migratione Abrahami*, §74 à 85 ; le *Quod deterius potiori insidiari soleat*, § 32 à 44 ; le *De confusione linguarum*, §39, etc.).

2 On s'explique mal l'hésitation d'E. STAROBINSKI-SAFRAN dans sa note de la p. 242 sur la traduction d'*Élim* par un terme d'architecture. Si אֵלִים? est traduit par *palmiers*, pluriel de אַיִל, il y a un אֵיל, avec les mêmes consonnes, dont les ch. 40 et 41 d'*Ézéchiel* donnent des exemples et qui signifie « porche », « colonnade ».

3 Ce qui nous paraît synonyme désigne deux réalités ; ce qui rapproche deux réalités pour nous distinctes en affirme la synonymie.

4 Dans la citation, on traduira « *dormir* » et non point « *coucher* ». L'expression « *à découvert* » traduit ἄστεγος, et l'on conservera le terme « *nu* » pour traduire γυμνός, par exemple dans les *Legum allegoriae*, II, §60 à 63.

5 Sur la triade « esprit, sens, parole », voir le triple exil consenti par Abraham (*De migratione Abrahami*, §2 à 6, où la parole se tient plutôt du côté de l'esprit, alors qu'ici l'abandon de l'esprit la rejette du côté de la sensation).

6 La connaissance de Dieu au mépris de soi.

7 Cf. le *Quis heres*, §4.

8 Cette alternance est visible au §193 seulement, mais elle était sous-jacente dans l'image d'une cité sans fortifications, dès le §189, à ceci près que la direction était inverse : l'ennemi envahissait ; la parole porte au-dehors.

9 On traduira littéralement ἀσχημοσύνη.

10 C'est la même analyse grammaticale qui permet à Philon de rapprocher la conception et la naissance d'Isaac. Un « *et* » bien placé y suffit : « *Sara conçut et enfanta* ».

11 De même que ὑδρία est devenu dans la « traduction » de Philon ἀγγεῖον ; que τήν est devenu ὅλον — de même l'ordinaire ἔπλησε a donné l'intensif de complétude : πληρώσασα. On voit pourquoi nous parlons de « traduction ».

12 L'étroite collusion dans cette phrase banale du thème objectif de la « création » (« *Père de l'Univers* ») et du thème subjectif de la désignation de Dieu par lui-même

(« *l'oracle* » redira la même réalité dans les mots : « *source de vie* ») confirme notre interprétation double de la section précédente.

13 Voir par exemple l'opposition mise par Philon entre les eaux dévastatrices et la pluie douce : *De migratione Abrahami,* §32, 101, 121, etc. ; *Quod Deus sit immutabilis,* §155-156 ; *De plantatione,* §93 ; *Quis heres,* §76, 279, etc.

14 Nous trouvons en abrégé un système analogue à celui que nous avions manifesté dans le *De migratione Abrahami,* §143 à 166, où chaque exégèse de Philon donnait lieu à une vision du mal, MAIS aussi à une espérance de bien.

15 Le commentaire justifiera ce mot à mot.

16 Je pense que Philon a pratiqué cette élégante anticipation pour éviter un commentaire gênant, celui du mot « *fils* », l'enfant mâle ayant un blason trop noble. Il se contente de citer le verset pour sa valeur de signe prophétique, preuve de la science des anges.

17 On pourrait supposer, par exemple : « *Où vas-tu, insensée ?* » : le thème de la « folie » eût alors infléchi le sens de l'adverbe « où ».

18 La minutie de notre analyse déroutera le lecteur, qui n'y verra pas un grand résultat. Mais c'est le même art qui, en un tableau, inspire le tracé délicat d'un œil expressif et celui d'un détail commun.

19. On regrette la césure trop nette marquée, dans l'édition de Lyon, entre le §206 et le §207. La figure littéraire est d'un seul tenant jusqu'au §208a inclus. Si l'on veut couper, qu'on le fasse entre 208 a et b, après « *écouter Dieu.* », puis au milieu du §211, où s'achève la peinture du sophiste. Il convient d'isoler le commentaire inattendu, à savoir les §211b à 213.

20 Cf. ci-dessus, la note 16.

21 L'arménien des *Quaestiones in Genesin,* III, §35, confirme notre traduction (cf. dans l'édition Loeb, Suppl. I, p. 223). La spéculation sur le mot « *puits* » y est également préfigurée ; nous lisons : « *toi qui approfondis la connaissance* ».

22 *Béred* s'explique suffisamment par בֶּרַע — *bera* ; le texte parallèle des *Quaestiones in Genesin,* III, §36, est ici différent : le puits y est situé entre Paran et Qadès.

DE MUTATIONE NOMINUM

De ce dernier traité concernant ABRAHAM nous montrerons seulement que le *premier chapitre* reconduit les procédés et la doctrine des quatre premiers traités. Notre analyse expliquera le commentaire philonien du verset suivant :
» *Abraham eut quatre-vingt-dix-neuf ans ; le Seigneur fut vu d'Abraham et lui dit : C'est moi ton Dieu !* «.

(Genèse, ch .17, v. 1)

INTRODUCTION

Le dernier traité de la série consacrée au personnage d'Abraham conduit précisément cet « *ami de la science* », cette nature « *disciple* » par essence et vocation, jusqu'au seuil de l'autonomie : les dernières phrases du livre, tout aussi conscientes que la conclusion du *De fuga,* montrent que Philon domine la théorie qu'il présente en tant de chapitres divers, en de si nombreuses variations, que plusieurs détours semblent éloigner du thème premier. Le dernier mot de sa Bible sur le chapitre d'Abraham est celui-ci, favorable au plus haut point à la conclusion d'un apprentissage : « *Le Seigneur remonta de chez Abraham* » (d'après la *Genèse,* ch. 17, v. 22) ; et Philon d'apporter sa traduction : « *Le texte ne montre pas que le disciple parfait s'est trouvé séparé de Lui — le sage est naturellement à la suite de Dieu — mais il veut établir que le disciple agit spontanément : il démontre ce qu'il a appris, en l'absence de son maître, sans contrainte, de lui-même, par simple initiative, par un élan de son propre mouvement, et il est à l'ouvrage par lui-même. Le maître donne à son disciple toute latitude pour qu'il se livre à l'action sans influence, spontanément : il imprime en lui la forme assurée d'une indéfectible mémoire* ». Le tout dernier mot est, en grec, celui qui désigne la « *forme* » — εἶδος ; ce n'est pas un hasard : la matière, que l'intelligence disponible représente, est enfin qualifiée de manière certaine, elle est *informée.*

Qu'il suffise provisoirement à notre démonstration que, par des biais divers et sous des points de vue changeants, les cinq traités où le personnage d'ABRAHAM tient la vedette aient subi l'épreuve d'une analyse sans concession. La contribution que nous demanderons au dernier ouvrage, ce traité intitulé *Les changements de nom et leur raison d'être,* se limitera à son premier chapitre. Cet ensemble des §1 à 38 fera, bien sûr, appel, tout à la fin, aux données du chapitre suivant, puisque le procédé majeur de la « redondance » empêche le lecteur de s'arrêter d'une manière absolument tranquille là même où une césure lui donne du répit. Nous irons vite et nous agirons ici comme dans la présentation que nous avons faite du chapitre qui occupe le cœur du *De congressu eruditionis gratia,* en faisant surtout saillir les formes concertées de l'exégèse, les dessins représentables d'un discours plus que jamais ordonné, dont tout le symbolisme tient bien davantage aux symétries, et point tellement aux images. Plus que jamais aussi, notre lecteur devra se reporter — nous nous en excusons — au texte du livre commenté. À ce prix, le commentaire se fera plus incisif.

CHAPITRE UNIQUE

« SEIGNEUR ET DIEU » (§ 1-38)

Le traité prend son départ de la manière la plus simple. Au lieu de citer comme le *De fuga* l'ensemble des versets, il en propose un, le premier : « *Abraham fut à l'âge de quatre-vingt-dix neuf ans, et le Seigneur fut vu d'Abraham et lui dit : Moi je suis ton Dieu !* » (c'est le texte de la *Genèse*, ch. 17, v. 1) ; puis il attaque sans autre préambule un commentaire mot par mot. C'est le procédé rabbinique par excellence, ou celui des *Quaestiones in Genesin et Exodum*. Il faut attendre le § 39 pour enchaîner avec la suite du chapitre biblique : « *Sois agréable devant moi* ».

Le commentaire de ce premier texte est ainsi divisé :

1. les § 1b-2 : *le nombre des années : 99 ;*
2. les § 3 à 12 : « *Fut vu...*
3. les § 13 à 17 : *...le Seigneur* » ;
4. les § 18 à 27 : « *C'est moi <u>ton</u> Dieu* » ;
   les § 28 à 38 : « *C'est moi ton <u>Dieu</u>* ».

Nous ne tarderons pas à comprendre que les césures sont moins tranchées, et que Philon ne travaille pas seulement au fil des mots. Le commentaire bénéficie chaque fois de toute la surface du texte présentement soumis à la mémoire. Le lecteur prévenu par les analyses précédentes s'apercevra que le système en honneur est ici celui de la redondance et de la prospective. Nous allons reprendre les quatre chefs de développement.

I. LE SYMBOLISME DES 99 ANS D'ABRAHAM
(§ 1-2)

Le nombre 99, promis à une spéculation ultérieure dans le traité (§ 176 à 200, où les valeurs de 100 et de 90 déterminent par contre-coup la place du chiffre liminaire de 99), sert à donner la situation exacte d'Abraham. Juste avant la centaine, il incarne le progressant sur le point d'aboutir. Tout l'intervalle — il était à la fin du *De fuga* le μεθόριος encore pris dans la course d'une fuite — est maintenant franchi. À l'horizon se dessine le symbole d'Isaac : le chapitre 17 de la *Genèse* raconte la célèbre annonciation et joue tout au long sur le « *rire* » d'Abraham et de Sara, leur amusement devant rester dans le nom d'Isaac. C'est Isaac, le fruit définitif, où brille le chiffre 100 ; c'est lui qui complète Abraham, puisqu'il est « *la race qui de soi-même apprend* » et le couron-

nement de la « *joie* » (fin du §1). C'est la proximité d'Isaac qui béatifie
Abraham, et non point le mérite d'Abraham qui produit sa perfection.
Isaac ouvre à l'ami du savoir la possibilité de « *voir* », et de voir Dieu.
Philon va tout de suite préciser, restreindre et proportionner cette possi-
bilité.

II. La vision de Dieu
(§ 3-12)

Voici maintenant la courbe suivie par le commentaire du verbe décisif : « *Le Seigneur fut vu...* ». Philon commence par une négation : Dieu
ne saurait être vu des yeux du corps. Pourtant, ceux-ci bénéficient de la
« *lumière* », qui est un élément intermédiaire, l'image de la lumière
intelligible qui enveloppe la science : il faut donc chercher du côté de la
lumière intelligible, pour que l'expression de l'Écriture, « *voir* », ne se
trouve pas accusée de pure équivocité. Mais une seconde négation
brise l'élan : Dieu n'est même pas perceptible à l'intelligence. Moïse
reçoit seulement la vision de ce qui est « *après l'Être* » (commentaire
de la célèbre intercession d'*Exode,* ch. 33, v. 23). Au terme de ce détour
par l'*Exode* et par l'autorité des exemples scripturaires, Philon revient
à l'âme, pour apporter une troisième négation : l'âme elle-même ne peut
être ni saisie ni nommée ; c'est là une ultime purification de la connaissance. Le schéma suivi est à peu près celui-ci :

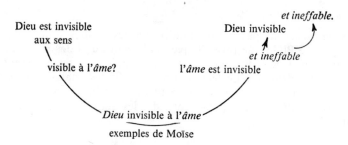

Ce tableau met suffisamment en évidence le jeu des glissements de sujet,
de Dieu à l'âme ; puis de prédicat : l'âme indicible permet de parler d'un
Dieu indicible. Les symétries font mieux ressortir ce mouvement. On
voit que les extrêmes empruntent à la « philosophie » ; le milieu ou moyen
terme prend l'autorité de l'Écriture. C'est là une vieille alternance. La
réflexion psychologique permet, au début et à la fin du passage, une démarche anagogique. Le lecteur est invité à remonter de la lumière visible
à la lumière intelligible, ou de la subtilité de l'âme à la pureté divine.

Mais, à la fin, il se produit un effet plus subtil, que nous avons indiqué
dans le schéma par les mots en italiques, « *et ineffable* ». En soulignant
que les philosophies ne se mettent pas d'accord sur l'essence de l'âme,
Philon glisse de la vision à la parole : non seulement l'âme est invisible,
mais on n'arrive pas à la cerner dans les mots. De même, Dieu échappe-t-il

à la dénomination. De la sorte, un nouveau problème, celui de la « *dénomination* » fait son entrée dans le commentaire, en profitant d'un détour.

En fait, dans le §11, Philon introduit un jeu de mots : il parle du « *nom propre* » de l'Être. Or, en grec, κύριος pris comme substantif, désigne le « *Seigneur* », soit le titre spécifique sous lequel le texte de la *Genèse,* ch. 17, v. 1, désigne Dieu s'adressant à Abraham. Mais, pris comme adjectif, le même mot signifie : « au sens propre ». Nous verrons justement plus loin que nul ne peut user au sens propre des noms mêmes que l'Écriture prête à Dieu ; on en use par figure, autrement dit « *improprement* ». Et le jeu de mots n'a pas fini de servir... Au moment où nous sommes, notons que les §11-12 constituent une cellule qui réunit toutes les lignes du problème théorique : les deux noms des Puissances majeures, « *Seigneur* » et « *Dieu* », substituts du nom ineffable de l' « *Être* » divin.

Que ce nom soit ineffable et qu'il faille le suppléer, c'est l'analyse exacte d'un passage de l'*Exode* qui va nous le montrer à nouveau. Philon observe l'enchaînement des versets 14 et 15 du chapitre troisième de l'*Exode,* où se place la révélation du nom de Yahvé devant le buisson ardent. La formule alors proclamée, « *Je suis celui qui est* » (ne discutons pas ici de la traduction littérale), est encadrée par une autre expression, de type explicitement historique : « *Le Dieu d'Abraham, d'Isaac, de Jacob* ». Philon en conclut à la dualité théorique de la connaissance de Dieu. Puis, observant que la formule « historique » est confiée à Moïse pour être seule transmise aux « *générations* » — les êtres perdus dans le devenir — il interprète ce dernier terme dans le sens que nous venons d'indiquer, et non pas dans le sens obvie de suite des âges qui devront garder la mémoire de leur Dieu sous tel nom. Et de noter que, même alors, les deux vocables, de « *Seigneur* » et de « *Dieu* », usités dans la formule « historique », restent « *impropres* » par rapport au seul Nom (ineffable mais « *propre* ») qui viserait l' « *Être* ». Au terme de cette sorte d'introduction abrupte, Philon a relativisé la possession que la « vision » semble impliquer.

Abraham n'a donc pas « vu », au sens « propre » de voir, parce que Dieu échappe. Mais nous devons comprendre que Philon infléchit le thème de la vision dans la direction du « dire ». La nature de Dieu, glisse-t-il à la fin du §11, « *est d'être, et non pas d'être dit* ». Pourquoi cette déclinaison ? Elle ne s'expliquerait pas sans la maîtrise de Philon : il sait où il va. D'un coup d'œil il embrasse la dialectique supposée par son texte de base tout entier. Dialectique, c'est-à-dire tension et résolution réglée. Le texte de base contient en effet, au début et à la fin, deux vocables fondamentaux : « *Seigneur* », puis « *Dieu* », dans la phrase : « *Le Seigneur fut vu d'Abraham, et lui dit : Moi, je suis ton Dieu* ». Ces deux titres représentent les deux Puissances réfléchissant l'Être unique et inconnaissable de Dieu. La puissance créatrice, représentée sous le vocable de « *Dieu* », et la puissance rectrice, par le nom de « *Seigneur* ». C'est bien un problème de dénomination que pose le texte biblique, aux yeux de Philon. La Bible prononce les deux titres, mais en les séparant, et ce procédé appelle explication. De toute manière, c'est bien du côté du langage qu'il convient de se tourner, puisque Dieu se déclare à Abraham. La tension que la distance crée entre les deux noms va susciter, pour être résolue, les analyses des § 13 à 38. La subtilité sera à la hauteur de l'enjeu, étant donné le caractère ambigu des titres donnés par la Bible, « *impropres* » qu'ils sont et cependant efficaces...

On voit que l'examen du nom *Seigneur* a commencé dans le discours philonien avant même que nous ayons achevé l'étude du verbe « *fut vu* ». Le passage entre les deux sections s'effectue de manière plus souple que notre division ne le laissait entendre. Nous verrons qu'en retour, il faudra considérer les § 13 à 17 comme une nouvelle façon d'expliquer la vision d'Abraham. Il existe donc un éclairage réciproque des mots de l'Écriture : tel est le fondement de ces subtilités.

III. Le commentaire du titre de « Seigneur »
(§ 13-17)

Déjà, les § 13 à 17 réclament une attention plus soutenue. Nous avons déjà fait remarquer la manière dont Κύριος avait été introduit par le mauvais bout, si l'on ose dire : nul ne peut détenir de la divinité un qualificatif qui soit « *propre* » (κύριον). Ainsi, Κύριος entre tout d'abord dans un jeu de mots ; il entre, ensuite, par le biais d'une négation. Le ton est donné par toutes ces distorsions. Il n'est plus que de suivre. Voici le schéma adopté par Philon :

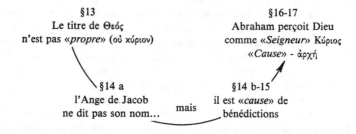

§13
Le titre de Θεός
n'est pas «*propre*» (οὐ κύριον)

§16-17
Abraham perçoit Dieu
comme «*Seigneur*» Κύριος
«*Cause*» - ἀρχή

§14 a
l'Ange de Jacob
ne dit pas son nom...   mais

§14 b-15
il est «*cause*» de
bénédictions

Le paradoxe réside tout entier dans le § 13 : le lecteur s'attend à rencontrer une citation contenant le nom Κύριος — *Seigneur,* et Philon prend en exemple une citation enfermant l'autre titre, l'autre Puissance, Θεός — « *Dieu* ». Trois explications concomitantes justifient le procédé, si l'on tient compte de la forme, du contenu, du mouvement.

1. *La forme : L'harmonie des mots dans l'Écriture*

En premier lieu, Philon a cherché un texte qui manifeste le jeu de mots et la négation où il s'est déjà risqué. Ce texte existe, dans l'*Exode,* ch. 6, v. 3 : « *Je me suis fait voir à Abraham, Isaac, Jacob, comme leur Dieu ; mais mon nom « propre », je ne le leur ai pas fait connaître* ». Une fois de plus, l'*Exode* sert de révélateur à la *Genèse*. La Bible paraît ici se commenter de la façon la plus heureuse, puisque Dieu reprend devant Moïse les mots mêmes dont il a usé auprès d'Abraham. On ne pouvait rêver d'un texte plus favorable à Philon... mais à deux conditions : de solliciter le mot κύριος, et d'accepter provisoirement que ce soit le second titre, celui de Θεός, qui soit ainsi mis en vedette, alors que le texte de base dit ceci : « *Le Seigneur fut vu d'Abraham* ».

2. *Le contenu : La solidarité des Puissances*

Mais précisément — et voici la deuxième justification du paradoxal §13 — Philon sait que, dans le texte de l'*Exode,* l'Écriture propose une dialectique, une signification tendue entre « Seigneur » et « Dieu », l'un au début, l'autre à la fin de la phrase ; l'un dans le récit : « *Le Seigneur fut vu...* », et l'autre dans la parole adressée par Dieu à Abraham : « *Moi, je suis ton Dieu !* ». Un lien étroit relie les deux Puissances, et pour l'homme c'est une seule et même impropriété qui l'empêche de les nommer exactement. Pour Dieu, il y a nécessité de les cacher en même temps que de les communiquer, par miséricorde. Aussi n'est-ce pas par distraction que nous avons disposé en forme de berceau le schéma des §13 à 17. Philon ira de « Dieu » à « Seigneur », remontant le courant du texte de base, qui allait de « Seigneur » à « Dieu ».

3. *Le mouvement : intégration de Κύριος et d'Abraham par la notion de causalité*

Enfin, troisième explication, qui nous conduit aussi loin, Philon abstrait relativement la notion de « Puissance », derrière celle qui trouve place dans le texte d'*Exode,* ch. 6. De la Puissance « Dieu » il passe à toute ‹ puissance ». La preuve en est qu'au début du §14 il s'exprime ainsi : « *L'Être est ineffable : les Puissances qui servent* (c'est ce pluriel qui montre le glissement) *ne disent pas leur nom* « *propre* ». En un premier sens, tout formel, Philon a pris l'indice d' ‹ impropriété » affectant la Puissance donnée, « Dieu », et l'étend à toute Puissance. Mais cette opération d'extension ou d'abstraction tourne bientôt en son contraire, puisque nous allons voir se constituer le tableau ordonné des quatre termes : l'Être, le Logos, les deux Puissances principales, créatrice et rectrice. En effet, l' « *Ange* » qui bénit Jacob après avoir lutté avec lui (*Genèse,* ch. 32) est identifié au « *Logos* » ; et c'est lui qui sert d'intermédiaire, de passage dialectique entre le caractère inconnaissable de la divinité et le discours humain. D'un côté, il refuse de déclarer son nom ; mais, de l'autre, il ajoute : « *Il te suffit de jouir de mes bénédictions* ». C'est dire qu'il existe une connaissance de Dieu « descendante », si l'on peut dire, une connaissance par les effets. Et Philon va nous faire suivre les degrés de cette connaissance par les effets : elle nous fera comprendre la signification relative du nom de « *Seigneur* » (et non pas sa signification absolue, en Dieu). Si l'Ange suggère à Jacob de se réjouir de la bénédiction, il désigne Dieu, auteur de toute bénédiction, comme « *Cause* ». Un jeu de mots, qui en est à peine un, sur ἀρχή, « pouvoir » et

« cause », nous ramène à *Κύριος* : « *la dénomination* « *Seigneur* » *est celle du pouvoir et de la royauté* » (fin du §15).

Mais ce nom de « *Seigneur* » est donné de manière si impropre pour désigner l'ineffabilité divine que Philon justifie son emploi dans le cas d'Abraham par le fait qu'Abraham est parti à la recherche des « causes » durant sa jeunesse chaldaïsante. Si bien qu'on peut articuler plus précisément les §15 à 17 :

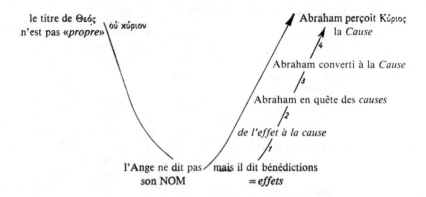

On le voit, au terme c'est Abraham qui est qualifié, plutôt que Dieu ! De la sorte, au début *Θεός* — « *Dieu* » est exclu de la dénomination propre (*οὐ κύριον*) ; à la fin, le nom *Κύριος* ne saurait avoir un autre sort... Que représente-t-il tout de même ? S'il est communiqué de façon authentique et sérieuse à Abraham, il faut donc qu'il apporte quelque chose. Eh bien, il sera le point subjectif par où Abraham, justement en peine de trouver les causes, peut rencontrer l'Être, à savoir la connaissance de la Cause. Et c'est un Dieu à l'image d'Abraham, en un sens, qu'Abraham « *voit* ». Il ne faut d'ailleurs pas mettre dans cette formule un subjectivisme excessif, car l'Abraham poussé dans la recherche des causes a été jadis créé par Dieu dans cette disposition. Seulement, éduqué à la manière chaldéenne, il ne s'est pas renfermé dans sa science : il a entendu l'appel de Dieu ; il a acquiescé ; il en reçoit aujourd'hui la lumière.

4. *Jeu entre Κύριος et ὤφθη* — « *fut vu* » *(retour sur l'analyse passée)*

On s'en aperçoit maintenant, l'analyse très habile et très consciente du mot « *Seigneur* » vient compléter à distance celle du verbe « *Le Seigneur fut vu* ». La première explication donnée à sa place, aux §3 à 12, du passif *ὤφθη* restait négative : elle établissait une série de distances sous forme de négations enchaînées. Ici, la distance introduite dans le langage par le problème d'une dénomination (« *propre* » ou « *figurée* ») acquiert un mouvement et une dialectique, une règle. Être vu, pour Dieu, cela signifie en dernière analyse rejoindre en l'homme Abraham le désir initialement déposé en lui de trouver la causalité. Philon n'a

pas voulu que le mot à commenter, « *Seigneur* », entrât brusquement
sous les projecteurs de l'analyse. « *Seigneur* » n'a pas d'autonomie littéraire parce que le problème sous-jacent est un double problème de
frontières ; il est à la fois celui du rapport mystérieux des Puissances à
Dieu, et celui de la connaissance à quoi l'homme peut accéder, de cette
constellation divine. C'est ce qui justifie l'absence même de frontières
précises dans le commentaire des mots. C'est ce qui explique également
la place centrale, au cœur de la dialectique, de celui qui est le lien de
toutes choses, le Logos, l' « *Ange* ».

5. *Jeu entre* κύριος *et* Κύριος *(analyse présente)*

Faut-il souligner la maîtrise du commentaire ? Et, par exemple, on
doit pouvoir considérer comme objective la relation suivante : Θεός,
au début, est dit n'être pas employé κυρίως ; à la fin, la « *Cause* » est
désignée sous le nom de Κύριος, mais sa dénomination reste οὐ κύριον.
Cette double impropriété apparaît comme une vérité dialectique par
rapport à l'imagination chaldéenne (à la fin du §17 : ἐφαντασιώθη).

6. *Jeu entre* Κύριος *et* Θεός *(dans l'analyse à venir)*

Là ne s'arrête pas la perspective. Non seulement Philon a pleinement
justifié les contenus laconiques de la *Genèse* grâce aux formules de
l'*Exode* ; non seulement il a dosé par sa disposition dialectique le rapport subjectif du nom donné à Dieu de « *Seigneur — Cause* » par l'amoureux de la causalité, Abraham ; non seulement il a rappelé la pyramide
des Puissances, mais il vient par avance d'éviter un piège de sa propre
dialectique. En effet, nous l'entendrons bientôt approfondir encore le
système de la dénomination double « *Seigneur* » — « *Dieu* » en nous
proposant les trois degrés d'exemples historiques. Le Pharaon, personnage inique, a droit seulement (n'est-ce pas déjà trop ?...) à la désignation de Dieu comme « *Seigneur* », compris ici comme maître sévère,
exerçant une vengeance légitime ; un deuxième degré fait état de la
bonne volonté du progressant, Abraham, qui a droit à l'usage d'un vocable positif, celui de « *Dieu* », désignant la bienveillance providentielle ;
enfin, un troisième degré nous permet d'envisager la perfection, qui
peut user des deux titres conjointement : « *Seigneur et Dieu* ». Or, sur
cette échelle, Abraham risquait de se trouver ou trop haut ou trop bas.
Trop bas, puisque le texte de départ dit simplement : « *Le Seigneur fut
vu d'Abraham* » : Abraham serait-il un autre Pharaon ? Trop haut, si l'on
se porte à la fin de l'oracle de base pour le lire tout entier : « *Le Seigneur
fut vu d'Abraham et lui dit : Je suis ton Dieu* » : la conjonction des deux
titres « *Seigneur — Dieu* » insinuerait-elle qu'Abraham est parfait ?
C'est là que l'exégèse de Philon montre sa cohérence. Il observe scru-
puleusement la phrase biblique : les deux titres sont *séparés* l'un de
l'autre par d'autres mots. Cette distance porte avec elle-même sa signification. En établissant un va-et-vient répété entre les deux extrêmes,

entre ces deux titres difficiles, l'Écriture et, derrière elle, Philon proposent un moyen terme : ils ne seront pas joints purement et simplement — ce qui est le cas dans l'expression parfaite, « *Seigneur Dieu* » ; ils ne seront pas séparés absolument, ce qui isolerait dans *Κύριος* une maîtrise redoutable au seul impie, Pharaon. Philon établit donc une quatrième catégorie, celle qui permet de passer d'un titre à l'autre ; et, paradoxe montrant l'intercession des vocables, nous allons d'abord de *Θεός* à *Κύριος*, c'est-à-dire du second au premier, avant de prendre les choses dans le droit fil, de *Κύριος* à *Θεός*, suivant l'oracle : « *Le Seigneur fut vu d'Abraham et lui dit : Moi, je suis ton Dieu* ». En effet, les §13 à 17 vont de « *Dieu* » à « *Seigneur* », tandis que les §18 à 28a, soit la section prochaine, énoncent par trois fois la séquence attendue, de « *Seigneur* » à « *Dieu* ». Il ne faudra pas tenir rigueur à Abraham si l'auteur de la Bible a introduit l'oracle par le titre dangereux de « *Seigneur* » : le principe de « redondance » de l'Écriture oblige à insérer ce vocable dans la phrase entière : du « *Dieu* » qui veille à la fin, le « *Seigneur* » du début reçoit une vérité différente[1]. Il ne faudra pas non plus trop vite se précipiter sur la correspondance ainsi établie entre la fin et le début de l'oracle, au risque de placer Abraham au sommet d'une perfection que le contexte interdit, bien mieux que le texte dénie : l'oracle ne porte pas la conjonction béatifiante « et » qui figure dans l'autre citation, « *Seigneur et Dieu* ». Sûr maintenant que nous ne réunirons ni ne séparerons abusivement les deux Puissances dans leurs dénominations, Philon, qui a manifesté en même temps leur caractère « propre » et « impropre », peut continuer sa lecture. Le lecteur comme le progressant de sa fable sont éclairés par le Logos sur le juste langage. L'habileté redoutable d'un Philon produira plus loin un effet exactement symétrique (§21). Il montrera qu'Abraham a perçu la vraie vérité, si l'on peut dire, du titre de « *Seigneur* » en le percevant comme le synonyme de la « *Cause* », tandis que Pharaon, l'endurci, verra se durcir la valeur de domination incluse dans le même nom de « *Seigneur* », par un effet du talion : Pharaon n'a pas voulu, en effet, « *craindre le Seigneur* » — il aura donc à en redouter la force. Cette équivocité potentielle du vocable « Seigneur » confirme ce que nous avons expliqué de la « quatrième catégorie » exigée par la dialectique de Philon. Pour qu'Abraham, doté du mot « *Seigneur* », ne soit pas un autre Pharaon, il faut bien que ce mot ait deux significations. Pour qu'Abraham, ensuite nanti du mot « *Dieu* », n'approche pas de trop près la perfection, il faut également que le mot jouisse d'une certaine mobilité.

7. *Les deux centres médiateurs*

Avant d'aborder la section suivante, observons encore ceci : en se reportant soit à nos schémas, soit au texte de Philon, on verra clairement que les centres des deux ensembles constitués par les §3 à 12, puis par les §13 à 17 livrent passage à deux médiateurs du langage équilibré. Moïse reçoit la mission de communiquer un seul des deux noms qu'il

connaît désormais (d'après l'*Exode,* ch. 3) ; et d'autre part, le Logos =
« *Ange* » distingue entre son Nom (qu'il tait à son vaincu) et ses béné-
dictions, qui permettent d'évoquer la *Cause,* et donc d'user du nom
Κύριος = « *commandement, principe, cause* ».

8. Εὐφημία et Θεός

Qu'on nous permette une ultime observation : ce qui conduit le
raisonnement à son but, la mesure enfin trouvée dans laquelle l'homme
peut dire à la fois « *improprement* » et « *proprement* » le nom du *Κύριος* =
« *Cause* », n'est autre que la double réponse de l'Ange—Logos : il refuse
son nom, mais il suggère à Jacob de suivre le cours des « *bénédictions* »,
cours remontant puisque, pris formellement, le terme « *bénédictions* »
renvoie comme « *effet* » à la notion d'une « *Cause* », mais que, pris
sous l'angle du contenu, le même mot renvoie à la Puissance symétrique :
car, une fois « *béni* », Jacob sera en un sens réel cet homme « *agréable
à Dieu* ». De plain-pied nous retrouverons alors la seconde dénomination dans la reprise du texte de base (ce passage est assuré dans les §34 à
38, charnière qui nous prépare à la section suivante, commençant au
§39 : « *Sois agréable devant moi !* ») ! La subtilité n'est pas notre fait,
mais la volonté de Philon.

9. Εὐφημία désigne le « *juste langage* » :

Bien entendu, le mot « *bénédiction* » forme lui-même un jeu de mots
qui reste implicite. S'il renvoie aux effets de la bienveillance divine,
effets qui permettent de nommer la « Cause », il désigne tout aussi bien
le « *juste langage* » — εὐφημία. C'est donc une sorte de bon usage des
vocables que l' « *Ange—Logos* » propose : son nom restera caché, mais,
dit-il, « *suis* » la route[2] que jalonnent les termes que je livre, les bénédictions, et tu approcheras aussi près que possible du Nom ineffable.
C'est dire équivalemment qu'il existe un emploi « *propre* » de termes
« *impropres* ». On voit que ce début du *De mutatione nominum* rivalise
avec le début du *Quis heres :* tous deux établissent en sous-main une
réflexion philosophique sur la substance <u>ou</u> sur la propriété du langage.
Le rôle médiateur de l'Ange-Logos apparaît en pleine lumière. Il
convertit le langage. Il oriente vers le « *Seigneur* », au nom de bénédictions qui, comme telles, relèvent du « *Dieu* » de miséricorde, conformément à la présentation rhétorique de Philon. Il part de Θεός, pour
donner un contenu à Κύριος. Nous disons qu'il est habile et qu'il interprète. Il dirait que l'Écriture interprète elle-même l'Écriture et qu'elle
est ainsi riche d'une double richesse.
Le traité consacré aux « *changements de nom* » s'ouvre sur le jeu des
Noms divins, qui, dans la distinction, se prêtent le concours de leur
rayonnement.

IV. Le commentaire du titre de « Dieu »
(§ 18-38)

La formule initiale de la *Genèse,* ch. 17, v. 1, comporte le passage du titre de « *Seigneur* » au titre de « *Dieu* », comme nous l'avons répété : « *Le Seigneur fut vu d'Abraham et lui dit : Moi, je suis ton Dieu* ». Nous avons montré comment Philon, dès le départ, surveille la fin. Nous voici parvenus à la seconde étape, qui nous conduit du § 18 au § 38, sans préjuger du fait que ce § 38 opère une transition toute de souplesse avec la suite. Un survol rapide montre que Philon aborde le problème par le biais de la « *dénomination* », comme il le fit pour le titre de « *Seigneur* ». Les § 18 à 28 prennent pour objet de réflexion le possessif : « *Je suis ton Dieu* », et les § 29 à 38 examinent plus directement le nom même de « *Dieu* » dans la même formule : « *Je suis ton Dieu* »... La substance des deux sections n'est pas pour autant confinée de part et d'autre du § 28, qui marque cette frontière théorique.

1. *Exégèse prospective*

Notons également tout de suite, pour que le lecteur mesure le caractère de prévision qui affecte si souvent l'exégèse philonienne, que chacune des deux parties épouse une courbe, assez subtile à discerner dans la masse des explications de détail. La première, partant de la relation descendante « *Je suis ton Dieu* », s'achève sur une exégèse de la relation ascendante, « *C'est là la bénédiction dont (les) bénit Moïse, l'homme de Dieu* ». Dans le premier texte, Dieu feint d'appartenir à l'homme ; dans le second, c'est l'homme qui se trouve relié à Dieu par un génitif de possession... La seconde section, celle des § 28 à 38, part semblablement d'une relation descendante : Dieu, comme Dieu, est le créateur de l'âme ; mais elle s'achève sur une relation remontante : Énoch signifie « *agréable à Dieu* ». La raison dernière de l'évocation d'Énoch doit être cherchée dans la suite du texte — exégèse prospective — et dès le § 39, où Philon constate que le texte de base, *Genèse,* ch. 17, poursuit : « *Sois agréable en face de Moi* ». Il établit la correspondance suivante. Le texte de la *Genèse,* ch. 5, concernant Énoch, enferme deux mots de *Genèse,* ch. 17 : « *Dieu* », qui vient de recevoir une interprétation, et « *agréable* », qui va en recevoir une dans la suite immédiate ; or, il existe une différence entre les prépositions : « *agréable à Dieu* » n'est pas la même chose qu' « *agréable en face (ou devant) Dieu* » (le grec n'offre pas une différence de préposition, mais celle qu'il y a entre un datif et une construction calquée de l'hébreu, avec ἐνώπιον). Philon établit à partir de là une dialectique nouvelle. L'enjeu n'est pas négligeable : il est symétrique de celui du commentaire consacré à l'autre titre, de « *Seigneur* ». Philon, prévoyant qu'il attribuerait au « méchant », à Pharaon, le coefficient de domination austère qui est supposé par la *seigneurie,* s'était arrangé pour ne pas y enfermer Abraham : le « *Seigneur* » d'Abraham tenait déjà de « *Dieu* », un titre plus favorable. De même Philon avait-il abaissé d'un degré la valeur de ce premier titre de

Seigneur quand il s'était agi de Pharaon. Philon retrouve ici le même problème : s'il enferme son Abraham dans le titre séparé « *Dieu* », il en fera le théologien exténué, « *efflanqué* », dont le portrait nous attend aux §33-34, un personnage ayant perdu de vue les valeurs plus incarnées de conservation et de gouvernement du monde qu'on déchiffre également dans le titre jumeau de « *Seigneur* », une fois qu'on l'entend bien, comme « *Cause* », d'après le §17. Aussi Philon introduit-il, symétrique de Pharaon, un nouveau personnage choisi parmi les progressants : Énoch, dont l'Écriture dit bien qu'il fut « *agréable à Dieu* », le datif indiquant assez qu'il est purement tourné vers le Père comme « *Dieu* » seul. Abraham se distinguera donc de cet Énoch par la vertu de la syntaxe : il sera pour sa part, « *agréable en face de Dieu* ».

Au total, si Philon raisonne apparemment sur trois catégories qu'il met en série dans le §19 pour y revenir plus loin encore, il distribue en fait les rôles effectifs en cinq « lieux » théologiques :

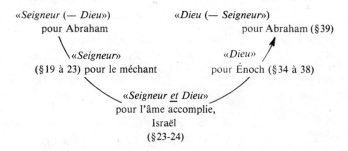

Cette courbe suit l'ordre du discours philonien, ordre qui modifie l'ordre théorique annoncé ou rappelé dans le §19 et qui introduit le « *Seigneur* » qui frappe le méchant, en premier lieu, le « *Dieu* » pour le progressant, en deuxième position, avant leur synthèse à tous deux, dans la formule destinée à Israël : « *Seigneur et Dieu* ». On voit tout de suite sur la courbe le double travail d'ajustement opéré par l'Alexandrin : il a défini Abraham d'abord par le titre donné à Dieu, « *Seigneur* », et cela avant même d'avoir énoncé la triade théorique, du méchant, du progressant, du parfait. Arrivant à l'énoncé de la triade, il modifie la définition du premier terme en créant une sorte de trappe pour escamoter le Pharaon et sauver Abraham ; puis, à la fin du texte, il infléchit la valeur accordée au titre « *Dieu* » : elle aboutit seulement à un Énoch, ombre moins parfaite de l'Abraham qu'on était en droit de voir venir ici. Pour retrouver Abraham, l'authentique Abraham, il faut franchir la limite du chapitre, retrouver le texte de base, *Genèse,* ch. 17, v. 1, où règne l'expression plus haute : « *Sois agréable en face de Moi* » (§39).

Retenons que le portrait d'Abraham est précisé en vertu d'une cohérence lue par Philon dans trois propositions à demi « redondantes » entre elles : « *Le Seigneur dit à Abraham* » — « *Je suis ton Dieu* » — « *Sois agréable en face de moi* ». Pour interpréter Philon, il convient ici de se porter plus avant et d'embrasser avec lui l'évolution du texte de base. Abordons maintenant le détail. Un schéma simplifiera l'entrée en matière.

L'ensemble des §11 à 38 obéit aux symétries suivantes :

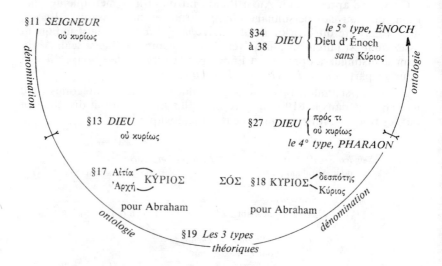

Le tableau se contente de suivre le texte ; il met en évidence la construction et justifie par exemple le retour au §27 du thème de l'impropriété des titres divins. Nous insérons en italiques les glissements de types religieux, allant du « méchant » au « progressant » puis au parfait : nous avons suffisamment expliqué pourquoi le méchant devenait plus méchant dans Pharaon — pour que le « *Seigneur* » ne soit plus compris comme un vocable séparé quand il sera question d'Abraham ; et pourquoi le progressant s'abaisse légèrement dans Énoch — pour qu'Abraham ne soit pas en possession d'un titre « *Dieu* », à son tour séparé, coupé de « *Seigneur* ». Au §38, nous tenons un personnage épuré, trop pur même, inhumain, et qui n'est plus Abraham, lequel réapparaît au chapitre suivant, dès le §39, par le truchement de la préposition « *Sois agréable en face de moi* ».

Voici maintenant le détail des §18 à 38. Ils couvrent une plus grande surface, si on les compare aux §11 à 17, mais le mouvement y est identique. Nous y retrouvons la division en deux étapes : la première section (§11 à 17) avait commencé par le thème de l' « impropriété » des dénominations (§11 à 14) et s'achevait par la mise en place authentique du mot « *Seigneur* » entendu au sens de « *Cause* » ; de même, nous allons d'abord trouver une exégèse du possessif « *ton Dieu* » aboutissant à un génitif qui en sera comme l'inversion : « *homme de Dieu* » — ce qui permet à Philon de réaffirmer la thèse de l'impropriété des dénominations (§27), reprise ensuite (§28) sous une autre forme, celle de la relativité (ὡσανεὶ πρός τι) ; le second développement explique ensuite de manière positive le titre en cause, « Dieu ». Seulement, Philon qui veut faire jouer ensemble les deux titres, « Seigneur » et « Dieu » doit donc relativiser jusqu'au bout le titre « Dieu », avant de retrouver l'équilibre dans le chapitre suivant (grâce à la préposition nouvelle ἐνώπιον) : le personnage d'Énoch se substitue alors à celui d'Abraham. Tout le texte de Philon est commandé par les glissements dont les *trois types* théoriques sont les sujets, du méchant, du progressant, du parfait. On trouve en italiques ce qui les concerne : Philon commence par définir le 1° type, avec l'aggravation que nous avons signalée ; puis, au §24, reprenant le série des trois types, il commence à développer le troisième, le parfait, défini comme « *homme de Dieu* », formule qui inverse le rapport de base, dans l'expression « *Ton Dieu = Dieu de toi* » ; reprenant ensuite la liste (§30), il s'arrête au deuxième type, le progressant, évitant de désigner le troisième ; et il infléchit la définition du progressant qu'il affuble du titre divin « Dieu », de façon à lui donner comme modèle ADAM, puis ÉNOCH. Notons que Philon énonce pour la première fois au §19 la liste des emplois que la Bible connaît des deux noms divins, « *Seigneur* » et « *Dieu* », puis « *Seigneur et Dieu* ». Ce §19 se trouve placé à la charnière des deux sections qui se partagent l'explication de l'un puis de l'autre vocable. On aurait pu imaginer que l'énoncé des vocables à étudier soit placé en tête de tout le commentaire, soit au §11. On voit que Philon joint les élégances de la rhétorique à la consience synthétique de la Parole. Reprenons les étapes l'une après l'autre.

2. « Je suis *ton* Dieu »

Philon passe donc de « *Seigneur* » à « *Dieu* » par l'effet apparent d'une simple surenchère : « *Le Principe s'est fait voir ; mais il accorde un bienfait supérieur à qui l'écoutait et le voyait, en disant : Moi, je suis ton Dieu* ». La phrase rappelle utilement tous les concepts essentiels de la section précédente, y compris le passage de « *voir* » à « *entendre* » — corroboré par la force du texte biblique : « *Le Seigneur fut vu d'Abraham et lui dit…* », comme si la parole adressée ne faisait que traduire la vision. Ce résumé accomplit une justice : le passage de « *Seigneur* » à « *Dieu* » rend au second titre le service qu'il a rendu au premier.

Quelque chose arrête immédiatement Philon. C'est l'étrange redondance contenue dans l'expression Θεὸς σός — « *ton Dieu* ». Qui dit « Dieu » entend bien, en effet, désigner le créateur de toutes choses : pourquoi spécifier « *ton Dieu* », ou le Dieu « de toi », et tailler dans l'universelle étoffe un canton privilégié ? Si l'Écriture se permet cette hardiesse, c'est qu'elle vise un but particulier, et je dois prendre à la lettre sa formulation. Dieu est Dieu de l'univers, son fondateur. Mais, à considérer les âmes humaines, il faut distinguer : Dieu ne sera le Dieu que d'une catégorie seulement, parmi les trois qui se présentent, la catégorie du « progressant », distinguée d'un côté du méchant et de

l'autre, du parfait. Pour trouver cette distinction en clair, et non plus
mêlée aux deux invocations « *Seigneur* » — « *Dieu* » nous devons
attendre le § 30, où Philon dit : « *C'est un grand bienfait que d'avoir pour
fabricateur celui qu'a le monde entier. Car il n'a pas façonné l'âme du méchant, puisqu'elle est ennemie de Dieu ; quant à l'âme moyenne, il ne l'a
pas façonnée tout seul...* » (la suite bifurque volontairement vers l'exégèse de l'âme « moyenne », et nous ne rencontrerons pas d'âme du
troisième degré, celui de la perfection...). Nous devons donc comprendre
les mots : « *il ne les a pas jugées propres à recevoir le même traitement* »
à la fois comme si Philon complétait par « *le même traitement entre elles* »
et « *le même traitement que l'univers* », ce dernier sens l'emportant,
puisque Philon applaudit celui qui possède comme lot une création analogue à celle de l'univers (§ 30), c'est-à-dire opérée par « *Dieu* ». Pour
rapprocher, il fallait avoir séparé. Le statut ontologique de l'âme (ou
des âmes) ne saurait ici se concevoir d'une manière arrêtée. Philon se
voit entraîné par la redondance du texte de base dans une subtile mutation que nous devons suivre nous-mêmes. Philon devine si bien l'impossibilité de définir le statut du « progressant », le type qui correspond
théoriquement à qui s'empare du titre « *Dieu* », que les § 19b à 28a vont
faire le tour de la définition sans l'aborder.

En effet, un premier parcours va surtout définir le type 1 — et le créer
dans une catégorie nouvelle. Il s'agit du « méchant », celui qui précisément ne reconnaît pas la « *Cause* », c'est-à-dire le « *Seigneur* » d'Abraham (§ 19 à 22). Un second train de réflexions va retourner l'attribution :
on passera de « *Dieu de toi* » à « *homme de Dieu* » ; et, ce faisant, on
définit d'ailleurs, non pas le type 2, théoriquement en cause, mais le
type 3, Moïse, exemple du « parfait » ! Le type 2 est donc à situer
quelque part entre le type 1 revu et corrigé pour qu'il convienne à Pharaon sans toucher Abraham, et le type 3, trop avancé pour convenir à
notre Abraham de l'heure... S'il s'agissait de définitions réelles, la méthode de Philon serait à tout le moins décevante sinon controuvée ;
mais il s'agit de suivre les fils invisibles qui relient autrement les mots de
la *Genèse,* dût le raisonnement se plier à des solidarités inédites.

1. Les § 19b à 22 montrent par trois citations combinées de l'*Exode*
que le titre de « *Seigneur* » est réservé à Pharaon, c'est-à-dire à l'esprit
qui s'est enfermé dans le corps, dont l'Égypte est le symbole ordinaire.
En explicitant brièvement chaque mot de la phrase énoncée par Moïse
devant Pharaon, Philon est conduit à cette expression négative : « *Vous
n'avez pas craint le Seigneur !* ». C'est là une contradiction pernicieuse,
continue Philon : car il a dès le début du § 19 proposé un hendiadys où
« *Seigneur* » équivaut à « *Maître* », soit Κύριος à δεσπότης, vocable lié
à la crainte (cf. le début du *Quis heres* : δέος — δεσπότης). Au contraire, précise le § 21, il y a quelqu'un pour rendre hommage à la Cause ;
et c'est Abraham. Le « *Seigneur* » d'Abraham est simplement Κύριος ;
celui de Pharaon est seulement δεσπότης : encore fallait-il le reconnaître
comme tel, c'est-à-dire le « craindre ». S'il « *n'est pas craint* », on ne
peut plus diagnostiquer pour Pharaon que la ruine (fin du § 22). Les
§ 18 à 22 proposent donc l'envers des § 15 à 17, où Abraham rejoignait

la Cause. Le type 1 a bougé ; il s'est dégradé : personne n'est plus tenté d'y reconnaître Abraham, bien qu'Abraham possède lui aussi le titre de « *Seigneur* », La redondance explicative de l'Écriture, « *Seigneur et maître* », est une revanche prise sur la folle disjonction opérée par Pharaon, qui ne « *craint* » pas celui qui est « *à craindre* ». Mais jusqu'ici, nous n'avons point rencontré le vocable théoriquement à l'affiche, «*Dieu*»...

2. Point de « *Dieu* » ; mais pas davantage d'exégèse portant sur l'expression « *ton Dieu* ». Or, en répétant apparemment la liste des trois types (§23), Philon y glisse subrepticement le seul commentaire que nous devions lire de ce fameux et fugace deuxième degré de vie spirituelle : « *Il est désigné comme « Dieu » de ceux qui vont du bien au mieux, comme c'est présentement le cas : Moi, Je suis ton Dieu, ou : Moi (je suis) ton Dieu ; croîs et multiplie. Quant aux parfaits...* ». Du point de vue de Philon, la désignation est complète. Le texte de base dit en effet : « *Moi, je suis ton Dieu !* » ; le texte parallèle en donne une explication suffisante : « *Moi (ie suis) ton Dieu : croîs et multiplie !* » (de la *Genèse*, ch. 35, v. 11). Le second oracle recoupe partiellement le premier, puisqu'on y trouve la désignation de « *Dieu* » ; mais il l'explique : en ajoutant les impératifs « *croîs-multiplie* », il propose une redondance significative. À en croire Philon, c'est tout un de dire « *Je suis ton Dieu* » ou « *croîs — multiplie* » ! Ce qui prouve que celui qui « entend » Dieu en est au point d'être perfectible, d'avoir à « croître » et de pouvoir le faire. Nous avons là une forme élémentaire d'un procédé philonien : l'Écriture procède par recoupements partiels ; les souligner, c'est commenter. De cette description du deuxième type il faut ici nous contenter.

Une troisième évocation des trois types nous conduira au « parfait », qui est Moïse. Il attirera dans le champ du discours philonien une citation symétrique de la citation de base. C'est de Moïse qu'il est dit : « *Telle est la bénédiction dont Moïse les bénit, Moïse, l'homme de Dieu* » (dans le *Deutéronome*, ch. 33, v. 1). Le génitif « *l'homme de Dieu* » renverse la relation initiale : « *Dieu de toi* ». Notons que, soucieux des transitions ou fidèle aux nuances du texte, Philon a précisé en passant que l'âme affectée du titre « *Dieu* », l'âme du progressant, est de ce fait promise à la « *perfection* » : nous lisons au §24 : «*Il estime bon... que le progressant reçoive bienfait comme d'un « Dieu », pour atteindre par ces mansuétudes (le degré de) la perfection* ». N'oublions pas plus que Philon le fait précis qu'Abraham est âgé de 99 ans (§1-2), et qu'il touche au nombre plénier, 100, sans toutefois y aborder franchement.

Cela dit, nous entrevoyons que le commentaire a sans aucun doute contourné le deuxième type, lié à « Dieu », mais qu'il l'assume après coup, par le haut pour ainsi dire, à partir du héros plus avancé qu'est Moïse. Abraham ne saurait être complètement étranger à cette commutation des génitifs, bien qu'il n'ait pas sa place dans le troisième degré. Mais la douceur de la transition à venir entre le §26 (consacré à Moïse), et le §27, revenant vers Abraham, permet cet échange subtil et comme à distance : Abraham en est touché d'un reflet supérieur à sa nature propre. Mais regardons ce Moïse, l'homme du 3° degré, le « parfait » ; ou disons simplement avec Philon, l' « *homme de Dieu* ».

Il ne faudrait pas croire que le seul génitif, inversé par rapport au texte de base, intéresse Philon dans le texte du *Deutéronome*... C'est comme toujours l'ensemble qui soutient l'exégèse. Nous devons tenir compte des faits suivants : tout d'abord, la présence du mot « *bénédiction — bénir* », qui accomplit les « *bienfaits* » et les « *mansuétudes* » dont Philon montre que l'homme du progrès a bénéficié ; en deuxième lieu, les deux propositions de l'oracle nouveau jouent entre elles : c'est dans la mesure où il distribue les bénédictions divines que Moïse peut être déclaré « *homme de Dieu* ». C'est pour l'Écriture une seule et même réalité qui sous-tend les deux formules : « Moïse bénissant » — « Moïse, homme de Dieu ». Ou disons plutôt que la proximité des deux expressions oblige l'interprète Philon, d'après son système de grammaire symbolique, à les comprendre l'une dans l'autre, par redondance partielle. C'est ce qui est dit en clair à la fin du §25 : « *Il a donc été jugé digne d'un échange merveilleux et sacré : il a échangé ce qu'il était contre la dispensation de la providence divine !* ». Devenu « homme de Dieu », il exerce en lieu et place de Dieu la bonté de Dieu, sa « *providence* ». Cette phrase ne fait qu'expliciter la double analyse que nous avons introduite dans la lecture du *Deutéronome,* ch. 33, v. 1. Une troisième et dernière observation littérale permettra d'épuiser la technique philonienne dans ce passage : le texte du *Deutéronome* porte donc « *Moïse, homme de Dieu* », et le génitif intéresse Philon comme symétrique du possessif ; mais il observe de plus que la précision « de Dieu », marquant l'appartenance, est superflue : qui dit « homme » a déjà dit « chose de Dieu ». Si l'Écriture a commis une apparente tautologie, c'est qu'il faut y déchiffrer une différence : « *Ne va pas croire que ce soit de la même manière qu'on soit* « *homme* » *et* « *homme de Dieu* ». *Homme, en effet, on est à Dieu comme sa chose*[3] *; mais, homme de Dieu, on est à Dieu comme son rayonnement et son utilité* ». La première relation est ascendante : l'homme relève de Dieu ; la seconde est descendante : Dieu confie à l'homme, Moïse, la distribution[4] de ses largesses. Et la seconde relation est obtenue en échange de la première. Chose de Dieu, subsistant en toi-même, abandonne-toi dans ta suffisance, et tu deviendras « homme de Dieu », capable à l'instar de Moïse, de reverser les bénédictions. C'est ce qui nous est confirmé : « *Tu seras (homme de Dieu) en fuyant toutes les règles fabriquées de ta main dans l'autonomie* » (fin du §26). L'explication des derniers mots ne se trouve pas dans la suite du texte tiré du *Deutéronome,* ch. 33, mais dans le « blason » de Moïse : au sommet de l'échelle spirituelle, Moïse est le type de l'âme qui, se retournant sur toutes les acquisitions de la science et de la vertu, les renie comme étant siennes, pour les attribuer au seul Seigneur.

Tout semble donc se jouer à partir de la grammaire : alternance significative des génitifs, juxtaposition de formules qui engendrent une tautologie, telles sont les réalités qui favorisent la marche de la pensée, ou du moins lui fournissent des symboles efficaces. C'est pourquoi le §27 continue dans la même veine : en s'intéressant à nouveau au caractère « impropre » de toute désignation de Dieu, Philon reste dans ce jeu d'attributions dont la réversibilité montre qu'elles jalonnent plus qu'elles ne limitent le discours. Il faut <u>aller</u> des mots « *Dieu de toi* » à ces autres mots, « *homme de Dieu* » ; il faut une fois de plus circuler de la *Genèse* à l'*Exode,* pour entendre les valeurs évanescentes que le Logos imprime si légèrement dans le discours de l'Écriture. Mais l'habileté de Philon nous réserve une surprise ultime. Le §27 doit son contenu à l'aspect formel, grammatical, mais, revenant de plus pour fermer le cercle dialectique de l' « *homme de Dieu* » au « *Dieu de toi* », Philon se met à récrire la formule entière : *'Εγώ εἰμι θεὸς σός* — « *Je suis ton Dieu* ». Or il y a de fortes chances pour que maintenant il fasse porter son attention, non plus sur les mots *Θεὸς σός*, mais bien sur les premiers : *'Εγώ εἰμι*, ou plus précisément sur le rapport — une fois de plus — qu'il discerne entre « *Moi, je suis* » et « *Dieu de toi* ». N'est-ce pas au moment d'expliquer « Seigneur » — *Κύριος* — et de spéculer sur le caractère « impropre » (*οὐ κυρίως*) des attributs prêtés à Dieu que Philon a cité le grand texte de la révélation fondamentale : « *Je suis celui qui est* » (§10-11) ? C'est assurément ce même arrière-plan que Philon voit maintenant envahir la scène, grâce à la citation de base : « *Le Seigneur fut vu d'Abraham et lui dit : Je suis — ton Dieu* » ; et c'est ce qui explique le plus naturellement du monde le §27 : parce qu'ils sont juxtaposés aux mots *absolus* : « Moi, Je Suis », les autres mots : « ton Dieu » ne peuvent qu'être différents d'eux, c'est-à-dire *relatifs* et employés « *sans propriété* » (*οὐ κυρίως*), « *car l'Être en tant qu'Être n'est point relation : il est plénitude de soi-même, et il se suffit à soi-même ; avant la naissance du monde comme après la naissance de l'univers, il est dans le même* ». Terminons-en avec les subtilités : la fin de la définition du Dieu immobile n'est que la traduction philosophique du temps présent, « *Je suis* ».

Par un échange de fond qui rejoint les échanges formels que nous venons de reconstituer, le Dieu immobile, *ἄτρεπτος*, « immuable » (début du §28), est ce qui rend l'homme parfait également « immuable » — *ἄτρεπτος* (à la fin du §24). Bien mieux, c'est l'aspect de « *Seigneur* » qui, au §24, conférait la solidité à l'homme ; au §28, c'est l' « *Être* » qui est déclaré immuable, au terme d'une réflexion sur le titre de « *Dieu* ». La solidarité des Puissances et de l'Être qu'elles désignent improprement est ainsi avérée. Et l'homme apprend qu'il est « *immuable* » quand il acquiesce à l'immutabilité divine, au terme d'un parcours qui lui a fait suivre docilement la mobilité des vocables et leur relativité. Grammaire et doctrine font encore bon ménage.

Évoquant la « *naissance* » du monde, Philon pose un jalon pour l'interprétation du mot « *Dieu* », qu'il va traduire par « *fondateur* », d'après l'étymologie *θεός* — *τίθημι* (§29). C'est en effet à partir de ces §28-29 que nous allons prendre en considération le second terme du couple « *ton-Dieu* ». Mais, comme nous avons été frustrés du premier dans les §18 à 28, nous allons de même le trouver, partiellement et relativisé, dans les §29 à 38. Cohérence oblige : Philon a inversé les développements. Mais un relais nous est offert au §28. L'échange y est pour ainsi dire signalé : échange grammatical des notions, échange réel entre la divinité et la faiblesse humaine. Ce dernier tableau fixera l'organisation de la section.

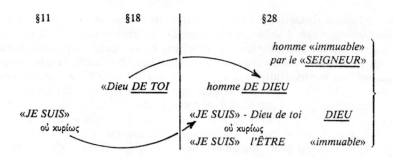

Le haut donne l'évolution de l'âme humaine ; le bas représente l'évolution des noms divins. Les deux convergent à l'extrême droite, avec la notion d' « immutabilité ».

3. « *Je suis ton Dieu* » (§ 28-38)

Le bénéfice des échanges ou des relations (ἀντίδωσις — πρός τι) est double dans la fin de la section consacrée théoriquement à l'analyse du possessif « *ton Dieu* » (§ 24b à 28a). En effet, de même que Dieu, l'Immuable par définition, communique son immobilité à celui qui parcourt jusqu'au bout l'échelle fragile des noms divins, c'est-à-dire jusqu'au désistement, de même le type de l'âme « parfaite », Moïse, fait-il participer le type de l'âme « en progrès », Abraham, à une lumière que sa position de principe ne lui permettait pas d'obtenir. Et, comme nous l'avons dit, Abraham jouit d'une place privilégiée à l'intérieur de la deuxième catégorie. Philon n'oublie pas que, s'il dispose du vocable « Dieu », ce n'est pas directement, mais par le truchement du vocable-frère, « Seigneur », puisque le texte de base annonce : « *Le Seigneur fut vu d'Abraham et il lui dit : Je suis ton Dieu* ».

C'est le souvenir des deux noms, puis de leur synthèse dans le troisième type idéal, Israël ou Moïse, qui a entraîné l'évocation complexe de tous les termes en cause (§ 26 à 28 : l'Être, les Puissances). C'est l'observation d'ordre grammatical, selon laquelle Abraham voit jouer entre elles deux formules, l'une relative « *ton Dieu* », l'autre absolue « *Je Suis* », qui permet à Philon de déplacer Abraham du siège tout fait que semblait lui imposer la théorie initiale des trois types d'hommes. On se demandera pourquoi Philon a introduit l'énoncé de ces trois Types, s'il devait y déroger pratiquement à chaque occasion. Question naïve, ou relevant d'un souci de cohérence, légitime ailleurs, d'une cohérence philosophique. Philon est contraint par l'existence de tous les textes : il y a ceux qui portent le nom du « *Seigneur* » simplement, et ils frappent le roi d'Égypte, par exemple ; il s'en rencontre d'autres, inévitables, qui parlent de « *Dieu* » seulement ; puis, tout aussi inévitables pour l'exégète, d'autres encore, associant les deux vocables, « *Seigneur et Dieu* » : ils sont imposés en particulier par les formules importantes de l'Alliance. C'est bien l'Écriture qui a imposé l'échelle des noms ; et c'est la même Écriture qui en dose l'emploi. Elle exige donc pour être entendue que l'interprète navigue précisément entre une sorte de grammaire (les trois catégories) et le style (leur usage nuancé), entre l'idée et la vie. De cette souplesse réglée nous allons avoir à nous souvenir pour comprendre les §29 à 38, la nébuleuse formée autour du noyau ΘΕΟΣ.

a) De « ton Dieu » à « Dieu »

Aussi bien faut-il laisser à la « relation » indiquée au §29 (πρός τι) une signification grammaticale autant que théologique. Si la relation était purement théologique, Philon ne dirait pas, comme il le fait tout de suite après, qu'elle est réciproque : « *On est roi de quelqu'un ; on est sujet de quelqu'un. On est bienfaiteur de quelqu'un et objet du bienfait* ». Philon se contente ici de retrouver le texte de base. Après l'avoir utilisé sur toute sa longueur : « *Je Suis — ton Dieu* » (§26-27), il n'en retient plus que le mot « *Dieu* », mais introduit par le possessif, « *Ton Dieu* »[5].

Les §28 à 38 supposent qu'on fasse deux remarques. Tout d'abord, il faut tenir que le §30 arrête la liste des trois types au deuxième, et que le « *vertueux* » — σπουδαῖος — du §31 n'est pas le représentant du troisième type, le « parfait ». Ce « vertueux » apparaît comme résultat de l'hypothèse favorable dans la dichotomie impliquée par la phrase : « *Faisons l'homme* », où le pluriel suggère une différence dans l'objet de la création. Philon ne dit pas que le mot « *Faisons* » entraîne un partage ; il dit : « *Si l'âme reçoit une empreinte mauvaise, on verra qu'elle est fabrication des autres ; mais si c'est une bonne empreinte, on verra qu'elle est fabrication du seul artisan des belles et bonnes réalités* ». La conjonction εἰ répétée, désigne une option ; Philon n'emploie pas ἄν qui pourrait se prêter à l'idée d'une distribution : « ce qu'il y a de mauvais relèverait des autres artisans ; ce qu'il y a de bon relèverait de Dieu ». Une fois encore, il s'agit d'un glissement intéressant le deuxième type d'âmes, qui le met entre le deuxième type théorique et le troisième.

Seconde observation : Énoch va devenir le parangon des êtres « *agréables à Dieu* », dans la lignée des spirituels exténués du §33. Mais eux et lui, ils incarnent le deuxième type pur, capable d'entendre le nom « *Dieu* ». Le paradoxe est évidemment qu'Abraham, sujet de cette section, n'apparaît défini qu'à la sauvette : le §39 nous dira qu'à la différence des ascètes par trop « *sauvages* » ou d'un Énoch disparu, Abraham est « *agréable devant Dieu, en face de Dieu* ».

Abraham et sa définition tiennent dans la brève alliance des mots « *ton — Dieu* ». C'est lui le « vertueux » à peine entrevu dans le §31 : « *Il est donc parfaitement vertueux, celui à qui il est dit : Je suis ton Dieu* ». C'est pourquoi les §29 à 31 qui parlent d'Abraham ne dissocient pas volontiers le possessif « *ton* » du substantif « *Dieu* ». C'est que, exploitée dans sa propre ligne théorique, l'hypothèse « Dieu » s'écartera légèrement d'Abraham, tout comme l'hypothèse «Seigneur» s'en était éloignée en définissant le Pharaon — ce premier clivage était d'ailleurs de plus grande conséquence. La ligne théorique « Dieu » sera simplement rattachée au personnage d'Abraham comme sont reliées entre elles les deux expressions neuves « *agréable à Dieu* » — « *agréable en face de Dieu* ». Le schéma suivant répartit les significations et les symboles... Au départ, à gauche, on voit l'expression complexe *TON DIEU* se dédoubler. La ligne que nous laissons au centre, horizontale, convient seule au commentaire du mot isolé « DIEU ». « Dieu » donne « créateur » ; « créateur » entraîne « Faisons l'homme » ; le pluriel ouvre les deux hypothèses : « créé par d'autres », l'être marqué d'une empreinte négative est aussitôt oublié ; « créé par Dieu seul », l'être marqué positivement évolue sur cette lancée (§32 à 38), attirant la notion d'une ascèse rigide, si épurée qu'on peut même douter de sa réalité : mais l'Écriture l'appelle *Énoch* et reconnaît son évanescence, puisqu'elle le qualifie d' « *introuvable* ». Au total, le nom précis de « *Dieu* » réapparaît à la fin, dans une expression nouvelle, dispensée comme il était prévisible de la détermination possessive « *ton* » : « *Énoch signifie : « agréable à Dieu* ».

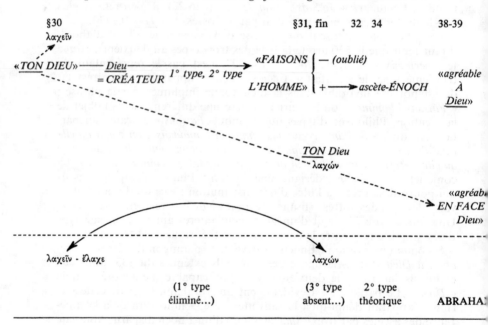

Au-dessus et au-dessous de la ligne cohérente « Dieu », on peut lire sur le schéma le rôle d'Abraham. Il est coextensif à l'emploi du possessif « *ton Dieu* ». À la simple lecture, on aura noté que Philon a ménagé une inclusion, isolant les §30-31 : « *Et c'est un don important que d'avoir comme lot le fabricateur que le monde entier a déjà* » (λαχεῖν — ἔλαχε), lit-on au début du §30 ; et, à la fin du §31 : « *Il est donc parfaitement « vertueux » celui à qui il est dit : Je Suis ton Dieu, puisqu'il l'a comme seul artisan (à l'ouvrage) sans aucun aide* » (λαχών). Ce début et cette fin concernent Abraham ; le milieu reprend l'énumération des 3 types théoriques, en en laissant un de côté, d'ailleurs, et en ne retenant que le premier, celui du « méchant », et le deuxième, le progressant théorique. Or, ce deuxième modèle théorique se dissimule lui-même un temps derrière le premier homme de la création originelle. En effet, nous avons été trop rapide en allant tout de suite jusqu'à Énoch. Le milieu des §30-31 et les §32-33 désignent négativement un personnage intermédiaire, qu'on peut définir comme « ADAM ». C'est Adam qui est ce pur esprit (*Legum allegoriae*, I, §90-91 ; III, §50, 185 ; *De Cherubim*, §10, 57) ; et c'est Adam qui se trouve dégagé de la « terre-sensation » (*De Cherubim*, §60 ; *Legum allegoriae*, II, §6, etc.). Enfin, cet Adam est le premier homme, celui que Dieu a créé en disant un pluriel, qui sert ensuite de médiation au choix que nous avons déjà expliqué : « *Faisons l'homme à notre image* ». L'expression du §33, « *L'esprit dans son intégrité* » désigne Adam. C'est à son image que les ascètes squelettiques tentent de se conformer, et c'est son destin que dans la liste des patriarches antédiluviens Énoch vient assumer (*Genèse*, ch. 5, v. 24). Mais le nom même d'Énoch signifie : « *ton agrément, ton plaisir* » (Χάρις σου) ; il a sur celui d'Adam l'avantage de préparer les mots qui définiront bientôt la note caractéristique d'Abraham dans le texte de base : « *Sois agréable devant moi !* ». En attendant, Philon acquiesce au mouvement du texte même de la *Genèse*, ch. 5, v. 24, où il est parlé d'Énoch comme d'un personnage dont la piété a permis à Dieu de l' « *enlever* » : il est dit qu'on « *ne le trouvait pas* ». Nous nous apercevrons plus loin (§48 à 50) que la question soulevée à la suite des Stoïciens, de l'existence effective du Sage, n'est pas l'effet d'une association de pensée : l'Écriture répondra tout à l'heure, et la manière dont elle exprime l'idée de cet enlèvement, « *on ne le trouvait pas* », suppose qu'on doive le chercher, s'interroger sur le lieu de sa nouvelle résidence, sur le rapport qu'il peut y avoir entre un être sage introuvable et une Sagesse — qu'il est censé représenter ou incarner — éternellement éloignée des hommes... Provisoirement, l'Écriture a répondu dès le chapitre 5 de la *Genèse* : en le déplaçant, Dieu prouve l'existence du Sage mais aussi l'indignité des témoins que sont les hommes ordinaires : « *Il le fit émigrer pour fonder une colonie loin de la vie mortelle, auprès de la (vie) immortelle* ». L' « *immortelle vie* » range du côté de la divinité, de la « déité » pure (Θεός distingué de Κύριος), l'ascète, l'Adam, l'Énoch de la perfection séparée. Mais l'ABRAHAM dont nous avons à traiter n'est plus là. La suite du texte de base établit entre ces rivages austères et la région d'Abraham une séparation fort nette : si Énoch disparaît dans une grâce qui le rend tout uniment « *agréable à Dieu* », et donc perdu en Dieu, Abraham connaît une bénédiction plus complexe : il est « *agréable en face de Dieu* », ce qui implique une moindre exténuation...

b) La préparation de redondances ultérieures

Ainsi prend fin le commentaire de la première phrase de la *Genèse,* ch. 17, v. 1. Encore faut-il observer précisément qu'il ne s'agit pas là d'une conclusion ferme. L'exégèse nous conduit sciemment à un point de déséquilibre, d'où la pensée doit donc repartir sans délai. La proposition finale s'oppose à la formule biblique dont elle est immédiatement suivie : le jeu du datif « *agréable à Dieu* », auquel tous les méandres nous ont fait aboutir, et de la locution analytique « *agréable en face de Dieu* » devient un ressort nouveau pour le discours philonien. Une question posée en passant attend, de plus, une réponse : le Sage existe-t-il ? Bien mieux, fondé sur l'harmonie subtile des deux titres divins, « *Dieu* » — « *Seigneur* », le développement vient de faire droit à toutes les implications des termes, à leur relation de complicité et de différence, à la distance qui les sépare dans ce texte de base et que d'autres textes franchissent ; mais il a peu exploité, pour ne pas dire du tout, l'expression du troisième type théorique, celui qui dit : « *Seigneur et Dieu* », les deux vocables réunis. Or, si nous poursuivions cette lecture, nous verrions que c'est la réunion de l'aspect transcendant et de l'aspect providentiel, incliné donc vers l'immanence, de cette formule complète que notre Abraham calque sur le plan humain : le commentaire des mots « *Sois agréable en face de Moi !* » (§ 39 à 46) montre la perfection sublime qu'il y a dans la capacité de franchir les deux bords de l'univers spirituel, sans se confiner tellement d'un côté, le côté céleste même, que la création en soit délaissée.

CONCLUSION : LE SYSTÈME

Nous avons dans cette analyse cherché à mettre tout d'abord en lumière la cohérence du procédé philonien de l'anticipation et de la redondance. Le lecteur a pu entrevoir le rôle subalterne que joue la philosophie lorsque les concepts moraux se mettent en devoir d'informer le discours. Le sort des trois catégories d'âmes manifeste sans équivoque le point de vue où Philon se place, et qui est, même sous les vocables empruntés aux recherches morales des philosophes, le point de vue de l'Écriture. C'est elle qui fournit une « grammaire » à laquelle son propre style déroge utilement dans la pratique, puisque les personnages concrets, Pharaon, Abraham, Énoch, Moïse, font évoluer autrement une hiérarchie qu'on pouvait croire fixée une fois pour toutes, grâce à d'autres textes de la même Bible. Quant à l'unité de conception, au projet de l'auteur qui transcende sans peine l'espace de son propre texte, elle éblouit le lecteur qui en prend conscience. Et il en prend conscience pour peu qu'il abandonne une certaine idée de la composition classique et qu'il accepte celle de l'allégorie propre à Philon. L'essentiel en est visible dans l'attraction ordonnée qui fait que deux passages de l'Écriture, deux versets consécutifs surtout, organisent entre eux une séquence d'autres textes, de concepts sous-jacents, d'images, comme les deux pôles d'un aimant organisent les particules de métal. On passe de l'un à l'autre en suivant un chemin tracé par des lignes de force invisibles, ordonnées, impérieuses. Ni l'un ni l'autre des deux pôles ne rallie tous les éléments à sa seule influence ; mais l'un et l'autre se prêtent une mutuelle opposition et une assistance égale pour donner à un monde qui resterait épars et sans vie, un système, une structure, où il vit, c'est-à-dire ici où il « pense ».

Prendre les mots de l'Écriture, les éloigner assez pour qu'il s'établisse entre eux un courant et que ce courant puisse réconcilier une quantité idéale d'autres mots entre lesquels la philosophie puisse glisser les siens pour qu'ils soient sauvés, telle est la technique, toute proche de la grammaire et de la mystique, où Philon ne se perd jamais, parce qu'elle est, en tant que théorie, le début, en tant qu'habileté ouvrière, le milieu, en tant que lecture, la fin de son discours.

NOTES

1 Dans le *Quis heres,* §166 à 173, nous avons eu l'occasion de décrire la manière subtile dont Philon distinguait et ramenait l'une à l'autre les deux valeurs de Θεός et de Κύριος.

2 ᾿Απόχρη γάρ σοι, φησίν, ὠφελεῖσθαι <u>κατὰ</u> τὰς ἐμὰς εὐφημίας... (§ 14).

3 Cf. *Phédon,* 62b ; *Lois,* X, 902b, 906a...

4 L'édition de Lyon en ce passage ne tient pas compte du fait que la fin du §25 « traduit » simplement la citation du *Deutéronome* ; et elle commet ensuite une erreur en disant : « <u>tirer</u> de Dieu sa gloire et son bien ». Philon explique le rôle bienfaisant de Moïse. La correction de COLSON, dans l'édition Lœb, *ad locum,* méconnaît la dialectique de Philon. Philon fait jouer à distance les génitifs, « *Dieu de toi* » — « *homme de Dieu* » ; cela est vrai. Mais il s'agit ici de justifier simplement la redondance « homme = chose de Dieu ». Il nous semble que Philon ne dirait jamais sans précaution « *Dieu de l'homme* »...

5 De même, au §18, Philon notait l'alliance paradoxale du possessif et du nom, « *Ton Dieu* », au moment de commenter le seul possessif, « ton ».

SECONDE PARTIE

LES PROCÉDÉS DE L'EXÉGÈSE DE PHILON

INTRODUCTION : LE GENRE LITTÉRAIRE

I. LE LIVRE « DÉFAIT »

La plupart des ouvrages cherchent à fournir une sorte de nourriture à l'esprit. Celui qui les lit retient des notions dont il grossit le bagage de ses connaissances. Notre lecteur trouvera sans doute dans nos analyses — et dans Philon — une maigre provision. Il aura l'impression d'avoir plutôt donné que reçu. Il aura parcouru un itinéraire, repéré un paysage, appris une espèce de langue dont l'usage est limité aux frontières de ce pays exploré ; mais il ne lui restera guère de notions accumulées. C'est que Philon écrit dans un genre particulier, dont notre idée du « livre » ne recouvre pas les particularités. Pour nous, un livre tend à l'achèvement, et le poème en est un peu le symbole, par sa complétude, le dialogue que les mots échangent à l'intérieur d'un espace littéraire défini, clos, repérable. Nous avons montré sans doute que le traité de Philon possédait, lui aussi, une autonomie ; qu'il commençait et s'achevait légitimement, pour ainsi dire. Et cela le rapproche bien du « livre ». Mais Philon renie presque tout de suite l'autonomie du livre achevé. Le sens dépend bien de l'agencement, du rythme, des formes, du dialogue des éléments entre eux, comme nous l'avons marqué grâce aux symétries variées, et cela répond au vœu du lecteur de sentir la plénitude d'un écrit. Mais cette première concession à la littérature est assortie d'un refus de la littérature. Car Philon rédige un commentaire, le commentaire d'un Texte qui ne finit pas, en un sens. Les recueils ultérieurs des traditions rabbiniques pousseront le principe de l'éclatement bien plus loin encore. Il n'entre pas que du hasard dans ce refus de l'écrit fermé. En brisant l'unité trop visible du commentaire, le commentateur s'ingénie à laisser la Parole comme principe supérieur d'unité et comme référence ultime. Philon aime créer les formes élémentaires d'un véritable « livre ». Il use des dialectiques du temps, de la personne, du fini et de l'infini en composant par elles des chapitres précis ; mais il ne déploie tant de talent que pour esquiver au dernier moment la tentation de rendre sensible l'unité du traité. Son texte ne veut être que la condition de possibilité pour l'intelligence de lire le Texte sacré. Il en part ; il décrit, selon l'intelligence et l'unité que l'intelligence requiert, un cercle localement assuré et qui nous ramène à intervalles calculés au texte de départ, ce texte rejoignant d'ailleurs le texte suivant de l'Écriture. Mais la continuité locale de telle exégèse ne se ferme pas sur elle-même : de façon discontinue, une sorte d'arbitraire relance ou suspend le rythme. Philon procède comme s'il concédait un minimum à l'intelligence : que faut-il penser avec intelligence pour lire le Texte ? Penser lui ferait l'effet d'une misère humaine : c'est un garde-fou qui préserve l'âme de l'égarement et qui prépare, telle une mélopée bien conduite, le silence où les mots du Texte peuvent se déposer avec exactitude — les mots et leur sens.

Aussi bien est-il très hasardeux de présenter une synthèse intellectuelle de la pensée philonienne : on risque d'introduire des signes parasites entre les lettres de son Texte de référence, et de jeter un voile de continuité théorique sur les blancs qu'il n'a pas cherché à dissimuler. Nous avons pris le parti, il est vrai, d'établir l'empirisme du système exégétique de Philon. Il nous a suffi de faire toucher du doigt le tracé des images mentales que notre civilisation a de la peine à identifier. Nous, modernes occidentaux, nous sommes tentés de suppléer par le système cohérent l'incongruité de ces figures ; et nous avons de la peine à les mener au canon implicite du « livre » achevé. Chaque traité est une sorte de livre « défait » à peine relié, pour ainsi dire. Faute d'annonces, de résumés placés au bon endroit, de conclusions synthétiques, le traité risque d'apparaître comme la fantaisie plus ou moins baroque d'une inspiration pieuse et discontinue, celle du prédicant. Imitant le principe des allégoristes, pour qui la Nature se cache ordinairement, Philon achève son livre, mais un peu en-dessous de l'évidence. Il possède une volonté propre, qui constitue l'auteur, et donc il compose des livres unifiés, car toute volonté aboutit à l'*un* ; mais il dissimule l'unité, et c'est le point où notre effort a porté : rendre cette unité lisible.

II. La redondance relative

Le lecteur de Philon glane au fil de sa course des notions — et il voudrait bien faire la synthèse du *Logos,* par exemple ; il aperçoit vaguement un système de l'*âme* et de la condition humaine — et il voudrait en assurer les linéaments. Ce désir scolastique a produit les synthèses bien connues. Le problème qu'elles posent à leur tour est celui de leur caractère d'utilité : les « théologies johanniques » ne permettent pas plus de lire deux lignes à la suite dans l'évangile de *Jean,* et, de même, la philosophie du Logos n'introduit-elle qu'à un Philon inconnu de Philon, je veux dire du seul que nous rencontrions, celui des traités à lire. L'empirisme qui lui permet de défaire ou de refaire un fantôme de doctrine philosophique renvoie donc à un principe d'unité différent. Nous avons proposé l'hypothèse que tout tienne à l'Écriture inspirée. Mais, de ce côté encore, la question est loin d'être simple. C'est que, pour Philon comme pour ces autres rabbins, *Jean* ou Paul, ou Jésus de Nazareth, le sens de l'Écriture est déjà ambigu. Il est à mi-chemin entre le système et la pure discontinuité : autrement dit, il est « *ruse prophétique* ». Une seule et unique Parole y est prononcée, mais répandue en échos divergents. Le cœur attentif et pur l'entend, une sous sa diversité ; il en conjure la redondance relative. Soit la phrase « *Abraham s'informa, disant à Dieu : Maître, que me donneras-tu ?* », tirée de la *Genèse ;* elle donne au traité philonien du *Quis heres* son point de départ. Elle contient une valeur, simple, totale, mais qui a besoin pour être perçue, non pas d'une analyse en profondeur, conceptuelle, mais d'une multitude

d'autres phrases, empruntées par exemple à l'*Exode* : alors, sa simplicité apparente évitera d'être méprisée, ou, ce qui est plus grave, retournée
contre la vérité. Ce principe[1], le plus profond et le plus constant de tous
les procédés de Philon, suppose à son tour que l'Écriture ne soit que
répétition, redite, rebondissement d'un seul Mot : redondance. Le lecteur apprend alors que non seulement il doit renoncer, en lisant un traité
de Philon, à surprendre trop vite une unité qui se cache, mais que l'objet
même, l'Écriture, ne possède ni commencement, ni fin, ni suite. En effet,
jamais Philon ne concède de véritable privilège à tel chapitre ou tel
verset de la Bible. Toutes les phrases de la Bible sont conduites, au
moyen des procédés que nous avons décelés au cours des analyses précédentes, depuis la banalité ou la sublimité jusqu'à une valeur moyenne.
On fera du plus banal des énoncés, « *on le tira de là* »[2], une sorte de
conclusion solennelle qui évoque l'achèvement de la vie spirituelle, la
« *vision* ». Inversement, du plus noble « *Je suis Yahvé, Dieu d'Abraham,
d'Isaac et de Jacob* », Philon tire quelque chose d'inattendu : au lieu
d'y déchiffrer ce qui est apparemment le sens obvie, à savoir la communication et l'Alliance, il y voit, dans les deux ou trois emplois que nous
en trouvons chez lui, l'indication de la transcendance et de l'ineffabilité
du Nom divin... Une sorte d'indifférence ou d'empirisme rend toute
perception logique, intellectuellement hiérarchisée, synthétique, vraiment
difficile. Elle correspondrait plus volontiers à un autre art que la littérature didactique, comme si Philon s'était trompé de moyen d'expression : comme s'il avait, sans le savoir, préparé dans ses traités les cartons
dont un Chagall pourrait concevoir les compositions *simultanées* de la
peinture, du vitrail, de la tapisserie. Comme dans la peinture de Chagall,
il existe chez Philon des constellations de symboles plus ou moins fixes,
obsédants, ou des assemblages qui se transportent avec des variantes
d'un traité à l'autre[3]. Ces nébuleuses semblent préexister, tout comme
préexistent aux traités les catégories d'Abraham, d'Isaac, de Jacob ou
de Joseph, le politique, de Moïse, de Caïn : elles permettent, comme
dans Chagall, la variation dans l'immutabilité. L'unique Parole serait
ineffable, et, dans la meilleure hypothèse de communication, réduite à
un Mot, un seul. L'Écriture sacrée en est l'image multipliée et par miséricorde dispersée. Dans Philon, la fixité relative des constellations et
la structure assez ferme des « types » concourent à donner une règle
pour traduire la variation infinie de l'Écriture. Le Texte est *divers* afin
de distribuer aux yeux mortels la lumière diffuse de l'Un, invisible par
excès d'unité ; le commentaire du Texte, Philon, est *relativement unifié*
pour que le Texte soit perçu. L'indifférence de Philon à l'égard du contenu d'un verset et la redondance théoriquement indéfinie, pratiquement
circonscrite, qui régit tous les versets, déconcertent le lecteur de Philon ;
en réalité, elles reflètent l'immobilité souveraine de la Parole. Mais
nous reviendrons sur ce problème de la redondance mesurée. Qu'on se
souvienne qu'elle définit le « genre » littéraire de Philon, même si cette
définition est abordée ici par un côté négatif. Nous allons bientôt tenter
de réunir les « procédés » philoniens, c'est-à-dire les outils qui assurent
précisément la « règle », les limites, la finitude de la redondance.

III. LA TAPISSERIE

Mais auparavant, pour bien situer le jugement précédent, nous devons rappeler cet art caché qui permet à Philon de dominer tout de même la matière de chaque livre. Les traités du cycle d'Abraham que nous venons d'analyser présentent d'abord une originalité de l'un à l'autre : chacun possède sinon un style propre, du moins un système global d'exégèse, où prédomine tel procédé : il y trouve une unité extérieure, un signalement, un idiome.

Le traité *De migratione Abrahami* offre sous cet angle l'aspect régulier d'un livre achevé, pour peu qu'on observe son mouvement circulaire — telle est sa manière propre. L'énoncé de la FIN, tout au milieu du raisonnement (la Fin ou le τέλος), nous avertit déjà du parti-pris de Philon. La remontée dans le temps d'Abraham, qui nous fait considérer au terme seulement ce qui fut au début de sa vie (l'émigration première) confirme le système circulaire. L'ordonnance qui permet ensuite de disposer toute la matière du développement entre les trois divisions du temps : le présent des dons (c'est la première section), le futur de la FIN (c'est la deuxième section), les chemins du passé (dans la troisième et dernière section), est également assez éloquente. Enfin, la rhétorique simple qui distingue, au début, *cinq* présents accordés par Dieu (première partie), puis *quatre* conditions du progrès de l'âme (deuxième partie), et *trois* confirmations puisées dans les trois expressions de la fin du texte considéré (troisième partie), fournit un indice ultime de l'organisation. Et ce type d'organisation ne se retrouve pas tel quel ailleurs. Elle est, de tous les systèmes celui qui « défait » le moins le livre qu'on attend. Parmi les indices de facture soignée, rappelons-en un, bien significatif de la conscience d'auteur qui existe dans Philon. Il s'agit de l'ajustement qui facilite la transition de la deuxième partie à la troisième : de la « Fin », théoriquement plus éloignée de nous, aux « étapes » du voyageur de Dieu, théoriquement plus proches — inversion qui pose un problème ! Or, les §173-175, en conclusion de la deuxième partie du *De migratione*, proposent successivement deux figures de l'âme : la première est *trop* élevée pour l'époque de la vie spirituelle où nous sommes en principe parvenus ; elle est incarnée par Moïse, le sage dans sa perfection, et Philon la propose juste après le développement sur la « Fin », lui-même *trop* élevé du point de vue de l'itinéraire attendu. La seconde figure, qui termine le tout, nous ramène justement un niveau au-dessous de ces hauteurs excessives[4] : elle est simplement Abraham, encore engagé dans les difficultés de sa pérégrination mystique. Lui seul, il est, sous cette forme, en harmonie avec les réflexions suivantes sur les « étapes » du voyage, c'est-à-dire avec la troisième partie de l'ouvrage. Philon ne s'est donc pas oublié quand il spéculait sur la « Fin ». Il savait où le ramènerait la dernière partie de son traité, et il a ajusté les outils de la réflexion à son propos. Bien plus, dans cette troisième partie du livre, il a permis au lecteur de retrouver l'Abraham de la première partie. Il a donné à la fin une interprétation du personnage de Jacob qui rappelle celle qu'il avait donnée au début. Les deux séjours de Jacob[5] font comprendre, par la circularité qu'ils confèrent à l'exégèse, que le sage a entrevu dès son départ la lumière de la Fin, et que c'est d'elle — placée au milieu du traité — qu'il a tiré le « courage » du premier départ et celui de la « patience » dont il devra encore s'armer. Une sorte d'inclusion à la portée immense, significative et non seulement décorative, assure la solidité du traité comme « livre »[6].

Le traité suivant, le *Quis heres,* est moins limpide. Si nous avons proposé la réduction globale du plan de ce traité au schéma mythologique de *naissance — mort — résurrection*[7], le lecteur est en droit de le trouver un peu trop lâche et subjectif. Et ce n'est pas parce que nous avons cru démontrer que dans un autre ouvrage, le *De congressu,* une soi-disant « digression » faisait partie intégrante du propos d'ensemble, que la chose est démontrée, dans notre *Quis heres,* en ce qui concerne le chapitre dit de la « Division ». Il faut faire chaque fois la preuve. Et, celle-ci ne peut-être que patiente, tissée de tous les liens que nous avons signalés entre l'exégèse de la « Division » et le corps du traité. Ces liens restent plus cachés, plus subtils, que les annonces ou les inclusions du *De migratione,* mais ils nous paraissent de même valeur. À vrai dire, nous avons commencé par une preuve négative. Nous avons quelque peu effrité l'unité thématique du chapitre en retirant au Logos la place que d'autres commentateurs de Philon lui donnent à cet endroit. Nous avons démontré qu'il fallait rester prudent ; que le Logos n'y était pas le sujet universel de l'action de diviser. Plus positivement, nous avons ensuite établi pas à pas que le personnage d'Abraham, tel que le reste du traité s'y intéresse, reste en fond de tableau et guide Philon dans les interprétations locales à l'intérieur de ce « chapitre de la Division ». Enfin, il nous a paru que l'admirable combinaison des thèmes de la création et du salut (derrière les images du culte) synthétisait l'exégèse philonienne du chapitre 15 de la *Genèse* — sujet du traité ; et qu'il faudrait déchirer véritablement l'ouvrage pour mettre dans un isolement fallacieux le chapitre de la « Division » ou pour en faire un traité à part. La description du monde, quand elle est *juste,* exacte, éclairée par le sens des mots, se fait grâce à la division : mais c'est le problème d'Abraham dans tout le *Quis heres.* Que cette sagesse soit le fruit intelligible du « sacrifice » demandé à Abraham, de sa mort acceptée, cela correspond à un schème constant de la mystique philonienne, et c'est bien ce que démontre le traité, y compris le chapitre de la « Division ». À l'intérieur de ce même chapitre, un jeu subtil, prudent mais fort, tisse entre les formes détaillées du commentaire la cohésion d'un thème unique, celui de l' « image ». Du premier homme aux objets du culte, une série d'échanges de miroir et de répliques confie paradoxalement le rôle d'unificateur à ce Logos supposé « diviseur ». En dehors de ce cas particulier de la « division », nous avons indiqué les ruses dont Philon se sert pour adapter telle exégèse à l'économie d'ensemble du traité[8]. Par exemple, s'il n'attaque pas dès les §66-85 l'explication des mots « *sortir de soi* », c'est à dessein : le thème du désistement de l'âme viendra plus loin seulement, par l'entremise des mots symétriques, « *reçois pour Moi* ». Ce jeu « hors de toi — pour Moi » nous sera révélé dans les §102-104. Philon a respecté le développement organique d'un discours conscient, et nullement improvisé[9]. Plus loin encore, Philon évite de traduire le mot « *pères* », dangereux parce qu'il est au pluriel, par des notions qui le rapprocheraient *trop* de Dieu, l'Être à qui le singulier convient par définition exclusive. La situation d'Abraham à ce degré de son avancement ne le permet d'ailleurs pas. La traduction par « *éther* » conserve le bénéfice des interprétations acquises juste auparavant, sans porter préjudice à l'unité divine, sans conduire Abraham trop vite à la perfection[10]. Nous avons recueilli d'autres indices permettant d'affirmer que le *Quis heres* possède une unité réelle. Les §96-99 jouent le rôle d'une récapitulation et d'une annonce[11]. Un autre chapitre, formé des §249-265, assure l'équilibre de toutes les notions accumulées avant lui[12]. Une sorte d'inclusion, très distendue mais efficace, permet à Philon de rattacher le thème de la « prophétie », entendue comme « silence », à la toute première antinomie du traité, entre « silence » et « parole » : faut-il se taire devant Dieu ou lui parler[13]? Ainsi, le premier chapitre trouve un écho vers la fin du livre. Le deuxième chapitre (§40-62) a pour sujet la « famille », ou plutôt les dénominations justes, de la servante, de la vie, du Père : il trouve à son tour un rappel dans le thème de la bâtardise (§267-268) — les deux ensembles se trouvant à égale distance, respectivement, du début et de la fin du traité[14]. On rencontre dans les §273b-274 des expressions qui rappellent et symbolisent tout le parcours du traité[15]. Il est également visible que les deux derniers chapitres renvoient, l'un au thème complexe de la Division (§275-299) ; l'autre, au thème du juste langage capable de désigner le Père (§300-315)[16]. Enfin, une dernière inclusion, plus discrète : le feu où se consument Nadab et Abiud permet la synthèse « objective » qui vient compléter, à la fin, la synthèse « subjective » dont nous étions témoins au début : Abraham y était constitué en soi-même et subsistant, par le *mélange* d'audace et de crainte. Le *feu* du sacrifice des deux Lévites est également à mi-distance symbolique entre le brandon fumant du ch. 15 de la *Genèse* et l'éclair de la présence divine... Il en est de ces rapprochements comme des signes d'un code : c'est leur nombre même, leur mutuelle convenance, leur filiation les uns par rapport aux autres, qui finissent par établir une preuve de convergence. Le hasard serait bien habile qui aurait agencé le système ! Autant donner à la volonté d'un auteur ce qu'il faudrait concéder au hasard. Ajoutons en ce qui concerne le *Quis heres* qu'un facteur d'unité lui est concédé de l'extérieur par le texte de base, puisqu'il recouvre les scènes du chapitre 15 de la *Genèse,* scènes parfaitement délimitées[17]. Aucun autre de nos traités ne s'est donné pareille tâche. Il est vrai que la fin du *Quis heres* précipite les choses en regroupant l'explication d'un nombre de versets déséquilibré par rapport à l'ensemble. Mais nous avons interprété cette différence par la capacité de plus en plus grande du sage (et du lecteur), en mesure de traduire plus vite. Ce phénomène — et son explication — se retrouve dans d'autres passages de Philon. Son commentaire n'obéit nullement à une justice quantitative...

Et, pour en venir au troisième de nos traités, le *De fuga et inventione*, nous avons vu justement que Philon accumule à la fin un plus grand nombre de sujets, matériellement parlant. Ce traité participe du souci plus « logique » à l'œuvre dans le *De migratione,* et du déséquilibre plus souple manifesté par le *Quis heres.* Les trois parties fondamentales du *De fuga* exploitent successivement trois divisions logiques : des trois causes morales de la fuite : des quatre variations du couple « chercher / trouver » ; des cinq acceptions du mot « source ». À la différence du *De migratione,* cependant, le texte de base est fortement distendu. Philon n'a retenu qu'un seul mot dans chaque partie, même si ce mot est étudié en fonction du contexte plus large[18]. On pourrait presque imaginer que Philon a recousu trois développements indépendants, vaguement associés par une phrase de la Bible. Là encore, ce n'est pas l'analyse de la digression du *De congressu* qui peut décider dans le cas du *De fuga*[19]. Mais le *De fuga* contient toutes les harmonies désirables. Nous avons souligné dans le commentaire[20] l'infléchissement paradoxal qui donne à la première « fuite » de Jacob le mérite de l'avoir « établi » de façon sédentaire chez Laban (§20-22). Nous avons résumé le système par les mots abstraits de *séparation — contiguïté.* Au lieu de la « séparation » attendue, que suggère l'idée de fuite, nous trouvons l'installation de Jacob, qui le laisse en contact, en contiguïté, avec le monde sensible (Laban). C'est que Philon prépare ainsi l'explication du troisième modèle de fuite, celle qui a lieu par « crainte » : la crainte de Dieu. Cette crainte de Dieu conduit à une vie *mixte,* en contact avec le mal, où le progressant, incapable encore d'entendre les idées divines, se maintient dans le mélange du sensible et de l'intelligible. Plus loin, Philon semble à un moment éviter le cas exemplaire des Lévites, en parlant cependant des châtiments que Dieu inflige par personne interposée. Or, le cas des Lévites est le plus représentatif, peut-être : ils vengent l'honneur de Yahvé et de Moïse en tuant les familles coupables (*Exode,* ch. 32, v. 25-29) ! La raison de ce silence de Philon est à chercher dans la suite de l'ouvrage. Philon a en fait attendu le moment où il devrait parler des Lévites (§65-74 ; et §90-92) : il évoque alors le geste décisif de la vengeance, qui leur conféra le titre de « *tenants de Yahvé* »[2]. Philon était si peu indifférent à l'histoire des Lévites comme à leur symbolisme que, dans le même passage (§88-93), il traite du meurtre de façon à laisser au Lévite toute la blancheur morale possible. Il suffit de se reporter au *De sacrificiis,* §128, pour lire un développement sur le même thème, traité de façon toute différente...[22]. D'autres phénomènes, plus extérieurs, peuvent entrer en ligne de compte, au titre de confirmations. Par exemple, les égalités numériques. Faut-il les étudier systématiquement ? La question reste posée. Mais on peut toujours faire observer que les quatre formules qui épuisent les combinaisons possibles des deux verbes, *chercher — trouver,* occupent les §86-116 du *De fuga,* de telle sorte que les deux premières et les deux dernières ont la même longueur, soit 92 lignes. De même, le §97, milieu du traité, contient une récapitulation des trois thèmes essentiels de l'exégèse, la « fuite », la « source », l' « invention »[23]. D'autre part, et sans doute plus convaincant que les spéculations sur les longueurs des textes, nous avons noté un phénomène intéressant. Le traité *De fuga* semble finir d'une façon plus nette que les autres, grâce à une conclusion plus explicite[24]. Là, une rhétorique plus claire et un certain symbolisme se prêtent mutuelle assistance. L'image finale du « *puits* » ne semblait guère prévue, mais, une fois là, elle apparaît comme entraînée par le souvenir de ces puits que les patriarches ont creusés et dont Philon parle de façon également inattendue à propos des « *citernes* » impropres à retenir l'eau (les §211-213 ont ainsi leur annonce[25] dans le §200, mais une annonce discrète).

Une certaine accumulation de remarques analogues finit par dessiner une preuve. Souvent, il faut toute une analyse minutieuse pour les amener au jour. Elles reposent sur des faits souvent ténus, mais dont la force ne doit pas être mesurée à l'apparence. C'est ainsi que dans le *De mutatione nominum*, dont nous n'avons étudié que le début, nous avons rencontré un fait littéraire caché, mais de première importance. Philon a relativement négligé le deuxième des trois modèles spirituels que lui donne l'Écriture et où il soit question des mots, « *Seigneur et Dieu* », au moment où l'on espère son exploitation (§29 à 38). En réalité, il faut attendre le chapitre suivant, commentaire des mots « *il fut agréable devant Dieu* » : nous verrons alors qu'en sous-main c'est le deuxième type[26] qui règle l'exégèse. Nous avons suivi dans notre propre exégèse les surprises que Philon nous impose par rapport à une stricte logique, soit dans l'énoncé, soit dans le traitement des catégories « *Seigneur — Dieu — Seigneur et Dieu* ». Nous avons essayé de suivre le travail souterrain d'une autre logique. Ce travail souterrain témoigne que Philon n'a rien oublié, qu'il surveille absolument tout le champ du Texte considéré et de son exégèse. Mais il a effacé, comme après coup, tout ce qui donnerait à sa réflexion d'interprète une évidence que la Bible elle-même se refuse à posséder. Il dessine alors, selon l'expression paradoxale que nous avons adoptée — philonisant à notre tour — un certain « livre », mais un livre « défait ».

Toutes les forces principales de cohésion dont nous venons de donner un aperçu se voient donc *au-dessous* du discours explicite. Non pas toutes absolument. Nous allons en fait distinguer des procédés apparents et des procédés plus cachés. Les premiers sont regroupés sous le vocable commode de « grammaire » et « rhétorique » ; les seconds, sous l'appellation de « dialectique » et de « philosophie ». Le tout prétendra rendre compte de l'exégèse proprement dite. Pour donner une sorte de justification littéraire à ce « secret » de l'auteur, on pourrait recourir à la théorie de M. Proust. Proust voulait qu'un texte soit *patiné*. Il parlait alors plutôt du style, c'est-à-dire de la phrase dans sa forme extérieure, sachant d'ailleurs la connivence de ce travail avec l'élaboration des idées et de la composition des parties d'un livre. Nous n'avons pas prêté attention au style de Philon, sauf en quelques notations éparses : il n'est pas semblable à Proust, bien entendu, ni même à Platon — et pourtant le discours de Platon cherche, lui aussi mais pour d'autres raisons, à tromper relativement son lecteur. Philon a enlevé des repères simples qu'il aurait pu fournir. Il a pour ainsi dire noyé le réseau de ses sentiers à une faible profondeur au-dessous de la surface de son discours. Mais pourquoi chercher en dehors de Philon une comparaison, quand il nous en a donné une, fort adéquate ? Il savait qu'en écrivant, il imitait le métier du brodeur ou du tapissier. Une page du traité *De sacrificiis* exprime le système noétique et littéraire de notre Alexandrin, sous une forme à la fois simple et complexe, comme toujours. Nous allons commenter brièvement cette page. Nous y verrons une indication qui doit guider la recherche philonienne. Nous y percevrons la subtilité de ce double mouvement, qui fait poursuivre l'unité de l'ouvrage, mais au dernier moment l'empêche d'apparaître. Elle nous donnera de soi-même une définition de ce « genre littéraire ». Par surcroît, nous y trouverons une ultime « preuve » de l'unité et de la portée du chapitre difficile de la « Division », dans le *Quis heres*.

IV. LA JUSTE « DIVISION » OU LA TUNIQUE SANS COUTURE

La perfection de l'homme se voit à l'offrande *exacte*. Pour avoir manqué aux vérités de son offrande, Caïn se voit traité de « *méchant* ». Les §72 à 85 du *De sacrificiis* analysent les qualités de l'offrande bienvenue, heureuse, propice. Or, Philon enferme son exposé dans une inclusion très nette, qui fait apparaître un thème essentiel, la « division ». Les prémices de l'offrande ne sont rien d'autre que « *langage qui remonte à partir d'une pensée de vérité dans l'action de grâces* » (§74). Et cette action de grâces, qui équivaut au bon usage du logos, reçoit immédiatement un contenu, une précision : « *divise-le donc suivant ses divisions propres, à la manière dont la lyre et les autres instruments de musique possèdent leurs divisions* » (ibid.). Voici réunies trois catégories, du logos bien divisé[27], de la division elle-même, du culte. On les retrouve précisément réunies de la même façon organique dans le *Quis heres*. Ensuite, Philon développe l'exégèse du texte de base, sur l'offrande rituelle. Il explique par son truchement la « nouveauté », puis la solidité obtenue par le feu, avant de retrouver l'idée de la « division » — toujours en suivant le texte de base. Nous prenons le chapitre au moment où Philon passe d'un thème à l'autre : de la dureté que le feu procure à l'or, symbole du raisonnement, à la « division » dont parle la prescription rituelle, « *Tu apporteras des offrandes nouvelles, grillées, en grains* » (d'après le *Lévitique*, ch. 2, v. 14). La formule du texte, « *en grains* », désigne pour l'allégorie un partage naturel, une « division » intelligente. Entre le commentaire du mot « *grillées* » et celui du mot « *en grains* », la transition recourt à l'ordinaire habileté de Philon. Le §81 termine le commentaire de la « force » donnée par le feu, en montrant que Jacob fait cuire au feu ses aliments à l'heure où Ésaü revient de la chasse, sans forces, « *défait* »[28] — Ἠσαῦ ἐκλείπων. Et Philon traduit cette défaillance en usant d'une expression qui appelle, en contraste, l'idée d'unité harmonique de membres intelligemment « divisés » : « *il faut qu'il soit délié dans les liens de sa force* » (fin du §81). Les *liens* d'une force, celle d'Ésaü, toute d'apparence et d'illusion, vont céder la place aux *liens* infrangibles de la Nature et du Logos, dont la force se manifeste précisément en ce qu'ils peuvent tenir dans l'harmonie des éléments disparates, fort nombreux, en principe distendus, autonomes. Philon poursuit son commentaire sur l'honnête « division ». Elle fait converger la Nature qui nous a donné part aux sens *et* à des valeurs déjà ordonnées (§73-74), et le logos, qui rejoint cet ordre grâce à un usage réglé de l'attention et du courage. Voici le texte :

« *Vois bien que l'athlète, Jacob, est en train de faire cuire (l'élan de la passion)*[29] *juste au moment où un Ésaü est aussitôt trouvé, défait. Le fondement du méchant, vice et passion où il a son assise, viennent-ils à céder, vaincus par la raison qui les condamne, ce spectacle fait naturellement qu'il est délié dans les liens de sa force. Cela ne veut pas dire que le « logos » soit dans la confusion : il faut qu'il soit divisé dans ses divisions propres. Tel est le sens des mots : «faire des grains». Car si en tout l'ordre est préférable au désordre, il l'est surtout dans une nature qui coule si rapidement, le logos (langage). Il faut donc le partager dans les têtes de chapitre, qu'on appelle obvies ; il faut adapter à chacune les raisonnements constructifs qui lui soient propres*[30]. *C'est là une imitation des bons tireurs : ils commencent par placer un but, où ils s'efforcent de faire parvenir ensuite tous les traits. Au but, le chef de développement est comparable ; aux traits, le raisonnement constructif. N'est-ce pas ainsi que le langage, le meilleur de tous les habits, est tissé dans l'harmonie ? Le législateur découpe les feuilles d'or en cheveux, pour tisser des (éléments) propres, d'une manière durable. N'est-ce pas ainsi que le langage, plus précieux que l'or, est une broderie de mille formes, qu'il est achevé en œuvre admirable, quand il est divisé jusque dans ses têtes de chapitre les plus précises, et que, comme la chaîne, il reçoit en guise de trame les démonstrations adaptées ? Il est encore prescrit, au demeurant, de «* déchirer l'holocauste et de le partager en membres *» : l'intention (du texte) est que, dépouillée de ces voiles que feignent les conceptions vaines et mensongères, l'âme commence par se montrer nue, et qu'ensuite elle reçoive les divisions harmoniques. La vertu est un tout générique ; elle subit les divisions spécifiques convenables : sagesse, tempérance, courage, justice, pour qu'une fois connues leurs différences singulières, nous nous acquittions de notre office*[31] *à l'égard du tout comme à l'égard des parties. Veillons à exercer notre âme. Qu'elle ne soit pas égarée par la confusion d'imaginations générales et privées d'effigie. Qu'elle fasse les divisions et partages des réalités ; qu'elle se penche sur chacune et entreprenne une recherche de minutie ; que le langage, dont le flot désordonné ne créera que l'obscurité, subisse division dans ses têtes de chapitre propres et dans les démonstrations particulières : comme à un être vivant, l'assemblage de ses parties achevées lui donnera d'être de soi-même à soi-même accordé* ».

Voilà donc ce que signifie comprendre le monde, et, avec cela, « *faire une offrande en grains* ». Il s'agit de « diviser », mais en éléments naturels, « *propres* » — on pourrait presque dire « *domestiques* » — et qu'une symphonie ramène à l'unité d'un tissage. Cette page nous semble faire constamment le va-et-vient entre ces deux ouvrages de l'esprit, ou du langage, « *dont le flot va trop rapidement* ». La force consiste à pousser la « division » du réel jusque dans ses lignes de force les plus détaillées, peu visibles peut-être, mais infrangibles et décidées, ces « *têtes de cha-*

pitre » ou divisions génériques. Aussi ténues qu'elles soient, elles commandent ; elles ont la résistance de l'or et sa tenue, en même temps que sa finesse extrême. Sur elles viennent brocher les démonstrations particulières. Le tout est assez fin et assez fort pour que l'ouvrage puisse tenir, serré à convenance et beau. Ce travail du « logos » (ou à l'œuvre dans le logos) est une ascèse. Le personnage de Jacob en est le héros, et c'est tout dire. Une ascèse qui produira donc le *culte* véritable, ministère de la pensée et de la juste compréhension de la nature, ressemble pour l'instant à la « propédeutique ». À son tour, la propédeutique trouve dans le *Quis heres* une ample démonstration, qui n'est autre que le chapitre de la « Division »...

Comprendre le monde et le « dire ». Fort bien. Mais il ne faut pas beaucoup de temps au lecteur de Philon pour savoir que le cheminement de l'âme (et de la connaissance dans l'âme) s'identifie avec l'intelligence de l'Écriture. La lecture allégorique de l'Écriture suit elle-même en les traçant les chemins de cet itinéraire, tels qu'ils sont déployés sous nos yeux par le commentaire lui-même. Les rapports de convenance et d'harmonie, de *propriété* — οἰχεῖον — qui réunissent les flèches du bon tireur de la systématique dans la cible du « genre », du « tout », régissent aussi le discours philonien. C'est son art, que d'*adapter* ce qui possède en secret une nature commune, de le retrouver par l'étude minutieuse. L'âme qui progresse (ou Philon qui « traduit » sa Bible) en disposent au même degré. L'idée étrange de Philon, celle qui nous déconcerte et nous semble tellement intellectualiste, à savoir que l'ouvrage d'intelligence du monde coïncide avec le dépouillement de l'âme, nous la trouvons en toutes lettres dans le commentaire du second texte appelé en renfort, « *l'holocauste doit être déchiré et partagé en membres* » (d'après le *Lévitique,* ch. 1, v. 6). C'est que la « division » constitue le sacrifice de l'âme, son hommage au Père, et que non seulement l'apprentissage des parties de la vertu (fin du §84), mais la connaissance de toutes choses naturelles (§85), contribuent à la perfection.

Sans doute, dans notre texte du *De sacrificiis,* Philon est-il situé à un moment en principe délivré de toute propédeutique : la science *nouvelle* dont il parle est celle d'un Jacob en train de devenir Israël, au moment où il est capable de *voir Dieu* (§78). Cette difficulté nous a longtemps retenu. Mais à la vérité, la différence entre l'éducation moyenne et la Sagesse, entre Agar et Sara, qui est ici fortement accusée, existe également dans le *Quis heres* — ce qui nous autorise à rapprocher les deux textes, la théorie du *De sacrificiis* et la pratique du *Quis heres.* Dans ce dernier, Philon a articulé de même les deux étapes, mais d'une façon détournée. À la suite du chapitre sur la « Division » — c'est-à-dire sur la propédeutique dans son objet et dans sa méthode — il explique l'*extase* d'Abraham : elle est à comprendre comme un sommeil, comme le coucher du soleil de l'intelligence mondaine, au profit de la lumière incréée. Abraham subit lui-même la transformation de Jacob en Israël. Bien mieux, dans le chapitre même de la « Division », donc de la propédeutique, il infléchit l'étude de la cosmologie vers celle de l'histoire d'Israël, la *Genèse* vers l'*Exode,* la contemplation vers le culte. Les éléments du monde en viennent à brûler sur l'autel comme des aromates, à se perdre, comme l'âme qui a suivi l'école de la « division » et du discernement. La raison en est que l'Alexandrin a lu dans les verbes « *trancher* » — « *couper* » — « *partager* », qui relèvent en hébreu du vocabulaire sacrificiel, une double signification, cultuelle et noétique. Leur synthèse réside dans la connaissance *négative,* la docte ignorance, la mort de l'esprit propre. Mourir, pour l'esprit de l'homme, ne possède valeur de sacrifice et d'existence nouvelle qu'au terme d'une acquisition sans possession : le nom de *Caïn* signifie le mal comme : « possession pour soi ». Abraham, au moment de « diviser » les bêtes du sacrifice a, au contraire, « reçu *pour Dieu* » — expression paradoxale. On peut à partir de cette interprétation entrevoir le « genre littéraire » des ouvrages de Philon, jusque dans son ambiguïté d'un « livre » qui ne se possède pas pleinement comme écriture autonome. S'il divise la substance philosophique de l'Écriture suivant les justes catégories, on peut dire qu'il entreprend la confection d'un discours achevé : les illustrations adjacentes, les images, les comparaisons de textes, les concepts de la sagesse humaine tiennent alors le rôle des « démonstrations » ; et le tout permet de tisser les formes variées (ποίκιλμα) d'une tapisserie, d'une broderie, comme un vêtement qui remplace les voiles spécieux des doctrines erronées. Mais, cela fait, il ne laisse pas son regard courir librement dans des « divisions » que la marque propre du logos n'aura pas définies (début du §85) : c'est dire qu'il subordonne la logique à la Bible. La *systématique* (les κατασκευαί du §82) revient au « tout » qui a engendré les « divisions » à partir de lui-même. Ce « tout » n'est autre que l'unique Parole de Dieu dans la Bible. L'ouvrage de Philon est constitué : accompli, et en même temps perdu pour une certaine unité. Il subsiste, mais un peu effacé, légèrement au-dessous de son destin d'écriture. Il est lui-même endormi. Comme Abraham, il dort ; il prie.

Et par exemple, le chapitre de la Division, dans le *Quis heres,* reflète bien ce double système. Il met en application le double principe de la science divine dont le *De sacrificiis* a expliqué la nécessité. Il « divise », certes, et il recueille nombre de catégories de la division, fournissant un tableau du monde naturel, pour commencer. Ce tableau suit les « têtes de chapitre » fondamentales. Mais à partir de l'entrée en scène de Moïse (au §156), le thème de l' « Image » court à travers les allégories : elle joue le rôle de *systématique*. C'est elle qui ramène à l'unité les réalités rencontrées, au moment même où le regard de Philon ou du sage continue à distinguer, à diviser exactement le réel. Et l'Image vient se poser elle-même, explicite, quand il est question des objets du culte : la Tente, l'autel, le chandelier, les parfums subtils (§226 à 229). La chaîne et la trame ont contribué à cet ouvrage. Le métier en est pourtant relativement caché. Comme dans une tapisserie, les ruses qui ajustent les fils sont au revers de la surface décorée. Mais — toute comparaison a ses limites — à la différence d'une tapisserie, dont nous ne sommes pas tenus de surprendre l'envers pour l'admirer et la comprendre, le texte de Philon a besoin que nous apercevions son métier. De ce point de vue, on peut le comprendre comme une œuvre prophétique ou sapientielle : reflétant la ruse relative du Texte biblique, il éprouve la sagesse du lecteur. Un distrait n'y verra que légèreté et distraction. Un attentif apercevra, sur ce plan en retrait dont nous parlons souvent, un dessin plus ferme. C'est pourquoi nous allons rassembler les effets du métier philonien. La lecture analytique les a tous repérés, mais il convient de montrer qu'ils ne sont pas en ordre totalement dispersé, que leur nombre n'est pas indéfini, que leur nature reflète même un système intérieur. Le regroupement des procédés de Philon nous donnera aussi l'occasion de mieux reconnaître son intention.

NOTES

1 Principe qui, poussé dans ses conséquences extrêmes, aboutirait à l'anarchie et à la pure discontinuité, contraire à tout discours. Nous aurons donc à nous poser le problème de la « règle » qui limite la répétition. Aussi parlons-nous de « redondance relative ».

2 Dans le traité *De migratione Abrahami,* §197. Nous avons qualifié cette exégèse d' « envoi », c'est à dire de conclusion décorative.

3 Nous souhaitons dresser un jour la carte de ce ciel des « formes » philoniennes. C'est là que réside au mieux sa « synthèse » intellectuelle.

4 En dehors des traités de la série d'Abraham que nous considérons dans cette étude, on peut citer un autre cas, fort intéressant, où Philon maîtrise de la même manière le degré de l'exégèse. Il s'agit, dans le *De Abrahamo,* §7 à 47, de l'interprétation qu'il donne successivement d'Énos, d'Énoch et de Noé — la première Triade sainte. Énos reçoit un commentaire dont on peut montrer qu'il est un peu *trop* noble, comparé à celui de Noé. La signification du procédé varie chaque fois, bien entendu, et, dans le cas du *De Abrahamo*, Philon obéit à la théorie de la communauté des figures : Énos reçoit sa trop grande lumière de Noé, etc.

5 Ce « Jacob » est un prête-nom pour Abraham, qui entre ainsi dans une communauté variée avec les valeurs variées de Jacob.

6 Cf., pour la remontée dans le temps, ci-dessus, p. 139 ; pour les deux conclusions de la deuxième partie (§173-175), p. 138 ; pour les deux séjours de Jacob, p. 146. En introduction au traité suivant, le *Quis heres,* nous avons également parlé de l'unité du *De migratione.*

7 Voir, pour ce symbolisme, page 158.

8 Cf. pages 158-159 ; 188 ; puis, pour le détail, p. 214s ; 261 ; 266s ; pour le thème de l' « image », p. 286 et *passim ;* enfin, p. 511-515.

9 Voir p. 232s.

10 Pages 337-338.

11 Page 246.

12 Page 312.

13 Page 324.

14 Page 328s.

15 Pages 330-331.

16 Pages 343-344.

17 Voir ci-dessus, page 352. Quand nous parlons de l'unité du ch. 15 de la *Genèse,* nous pensons à celle du chapitre « réel » et non à la division moderne en chapitres. Les deux coïncident dans le cas présent.

18 Nous l'avons largement démontré au fil de l'analyse.

19 Pourtant, en observant la construction globale des traités, on peut tirer une demi-conclusion intéressante. Le *De migratione* et le *De congressu* ont en commun de posséder un « centre » relativement inattendu : le développement sur la « Fin », dans le premier ; la pseudo-digression sur les nombres, dans le second. La « Fin » n'a rien à laisser paraître en principe avant l'achèvement de la perfection, et pourtant c'est elle qui stabilise tout le *De migratione.* Le sacrifice de la « dîme » accompli et dépasse les progrès de la science propédeutique, en principe ; mais (cf. ci-dessus, p. 374-377) le

De congressu dont le sujet théorique a pour ainsi dire glissé aussi bien dans le traité précédent, *Quis heres*, que dans le suivant, *De fuga*, gagne en équilibre.

20 Voir ci-dessus, page 387.

21 Notre analyse de la page 422.

22 Nous avons amorcé la comparaison des deux textes, ci-dessus, p. 404s.

23 Page 404, nous signalons aussi une autre équation ; cf. page 407.

24 Pages 471-472.

25 Page 464.

26 L'anticipation du troisième type d'homme est signalée pages 497-498.

27 « Divisé », ce logos ne s'oppose pas au logos diviseur du *Quis heres*. Il en est l'application.

28 Moment symbolique : le mal est « défait » si le bien est « achevé »...

29 On observe le croisement : Ésaü va perdre les « forces d'unité » ; Jacob fait brûler la force de la passion...

30 Les κατασκευαί me paraissent un terme de logique, les *raisonnements constructifs*, c'est à dire la *systématique*. C'est le contraire de la *réfutation* ὑπὸ τοῦ αἱροῦντος, évoquée au § 81.

31 Il s'agit d'une λατρεία — d'un « *culte* ».

CHAPITRE PREMIER

LES PROCÉDÉS APPARENTS, DE GRAMMAIRE ET DE RHÉTORIQUE

Le classement des procédés mis à contribution par l'exégèse pe Philon pourrait emprunter plusieurs voies. Comme nous ne songeons pas à en faire la théorie logique, et comme Philon n'en pas proposée, nous nous contenterons de rappeler l'existence d'une série d'artifices plus ou moins visibles en commençant par les plus apparents pour finir par les plus subtils. Les premiers, que nous allons classer entre la grammaire et la rhétorique, pourraient être comparés à des outils. Les procédés de « grammaire » travaillent le texte de la Bible comme ils feraient de tout autre discours : à la manière de ciseaux et de petits leviers, ils écartent légèrement l'écorce des mots, récusent leur banalité, leur rendent une expansion. Sans eux, le commentaire serait enlisé dans une morne hésitation ; il serait surtout entaché d'invention humaine et privé d'objectivité. L'attention que l'on doit accorder à un article — c'est par là que nous ouvrirons la série — rend justice à la précision que le Logos a engagée dans l'écriture d'une lettre mystérieuse, pourvue d'un code destiné aux sages. C'est proprement à « faire un livre » que les procédés de « rhétorique » sont appliqués. Il faut bien que le commentateur imite l'unité et l'harmonie de son Texte ; et c'est à ce point exact que tout notre effort a tendu, à manifester l'harmonie et la complicité de toutes les parties du discours philonien. Seulement, nous refermerons la « rhétorique » autour de quelques procédés de composition allant de l' « annonce à distance » jusqu'aux couples d'oppositions toutes proches de la dialectique.

Ce n'est pas à dire que tous les procédés ne conduisent pas à la philosophie, l'article lui-même permettant des conclusions où l'Être se trouve distingué de tout être. Mais comme nous avons eu l'occasion de le dire, en retournant la tapisserie pour en observer la facture nous ne préjugeons pas de ce qui se passe du côté des figures. Et les procédés de la « rhétorique » servent à la tenue de l'ensemble, comme ceux de la « grammaire » assurent la lecture officielle du document. Mais Philon a, croyons-nous, forgé ou bien simplement utilisé d'autres techniques : nous les avons rassemblées sous deux autres titres, celui de « dialectique » et de « philosophie ». Plus cachés que les précédents, donc plus sujets à discussion, ils sont en même temps ceux dont nous attendons le plus pour la compréhension de l'exégèse. Dans la « dialectique », nous avons regroupé ce que nous avons ainsi appelé durant les analyses : il s'agit des apories, des contradictions, des problèmes dont Philon propose une solution médiatisée par un élément réel. L'exemple le plus simple en est fourni par le double jeu de la parole d'Abraham et du silence réclamé au sage : les §1 à 39 du *Quis heres* trouvent une solution dialectique en réglant l'élocution de Moïse par une gradation le menant jusqu'à l' « excès » de langage au moment où Dieu commet le même « excès ». La double transgression est un passage réglé, qui rassemble les deux termes contraires. Nous l'avons par convention désigné du nom de « dialectique ». Au-delà des combinaisons subtiles de la « dialectique » nous avons regroupé des habitudes d'écriture mettant en cause la « philosophie ». Il arrive ainsi que Philon oppose, en dehors de la grammaire, l'unique et le multiple, la preuve par la réflexion humaine et la preuve tirée de l'Écriture, le tout formant une sorte de cellule d'exégèse. Nous terminerons par le rappel de toutes ces « symétries », aisément repérables dans notre propre texte, puisqu'elles sont la plupart sorties en clair sous le tracé de paraboles ou de schémas. Figures confiées à la mémoire, ces courbes régulières enchaînant une série d'arguments constructifs dessinent en général une sorte de dialectique, ou bien elles représentent un « ensemble » psychologique, cosmologique, anthropologique : nous les avons considérées dans ce classement comme des compromis entre la « dialectique » et la « philosophie ». De toute manière, elles participent bien plus de l'évidence que les itinéraires dialectiques. À ce titre, elles nous reconduisent, un niveau plus bas, aux nécessités qu'il y a de faire le livre. Mais leur subtilité témoigne dans le même moment de l'effacement volontaire.

I. LES PROCÉDÉS DE GRAMMAIRE

Sans remonter jusqu'au *Cratyle,* nous admettrons que l'aspect des mots et la grammaire de la langue, pour Philon, enferment une substance naturelle. Ils constituent par le fait une sorte de rhétorique froide, déposée, figée, et ils conservent ainsi la volonté de l'écrivain. Nous allons parcourir une suite de procédés sans autre souci que d'aller ici du simple au complexe.

1. L'article

L'article défini, ou son absence, donne une valeur. C'est, bien sûr, le doublet des deux récits de la création de l'homme dans les chapitres 1 et 2 de la *Genèse* qui autorise[1] dans Philon l'opposition de l'Homme, idée parfaite de l'humanité, et de l'homme concret ; mais cette lointaine économie trouve un écho dans un souvenir du Stoïcisme, lorsque le §258 du *Quis heres* interprète le mot ὁ ἄνϑρωπος dans le sens de l'Homme parfait, immédiatement contracté en homme « *vertueux* » — σπουδαῖος. L'article défini exalte l'individu en modèle[2]. Ce qui est enseignement direct peut devenir, par le même biais de l'article, une subtile mise en garde : nous avons vu[3] quelle avidité Agar mettait dans la reconnaissance de l'Ange. Elle croit s'adresser à Dieu, et l'exaltation de sa vision se reflète dans le passage trop rapide qu'elle opère d' « *un puits en face duquel elle a vu* » à ce qu'elle désigne comme « *le puits* » — τὸ φρέαρ φρέαρ οὗ ἐνώπιον εἶδον.

2. Le temps des verbes

Le caractère absolu de la divinité ou de la splendeur originelle possède un autre code, celui du temps. Dieu est immobile, et donc le temps verbal du présent lui convient. C'est le cas dans le §27 du *De mutatione nominum* : le présent de la formule de révélation, « *Je Suis* », exprime naïvement en grec la stabilité divine. Et quelle n'est pas la perfection d'un Moïse qui rencontre Dieu dans une conversation introduite dans la durée d'un « *imparfait* » (d'après le passage crucial du *Quis heres*, §17)[4] ? Ailleurs, désireux d'entraîner le héros dans les trois parties du temps, Philon tire argument d'un futur : « *Je serai avec toi* », analysé deux fois, la première pour avancer l'espérance d'un avenir, conformément au temps verbal ; la seconde pour faire état de la présence divine, enfermée dans la signification du verbe « être » conjoint à la préposition « avec »[5]. L'impératif divin : « *Sors au-dehors !* » déclenche dans le commentaire de Philon un développement imitatif, de style impératif, en forme d'exhortation[6]. Plus subtil, un commentaire de Philon construit un « présent » comme résultat de deux phrases bibliques, l'une étant au futur : « *Tu n'entreras pas* », l'autre au passé : « *dans la terre que je t'ai fait voir* », dans le *De migratione Abrahami*, §45[7]. À l'usage des formes verbales, ou à leur abus, rattachons l'exploitation d'un verbe dont le sujet n'est pas exprimé : c'est en effet ainsi que le chapitre de la Division commence dans le *Quis heres*, §130, lorsque de la forme διεῖλεν, Philon conclut à l'action divine : Dieu est le sujet manquant ; et s'il manque, c'est, comme toujours, par excellence[8].

3. Les conjonctions et les prépositions

Les petits mots de la syntaxe enfantent de grands effets de sens. Il n'est que de les prendre brutalement, de refuser qu'ils se coulent et se perdent dans une locution, ou une expression toute faite. Et si le Pharaon ne pense « *pas même à cela* », le maigre pronom de rappel étant lui-même rendu absolu pour signifier « une quiddité quelconque », le « *pas même* » permettra de condamner le Pharaon à penser le « *rien* », bien plutôt qu'à ne penser à rien (dans le *De fuga*, §123)[9]. L'usage des prépositions mériterait une étude et conduirait assez loin dans la connaissance de Philon. Qu'on souligne, comme dans le commentaire du *De migratione Abrahami*, §127, la valeur distributive et spatiale d'un κατά pour expliquer le cheminement du sage dans les chemins de toute la Loi[10] ; qu'on profite de l'hébraïsme, naïvement reconduit dans le grec des LXX, pour spéculer doublement sur la notion de « milieu » à partir de la répétition de la préposition « *entre la lumière et entre la ténèbre* » (dans le *Quis heres*, §163)[11] ; qu'on tire un parti rhétorique du jeu de deux prépositions ou préfixes tels que ἐκ- / ἐν- dans « extase / enthousiasme » (*ibid.* §252 à 256)[12] ; qu'on fasse servir μετά pour renforcer la notion morale de « guide », accompagnement (*ibid.* §284-286a)[13] ou qu'on entende le couple « *de l'Égypte vers l'Euphrate* » comme s'il indiquait plutôt la distance que la plénitude (c'est la fin du *Quis heres*, les §314-315)[14], ou qu'on dise semblablement qu'une certaine source moyenne se trouve « *entre Béred et Qadesh* » (d'après le *De fuga*, §213)[15], tout cela traduit l'usage direct d'un code où l'on doit prendre pour argent comptant l'expression locale ou relative. D'une plus grande conséquence, la réflexion suivante conduit Philon jusqu'à une conception profonde de la perfection : quand Énoch est « *agréable à Dieu* », il se perd dans un ascétisme surhumain ; quand un Abraham est « *agréable devant Dieu* », c'est qu'il joint l'utilité à la sagesse, et de Dieu fait découler sur l'humanité une bénédiction qu'il est pourtant seul à entrevoir[16]. Enfin, la loi spontanée des contraires fera qu'une préposition, comme tout autre mot, entre comme le témoin d'une exégèse implicite : si Jacob « *fuit vers Laban, vers le sensible* », c'est aussi qu'il « *fuit loin du suprasensible* » ; le complément a retourné la préposition en son contraire, et nous avons là une exégèse toute de virtuosité[17].

4. *Les pronoms teintés de métaphysique*

À propos du Pharaon abîmé dans la pensée positive d'un « rien » négatif, nous avons rappelé que le pronom « *pas même cela* » désignait l' « essence particulière », opposée à l'Être ou au néant. C'est là une traduction fréquente dans Philon. Le lecteur se souvient de l'usage que nous avons nous-même proposé de cet élément de métaphysique dans le premier chapitre du *Quis heres,* où le neutre τί participe à toute une ronde de pronoms, de formes verbales, et permet de préciser la question d'Abraham : il demande quelle essence particulière Dieu, maître et dispensateur de la Totalité, pourra bien ajouter à ses dons, sans perdre le bénéficiaire, mais en lui donnant au contraire d'être soi d'autant plus librement[18]. Du coup, la question de Moïse qui sert de relais à celle d'Abraham emprunte les même voies : Moïse s'entend dire « *Que cries-tu vers moi?* » — *Τί βοᾷς πρός μέ* ; où l'interrogatif neutre vise également l'essence définie[19]. C'est une variation de ce système qui fait que, plus loin dans le *Quis heres,* aux §86-87, Philon prend l'adverbe οὕτως en deux sens différents, le premier, relatif : « *ainsi* » ; le second, absolu : « *en soi, tel qu'en soi-même* »[20]. Une valeur essentielle est aussi accordée au pronom masculin « *Qui est celui qui a chassé?* » : Jacob revient plus vite qu'Ésaü auprès d'Isaac, et celui-ci s'étonne, admire la nature supérieure du chasseur que Dieu a sitôt récompensé (*Quis heres,* §251 à 256)[21]. Philon joue aussi de l'alternance qu'il rencontre : « *Je te donnerai un lieu où il se réfugiera* » — étrange dissociation, qui porte un sens (dans le *De fuga*, §76)[22]. Bien sûr, le nom même de la nourriture divine, la Manne, signifie « *Quoi?* », et prête tout de suite à l'utilisation métaphysique (*De fuga*, §137-138)[23]. Plus subtil, le commentaire de l'expression employée par Moïse devant le buisson ardent : *Τί ὅτι* ; « *Qu'est la Cause?* », nous a demandé aussi quelque subtilité[24]. Terminons sur l'effet le plus caché de ceux que les pronoms nous ont réservés. Dans les §67-68 du *Quis heres,* Philon oppose une essence particulière à la Voix de Dieu, celle-ci donnée sans article ni démonstratif et donc renvoyant absolument à l'Absolu[25].

5. Le singulier et le pluriel, ou la passion de l'unité

À mi-chemin, comme toujours, entre morale et métaphysique, tel indice entraîne presque automatiquement l'attention de Philon. Le « possessif » a tôt fait de faire dévier un bien dans le camp de la possession, et donc de la pire des perversités : l'esclave devient encore plus esclave lorsqu'il accapare « *son maître, sa femme, ses enfants* » (dans le *Quis heres*, §186-187)[26]. Et la perversion se reconnaît en définitive à la dispersion, qui a pour symbole la forme plurielle. Dans les traités étudiés ci-dessus, nous avons fait état du procédé qui consiste à opposer dans une même exégèse un singulier, porteur de vérité, au pluriel, rendu suspect par son accointance avec le mal. Rappelons, dans l'ordre, que l'autel l'emporte sur les cratères dans l'opération sacrificielle du sang de l'aspersion (*Quis heres*, §182)[27] ; qu'il faut à l'Alexandrin un long détour pour traduire un pluriel, « *les pères* » d'Abraham, par l' « *éther* », quintessence plus divine, encore qu'éloignée (id., §281 à 283)[28] ; qu'il y a déjà une certaine déperdition dans le fait que l'homme soit créé par Dieu accompagné de ses Puissances, à en croire la lettre de la Bible : « *Faisons l'homme...* » (la partie mortelle de l'homme est attribuée à quelque chose d'inférieur : il s'agit du *De fuga*, §68 à 70)[29] ; que tout un jeu subtil entre le singulier de la Manne et le pluriel des pains[30], ou de la Source aux sources, aux eaux, permet à Philon de laisser entrevoir la sagesse en empêchant qu'on s'imagine y habiter, puisque les Hébreux n'ont pu établir leur campement qu'à une certaine distance, soulignée par le pluriel : « *ils campèrent près des eaux* »[31] (*De fuga*, 188 à 193). À côté de cette liste, un emploi du même procédé fait exception à la règle du pluriel péjoratif. Lorsque le §164 du *Quis heres* inaugure, dans le chapitre de la Division, la série des échos permettant au thème de l'Image d'unifier ce que la distinction créatrice pouvait disperser, il le fait en manifestant un enchaînement du singulier au pluriel — enchaînement assuré par la répétition du même verbe : « *il le fit — il les fit homme et femme* ». Dans ce cas, le pluriel permet simplement d'affronter deux parts de l'humanité à titre égal, pour célébrer[32] justement l' « égalité » de la partition... Jusqu'ici, les artifices de lecture répondent à une définition simple, négative : ils ne supposent qu'un certain entêtement à prendre les choses matériellement et comme au pied de la lettre, sans autre alchimie.

6. L'étymologie, ou l'optimisme du langage

Déjà, si l'on admet qu'un mot, qu'un nom, porte lisiblement sa signification, il faut y mettre un certain prix, *savoir* autre chose que lire. Nous n'avons aucun besoin de noter ici les ordinaires traductions d'un nom biblique par un équivalent moral, ni d'annoncer que « Lot » induit sans autre la « déclinaison », l'incapacité de tenir la ligne droite, non plus que les valeurs immuables que Philon octroie au nom d'Abraham, d'Isaac, de Jacob-Israël, alors que le nom de Moïse ne sert jamais l'allégorie, mais seulement son personnage, son action, sa qualité de

Législateur. Pour le reste, qu'il suffise de rassembler les passages de nos traités où l'étymologie sert de levier. Rien de mystérieux dans la fantaisie qui fait passer δεσπότης au compte de δεσμός, ou κύριος à celui de κῦρος (*Quis heres*, §23)[33]. La justice — δίκη — consonne avec δίχα, et ce n'est pas une nouveauté (id., §161-162)[34]. Philon se souvient certainement d'une étymologie qu'il donne ailleurs, quand il spécule sur le progrès de l'âme en évoquant l'agneau (id., §192)[35] ; et il est vraisemblable qu'en parlant au même endroit du passage de la Pâque, il ait songé à lier Πάσχα au verbe qui désigne les « passions » dont Moïse délivre celui qui franchit la Mer rouge, πάσχειν[36]. Toutes ces banalités ont simplement besoin d'être perçues au fil de la lecture, si elles ne sont pas clairement énoncées. Mais il en est une, plus productive, qui lance tout le deuxième chapitre du *Quis heres*, à partir du §40. Philon refuse une étymologie évidente : φίλημα doit être dissocié du verbe « *aimer* » — φιλεῖν — comme μάρσιππος de ἵππος. La sémantique lutte ici contre l'étymologie[37]. C'est à l'étymologie qu'on peut rattacher le sort particulier accordé, dans un mot, à l'une de ses composantes, ou dans un verbe, à l'une de ses valeurs. Ainsi, Philon souligne le mouvement de bas en haut, c'est-à-dire d'offrande, qui se trouve indiqué dans le verbe « *lève les yeux* » — ἀνάβλεψον, et cette observation concourt à un développement capital (*Quis heres*, §74)[38]. Le lecteur se souvient de la traduction appuyée d'ἀποκάθημαι, « *être assis à l'écart* », par l'indice de séparation : ἀπωτάτω καθέζομαι (il s'agit de la posture mensongère de Rachel : *De fuga*, §189)[39]. Philon tire également deux valeurs du simple verbe λαλήσω : le sujet nous[40] conduit à « Dieu » ; le sens du verbe nous donne le Logos (*Quis heres*, §166). Une variante élargie de la décomposition peut être lue dans le commentaire avancé par Philon de la louange « *C'est là un grand peuple* » (dans le *De migratione Abrahami*, §53). Pharaon contrevient à la logique : qui dit πλῆθος devrait spécifier par une sorte de redondance πολύ, πλῆθος ; en trouvant ce synonyme, μέγα πλῆθος — « *grand peuple* » — au lieu de « *nombre nombreux* », Pharaon confesse que le nombre ne sert de rien s'il n'est accompagné et pour ainsi dire racheté par la grandeur, entendons la noblesse, entendons la présence divine[41]. Cette dernière ruse grammaticale nous introduit à l'un des arguments les plus fréquents dans Philon, et qui consiste à interpréter *a contrario* les outils destinés à marquer soit l'identité soit la différence : il transforme les redondances, les homonymies, les conjonctions d'équivalence, en signes de la *différence* ; *il réunit* par un mouvement inverse tout ce que le texte de base pensait maintenir dans la différence grâce à un καί d'énumération.

7. *Distinction devenue synonymie ; synonymie devenue différence*

Si l'Écriture semble se répéter, c'est qu'elle ménage un enseignement ; c'est qu'elle nous apprend à diviser les concepts. Nous avons vu — et pour cette fois, la réalité ne contredit pas Philon — que les « *oiseaux* » dont parle le texte de *Genèse*, ch. 15, n'étaient pas les mêmes quand Abraham en fait la matière du sacrifice, et quand ils fondent sur les victimes... Mais Philon a, de plus, tiré du fait que les seconds « *descen-dent* » l'indication morale qu'ils sont d'une nature perverse : au contraire, la « *tourterelle* » et la « *colombe* » sont de nature ailée et en suivent la loi, en montant. La différence des « oiseaux » est ici proclamée[42] par le texte même de la Bible. Aux yeux de Philon, elle l'est encore dans un pléonasme aussi clair que celui-ci : « *il le fit sortir au-dehors* » ; non pas qu'il y ait directement contrariété entre ce « sortir » et cet « au-dehors », mais l'insistance nous met sur la voie d'une distinction, car nous devons conclure à l'existence de deux « sorties » possibles, l'une « *au-dehors* » et l'autre « *au-dedans* ». Le §81 du *Quis heres* sert d'ouverture à toute une dialectique des « lieux », à partir de cette observation de routine[43]. L'exemple suivant est plus immédiat. La Bible de Philon parle d'un « *homme de Dieu* ». Or, qui dit « homme », a déjà dit « chose de Dieu » ; l'Écriture commettrait donc un pléonasme peu digne : « *bien-de-Dieu de Dieu* », si elle ne voulait insinuer que non seulement Abraham est lié à Dieu par un lien de dépendance fondée sur la souveraineté, mais qu'il est, de surcroît, un être qui imite la providence de Dieu à l'égard du reste de l'humanité (*De mutatione nominum,* §25-26)[44]. Et c'était, joint à l'alternance du singulier et du pluriel, un jeu semblable qui autorisait, dans le *De fuga,* §183 à 187, une distinction importante entre *la Source* et *les eaux*, auprès desquelles les Hébreux fixèrent leur cam-pement[45].

Le *jeu de mots* est une sorte de cas limite du même principe : un seul mot a été choisi pour ses deux valeurs. Le cas de τέλος, désignant le « *terme* » et le « *terme de l'impôt* »[46] permet le développement de la Fin, dans le *De migratione Abrahami*, §134 à 142. On se souvient encore du jeu de mots qui fait du « *bois* » — ξύλα — la « *matière* » — ὕλη (dans le *De fuga,* §133)[47] ; ou des ὑπάρχοντα les ὑπαρκτά, c'est-à-dire des « biens » les réalités « *substantielles* », traduction de moindre conséquence, dans le *De migratione Abrahami*, §94, que celle du *De fuga,* §161 à 163, où le jeu entre « *buisson* » et « *inabordable* », c'est-à-dire entre βάτος et ἄβατος-βατός, rejoint le problème métaphysique de la connaissance de Dieu comme Cause[48]. Le plus poussé et sans doute le plus surprenant de tous les jeux de mots figure dans le premier chapitre du *De mutatione nominum*, §11 au §17 : il concerne le nom divin de Κύριος, introduit par la discussion portant sur l'impossibilité de désigner Dieu de manière propre, κυρίως, et l'on a en mémoire la dialectique des noms des Puis-sances qui part de là[49].

Les mêmes échanges se rencontrent entre l'*asyndète* et la *coordination* — et nous passons ici à des phénomènes observables dans la syntaxe. La réunion sans conjonction des deux noms, d'Aunan et d'Eshkol, insinue bien leur réunion (*De migratione Abrahami,* §164-165) sur le sentier de la vertu ; l'assemblage du même format qu'on trouve ensuite entre συμπορεύεσθαι[50] συμπροπέμπω permet également de donner l'un comme la traduction immédiate de l'autre (id., §173, qui se plaît justement à montrer l'égalité des pas dans la course) ; de même Philon s'attarde sur la manière dont les quatre parfums, symboles des éléments du monde, sont agencés matériellement dans le texte de Moïse, reliés ou détachés,

et il en tire une confirmation de la division harmonieuse (*Quis heres,*
§196 à 200)[51]. Mais le cas, bien connu, de la naissance d'Isaac illustre
l'inversion dont nous avons parlé : « *Sara conçut et enfanta* » constitue
une sorte de formule exemplaire de la rapidité divine, de l'Instant de la
vertu parfaite, puisque le « *et* », loin de marquer l'espace de neuf mois
que l'heureuse délivrance accomplit, signifie la simultanéité de la conception et de l'enfantement, disons même leur équivalence[52]. Cette
exégèse prend place opportunément avant la discussion de la Fin (*De
migratione Abrahami,* §126). D'un moindre relief, l'équivalence suivante,
signalée à propos du *Quis heres,* §33, entre le « savoir » et la bonne « possession », sur la foi du doublet ἐπιζητῶ μαθεῖν τε καὶ κτήσασθαι,
hendyadis dû à Philon, mais qui traduit à son tour le lien entre le fond
et la forme de la question d'Abraham : πυνθάνεται... Τί μοι δώσεις ;[83].
Un autre exemple de l'équivalence imposée par l'exégète se lit dans le
De fuga, §77s, où l'expression « *Qui fuit là-bas, vivra* », du moment que
« *là-bas* » désigne Dieu, et que Dieu est « vie », offre l'avantage de nous
faire identifier la « fuite » et la « vie », leçon imprévisible...[54] Au contraire,
une liaison évidente, comme celle qui est destinée à surprendre Moïse
devant le buisson « *qui brûle et ne brûle pas* », soit : qui brûle sans être
consumé, est par Philon détournée à ses fins en son contraire. Il veut que
Moïse aperçoive distributivement des réalités immobiles et des réalités
sujettes à l'écoulement (*De fuga,* §161)[55]. Mais la plus jolie distorsion ne
se trouve-t-elle pas dans le même traité, aux §194-195 ? Là, nous apprenons que « *descendre* » est une même chose que « *monter* »[56]. Il est vrai
que la supériorité de Moïse sur les philosophies vient de ce qu'il sait
comment Dieu est à la fois transcendant et immanent, comment « *Il est
en-haut dans le ciel et ici-bas, sur terre* ». Le « et », loin qu'il pose un paradoxe par juxtaposition, démontre l'unité suprême (*De migratione Abrahami,*
§180 à 183)[57]. Nous ajoutons quelques exemples montrant comment
Philon a lui-même imité le style qu'il croyait trouver dans la Bible. Nous
avons beaucoup fondé sur une conjonction du *Quis heres,* §36 : « *Ce que
je désire apprendre encore et acquérir, le voici : Qui serait le digne héritier de tes bienfaits ? ou encore : Moi, m'en irai-je sans enfant ?* ». Derrière
cette équivalence, il faut, croyons-nous, voir tout le travail qui permet
le passage de la philosophie à l'Écriture[58]. Le même traité du *Quis heres*
propose plus loin, aux §74 à 76, un « et » qui reconduit dans un verset
nouveau la substance du précédent : « *Échappe-toi de toi-même et lève
les yeux vers le ciel !* »[59] ; mais là, il s'agit d'une équivalence lue par
Philon dans la Bible. Une dernière appartient en propre à Philon :
au §187 du même *Quis heres,* entre deux parties du développement
consacré au didrachme, l'exégète résume et annonce au moyen d'un
doublet fort habile : il parle alors de la « *drachme et monade* ». Inno-
cemment, l'équivalence fournit une traduction, laquelle à son tour
infléchit le raisonnement dans le sens d'une unité qui paraissait compromise[60]. La souplesse de l'interprétation, qui tantôt acquiesce, tantôt
contredit à l'intention apparente du texte de base, témoigne de la part
plus grande que l'exégète prend dans sa lecture.

8. *La syntaxe, source éventuelle de symbolisme*

Cette part augmente encore lorsqu'on aborde la syntaxe. Lot est déjà bien condamné d'avance pour que Philon interprète l'offre qu'il fait à Abraham : « *Si tu vas à droite, j'irai à gauche ; si tu vas à gauche, j'irai à droite...* », comme le signe de son « indifférence » coupable (dans le *De migratione Abrahami*, §148 à 150)[61]. La place d'un mot, le « *nombre* », son absence immédiatement après, provoquent un commentaire, dans le *Quis heres*, §86 à 89[62]. La répétition du mot « *puits* » dans la déclaration d'Agar, « *Elle appela le Puits un puits devant lequel j'ai vu* », montre bien son illusion (*De fuga*, §211 à 213)[63]. C'est un génitif absolu qui caractérise l'information selon laquelle Rachel est stérile : Philon profite sans doute de cette particularité pour parler d'un balancement nécessaire et régulier entre la fécondité du bien et la stérilité de la passion (*Quis heres*, §50-51)[64]. Voici deux exemples plus importants. Philon voit un symbolisme immédiat dans la place que le nom de Joseph occupe dans les textes décrivant le cortège. Il est « *au milieu* », entre Pharaon et ses frères (*De migratione Abrahami*, §159)[65], comme plus loin il exprime en deux paroles son ambiguïté, jurant à la fois par la vie et par la mort de Pharaon (id., §162). Le second exemple n'est autre que le chapitre premier du dernier de nos traités, le *De mutatione nominum*. On saisit clairement, à la lecture des §13 à 17, que tout est fondé sur la distance matérielle qui sépare dans la phrase de base les deux noms divins, « Seigneur » et « Dieu » : « *Le Seigneur fut vu d'Abraham et lui dit : Je suis ton Dieu* ». La dialectique des titres divins, de leur interférence, prendra là son objectivité, aux yeux de Philon[66].

Il n'est pas jusqu'aux silences de l'Écriture qui ne forment dans sa trame des vides éloquents. Si elle présente un didrachme, en précisant qu'on en offre la moitié au titre de rachat, sans dire un mot de la seconde moitié, c'est bien que celle-ci équivaut positivement à « rien » (*Quis heres*, §186-187)[67]. Si elle ne dit pas explicitement que Caïn soit « mort », c'est bien qu'il vit (*De fuga*, §60 à 62)[68]... Nous avons évoqué les passages où tous ces procédés agissent sur le texte de la Bible pour en tirer un symbolisme, une leçon, une lecture correcte. Mais plus nous allons, et plus aussi l'évidence diminue. Car Philon ne dit pas toujours clairement ce que nous avons conclu. Prévenu par les recoupements, le passage même de l'explicite à l'implicite, la convergence des indications, le lecteur n'a pas de peine à admettre la plupart des cas, mais il sait aussi que nous avançons également dans notre propre exégèse. Ou plus exactement que nous voyons Philon noyer ses artifices dans un discours suivi qui ne les signale pas toujours. Il obéit à son métier : il croit obéir à Dame Nature, qui affecte de se cacher. L'étoffe d'un discours continue, belle et souple, tente l'Alexandrin, c'est possible ; mais la discrétion entoure presque toutes les formes instrumentales de son analyse, pour une autre raison. Nous ne pensons pas ici à la raison supérieure, l'excellence de l'Écriture, dont nous avons entrevu l'autorité, mais à une raison intermédiaire, d'ordre pédagogique. Le disciple de Philon voit se fondre en une solennelle unité les efforts d'une analyse grammaticale, dont il devra toujours se servir, mais ne jamais se faire l'esclave. De plus, il apprend à ordonner, à hiérarchiser, à jointoyer, et donc à composer une surface plus unie des éléments de la recherche. Le but visé, s'il est bien placé dans la lecture du Texte, exige qu'on s'appuie sur les arguments capitaux, qu'on aille de l'avant, et tantôt cette observation mène plus vite, tantôt cette autre. Une sorte de style, antérieur à la rhétorique, commande à l'interprète d'agglutiner, donc de tasser, de raboter, et bien des endroits de son livre supposent que le lecteur de Philon devine par instinct ou habitude les outils qui ont prêté leur usage. Dans cet office, on ne discerne point de petit moyen. Chacun sait quel fond les Pères de l'Église faisaient sur les prépositions pour circuler à travers les textes bibliques et rendre cohérente leur élaboration des discussions touchant la Trinité[69]. Dans une philosophie plus aimable, Montaigne n'enferme-t-il pas une considération fort vive sur le plaisir de l'instant dans une inclusion qu'on peut appeler d'ordre grammatical, allant d'un sens de l'expression « *passer le temps* » à son élucidation ironique, « *outrepasser le temps* » ? Toute la finesse de rhétorique — le passage ressemble fort à la caricature d'un sermon stoïcien — prend sa forme entre deux analyses de grammairien[70].

II. Les procédés de rhétorique

La modestie des procédés qui suivent le tracé de la lettre par les moyens de la grammaire ne tient pas seulement à leur fixité, que nous appelons volontiers naïveté. Elle reflète l'humilité du lecteur inspiré. Le fondement de cette attention un peu myope n'est autre que la croyance en l'unité de la leçon divine et de son expression. Son inspiration réside tout entière dans la volonté de l'exégète de *ne pas* entrer par effraction, de *ne pas* sortir avant l'heure, de *ne point* hanter en voleur l'habitation du Logos. Les repères grammaticaux lui sont comme les angles familiers où l'aveugle se reconnaît à tâtons : ils disent le vide, ils annoncent la voie libre, plus qu'ils ne contruisent un sens. À partir d'eux, l'exégète sait pourtant que le Logos, rusant comme un homme avec les éléments du langage, parle notre langue, car il l'a faite. C'est par grâce qu'il a lui-même mis du jeu, un vide, des jeux, entre les mots et les sons, d'une phrase à l'autre. Au lieu du mot ineffable qui équivaut à l'Être, il a laissé traîner jusqu'à nous la robe diverse, repérable et distincte, d'un discours dont l'innocence, vue par nos yeux mauvais, paraît dissimulation, ruse ou conspiration étrangère (cf. la leçon de lecture du *Quis heres*, §90 à 95, à propos du texte naïf : « *Abraham crut à Dieu, et ce lui fut compté comme justice* »). Les traces de cette bienveillance reposent sur la fine poussière de la grammaire. Et soudain, l'exégète doit imiter l'idée de discours, se lancer tout aussitôt à l'extrême opposé : il doit, tout en écoutant le murmure à peine perceptible, composer lui-même un discours, « faire » ce livre en partant du timide canevas, dont il se fera l'arrangeur. Philon se fonde désormais sur la continuité qu'il postule dans le discours du

Logos pour en transmettre une imitation : l'unité du discours exégétique devient un devoir, à l'égal de la précision méticuleuse dont les observations de grammaire ont exigé l'application. Il faut alors oser, construire. Que le lecteur ne s'imagine pas ici que nous interprétons trop librement : le rapport que nous suggérons de la grammaire à la rhétorique paraîtra moins nouveau si nous superposons à ces deux vocables les personnages de Moïse et d'Aaron. Si la grammaire s'en tient aux angles du Texte, elle est tournée uniquement vers lui : Moïse, de petite parole, entend et perçoit et voit ce qu'il ne peut transmettre, et voici la « grammaire », promue au rang de contemplation : elle reçoit. Mais combien de fois la leçon d'Abel nous est-elle rappelée, dans Philon, pour[71] que nous cherchions désormais à réunir l'intelligence et l'expression ? Or Dieu dépêche Aaron, le disert, auprès d'un Moïse embarrassé de langue. C'est Aaron, son « frère », qui parlera pour lui, faute de quoi la lettre resterait lettre morte. Bien sûr, le discours est un flot qui coule trop rapidement : mais la division juste retient ce flot. Pourquoi ? Parce que la Nature a elle-même produit un ouvrage tout fait de division. Le texte du De sacrificiis, tel que nous l'avons cité plus haut[72], contient tout cela. Bref, la « rhétorique » prend pour un temps la place de la « grammaire » : Aaron dit, quand Moïse suggère ce qu'il faut annoncer et surveille la conformité.

Philon a joué selon les règles. Je ne sais s'il faut attribuer à la « rhétorique » ou à la « grammaire » le système de la partition d'un concept. Faut-il voir composition ou simple énumération de lexique dans les dichotomies successives qui fleurissent partout[73] ? L'exploration successive des présents dont Dieu comble le départ d'Abraham recouvre toute la première partie du De migratione Abrahami. Le Quis heres fonde des commentaires partiels sur la division du mot « extase » (§249 à 262)[74] et sur la division du terme familial de « pères » (§275 à 283)[75]. La simple échelle logique des concepts βάτος — ἄβατος — ἄδυτα — χῶρος — γῆ dans le De fuga, §161 à 163, est peu de chose[76] auprès des grandes divisions sur lesquelles repose le traité : analyse des modalités de la « fuite » (§1 à 52) ; des combinaisons où le couple « mort / vie » peut entrer (§54 à 59)[77] ; des quatre hypothèses engendrées par cet autre couple « chercher / trouver » (§119 à 176), ou des cinq interprétations du mot « source ». Ce sont là des commodités d'exposition où l'occasion fournie par le texte de base devient complice de la volonté ordonnatrice d'un auteur. Nous les avons parfois désignées comme divisions « rhétoriques » : laissons-les près de la frontière. Il est vrai que l'apport de l'exégète y est notable, puisque Philon choisit dans tous les mots du texte biblique celui auquel il appliquera la question logique. Il est vrai, encore, que ce genre de division a pour effet de guider le lecteur, de lui procurer une sorte de panorama. La division qui suit la sémantique semble nous faire en même temps courir le risque de l'association mécanique. Il n'en est rien. Sans même recourir à tous les exemples dont nous avons noté le témoignage, nous pouvons concevoir ce procédé comme la simple extension de l'analyse de « grammaire ». La fidélité que l'on doit au Texte entraîne à mettre en relief les harmoniques dont il a lui-même enrichi le lexique. Philon a, dans son jeu, laissé son partenaire jouer le premier ; l'usage de la division est son premier coup, tout de réponse, tactique et non point encore stratégique.

1. L'élégance

Mais le métier de Philon est heureux. Très vite, comme il est dit dans la page du *De migratione Abrahami* qui conduit Aaron auprès de Moïse, très vite « *le langage connaît la joie et l'exultation lorsqu'une conception de l'esprit paraît, dégagée de toute obscurité : pour sa clarté, il peut utiliser dans une traduction infaillible et coulante son trésor de termes propres, qui portent, pleins d'expressivité* » (§79). Le traité dont nous empruntons ce passage surabonde en effets plus ou moins recherchés, que nous avons soulignés au fur et à mesure. Lorsque Philon réunit les deux conclusions de deux développements antérieurs en une seule phrase qui stigmatise les animaux « *privés de patte* » et ceux qui en ont « *trop* », il joint l'agréable à l'utile. Quand il compose le portrait de trois catégories d'hommes, « *le ramassis* » dévoyé, le mixte « *Joseph* », les sages, et qu'il divise à son tour la troisième catégorie en trois figures (*De migratione Abrahami*, §148 à 175), c'est là une recherche de rhétoricien. S'il veut ordonner les variations des « *larmes* » et de la « *joie* » de telle sorte que l'agencement combine chiasme et parallélisme, suivant la forme élégante[78]

larmes de deuil	*larmes de joie*
joie du deuil	*joie de la délivrance*

c'est qu'il fut aux écoles (id., §155-156). S'il expose les mérites de Joseph (id., §159 à 162)[79] en trois tableaux montrant successivement son « action », son « action conjointe à sa parole » et sa « parole », l'enchaînement ne doit pas tout au texte de référence. Si l'on peut comparer sur un espace de texte de même durée la section d'arguments positifs étalés en trois degrés (§164 à 175) à la section formée, elle aussi, des trois degrés d'un argument négatif (§148 à 163), il faut l'attribuer à l'artiste[80]. Admettons[81] que la suite symbolique et logique de l' « union » à l' « unité », puis à la « communication », soit le fruit de notre interprétation, et ne la comptons pas. Mais il faut attribuer à la rhétorique l'harmonieuse distribution de trois annonces en deux développements dont la conclusion du premier rend justice au terme négligé : il s'agit du commentaire final : « *soixante-quinze ans... Harran... l'émigration* », annoncé au §176, traité en ordre inverse (voir les §188 à 197)[82]. Même si notre comparaison avec le rythme retardé du *Phédon* n'était pas avérée[83], il reste que Philon maintient parfois un certain décalage entre le commentaire attendu et son exégèse : ainsi, dans les §176 à 197 du même *De migratione Abrahami*. Il faut rejoindre le §194 pour trouver la liste des « étapes » franchies par le pèlerin ; en attendant, Philon remonte dans le passé ; il ne parle pas de l'émigration de Harran en Palestine, mais de celle qui conduisit Abraham d'Ur jusqu'à Harran : encore décrit-il plutôt l'état moral d'Abraham durant son séjour dans Ur... Un dernier exemple de cette élégance voulue : Philon, qui vient de prouver la réunion de la transcendance et de l'immanence grâce à la coordination, « *là-haut dans le ciel et sur terre, ici-bas* », en donne une nouvelle preuve grâce à l'asyndète : « *Je (suis) ici, en avant de toi* » (id., §183)[84]. Rappelons au lecteur comment l'annonce des deux thèmes, de la division en parts égales et en parties contraires, trouve sa réalisation : la liste brute d'une cinquantaine de « contrariétés » est insérée au milieu du développement consacré au Logos médiateur. Cette formule apporte un sens, que nous avons dégagé en son temps ; mais elle répond de surcroît aux canons d'une esthétique calculée, d'une rhétorique[85]. Une étude du style, que nous n'avons même pas amorcée, ferait descendre ces remarques jusque dans le détail du discours philonien.

2. La conscience d'écrire

La matière des *Quaestiones in Genesin, in Exodum* est répartie au fil de questions de type scolastique. Le rabbin pose, à propos de telle expression ou de telle remarque de forme, une interrogation de pure rhétorique, à quoi il donne ensuite réponse sous forme d'enseignement. De ce style on trouve encore des traces dans les traités allégoriques. Nous l'avons signalé dans le commentaire des §137 à 139 du *De fuga*, à propos de la Manne. L'interrogation convient d'autant mieux à cet endroit que le nom hébreu de la Manne est l'interrogatif : « *Qu'est-ce ?* »[86]. Abstraction faite des questions, le traité *De congressu eruditionis gratia* se présente comme le commentaire linéaire du texte de base. De même, le début du *Quis heres* offre l'aspect d'une exégèse linéaire, bien que le développement soit dû à une division rhétorique plus qu'à la suite même du texte de base[87]. Nous avons souligné cet aspect, par opposition à l' « accélération » des §31 à 39 du même ouvrage.

Le plus souvent Philon adopte simultanément plusieurs types de commentaire. Un chapitre du *De migratione Abrahami*, formé des §120 à 175, recourt à une explication de type linéaire en suivant le texte de référence ; à une disposition « en fourche » agrémentée des MAIS IL Y A... dont nous avons parlé à l'époque ; à une troisième construction, de nouveau linéaire, celle des 3 degrés de la vertu, ou de ses trois conditions : ne pas trébucher, ne pas s'écarter, ne pas croire avancer par ses propres forces[88]. Un phénomène plus curieux paraît dans ce qu'on pourrait appeler le commentaire « croisé ». Les §40 à 51 du *Quis heres* sont théoriquement consacrés à la « *mère* » ; ils traitent en réalité du « *fils* ». Les §52 à 62 parlent « *mère* », quand on attendrait le « *fils* »[89]. Une extension moins subtile de ce procédé consiste à déplacer un mot du texte de base, pour éviter un développement incongru : un exemple s'en trouve dans le *De fuga*, §203 à 205. L'annonce faite à la servante Agar qu'elle attend un enfant mâle, déplacée, ne sert plus qu'à prêter le don de seconde vue à un Ange qui n'en a pas besoin...[90]. L'accusation de mauvaise foi serait juste en soi, mais sans objet. La limite de cette conscience d'écrire ou d'avoir à écrire est atteinte lorsque le texte biblique est détourné, voire retourné : nous avons vu qu'une législation destinée à protéger un aîné que son père voudrait éventuellement déshériter devient une loi protégeant d'office le cadet (le *Deutéronome*, ch. 21, v. 15 à 17 est ainsi mis à mal dans le *Quis heres*, §48)[91]. Il n'y a qu'à s'incliner, au contraire, lorsque l'exégèse tire plusieurs effets d'une même citation (par exemple, dans le même *Quis heres*, §30)[92]. On s'avance encore plus loin dans l'intelligence de la « manière » philonienne quand on s'aperçoit de combinaisons plus simples et plus fréquentes, telles que les successions d'une interprétation « philosophique » et d'une traduction « scripturaire ». C'est ainsi que le *De fuga*, §211 à 213 propose de la suite des trois noms, Dieu, l'Ange, Agar, une approche philosophique par l'équivalence morale de l'homme libre, du serviteur, de l'esclave, puis une lecture pratiquée à même le texte mis en cause[93]. Mais nous réservons, pour leur importance et leur originalité, le rappel de ces procédés à un autre chapitre, situé au-delà de celui que nous consacrons à la « dialectique »[94]. L'alternance d'une exégèse littérale et d'une allégorie, d'une philosophie et d'une leçon de l'Écriture, n'est pas l'apanage de Philon, et la troisième partie du livre de la *Sagesse* ou le prologue de l'évangile de *Jean* y ont recours, mais ce sont chaque fois des motifs divers qui l'attirent : nous préférons y revenir plus à loisir. Si nous en avons fait mention de façon prématurée, c'est seulement pour entrer lentement dans la certitude que Philon confectionne son miel, dispose, se souvient qu'il fait à l'Écriture l'hommage d'un écrit.

3. *Le paradoxe, ou l'étonnement comme début de la philosophie*

Nous proposons maintenant au lecteur de suivre l'ordre théorique de cette écriture d'un livre. Il est des procédés de commencement, des opérations d'attaque, pour ainsi dire ; il en vient d'autres, les plus nombreux, qui sont destinés à l'étoffe même du développement ; d'autres, enfin, dont on use pour achever et fixer. Si nous omettons la lecture directe du thème de base, qui ouvre la plupart des traités, et qui ne constitue un procédé que par comparaison, celui dont Philon use volontiers pour commencer soit l'ouvrage soit un développement n'est autre que le « *paradoxe* ». Nous nous sommes appliqué, dans l'analyse du *De migratione Abrahami*, à souligner les nombreux paradoxes qui réveillent l'attention du lecteur. Dès les premières pages, le commentaire semble courir à rebours : Abraham sur le point de partir est comme arrivé ; ce qu'il doit fuir se transmue aussitôt en valeurs positives[95]. Plus loin, la nation d'Israël, qualifiée par le grand *nombre*, est en fait promise à l' *unité*[96]. Plus loin encore, la FIN est discernée dans un texte qui annonce : « *Il marchait selon Dieu* »,[97] symbole du milieu, et non de la fin. Le comble de l'intelligence revient à l'ignorance[98] ; et la perfection du sacrifice, à l'accueil de la prévenance divine[99]. L'émigration dont pensait nous entretenir le traité se laisse peu à peu déborder par le thème des autres émigrations[100]. Et la fin de l'ouvrage laisse entrevoir des délais que le début semblait annuler[101]. Aussi bien Abraham quittant

Harran est-il relayé et symbolisé par un Jacob revenant à Harran, ces deux mouvements qu'on penserait opposés se trouvant ainsi réconciliés[102]. C'est de l'audace paradoxale d'Abraham qui parle à Dieu, quand il devrait se taire, que le *Quis heres* prend occasion... Mais là nous touchons une autre sorte de « paradoxes », ceux dont Philon exploite la présence dans le Texte, et non plus ceux dont il fabrique les termes.

Répétant ce que nous avons insinué plus haut, nous pourrions dire ici que Philon imite l'Écriture en usant de paradoxes. Tous ceux qui sont au début du *Quis heres,* sur l'esclave et le roi, sur le silence et la parole, sur l'audace et la crainte, ont leur justification dernière dans le verset qui vient presque au terme du chapitre : « *Je commencerai de parler, moi qui suis cendre et poussière* » (§30), et c'est bien un paradoxe que l'écrivain sacré a voulu énoncer. C'en est un autre, une sorte d'ironie vécue même, qui fait passer la femme « *haïe* » de Jacob au rang de « *plus aimée* » de Dieu[103] (*Quis heres,* §40 à 51). Un autre qui se concentre dans l'association de ces deux mots : « *Reçois pour Moi !* » et qui fonde un des thèmes principaux du traité (id., §102 et *passim*)[104]. Un autre encore, dans ces « *oiseaux* » absurdes, qui « *descendent* » au lieu de gagner les hauteurs, d'après[105] le même traité, §237. Si Ésaü se révèle un chasseur dépassé sur le terrain par un ignorant de la chasse[106] ; si Abraham parle tout en se taisant, comme ces vrais prophètes où le Soleil de la vérité transparaît quand ils mettent leur esprit en sommeil[107] ; si la « paix » d'Abraham coïncide avec les « guerres » qu'il a menées[108] ; s'il est étrange de lire que Nadab et Abiud « *moururent devant*[109] *Dieu* », puisque Dieu est Vie, tous ces paradoxes recueillis à fleur de texte dans la Bible suscitent l'enseignement et, de plus, autorisent l'interprète à en imiter la valeur pédagogique. Les paradoxes plus ou moins cachés dont Philon décore son propre discours exercent le disciple à briser l'apparence ; ils le tiennent en éveil ; ils font bouger l'esprit autour de l'immobile inspiration[110].

4. Les procédés du « milieu »

a) L'anticipation

Le paradoxe de l'Écriture est inaperçu du lecteur négligent ; à l'avisé il rappelle la transcendance du parler divin ; à l'exégète il donne le droit d'en chercher de plus cachés encore, d'en créer à son image. Le tout contribue à tenir éveillé, à commencer de façon nerveuse. Mais il reste tout à faire, et en particulier à apprivoiser le paradoxe qu'on vient de lancer, car l'impie veille à droite et à gauche pour taxer l'écrit, soi-disant inspiré, d'illogisme ou de simplesse. Si Aaron supplée Moïse dans le rôle transitif de la diction, c'est bien pour faire pièce aux *sophistes* de l'Égypte ; et Abel n'a pas su résister à la *folle opinion,* à la *démence* symbolisées par Caïn. Il faut donc faire taire l'insensé ; il devient nécessaire de sortir de la contemplation, de mettre les mots en république. Quand on veut bien regarder de près le travail de Philon, plusieurs procédés apparaissent immédiatement qui légifèrent pour ainsi dire à l'usage des mots inspirés, et les assujettissent. Contrairement à l'impression première, toute l'exégèse de Philon est téléologique, portée en avant, habituellement éclairée par ce qu'elle trouvera plus loin. Non seulement il pratique une sorte d' « annonce à distance », dont le *De migratione Abrahami* nous a plusieurs fois donné le modèle[111], mais un grand nombre de commentaires locaux sont ainsi arrangés que l'esprit du lecteur est orienté d'avance : lorsque la citation du texte interprété arrive, les équivalences qui en ont été données dans le paragraphe précédent la rendent naturelle, font croire que leur couronnement vient à point. Du coup, la parole biblique se présente parée d'intelligence : sa simplicité n'arrête plus, mais au contraire sa richesse ; son tour paradoxal est contourné, s'il le faut. Dans la section des §170b à 175 du *De migratione Abrahami*, la citation « *J'envoie mon Ange* » survient[112] au terme du développement qu'elle a inspiré. Dans le §44 du *Quis heres*, une « moralité » placée au milieu du commentaire ne trouve son aplomb et sa justification qu'en fin de course, dans la citation où l'on apprend que Moïse rencontre Aaron, qu'ils s'aiment et s'étreignent[113]. Les mots « *Lève les yeux !* » — qui sonnent seulement dans le §76 du *Quis heres* — influencent en réalité l'ensemble des §74 à 76, ne fût-ce qu'en imposant la forme de l'exhortation, l'impératif « *Échappe-toi !* »[114]. La mystérieuse intrusion de la *Tente* sur laquelle nous nous sommes attardés, dans le *Quis heres,* §111-112, perd un peu de son étrangeté quand on arrive au terme[115]. Et nous avons fait observer que si le Logos semblait préfacer tout le chapitre de la Division, c'est qu'aux §130 à 132 du même traité la citation concernant le partage de l'or en « *cheveux* » mettait en scène le personnage d'Aaron, prête-nom du Logos sacerdotal : or, le texte n'est cité qu'après son exégèse[116]. Toute la force de notre argumentation en faveur de la cohérence du *De congressu eruditionis gratia,* dont nous voulions sauver la « digression », est concentrée dans le fait suivant : la conclusion de l'ensemble litigieux des §89 à 121 répond non point à son début, ce qui prouverait seulement l'unité du corps étranger, mais à ce qui précède le développement autonome sur le nombre DIX. Les §83 à 88 anticipent donc sur le sujet des §89 à 121, attirés qu'ils sont par lui et lui rendant en souplesse tout ce qu'il leur ajoute de sens[117]. Nous avons dû deviner que la figure du Lévite, être séparé par sa dévotion à Dieu seul, orientait par avance tout le développement destiné à la « contiguïté — séparation », dans le *De fuga* : or le Lévite occupe la scène dans les §86 à 118, et le thème de la séparation les §65 à 85. On voit par cet exemple[118] la portée du procédé, ou du moins sa capacité de soutenir une longue suite de commentaire. Un effet plus subtil du même procédé nous a retenus dans l'étude des quatre combinaisons possibles du couple « *chercher-trouver* »[119] : Philon commente la troisième combinaison, « *chercher sans trouver* », et il y glisse les deux attestations de la formule « *il ne trouva pas* », appartenant à l'histoire édifiante de Thamar, de telle sorte que la leçon tombe sur la transcendance de l'objet cherché qui sera mise en relief : or ce thème est en étroite conformité avec la quatrième combinaison : « *trouver sans chercher* ». Le même traité *De fuga* nous a fourni un dernier exemple de l'anticipation : au

§ 195, paraît une citation illustrant la quatrième[120] source, celle de Rébecca, mais qui a déjà produit la lumière dans le § 194, ce qui nous ramène au cas ordinaire et simple des précautions destinées à apprivoiser un texte trop sauvage tout en prévenant les objections de l'impie. Mais nous sortons presque de la rhétorique simple en évoquant le jeu qui prépare à distance l'interprétation métaphysique de la question d'Abraham, *Τί μοι δώσεις ;* où l'interrogatif doit être compris comme désignant une essence particulière et définie dans le flot de la libéralité infinie : cette donnée, présente dans le § 31 du *Quis heres*[121], est insinuée dès le § 15 par la question de Dieu telle qu'il l'adresse abusivement à Moïse : *Τί βοᾶς ;*

Ruse et vérité, l'anticipation déjoue la surprise et l'hypocrisie de l'impie en ménageant devant le Texte le plan incliné de la réflexion antécédente ; elle a cependant le mérite authentique de laisser briller la Parole, qui flambe sur les débris de la raison, l'annule, la sublime et lui dit au revoir. Mais la sujétion de l'auteur subsiste. Voici maintenant une série de procédés qui expriment au contraire sa liberté : ils tiennent uniquement au mode d'exposition. Ce sont le *chiasme,* vocable sous lequel nous logeons un sens élargi : il s'agit d'une figure symétrique d'une étendue moyenne ; le *filet,* désignation de notre propre vocabulaire et qui touche une forme atténuée du procédé dont nous parlerons plus loin, de la « *suppléance* » ; l'alternance de deux commentaires locaux, l'un prenant le point de vue de la *forme*, et l'autre, celui du *contenu* ; le procédé de l' « *inclusion* » affermit le tissu de développements assez longs : c'est le plomb d'un vitrail qui risquerait de se perdre dans une luminescence indéfinie. Dans la même série des procédés rhétoriques nous placerons enfin une sorte de « *prétérition* » : des éléments du texte biblique reçoivent un commentaire implicite ou détourné, par le *silence* ; d'autres sont tus purement et simplement. Tous ces efforts de l'exégète témoignent de son autonomie. Ils plaident en faveur de l'harmonie cachée de l'Écriture, car la surface définie de ces dessins s'accommode chaque fois de textes multiples, d'idées en apparence dispersées d'un passage de la *Genèse* à un passage de l'*Exode*[122] ou à un autre passage de la même *Genèse*. La forme simple et ronde, pour ainsi dire, que le discours de l'interprète revêt si fréquemment imite la subsistance pleine et simple que l'Écriture possède d'une manière ineffable.

b) Le chiasme

La mémoire est déjà dans la Bible le sixième sens qui met le Juif au contact du monde réel, celui de l'Alliance. Toutes les figures du « milieu », celles qui étoffent les développements eux-mêmes en d'autres termes, si elles existent dans toute littérature, font ici appel à cette mémoire d'une manière plus fine : l'étendue même des pages qu'elles veulent enchaîner dans les liens d'une nécessité de convenance témoigne de cette exigence. Pour sentir la relation qui fait se tenir l'un en face de l'autre un Jacob-*Jacob,* voué à l'exercice et à la patience, et un Jacob-*Israël,* que la « vision » achève en perfection, et cela par-dessus l'évocation des impressions personnelles[123] de l'exégète, il convient de sombrer dans une longue mémoire, d'être descendu au-dessous des agitations de surface qui font cependant la durée même du texte écrit, puisque cet affrontement occupe les §25 à 42 du *De migratione Abrahami*. Seule la simplicité du contenu nous retient d'ailleurs de placer ce cas dans la liste des « symétries », phénomènes plus compliqués dont nous parlerons ci-dessous à propos de la « philosophie » dialectique. Il existe de simples « chiasmes », tel celui-ci, au §18 du *De migratione Abrahami* : Philon annonce des « *formes incorruptibles et mémorables* », mais il exploitera les données en ordre inverse, tout d'abord ce qui concerne la mémoire, puis l'incorruptibilité (§18 et 19 à 23), cela n'engendre guère de consé-quences[124]. Plus loin, et portant un sens symbolique, la mention du « *nombre* » sépare deux définitions de l' « *injuste* », ce qui noie la multi-plicité dans le mal (id., §61)[125]. Ce chiasme est lui-même enveloppé dans une figure semblable, légèrement plus ample[126] :

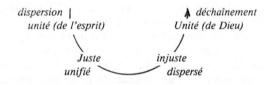

Or, ce plus grand chiasme est construit à l'inverse du premier : il enferme le thème du « juste / injuste » dans celui de la multiplicité. Cette écono-mie est loin d'être unique : dans le même traité, les §97 à 100 développent le troisième exemple d'une série de cinq, de telle sorte qu'une première section annonce le contexte suivant, quand la seconde fait retour au contexte précédent[127]. Plus simple, l'organisation des §164 à 170 suppose encore que le lecteur projette sur une sorte d'écran imaginaire les va-leurs successives : nous allons de la « vision » à la « vision » d'Israël à travers la notion de la « nature » propre à Isaac (§164 à 170)[128]. Le *Quis heres* n'est pas en reste : le §42 y offre un chiasme, compliqué d'un parallélisme secondaire :

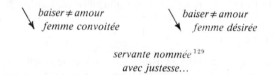

Et le même contexte des §43-44 multiplie ces formations symétriques dans un système très élaboré que nous avons expliqué en son temps[130] ; mais il s'en trouve d'autres dans la suite de l'ouvrage qui répondent à des mouvements simples et locaux. Les §76b à 79 du même *Quis heres* disposent harmonieusement les possibilités logiques groupées autour du thème de la « vision »[131], comme les §82 à 84 le font pour le thème spatial opposant le « dedans » et le « dehors »[132]. Une sorte de conque symbolique permet à Philon de montrer que l'âme du sage est une « *image* » du ciel, dans les §86 à 88 :

Et de même un peu plus loin (§92 à 94), au cœur d'une discussion délicate, d'une dialectique capable de retourner un reproche adressé par l'impie au Texte naïf en reproche tombant sur l'homme de la part du Logos miséricordieux, un nouveau chiasme déroule une sorte d'échelle que le lecteur est appelé à descendre, de Dieu au monde sensible qui provoque souillure, exige purification — c'est le point inférieur de la courbe — puis reparaît exorcisé et reconduit enfin jusqu'à Dieu reconnu pleinement pour ce qu'il est[134]. Il se cache donc peut-être plus qu'une élégance sous ce procédé commun, du moins en certains cas. Le *Quis heres* nous offre encore un exemple où le chiasme, placé lui-même au centre d'une symétrie assez vaste, semble en souligner la force productive : de la sorte, les termes décisifs du traité se voient ordonnés et assujettis. La *Tente,* qui rime au loin avec les serviteurs du culte, les *Lévites*, et qui est une « image », introduit les trois divisions du temps par celle qui lui est conforme en tant qu' « image », à savoir l' « *intervalle* », et celui-ci convient à l' « *homme* » exténué entre le « *commencement* » et la « *fin* » qui relèvent de la « *Nature* »[135]. Mais il est des chiasmes de simple exposition rhétorique, semble-t-il, comme celui qui pare les §109 à 111 : la *sanction* apportée[136] à la conduite, de l'infidèle ou du fidèle, entoure la *description* de cette conduite, infidèle ou fidèle. Notre brève analyse du *De congressu eruditionis gratia* nous a fait rencontrer une figure analogue, mais qui, par un décalage subtil, entraînera la pensée dans des directions plus vastes : les §90 à 93 disposent les trois symboles du nombre 10 de telle sorte que NOÉ, tout au début, incarne un 10 plein si l'on ose dire, quand à la fin ABRAHAM bénéficie d'un 10 de synthèse, fabriqué de $9+1$; entre-temps[137], les ROIS maudits caricaturent le nombre parfait, qu'ils affectent à partir de $5+4$. Il s'en faut que ce système n'ait d'autre raison que le charme : il représente une vérité morale, et l'on voit par là que le degré est difficile à déterminer dans les cas particuliers, de la volonté logicienne ou du sentiment esthétique. Aussi bien n'avons-nous pas cherché à diviser cette espèce en classes et familles. Si le §126 du *De fuga* conclut la double histoire de la femme de Lot et de Pharaon[138] en inversant les qualificatifs qu'ils ont mérités, ἄλογον καὶ ἄψυχον, personne n'ira chercher un sens profond ; mais le lecteur de Philon ne doit pas demander trop peu au chiasme des §209b à 211a du même traité, où l'on passe de la *guerre* à l'*orgueil*, à la *guerre éternelle* : la distorsion entraînée par la précision « éternelle » vient de l'*orgueil*, moyen terme logique tout autant que nœud joliment serré[139].

c) Le «filet»

Des mailles plus ouvertes, mais non plus lâches, enserrent parfois des développements, au premier abord surprenants pour qui s'aventure dans l'ouvrage. Comme alourdies par des images, des évocations dont le cousinage se perd dans la nuit des intentions subtiles, des substitutions de personnages, on ne voit plus d'elles que la première et la dernière : le filet disparaît, mais il est en fait solidement attaché. C'est le cas de longs passages qui n'entrent pas dans les formes plus strictes que nous appelons « symétries » ou « dialectiques », mais sont par Philon consciemment surveillés dans leur diversité apparente. Ainsi, dans le *De migratione Abrahami*, lorsque les §53 à 69 enchaînent une citation des *Nombres,* ch. 14 et son exploitation, une citation d'*Exode,* ch. 32, qui relaie la précédente, et son exploitation, puis une troisième citation, tirée, de la *Genèse,* ch. 12, ils retrouvent, à la fin, le point de départ de la réflexion qu'ils reconduisent, sans qu'il y ait ni « symétrie » appuyée des éléments intermédiaires, ni « dialectique », c'est-à-dire passage réglé d'un contraire à son opposé[140]. On revient au nombre 75, sur la fin du même traité (§215), après l'avoir posé au §198 et pour ainsi dire oublié dans l'intervalle[141]. Nous n'avons pas tout signalé de ces effets distendus : on pourrait dire que le phénomène majeur de la « suppléance » des figures bibliques, des citations qui s'appuient les unes les autres, entraîne par définition ce procédé du « filet ». Il arrive que Philon nous avertisse soudain : « En voilà assez, dit-il, sur le sujet qu'on pourrait encore étendre ». Le thème de départ est alors nommé à nouveau. Sans doute ne faut-il pas être dupe de cette brutalité, et nous aborderions vite par ce chemin le problème des conclusions : pourquoi Philon arrête-t-il son commentaire ; pourquoi, dans le pays trace-t-il telle province et là encore tel canton ? Le problème posé par la frontière rejoint celui que soulève l'analyse difficile des « silences » d'un auteur.

d) Le fond, la forme

En attendant, Philon parle. Et il fait même parler surabondamment le vieux Texte. Joignant l'humilité du lecteur, qui se heurte docilement aux aspérités de grammaire, à l'invention qui soutient un discours, il épuise la sève d'une parole sacrée : il tire un premier sens de l'aspect grammatical ; il en redouble l'exposition ou tire un second sens en continuité avec le premier, à partir d'une considération plus intérieure. Le premier chapitre du *Quis heres* met en œuvre ce procédé avec une plus grande constance[142]. L'interrogation d'Abraham suscite une série de paradoxes et une double ligne d'arguments : philosophiques, puis d'Écriture. Plus loin, le nom du serviteur d'Abraham, « *Éliézer* », sert deux fois : il signifie « *Dieu, mon secours !* » et il rachète l'autarcie coupable des impies ; il est de plus au vocatif : c'est un appel, une exclamation[143]. La même attention à la forme puis au fond engendre le §74, où l'impératif dont nous avons déjà parlé, « *Échappe-toi !* », entraîne un développement sur la « sortie », conformément à la signification interne des mots, et une exhortation, fondée sur la modalité du verbe, l'impératif[144]. Une élégance vient parfois renforcer le système de la double exégèse : ainsi, les §74 à 76 du même *Quis heres* séparent chaque[145] développement au moyen de la citation en cause. Ailleurs, la notation formelle disparaît presque dans le cours de l'exégèse du fond : si le verbe διεῖλεν, qui ouvre le chapitre de la Division[146], n'a pas de sujet — remarque d'aspect — c'est que Dieu en est par excellence le sujet ; mais cette observation formelle est insérée de façon très souple dans le commentaire du fond. Plus loin dans le même traité, on peut observer une égale répartition des deux commentaires, fond et forme, quand il est question du didrachme dont le rachat exige qu'on dédie une seule moitié[147]. Nous avons montré que la pseudo-digression des §252 à 256 du *Quis heres,* toujours, où Philon déploie le cas du patriarche Jacob en compétition avec le chasseur Ésaü, pouvait passer pour un développement fondé sur l'analyse du contenu[148] — l'idée du miracle, initiative de Dieu, convient au thème du livre — tandis que, plus loin, les §258 à 262, apparemment éloignés du sujet précédent[149], jouent le rôle complémentaire d'explication « formelle ». Ce cas est plus dissimulé, et sa perception suppose nos analyses de détail.

Il en va de même pour plusieurs passages où nous avons prétendu non plus que Philon disposait autour d'un mot deux séries d'observations, mais que son développement imitait en quelque façon la leçon qu'il déchiffrait dans le Texte. La « forme » du discours philonien « mime » dans ce cas l'intention de l'exégèse. Nous avons marqué l'alternance des différents thèmes qui permet d'aboutir à la notion de « mélange » — κρᾶμα — comme si le passage alterné, devant les yeux du lecteur, des idées ou des sentiments qui feront le mélange en éclairait la portée[150]. Quand nous avons parlé de développement exégétique de type rabbinique, par questions et réponses, nous avons renvoyé au *De fuga et inventione,* §137 à 139 : l'exégèse de la « Manne » procède par questions, comme si la traduction du mot lui-même (« *Manne* » signifie en hébreu, d'après la Bible, « *Qu'est-ce ?* »[151]) provoquait l'interrogation. Bien mieux, le commentaire de Philon devant aboutir à manifester que la vérité loge <u>au milieu</u> des Hébreux sans qu'ils en puissent atteindre l'essence, il se trouve que les questions laissent <u>au milieu</u> un espace réservé : la seule définition positive, si l'on peut dire, celle de l'ignorance docte, y est enfermée comme la noix dans sa coque, présente mais enveloppée, cachée[152]. Le procédé, dont le degré de conscience nous importe peu ici, est donc redoublé dans cet exemple privilégié. À partir de là, nous avons suggéré que les quatre hypothèses qui permettent de qualifier la formule « *chercher et trouver* » (§127 à 142, dans le *De fuga*) imitaient chacune leur contenu[153]... Le procédé ainsi adapté à la « Manne » se retrouve plus loin, avec la même signification : le développement consacré au deuxième sens du mot « *source* », les eaux du lieu dit *Élim,* symbole de la science propédeutique[154], est disposé en berceau de telle sorte que « fond » et « forme » se partagent les extrêmes.

Mais citons pour terminer deux exemples plus simples. Aux §170 à 174 du même *De fuga,* nous rencontrons la même alternance avec un redoublement esthétique : parlant, au début et à la fin, des « *plantes qui poussent toutes seules* » puis des « *semailles et moissons* », Philon traite alors du contenu de son texte de référence ; mais au milieu il s'intéresse à la forme, au style déclaratif emprunté par la phrase biblique[155]. De même, dans les §203 à 205 range-t-il plusieurs versets qu'il commente de façon accélérée, sous les rubriques successives de la forme et du contenu, sans qu'on puisse y déterminer autre chose qu'une élégance d'exposition[136]. Il reste que chaque page ou presque a des chances de contenir en principe les deux procédures. La nécessité du discours, l'importance relative des enseignements feront varier la proportion, la place respective, le caractère manifeste de chacune. On peut aller de la juxtaposition à l'intrication la plus subtile.

e) L'inclusion

C'est au contraire sans subtilité, pour être bien vus et délimités, que beaucoup de développements, sans comporter ni chiasme ni « symétrie » des éléments intermédiaires, offrent une « inclusion » manifeste. Le thème du « *nombre* » ouvre et ferme l'ensemble des §68 à 89 du *Quis heres*[157]. La section des §103 à 124 du même ouvrage nous conduit d'une formule où l'homme « *reçoit* » à celle où Dieu feint[158] de « *recevoir* » — λάβε — λαμβάνει. Les §123-124, pour arguer du cas précédent, contiennent un double élément d'inclusion : le verbe « *recevoir* » rime donc avec le §103, qui énonce le même thème ; et le nom des *Lévites* renvoie au milieu de la section, à ces §112-113 consacrés au thème cultuel de la *Tente*[159]. Le symbolisme des deux « *oiseaux* » qui font partie du sacrifice d'Abraham, deux fois évoqué, ouvre et ferme l'immense chapitre de la Division (§130 à 236, dans le *Quis heres*)[160]. Pour une unité plus modeste, Philon se contente d'un mot, que le lecteur doit apercevoir. Le vocable spécialisé, « *aiguiser* » a tout de même quelque chose de voyant ; il arrête bien les §130 à 140, c'est-à-dire la première section de ce même chapitre dit de la Division[161]. L'*art* qui guide l'action divine suffit à délimiter une petite unité entre le §156 et le §160 du même *Quis heres...*[162] Dans des formations plus vastes, le signal est aussi plus appuyé : si le lecteur peut à la rigueur laisser échapper l'inclusion formée entre le §174 et le §200 par la matière rituelle des *douze pains de proposition* et l'existence sacrée des *douze tribus* d'Israël[163], il prête l'oreille sans hésitation possible à la répétition d'une expression imagée : l'extase suppose que l'homme ne s'immobilise pas dans le *midi* de son intelligence, et qu'il accueille au plus noir de son renoncement la clarté divine, semblable à la lumière de *midi*[164] : entre ces deux emplois du même mot, nous avons parcouru les §250 à 265 du même *Quis heres*, mais la mémoire fait son office. S'il est aisé de se souvenir, entre le §252 et le §256, de l'étonnement manifesté par Jacob à l'égard d'Ésaü, puis à l'occasion de Joseph[165], puisque le développement est si court, ou de voir que Philon tient à ce mot ἀποσκευή, qu'il répète du §273b au §274, ou encore d'embrasser d'un coup d'œil l'espace couvert par les §299 à 306, que délimite l'expression typique « *se détourner* »[166], il faut déjà plus d'attention pour

suivre, entre les §121-124 et le §141 du *De fuga,* le jeu du verbe « *se détourner* », réparti entre deux réalités, l'une, péjorative, et qui définit la
femme de Lot comme le Pharaon, l'autre, positive, et dont Moïse reçoit
félicitation[167]. Le lecteur peut hésiter en lisant le §176 du même *De fuga* :
faut-il qu'il fasse le lien entre les matières du « *vin et de l'huile* »[168] et la
« *sagesse* » (§166) ou l' « *aveuglement* » qui frappe Pharaon et la femme
de Lot (§121 à 125) ? On peut, au contraire, trouver trop court le territoire couvert par les §30 à 31 du *De mutatione nominum,* encadrés par
le verbe λαχεῖν, ἔλαχε — λαχών[169] ; mais le retour des « *réalités olympiennes* », du §180 au 199 offre un bon exemple, recommandé par sa
clarté et la quantité moyenne du texte qu'il délimite[170]. Et l'on se souvient de l'usage que nous avons demandé à l'inclusion du thème de la
Loi pour donner à la « digression » des §86 à 120 du *De congressu eruditionis gratia* son droit de cité dans l'ouvrage[171] : à la Loi qui morigène
en Israël les vices de Canaan répond la Loi dont le chiffre met à mal
l'impiété égyptienne.

Les procédés que nous désignons comme ceux du « milieu », c'est-à-
dire ceux qui charpentent l'essentiel du commentaire, le font tenir et se
porter lui-même de manière finalement bien visible. Pour peu qu'on
ait l'habitude de les estimer, ces procédés participent tous de la mémoire,
d'une forme d'attention patiente, chasseresse, qui surveille depuis son
immobilité les moindres signes de ressemblance, refuse de se laisser
porter sur la trace du premier objet d'intelligence venu, mais attend
pour le connaître quelle mesure lui donnent une répétition de mots, un
écho, une construction décorative, qui jetteront immanquablement leur
filet sur le champ indéfini des idées, réduiront à une forme arrêtée le
flot du discours qui, selon les apparences, « *coule par trop rapidement* »[172].

f) Les silences

Une nouvelle forme d'attention doit encore être exercée, car le texte
de Philon court si peu librement qu'il lui arrive d'omettre, de taire ou
de se taire. Nous pouvons distinguer trois formes de « silence ». Ceux
qu'il surprend dans l'Écriture ; ceux qu'il répand sur son commentaire,
évitant tel mot du texte de base ; ceux qui n'ont pas de réalité : l'exégèse
semble seulement éviter une expression attendue, mais la substance en
est, ailleurs ou autrement, sauvée tout entière[173]. La première catégorie
nous est déjà connue : du moment que l'Écriture ne dit pas de Caïn
qu'il mourut ou finit de quelque manière, ce silence enseigne qu'il continue de vivre (le raisonnement se trouve dans le *De fuga,* §60 à 62)[174].
Nous avons encore rencontré deux autres cas du même silence : si le
chandelier doit être fabriqué sans que le législateur donne des mesures,
c'est qu'il symbolise l'Infini[175] ; si l'Ange encourage Agar en lui prê-
chant l'audace, il sous-entend la vertu symétrique d'une âme sans
malice, à savoir l' αἰδώς[176].

De la deuxième catégorie, les silences complets jetés sur un mot du
texte de base qui détruirait la ligne du commentaire, il semble que nous
ayons trouvé quelques exemples. À peine peut-on parler de « silence »

quand Philon ne dit rien du départ de Lot[177] ; mais pourquoi ne dit-il rien du Désert, à la fin du *De fuga*, et surtout pourquoi réduit-il à ce point le commentaire du message laissé par l'Ange, « *Tu enfanteras un enfant mâle* » (id., §203-205 et 207-208)[178], sinon parce que la nature « mâle » de ce rejeton d'esclave entraînerait l'interprétation dans un détour trop grand[179] ?

De la troisième catégorie les cas sont plus fréquents. Ils confirment la volonté déployée par Philon pour composer, surprendre, nouer des articulations à la fois secrètes et fortes... En réalité, Philon n'omet rien, dans ce cas : il déplace le commentaire et pratique une sorte d'exégèse indirecte. S'il ne dit rien, au début du *De migratione Abrahami*, sur la formule de la *Genèse,* ch. 12 : « *Dieu dit à Abraham* », c'est que, par le biais inattendu que lui procure une autre phrase : « *Je te ferai voir* », il explore au §47, donc assez loin dans le traité, des valeurs de même intérêt, qui décrivent cette parole adressée par Dieu[180]. Le §97 évite de nommer les « *prêtres* », parce qu'ainsi l'apparition du grand-prêtre aura plus loin tout son relief[181] (au §102 du *De migratione Abrahami*). Le début du *Quis heres* réserve de la même manière l'explication des premiers mots du texte de base : πυνθάνεται φάσκων : trop nobles pour être compris dans l'immédiat, ils recevront à la fin du premier chapitre une traduction qui rachètera bien leur oubli momentané[182]. Dans le même traité, les §66 à 85 semblaient procurer à Philon une occasion rêvée pour insister sur un thème qui lui tient à cœur, celui de la « sortie de soi ». À peine y fait-il allusion au §74, par une sorte de traduction passagère : c'est que le développement viendra dans la suite, mieux placé, plus efficace (§102 à 104)[183]. Une préoccupation semblable fait qu'aux §65 à 74 du *De fuga*, aucune mention ne nous rappelle un épisode qui irait si bien dans le contexte, celui des Lévites se consacrant par le zèle, le meurtre de leurs parents : il faut attendre le chapitre suivant, qui s'empare du personnage lévitique et en fait mieux paraître la vérité[184]. Silence encore, mais plus subtil, qui interdit à Philon d'employer les mots simples et attendus : au lieu des deux verbes pourtant bien mis en évidence par la question initiale, « *chercher et trouver* », les §121 à 124 déploient une série d'équivalents tels que « *délibérer* ». Pourquoi ? Parce que l'exemple négatif où personne « ne cherche ni ne trouve » profanerait des expressions lumineuses, et parce que, de façon symbolique, l'absence de quête et d'invention les fait toutes deux disparaître. Il en va de même lorsque Joseph entreprend ses vaines recherches dans la plaine[185], ou lorsque le Peuple hébreu frôle la vérité : Philon évite de rappeler les « *douze sources* », pour que le mot noble et le nombre parfait ne soient pas trop tôt mis au contact d'une âme insuffisante[186]. Ce procédé dépasse parfois les limites d'un mot ou d'une phrase. Sans qu'on puisse parler d'un silence véritable, il arrive[187] que le développement annoncé soit escamoté, ou surtout déplacé : si les §18 à 28 du *De mutatione nominum*, comme nous l'avons expliqué, se chargent théoriquement[188] d'expliquer les mots « *ton Dieu* » en appuyant sur le possessif, en réalité c'est l'inverse qui se produit, et nous avons un commentaire du nom « Dieu » ; qu'à cela ne tienne, la section suivante, des §29 à 38, prétendument réservée au substantif « Dieu », appuie en fait sur le possessif. On le voit il ne s'agit pas d'un silence, puisque l'ensemble des §18 à 38 a rendu justice aux deux thèmes ; seulement, le lecteur de Philon doit s'étonner un moment et ressentir comme une absence le procédé du déplacement. Nous avons fait allusion dans le chapitre de l' « élégance » à cette méthode du différé. Mais, comme le plus souvent dans Philon, élégance et signification se recoupent : ici par exemple, le déplacement du commentaire touchant le substantif « Dieu » et le possessif « ton » entre dans une dialectique, je veux dire précisément un passage réglé et paradoxal des noms divins de l'un à l'autre bout de la parole divine : « *Le Seigneur fut vu d'Abraham et lui dit : Je suis ton Dieu* ». La rhétorique est la servante, honnête, bien plantée, diserte. Moïse, qui ânonne sa « grammaire » et contemple les « dialectiques », a besoin d'elle comme de son Aaron. Philon, comme il est exégète, prend ce dernier en modèle et patron.

g) La « chute »

Le dernier effort de la rhétorique est pour se retirer. Chemin faisantt nous avons pensé caractériser tel ou tel passage de Philon en le désignant du sobriquet d' *envoi* ou *d'accélération*. Au terme d'un développemen « linéaire », à la suite d'une investigation plus ou moins compliquée dans le monde des correspondances, voici que le cap est mis sur le port ; une allégresse, qui avoisine quelquefois le lyrisme[189], réunit une compagnie de thèmes fondamentaux. Le plus souvent, des personnages exemplaires, de la génération des parfaits, illustrent la page. Ainsi, l' « accélération » des §125-126 du *De migratione Abrahami* rassemble la Triade, en imitation des trois moments du temps[190]. Du même traité nous avons souligné le §157 : le témoignage conjoint d'HOMÈRE et des PSAUMES, les poètes des deux civilisations, entoure l'apparition d'Isaac[191]. L' « accélération » peut marquer la fin d'un ouvrage : il en va ainsi pour le *De migratione Abrahami* et pour le *De fuga*[192]. Nous disons bien que ce procédé accompagne la retraite de la « rhétorique ». En effet, l'évocation des figures majeures de la tradition biblique ramène explicitement tout discours aux *idées* célestes, aux *lois qui ne sont point écrites ;* la chute du discours fait taire le raisonnement, et sa logique *défait* à nouveau son apparence.

Dans certains cas, lorsqu'une figure simple de l'Écriture concentre en elle tout un raisonnement, nous avons parlé *d'envoi*. Un trait mieux trouvé semble suspendre l'imagination[193]. Tout autre genre que le commentaire philonien eût donné cours à des effusions lyriques : il est permis de considérer ces phénomènes que nous rappelons ici comme les substituts de l'épanouissement où le discours prétend quand il a « *rencontré les notions intelligibles* ». Philon ne célèbre-t-il pas la « naissance » d'Abraham, au terme de toute la dialectique du silence et de la parole audacieuse[194] ? Mais la forme, si réservée, tellement rapprochée par sa timidité du Texte dont le discours a mimé l'idéale harmonie, la rareté même et la réussite de ces passages *d'envoi* ou *d'accélération* nous les font apprécier comme la réunion exemplaire d'Aaron et de son frère Moïse (réunion

rarement célébrée[195], mais prouvée par l'existence même du commentaire).
Le retour de l'Écriture ne provoque aucune rupture dans le discours,
car Philon, en dépit du morcellement que notre distinction des procédés
risque de faire concevoir, les combine entre eux, fait servir une même
référence dans deux structures superposées.

h) La « déception » ou la « surprise »

L'Écriture, reine et maîtresse de son commentaire, inculque à Philon
le sentiment théologique du « rapt ». La logique d'une réflexion comme
l'existence des prophètes et des grandes figures se voient exposées à
l'enlèvement soudain. Bien que trop vague et par là indémontrable dans
ses effets, un pareil sentiment doit expliquer ce que nous indiquions en
parlant du livre « défait ». Et il existe deci-delà des exégèses où Philon
déçoit, surprend une attente qu'il a créée. Les §60 à 63 du *De migratione
Abrahami* commencent par suggérer l'idée d'un combat où le nombre
doit être vaincu ; la première description reste à l'état statique. La fin
de la section montre soudain que le combat est mené par l'Un, mené
et aussitôt gagné, sans avoir eu lieu, en tout cas sans que l'âme ait eu à
engager la moindre lutte. La présentation dédoublée, inégale, crée une
« déception ». C'est une sorte de « silence » combiné à ce qu'on peut
appeler « accélération ». Le tout marque une conclusion ferme et sensible dans le discours même, la tyrannie du Logos, toujours prêt à
franchir les étapes, les actions humaines, les mots trop lents du discours
explicite, pour enlever d'autorité l'intelligence et lui donner un fruit
qu'elle mettait trop longtemps à mûrir[196]. Le lecteur averti s'apercevra également de cette distorsion : dans les §88 à 93 du même traité, il s'attend[197]
à voir discuter le problème de l' « *apparence* » à l'intérieur de la conduite
du sage ; or, c'est tout à coup l'apparence de la Loi qui vient en discussion, par un glissement du point de vue subjectif au point de vue objectif... Un autre cas d'intrusion, de « surprise », n'est autre que l'arrivée
inopinée du thème de la *Tente*, dans les §112-113 du *Quis heres* ; et il
imite la réalité même dont[198] il traite. S'il est plus difficile de mesurer
l'effet recherché par l'adjonction, tout à la fin du *De fuga*, d'un verset
qui parle du « puits » quand on vient de quitter les « *sources* »[199], tout
nous invite plutôt à surveiller dans Philon ces indices dont l'analyse
nous ramène au dilemme initial. Déception, surprise, toutes les variétés
du « silence » nous contraignent à sentir la volonté d'un auteur, la fabrication du « livre ». Mais en même temps, la nature de l'interruption, qui
met en avant la transcendance de l'Un et l'autorité décisive du Texte,
renie cet auteur, « défait » l'ouvrage et nous reconduit à l'école enfantine
pour y épeler une lettre naïve, plus sublime que son interprétation, riche
de l'avoir tout à la fin ruinée. Seulement, ce jeu, dont nous croyons avoir
montré l'objectivité en indivis avec celle des autres procédés, ne devient
clair et instructif qu'aux yeux de celui qui a deviné le genre à la fois très
explicite et très caché d'une exégèse tout à fait originale. Il nous reste
précisément à pénétrer plus avant dans le secret. Les procédés dont nous
allons rappeler la présence dans le discours philonien échappent à toute

classification scolaire. Trop répétés pour apparaître comme notre invention, trop simples, une fois qu'ils ont été observés, pour ne pas fournir une explication économique à l'apparente diversité du langage des traités allégoriques, trop bien réglés pour se dissoudre dans les produits du hasard, ils définissent peut-être au mieux l'apport de Philon et — il eût sans doute apprécié cette connivence — sa dette à l'endroit du style biblique.

L'exégète croit tenir les idées divines dans la lettre de l'Écriture : et la *mémoire,* matrice de tous les procédés dont nous avons fait état jusqu'à maintenant, lui sert de piège pour les arrêter. Qu'il les tourne et retourne par les outils de la « grammaire », conscient qu'il est de devoir en respecter la rareté, ou qu'il confectionne autour d'elles un discours dont le rythme veut donner une image finie de l'harmonie intérieure qui les habite, l'auteur du commentaire prête l'oreille ; il se souvient. Il écoute la lettre ; il écoute l'Esprit. Il suit la « grammaire » ; il chante sa rhétorique. Mais notre lecteur sait, pour avoir exploré à notre suite les chemins de ces quelques traités, que nous venons d'en mutiler gravement les intentions. Lorsque Philon magnifie l'action nouvelle de l'Un au travers de deux synthèses, l'une positive, par la plénitude de l'Unique, l'autre négative, par le refus simultané du zéro et de l'indéfini (dans le *De migratione Abrahami,* §68-69), il fait peut-être encore œuvre de rhétorique ; mais en même temps, il agit sur l'esprit du lecteur par une sorte de couple fondamental — ce « positif / négatif » dont nous avons conscience d'offrir une définition algébrique, sans toutefois le créer — et ce couple, nous l'appelons *imagination philosophique.* La mémoire assujettit les citations ; mais, si, restant dans le même *De migratione Abrahami,* nous la voyons rapprocher deux citations, l'une positive, l'autre négative[200], de telle sorte que la première, positive qu'elle est, engendre une diatribe contre la dispersion, et que la seconde se prolonge en célébration de l'Unique, toute négative qu'elle paraissait au départ, nous sommes renvoyés à autre chose, à ce qu'une analyse différente de la nôtre, qui est entièrement vouée à la « surface » du discours, déclarerait plus profond. Non pas plus profonde, mais d'une action à la fois plus cachée et plus forte, la « dialectique » réunit éventuellement, dose, justifie en dernier ressort les activités ou les passivités de la « grammaire » et de la « rhétorique ». L'*imagination* ne brille pas ici dans le choix d'images ou dans le luxe des comparaisons : elle réside dans ce pouvoir de dresser une carte du ciel et de produire des symétries qui sont au chiasme de la rhétorique ce que l'harmonie des couleurs est au dessin de l'ouvrage. Nous acceptons de rester ici prisonniers des observations et des termes qui sont parus dans nos analyses. Sans doute sera-t-il quelque jour possible de classer autrement ces mêmes réalités, et suivant des critères formels plus sûrs, plus communs ou universels. Voici les faits.

NOTES

1 Dans le *De fuga,* §68 à 72, le commentaire repose sur la présence de l'article défini et sur l'alternance pluriel / singulier (cf. ci-dessus, page 395).

2 Ci-dessus, pages 319-320.

3 Pages 468 s.

4 Respectivement, page 493 et page 180.

5 Cf. le *De migratione Abrahami,* § 28 et 43, ci-dessus p. 63, 68.

6 Dans le *Quis heres,* §74, ci-dessus, page 234.

7 Ci-dessus, pages 68-69.

8 Page 269.

9 Astuce de lecture qui entre dans l'analyse subtile des p. 420 s.

10 Page 116.

11 Pages 276-277.

12 Page 319.

13 Page 339.

14 Page 353.

15 Pages 469-470 ; le §202 du même *De fuga* précisait déjà que les Hébreux campè-rent « *près des sources* », en vue de la vérité, mais non point à son contact. On notera que le *De migratione Abrahami,* le *Quis heres* et le *De fuga* concluent sur l'exégèse d'un lieu.

16 Page 486 ; *De mutatione nominum,* §34 à 39.

17 *De fuga,* §24 à 38 ; ci-dessus, page 389.

18 Pages 169 ; 192-193.

19 C'est au creux de la dialectique analysée page 179.

20 Page 240.

21 Page 314.

22 Analysée pages 400-401.

23 Passage difficile à traduire ; cf. page 428.

24 Page 436 ; *De fuga,* §161-3.

25 Pages 229-230. Δεῖξις y signifie justement *valeur démonstrative.*

26 Il est dans la part ἀποπομπαῖος : cf. page 288.

27 Dans notre analyse, ci-dessus, page 284.

28 À la vérité, c'est nous, et non point Philon, qui souligons le passage du pluriel au singulier, page 336.

29 Pages 400-401.

30 Là encore, l'opposition du singulier et du pluriel est latente ; cf. pages 427-428.

31 Page 452.

32 Page 277.

33 Ces jeux entrent dans l'alternance fond / forme qui caractérise le premier cha-pitre du *Quis heres* ; cf. pages 161 et 190.

34 Page 275.

35 Page 291, πρόβατον — προβαίνειν.

36 Ibidem.

37 Ce refus engendre ensuite un système rhétorique, où composent « *aimer* / *chérir* » — « *chérir* / *haïr* » — « *embrasser* / *étreindre* » ; cf. pages 209-210.

38 Ci-dessus, page 235.

39 Le jeu des mots sur les règles de la femme continuent ; cf. pages 451-452.

40 Page. 279

41 Ci-dessus, page 74.

42 Dans le *Quis heres,* §237 s. Cf. ci-dessus, page 308.

43 Ci-dessus, pages 237-238.

44 Pages 492.

45 Dans la série des « sources » ; ci-dessus, page 449.

46 Page 116.

47 Ci-dessus, page 427.

48 Page 90, pour ce qui regarde ὑπάρχοντα ; page 436, βάτος.

49 Pages 479 s.

50 Respectivement, page 132 et pages 136-137.

51 Page 292.
52 Nous en parlons pages 100 et 109.
53 Ci-dessus, page 200.
54 Page 401.
55 Page 436.
56 En toute honnêteté il convient de dire ceci : « *descendre et remplir sa cruche* » équivaut à « *monter* ». Ci-dessus, page 456.
57 Page 140-141.
58 Page 197.
59 Page 234.
60 Page 287.
61 Page 124.
62 Page 240.
63 Page 468.
64 Déduction qui vient de nous ; cf. page 220. Voir aussi le *Quis heres,* §263.
65 L'indication est ici explicite ; cf. page 129.
66 Déduction venant de nous ; cf. pages 483-484.
67 Implicite, mais clair : page 288.
68 Ci-dessus, page 398. Cf. pour l'idée, *Quod deterius,* §177 ; *De confusione linguarum,* §122 ; *De virtutibus,* §200 ; *De praemiis,* §68 à 73.
69 Par exemple, ATHANASE, dans les *Lettres à Sérapion.*
70 MONTAIGNE, *Essais,* troisième livre.
71 Abel, tout juste qu'il fut, ignorait l'art de dire : il est tombé sans arguments sous les coups de la suffisance, Caïn. Philon regrette pour lui ce défaut, par exemple dans le *De migratione Abrahami,* §74, où il introduit le secours d'Aaron. On voudra bien relire ici les §76 à 81 de ce traité, dont nos pages 526-527 ne forment qu'une sorte de paraphrase.
72 Les §81 à 85 du *De sacrificiis* sont traduits pages 512-513.
73 Ainsi, dans les §237 à 248 du *Quis heres,* où Philon use de l'opposition entre les oiseaux qui montent et ceux qui tombent (ci-dessus, page 311).
74 Page 312.
75 Page 334.
76 Pages 436-437.
77 Pages 394 et 395.
78 Le détail se trouve pages 124 à 138 ; le cas des « larmes », p. 204.
79 Voir page 130.
80 Page 131.
81 La discussion se trouve page 134.
82 Pages 139-140.
83 Dans une transition, page 140 également.
84 Pages 141-142.
85 Nous laisserons le lecteur juger si les « incohérences » que nous avons signalées nuisent sérieusement à la rhétorique ou à l'élégance. Les systèmes psychologiques différents entre le §215 et le §236 du *Quis heres,* entre les §284-286a ; les types spirituels bouleversés à l'intérieur du *De mutatione,* § 18 à 28, montrent une certaine indifférence de Philon, ou... notre maladresse (cf. ci-dessus, pages 303-304, 307, 338, 490).
86 Page 428.
87 Il s'agit des §3 à 30 ; cf. page 164.
88 Nous expliquons le tout pages 120 à 122.
89 Page 222. On fera une semblable remarque à propos du *De mutatione nominum :* les §18 à 28, d'une part, et 29 à 38, de l'autre, échangent leurs sujets.
90 En réalité, ce déplacement obtient aussi effet positif ; cf. pages 465-466.
91 Pages 219-220.
92 Pages 169-170.
93 Page 468.
94 Ci-dessous, pages 562 à 568.
95 Pages 52-53.
96 Page 71.
97 Page 112.
98 Page 116.

99 Également page 116.

100 Nous avons parlé plusieurs fois de ce paradoxe ; cf. page 139.

101 Page 146. C'est à peine un paradoxe...

102 Page 146-147.

103 Page 219.

104 Page 247.

105 Page 308.

106 Page 317, avec les subtilités que ce paradoxe entraîne ; *Her.* 252.

107 Une fois traduit le πρὸς 'Αβραάμ par notre « *par Abraham* », pages 325-326, dans le *Quis heres,* §266.

108 Page 341, dans le *Quis heres,* §284 à 286a.

109 *De fuga,* §59 ; ci-dessus, page 446.

110 Un exemple de paradoxe plus caché : dans le *Quis heres,* §86 à 89, Philon refuse d'abord le nombre, pour l'admettre ensuite ; ou dans les §90 à 95, l'éloge contesté par les impies est ensuite rabaissé par la Vérité elle-même.

111 Le §128 annonce la FIN, au profit du §134 ; le §133 énonce les conditions du succès, dont le §143 commencera l'analyse ; le §150 nous avertit qu'Abraham se séparera de Lot, chose faite au §175 seulement. On trouvera des précisions ci-dessus, page 114.

112 Pages 135-136.

113 Page 212.

114 Page 234.

115 Page 250.

116 Page 270. Deux autres cas mineurs sont signalés pages 259, n. 5 et 328.

117 Page 364.

118 Les formules employées sont de nous, mais la réalité qu'elles recouvrent apparaît clairement pages 401 et 407.

119 Page 435.

120 Page 456.

121 Page 180.

122 Plus loin, nous dirons un mot de cette alternance particulière.

123 Cf. page 65. L'affrontement apporte l'idée d'une communication des temps : ce que Jacob-Israël « voit » sert la patience de l'athlète Jacob-Jacob.

124 Page 59.

125 Pages 76-77.

126 Pages 76-77 ; §59 à 63.

127 Page 93.

128 Page 134. Autres chiasmes simples, pages 132 et 145.

129 Cette figure entre pour partie dans le jeu complexe du vocabulaire familial que le chapitre soumet à la critique.

130 Page 212.

131 Pages 235-236.

132 Page 238.

133 Page 241.

134 Page 244.

135 Nous rappelons ici l'enjeu intellectuel de la symétrie. On se reportera à notre analyse, page 254 pour la disposition formelle.

136 Pages 248-249.

137 Page 366.

138 Note 7 de la page 443.

139 Page 467.

140 Page 79.

141 Pages 145-146. Plus d'un développement obéit dans les épîtres de *Paul* à cette technique du « filet ». Et précisément, il existe un bel exemple dans les chapitres 8 à 10 de la *Première aux Corinthiens* : produisant une contre-rhétorique pour moquer le beau savoir des sectes, il pose le cas des « idolothytes », semble l'oublier longuement, le retrouve transformé à la fin.

142 Voir page 160.

143 *Quis heres,* §58 à 62 ; voir page 224.

144 Page 234.

145 Page 234.

146 *Quis heres*, §130-131, cf. page 268.
147 *Quis heres*, §186s ; voir pages 287-288.
148 L'ensemble formé dans le *Quis heres* par les §250 à 265 ; cf. page 318.
149 Les §252 à 256 concluent le commentaire de la deuxième forme de l'« *extase* » ; les §258 à 262 concernent la troisième.
150 Page 164 ; un autre exemple, simple, dans la page 275.
151 D'après *Exode*, ch. 16, v. 15. Voir page 428.
152 Page 429.
153 Voir pages 431-432.
154 Dans le *De fuga*, §183 à 187 ; cf. pages 449-450.
155 Cette formule plus compliquée est analysée page 441.
156 Pages 465-466.
157 Page 230. Un autre exemple, page 244, à propos des §68 à 95.
158 Pages 248 et 250.
159 Page 250.
160 Page 261.
161 Page 267.
162 Page 272.
163 Page 281.
164 C'est un thème capital dans le traité. Cf. page 313.
165 Page 316.
166 Respectivement, page 335 et page 344.
167 Pages 430-431.
168 Le vin de la connaissance et la lampe de la vérité. Page 442.
169 Pages 496-497.
170 Pages 461-462 ; Il s'agit du *De fuga*.
171 Page 359, entre autres.
172 Dans le *De sacrificiis Abelis et Caini*, §85 ; ci-dessus, p. 513.
173 Science en cela, l'exégèse de Philon veut « sauver les phénomènes ».
174 Page 398.
175 Dans le *Quis heres*, §226 à 229 ; ci-dessus, p. 301.
176 *De fuga*, §6 ; p. 384.
177 Dans le *De migratione Abrahami*, §175 ; ci-dessus, p. 123-124.
178 Page 445 et pages 465 et 467.
179 Un détour, mais non une impasse.
180 Page 69.
181 Page 151, la note 12.
182 Page 161 ; pages 171 à 179 ; page 186.
183 Pages 232-233 ; pages 233 à 235.
184 Page 402.
185 Le cas des §121 à 124 est discuté pages 419-421 ; celui de Joseph (également dans le *De fuga*, §127), pages 424-425.
186 Il s'agit du *De fuga*, §183 à 187 ; ci-dessus, page 450.
187 Ci-dessus, pages 528-529.
188 Pages 493 à 494. La « déception » qui permet de remplacer Abraham par Énoch, dans le *De mutatione nominum*, §29 à 38 (cf. page 495) relève du même procédé.
189 Ci-dessus, page 428.
190 Page 96.
191 Pages 128-129.
192 Respectivement pages 241 et 464. Nous parlons encore d'accélération pages 161, 168, 192, 269, 327 331.
193 Pages 94-95 ; 143 ; 149 ; 398 ; 430.
194 Dans le *Quis heres*, §31 à 39. Ci-dessus, page 192.
195 Au moment où ils s'embrassent, Moïse oublie de contempler, Aaron perd son langage...
196 Page 77.
197 Page 88.
198 Page 250.
199 Dans le *De fuga*, §212-213 ; ci-dessus, page 118.
200 L'analyse des §68-69 du *De migratione Abrahami* est faite page 73 ; celle du passage qui nous occupe ici, les §127 à 132, symétriques des §139 à 142, page 118.

CHAPITRE DEUXIÈME

LES PROCÉDÉS PLUS CACHÉS,
DE DIALECTIQUE ET DE PHILOSOPHIE

Il semblera étrange que nous parlions encore de « procédés », une fois sortis des classements de la grammaire ou de la rhétorique. Pourquoi ne pas tourner la page ? Pourquoi fuir des catégories plus intérieures à la pensée d'un auteur et se maintenir à ce qu'il plaît d'appeler sa « surface » ? En réponse, nous rejetterons la faute sur Philon, du moins en partie. S'il plaçait une question dialectique ou un problème de métaphysique, à la manière de Socrate dans les dialogues platoniciens, bien en vue[1] dans le discours comme un sujet à débattre, le travail de la composition consisterait pour lui, d'une part, à mener la discussion de façon logique et productive, en organisant les données intellectuelles *explicites* (divisions du courage ou de la piété... ou tout autre matière), et, d'autre part, à faire usage d'habiletés d'exposition. Dans ce cas, nous réserverions deux parties dans l'analyse, celle qui prendrait en compte les procédés, celle qui surveillerait les thèmes dialectiques. Mais la position de la philosophie est elle-même étrange à l'intérieur des traités philoniens. Le point de départ n'est pas situé en elle ; Philon n'y vient point progressivement au fur et à mesure que le discours avance ; les propositions de telle ou telle école qu'il attaque, qu'il cite ou que nous pouvons deviner, entrent comme un matériau dans une construction qui les remodèle. La tâche du critique consiste à les étudier minutieusement en historien des idées, ou à considérer les thèmes philosophiques explicites avec une attention égale à celle qu'il accorde aux autres éléments du discours[2]. Philon ne va jamais très loin en philosophie spéculative. Et la place modeste de la philosophie surprend le lecteur, car il devine une force de pensée, que l'observation des passages plus philosophiques n'arrive pas à justifier — au contraire. Dépareillées, réduites à des aperçus scolaires exsangues, inintéressantes sinon comme reflets presque involontaires d'opinions courantes, les dissertations philosophiques témoignent seulement d'un certain éclectisme : Philon n'en sait guère plus en philosophie qu'un honnête bachelier. Philon n'est absolument pas un philosophe de métier. Et pourtant sa pensée vigoureuse produit une philosophie, sauvage pour ainsi dire. Nous avons noté au cours des analyses que beaucoup de chapitres obéissaient *implicitement* à une autre loi que celle de la rhétorique ou de l'exégèse myope. Nous avons explicité les lignes de force du développement en usant de termes philosophiques, tels que « problème de l'Un et du multiple », etc. Les procédés de rhétorique organisent déjà le discours. Mais il existe des formules d'organisation souterraines, actives, sans lesquelles on ne comprendrait pas vraiment la suite des propos et sans lesquelles la cohérence manquerait. Nous rangeons ces formules dans la catégorie des procédés. Tout se passe en effet comme si Philon ne cherchait pas à mettre en lumière le résultat « philosophique » ou dialectique, mais comme s'il se servait de catégories pour donner à l'exégèse une dimension intelligente et utile. Nous n'avons pas cherché à vérifier la genèse de ces catégories, ni leur système dans l'abstrait. Nous nous sommes servi nous-mêmes d'un certain lot d'expressions *commodes,* utiles à la description des phénomènes littéraires, et qui fournissent à l'étude de chapitres entiers une tenue, une âme, une vivante simplicité. Ainsi des couples de mots comme « positif — négatif », « intérieur — extérieur », « statique — dynamique », reviennent-ils dans l'analyse des traités, un peu comme des outils, des idées régulatrices. Il ne s'agit pas de leur donner une prétention qu'ils n'ont pas. Un petit nombre de formules « philosophiques » simples nous permet d'atteindre le donné littéraire. Nous traitons Philon un peu comme il traite la Bible, en synthétisant sous une rubrique dialectique ce qu'il a laissé dans la discrétion de l'implicite. Il ne s'agit pas pour nous de dégager à partir de là un profil de la philosophie de l'Alexandrin. C'est là une tâche différente de la nôtre. Il s'agit pour nous de prendre sur les développements philoniens l'angle de vue le plus économique, celui d'où l'on puisse apercevoir simplement le plus de faits littéraires possible. Nous ne posons pas la question de savoir si Philon avait ou non une conscience claire des ébauches de systèmes que ces catégories ne peuvent pas ne pas induire. Faute d'indications certaines, nous nous en tenons à une observation empirique, pratique, regroupant les phénomènes littéraires sous quelques vocables un peu sonores : notre lecteur se souviendra de leur rôle d'outils, d'hypothèse commode à l'exploration.

I. Les procédés de dialectique

En pratique, rappeler ici les exemples rencontrés dans les cinq analyses de notre première partie reviendrait à tout exposer à nouveau. Les preuves, la complexité des développements de Philon, la nature exacte du symbolisme, chaque fois nouveau, mis en œuvre par les chapitres intéressés, tout cela est en bonne place, et le lecteur peut s'y reporter aisément : les schémas l'avertiraient, s'il se contentait même de feuilleter. Nous nous sommes servi du terme de « dialectique » chaque fois que nous avons cru observer le *passage* d'un concept en son opposé, et un passage *réglé.* Cette définition sommaire et pratique suppose donc trois éléments. En parlant de « concepts », nous visons des couples de quelque importance, dont le traitement par Philon témoigne qu'ils sont fondamentaux : « parole / silence » ; « un et multiplicité » ; « objet neutre / personne »[3] ; « Seigneur / Dieu » ; « paraître / être ». En disant qu'il y a « passage », nous voulons simplement indiquer la manière dont Philon sépare soigneusement d'abord les concepts opposés, et ménage ensuite une transition d'une certaine durée entre les deux. Le passage est « réglé » par un élément médiateur adapté aux deux partis : ainsi le nombre 12, nombre.

mais nombre parfait, permet de passer du multiple à l'unité. Il se présente donc toujours une sorte de nœud, un point focal où le premier concept aborde pour être relancé dans son homologue, de signe inverse, de valeur contrastée, avec une portée symbolique adverse. Ce centre jouit par définition d'une densité particulière ; nous dirons qu'il possède une valeur de *symbole,* qu'il est précisément recomposé des deux effigies que les concepts affrontés se partageaient d'emblée. Nous n'avons ni l'intention ni la force de définir le symbolisme en usage ici, d'énoncer la théorie de cette imagination propre, qui, à mi-chemin entre l'idée et l'image, propose devant l'œil de l'esprit un schème, où il trouve le repos d'une vision intellectuelle en restant enfermé dans des expressions, des citations, des réalités empiriques, sensibles, colorées. Nous expliquons moins que nous ne montrons.

Lorsque j'ai pensé[4] qu'il était plus économique de considérer les §94 à 10 du premier traité, le *De migratione Abrahami,* comme s'ils contenaient l'évolution subtile qui conduit l' « être » et le « paraître » de la simple juxtaposition à l'harmonie[5], il a bien fallu *voir* qu'au centre du parcours, le symbole du « *miroir* » dédié par les femmes d'Israël à a confection du bassin rituel permettait un passage. Un vocabulaire de la *transformation,* allant jusqu'au verbe « *échanger* » ; le geste artisanal de fondre le métal pour une autre destination ; la sublimation de la coquetterie, synonyme du « paraître », en purification, qui dit invasion de l' « être », tout concourt à faire de cet « exemple » autre chose qu'une preuve simplement cumulative. Il organise autour de lui la série des quatre autres citations, leur accorde une règle, une vie, un canon symbolique où l'Écriture — c'est toujours elle la médiatrice — répond elle-même par une image intermédiaire à la distinction des concepts qu'elle propose ailleurs (ici en parlant, d'un côté, d'une *juxtaposition* de l'être et du paraître, de l'autre, d'une *harmonieuse* conjugaison de l'être et du paraître). Bien sûr, j'ai forgé ces deux concepts ; mais en lisant l'analyse que je rappelle maintenant, le lecteur les a sans doute acceptés — pour l'économie.

Lorsque, du §3 au §30, le premier chapitre du *Quis heres* oppose deux réponses au paradoxe d'un Abraham qui use de la *parole* quand il devrait garder le *silence,* comment ne pas *voir* que la première[6], toute linéaire, philosophique, ne résout rien ; et comment éviter de dire que la seconde, compliquée, subtile, apparemment perdue dans les détours d'autres textes, parvient au but grâce à la médiation d'un texte de l'*Exode,* où le « passage » est assuré par un véritable échange ? Cet échange, nous lui avons fourni un vêtement de concepts : la *transgression* double, de Moïse, hurlant sans rien articuler : de Dieu interrogeant, qui sait toutes choses ; l' *excès* double des deux héros équilibre définitivement l'abus du langage qui caractérise Abraham. La seconde solution, déployée sur un long espace de texte, réunit en ce foyer plusieurs « dialectiques ». Le droit de parler change de signe d'un bout à l'autre : la *joie* d'Abraham prend une valeur différente ; pour tout couronner, nous avons souligné l'apparition de la *personne* sous le signe de l' ἐγώ, sous le signe d'une nouvelle dialectique du *temps* : le futur et le passé communiant dans l' « *imparfait* », éternité continue, dont Moïse bénéficie quand il s'entretient avec Dieu — au centre du chapitre.

Lorsque Philon veut confirmer la force intellectuelle d'Abraham, et montrer qu'il désigne avec justesse aussi bien la vertu, Sara, que la sensibilité, la servante Masek[7] (soit les deux pôles entre lesquels le langage doit évoluer), toute une exégèse des noms de l'amour, des paradoxes de la fécondité réservée à celle que l'on hait, nous fait remonter jusqu'au personnage d'Adam, rouage de la « dialectique » puisqu'il est *double*. Par lui tout tient, tout passe de la sensibilité à la connaissance du Père. C'est que l'Écriture l'a mis en réserve à cet effet : il ordonne et contient ce que d'autres idées de la même Écriture présentaient en apparente séparation.

Lorsque nous avons évoqué les §112-113, ce fut pour noter la surprise qu'ils provoquent : le ton nouveau, l'image inattendue tranchent sur ce qui précède[8]. Or, le symbole de la *Tente*, image[9] de la miséricorde divine abaissée jusqu'à la terre, sert de médiateur entre deux notions encore une fois opposées, de l' *échange à égalité* et de la *rançon*, deux thèmes qui s'équilibrent : le §104 propose que l'homme rende à Dieu « grâce pour grâce », quand le §124 exige que le Lévite sauve le monde en se faisant « rançon ». Le passage est effectué au §113, et c'est un passage « dialectique », assuré par la règle d'une *image* qui réunit les extrêmes : en effet, la Tente, symbole du culte, fait revenir à Dieu ce que l'homme doit à Dieu ; mais, comme elle est envoyée du ciel, son prix est d'avance payé par Dieu. Les deux réalités mises en cause s'entrecroisent.

Lorsque, dans le même traité du *Quis heres*, Philon parcourt l'échelle des quatre types d'*extase* (§249 à 265), il a déséquilibré l'exposé de telle sorte que le §257, consacré à la troisième forme de l'extase, tout anodin qu'en soit le contenu — le *sommeil* d'Adam au moment où la femme est créée de lui — serve de pivot à l'ensemble du développement[10]. Le lecteur se souvient par la même occasion de la subtilité qui organise les §252 à 256 autour de la notion réglée de l'*échange,* dialectique secondaire, intérieure à la première, et qui concerne le miracle d'un Jacob plus « chasseur » que le chasseur Ésaü, d'un Joseph, vif parmi la mortalité dont l'Égypte est synonyme. Là, c'est le motif de la « *hâte* » qui sert de médiation.

Lorsque la « *fuite* » doit devenir son contraire, un rapatriement, et que la plus grande épreuve de l'homme n'est plus dans le mal, mais dans le Bien, dont la trop grande clarté le menace, Philon use d'un jeu délicat mariant « *contiguïté* » et « *séparation* » ; mais entre les §8 à 13, qui font appel soit à la franche séparation, soit à la communication, et les §15 à 20, qui parlent contiguïté, le §14 renverse la situation : si Jacob doit fuir, c'est que, contrairement à ce qui est avancé auparavant, il ne pourra rien *communiquer* à Laban ; et, d'autre part, que, contrairement à ce qu'il éprouvera par la suite (§20 à 22), Jacob redoute la *contamination* de Laban. Jacob fuit pour deux raisons, et ces deux raisons sont elles-mêmes symétriques des réalités qui entourent le §14, témoin de cette fuite...[11]

Mais un nouvel exemple, aussi étendu, aussi subtil sinon plus subtil même, que le premier chapitre du *Quis heres*, s'étale complaisamment dans notre dernière analyse, celle des §3 à 38 du *De mutatione nominum*. Pour passer du Dieu invisible au Dieu ineffable, deux concepts complémentaires, Philon se retourne vers l'âme dont il commence par déclarer qu'elle est incapable de voir Dieu, puisqu'elle est elle-même impossible à voir comme à dire ; au centre (§7), l'Écriture — toujours elle — impose l'exemple de Moïse qui voit sans voir, reçoit un nom qui n'en est pas un. Plus loin, pour courir du titre divin de Θεός à celui de Κύριος, tous deux impropres et tous deux échangeant leur contenu, Philon place au centre de la « dialectique », un témoin de l'échange et de la substitution, un témoin de l'impropriété surmontée : l'Ange refuse son Nom à Jacob, mais il lui accorde — on dirait imprudemment — sa bénédiction : or, bien analysée, la bénédiction produit la notion de Cause, laquelle mène jusqu'au « Seigneur » — Κύριος. Nous parlons alors de « dialectique »[12] et de « médiation », de règle.

Et c'était encore une « dialectique », comme souvent sous le couvert d'une immense symétrie, que la pseudo-digression des §83 à 121 du *De congressu eruditionis gratia*. L'identification derrière des schèmes du « discontinu » (§83 à 88), dans la première partie, derrière les schèmes du « continu » dans la fin, reçoit, au milieu exact du passage, la médiation de la « *totalité* » (l'offrande des sens et de l'intellect). Cette évolution coïncide[13] avec le jeu des nombres autour de 10 : le centre contient un 10 de perfection ; les côtés se renvoient l'image d'un 10 de résultat, formé de 9+1. Dans le *De fuga*, les §183 à 187 régleront par le recours à des nombres parfaits, 12 et 70, la présence de la vérité dans son absence, sa proximité[14]... Et terminons par cette sorte de contre-dialectique brute, saisie à même le Texte et qui permet à Philon de clore le *De fuga*[15]. La répétition, et non plus le dédoublement, d'une citation et d'une figure symbolique, celle du « *puits* », τὸ φρέαρ φρέαρ οὗ ἐνώπιον εἶδον, reconduit Agar d'une vérité excessive (« *Tu es Dieu* », dit-elle à un Ange) à l'exactitude que lui confère le simple fait d'être reflétée : le « *miroir* » reconstitué du *De fuga* sépare ce que le « *miroir* » transformé en « *bassin* » de purification du *De migratione Abrahami*[16] voulait associer. L'idée divine venait alors toucher le monde sensible et frapper un miroir qui cessait à l'instant de refléter l' « *apparence* » : c'était un lieu, c'était un instant de paix. Maintenant, le « *puits* » devient un « *miroir* » destiné à perdre le regard dans une certaine distance. L'Ange n'est jamais qu'un « *serviteur* », intermédiaire entre le « *maître* » et l' « *esclave* », sans doute, mais ici intermédiaire au repos, voile en panne : aussi bien le traité s'achève-t-il sur le commentaire de la « distance ». « *La plus stricte convenance détermine le « lieu » de ce puits : il est* au milieu de Qadès et Béred : *... on fuit le vice ; on n'est point encore capable de vivre en communauté avec les biens accomplis* », tels sont les derniers mots de l'ouvrage : ils suivent immédiatement l'exégèse du « *puits* » (§213).

L'échange entre les deux images intéresserait un structuraliste : quand l'interprétation conduit du reflet à l'eau, il y a réunion de l'apparence et du réel, du sensible et de l'idée ; quand elle ramène de l'eau vers le reflet, c'est une disjonction qui a lieu. C'est pourquoi nous parlions, à propos du *De fuga,* §213, d'une « contre-dialectique ». Ce que nous appelons « dialectique » dans le discours de Philon procède toujours à un échange positif, à une réunion[17].

Et l'élément médian est toujours, de même, un point de passage, un gué sous la surface d'un fleuve qui paraissait infranchissable. Chemin faisant, nous avons noté cette valeur[18]. Si la double *transgression* de Moïse et de Dieu, si l'*excès* de leur silence ou de leur cri, si la *transmutation* de l'objet fabriqué à un autre objet fabriqué, du « miroir » au « bassin », restent des signes privilégiés de ce que Philon cherche dans l'Écriture pour sauver les apories de l'Écriture, on peut, sans parler exactement de « dialecti- que », rappeler l'extraordinaire combinaison des vocables du « feu » et la présence des « héros de passage », sorte d'incarnations de la dialec- tique : Nadab et Abiud[19] brûlent à Dieu, de telle sorte que leur sacrifice réunit le divin et l'humain, la fumée et la braise, la torche et la clarté parfaite de la Vérité ; en eux Philon voit le moment et le point de sublima- tion, où le four cesse de fumer sourdement pour flamber. On se gardera cependant de croire que toute image médiane est médiatrice au sens précis que nous donnons ici : toute symétrie[20] n'est pas l'argument d'une « dia- lectique ». Nous avons écarté l'étude des « symétries » aussi bien de ce chapitre que du précédent, pour en faire une étude séparée. En attendant, le lecteur aimera peut-être voir maintenant rassemblés les « couples » de concepts « philosophiques » dont la présence nous a, comme celle d'un code, facilité la lecture de tant de passages dans l'œuvre de Philon.

Les mots de *transgression — excès* désignent plusieurs fois dans notre vocabulaire « philosophique » les modalités de la « médiation » : n'est-ce pas encore dans la rencontre d'une action *abusive* de Dieu, le miracle émerveillant Jacob, et une passivité *excessive* de l'homme, que les 4 for- mes de l'*extase* nouent leur dialectique, dans les §249 à 265 du *Quis heres*[21] ?

II. Les procédés de « philosophie »

Nous avons déjà précisé que les mots employés pour désigner les procédés philoniens étaient notre création. Qu'entendons-nous par procédés « philosophiques » ? Des couples de concepts, tels « objectif- subjectif ». Avant même d'en parler, évoquons deux synthèses plus larges, peut-être plus contestables, puisqu'elle recouvrent l'ensemble d'un traité, le *Quis heres*. À vrai dire, elles ne constituent pas une armature très précise. Nous avons souligné que le commencement de ce traité enga- geait le problème de la « personnalité », de la création du sujet personnel, symbolisé par le pronom personnel ἐγώ. Nous avons ensuite suggéré que l'économie générale du traité pouvait correspondre à un schéma de « naissance — mort — résurrection »[22]. Le tout affecterait Abraham sous le symbole de la « parole ». En effet, au début, Abraham naît au droit de parler, à l'emploi juste du langage : et c'est là son indépendance, son existence. Seulement, plus loin, tout est remis en question par le chapitre sur le « sacrifice », précisément : le sacrifice de l'intelligence simule une sorte de mort volontaire du sage. Et il faut attendre la fin du traité pour voir la parole confirmée en « prophétie » — ressuscitée, donc dans la pleine lumière du Soleil divin. Cette séquence, toute générale qu'elle soit, peut aussi être objective. Elle rappelle le cadre de bien des ensembles littéraires, bibliques ou autres.

De même, dans la Bible, existe-t-il des cadres de composition qui font alterner l' « espace » et le « temps », et répartissent les éléments suivant ces deux dominantes[23]. Le même traité du *Quis heres* établit la consistance d'Abraham, au début et à la fin, en lui conférant un « temps » de vivre. On trouve au début toute la dialectique des temps ; et, à la fin, le temps exact de la « prophétie », midi de la vérité et sommeil[24] de l'intelligence. Dans l'intervalle, l'espace symbolique : le monde et les articles du culte délimitent un lieu parfaitement ordonné, une échelle de Jacob réglée par les associations dont nous avons parlé en faisant l'analyse du chapitre de la Division. Mais ces indications dépassent celles que nous voulons prendre ici en considération, et qui nous ont servi de cadre.

1. *Les couples de concepts*

Un bon nombre d'antithèses dont l'existence, sinon l'appellation, paraît objective, génératrice d'unité au travers de bien des paragraphes, jouent dans le discours de Philon le rôle d'un aimant. Si les §118 à 122 du *De migratione Abrahami* conduisent le juste d'une certaine plénitude, d'une suffisance, à la position du suppliant au moment précis où il fait rejaillir la bénédiction sur le reste des hommes, ils le font en deux volets (les §118-119 et les §121-122, séparés par le §120) qui montrent, d'un côté, l'activité du juste et, de l'autre, sa passivité. Ce couple, « *activité / passivité* », correspond aux traits opposés dans le détail du texte[25]. Si le « moi » d'Abraham émerge au §30 du *Quis heres*, c'est au terme d'une longue maturation qui oppose deux concepts : les vocables de « personne » et d' «objet » permettent d'entrevoir leur opposition et leur dialectique[26]. Si l'on retrouve la même insurrection de l'*ἐγώ* dans le *De fuga*, §46, symbolisée par l'énoncé de l'oracle delphique : « *Connais-toi toi-même !* », il faut bien que l'exégète ait suivi tout d'abord une interprétation de l' « extérieur » (§23 à 38) qui l'a renvoyé par la suite, et sous l'effet d'une opposition de concepts informulés, jusqu'à l' « intérieur »[27]. Et n'est-ce point une sorte de jeu entre l' « apparence » et la « réalité » qui organise en fait les §43-44 du précédent *Quis heres* ? Laban trouve le moyen de prononcer faussement des paroles 'vraies', et le vocabulaire de l'affection en sort tout net et propre, parce que les filles de Laban, puis Moïse et Aaron articulent vraiment la fausseté de Laban[28]. Le même ressort, de l' « apparence » et du « réel », joue à plein dans l'arbitrage de l'Infini et du fini, à nouveau en cause au §121 du *Quis heres*· Le « milieu » et l' « intervalle » laissés à l'homme ont été exténués au point de rendre problématique sa survie : alors paraît une générosité de Dieu qui le fait agir « *comme si* » la divinité pouvait « recevoir » quelque chose de l'homme. Ce « comme si » rejoint, en le sauvant, l' « intervalle » que les deux extrémités, de la récolte et des semailles, semblaient dévorer : la *réalité* d'une certaine apparence résiste à l'*apparente* domination de la Réalité. Sans ces deux concepts, le texte s'effriterait dans la cacophonie[29].

Ce n'est pas à dire que Philon n'ait jamais conscience de manœuvrer en faisant le point sur ces constellations favorables. Lorsqu'il veut retourner l'*extase* en *enthousiasme,* il sait bien qu'il joue d'un levier, le rapport de l'*intérieur* à l'extérieur et de l'*extérieur* à l'autonomie[30]. Il sait bien ce qu'il fait, au moment d'expliquer pourquoi l'Écriture nous précise qu'Abraham devra « *sortir au-dehors* »[31], ou de mettre au centre de la dialectique des 5 « sources », le flux de la femme en ses règles : elle « *se découvre* » et elle « *sort* »[32]. Il est vrai que parfois une très grande subtilité efface le travail de ces catégories ; mais notre explication, fort subtile elle-même, des §40 à 51 du *Quis heres* n'a fait que prêter au riche : Philon nous fait d'abord considérer l'opposition extérieure de deux personnages, Abraham et Laban, opposition en même temps objective, mais résolue du côté d'Abraham de manière subjective, par la vérification de sa justice (§40 à 47) ; il nous impose ensuite l'opposition subjective d'un Jacob aux prises en lui-même à deux sentiments (pour Lia, la haine ; pour Rachel, un amour déplacé) : et cette contrariété trouve son terme objectivement, par une intervention arbitraire de Dieu, qui empêche Jacob de suivre son penchant (§48 à 51). Les catégories importées, d' « *objectif* / *subjectif* », ne résument-elles pas honnêtement la situation littéraire[33] ? Ne peut-on les désigner comme des outils, des « procédés » ?

On retrouve, bien sûr informulées justement parce que ce sont des outils d'expression, les mêmes catégories du *subjectif* et de l'*objectif* dans d'autres passages. La composition du grand chapitre de la Division, toujours dans le *Quis heres,* oppose un premier examen des séparations qui créent l'univers (§141 à 200) à un développement (§201 à 229) qui prend occasion de l'activité du Logos comme sujet diviseur. Ces deux pôles, quasi grammaticaux, du verbe διεῖλεν, correspondent en même temps aux deux catégories[34]. Le tableau de Nadab et Abiud se consumant sur le bûcher de leur sacrifice procure à la description d'Abraham la synthèse *objective* des principes divin et humain, quand le début du *Quis heres* nous laissait en possession d'une synthèse *subjective*, celle de l'audace et de la crainte[35]. Le même exemple contient une autre alternance, celle que nous avons désignée comme opposant *statique* et *dynamique*. Plus sujette à caution, sans doute, cette formule nous a permis de caractériser des sections du *De migratione Abrahami* ; les deux présentations du *combat* de l'Un et du pluriel (§60 à 63) se font face comme la mise en place statique d'une armée et la victoire foudroyante[36] d'un adversaire ; les §94 à 104 du même traité opposent deux tableaux de l'unité : le premier (§94 à 96) laisse les choses dans une relative discontinuité ; le second (§100 à 104) ramasse les éléments dans une formation compacte, dynamique au lieu de statique[37]. Semblablement, deux séries d'explications définissent la notion péjorative du « ramassis » (toujours le *De migratione Abrahami,* §151 à 153, d'une part, et, d'autre part, les §154-155)[38] : la seconde vague s'empare du thème nouveau

du « *désir* », et l'exposé passe du même coup d'un point de vue statique
à un mouvement. De la même manière, l'ambivalence du personnage
politique, Joseph, nous est marquée par deux séries d'exemples : la première nous le montre dans des situations immobiles ; la seconde nous le
fait suivre dans des mouvements actifs[39]. Et nous avons cru pouvoir apprécier l'une des raisons qui expliquaient la place et le style des cinquante exemples de *contraires* (dans le chapitre de la Division, *Quis
heres,* §207 à 214) en arguant de leur caractère immédiat, statique,
improductif si on les compare à tout ce qui les environne[40]. Le
thème de la « *fuite* », qui informe la première partie du *De fuga
et inventione*, est traité par le jeu subtil des catégories spatiales,
bienvenues dans le sujet, de « *séparation* » et de « *contiguïté* ». Notre
commentaire en a montré les variations, toutes de souplesse, opposant
même une mauvaise forme de contiguïté à une bonne contiguïté, celle
de l'âme imparfaite avec le monde sensible...[41]. Enfin, la relation permanente qui fait dire que le monde et l'homme se regardent comme se regar-
deraient une « petite » et une « grande » formule de la Nature permet
de ne pas négliger, dans le *De fuga*, la symétrie qui assujettit la $\Phi\acute{v}\sigma\iota\varsigma$
et la $\varphi\acute{v}\sigma\iota\varsigma$ par-dessus la série des cinq interprétations de la « *source* »[42].

Il existe, pour faire bref, un réseau de conceptions dont on doit dire que
tout se passe *comme si* Philon, spontanément ou en secret — peu importe
ici — les appliquait à soumettre les pièces de la rhétorique ou les constantes
de la grammaire, pour les faire entrer dans des alternances réglées.
Nous avons exprimé l'idée que Philon est à la fois trop peu et trop philosophe ; qu'on ne peut mépriser les abstractions dont il enserre la réalité
morale, mais qu'il est également vain de poursuivre[43] chez lui un propos
philosophique explicite. Nous avons compris à force de le fréquenter que
l'Écriture, à ses yeux, donnait à la philosophie une assiette, une rectitude,
une sûreté[44] dont la supériorité de Moïse apparaît comme le signe ; que
la philosophie bien conduite reflétait les Idées au point qu'en un passage
elle sert de truchement entre deux paroles inspirées : la proposition
« *Qui serait héritier des biens divins ?* » traduit l'expression biblique
« *Que me donneras-tu ?* » pour l'amener au niveau de cette autre expression : « *ou bien : M'en irai-je sans enfant ?* ». La simple conjonction
« *ou bien* » supportait, on s'en souvient, le fardeau de notre analyse[45] ;
elle indiquait le passage subreptice de l'Écriture à l'Écriture par la « philosophie ». La même conjugaison rapide entre la « *Manne et le monde* »,
pour infime que soit le point d'application exact, trahit une sorte d'habitude mentale, aperçue ou inaperçue de Philon, et selon laquelle — ce
reflet de la Nature à la nature, du Logos divin au logos humain, en est
le dernier témoin — tous les messages de l'Écriture inspirée trouvent
leur droit fil dans une division intelligente. Les concepts dont nous avons
fait usage suivent simplement les parcours de ces divisions : à l'instar de
colorants infusés dans un tissu animal, ils mettent sous le regard ; ils ne
modifient pas, mais ils ne sont pas non plus l'organe ou le vaisseau.
Et si, par d'autres investigations, d'autres instruments d'analyse, d'autres
vocables, quelqu'un réussit à composer un système plus précis, plus
économique, pourvu de meilleures étiquettes, je pense qu'il recouperait

souvent les tracés où nous tâtonnons en artisan. Ce personnage étrange du « philosophe », grammairien, rhétoricien, homme des catégories, qui sait en virtuose combiner le système complet des « eaux » — de la citerne stagnante au puits — ou le système du « feu », de la fumée à l'embrasement en passant par la braise ; qui peut nouer sans effort apparent deux récits bibliques pour que l'un engendre l'autre, mais que, disposés en corolle pour ainsi dire, l'un et l'autre produisent l'image simultanée de l'homme, corps et esprit, et cela dans une suite de degrés où les quatre règnes naturels, de l'esprit, de l'animal, de la plante et de la pierre, se lisent, alternés, significatifs de la stérilité, quand celle-ci traduit le nom caché de Sodome, celui qui possède, conscient ou non, ces pouvoirs d'artiste, les exerce comme un idiome, naturel, uni, insensible, mais dont la limite (et donc la conscience) vient suspendre le flot. Car l'exégète sait qu'il dit renvoyer à l'Écriture ce qui en vient. La marée des notions humaines est montée aussi loin que permis : il faut maintenant qu'elle reflue. Aussi la dernière utilité de la « philosophie » exprime-t-elle très exactement la force et l'humilité : le lecteur se souvient que nous avons assez souvent progressé d'un raisonnement livré aux possibilités de la raison à une nouvelle explication que l'Écriture vient entièrement soutenir. C'est ce dernier procédé que nous allons résumer.

2. De la philosophie à l'Écriture

L'opposition nouvelle des deux blocs les situe en vérité l'un par rapport à l'autre. Toujours, la philosophie commence ; toujours l'Écriture lui enlève, à partir d'un point bien précis, l'empire qu'elle se taillait. Mais l'équilibre même des deux parties concède à la philosophie une suffisante autonomie. Abraham quitte Ur des Chaldéens en profitant de ce qu'on enseigne là-bas, l'astronomie, la philosophie naturelle ; mais pour le guider, Moïse prend soudain le relais : aussi bien a-t-il été accompagné au début par le patronage d'Homère, jusqu'au moment où c'est le livre de Samuel qui donne la lumière (De migratione Abrahami, §194 à 197)[46]. Plus subtilement, une citation biblique commence par engendrer un commentaire moral ; mais bientôt reprise par Moïse, pour ainsi dire, elle accomplit ce qui restait à mi-chemin. Lorsqu'aux §118 à 122, Philon use de ce procédé, c'est pour inculquer cette leçon : que le sage fait bénéficier le monde entier de sa bénédiction : au début, la citation agit sans être expressément rattachée ni à Moïse ni à Abraham ; par contraste, la fin nomme les deux personnages ; au début, le sage se contente de protéger du mal ; à la fin, il rassemble dans la bénédiction[47]. Nous mentionnons encore une fois le début du Quis heres, pour rappeler comment les premiers paragraphes déçoivent le lecteur qu'ils entraînent dans la justification d'Abraham au nom de la convenance et du bon droit, et comment la suite (§9 à 30) refond complètement la preuve, qui se passe de Ménandre, mais non point certes de Moïse, l'homme du « cri »[48]. L'apparence affaiblit la position de la philosophie ; la vérité puisée dans l'Exode éclaire mieux celle qui ne demandait qu'à luire dans la Genèse[49]. Les figures de la « grammaire » permettent de discuter le cas des verbes

« *aimer — chérir — haïr* » (dans le *Quis heres,* §40 à 42) ; mais les personnages symboliques envahissent la scène et leur donnent congé (§43-44)[50]. Quand nous passons de l'intendant fidèle qui rend son *dépôt,* au Lévite qui doit être fait *rançon,* cette « dialectique » (où la *Tente* joue le rôle de médiation) se précise encore grâce au même balancement : la première section, d'honnêteté, de bonne conscience elle aussi, interrompt sa philosophie pour céder la place au raisonnement fondé sur l'Écriture, dangereux quand le premier était prudent[51]. La Division elle-même nous est annoncée par les « physiciens » (§141 à 155), mais sa force et son extension nous sont communiquées par le truchement de Moïse, supérieur aux philosophes, comme le proclame le §161 (du même *Quis heres*)[52]. Plus parlante encore, cette économie du thème développé aux §284 à 286a : la *paix* nous est bien décrite, mais dans ses effets et sans être nommée[53], tout d'abord (§284) ; il vient ensuite un mot sur son essence : l'Écriture est alors citée, le nom de la paix est prononcé (§285-286a). Que la voix de PLATON[54] se mêle au texte de l'*Exode,* c'est pour encourager l'éducation propédeutique. Mais le lecteur du *De fuga* ne perd rien pour attendre : lorsqu'il aura longtemps cheminé autour de notions fournies par la division psychologique ou grammaticale, telles que les raisons de la « *fuite* » (il en existe trois) ou les hypothèses reposant sur le couple « *chercher / trouver* » (on n'en peut admettre que quatre), il apprendra de l'Écriture seulement (la troisième partie du traité) qu'il se rencontre cinq types de « *sources* ». Bref, le lecteur de Philon doit toujours s'interroger quand il voit pour ainsi dire son auteur traîner, omettre l'argument obvie : pour épuiser le début du *Quis heres,* n'oublions pas l'exemple discret mais efficace qu'il donne. Si les premières lignes du commentaire négligent les mots initiaux du texte de base : « *Il s'informe, en disant...* », c'est aussi parce que leur vérité ne peut briller qu'aux feux de l'Écriture, puisqu'ils portent la définition d'Abraham, l'interrogateur de Dieu[55].

3. *L'harmonie établie*

Le paradoxe est inscrit dans ce dernier exemple. Car s'il prétend que l'Écriture va seule rester maîtresse du terrain, on voit au prix de quels efforts de l'exégète, de quels effets de rhétorique, de quel silence entendu. Mais Philon conviendrait simplement qu'il suffit de se laisser guider, et il ferait profession de réalisme. Bien que négative, polémique, l'exégèse qu'il donne dans le *De fuga,* §178 à 182, de la « *source de l'Éden* » montre à quel point il identifie les chemins de l'exégèse éclairée à ceux de la Nature « *qui affecte de se cacher* » (l'expression se trouve effectivement au §179). Quand il voit les simples chercher dans le Nil ce flot de l'Éden, il commence par comprendre, lui Philon, que cette interprétation fait le jeu de l'Égypte, mais qu'elle entraîne celui qui la fait dans le matérialisme égyptien, l'athéisme égyptien. Une mauvaise interprétation n'est pas une erreur ou une ignorance, mais un itinéraire dangereux : à la limite, qui reconnaît le Nil dans le flot du paradis, s'y perd. Inversement, qui ne cherche pas « *le ciel* » là où il n'est question que de réalité de la terre

(§ 180) rencontre l'allégorie pour lui emprunter la bonne interprétation. L' « allégorie » (§ 181) n'est autre chose que la bonne règle pour rejoindre la dissimulation de la Nature. L'objection saute aux yeux cependant : où est le critère de la bonne règle ? Est-elle réservée à une aristocratie de la piété, bien au-dessus de ceux « *qui ne sont pas initiés à l'allégorie ni à la nature qui affecte de se cacher* » (§ 179) ? Cette objection appelle une réponse autrement développée : c'est par elle que nous achèverons[56]. Laissons-la pour le moment en suspens, pour ne retenir de cette brève exégèse de la « *source édénique* » que le réalisme intellectuel dont elle apporte l'indice. Nous avons essayé d'expliquer dans l'analyse du passage comment elle mimait l'aventure de l'interprétation. Ici, nous parlons de cette exégèse, d'apparence anodine, mais révélatrice, pour faire entrevoir par un exemple opposé l'harmonie croisée pour ainsi dire qui existe entre le Texte originel de la Bible et son interprète, Philon. L'activité la plus grande de l'exégète aboutit à un silence de sa part ; la lettre de l'Écriture prend en elle-même une éloquence ingénue, enfantine, vulnérable en apparence, mais qui est en fait dangereuse pour le lecteur, car elle le juge. Comme il arrive souvent, dans Philon, que les interprétations soient partagées en deux époques, l'une où règne ce que nous appelons « philosophie », c'est-à-dire des catégories morales, cosmologiques, etc., et l'autre, où règne plutôt l'Écriture, de même, l'interprète et l'Écriture concourent dans une activité égale, à l'image d'un ballet bien réglé. Le lecteur qui n'apercevrait pas la structure intelligible de la rédaction dans le traité allégorique, méconnaîtrait en même temps la logique de l'Écriture, qui a donné son modèle à l'exégèse. Situé un peu au-dessous de la surface du texte, ce travail est donc volontairement caché. Volontairement, non pas au sens d'une volonté expresse, mais d'une sorte de nécessité intérieure, impérieuse. Caché, non pas au sens de dissimulé, mais de discret : en ce sens où nous parlons d'un « livre », donc d'un ouvrage composé, mais d'un livre « défait », et donc légèrement en retrait par rapport à un ouvrage didactique, où toutes les parties trouveraient une annonce, des repères explicites et un résultat. Le chapitre suivant nous permettra de vérifier cette harmonie. Une sorte de complicité, dont la raison est mystique[57], fait que l'intelligence qui explique le Texte feint de ne plus très bien saisir, et le Texte, de croire à l'intelligence. Nous y rappellerons les deux procédés majeurs de l'exégèse philonienne : l'ordonnance régulière qu'il confère à des séries de citations et de raisonnements ; puis la redondance. Les tableaux qui résument parfois nos analyses donnent une idée traduisant le premier procédé. Ils suggèrent qu'il existe un ordre éloquent, une cohérence que l'imagination fait descendre un peu au-dessous de l'intelligence pure. Une certaine obsession de la symétrie existe dans Philon. Le second principe, la redondance, touche plus encore au fond des choses. Le critère d'une exégèse sûre, pour lui, repose dans la précision avec laquelle les ultimes conclusions tirées d'un premier verset abordent aux premiers mots du verset suivant. Par ces deux procédés, le travail actif de l'exégète est positif ; il a une grande part, et il est exalté. L'allégoriste cherche à déjouer la « naïveté » du Texte. Mais en même temps, grâce aux deux systèmes, le résultat intellectuel est pour ainsi dire abaissé d'un degré, de la spéculation pure à l'imagination. Philon fait entendre le sens intelligible au moyen d'images (nous entendons ici par image la disposition imaginaire et représentable des enchaînements logiques). Et, ce faisant, il rejoint le caractère imagé de l'Écriture. Celle-ci, œuvre intelligible du Logos, a caché une première fois l'intelligence sous un vêtement historié, sous des récits, des anecdotes, des vies[58]. Philon commence par restituer l'intelligence, mais il en dispose les fragments sous une synthèse, non plus de pure spéculation, mais d'imagination littéraire. La Bible est un récit, qui cache une « idée » ; le commentaire de Philon cache à nouveau l' « idée » (qu'il a trouvée dans la Bible) sous une broderie différente, une sorte d'anecdote littéraire et imaginative. La Bible enveloppe un sens sous des histoires de chasse et de préparatifs culinaires. Philon énerve son propos d'intellectuel par des étirements qu'on peut trouver baroques. Mais en dessous de ces vagues miroitantes du Texte comme du commentaire, des chenaux rigoureux, bien tracés et connaissables au bon pilote, offrent à l'attention vigilante un plan, un passage, un réseau.

NOTES

1 Peu importe ici le décalage qu'on peut admettre entre le sujet apparent d'un platonicien et le sujet réel.

2 C'est évidemment la seconde partie de ce programme que nous nous sommes assignée. La première renvoie à toute une bibliographie allant des indications éparses de P. Boyancé à la thèse à paraître d'A. Méasson, sur l'héritage des mythes platoniciens dans l'œuvre de Philon.

3 On le voit, les catégories que nous avons affectées de dialectique portent des noms algébriques en quelque sorte : dans ce code nous avons fait entrer aussi bien les termes exprès du texte de Philon que des abstractions élaborées par nous.

4 Ci-dessus, pages 93-94.

5 Plus loin, parlant des §8 à 22 du *De fuga,* nous avons recouru à une autre dénomination pour deux concepts analogues, « *contiguïté / communauté* ». C'est volontairement que nous avons évité d'uniformiser notre propre vocabulaire. Les procédés varient trop pour que nous les parions d'une ressemblance illusoire.

6 Pages 164-165 ; 167 ; 173 ; notre analyse de ce premier chapitre peut être résumée comme la preuve de cette dialectique.

7 Dans le même *Quis heres,* §40 à 65 ; pages ci-dessus 225 à 226, avec la note.

8 Page 251. Nous avons encore parlé de « dialectique », dans un sens moins strict, en résumant les §125 à 236 du *Quis heres* selon la formule : « divisés / non-divisés / diviseurs », pages 305s.

9 L'expression est de Philon.

10 Page 322 ; voir aussi pages 313 et 316.

11 Pages 386-387. Il s'agit ici du *De fuga.*

12 Page 479, et tout notre chapitre.

13 Pages 358 à 374.

14 Page 450.

15 Ce sont les §211 à 213, les derniers. Cf. pages 467-468.

16 *De migratione Abrahami,* §97.

17 L'image du *miroir,* en dehors d'emplois rhétoriques simples, sert à exprimer l'aptitude du foie à saisir les images de l'avenir, d'après le *Phédon,* 71-72 : cf. *Migr.,* §190 ; *Spec.,* I, §26, ou le rôle de l'Écriture dans la contemplation : *Vit. cont.,* §78.

18 Par exemple, page 174.

19 Dans la fin du *Quis heres,* §307 à 312 ; cf. pages 349 à 352.

20 Ci-dessous, pages 562 à 568.

21 Voir page 317. Le « *sommeil* » de l'intelligence est en 'moins' ce que l'action *miraculeuse* de Dieu est en 'plus'. Dieu, « *faisant* » la femme à partir de la côte d'Adam, d'un homme qui « *sommeille* », tel est le point focal de jonction, au §257.

22 Cf. page 158.

23 La première aventure de Jonas est placée sous le signe de l'*éloignement* dans l'espace ; la seconde, à Ninive, sous le signe de l'*impatience,* liée au temps, et cela jusque dans les détails de l'anecdote. De même, le prologue de *Matthieu* est formé de deux volets : le ch. 1 parle de généalogie (du temps), le ch. 2, de trois voyages (dans l'espace). De même encore, les ch. 3 et 4.

24 Page 309.

25 Page 105.

26 Page 170.

27 Pages 390 et 392-393.

28 Page 212. Et cela dans l'ensemble déjà complexe du deuxième chapitre.

29 Page 254. On le voit, nous n'oublions pas que ces couples commandent en général une « dialectique ».

30 Dans le *Quis heres,* §252 à 256 ; cf. ci-dessus, page 319.

31 *Quis heres,* §81 à 85 ; ci-dessus, pages 237 à 239.

32 Id., §188 à 193 ; ci-dessus, pages 454-455.

33 Cf. page 218.

34 Page 261.

35 Page 352.

36 Page 76

37 Page 92 : deux jeux de catégories entrent en ligne ici.

38 Pages 125-126.

39 Page 129.

40 Page 296. Un dernier exemple se trouve dans l'histoire de Nadab et Abiud, cf. page 350.

41 Pages 385-386 et 389.

42 Pages 445-446.

43 Ci-dessus, page 308.

44 Page 186.

45 Ci-dessus, page 198.

46 Page 143.

47 Page 103.

48 Pages 171 ; 176 ; 191.

49 Voilà une nouvelle alternance, dont nous parlerons enfin.

50 Page 214.

51 Page 255.

52 Page 272 ; le mouvement global du chapitre conduit de la création au salut, de la lecture du monde à la liturgie.

53 Page 339. Il s'agit du *De fuga,* §77 à 85.

54 Dans le *De fuga,* §77 à 85 ; ci-dessus, page 414, note 21.

55 Pages 177 à 178.

56 Cette réponse est la suivante : le critère réside dans la cohérence. Pour ne pas adopter le *Nil* comme traduction de la « *source* » il suffisait précisément de voir qu'elle imite le ciel en rendant la pluie inutile, et donc chercher un « ciel » qui ne blasphème pas ; l'Égypte blasphème : ce ne peut être le Nil. Reste le visage de l'homme, image de Dieu.

57 Ou idéologique : le Logos a deux chemins, le cœur du croyant et la lettre de la Bible.

58 Les vies des patriarches des deux triades constituent les *Lois* archétypales, dont Moïse a rempli le livre constitutif appelé précisément « *livre de la Genèse* » (cf. le traité *De Abrahamo,* §1-6).

CHAPITRE TROISIÈME

LES SCHÈMES D'EXPOSITION ET D'INVENTION

I. Le schème d'exposition, la symétrie

1. *L'ombre de la dialectique*

Le réseau participe donc de l'évidence, une fois qu'il est aperçu et que l'œil accommode à la bonne distance, en même temps qu'il participe de l'obscurité, puisque Philon s'est plu, semble-t-il, à en taire l'organisation. La question première que nous avons posée au texte de l'Alexandrin a toujours porté sur la façon dont il était articulé. De proche en proche, une série d'observations portant sur des relations que tel mot, telle figure, tel thème, entretiennent à distance, nous ont fait parvenir jusqu'à un carrefour. De là une perspective s'impose, et le tableau qu'elle présente est très souvent une construction symétrique. La « dialectique » dont nous avons parlé ci-dessus s'appuie souvent sur une symétrie, mais ce n'est pas toujours le cas. Il existe peut-être dans la manière philonienne un regret de ne pouvoir tout décrire avec l'animation de la « dialectique », et bien des chapitres en gardent l'écorce : en particulier, le lecteur prévenu note un grand nombre de passages qui, sans être médiateurs, occupent une place médiane, comme le point d'inversion d'une parabole, comme une charnière, comme l'axe d'une roue. Au milieu du développement des §53 à 69 du *De migratione Abrahami,* le §62 contient une phrase qui juxtapose les deux « lieux » de l'Unité : « *Tu es (toi le sage) seul et unique : l'Unique se fera ton allié* » : cette jonction doit mettre l'attention en alerte ; autour d'elle nous avons pu déterminer non pas exactement la symétrie d'une parabole, mais celle de deux plans logiques, et par là faire saillir l'organisation d'un chapitre[1]. Il n'est pas rare que Philon invoque le témoignage d'un nombre impair de textes bibliques ou d'exemples : le lecteur peut le plus souvent se demander avec fruit si d'aventure le troisième, dans une série de cinq, le deuxième dans une cellule élémentaire de trois, ne revendique pas discrètement une sorte de présidence, ou du moins un rôle de médiation endormie : il est différent des voisins sous un rapport qu'il reste parfois à chercher... Le cas des femmes, dans le même *De migratione Abrahami,* §97 à 100, tranche par son aspect pessimiste sur les quatre exemples-frères qui occupent les §94 à 104. À bien y regarder, nous déterminerons une dialectique adoucie : tout se passe comme si Philon déroulait une échelle qui descend d'un point élevé, rejoint les degrés inférieurs de la sensibilité, que les femmes symbolisent, puis remonte[2] vers l'accomplissement du culte[3]. L'effet se limite ici à quelques paragraphes. On peut aller plus loin : les §143 à 147 du même traité contiennent des valeurs médianes par rapport aux deux séquences qui les entourent (§127 à 142 et 148 à 175, ni plus ni moins).[4] Le thème du *voyage* répercute la première, celui de l'*ambiguïté* annonçant la seconde ;

et cette observation permet en cherchant à égale distance, de noter une symétrie nouvelle : le début et la fin de ce « chapitre » énoncent chacun dans l'ordre les trois éléments de la *Nature,* de la *Loi,* de *Dieu ;* du début à la fin, nous évoluons d'un Abraham qui pense « marcher » selon Dieu, à un Dieu qui « marche » avec Abraham, ce qui ressemble fort à un effet de dialectique.

Arrêtons-nous un instant. Nous nous sommes demandé si ce n'était pas notre fantaisie qui discernait ici une dialectique, là une simple symétrie, ailleurs un souvenir de dialectique. La subtilité même des inventions par lesquelles nous estimons être parvenus dans la place nous laisse croire qu'une autre machine nous eût montré une autre voie et, par exemple, une dialectique, à l'endroit où nous nous sommes contenté d'une symétrie. Il est vrai : nous n'avons pas pleinement réussi à faire passer le commentaire de Philon sous les fourches d'une stricte objectivité, et sur ce point très précisément l'hésitation nous conduirait à des retouches éventuelles. Mais à prendre le problème dans son ensemble et sans descendre à chaque rencontre particulière, nous pensons qu'on peut admettre comme sûre la distinction des deux systèmes, de la « dialectique » et de la « symétrie ». Nous n'avons pas voulu faire de l'une l'espèce d'un genre qui porterait le nom de l'autre, ni les mettre dans le même chapitre, parce qu'à nos yeux le procédé de la « dialectique » ne possède pas la même simplicité ni surtout la même clarté d'évidence que la « symétrie ». Celle-ci paraît indéniable quand elle a été perçue ; la première s'enfonce dans des catégories sujettes à révision. Quoi qu'il en soit, en retenant ces moyens de lecture au rang de « procédés », nous pensons avoir conservé à la fois la précision et la fonction organique, artisanale, ouvrière, des schèmes analytiques. S'il s'y mêle quelque chose de l'intuition esthétique, on voudra considérer que la méthode philonienne a déteint sur son exégète. Quoi qu'il en soit, on peut voir une différence entre deux symétries : celle qui permet aux §103 à 110 du *De congressu eruditionis gratia* de trouver simplement un pivot dans le troisième des cinq exemples du nombre *cinquante*[5] (§108) n'a pas la même portée que cette autre où, dans le *De fuga,* §149 à 156, le cinquième exemple, celui de Thamar, permet une discussion quasi dialectique des huit cas de l'hypothèse « chercher sans trouver »[6]. Mais dans les deux exemples, Philon prouve qu'il affectionne cet effet de mémoire : un terme éloigné rime avec le plus lointain ; et, de proche en proche, plusieurs concepts, plusieurs images, plusieurs documents se placent en vis-à vis. Cette affectation n'est peut-être rien d'autre qu'un dernier travail de la « philosophie » : si, fréquemment, le couple de l' « intérieur » et de l' « extérieur » ou d'autres catégories spatiales canalisent le raisonnement, la disposition symétrique destinée à retenir l'imagination et la mémoire autour d'une forme quasi spatiale — celle que précisent nos dessins — peut très bien passer pour une exploitation ultime de cette conception imagée. L'harmonie des textes sacrés va donc, semble dire Philon, jusqu'à entrer dans une figuration symbolique du dialogue. Une ronde, plus immédiate que la progression discursive, manifeste leur harmonie. Ce qu'aucune phrase biblique ne dit seule transparaît dans la réunion de plusieurs.

2. Le schème universel

Le lecteur aura retenu de nos analyses cet impérialisme de la « symétrie ». Les cinq traités (ou ce que nous en avons exposé) ne sont qu'une suite de figures régulières, concentriques. Leur incision dans le texte ne connaît point de règle en ce qui concerne la zone d'influence, large ou réduite. Si nous disons que le *De migratione Abrahami* loge au milieu de ses développements le nom de la FIN (§125-126), nous désignons par là un point focal[7]. S'il nous paraît utile de signaler que le série de *Lot,* des *Hébreux quittant l'Égypte* et de *Joseph* inaugure le traité (§13 à 24), mais se retrouve telle quelle aux §146 à 175, c'est que nous excluons le hasard dans cette répétition[8], mais l'effort demandé au lecteur est encore bien grand. Nous nous sommes d'ordinaire tenu à quelque formule rassemblant un chapitre, voire une section. La relation efficace qui fait[9] se rejoindre *Jacob,* homme de l'exercice, à un *Jacob* transformé en Israël, domine et ordonne les §25 à 42 du même *De migratione Abrahami* ; deux développements sur l'un et le multiple (et concluant tous deux sur le thème parallèle de la « *victoire* ») rendent inséparables les §53 à 69[10]. C'est une unité littéraire plus réduite encore, que celle des §60 à 63, mais une belle symétrie en assure la perfection : au centre de l'unité précédente sur l'Un et le multiple, elle conjugue en deux volets « statique » et « dynamique » l'analogie de l'esprit « un », et de Dieu, l' « Unique » : au centre de ces deux volets, une opposition contraire du « juste » et de l' « injuste » marque le tournant[11]. Le drame d'une pensée raisonnable privée d'expression est ainsi présenté[12] dans les §72 à 75 — une unité plutôt réduite : le tableau abstrait de cette séparation (§72) est séparé de la figure concrète d'Abel, dépourvu de répartie devant Caïn, par le §73, où Dieu est censé offrir au sage la réconciliation du langage et de la pensée. Plus loin, dans les §94 à 104, Philon conjugue cinq exemples de regroupement des réalités sensibles et de l'apparence, et le troisième exemple s'oppose aux quatre autres par son pessimisme, comme nous venons de le rappeler ci-dessus[13]. Un jeu subtil sur le même thème emprunte le canal de la rhétorique : la *fausse bénédiction* des flatteurs équivaut à la *fausse malédiction* des amis, grâce au personnage de Balaam qui prononça des oracles ambigus[14]. Le discernement intellectuel d'un Abraham nous est signifié par deux séries de cinq citations : chacune s'achève sur une valeur, positive, d'un côté, négative de l'autre (§127 à 132, d'une part ; §139 à 142, d'autre part)[15]. Une semblable symétrie asymétrique orne le cas de Joseph (§159 à 162 du même *De migratione Abrahami*) : deux citations prouvent, l'une sa supériorité sur Pharaon (il ne monte pas dans son char), l'autre son infériorité par rapport à Israël (il n'est pas capable de nommer « ramassis » la foule multiple et perverse)[16]. Ces exemples, choisis tout au long du seul *De migratione Abrahami,* le sont parmi d'autres, et il s'en faut de peu que tout le traité en soit recouvert. La rhétorique préside bien sûr à ces formations, et Philon peut obtenir des constructions très raffinées : les §170b à 175 nous font aller d'un Moïse, apparié sans qu'on le sache avec Abraham, dont le nom disparaît, jusqu'à un Abraham qui bénéficie des droits de Moïse, lequel à son tour reste dans l'ombre :

entre les deux, un jeu subtil fait que le premier tableau est le commentaire d'une citation qui précède l'exposé, quand le second explique un texte dont l'énoncé vient à la fin[17]. La spéculation sur le nombre 75, l'âge d'Abraham, commence par 75, continue par les élements 70 et 5, pour revenir à la synthèse, 75 ; mais la mention de l'Égypte, au centre, termine le commentaire de 75 et inaugure celui du nombre 5... La fin du traité est ainsi arrivée, sous le sceau monotone et renouvelé de la symétrie[18].

Le *Quis heres* ne laisse guère à désirer. Ne disons plus rien du premier chapitre, tellement exemplaire qu'il permettrait à lui seul de décrire l'essentiel de l'exégèse philonienne[19]. Le balancement de tous les thèmes, des interprétations, des citations (les épitaphes et autres documents), autour de l'axe fourni par le cri de Moïse, donne le ton pour l'ouvrage entier. Les divisions du vocabulaire de l'affection, *amour, baiser, haine, chérir*, se répondent suivant les schémas alternés : divisions binaires, aux extrêmes, divisions ternaires, au centre[20]. Plus subtile association, des éléments ténus d'une définition de la *sortie de soi* — d'ailleurs négligée comme thème principal — se rencontrent de part et d'autre d'un long passage : au §69, sous la forme d'un vocabulaire mystique (il y est question de *corybantes*), et au §85, sous la forme intellectualisée (d'une *reconnaissance de Dieu*)[21] ; au centre l'idée se reconnaît dans la forme supérieure du *culte* (§73). La dialectique destinée à confondre[22] le sot qui trouve l'Écriture bien légère d'applaudir la *justice* d'Abraham est conduite suivant une symétrie : au début et à la fin, des raisons opposées permettent de dire que la foi d'Abraham reste chose « *naturelle, normale* » ; au milieu, se place une brève Odyssée du juste descendant et remontant l'échelle de la justice ; intermédiaire de part et d'autre entre ce pivot et les extrêmes, la mention réflexe de l'exégèse ou de la leçon distribuée par l'Écriture achève la symétrie parfaite. Si nous avançons, le commentaire des mots : « *Prends pour moi !* »[23], qui n'occupe pas moins des §103 à 124, s'ouvre en corolle : le mot « *pour Moi* » sépare deux analyses du verbe paradoxal « *prends-reçois !* ». Mais le lecteur se souvient de ce chapitre magnifique, centré sur l'image de la *Tente*, et qui recoupe une véritable « dialectique ». Où trouvent à se frayer un chemin les cinquante-trois exemples de « contraires », sinon entre deux séries d'études consacrées au Logos, principe du *milieu* — μέσος ? Les §207 à 214 équilibrent alors les §215 à 229 : la symétrie n'est ici[24] ni simplement rhétorique, ni esthétique : par le procédé, Philon restreint l'intérêt de ces « contraires ». Loin qu'il serve une « dialectique », l'élément central représente l'inertie la plus raide, le contraire même du rôle confié souvent dans cette posture aux héros de passage. Le chapitre de la Division n'est qu'une succession de figures régulières et symétriques, qu'il serait fastidieux de rappeler : c'est là qu'il se produit un effet de contraste, d'ailleurs, qui met en relief l'habitude de Philon[25]. Une sorte de symétrie « détournée » lui permet de réserver au cinquième des dix commandements — on pouvait s'attendre à une belle symétrie ! — une force dévastatrice, qui lui fait éclipser les cinq derniers et remplacer l'élément médian, par définition absent d'une série d'éléments pairs. On peut sans paradoxe voir dans ce cas une limite intéressante du phénomène : la symétrie est bienvenue ; elle se ruine elle-même en un sens, mais surtout elle se plie au programme plus vaste du chapitre, car le « détournement » relatif convient à la descente progressive de l'Image divine dans le monde de la sensibilité et de l'histoire. Tout rentre ensuite dans un ordre royal. Les symétries s'envelopperont même l'une l'autre : l'ensemble des §174 à 200, marqué par le retour des sacrifices du *soir*, par le rappel des *douze tribus*, et, au centre, par le redoublement d'un mot spécialisé, ἀποπομπαῖος — « *émissaire* », embrasse la symétrie des §179 à 190, où le *bouc* et la *moitié du didrachme*, tous deux émissaires, se répartissent autour d'un pivot, l'exégèse du *sang* versé contre l'autel (§182 à 185, entre les §179 à 181 et les §186 à 190)[26]. Les noms de PLATON et d'HOMÈRE souligneraient, s'il en était desoin, la précision des connivences entre les sections. Et ainsi de suite, avec plus ou moins de virtuosité, mais un bonheur égal : qu'il s'agisse des allégories du chandelier en *or pur*[27] ; du jeu infiniment subtil où le lecteur a risqué de se perdre avec un Jacob plus *rapide* que Juda n'est *lent*, séparés qu'ils sont par des Égyptiens aussi *prompts* au mal que Moïse est pressé de *hâter* la sortie des Hébreux[28]... ou de l'échange des commentaires entre *grand âge* et *paix*[29], où l'on frôle l'imbroglio, puisque le nom des « pères » provoque paradoxalement un exposé touchant l'avenir, et celui des « fils » un exposé du passé, tandis que le commentaire attendu sur la « paix » subit lui-même une distorsion régulière dont nous avons déjà fait un rappel ; ou de la dernière page du traité, ornée de deux symétries superposables, celle qui ordonne les variations du feu (*feu clair — fumée | four — fumée | four — feu clair*) et celle qui ordonne les repères de la vie morale (*vertu — prière — espérance — connaissance*)[30], partout dans l'ouvrage il semble que Philon se soit appliqué à ne rien laisser en dehors de ce réseau. Qu'il s'agisse du commentaire très étiré d'un seul mot ou du rassemblement sur la fin de plusieurs versets, tout se plie à la maîtrise d'une figure d'exposition, souple et tyrannique, la symétrie, qui contraint moins à raisonner qu'à placer dans un espace imaginaire des parties du raisonnement, des images, des entités morales : elles ont un premier sens en elles-mêmes, une tenue, mais l'apparition progressive des autres les infléchit, et tel élément, premier de la série, reçoit du dernier une lumière nouvelle, le deuxième la recevant de manière privilégiée de l'avant-dernier, et ainsi de suite ; comme sur une scène où l'on allumerait des projecteurs successifs, les ombres deviennent des silhouettes, et les silhouettes, des personnages en possession de leurs traits et de leur costume. Le lecteur doit donc un temps *suspendre son jugement*. Par la *mémoire*, il doit placer le monde au fur et à mesure qu'il émerge de la pénombre, retenir les positions respectives, descendre puis remonter, ou du moins parcourir un espace *imaginaire*. Le présupposé d'une pareille conduite est comparable à celui des sages : l'intelligence est *lente*, parce qu'il n'y a point d'idées anarchiques, mais seulement un *univers* intelligible.

3. Le mime

Comment ne pas voir que la « symétrie », ombre de la dialectique, procédé en lui-même philosophique, et par ces deux attaches reliée à l'activité de l' « auteur », cherche en définitive à calquer la lenteur et la gravitation des idées de l'Écriture ? L'Écriture est faite de propositions appariées, mais à grande distance : l'apparente continuité d'une anecdote où l'on nous parle de lentilles, de graisse, d'oiseaux à découper ou non, n'est qu'apparente. Le mot « *Abraham s'informe, en disant...* » a sans doute quelque chose à voir avec la suite empirique du verset de la *Genèse*, ch. 15, mais[31] on ne l'a point compris, on n'a point justifié cette suite, sans le recours à des voix placées ailleurs, dans quelque recoin de l'*Exode*, par exemple. La Bible n'est pas exactement sujette à la « symétrie » en ce sens qu'il y aurait une figure immédiatement déchiffrable par position. Mais le commentaire affirme par la « symétrie » un éloignement relatif des idées[32] de la Bible, et il le conjure partiellement en contraignant l'imagination et la mémoire à mesurer l'intervalle, à percevoir les constellations, à revenir vers la suite de texte sans croire qu'elle est engendrée d'après un enchaînement mécanique. La « symétrie » réduit à un seul type de système les systèmes variés de l'Écriture. Elle en mime la solidarité. Par là, elle est soumise à l'Écriture et s'efface devant elle, alors qu'elle mène à son achèvement l'activité de l'exégète.

La plus belle des symétries que nous ayons déchiffrée est justement la plus retirée de l'avant-scène. Si, à notre avis, les § 89 à 121 du *De congressu eruditionis gratia* prouvent leur cohésion et leur appartenance au traité, c'est bien qu'ils s'inscrivent dans une symétrie parfaite, reproduite jusque dans chaque élément intérieur, au point qu'un simple tableau pourrait à la rigueur faire l'office de la démonstration[33]. Mais la complexité des échanges, la distance qu'ils franchissent conspirent avec la subtilité de certains rapports : la symétrie échappe au premier regard, exactement comme échappe l'harmonie d'une famille de versets bibliques. Mais la plupart des symétries observées permettent au traité suivant, le *De fuga et inventione*, de confirmer cette universalité du procédé. La « dialectique » les anime presque toutes, et c'est dire que nous en avons déjà fourni le rappel ; la division rhétorique, ou même grammaticale, des valeurs de la « *fuite* », du couple « *chercher — trouver* », des sens du mot « *la source* », se coule chaque fois dans une « symétrie » que viennent redoubler des indices supplémentaires alternant d'un volet à l'autre : les § 24 à 38 prennent un thème de l'ordre « extérieur », le monde, traité de manière synthétique et par une « dialectique » de la contiguïté, à partir de ce que le personnage de Laban *est*, tandis que les § 39 à 47 reprennent le même sujet en suivant la citation mot à mot pour en faire un thème « intérieur » (γνῶθι σεαυτόν), à partir de ce que Laban *n'est pas*[34]. Ce que nous avons entrevu du dernier ouvrage, le *De mutatione nominum*, dont le premier chapitre symbolise l'échange des deux Puissances divines, Θεός — Κύριος, par les échanges symétriques des exégèses, le jeu subtil de plusieurs thèmes, le dialogue à distance des personnages de la Bible, confirme la prétention de la « symétrie » à tout régenter, avec plus ou moins d'audace. Ce dernier exemple, où Philon met pour ainsi dire en scène sa théorie de la participation des Puissances, montre bien la portée symbolique de l'espace littéraire, et que la « symétrie » n'est pas un décor artificiel. Procédé d' « exposition », la construction symétrique n'est pas le privilège de Philon, ni du commentaire exégétique. Il se trouve que par une correspondance heureuse, un procédé étend son utilité au-delà du style et, reflétant un principe fondamental de la Bible telle que Philon se la représente, reconstruit une image de ses propres associations, à elle prêtées, d'elle reprises et nouées en dialogue. La conversation des figures entre elles reproduit, plus raide, ramenée à une formule presqu'unique dans son principe[35], la conversation infiniment diverse, enjouée, presque gamine, à croire les rapprochements de Philon, qui court sous la lettre de l'Écriture.

II. LE SCHÈME D'INVENTION, LA « MÉTAPHORE »

1. La métaphore

Le dialogue reproduit par la « symétrie » ne serait que bavardage ou même caricature blasphématoire si Philon ne savait pas que les idées bibliques, personnages ou textes, participent les unes des autres suivant un usage réglé. La formation de systèmes fermés, de « symétries », suppose, de l'autre côté du miroir, une république des formes. Et c'est le phénomène de la *suppléance* qui, dans les textes de Philon, traduit ce principe. Mais, si pour l'avoir trop souvent rencontré, nous le connaissons bien, il faut immédiatement rappeler qu'il se contracte en deux applications dont on doit voir la réunion paradoxale dans l'exégèse de Philon. Si, comme nous l'avons dit, un personnage une fois présent sur la scène a encore besoin d'un autre pour être pleinement identifié, le commentateur s'engage à trouver ce double partiel, et, par exemple, à remplacer le *peuple des Hébreux* par *Joseph*[36] pour explorer à fond la notion d'un *départ hésitant*; le double est ailleurs, souvent très loin dans un autre chapitre, un autre livre de la Bible. Cachée par définition, ou du moins selon le postulat qui fonde toute exégèse, la figure apparentée est donc enfoncée derrière les apparences, éloignée du regard profane. La première application du dialogue des formes bibliques est donc ce que nous avons ici ou là désigné comme la *métaphore,* en ce sens, proustien, de déplacement, transfert, d'un personnage à l'autre, d'une citation à l'autre[37]. Le jeu n'est possible que grâce à la distance. Et théoriquement l'interprète Philon court le risque de s'éloigner sans pouvoir revenir au point de départ, à force de dévider le fil des associations légitimes. Or, Philon revient au point de départ ; il reconduit au personnage, au mot du début, un raisonnement qui a emprunté tous les détours possibles. Il revient même avec tant de précision, comme nous l'avons dit, qu'il fait coïncider le verset 1 avec le début du verset 2, etc. C'est le phénomène complémentaire, que nous avons désigné sous le vocable de *redondance*. La redondance produit le recouvrement partiel du texte par le texte, et elle est un phénomène qui rapproche des données déjà très voisines. Au contraire, la métaphore prend des éléments éloignés les uns des autres pour les associer. C'est ainsi que l'exégèse de Philon s'appuie sur ces deux fondements, presque contraires, dans une synthèse paradoxale. On pourrait dire que *métaphore* (association lointaine) et *redondance* (association proche) constituent les deux espèces d'un procédé global, qui serait la *suppléance,* leur genre. L'exégèse de Philon connaît ce mouvement double d'une sorte de respiration, éloignant le lecteur, puis le rapprochant. Pour montrer que l'étoffe de la Bible est un discours suivi, continu, l'allégorie établit paradoxalement une distance de chaque moment avec lui-même par l'appel à d'autres exemples éloignés. Le discours sur la Bible continue est lui-même continu et discontinu. Faute d'admettre cette dialectique intérieure à l'exégèse, le lecteur de Philon se demandera toujours dans le concret pourquoi Philon s'adonne à l'association, et surtout pourquoi il arrête la liste des parallèles : a-t-il simplement épuisé ses provisions pour revenir ainsi au texte de base ? L'hypothèse, en soi plausible, d'une fantaisie débonnaire, se heurte à tous les indices qui nous manifestent en Philon la volonté d'écrire, d'équilibrer, d'ordonner, et qui supposent délibération.

2. *La règle de la métaphore*

Nous ne pouvons songer à démonter ici le mécanisme précis de la *métaphore.* Il est bien plus compliqué que celui de la redondance, pour la raison évidente que l'éloignement des figures exige plus d'habileté et de surveillance active. Il existait des documents, antérieurs à Philon, des chaînes qui donnaient noir sur blanc des associations. La part de création est impossible à mesurer. Mais le caractère intérieur que les parallèles prennent dans Philon nous assurent d'une originalité très grande. Même si tous les éléments se trouvaient sous ses yeux, épelés sur quelque liste que nous ne connaissons pas, il reste à Philon le soin d'une organisation précisément organique. Dire que ce travail était à demi réalisé ailleurs revient à remplacer Philon par un frère, en tous points semblable, ou Homère par Homère... Pour Philon, il n'y a rien de surprenant à ce que le Logos, premier voyageur de cet itinéraire des mots, ait prévu non seulement les voisinages, mais les ressemblances éloignées, et qu'il ait donné aux versets non seulement des frères plus ou moins jumeaux, mais des cousins éloignés. Ce faisant, le Logos a pris soin de laisser des indices, et l'âme attentive du sage exégète remonte l'itinéraire. Si déjà la « grammaire », par l'observation d'un article, d'un verbe, d'un temps du verbe, ou si déjà la « rhétorique », par un ordre sûr, permettent de se repérer, il existe une autre série de procédés qui, d'apparence plus noble, achèvent de nous livrer le spectacle de la République divine des idées inspirées. C'est ainsi qu'il existe une série de « métaphores » transportant un texte dans un autre par une superposition plus ou moins naïve. À partir de là Philon rapproche les personnages qui sont mentionnés dans les textes éloignés, mais il ne se contente pas de ressemblances vagues : il s'arrange pour marier les déterminations les plus précises de leurs blasons. Pour y

parvenir, il dispose d'une sorte de « grammaire des styles » moraux, avec
ses définitions, sa hiérarchie, ses classes : il pourra ainsi associer (ou opposer radicalement, ce qui est tout aussi significatif et bienfaisant pour
l'intelligence). Il reste à combiner...

3. La métaphore timide : les textes parallèles

Nous ne parlerons pas des listes de textes analogues fournissant une
preuve par accumulation (le §20 du *Quis heres* en donne un exemple),
mais de ce jeu qu'une certaine homophonie permet entre deux expressions.
Sans doute est-ce le personnage de Jacob qui intéresse également Philon,
dans les §26 à 32 du *De migratione Abrahami*[37], mais la variation d'un seul
mot dans une même phrase de la Bible semble emporter l'adhésion de
l'exégète : si Abraham reçoit cet ordre, « *Quitte la maison de ton père...* »,
et Jacob celui-ci, « *Retourne dans la maison de ton père...* », c'est que,
leçon imprévue, *revenir* et *partir* ne font qu'un ; sans l'oracle destiné à
Jacob, on aurait cru voir dans « *Quitte !* » un éloignement définitif...
Un peu plus hardi, le rapprochement de deux oracles destinés à Abraham[38], « *Je te ferai voir* » et « *Je serai avec toi* », autorise la synthèse
religieuse du départ et de l'arrivée. Trois définitions du Peuple hébreu
données successivement par Pharaon, par les Nations, Israël lui-même,
donnent à entendre que le mot πλῆθος ne doit pas faire bon ménage avec
πολύ ; qu'il existe une dialectique du nombre et de l'Un[39]. Une certaine
ressemblance entre « *bénir* » et « *parole* » — soit εὐλογεῖν et λόγος —
rapprochera encore les deux versets « *En toi seront bénies toutes les
nations* » et « *Selon ta parole je leur serai favorable* » : peu importe la
distance matérielle qui sépare le chapitre 12 de la *Genèse* du chapitre 14
des *Nombres*[40] ; et ce n'est pas la proximité de ces deux autres expressions, « *Le ramassis monta avec eux* » — « *Le ramassis s'asseoit* »[41],
qui facilite leur superposition (*De migratione Abrahami*, §152 et 155) ;
nous pouvons même aller plus loin et tenir pour un effet de la *métaphore*
tout aussi bien que de la *redondance* l'interprétation, dans le *Quis heres*,
§68 à 70, des mots « *...celui qui sortira de toi* » à l'aide de ces autres mots
« *Il le fit sortir dehors* ». Les deux textes sont voisins dans la Bible, mais
le verbe « sortir » aurait suffi, et c'est une rencontre plus heureuse que
Philon exploite[42]. Deux textes éloignés donnent un sens exact au mot
« pères » dans l'oracle « *Tu repartiras auprès de tes pères* »[43] par un glissement progressif de l'un à l'autre.

Le lecteur se doute que le procédé de « dialectique », glissement réglé
d'un concept dans son contraire, s'appuie sur la métaphore d'un texte à
l'autre. Et, par exemple, le *silence* qu'Abraham devrait observer (premier
chapitre du *Quis heres*)[44] attire naturellement les textes où il est annoncé
que Moïse parle et qu'il *crie* ; mais nous préférons distinguer les deux
procédés, car ils ne sont pas toujours associés et que, théoriquement, ils
ne répondent pas aux mêmes fonctions. Pour la même raison, nous distinguons la métaphore naïve, trahie par un mot explicite, de la métaphore
plus élaborée dans ses moyens, sinon dans son résultat d'interprétation,
fondée sur la *substitution* d'un personnage à un autre.

4. La métaphore de substitution

Un détail y suffit parfois : Moïse supplée Abraham parce que tous deux peuvent être dits μετέωροι (dans le *De migratione Abrahami*, § 168 à 170a)[45]. Combien de fois Jacob prend-il la place d'Abraham[46] ? Aaron lui-même permet d'en comprendre les valeurs[47], quand ce n'est pas le Peuple élu[48]. Noé peut cacher un Abraham, sauveur universel[49] ; des épigones tels Eshkol et Aunan suppléent vraisemblablement Isaac[50] et Jacob dans le *De migratione Abrahami*, § 164 à 175. Il va de soi que le personnage principal d'un traité est (par le principe même de l'exégèse *éloignée* dont nous avons indiqué la force et la signification au début de ce chapitre) exposé à disparition : si, pour le comprendre il faut lui donner la ressource de compagnons étrangers, on peut s'attendre à le voir comme « oublié » durant de longs moments : Agar ne paraît qu'au début et à la fin du *De fuga* ; mais, par exemple, nous avons noté que le *séjour à l'étranger* du patriarche Jacob, l'homme de l'exercice dans la triade majeure[51], traduisait éloquemment le nom même de la servante Agar, « *séjour à l'étranger* »[52]. La rencontre d'Abraham, d'Isaac et de Jacob, rassemblement parfait des trois époques de l'âme, se passe à des moments privilégiés : il n'est pas dit que les trois noms figurent explicitement[53], ni que tels autres personnages ne les remplacent pas.

Nous pouvons nous dispenser de retenir l'attention sur ce chapitre, aussi important qu'aisé. Mais il manquerait une pièce essentielle à notre croquis si nous omettions de signaler le phénomène suivant : lorsqu'un personnage, mettons Moïse suppléant Abraham, occupe les regards quelque temps, sa retraite n'est pas nécessairement brusque. Une sorte de lumière émanée de lui reste après son départ, et le lecteur doit toujours se demander sur quels mots, sur quelle situation elle se pose. Nous avons détaillé autant que possible cet effet de <u>retardement</u> dans l'analyse du premier chapitre du *Quis heres* : lorsque Philon retrouve Abraham, un temps éclipsé par les paroles et les cris de Moïse, cet Abraham a changé ; il doit à Moïse d'être également tourné vers le *passé*, quand sa question primitive l'orientait uniquement vers l'avenir : « *M'en irai-je sans enfant ?* »[54]. De même, et dans le cas des mêmes personnages, le premier chapitre du *De mutatione nominum* voit-il enrichir d'un éclat nouveau le deuxième degré de perfection grâce au pressentiment du troisième : Moïse incarne ce troisième degré, et son approche permet à Philon d'imposer à Abraham un mouvement qui l'exhausse au-dessus du second degré[55]. Le procédé répond dans ce cas et dans les autres à l'intention globale du traité : Philon distingue trois classes d'âmes ; seulement ces catégories arrêtées ne permettent pas de situer l'Abraham de l'époque, parvenu qu'il est à l'âge de 99 ans, c'est-à-dire tout proche de l'accomplissement des cent ans. La présence magnétique de Moïse charge le second degré d'un supplément, un peu comme dans le *De migratione Abrahami*, la FIN modifie la notion même du départ. L'invention de l'exégète donne à ce procédé une richesse plus variée encore que les occasions, puisque Philon peut tirer plusieurs effets du même instrument. Le passage d'Adam au beau milieu des personnages qui construisent le jeu scénique des vocables affectifs « *embrasser, aimer, chérir, haïr* » produit autre chose que l'exemple *a contrario* d'un abus de langage : avec lui, la notion de l'homme *terrestre*, pétri de la glèbe, s'installe assez longtemps pour que l'arrivée de Damascus, « *sac de sang* », n'ait plus l'air que de prolonger un thème déjà établi[56]. Tout analyser dans ce domaine reviendrait à récrire les traités. C'est en effet le procédé inventif par excellence, le plus hardi, quand il s'agit de traduire simplement les conversations sublimes des idées de l'Écriture. La liberté de l'exégète égale, et par là reproduit, celle du Texte, et non seulement sa liberté formelle, mais les figures déterminées de sa danse. Au risque d'imiter l'Alexandrin dans son audace, nous avons plusieurs fois tenté une généralisation en ce qui touche les relations des « idées » entre elles dans le commentaire de Philon, et nous avons souligné l'utilisation de l'*Exode* pour expliquer les récits de la *Genèse*.

5. *La ligne et le volume :* la Genèse *et l'*Exode

Dans cette remarque, il est entendu que nous sortons de la description qui fut jusqu'ici notre parti. Tout se passe comme si Philon distinguait souvent entre la *Genèse* et l'*Exode* comme entre deux styles. Sans doute les trois patriarches s'aident-ils l'un l'autre, et ce n'est pas toujours Moïse qui vient à la rescousse. Sans doute manquons-nous des commentaires de Philon sur le livre de l'*Exode*[57] qui nous montreraient peut-être la réciproque, à savoir qu'il approfondirait le texte de la sortie d'Égypte par le moyen des récits de la terre de Canaan telle que l'arpentèrent les patriarches. Sans doute, la grammaire des styles dont Philon dispose (s'il ne l'a pas créée) établit les trois héros, Abraham, Isaac, Jacob, dans la position qu'on sait : ils sont les lois non écrites, les modèles idéaux, quand Moïse, à quelque distance, leur sert pour ainsi dire d'*impresario*. Moïse a rédigé toute la Loi ; c'est à lui que nous devons l'expression des idées divines. Mais tout se passe comme si Moïse, dans cette sorte d'autobiographie qui commence avec l'*Exode*, donnait en même temps la clef du roman précédent, la *Genèse*[58]. C'est que, nous a-t-il semblé, la ligne des récits de la *Genèse* est plus pure ; leur style, plus simple, tient encore de la sublimité du modèle. Le Logos y parle encore trop son idiome natal : le Législateur sera dans sa propre histoire l'interprète de la *Genèse*, comme Aaron dut l'être de Moïse[59].

Une fois de plus, le premier chapitre du *Quis heres* fournit presque la théorie de ce principe[60]. Si l'Écriture prononce cette phrase : « *Abraham s'informe, en disant...* », qui y déchiffrera les trois valeurs dissimulées derrière la surface trop parfaite ? L'histoire des silences et des cris de Moïse, c'est-à-dire les récits dramatiques de l'*Exode*, révèleront le mélange salutaire de la *crainte* et de l'*audace* ; c'est une première acquisition par la suppléance de Moïse. Et Philon concèdera au lecteur inattentif que la formule initiale contenait un *passé*, comme nous venons de la rappeler, bien qu'elle soit tournée vers l'avenir : Moïse rétorque à Dieu qu'il n'est point le père de ce peuple indocile, et cela donne l'idée, si l'on ose s'exprimer ainsi, qu'Abraham argumente lui aussi des origines et des promesses divines. Cette deuxième habitude d'Abraham n'apparaissait pas, c'est le moins qu'on puisse dire, dans la lecture obvie. La troisième défiait même de plus sagaces : en réalité, l'expression « *Abraham s'informe* » commet une tautologie, significative de l'essence même d'Abraham : il est précisément l'interrogateur-né. Or ce dernier trait ne nous est pas révélé directement par l'histoire de Moïse, comme le furent les deux premiers. Philon argumente à partir d'une « *épitaphe* » que l'*observateur* — ἐπίσκοπος — c'est-à-dire Moïse[61], appose à l'existence d'Abraham[62]. Nous avons donné une interprétation pléthorique de cette circonstance ; mais il faut souligner ici qu'elle révèle bien le rôle de Moïse : son histoire a donné un <u>volume</u> en quelque sorte à la ligne trop fine du texte de *Genèse,* 15 ; sa conscience d'exprimer Abraham se reporte ensuite à l'intérieur même du récit trop parfait qu'il en a donné : il complète la formule première, trop nette, presque indéchiffrable, « *Abraham s'informe* », de cette autre : « *Je suis cendre et poussière, mais j'ai commencé de parler au Seigneur* », adversative, compliquée, explicite et — c'est nous qui ajoutons — compromise davantage. Nous avons dit que, d'ailleurs, le mot φάσκων trouvait à la fin l'expression de la noblesse qu'il détenait secrètement dans le commencement : πυνϑάνεται φάσκων [63] ; l'épitaphe en donne la traduction suivante : νῦν ἠρξάμην λαλῆσαι πρὸς τὸν κύριον.

Les exemples sont presqu'aussi nombreux que les exégèses dans l'œuvre allégorique de Philon[64]. Nous aurions hésité à proposer une théorie si les livres de la Bible n'en donnaient eux-mêmes le modèle : à partir d'une certaine époque, il arrive à un enseignement de se couler volontiers dans ce moule. Le livre de *Jonas* est bâti autour de deux professions de foi du prophète : l'une célèbre le Dieu de la création, « *qui a fait la mer et la terre* » (ch. 1, v. 9) ; l'autre prétend réformer la définition majeure de l'*Exode* : « *Dieu de tendresse et de pitié, lent à la colère...* » (ch. 4, v. 2). On pourrait peut-être même remonter assez haut dans la tradition ; nous pensons avoir montré dans le cycle du prophète Élie (*I Rois*, ch. 18 et 19) une structure qui fait appel à ce double registre : le « jugement de Dieu » qui restaure sur le Carmel la foi d'Israël est centré sur le rappel des patriarches, du Dieu des patriarches (ch. 18, v. 36), et le champion de Yahvé commence par évoquer Jacob, l'éponyme des douze tribus réunies quand il devient Israël (ch. 18, v. 31) ; mais tout le ch. 19 constitue une parodie des intercessions de Moïse sur le Sinaï : Élie y fuit, seul, pour mourir, et ce ne sont ni la tempête ni l'orage qui lui porteront la voix de Dieu[65]. La *Torah* se compose de la *Genèse* et des quatre livres décrivant le passage du Peuple quittant l'Égypte pour la terre des promesses. On y descend du ciel jusqu'en Égypte, et c'est la *Genèse ;* on y remonte de l'Égypte en ce pays « *où le lait et le miel ruissellent* », et c'est, d'un mot, l'*Exode*. Les deux panneaux finissent par composer comme l'histoire de la création et l'histoire du salut. Nous avons donc autre chose qu'une différence de « style ». Dans tout le chapitre de la Division, nous avons sans trêve donné du corps à cette notion d'une alternance du « salut » et de la « création » : on peut dire que l' « *Image* » de la « *Tente* » (dans le *Quis heres,* §112-113) en offre d'avance le symbole accompli. Les formules eschatologiques dont, par exemple, la doctrine

de Jésus et de ses disciples témoigne, reposent de loin sur cette conception ; et la réunion des thèmes de création universelle et du salut d'Israël
suppose à son tour cette opinion des Prophètes ou du livre de la *Sagesse,*
que l'univers est une machine incapable de fonctionner tant que la pièce
qui a nom Israël n'est pas à sa place. Conscience de la conscience du
monde, c'est le Peuple qui permet à l'œuvre du premier jour de s'accomplir : la révélation consiste à reconnaître que cet achèvement ne se conduit
pas à la manière d'un perfectionnement, mais à travers la chute et le relèvement, le « salut » de ceux-là mêmes qui en témoignent, la foule des
Hébreux. Si bien que les minutes du commentaire de Philon peuvent
trouver dans cette perspective non seulement la précision (qu'elles possèdent déjà) mais une ampleur, une destinée. Et s'il existait des traités consacrés à l'*Exode* et qu'il eût été exposé grâce aux lumières de la
Genèse, ce serait peut-être pour manifester que le drame d'un récit tout
en volume correspond à la ligne douce et ténue de la création, que les
lois variées se fondent dans les modèles de la loi non écrite. N'est-ce point
déjà le chemin de la *redondance*, si le lecteur de Philon apprend que Moïse,
avec son drame et ses hasards, dit, autrement sans doute, le même logos
qu'Abraham, Jacob, Isaac, dans leur facilité ? Le lac de la *Genèse* reflète
sans bouger les furies de l'*Exode*. C'est là une variation, mais une variation relative, une similitude dissemblable, qui donne à la raison le jeu
nécessaire pour voir ; à la fantaisie, le temps de comprendre.

III. Le principe d'invention (suite) : la redondance

1. *Liberté provisoire*

Quelle que soit la règle, tenue par la « grammaire », qui limite l'essor
de la *métaphore ;* quel que soit le canon dont Moïse, vivant dans l'*Exode*
et récitant la *Genèse,* propose la force bien définie, l'interprète semble
s'éloigner dangereusement, et un esprit timide l'accusera de libertés qu'il
ne commet pas. Si l'association n'a jamais en fait perdu de vue la situation de départ, si elle ne veut que révéler ce qui était contenu sans paraître
au-dehors dans une phrase, dans un nom, dans un mot, il n'y a pas miracle à voir Philon retrouver le fil. C'est bien d'une tapisserie qu'il s'agit,
et non d'une bigarrure ou de ce que l'on appelle en Amérique le *patch-
work*. Le lecteur candide, en progrès sur le timide, croira volontiers que
Philon retrouve par simple magie son point de départ. Sa « magie »
consiste à varier les effets, à fondre effectivement les procédés employés,
à feindre la liberté derrière les libertés ou le miracle ; mais une disposition
claire et intellectuelle préside au « retour ». C'est ce qu'à l'occasion nous
avons cru pouvoir désigner sous le nom d'exégèse « téléologique » :
dès le départ, le commentaire cherche déjà dans le verset qui suivra le
point final où il devra toucher. Sans doute ne suffit-il pas, comme dans un
mauvais finalisme, de renverser l'ordre des causes et des choses pour
engendrer le même discours en sens contraire. Mais la règle d'or de
l'exégète alexandrin veut qu'il ne commence une interprétation qu'en vue

de la lettre même du texte qui suit. Nous disons dien de la lettre, et non du commentaire qui suit. Ainsi pratiquée, la *redondance* est une sauve-garde, un principe d'hétéronomie : du commentaire au commentaire, je peux m'aventurer ; du commentaire à la lettre nouvelle, je suis en liberté surveillée. De même qu'il existe des exégèses locales qui procèdent par anticipation (on n'entend bien, par exemple, le détail des §172 à 175 du *De migratione Abrahami* qu'au moment où résonne la citation et le nom de l'*Ange*, déjà traduit par logos), de même faut-il poser que les exégè-ses d'ensemble s'attirent l'une l'autre[66].

2. *L'illusion de la fantaisie*

Les deux analyses du *De congressu eruditionis gratia*, sur la digression des §89 à 121, puis du *De mutatione nominum*, §1 à 38, s'opposent en ceci que la première semble reposer tout entière sur l'autonomie d'une symé-trie arrêtée en soi-même, quand la seconde marche allègrement, comme en porte-à-faux continuel : on se souvient en effet des appuis que la dia-lectique provoque de l'un à l'autre des éléments (ce qui n'est pas la *redondance* dont nous parlons ici) mais surtout du fait qu' Énoch, « *agré-able à Dieu »*, doit son entrée sur la scène à la suite du texte de base : « *Abraham fut agréable devant Dieu »*, et c'est la *redondance*. Le dévelop-pement des mots : « *Le Seigneur fut vu d'Abraham et lui dit : Je suis ton Dieu »* a évolué jusqu'au commentaire du possessif « *ton* » Dieu, de telle sorte que les catégories mises en branle conduisent à l' « *homme de Dieu »*, au vertueux « *agréable à Dieu »*, traduction du nom de Énoch, merveilleux contraste avec la qualification ultérieure d'Abraham, « *agréable devant Dieu »*[67]. L'aimantation commande encore l'exégèse du *De migratione Abrahami*, du §1 au §42 : toute la puissance de la FIN, à l'œuvre dès le départ du héros, vient à se déposer[68] dans une expression toujours très chargée dans Philon, la « *vision* » ; or ce thème attire dien sûr le person-nage d'*Israël,* après celui de Jacob nécessairement : bien mieux, il rejoint le verset 7 du chapitre 12 de la *Genèse*, actuellement commenté, mais qui ne figure pas en clair dans l'énoncé de base. Là, nous touchons le mélange de travail et de bonheur, de magie et d'artifice, qui fait le mérite de l'au-teur. Mais nous maintenons : de travail et d'artifice, car il s'agit de l'emploi d'un procédé.

Pour voir à l'action ce plan stratégique, il suffit d'ouvrir le *Quis heres.* Nous savons qu'il commente un chapitre entier de la *Genèse*, le chapitre 15, et qu'il équilibre autour du commentaire de la Division, réservé dans toute sa longueur à très peu de mots, l'exégèse des autres versets : la der-nière partie en contient la plus grande partie. Or, si déjà les §31 à 39 enchaînent[69], suivant notre principe de la *redondance*, trois versets ; si les §74 à 76 montrent que des deux versets, « *Il le fit sortir* » et « *Lève les yeux !* », l'un vaut l'autre[70] ; s'il ne faut rien dire, tellement la chose est claire, des recoupements autorisés par l'exégèse quand la Bible répète le mot « *sortir* » dans « *il le fit sortir au-dehors* »[71], puis « *c'est celui qui sortira de toi qui de toi héritera* »[72], la fin de l'ouvrage accumule les transi-tions analogues, mais de façon quelquefois plus subtile encore. Comment expliquer l'*extase* d'Abraham pour qu'elle coïncide avec le « *coucher du soleil* »[73] ? Et ces deux circonstances vont collaborer pour que le texte suivant, « *Il fut dit venant d'Abraham* »[74], semble sortir comme le fruit de la fleur. La précision que l'exil doit durer « *quatre cents ans* » consolide le commentaire du verset précédent qui visait la « *terre étrangère* », car le nombre « quatre » évoque bien les quatre « *passions* », ennuyeux séjour de l'âme et son exil[75] ; elle consolide, mais en retour elle profite de l'appui. S'il a fallu parler de « *viatique* » pour achever une exégèse, l'oracle enchaîne simplement dans le verset suivant : « *Tu t'en iras* »[76] : le voyage a exigé un viatique. Qu'Abraham, encore, écoute l'oracle : « *Tu t'en iras* », ou que les Hébreux doivent mettre un terme à leur exil et obéissent à l'ordre : « *ils s'en retourneront* », l'Écriture est bien complaisante, qui suggère le glissement[77] et l'identité partielle. Mais peut-être faut-il aussitôt s'armer de subtilité pour apercevoir le redoublement qui fait de τραφεὶς μετ' εἰρήνης une sorte de pléonasme[78].

La succession rapide des versets accumulés dans la fin du *Quis heres* met en évidence le procédé de la *substitution* ; ailleurs, il demande plus de patience pour être décelé, mais le lien existe toujours : les formules débonnaires ne dispensent pas de chercher[79]. C'est que le « retour » au texte de base est autre chose qu'un changement de cap improvisé, un coup de force. L'Écriture reflète un discours suivi : aussi bien la transition est-elle toujours d'enchaînement, de maturité, de conjonction. L'ultime effacement de l'activité exégétique consent au flot paisible et mesuré d'un *logos* parfaitement divisé, réparti entre des mots dont la chaîne matérielle, la lettre dans sa succession empirique, imite à merveille la ronde des personnages, des « lois », des idées divines.

Nous sommes partis de la « grammaire » : comparable à une tactique, elle s'approche du texte, de sa lettre empirique, et répond coup sur coup à ses variations. L'exégète n'a pas encore pris de champ. La « rhétorique » et les catégories « philosophiques » le font évoluer plus librement, non pas qu'il perde de vue l'occasion, mais comme un stratège, ou un danseur accompli, il devine, prévient, suit les intentions du partenaire. Or, le dernier mot de cette invention est pour recommander la réunion avec le texte de base : il faut, au terme comme au départ, toucher la surface rugueuse comme si elle était lisse, dessiner de points multiples une figure simple. Cette réunion des procédés extérieurs de la « grammaire » et du procédé le plus libéralement confié à l'invention a quelque chose d'émouvant, et ce sont bien les mystiques de toutes races qui marchent en jouant comme des enfants dans les champs du drame ou du sérieux, et comme des réfugiés dans les rues de la banalité. Philon, dans sa « grammaire », touche la surface lisse du Texte comme si elle était pleine d'aspérités, qui l'ouvrent ; dans son retour, il touche la même surface comme si elle était à nouveau plane, mais pour d'autres doigts : c'est ce dernier artifice de vérité que nous appelons *suppléance* : par superposition, par « *redondance* ».

3. L'ironie intermédiaire

Il existe, à mi-chemin entre le pléonasme et la redondance, un procédé qui tantôt déchire, tantôt rapproche. Comme la redondance, il rapporte l'un à l'autre deux éléments du texte ; comme le pléonasme, il s'intéresse à deux éléments rapprochés, placés sous les feux du même commentaire, et c'est ce qui permet à Philon d'opter parfois pour la ressemblance, ailleurs pour la différence. Philon suppose que deux mots du texte de base s'appellent ou se contrarient. Ils s'appellent dans le cas de Joseph[80] *trouvant* ses frères à *Dothaïn,* qui signifie « abandon » : Philon en tire occasion pour escamoter le verbe « trouver », qui commande pourtant le développement. Si, plus loin, on « *trouve* » un bélier « *retenu* », cette précision, allégorisée en « suspension du jugement », diminue la force du même verbe « trouver » (§135b du *De fuga,* que nous mettons ici à contribution)[81]. Si Jacob « *trouve* », mais « *rapidement* », il faut y lire un cas de « découverte sans recherche » — et peu importe qu'ici l'affaire soit en plus de simple bon sens — de sorte que l'adverbe a coloré le verbe[82]. Nous avons vu et classé dans la « grammaire » l'exemple de la « descente », équivalent d'une « montée » du fait que l'intervalle affirme : « *elle a rempli sa cruche* »[83] ... Dans le *De mutatione nominum,* §18, si le Seigneur « *fut vu d'Abraham et lui parla* », c'est bien qu' « être vu » est synonyme de « dire »[84] ; ou encore dans le §23 du même traité, la série « *Je suis ton Dieu — croîs — multiplie* » est interprétée comme une redondance de type élémentaire, moyenne entre le pléonasme et notre *redondance.* Le texte, trop vite en un sens, fournit les armes de sa propre réduction, comme s'il jouait la facilité, l'inertie.

Ailleurs, on dirait que Philon, l'interprète, nargue à son tour ou le Texte ou le lecteur. Qu'il distingue entre les deux formules répétitives, « *Je suis heureuse ; les femmes me diront heureuse* », pour faire de la première une déclaration « mâle » puisque la seconde est mise explicitement au compte des femmes[85] ; ou qu'il trouve dans la répétition du verbe « *bénir* »[86] la distinction de l'être et de l'apparence ; ou bien que l'invitation, pourtant de bon goût, « *Tais-toi et écoute !* », donne lieu à une analyse disjonctive[87] prouvant qu'il existe deux manières de « se taire », l'une pour écouter, l'autre pour dormir ou rêver ; ou — plus ironique en un sens — la distinction perçue dans un doublet : « *Dieu me nourrit... l'Ange écarte les maux* »[88], comme si l'action relevait de deux initiatives, et nombre d'autres exégèses prétendant — on n'ose dire plaisamment — que la suite normale d'une phrase cache une rupture, une opposition, tout cela flotte dans une liberté intermédiaire, sous l'œil méfiant de la rhétorique, qui peut-être s'en amuse.

4. Lire Philon

Il est des cas, sérieux cette fois, où la *suppléance* atteint sa limite. L'Écriture s'explique elle-même, non plus en produisant un écho, mais directement : nous avons interprété plusieurs fois ce phénomène. L'exégèse arrête son propre discours ; la Bible ne renvoie plus à un autre passage de la Bible. Mais une proposition ou plusieurs propositions passent tranquillement devant le lecteur, comme s'il les voyait autrement qu'il n'a d'abord aperçu les précédentes, laborieusement assorties d'un commentaire. Nous avons signalé cet accord de l'âme avec le Texte dans le *De migratione Abrahami*, §78 à 82 et 106 à §108, sans trop insister[89]; dans le *Quis heres*, l'application du procédé est vérifiée pour le §20, où plusieurs citations se chargent de démontrer la voix forte de Moïse[90]; les §130 à 200 donnent une formule élargie de ce principe : sans doute les citations destinées à explorer l'idée de Division reçoivent-elles un commentaire, mais nous avons indiqué[91] sa fluidité relative, et si les exemples fournissent nombre de « dialectiques », par définition complexes et retorses, l'ensemble court rapidement au but, signe que le progressant court lui-même dans la science ; un exemple plus précis se lit dans les §191 à 195: les symboles de la sortie d'Égypte, la Manne, l'agneau pascal, le partage de la terre apportent le témoignage allègre, la promptitude, la joie de la lecture brève[92]. Sous une forme plus ou moins discrète, la conclusion des traités use du procédé. Il ne faut point attribuer à l'essoufflement ce qui appartient à la volonté pédagogique. Au terme, Philon accomplit lui-même ce qu'il rapporte du divin pédagogue, précisément dans les dernières lignes du *De mutatione nominum*, où nous apprenons que le Seigneur « *remonta de chez Abraham* » — ἀπὸ 'Αβραάμ. Or, continue Philon, observateur judicieux d'une préposition, « *Il ne veut pas montrer qu'il s'en est séparé (la nature fait que le sage est le suivant de Dieu), mais il veut déclarer l'indépendance du disciple, et que ses leçons, quoique le maître ne se tienne plus là, se manifestent sans contrainte et de son chef ; qu'il y est de sa libre exécution, de son consentement et de son élan ; qu'il agit par soi. Le maître accorde à son élève le champ d'un usage indépendant qui ne réponde pas à une admonition ; il lui imprime d'une mémoire sans faute la forme la plus assurée.* » L'imagination de tant de procédés borne là sa carrière : depuis longtemps, à la vérité, elle laisse la place à la Parole.

NOTES

1 Pages 73-74.
2 Pages 88-89 ; 94.
3 Nous avons plusieurs fois recouru à l'image de l'échelle symbolique, et nous allons y revenir ci-dessous.
4 Page 115 ; l'analyse entière du chapitre précise le pourquoi et le comment.
5 Pages 370-371.
6 Page 432.
7 Pages 110-111.
8 Page 119.
9 Page 65.
10 Page 73. C'est un thème « philosophique », s'il en est.
11 Ci-dessus, pages 77-78.
12 Page 83.
13 Page 89 ; nous venons de rappeler que le cas des femmes, le troisième, correspond au degré le plus bas d'une échelle morale.
14 Pages 100-101.

15 Pages 117-118.

16 Page 129. On se reportera encore aux pages 108 à 111 ; 121 et page 125. Nous y signalons d'autres effets de la symétrie dans le *De migratione Abrahami.*

17 Page 136.

18 Pages 144-145.

19 Page 165 et 177.

20 Page 214.

21 Page 240.

22 Page 243. Ce texte explicite le rapport de l'exégèse à l'Écriture, et il complète celui dont nous parlions ci-dessus, page 558.

23 Page 248.

24 Pages 262, 293s.

25 Les subtilités de ce procédé sont analysées pages 279 et sv.

26 Pages 282, 284, 289.

27 Page 297.

28 Page 315. Nous pensons avoir mis de l'ordre dans une pseudo-digression et, en approfondissant l'analyse, donné une fonction à l'épisode.

29 Pages 332 ; 338-339.

30 Pages 349, 352.

31 L'Écriture possède un sens dans la continuité, bien sûr, et nous allons justement parler bientôt de la « redondance », fondée sur cette continuité. Seulement, et c'est un point délicat, Philon navigue de l'apparente continuité, qui égare, à la connivence, qui unit.

32 Par ce mot d' « idée » nous désignons les valeurs morales, les éléments symboliques, dont les situations ou les personnages sont l'expression.

33 Voir pages 359, 367.

34 Voir pages 390-391. Le lecteur retrouvera vite les symétries grâce aux schémas.

35 L'obstination qui nous a fait transcrire les symétries par une parabole reflète la monotonie du procédé de base. Nous savons que Philon a varié à l'infini l'effet trop simple du chiasme. L'analyse du premier chapitre du *De mutatione nominum* explore cette symétrie pages 491, 493 à 494 et passim.

36 Voir page 56. Et les Hébreux comme Joseph suppléent Abraham (cf. page 60) ; il s'agit du *De migratione Abrahami,* §16 à 24. 2. Pages 175, 177, 187. Proust parle de « métaphore » dans l'atelier d'Elstir : sur le tableau, la terre et la mer échangent leurs qualités.

37 Ci-dessus, page 64.

38 Pages 67 et 70.

39 Pages 74-75. Il s'agit du *De migratione Abrahami,* §56s.

40 *De migratione Abrahami,* §118 à 112 ; page 105.

41 Page 127.

42 Pages 228-229.

43 Page 335. *Quis heres,* §276 à 279.

44 Les §3 à 30.

45 Page 133.

46 Voir *De migratione Abrahami,* §25 à 42 (page 61) ; §207 à 215 (pages 147-148) ; *Quis heres,* §47 à 51 (page 217) ; plus subtil, Isaac permet à Jacob de suppléer Abraham, *Quis heres,* §48 à 51 (page 218).

47 Page 80, *Migr.,* 70-85.

48 Page 71, *Migr.,* 53 à 69.

49 Pages 108-109, dans *Migr.,* §125-126.

50 Page 132.

51 Nous supposons connus ces faits.

52 *De fuga,* le premier chapitre ; voir pages 382 et 392.

53 Pages 331 et 335.

54 Voir ci-dessus, pages 182-183.

55 Pages 491 et 494.

56 Dans le *Quis heres,* §52 à 57 ; voir page 222.

57 Nous entendons des commentaires allégoriques.

58 Philon n'apprécierait guère ce qui n'est ici qu'une comparaison.

59 D'après le *De migratione Abrahami,* §74 à 81, par exemple.

60 Si principe il y a : nos conclusions dépassent peut-être les données observables.

61 Cet « observateur » surveille et ordonne.

62 *Quis heres,* §30.

63 Voir le détail pages 283-284. Encore, pages 162 ; 179 à 181 ; 188.

64 Nous en traitons dans le *De migratione Abrahami,* §53 à 69, pages 72 et 78 ; à propos du *Quis heres,* §3 à 30,[bien sûr ; §112, page 249 ; des §166 à 173, page 278 ; des §179 à 181, pages 283-284 ; des §196 à 200, page 292 ; des §201 à 206, pages 294-295 ; de l'ensemble, pages 302-303, et enfin des §251 à 256, page 314 ; à propos du *De fuga,* pages 397, 418, 428 ; du *Mut.,* §19-28, page 492.

65 Nous analysons ces deux textes dans un ouvrage paru en 1976, Critique du langage chez les Prophètes d'Israël, éd. du CNRS.

66 Pages 135-136.

67 Pages 486-487, et la conclusion, page 498.

68 L'analyse en est faite page 67. Dans des cas similaires, mais qui ne sont pas des « retours » au texte de base, donc exclus de ce chapitre, nous avons parlé d' « arc électrique » (p. 69 ; 102-105).

69 Pages 193-194.

70 Pages 234-235.

71 La « redondance » grammaticale « *sortir au-dehors* » relève de la « grammaire » ; cf. pages 522 à 524.

72 Dans les §68 à 85.

73 Les § 249 à 265 ; cf. page 313.

74 Les § 266s ; page 326.

75 Les § 269 à 271 ; cf. pages 328-329.

76 Les § 273b à 275. ; voir pages 330 à 331.

77 Il s'agit des § 275 et suivant du même *Quis heres ;* voir pages 333-334.

78 C'est un pléonasme, et non point une « redondance ».

79 Il arrive à Philon de trancher : « *Qu'il suffise sur ce point...* ».

80 Dans le *De fuga,* §127 à 131 ; voir page 426.

81 Ci-dessus, page 428.

82 C'est pourquoi nous parlons de ce procédé comme participant de la redondance. Voir ci-dessus, page 440, pour le *De fuga,* §168-9.

83 *De fuga,* §194 et 195. Voir pages 456-457.

84 Page 489.

85 Dans le *De migratione Abrahami,* §95 ; voir page 90.

86 Id., §106 à 108 ; voir page 95.

87 Dans le *Quis heres,* §10 à 13 ; voir pages 162-163.

88 Dans le *De fuga,* §67 ; voir page 400.

89 Pages 85-86 ; page 95.

90 Pages 175, 189.

91 Par exemple, pages 275 et 277.

92 Page 291. Un dernier exemple dans les §312 à 315 ; cf. p. 353.

CONCLUSION

LE PLAISIR D'ÊTRE, ET LE PLAISIR DE DIRE

Le discours que nous venons de tenir sur l'ordonnance des procédés exégétiques de Philon est lui-même une exégèse. Nous les avons classés suivant une logique créée par nous. Disons que le mouvement, de flux et de reflux, que nous avons discerné ou imposé, tient à l'effort d'imitation, à l'entrée en sympathie avec le texte de Philon, car les données de « grammaire », de « rhétorique », de « dialectique » et de « philosophie », à tout prendre, ne font que suivre la paideia antique. L'image du livre *fait et défait* n'est qu'un symbole ; or, il est vrai que par elle nous pensons rejoindre sinon l'intention formelle de l'Alexandrin, ce qui n'est pas l'essentiel, mais ses présupposés, son hypothèse réelle. Lire Philon en partant de l'idée qu'il est un allégoriste, aide peu à l'intelligence de son texte, pour la bonne raison que l'allégorie paraît trop et trop peu. Trop peu, si l'on cherche les expressions techniques[1] et si l'on note que l'allégorie sert le plus souvent à contourner simplement une littéralité fade ou proche de l'absurde ; trop, en ce sens que les codes allégoriques sont aussi constamment employés qu'ils sont simples : il faut savoir ce qu'Abraham représente, et Isaac, et Noé, ou encore les parties de l'Arche d'alliance. L'allégorie est peu de chose. Un outil. Nullement le moyen d'une apologétique : si, de temps en temps, Philon bouscule par son intermédiaire les littéralistes de petite ou de grande envergure, tout se passe comme si sa position était depuis longtemps établie et consolidée. La pédagogie le contraint à courir tout le pays de l'interprétation, pour que le disciple ne s'imagine pas à l'abri des attaques les plus grossières ; mais lui, il possède, dans les traités allégoriques, l'habitude de l'allégorie comme une seconde patrie : il en exerce l'activité et les droits sans plus y songer. Loin de toute guerre, le plus souvent, il jouit de l'abondance et du sol fertile et des amitiés de la paix. L'allégorie, c'est à la fois, pour ce pays intellectuel, les machines disposées sur la frontière et la mode universelle et banalisée qui réunit ordinairement tout son monde. Pas plus que la France ne se définit par la francisation de tout un ensemble de provinces ni par le cri de guerre, des guerres passées, pas davantage Philon ne se définira par l'exégèse allégorique : il faut savoir ce qu'il en a construit.

I. LE SÉRIEUX

Il ne faut accorder à l'allégorie qu'une attention de même grandeur que celle qu'on donnera à la philosophie. L'éclectisme pourrait devenir une philosophie ; celui de Philon n'y prétend pas, ou du moins le résultat inscrit dans ses traités allégoriques[2] contredirait cette prétention. Si nos analyses sont exactes, si elles sauvent les apparences (et le texte ne peut être que ce qu'il est d'apparence), si, d'autre part, l'ébauche de synthèse littéraire dont nous les avons fait suivre imite réellement le rythme de ce texte, il faut bien chercher dans Philon une philosophie, mais sans doute décalée par rapport à tous les systèmes dont il emprunte ; tout comme il faut lui donner une conscience allégorique, mais d'une autre veine. Et les deux convergeraient dans une doctrine de la « similitude ». Sans doute la similitude fut une idée directrice de la pensée antique, comme de la recherche des sciences, de la médecine en particulier ; mais aucune autre œuvre que celle de Philon ne pratique les correspondances avec une tranquillité, un sérieux, une abondance pareils. Lorsque M. Foucault écrit : « *Jusqu'à la fin du XVI° siècle, la ressemblance a joué un rôle bâtisseur dans le savoir de la culture occidentale. C'est elle qui a conduit pour une grande part l'exégèse et l'interprétation des textes ; c'est elle qui a organisé le jeu des symboles, permis la connaissance des choses visibles et invisibles, guidé l'art de les représenter. Le monde s'enroulait sur lui-même : la terre répétant le ciel, et l'herbe enveloppant dans ses tiges les secrets qui servaient à l'homme.* »[3], il songe plus spécialement aux siècles qui ont immédiatement précédé le XVI°, ornés de leurs bestiaires et des classifications de tous ordres. Mais quand il ajoute, pour définir cette « *ressemblance* », qu'il en existe quatre figures principales, la *convenientia* par contiguïté, l'*aemulatio* (une parité qui joue à distance), l'*analogie* qui rapproche non plus des objets, mais des rapports d'objets[4], enfin la *sympathie-antipathie,* élément lui-même disposé en vis-à-vis, mais dont le caractère imprévisible assure la mobilité des trois premiers[5], il nous tend un instrument de classification, à son tour, qui répondrait partiellement à nos besoins d'exégète de Philon, si nous voulions « formaliser » davantage nos analyses du discours philonien.

Pour les modernes, ce discours n'est guère plus sérieux que la ressemblance où il se fonde, et nous avons quelque peine à croire que l'auteur engageait sa responsabilité et sa foi, par exemple, dans des vétilles. Sous notre plume — le « nous » renvoie ici à l'auteur de ce livre, mais aussi à la mentalité contemporaine — viennent spontanément les mots de « jeu », de « jouer », ou des comparaisons immobiles, « miroir » et autres symboles des correspondances inertes, signes de ce qu'en lisant nous ne prenons pas pleinement au sérieux. Et nous demandons quel sérieux le commentateur pouvait concéder à son Texte : tous deux ne jouent-ils pas, soit que d'écrire fût un amusement, soit qu'une sorte d'aberration byzantine provoque ces auteurs à mettre du poids où il n'y a qu'amusement. La difficulté qui nous arrête pour apprécier en connaissance de cause la part d'humour, s'il en est (ce qui est peu vraisemblable) ou de légèreté, réside en ceci que Philon ne nous laisse aucun indice, aucune hiérarchie entre les moyens de l'exégèse. Nous avons dit qu'il pratiquait l'«indifférence» à l'endroit de tous les versets; nous disons qu'il pratique la même « indifférence » à l'égard des moyens mis en œuvre pour expliquer ces versets. Et nous sommes obligés d'admettre que tout compte également. À son tour, cette indifférence conduit à la notion de gratuité, laquelle n'est pas loin du « jeu ». Rien n'empêche le jeu d'être sérieux, à la vérité, voire tragique. Une formule, peut-être accréditée par une fausse interprétation très ancienne, veut que la Sagesse « *joue au milieu des hommes, joue dans l'univers* »[6]. L'idée que l'Écriture traduise une réalité transcendante peut très bien s'accommoder de l'image frivole d'un jeu. Philon, politique, ambassadeur, embarrassé ou plongé dans les soucis d'un notable, porteur du bien-être, sinon des vies, de ses coreligionnaires, pouvait jouer sérieusement avec ce qu'il savait être l'écho de la Toute-Puissance, proche et inconnaissable. Au milieu des tragédies, souvent provoquées par la fantaisie et la légèreté de certains, il pouvait rire gravement de la Bible, sans même savoir que c'était un scandale. Il nous revient à ce sujet le souvenir d'un texte de CÉLINE, où justement le burlesque, le tragique, le puéril trouvent pour une fois une distance réciproque, analogue à celle dont nous voulons parler. Le narrateur partage quelque temps l'existence hallucinante de chaleur, d'inconfort et d'inanité, de cet Alcide, colonial perdu dans la moiteur, et dont il découvre un jour le secret : Alcide reste à ce poste pour payer l'éducation d'une vague nièce, malade qui plus est. De la métropole à la colonie, l'argent gagné de façon inénarrable forme le seul lien : c'est un médiateur, un lieu d'échange entre une enfant et l'épuisement d'un homme. « *Évidemment*, conclut le témoin, *évidemment Alcide évoluait dans le sublime à son aise et pour ainsi dire familièrement, il tutoyait les anges, ce garçon, et il n'avait l'air de rien. Il avait offert sans presque s'en douter à une petite fille vaguement parente des années de torture, l'annihilement de sa pauvre vie dans cette monotonie torride, sans conditions, sans marchandage, sans intérêt que ce celui de son bon cœur. Il offrait à cette petite fille lointaine assez de tendresse pour refaire un monde entier, et cela ne se voyait pas.*

Il s'endormit tout d'un coup, à la lueur de la bougie. Je finis par me relever pour bien regarder ses traits à la lumière. Il dormait comme tout le monde. Il avait l'air bien ordinaire. Ça serait pourtant pas si bête s'il y avait quelque chose pour distinguer les bons et les méchants. »[7]

J'ose dire que la comparaison pourrait prendre une valeur dans les deux sens : Philon adopte nombre d'allégories ou de procédés qui restent des jeux de gamine pour attirer l'attention sur la vie tragique de l'Écriture; d'un autre côté, l'Écriture est comme une petite fille, inattentive à ce qui paraît le sérieux des hommes, et il la suit dans ses jeux pour la faire sourire. Il sait qu'y mêler les rumeurs les plus graves de sa vie d'homme n'y ajouterait rien, parce que les Anges sont ailleurs : ils viennent chez nous, s'il leur plaît; nous ne passons point jusqu'à eux. Le colonial souffre mille folies; la petite bâille, la bouche ronde : entre eux, c'est un échange, un miroir juste dont l'argent est le tain, un autre commerce, une égalité incommensurable à tout autre égalité.

Mais, pour sortir des comparaisons, n'oublions pas non plus qu'un jour les écrits juifs furent traduits en grec et l'on put parler précisément de *la* Bible, car depuis déjà longtemps les traditions d'Israël et de Juda apparaissaient comme un tout, l'idée plus récente de l'inspiration venant encore renforcer la toute-puissance de la « similitude ». Le *même* Esprit n'avait-il pas dicté tous les livres ; le *même* Peuple n'en portait-il pas la réalité et le mystère ? Sous cet aspect, très primitif, la piété juive se portait au-devant de la pensée de « similitude », et, cette fois, de manière incontestablement sérieuse. Le sens même de la Parole, du *Davar,* malgré ses origines plus vitalistes, pouvait trouver un emploi dans les jeux étymologiques du *Cratyle* et de l'invention stoïcienne. Mais le littéralisme des prophéties entre tout de même dans un autre système, et nous devons nous garder de rapprochements trop généreux. Quoi qu'il en soit, l'univers de la « similitude », une fois qu'on y entre, réduit toutes les impatiences devant le texte de Philon. Sur fond de « similitude », rien n'est hasardé ; rien ne paraît étrange ; rien n'est inopérant dans l'ordre de la preuve. Cela dans le détail. Quant à la théorie la plus enveloppante, celle de la transcendance divine, risquons pour notre part une supposition impie, et disons qu'en dehors de son utilité comme fonction religieuse et conviction de l'Alexandrin, elle joue un rôle dans le monde de la « similitude », de la division spéculaire, partout à l'ouvrage dans les traités. En effet, le rejet, si fréquent dans Philon, de toute forme de panthéisme peut être analysé tout aussi bien comme une fidélité d'ordre logique et philosophique au système des ressemblances indéfiniment répercutées. En faisant de Dieu l'âme du monde, on simplifie par trop le système des échos ; on abolit la seule distinction générale vraiment fondamentale, par laquelle le système puisse garder le mouvement indispensable à une pensée distincte, celle du créé et de l'Incréé, comme réceptacle des Idées. Là passe la seule limite qui rende aéré l'univers de la « similitude » : au mouvement toujours fluide d'une forme empirique à une autre forme, l'idée de création impose une règle, un terme immobile, qui cependant lance l'imitation : nous l'avons observé dans le thème de l' « IMAGE », qui court à travers le chapitre de la Division, hymne intellectuel à la « similitude », pour en assurer la cohésion et pour ainsi dire donner le branle. L'idée biblique de la création laisse passer une théorie de l'Idée divine distincte du monde dont elle est pourtant la forme ; une théorie de la différence réglée comme d'un modèle à son image entre la première création, idéale, celle du premier chapitre de la *Genèse,* et celle du chapitre deuxième, concrète, dédoublée à son tour ; et une théorie de l'exemplarisme fondé sur un ordre, un point de départ.

Dans l'objet même de ce jeu des similitudes, qui est le Texte, il existe donc un commencement, fondé sur la division inégale du créé et de l'Incréé. Or, cette réduction que nous suggérons de la théologie à la noétique tend à diminuer la part de l'auteur, à le perdre dans une répétition du *Même.* Où est l'Autre ? La volonté d'écrire constitue une altérité subjective ; en ce sens, première. Et sans doute le genre littéraire du commentaire, surtout tel que nous l'avons décrit dans Philon, se meut-il par définition dans la redondance, le retour au Texte, ce qui est la sphère du Même. Mais ce qui ruinerait peut-être les simples répertoires ne touche pas Philon. Car dans son œuvre retentit un mot neuf, « autre » : *il faut* commenter. Toute la position, si soumise, de la répétition, de la « similitude », aboutit à l'hétéronomie, consentie il est vrai. Là se retrouvent et l'auteur et le fidèle. Je me sauve, j'existe en commentant, en me faisant de la même aune que la Parole dite sur l'Être : c'est là ce qui explique le rôle privilégié de la *mémoire* dans Philon ; d'apparence si extérieure et sensible, tellement proche d'un jeu esthétique, elle donne au sentiment d'exister son objet extérieur et intérieur. Cette liberté, Philon l'a exercée dans les variations de ses traités, dans l'imitation qui lui donne à penser en même temps qu'à subir. L'étude théorique de Philon pourrait adopter comme cadre les trois chefs suivants : une étude approfondie de la « similitude » comme cadre d'invention — et c'est ce que nous avons tenté sans employer l'expression — puis une recherche d'histoire littéraire permettant de noter les critères de l'éclectisme qui joue dans les emplois de la philosophie, enfin, le répertoire des constellations, mimes intellectuels des unités que Philon croit traduire de la Bible à son commentaire. Le deuxième point de ce programme est resté complètement hors de vue durant toutes nos analyses. Quant au troisième, nous en avons donné un avant-goût, lorsque nous signalions la parenté de tel passage avec tel autre. Nous nous devons de laisser pressentir au lecteur la nature exacte de ces systèmes : leur action donne du sérieux aux plus fragiles apparences du texte philonien.

II. L'ARGUMENT ONTOLOGIQUE, OU LA STRUCTURE COMME PREUVE

De nos jours, la similitude n'est peut-être plus avouée comme critère intellectuel d'une preuve. Elle subsiste cependant comme lieu de l'émotion, et le couronnement rhétorique de bien des argumentations se complaît dans la perception de ressemblances : un « *au fond, ce n'était là rien d'autre que...* » transmue des raisons en impressions affectives. La cohérence du discours, telle que Philon en développe les effets, lui est certainement une raison. Nous avons quelquefois célébré l' « exactitude » de l'exégèse de Philon, en donnant implicitement la palme aux interprétations modernes[8], et par exemple nous avons suggéré que le rapport qu'il établissait entre la *Genèse* et l'*Exode* répondait à une certaine vérité exégétique, ou nous avons trouvé que l'allégorie d'Isaac[9] s'appuyait sur des données, nullement littérales, mais littéraires au sens que nous concevrions aujourd'hui. Mais il n'a cure de nos arrangements, et le fond de sa preuve tient en la possibilité d'ordonner les combinaisons le plus largement possible, comme si la masse faisait ensuite tenir les éléments. En foi de quoi, revenant à l'analyse détaillée, nous proposons un modèle de ces « constellations », qui sont les monades du système en son entier. Pour que le lecteur ne soit pas égaré dans trop de nouveauté, c'est à un passage deux fois mis en cause que nous demanderons cet exemple[10]. Il s'agit de la troisième interprétation possible du mot « *source* » dans le

De fuga et inventione, §188 à 193, ou plutôt il s'agit du groupe qu'il forme avec un autre texte, pris dans *Legum allegoriae*, II, §53 à 64. C'est un chapitre consacré au thème de la « nudité » du premier couple : nous en avons donné une traduction partielle et un premier aperçu en cours d'analyse. Nous nous proposons de le développer plus à loisir ici pour illustrer notre théorie des systèmes convertibles.

La formule du Legum allegoriae : Philon rencontre le texte de la *Genèse*, ch. 2, v. 25 : « *Et ils étaient nus tous deux, Adam et sa femme, et ils n'avaient pas honte* ». Ce verset est cité deux fois, au début et à la fin de l'exégèse (§53 et §64). Dans l'intervalle, Philon annonce *trois* acceptions possibles de la « nudité » Mais cette annonce du §54 reçoit un démenti dans la pratique, les choses vont ainsi que la troisième interprétation coïncide purement et simplement avec le retour du verset de base (au §64) et qu'elle recoupe la première explication donnée de façon inchoative dès le §53 : il ne reste plus à se partager les §54 à 63 que *deux* des trois interprétations de la « nudité ». Cette réduction favorise une opposition plus tranchée : l'une des exégèses sera favorable, positive ; l'autre, négative. La première des deux « nudités » sera vertueuse ; la seconde, perverse. Nous obtenons la figure pratique suivante :

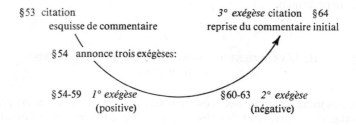

§53 citation   *3° exégèse* citation §64
esquisse de commentaire   reprise du commentaire initial

§54   annonce trois exégèses:

§54-59   *1° exégèse*   §60-63   *2° exégèse*
(positive)   (négative)

Les deux développements centraux, qui se partagent en fin de compte presque tout le chapitre, sont de longueur à peu près égale (39 lignes, contre 31). Ils se déroulent cependant dans un style différent. Le premier procède par une cascade d'exemples brièvement commentés, six au total, dont les trois premiers viennent de l'*Exode*, quand les trois autres ne font autre chose qu'énumérer les trois personnages de la Triade sacrée, Abraham, Isaac, Jacob, encore plus rapidement évoqués. Au contraire, le second développement, sur la mauvaise « nudité », prend l'exemple unique de Noé se dévêtant dans l'ivresse, en ajoutant le cas de la femme prononçant des vœux : tout change, suivant qu'elle est ou non en puissance de mari. Nous avons d'un côté une série, de l'autre une analyse complexe, qui, de l'intérieur, appelle un nouveau texte. Si l'on se souvient qu'en principe Philon nous a promis trois sens différents, dont le troisième existe bien, mais à peine distinct de la citation répétée du début à la fin du chapitre, nous pouvons de cette exégèse présenter le schéma théorique :

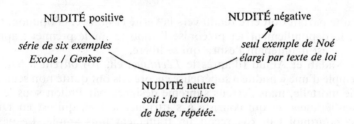

Construction, indifférence, destruction : les trois pôles sont considérés, avec une préférence pour les deux pôles antithétiques.

Tous se passe dans cette exégèse comme si l'exposé de l'aspect constructif, favorable, prenait un tour aisé et pouvait courir allègrement dans une série d'exemples à peine effleurés. Non qu'il y ait, nous l'avons dit en terminant l'étude de la « redondance », négligence ou facilité de la part de Philon : c'est que la vérité se suffit à elle-même et témoigne pour le bien sans plus aucun truchement. Nous aurons à revenir sur la deuxième réflexion, qui déchiffre patiemment un texte d'une certaine longueur et procède avec subtilité. Quant à la troisième « nudité », elle se résout en la citation qui a tout lancé (§53 et 64). Cela n'indique point qu'elle n'intéresse pas Philon : tout à la fin du livre II des *Legum allegoriae*, où nous sommes, il insiste au contraire sur cette indifférence ou neutralité, comme s'il désirait ramener son lecteur au point focal qui précède toute division, après avoir cependant déployé les variations possibles. Plus loin, tout en rappelant la neutralité de la nudité originelle, il va, comme ici mais plus longuement, opposer deux valeurs : le « serpent » du plaisir au « serpent » d'airain élevé dans le Désert pour le salut des Hébreux, capable donc de vaincre les passions et le plaisir (§71 à 108). Mais ce point neutre, d'équilibre, n'est rien pour l'instant que l'axe de deux réseaux de forces : c'est leur opposition que mettent en scène l'alternance du bien et du mal, la concurrence des serpents aussi bien que les deux acceptions morales de la « nudité ». Analysons brièvement le tableau positif (des §54 à 59).

1) Le premier des six exemples est celui de Moïse qui « *plante la Tente hors du camp, et elle fut appelée tente du témoignage* ». Sans doute faut-il supposer que Philon traduit mentalement παρεμβολή, qui peut désigner le « camp »[11], par son sens premier : « *action de qui se jette à la traverse* », ce qui lui permet de féliciter tout d'abord l'âme de se trouver « *hors du changement* » : elle ignore en effet, les « traverses » de l'existence morale. *Loin* des vicissitudes, elle est donc assurée dans la stabilité. Et si Celui qui « *témoigne* » pour elle n'est pas explicitement désigné par le texte, Philon ajoute que l'intention de l'Auteur est bien de nous pousser à « *examiner* » de qui il s'agit ; et cette formule doit lui être suggérée par la suite du texte cité d'*Exode*, ch. 33, v. 7, où l'on peut lire que la Tente servait à *consulter Yahvé*.

2) Le deuxième exemple est celui du grand-prêtre qui doit dépouiller sa robe de cérémonie: les représentations cosmiques et les clochettes qui en alourdissent les franges symbolisent ici tout l'appareil du sensible.

Le culte parfait doit être rendu vers la vérité et non vers l'opinion. On le voit, le dépouillement ici préconisé l'emporte sur le premier : après le corps, c'est maintenant l'esprit qui se libère.

3) Nadab et Abiud (d'après le *Lévitique,* ch. 10) offrent à leur tour l'exemple d'une « nudité » supérieure encore : ils ont quitté non seulement la vie mortelle, mais l'erreur suprême désignée par Philon sous le nom d' « athéisme », et qui consiste à s'attribuer le bien qui est en Dieu[12]. C'est pourquoi leur cas reçoit un traitement plus ample. Le passage offre même une inclusion :

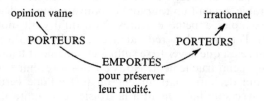

quitter la vie mortelle:

opinion vaine   irrationnel

PORTEURS   PORTEURS

EMPORTÉS
pour préserver
leur nudité.

Une transmutation se produit au milieu, la « nudité » cessant d'être gagnée par un dépouillement qui garde quelque chose de négatif (dans les exemples précédents, l'âme obtenait la nudité) ; elle devient précieuse en elle-même, comme une pureté ; et non seulement elle doit être dérobée de façon paradoxale à tous les regards soit par l'éloignement, soit même par un revêtement secondaire, mais elle deviendra la matière d'une offrande (§58). Philon exalte le caractère transcendant d'un pareil état : on peut déduire que Nadab et Abiud étaient « nus » puisqu'on doit les emporter « *dans leurs habits* » : la précision du texte suppose que les habits furent tout d'abord ôtés... Mais nous n'apercevons les saints personnages que dissimulés à nouveau sous ces vêtements qui ont cessé de les habiller au sens commun du mot, pour les envelopper, cacher leur « nudité », trop exposée ici-bas.

Déjà, dans le premier exemple, Moïse s'éloignait du camp ; déjà, dans le deuxième cas, le grand-prêtre devait-il pénétrer nu dans le Saint des saints pour le sacrifice. Maintenant, pour offrir le sacrifice de la « nudité » même (§58, milieu), Nadab et Abiud apparaissent tellement en gloire qu'il convient d'offusquer ce rayonnement, et de les revêtir. C'est ainsi que Philon a su trouver une progression dans les trois premiers termes de la série de six exemples. Le dépouillement va en atteignant des maux de plus en plus subtils, le corps, l'opinion, l'athéisme. Parallèlement, le secret gagne en profondeur : Moïse prend de la distance ; le prêtre s'enferme ; Nadab et Abiud sont enlevés dans leur propre tunique. C'est le paradoxe de la nudité revêtue qui rend le dernier modèle plus frappant : il faut des vêtements à qui s'en est dépouillé ! Le dernier exemple récapitule, de plus, les deux autres : *emportés,* les deux héros sont éloignés, comme Moïse ; « *offrant à Dieu leur nudité* », ils accomplissent le culte, comme le grand-prêtre.

On devine à ces subtils arguments que la simplicité d'une liste d'exemples n'exclut pas la dialectique, bien au contraire. Ajoutons à ce jeu d'harmonies que Nadab signifie « *libre* », et Abiud, « *mon Père* » : or, c'est la liberté de toute crainte qui permet aux deux lévites de s'approcher de Dieu (début du §57) ; et c'est la reconnaissance de Dieu pour ce qu'il est, « Père », qui les oppose à l' « athéisme » (fin du même §57).

4) Abraham se voit évoqué d'une petite phrase : « *Sors de ta terre, de ta parenté...* » (d'après *Genèse,* chapitre 12) ; telle est sa manière d'être déclaré « nu ».

5) Isaac, conformément à son blason, ignore le mouvement et le devenir spirituel : il est, de toujours, dans la vérité. Ici, Philon n'a pas de peine à trouver le verset qui s'applique à la circonstance : Isaac, retenu de descendre en Égypte. Si l'Égypte symbolise le « corps », Isaac n'a même pas eu à y entrer ; comment lui demanderait-on de se dévêtir ?

6) À la différence des autres patriarches, Jacob ne se voit point désigner par son attribut capital. On pourrait même s'imaginer un instant que Philon est pris en flagrant délit d'accommodation trop facile : un Jacob *glabre,* c'est à dire « nu » ; Jacob, mari de Lia, c'est à dire d'une femme *lisse...* Or, bien sûr réuni à Lia par cette similitude subalterne, Jacob forme en réalité avec elle un couple digne d'accomplir cet autre couple dont les *Legum allegoriae* nous entretiennent patiemment, Adam et sa femme, Ève. Tous deux, nus par indifférence ou absence (§53, puis §64), ils attendent cette nouvelle « nudité », fruit de la vertu et dont Jacob offre avec Lia l'image naturelle. Déjà, au terme des trois premiers exemples, Nadab et Abiud formaient un couple idéal, mais non perçu comme tel. Et la conclusion du second tableau, consacré à la « nudité » maléfique, négative, nous montrera l'exactitude de ce rapport ici entrevu : nous retrouverons un couple au bout du cas Noé...

L'éloignement de la Tente par rapport au « camp », aux assauts du corps ; l'entrée du prêtre dans le Saint des saints pour l'offrande ; le rapt de Nadab et Abiud, tout cela disait encore le contact possible du mal, la lutte pour dépasser et contredire. Le mal restait aux frontières. Il est vrai qu'une purification progressive nous acheminait vers la paix. Or, c'est bien la paix que semble rayonner la Triade d'Abraham, Isaac, Jacob. Leur « nudité », avec les nuances qui reviennent au statut de chacun des personnages, n'a pas besoin de dépouillement : elle est présentée tout acquise, pour elle-même. En cela, un exposé plus sec, plus allusif, ne leur nuit pas. Ils s'imposent. N'est-ce pas une habitude de Philon, nous l'avons rappelé, d'opposer ainsi à l'*Exode,* agitée, dramatique, le miroir de la *Genèse,* image plus étale des mêmes réalités ?

Nous voilà bien édifiés sur le premier sens de la « nudité ». L'Écriture s'empresse alors de nous souffler tout l'opposé : la « nudité » sera maintenant « *perte de la vertu* » (§60). C'est précisément pour ce sombre tableau que nous avons choisi d'explorer plus à fond le texte des *Legum allegoriae :* il fait tenir la preuve dans l'apposition des contraires. Philon commente les versets 21 à 27 du chapitre 9 de la *Genèse.* Noé boit ; il s'enivre ; il tombe dans le sommeil. Cham appelle ses frères pour se moquer de leur père, qui s'est dénudé. Celui-ci maudit le sacrilège. Le récit occupe les

§ 60 à 62, et le commentaire groupe tous les éléments autour d'une seule notation : Noé s'est mis nu « *dans sa maison* ». Le couple *intérieur | extérieur* va donc tout organiser. Le texte de Philon n'offre pas de difficulté littérale.

Les § 60-61 commentent l'ivresse de Noé, survenue « *dans sa maison* », donc. Le § 62 rappelle la malédiction de Cham et la bénédiction de Sem et Japhet. Le § 63 expose la législation touchant les vœux d'une femme, suivant qu'ils sont formulés « *dans la maison* » d'un mari ou d'un père, ou bien en dehors. En fait, ce développement assez simple suit dans le détail une ligne brisée : au lieu de décrire les catastrophes et d'insister sur la misère, comme il a souligné la gloire dans son premier volet, Philon limite les malédictions en indiquant chaque fois une sorte de rédemption. Sans doute commence-t-il par annoncer le « *changement* » misérable qui suit l'ivresse ; mais il bifurque aussitôt : « *rendons grâces à Dieu* » de ce que la faute soit restée « *dans la maison* », c'est-à-dire ne soit pas venue aux actes extérieurs. Nous faisons alors (§ 62) un pas dans la direction du mal : Cham a trahi, et sa malédiction sanctionne justement l'extériorisation. Mais voici que la bénédiction des deux autres fils de Noé — qui marchèrent à reculons pour couvrir leur père — vient corriger l'impression défavorable. Dans le même sens, et comme confirmation de cette lecture, Moïse enseigne que les erreurs d'une âme qui fait des vœux imprudents, mais sans y donner suite à l'extérieur — soit une femme qui reste sous la protection d'un homme, mari ou père — ne tirent pas à conséquence : elles se voient annulées. Toutefois le balancier repart : une femme répudiée et, de ce fait, privée d'un homme, garde avec elle ses errements. On peut représenter ces oscillations :

NOÉ
1 { nudité mauvaise   –
    { *mais* «dans la maison»   +

2 { si «dehors», malédiction de Cham   –
  { *mais* Japhet et Sem bénis   +
  { *mais* les vœux annulés   +
  { si «dehors» (répudiée), mal incurable...   –

Le commentaire de Philon présente deux fois le même schéma : nudité extérieure vaut malédiction ; nudité intérieure appelle rachat. Mais le second exposé est compliqué d'un chiasme :

2 { a) «dehors», Cham maudit ;   –
  { b) «dedans», Japhet et Sem bénis ;   +
  { b') «dedans», la femme rachetée ;   +
  { a') «dehors», la femme maudite.   –

Le procédé permet d'introduire avec souplesse un texte-frère de l'histoire de Noé. Celle-ci, d'ailleurs, donne l'impression de se poursuivre à l'intérieur du texte législatif[13], qui y gagne en valeur dramatique : nous lisons, en effet : « *si les pensées réfléchies ne se taisent pas, mais refusent le changement pour écarter la faute...* » (§ 63). Ces pensées « réfléchies » sont mâles, symbolisées par le mari ou le père ; mais l'intervention du mari ou du père dans les initiatives dangereuses de la femme prolonge l'intervention prudente de Sem et de Japhet, de sorte qu'en changeant de texte, Philon peut prétendre qu'il pas changé de « figure ». Seulement, et ceci est pour lui capital, à la faveur de ce glissement, il peut terminer la séquence sur l'image d'un couple : ce couple est séparé, disjoint, mais il subsiste ainsi, et ainsi il s'oppose au couple « nu » d'une autre « nudité », « *lisse* », de Lia et de Jacob, puis au couple, « nu » par indétermination, d'Ève et d'Adam.

Les deux volets, qui paraissaient déterminés de manière autonome, s'inscrivent dans le projet d'ensemble, en culminant chacun sur la vision d'un couple, tantôt favorable, tantôt maléfique. Adam et Ève se trouvent au carrefour : avec eux l'âme peut choisir entre les deux conclusions, et donc entre les deux routes qui y conduisent. La route de la perversion paraît toutefois traversée par les retours de la bonté : la faveur divine y prend alors les allures d'une rédemption, d'un salut. Or, on se souvient que tel était le schéma de l'exégèse des « citernes » détériorées, dans le *De fuga,* § 199 à 200, c'est-à-dire dans la dernière analyse du thème des « sources ».

On se souvient surtout de cette troisième interprétation de la « source », quand elle en vient à désigner le flux de la femme (§ 191-193). Les éléments que notre analyse avait regroupés apparaissent ici, dans une autre perspective. Le sommeil, la nudité, le crime que comporte la divulgation des fautes « au-dehors », et, plus largement, cette opposition *intérieur / extérieur,* le couple, le moment d'égarement où Noé s'abandonne : tous ces termes existent de part et d'autre, en une même constellation. Le « déluge » marque le passage du seul *De fuga* parce que le contexte est celui des formes diverses prises par la distribution de l'eau ; le thème de la « maison » ne trouve une expression formelle que dans les *Legum allegoriae* parce que le contexte reste celui du couple. Il est, de plus, intéressant de noter que le vocabulaire est regroupé en fonction de chaque texte :

Legum allegoriae, II, § 60-64	*De fuga,* § 188 à 193
γυμνός	ἄστεγος
ἐπικαλύπτω	ἐπικρύπτω
τὸ ἐκτός / ἔξω	εἰς μέσον

L'étude serait à poursuivre : le *De sobrietate,* l'un des traités voués au cycle de Noé, développe très longuement l'opposition qui distingue le *repos* du vice ou de la vertu, et leur *mouvement,* ce qui recoupe l'opposition marquée ici entre *intérieur* et *extérieur,* mais ces considérations se rattachent, dans le *De sobrietate,* au fait que Noé maudit Canaan, son petit-fils, et non point Cham, le fils coupable (d'après la *Genèse,* ch. 9, v. 25-26)...

Cette analyse met en relief deux systèmes dont Philon use constamment pour son exégèse. Derrière chaque interprétation locale, on devine un rassemblement de notions, une sorte de constellation : un personnage biblique possède son blason, formé de traits spécifiques ; et cette constellation sert de modèle à l'interprète. C'est en fonction d'elle qu'il retient tel autre comparse ou qu'il évite tel rapprochement. Ce premier point de vue a d'ailleurs pour effet de renforcer le second système. Car Philon trouve dans le regroupement à distance de deux ou de trois figures une « preuve » de la solidité de l'Écriture. Les deux parties d'un commentaire (ou les trois) le posent solidement, du simple fait qu'elles sont affrontées entre elles de façon équilibrée. L'exégèse reçoit de ce dédoublement un mouvement, la variété des liens subtils et forts qui sont ainsi noués de loin, entre des textes et en liaison avec le sens particulier de chaque traité ou, dans un traité, avec l'orientation de chaque chapitre. L'Écriture apparaît alors dans les formes d'un discours unifié et en même temps divisé, donc saisissable à la discursivité. La joie d'exister dans sa forme transcendante et invisible, c'est-à-dire dans le Logos qui la dicte, se reflète alors dans le discours heureux de l'exégète — n'est-ce pas la « *joie* » qui comble Aaron[14] lorsque Moïse vient à sa rencontre et le « traduit » ? La convenance de plusieurs textes entre eux constitue une sorte d'argument ontologique de la présence du Logos dans le Texte.

III. L'ESTHÉTIQUE, OU LA « RAISON » DE L'AUTEUR

Sans doute Plutarque eût-il reconnu le sérieux de la religion, sinon l'opportunité de son allégorie, dans l'œuvre de l'Alexandrin ; mais l'une aurait excusé l'autre, s'il avait pu percevoir l'arrière-plan de l'ouvrage[15]. Les chrétiens ne pratiquèrent pas tous l'allégorie : comme Plutarque, ils en trouvaient les chemins souvent compliqués, peu naturels, dangereux. La raison en est dans la difficulté inhérente au sentiment « esthétique ». Nous appelons ainsi le fragile équilibre de l'imagination et de la mémoire devant l'objet de l'esprit, révélation ou philosophie. Une conviction peut être à la fois sûre et maladroite ; ou, comme dit Philon, Abel peut se laisser meurtrir par Caïn. Moïse a besoin d'un Aaron. Mais nous venons de le rappeler, cette rencontre provoque la « *joie* ». L'élégance du discours en est comme la manifestation dans le style ; la liberté, la subtilité, l'éloignement du sens commun, le jeu des similitudes, conduit par intuition autant que par surveillance de la raison, tout cela ne garde sens, sérieux, humanité, que sur le fond qu'il faut bien appeler mystique et dont nous avons essayé la solidité dans l'œuvre de Philon. C'est le sentiment « esthétique » qui explique cette course simultanée de la logique profonde de l'Écriture et de la logique profonde du commentaire[16]: on conçoit que cette imitation perpétuelle du monde caché soit exposée aux pires déviations, et que la « *joie* » tourne à l' « *ivresse* ». Mais il est remarquable que la théorie de Philon coïncide avec sa pratique : à ses yeux, c'est le *logos* spontané qui délire, qui suit un *flot* sans retenue ni mesure. N'oublions pas le texte du *De sacrificiis Abelis et*

Caini, dont la théorie guide notre seconde partie. Les points d'arrêt, de surveillance, existent : la division, le retour au Texte, le système, la redondance, relative ou absolue.

Ce n'est d'ailleurs pas avec le sourcil froncé que nous voulons prendre congé de Philon. D'une part, nous n'avons nullement inscrit dans notre programme un jugement de valeur, fût-ce le jugement des héritiers de Philon, et il nous suffit d'avoir décrit à loisir la technique de son écriture. D'autre part, nous sommes persuadé que la cohérence, surabondamment prouvée, est fondée sur le sentiment d'un juste rapport entre les idées, les images, les souvenirs et le mouvement vital du Texte de base. Le plaisir de dire rejoint le plaisir d'être qui est postulé dans un Texte. On trouvera la réussite baroque ou impressionniste, suivant les tendances ; mais la mesure, le silence, la retenue, une force qui lance très loin, mais sans perdre jamais le contrôle, paraissent mieux définir ce travail de l'exégèse philonienne que la fantasie ou l'opportunisme.

L'équilibre est difficile dans ce jeu sérieux. Mais il ne faut pas le demander seulement à l'auteur : nos préjugés, notre volonté, vite arrivée sur les lieux, de ramener l'intelligence aux notions et au sérieux, l'aveuglement qui fait croire que seule la lumière éclaire le réel peuvent rendre insensible le philosophe. La douce apologie que Montaigne, sur le point de conclure les *Essais,* ajouta dans la deuxième édition et compléta dans la troisième, se tourne à la fois vers lui-même et vers le lecteur. Sans doute est-ce de la vie qu'il s'entretient, du *plaisir* qu'il prend aux menues réalités, sans vouloir laisser « *passer* » le temps ; mais je le transposerais volontiers dans l'art d'écrire propre à Philon. L'équilibre y est juste : se frayant un chemin entre la sévérité stoïque, qui lui fait considérer la mort ou la providence, et la jouissance débridée, il laisse paraître cette force, plus forte que certains emportements de courage, qui est de consentir à l'infinité d'une sensation. Mais, c'est aussi bien au lecteur qu'il suggère cette voie. Le chapitre commence sur ces mots : « *J'ai un dictionnaire tout à part moi ; je 'passe' le temps quand il est mauvais et incommode ; quand il est bon, je ne le veux pas passer, je le 'retâte', je m'y 'tiens'…* » [17]. Deux vocabulaires, celui du sens commun, celui de Montaigne, inaugurent une démonstration subtile ; ils engagent nécessairement et l'auteur et le lecteur. Et le contenu de la démonstration n'importe pas moins. Qui sait vivre, a su lire les *Essais.* Qui cherche haut a pu dans les minutes trouver son chemin. Qui veut penser bien et noble aura dû jouir de toute l'étoffe du réel. « *Y a-t-il quelque volupté qui me chatouille ? Je ne la laisse pas friponner aux sens, j'y associe mon âme, non pas pour s'y engager, mais pour s'y agréer, non pas pour s'y perdre, mais pour s'y trouver ; et l'emploie de sa part à se mirer dans ce prospère état* », telle pourrait être définie la complaisance de l'exégète alexandrin par le maire de Bordeaux. La dernière image, du « miroir », ne dit-elle pas cette similitude sans classe ni hiérarchie ni frontière qui fait communiquer le détail le plus roturier et l'idée divine ; ne dit-elle pas que l'âme se reconnaît dans la lettre, pourvu qu'elle soit tenue aux pôles, plus éloignés et donc plus forts, de la vérité : « *non pas pour s'y engager…* » ?

Le sentiment esthétique, règle explicite du discours[18] de Philon, a sans doute des canons implicites, dont il n'a point donné la théorie et qu'en observateur nous avons exprimés en catégories ou en symboles. Ce discours, en apparence lâche, en fait rude et fort, n'est jamais que l'expansion d'une tendance de l'écriture juive. Un texte, certainement postérieur à Philon de plusieurs décennies au moins, nous restituera d'un seul coup, avec la gravité de surcroît, tous les jeux de l'Alexandrin. Nous toucherons ainsi au but en laissant parler cette lecture seconde dont le modèle correspond aux articles des *Quaestiones* : c'est une réponse à la question rituelle posée le soir de la Pâque. L'enfant interroge : Pourquoi la Pâque eut-elle lieu la nuit ? Et voici la réponse que propose le Targum d'*Exode*, ch. 12, v. 42 :

« *C'est la nuit conservée, la nuit préparée pour la délivrance devant Yahvé, lors de la sortie des enfants d'Israël, libérés de la terre d'Égypte. C'est que quatre nuits ont été inscrites au livre des Mémoriaux.*

La première nuit *fut celle où Yahvé se manifesta sur le monde pour le créer : le monde était désert et vide, et la ténèbre était répandue sur la face de l'abîme. La Memra de Yahvé était la lumière et illuminait. Et il l'appela nuit première.*

La deuxième nuit *fut quand Yahvé se manifesta à Abraham, âgé de cent ans, et à Sara, sa femme, âgée de quatre-vingt-dix ans, pour que soit accompli ce que dit l'Écriture : Est-ce qu'Abraham, âgé de cent ans, va engendrer, et Sara, sa femme, âgée de quatre-vingt-dix ans, enfanter ? Isaac n'avait-il pas 37 ans lorsqu'il fut offert sur l'autel ? Les cieux sont descendus et se sont abaissés, et Isaac vit leurs perfections, et ses yeux s'obscurcirent par suite de leurs perfections. Et il l'appela nuit deuxième.*

La troisième nuit *fut lorsque Yahvé se manifesta contre les Égyptiens au milieu de la nuit : sa main tuait les premiers-nés des Égyptiens, et sa droite protégeait les premiers-nés d'Israël, pour accomplir la parole de l'Écriture : Mon fils premier-né, c'est Israël. Et il l'appela nuit troisième.*

La quatrième nuit *sera quand le monde accomplira sa fin pour être dissous. Les jougs de fer seront brisés et les générations de l'impiété, anéanties. Et Moïse sortira du désert... L'un marchera sur le sommet d'une nuée (ou : en tête du troupeau), et l'autre marchera sur le sommet d'une nuée (ou : en tête du troupeau), et sa Parole marchera entre les deux, et ils marcheront ensemble.*

Telle est la nuit de la Pâque pour le nom de Yahvé : nuit fixée et réservée pour le salut de toutes les générations d'Israël. »[19]

Voilà donc une liste de correspondances, mais une liste qui inclut une dialectique. Les deux premières nuits sont paradoxales : l'obscur y est fait d'une lumière excessive, celle de la Parole présidant à la Création, celle qui éblouit Isaac au moment de son sacrifice ; la troisième est historique : c'est d'elle que l'interrogation est partie, et elle est donnée comme un fait par le récit de l'*Exode* ; la dernière est déduite, décrétée par l'exégèse : comme terme de la série, elle répond au commencement, car la nuit de la Création appelle une nuit de la re-création ; comme salut du troupeau, nouvelle marche, elle se rapproche de la nuit pascale proprement dite, la troisième du lot. De plus, les nuits première et quatrième disent la création, quand les nuits deuxième et troisième se répondent comme nuits de salut ; et la création enferme le salut. Chacune des quatre nuits enveloppe un couple : monde et ténèbre ; Abraham avec Sara, couple résolu dans Isaac, et, dans le même tableau, couple du couple humain en son âge excessif et des cieux sans âge ; couple des premiers-nés, d'Israël et d'Égypte ; couple enfin des prophètes de la dernière heure, Moïse et peut-être Élie. De surcroît, quand les extrêmes, nuits de la création et de la fin des temps, évoquent directement la « Parole » de Yahvé, sa Memra, les nuits intermédiaires en transposent la puissance : « *pour accomplir ce que dit l'Écriture* ». La première célèbre l'éclat de la Lumière pure ; la deuxième et la troisième chantent le salut des hommes en Israël ; la quatrième rassemble les deux objets : *la Parole marche entre les deux, et eux, ils marcheront ensemble*.

Voilà un résumé des subtilités philoniennes : du fait que la Parole de Yahvé est lumière et qu'elle flotte sur le monde du premier jour, c'est là une « nuit », car le texte biblique poursuit: « *Il y eut un soir, il y eut un matin* », soit une nuit entre les deux. Quand la Bible affirme qu'Isaac fut aveugle (*Genèse*, ch. 27, v. 1), n'est-ce point en compensation de la vision qui fait l'essence du sacrifice, dans le fameux chapitre 22 ? Et les trente-sept ans disent la perfection du sacrifice et de la vision.[20]

Si cela n'est pas écrit dans la joie de dire, alors Philon ne sut jamais rien dire. Si cela ne forme pas une dialectique compacte et dissimulée, Philon jamais ne voulut composer. Si ce jeu ne retrouve pas le souffle de a Bible, alors nulle part Philon ne put comprendre la Parole de Dieu.

NOTES

1 Elles ne sont pas rares, au sens quantitatif ; mais elles ne déterminent rien ou presque dans le discours.

2 Nous gardons l'expression traditionnelle.

3 Dans *Les mots et les choses*, éd. Gallimard, Paris, 1967, page 32.

4 Chacune de ces formules trouverait des sujets dans la liste des procédés philoniens.

5 Ce « jeu » (au sens usité en mécanique) est le vide nécessaire à tout mouvement, et que tous les structuralismes prennent soin de trouver dans les systèmes dont ils définissent les fonctions, rigides par nature, auxquelles il faut un indice de transformation.

6 Dans les *Proverbes,* ch. 8, v. 30-31, avec allitération dans l'hébreu. L'un des deux verbes désigne l'étourdissement du plaisir, et l'autre le jeu, du divertissement à la farce.

7 Dans le *Voyage au bout de la nuit*, éd. de poche, page 162.

8 Ainsi pour la place donnée à l'histoire de Balaam : cf. p. 98-99.

9 Voir page 110.

10 Ci-dessus, pages 454-455.

11 Voir par exemple dans le *De ebrietate,* les §97 et 100.

12 Justement dans les *Legum allegoriae*, II, §68-69, donc peu après le chapitre que nous explorons.

13 C'est un de ces cas dont nous avons parlé ci-dessus, page 571. Un personnage ou un texte poursuit son action au-delà des limites apparentes de son exégèse.

14 D'après le §51 du *Quis heres*, rapproché du *De migratione Abrahami*, §79.

15 Plutarque parle de « *plaisanterie* » à propos de Cléanthe : *De aud. poet.*, 31 D : δεῖ δὲ… τὴν μὲν Κλεάνθους παιδιὰν παραιτεῖσθαι.

16 Nous parlons de cette « danse » qui rend à l'idée ce que la forme reçoit d'elle. Sous une forme plus immédiate, il s'agit aussi de ces accords dont nous avons fait état en cours d'analyse : souvent une exégèse contournée rejoint une valeur mise en lumière par l'interprétation moderne. On en retrouvera des exemples ci-dessus, pages 76 ; 98-99 (la place de l'histoire de Balaam) ; 136 (à propos du médiateur ironiquement promis dans *Exode*, ch. 33) ; 154-5 (où nous soulignons que le sens du chapitre 15 de la *Genèse* est « sauvé » par le *Quis heres*) ; 164 ; 171 ; (la remontée dans le temps est déjà un procédé sapientiel) ; 184-6 (le « silence » rompu par la révélation des origines, à Job, par exemple) ; 202-3 ; 299 (l'Image).

17 M. MONTAIGNE, *Essais*, édition de la Pléiade, NRF, Paris, 1958, pages 1251 à 1253.

18 C'est l'image de la tapisserie.

19 Voir R. LE DÉAUT, *La nuit pascale*, Analecta biblica, Rome, Institut Biblique Pontifical, 1963.

20 Le chapitre 22 de la *Genèse* est construit autour du jeu de mots : *Je te ferai voir / Dieu verra / Dieu pourvoira* (v. 2, 8, 13, 14).

BIBLIOGRAPHIE

Nous citons seulement les ouvrages ou les articles qui ont un rapport plus direct avec le sujet ou la méthode de notre travail.

ALBERTINI E. *La composition dans les ouvrages philosophiques de Sénèque,* Paris, 1963.
APOCALYPSE DE BARUCH, éd. Sources Chrétiennes, Paris, Le Cerf, 1969.
ARNALDEZ R., *Les images du sceau et de la lumière dans la pensée de Philon d'Alexandrie,* in Information Littéraire XV, 1963, p. 62-72.
AUERBACH E., *Mimesis,* trad. fr., Paris, Gallimard, Coll. Idées, 1968.
BAER R.A., *Philo's use of the categories male and female,* ALGHJ 3, Leiden, Brill, 1970.
BABUT D., *Plutarque et le Stoïcisme,* Paris, 1969.
BAMBERGER B.J., *The dating of Aggadic Materials,* JBL 68 (1949), p.115-123.
BEAUCHAMP P., *Création et séparation,* Bibl. des. Sc. Rel., Desclée, 1969.
BEAUJON E., *Le Dieu des suppliants,* Neuchâtel, 1961.
BELKIN S., *Philo and the Oral law,* Harvard Semitic Series XI, Cambridge Mass., 1940.
BENVÉNISTE E., *Vocabulaire des institutions indo-européennes* I et II, Éditions de Minuit, 1969.
BERNAND A., *Alexandrie la Grande,* Paris, Arthaud, 1966.
BONNEAU D., *La crue du Nil,* Coll. Études et commentaires, Paris, Klincksieck, 1964.
BONSIRVEN J., *Le Judaïsme palestinien au temps de Jésus-Christ,* Beauchesne, 1934-5.
BORGEN P., *Bread from Heaven,* Leiden, Brill, 1965.
BORMANN K., *Die Ideen- und Logoslehre Philons von Alexandria,* Köln, 1955.
BOULANGER A., *Ælius Aristide et la sophistique de la Province d'Asie au 2° siècle* Bibliothèque des Écoles fr. d'Athènes et de Rome, n°126, de Boccard, 1968.
BOUSSET W., *Jüdisch-christlicher Schulbetrieb in Alexandria und Rom. Literarische Untersuchungen zu Philo und Clemens von Alexandria, Justin und Irenäus,* Göttingen, 1915.
BOWKER J., *The Targum and Rabbinic Literature,* Cambridge, Univ. Press, 1969.
BOYANCÉ P., *Le Dieu Très-haut dans Philon,* in Mélanges H.Ch. Puech, Paris, 1974, p. 139-149.
—, *Le culte des Muses chez les philosophes grecs,* Paris, 1936.
—, *Études sur le Songe de Scipion,* Paris, 1936.
—, *Études philoniennes,* in REG LXXVI, 1963, p. 64-110.
BRÉHIER E., *Les idées philosophiques et religieuses de Philon d'Alexandrie,* Paris, 1950 (= 1925).
BRISSON L., *Le Même et l'Autre dans la structure ontologique du Timée de Platon,* Paris, Klincksieck, 1974.
BÜCHSEL F., Article 'Αλληγορία, in Theol. Wörterbuch ZNT, I, 1933, p. 260-264.
BUFFIÈRE F., *Les mythes d'Homère et la pensée grecque,* Paris, Les Belles-Lettres, 1956.
CAZEAUX, J., *Littérature ancienne et recherche des structures,* in Revue des Études Augustiniennes, XVIII, 1972, p. 287-292.
—, *Interpréter Philon d'Alexandrie,* in REG LXXXV, 1972, p. 345-352.
—, *Aspects de l'exégèse philonienne,* in RScR 47, 1973, p. 262-269.
—, *Critique du langage chez les Prophètes d'Israël,* éd. du CNRS, 1976.
—, *Échos de la sophistique autour de Libanios. Étude d'un traité de Basile de Césarée,* Belles-Lettres, 1980.
CHRISTIANSEN I., *Die Technik der allegorischen Auslegungswissenschaft bei Philon von Alexandria,* Tübingen Mohr, 1969.
COLLOQUIO DI MESSINA, *Le origini dello Gnosticismo,* Leiden, Brill, 1967.

COLSON F.H., *Philo's Quotations from the Old Testament, JTS 41, 1940.*
COURCELLE P., *Philon d'Alexandrie et le précepte delphique,* in Mémorial Ph. Maylan, p. 245-250.
DANIEL S., *La Halacha de Philon selon le premier livre des Lois Spéciales,* Actes du Congrès de Lyon, éd. du CNRS, 1967, p. 221-241.
—, *Recherche sur le vocabulaire du culte dans la LXX,* Paris, Klincksieck, 1966.
DANIÉLOU J., *Études d'exégèse Judéo-chrétienne,* Beauchesne, 1966.
—, *Philon d'Alexandrie,* Paris, Fayard, 1958.
—, *Théologie du Judéo-christianisme,* Desclée, 1958.
—, *La typologie d'Isaac dans le christianisme primitif,* in Biblica 28, 1947, p. 363-393.
DAUBE D., *Rabbinic method of Interpretation and hellenistic Rhetoric,* Hebrew Union Coll. Ann. 22, 1949, p. 239-264.
DAVIS S., *Race Relations in Ancient Egypt,* London, 1951.
DELATTE A., *Études sur la littérature pythagoricienne,* Slatkine Reprints, Genève, 1974.
DELCOURT M., *Héphaistos, ou la légende du magicien,* Les Belles-Lettres, 1957.
DELEBEQUE Ed., *Télémaque et la structure de l'Odyssée,* in Annales de l'Univ. d'Aix, 1958.
DETIENNE M. et VERNANT J.P., *La cuisine du sacrifice en pays grec,* Biblioth. des Histoires, NRF, Gallimard, 1979.
DETIENNE M., *Les jardins d'Adonis,* Biblioth. des Histoires, NRF, Gallimard, 1972.
DODD C.H., *Historical Tradition on the fourth Gospel,* Cambridge Univ. Press, 1963.
—, *The Interpretation of the fourth Gospel,* ibid. 1970.
DRUMMOND J., *Philo Judaeus, or the Jewish-Alexandrian Philosophy in its development and completion,* 2 vol., London, 1888.
DUMÉZIL G., *Les dieux souverains des Indo-européens,* Biblioth. des Sc. hum., NRF Gallimard, 1977.
—, *Fêtes romaines d'été et d'automne* ibid. 1975.
—, *Heur et malheur du guerrier,* coll. « Hier », PUF, 1969.
—, *Idées romaines,* Biblioth. des Sc. hum., NRF Gallimard, 1969.
—, *MYTHE ET ÉPOPÉE : 1. L'idéologie des trois fonctions, ibid.* 1974 ; *2. Types épiques indo-européens : un héros, un sorcier, un roi, ibid.* 1971 ; *3. Histoires romaines,* ibid. 1973.
—, *Du mythe au roman,* Paris, PUF, 1970.
—, *La religion romaine archaïque,* Payot, 2° éd. 1974.
FESTUGIÈRE A.J., *La révélation d'Hermès Trismégiste,* 3 vol. Paris, Gabalda, 1944, 1949, 1953.
—, *Observations stylistiques sur l'Évangile de S. Jean,* Paris, Klincksieck, 1974.
FRÜCHTEL Urs., *Die kosmologischen Vorstellungen bei Philo von Alexandrien. Ein Beitrag zur Geschichte der Genesisexegese,* ALGHJ II, Leiden Brill, 1968.
GERHARDSSON B., *Memory and Manuscript. Oral Tradition and written Transmission in Rabbinic Judaism and early Christianity,* Uppsala, 1961.
GIBLET J., *L'homme, image de Dieu dans les commentaires littéraux de Philon d'Alexandrie,* Studia hellenistica 5, 1948, p. 93-118.
GINZBERG L., *The Legends of the Jews,* 7 vol. Philadelphie, 1907-1938.
GOLDSCHMIDT V., *Les dialogues de Platon,* Paris, PUF, 2° éd. 1963.
—, *Le paradigme dans la dialectique platonicienne,* Paris, PUF, 1947.
—, *Le système stoïcien et l'idée de temps,* Paris, Vrin, 2° éd. 1969.
GOODENOUGH E.R. *Introduction to Philo Judaeus,* New Haven, 1962.
—, *Jewish Symbols in the Greco-Roman Period,* New-York, 1953-1958.
—, *The Jurisprudence of the Jewish Courts in Egypt as described by Philo Judaeus,* Amsterdam, Philo Press. 1961.
—, *By Light, Light,* New Haven, 1935.
—, *A Neo-Pythagor. Source of Philo Judaeus,* in Yale Classical Studies III, 1932, p. 115-164.
—, *The Politics of Philo Judaeus. Practice and Theory...* New Haven, 1938.
GRANT R.M., *Gnosticism and Early Christianity,* New-York, 1959.
—, *Miracle and Natural Law in Greco-Roman and Early-Christian Thought,* Amsterdam, 1952.
GRÉGOIRE F., *Le Messie chez Philon d'Alexandrie,* in Ephem. Theol. Lov. XII, 1935, p. 28-50.

GRIMAL P., *La composition dans les écrits philosophiques de Sénèque*, in REA 51, 1949, p. 246-261 ; et 52, 1950, p. 238-257.
GRONINGEN G. VAN, *First Century Gnosticism*, Leiden, Brill, 1967.
GRY L., *La date de la fin des temps selon... Pseudo-Philon et Baruch*, Rev. Bibl. 48, 1939, p. 337-356.
HANSON A., *Philo's Etymologies*, in JTS 18, 1967, p. 128-139.
HARL M., *Adam et les deux arbres du Paradis*, in Rech. Sc. Rel., 50, 1962. p. 321-388.
HARRIS V., *Allegory to Analogy in the Interpretation of Scriptures*, in Philolog. Quarterly XLV, 1966, p. 1-23.
HAULOTTE E., *Symbolique du vêtement dans la Bible*, Coll. Théologie LXV, Paris, Aubier, 1966.
HAY D.M., *Treatise on the Logos-Cutter*, in Studia Philonica 2, 1973. p. 9-22.
HEINEMANN I., *Philons griechische und jüdische Bildung*, Breslau, 1932.
HELLER J., article *Aristobul*, in Encycl. Judaica, 3, 1929, p. 321-324.
JAKOBSON R., *Essais de linguistique générale*, trad. fr., Éd. de Minuit, 1963.
JAUBERT A., *La notion d'Alliance dans le Judaïsme aux abords de l'ère chrétienne*, Paris, Seuil, 1963.
JOLY Robert, *Le thème philosophique des genres de vie dans l'Antiquité classique*, Acad. de Belgique, Mémoires, t. LI, fasc. 3, Bruxelles, 1956.
KAHN G., « *Connais-toi toi-même* », *à la manière de Philon*, in RHPR LIII, 1973, p. 293-308.
KATZ P., *The Johannine Epistle in the Muratorian Canon*, in JThS 8, 1957, p. 273-4.
—, *Philo's Bible*, Cambridge, 1950.
KAUFMANN P., *Don, distance et passivité chez Philon d'Alexandrie*, RMM 62, 1957, p. 32-56.
KLEIN F.N., *Die Lichtterminologie bei Philon von Alexandrien und in den hermetischen Schriften*, Leiden, Brill, 1962.
KNOX W.L., *Parallels to the N.T. Use of sôma*, in JThS 39, 1938, p. 243-246.
—, *Some hellenistic Elements in primitive Christianity*, London, 1944.
KRAUS REGGIANI C., *Aristobule e l'esegesi allegorica dell'Antico Testamento nell'ambito del Giudaismo ellenistico*, in RFIC 101, 1973, p. 162-185.
LAGRANGE M.J., *La lettre de Claude aux Alexandrins*, Rev. Bibl. 1931, p. 270-276.
LAPORTE J., *La doctrine eucharistique chez Philon d'Alexandrie*, Paris, 1972.
LARSON C.W., *Prayer of Petition in Philo*, in JBL 65, 1946, p. 185-203.
LAUER S., *Philo's Concept of Time*, Journ. of Jewish Studies 9, 1958, p. 39-46.
LE DÉAUT R., *La Nuit pascale*, Analecta Biblica 22, Rome, Institut Biblique Pontifical, 1963.
—, *Targum sur le Puits de Nombres 21, 16-18*, in Biblica 1964, p. 209-213.
LEISEGANG H., *Philons Schrift über die Ewigkeit der Welt*, in Philologus 92, 1937.
—, article *Philo*, in RE XX 1, 1941, p. 1-50.
LEVIN D.N., *Apollonios'Argonautica reexamined*, Leiden, Brill, 1971.
LÉVI-STRAUSS Cl, *Anthropologie structurale*, Paris, Plon, 1958. *Mythologiques : 1. Le cru et le cuit*, Plon, 1964 ; *2. Du miel aux cendres*, 1967 ; *3. L'origine des manières de table*, 1968 ; *4. L'homme nu*, 1971.
—, *Le totémisme aujourd'hui*, PUF, 1962.
LEVY Is., *Recherches esséniennes et pythagoriciennes*, Droz, 1965.
LEWIS J.P., *A Study of the Interpretation of Noah and the Flood in Jewish and Christian Literature*, Leiden, Brill, 1968.
LEWY H., *Philo, Philosophical Writings Selections*, Oxford, 1946.
LLOYD G.E.R., *Polarity and Analogy*, Cambridge Univ. Press, 1966.
MACK B.L., *Exegetical Traditions in Alexandrian Judaism. A Program for Analysis*, in Studia Philonica 3, 1974-5, p. 71-112.
—, *Weisheit und Allegorie bei Philo*, in Studia Philonica 5, p. 57-106.
MADDALENA Ant., *Filo Alessandrino*, Bibliot. de Filos., Mursia, 1970.
MARCUS R., *A Note on Philo's Question in Gen. II, 31*, in Class. Philol. 39, 1944.
MARIOTTI It., *Aristone d'Alessandria*, ed. Filologia classica, Bologne, Riccardo Pátron, 1966.
MARROU H.I., *Histoire de l'éducation dans l'Antiquité*, Paris, Seuil, 1965.
MARSH H. et Mc CALL Jr., *Ancient rhetorical Theories of Simile and Comparison*, Harvard Univ. Press, 1969.

MASSEBIAU L., *Le classement des œuvres de Philon d'Alexandrie*, in Bull. de l'École des Hautes Études, Sc. Relig. I, 1889, p. 1-91.

MAIER Joh., *Geschichte der Jüdischen Religion*, Berlin—New-York, de Gruyter, 1972.

MÉASSON A., *Le De sacrificiis Abelis et Caini de Philon d'Alexandrie*, in BAGB 1966, p. 309-316.

MEYER A., *Wesen und Geschichte des Theorie von Mikro- und Makroskosmos*, Bern, 1900.

MICHEL A., *La philosophie en Grèce et à Rome de -130 à 250*, in Hist. de la Philos. I, Encyclopédie de la Pléiade, Paris, Gallimard, 1969, p. 773-885.

—, *Quelques aspects de la rhétorique chez Philon*, in Actes du Congrès de Lyon, éd. du CNRS, 1967, p. 81-103.

MONDÉSERT Cl., et alii, *Philon d'Alexandrie ou Philon le Juif*, in DBS 7, 41, 1966, col. 1288-1341.

MOREAU J., *L'âme du monde, de Platon aux Stoïciens*, Paris, Belles-Lettres, 1939.

NEUSNER J., *The Rabbinic Tradition*, Leiden, Brill, 1971.

NIKIPROWETZKY V., *Le commentaire de l'Écriture chez Philon d'Alexandrie*, ALGHJ XI, Leiden, Brill, 1977.

—, *La doctrine de l'Élenchos chez Philon. Ses résonances philosophiques et sa portée religieuse*, in Actes du Congrès de Lyon, éd. du CNRS, 1967, p. 255-275.

—, *L'exégèse de Philon d'Alexandrie*, in RHPR LIII, 1973, p. 309-329.

—, *Les suppliants chez Philon d'Alexandrie*, in REJ 122, 4° série II, 1963, p. 241-278.

—, *Problèmes du récit de la Création chez Philon d'Alexandrie*, in REJ 124, 4° série, 1965, p. 271-306.

—, Κυρίου πρόσθεσις, *Note critique sur Philon d'Alexandrie, De Josepho § 28*, in REJ 127, 1969, p. 387-392.

OTTE K., *Der Sprachverständnis bei Philo von Alexandrie, Sprache als Mittel der Hermeneutik*, Tübingen, Mohr, 1968.

PARKE H.W. et WORMELL D.E.W., *The Delphic Oracle*, Blackwell, 1956.

PEISKER M., *Der Glaubensbegriff bei Philo*, Diss. Breslau, 1936.

PELLETIER A., *Deux expressions de la notion de conscience dans le Judaïsme hellénistique et le Christianisme naissant*, in REG 80, 1967, p. 363-371.

—, *Les passions de l'âme d'après Philon*, in REG 78, 1965, p. 52-60.

PÉPIN J., *À propos de l'histoire de l'exégèse allégorique : l'absurdité, signe de l'allégorie*, in Studia Patristica I, Berlin, 1957, p. 395-413.

—, *Le « challenge » Homère-Moïse aux premiers siècles chrétiens*, in RScR 29, 1964, p. 105-122.

—, *Mythe et allégorie. Les origines grecques et les contestations judéo-chrétiennes*, Paris, Aubier, 1958.

—, *Remarques sur la théorie de l'exégèse allégorique chez Philon*, in Actes du Congrès de Lyon, éd. du CNRS, 1967, p. 131-168.

—, *Théologie cosmique et théologie chrétienne*, Paris, PUF, 1964.

PFEIFER G., *Zur Beurteilung Philons in der neuen Literatur*, ZATW LXXVII, 1965, p. 212-214.

POCOCK L.G., *Reality and Allegory in the Odyssey*, Amsterdam, Hakkert, 1959.

POHLENZ M., *La liberté grecque*, trad. fr. Paris, Payot, 1956.

POUILLOUX J., *Philon d'Alexandrie : recherches et points de vue nouveaux*, in Rev. Hist. Rel. 161, 1962, p. 135-137.

PULVER M., *Das Erlebnis des Pneuma bei Philo*, Eranos Jb 13, 1945, p. 111-132.

REINACH Th., *Textes d'auteurs grecs et romains relatifs au Judaïsme*, Hildesheim, G. Olms, 1963 (= PUF, 1895).

RICHARDSON W., *The Philonic Patriarchs on Nomos Empsychos*, in TUZGAL, 63 = Studia Patristica I, Berlin, 1957, p. 515-525.

RYLE H., *Philo and the Holy Scripture*, London, 1895.

SANDMEL Sam., *Philo's Place in Judaism. A Study of Conceptions of Abraham in Jewish Literature*, New-York, 1971.

SAVIGNAC P.J., *Le messianisme de Philon d'Alexandrie*, in NT 4, 1960, p. 319-324.

SAVON H., *Saint Ambroise devant l'exégèse de Philon, I et II*, Paris, Études Augustiniennes, 1977.

SCHWARTZ J., *L'Égypte de Philon,* dans Actes du Congrès de Lyon, éd. du CNRS 1967, p. 35-44.
— *Philon et l'apologétique chrétienne du 2° siècle,* in Hommage à A.Dupont-Sommer, Paris, Maisonneuve, 1971, p. 497-507.
SIEGFRIED C.G.A., *Philo von Alexandrien als Ausleger des Alten Testaments,* Jena, 1875.
SIMON M., *Éléments gnostiques chez Philon,* in Colloquio di Messina, Leiden, Brill, 1967, p. 359-376.
— *Le Judaïsme et le Christianisme antique d'Antiochus Épiphane à Constantin,* coll. Nouvelle Clio, Paris, PUF, 1968.
— *Jupiter-Yahvé : sur un essai de théologie pagano-juive,* in Numen, Leiden, Brill XXIII, 1976, p. 40-66.
— *Les sectes juives au temps de Jésus,* coll. Mythes et religions, PUF, 1960.
— *Verus Israël,* Paris, de Boccard, 1964.
SMALLWOOD E.M., *Philonis Alexandrini Legatio ad Caium,* Leiden, Brill, 1970.
SOWERS S.G., *The hermeneutics of Philo and Hebrews,* Diss. Basel-Zürich, EVZ Verl., 1965.
— *On the reinterpretation of biblical History in hellenistic Judaism,* Hamburg, 1967.
SPICQ C., *Le philonisme de l'épître aux Hébreux,* in Rev. Bibl. 56, 1949, p. 542-570 ; et 57, 1950, p. 212-242.
STAEHLE K., *Die Zahlenmystik bei Philo von Alexandria,* Leipzig und Berlin, 1931.
STEGMANN B.A., *Christ, the « Man from Heaven »,* Washington, 1927.
STEIN E., *Philo of Alexandria,* Varsovie, 1937.
— article *Allegorische Auslegung,* in Encycl. Jud. 2, 1928, p. 338-351.
— *Die allegorische Exegese des Philo aus Alexandreia,* BZAW n° 51, Giessen, 1939.
— *Philo und der Midrash,* BZAW, 1931.
STRACK H. L. et BILLERBECK P., *Kommentar zum Neuen Testament aus Talmud und Midrasch,* 6 vol., München, 1922-28.
TCHERIKOVER V., *Hellenistic Civilization and the Jews,* Philadelphia, 1959.
THYEN H., *Der Stil der jüdish-hellenistichen Homilie,* Göttingen, 1955.
TOWNER W.S., *The Rabbinic « Enumeration of Scriptural Examples »,* Leiden, Brill, 1973.
VALLE C. DEL, *Aproximaciones al método alegórico de Filón de Alejandria,* in Helmantica XVI, 1975, p. 561-577.
VANDERLINDEN E., *Les divers modes de connaissance de Dieu selon Philon d'Alexandrie,* Mélanges de Sc. Relig. 4, 1947, p. 285-304.
VANHOYE A., *La structure littéraire de l'épître aux Hébreux,* Bruges, 1963.
VERMÈS G., *Scripture and Tradition in Judaism,* Studia Post-Biblica IV, Leiden, Brill, 1961.
VERNANT J.P., *Mythe et pensée chez les Grecs, I et II,* Paris, Maspéro, 1965.
— *Mythe et société en Grèce ancienne,* Coll. Textes à l'appui, Paris, Maspéro, 1974.
— *Mythe et tragédie en Grèce ancienne,* ibid. 1972.
— *Les origines de la pensée grecque,* Paris, PUF, 1962.
VÖLKER W., *Fortschritt und Vollendung bei Philo von Alexandrien : Eine Studie zur Geschichte der Frömmigkeit,* TUZGAL, 49, 1, Leipzig, 1938.
WENDLAND P., *Die hellenistisch-römische Kultur in ihren Beziehungen zum Judentum und Christentum,* Tübingen, 1912.
— *Philo und die kynisch-stoische Diatribe,* Berlin, 1895.
WILL E., *Histoire politique du monde hellénistique, I et II,* Annales de l'Est, Nancy, 1966-7.
WILLIAMSON R., *Philo and the Epistle to the Hebrews,* ALGHJ *N,* Leiden, Brill, 1970.
WOLFSON H.A., *Philo : Foundations of Religious Philosophy in Judaism, Christianity and Islam,* 2 vol., Cambridge, Mass., 1947.
— *The Philosophy of the Church Fathers, I,* Cambridge, Mass., 1956.
YOUNG D.C., *Pindar, Isthmian 7 : Myth and Exempla,* Mnemosyne, Suppl. XV, Leiden, Brill, 1971.
— *Three Odes of Pindar : A literary Study of Pythian 11, Pythian 3, Olympian 7,* Mnemosyne, Suppl. IX, Leiden, Brill, 1968.

INDEX DES RÉFÉRENCES BIBLIQUES

(Chaque traité de Philon commente quelques versets de la Genèse. Nous ne reprenons pas les références à ces versets tant qu'elles sont à leur place attendue.)

INDEX DES FIGURES ET DES SCHÉMAS

(L'ordre est celui des traités de Philon)

INDEX DES NOMS D'AUTEURS

Quis heres (seulement les références qui sont en dehors du commentaire suivi, c'est-à-dire en dehors des pages 153—354)

Congr. *(seulement les références qui sont en dehors du commentaire suivi, c'est-à-dire en dehors des pages 355—380)*

Mutat. (seulement les références qui sont en dehors du commentaire suivi, c'est-à-dire en dehors des pages 475—499)

INDEX DES MOTS GRECS

(des seuls mots qui font l'objet d'une précision, d'un choix ou d'un commentaire)